L'Atlas Mondial du Vin

Hugh Johnson *Jancis* Robinson

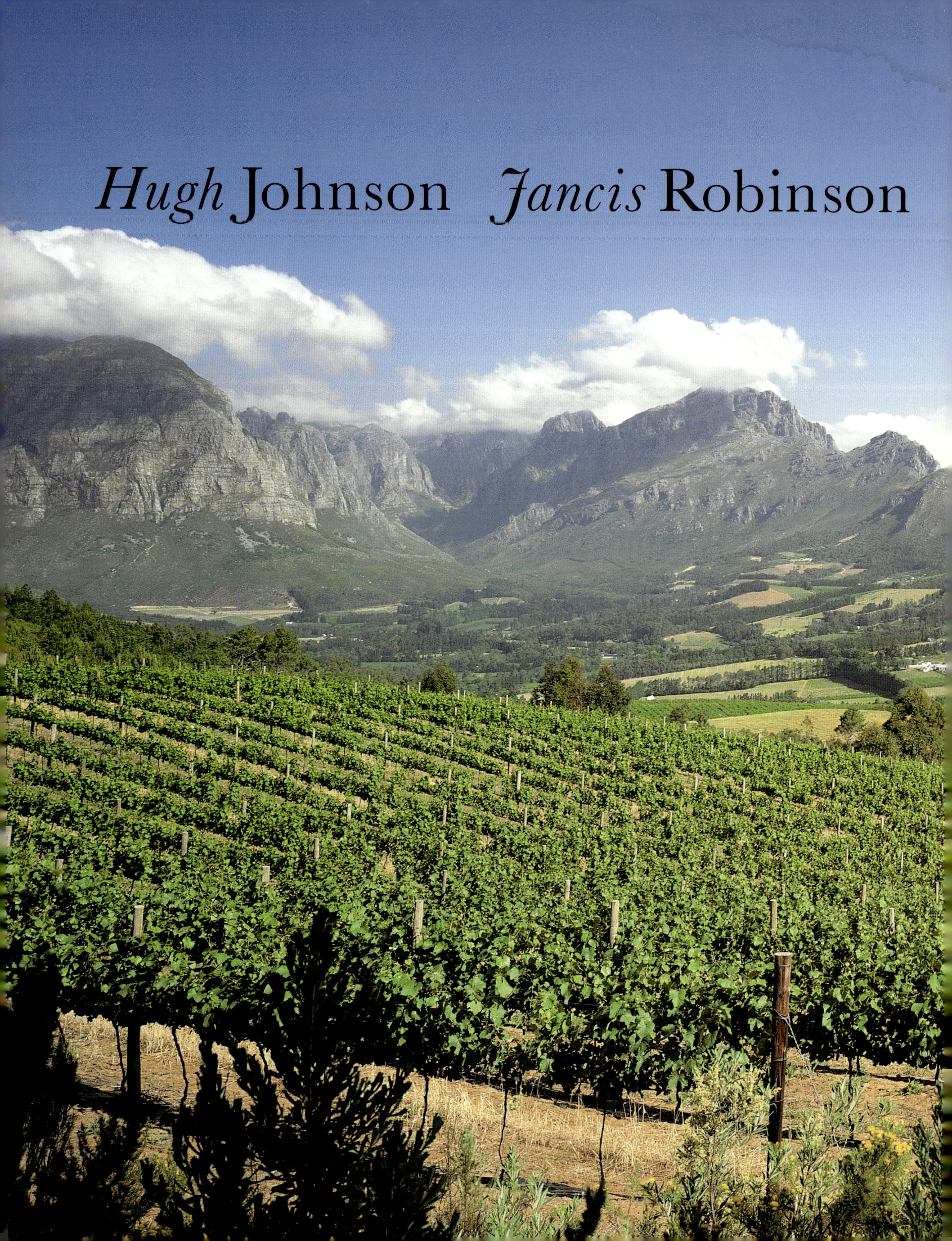
Hugh Johnson *Jancis* Robinson

L'Atlas Mondial du Vin

Cinquième et nouvelle édition

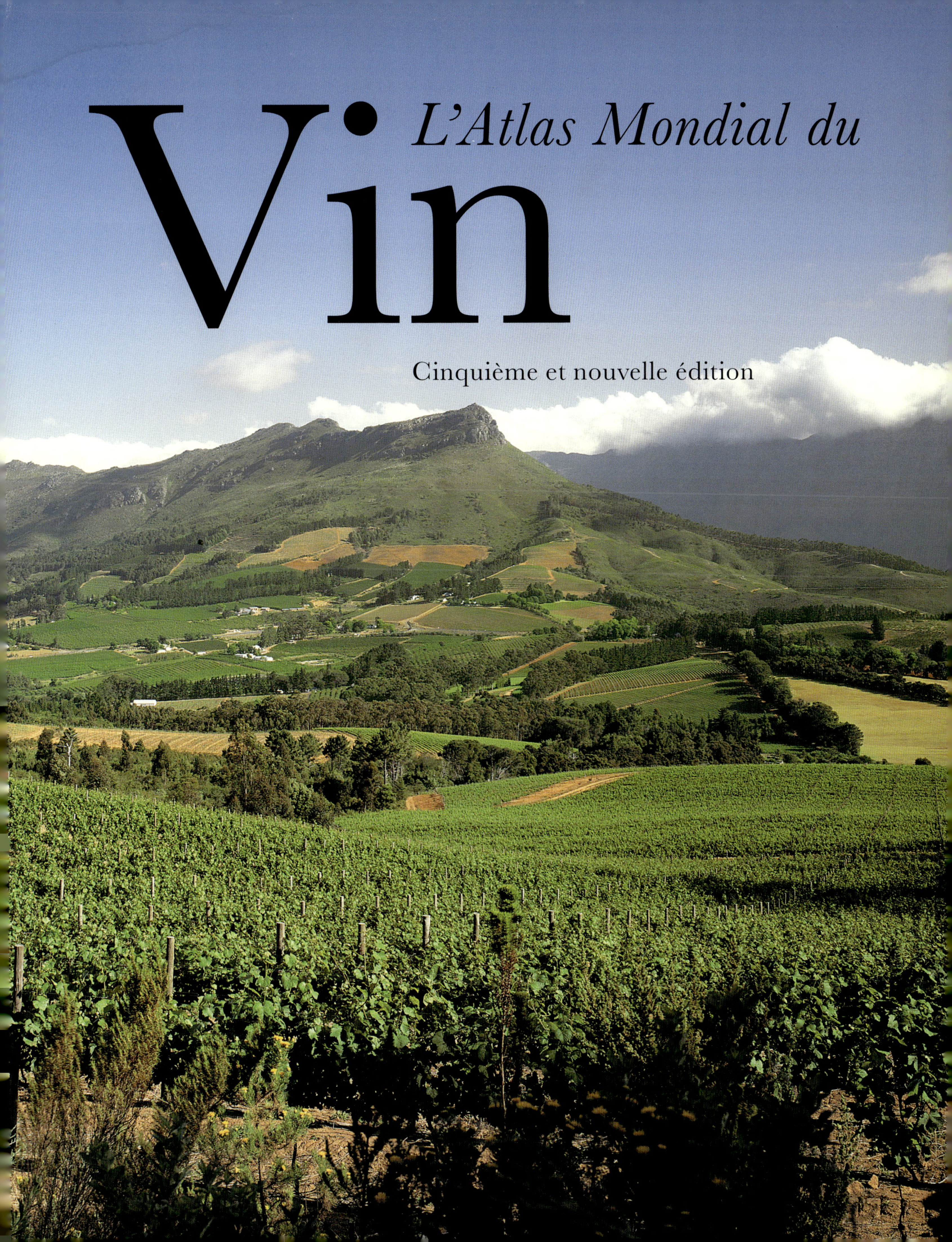

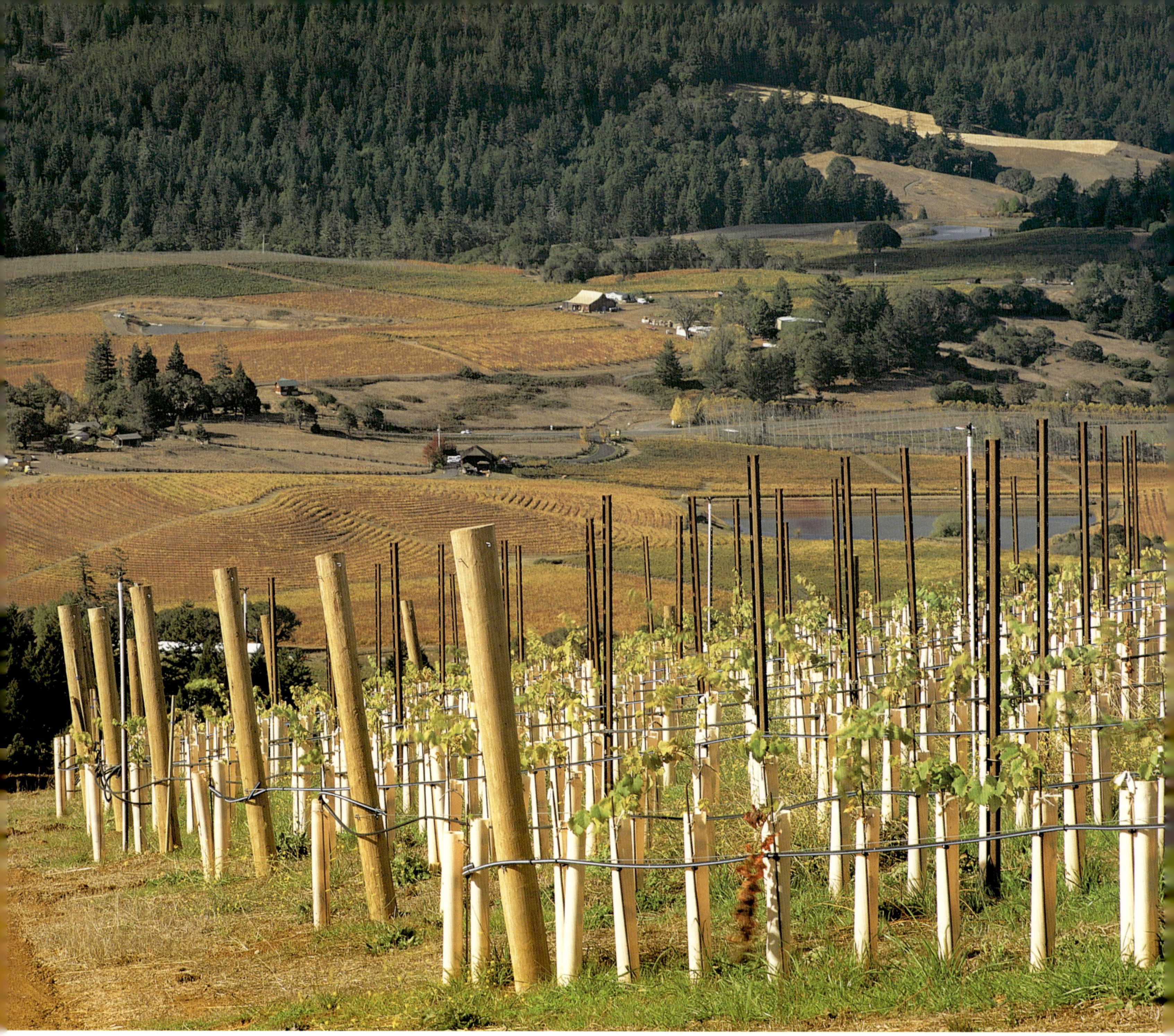

Hugh Johnson, Jancis Robinson
THE WORLD ATLAS OF WINE
Publié pour la première fois en Grande-Bretagne en 1971 par Mitchell Beazley, une édition d'Octopus Publishing Group Ltd, 2–4 Heron Quays, London E14 4JP

Responsable éditorial Gill Pitts

Chargée d'édition Rebecca Spry
Recherches et répertoire géographique Nathan Burley

Directeur artistique Phil Ormerod
Graphistes Peter Gerrish, Colin Goody

Éditeur cartographe Zoë Goodwin

Correction des cartes Julia Harding
Recherche éditoriale Lucy Bridgers
Correction Diane Pengelly
Index John Noble

Recherche iconographique Rosie Garai
Fabrication Julie Young

Revisions et nouvelles cartes pour la cinquième édition : Cosmographics, Map Creation Ltd
Cartes originales : Clyde Surveys Ltd

ÉDITION FRANÇAISE
Traduction Pierre Guglielmina
Responsable éditoriale Catherine Laulhère-Vigneau
Coordination éditoriale Cécile Beaucourt
Mise en page Cécile Degorce
Relecture Clémence Lafarge-Leroy, Juliette Andrieu

FA0840
ISBN 2080108409

Imprimé et relié en Chine

Mode d'emploi des cartes
L'échelle des cartes de cet *Atlas* varie considérablement d'une page à une autre, le degré de détail dépendant de la complexité de la zone représentée.
Les mots en lettres capitales (MEURSAULT par exemple) désignent des lieux qui ont un rapport avec le vin ; les mots en lettres minuscules (Meursault par exemple) fournissent les autres informations.
Chaque page est quadrillée par un système de lettres (sur le côté des pages) et de chiffres (en bas des pages). Pour localiser un château, une cave, etc., il faut se reporter au répertoire géographique (pages 338–351), qui indique le numéro de la page et les coordonnées en référence au quadrillage.

Tout a été fait dans cet *Atlas* pour que les cartes soient aussi complètes et à jour que possible. Afin que les prochaines éditions puissent continuer de répondre à cette exigence, les éditeurs remercient quiconque pourra les informer d'éventuels déplacements de frontières ou changements de noms.

Sommaire

Avant-propos

Cette cinquième édition de l'*Atlas Mondial du Vin* paraît trente ans exactement après la première. Ces années ont été les plus mémorables et les plus fructueuses de toute l'histoire du vin. Dans de nombreux pays, la culture de la dégustation du vin qui n'intéressait qu'une minorité est devenue partie intégrante de la vie courante. Dans quelques pays, cette culture s'est transformée en une mode très prisée. Le développement du marché du vin a été exponentiel.

Le premier *Atlas Mondial du Vin* était apparu dans un monde du vin dont la plus grande partie n'avait pas été cartographiée. Seules les régions classiques les plus révérées de France et d'Allemagne avaient attiré l'attention. Certes, la publication de l'*Atlas* a stimulé le souci d'établir des cartes de nombres de nouvelles régions. Les relevés et les inventaires faits, ces régions ont pris conscience de leur spécificité. Les producteurs ont vu de plus en plus de visiteurs venir frapper à leur porte une fois les itinéraires menant à leur propriété révélés pour la première fois. Ce qui avait été un monde caché, accessible seulement aux professionnels, a découvert les avantages (et les désavantages) d'être exposé au regard du public.

Cet *Atlas* était inspiré du fait que, comme il était dit dans l'introduction, « le vin est l'unique produit agricole dont le prix dépend entièrement de l'endroit d'où il provient ». « Meilleur est le vin, plus précisément il définit son origine – parfois une minuscule parcelle… »

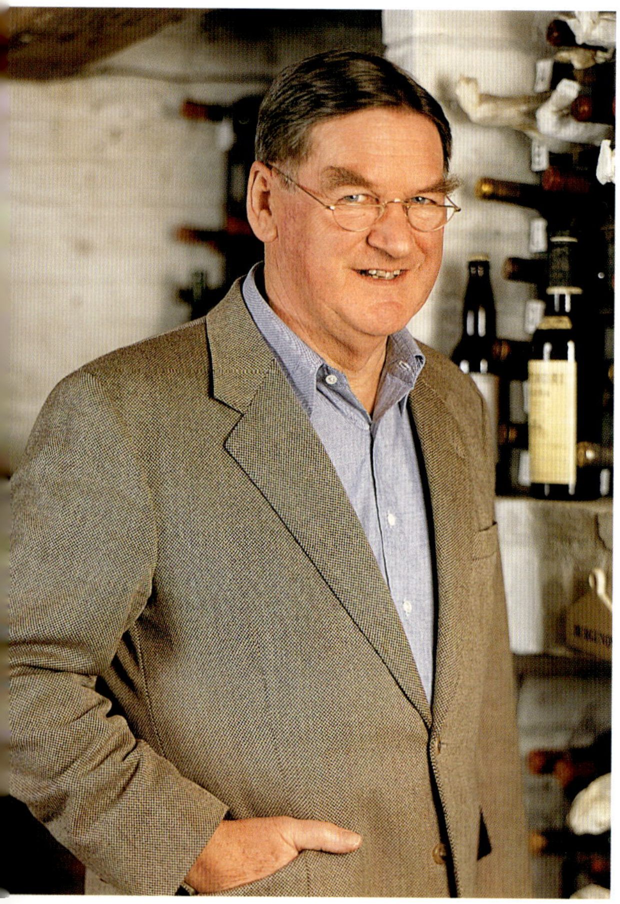

Pourquoi une parcelle ? Parce que dans le monde d'évolution lente qu'est l'agriculture traditionnelle, la valeur de chaque parcelle a été estimée, génération après génération, par ceux qui l'ont cultivée. On a donné à la vigne les pentes pierreuses sur lesquelles les cultures annuelles souffraient ou échouaient. La vigne a souffert aussi au départ ; mais on n'a pas tardé à découvrir qu'une fois bien installée sur un sol pierreux, ses raisins étaient plus mûrs et son vin plus fort que ceux produits sur des terrains plus fertiles.

Les vignobles ont tiré leur forme, leur nom et leur valeur des terres qui les portaient, de tous ces facteurs qui contribuent à faire un terroir unique. Le terroir, c'est la voix de l'expérience en agriculture.

Le grand débat

Pendant les trente années d'existence de cet *Atlas*, sa conception fondée sur la connaissance des terroirs a été constamment mise au défi. Une nouvelle façon de penser, plus pertinente pour les nouvelles plantations que pour les anciennes, a permis d'apporter des améliorations. Ce glissement de la philosophie du vin a consisté à mettre l'accent sur la variété des raisins en tant qu'origine identifiable du style, sinon du caractère, de la plupart des vins. Le livre qui a apporté un éclairage sur ce mouvement en cataloguant pour la première fois, à l'intention du non-botaniste, les qualités et les possibilités de plusieurs centaines de variétés, est celui de Jancis Robinson, *Vines, Grapes and Wines*, publié en 1986. Il a constitué un tournant dans notre façon de comprendre le vin.

Jusque-là, l'accent mis sur la « variété », par opposition aux distinctions géographiques, était typique du « Nouveau Monde » (c'est moi, je le confesse, qui ai forgé cette distinction aujourd'hui fort calomniée. Les temps ont changé : une grande partie du « Vieux Monde » est devenue « Nouveau » et une petite partie du « Nouveau Monde » est considérée comme appartenant au « Vieux »).

En guise d'exemple, on peut évoquer le cas de l'Université de Davis en Californie qui ne retenait qu'un seul critère dans les conseils de choix de plants aux producteurs : la température locale. La structure complexe des vallées était étudiée dans ses plus infimes détails pour découvrir les endroits frais. En 1980, dans le numéro du centième anniversaire de la revue *California Agriculture*, consacrée entièrement à la viticulture, il n'était pas fait une seule référence au sol, à l'environnement de la partie la plus importante de la vigne – ses racines.

Le terroir était considéré par les modernistes comme une supercherie des Français, c'est-à-dire des vénérables vignobles français. Certains soutiennent encore cette opinion – qui est défendable concernant les régions plates et monotones de Riverina et Murray Darling. La grande majorité toutefois, a aujourd'hui compris que si leur propriété présente des particularités, au-delà de la quantité d'eau qu'on y verse, celles-ci auront pour effet de donner plus ou moins de caractère au vin qu'ils produisent et de déterminer ce que peut être ce caractère. Il peut s'agir de particularités de situation, d'altitude, d'exposition, de structure du sol et de drainage, ou d'autres encore. La France ajoute à cet ensemble les particularités d'une législation pleine de préjugés (et toujours plus rusée).

Dans un monde de compétition intense, ces particularités comptent. Le choix du producteur devient un absolu. Il n'est donc pas surprenant de voir toujours plus de noms de vignobles sur les étiquettes. Quand tous les clones ont été testés, les ferments sélectionnés, les tonneliers et les bois pris en considération, la macération et la fermentation faites, le jus des raisins devient le vin de la bouteille. Un nouveau vin est à la fois une invention et une découverte. Le producteur propose ; le terroir dispose.

Quand je suis parti en 1969 faire les cartes de ce livre, ou plutôt leurs ébauches, fonçant dans ma Mini Minor, porte-papier et crayon bleu sur le siège du passager, je savais que j'avais à traiter quelque chose de bien réel et de bien particulier. Quand on écrit, on peut cacher ce que l'on ne sait pas. Quand on fait une carte, on ne peut pas se cacher. Les cartes sont une mise au point des notions floues.

Quand j'ai dû faire face à l'éventualité d'une cinquième édition, je me suis rendu compte que j'aurais besoin (ou du moins envie) d'aide. Écrire le même livre pour la cinquième fois est beaucoup moins amusant qu'écrire un texte nouveau ; c'est aussi se trouver dans l'impossibilité de jeter un regard distancié, critique et précis sur des mots trop familiers. Dans un monde du vin qui se transforme plus vite que jamais, je courais le risque d'être submergé. Je me suis donc tourné vers l'encyclopédiste du vin la plus remarquable qui soit et qui se trouve aussi être une grande amie : Jancis.

Même si nous ne sommes pas d'accord sur la date et le lieu de notre première rencontre, il semble que nous nous entendions sur tout le reste. J'ai admiré son esprit, son style, sa constance depuis… peu importe quand.

Jancis apporte la même rigueur intellectuelle à la dégustation d'un vin que celle dont elle fait preuve en questionnant producteurs et professeurs. Son incroyable énergie nous a gratifiés de *Vines, Grapes and Wines*, de *The Oxford Companion to Wine* (deux éditions), de ses mémoires (déjà), du charme de sa personnalité à la télévision et d'un commentaire infaillible sur le vin dans la presse internationale. Elle et moi dégustons du vin ensemble suffisamment souvent pour connaître nos goûts respectifs. Il me serait impossible de passer le témoin à quelqu'un qui le porterait plus loin, plus vite et plus gracieusement qu'elle.

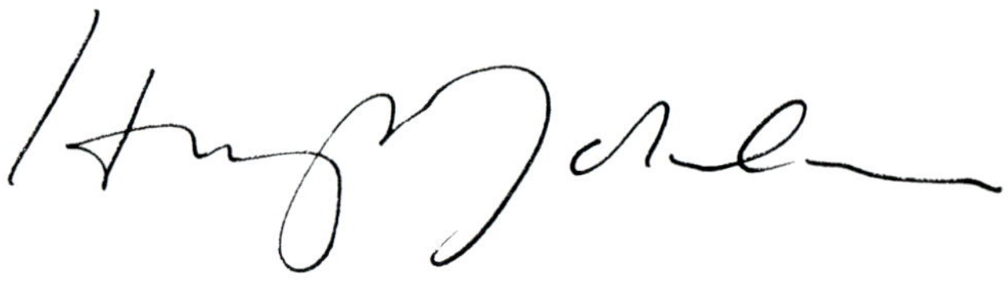

Introduction

Comme tous les professionnels et nombre d'amateurs, j'ai découvert en l'*Atlas Mondial du vin* une source d'informations inestimable. De tous les produits que nous achetons, le vin est celui dont on peut le mieux appréhender l'origine géographique.

Une des qualités particulières du vin est sa capacité de refléter avec précision l'environnement dans lequel il est produit. L'homme peut faire de son mieux pour le modeler, c'est la nature qui a le dernier mot. Bien entendu, certains vins, produits en grandes quantités, sont en fait des mélanges qui gomment les particularités. De tels vins portent souvent le nom d'un cépage ou d'une grande région géographique, comme le Languedoc, l'Australie du Sud-Est ou la Californie. Mais les vins intéressants ont des appellations beaucoup plus spécifiques. On en veut pour signe le fait que les producteurs ambitieux sont soucieux de voir leurs vins associés à des localités de plus en plus petites. La mise en bouteille d'un seul vignoble est de plus en plus répandue partout dans le monde. Ce que tout amateur curieux recherche, c'est un moyen de mettre en rapport les appellations, les adresses et la géographie, un moyen d'identifier le lieu derrière l'étiquette, de le situer par rapport aux voisins immédiats et à l'environnement naturel. Et c'est en ce sens que l'*Atlas Mondial du vin* est un compagnon précieux.

J'ai toujours écrit avec l'*Atlas* près de moi, tout comme le font, j'imagine, la plupart de mes pairs. Ses cartes sont les meilleures qui aient été jamais faites et la prose de Hugh est incomparable. Mais lorsque mes commentaires ont été imprimés et que je les ai vus au dos de la quatrième édition, je n'imaginais pas que Hugh me proposerait de collaborer avec lui pour la cinquième édition.

Hugh m'a fait une proposition (tout à fait honnête) en décembre 1998. Il m'a fallu cinq mois pour l'accepter parce que, en dépit de l'honneur qui m'était fait, je redoutais un peu la quantité de travail que ce projet impliquait. Je ne me suis pas trompée. En fait, j'ai découvert par la suite que la femme et les enfants de Hugh lui avaient fait jurer de ne pas entreprendre de nouveau un tel ouvrage de référence sans aucune aide.

Hugh s'est, bien entendu, largement investi dans cette cinquième édition, contrôlant chaque image et chaque carte, relisant chaque phrase après en avoir écrit un bon nombre – notamment celles qui traitent de ses deux amours, le tokay et l'histoire du vin.

Cette nouvelle édition

Ma contribution à cette monumentale cinquième édition de l'*Atlas* consistait à le mettre entièrement à jour, ce que je savais ne pas être une mince affaire au vu de mon expérience avec la première et seconde éditions du *Oxford Companion to Wine*. Le monde du vin ayant changé depuis 1994 au point d'en être presque méconnaissable dans certaines régions, cette édition est très différente de celles qui l'ont précédée.

D'abord, les cartes, point d'appui du livre, ont été complètement redessinées dans le but de les rendre plus claires et plus utiles.

Les changements dans les pages d'introduction sont perceptibles au premier coup d'œil, avec de nouveaux textes et de nouvelles illustrations à chaque page ou presque. Nous avons, bien entendu, fait quelques modifications dans les sections historiques et la plupart des autres sujets ont été entièrement révisés, dans la mesure où les sciences et les techniques de culture et de production du vin se sont radicalement transformées au cours des dernières années. Aujourd'hui, les amoureux du vin sont infiniment plus savants qu'il y a trente ans. Ils connaissent les fermentations malactiques (même si nous avons ajouté un glossaire à la fin du livre pour ceux qui ne disposent pas de ce savoir). Les lecteurs de l'*Atlas* sont gratifiés d'une explication considérablement détaillée des processus de culture, de production et de dégustation du vin.

Le cœur du livre, toutefois, reste les cartes et les descriptions des régions vinicoles spécifiques. C'est dans ce domaine que les décisions ont été les plus difficiles à prendre, en ce qui concernait l'étendue de la réécriture des chapitres magnifiquement rédigés par Hugh au fil des éditions précédentes. Il faudrait être fou pour modifier sa prose sans une absolue nécessité.

Dans les zones de vin classiques – essentiellement la Bourgogne, Bordeaux et l'Allemagne – je me suis contentée de faire les changements inévitables. Le rythme des transformations est en effet plus lent dans ces régions classiques que partout ailleurs – même si le Saint-Émilion, par exemple, occupe aujourd'hui une place différente dans la hiérarchie des Bordeaux, ce qui explique l'extension de sa carte et les amendements apportés au texte. De la même façon, les progrès des châteaux de l'Entre-deux-Mers et des Premières Côtes de Bordeaux appelaient une révision complète du traitement de cette région.

Le changement le plus patent pour la Bourgogne concerne l'émergence de vins sérieux dans le sud du Mâconnais, qui a abouti à la création d'une nouvelle carte de Pouilly-Fuissé. Les cartes de l'Allemagne ont été ajoutées, mais le texte original de Hugh est resté à peu près intact.

Presque partout ailleurs, semble-t-il, l'évolution, parfois même la révolution, semble avoir été la règle – y compris en France, berceau du vin moderne. Il en est résulté une révision complète de toute la section consacrée au sud de la France, avec des cartes nouvelles pour le Rhône méridional, le Languedoc, le Roussillon, la Provence et Bandol, et des modifications majeures des textes concernant les vins qui se trouvent au sud d'une ligne allant de Buzet à Genève. De nouveaux producteurs, de nouvelles techniques, de nouveaux vins et même des régions entièrement nouvelles ont émergé non seulement dans la vallée très prisée du Rhône, mais dans tout le sud de la France.

Cependant, la France est le pays du monde le plus strictement réglementé en matière de fabrication du vin. Il est extrêmement difficile pour un vin fait en dehors des frontières soigneusement tracées et des règlements des Appellations contrôlées de produire le moindre impact (même si l'on perçoit des signes de révolte). En Espagne et en Italie, au contraire, les autorités vinicoles donnent parfois l'impression de courir désespérément derrière l'innovation individuelle au lieu de la diriger.

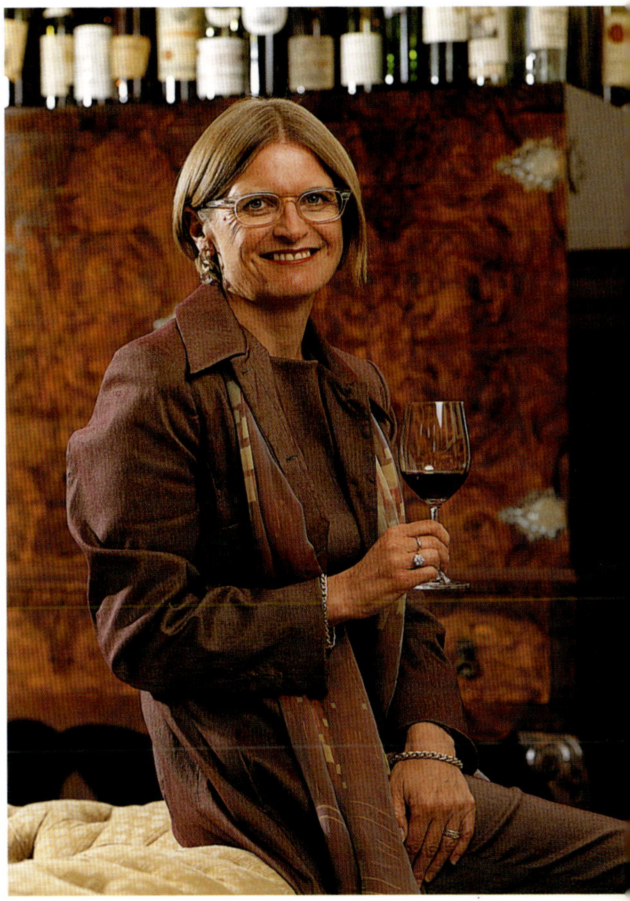

Parmi les vins les plus intéressants d'Espagne qui vont émerger dans les années à venir, nombreux sont ceux qui proviendront de vignobles ne figurant pas sur les cartes détaillées qui se trouvent aux pages 188-199, car ce pays est en pleine mutation, grâce à son potentiel et à sa volonté de l'exploiter. Pour tenter de suivre la révolution du vin en Espagne d'aussi près que possible, son traitement a été amplifié de manière spectaculaire, sans équivalent pour un autre pays si ce n'est l'Italie. Priorat, Navarre, Somontano et Rias Baixas sont tous présentés en détail pour la première fois, avec leur carte spécifique.

Nous nous sommes habitués au caractère anarchique du paysage vinicole italien, mais des secteurs se sont dégagés et reçoivent dans la présente édition toute l'attention qu'ils méritent. Barolo, Barbaresco, Montalcino, Montepulciano, les Pouilles, la Sicile et le chaudron de l'innovation qu'est la Côte toscane, toutes ces régions ont leur carte spécifique et font l'objet d'une description détaillée.

Dans le reste de l'Europe, d'excellentes cartes existaient déjà et il a simplement fallu les affiner et les mettre à jour. Mais il s'est passé tant de choses dans ces pays que j'ai dû m'armer de courage pour presque tout réécrire dans bien des cas. Et les développements récents au Portugal ont été si importants qu'ils ont exigé de nouvelles cartes.

À certains égards, le rythme du changement a été le plus rapide dans la Méditerranée orientale et méridionale. Il est peu probable que des pays comme le Maroc, la T Israël, le Liban et la Grèce puissent produire de quoi concurrencer les premiers crus français, mais le Maroc et la T aujourd'hui une offre sérieuse. La Méditerranée orientale met sur le marché une quantité considérable de vins, bons voire excellents, ce qui aurait été par

Une grande partie de ce qu'on appelle, de façon condescendante et sans doute inexacte, « le Nouveau Monde du vin » a été cartographié dans la quatrième édition. Il était impossible d'ignorer les progrès qui y ont été accomplis. Toutes les cartes ont été précisées et, dans certains cas, réorganisées ou même ajoutées pour ce qui est de la Californie, des collines de la Sierra, du Delta et de New York pour l'Amérique du Nord, de Casablanca et d'Aconcagua pour le Chili, de Hawkes Bay pour la Nouvelle-Zélande.

Dans la quatrième édition, Hugh écrivait : « Il n'existe aucun précédent moderne de la révolution des mœurs et des méthodes qui a transformé la Nouvelle-Zélande au cours des quinze dernières années, la faisant passer du statut de note de bas de page dans le catalogue mondial des vins à celui d'élégant chapitre. » Aujourd'hui, les exemples de transformation de ce genre sont innombrables aux États-Unis, en Australie et en Afrique du Sud.

Les industries du vin en Argentine et au Canada ont acquis le statut de chapitre entre la quatrième édition et celle-ci – l'Argentine étant aujourd'hui un pays-exportateur de vin ambitieux et prolifique, le Canada la source la plus importante d'un style de vin unique au monde.

À une petite longueur derrière eux, il faut désormais compter des pays comme l'Uruguay, le Brésil, le Mexique, la Chine, l'Inde et la Géorgie, qui réclament tous une certaine considération pour leur talent, alors qu'ils étaient au mieux exotiques lorsque la première édition de cet atlas parut il y a trente ans.

Le monde du vin en expansion

La production viticole occupe aujourd'hui un espace beaucoup plus vaste qu'en 1971. La première vague d'expansion s'est développée loin de l'équateur vers les régions plus fraîches, grâce à des cépages spéciaux, à maturité précoce. Les régions de vin les plus récentes se situent plutôt dans des environnements longtemps considérés comme étant beaucoup trop chauds et trop secs. Un progrès aussi trivial que l'installation de la réfrigération a permis cette extension, souvent couplé avec l'installation de divers systèmes d'irrigation. Le contrôle de la température est essentiel dans les régions chaudes, non seulement pour le rafraîchissement du raisin et du moût, mais aussi pour le prolongement du processus de fermentation, et pour la conservation du vin, avant et après la mise en bouteille.

Les progrès de la viticulture tropicale permettent parfois plusieurs récoltes par an, ce qui a joué un rôle considérable dans l'extension de la carte du vin jusqu'à des régions comme la Thaïlande et le Nord du Brésil.

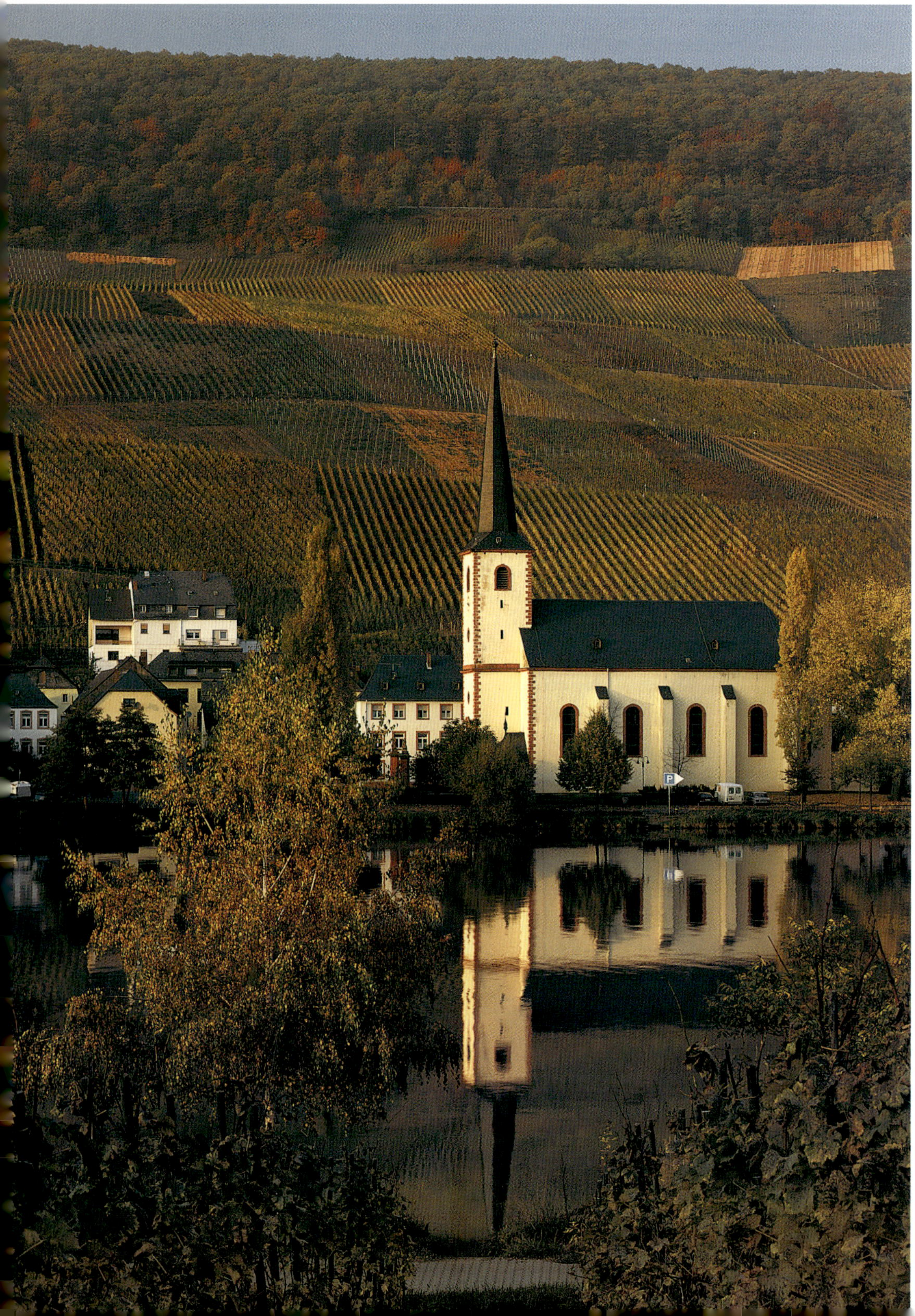

À gauche Les excellents vignobles Goldtröpfchen à Piesport pourraient à eux seuls justifier ce livre. La carte de la page 221 montrent à quel point ils sont différents du plat pays qui remplit les millions de sinistres bouteilles étiquetées Piesporter Michelsberg.

Il est toutefois intéressant de constater que, même au sein des pays chauds qui produisent du vin, il y a une tendance à s'installer dans les régions les plus fraîches. À travers toute l'Australie, par exemple, les viticulteurs investissent des terrains situés à des altitudes de plus en plus élevées.

La carte de présentation du Sud-Est australien, qui contient les nouvelles indications géographiques, est presque méconnaissable si on la compare à celles des éditions précédentes. Les producteurs de vin en Californie se déplacent vers la côte et le sommet des collines. La carte du vin en Nouvelle-Zélande a dû être étendue vers le sud, tandis que celle du Chili devait être prolongée vers la vallée de Casablanca et Aconcagua, au nord de Santiago.

Presque tous les pays producteurs de vin dans le monde (à l'exception peut-être de l'Algérie) ont entrepris une course à la qualité, conséquence de la place privilégiée qu'occupe le vin dans la société d'aujourd'hui.

Le vin, une passion internationale

Les années 1990 ont vu l'intérêt pour le vin augmenter de façon vertigineuse. Dans les pays occidentaux, le vin jouit du même type de respectabilité et de curiosité enflammée que les beaux-arts ou l'opéra en tant que loisir. Des centaines de milliers de nouveaux passionnés sont apparus. Certains d'entre eux ont des portefeuilles bien remplis, ce qui a contribué à faire grimper de manière vertigineuse les prix d'une toute petite minorité de vins de prestige. D'autres sont de véritables amateurs, au meilleur sens du terme, qui passent des heures délicieuses à déguster les vins qu'ils aiment et qu'ils négocient à un bon prix.

Dans l'Est, des pays entiers ont succombé aux charmes du vin depuis la publication de la dernière édition. Là, des collectionneurs et des connaisseurs ont chamboulé le marché des grands vins.

L'intérêt pour le vin est si répandu et l'admiration si généralisée que ce domaine a attiré des milliers d'investisseurs. Certains signes permettent de penser que le vin attire à présent l'intérêt de grandes multinationales, intérêt qui ne sera peut-être pas sans effet sur le vin à moyen et long terme.

S'il est une tendance parfaitement claire dans l'*Atlas mondial du vin*, c'est celle d'un brouillage véritable des frontières nationales dans le monde du vin. Les producteurs voyagent désormais régulièrement dans tous les pays des deux hémisphères. Les sociétés regroupant des producteurs de deux continents différents se multiplient.

Le danger de cette tendance est bien sûr le sacrifice de l'individualité, des caractéristiques locales – raison pour laquelle cet atlas est indispensable car il montre à quel point la géographie importe.

Comment fonctionne cet atlas ?

Les cartes ont été conçues en pensant au consommateur et non à la réglementation du vin. Si une appellation – AOC, DOC, DO, AVA, GI ou district – existe mais ne présente aucun intérêt pratique pour l'amateur de vin, notre politique est de l'omettre. Nous avons signalé les caves qui, à notre avis, séduiront les amoureux du vin dans le monde, même si des douzaines, voire des centaines à n'en pas douter, vont émerger d'ici à la prochaine et sixième édition de l'atlas.

Un des changements les plus importants concernant les cartes de la présente édition consiste dans le choix d'une typographie plus rationnelle : tous les noms de vins, qu'il s'agisse d'appellations ou de caves, sont en caractères majuscules (appellation MEURSAULT, par exemple), tandis que les noms géographiques sont en caractères minuscules (le village de Meursault, par exemple).

En choisissant l'ordre des différentes régions dans chaque pays, nous avons essayé d'aller en général d'ouest en est et du nord au sud, même si toute règle a bien évidemment son exception. En France (exception notable à la règle tout juste énoncée), les vins de pays et les VDQS sont traités dans des sections spéciales, mais leurs étiquettes apparaissent normalement sur les pages régionales pertinentes.

La politique pour notre choix d'étiquettes figurant sur ces pages régionales (une innovation dans l'édition des livres sur le vin, lorsqu'elle fut introduite dans la première édition) est plus stricte qu'auparavant.

Ces étiquettes reflètent mon goût personnel pour les meilleurs produits du pays, de la région ou du district. L'année figurant sur l'étiquette n'a pas de signification particulière. Le nombre d'étiquettes présentées à chaque page est souvent déterminé par la conception graphique de la page plus que par des considérations de qualité. De même ne faut-il rien déduire de l'ordre dans lequel ces étiquettes sont alignées sur la page.

Une autre innovation de cette édition consiste dans la présence d'encadrés contenant une information minimum sur telle ou telle région, destinés aux lecteurs qui sont pressés (pour plus de détails, consultez la page 21).

Remerciements

Avant tout, il me faut remercier Hugh Johnson, qui n'aurait pu être un collaborateur plus généreux, mieux intentionné, plus attentif, plus talentueux. L'éditeur responsable du projet, Rebecca Spry, a fait preuve d'une bonne humeur et d'une souplesse sans faille, proprement inimaginable. Lucy Bridgers a initié ce projet avec intelligence, avant de le confier à une dynamo humaine appelé Gill Pitts, chez qui se trouvent combinés, de la façon la plus inhabituelle, l'extrême efficacité, la diligence et le sens de l'humour. L'éditeur des cartes, Zoë Goodwin, a fait preuve d'une gentillesse extraordinaire tout en accomplissant son travail, en compagnie d'un Nathan Burley d'une bonne volonté constante. À n'en pas douter, ce fut une équipe de rêve, sans oublier la production et la conception graphique : Phil Ormerod, Peter Gerrish, Colin Goody, Rosie Garai, Julie Young et tous ceux dont les noms figurent en page 4. Disposer de cet appui éditorial, de ces professionnels si raisonnables, a été pour moi un luxe auquel je ne suis pas habituée.

Les autres éminences grises mises à contribution pour les cartes ont été Alan Grimwade et son équipe chez Cosmographics, Colin McCarthy et ses collègues de Map Creation.

J'adresse aussi mes remerciements à tous ceux qui sont cités et qui, par inadvertance, ont été oubliés sur la liste des remerciements qui figure à la page 352. Nous avons profité de la bonne volonté d'un vaste groupe d'informateurs dans le monde entier et nous ne pouvons que les bénir pour leur aide et les conditions dans lesquelles la technologie nous a permis de communiquer.

Toute erreur dans cet ouvrage doit être imputée à moi plutôt qu'à eux. Ils ne peuvent non plus être tenus responsables des nombreuses opinions exprimées dans ce livre, ni des choix tendancieux en matière d'étiquettes.

Comme toujours cependant, je dois l'essentiel à Nick, Julia, Will et Rose qui m'ont une fois de plus supportée avec tant de bonne humeur.

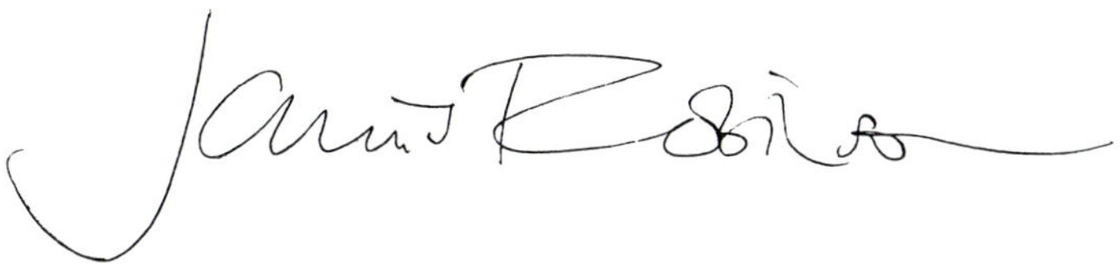

Abréviations

Abréviations utilisées dans les encadrés et le corps du texte :

ft pieds	**AC** Appellation contrôlée
g grammes	**AVA** Zone de viticulture américaine
ha hectares	**EU** Union européenne
hl hectolitres	**GI** Indication géographique
in inches	**INAO** Institut national des appellations d'origine
kg kilogrammes	**OIV** Office international de la vigne et du vin
km kilomètres	
l litres	
m mètres	
mm millimètres	

Le monde du vin

Un peu moins de huit millions d'hectares sur la planète étaient plantés de vignes en 1998, selon les statistiques officielles de l'Office international de la vigne et du vin (OIV) à Paris – ce qui signifie sans aucun doute qu'il y en avait beaucoup plus en réalité. La collaboration entre statisticiens et producteurs de vin est en effet loin d'être totale.

En dépit des importantes plantations de vigne dans les nouveaux pays producteurs, comme les États-Unis, l'Australie, le Chili, la Chine et l'Inde, la vieille garde – les premiers producteurs du monde dans le tableau de la page suivante – a arraché ses vignes à une telle cadence que la surface mondiale des vignobles dans le monde a décliné de 13 % depuis 1988. La production globale de vin a entre-temps décliné beaucoup plus lentement – 6 % sur la même période – ce qui laisse supposer que les vignobles du monde entier ont gagné en productivité. Ce gain peut sans doute s'expliquer par des progrès d'organisation, l'usage de fertilisants et d'autres produits agrochimiques destinés à combattre les maladies de la vigne.

Les variations dans les rendements moyens présentés sur cette page sont à la fois instructives et trompeuses (le système métrique est la référence internationale en matière de vin).

Les vignobles allemands ont toujours été les mieux exploités. Ceux de l'Uruguay sont exceptionnellement fertiles. Le chiffre du Luxembourg a sans doute été exagérément gonflé et celui du Royaume-Uni diminué en raison de leur base statistique réduite.

D'autres pays marqués d'une † dans la colonne du rendement consacrent une partie importante de leurs vignes à d'autres fins que la production de vin (raisins et raisins secs essentiellement), ce qui réduit en apparence le rendement à l'hectare de leurs vignobles. Dans les pays de l'Europe de l'Est, de nombreux vignobles ont été si négligés qu'ils ne produisent plus rien en comparaison de leur potentiel. Les rendements moyens sont naturellement faibles dans les pays à climat sec et à système d'irrigation déficient, comme l'Espagne, l'Afrique du Nord et certaines parties du Portugal.

Rassembler des statistiques globales sur le vin prend beaucoup de temps maintenant que de nombreux pays sont devenus des producteurs de vin (1998 est l'année la plus récente sur laquelle on peut disposer de chiffres, même à la fin de l'année 2001).

Le tableau de la page suivante est légèrement trompeur dans la mesure où les pays marqués d'une † consacrent une grande partie de leurs vignobles à des produits autres que le vin. Les pays qui arrivent en 24e, 25e et 34e position pour l'importance des vignobles – respectivement l'Irak, l'Afghanistan et le Yémen – ont été omis dans le classement parce qu'ils ne produisent pas du tout de vin officiellement.

Le monde produit toujours plus de vin qu'il n'en boit, ce qui n'a pas empêché la plantation de nouveaux vignobles, la plupart du temps avec des cépages internationaux (décrits aux pages 24 et 25).

Consommation de vin dans le monde (en litres par habitant en 1998)

La tendance générale est une réduction de la consommation de vin dans les grands pays producteurs, alors qu'elle augmente de façon notable dans plusieurs pays importateurs comme la Grande-Bretagne et les pays scandinaves. La chute de la consommation par habitant en France semble s'être ralentie, tandis qu'elle continue en Italie, au Portugal et en Argentine. Les habitants de l'Europe de l'Est sont en général d'enthousiastes buveurs de vin et les Luxembourgeois laissent tout le monde derrière eux.

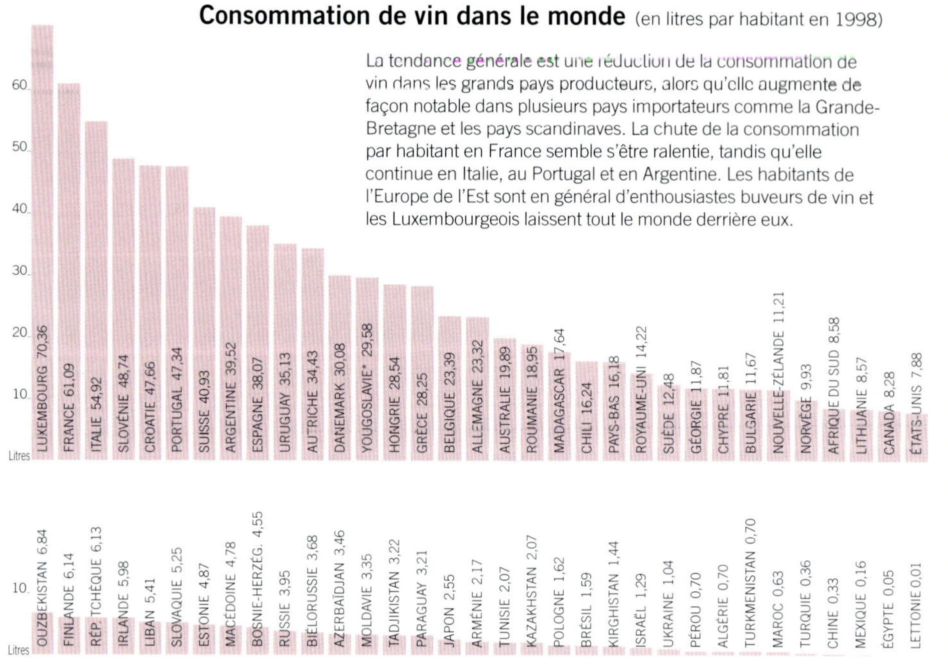

Production de vin
(en milliers d'hectolitres)

Pays	1998	1988	Rendt 98 Hl/Ha
Amérique du Nord			
USA	20 450	18 237	56
Canada	343	560	49
Amérique du Sud			
Argentine	12 673	20 629	60
Chili	5 475	4 227	38 †
Brésil	2 782	3 762	46 †
Mexique	1 112	147	27 †
Uruguay	1 132	740	103
Pérou	120	100	11 †
Bolivie	20	16	5 †
Europe			
Italie	54 188	61 863	60
France	52 671	57 530	58
Espagne	30 320	21 565	26
URSS*	15 093	28 128	19
Allemagne*	10 834	9 708	102
Roumanie	5 002	10 000	20
Hongrie	4 180	4 707	32
Yougoslavie*	4 025	5 762	38
Grèce	3 826	4 500	30
Portugal	3 621	3 826	14
Bulgarie	3 308	3 399	30
Autriche	2 703	2 867	55
Tchécoslovaquie*	940	1 607	28
Suisse	1 172	1 113	78
Albanie	105	250	21
Luxembourg	160	143	160
Malte	32	19	32
Royaume-Uni	12	6	12
Belgique	1	2	–
Afrique			
Afrique du Sud	8 156	8 465	73
Algérie	360	1,000	6 †
Tunisie	352	204	13 †
Maroc	298	280	6 †

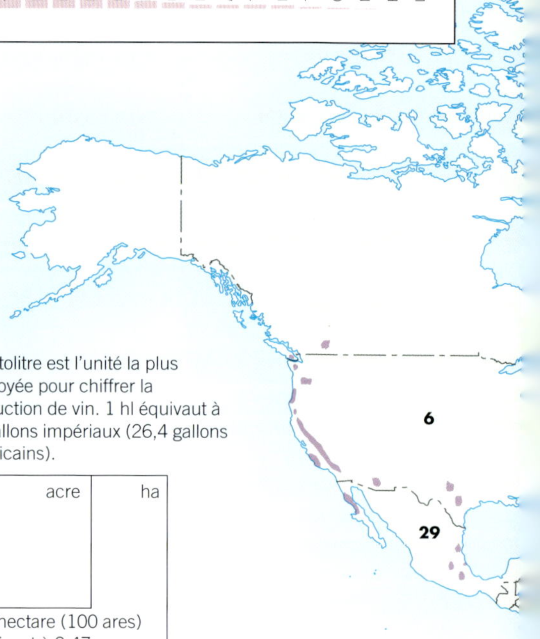

L'hectolitre est l'unité la plus employée pour chiffrer la production de vin. 1 hl équivaut à 22 gallons impériaux (26,4 gallons américains).

Un hectare (100 ares) équivaut à 2,47 acres.

Pays	1998	1988	Rendt 98 Hl/Ha
Asie/Moyen-Orient			
Chypre	710	630	36 †
Turquie	278	390	0,5†
Liban	186	50	7 †
Israël	90	140	11 †
Extrême-Orient			
Chine	3 550	–	18 †
Japon	1 301	527	59
Australasie			
Australie	7 415	4 030	76
Nouvelle-Zélande	606	480	67
Total mondial	258 776	274 417	33

Répartition des vignobles dans le monde (en milliers d'hectares)

Rang	Pays	1998	1988	% Modif.
1	Espagne	1 180	1 525	-29
2	France	914	1 018	-11
3	Italie	899	1 074	-19
4	URRS*	788	1 124	-43
5	Turquie†	602	600	0.5
6	États-Unis	364	319	12
7	Iran†	270	193	29
8	Portugal	260	385	-48
9	Roumanie	253	268	-6
10	Argentine	210	268	-28
11	Chine†	194	143	26
12	Chili†	144	118	18
13	Hongrie	131	142	-8
14	Grèce	129	171	-33
15	Afrique du Sud	111	102	8
16	Bulgarie	109	139	-28
17	Allemagne*	106	100	6
18	Yougoslavie*	106	227	-114
19	Australie	98	57	42
20	Syrie†	86	114	-33
21	Brésil†	60	61	-2
22	Algérie†	56	139	-148
23	Égypte†	56	47	16
26	Maroc†	50	58	-16
27	Autriche	49	58	-18
28	Inde†	43	13	70
29	Mexique†	41	64	-56
30	Tchécoslovaquie*	33	47	-42
31	Corée du Sud	30	–	–
32	Tunisie†	27	31	-15
33	Liban†	26	22	15
35	Japon	22	28	-27
36	Chypre†	20	31	-55
37	Jordanie†	15	6	60
38	Suisse	15	14	7
39	Pérou†	11	9	18
40	Uruguay	11	19	-73
	Total mondial	7 799	8 989	-13

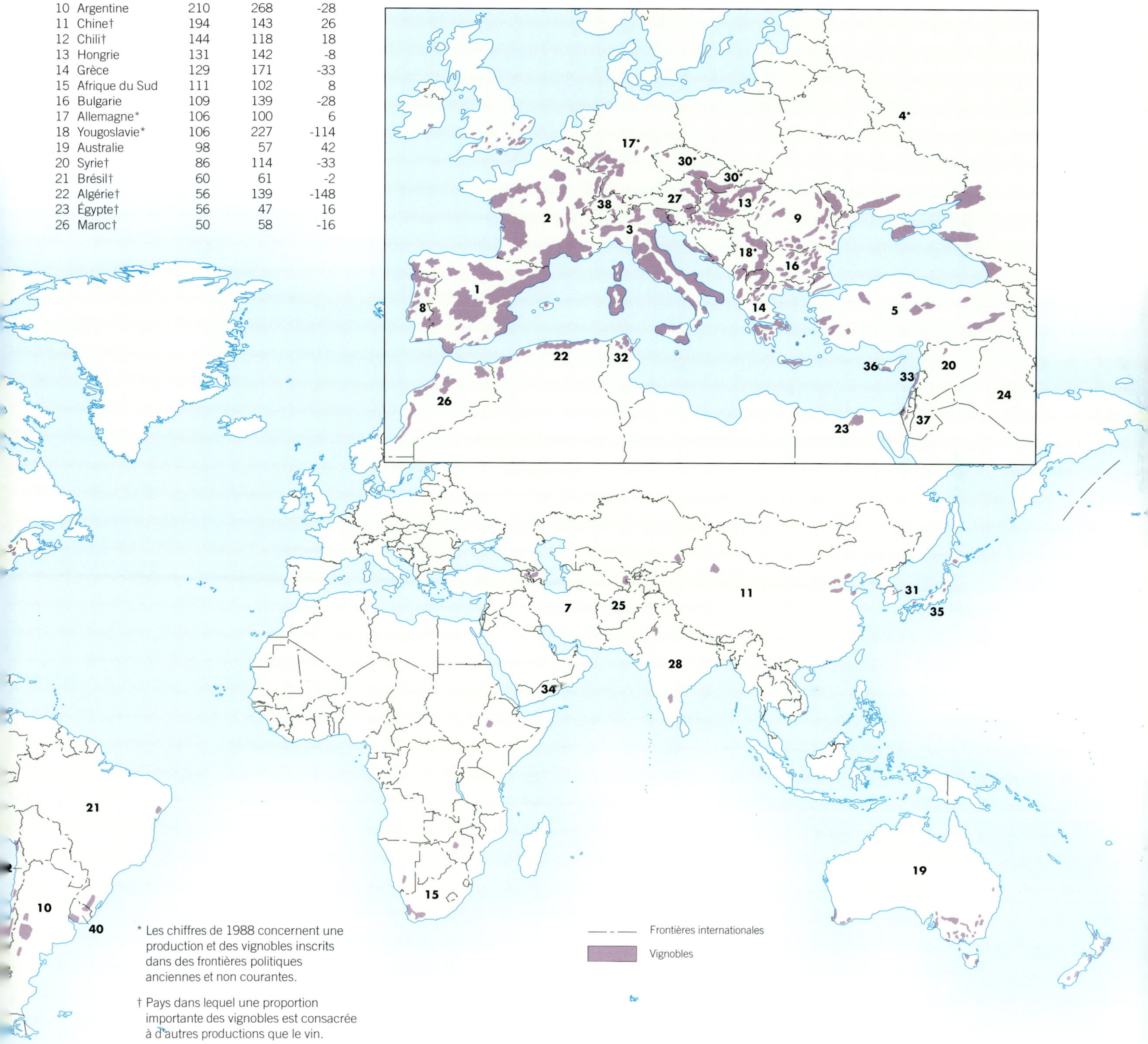

* Les chiffres de 1988 concernent une production et des vignobles inscrits dans des frontières politiques anciennes et non courantes.

† Pays dans lequel une proportion importante des vignobles est consacrée à d'autres productions que le vin.

Le monde antique

L'histoire du vin remonte bien plus loin que les archives les plus anciennes. Il émerge en Orient avec la civilisation même. Les preuves tirées des tablettes, des papyrus et des tombes égyptiennes pourraient remplir des volumes. Le genre humain, dans lequel nous nous reconnaissons, apparaît sur la scène du monde avec ses travaux, ses querelles, ses amours et ses soucis, un pichet de vin à la main.

Le vin pharaonique, en dépit des vives couleurs avec lesquelles il est dépeint, est trop ancien pour être étudié. Le premier vin dont l'âge est identifiable est celui des Phéniciens et des Grecs qui ont colonisé la Méditerranée, à partir de 1100 av. J.-C. pour ce qui est des Phéniciens et 350 ans plus tard dans le cas des Grecs. C'est à ce moment-là que le vin a commencé à arriver là où il allait trouver son véritable foyer : l'Italie, la France et l'Espagne. Les Grecs appelaient l'Italie « le Pays des Vins Échalassés » (voir page 153), tout comme les Vikings appelaient l'Amérique « *Vinland* » en raison de la profusion des vignes qu'ils y trouvèrent vers l'an 1000. L'Afrique du Nord, le sud de l'Espagne, la Provence, la Sicile, l'Italie et la mer Noire possédaient des vignobles à l'époque des Empires phénicien et grec.

Les vins de la Grèce, peu intéressants à l'époque moderne, étaient loués et décrits avec profusion par les poètes. Il y avait même à Athènes un jeu, à la fin des dîners, qui consistait à jeter en l'air les dernières gorgées du verre de vin pour toucher une assiette posée en équilibre sur un piquet. Un tel traitement du vin et le fait qu'il était presque toujours bu dans une « coupe », agrémenté d'herbes, d'épices et de miel, dilué à l'eau (parfois même à l'eau de mer), laissent penser que sa qualité intrinsèque était un peu suspecte. Que les vins des différentes îles de la mer Égée aient été hautement estimés pour leurs qualités distinctes est un fait incontestable. Le vin de Chio en particulier était recherché.

Les Grecs transformèrent en industrie la production de vin dans le Sud de l'Italie, les Étrusques en Toscane et plus au nord, et les Romains firent de même ensuite. On a tant écrit sur le vin et sa production dans la Rome antique qu'il est possible de dresser une carte sommaire (ci-dessous) des vins du début de l'Empire romain. Les plus grands écrivains, Virgile lui-même, envoyaient des instructions par écrit aux producteurs de vin.

D'autres écrivains, beaucoup plus calculateurs, discutaient de la quantité de nourriture et de sommeil nécessaire à un esclave pour fournir le plus de travail possible sans perdre sa condition physique. La production du vin chez les Romains se faisait à grande échelle et les calculs de rentabilité étaient prépondérants. Cette culture se répandit à travers tout l'Empire, de sorte que les Romains importaient des cargaisons innombrables d'amphores depuis leurs colonies d'Espagne, d'Afrique du Nord de tout le pourtour de la Méditerranée.

Les grandes années des vins romains étaient commentées et bues pendant des périodes qui semblent même trop longues : le fameux Opimian – qui tire son nom du consulat d'Opimius en 121 av. J.-C. – était encore consommé 125 ans après avoir été produit.

Les Romains disposaient de tout ce qu'il fallait pour faire vieillir le vin, même s'ils ne faisaient pas usage des mêmes matériaux que nous. Le vin n'était pas stocké dans du verre, par exemple. Les barriques en bois n'étaient utilisées que dans la Gaule (qui comprenait l'Allemagne). Comme les Grecs, les Romains utilisaient des amphores en terre cuite. Elles contenaient environ 35 litres.

La plupart des Italiens d'il y a 2000 ans buvaient probablement leur vin comme le font leurs descendants aujourd'hui : jeune, assez peu élaboré, mordant ou rude selon l'année. La méthode romaine, certes déclinante, qui consistait à faire pousser la vigne sur les arbres (guirlandes qui devinrent les frises de l'architecture classique) est toujours employée dans certaines parties du sud de l'Italie et au Portugal.

Les Grecs apportèrent le vin dans le nord de la Gaule méridionale. Les Romains le domestiquèrent. Au moment où ils se retirèrent de ce qui est aujourd'hui la France, au Ve siècle apr. J.-C., les Romains avaient mis en place les fondations de la plupart des plus fameux vignobles de l'Europe moderne.

Partant de Provence, où des vignobles plantés par les Grecs existaient déjà depuis plusieurs siècles, ils se déplacèrent le long de la vallée du

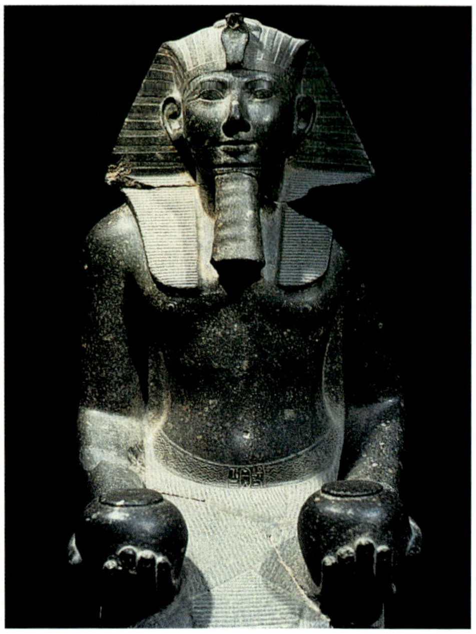

Ci-dessus Il semblerait que les dieux égyptiens aient apprécié le vin autant que les Égyptiens de l'Antiquité eux-mêmes. Le pharaon Touthmôsis III de la 18e dynastie (1479-1425 avant J.-C.) est représenté ici avec une offrande de vin dans des pots.

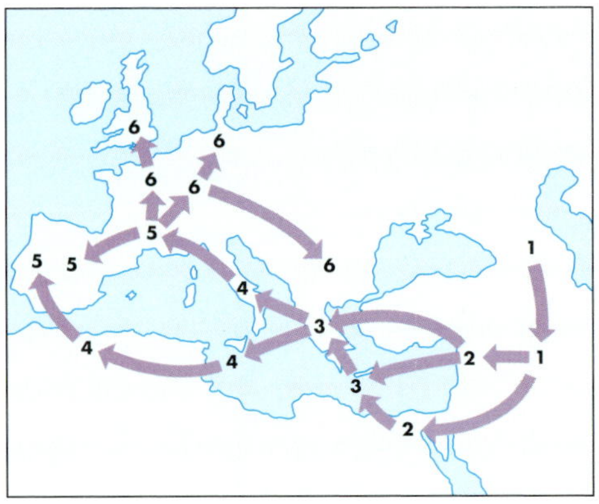

À gauche Démarrant dans le Caucase ou la Mésopotamie (1), sans doute en 6000 av. J.-C., la viticulture se développe en Égypte et en Phénicie (2) vers 3000 av. J.-C. En 2000 av. J.-C., elle s'implante en Grèce (3), et en 1000 avant J.-C. en Sicile, en Italie et en Afrique du Nord (4). Au cours des 500 années suivantes, elle se déploie en Espagne, au Portugal et dans le sud de la France (5), ainsi que dans le sud de la Russie probablement. Enfin, grâce aux Romains, elle s'introduit en Europe du Nord, pour atteindre la Grande-Bretagne (6) (voir aussi la carte de la page suivante).

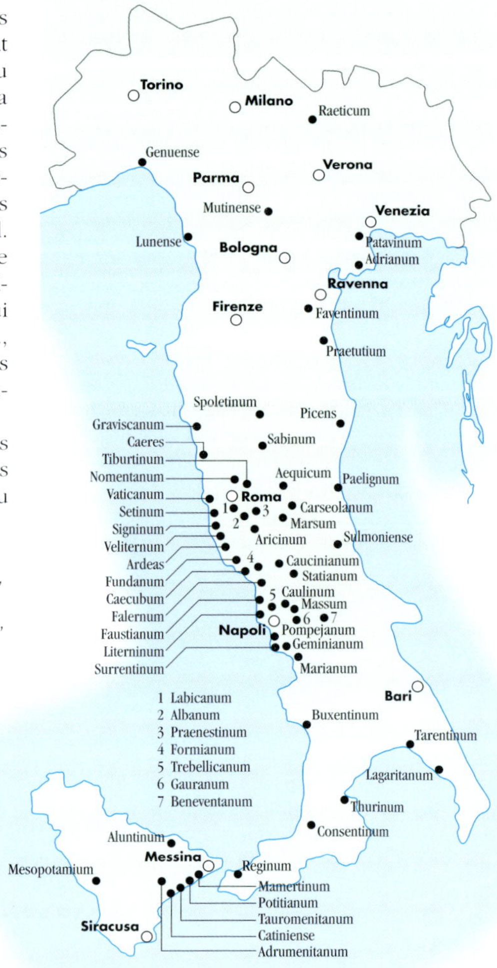

À droite Reconstitution de la production vinicole en Italie en 100 apr. J.-C. Les noms des villes modernes sont en caractères gras ; les noms des vins sont en caractères maigres.

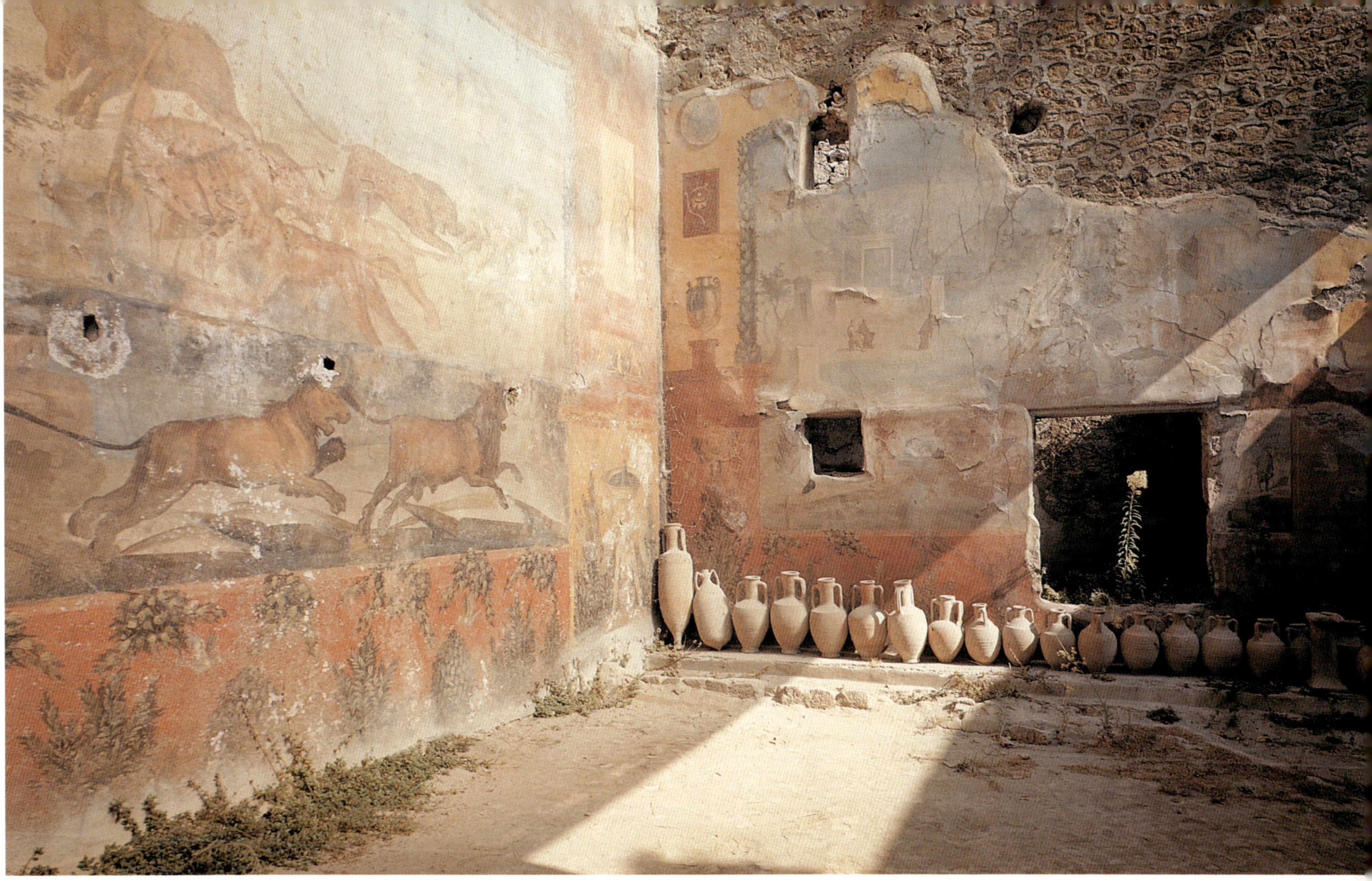

Ci-dessus Pompéi et Herculanum, lieux de villégiature de la côte romaine enterrés sous les cendres de l'éruption du Vésuve en 79 apr. J.-C., n'ont pas encore été entièrement explorés. Grâce à leurs maisons (ici celle de Lucius Caius Secundus), leurs rues, leurs caves et leurs débits de boisson, nous pouvons nous faire une idée assez claire de ce que buvaient les Romains et comment.

Rhône et vers le Languedoc, la *Provincia Narbonensis*. Au début du XXIe siècle, nous n'avons toujours pas d'élément qui permette de dater avec exactitude les débuts de la viticulture à Bordeaux. La mention la plus ancienne qui en soit faite se trouve dans les œuvres du poète Ausonius au IVe siècle apr. J.-C. (Ausonius vivait à Saint-Émilion, peut-être même à l'endroit du Château Ausone), mais la production du vin avait sans doute commencé bien avant.

Toutes les cultures se sont d'abord développées dans les vallées, voies naturelles de communication, que les Romains défrichèrent à l'origine pour se protéger des embuscades. De plus, les bateaux étaient le moyen de transport idéal pour une denrée aussi lourde que le vin. Bordeaux, la Bourgogne, Trèves (Trier en allemand, sur la Moselle, appelée aussi Rome du nord, où le musée a conservé une pinasse romaine sculptée, entièrement chargée et équipée) ont sans doute débuté comme centres d'importation du vin grec et italien, avant de planter leurs propres vignes qui finirent par surpasser les produits importés.

Au Ier siècle apr. J.-C., on trouvait déjà des vignes le long de la Loire et du Rhin ; au IIe siècle, en Bourgogne ; au IVe siècle, à Paris (une mauvaise idée), en Champagne et sur la Moselle.

Le vignoble de la Côte d'Or en Bourgogne reste plus mystérieux dans la mesure où on n'y trouve aucune rivière navigable. Il se trouve sur la route principale vers le nord qui contourne la riche province d'Autun. Les Autunois y ont probablement vu une opportunité commerciale avant de découvrir qu'ils avaient choisi un coteau en or. Les fondations de l'industrie française du vin que nous connaissons aujourd'hui étaient en place.

Ci-dessous Cette carte montre la répartition de la vigne, *Vitis vinifiera*, en 100 apr. J.-C. Elle permet de constater l'extraordinaire ressemblance avec la répartition des vignobles au début du XXIe siècle ; même si les vignes étaient moins nombreuses en Espagne, au Portugal et en France, et largement plus nombreuses dans l'Europe orientale et en Grande-Bretagne.

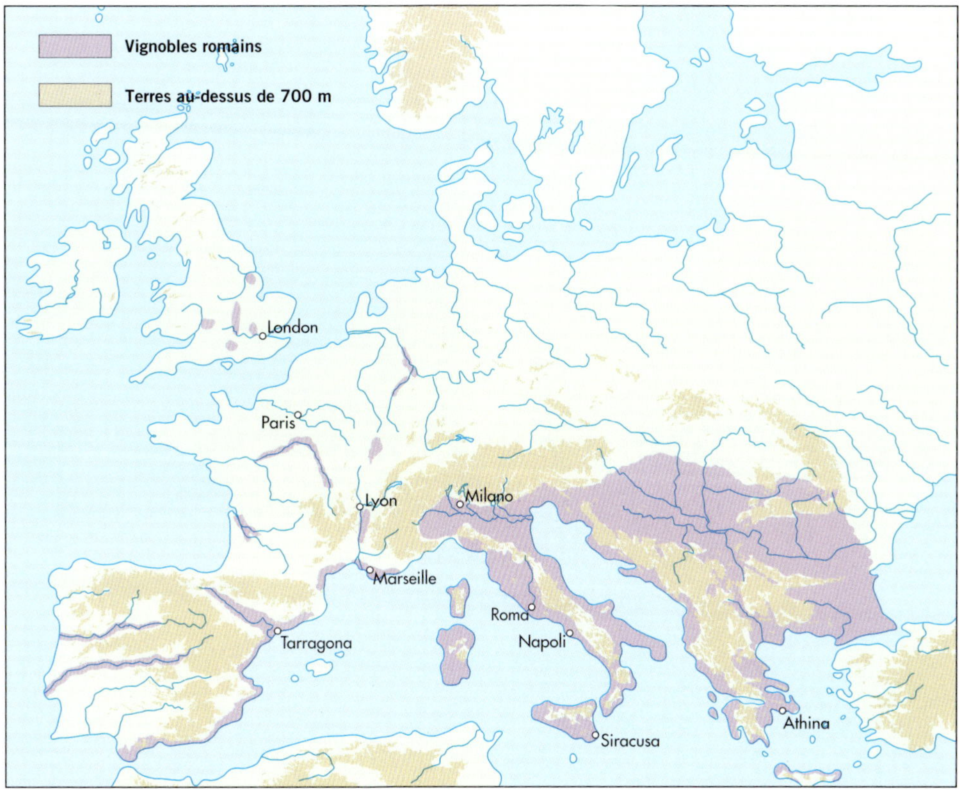

Le Moyen Âge

Des ténèbres qui ont suivi la chute de l'Empire romain, nous entrons dans la période médiévale, connue pour son amour du vin. Les méthodes de fabrication du vin n'allaient plus changer pour l'essentiel jusqu'au XXe siècle. L'Église était le dépositaire, pendant cette époque d'obscurantisme, de tous les attributs de la civilisation – en fait, la continuation de l'administration impériale romaine sous de nouveaux atours. Charlemagne fit de grands et célèbres efforts pour établir une législation visant à l'amélioration du vin.

Les monastères expansionnistes défrichant les collines et construisant des murs autour des sarments alignés, les vignerons (qui mouraient jeunes ou partaient pour les croisades) leur léguant leurs terres, l'Église en vint à être identifiée au vin – pas seulement en tant que sang du Christ, mais aussi en tant que luxe et réconfort en ce bas-monde. Les cathédrales et les églises, mais surtout les monastères en plein essor, se retrouvèrent propriétaires des plus grands vignobles d'Europe.

Les Bénédictins, depuis leurs grands monastères de Monte Cassino en Italie et de Cluny en Bourgogne, se mirent à cultiver les plus beaux vignobles, adaptant même leur règle de vie : « Se lever de table, les veines gonflées de vin et les têtes en feu ». Les monastères principaux étaient Fulda, près de Francfort, Lorsch près de Mayence, sans parler d'autres établissements majeurs en Alsace, en Suisse, en Bavière et en Autriche.

La réaction se produisit en 1112 quand le jeune saint Bernard quitta les Bénédictins pour fonder l'ordre ascétique des Cisterciens, du nom de leur nouvelle abbaye de Cîteaux, qui se trouve à quelques pas de la Côte d'Or. L'ordre des Cisterciens eut un grand succès, fondant non seulement les grands vignobles clos de murs du Clos de Vougeot en Bourgogne, de Steinberg dans le Rheingau à côté de leur abbaye de Kloster Eberbach, mais aussi de magnifiques monastères dans toute l'Europe – et finissant, naturellement, par avoir la même réputation de gloutonnerie que les Bénédictins.

La seule exception importante à la domination de l'Église fut le florissant vignoble de Bordeaux, dont le développement resta purement commercial. De 1152 à 1453, le duché d'Aquitaine, qui englobait une grande partie de l'Ouest de la France, fut annexé par l'Angleterre et concentra tous ses efforts à remplir des flottes entières d'outres de claret, le vin nouveau de Bordeaux qu'aimaient les Anglais.

Mais c'est dans le cadre de l'Église et des monastères, au sein desquels les outils, les termes et les techniques semblent ne jamais changer, que les styles de vin et même certains des cépages qui nous sont aujourd'hui familiers ont vu le jour. Le vin et la laine étaient les deux grands luxes de l'Europe du Nord au Moyen Âge. Le commerce de ces deux denrées généra des fortunes – notamment dans les Flandres et dans les grandes foires annuelles qui se déroulaient en Champagne, attirant même des marchands transalpins. L'Allemagne devint une région obsédée par le vin, où d'immenses barriques connues sous le nom de « tuns » furent construites pour conserver les années exceptionnelles. L'expertise était sans doute rudimentaire, mais en 1224 le roi de France organisa une dégustation internationale. « La Bataille des Vins » comprenait soixante-dix participants en provenance d'Espagne, d'Allemagne, de Chypre et de toute la France. Le juge était un prêtre anglais. Chypre l'emporta.

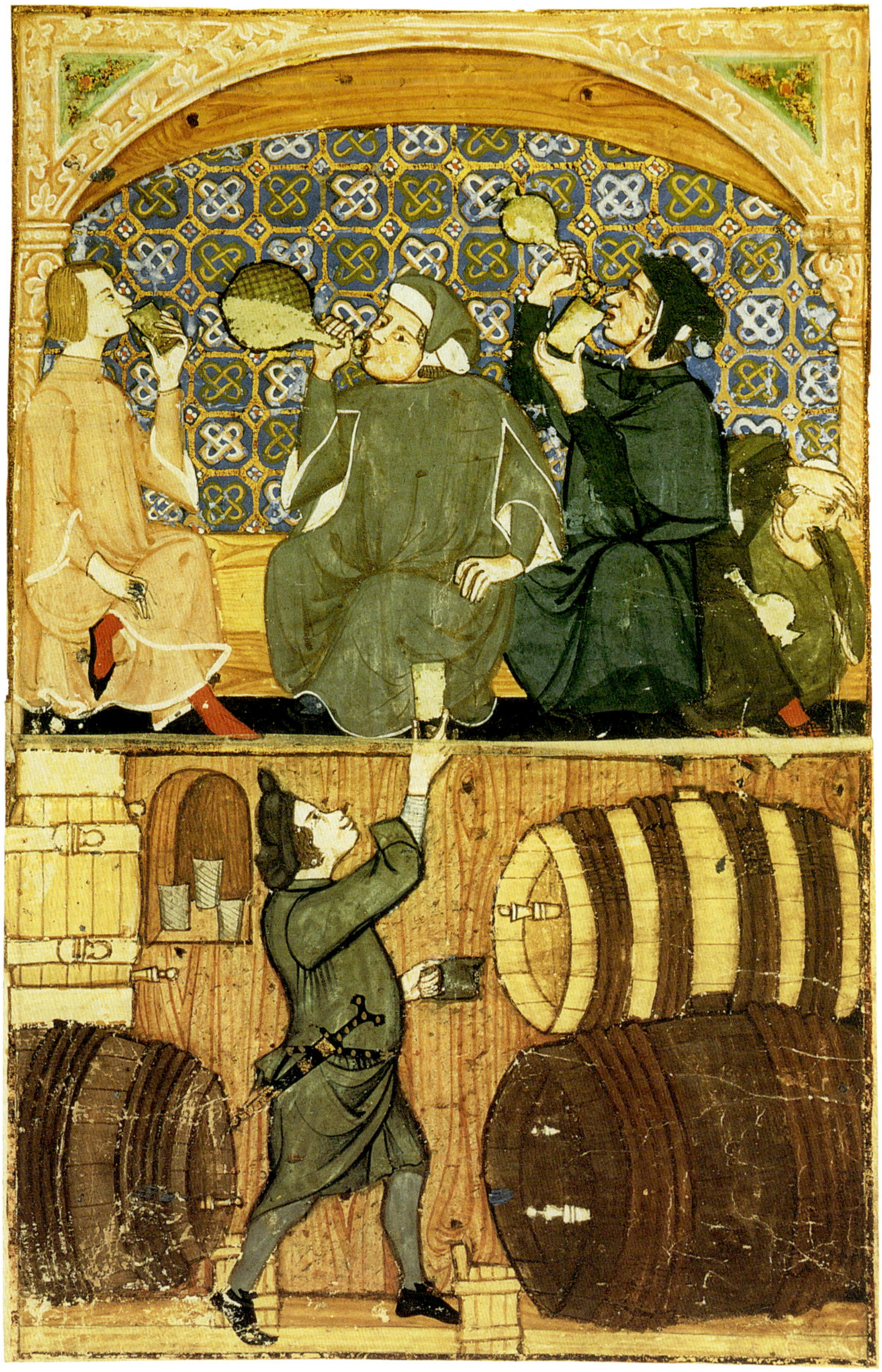

Ci-dessus Peu de choses qui ne soient familières dans ce manuscrit italien du XIVe siècle, le *Tractatum de Septem Vitiis*. Il est tout de même surprenant de voir un invité boire à la bouteille en dépit du mal que se donne le maître de chai pour examiner la clarté du vin à la cave.

L'évolution du vin moderne

Jusqu'au début du XVIIe siècle, le vin était la seule boisson salutaire susceptible – jusqu'à un certain point – d'être conservée. L'eau n'était en général pas potable, du moins dans les villes. La bière sans houblon tournait rapidement. Les alcools et les boissons à la caféine n'existaient pas.

L'Europe buvait du vin dans des quantités que nous avons du mal à concevoir. Nos ancêtres devaient être dans une ivresse perpétuelle. Il est difficile de faire confiance aux descriptions de vin datant d'avant 1700. À l'exception des notes de dégustation très explicites de Shakespeare – « un merveilleux vin pénétrant, et il parfume le sang avant que l'on puisse dire "Qu'est-ce que c'est ?" » –, elles traitent de recommandations royales ou de cures miraculeuses plutôt que de goût et de style.

Au XVIIe siècle, tout changea avec l'arrivée du chocolat d'Amérique centrale, du café d'Arabie et enfin du thé de Chine. Au même moment, les Hollandais mirent au point l'art de la distillation, transformant des régions entières de la France de l'Ouest en pourvoyeuses de vin blanc bon marché pour leurs alambics. Le houblon permit de stabiliser la bière et les grandes villes commencèrent à s'approvisionner en eau potable. L'industrie du vin était menacée de mort.

Il n'y a donc aucune coïncidence dans le fait que nous datons la création de la plupart des vins considérés comme des classiques de la seconde moitié du XVIIe siècle. Mais ces développements n'auraient jamais abouti sans l'invention fort opportune de la bouteille en verre. Depuis l'époque romaine, on utilisait des barriques. Des bouteilles ou plus exactement des pichets, en terre cuite ou en cuir, servaient à table. Au début du XVIIe siècle, des progrès dans la technique de fabrication du verre rendirent les bouteilles plus solides et moins chères à souffler.

Au même moment, un penseur inconnu eut l'idée de réunir la bouteille, le bouchon et le tire-bouchon.

Peu à peu, il devint parfaitement clair que le vin se conservait plus longtemps dans une bouteille au bouchon hermétique que dans un tonneau percé pour la consommation. Il y vieillissait aussi différemment, acquérant un « bouquet ». Le vin de garde fut ainsi créé, et avec lui la possibilité de doubler ou de tripler le prix des vins susceptibles de bien vieillir.

Ce fut le propriétaire du Château Haut-Brion qui, le premier, eut l'idée de « réserver », dirons-nous, les vins : de les sélectionner, de récolter plus tard, de les rendre plus puissants, de les fabriquer plus soigneusement et de les faire vieillir. Dans les années 1660, il ouvrit le premier restaurant à Londres sous son propre nom, Pontac's Head, pour faire de la publicité à son produit.

En Champagne, le moine œnologue Dom Pérignon perfectionna, grâce à l'assemblage, un vin si luxueux que l'aristocratie le réclamerait à corps et à cris. Par accident, ou plutôt en raison des qualités intrinsèques du vin de la région, une fois mis en bouteille il se mit à pétiller. L'œnologue désapprouva. La clientèle, non.

À droite L'étendue du vignoble de Bordeaux et sa production de vin en relation avec les guerres, les insectes, les maladies, l'économie, le climat – enregistré depuis 1988 par Philippe Roudié de l'université de Bordeaux. Deux grands produits chimiques, le sulfure et la mixture de Bordeaux, ont eu un effet immédiat. Les années 1990 ont été dominées par des dissensions sur les prix.

Ci-dessous Il est fascinant de comparer la classification des grands vins du monde faite par André Jullien en 1866 avec ce que nous en pensons aujourd'hui. Dans sa *Topographie de tous les vignobles connus*, il donnait le nom de tous les vignobles présentés sur cette carte.

Évolution de la production de vin à Bordeaux

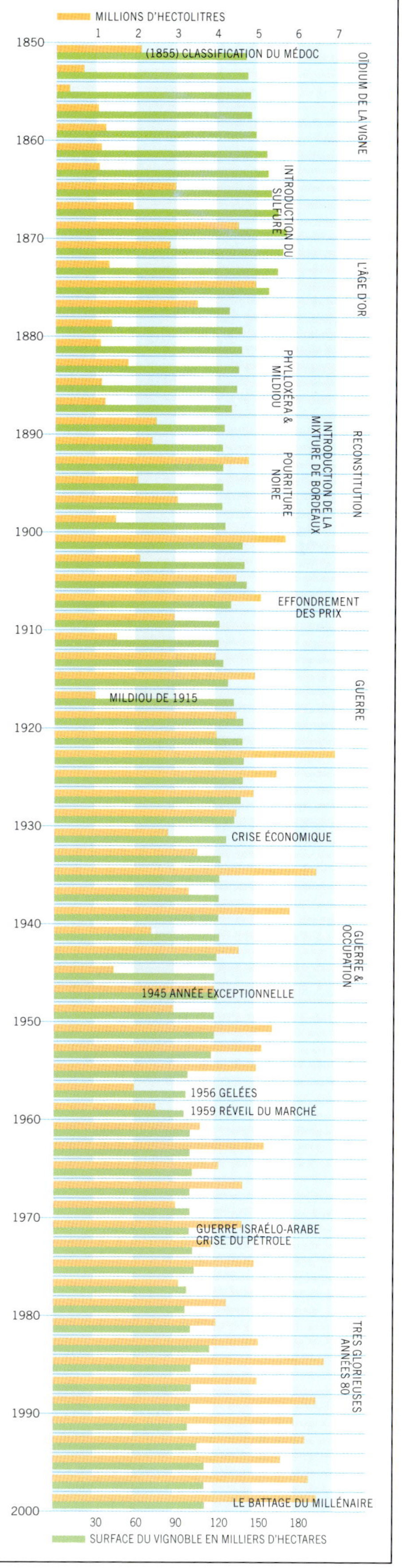

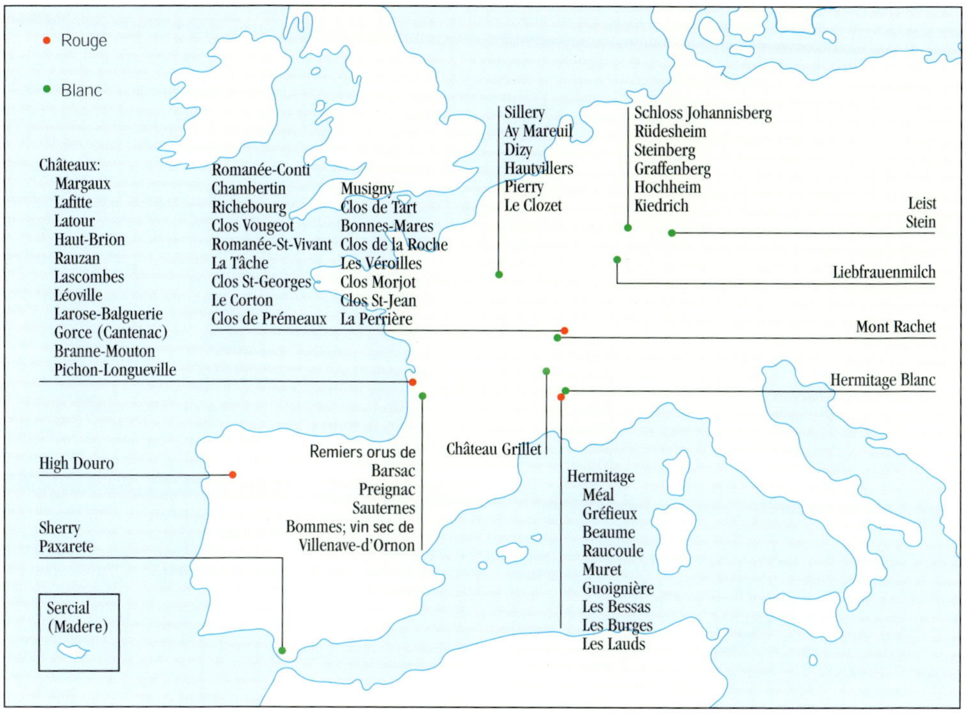

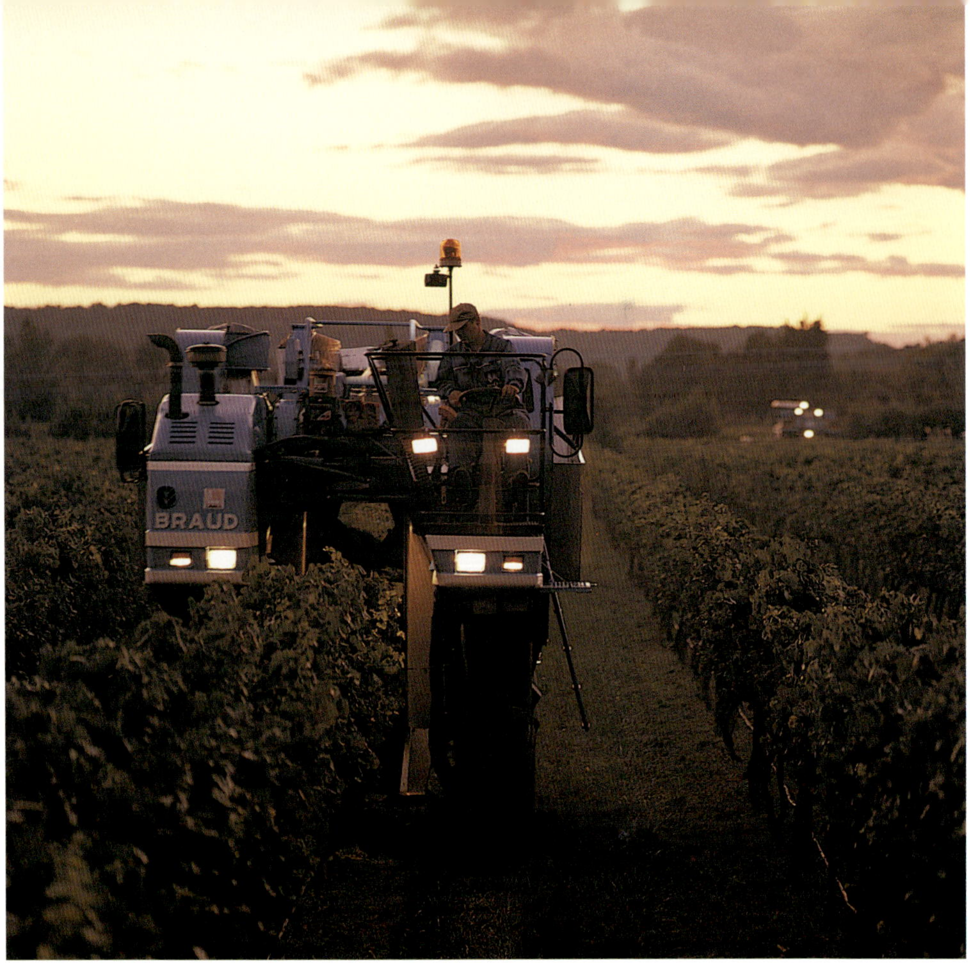

Au début du XVIIIe siècle, le bourgogne changea de nature lui aussi. Les vins les plus délicats, le volnay et le savigny, étaient autrefois les plus demandés. Désormais, on préférait les vins de garde, aux fermentations plus longues, aux couleurs plus sombres, particulièrement ceux de la Côte de Nuits. En Bourgogne, le cépage principal pinot noir avait été identifié et rendu obligatoire. La Champagne, elle aussi, adopta le pinot noir par souci d'émulation. Les meilleurs vignobles d'Allemagne étaient replantés avec du riesling. Mais les autres régions continuaient leurs expérimentations.

Le vin qui a le plus bénéficié du développement de la bouteille fut le porto que les Anglais avaient commencé à boire à la fin du XVIIe siècle – non par goût, mais parce que les droits de douane sur leur vin français préféré étaient devenus prohibitifs au cours d'une période de guerres incessantes (voir ci-dessous).

En 1866, André Jullien publia des chiffres concernant les degrés alcooliques des années récentes. À l'aune de nos standards actuels, les bourgognes sont très élevées : Corton 1858, 15°6 ; Montrachet 1858, 14°3 ; Volnay 1859, 14°9 ; Richebourg 1859, 14°3. À l'opposé, les vins de Bordeaux pour les deux mêmes années vont de 11°3 (Saint-Émilion Supérieur) à 8°9 (Château Lafite).

La faible puissance naturelle des bordeaux explique une curieuse habitude. Jusque vers le milieu du XIXe siècle, les vins destinés à l'Angleterre – presque la totalité des meilleurs bordeaux – subissaient ce qu'on appelait le travail à l'anglaise. La recette exigeait 30 litres de vin espagnol (Alicante ou Benicarlo), 2 litres de moût de blanc non fermenté et une bouteille de cognac pour chaque tonneau de claret. L'été suivant l'année de récolte, on remettait le vin à fermenter avec ces additifs, puis on le traitait comme les autres vins et on le gardait plusieurs années en fût de chêne avant de l'expédier. Il en résultait un vin puissant qui se vendait plus cher qu'un vin naturel.

Les vins allemands du siècle dernier sont très différents des vins doux d'aujourd'hui, profonds et délicats, pâles et intensément parfumés. Les raisins, récoltés plus tôt, donnaient des vins acides qui avaient besoin de vieillir plus longtemps. « Vieux vin brun du Rhin », recommandait-on.

Le champagne était plus sucré et plus plein en arôme et en couleur – même si, à part cela, il était très semblable à ce qu'il est aujourd'hui. Le porto et le sherry ont été améliorés. Il existait plus de vins doux puissants : le malaga et le marsala étaient à leur apogée. Le madère, le constantia et le tokay jouissaient d'une haute considération en tant que *Trockenbeerenauslesen* modernes.

Le commerce du vin était en pleine expansion. Dans les pays producteurs de vin, une très grande partie de l'économie dépendait du vin : en Italie, en 1880, on a calculé que la survie de 80 % de la population était plus ou moins liée à l'industrie du vin. L'Italie (Toscane et Piémont) et l'Espagne (Rioja) créaient les premiers vins d'exportation modernes. La Californie connaissait sa première ruée vers le vin. C'est ce monde-là que le phylloxéra a frappé (voir page 18). Il provoqua l'arrachage de presque tous les pieds de vigne en Europe et dans le Nouveau Monde ; on pensait que ce serait la fin du monde du vin.

Ci-dessus La vendangeuse est une machine essentielle dans la révolution de la production du vin moderne. L'économie est évidente. Elle peut aussi travailler la nuit, permettant de récolter les raisins quand ils sont frais dans les pays chauds.

Rétrospectivement, on constate qu'il a amené la rationalisation des plantations, l'introduction du greffage et la sélection renforcée des variétés de raisins les plus désirables. Mais c'est tout de même sur fond de dépression que le gouvernement français a fait ses premières tentatives de réglementation et de contrôle, avec un système embryonnaire d'appellations contrôlées. La notion de terroir s'est ainsi cristallisée pour la première fois.

Le XXe siècle a connu deux révolutions dans le monde du vin : scientifique d'abord, industrielle ensuite. Au départ, la signification pratique de la découverte de Pasteur mit un certain temps à s'imposer. La fermentation n'était plus un mystère, mais un processus susceptible d'être contrôlé. Bordeaux ouvrit le premier département universi-

Ci-dessous L'évolution de la bouteille de porto de 1708, quand c'était une carafe, à 1793, quand elle s'est approchée de ses proportions modernes. En découvrant que les vins en bouteille s'amélioraient avec le temps, on se mit à dessiner des bouteilles qui pourraient être « couchées ».

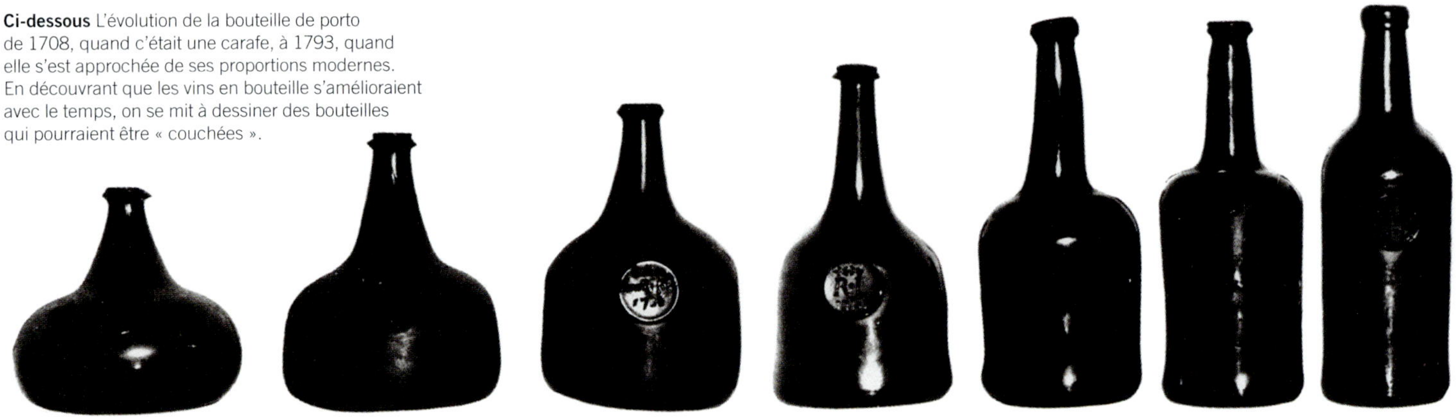

1708 1719 1739 1741 1753 1780 1793

taire d'œnologie. En même temps, Montpellier, Geisenheim, Davis en Californie et Roseworthy en Australie créaient des départements pour l'étude de la viticulture.

Mais ce ne fut pas avant les années 1950 qu'un semblant de prospérité revint dans les châteaux, les caves et les domaines, l'Amérique se dégageant des conséquences de la Prohibition et l'Europe se relevant de la deuxième guerre mondiale.

Pour les pays chauds du Nouveau Monde, la révolution vint avec la réfrigération et la capacité de refroidir le moût en fermentation. La Californie ne disposait que de quelques caves taillées dans la roche, l'Australie n'avait rien pour limiter la fermentation effervescente et la perte de caractère aromatique. Par conséquent, les seuls vins de table aromatiques, équilibrés et susceptibles de bien vieillir provenaient pratiquement tous d'Europe septentrionale.

Une fois cette étape franchie, la Californie fit de la variété des cépages une véritable religion : le zinfandel était le cépage californien, mais le chardonnay était « l'unique source de tous les grands bourgognes blancs de France », le cabernet « le premier cépage de rouge dans la région de Bordeaux ». Leurs noms devinrent des incantations, leurs vins des catégories dont aucune cave ne pouvait se passer. L'Australie, où les premiers viticulteurs avaient planté de la syrah, du sémillon et du riesling, dut s'empresser d'introduire ce que le monde entier se mettait à désirer.

Le monde du vin moderne a commencé dans les années 1960 avec l'apparition presque simultanée de nouveaux domaines ambitieux en Californie et en Australie et le lancement par E. & J. Gallo de vins de table agréables (même s'ils avaient pour nom « Chablis » et « Hearty Burgundy ») pour satisfaire de nouveaux consommateurs. L'équivalent australien s'appelait « Moselle ».

Armés d'une science qui permettait d'améliorer la qualité et d'une technologie en progrès face à la demande croissante, les producteurs de vin eurent le sentiment qu'ils pourraient atteindre des hauteurs jusque-là inégalées. La grande découverte des années 1960 – que les fûts de chêne français, employés de manière judicieuse, pouvaient donner à des vins de terroirs différents plus qu'une simple ressemblance avec les « classiques français » – a constitué le facteur déterminant dans la réduction de la différence entre le vin français et ses imitations.

Hélas, ce petit truc a rapidement tourné à la farce, avec des novices qui confondaient le goût du chêne et le goût du vin. L'usage abusif du chêne comme arôme est encore un problème répandu, pas seulement dans le Nouveau Monde, mais aussi parmi les producteurs italiens, espagnols et français qui ont perdu confiance en leur propre goût et se plient au vent de la mode.

Le XXIe siècle démarre avec de très grandes quantités (une surproduction s'annonce) de vin de qualité, aux origines les plus variées que le monde ait jamais connues. Aux avancées scientifiques et technologiques, s'est ajouté à la fin du XXe siècle les progrès de la communication et donc de la compétition mondiale.

À ce jour, il ne reste plus beaucoup, pour ne pas dire plus du tout, de secrets dans un monde qui les cultivaient autrefois. Le « vigneron volant » est une invention des années 1980 : un professionnel high-tech, généralement australien, à l'origine employé pour faire du vin en Europe pendant l'hiver australien et faisant aujourd'hui plusieurs vins simultanément. Les producteurs, volants ou attachés à la terre livrent parfois tous les détails de leurs pratiques sur les étiquettes. Le danger est que les professionnels du marketing prennent le pas sur ceux qui ont les mains tachées de vin. Leurs conseils aboutiront à une inondation du marché avec la réussite de l'année précédente – selon toute probabilité, du chardonnay.

Le danger de la similitude, de voir chaque producteur viser le même marché global avec un vin qui dit « moi aussi », a été parfaitement signalé. Pour la majorité des consommateurs, il faut le dire, cela ne constitue en rien un danger. Les buveurs de vin médiocre forment la majorité et ce qu'ils désirent, c'est la continuité. La variété équivaut à la confusion et à la perte de confiance. Chez les Anglo-Saxons, les étiquettes en anglais ont créé un climat de confiance qui explique en grande partie la ruée sur les vins du Nouveau Monde.

Mais les amateurs de vin dans le monde sont petit à petit plus exigeants et désirent comprendre ce qu'ils boivent. Le vin de qualité l'emporte sur le vin de table – tendance qui va s'accélérer avec la surproduction à tous les niveaux qui s'annonce.

Les jours sont comptés, par exemple, pour les bouteilles estampillées Chardonnay et déversées sur le marché à bas prix et grands renforts de publicité. À mesure que les consommateurs découvrent le vin et leur propre goût en la matière, ils sont prêts à dépenser plus (même si cela a pour effet de boire moins). Ce phénomène est devenu parfaitement clair au cours des dernières décennies du XXe siècle. Les vignobles du Midi qui produisaient du vin ordinaire sont à présent le foyer des Vins de pays. Peu d'entre eux boudent l'aubaine et le succès stimule les producteurs.

Il existe de nombreuses raisons de penser que la variété va subsister. Et même être relancée puisque des producteurs du Nouveau Monde remplacent le cabernet et le merlot par du sangiovese ou de la syrah, ou même du nebbiolo ou du tempranillo. Il y a vingt ans, les assemblages des marchands dominaient le marché du bourgogne. Aujourd'hui, ce sont les producteurs indépendants qui sont à la barre, avec toutes les complications qu'entraînent les petits vignobles et les familles étendues qui en vivent. Leur succès a encouragé une nouvelle génération de marchands-négociants ambitieux, qui essaient eux aussi de produire des vins aussi intéressants que ceux des producteurs. Le vin est complexe et c'est une chance.

Ci-dessous Rien de romantique dans une grande cave moderne. Le contrôle de la température permet de travailler sous le soleil brûlant d'Australie. Ces cuves de fermentation tournent sur elles-mêmes afin de maximiser l'extraction de la couleur des peaux de raisin à la température idéale.

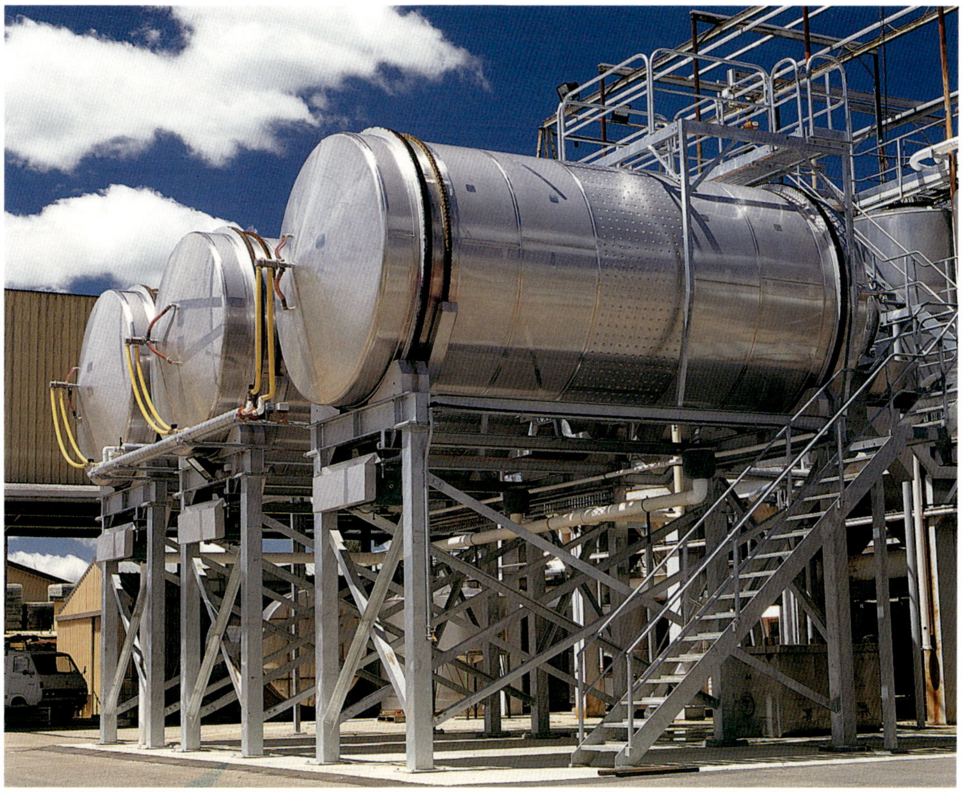

La vigne

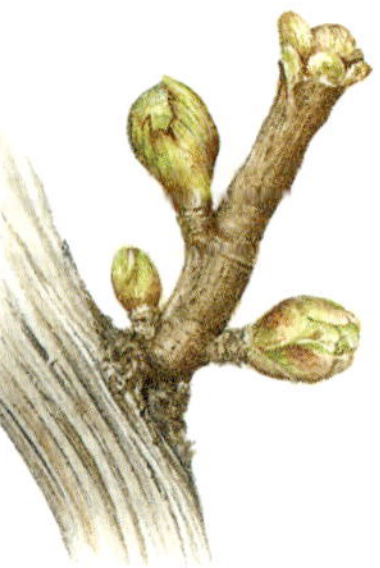

Phase 1 Au tout début du mois de mars en Europe septentrionale et en septembre dans l'hémisphère sud, les bourgeons conservés après la taille de l'hiver commencent à germer. Ce phénomène se produit lorsque la température atteint à peu près 10°C, avec des variations liées aux différents cépages.

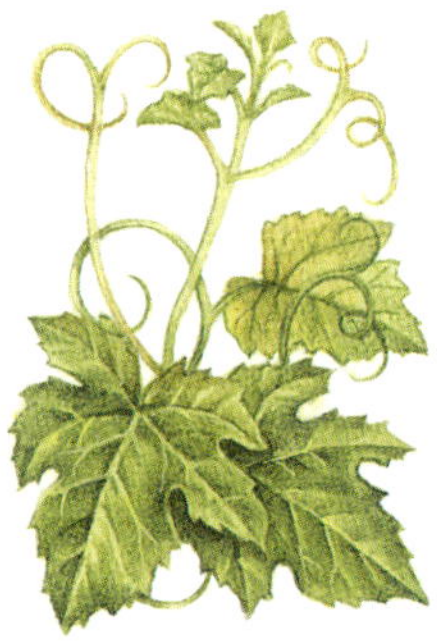

Phase 2 Dix jours après le bourgeonnement, les feuilles et les vrilles apparaissent. Elles sont vulnérables au gel qui peut sévir jusqu'à la mi-mai dans l'hémisphère nord et jusqu'à la mi-novembre dans 'hémisphère sud. Une taille tardive peut retarder le bourgeonnement.

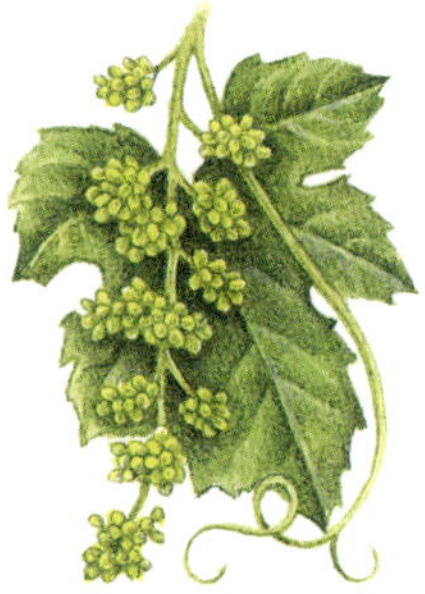

Phase 3 Entre la sixième et la treizième semaine après le bourgeonnement, la floraison, cruciale pour la vigne, commence avec l'émergence de sépales minuscules contenant les pétales enroulés. Ils ressemblent à des versions miniatures des raisins, qui se formeront une fois les sépales tombés, exposant les étamines à la fertilisation par le pollen.

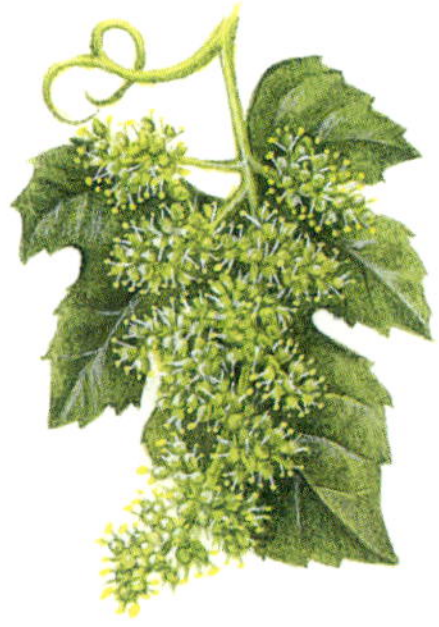

Phase 4 La récolte à venir dépend du succès de la pollinisation. Le mauvais temps entre le dixième et le quatorzième jour de la floraison peut provoquer la coulure – les rafles d'un nombre excessif des toutes petites baies se dessèchent et se détachent – et le millerandage – des baies de taille différente sur la même grappe.

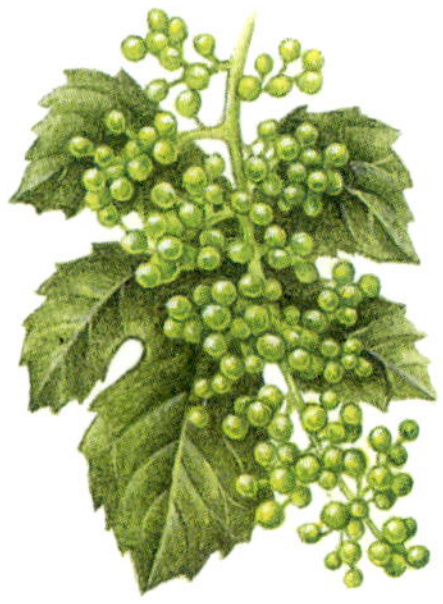

Phase 5 Les bourgeons qui ont échappé au gel et à la pluie sont remplacés par des petits raisins verts et durs en juin ou décembre. Ces raisins grossissent pendant l'été et, en août ou février, connaissent la véraison : ils ramollissent et deviennent rouges ou jaunes. Le processus de maturation commence et les sucres se concentrent dans le grain de raisin.

Que cette boisson merveilleusement variée et évocatrice que nous appelons le vin soit le jus fermenté d'un seul fruit, le raisin, c'est là un fait extraordinaire. Chaque goutte de vin que nous buvons provient de la pluie (et dans les régions plus chaudes, de l'eau d'irrigation) récupérée dans le sol par le mécanisme végétal qu'est la vigne. Le soleil auquel elle est exposée, par le biais de la photosynthèse, assure la conversion en sucre fermentable.

Pendant les deux ou trois premières années de sa vie, un jeune pied de vigne est trop sollicité par la création de son système de racines et par la croissance d'un pied solide pour pouvoir porter plus que quelques grains. Après quoi, si on laissait faire la nature, il se mettrait à ramper, portant quelques fruits mais dépensant l'essentiel de son énergie à faire de nouveaux rejets et à produire de longues branches feuillues qui cherchent, dans l'idéal, à grimper sur un arbre.

Cette forme particulière de reproduction naturelle, connue sous le nom de provignage, était utilisée dans l'Antiquité. Pour empêcher les grappes de pourrir ou les souris de les manger, puisqu'elles reposent sur le sol, des piquets étaient placés sous les tiges pour soulever chaque grappe. Si la vigne poussait près d'un arbre, elle utilisait ses vrilles pour monter jusqu'à des hauteurs vertigineuses. Les Romains plantaient des ormes à cet effet.

Bien entendu, on ne laisse plus les vignes modernes perdre leur précieuse énergie à développer de longues branches feuillues – en dépit de leur tendance constante à le faire (voir page 29). Les raisins de qualité supérieure poussent sur des vignes qui sont taillées en hiver et régulièrement retaillées pour limiter le nombre de bourgeons.

Comme la plupart des plantes, les vignes se reproduisent à partir d'une graine, mais les graines ne ressemblent que rarement à leurs parents. Les viticulteurs préfèrent propager la vigne de manière non naturelle, afin de s'assurer que le rejeton soit le même que la vigne-mère. Les pépins ne sont utilisés que pour expérimenter de nouvelles greffes entre différentes variétés.

Pour planter un nouveau vignoble, chaque pied de vigne est au départ une bouture – soit plantée toute seule, soit greffée sur une bouture enracinée d'une autre espèce, sélectionnée en fonction du type de sol ou de sa résistance aux agressions.

Les « scions » sont plantés pendant une saison jusqu'à ce qu'ils prennent racine. S'il y a le moindre risque d'infection, des pieds de vigne cultivés en milieu stérile, dont on n'utilise que l'excroissance protégée de tout virus, sont couvés en laboratoire avant de pouvoir être enracinés.

En vieillissant, un pied de vigne enfonce profondément ses racines dans le sol. En général, plus la vigne est jeune, plus léger et moins subtil est le vin. Entre trois et six ans après la plantation, la vigne se stabilise, remplissant l'espace qui lui est alloué au-dessus du sol, et se met à produire un vin de plus en plus concentré – probablement en raison du système de racines dont

La propagation du phylloxéra dans les vignobles d'Europe

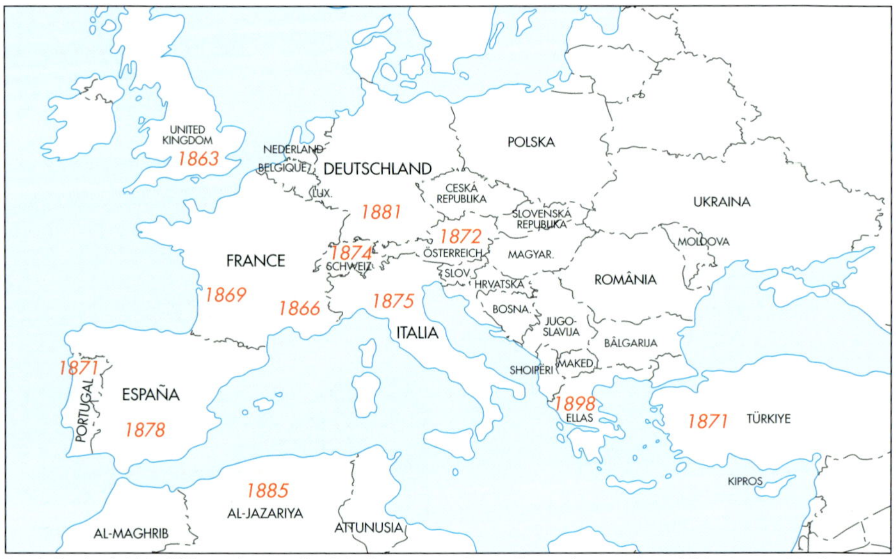

Le phylloxéra fut identifié pour la première fois dans le sud de l'Angleterre en 1863 et, trois ans plus tard, faisait déjà des ravages dans les vignobles du sud de la vallée du Rhône et dans le Languedoc. En 1869, il avait atteint Bordeaux et réduisit de trois quart la production du vin en France entre 1875 et 1889.

La greffe sur des souches résistantes américaines commença en France à la fin des années 1870, époque à laquelle le phylloxéra s'était déjà répandu en Italie, en Espagne, au Portugal, en Autriche, en Suisse et en Turquie. La présence avérée de l'aphide dans les vignobles du Reich allemand ne date que de 1881.

Insectes, maladies et leurs effets sur la vigne

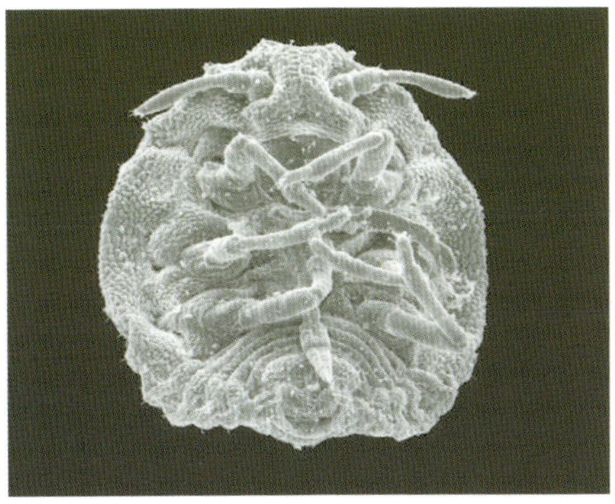

Le phylloxéra est présenté ici en détail grâce au microscope électronique. Natif de l'Amérique du Nord, il est arrivé en Europe sur des bateaux à vapeur, capables de traverser l'Atlantique assez vite pour qu'il puisse survivre sur les spécimens botaniques rapportés par les Victoriens. Les vignes américaines y résistent et la greffe des vignes européennes sur des souches américaines est le seul remède efficace.

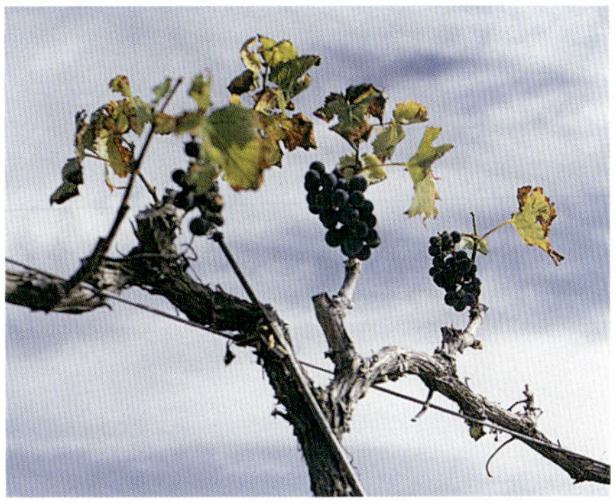

Une vigne attaquée par le phylloxéra est d'abord ravagée par les racines, qui sont détruites en quelques années par l'aphidien. Les tiges deviennent ensuite rabougries et perdent leur aspect vert et sain. Sur des sols fertiles, les vignes peuvent continuer à produire des quantités de raisins commercialisables pendant quelques années. Quelques types de sols sablonneux semblent procurer une certaine immunité.

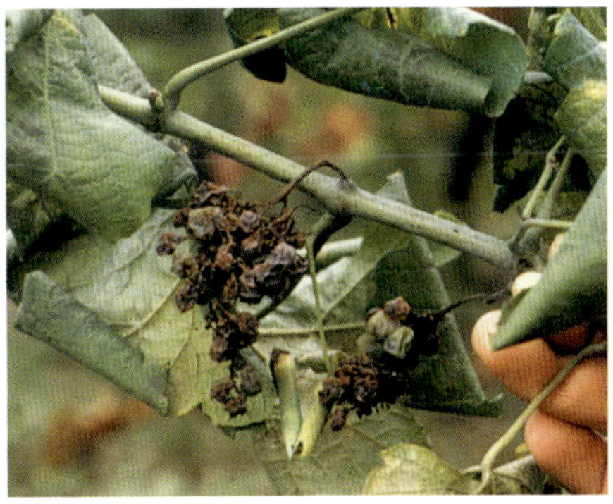

La flavescence dorée est la forme la plus courante des flavescences de la vigne, maladie phytoplasmique répandue par des phyllies et présente aujourd'hui en Europe, en Amérique et en Australie. Certaines variétés de vignes y sont plus sensibles que d'autres et les jeunes pieds peuvent être tués tandis que les vieux ne subissent qu'une réduction dramatique de leur rendement. Il n'y a pas de traitement connu.

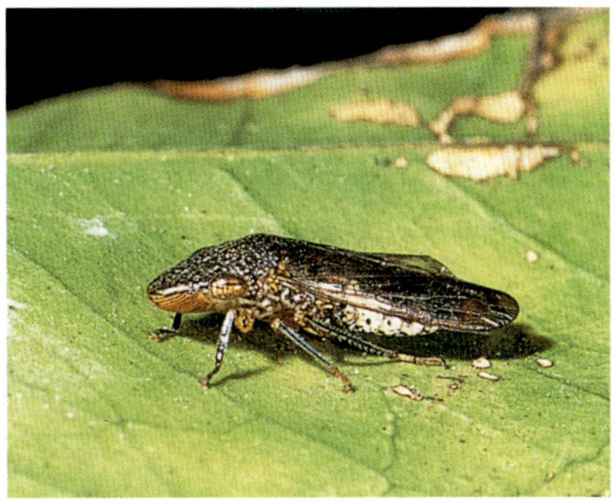

La maladie de Pierce est transmise par cette phyllie, le tireur d'élite à ailes vitreuses, dont la capacité à voler sur de très longues distances a mis en danger de nombreux vignobles de la Californie du Nord. Les vignes meurent moins de cinq ans après avoir été touchées par cette bactérie, qui provoque des taches sur les feuilles et les fait tomber. Aucun cépage n'y résiste et on ne sait toujours pas comment la traiter.

la complexité augmente et assure un approvisionnement plus régulier en eau et en éléments nutritifs.

Le rendement commence normalement à décliner au bout de vingt-cinq ou trente ans (ou, plus probablement, la vigne succombe à la maladie ou à un changement de mode) de sorte que le pied doit être déraciné, n'étant plus rentable. Le vin tiré de vignes plus âgées se vend en général à prix d'or sous l'étiquette « vieilles vignes ».

Les meilleurs sols (voir pages 22-23) se drainent rapidement et profondément, entraînant loin les racines pour trouver des réserves d'eau stables, mais pas trop généreuses. En même temps, la vigne fait constamment pousser des racines nouvelles en surface.

La famille de la vigne européenne, appelée vinifera ou « porteuse de vin », a des ennemis sans nombre, les pires d'entre eux étant les maladies et les insectes (en provenance de l'Amérique pour la plupart), introduits trop récemment pour qu'elle ait pu mettre en place des défenses naturelles. Au XIXe siècle, le mildiou poudreux (oïdium) d'abord et le mildiou duveteux ensuite ont attaqué les vignes d'Europe et les vignes vinifera plantées dans le Nouveau Monde. Des remèdes furent laborieusement découverts pour ces deux maladies à champignon, même si la pulvérisation est encore nécessaire en traitement préventif. La pourriture est aussi un redoutable ennemi, particulièrement dans sa forme maligne de botrytis (par opposition à sa forme noble qui permet de produire des vins doux exceptionnels, comme ceux qui sont décrits à la page 102). La pourriture du botrytis sur la grappe, appelée aussi pourriture grise, peut donner un goût de moisi fatal au raisin. Elle est de plus en plus résistante aux produits chimiques destinés à la combattre (voir les pages 28-29 pour les stratégies de substitution). Les problèmes posés par les maladies à champignon sont particulièrement accrus dans les pays humides.

Vers la fin du XIXe siècle, peu de temps après qu'un traitement pour les deux mildious eut été découvert, un fléau bien plus dangereux fut observé et enfin identifié. Le phylloxéra se régale du cep de la vigne et finit par la tuer. Il a failli détruire entièrement le vignoble européen, jusqu'à ce que l'on découvrît que les vignes d'origine américaine (le phylloxéra venait d'Amérique) étaient immunisées. Pratiquement chaque pied de vigne en Europe a dû être remplacé par une bouture vinifera greffée sur une bouture enracinée de vigne américaine, résistante au phylloxéra.

De nombreuses régions du nouveau monde du vin n'ont pas encore affronté cet *aphis* prédateur et continuent de planter joyeusement des vignes vinifera non greffées.

Les parties supérieures de la vigne comptent bon nombre d'ennemis. Les araignées rouges, les larves du cochylis et de l'eudémis, toutes sortes de scarabées, punaises et mites la trouvent très nourrissante. La plupart d'entre eux peuvent être éliminés avec les pulvérisations d'insecticides dont les vignes sont gratifiées pendant tout l'été (ou avec des méthodes plus naturelles, les rangs des producteurs de vin organique dans le monde ne cessant de grossir). Il y a cependant deux exceptions qui représentent un véritable danger.

Au début du XXIe siècle, des phyllies, connues sous le nom de tireurs d'élite à ailes vitreuses, ont commencé à répandre la maladie de Pierce, une maladie endémique de la vigne, fatale dans le sud des États-Unis (voir la page 268), terrifiante dans les vignobles du nord de la Californie. En dépit des nombreuses et diverses ripostes, y compris des tentatives de contre-attaque avec des guêpes mexicaines, il n'existe encore aucun traitement des vignes touchées, si ce n'est le remplacement par des pieds de vigne résistants, d'origine sud-américaine, comme les muscadines.

Certaines régions d'Europe et d'Australie ont connu elles aussi un fléau terrible : les flavescences de la vigne, dont la flavescence dorée est le type le plus courant en France. Les vignes (et les autres plantes) affectées par cette maladie sont tout simplement incapables de pousser normalement, leurs feuilles virent au jaune, leurs tiges s'effondrent et leurs grappes tombent. Les pieds infectés transmettent la maladie et les petites phyllies sont là encore responsables.

Les viticulteurs sont aussi préoccupés, depuis peu, par un phénomène de plus en plus répandu qu'ils appellent « graisse noire », substance produite par un champignon qui s'écoule mystérieusement des vins jeunes infectés.

De nos jours, nous sommes de plus en plus nombreux à apprécier le vin, mais les producteurs sont, eux, de plus en plus troublés par les difficultés auxquelles ils doivent faire face.

Vin et climat

La grande variable du temps qu'il fait est le deuxième facteur important pour le vin. Les autres influences majeures, y compris le climat, sont plus ou moins constantes et prévisibles. En fin de compte, ce sont les caprices du temps tout au long d'une année qui vont faire ou ruiner un millésime.

Sans les précipitations et la chaleur suffisantes, le raisin ne pourra pas mûrir correctement. Un excès de l'un ou de l'autre pourra porter préjudice à la qualité du vin. Un phénomène unique comme la grêle ou le gel peut aussi affecter la quantité plutôt que la qualité, en divisant par dix l'importance de la récolte. Le gel à la fin du printemps, quand les bourgeons de la saison sont vulnérables, est le cauchemar du producteur – comme l'est la grêle, même si elle tend fort heureusement à rester très localisée. Un violent orage peut non seulement ruiner un millésime, mais il peut aussi abîmer les bourgeons et le bois de la vigne à tel point que c'est la récolte de l'année suivante qui sera affectée.

Le climat d'une région vinicole influence de manière cruciale le type de vin qu'elle peut produire. Les vins des climats frais ont tendance à avoir une teneur en alcool moins élevée et à être plus acides que ceux qui sont faits sous des climats chauds, dont les arômes seront moins raffinés mais plus emphatiques.

De nombreux facteurs influencent le climat, parmi lesquels la température et les précipitations sont sans aucun doute les plus importantes. Les températures moyennes (la moyenne des maximales et minimales quotidiennes) dans le dernier mois de maturation doivent normalement tomber entre 21 et 15 °C pour produire de bons vins de table. Les hivers doivent être suffisamment froids pour permettre à la vigne de se revitaliser pendant le sommeil hivernal. Mais si les températures descendent régulièrement en dessous de –15 °C en hiver (comme, par exemple, dans l'État de Washington, page 290, et en Russie, page 260), alors le risque de voir des vignes, même dormantes, geler existe et il faut donc envisager une protection spéciale pendant cette saison.

La différence entre les températures d'hiver et d'été est importante. Dans les climats continentaux, comme ceux de la région des Finger Lakes, de l'Ontario ou de l'Allemagne orientale, les températures tombent si rapidement à l'automne que le risque est grand que les raisins ne mûrissent tout simplement pas. Dans les climats océaniques, comme c'est le cas pour Margaret River en Australie occidentale, les hivers peuvent être trop doux pour que les vignes entrent en repos végétatif. De plus, la viticulture organique peut être rendue difficile lorsque les insectes et les maladies ne sont pas éliminés par le froid de l'hiver. Dans les climats océaniques plus frais, comme à Bordeaux et Long Island dans l'État de New York, la période cruciale de la floraison peut être instable et froide, ce qui porte préjudice au développement du fruit. Cela peut conduire à une réduction substantielle de la récolte ou bien à une récolte de raisins qui, sur la même grappe parfois, arrivent à maturité à des moments différents.

Les températures varient aussi tout au long d'une journée. La température de l'air est en général à son maximum en début d'après-midi et à son minimum à l'aube. Certaines régions ont des contrastes de températures diurne et nocturne plus marqués que d'autres.

Le vin a besoin d'eau tout autant que de chaleur. Des précipitations annuelles moyennes d'au moins 500 mm sont requises en général (750 mm ou plus dans les climats plus chauds où l'évaporation est plus forte) pour assurer une bonne photosynthèse dans les raisins. Bien des régions vinicoles ont des précipitations annuelles inférieures, mais les producteurs qui peuvent irriguer compensent ce déficit. Certains cépages, comme le airen dans la Manche, qui poussent en buissonnant, tolèrent des conditions proches de la sécheresse.

Si une vigne est privée d'eau, elle en souffre et a tendance à donner des raisins plus petits avec des peaux plus épaisses. Le rendement global a tendance à baisser, mais cela peut aussi permettre la fabrication de vins plus concentrés en arôme et en couleur. Une forte sécheresse, toutefois, met fin au processus de maturation et donne des vins déséquilibrés.

L'existence ou non d'un système d'irrigation est ce qui limite le déploiement de la vigne dans de nombreuses régions où les étés sont chauds.

En théorie, il n'y a pas de limite maximale pour les précipitations annuelles. Les vignobles inondés récupèrent très rapidement, même en

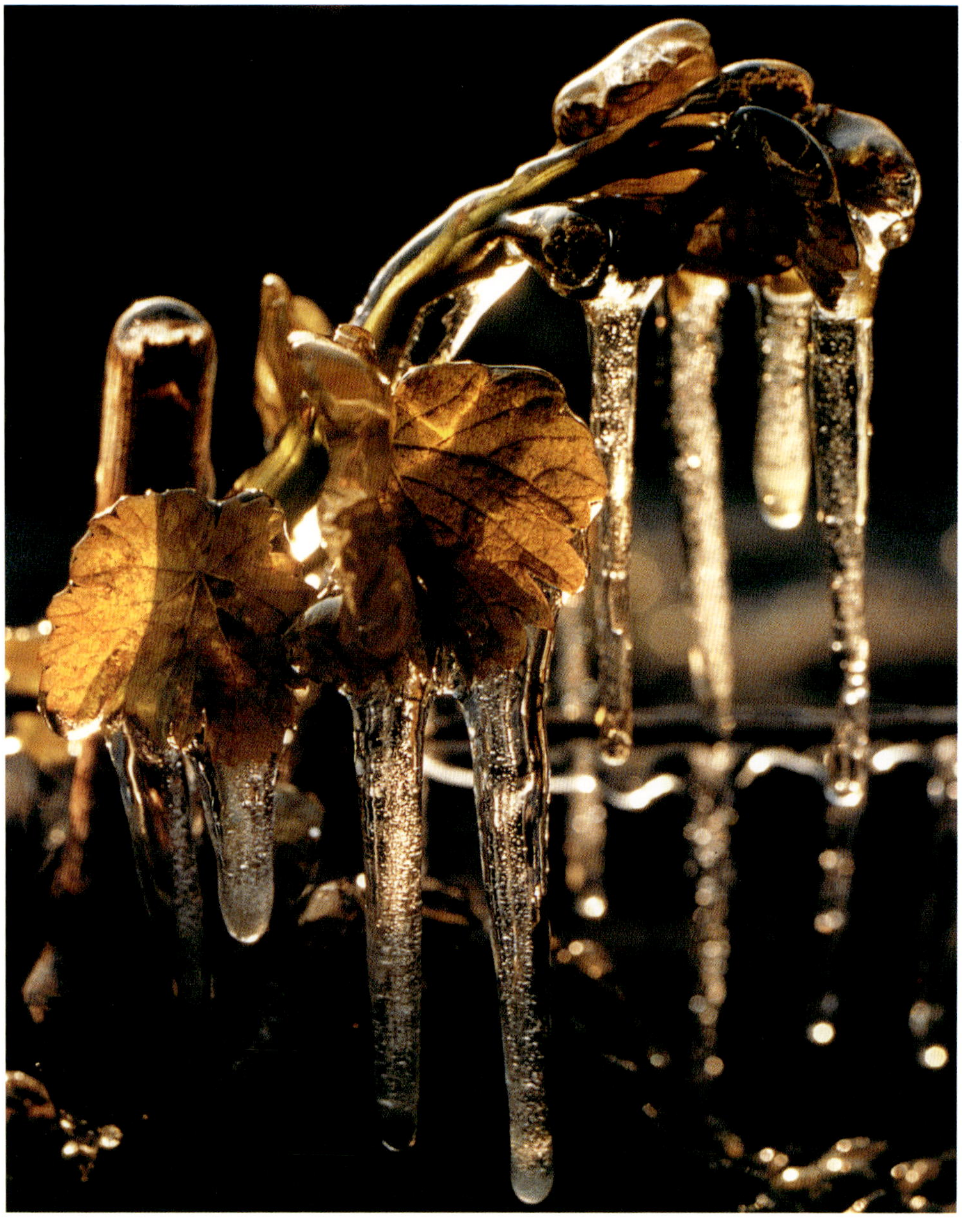

À gauche Délibérément pulvérisée sur des vignes jeunes et vulnérables à Margaux, lorsque la température tombe au-dessous de 0 °C, l'eau forme une couche de glace qui protège les embryons de feuilles et les bourgeons des dommages causés par les gelées printanières.

hiver, et certaines parties de la Galice dans le nord de l'Espagne et du Minho dans le nord du Portugal ont des moyennes de 1500 mm de pluie par an. C'est le moment où tombe la pluie qui est déterminant. S'il y a de fortes chutes de pluie juste avant la vendange, tout particulièrement après une période relativement sèche, les raisins peuvent gonfler rapidement et le sucre, les acides, les arômes, qui se sont lentement formés, être dilués (voir page 34 comment les producteurs de vin peuvent compenser ces effets). Une longue période humide pendant la seconde moitié de la période de maturation a tendance à provoquer les maladies à champignon. Cela peut aussi avoir pour effet de multiplier les raisins pourris (voir page 28 les moyens de lutter contre ce phénomène).

Le vent joue également un rôle important. Il peut être bénéfique en rafraîchissant les vignobles surchauffés et en séchant ceux qui sont trempés. Mais un vent exerçant une pression constante, comme c'est le cas dans la vallée de Salinas, près de Monterey en Californie, peut interrompre la photosynthèse et ralentir le processus de maturation. Les producteurs qui se trouvent dans les régions les plus exposées de la vallée du Rhône ont ainsi dû installer des brise-vent afin de minimiser les effets du célèbre mistral. En Argentine, le zonda, chaud et sec, est plus redouté qu'attendu par les producteurs de vin.

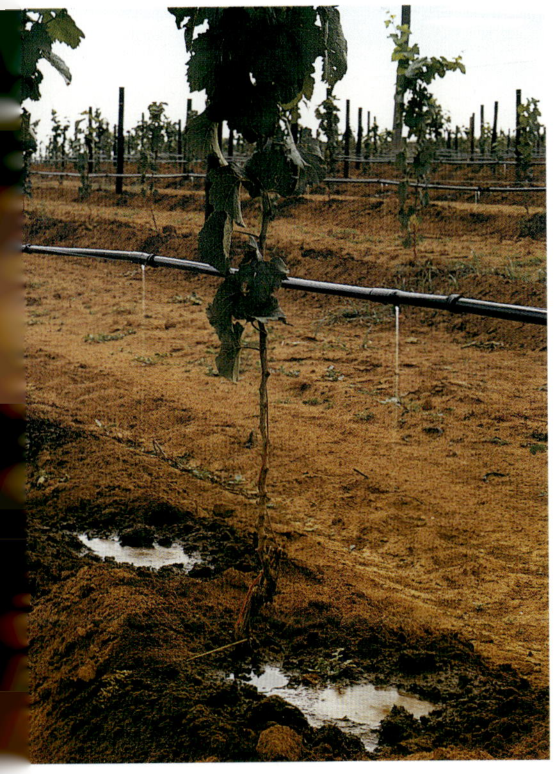

Ci-dessus L'irrigation au goutte à goutte des jeunes pieds de vigne dans le domaine de Coonawarra de Richmond Grove, dans le sud de l'Australie. Certains viticulteurs n'arrosent qu'un côté de la vigne pour en contrôler la vigueur sans rien perdre du rendement ni de la qualité.

Données factuelles

Sur les graphiques joints, les courbes dessinent les moyennes des températures maximales et minimales, relevées chaque mois. Les précipitations moyennes mensuelles sont aussi représentées. Les informations concernant Mendoza sont enregistrées de juillet à juin, celles qui concernent Bordeaux de janvier à décembre. Des études faites en Australie par Richard Smart et Peter Dry ont montré que la température pendant la période de maturation peut être tout simplement, mais précisément, décrite en la comparant à la température moyenne du mois normalement le plus chaud : juillet pour l'hémisphère nord, janvier pour l'hémisphère sud.

Les données factuelles livrent une série de chiffres facilement assimilables (fournis par Smart et John Gwalter), mais elles sont nécessairement dépendantes de l'emplacement des stations météorologiques. Dans bien des cas, les stations météorologiques, marquées par un triangle rouge pointe en bas sur les cartes, sont situées à la périphérie des villes plutôt que dans les vignobles – ce qui signifie qu'elles peuvent enregistrer, en raison du développement urbain et des différences d'altitude, des températures légèrement inexactes, souvent plus élevées.

Bordeaux

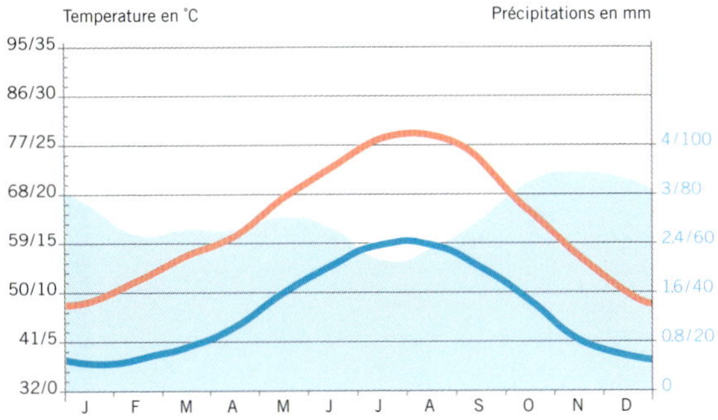

Bordeaux : Mérignac

Latitude / Altitude : **44,50° / 60 m**
Température moyenne de juillet : **20,3 °C**
Précipitations annuelles : **850 mm**
Précipitations du mois de la vendange : **septembre : 70 mm**
Principaux dangers viticoles : **pluies d'automne, maladies à champignon**
Principaux cépages : **merlot, cabernet sauvignon, cabernet franc, sémillon, sauvignon blanc, muscadelle**

Température max. en °C
Température min. en °C
Précipitation en mm

Mendoza

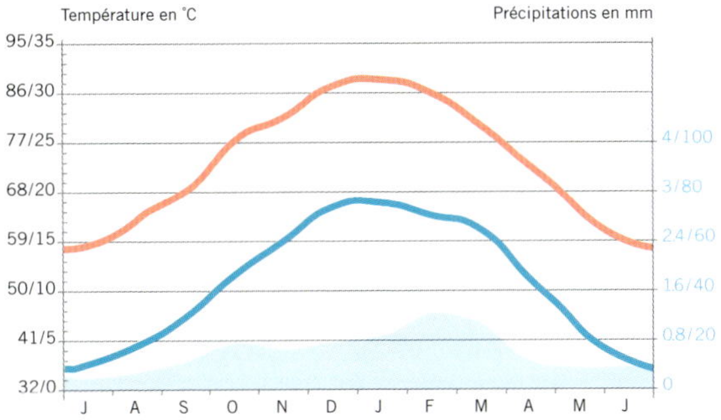

Argentine : Mendoza

Latitude / Altitude : **32,5° / 760 m**
Température moyenne de janvier : **23,9 °C**
Précipitations annuelles : **200 mm**
Précipitations du mois de la vendange : **mars : 30 mm**
Principal danger viticole : **grêle estivale**
Principaux cépages : **bonarda, malbec, criolla grande, cereza, cabernet sauvignon, barbera, sangiovese**

Latitude / Altitude (en m)
En général, plus la latitude est basse ou proche de l'équateur, plus le climat est chaud. Mais ceci peut être modifié par l'altitude, facteur important qui affecte aussi la variation de la température diurne : plus l'altitude du vignoble est élevée, plus grande est la différence entre la température du jour (maximum) et celle de la nuit (minimum).

Température moyenne juillet ou janvier en °C
La température moyenne du mois normalement le plus chaud est un indicateur fiable de la température probable pendant la période de maturation.

Précipitations annuelles (en mm)
Total des précipitations moyennes indiquant la disponibilité probable en eau.

Précipitations du mois de la vendange (en mm)
Précipitations moyennes pendant le mois au cours duquel la plupart des vignobles vont être vendangés (même si cela varie en fonction du cépage et de l'année). Plus les précipitations sont fortes, plus le risque de pourriture est élevé.

Principaux dangers viticoles
Ce sont là des généralisations et elles peuvent inclure des risques liés au climat, comme les gels de printemps ou les pluies d'automne, ainsi que les maladies endémiques du vin et les insectes. Voir le glossaire pour plus d'explications.

Principaux cépages
Liste non exhaustive des cépages le plus souvent plantés dans la région.

Le terroir

Il n'existe pas véritablement de synonyme du mot « terroir ». « Terrain » s'en approche, mais a une connotation moins précise et moins émotive. Sans doute, est-ce la raison pour laquelle tant d'Anglo-Saxons se sont longtemps méfiés de cette invention gauloise, de cette affirmation quasi mystique de la supériorité du sol français et des qualités impénétrables qui font la particularité des vins français.

Il n'y a pourtant aucun mystère en ce qui concerne le terroir. « Terroir » signifie tout simplement « environnement de la culture ».

Au sens le plus restrictif, le mot signifie « sol ». Au sens large et dans son usage courant, il signifie beaucoup plus. Il inclut même la poussière, le sous-sol et la roche au-dessous, leurs propriétés physiques et la façon dont elles réagissent au climat local, au macro-climat de la région, pour déterminer le climat moyen d'un vignoble particulier et le micro-climat d'une vigne en particulier. Cela inclut, par exemple, la vitesse à laquelle une portion de terrain sèche, si elle réfléchit la chaleur ou l'absorbe, son altitude, le degré de sa pente, son orientation au soleil, sa proximité par rapport à l'influence rafraîchissante d'une forêt, tempérante d'un lac ou d'une rivière.

Par conséquent, si le pied d'une colline est soumis aux gelées, il aura un terroir différent de celui de la pente de la même colline où l'air froid est sec, quand bien même leur sol est identique (ce qui explique pourquoi, par exemple, les vignes ne sont pas plantées dans la vallée de la Willamette dans l'Oregon à une altitude inférieure à 60 m). En général, plus l'altitude est élevée, plus la température moyenne est basse, particulièrement la nuit (ce qui explique pourquoi la viticulture est encore possible dans des régions aussi proches de l'équateur que Zacatecas au Mexique ou Salta et Mendoza en Argentine) – mais certains vignobles à flanc de colline dans le nord de la Californie sont plus chauds qu'au fond de la vallée parce qu'ils se situent au-dessus de la ligne du brouillard.

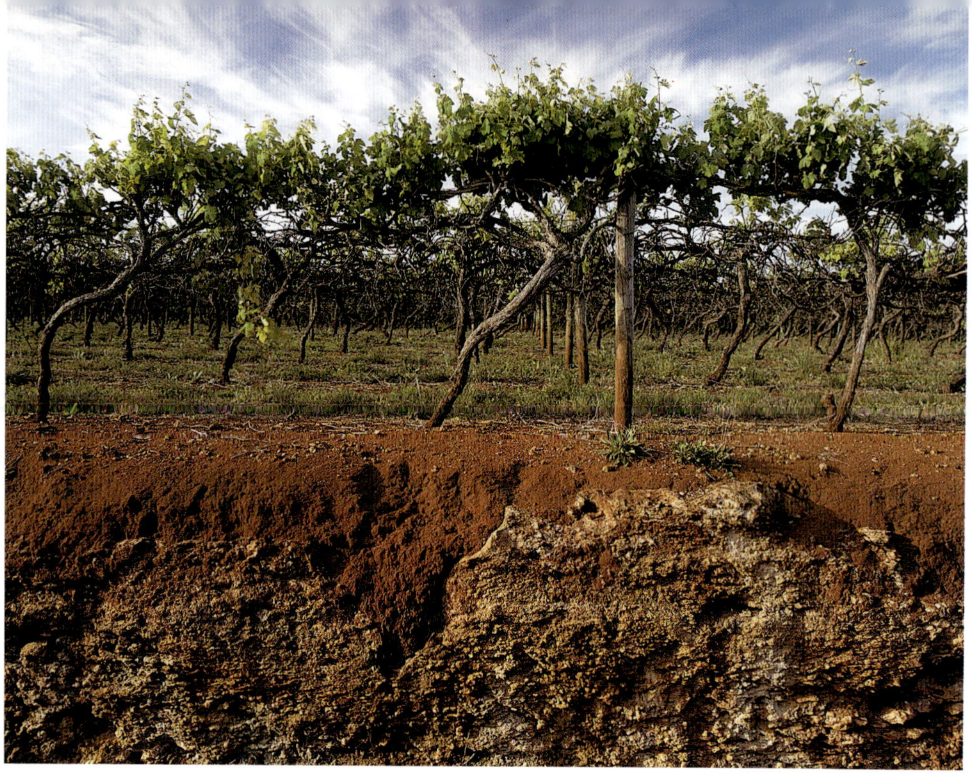

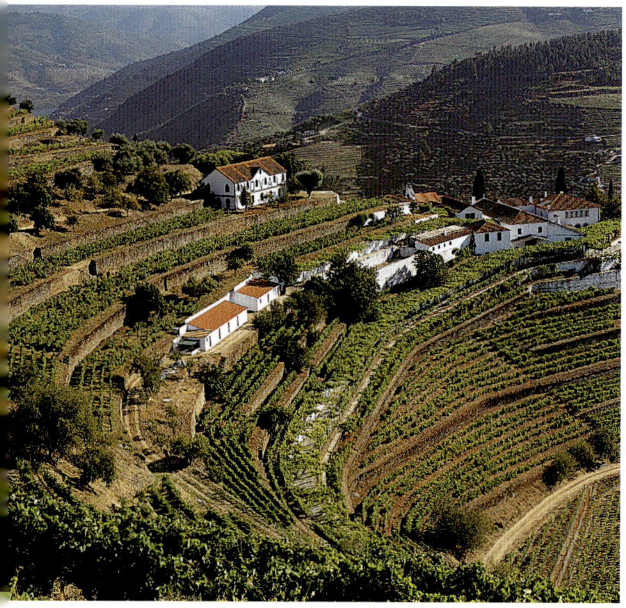

De la même manière, une pente orientée à l'est qui prend la lumière du matin peut avoir un sol identique à celui de la pente orientée à l'ouest qui se réchauffe plus tard et retient les derniers rayons du soleil, mais son terroir est différent et le vin qu'elle donne sera subtilement différent lui aussi – et même, comme c'est le cas dans les méandres de la Moselle en Allemagne, à la limite septentrionale de la culture du vin, l'orientation précise d'une pente va déterminer la production d'un grand vin ou l'impossibilité de produire le moindre vin.

L'aspect le plus important du terroir, toutefois, réside dans la quantité d'eau et d'éléments nutritifs disponibles. Si une vigne est plantée sur des sols fertiles avec une nappe phréatique assez élevée, comme les sols les moins bien exposés au fond de Napa Valley en Californie ou de Wairau Valley dans Marlborough, en Nouvelle-Zélande, les vignes ont constamment accès à l'eau. L'instinct de la vigne est alors de faire pousser tiges et feuilles à une telle cadence qu'il y a un danger qu'elles ne portent aucun fruit. Les vignes trop « vigoureuses » donnent des raisins insuffisamment mûrs et des vins qui ont un goût vert de feuille.

À l'inverse, si une vigne est plantée sur un sol très peu fertile avec un accès limité à la nappe phréatique, comme c'est le cas dans de nombreux vignobles traditionnels du Sud de l'Espagne, du Sud de l'Italie et de l'Afrique du Nord, la photosynthèse s'interrompt pratiquement pendant une bonne partie de l'été. La vigne souffre d'un tel manque d'eau qu'elle « ferme ». Le sucre se concentre dans les raisins uniquement parce que l'eau s'évapore progressivement des baies. Les arômes ne se composent pas de façon intéressante, les tannins ne mûrissent pas et il en résulte des vins extrêmement déséquilibrés, qui ont une forte teneur en alcool, avec des tannins rudes et sans maturité et des couleurs formidablement instables.

Il existe toutes sortes de trucs de viticulteur pour compenser ces désavantages naturels (voûte de feuillage et irrigation contrôlée) et il peut en résulter des vins exceptionnels. Mais quelle sorte de terroir produit naturellement un bon vin ?

On ne sera guère surpris d'apprendre que les Français ont sérieusement étudié la question. Gérard Seguin a montré que les meilleurs sols n'étaient pas particulièrement fertiles (« potentiel moyen », diraient les scientifiques), séchaient rapidement et profondément, entraînant les racines à une grande profondeur pour trouver des réserves d'eau stables. Le drainage, plus que la composition chimique précise, semble être l'élément clé d'un sol parfait pour faire un grand vin. Parmi les bordeaux, les meilleurs vins viennent des graviers du Médoc et des argiles du Pomerol, deux sols bien drainés. Dans les deux cas, le pied de vigne dispose d'eau en permanence, mais en quantité limitée. En Bourgogne, les meilleurs vignobles sont ceux qui se trouvent plutôt au milieu de la fameuse Côte d'Or, où la combinaison de marne, de limon et calcaire (voir page 57) semble offrir la quantité d'eau optimale.

Il faudrait ajouter, cependant, que les terroirs exceptionnels ont une façon de se perpétuer qui n'est pas entièrement naturelle. Le propriétaire d'un domaine de grand cru a les moyens de l'entretenir grâce à des fossés de drainage, à la quantité et la qualité exactes des fertilisants et aux techniques de culture idéales, alors que de telles attentions sont ruineuses pour une propriété moins prestigieuse. Les terroirs, pour pouvoir s'exprimer pleinement, dépendent de l'homme et de l'argent dont il dispose, comme en témoigne le déclin des performances du Château Margaux entre 1966 et 1978, quand le

Ci-dessus Coonawarra a été la première région vinicole d'Australie à se réclamer d'un terroir spécifique, en grande partie grâce sa célèbre *terra rossa*, conquise de haute lutte. La clé de l'efficience de ce sol très apprécié réside dans la couche de calcaire bien drainée au-dessous du terreau argileux rougeâtre. On trouve la *terra rossa* dans la Manche, en Espagne et en Afrique du Nord.

À gauche Comme la plupart des vallées encaissées plantées de vignes, le pays du porto dans la région de Douro au nord du Portugal illustre la façon dont le terroir peut varier radicalement sur de faibles distances – particulièrement pour ce qui est du temps d'exposition au soleil.

propriétaire n'avait plus les moyens de maintenir le style qu'exige son premier cru.

Cet aspect du terroir prend une nouvelle extension avec l'idée défendue par certains producteurs de vin organique, selon laquelle le terme s'applique aussi à la flore et la faune, visibles ou microscopiques, du territoire. Certains soutiennent même que, comme le terroir est inévitablement modifié par les fertilisants chimiques, ceux-ci devraient être interdits pour les producteurs qui entendent utiliser les classifications de terroir, comme le système de l'AOC en France et du DOC en Italie. Et on pourrait aussi avancer que des siècles de monoculture et des pratiques salutaires comme le labourage et l'alternance des cultures ont sans doute altéré le terroir classé à l'origine. Mais ce qui est intéressant, c'est précisément de voir à quel point diffèrent des portions de terre, même adjacentes, et quel effet cela produit sur le vin qu'elles donnent.

Parmi tous les éléments qui composent l'environnement de la culture ou terroir, le plus simple à manipuler est le sol. Cela a eu pour effet que les levés topographiques sont devenus une science très exacte et très exigeante. Des milliers de producteurs, qui plantent de nouveaux vignobles chaque année, utilisent désormais des cartes très sophistiquées (voir page 28) pour décider du lot à acheter, de la façon d'en modifier les différentes parties et du cépage à y planter.

De plus en plus de vins fabriqués dans le Nouveau Monde portent maintenant l'appellation de leur région d'origine, mais aussi le nom du vignoble – en partie à cause d'une conscience accrue des potentiels distincts de chaque vignoble, et aussi en raison d'une compétition croissante. Il est désormais évident qu'un chardonnay qui entre sur le marché, aussi bien présenté et clairement décrit soit-il sur l'étiquette doit tirer sa crédibilité – et plus encore son caractère – d'autre chose que d'une simple variation d'arôme et d'une maturation bien calculée en fût de chêne.

Profil du sol à Saint-Julien

Le Médoc peut se vanter d'être à l'origine d'excellents vins. Cette coupe d'un vignoble à Saint-Julien montre ce qui rend si spécial le terroir de cette région. Alors que le climat dans le Médoc n'a rien d'unique, les sols et les sous-sols le sont. Le Médoc est en fait une série de monticules de graviers bien drainés. Au-dessous, on trouve ces couches, remarquablement nombreuses et variées de dépôts distincts, charriés par les crues de la Garonne le long de l'estuaire de la Gironde à différentes époques de l'ère glaciaire. Les racines s'enfoncent avec détermination à travers ces couches de plusieurs dizaines de centimètres, à la recherche de l'eau et des éléments nutritifs – comme le montre l'illustration ci-contre d'une vigne de 20 ans.
Le gravier et le sable rendent le sol perméable et permettent à la pluie d'être en partie drainée. La vigne est donc hydratée de manière constante mais non excessive (à l'exception des périodes de sévère sécheresse) pendant toute la saison de la croissance. Sous la couche arable, le sol qui est cultivé et parfois fertilisé, se trouve une couche de sable rendue trop compacte par des années de travail de l'homme, du cheval ou de la machine pour offrir aux racines la moindre hydratation ou alimentation. Les racines la traversent à la recherche d'éléments nutritifs et d'eau retenus dans la couche suivante, composée de graviers et d'argile récemment déposés, qui facilite la formation de radicelles. Au-dessous se trouvent la couche dure et à peine perméable et la couche de sable compact , que la vigne obstinée et assoiffée a réussi à traverser avant de faire germer des radicelles dans la riche couche d'argile suivante. À l'intérieur de la couche de sable sec et dur qui suit, la vigne a cherché les petits dépôts colloïdaux d'argile humide et nutritive, et déployé ses radicelles, tout comme dans le niveau inférieur de gravier argileux. Les racines de ce pied de vigne adulte ont même pu traverser la couche inférieure de sable compact pour faire germer des radicelles dans la couche d'argile qui est juste au-dessus de la nappe phréatique. Dans les zones pourvues d'une nappe phréatique bien plus élevée que celle-ci, le système de racines sera moins profond et moins ramifié, donnant à la vigne un accès plus direct à l'eau et, sans qu'on n'en ait vraiment la preuve, à une gamme de sols et d'éléments nutritifs (nitrogène, phosphore, potassium) beaucoup plus limitée.
Pour plus d'informations sur le terroir, et en particulier sur les sols et les sous-sols des différentes régions vinicoles, voir le livre de James E. Wilson, *Terroir.*

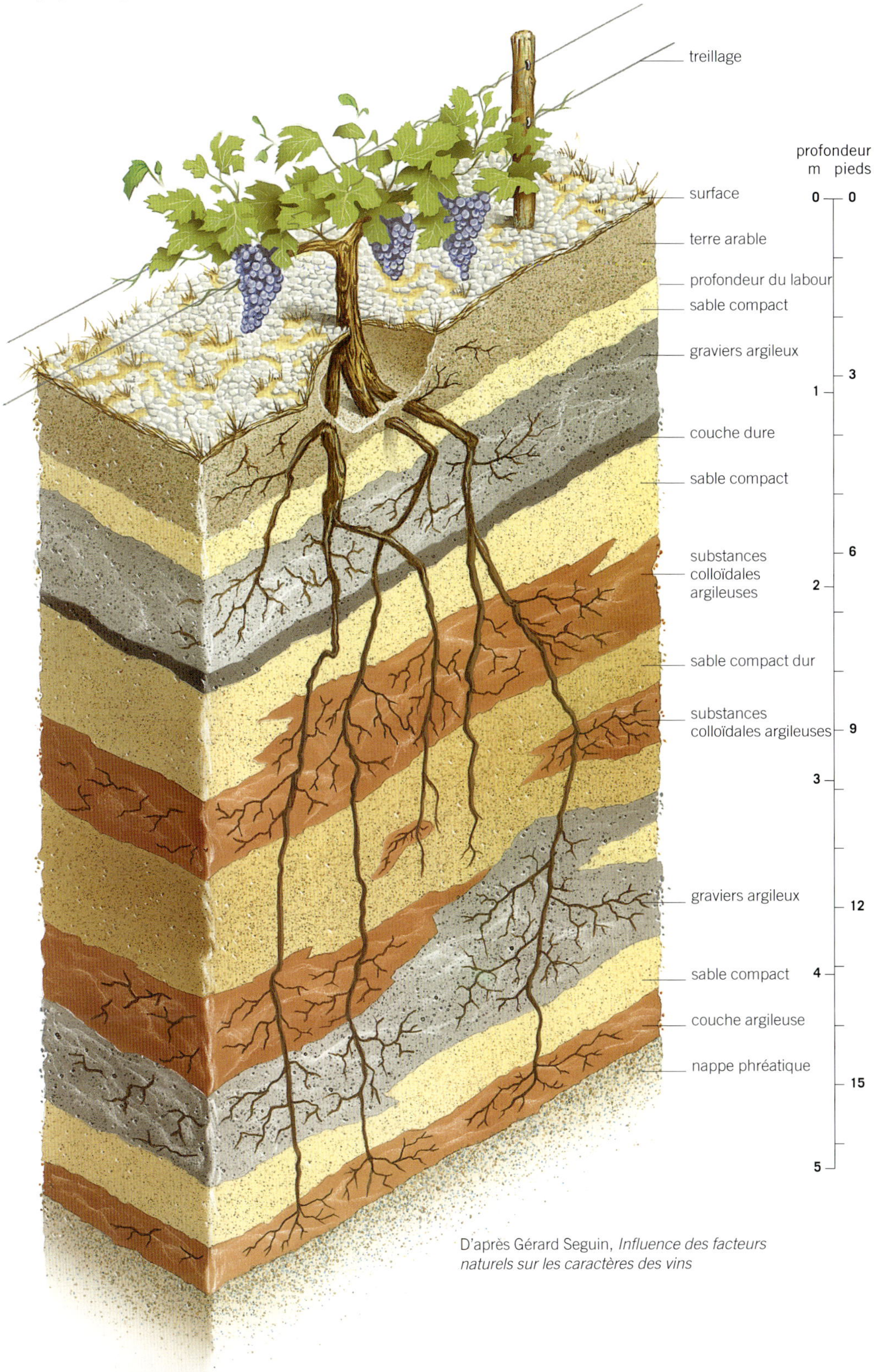

D'après Gérard Seguin, *Influence des facteurs naturels sur les caractères des vins*

Les cépages internationaux

La géographie détermine les nuances du goût du vin, mais la matière première est le cépage – ou les cépages – qui composent le vin. Depuis le milieu du XXe siècle, les cépages ont joué un rôle de plus en plus important dans le langage du vin. Aujourd'hui, par exemple, bon nombre d'amateurs de vins connaissent moins le nom de Chablis que celui de chardonnay, le cépage qui sert à faire les vins de cette appellation de la France septentrionale.

Une certaine familiarité avec les neuf « cépages internationaux » décrits sur ces deux pages constitue la base de toute bonne éducation œnologique. Les caractéristiques présentées en italique sous chaque cépage sont celles des vins produits à partir de celui-ci.

Mais pour progresser dans la connaissance du vin, il est nécessaire de manifester une certaine curiosité géographique. Un livre comme celui-ci peut aider à comprendre, plus que n'importe quel autre, pourquoi le cépage de syrah a un goût différent dans l'hermitage de celui qu'il a dans un côte rôtie, poussant sur des pentes orientées différemment à 48 km au nord.

Les consommateurs de vin ont été tellement satisfaits (à juste titre) par la simplicité des explications en termes de cépages que la dernière décennie du XXe siècle a vu une multiplication frénétique des plantations des cépages les plus connus partout où ils pouvaient pousser. La fièvre du chardonnay s'est emparée des producteurs, juste au moment où les consommateurs se détournaient du vin blanc pour préférer le rouge. Ce phénomène a donné naissance à des plantations de chardonnay, de merlot, de cabernet sauvignon et de syrah/shiraz sur des milliers d'hectares.

Mais un nouveau courant, que l'on a résumé dans la formule « tout sauf du chardonnay ou du cabernet », a vu le jour. Les cépages locaux qui ont démontré, année après année, leur grande capacité d'adaptation sont aujourd'hui réévalués (voir pages 26-27).

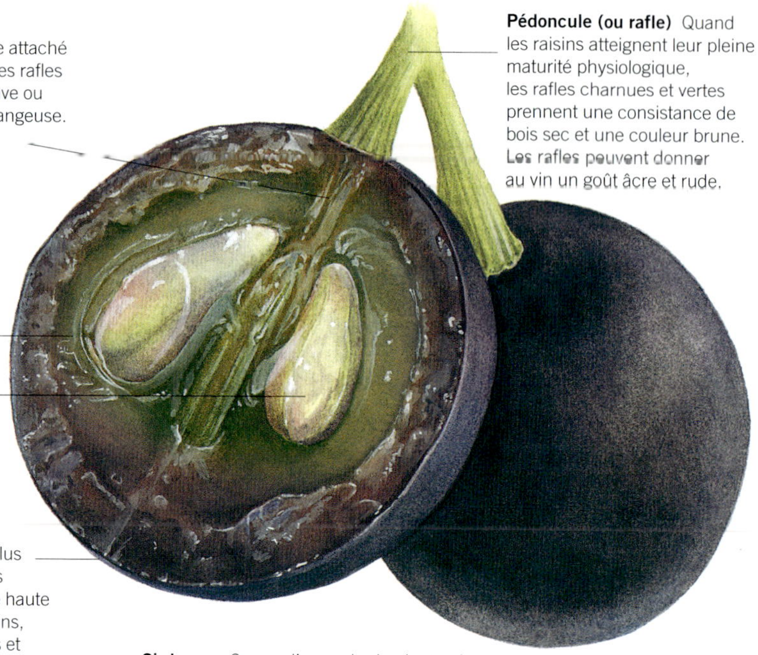

Ci-dessus Coupe d'un grain de pinot noir vers la fin du processus de maturation.

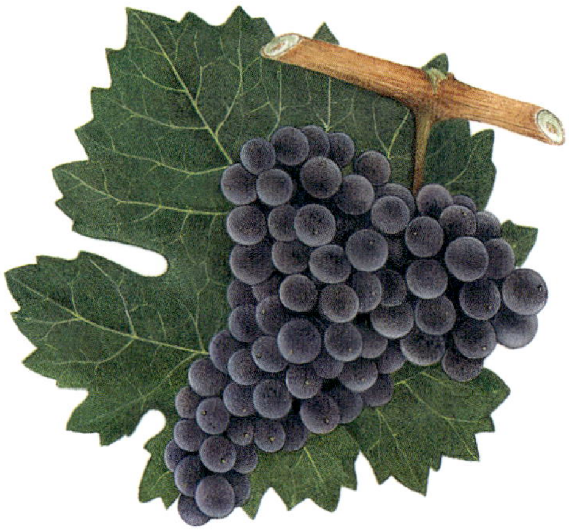

Cabernet sauvignon
Cassis, cèdre, tannin élevé

Synonyme de vin rouge sérieux susceptible de vieillir avec une splendeur subtile, le cabernet sauvignon est le cépage noir qui voyage le mieux. Dans la mesure où il mûrit tardivement, il ne s'adapte que dans les climats plutôt chauds et ne parvient pas nécessairement à maturité complète tous les ans. Mais lorsqu'il est mûr, la couleur, l'arôme et les tannins peuvent être remarquables. Après une fabrication soigneuse et un vieillissement en fût, il peut donner quelques-uns des rouges les plus durables et les plus intrigants qui soient. À Bordeaux et de plus en plus ailleurs, il est mélangé au merlot et au cabernet franc, quand bien même il peut donner un vin délicieux sans mélange, lorsqu'il pousse dans des endroits aussi chauds que le Chili ou la Californie, sa seconde patrie.

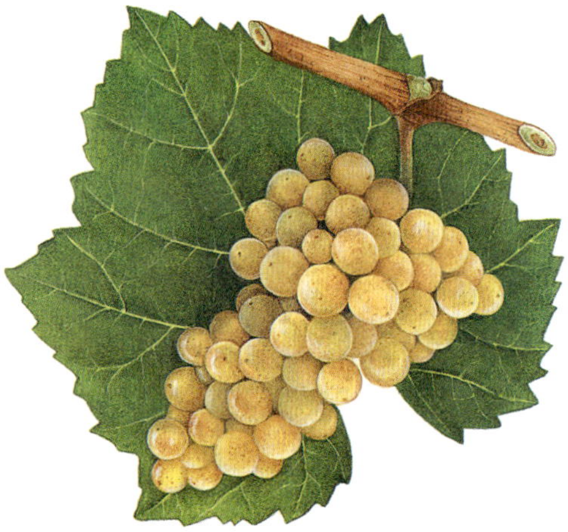

Chardonnay
Plein, glissant – sauf présence d'un goût de chêne excessif

Cépage blanc de Bourgogne, beaucoup plus versatile que le pinot noir, le chardonnay peut être cultivé et mûrit sans difficulté à peu près partout, sauf aux extrêmes du monde du vin (son bourgeonnement précoce le rend vulnérable au gel de printemps). C'est devenu le cépage blanc le plus populaire du monde, sans doute parce que (à la différence du riesling, par exemple) il n'a pas d'arôme très fort en soi. Il prend le caractère que le producteur désire, en se soumettant facilement à la champagnisation, à la fermentation froide et à la préservation du fruit pour donner des vins comme le chablis, aux recettes à la mode – la fermentation malique, l'agitation des lies et la maturation en fût – et à la création de vins doux.

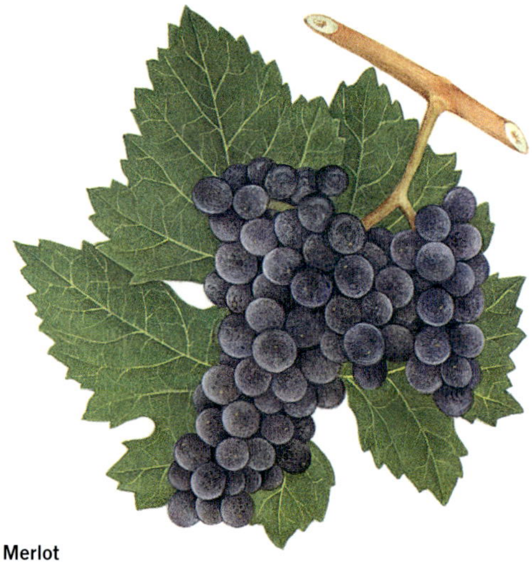

Merlot
Rond et aimable

Partenaire traditionnel, légèrement plus pâle et plus charnu, du cabernet sauvignon dans le mélange du Bordeaux. Où qu'il soit planté, il mûrit plus vite et plus facilement que le cabernet sauvignon dans les années fraîches, et il a une teneur en alcool plus élevée dans les années chaudes. Ses baies plus grosses, à la peau plus fine, donnent en général des vins moins tanniques, plus opulents, qui peuvent être appréciés plus tôt. Le merlot a aussi une existence en tant que cépage indépendant, particulièrement aux États-Unis et en Italie où il est plus facile à faire mûrir. Il atteint son apogée dans le Pomerol où il peut donner des essences voluptueuses, veloutées. C'est un cépage très répandu au Chili où on l'a confondu avec le vieux cépage de Bordeaux, le carmenère.

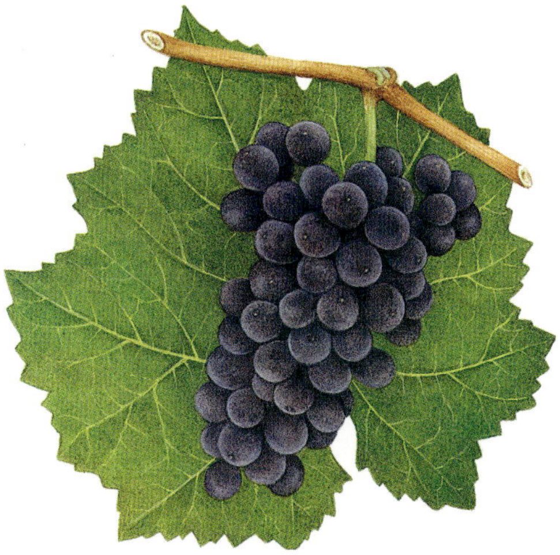

Pinot noir

Cerise, framboise, violette, gibier, teinte rubis moyenne

C'est le cépage le plus insaisissable. Il mûrit assez précocement et il est extrêmement sensible au terroir. Planté dans un climat chaud, le pinot noir mûrira trop vite et ne pourra développer les différents composants aromatiques fascinants que sa peau relativement fine peut abriter. Sa terre d'élection est la Côte d'Or en Bourgogne où il peut traduire des différences de terroir mieux que n'importe quel autre cépage. Les charmes des grands bourgognes rouges sont si obsédants que les producteurs du monde entier tentent de les copier. Il est rarement mélangé pour un vin normal, mais avec le chardonnay et son cousin, le pinot meunier, il entre dans la composition du champagne et des autres vins pétillants de qualité supérieure.

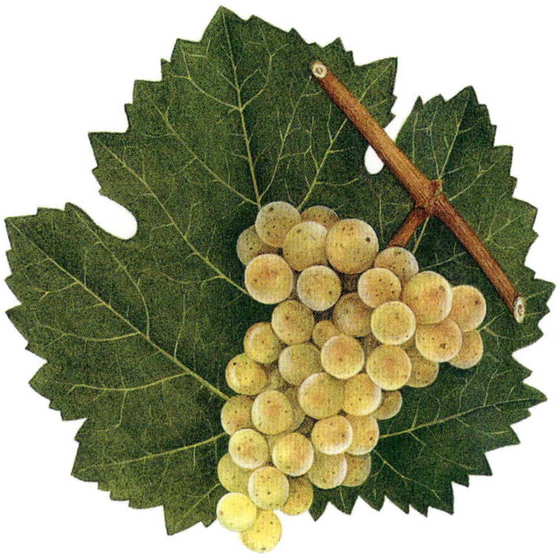

Riesling

Aromatique, délicat, racé, expressif

Le riesling est au cépage blanc ce que le cabernet sauvignon est au noir : il peut donner des vins très différents selon les terroirs et il peut vieillir magnifiquement. Sous-estimé pendant la plus grande partie de la fin du xxe siècle, le riesling a été souvent confondu avec d'autres cépages de moindre qualité qui incorporaient son nom dans le leur : le welschriesling ou le laski rizling, par exemple. Le vin a tendance à être puissamment parfumé, avec des arômes de minéraux, de fleurs, de citron doux et de mie. En vieillissant, il peut prendre des senteurs proches du kérosène. Le riesling est toujours le cépage le plus noble en Allemagne et en Alsace. Il est de plus en plus admiré en Australie, en dépit du fait que les vins qu'il donne ont une faible teneur en alcool et en chêne.

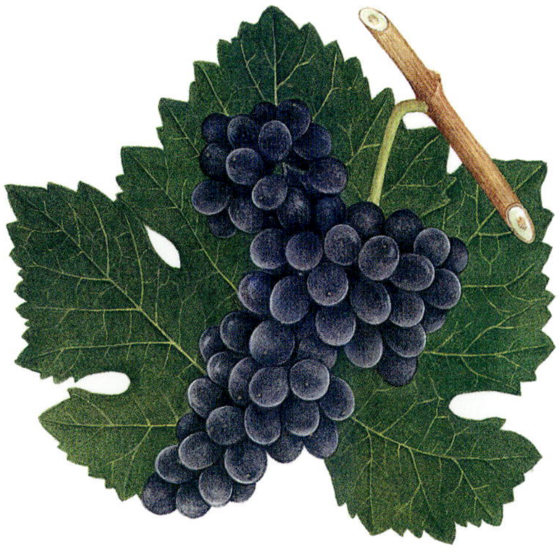

Syrah ou Shiraz

Poivre noir, chocolat noir, couleur et tannin prononcés

Ce cépage a connu une véritable renaissance quand les producteurs se sont mis à l'expérimenter dans les régions climatiques où il peut mûrir lentement. Le nord de la vallée du Rhône est sa patrie, où il donne les grands, célèbres, sombres et durables hermitage et côte rôtie. La syrah est désormais plantée dans tout le Sud de la France, où il est en général utilisé en mélange. Il a un goût tout à fait différent en Australie où, sous le nom de shiraz, il est le cépage noir le plus planté du pays, donnant des vins denses et puissants dans les endroits chauds, et poivrés dans les régions plus fraîches. Aujourd'hui, les producteurs du monde entier font des expériences avec ce cépage facile à aimer dont les vins, quelle que soit leur maturité, ont toujours une note très savoureuse sur la fin.

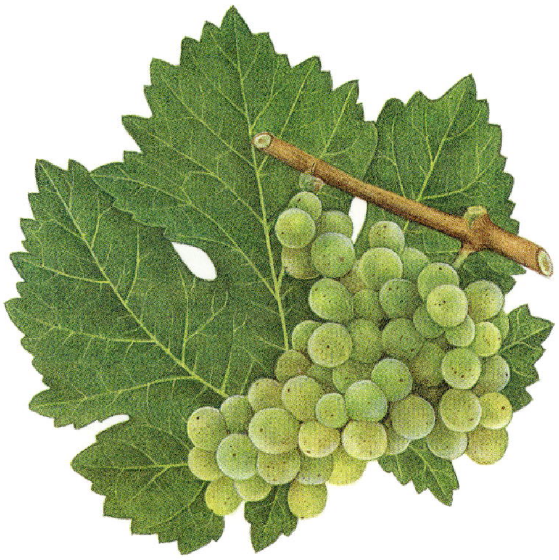

Sauvignon Blanc

Herbe, fruit vert, aigu, rarement boisé

D'un arôme perçant, extrêmement rafraîchissant, il est meilleur lorsqu'il est bu jeune. La terre du sauvignon blanc en France est la Loire, tout autour de Sancerre et de Pouilly-Fumé en particulier, où il peut varier considérablement en fonction du millésime. Planté sous un climat trop chaud, il peut perdre son arôme et son acidité caractéristiques, et devenir trop lourd. Une fois que la tendance à la vigueur excessive a été contrôlée grâce aux voûtes de feuillages, ce cépage a donné de très bons résultats en Nouvelle-Zélande, ainsi que dans les régions les plus fraîches de l'Afrique du Sud où il est mélangé à du chardonnay. À Bordeaux, il est traditionnellement mélangé à du sémillon, à la fois pour les blancs secs (pour donner un vin boisé, un style connu dans le Nouveau Monde sous le nom de fumé blanc) et doux.

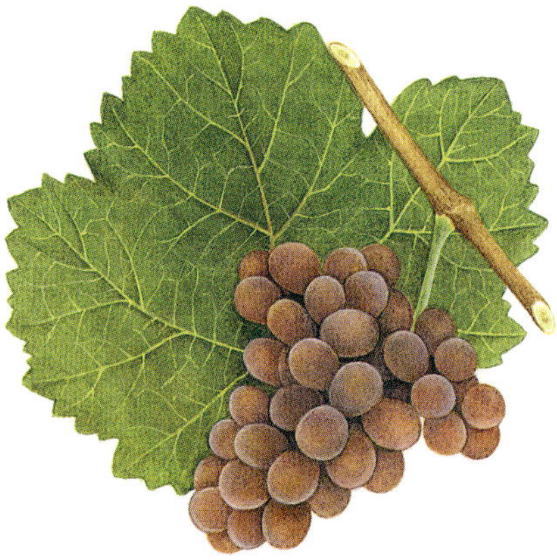

Gewurztraminer

Lychee, rose, capiteux, riche en alcool, couleur profonde

Le gewurztraminer est diabolique à épeler, mais divin à goûter. Son arôme caractéristique, si fort qu'il a valu au cépage son préfixe de *gewürz*, « épicé » en allemand, peut être facilement écœurant, surtout lorsqu'il est combiné avec un haut niveau de sucre résiduel dans le vin. Mais les meilleurs exemples de gewurztraminer en Alsace, où il est vénéré, ont un corps et un nerf sous la surface, ainsi qu'une saveur sur la fin. Une acidité suffisante est la clé du problème. De bons vins sont apparus aussi en Nouvelle-Zélande, dans les régions fraîches d'Australie, au Chili, en Colombie-Britannique et en Oregon. C'est le musqué, la version à peau rouge du traminer, tout d'abord remarqué dans le nord du Haut-Adige il y a déjà mille ans, et probablement aussi le savagnin du Jura.

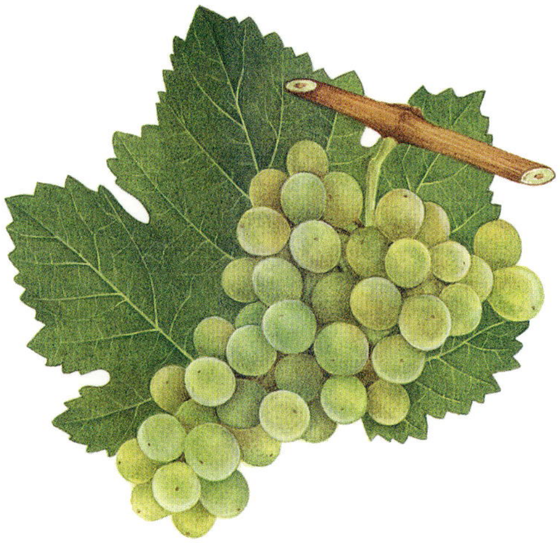

Sémillon

Figue, agrume, corsé, riche

Le sémillon donne un vin doux de qualité exceptionnelle, particulièrement à Sauternes et à Barsac, où il est traditionnellement mélangé dans une proportion de 4 pour 1 à du sauvignon blanc, avec un peu de muscadelle. Sa peau relativement fine rend le sémillon extrêmement vulnérable à la pourriture du botrytis qui, dans les bonnes conditions, donnent des raisins miraculeusement concentrés. C'est le cépage blanc le plus planté à Bordeaux, où il donne aussi d'excellents vins blancs secs et boisés, comme le graves. Hunter Valley en Australie en tire des vins secs, aux complexes arômes minéraux, durables. Ce cépage donne aussi de bons résultats dans l'État de Washington et il a été très abondamment planté en Amérique du Sud et en Afrique du Sud.

Les cépages régionaux

Les cépages qui figurent sur ces deux pages et les précédentes, sont les plus connus de l'espèce *vinifera* du genre *Vitis* en Europe, ce qui inclut aussi les espèces américaines et asiatiques, ainsi que la vigne-vierge de Virginie.

Dans certaines régions des États-Unis, le vin est fait à partir de vignes américaines, mais les espèces comme la *labrusca* ont une saveur particulièrement « foxée » (caractéristique de la gelée de raisin Concord) qui rebute les non-autochtones. Cependant les vignes américaines et asiatiques peuvent être très utiles pour la greffe de nouvelles variétés, destinées à des conditions géographiques particulières. Des centaines d'hybrides ont été créés en les greffant sur des cépages *vinifera* européens, afin de permettre notamment une bonne maturation dans les régions où la saison de croissance est brève.

Du fait que de nombreux hybrides (mais pas tous, loin de là) donnent des vins de mauvaise qualité, ils sont déconsidérés et interdits en Europe.

Les producteurs de vin ont d'autres décisions à prendre que le simple choix du cépage et de la souche à greffer. Un pied de vigne vit environ une trentaine d'années (même si dans les régions sensibles aux modes, le cépage est changé en élaguant simplement une branche pour greffer un nouveau cépage plus désirable). Le choix du ou des clones du cépage favori est tout aussi important. Les pépiniéristes ont depuis longtemps observé, sélectionné et propagé des pieds de vigne aux caractéristiques spécifiques : haut rendement, résistance, maturation précoce, etc. Aujourd'hui, un producteur de vin peut choisir un ou, mieux, plusieurs clones du cépage qu'il souhaite planter.

Tous les vins ne sont pas vendus avec une étiquette descriptive. La science de l'identification du cépage grâce à l'observation des variations subtiles de la forme de la baie et de la feuille, de la couleur, etc., s'appelle l'ampélographie. Elle a révélé diverses relations fascinantes entre les cépages, mais elle n'a pas l'acuité des découvertes faites grâce à l'analyse de l'ADN. Cette science exacte a montré que le cabernet franc et le sauvignon blanc sont des parents du cabernet sauvignon, et que le chardonnay, l'aligoté, le gamay (cépage du Beaujolais), le melon de Bourgogne (cépage du muscadet), l'auxerrois et une douzaine d'autres sont la progéniture du pinot noir et d'un cépage obscur mais historique, le gouais blanc. On peut s'attendre à d'autres révélations.

Analyse du jus de raisin

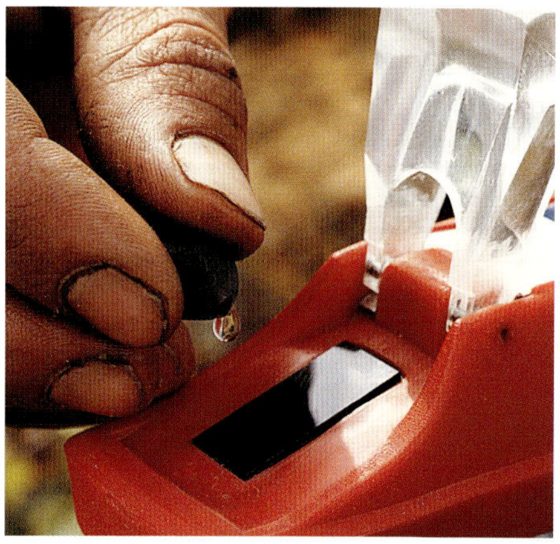

Un spectromètre portable (à droite) permet d'analyser le contenu en sucre d'une goutte de jus de raisin. Durant le processus de maturation, l'acidité diminue pendant que les sucres fermentables se développent. À l'approche de la vendange, les producteurs de vin contrôlent constamment la formation des sucres du raisin, en même temps que les prévisions météorologiques, pour décider du bon moment. Avec les raisins à peau sombre en particulier, de nombreux producteurs préfèrent de nos jours attendre ce qu'on appelle la « maturité physiologique ». À ce point, la peau des raisins commence à se flétrir légèrement, les rafles passent du vert au brun et le raisin est assez mûr pour être détaché facilement de la rafle – même si le niveau de sucre était suffisant quelques jours plus tôt.

Mesures du contenu en sucre

Gravité spécifique	1,060	1,065	1,070	1,075	1,080	1,085	1,090	1,095	1,100	1,105	1,110	1,115	1,120	1,125
°Oechsle	60	65	70	75	80	85	90	95	100	105	110	115	120	125
Baumé	8,2	8,8	9,4	10,1	10,7	11,3	11,9	12,5	13,1	13,7	14,3	14,9	15,5	16,0
Brix	14,7	15,8	17,0	18,1	19,3	20,4	21,5	22,5	23,7	24,8	25,8	26,9	28,0	29,0
% d'alcool potentiel V/V	7,5	8,1	8,8	9,4	10,0	10,6	11,3	11,9	12,5	13,1	13,8	14,4	15,0	15,6

Composants du jus de raisin

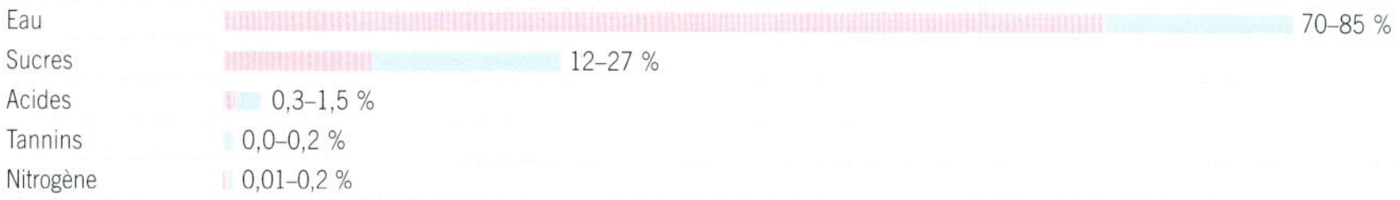

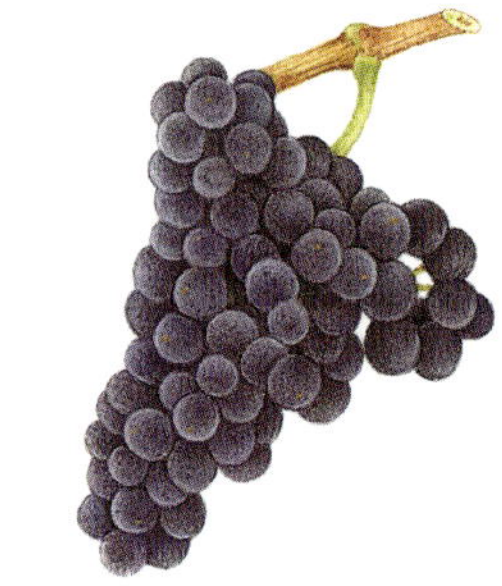

Cabernet franc
Arôme de feuille

La progéniture moins intense, plus douce, du cabernet sauvignon. Parce qu'il mûrit plus tôt, il est planté en abondance dans la Loire et sur les sols plus frais, plus humides de Saint-Émilion, où il est souvent mélangé avec du merlot. Dans le Médoc et le Graves, il est planté pour se prémunir au cas où le cabernet sauvignon ne mûrirait pas. Plus résistant que le merlot aux hivers froids, il peut donner des vins appétissants en Nouvelle-Zélande, à Long Island et dans l'État de Washington. Il atteint un apogée soyeux dans le chinon, le bourgueil, le saumur-champigny et l'anjou-villages.

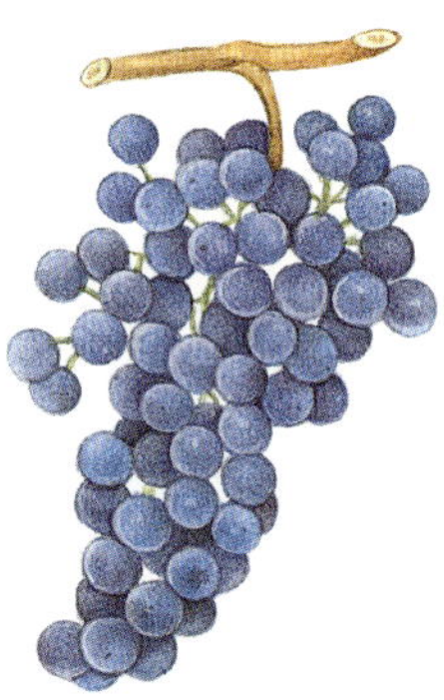

Tempranillo
Feuille de tabac, épices, cuir

Le cépage le plus célèbre d'Espagne (tinto fino ou tinto del pais), il constitue la colonne vertébrale des rouges vivants, profondément aromatiques. En Catalogne, il est connu sous le nom de ull de llebre, dans le Valdepenas Cencibel. En Navarre, il est souvent mélangé avec des cépages de Bordeaux. En tant que tinta roriz, il a été souvent utilisé pour le porto et de plus en plus comme cépage de vin de table au Portugal. Son bourgeonnement précoce le rend vulnérable aux gelées de printemps. Sa peau mince facilite la pourriture, mais c'est un cépage dont la valeur internationale ne cesse d'augmenter.

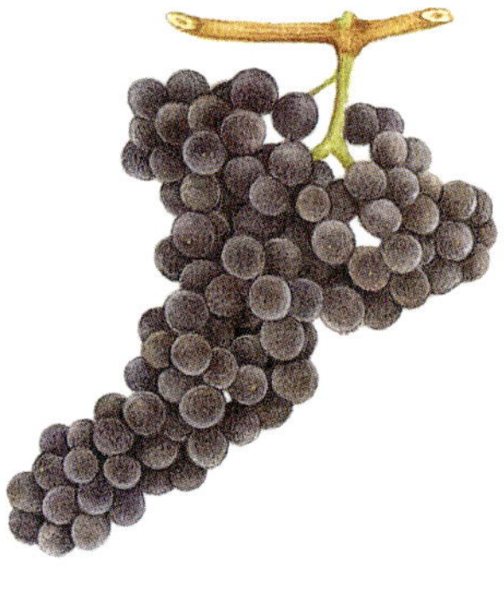

Nebbiolo
Goudron, rose, violette, orange aux nuances noires

La réponse du Piémont au pinot noir. Dans le Barolo et le Barbaresco, il réagit aux moindres variations de la configuration et de l'altitude. Il ne pourra mûrir que sur les sites les mieux exposés. Quand il est parfaitement mûr, il est exceptionnellement riche en tannins, en acides et en pigments. Un long vieillissement en barrique et en bouteille peut donner des vins d'une obsédante séduction. Le nebbiolo donne une gamme étendue de vins dans le Nord-Ouest de l'Italie, mais comme le pinot noir, c'est un cépage qui a du mal à voyager. Certains Américains et Australiens essayent encore de prouver le contraire.

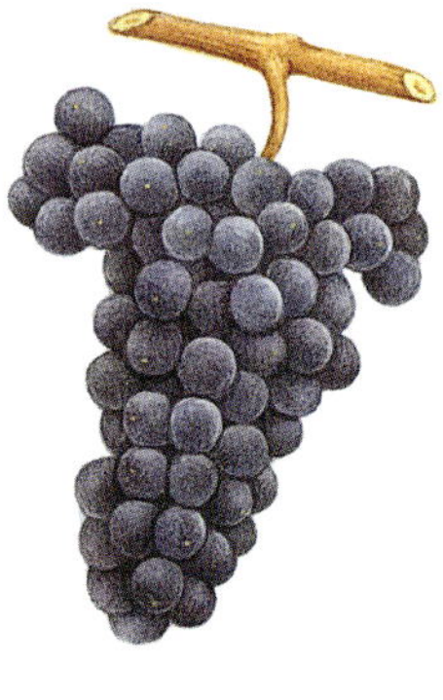

Touriga nacional
Tannique, feux d'artifice, goût de porto parfois

Le plus grand trésor du Portugal, même si ce n'est qu'un des cépages d'une large gamme cultivée dans la vallée de Douro pour faire du porto : le touriga francesca (sans lien de parenté), tinta barroca et tinta cao. Il est de plus en plus mis en bouteille en tant que cépage spécifique dans tout le Portugal et il constitue un ingrédient de plus en plus important dans le Dao. Il est susceptible d'être planté dans le monde entier car il ne manque ni de classe ni de personnalité. Le touriga nacional est toujours très riche en tannin, en alcool et en couleur, sans aucun doute parce qu'il est naturellement stérile.

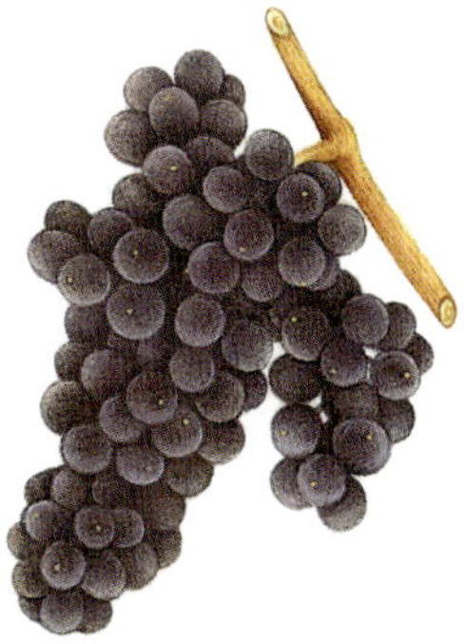

Grenache noir

Pâle, sucré, mûr, utile pour le rosé

Le grenache est abondamment planté tout autour de la Méditerranée et dans le sud de la vallée du Rhône, où il est souvent mélangé à du mourvèdre, de la syrah et du cinsault. Il est aussi cultivé dans le Roussillon où, avec le grenache blanc et le grenache gris, sa haute teneur en alcool le rend utile pour les fameux vins doux naturels (voir page 142). Sous le nom de garnacha, c'est le cépage noir le plus planté en Espagne. Sous celui de cannonau en Corse, de grenache en Californie et en Australie, il n'est guère apprécié, sauf lorsque les vignes sont très vieilles.

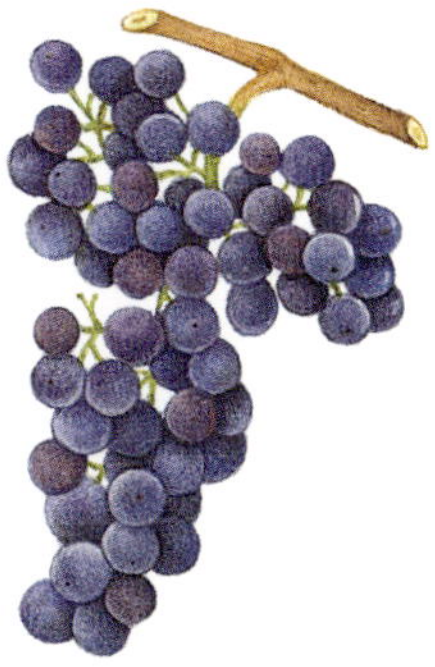

Zinfandel

Vifs arômes de baie, alcool, douceur

Le zinfandel a été considéré pendant un siècle comme le cépage de la Californie, jusqu'à ce qu'il soit établi que, sous le nom de primitivo, il était connu dans le talon de l'Italie depuis le XVIIIe siècle au moins. Il mûrit de manière inégale, mais certaines baies concentrent des taux de sucre incomparables, de sorte que le zin, comme on dit aux États-Unis, peut atteindre 16 ou 17°. Il est cultivé plus communément pour produire d'énormes récoltes dans la vallée centrale de Californie. Agrémenté d'un muscat ou d'un riesling aromatique, et vendu sous le nom de White Zinfandel (rose pâle).

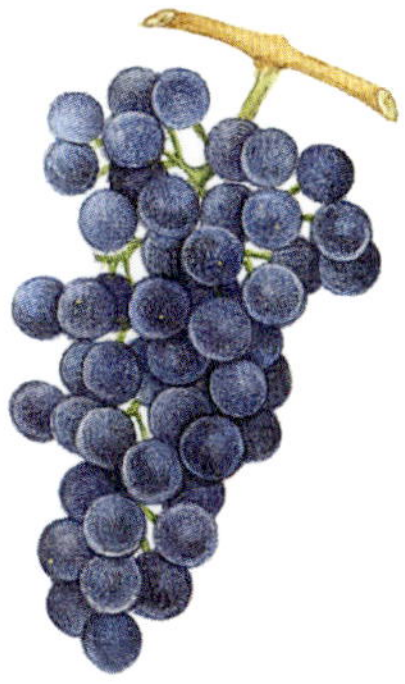

Malbec

Épicé, riche en Argentine, arôme de gibier à Cahors

Le malbec est une énigme. Il a longtemps été un cépage de mélange dans tout le Sud-Ouest de la France, y compris dans le Bordelais, mais c'est le cépage dominant à Cahors, connu sous le nom d'auxerrois ou de cot. Il a généralement donné des vins rustiques, parfois animaux, qui ne peuvent vieillir qu'à moyen terme. Les émigrés l'emportèrent en Argentine, où il se plut tant qu'il est devenu le cépage noir le plus planté dans le pays. Il donne des vins vivants, concentrés, veloutés, avec une forte teneur en alcool. Il prospère tout particulièrement dans le district de Lujan de Cuyo à Mendoza.

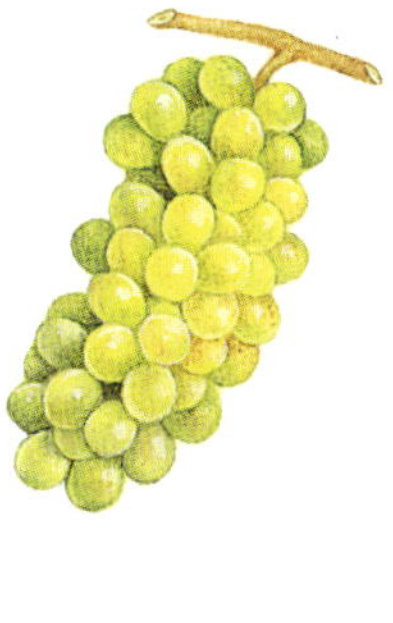

Viognier

Capiteux, corsé, fleur d'aubépine, abricot

Cépage distingué, à la mode, qui a voyagé depuis sa patrie de Condrieu dans le nord de la vallée du Rhône dans tous les coins du monde ou presque. S'il n'est pas parfaitement mûr, son arôme ne se développe pas, ce qui signifie que la plupart des exemples mémorables ont une forte teneur en alcool. Le truc consiste à conserver l'acidité autant que possible. La Californie y est parvenue dans de nombreux cas. Meilleur lorsqu'il est bu jeune, il est de plus en plus souvent mélangé à d'autres cépages blancs dans la vallée du Rhône : la nerveuse et aromatique roussanne et la puissante marsanne au goût d'amande.

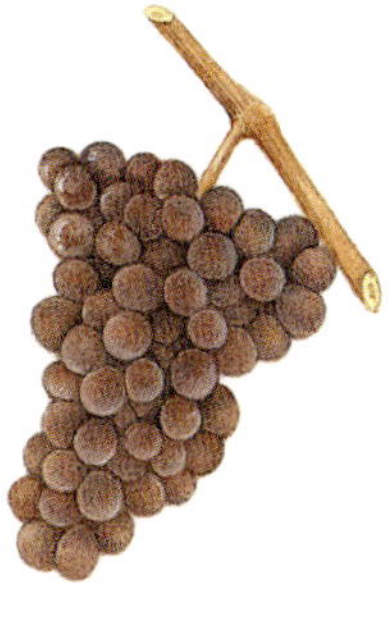

Pinot gris

Plein, doré, fumé, mordant

Ce cépage de plus en plus prisé est présent en force en Alsace, où il est considéré avec le riesling, le gewurztraminer et le muscat comme une variété noble, à l'origine de quelques-uns des vins les plus puissants et pourtant souples de la région. Cette mutation à peau rose du pinot noir est un cousin du chardonnay. Il est connu en Italie sous le nom de pinot grigio et peut donner des vins secs, pleins de caractère, même si la majorité d'entre eux restent insipides et âpres. Il est aussi appelé gris et grigio. C'est la spécialité de vin blanc de l'Oregon.

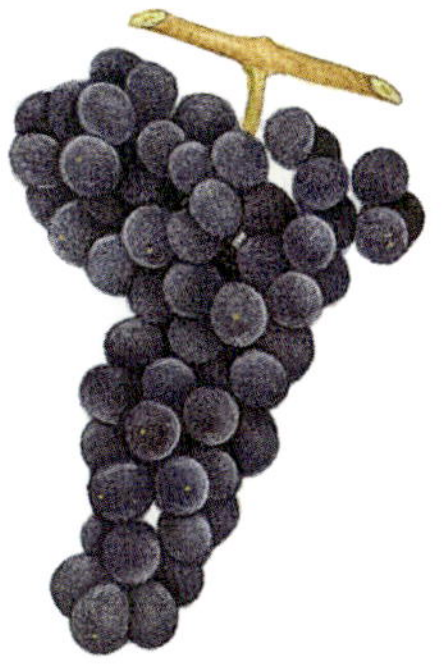

Mourvèdre

Animal, mûre, alcoolique, tannique

C'est un cépage qui a besoin d'un ensoleillement considérable pour mûrir. Son vin est le plus noble de la Provence, même s'il a tendance à s'oxyder facilement. Dans tout le Sud de la France, ce cépage donne de la chair aux mélanges de grenache et de syrah. En Espagne, sous le nom de Monastrell, il constitue le second cépage noir le plus planté du pays et il est mélangé avec plus de pesanteur que de délicatesse. Il portait le nom de mataro en Californie et en Australie où il était négligé, jusqu'à ce que, rebaptisé mourvèdre, il connaisse une renaissance sous de séduisantes étiquettes aux consonances françaises.

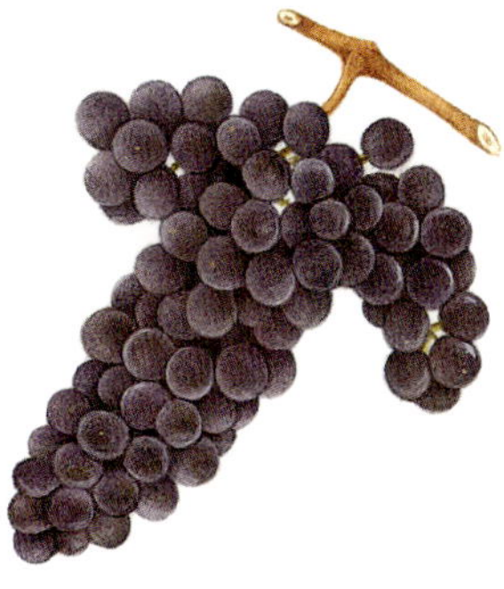

Sangiovese

Savoureux, variant de la prune à la cour de ferme

C'est le cépage le plus abondamment planté en Italie, sous des formes diverses et sous les appellations glorieuses du Chianti Classico, du Brunello di Montalcino et du Vino Nobile de Montepulciano. Les clones moins prestigieux donnent, en raison de la surproduction, des vins légers et âcres. La recette traditionnelle du chianti le coupe avec le cépage blanc de trebbiano, le cépage local de Canaiolo et un peu du profond colorino. Aujourd'hui, de nombreux producteurs ambitieux en tirent un maximum de couleur et d'arôme. Le cépage est de plus en plus planté partout ailleurs.

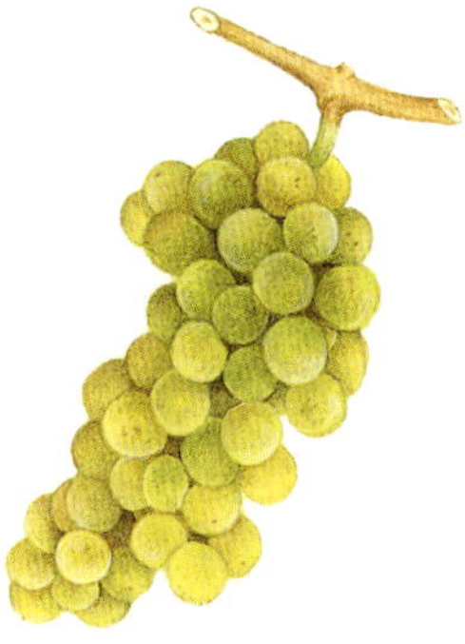

Muscat blanc

Goût de raisin, assez simple, souvent sucré

C'est le meilleur muscat qui soit. Ses petits grains sont ronds plutôt qu'ovales comme ceux du muscat d'Alexandrie. Sous le nom de moscato blanco en Italie, l'excellent cépage donne l'asti et de nombreux bons vins légèrement pétillants. Il donne aussi de grands vins doux dans le Sud de la France et en Grèce. Le moscatel d'Espagne est en général tiré du muscat d'Alexandrie. Les muscats sirupeux d'Australie, puissants et sucrés, sont faits à partir d'un cépage à peau sombre, le brown muscat. Le muscat ottonel est un cépage différent, plus léger.

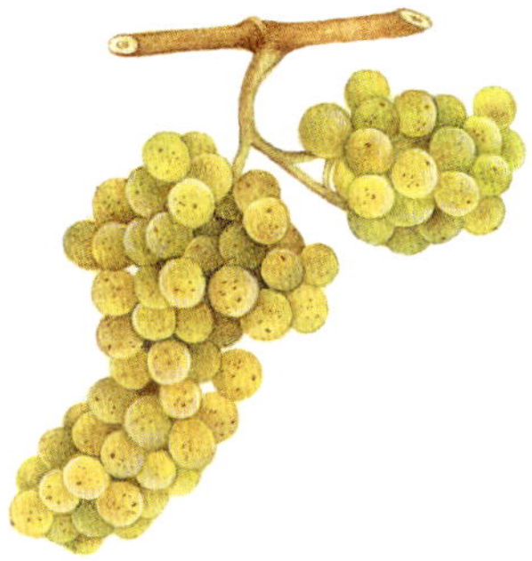

Chenin blanc

Extrêmement versatile, miel et paille humide

Le chenin blanc est le cépage de la Loire moyenne. Souvent mal compris, il donne des vins très secs et très ordinaires en Californie et en Afrique du Sud où il est abondamment planté. Mais dans la Loire, il peut donner des vins nerveux susceptibles de bien vieillir, avec du caractère et tous les degrés de douceur. Le vouvray à pourriture noble, blanc et doux, est un des plus grands vins de garde au monde. Le chenin blanc donne aussi des vins secs avec un léger arôme de miel et les vins pétillants de Saumur et de Vouvray.

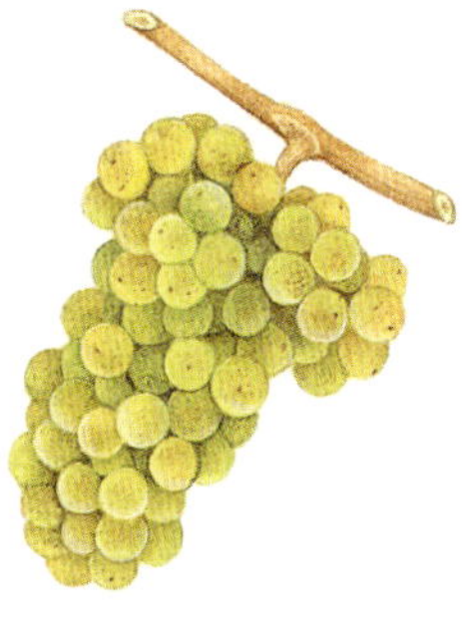

Pinot blanc

Vivant, léger, proche du chardonnay

Mutation à peau fine du pinot noir et souvent confondu avec son cousin, le chardonnay, particulièrement en Italie où il porte le nom de Pinot Bianco. C'est le cépage courant en Alsace, parent de l'auxerrois et parfois appelé clevner. Il peut donner des vins qui ont de la substance, dont le très riche trockenbeerenauslesen, nommé weissburgunder en Autriche. Il est populaire dans le Sud de l'Allemagne pour son caractère corsé. Le raisin ayant une faible acidité et peu de composants aromatiques, le pinot blanc est généralement bu jeune.

Dans le vignoble

Nous savons maintenant quel type de cépage planter et quels effets probables auront le temps et l'environnement sur la vigne. Mais comment choisir exactement l'endroit où planter les pieds de vigne ?

Que ce soit en Espagne ou en Australie (pour choisir deux exemples de pays où la carte du vin fait ces temps-ci l'objet d'une révision très frappante), quiconque veut investir dans un vignoble doit savoir s'il pourra disposer chaque année, pour que l'opération soit viable d'un point de vue commercial, d'une bonne quantité de raisins mûrs et sains sur ce site. Agir sur un coup de tête est une tactique possible, mais analyser la topographie, le climat et les sols est une solution plus prudente.

Des statistiques sur la température, les précipitations et les heures d'ensoleillement peuvent être utiles, mais elles devront être interprétées avec beaucoup de soin. De hautes températures moyennes en été peuvent faire très bon effet sur le papier, mais il faut savoir que la photosynthèse s'interrompt au-delà d'une certaine température (entre 30 et 35 °C selon le site), si bien que la maturation peut être affectée par un nombre excessif de jours très chauds. Le vent, exclu de bien des tableaux statistiques des météorologues, peut aussi interrompre la photosynthèse en fermant les stomates, ouvertures minuscules des feuilles et des baies, qui assurent la régulation du processus.

Dans les régions plus fraîches, l'aspect critique en ce qui concerne la température consiste à savoir si le raisin va mûrir de façon constante. Si les températures moyennes de l'été et de l'automne sont relativement basses ou si l'automne arrive normalement assez tôt avec soit des pluies prévisibles, soit une chute substantielle de la température, alors il faudra planter des cépages à maturation précoce. Le chardonnay et le pinot noir conviennent pour le Nord-Ouest du Pacifique, mais mûrissent trop tard pour le Nord de l'Allemagne qui est plus froid. Le riesling va mûrir en Moselle (sur le terroir adapté), mais sera un cépage marginal en Angleterre et au Luxembourg, où des cépages à maturation plus précoce comme le müller-thurgau et l'auxerrois sont des choix plus prudents.

Les précipitations moyennes de l'été et leur occurrence probable donnent des indications utiles sur la survenue possible des maladies à champignon (comme celles qui sont décrites à la page 19). Le total des précipitations mensuelles, ainsi que les mesures de l'évaporation probable, devraient donner au vigneron une idée précise sur la nécessité ou non d'un système d'irrigation. Si le site se trouve dans une zone où est autorisé un apport en eau complémentaire, se pose alors la question de savoir s'il existe une source à proximité, de quantité et de qualité suffisantes.

On peut aussi avoir besoin d'eau pour d'autres raisons. Aux confins les plus froids de la viticulture, la longueur de la période de gel et la probabilité des gelées de printemps sont des facteurs cruciaux. Dans l'Ontario et dans le Nord-Est des États-Unis, par exemple, le nombre de jours de gel détermine la longueur de la saison de croissance et, par conséquent, quels types de cépages sont susceptibles de mûrir. Dans le Chablis et la vallée froide de Casablanca au Chili, il faut des systèmes d'arrosage pour protéger du gel les jeunes pieds de vigne en les couvrant d'une couche de glace. Mais dans la vallée de Casablanca, le net manque d'eau a fait du gel un danger incontrôlable.

Les sols doivent être analysés avec le plus grand soin. Une série d'échantillons prélevés à intervalles réguliers, ainsi que des mesures d'altitude et de disponibilité en eau permettent d'établir des cartes comme celles qui se trouvent ci-contre.

La fertilité du sol est un élément-clé pour juger de la qualité probable du vin qu'on pourra y produire. Le sol ne doit être ni trop acide ni trop alcalin et contenir une bonne proportion de matières organiques et de minéraux, comme le phosphore, le potassium et le nitrogène. Le phosphore est nécessaire à la photosynthèse. Trop de potassium peut donner des vins avec des niveaux dangereusement élevés en pH et bas en acidité. Un excès de nitrogène (un ingrédient courant dans les fertilisants) peut produire des vignes trop vigoureuses qui déploient toute leur énergie à faire pousser des feuilles plutôt qu'à faire mûrir les raisins. Ce phénomène est courant sur les sols très fertiles, en particulier les sols relativement jeunes comme ceux de la Nouvelle-Zélande et du fond de Napa Valley. La vigueur varie aussi avec le cépage.

Mais, avant tout, un vigneron doit dessiner son vignoble. L'orientation des rangs, la distance idéale entre les pieds de vigne, comment les tailler, la hauteur des piquets (et plus tard des fils de fer), le nombre de bourgeons à conserver quand on élague, tous ces éléments doivent être pris en considération. Savoir si on laboure entre les rangs, si on laisse pousser l'herbe, si on alterne les cultures, si on laisse les tiges se déployer pendant l'été ou si on les taille, ce sont là des questions qui ont leur importance.

Les rangées de vignes doivent-elles courir du

Concevoir un vignoble

Ces diagrammes sophistiqués élaborés par *The Australian Centre for Precision Agriculture* peuvent aider à identifier quels cépages devraient être plantés et où, quelles parcelles du site sont inadaptées à la viticulture, quelles autres auraient besoin de fertilisants chimiques (on peut avoir besoin d'ajouter de la chaux à des sols très acides, par exemple).
Dans le cas de cette analyse numérisée d'un vignoble de New South Wales, les échantillons de sol ont été prélevés à des intervalles réguliers pour mesurer la profondeur, la texture du sol et la quantité d'eau immédiatement disponible. L'altitude provient d'un relevé local.

Altitude en m

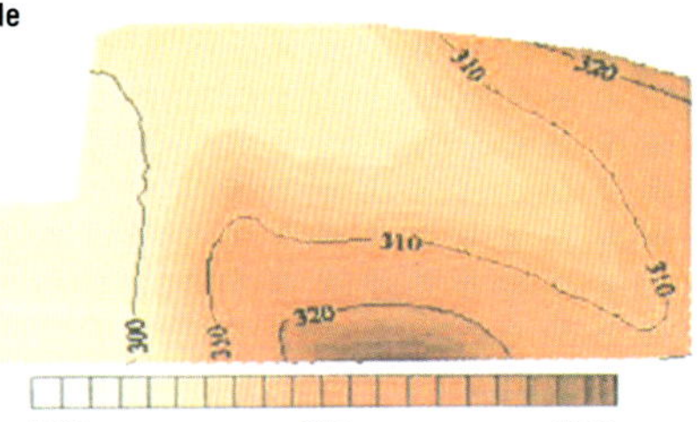

Eau disponible en mm

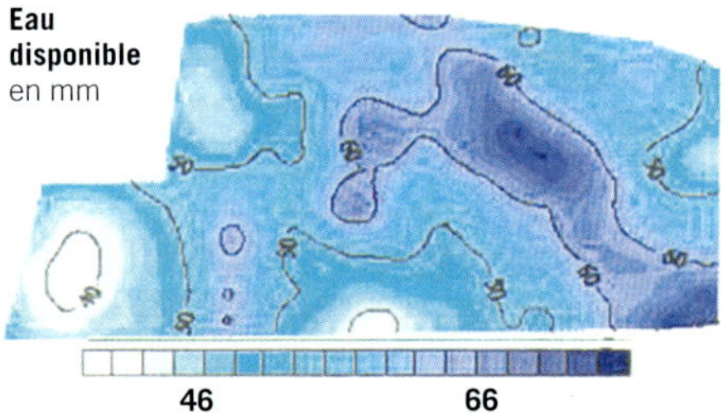

Sous-sol argileux en %

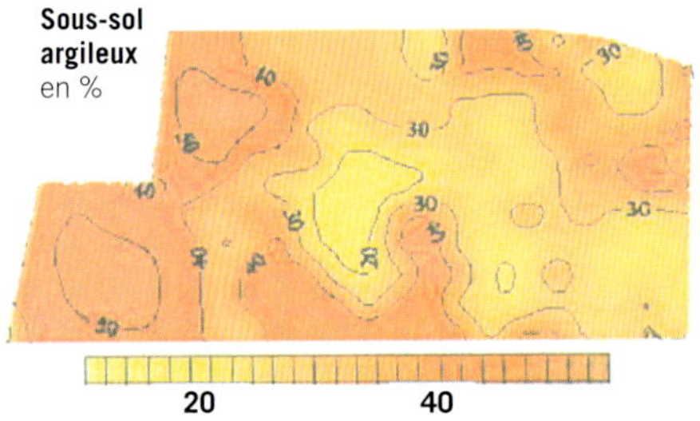

Ces aspects ont ensuite été analysés pour identifier les zones possédant des caractéristiques similaires, comme le montre la carte ci-contre. Les zones délimitées correspondent en théorie à un cépage recommandé – même si en pratique les cépages sont en général plantés sur des parcelles plus régulières.

Disposition possible du vignoble

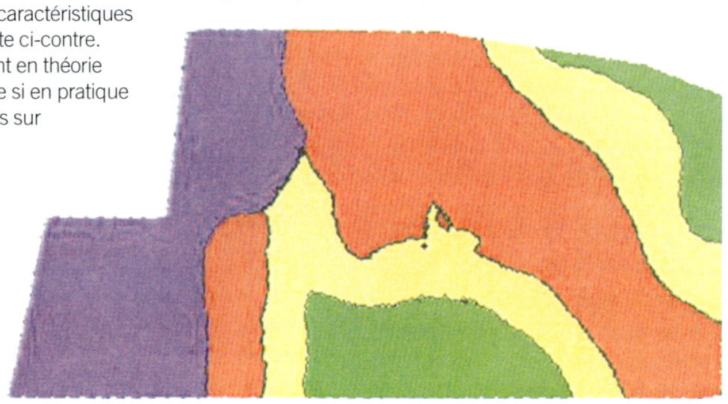

- Cabernet franc
- Chardonnay
- Sémillon
- Syrah

Système d'échalas

Dans ces illustrations de deux types distincts d'échalas, le feuillage et les fruits ont été effacés du pied de vigne sur la gauche pour montrer comment les tiges et les pampres sont disposés sur les fils de fer.

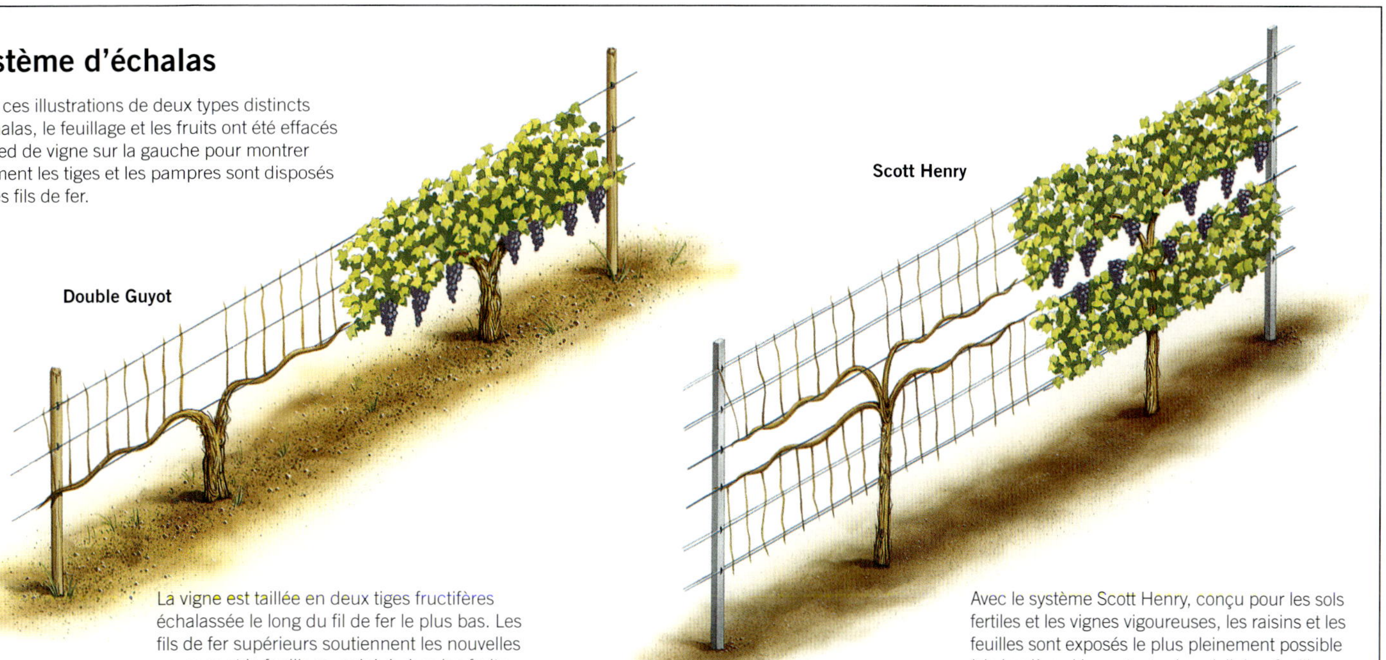

La vigne est taillée en deux tiges fructifères échalassée le long du fil de fer le plus bas. Les fils de fer supérieurs soutiennent les nouvelles pousses et le feuillage, celui du bas les fruits. Toutes les excroissances sauvages sont taillées pour permettre au soleil et à l'air d'atteindre les fruits et les pousses. Cette voûte ouverte permet aussi au soleil d'atteindre et de réchauffer le sol.

Avec le système Scott Henry, conçu pour les sols fertiles et les vignes vigoureuses, les raisins et les feuilles sont exposés le plus pleinement possible à la lumière si importante du soleil. Les feuilles peuvent être enlevées et les pampres taillés ou attachés sur un treillis vertical pour maximiser l'exposition aux rayons du soleil. Il en résulte une diminution du risque de maladie et une maturité complète des raisins plus probable.

nord au sud pour donner aux feuilles une chance d'absorber le plus de soleil possible ? À flanc de coteau, les rangées de vignes courent parfois le long de terrasses horizontales, construites pour suivre les courbes de niveau et faciliter le passage des tracteurs et des hommes.

Puis vient la décision la plus importante de toutes : à quelle distance les uns des autres les pieds de vignes doivent-ils être plantés et quelle distance doit séparer les rangées ? Et quel type de rendement attend le producteur (voir page 84 pour plus d'information sur les rendements) ? Sous les climats méditerranéens, qui sont souvent trop chauds et trop secs, la réponse est simple et déterminée par la quantité d'eau disponible : d'où les buissons traditionnellement très espacés dans les vignes à basse altitude, avec une densité inférieure à 1000 pieds par hectare. Le rendement à l'hectare est naturellement faible, limité par la quantité d'eau disponible.

Encore récemment, les vignobles du Nouveau Monde se trouvaient dans les régions douces ou chaudes, souvent sur des terres fertiles vierges qui avaient tendance à fournir trop d'éléments nutritifs à la vigne. Les producteurs plantaient les rangées à 3,7 m les unes des autres pour permettre aux machines de passer, les pieds de vignes à 2,4 m, la densité du vignoble atteignant à peine 1000 pieds à l'hectare. Cette technique permettait de faire des économies sur les pieds, les piquets et le fil de fer – ainsi que sur la main-d'œuvre pour les installer – et rendait la culture et la vendange mécaniques plus faciles. Mais trop souvent, le prix à payer était une vigueur excessive, des voûtes de feuillage qui cachaient les fruits et laissaient dans l'ombre de nombreuses feuilles utiles pour la photosynthèse. Non seulement de tels raisins ne mûrissent pas normalement – ce qui donne des vins qui trahissent le climat avec une acidité désagréable et des tannins immatures – mais le bois destiné à porter la récolte suivante ne mûrit pas non plus. Les bourgeons embryonnaires ont besoin d'être exposés au soleil pour fructifier. De trop nombreuses couches de feuilles provoquent ainsi un cercle vicieux de récoltes moins importantes et de feuillage croissant année après année.

Ce stéréotype, aujourd'hui bien modifié (voir plus loin), contraste de façon frappante avec les vignobles traditionnels de Bordeaux et de Bourgogne, où les rendements à l'hectare sont en général bien inférieurs et les rendements par pied de vigne plus bas encore. Ici, la densité atteint 10 000 pieds de vigne à l'hectare, plantés à des intervalles d'un mètre le long de rangées elles-mêmes séparées d'un mètre (le tout cultivé par des tracteurs-enjambeurs). Chaque pied de vigne est maintenu délibérément à une petite taille, et taillé selon le système du simple ou double Guyot (voir illustration ci-dessus). Les coûts de plantation et de labour sont beaucoup plus élevés, mais les raisins ont ainsi beaucoup plus de chance de mûrir.

La plus grande révolution dans le monde des vignobles au cours de la dernière décennie a sans doute été la mise en place de différentes techniques de contrôle de la voûte de feuillage. D'ingénieux systèmes d'échalas ont été conçus pour étaler et contrôler le feuillage des vignes les plus vigoureuses. Plusieurs systèmes divisent délibérément le feuillage en deux, comme le Scott Henry présenté ci-dessus, ou le système-lyre présenté à la page 274. Mais le système d'échalas adéquat dépend des conditions locales, en particulier de la fertilité du sol et de la façon dont le cépage croît. Le riesling fait des boucles. L'échalas en forme de cœur utilisé le long de la Moselle par exemple (voir page 222), a évolué afin d'éviter que les grappes ne traînent au sol, tout en permettant à chaque pied indépendant (pas de fil de fer d'un pied à l'autre) de bénéficier de tout l'ensoleillement possible. Sur ces pentes raides, il permet aussi au pauvre vendangeur alpiniste de se déplacer en travers de la pente comme de haut en bas.

L'irrigation, quand elle est possible, est un autre outil important, utilisé aujourd'hui pour modifier la qualité du vin et le rendement. En contrôlant précisément la quantité d'eau reçue par les pieds de vigne et le moment où elle est administrée – parfois en les privant d'eau de façon délibérée, tout particulièrement en fin de saison –, les producteurs peuvent obtenir des effets bénéfiques sur la qualité et la quantité du vin produit.

Toutefois, la viticulture, comme toute agriculture, dépend absolument de la nature et de ce qui est praticable localement. De tous les aspects de la production du vin, c'est l'aspect qui est finalement reconnu comme étant le plus important, le plus exigeant et le plus déterminant pour le goût du vin.

L'année du producteur de vin

Pour celui qui fait pousser de la vigne et produit du vin, chaque geste, dans le vignoble et dans la cave, est accompli en prévision du moment le plus important de l'année : la vendange et la fabrication. Il existe des variations notables d'une région et d'un producteur à l'autre, mais on trouvera ici une description rapide des opérations clés de chaque mois – hémisphère nord / hémisphère sud – dans le vignoble puis dans la cave.

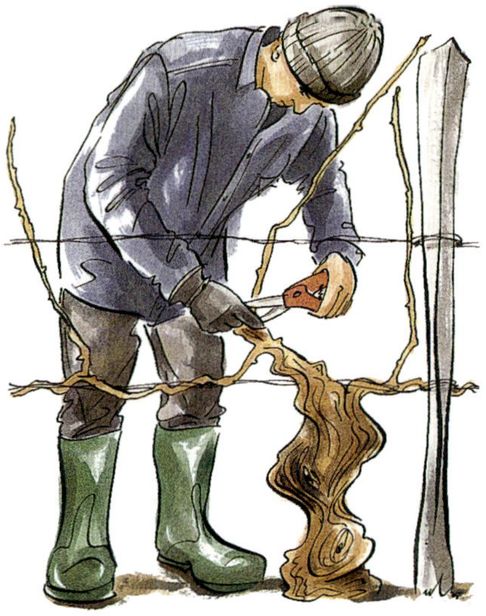

Janvier / Juillet

La taille Cette opération à froid se déroule normalement au milieu de l'hiver. Les cépages à bourgeonnement précoce peuvent être taillés plus tard afin de le retarder et de minimiser le risque de gel.

La fermentation malolactique devrait être bien avancée dans la cave, en réservoir ou en fût. Une supervision et une analyse constantes sont nécessaires pour vérifier les progrès des bacilles lactiques qui favorisent la fermentation et l'élévation des niveaux d'acidité.

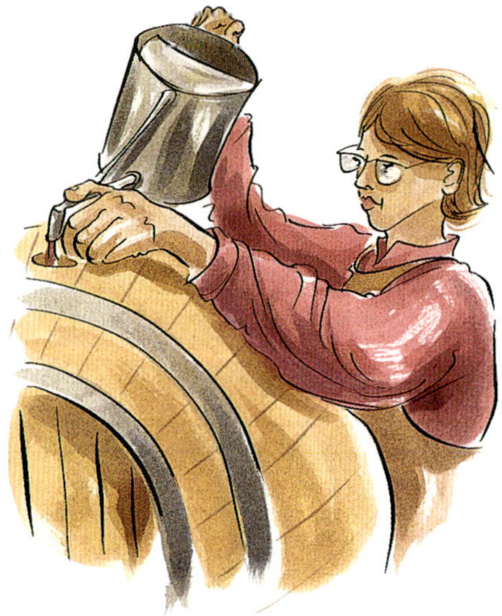

Février / Août

La taille continue dans le vignoble. Les fils de fer, les piquets et les tuteurs sont réparés si nécessaire.

Remplissage Le vin se contractant par temps froid, le remplissage évite le risque d'une oxydation nocive en réduisant au minimum le creux du tonneau. Les bondes, normalement en plastique, doivent être fermées hermétiquement. Si la bonde est placée au sommet du fût, le remplissage doit être plus fréquent – environ une ou deux fois par semaine.

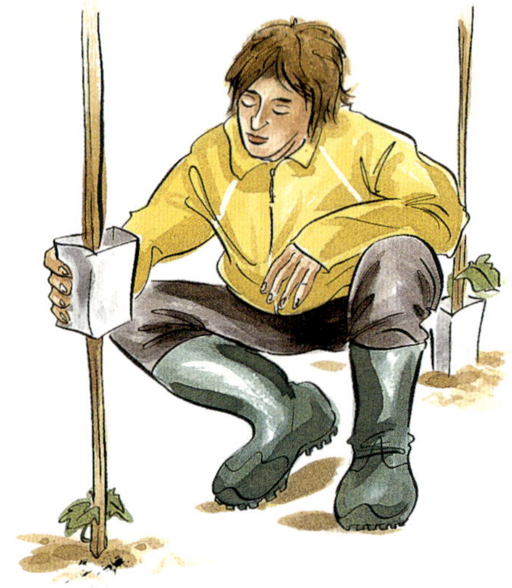

Mars / Septembre

Planter de nouveaux pieds de vigne Il s'agit de mettre en terre des boutures greffées et, de plus en plus de nos jours, d'installer des protections contre les prédateurs comme les lapins et de créer une petite serre autour d'elles – à condition qu'elles soient assez fortes pour supporter les températures plus élevées qui en résultent.

Mise en bouteille des vins qui sont destinés à être bus jeunes. Dans les petites caves, il faut louer une machine à embouteiller et s'assurer que les vins en question sont achevés et stables.

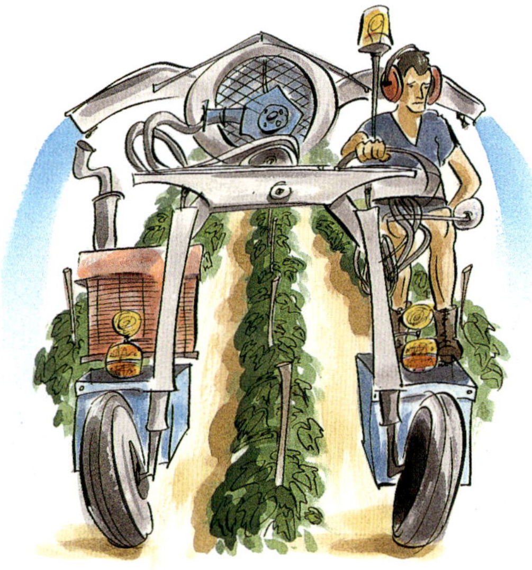

Juillet / Janvier

La pulvérisation contre les insectes et les maladies Les techniques de pulvérisation varient : un homme avec un bidon sur le dos, une machine comme celle qui est représentée ci-dessus, un hélicoptère.

Mise en bouteilles des bons vins dans leur deuxième année avant le plein été. Le moment exact de la mise en bouteille peut varier en fonction de l'état du vin, de l'efficacité de l'atelier d'embouteillage et des disponibilités du personnel de la cave.

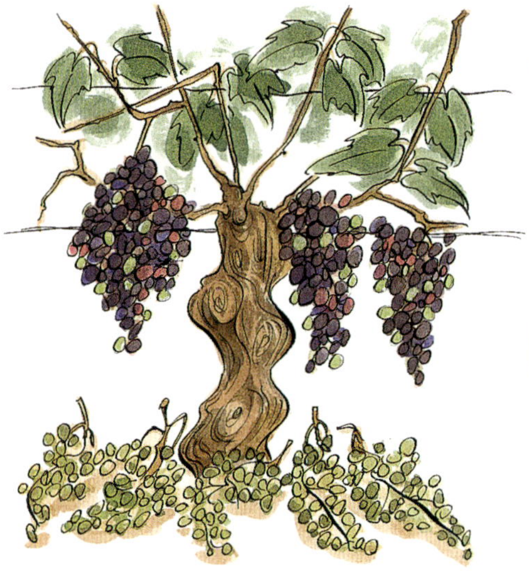

Août / Février

Véraison De plus en plus, on pratique une vendange d'été (vendange verte) au cours de laquelle les grappes en surnombre ou moins mûres sont retirées pour concentrer l'ensoleillement et les éléments nutritifs sur des raisins moins nombreux afin d'obtenir un vin plus concentré. Cela peut avoir des conséquences dramatiques si la sécheresse s'installe ensuite : des raisins plus secs et un vin déséquilibré.

Préparation de la cave pour la vendange, qui peut même avoir déjà commencé dans les régions les plus chaudes.

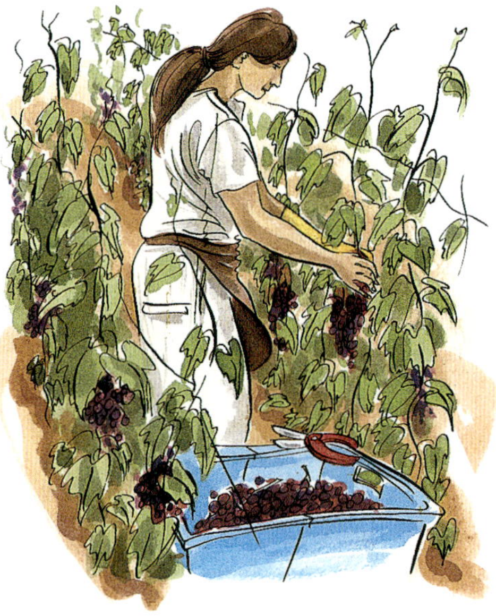

Septembre / Mars

La vendange est l'opération vitale de ce mois, même si la décision de savoir quand récolter est plus importante encore (voir page 26 et page 34). Les vendangeurs doivent être recrutés, organisés et, dans certains cas, nourris et logés.

Dans la cave c'est la période la plus épuisante de l'année. Tout l'équipement nécessaire à la fabrication et tous les additifs, comme les levures, le sucre, les acides, etc., doivent être en place.

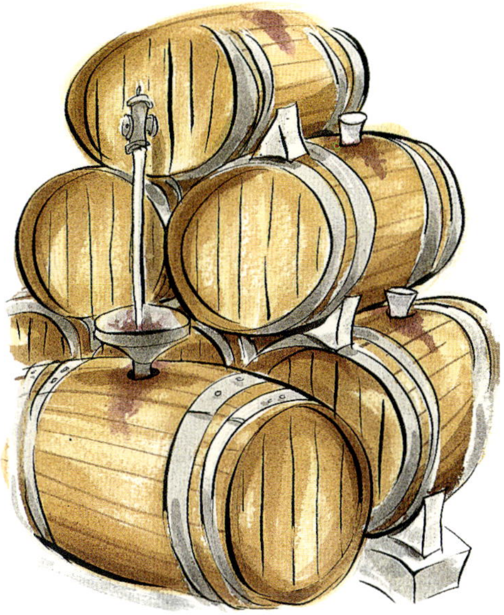

Avril / Octobre

Dédrageonnage Couper les drageons d'un pied de vigne la rend plus propre et concentre l'énergie dans les jeunes pampres qui ont surgi.

Soutirage Transvaser doucement le vin d'un récipient à un autre, de façon à éliminer les dépôts potentiellement nocifs, comme les lies, qui doivent rester dans le premier. L'opération est réalisée immédiatement après la fermentation alcoolique. Un vin peut être soutiré jusqu'à trois ou quatre fois pendant sa première année en fût.

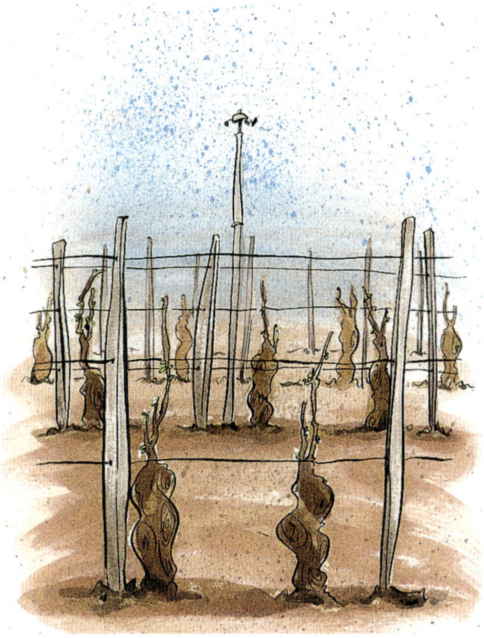

Mai / Novembre

Pulvériser pour protéger du gel (à condition de disposer de suffisamment d'eau) est la façon moderne d'éviter la catastrophe, si la température tombe au-dessous de zéro (voir page 20 la protection par la glace). Parmi les autres méthodes, il faut signaler les souffleries et les petits chauffages portables. Des alarmes de température sont nécessaires dans tous les cas.

Commencer à préparer les commandes de vin, de façon à les expédier avant les chaleurs de l'été.

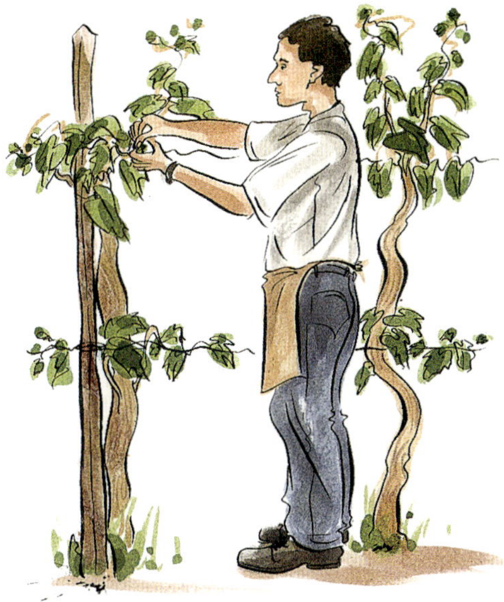

Juin / Décembre

La mise en position des pampres Les jeunes pampres sont attachés avec des fils de fer de façon à ce que le pied de vigne soit en bonne position pour transformer la lumière du soleil en vue d'une bonne récolte. Une période de beau temps est nécessaire pendant la floraison (voir page 18) pour que la récolte soit importante ; un temps instable peut rendre inutile la vendange verte d'août ou de février..

Soutirage Les bons vins peuvent tout à fait être soutirés de nouveau avant les grosses chaleurs de l'été.

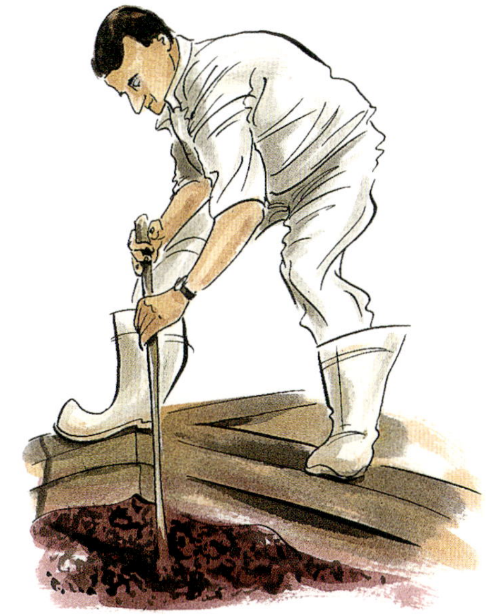

Octobre / Avril

Après les vendanges, un temps ensoleillé peut continuer à concentrer des réserves d'hydrates de carbone dans la vigne, facilitant ainsi la traversée de l'hiver et la production de nouvelles pousses au printemps.

Enfoncer les peaux qui flottent à la surface de la cuve de fermentation pour les humidifier, aérer le vin et faciliter l'extraction de la couleur et de l'arôme des peaux. Cela doit être fait tous les jours et exige une force physique considérable. Diverses solutions mécaniques alternatives ont été conçues.

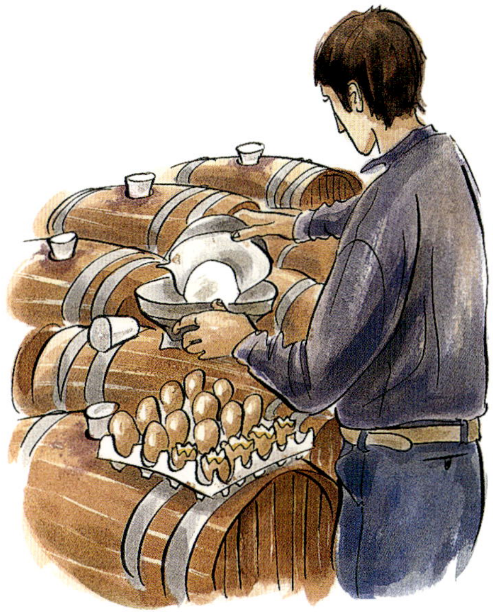

Novembre / Mai

Les feuilles de vignes virent au jaune, au doré et enfin au rouge splendide, si elles sont infectées par un virus. Dès la première gelée, elles tombent. Les cultures en alternance peuvent alors être plantées.

Le collage, ou clarification, pour les vins sérieux dans leur deuxième année, avec des blancs d'œufs battus qui précipitent les matières en suspension vers le fond du fût. Les vins de première année peuvent être transférés des cuves de fermentation aux fûts à ce moment-là.

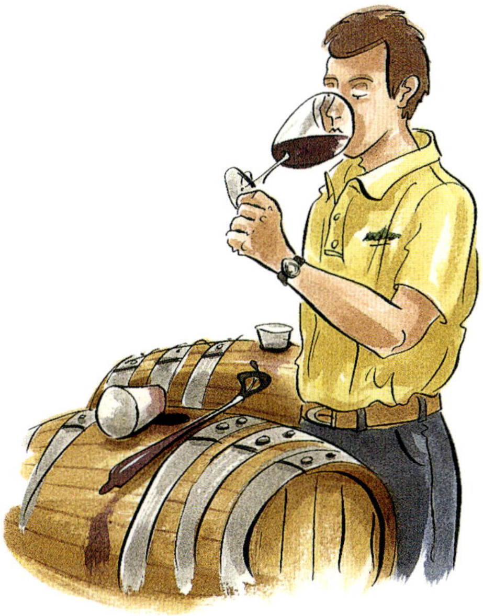

Décembre / Juin

Des boutures peuvent être prélevées pour propager les jeunes vignes. Les vignes sont désormais dormantes et elles supporteront le froid de l'hiver jusqu'à –20 °C. La taille peut commencer.

Les dégustations des vins nouveaux commencent. Certaines décisions peuvent être prises concernant l'utilisation des différents lots de vins. La fermentation malolactique devrait être bien avancée, facilitée par l'introduction du bacille lactique et le réchauffement de la cave.

Comment est fait le vin

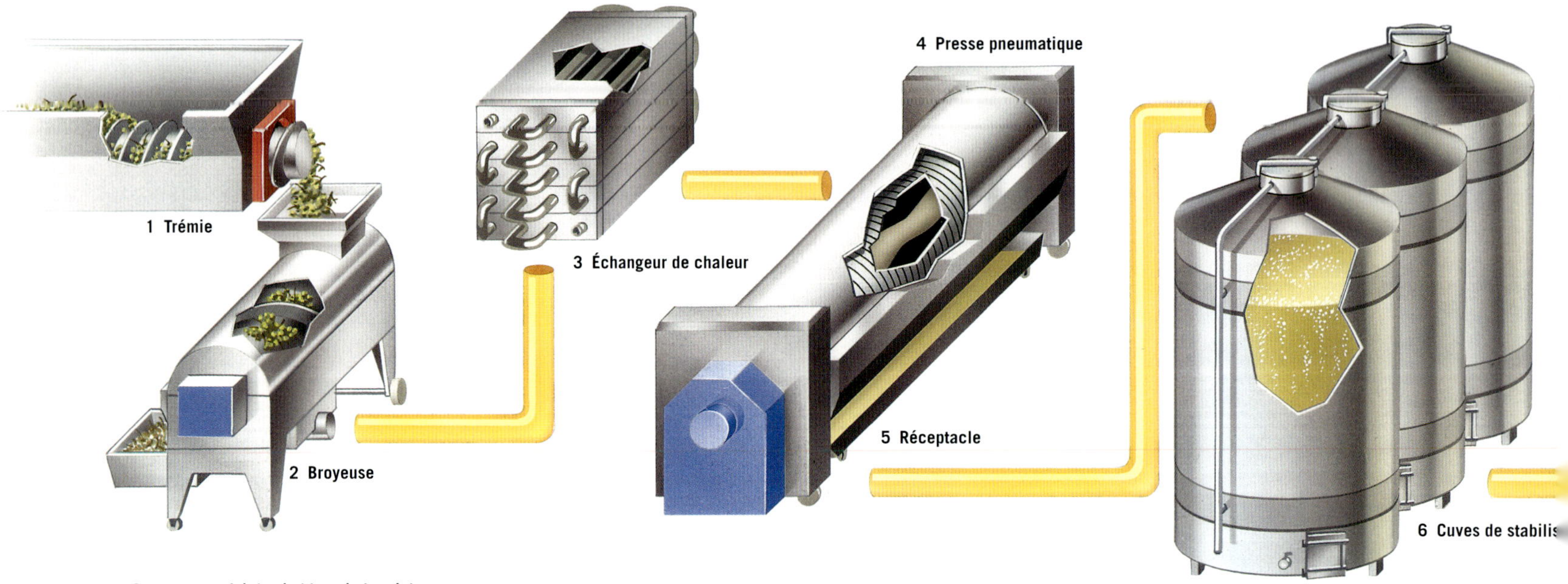

Comment est fait le vin blanc industriel

Après une vendange mécanique, un camion fait marche arrière et s'adosse à la cave pour remplir la trémie **1** avec des grappes de raisins et quelques éléments résiduels (des feuilles, en général). La vis sans fin alimente en grappe la broyeuse **2**. Les raisins y sont écrasés par un cylindre rotatif, perforé de trous suffisamment grands pour laisser passer le raisin mais pas les pédoncules et les feuilles qui peuvent être astringents,et débarrassés de leur rafle. La mixture de raisins et de pulpe peut alors être pompée dans un échangeur de chaleur **3** pour être refroidie. Cela ralentit le processus d'oxydation, évitant ainsi la perte de l'arôme et un démarrage trop précoce de la fermentation. De l'anhydride sulfureux est souvent ajouté pour la même raison. La pulpe est alors pompée dans la presse pneumatique **4** et la chambre à air en caoutchouc est progressivement gonflée, pressant la pulpe de raisin contre le cylindre d'acier inoxydable perforé, sans broyer les pépins afin de ne pas libérer leurs essences amères. Le jus coule dans le réceptacle au-dessous du cylindre **5** et de là, il est pompé dans des cuves de stabilisation en acier inoxydable, équipées d'un système de refroidissement **6**. Là, le jus est recouvert d'une couche de gaz inerte, du gaz carbonique, pour empêcher l'oxydation. Des enzymes spéciaux peuvent être ajoutés pour permettre à certains éléments solides en

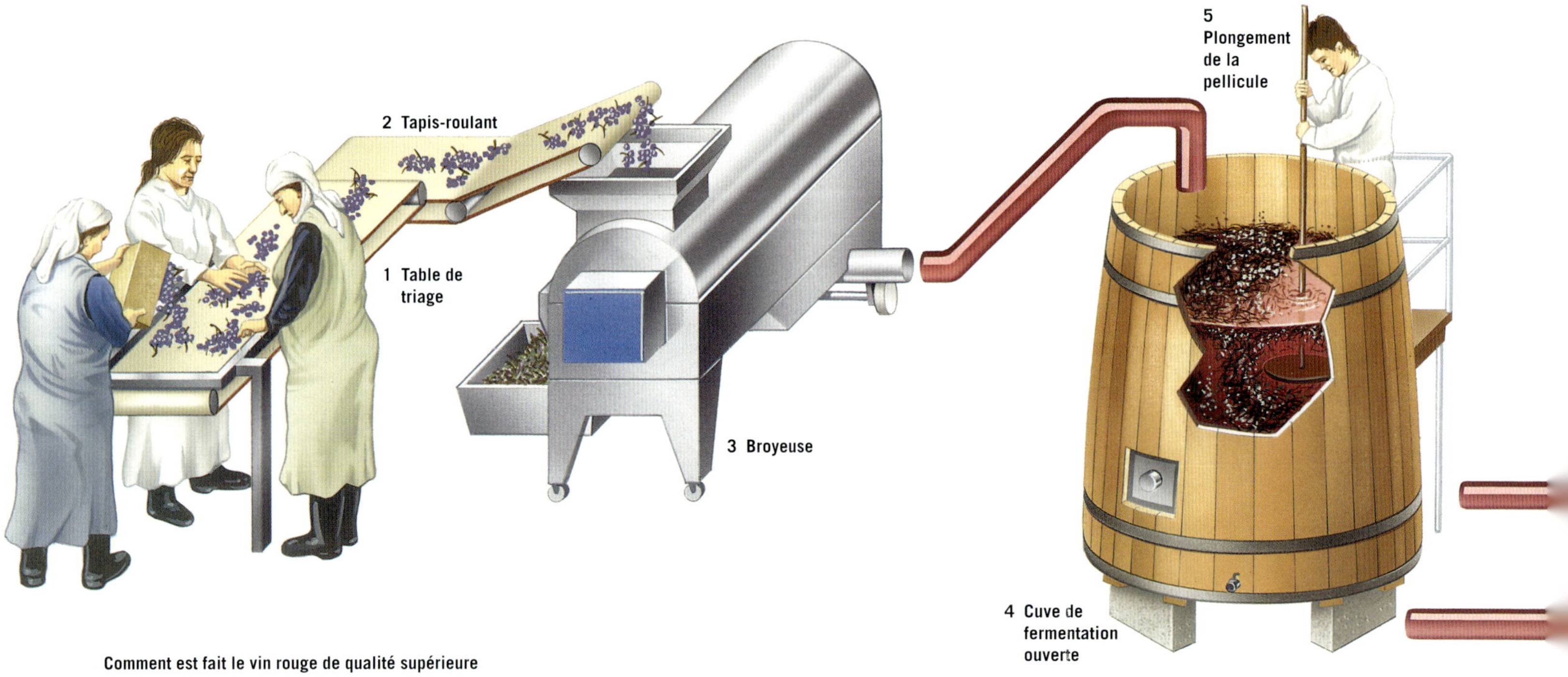

Comment est fait le vin rouge de qualité supérieure

Les grappes de raisin coupées à la main sont délicatement transportées dans de petits bacs, conçus pour éviter l'écrasement des raisins pendant le transit du vignoble à la table de triage dans la cave **1**. Tout raisin qui n'est pas mûr, est abîmé ou moisi, est éliminé, et tout autre substance est enlevée à la main. Le tapis-roulant **2** emporte les grappes vers la broyeuse **3** où les rafles sont détachées et la plupart des peaux de raisins écrasées. Les réglages peuvent être modifiés en fonction du nombre de rafles et de raisins entiers requis. Pour des raisins peu tanniques comme le pinot noir, une partie ou la totalité des rafles peuvent être conservées à ce stade pour donner plus de structure au vin. Le moût, incluant les peaux, très importantes pour la couleur, l'arôme et le tannin, est pompé dans une cuve de fermentation ouverte **4**, qui, de nos jours, est en acier inoxydable, mais était traditionnellement en chêne, en ardoise ou même en béton. Là, les levures naturellement présentes dans l'air mettent lentement en route la fermentation alcoolique. Les niveaux de sucre commencent à chuter à mesure que le degré d'alcool monte et que l'oxyde de carbone libéré pousse les peaux de raisin et la pulpe vers le haut pour former une pellicule qui protège le moût contre l'oxydation. La pellicule est régulièrement plongée **5** ou brisée pour éviter qu'elle ne se dessèche. Une fois la fermentation alcoolique

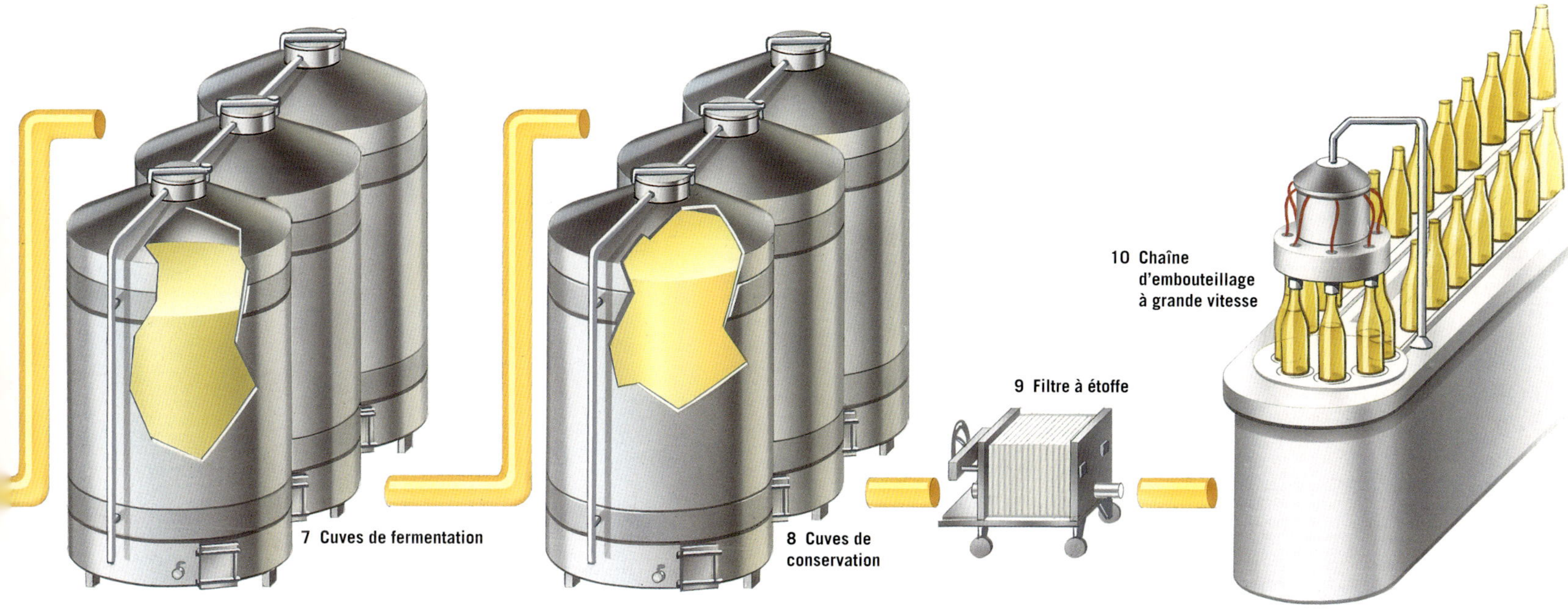

suspension de remonter en surface au bout de 24 heures. Le jus de raisin, désormais beaucoup plus propre, est pompé dans les cuves de fermentation en acier inoxydable, à température contrôlée **7**. On inocule au jus de raisin une variété de levures cultivées tout spécialement. Les vins blancs ordinaires sont maintenus à basse température, en général entre 12 et 17 °C, pour préserver les arômes frais et fruités. Plus la température est élevée, plus rapide est la fermentation, et plus vite la cuve de fermentation peut être utilisée pour un autre lot de raisins. La durée de la fermentation peut varier de quelques jours à un mois, le gaz carbonique s'échappant par une valve. Le vin est soutiré, débarassé de ses lies et versé dans des cuves de conservation protégées de l'oxygène **8**. Le vin est ensuite stocké à basse température jusqu'à ce qu'on en ait besoin pour satisfaire une commande. Il peut avoir besoin d'être mélangé, puis stabilisé par réfrigération, parfois à 0 °C afin de précipiter les cristaux de tartre, et enfin clarifié. Tous les vins commerciaux sont ensuite filtrés pour supprimer une éventuelle bactérie nocive. Ils peuvent être passés à travers un filtre en étoffe **9** ou un filtre à membrane . Le vin étincelant est alors mis en bouteille grâce à une chaîne d'embouteillage à grande vitesse **10** avant d'être expédié, ce qui réduit au minimum les coûts de stockage.

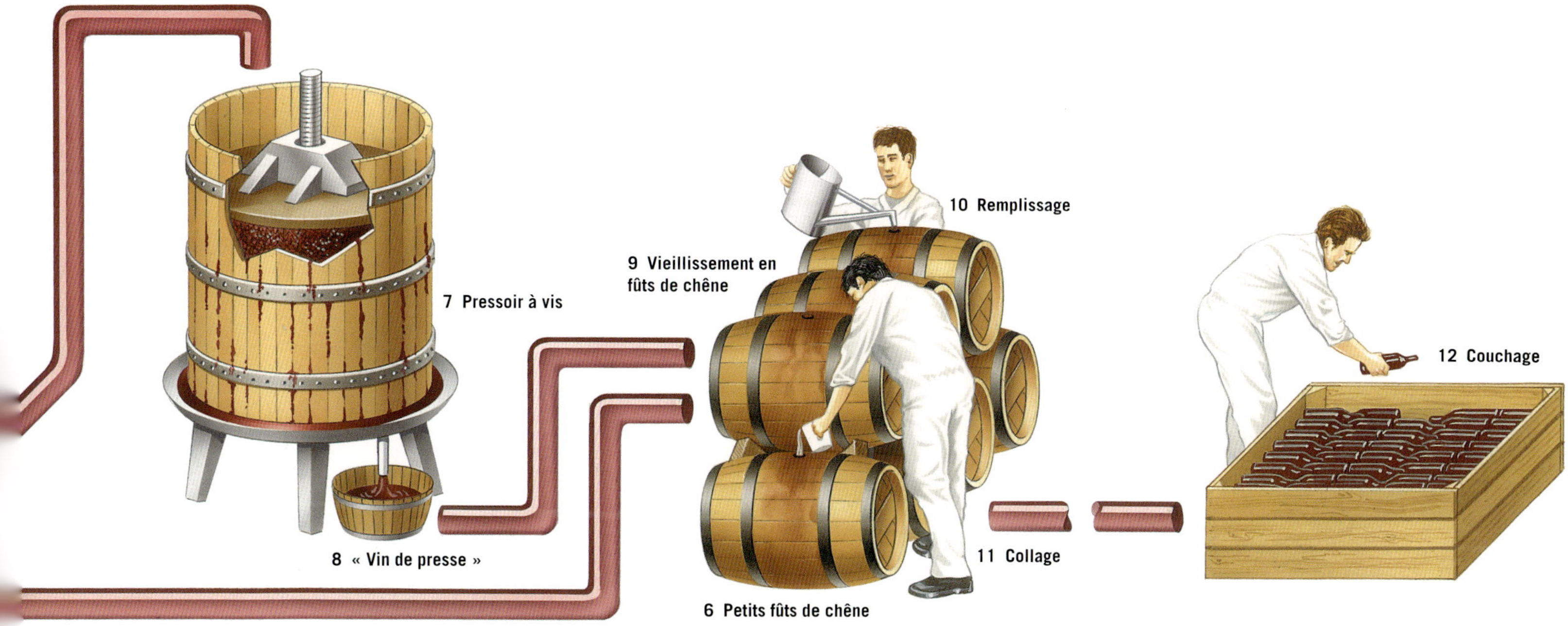

terminée, certains producteurs s'accordent une période de macération complémentaire afin d'extraire encore plus de phénols des peaux, d'autres transfèrent le vin dans de petits fûts de chêne **6** avant que tout le sucre n'ait fermenté en alcool. Dans les deux cas, la deuxième fermentation, malolactique, a commencé. Les sédiments laissés au fond de la cuve de fermentation sont alors transférés dans une presse, ici un pressoir à vis traditionnel **7**, où le « vin de presse » est recueilli **8**. Ce « vin de presse » est beaucoup plus tannique et, dans les régions plutôt fraîches, gardé à part, alors qu'il est ajouté immédiatement dans les régions chaudes pour donner une structure intéressante. Le vin est ensuite vieilli en fûts de chêne **9** jusqu'à 18 mois. L'évaporation implique que ces fûts fassent l'objet d'un remplissage constant **10**, et le vin sera de temps en temps « soutiré » pour le clarifier, l'aérer et prévenir la formation de composants nocifs. Le vin sera aussi collé, ou clarifié **11**, par l'ajout d'un agent de collage qui précipite les sédiments en suspension, puis légèrement filtré pour s'assurer de sa stabilité micro-biologique. Avant la mise en bouteille, un ultime mélange est fait. Une fois la mise en bouteille soigneusement exécutée, le vin est couché dans des casiers **12** et stocké pour le vieillissement en bouteille, l'étiquetage et le capsulage n'ayant lieu qu'au moment de l'expédition.

L'art du producteur de vin

Si, dans le vignoble, la nature a le dernier mot, c'est l'homme qui s'impose dans le chai, qu'il se nomme winery, cantina, bodega ou Keller.

La fabrication du vin consiste au fond en une série de décisions imposées par le raisin et l'état dans lequel il est, par le style de vin sur lequel le producteur a jeté son dévolu (ces deux éléments étant parfois en conflit). Les illustrations des pages précédentes ont montré les étapes nécessaires à la fabrication de deux types de vins différents : un vin blanc peu cher sans vieillissement en fût de chêne ; un vin de qualité supérieure, fait de manière traditionnelle et vieilli en fût de chêne.

Récolter le raisin

La première décision, et probablement la plus importante, du producteur de vin, c'est le choix du moment de la vendange. Il a normalement contrôlé scrupuleusement les niveaux de sucre et d'acidité des raisins et leur aspect général au cours des semaines qui précèdent la date habituelle de la vendange. Les prévisions météorologiques entrent aussi en ligne de compte. À supposer, par exemple, que les raisins ne soient pas tout à fait assez mûrs pour le type de vin qu'il veut faire, mais que la pluie soit annoncée, le producteur devra juger si laisser le raisin sur la vigne est une garantie de maturation complète, quelles sont ses chances d'avoir des conditions favorables, c'est-à-dire un temps chaud et sec. Certains cépages sont beaucoup plus sensibles que d'autres à la date exacte de la vendange. La syrah et le merlot peuvent rapidement perdre de leur qualité – une certaine vivacité dans le vin – si on les laisse trop longtemps sur la vigne, alors que le cabernet sauvignon est beaucoup plus tolérant. Si les raisins souffrent déjà d'une maladie à champignon, la pluie va exacerber ce problème, de sorte que le mieux devient l'ennemi du bien. Le vin blanc tolère bien mieux quelques raisins pourris que le rouge, dont la couleur est rapidement perdue et le goût affecté d'une touche de moisissure.

Le producteur de vin, en accord avec la personne qui est en charge de la main-d'œuvre, doit aussi décider à quel moment de la journée vendanger. Sous les climats chauds, le raisin est habituellement vendangé soit la nuit (à la machine avec de puissants projecteurs), soit très tôt le matin afin d'apporter au chai un raisin aussi frais que possible. Autrefois, le raisin était entassé à l'arrière des camions, souvent écrasé et en cours d'oxydation, ayant ainsi perdu une proportion substantielle de son arôme fruité avant même d'arriver au chai. De nos jours, tout producteur qui entend faire du vin de qualité s'assurera de la fraîcheur des raisins en les faisant régulièrement parvenir au chai par petites quantités, en général dans des bacs en plastique susceptibles d'être empilés sans dommage pour les grappes (même si des grappes entières sont rares en cas de vendange mécanique, puisque la machine opère en secouant le pied de vigne pour faire tomber les grains de raisin).

Les machines sont de plus en plus présentes dans les vignobles, non seulement pour la vendange, mais aussi pour la taille des pieds et pour la mise en place du fil de fer, et donc le contrôle du feuillage pendant la saison de croissance. Mais les plus grands vins du monde sont encore vendangés à la main, même si les vendangeurs se font rares et chers, parce qu'ils sont capables de couper des grappes entières mais aussi de décider intelligemment lesquelles prendre et lesquelles laisser.

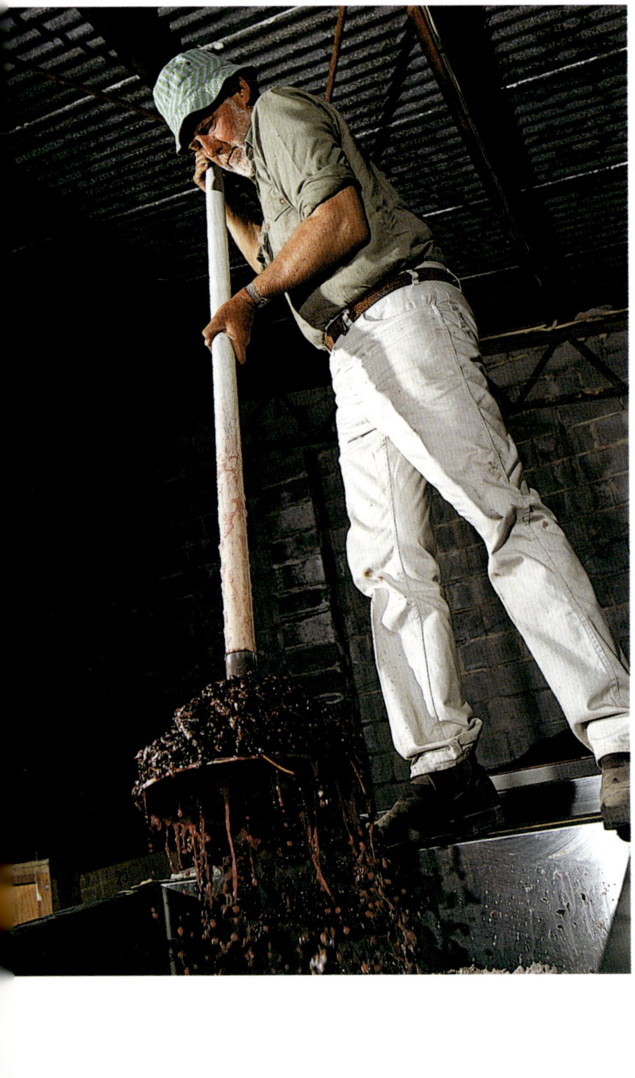

À gauche Bailey Carrodus de Yarra Yering dans l'État de Victoria plonge une pellicule de peaux de pinot noir pour s'efforcer de tirer le maximum de couleur et d'arôme et empêcher le dessèchement de la pellicule. Cette opération épuisante a pour nom le pigeage.

Le raisin et la fermentation

Une fois que le raisin est arrivé au chai, on peut décider de le refroidir – dans les pays chauds, certains chais disposent de chambres froides dans lesquelles le raisin peut être conservé pendant des heures, voire des jours, en attendant qu'une cuve de fermentation soit disponible. Dans un chai qui fait du vin de qualité supérieure, il est probable qu'une sélection des raisins plus poussée aura lieu. Une des innovations les plus frappantes dans les chais au cours des années 1990 a été la mise en place de tables de triage, des tapis roulants à petite vitesse sur lesquels les raisins sont minutieusement examinés avant d'arriver à la broyeuse.

La plupart des rafles de raisin blanc sont retirées avant le pressage parce qu'elles peuvent être astringentes et gâcher ainsi un vin léger et aromatique. Pour certains vins blancs plus pleins et pour la plupart des vins pétillants et des vins blancs doux, le producteur peut toutefois choisir de mettre des grappes entières dans le pressoir, pour la simple raison que les rafles peuvent jouer un rôle de tuyau conducteur du jus. Dans ce cas, seule la première partie, le jus qui coule librement, peut être utilisé.

Pour le vin blanc, le producteur doit décider s'il faut le protéger le plus possible de l'oxygène, pour préserver son arôme fruité éventuel, ou bien s'il adopte des techniques d'oxydation, en exposant le raisin à l'oxygène pour essayer d'obtenir des arômes secondaires, plus complexes. Le riesling, le sauvignon blanc et les autres cépages aromatiques ont tendance à être vinifiés protégés de l'oxydation, tandis que le bourgogne blanc de qualité supérieure est obtenu par oxydation.

L'opération d'oxydation peut inclure une période de « contact avec la peau » : quelques heures supplémentaires soit dans le pressoir avant de le mettre en route, soit dans une cuve spéciale, pour que d'autres arômes se dégagent des peaux. Toutefois, si les peaux sont en contact trop longtemps avec le jus d'un vin blanc, elles provoquent une astringence trop importante – raison pour laquelle les raisins à vin blanc sont pressés avant la fermentation, à la différence des raisins à vin rouge dont les peaux conditionnent la couleur et le tannin.

Plus brutal est le processus de pressage, plus rude est le vin blanc qui en résulte. Au fil des ans, les hommes ont construit des pressoirs toujours plus ingénieux pour presser le jus aussi délicatement que possible, sans briser les pépins et sans extraire l'astringence de la peau des raisins. Les pressoirs pneumatiques, qui sont formés d'un cylindre horizontal que l'on remplit de raisin avant de gonfler une grosse chambre à air en caoutchouc, sont maintenant très courants. Les producteurs de vin sont de plus en plus soucieux de séparer en différents lots ce qui s'écoule du pressoir, le premier jus étant meilleur, car moins astringent.

Le producteur clarifie ensuite son jus blanc afin de le débarrasser des petits sédiments de raisin en suspension, particulièrement pour les vins faits à l'abri de l'oxygène. Des centrifugeuses étaient autrefois utilisées, mais elles éliminent trop de sédiments. Il est plus courant aujourd'hui de laisser les sédiments se déposer au fond d'une cuve de conservation avant de pomper le jus clair dans une cuve de fermentation. La fermentation ne doit pas encore avoir commencé, ce qui rend essentielles des températures basses et des additions d'anhydride sulfureux.

Le raisin de vin rouge est habituellement broyé et débarrassé de la plupart de ses rafles,

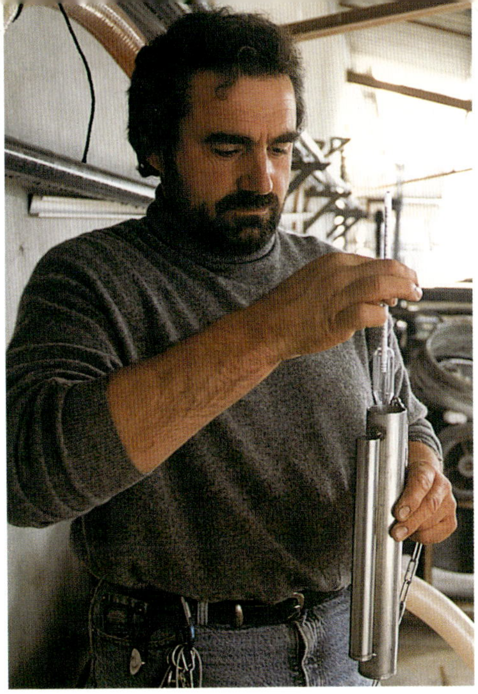

Ci-dessus Les producteurs utilisent régulièrement l'hydromètre pour contrôler la gravité spécifique, et donc les niveaux de sucre et d'alcool du moût en fermentation.

même si on décide parfois d'en jeter quelques-unes dans la cuve de fermentation pour augmenter le niveau de tannin. Certains producteurs traditionalistes, en Bourgogne notamment, aiment faire fermenter la grappe entière. Cela ne peut marcher que pour les climats où la saison de maturation est assez longue pour obtenir des rafles et des fruits parfaitement mûrs, sans quoi le vin aura un goût horriblement rude.

Il existe une exception à cette règle de l'élimination des rafles pour les vins rouges, c'est une technique de fermentation par macération carbonique, caractéristique du beaujolais, de certains côtes-du-rhône et naturellement du rude carignan – le but étant de produire des vins fruités sans beaucoup de tannin. Les grappes sont jetées entières dans une cuve de fermentation hermétique. La couche inférieure est écrasée par le poids des autres grappes et commence à fermenter en produisant du gaz carbonique. La cuve étant rapidement saturée de gaz carbonique, les grappes du dessus subissent une fermentation interne spécifique qui donne au raisin une odeur douce très caractéristique, presque caoutchouteuse.

Le processus de fermentation

Alors, et alors seulement, le producteur peut envisager de passer à la fermentation proprement dite, la transformation miraculeuse du jus de raisin sucré en un vin beaucoup plus sec, à l'arôme complexe. Si la levure est mise en contact avec les sucres du raisin, elle les convertit en alcool, en chaleur et en gaz carbonique. Plus les raisins seront mûrs, plus ils seront susceptibles de donner un vin puissant. Les cuves de fermentation se réchauffent naturellement au cours du processus, si bien que dans certains pays chauds elles sont équipées d'un système de refroidissement pour garder le moût au-dessous de la température à laquelle les composants aromatiques pourraient s'évaporer.

Tandis que les vins blancs ont besoin de cuves hermétiques pour protéger le moût des effets de l'oxydation et pour éviter tout brunissement, les rouges, parce que l'épaisse « pellicule » de peaux qui flotte à la surface les protège, peuvent fermenter en cuves ouvertes.

La levure est encore un mystère à certains égards, et donne lieu à des controverses. Pour l'instant, le choix initial du producteur de vin consiste à choisir entre les levures dites « de culture », sélectionnées et préparées, et les levures naturellement présentes dans l'atmosphère, dites « levures sauvages » ou « ambiantes ».

Dans les nouvelles régions vinicoles, il n'y a pas le choix : les levures de vin ont besoin de temps pour se développer et les quelques levures ambiantes sont probablement plus nocives que bénéfiques. À l'exception d'un petit nombre, toutefois croissant, la plupart des vins du Nouveau Monde sont donc faits grâce à une levure de culture spéciale.

La levure de culture réagit de façon prévisible. On choisit une levure particulièrement puissante pour les vins à forte teneur en alcool, tandis qu'une levure qui facilite la précipitation des sédiments peut être utile pour les vins pétillants. Cependant les traditionalistes préfèrent laisser agir librement les levures ambiantes, convaincus du fait que, en dépit de leur caractère imprévisible, elles confèrent plus d'arôme au vin et respectent ses particularités.

Le cauchemar du producteur est une fermentation qui se « bloque » avant que tout le sucre n'ait été transformé en alcool. Le producteur se retrouve alors avec une mixture extrêmement vulnérable, qui peut être la proie de l'oxydation ou d'une bactérie.

La durée et la température d'une fermentation de vin rouge déterminent le type de vin qui va en résulter. Plus la température de la fermentation est élevée (jusqu'à approcher la limite dangereuse de l'évaporation des arômes), plus on pourra tirer de couleur et d'arôme. Les fermentations longues, à basse température, donnent des vins légers et fruités. Mais si une fermentation à haute température est trop courte, le vin manquera de corps et d'arôme. La température augmente au fur et à mesure que la fermentation progresse, mais elle reste en général comprise entre 22 et 30 °C, même pour les vins très puissants. Elle est plus basse chez les vins blancs aromatiques.

Pour extraire les tannins, l'arôme et la couleur des peaux de raisin, il faut veiller à ce que la pellicule et le moût soient en interaction constante. On l'obtient en général manuellement, soit en pompant le moût au-dessus de la pellicule, soit en plongeant la pellicule dans le liquide.

La science de ce processus – et de la macération, postérieure à la fermentation, destinée à extraire et adoucir les tannins – est devenue très exacte et constitue aujourd'hui un facteur clé dans l'amélioration de la qualité de bien des vins rouges jeunes. Les cuves de fermentation hermétiques, qui brassent les peaux et

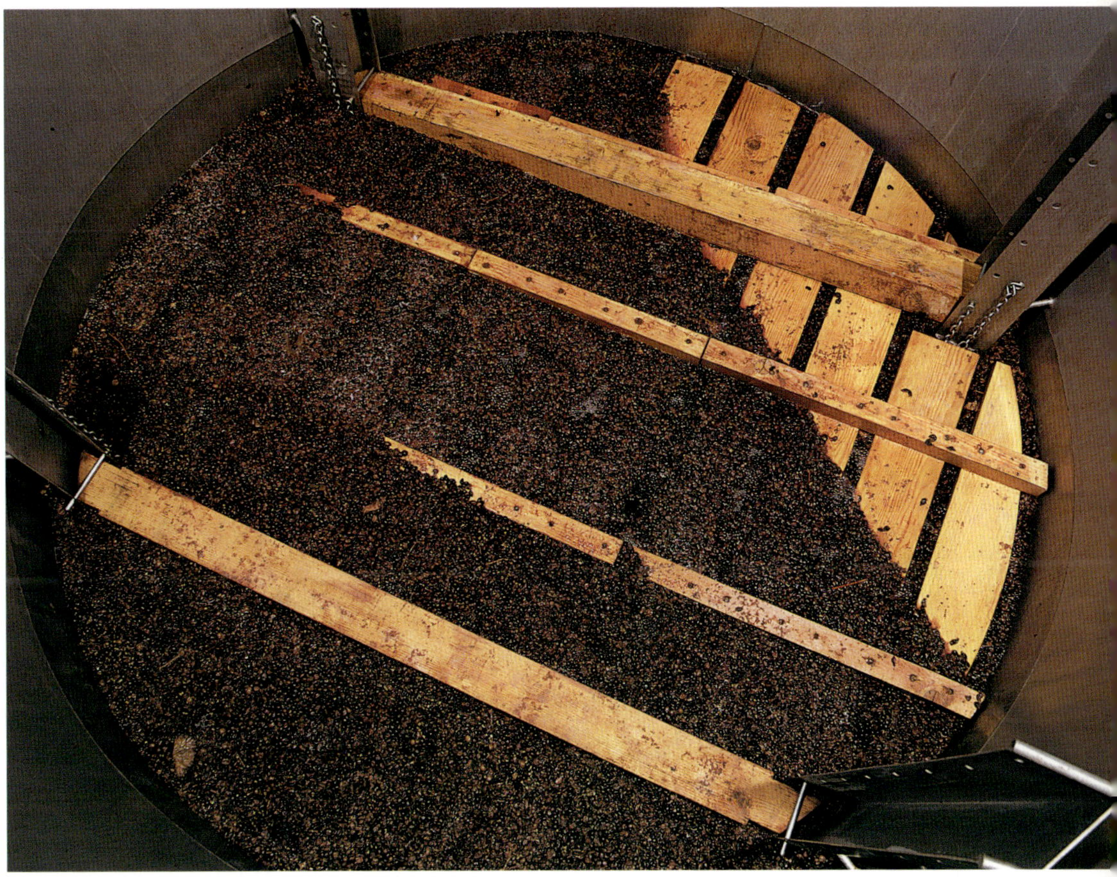

À droite Une alternative à la méthode de Carrodus pour maintenir la pellicule immergée : des planches assemblées qui épousent les parois de la cuve de fermentation.

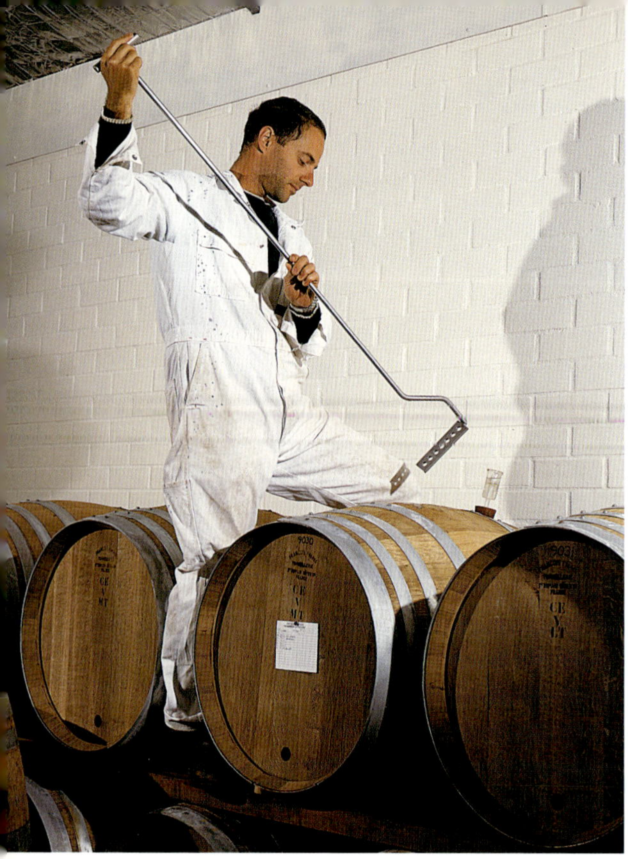

Ci-dessus Les lies de fermentation de vins blancs en fûts peuvent être remuées avec toutes sortes d'instruments. Le bâtonnage, tel qu'il est pratiqué en France, chasse les mauvaises odeurs produites par la réduction et rend le vin plus pâle et plus souple en diffusant l'extraction du chêne.

le moût, peuvent être utiles pour des cépages plus pâles comme le pinot noir, ou pour des raisins vendangés avant la pleine maturité.

Améliorer la nature

C'est au stade de la fermentation, du rouge comme du blanc, que le producteur décide d'ajouter ou non de l'acide ou du sucre. Pour une grande partie des amateurs de vins, ce procédé peut ressembler à une tricherie. Mais de nombreux producteurs soutiennent qu'il est essentiel pour obtenir un vin bien équilibré. En France (sauf dans le Sud), les vignerons ajoutent du sucre dans les cuves de fermentation pour augmenter la teneur en alcool du vin depuis deux cents ans, date à laquelle la chaptalisation a été présentée pour la première fois par le ministre de l'agriculture, Jean-Antoine Chaptal.

La réglementation des Appellations contrôlées prévoit très précisément la dose maximale de sucre que l'on peut ajouter, en général l'équivalent d'un gain de 2° d'alcool, même si elle peut être nettement supérieure dans les climats frais, comme en Angleterre et au Luxembourg. En pratique, grâce à des étés plus chauds et à des procédés qui empêchent la pourriture, les producteurs ont été en mesure de vendanger des raisins de plus en plus mûrs, ce qui a rendu l'addition de sucre de moins en moins nécessaire. Il est rare de goûter un vin qui a subi une chaptalisation flagrante, bien que certains beaujolais des années 1990 paraissent curieusement alcoolisés pour leur couleur et leur concentration.

Pour les récoltes de raisins moins mûrs sous des climats plus frais, les producteurs peuvent aussi décider d'ôter une partie du jus de la cuve de fermentation de vin rouge, de façon à augmenter le pourcentage crucial des peaux riches en arômes (procédé appelé « la saignée »). Cette pratique traditionnelle est de plus en plus souvent remplacée par des procédés mécaniques de manipulation. Ainsi, au cours des années 1990, l'équipement permettant de concentrer le moût et de retirer une certaine quantité d'eau est devenu beaucoup plus courant dans les propriétés les plus prestigieuses du Bordelais (ces machines seraient trop chères pour un vin courant). Utilisés uniquement pour sauver des années médiocres, ces procédés ne peuvent conférer une harmonie à un moût déséquilibré et celui-ci finit souvent par prendre le chemin des centrifugeuses du chai. L'équivalent pour la production des vins blancs doux est la cryoextraction, technique grâce à laquelle l'eau est gelée et prélevée des raisins blancs qui n'ont pas atteint la concentration en sucre idéale.

Sous les climats plus chauds, les producteurs augmentent régulièrement (« ajustent », préfèrent-ils dire) l'acidité des moûts de raisins qui ont atteint des niveaux de concentration en sucre dont on rêverait dans le Beaujolais, mais dont l'acidité est tombée à un niveau qui les rend rebutants. L'acide tartrique, l'acide naturel du raisin, est le produit de choix. Mais dans certaines régions comme la vallée centrale de la Californie et le Riverland en Australie, les raisins peuvent mûrir tellement vite qu'il n'ont tout simplement pas assez de corps pour supporter l'ajout d'acide nécessaire, et les vins ont alors un goût âpre et creux.

Il existe une autre façon, plus naturelle sans doute, d'accentuer l'acidité d'un vin. La fermentation alcoolique de n'importe quel vin peut être suivie d'un second type de fermentation, malolactique, au cours de laquelle les rudes acides maliques (au goût de pomme) sont transformés en acides lactiques (laiteux), plus doux. Comprendre et maîtriser cette seconde fermentation, en réchauffant le vin et en ajoutant une bactérie lactique spécifique, a été un événement clé du milieu du XXe siècle, qui a permis de boire les vins rouges plus jeunes grâce à une baisse de l'acidité globale et l'addition d'arômes.

Mais ces arômes supplémentaires peuvent être superflus dans un vin blanc aromatique, probablement fait à l'abri de l'oxygène. Si la fermentation malolactique est délibérément interrompue (en filtrant ou en clarifiant les levures et les protéines qui lui sont nécessaires), cela a pour effet de donner au vin un goût plus tranchant. En pratique, la fermentation malolactique est encouragée pour tous les bons chardonnay afin d'ajouter de la texture et de l'arôme. Sous les climats plus chauds, elle est compensée par l'acidité ajoutée.

La fermentation malolactique est toujours bonne pour les vins rouges et, au cours des dernières années, une mode s'est développée pour l'encourager, non plus dans de vastes cuves comme c'était la règle, mais dans des petits fûts. Cela exige une main-d'œuvre et une surveillance plus importantes – possibles seulement pour des vins de qualité supérieure –, mais le résultat est un vin nettement plus souple et d'une texture plus séduisante quand le vin est ouvert, une caractéristique que certains dégustateurs se sont mis à associer à la qualité. Par conséquent, les producteurs de vin transvasent de plus en plus souvent le vin rouge des cuves, juste avant la fin de la fermentation, dans des fûts où il terminera sa fermentation alcoolique et fera ensuite sa fermentation malolactique.

Chêne et clarification

La fermentation alcoolique complète en fût est, par ailleurs, devenue de rigueur pour tout vin blanc qui a du corps et aspire à un prix de vente élevé. En effet, vers la fin du XXe siècle, le chêne est devenu le nouvel ingrédient du vin, une forte proportion de vins rouges et blancs, très bons ou excellents, étant vieillis sinon fermentés en petits fûts de chêne. En fait, pratiquement tous les vins rouges sérieux passent par un processus de vieillissement et d'assouplissement en fût de chêne ; tous les vins blancs, sauf les plus vivants, les plus maigres et les plus aromatiques, sont fermentés et vieillis dans des petits fûts de chêne (contenance de 225 litres).

La fermentation d'un vin blanc en fût, à condition qu'il ne soit pas entièrement débarrassé de ses sédiments et sans défense contre l'assaut des tannins et des pigments du chêne, rend le vin plus souple tout en approfondissant son arôme. Une autre ruse à la mode pour donner plus d'arôme au vin blanc, qu'il ait été fermenté en fûts ou en cuves, consiste à remuer les lies de fermentation pour imprimer au vin certains de leurs arômes parfois laiteux.

Il suffit aux vins blancs de vieillir en fûts pendant trois mois seulement pour prendre un peu d'arôme du chêne (plus le fût est vieux, moins l'arôme et les tannins du chêne sont puissants). Les vins rouges sérieux sont en général vieillis pendant des périodes plus longues, jusqu'à 18 mois et plus, en fûts plus vieux et plus grands. Pour enlever dans le vin nouveau les sédiments

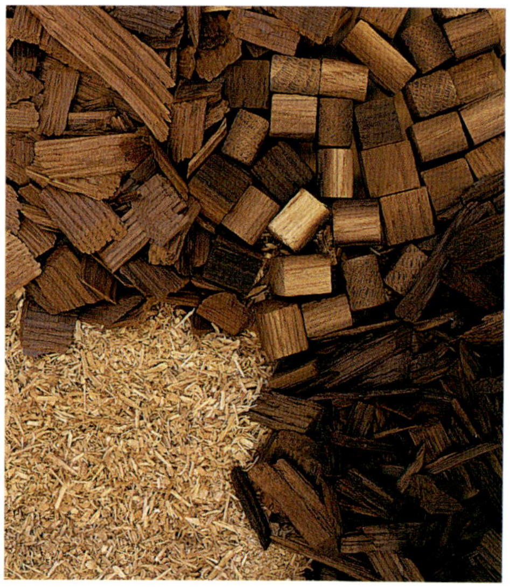

Ci-dessus Pour donner au vin un arôme de chêne sans avoir à acheter un fût : des éclats de bois de chêne, de tailles, de provenances et de niveaux de torréfaction différents. Des conteneurs perforés contenant parfois des douves entières sont souvent placés dans les cuves de fermentation.

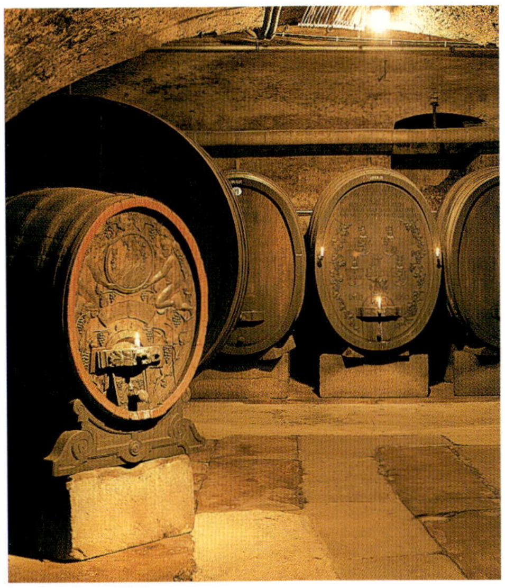

Ci-dessus Le traditionnel *Fuder* allemand, ou barrique de chêne, chez von Buhl à Pfalz. L'arôme de chêne n'est pas offert par ces vieux fûts, conservés comme des trésors pour leur perméabilité à l'oxygène et leur capacité à stabiliser de la façon la plus lente et la plus naturelle.

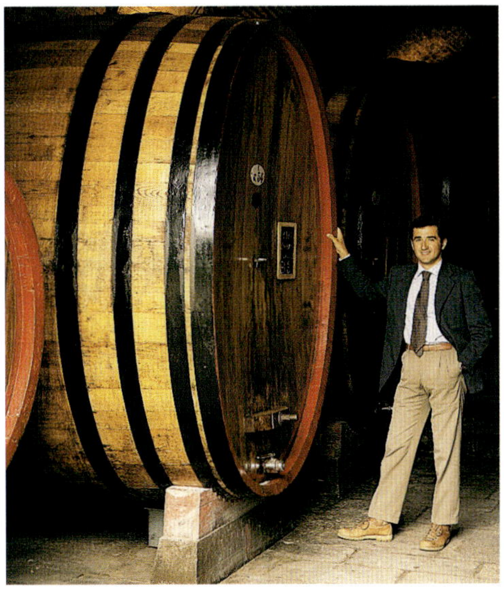

Ci-dessus Giovanni Manetti et les *botte* de Fontodi, les cuves à vin traditionnelles du Chianti Classico et, plus largement, d'Italie. Comme le *Fuder*, ces barriques, taillées dans le chêne de Slavonie, sont doublées de tartre issu des vins précédents et n'impriment aucun arôme de chêne.

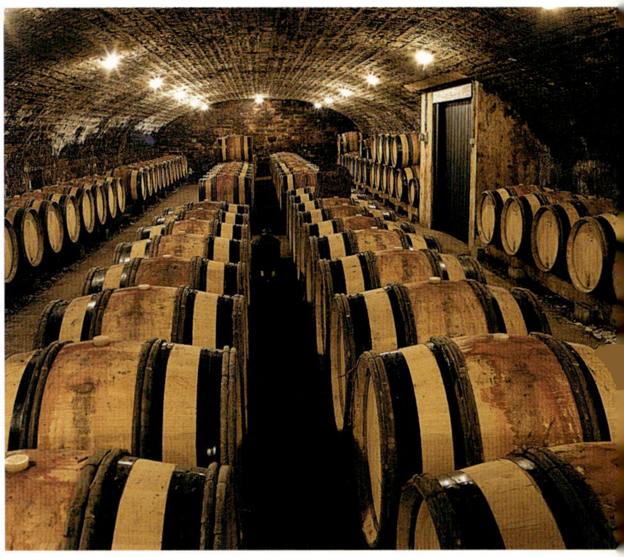

Ci-dessus La cave d'Armand Rousseau à Gevrey-Chambertin est remplie de fûts bourguignons traditionnels, les « pièces ». La proportion de fûts neufs utilisés est déterminée avec un soin extrême. Pas un producteur de bourgogne digne de ce nom ne voudrait que son vin ait un goût de chêne.

importants des lies, les lies grossières, il est en général soutiré dans un fût propre, juste après la fermentation, et plusieurs autres fois ensuite (plus nombreuses en Europe que dans le Nouveau Monde). Cela permet d'aérer le vin, d'assouplir les tannins et de minimiser le risque de formation de mauvaises odeurs dans le fût. Il y a toujours un peu de vin qui s'évapore et les fûts doivent faire l'objet d'un remplissage régulier, autre processus qui expose profitablement le vin à l'air et adoucit ses côtés rudes. Le travail du producteur pendant le vieillissement en fût consiste à goûter régulièrement le contenu de chaque fût et de juger du moment où le vin doit être non seulement soutiré de nouveau, mais éventuellement mis en bouteilles.

Avant que le vin ne soit soumis à la phase parfois brutale de mise en bouteilles, le producteur de vin doit s'assurer de sa stabilité : le vin ne doit pas contenir de bactéries potentiellement dangereuses ni avoir de réactions fâcheuses s'il est soumis à un froid extrême. Il doit être clarifié, car le vin a probablement encore une turbidité à laquelle le consommateur n'est plus habitué. Les vins blancs ordinaires sont donc souvent remis dans une cuve et brutalement réfrigérés, afin de précipiter tout acide tartrique qui serait encore en suspension et qui pourrait réapparaître par la suite sous forme de cristaux (inoffensifs mais d'aspect inquiétant). La grande majorité des vins rouges et blancs sont filtrés pour éliminer tout danger de reprise de la fermentation, puis collés afin de précipiter les derniers sédiments en suspension. Le filtrage est toutefois un sujet délicat chez les amateurs de vins. Exagéré, il peut atténuer l'arôme et affecter le vieillissement potentiel ; insuffisant, il peut faire du vin la proie d'une bactérie nocive ou faciliter la reprise de la fermentation, surtout si la bouteille est exposée à la chaleur.

Provenance du chêne

Les éléments importants dans le vieillissement en fûts sont la taille et l'âge de la barrique (plus elle est vieille, moins elle imprime l'arôme de chêne), le temps de vieillissement, la torréfaction relative de la barrique (plus la torréfaction est longue, moins les tannins seront imprimés par la barrique neuve), la façon dont le chêne a été desséché (stocké dehors pour lui faire perdre sa dureté) avant d'être transformé en fût, sa provenance.
Le chêne américain a une note vanillée assez séduisante.
Le chêne de la Baltique était admiré à la fin du XIXe siècle. Les chênes de l'Europe de l'Est connaissent une renaissance, mais aujourd'hui c'est le chêne français qui est le plus respecté, probablement aussi grâce à l'excellente gestion des forêts.
Le chêne du Limousin, à veine large, est tannique et convient généralement mieux au cognac qu'au vin. Les chênes de Tronçais, issus d'une grande forêt domaniale dans le département de l'Allier, poussent si lentement que la veine du bois est très serrée, ce qui est jugé bon pour le vin.
Le chêne des Vosges, semblable mais plus pâle, et préféré par certains producteurs. D'autres optent pour le chêne du Centre.

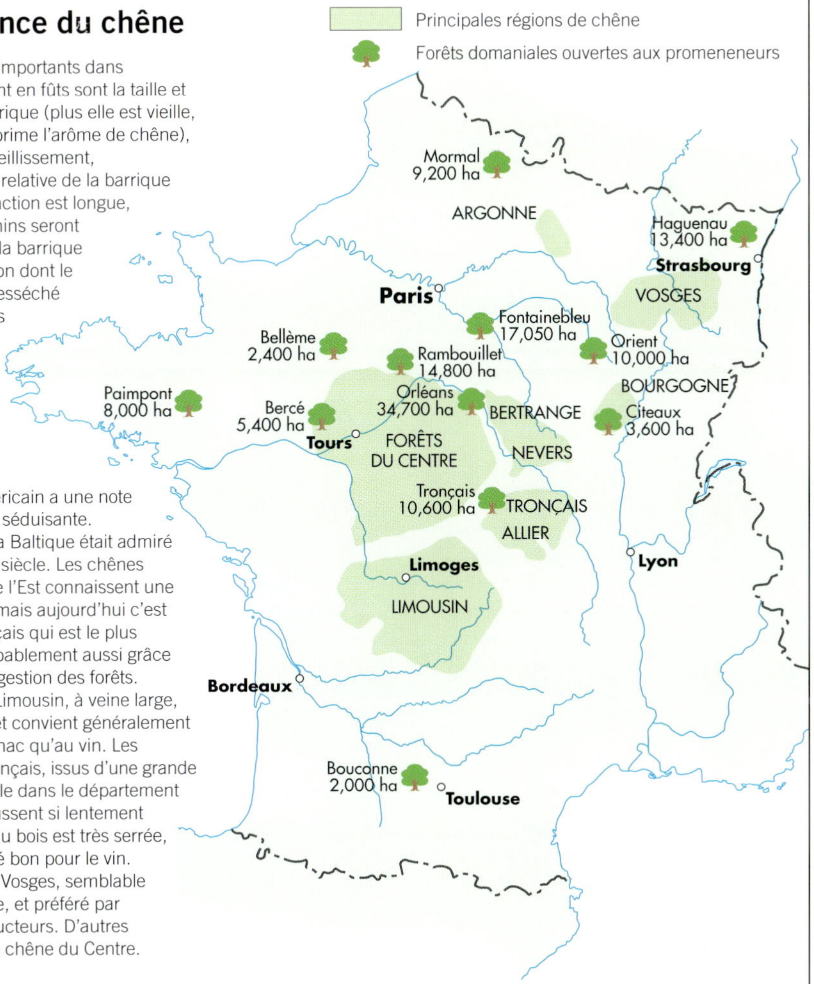

L'anatomie d'une cave

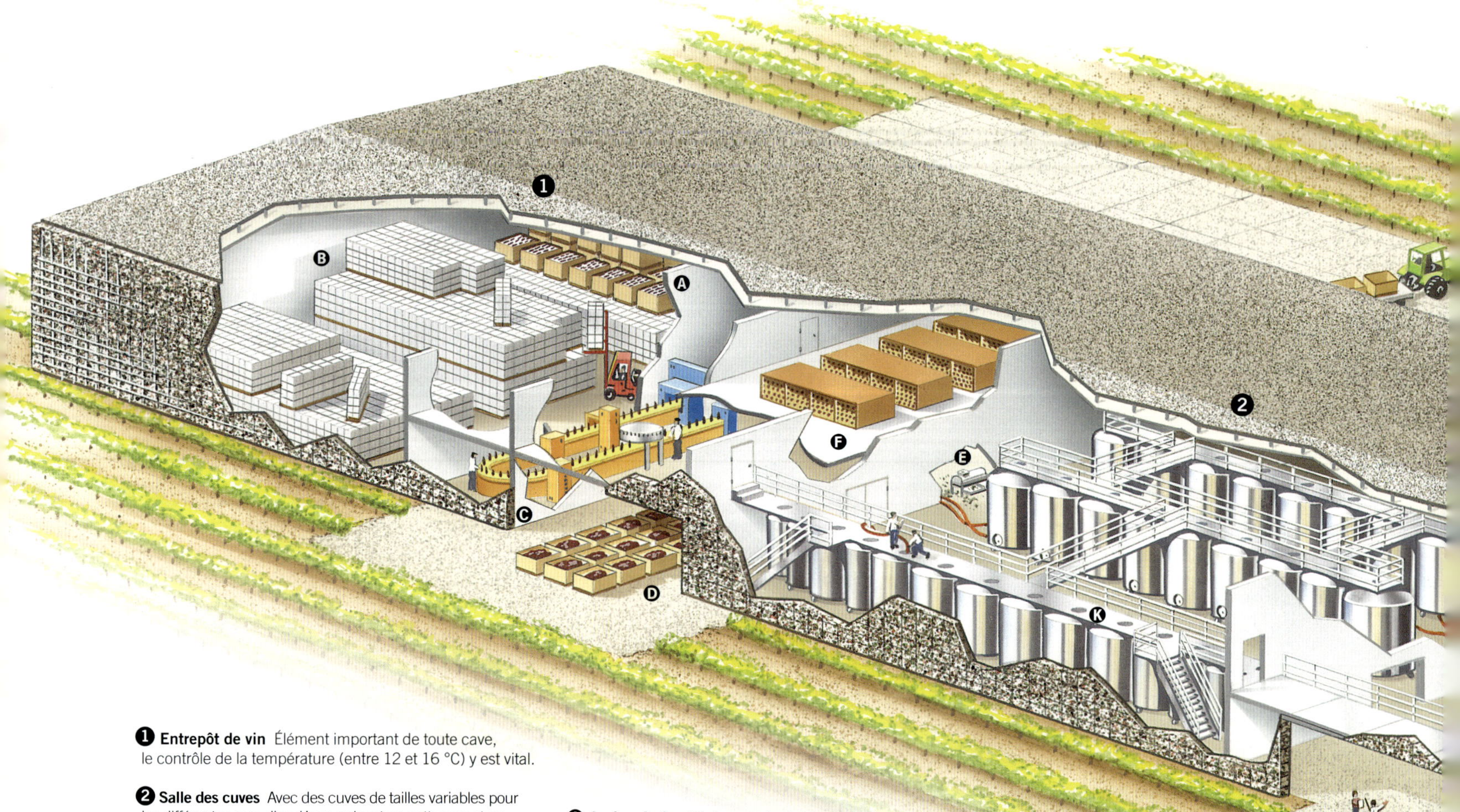

❶ Entrepôt de vin Élément important de toute cave, le contrôle de la température (entre 12 et 16 °C) y est vital.

❷ Salle des cuves Avec des cuves de tailles variables pour les différentes parcelles. L'eau qui sert au nettoyage et au refroidissement des cuves pendant la fermentation alcoolique, peut être recyclée. L'acier inoxydable est inerte, ce qui le rend facile à nettoyer et à contrôler en termes de température. De nombreux producteurs de vin de qualité supérieure préfèrent pourtant les cuves de fermentation en chêne. Le Château Pétrus est la preuve que le béton fait aussi très bien l'affaire.

❸ Caves à fûts En général au sous-sol, pour des raisons de température (12 °C en hiver et 18 °C en été). Après la fermentation alcoolique, le vin est transféré dans des fûts pour le vieillissement et la clarification pendant deux ans maximum. La fermentation malolactique y a lieu en cuves.

Ⓐ Casiers à vin utilisés pour le stockage du vin terminé, en bouteilles, avant qu'il ne soit étiqueté et capsulé, puis emballé pour les commandes, conformément à des règlements d'étiquetage qui varient d'un pays à l'autre. La plupart des bons vins vieillissent quelque temps en bouteilles avant d'êtres expédiés, car le processus d'embouteillage peut affecter l'équilibre du vin.

Ⓑ Vin prêt pour l'expédition Les producteurs utilisent soit des boîtes en carton, soit des caisses en bois (du pin en général). Les planches de caisse marquées au pochoir peuvent devenir des trophées et sont utiles pour l'identification dans la cave.

Ⓒ Chaîne d'embouteillage moderne L'hygiène et la précision du remplissage sont les exigences principales pour un vin de qualité. Afin de réduire au minimum les effets de l'oxygène, l'espace entre le bas du bouchon et la surface du liquide ne doit pas dépasser 10 mm. Cet espace augmentera avec l'âge, le bouchon absorbant du vin.

L'élégante cave Dominus à Napa Valley a été choisie pour cette illustration afin de présenter les différents éléments indispensables au bon fonctionnement d'une cave moderne.

Premièrement, il faut savoir que la plupart des chais évoluent progressivement : une petite cave pour commencer, une deuxième plus grande, greffée sur la première ; puis un entrepôt pour stocker les bouteilles, auquel vient s'ajouter une salle pour l'embouteillage mécanique, etc. Ici, la cave a été conçue dès le départ pour un fonctionnement optimum.

Deuxièmement, cette cave située au cœur du Nouveau Monde a été conçue selon les principes du Vieux Continent, puisque c'est Christian Moueix de Libourne, propriétaire de Château Pétrus entre autres, qui en est le propriétaire et l'exploitant.

Troisièmement, la conception architecturale est impeccable. Elle est le fruit du travail des architectes suisses, Herzog & de Meuron, qui ont conçu la nouvelle Tate Modern Art Gallery à Londres.

Quatrièmement, le choix de Dominus nous a paru s'imposer, car c'est la seule façon de connaître cette cave qui n'est pas ouverte au public.

Sa caractéristique la plus frappante est sans équivalent, et constitue une réponse à une des préoccupations majeures de n'importe quel producteur de vin : le contrôle de la température. Le climat de Napa Valley est assez extrême. Il fait souvent très chaud pendant la journée, mais il peut faire très frais la nuit. La parade habituelle à ce genre de conditions climatiques est l'installation d'un système de climatisation.

Aujourd'hui, un nombre croissant de chais et d'entrepôts de marchands de vins en Californie du Nord sont creusés à flanc de colline. Cela permet de faire des économies substantielles sur les dépenses d'énergie destinées à maintenir des températures fraîches, et présente aussi l'avantage de procurer un niveau d'humidité naturelle assez élevé. Ici, les architectes ont préféré avoir recours à des murs qui fourniraient eux-mêmes une isolation thermique naturelle.

Les murs de la cave sont des gabions, c'est-à-dire des clayonnages métalliques remplis de pierres, qui forment une masse inerte isolant les pièces contre les températures extrêmes. Les gabions sont remplis suivant des densités variables en fonction des exigences de chaque section de la cave. Cela a pour effet de rendre certaines parties des murs totalement opaques, tandis que d'autres laissent passer d'infimes rais de lumière, produisant un effet spectaculaire : la lumière éclatante de Napa Valley dans la journée, des éclairages artificiels la nuit. Le basalte de la région, qui va du vert foncé au noir, a été choisi afin de fondre le bâtiment dans le paysage, même s'il reste incroyablement différent de toute autre cave dans le monde. Sa mise en route eut lieu après la vendange de 1997.

À droite Au début du printemps, cette cave est très visible. Mais le bâtiment a été conçu pour être parfaitement intégré dans le paysage en plein été, entouré de vignes qui peuvent atteindre deux mètres de haut.

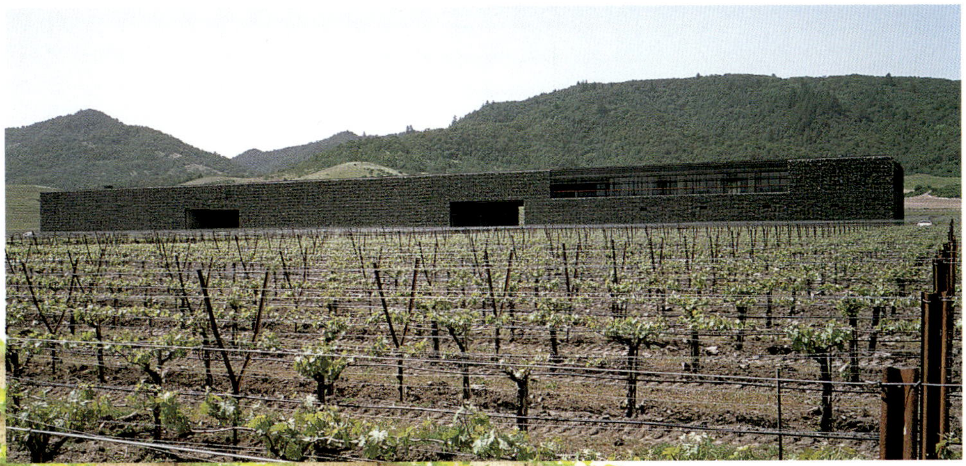

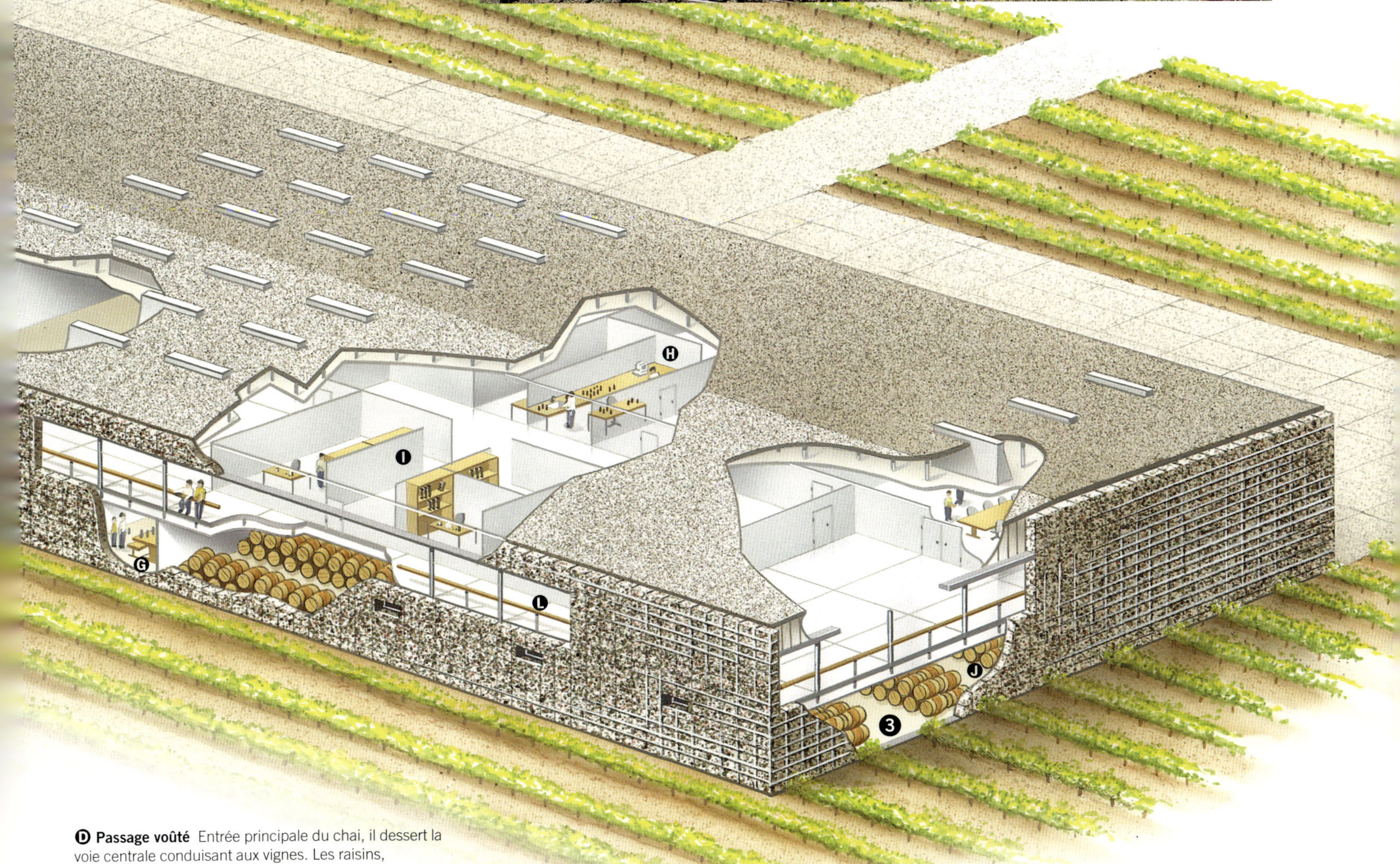

D Passage voûté Entrée principale du chai, il dessert la voie centrale conduisant aux vignes. Les raisins, fraîchement vendangés, y arrivent de tous les coins du vignoble, dans de petits bacs en plastique pour minimiser l'oxydation. De nombreux chais reçoivent des raisins en provenance de vignobles situés à des centaines de kilomètres. Ils doivent être réfrigérés pendant le transport.

E Broyeuse Depuis la broyeuse, la pulpe de raisin est pompée dans les cuves de fermentation. Certains chais utilisent les lois de la gravité pour pomper le moût, le jus et le vin. Certains producteurs jugent que cela peut être dommageable. Le jury délibère.

F Vinothèque Les vieux millésimes sont stockés là pour les contrôles et pour les besoins de la recherche ou des réjouissances. Dans Napa Valley, les producteurs de vin sont censés donner des bouteilles spéciales, souvent de grand format, pour les ventes de charité si populaires en Amérique.

G Salle de dégustation La dégustation constante est certainement l'activité la plus importante pour un producteur de vin. Une bonne lumière, des surfaces blanches et l'absence de toute odeur sont indispensables.

H Laboratoire Un bon chai se doit d'avoir un équipement minimum pour l'analyse du vin. Les autres devraient avoir recours à des laboratoires spécialisés. Le contrôle de la qualité implique une analyse chimique complète du vin à différentes étapes, particulièrement au cours de la fermentation malolactique. Des pays importateurs fixent des limites pour certains composants du vin, comme le sucre résiduel, l'acidité volatile, les sulfites et même certains éléments chimiques qui sont des résidus de pesticides.

I Bureaux Ils abritent le personnel administratif, qui gére les commandes.

J Fûts Ils représentent le poste de dépense le plus élevé de bien des chais. Les fûts de chêne neufs coûtent parfois beaucoup plus cher que le jus de raisin fermenté qu'ils renferment. Les fûts de première et deuxième années sont habituellement séparés, et même placés dans d'autres parties de la propriété (dans le Bordelais par exemple).

K Podiums Nécessaires pour remplir les cuves en toute sécurité, superviser le pigeage de la pellicule dans le moût et contrôler les progrès de la maturation en général. Des échelles constituent une alternative moins sûre.

L Passages couverts Ils relient les différentes sections de la cave et donnent sur divers panoramas du vignoble.

Le vin et le temps

Il existe un mythe tenace selon lequel le vin s'améliore en vieillissant. Une des propriétés les plus mystérieuses du vin réside dans sa capacité à évoluer et à s'améliorer pendant des décennies, parfois même un siècle, nous offrant par ce biais un lien direct avec les générations passées. Toutefois, la grande majorité des vins d'aujourd'hui sont buvables un an environ après leur mise en bouteille. Certains vins sont même au mieux si on les boit dès leur embouteillage.

Presque tous les vins ordinaires sont meilleurs lorsqu'ils sont jeunes, notamment les blancs et les rosés, de même que les rouges légers à faible teneur en tannin, comme le dornefelder, le gamay (le beaujolais entre autres), le grignolino, le jaen, le lambrusco, le lagrein, le pamid de Bulgarie, le portugeiser et le tarrango. Le plaisir qu'on en tire vient de leur fraîcheur et de leur fruité. En règle générale, plus le vin est cher, même jeune, mieux il est susceptible de vieillir. Un des très rares cépages blancs qui donne du vin de grande qualité, souvent très coûteux, mais susceptible d'être séduisant jeune est le siognier, dont le parfum plaisant, caractérisé par une acidité relativement basse, commence à disparaître après deux ou trois années en bouteille. Le champagne et les autres vins pétillants de qualité supérieure sont les seuls autres vins chers, non vinés, qui puissent être bus tôt.

La plupart des grands vins blancs et pratiquement tous les meilleurs rouges sont toutefois vendus longtemps avant de pouvoir être bus. De tels vins sont faits pour vieillir. Jeunes, ils contiennent un mélange complexe et non résolu d'acides et de sucres, de minéraux et de pigments, de tannins et de toutes sortes de composants aromatiques. Les bons vins en sont plus chargés que les vins ordinaires, et les grands vins plus encore que les bons. Mais il faut du temps pour que ces éléments, les arômes primaires dérivés du raisin et les arômes secondaires dérivés de la fermentation, ainsi que le chêne dans bien des cas, puissent se fondre en un ensemble harmonieux et pour que le parfum distinctif de la maturité, appelé le bouquet (par analogie avec les fleurs), prenne forme. Il faut du temps… et de l'oxygène.

C'est seulement lorsque Napoléon demanda en 1863 à Louis Pasteur d'étudier pourquoi tant de vins tournaient avant de parvenir au consommateur, au détriment des marchands de vins français, que fut découvert le rôle de l'oxygène. Pasteur put établir qu'un contact trop important avec l'air facilitait le développement d'une bactérie nocive qui transforme le vin en vinaigre. Il découvrit aussi que de très faibles quantités d'oxygène, agissant progressivement, faisaient parvenir le vin à maturité. Ainsi, l'oxygène contenu entre le bouchon et le liquide suffit pour entretenir de nombreuses années le processus de vieillissement. Pasteur montra, en scellant hermétiquement des éprouvettes remplies de vin, les unes pleines et les autres à moitié remplies, que l'oxygène présent dans ces dernières créait le même dépôt que celui trouvé dans les très vieilles bouteilles, et affectait la couleur de la même manière que le très grand âge.

En fait, il avait considérablement accéléré le processus à l'œuvre dans une bouteille : l'oxygène dans le vin agit sur ses éléments constitutifs pour les faire mûrir, mais au-delà de la période de maturité il continue d'agir et, à partir de là, le vin se détériore.

Pasteur découvrit que le vin vieilli en fût était exposé à l'absorption d'oxygène : tout d'abord, à travers les douves des tonneaux (de sorte que, fussent-elles couvertes de cristaux de tartre, l'épaisseur des douves, la taille du tonneau et sa situation dans un courant d'air, tout cela avait une grande importance) ; ensuite, à l'occasion du soutirage d'un fût à un autre et lors du remplissage.

Le vieillissement dans une bouteille constitue un processus totalement différent, presque à l'opposé en fait. Plutôt que d'absorber l'oxygène, le vin le perd progressivement. La vie de tous ses éléments constitutifs dépend d'une très faible quantité dans la solution, entre le bouchon et le liquide. À mesure que l'oxygène diminue, les possibilités de transformation sont réduites, de sorte que le processus de vieillissement en bouteille est « réductif » plutôt qu'oxydant.

Un bon vin rouge jeune passe du fût à la bouteille chargé d'un mélange de tannins, de pigments, de composants aromatiques (les trois étant désignés collectivement sous le nom de phénols) et d'autres composants complexes qui en dérivent. Dans la bouteille, les tannins continuent à agir avec les pigments et les acides pour former de nouveaux composants et des molécules plus grandes qui finissent par être précipitées. Ce qui signifie qu'en vieillissant, il perd de sa couleur et de son astringence, mais gagne en complexité en sédiments. En fait, mettre une bouteille devant la lumière pour examiner la sédimentation donne une bonne idée de sa maturité. Les composants aromatiques agissent et réagissent aux autres phénols. En même temps, les acides et l'alcool réagissent entre eux et à l'oxygène pour former les éthers et les aldéhydes. L'effet global est l'obtention d'un liquide beaucoup plus subtil et stratifié.

Le processus équivalent pour les vins blancs, qui ont une charge en phénols bien inférieure, est moins bien compris, mais l'oxydation progressive donne aux phénols une couleur dorée, puis brune, à mesure que les arômes fruités et « vineux » primaires et secondaires, les acides coupants, s'adoucissent pour atteindre des saveurs complexes de miel et de noisette. Si le conservateur principal du vin rouge est le tannin, pour le vin blanc, c'est l'acidité. Les vins blancs qui ont une acidité suffisante (et une substance équivalente pour la contrebalancer) vieilliront aussi longtemps que des rouges, ou même plus longtemps dans le cas de certains vins doux à pourriture noble, comme les rieslings allemands, les tokays et les chenin blanc de la Loire.

La question le plus souvent posée à propos d'un vin est « à quel moment sera-t-il à son apogée ? » La triste vérité oblige à dire que le producteur de vin lui-même ne peut qu'émettre des hypothèses, car le plus souvent la réponse n'est ferme qu'après le début du déclin du vin, le fruit et l'arôme étant réduits à un point tel que l'acidité devient dominante. Tout ce qu'on peut prédire d'un bon vin, c'est son imprévisibilité.

Ceux qui achètent du vin en caisses de douze bouteilles et contrôlent ses progrès observent fréquemment qu'un vin qui avait une merveilleuse opulence jeune, traverse soudain une phase morose, muette (au moment où de nombreux composants complexes se forment), avant de devenir un vin magnifique.

Les variations d'une bouteille à l'autre, même pour celles qui proviennent de la même caisse, sont un phénomène courant. Le vin est vivant et capricieux…

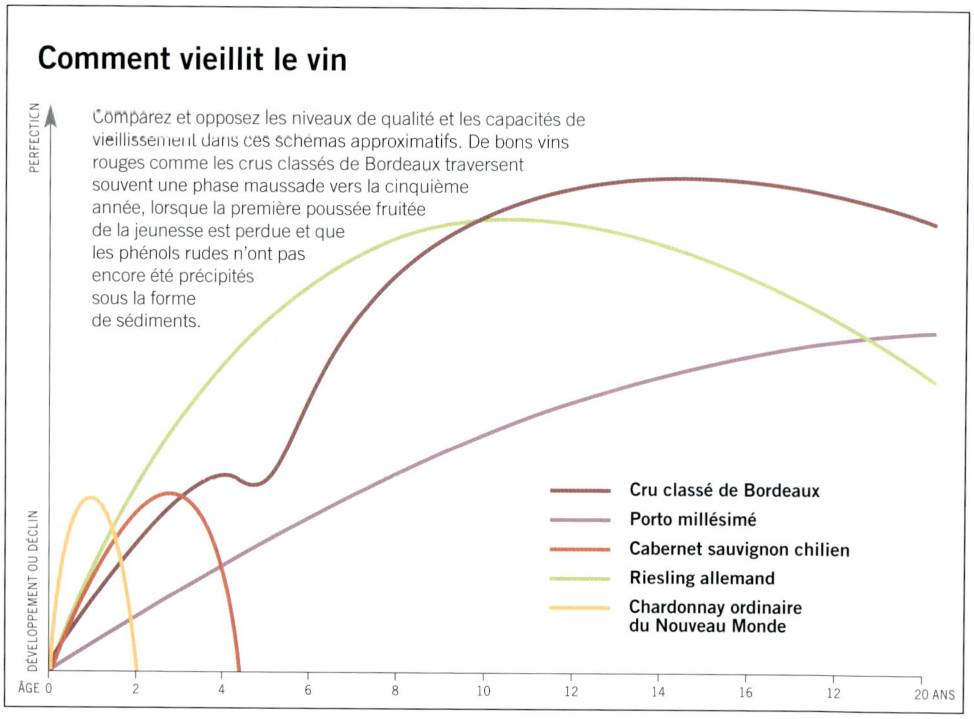

Il est certainement vrai que des millésimes différents du même vin varient énormément dans leur capacité à bien vieillir. En général, plus il y a de tannins dans un vin rouge et d'acidité dans un vin blanc, mieux les vins pourront vieillir. Les raisins noirs à peau épaisse, produits lors d'une année particulièrement sèche, auront tendance à mieux vieillir que ceux des années humides dont le rapport peau/pulpe est inférieur. De la même manière, les vins blancs faits à partir de raisins d'une année fraîche vont probablement exiger plus de temps avant de s'adoucir à un niveau acceptable. C'est un phénomène fréquent en Bourgogne. La corrélation entre l'acidité et la capacité de vieillissement explique pourquoi les vins blancs qui ont subi une fermentation malolactique vieillissent souvent plus vite que les bons blancs qui n'en ont pas subi.

La taille de la bouteille est un autre facteur. En effet, l'espace dans le goulot est relativement constant quelle que soit la taille de la bouteille, ce qui signifie le rapport oxygène/vin est deux fois plus important dans une demi-bouteille que dans une bouteille, et quatre fois plus que dans un magnum. L'effet de vieillissement produit par cet oxygène est donc deux fois plus rapide dans une demi-bouteille et beaucoup plus lent dans les grandes bouteilles. C'est pour cette raison que les demi-bouteilles se détériorent si vite et que les collectionneurs sont prêts à payer très cher les grandes bouteilles.

Mais, en termes généraux, il est possible de dire quels types de vins sont les plus susceptibles de mieux vieillir. Dans un ordre vaguement décroissant pour les vins rouges, on citera les portos millésimés bien faits, les barolos, les barbarescos, les brunello-di-Montalcino, les hermitages, les bordeaux de cru classé, les bairradas, les aglianicos, les madirans, les côte-rôtie, les grands bourgognes rouges, les châteauneuf-du-pape, les chiantis classico riserva, les saperavis de Géorgie, les ribera-del-duero, les daos, les cabernets d'Australie, les cabernets de Californie, les riojas, les malbecs d'Argentine, les zinfandels, les merlots du Nouveau Monde, les pinots noirs du Nouveau Monde.

Il y a une génération environ, les crus classés de Bordeaux étaient faits pour durer, parce qu'on supposait qu'ils seraient gardés un minimum de sept ou huit ans, et plus probablement quinze ans ou plus. Aujourd'hui, l'amateur de vins est moins patient. Le goût moderne se satisfait de tannins plus souples (de « bouches » plus flatteuses) et d'arômes plus mûrs, ce qui signifie que le vin peut être bu au bout de cinq ans environ. La Californie réussit à reproduire ce style année après année, mais le Bordelais dépend encore de la nature : le millésime 1986 est ainsi très nettement à l'ancienne (nombre d'entre eux sont encore inflexibles).

Le bourgogne rouge pose moins de problèmes parce que ses tannins sont rarement assez pénétrants pour rendre la patience déterminante, même si certains grands crus sont chargés dans leur jeunesse d'une telle substance qu'il serait honteux de les boire avant qu'ils n'aient atteint dix ans. Tous les bourgognes blancs, à l'exception des meilleurs, parviennent à maturité encore plus vite, et le chardonay n'est habituellement pas un cépage qui vit longtemps.

Les vins blancs qui méritent un vieillissement en bouteille, par ordre de longévité déclinant, sont le tokay, le sauternes, le chenin blanc de Loire, le riesling allemand, le chablis, le sémillon de Hunter Valley, le jurançon doux, le bourgogne blanc de la Côte d'Or, les blancs secs du Bordelais. La plupart des sherrys, des madères et des vins pétillants peuvent être bus dès leur mise en bouteille, même si le champagne millésimé ou de luxe peut avoir assez de corps pour supporter et même profiter d'un vieillissement prolongé.

Savoir quand boire un vin est bien entendu une question de goût personnel et de préférence nationale. Les Anglais ont un fort penchant pour les vieux vins, alors que les Français et les Américains boivent souvent leurs bons vins dix ans plus jeunes.

Ce dont on peut être sûr, c'est que tous les vins ou presque sont aujourd'hui faits de façon à pouvoir être bus au plus tôt.

Vieux et nouveau

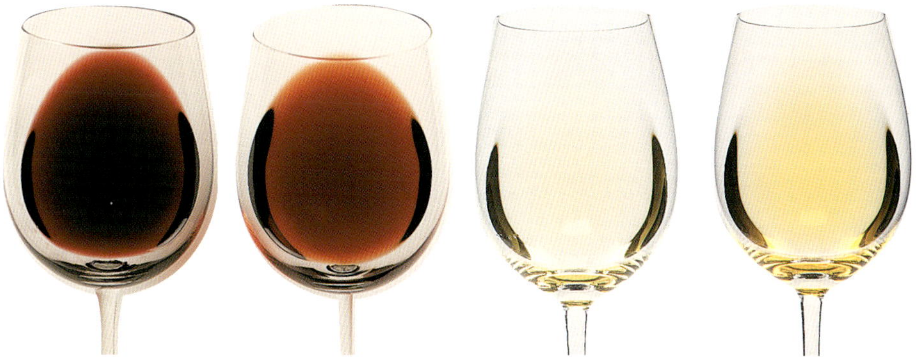

Le rouge Sur la gauche, un shiraz de quatre ans du Sud de l'Australie, d'une nuance encore très profonde, avec une touche de violet et un bord d'un rouge profond. À droite, c'est un cabernet de Californie de huit ans d'âge, produit à partir d'un raisin d'une couleur sombre. Sa couleur est moins intense, avec beaucoup moins de bleu et plus d'orange, et un bord plus pâle.

Le blanc Sur la gauche, un chardonnay de Californie de deux ans d'âge, mais ce pourrait être à peu près n'importe quel vin blanc jeune. Un riesling serait plus vert, un muscadet d'une pâleur proche de l'eau. Le vin à droite est un grand cru de Bourgogne de quinze ans d'âge. Les vins blancs prennent eux aussi une nuance brune avec l'âge, mais gagnent de la couleur au lieu d'en perdre.

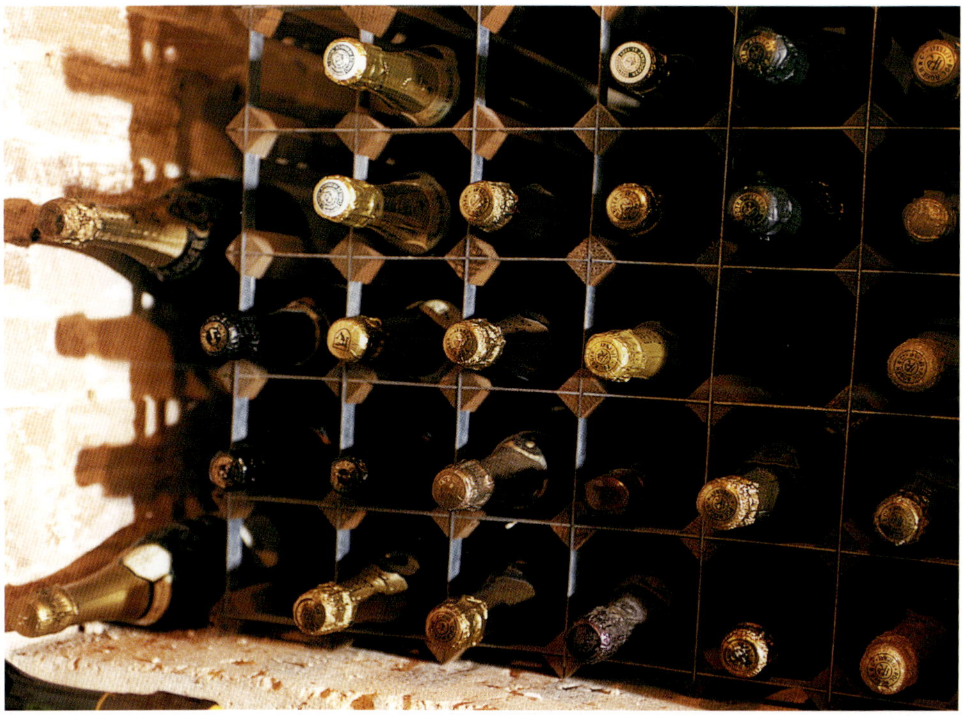

À gauche La température à laquelle les bouteilles sont conservées a des conséquence sur leur vieillissement (voir page suivante). Il est prudent de placer le champagne dans les rangs du bas du râtelier à vin, où la température est moins élevée et les bouteilles moins exposées à la lumière.

La conservation du vin

Si un bon vin mérite d'être payé cher (ce qui est le cas la plupart du temps), il mérite aussi d'être bien conservé et bien servi (voir pages 44 à 47).

La manipulation du vin ne présente aucun caractère mystérieux ou difficile. Mais le faire bien peut procurer un plaisir supplémentaire immense, et s'y prendre mal peut transformer un nectar en boue. Le vin demande simplement à être conservé couché dans un endroit sombre et frais, légèrement humide si possible. Une exposition prolongée à la lumière peut nuire au vin, aux vins pétillants surtout. La chaleur accélérant les réactions, plus la température de conservation d'un vin sera élevée, plus vite et moins subtilement il vieillira. Et si la bouteille est conservée dans un endroit sec, l'air peut commencer à s'infiltrer par le bouchon.

La conservation du vin est un problème pour tout le monde. Peu de maisons sont aujourd'hui équipées d'une cave en sous-sol, endroit parfait pour conserver une collection. Une solution consiste à payer quelqu'un pour conserver votre vin dans des conditions idéales. Les inconvénients évidents de cette solution sont le coût et l'absence de spontanéité, mais elle permet de placer cette responsabilité sur les épaules d'un professionnel. De nombreux excellents marchands de vins proposent ce service. Les meilleurs d'entre eux surveillent véritablement votre collection de vins et vous conseillent sur le moment opportun de boire telle ou telle bouteille. Les pires sont célèbres pour s'être enfuis avec le vin de leurs clients. La plupart sont ravis de jouer les courtiers sur un marché d'excellents vins qui sont la propriété de leurs clients. Tout entrepôt de vins professionnel devrait pouvoir garantir une température et une humidité idéale, ainsi qu'un système fiable de surveillance et de retrait des bouteilles.

Les collectionneurs de vins qui sont décidés à garder leurs vins à portée de la main mais ne disposent pas d'une cave à eux doivent improviser. Certains vont jusqu'à faire construire une cave à partir de rien, soit en la faisant creuser, soit en investissant dans la climatisation. Les États-Unis ont quelques spécialistes de la conception et de la construction des caves. En Europe, l'installation courante est un cylindre en béton très pratique – en fait, un escalier en colimaçon encerclé par des espaces de stockage horizontaux (voir la photo ci-contre) – qui peut être facilement creusé dans le sol. Mais dans les climats chauds, il faut avoir recours aux appareils réfrigérés à étagères multiples (voir la photo de la page suivante), qui ne sont économiques ni en termes d'investissement ni en termes d'espace.

Dans les climats tempérés, il est parfois plus simple de trouver un coin de la maison ou de l'appartement qu'on pourra convertir en petite « cave » à vin. De nombreuses *townhouses* en Grande-Bretagne étaient dotées de remises à charbon dans le sous-sol. Avec une bonne isolation pour se protéger de l'humidité excessive, qui peut couvrir les étiquettes d'une moisissure si épaisse qu'elles deviennent illisibles, ces remises permettent une excellente conservation du vin.

Les espaces sous les escaliers sont aussi des lieux propices à la conservation du vin. Ils ont tendance à être sombres et peuvent être facilement transformés en placard. Le vin peut aussi être stocké dans des cheminées condamnées ou dans toute pièce peu utilisée et donc relativement fraîche.

Le vin supporte des températures comprises entre 7 et 18 °C, même si une température constante de 10 °C est l'idéal. L'important, c'est que les variations soient faibles, car aucun vin ne supporte l'alternance d'une chaleur élevée et d'un froid glacial. À haute température, non seulement le vin vieillit plus vite, mais il y a des risques de contraction et d'expansion du bouchon qui feront qu'il ne sera plus hermétique et le vin commencera à fuir. Au premier signe d'écoulement, buvez le vin dès que possible. Mais si la fraîcheur est introuvable, une chaleur modérée stable conviendra. Attention aux très hautes températures : au-dessus de 35 °C, le vin pourrait perdre toute subtilité.

Bouchons

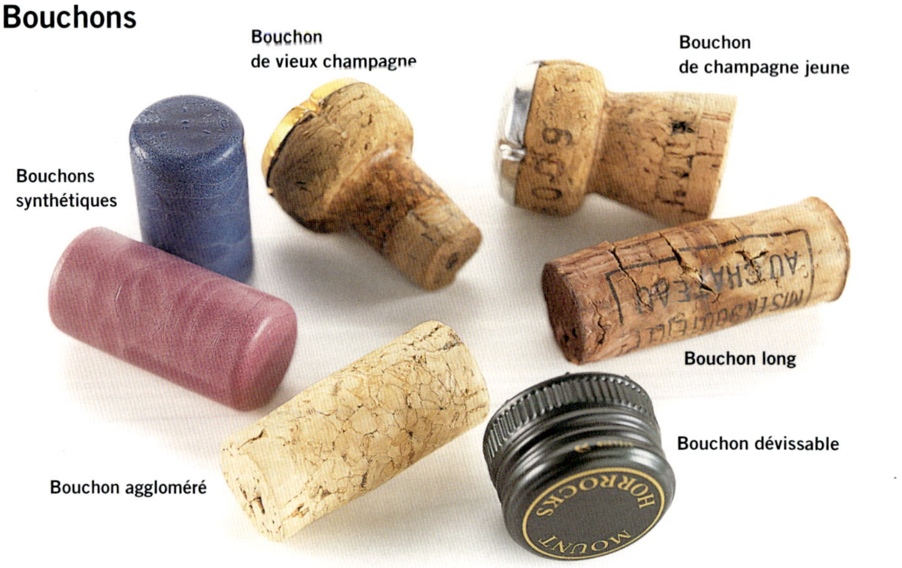

Une bouteille de vin ne peut être stockée que si elle dispose d'un bouchon efficace. Ces bouchons, de qualité et d'âge variables (le bouchon de vieux champagne a connu des années de compression ; le bouchon long a obturé une bouteille de Bordeaux pendant plusieurs décennies), sont tous susceptibles de s'altérer. Un bouchon qui a été en contact avec une moisissure va développer une odeur forte et désagréable, produite par le trichloroanisole qui, une fois transmis au liquide, donne un vin « bouchonné ». Les producteurs de bouchon tentent d'améliorer leurs techniques, mais de nombreux producteurs de vin, exaspérés par l'incidence des bouchons altérés, ont adopté des solutions alternatives. Les bouchons synthétiques sont très populaires auprès des producteurs du Nouveau Monde. Ils permettent aux amateurs de vins de déboucher la bouteille selon le rituel traditionnel sans présenter de risques d'altération. Certains producteurs ont adopté des bouchons dévissables, surtout pour les vins aromatiques comme le riesling pour lequel aucune présence d'oxygène n'est jugée nécessaire au vieillissement. À long terme, on peut redouter que le vin vieillisse différemment et moins harmonieusement avec des bouchons qui ne sont pas en liège.

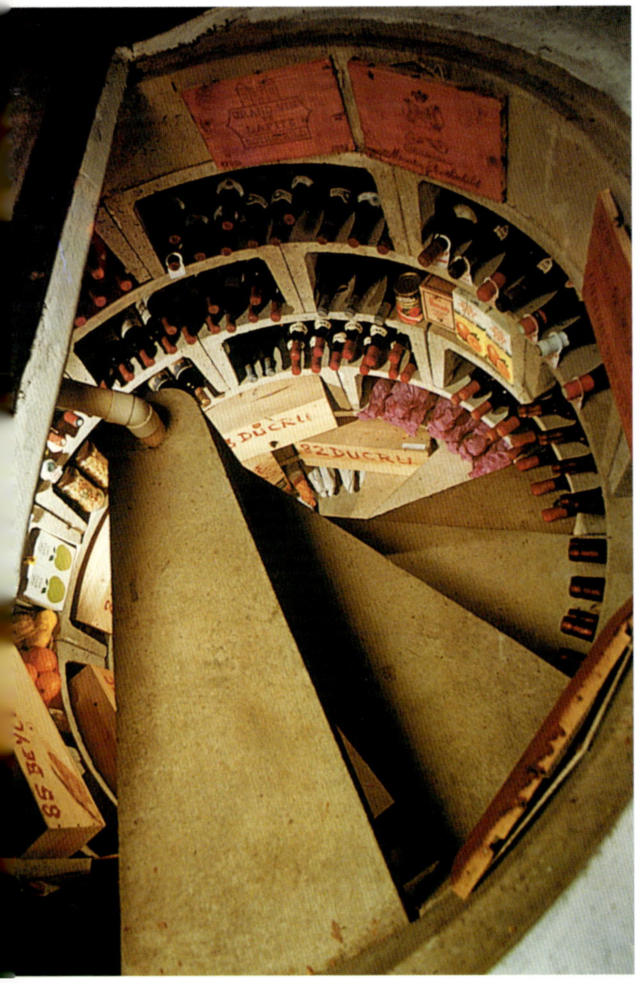

À gauche Ceux qui disposent d'un rez-de-chaussée peuvent faire creuser ce genre de cave en spirale. Ce n'est certainement pas la plus belle cave au monde, mais elle est très pratique en termes d'espace, pour autant qu'on puisse aménager une trappe d'accès.

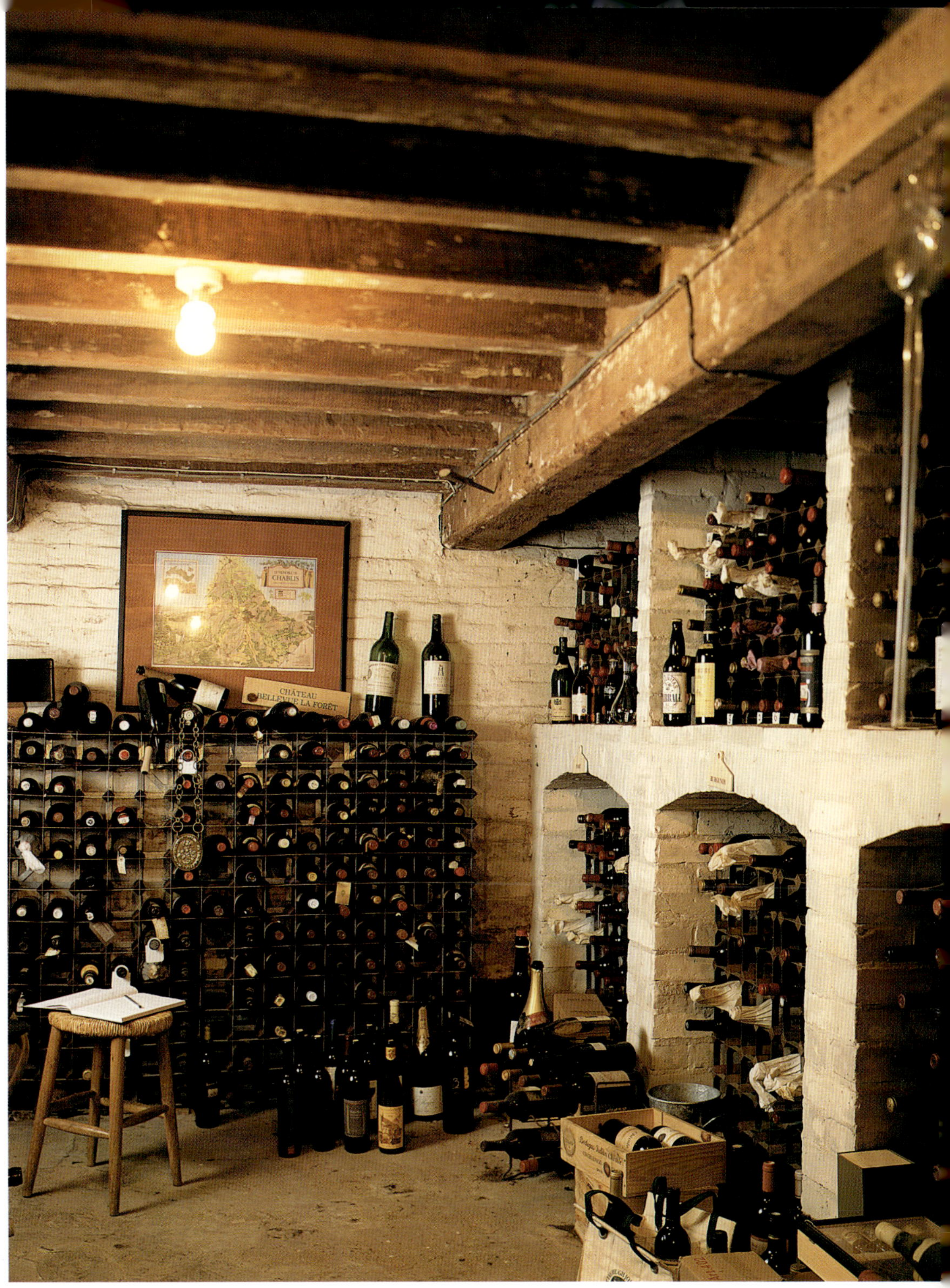

Ci-dessus Cette cave s'est, de toute évidence, développée progressivement. Les caisses en bois de vins jeunes sont stockées ailleurs. Se trouvent ici les bouteilles prêtes à être ouvertes, disposées pour un accès facile dans des râteliers horizontaux insérés dans des niches traditionnelles, et classées par origine.

C'est la raison pour laquelle le bon vin est aujourd'hui expédié dans des containers à température stabilisée ou pendant les périodes tempérées de l'année. L'influence de la température explique aussi pourquoi les bouteilles stockées dans les caves scandinaves ont toujours eu un goût différent de celles vieillies sous des climats plus cléments.

Aucun équipement particulier n'est nécessaire dans la cave, la remise à charbon ou le placard. De façon traditionnelle, les bouteilles sont conservées couchées, en caisse ou individuellement, pour éviter que le bouchon ne se dessèche, ne se contracte et ne laisse entrer de l'air (stocker les bouteilles tête en bas produit le même résultat, mais les étiquettes et les capsules sont plus difficiles à lire). Les bouteilles peuvent être empilées si elles sont identiques ; sinon, il vaut mieux les ranger dans des râteliers afin de les identifier et de les sortir plus facilement.

Des recherches récentes ont montré que les vins vieillissent plus harmonieusement si les bouteilles sont stockées selon un angle qui permet au bouchon d'être à la fois en contact avec le liquide et la bulle d'air. La conception des râteliers n'a pas encore tout à fait intégré ces derniers développements. La recherche sur les champagnes a établi que les bouchons restent convenablement humides et gonflés grâce à l'espace du goulot saturé de gaz carbonique. Il est donc possible de stocker une bouteille de champagne debout pour éviter toute contamination par un bouchon abîmé.

Il existe plusieurs arguments en faveur de l'achat de vins jeunes, à leur « mise à prix », pour les « coucher » dans la cave ou le placard, jusqu'à ce qu'ils atteignent une maturité complète. Certains bons vins ne reviennent jamais plus sur le marché après leur introduction, ou si c'est le cas, ce sera à des prix prohibitifs. Mais il ne faut pas croire que tous les bons vins prendront de la valeur ; cela dépend des caprices du marché et même des mouvements de l'argent. Avec des vins plus modestes, la seule raison de les mettre en cave, c'est de pouvoir les boire dans de bonnes conditions quand ils auront atteint une maturité qui convient à votre goût.

Les vins cités page 41 sont de bons candidats pour toute cave modeste. De nombreux vins rouges français et italiens et, en proportion croissante, australiens bénéficient d'un vieillissement prolongé, au-delà de leur mise en vente. Les producteurs de vin en Espagne et, dans une certaine mesure, au Portugal mettaient traditionnellement leurs vins en vente quand ils étaient prêts à être bus, mais cette bienveillante habitude a tendance à s'éroder.

Un des plaisirs les moins vantés de la possession d'une petite cave est celui de la manipulation, du classement et du catalogage (si la passion est assez forte), de l'organisation et de la sélection de ces petits réservoirs de plaisir potentiel.

Pour certains collectionneurs, conserver des archives fait aussi partie du divertissement. Des livres de cave sont spécialement conçus à cet effet et permettent traditionnellement de noter ce qui a été acheté, à qui, à quel prix, quand telle ou telle bouteille a été ouverte et quel goût elle avait. Certaines personnes notent aussi le nom des convives et les mets servis. Les livres de caves vont probablement devenir électroniques.

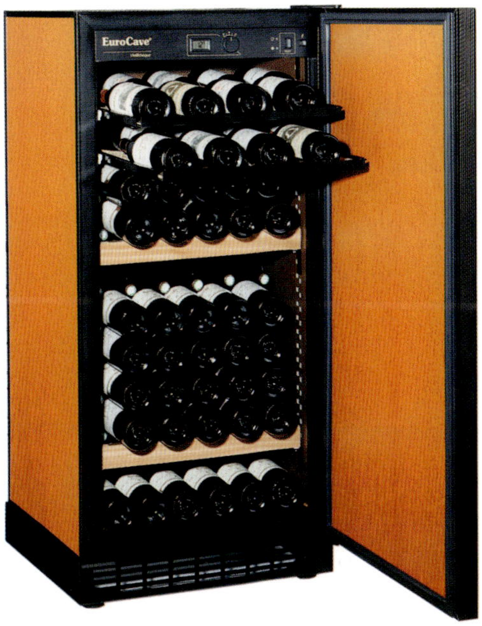

À gauche Sous des climats chauds ou secs, la conservation en armoire climatisée et à humidité contrôlée est idéale pour les petites quantités de bouteilles. Il est possible de disposer de trois compartiments à des températures différentes. La capacité varie de 3 à 20 douzaines de bouteilles.

Servir le vin : 1

Le vin n'est pas une boisson solitaire. Il est sociable par essence et un des grands plaisirs qu'il offre, c'est de pouvoir être partagé. Cette idée de partage doit primer pour que le vin donne toute sa mesure.

L'option de dernière minute consiste à aller faire un tour chez le marchand de vins le plus proche et à déboucher un vin rouge un peu trop frais, trouble, ou bien un blanc tiède. Le vin est aussi sensible que ses amateurs et ne récompense que ceux qui sont prêts à lui offrir une petite préparation. Ce qui implique de calculer à l'avance et de façon réaliste le nombre de bouteilles et les types de vins dont on aura besoin.

Certaines des attentions qui sont accordées au vin sont frivoles, certains rituels absurdes. Mais d'autres font toute la différence entre la simple satisfaction et le pur délice. Il ne s'agit pas d'ostentation mais de la volonté de tirer le meilleur d'une bonne chose, de servir autre chose qu'un simple vin pour accompagner un repas comme un autre. Un vin jeune servi en premier tend à révéler les qualités d'un vin plus vieux ; un vin blanc est en général une bonne introduction à un vin rouge ; un vin léger à un vin puissant ; un vin sec à un doux. L'inversion de ces combinaisons pourrait être désastreuse pour le second vin. De la même façon, un très bon vin laisse dans l'ombre un vin moins bon servi ensuite ; il en est de même pour un blanc servi après un rouge.

La question de savoir comment servir est encore plus complexe. Une bouteille normale contient six bons verres (six grands verres remplis au tiers de leur capacité et non des petits verres remplis à ras bord). Pour un déjeuner léger, un verre par personne devrait suffire, tandis que pour un dîner, cinq ou six verres ne sont pas forcément exagérés. Une demi-bouteille par personne constitue une moyenne raisonnable pour la plupart des convives et des situations, mais les circonstances et l'atmosphère d'un repas, ainsi que sa durée, sont bien sûr des facteurs décisifs. Voici la règle d'or : soyez généreux mais jamais pressant, et faites en sorte de servir aussi de grandes quantités d'eau.

Si le nombre des amateurs de vin à la table exige d'ouvrir plus d'une bouteille à chaque plat, vous pouvez envisager de servir deux vins légèrement différents – peut-être des millésimes distincts du même vin ou le même cépage en provenance de deux origines différentes (pour éviter la confusion, essayez de servir des vins différents dans des verres de forme ou de taille variée).

Une fois que les quantités probables ont été fixées, les bouteilles contenant des sédiments doivent être mises debout afin qu'ils se déposent au fond, ce qui peut prendre de quelques minutes à quelques heures en fonction de la structure et de la quantité des sédiments. Cette préparation des bouteilles donne également le temps de porter le vin à la température idéale.

Rien ne modifie autant le plaisir pris à la dégustation du vin que la température à laquelle on le sert. Il est possible de flatter un vin et de tromper ses hôtes en jouant sur ce facteur. Et il est encore plus facile de donner à un bon vin un goût rude en se trompant de température. Un claret froid comme le marbre et un riesling tiède sont des abominations, non parce que c'est contrevenir à une règle d'étiquette, mais simplement parce que les vins ne donnent pas le meilleur d'eux-mêmes dans ces conditions.

Notre sens de l'odorat (le sens le plus important dans la dégustation) ne réagit qu'aux vapeurs. Le vin rouge a normalement un poids moléculaire plus élevé ; il est par conséquent moins volatile et moins odorant qu'un vin blanc. Servir un vin rouge « chambré », à température ambiante, a pour

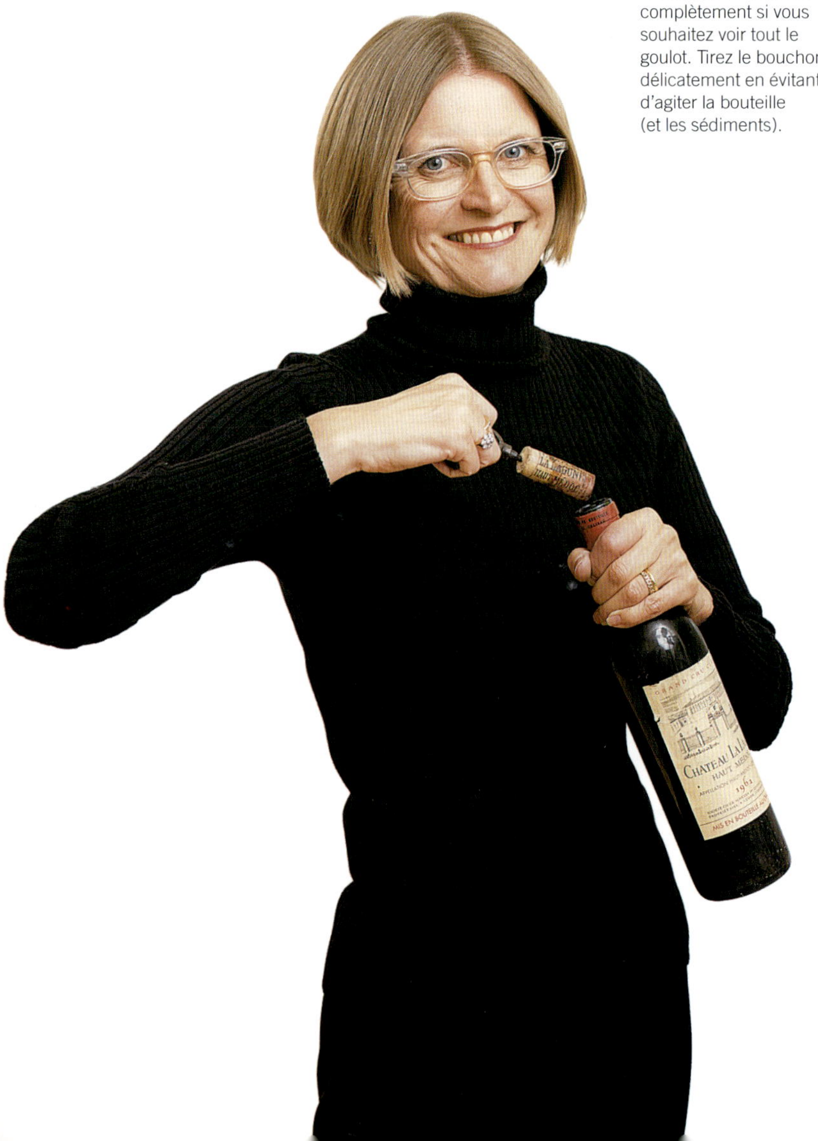

À gauche Coupez la capsule ou détachez-la complètement si vous souhaitez voir tout le goulot. Tirez le bouchon délicatement en évitant d'agiter la bouteille (et les sédiments).

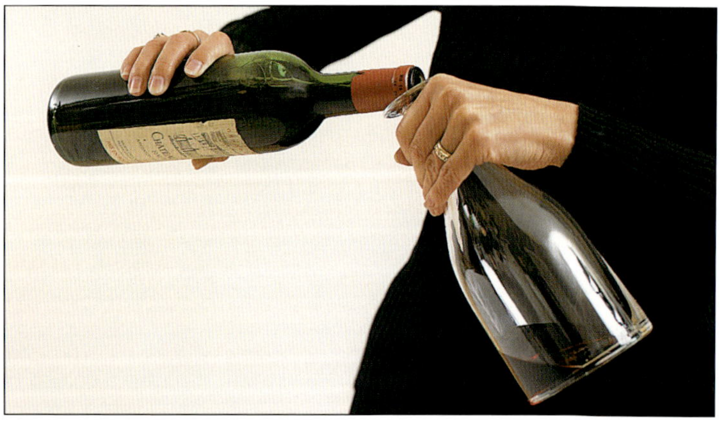

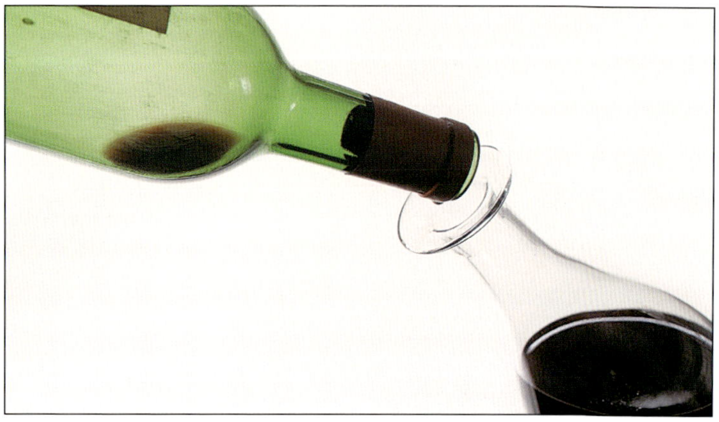

En haut Une fois le bord du goulot essuyé (surtout si la capsule est très vieille et peut donc contenir du plomb), prenez la bouteille dans une main et le décanteur dans l'autre. Versez régulièrement avec, dans l'idéal, une forte source de lumière, une ampoule nue ou une bougie, qui éclaire le goulot.

Ci-dessus Continuez à verser jusqu'à ce que vous voyiez les sédiments (s'il y en a) glisser vers le goulot. Arrêtez avant qu'ils ne s'approchent dangereusement du bord. Si le vin contient beaucoup de sédiments, remettez la bouteille debout, bouchez le décanteur et réessayez plus tard.

but de le réchauffer jusqu'au point où les éléments aromatiques commencent à se vaporiser – ce qui se produit à une température plus élevée avec des vins plus puissants et plus substantiels. Un vin rouge léger et aromatique, comme le beaujolais ou le chinon, peut être traité comme un vin blanc : même froid, sa volatilité est presque irrésistible. À l'opposé, un vin rouge plein peut avoir besoin de la chaleur de la pièce, de celle de vos mains autour du verre et de celle de votre bouche enfin pour que ses éléments complexes se volatilisent.

Les tannins sont beaucoup plus présents à basse température. Par conséquent, plus la température d'un jeune rouge tannique sera élevée, plus son goût sera souple, généreux et évolué. L'illusion de la maturité peut ainsi être créée en servant le vin un peu plus chambré qu'il ne faudrait normalement, ce qui aura pour effet d'augmenter l'arôme apparent et de diminuer l'astringence. Le pinot noir et le bourgogne rouge tendent toutefois à être plus faibles en tannin et donc plus naturellement aromatiques. Ce qui explique pourquoi, traditionnellement, les bourgognes rouges sont servis plus frais que les bordeaux, pratiquement à leur sortie de la cave.

Le froid est nécessaire pour contrebalancer la richesse des vins très doux, même si cela masque certains de leurs arômes. Sur le tableau ci-contre, la plupart des vins doux figurent dans la colonne la plus froide. Il convient de les servir très froids et de les laisser se réchauffer en les sirotant : cela leur permet de révéler progressivement tout leur bouquet. Cette compensation s'explique par le fait que, comme le tannin, l'acidité est plus présente à basse température. Les vins blancs dont l'acidité doit être soulignée, soit parce qu'ils ont une forte teneur en sucre, soit parce qu'ils sont trop vieux ou proviennent de climats chauds, reçoivent un petit coup de fouet lorsqu'ils sont servis bien froids.

Le tableau ci-contre est fondé sur une expérience personnelle, souvent modifiée au cours de conversations (pour ne pas parler de disputes) avec d'autres amateurs de vins. D'une façon très générale, les vins qui ont du corps devraient être servis à des températures supérieures à celles réservées aux vins qui ont une faible teneur en alcool (le bourgogne blanc et le chardonnay sont souvent servis trop froids). Les vins virils ont besoin de se réchauffer plus longtemps que les vins souples. Les vins secs sont habituellement plus joyeux à température ambiante que les vins doux.

Mais il est important de se souvenir que, lorsque le terme « chambré » fut inventé, la température courante dans les salles à manger françaises était de 15 ou 16 °C. Un vin servi trop chaud perd de sa vertu rafraîchissante et devient pratiquement impossible à refroidir, tandis qu'un vin servi un peu frais atteindra naturellement la température ambiante et pourra facilement être réchauffé dans la main.

Il est plus facile de servir le vin blanc que le vin rouge à la bonne température parce que le premier peut être gardé au réfrigérateur. Mais le moyen le plus rapide de refroidir une bouteille est de la plonger dans un seau rempli d'eau et de glaçons ou dans un seau isotherme. Dans une pièce chauffée (ou dans un jardin l'été), il est bon, après avoir servi, de remettre la bouteille dans le seau à glace ou le seau isotherme. Ainsi, le vin sera servi à une température un peu trop basse au début, mais il se réchauffera rapidement dans le verre. Un conseil utile si vous avez plusieurs bouteilles : dans un grand seau, mettez un gros bloc de glace qui fondra moins vite. Les longues bouteilles allemandes gagnent à être plongées dans le seau tête en bas pendant quelques minutes pour refroidir le vin du goulot.

Porter un vin rouge à la température idéale est plus compliqué. Si on part de la température de la cave, il faut parfois plusieurs heures dans une pièce à température normale pour lui faire gagner 10 ou 12 °C. Attention à la cuisine, car si c'est l'endroit logique pour cette opération, elle est souvent à plus de 20 °C, tout particulièrement pendant la préparation d'un dîner. À ce niveau de température, certains vins rouges peuvent être perturbés : l'alcool commence à se vaporiser et produit un parfum capiteux qui masque son caractère. Certains des arômes peuvent même être perdus pour toujours.

Lorsque l'on manque de temps, une manière pratique de chambrer un vin rouge consiste à le décanter puis à placer le décanteur sous une eau à 21 °C. Réchauffer le décanteur (raisonnablement) ne peut pas faire de mal. Les fours à micro-ondes sont aussi une solution simple pour chambrer les vins en vitesse, sauf si le vin contient des sédiments et que la bouteille doit être maintenue debout. Le danger est de chauffer le vin jusqu'à un point de non-retour. Une petite expérimentation avec une bouteille d'eau ne sera pas inutile.

Il peut être difficile de porter un vin rouge à la température idéale, mais il sera parfois nécessaire de faire un effort pour la maintenir assez bas. Un seau isotherme ou même un seau à glace peut être utile pour servir un vin rouge dans un pays chaud ou dans une pièce chauffée. Dans un restaurant, il ne faut pas hésiter à demander un seau à glace si le vin rouge est servi à une température trop élevée.

Servir du vin à l'extérieur a aussi ses contraintes, sans rapport avec la température idéale. Un bouquet subtil, celui d'un vin rouge en particulier, est en effet beaucoup plus susceptible d'être emporté par la brise que si le vin avait été servi à l'intérieur. Les vins puissants sont plus spectaculaires à l'extérieur que les trésors d'une cave, qui méritent d'être servis dans une salle à manger.

Vin et température

Ce tableau indique la température idéale à laquelle servir les vins. Les vins blancs et rosés sont en jaune ; les vins rouges et vinés sont en violet. La ligne qui se trouve au-dessus du tableau donne une indication très générale sur les températures auxquelles servir les différents types de vins.

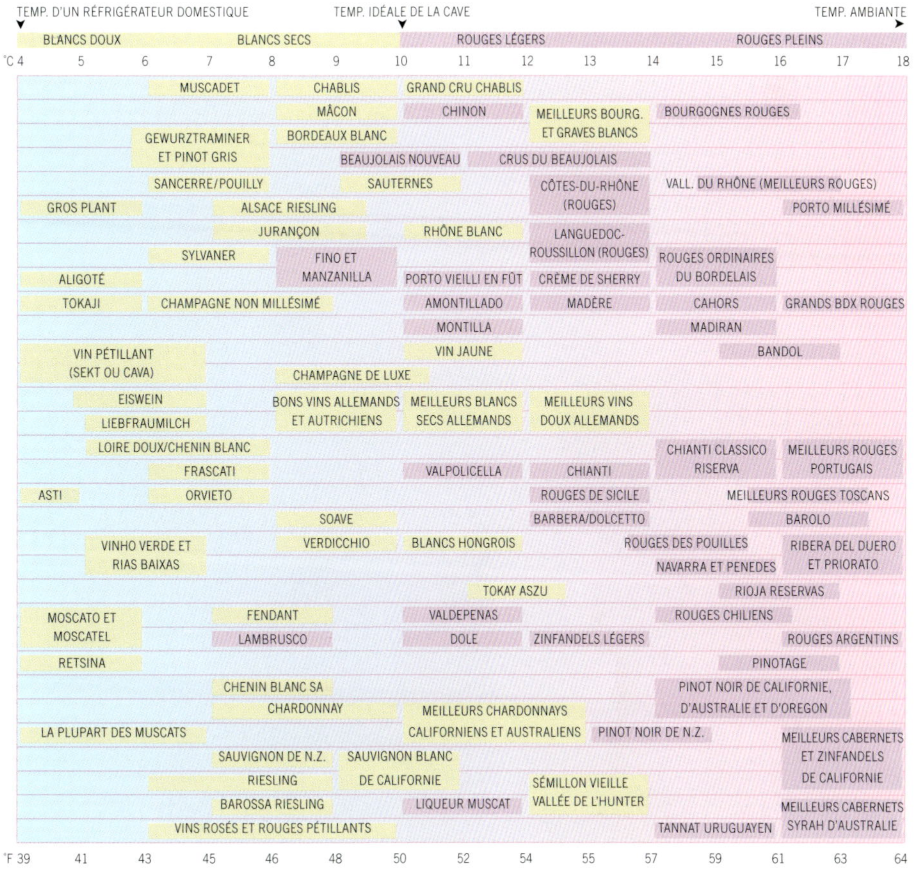

Servir le vin : 2

L'étape suivante consiste à ouvrir la ou les bouteilles. Cela signifie enlever la capsule et retirer le bouchon. Les capsules sont normalement coupées au-dessous du rebord du goulot afin de ne pas altérer l'allure de la bouteille. Mais ce n'est qu'une convention. Les appareils servant à couper la capsule sont des accessoires parfaitement facultatifs.

Curieusement, les tire-bouchons sont très variés. Les collectionneurs de tire-bouchons peuvent même être plus obsessionnels que les collectionneurs de vins. On trouvera ci-dessous les meilleurs modèles. Le seul élément essentiel d'un tire-bouchon est en fait la présence d'une vis hélicoïdale bien pointue plutôt que d'une tige droite qui va percer le bouchon de part en part sans fournir le moindre levier.

Le débouchage des bouteilles de vin pétillant exige une technique spéciale. Les bouteilles bien frappées qui n'ont pas été agitées récemment ne posent pas de problèmes à l'ouverture. Il est bon de se souvenir que la pression à l'intérieur d'une bouteille de champagne est semblable à celle d'un pneu de camion, si bien qu'un bouchon non surveillé peut faire pas mal de dégâts. Après avoir enlevé la capsule et le muselet, tenez le bouchon et le goulot tout en faisant tourner doucement la bouteille, penchée si possible. Le bouchon devrait sauter discrètement et aucun liquide ne devrait être perdu. Les bouchons de champagne récalcitrants peuvent être desserrés grâce à une « étoile de champagne », qui s'adapte aux quatre sillons du muselet pour donner une meilleure prise.

Les très vieux bouchons posent parfois des problèmes. Ils peuvent se désintégrer sous la pression du tire-bouchon. Le tire-bouchon à deux lames, qu'on appelle « l'ami du maître d'hôtel » (parce qu'il lui permettait théoriquement de remplacer le contenu d'une bouteille avec un vin de moindre qualité sans percer le bouchon), peut être utile pour des bouchons en mauvais état. Le porto millésimé est un des vins qui vivent le plus longtemps et il a donné naissance aux traditionnelles morailles à porto, spécialement conçues pour faire une incision nette du goulot sous un très vieux bouchon après avoir été chauffées à la flamme.

Le porto millésimé évoque aussi un des rituels les plus controversés de la vie du vin : la décantation, ou transvasement du vin de la bouteille originale dans un autre contenant, généralement une carafe, avant de le servir. La justification la plus évidente de cette opération est de débarrasser le vin de tout sédiment solide et souvent amer qui a pu se former dans la bouteille. L'autre raison, plus discutée, est d'aérer le vin, de l'exposer à l'oxygène dont Pasteur a démontré le rôle dans le vieillissement du vin (voir page 40).

La décantation, souvent sujet à controverses, est rarement comprise, essentiellement parce que son effet sur un vin donné est imprévisible. Il circule une idée fausse selon laquelle il ne faudrait le faire que pour des bouteilles anciennes, chargées de sédiments. Mais l'expérience montre que ce sont les vins jeunes qui en tirent le plus de bénéfice. L'oxygène qu'ils contiennent n'a pas eu beaucoup de chance de produire ses effets, mais l'air contenu dans le décanteur agit rapidement et efficacement. En quelques heures, il peut provoquer l'éclosion de ce qui n'était qu'un bourgeon. Cela signifie qu'on peut obtenir deux fois plus d'odeur et d'arôme que prévu. Certains vins puissants et jeunes peuvent même tirer profit d'un

Tire-bouchons

1 L'ustensile le plus courant pour couper la capsule sait se rendre indispensable. **2** Un tire-bouchon classique, utilisable même pour les plus antiques bouchons. **3** Le modèle le plus courant chez les sommeliers parce qu'il comporte une lame pour couper la capsule. **4** Le célèbre « ami du maître d'hôtel ». **5** Un tire-bouchon à levier relativement cher qui retire le bouchon en deux mouvements faciles. **6** Étoile de champagne pour dégager les bouchons de champagne les plus rebelles.

Décanteurs

En principe, n'importe quel récipient inodore peut être utilisé comme décanteur, mais le verre est parfait parce qu'il permet de voir la couleur du vin, et le décanteur idéal a un bouchon afin que les vins délicats ne soient pas trop exposés à l'oxygène. **7** Un décanteur classique de la contenance d'une bouteille, quand bien même la taille magnum est souvent utile pour aérer les vins fermés. **8** Un décanteur traditionnel pour le porto, qui peut être utilisé pour n'importe quel vin.

Verres

Tous les verres présentés (**9-12**) offrent les caractéristiques fondamentales d'un bon verre à vin, avec un pied et un bol qui permet de faire tourner le vin sans en perdre. **10** La forme et la taille standard du verre de dégustation des organismes officiels ; il est approuvé depuis de nombreuses années par un jury international, mais certains amoureux du vin, non-professionnels notamment, peuvent le trouver un peu contraignant.

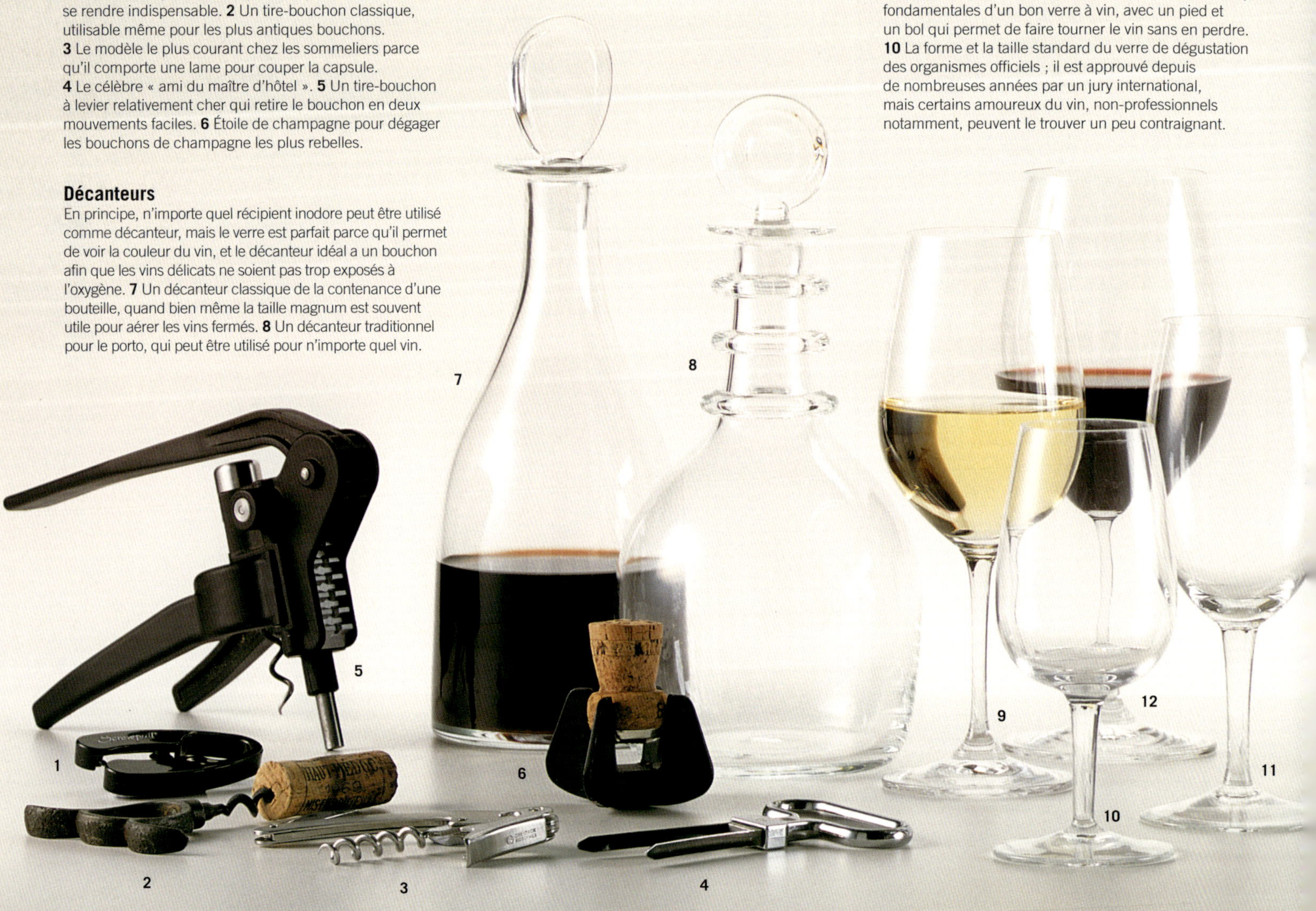

séjour de 24 heures dans un décanteur. Une heure fait déjà une différence énorme pour tous les autres vins. Les vins jeunes, tanniques, à forte teneur en alcool, supportent et ont besoin d'une décantation plus longue que les vins plus vieux et légers. Mais des vins pleins comme les bourgognes blancs peuvent aussi bénéficier d'une décantation et auront l'air encore plus séduisants que des vins rouges.

Ceux qui s'opposent passionnément à la décantation avancent que le danger est grand de perdre le fruit et l'arôme quand le vin est déversé dans le décanteur et qu'il y évolue rapidement. Mieux vaut, estiment-ils, servir directement de la bouteille, goûter et évaluer l'état de maturité du vin, et l'aérer dans le verre si nécessaire en le faisant tourner. Il est vrai que certains vins très vieux peuvent perdre rapidement ce qui reste de leur charme , mais ils sont aussi probablement riches en sédiments. L'expérience et le goût personnel sont les guides les plus sûrs en la matière.

La technique de la décantation est décrite à la page 44. Le seul équipement nécessaire est une carafe et un tire-bouchon. Si le vin est très jeune et peu évolué, le faire tourner un peu dans le décanteur permettra de l'exposer à l'action de l'oxygène. Si la surface du vin est importante dans le décanteur, il peut être utile de le laisser débouché.

Tout le monde croyait autrefois que déboucher une bouteille et la laisser ouverte pour le faire « respirer » avait un réel effet sur le vin. En réalité, la zone exposée dans le goulot est trop petite pour avoir la moindre influence.

La quantité d'oxygène présente dans une bouteille à moitié vide peut avoir un effet considérable, généralement nocif, sur le vin. C'est particulièrement net pour les fonds de bouteille. Il vaut donc mieux conserver le vin dans une bouteille plus petite où il ne sera pas exposé à autant d'oxygène. Le processus de détérioration peut aussi être ralenti en mettant le vin restant au réfrigérateur, les basses températures ayant pour effet de ralentir les réactions chimiques.

L'amateur de vin a besoin d'un autre équipement essentiel : un verre. Des expériences compliquées et des dégustations à l'aveugle ont montré qu'une légère modification par rapport à la forme classique peut accentuer telle ou telle caractéristique offerte par un vin. Mais il n'y a aucune raison fondamentale d'avoir des verres différents pour des vins différents. Les vins blancs sont traditionnellement servis dans des verres plus petits que les vins rouges, mais ce n'est qu'une simple convention.

Les vins vinés et doux sont servis en plus petite quantité que les vins de table et il est donc logique d'utiliser des verres plus petits. Les vins pétillants tirent avantage d'une longue trajectoire pour leurs bulles, ce qui explique l'usage de la flûte.

Il est peut-être trivial de le mentionner, mais les verres à vin doivent être propres, lustrés et exempts d'odeurs de détergent ou de placard. Même si certains verres supportent les lave-vaisselles modernes, il vaut mieux les rincer à l'eau chaude et les sécher au torchon quand ils sont encore chauds. Les odeurs de placard ou de carton s'incrustent à cause de l'habitude qui consiste à ranger les verres tête en bas sur une étagère ou dans une boîte. Il est préférable de ranger les verres sur pied dans un placard sec et bien aéré. Reniflez-les avant de les poser sur la table. C'est un bon exercice pour le nez.

Verres spéciaux

Le verre à vin classique conviendra à n'importe quel vin ou presque, mais le champagne et les vins pétillants ont meilleur goût et conservent leurs bulles plus longtemps lorsqu'ils sont servis dans des flûtes **14**, remplies parfois jusqu'au bord. **15** Verre d'une taille suffisante pour le porto. **16** La copita de sherry traditionnelle, un pastiche du verre à vin classique. **13** Certains aiment boire leur bourgogne rouge dans un bocal pour poisson rouge.

Seaux pour rafraîchir le vin

La façon traditionnelle de rafraîchir une bouteille de vin consiste à la laisser dans un seau à glace **17**, rempli d'eau et de glaçons pour un refroidissement maximum. Un manchon **18** rempli de liquide réfrigérant peut être tout aussi efficace (et plus facile à transporter). Le seau isotherme **19** gardera efficacement les bouteilles au frais ou au chaud, quelle que soit la température ambiante.

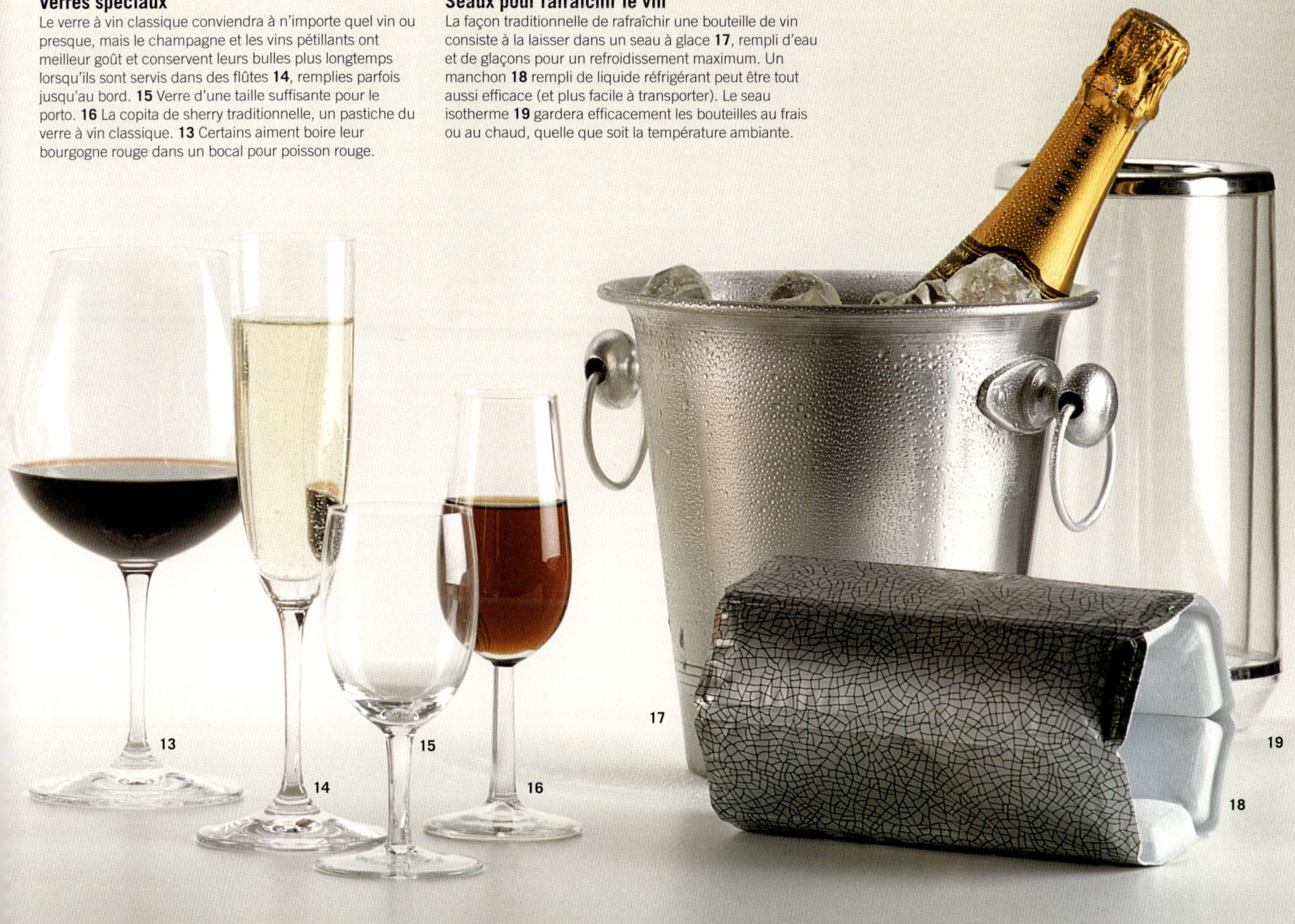

13 14 15 16 17 18 19

Goûter le vin et en parler

Des flots de bon, voire d'excellent vin coulent sur la langue d'amateurs qui le boivent sans véritablement le goûter. Leurs papilles ne sont pas réceptives à ce que le vin a à leur offrir parce qu'ils sont soucieux ou plongés dans une conversation, parce que leur bouche est anesthésiée par le whisky ou le gin qu'ils viennent de boire, parce qu'ils ont un rhume, ou parce qu'on ne leur a jamais dit comment profiter au mieux de chaque gorgée.

Le vigneron aura beau mettre en œuvre tous ses talents, son travail restera inutile si le buveur ne fait pas preuve d'intérêt et de sensibilité. Si les capteurs gustatifs étaient situés uniquement dans la bouche, quiconque avalerait une gorgée de vin saurait l'apprécier à sa juste valeur. En réalité, les nerfs susceptibles de capter les sensations les plus subtiles qui font la complexité de l'arôme d'un vin se trouvent au sommet de notre nez.

L'élément le plus sensible de ce que nous appelons notre sens du goût est en fait notre sens de l'odorat. Le véritable organe de discrimination se trouve dans la cavité nasale supérieure, là où l'air ne parvient jamais lorsque nous respirons normalement. Les seules sensations qui peuvent l'atteindre sont les vapeurs des substances volatiles. Pour parvenir au cerveau, les vapeurs du vin doivent être inhalées (soit par le nez, soit par le fond de la bouche) dans cette région supérieure de la cavité nasale, où elles se dissolvent dans l'humidité. De longues et fines excroissances nerveuses (vacuoles) transmettent les sensations jusqu'au bulbe olfactif, au-dessus de la cavité nasale et dans le cerveau. Du fait de la position du bulbe olfactif, voisin immédiat du lobe temporal où sont emmagasinés les souvenirs, il semble que l'odorat, le plus primitif de nos sens, ait une position privilégiée pour un accès instantané aux données de la mémoire.

Les dégustateurs expérimentés se fient souvent à la réaction immédiate de leur mémoire au premier reniflement d'un vin. S'ils ne peuvent spontanément le mettre en rapport avec des vins qu'ils ont goûtés dans le passé, ils doivent s'en remettre à leurs capacités d'analyse, situées dans le lobe pariétal. C'est dans le lobe frontal que se forme leur jugement sur le vin (pour être emmagasiné ensuite dans le lobe temporal, pour consultation future). L'étendue des références disponibles constitue la grande différence entre un goûteur expérimenté et un débutant. Il y a peu de signification à tirer d'une sensation isolée, en dépit du fait qu'elle puisse être plaisante. Les véritables plaisirs de la dégustation du vin résident dans le croisement des références, la stimulation des souvenirs, la comparaison des produits d'un sol identique ou voisin aux qualités semblables et cependant subtilement différentes. Les vins diffèrent les uns des autres en termes de couleur, de texture, de puissance, de corps et de longueur, de même que par la complexité de leurs arômes.

Les dégustations se présentent sous de nombreuses formes différentes, depuis la simple réjouissance entre amis autour d'une table jusqu'aux tests à l'aveugle pratiqués entre professionnels pour la qualification d'un Maître des Vins. Le rituel de la dégustation mis en place dans tant de restaurants, au cours duquel le

Comment goûter et apprécier le vin ?

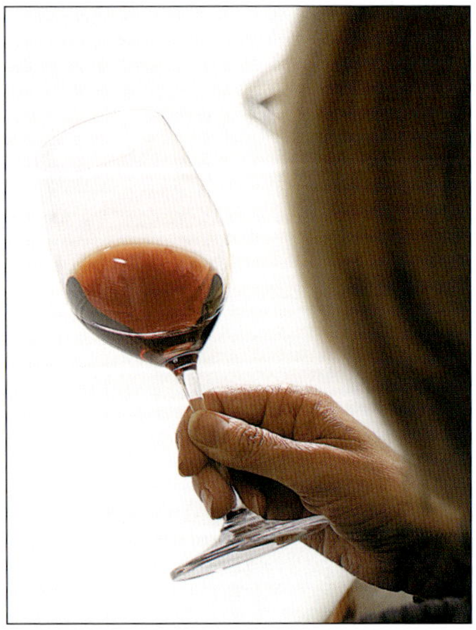

À l'œil
Versez le vin dans un verre en veillant à ne pas dépasser le quart du contenant. Vérifiez que le vin est clair (un aspect turbide ou mousseux est un défaut) et regardez quelle est l'intensité de la couleur (plus le rouge est profond, plus le vin est jeune et/ou plus le raisin a une peau épaisse). Les vins rouges deviennent plus pâles avec l'âge, les vins blancs plus profonds. Inclinez le verre en l'éloignant de vous sur un fond blanc et observez la couleur au milieu du liquide et au bord. Tous les vins deviennent lentement bruns avec l'âge et le bord du liquide est le premier endroit où l'on peut observer l'apparition de ce rouge brique dans un vin rouge. Les rouges jeunes sont plus violacé-bleu que brique. Les vieux rouges perdent complètement leur couleur au bord. Plus le vin est brillant et plus les gradations de couleur sont subtilement ombrées, meilleur est le vin.

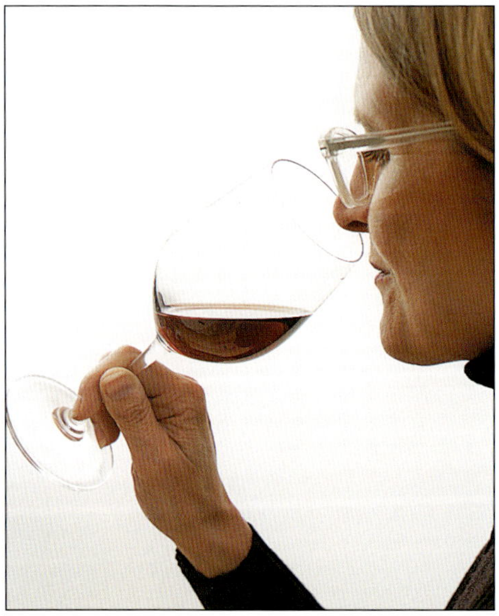

Au nez
Reniflez une fois en étant bien concentré, puis agitez le vin et reniflez de nouveau. Plus l'impression est forte, plus intenses sont l'arôme et le bouquet. Un vin subtil, en pleine maturation, peut avoir besoin d'être agité avant de libérer son odeur. Si vous faites un test à l'aveugle, c'est le moment où il vous faut espérer une intuition phénoménale, une connexion avec un élément présent dans votre mémoire de dégustation. Si vous goûtez pour juger de la qualité du vin, notez s'il est franc (la plupart des vins le sont de nos jours), intense, et quelle odeur il vous rappelle. Il est beaucoup plus facile de se souvenir d'une odeur, si vous êtes en mesure d'y rattacher des mots. Pendant que vous goûtez ou buvez le vin, notez la façon dont l'odeur change. Avec le temps, les bons vins ont tendance à devenir plus intéressants, les vins courants et peu chers souvent moins.

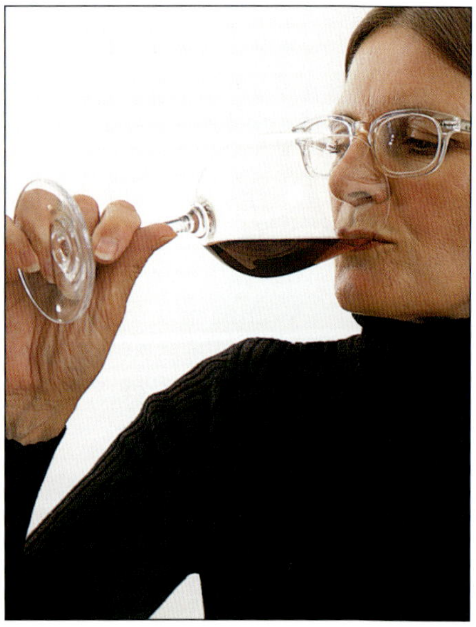

En bouche
Cette étape exige de boire une bonne gorgée de vin et d'y exposer toutes les papilles gustatives, réparties sur la langue et l'intérieur des joues. Si le nez est ce qui permet de sentir au mieux les arômes du vin, la bouche est le meilleur instrument de mesure de ses éléments constitutifs : le bout la langue pour le sucré, les bords supérieurs pour l'acidité, l'arrière de la langue pour l'amertume, l'intérieur des joues pour les tannins et l'entrée de la gorge pour le degré excessif d'alcool. Une fois la gorgée avalée, ou crachée pour les professionnels, il est possible de juger si tous ces éléments sont bien équilibrés (les rouges jeunes sont souvent et délibérément riches en tannins) et si le vin a un goût persistant dans le palais – ce qui est un bon indice de sa qualité. À ce stade, le vin peut être jugé dans sa globalité et peut-être même identifié.

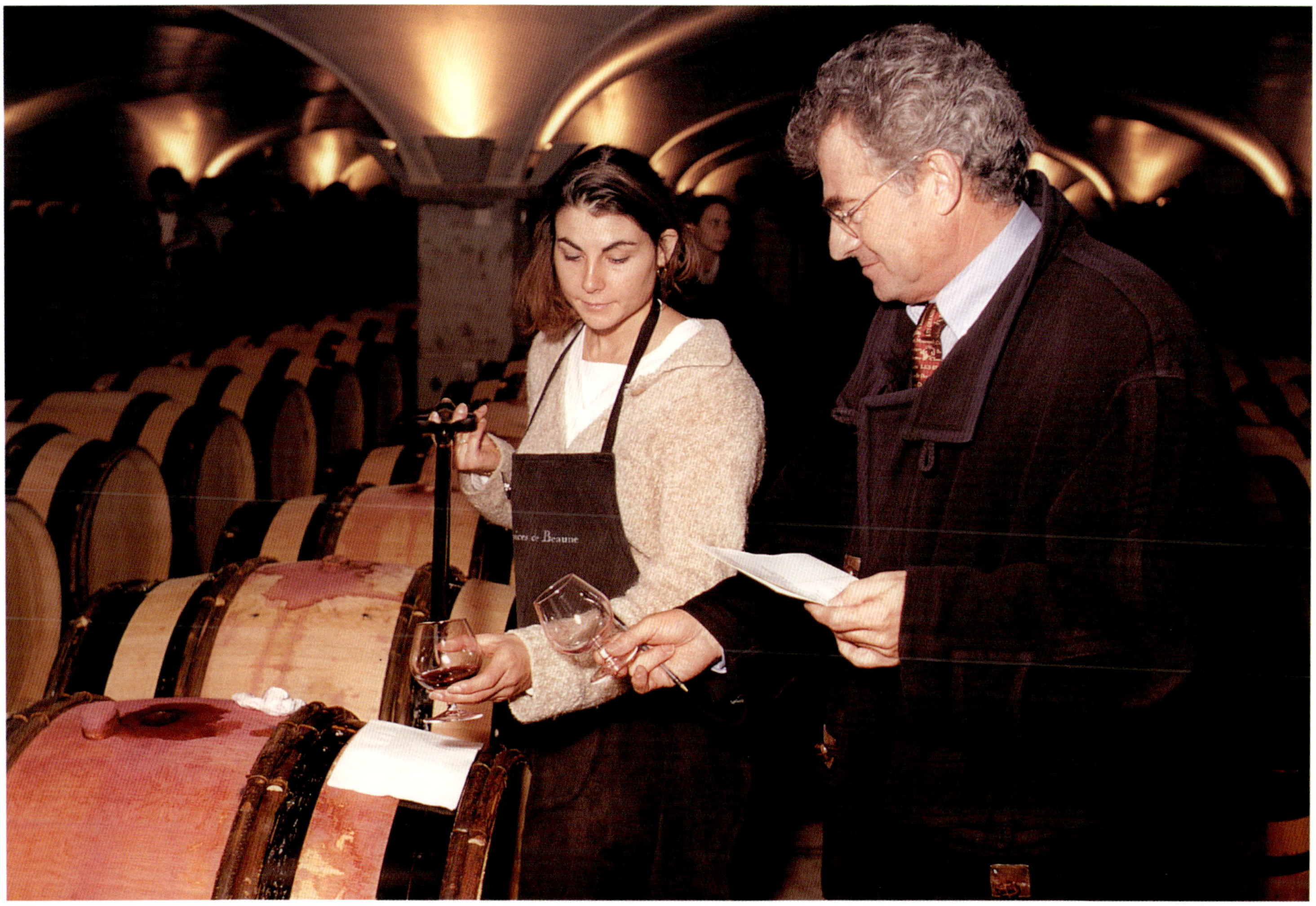

Ci-dessus La dégustation dans les caves de Bourgogne comme celles des Hospices de Beaune peut être une expérience éprouvante. Le vin est servi plus frais qu'à la température habituelle et les crachoirs sont peu nombreux. Souvenez-vous que l'on passe, au cours d'une séance de dégustation, des vins les moins bons aux meilleurs.

sommelier verse un échantillon du vin choisi pour vous le faire goûter trouble bien des néophytes. Le but de cette opération est de vous permettre de vérifier d'une part que le vin est à la bonne température et d'autre part qu'il ne présente pas de défaut majeur – le fait d'être bouchonné étant le plus courant (voir page 42). Vous ne pouvez le refuser simplement parce qu'il vous déplaît.

Il est une chose bien plus difficile que l'appréciation du vin, c'est la capacité d'en communiquer les sensations. À l'exception des mots « sucré », « salé », « acide » et « amer », chaque mot du vocabulaire du goût est emprunté aux autres sens. Cependant ces mots, en donnant une identité aux sensations, nous aident à les clarifier. Quelques-uns des mots les plus utiles parmi tous les grands mots utilisés par les dégustateurs figurent dans le glossaire à la fin du livre.

De l'art de parler du vin à celui d'écrire sur le vin, il n'y a qu'un pas – que peu de buveurs de vin franchissent. Il est fortement recommandé de conserver des notes plus ou moins systématiques sur ce que vous buvez ou goûtez. Tout d'abord, le fait d'inscrire quelque chose sur le papier vous oblige à vous concentrer, exigence primordiale de toute dégustation digne de ce nom. Puis, cela vous contraint à analyser les sensations qui passent sur votre palais et à les associer aux étiquettes. Ensuite, c'est un aide-mémoire. Enfin, cela vous permet de multiplier les comparaisons entre les vins au cours des années – soit le même vin année après année, soit des vins différents.

Les feuilles de dégustation professionnelles sont souvent divisées en trois parties, pour rappeler aux dégustateurs de noter l'apparence du vin et son impact sur le palais. Il peut même y avoir une quatrième colonne consacrée aux impressions d'ensemble. Les différents dégustateurs développent leur propre vocabulaire et il n'y a aucune raison d'être trop contraignant en la matière. La seule obligation est d'inscrire le nom de chaque vin goûté. La date de dégustation peut être utile au cas où vous auriez la chance de contrôler le même vin à un âge plus avancé de sa vie et de faire des comparaisons. La mention du lieu et des autres dégustateurs peut vous aider à rafraîchir votre mémoire quand vous lirez ces notes.

Peut-on attribuer des notes lors d'une dégustation de vins ? Dans des circonstances professionnelles, comme les compétitions et les comités d'experts, elles sont inévitables – que ce soit sous forme de symboles ou de chiffres. L'usage qui veut qu'on note les vins sur une échelle de 100 points s'est joyeusement répandu dans la nouvelle génération des amateurs du monde entier, car il offre une échelle internationale comprise quelle que soit votre langue maternelle. Mais en dépit de la précision et de la fiabilité apparentes d'une échelle à 100 points, ne perdons jamais de vue que la dégustation du vin est un processus éminemment subjectif. Un score, qui est le résultat moyen produit par un comité, peut être hautement suspect : le principe de la moyenne tend à exclure tout vin doté d'une réelle singularité (car il va immanquablement déplaire à quelqu'un). Et même les déclarations d'un seul palais peuvent être trompeuses. Nous avons nos préférences et nos aversions en matière d'arômes et de styles de vin et notre goût évolue, continue de changer pendant nos vies. Le meilleur juge du style de vin qui convient à votre palais, c'est vous-même. Le vrai et le faux absolus, quand il s'agit d'apprécier le vin, n'existent pas.

Vin, cuisine et voyage

Les trois mots associés ci-dessus ont-ils un pouvoir magique ? Bien sûr que oui. Car là où on trouve un verre de vin, un bon plat ne peut pas être bien loin. Là où on trouve des producteurs de vin impatients de vous faire connaître leur précieux breuvage, il y a de fortes chances, s'ils ne vous invitent pas à leur table, qu'ils vous indiquent le restaurant le plus proche ou le meilleur endroit pour faire un pique-nique, endroits qui de plus en plus souvent leur appartiennent. Le tourisme vinicole devient une réalité délicieusement courante.

Presque tous les aliments ont meilleur goût avec du vin (à l'exception peut-être du gâteau au chocolat) et presque tous les vins ont meilleur goût lorsqu'ils sont accompagnés de nourriture. C'est du simple bon sens médical que de manger quelque chose de solide avec ce délicieux liquide. Tous les effets nocifs de l'alcool peuvent être considérablement estompés lorsqu'on mange en même temps.

Les consommateurs courants de vin sont souvent terrorisés par la croyance selon laquelle le choix des vins accompagnant leurs aliments est une science abstraite et délicate qu'ils ne comprendront jamais. En dépit du terrorisme du vin mondain, il n'existe pourtant pas de règles absolues concernant les harmonies du vin et de la cuisine. Si vous mangez et buvez ce qui vous chante, il est fort probable que les vins et les mets en question auront un goût qui oscillera entre le délicieux et le fantastique.

Il existe toutefois quelques raisons qui permettent d'expliquer pourquoi ces « règles » supposées se sont mises en place. Les vins rouges ont tendance à contenir une plus grande proportion de tannins consistants que les vins blancs. Une nourriture consistante comme la viande se marie mieux, ou du moins dissimule mieux, la consistance tannique des vins rouges. D'où la règle du vin rouge pour accompagner la viande. Le poisson quant à lui appelle une certaine acidité (on pense au citron, aux câpres). Les vins blancs étant plus souvent acides que les vins rouges, nous avons ainsi hérité de la règle du « vin blanc avec le poisson ».

Mais comme toutes les règles, celles-ci sont faites pour être transgressées. Boire du vin blanc avec une viande n'a rien de désastreux ou de honteux (un chardonnay corsé, un pinot gris ou un sémillon peuvent constituer un accompagnement délicieux). Inversement, des rouges légers comme le beaujolais ou le pinot noir peuvent être divins avec du poisson, particulièrement avec des poissons à riche texture comme le saumon ou le thon.

Il est même possible de démontrer qu'on peut boire n'importe quel vin avec n'importe quel aliment. Si vous êtes à la recherche de l'harmonie parfaite, les meilleurs endroits où aller sont les grands restaurants dans lesquels le menu change rarement d'une semaine à l'autre. On trouve toujours dans de tels établissements des sommeliers compétents qui sauront suggérer pour chaque plat deux ou trois choix parfaits à des prix variables.

Pour nous autres, la vie peut être trop courte pour la passer à chercher le vin parfait qui va accompagner chacun de nos repas. La règle utile consiste à équilibrer le poids du mets servi (sa consistance et son goût) avec celui du vin (sa teneur en alcool). Ainsi, une formidable daube devrait appeler un châteauneuf-du-pape ; un fromage de chèvre frais et piquant, un sancerre ; un tourteau, un riche chardonnay californien.

Notez que chacune de ces combinaisons a une sorte de logique géographique. La cuisine dans les régions vinicoles anciennes a en effet évolué en harmonie avec les vins produits localement, et il semble que ce soit aussi le cas dans les nouvelles régions du vin. Les arômes de grands espaces des vins californiens ont inspiré une cuisine vigoureuse de plein air.

L'adaptation récente des saveurs asiatiques en Australie et leur influence sur la préparation des produits exceptionnels de la mer qu'on y trouve a contribué à la réévaluation des délicats vins blancs australiens, les rieslings notamment.

Les vins autrichiens sont entrés ces dernières années dans le cercle des vins les plus élégants au monde. Il en est de même de la cuisine, servie par les chefs les plus admirés d'Autriche, sans qu'ils aient pour autant perdu leur identité nationale ou leur fierté envers les productions locales.

Voyager dans les régions vinicoles est une des expériences les plus stimulantes qui soient à tous les égards. Le vin est par définition presque toujours fait dans des paysages magnifiques (on ne trouvera pas de complexes industriels ou de quartiers de la finance sur les cartes de ce livre). Les sceptiques vont peut-être nous demander de retirer nos lunettes teintées, mais le fait est que les producteurs de vin ont tendance à être plus intéressants, avec leurs idiosyncrasies et leurs différences, que la plupart des commerçants. Et ils ont tous un trait de caractère commun : la générosité, ce désir de partager leurs connaissances et leurs produits.

Le touriste du vin intelligent évitera les heures des repas (entre midi et deux heures, voire trois heures en Europe) pour visiter les chais. Il se souviendra qu'on lui fait toujours goûter en premier des vins modestes et il se gardera d'être lyrique trop vite. Il crachera les vins, mais là où on lui dit de le faire. Il les appréciera quand ils le méritent. Il achètera quelque chose si possible, même si ce n'est que le t-shirt de la propriété.

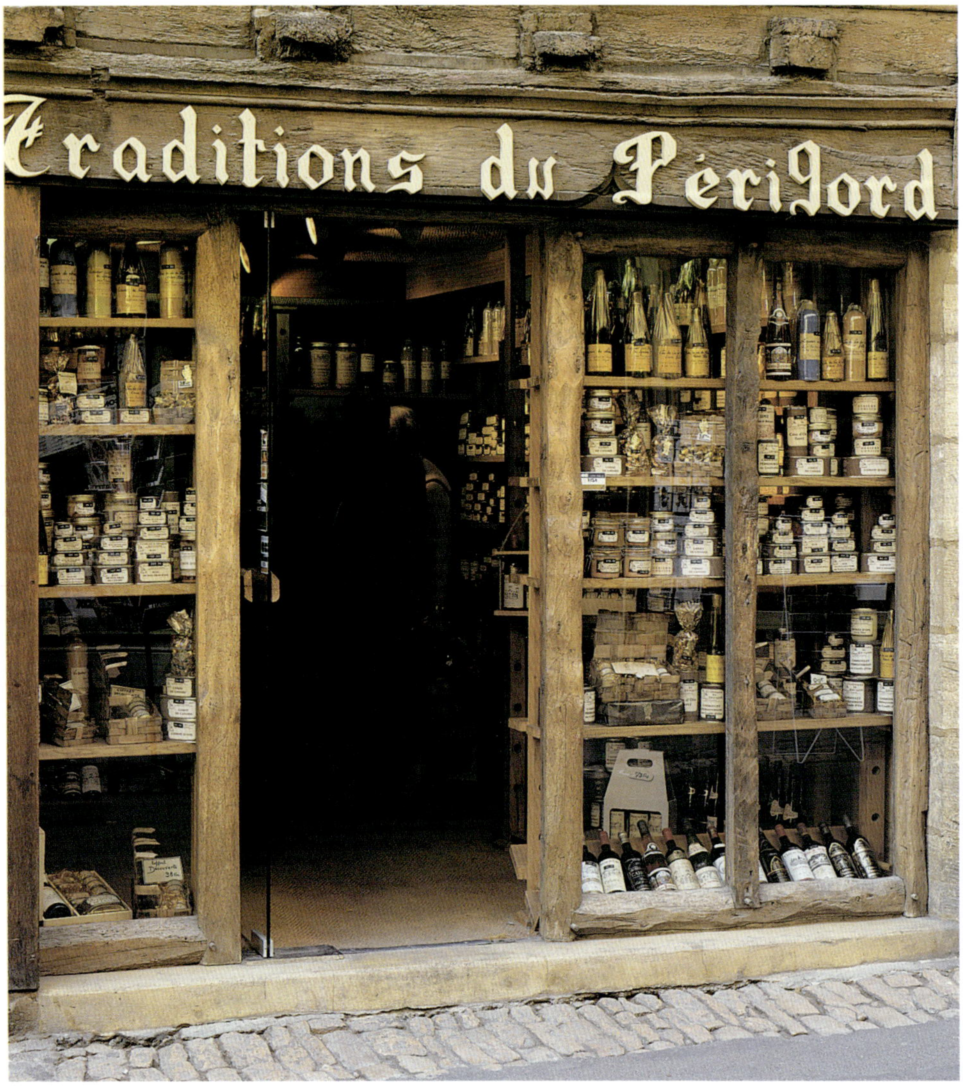

À gauche Un des régals du touriste du vin est le pique-nique, dont il peut se procurer les ingrédients dans une épicerie aussi alléchante que celle-ci, à Sarlat, au cœur de la Dordogne, dans la campagne de Bergerac, où les appétissants pâtés, terrines et rillettes sont accompagnés des consistants cabernets.

Le monde du vin

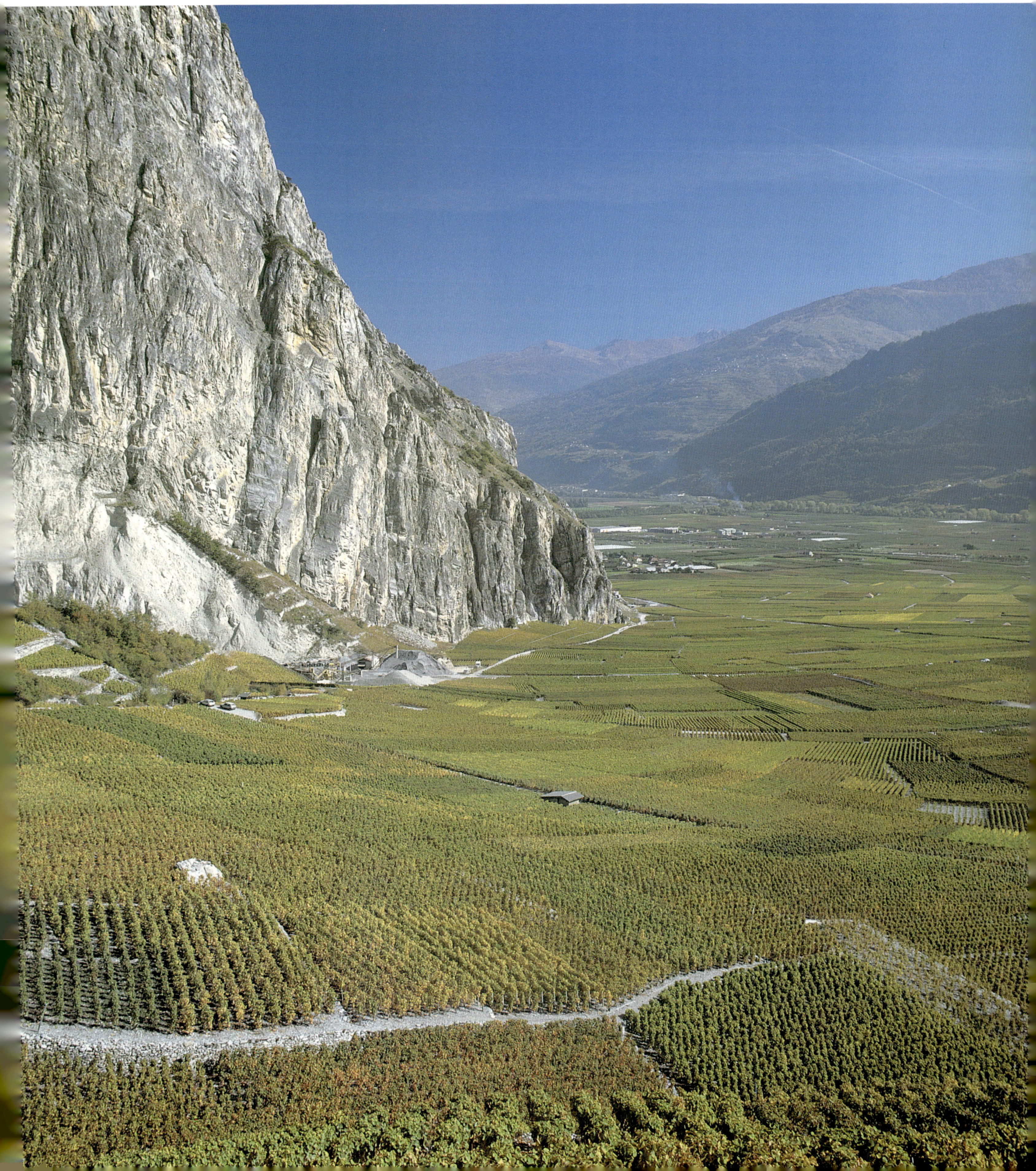

France

Les producteurs de vin français sont très critiqués par ceux du reste du monde. Il faut dire que les Français bénéficient d'avantages indiscutables et les considèrent avec un mélange agaçant d'insouciance et d'arrogance. Mais pourquoi la France est-elle le pays qui crée et produit les vins les plus grands et les plus variés ?

C'est surtout une question de géographie. La France, baignée par l'Atlantique et léchée par la Méditerranée, dispose d'une situation parfaite, absolument unique. Son climat est plus méditerranéen que continental, mais elle dispose de régions vinicoles à la frontière de la zone de maturation potentielle du raisin, où les saisons de croissance sont les plus longues et connaissent de nombreuses et intéressantes variations.

Mais la France n'a pas seulement de bons vignobles. Elle les définit, les classe et les contrôle depuis deux cents ans. Au cours des quatre-vingts dernières années, ce classement a été codifié avec une précision sans cesse accrue et il fait loi, à tous égards, dans le pays.

Tout a commencé avec l'Appellation d'origine contrôlée qui limitait l'usage du nom de « roquefort » aux fromages faits et vieillis dans une région spécifique, selon une certaine méthode et à partir du lait de brebis. Le même principe s'applique à chaque vin d'appellation : limitation de la région, spécificité de la méthode et des cépages employés. La loi précise aussi la quantité maximale récoltée par hectare (rendement) et le niveau minimum d'alcool naturel. Les AOC (ou AC parfois) sont administrées par l'Institut national des appellations d'origine (INAO).

Juste au-dessus de la catégorie des AOC, on trouve un petit groupe de vins connus sous l'acronyme VDQS (vins de qualité supérieure, voir page 152), qui peuvent éventuellement entrer dans la catégorie supérieure. La seconde catégorie de vin français, en nombre de vignobles, est constituée par les Vins de pays (voir pages 150 à 152). Au bas de l'échelle de la qualité se trouve le vin de table, le vin ordinaire. En outre, une proportion assez substantielle de la récolte annuelle française, jusqu'à 20 %, est vendue pour la distillation, ou en tant que surplus à la Communauté européenne pour être distillé sous forme d'alcool industriel.

Le vocabulaire de l'étiquette

Termes désignant la qualité

Appellation (d'origine) contrôlée (AOC) : vins dont les origines géographiques, le mélange de cépages et les méthodes de production sont précisément réglementés – en général, les meilleurs vins et certainement les plus traditionnels
VDQS : vins en attente d'AOC (voir page 152)
Vin de pays : souvent produits dans des régions beaucoup plus étendues que celles des AOC, où sont autorisés des cépages non-traditionnels et des rendements plus élevés (voir page 150)
Vin de table : vin ordinaire qui ne se réclame d'aucune origine géographique, d'aucun cépage et d'aucun millésime particuliers

Autres termes courants

Blanc
Cave (coopérative)
Château : propriété vinicole, surtout dans le Bordelais
Coteaux de, Côtes de
Cru : parcelle de terre qualifiée de supérieure
Cru classé : cru qui a été sélectionné à l'occasion d'une grande classification, comme celle de 1855 dans la région de Bordeaux (voir page 84)
Domaine : la réplique, généralement plus petite, en Bourgogne du château bordelais
Grand cru : en Bourgogne, les meilleurs vignobles ; à Saint-Émilion, rien de spécial
Méthode classique, méthode traditionnelle : vin pétillant produit selon la même méthode que celle employée pour le champagne
Mis (en bouteille) au château/domaine/la propriété : vin mis en bouteille par les gens qui ont cultivé la vigne
Négociant : entreprise qui achète du vin ou des raisins (comme certains domaines)
Premier cru : un cran sous le grand cru en Bourgogne ; dans le Médoc, un des quatre premiers châteaux
Propriétaire-récoltant
Récoltant
Récolte : millésime
Rosé
Rouge
Supérieur : teneur en alcool légèrement plus élevée
Vieilles vignes : vin plus dense en théorie (terme non réglementé)
Vigneron
Villages : suffixe désignant des communes ou des paroisses au sein d'une appellation
Vin
Viticulteur

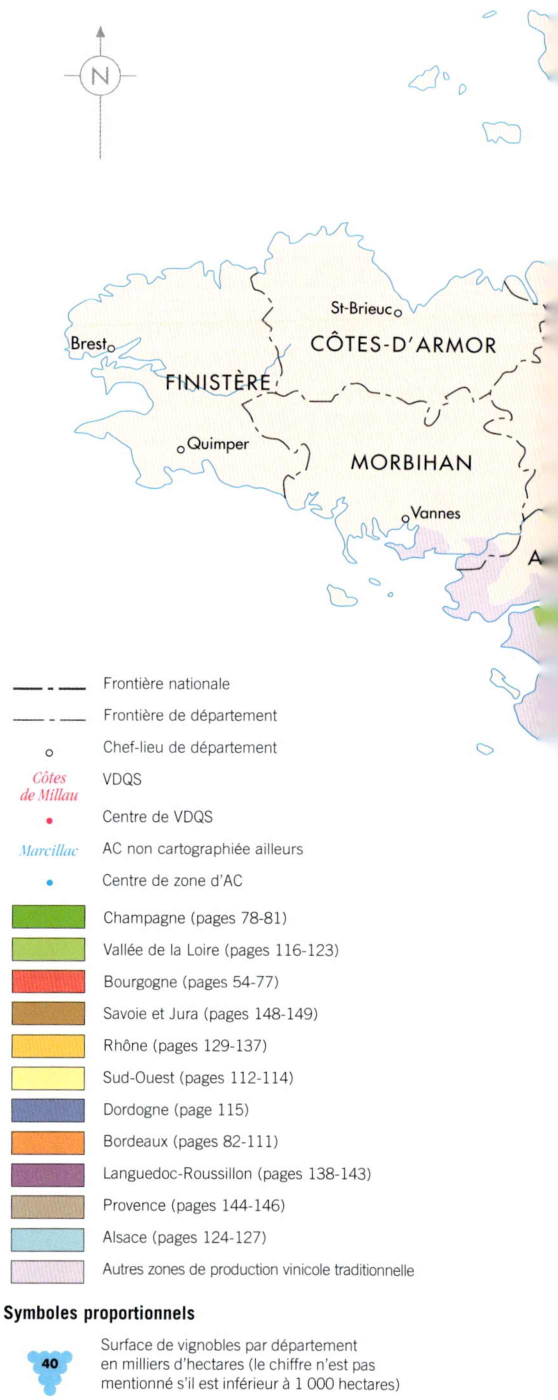

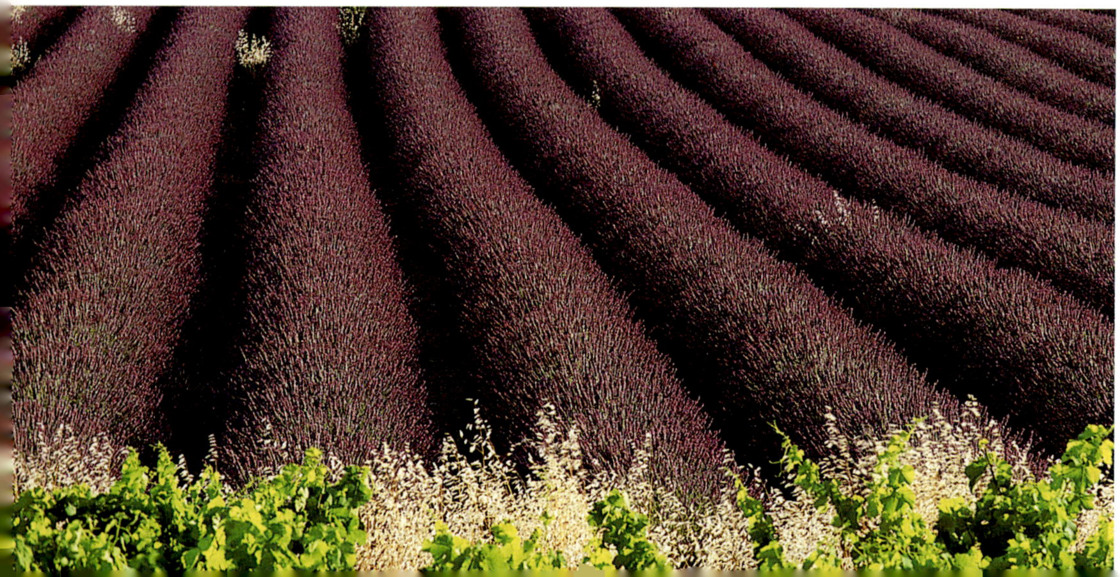

À gauche En Provence, des lavandes côtoient des pieds de vigne en fleurs. Le baron Le Roy, père du système des appellations en France, avait proposé à l'origine que le nom de Châteauneuf-du-Pape soit défini par un degré de sécheresse du vignoble susceptible de permettre la culture de la lavande et du thym.

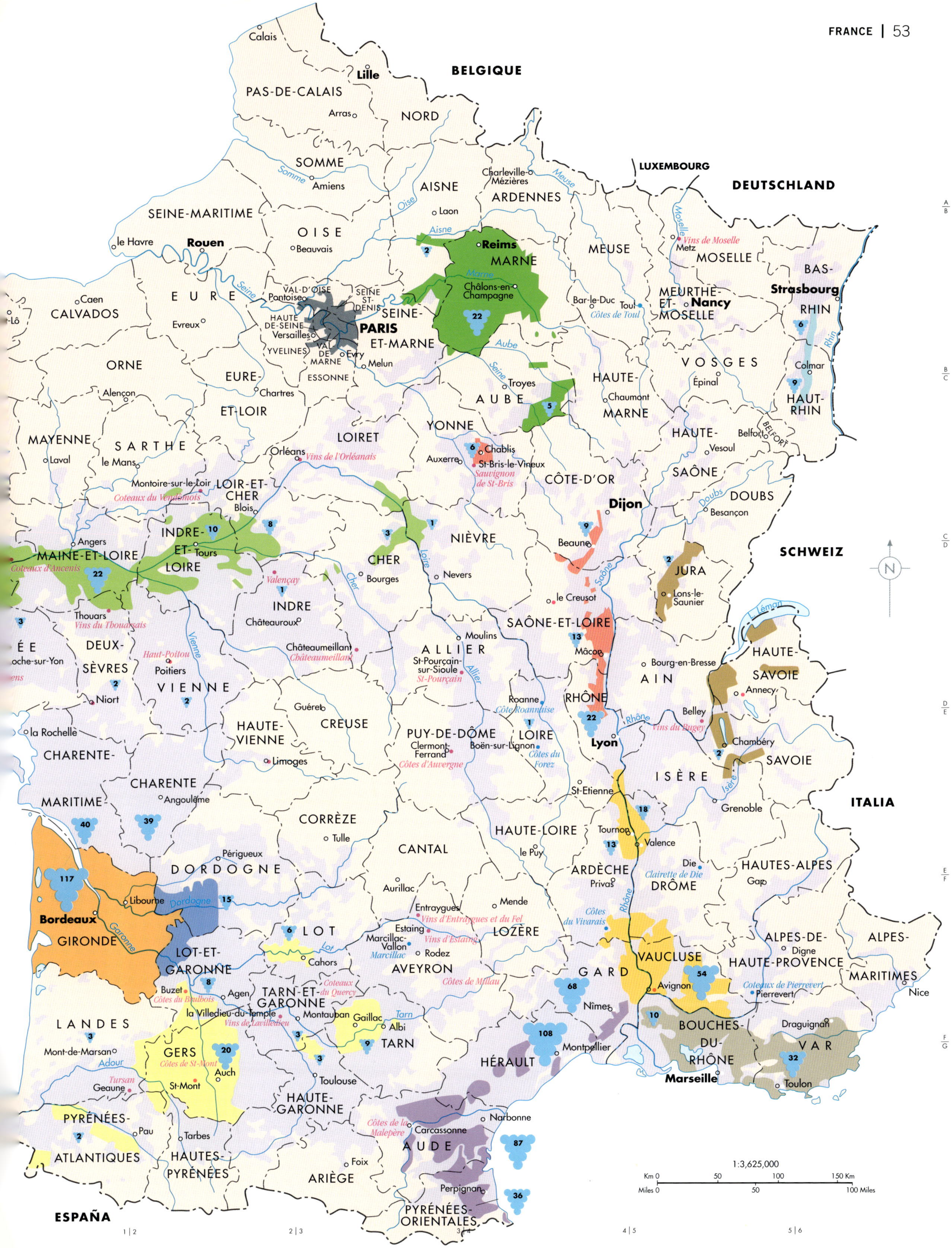
BELGIQUE
LUXEMBOURG
DEUTSCHLAND
SCHWEIZ
ITALIA
ESPAÑA
Calais
Lille
PAS-DE-CALAIS
Arras
NORD
SOMME
Somme
Amiens
AISNE
Oise
Laon
Charleville-Mézières
ARDENNES
Meuse
Moselle
SEINE-MARITIME
le Havre
Rouen
OISE
Beauvais
Aisne
Reims
MARNE
Marne
2
MEUSE
Metz
Vins de Moselle
MOSELLE
BAS-RHIN
Strasbourg
Caen
CALVADOS
EURE
Seine
Evreux
VAL-D'OISE
Pontoise
SEINE-ST-DENIS
HAUTE-DE-SEINE
Versailles
YVELINES
PARIS
VAL-DE-MARNE
Evry
SEINE-ET-MARNE
Melun
ESSONNE
Châlons-en-Champagne
22
Bar-le-Duc
Toul
Côtes de Toul
MEURTHE-ET-MOSELLE
Nancy
RHIN
6
Rhin
Aube
ORNE
EURE-ET-LOIR
Chartres
Alençon
Seine
Troyes
AUBE
5
HAUTE-MARNE
Chaumont
VOSGES
Épinal
Colmar
9
HAUT-RHIN
MAYENNE
Laval
SARTHE
le Mans
LOIRET
Orléans
Vins de l'Orléanais
YONNE
Auxerre
6
Chablis
St-Bris-le-Vineux
Sauvignon de St-Bris
HAUTE-SAÔNE
Vesoul
Belfort
BELFORT
SAÔNE
Montoire-sur-le-Loir
Coteaux du Vendômois
LOIR-ET-CHER
Blois
CÔTE-D'OR
Dijon
Doubs
DOUBS
Besançon
Angers
MAINE-ET-LOIRE
Coteaux d'Ancenis
22
INDRE-ET-LOIRE
Tours
10
8
3
1
CHER
Cher
Loire
NIÈVRE
9
Beaune
2
JURA
Bourges
Nevers
Saône
Valençay
1
Lons-le-Saunier
INDRE
Thouars
Vins du Thouarsais
3
Châteauroux
le Creusot
Léman
SAÔNE-ET-LOIRE
13
Moulins
Mâcon
DEUX-SÈVRES
Haut-Poitou
Vienne
Châteaumeillant
Châteaumeillant
ALLIER
St-Pourçain-sur-Sioule
St-Pourçain
Allier
Bourg-en-Bresse
AIN
HAUTE-SAVOIE
Annecy
Poitiers
2
VIENNE
2
Niort
Guéret
CREUSE
Roanne
Côte Roannaise
1
RHÔNE
22
Rhône
Belley
Vins du Bugey
la Rochelle
HAUTE-VIENNE
PUY-DE-DÔME
Clermont-Ferrand
Côtes d'Auvergne
LOIRE
Boën-sur-Lignon
Côtes du Forez
Lyon
Chambéry
2
SAVOIE
CHARENTE-MARITIME
Limoges
ISÈRE
Isère
St-Etienne
Grenoble
CHARENTE
Angoulême
40
39
CORRÈZE
Tulle
18
HAUTE-LOIRE
Tournon
Valence
13
le Puy
CANTAL
Périgueux
DORDOGNE
117
Dordogne
15
Libourne
Bordeaux
GIRONDE
Garonne
Aurillac
ARDÈCHE
Privas
Die
Clairette de Die
DRÔME
HAUTES-ALPES
Gap
Entraygues
Vins d'Entraygues et du Fel
Mende
Rhône
Côtes du Vivarais
LOT-ET-GARONNE
6
LOT
Lot
Cahors
Estaing
Vins d'Estaing
Marcillac-Vallon
Marcillac
Rodez
LOZÈRE
ALPES-DE-HAUTE-PROVENCE
Digne
ALPES-MARITIMES
Nice
AVEYRON
Côtes de Millau
GARD
VAUCLUSE
54
68
Avignon
Coteaux de Pierrevert
Pierrevert
Buzet
Côtes du Brulhois
8
Agen
Coteaux du Quercy
TARN-ET-GARONNE
la Villedieu-du-Temple
Vins de Lavilledieu
Montauban
Gaillac
Tarn
Albi
TARN
9
3
Nîmes
10
BOUCHES-DU-RHÔNE
Draguignan
VAR
32
LANDES
3
Mont-de-Marsan
Adour
GERS
20
Côtes de St-Mont
Auch
St-Mont
Tursan
Geaune
3
Toulouse
108
Montpellier
HÉRAULT
Marseille
Toulon
HAUTE-GARONNE
PYRÉNÉES-ATLANTIQUES
Pau
2
Tarbes
HAUTES-PYRÉNÉES
Côtes de la Malepère
Carcassonne
Narbonne
AUDE
87
Foix
ARIÈGE
Perpignan
36
PYRÉNÉES-ORIENTALES
N
1:3,625,000
Km 0 50 100 150 Km
Miles 0 50 100 Miles
A | B
B | C
C | D
D | E
E | F
F | G
1 | 2
2 | 3
3 | 4
4 | 5
5 | 6

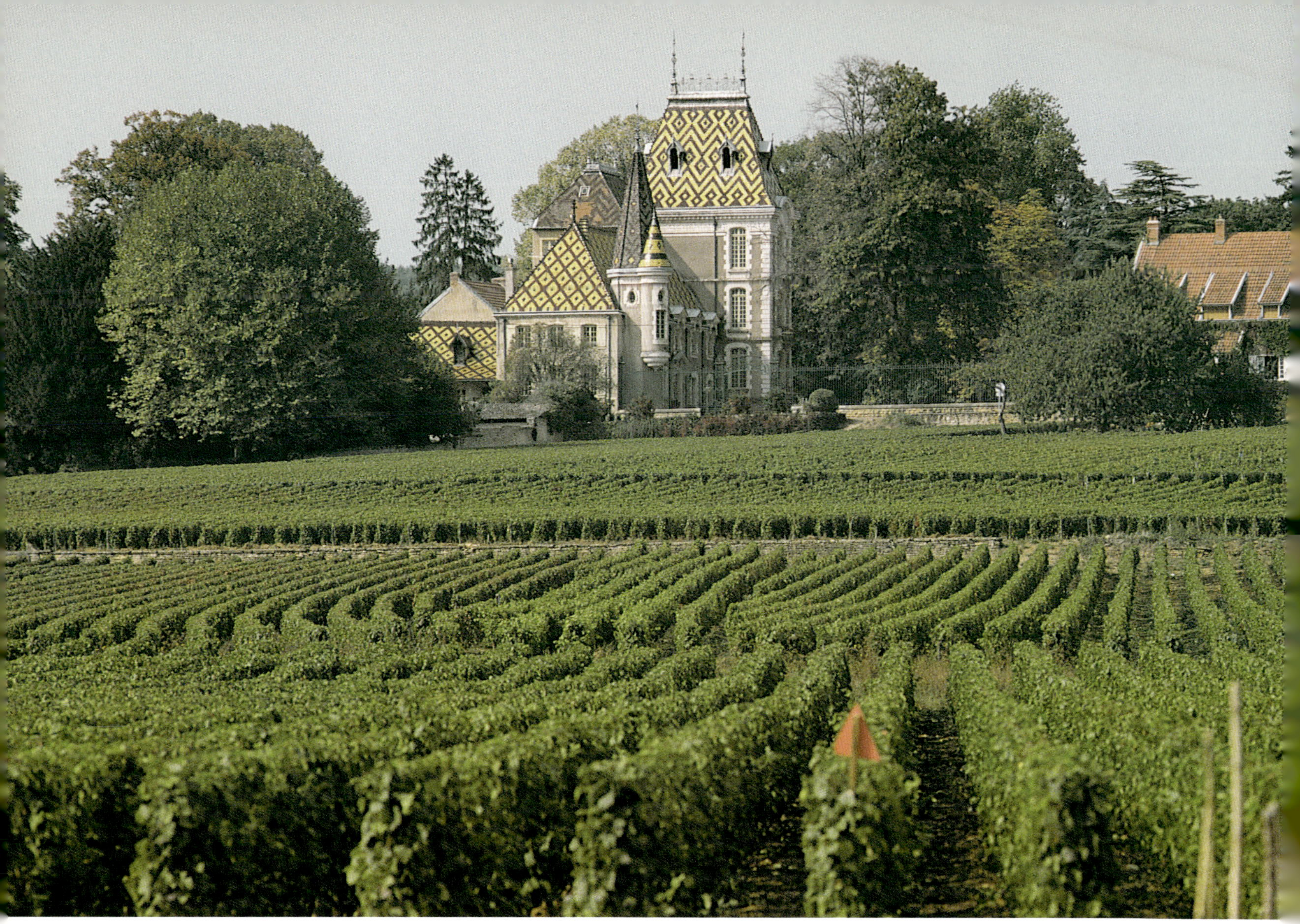

Bourgogne

Le nom même de Bourgogne retentit comme un appel. Est-ce la cloche de la chapelle ou celle du dîner ? Si Paris est la tête de la France, la Champagne, son âme, la Bourgogne est son estomac. C'est une région où les repas sont longs, faits des meilleures victuailles (le bœuf du Charolais à l'ouest, les poulets de Bresse à l'est, le poisson des rivières et les escargots des vignes). C'était autrefois le plus riche des duchés de France. Avant même que la France ne devînt chrétienne, la Bourgogne était célèbre pour ses vins.

La Bourgogne n'est pas un unique et grand vignoble, mais le nom d'une région qui en contient trois des plus grands. La Côte d'Or est de loin le plus riche et le plus important, le cœur de la Bourgogne, formé par la Côte de Beaune au sud et de la Côte de Nuits au nord. Mais le Chablis et le Mâconnais jouissent d'une réputation qui n'a rien à envier à celle de leur frère plus fortuné. Immédiatement au sud du Mâconnais, on trouve le Beaujolais, qui diffère de la Bourgogne par la taille, le style, le sol et les cépages (voir pages 72 à 74).

Cependant, en dépit de sa célébrité et de ses richesses anciennes, la Bourgogne donne une impression de simplicité et de rusticité. Il est difficile d'y trouver une grande demeure (alors que le Médoc est jalonné de luxueuses propriétés, témoignages de la vie de loisirs et de richesses des XVIIIe et XIXe siècles). La plupart des quelques grands domaines, appartenant à l'Église, ont en effet été divisés à l'époque napoléonienne. La Bourgogne est encore aujourd'hui la plus fragmentée des principales régions vinicoles de France. La propriété moyenne est peut-être plus grande qu'autrefois, mais elle ne dépasse pas les 6 hectares.

La fragmentation de la Bourgogne est à l'origine du seul défaut majeur de son vin : son imprévisibilité. Du point de vue du géographe, le facteur humain ne peut être cartographié et en Bourgogne, plus que n'importe où ailleurs, c'est le facteur qui doit être placé sous les feux de la rampe. Car même après avoir identifié un vin à un climat (parcelle de vignes), à une commune et à une année, dans bien des cas il pourra avoir été cultivé par l'une des six ou sept personnes propriétaires des petites parcelles du coin, et fait par n'importe laquelle des six ou sept caves. Les grands vignobles appartenant à un seul producteur de vin sont ici des exceptions. Même le plus petit producteur de vin a des parcelles dans deux ou trois vignobles. Les plus gros sont propriétaires de 20 à 40 hectares au total, disséminés dans une douzaine de vignobles à travers la Côte. Les 50 hectares du Clos de Vougeot sont ainsi répartis entre 80 viticulteurs.

C'est la raison pour laquelle 65 % du bourgogne nouveau est encore acheté en fûts chez le producteur par des négociants qui le mélangent avec d'autres vins. Il n'est donc pas présenté aux consommateurs comme le produit d'un vigneron spécifique, mais comme le vin d'un secteur donné (que ce soit un vignoble ou, plus vaguement, un village), élevé par le négociant.

Dans les années 1980, quelques négociants âpres au gain ont connu une certaine notoriété grâce à ces mélanges à grande échelle. Les réputations varient énormément, mais les maisons de Bouchard Père et Fils, Joseph Drouhin, Faiveley, Louis Jadot, Louis Latour (pour ses excellents blancs) sont les plus fiables. Ils sont parfois propriétaires de vignobles importants.

La profession a retrouvé une respectabilité nouvelle vers la fin du XXe siècle avec l'émergence d'un groupe de jeunes négociants ambitieux qui sont à l'origine de certains des meilleurs vins de Bourgogne. Dominique Laurent et Verget sont en tête pour ce qui est,

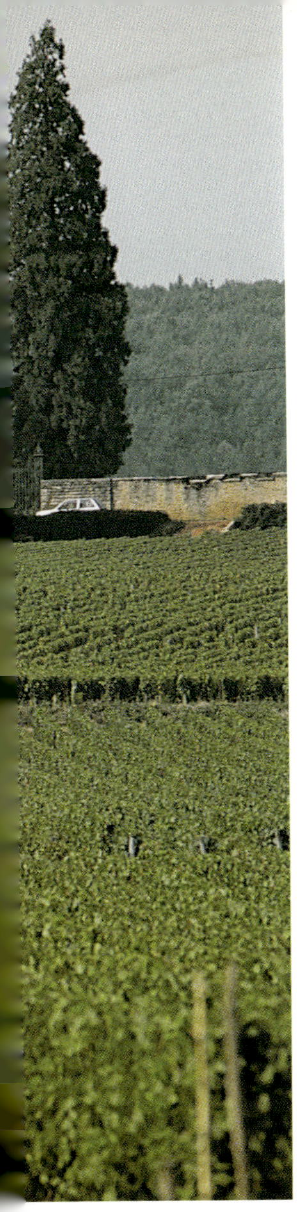

À gauche Avec son toit médiéval qui rappelle ceux des fameux Hospices de Beaune, situés non loin de là, le château Grancey de Louis Latour à Aloxe-Corton est tout à fait atypique. En Bourgogne, les maisons et leurs habitants affichent habituellement une confortable prospérité, mais sans jamais rien de grandiose.

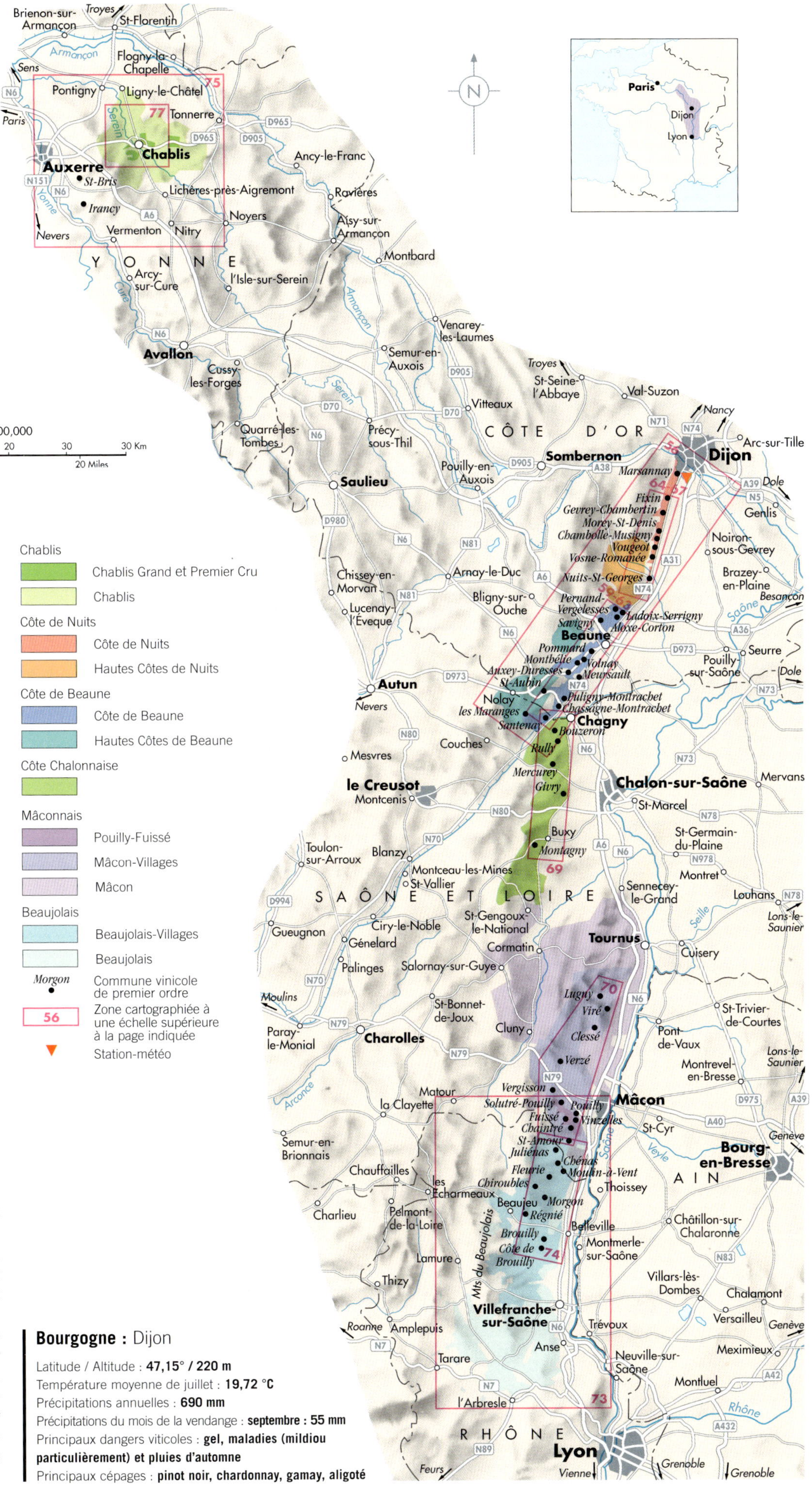

respectivement, de la fabrication des vins rouges et des vins blancs. La carte ci-contre présente l'ensemble de la production vinicole en Bourgogne. On trouvera des cartes détaillées de ces régions au cours des pages 57 à 77.

Il existe au total près de 100 appellations contrôlées en Bourgogne. La plupart se réfèrent à des zones géographiques et sont présentées dans les pages qui suivent. Fondée sur ces appellations géographiques, on trouve une classification de la qualité qui est une œuvre d'art en soi (elle est expliquée en détail à la page 58). Toutefois, les appellations présentées peuvent s'appliquer à des vins faits à partir de raisins cultivés dans n'importe quelle partie de la Bourgogne, y compris dans des vignobles faisant partie de communes célèbres mais dont le sol et la situation sont d'une qualité bien inférieure : ainsi le bourgogne (pour le pinot noir et le chardonnay) ; le bourgogne grand ordinaire (pour une mixture de cépages bourguignons) ; le vin de table rouge ou blanc de Bourgogne, respectivement le passe-tout-grains (mélange de gamay avec un tiers de pinot noir au moins) et le bourgogne aligoté (vin blanc fait avec l'autre cépage blanc de Bourgogne).

Bourgogne : Dijon

Latitude / Altitude : **47,15° / 220 m**
Température moyenne de juillet : **19,72 °C**
Précipitations annuelles : **690 mm**
Précipitations du mois de la vendange : **septembre : 55 mm**
Principaux dangers viticoles : **gel, maladies (mildiou particulièrement) et pluies d'automne**
Principaux cépages : **pinot noir, chardonnay, gamay, aligoté**

Côte d'Or : le facteur qualité

De manière compréhensible, un Bourguignon éprouve un certain respect envers la crête d'allure assez banale qu'est la Côte d'Or. On ne peut que s'émerveiller du fait que quelques petites parcelles de cette colline donnent des vins exceptionnels, chacun d'entre eux avec une personnalité bien affirmée, alors que les autres en sont incapables. Est-il possible de découvrir les facteurs qui sont à l'origine des différences constatées d'une parcelle à une autre (la quantité de sucre, l'épaisseur des peaux, la richesse en minéraux de la pulpe) ?

On peut. Et on ne peut pas. Le sol et le sous-sol ont été analysés un nombre incalculable de fois. La température, l'humidité et la direction du vent ont été enregistrées. Les vins ont fait l'objet d'une analyse par chromatographie gazeuse… Et pourtant le cœur du mystère reste impénétrable. On ne peut que constater un certain nombre de faits et les confronter aux réputations de ces grands vins, car personne n'a encore établi de corrélations concluantes.

La Côte longe un important plan de faille géologique où les dépôts des couches marines de plusieurs époques géologiques, riches du calcium des crustacés fossilisés, se sont superposés. L'érosion a transformé leurs rochers en sols d'âges et de textures distincts. Les différents degrés de pente les ont mélangés dans des proportions variables. Des lignes de faille mineures qui se déploient perpendiculairement à la Côte ajoutent des degrés de variation à ces mélanges.

L'altitude à mi-pente, à peu près constante, est de 250 m environ. Plus haut, sur le sommet rocheux et pauvre en terre de la colline, le climat est plus dur et les raisins mûrissent plus tard. Plus bas, où les sols sont plus alluviaux, les brouillards de la vallée et les gelées tardives sont plus fréquents.

La Côte fait face à l'est en se déportant vers l'ouest dans sa partie méridionale (notamment dans la Côte de Beaune), obliquant pour finir avec une exposition au sud et même à l'ouest. Le long de la partie la plus basse, sur un tiers en remontant, on trouve un étroit affleurement de marne, qui donne un sol couvert d'argile. La marne seule constituerait un sol trop riche pour des vins de grande qualité, mais combinée aux pierres et aux éboulis de calcaire dur en provenance du sommet, cela produit un résultat parfait. L'érosion prolonge ce mélange en dessous de l'affleurement, sur une distance qui dépend du degré de la pente.

Dans la Côte de Beaune, l'affleurement marneux, ou argovien, est plus large et plus haut. Au lieu de l'étroite bande de vignoble au-dessous d'un surplomb calcaire, on trouve une large pente douce sur laquelle les vignobles peuvent grimper. Les vignes atteignent par endroits le sommet dénudé.

Sur la colline isolée et spectaculaire de Corton, le sol d'origine marneuse constitue la meilleure partie du vignoble, surmonté d'une petite forêt sur le sommet en calcaire dur.

À Meursault, le calcaire réapparaît en contrebas de la marne et forme un second surplomb dans la colline, moins élevé, très pierreux et excellent pour le vin blanc.

Avec chaque variation du sol s'opère une transformation de l'aspect, du drainage, de la température… bref, de chacun des cent facteurs qui affectent la vigne et par conséquent le vin.

La Bourgogne est la région la plus septentrionale d'Europe pour la production de grands vins rouges. Il est vital que les vignes de pinot noir parviennent à maturité avant que l'automne

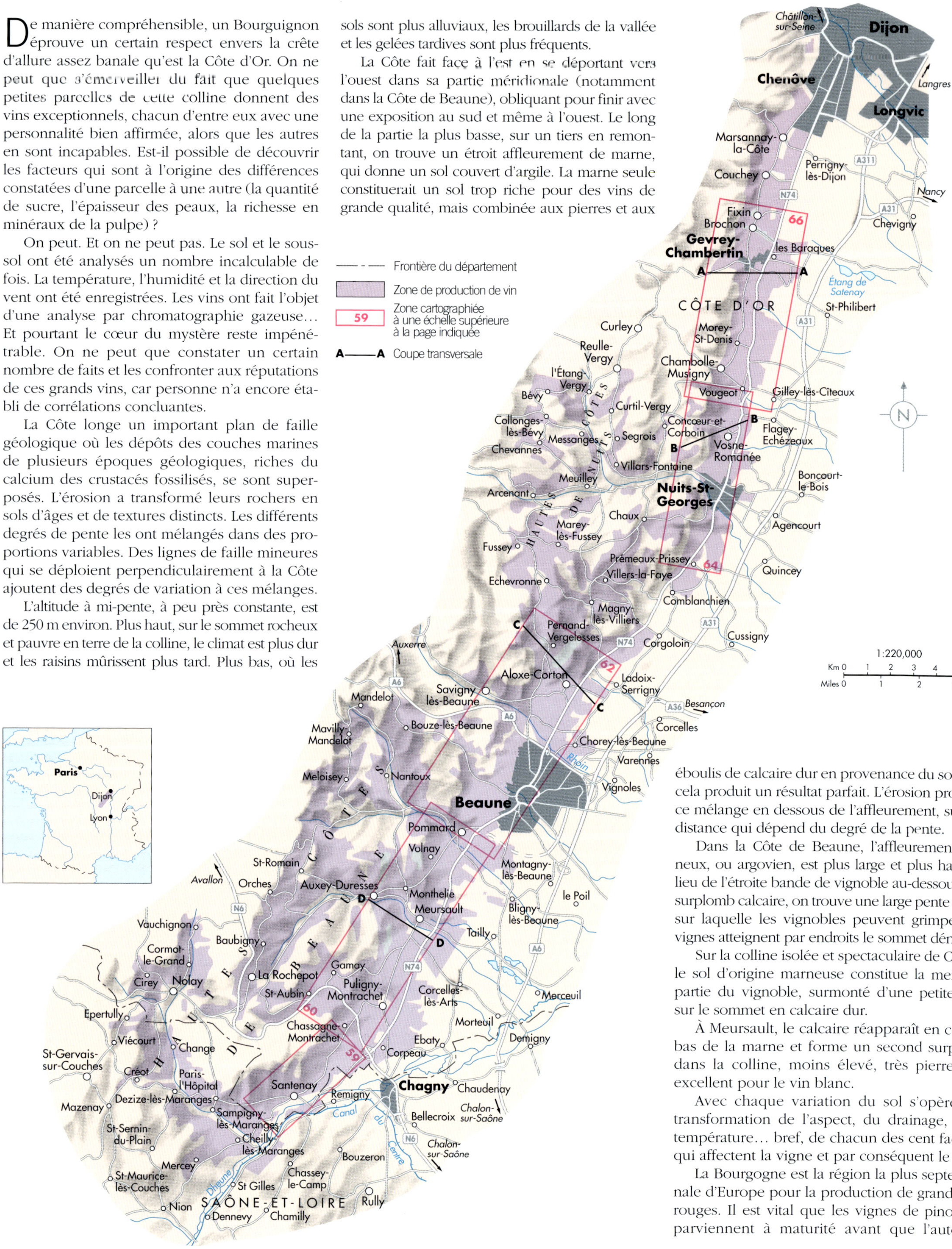

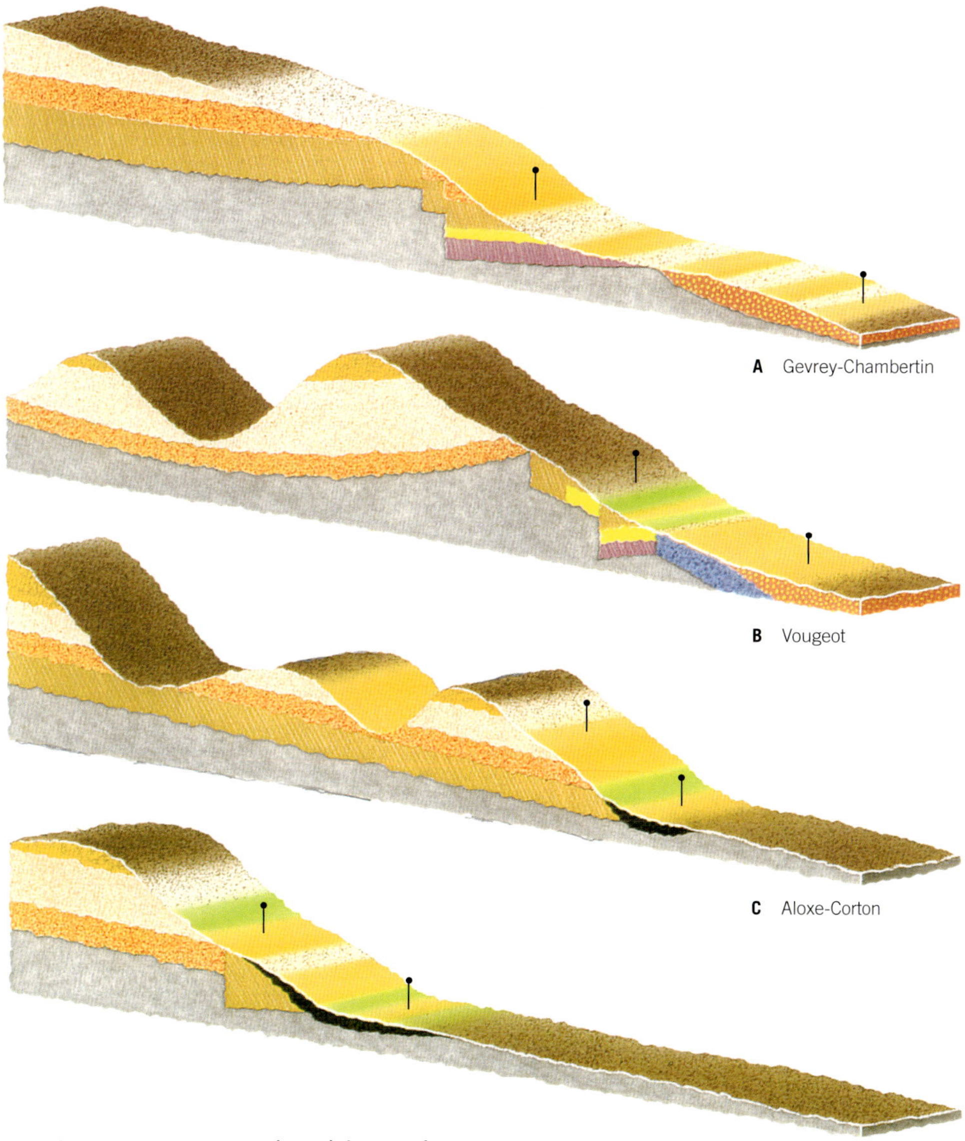

Pour situer les coupes transversales, voir la carte ci-contre

D Meursault

À gauche Une coupe transversale de la Côte d'Or à travers quatre vignobles (indiqués sur la carte). À Gevrey-Chambertin, le sol immature (ou rendzines) persiste jusqu'aux affleurements de marne. Au-dessus et en dessous de la couche de marne, se trouve une bonne terre calcaire dans une position bien protégée (Chambertin). Un mélange de sols différents continue jusque dans la vallée, fournissant une bonne terre pour la vigne. À Vougeot, la marne affleure en deux endroits. Sous l'affleurement du sommet se trouve Grands Echézeaux ; Clos de Vougeot se situe au-dessous du second. La colline de Corton possède une large bande de marne presque au sommet. C'est là qu'on trouve les meilleurs vignobles. Mais sur cette forte pente, les producteurs de vin doivent constamment prélever de la terre au pied de la colline pour la répartir sur la pente. Le vin blanc (Corton Charlemagne) est fait là où tombent les débris de calcaire. À Meursault, la marne est de nouveau en surface et sur une large bande, mais ses bénéfices se font sentir au-dessous où elle forme un sol pierreux sur un affleurement calcaire. Les meilleurs vignobles sont situés sur cette dénivellation convexe.

Sol

- Terre brune calcaire à fossiles
- Terre brune calcaire normale
- Terre brune calcaire argileuse à fossiles
- Terre brune calcaire argileuse normale
- Terre brune
- Sols immatures (rendzines)
- Limites du vignoble

Roche

- Argovien (marne)
- Bajocien supérieur (marne)
- Callovien et bathonien supérieur (calcaire mou, argile ou shiste)
- Bathonien moyen et inférieur (calcaire dur)
- Bajocien inférieur (calcaire sablonneux)
- Oligocène supérieur (divers calcaires, grès et argiles)
- Galets du quaternaire
- Rauracien (calcaire dur)
- Loess

humide et froid ne s'installe. Le climat propre à chaque vignoble, le microclimat (voir page 22), en combinaison avec la structure physique, a sans aucun doute l'effet le plus décisif. Les meilleurs vignobles de la Côte sont orientés plein est. Le soleil du matin leur offre un réchauffement progressif des sols et une rétention de la chaleur toute la journée. Ils sont à l'abri des influences du sud-ouest, d'où vient le vent chargé de pluies, mais pas au point de se transformer en poches de gel au cours des nuits calmes.

L'autre facteur, impossible à cartographier, est le choix des cépages par le viticulteur, sa façon de tailler les vignes et de les fertiliser. Ce sont en général des clones de cépages classiques. Un vigneron qui choisit les plus productifs, les taillent mal et nourrit trop le sol, compromet inévitablement la qualité. Une grande quantité de vins décevants, incapables de vieillir, ont été produits de cette façon dans les années 1970. Mais aujourd'hui, la recherche de la qualité semble avoir pris le pas sur l'appât du gain.

De toutes les régions vinicoles, la Côte d'Or est celle où l'on a étudié la qualité du vin depuis les temps les plus reculés, certainement depuis le XIIe siècle, lorsque les moines cisterciens et bénédictins se sont mis sérieusement au travail. On raconte qu'ils ont « goûté le sol », tant ils étaient impatients d'explorer son potentiel et de distinguer un cru d'un autre. Le mot « cru » désigne à la fois le terrain et le vin. Savoir où tracer les frontières était le but de l'enquête passionnée des moines.

Depuis les grands ducs de Bourgogne, de la maison des Valois, qui firent tout leur possible aux XIVe et XVe siècles pour développer les vins de la région et en tirer profit, chaque génération a apporté sa contribution à la somme de connaissances qui s'expriment dans les climats et les crus des collines de Dijon à Chagny.

La carte de la page de gauche présente une vue générale. Au sommet des collines peu impressionnantes se trouve un plateau accidenté avec des escarpements abrupts, d'où surgissent les plans de faille géologiques. Ce sont les Hautes Côtes, divisées en Côtes de Beaune et Côtes de Nuits, s'élevant à plus de 400 m d'altitude et exposées au froid et au vent qui retardent la vendange d'une semaine par rapport à celle des Côtes protégées qui se trouvent en contrebas.

Cela ne veut pas dire que dans les combes plus abritées qui font face à l'est et au sud, le pinot noir et le chardonnay ne puissent pas produire des bons vins, en général plus légers, ayant le caractère d'un véritable Côte d'Or. Les meilleures communes des Hautes Côtes de Beaune sont Nantoux, Echevronne, La Rochepot et Meloisey ; dans les Hautes Côtes de Nuits, où dominent les vins rouges, Marey-lès-Fussey, Magny-lès-Villers, Villers-Fontaine et Bévy.

À la pointe méridionale de la Côte de Beaune, on tombe sur une appellation récente, Maranges, qui donne des vins rouges délicats dans les trois communes à l'ouest de Santenay qui portent le suffixe -lès-Maranges.

Les vignobles protégés des deux Côtes sont très concentrés dans le nord, où ils font face à l'est le long d'une pente plus ou moins raide et sans rupture. Au sud de Nuits, les communes de Comblanchien et de Corgoloin découpent le marbre des collines, changement radical dans l'alignement des vignes. Juste au sud de Ladoix-Serrigny, le village le plus septentrional de la Côte de Beaune, les vignes se déploient au sud et à l'ouest de la colline de Corton dans un paysage plus ouvert avec des pentes orientées au sud. La Côte de Beaune produit deux fois plus de vin que la Côte de Nuits, dont la moitié en vins blancs. La Côte de Nuits se concentre exclusivement sur le pinot noir.

Côte d'Or

La Côte d'Or (la Côte de Beaune et la Côte de Nuits, seulement séparées par quelques kilomètres de vignes et des carrières de marbre) est un escarpement irrégulier d'une cinquantaine de kilomètres de long. Au sommet, un plateau boisé ; en bas, le début d'une sorte de plaine alluviale formée par la Saône. La longueur de la pente varie de 2,5 km à quelques centaines de mètres, tous les vignobles se trouvant sur cette étroite bande.

La classification des qualités de la terre sur cette surface est la plus élaborée qui soit au monde. C'est le résultat du travail de l'Institut national des appellations d'origine (INAO), fondé sur des classifications qui remontent à plus de cent ans. Les vignobles sont répartis en quatre classes et les étiquettes de chaque vin sont réglementées conformément au classement de celui-ci.

Ci-dessous Les Hospices de Beaune, bâtiment historique célèbre et siège d'une vente aux enchères connue dans le monde entier (chaque année en novembre). Construits dans le courant du xve siècle, ils abritèrent jusqu'à la fin du xxe siècle l'hôtel-Dieu et l'hôpital. Ils ont été bâtis par Nicolas Rollin, chancelier du duc de Bourgogne, et sa troisième femme, Guigone de Salin, grâce à des dons des vignobles environnants. Depuis lors, les producteurs de vin de la Côte de Beaune ont continué à léguer leurs vignobles aux Hospices pour leur vente aux enchères. Ils sont signalés par une croix sur les cartes des pages suivantes.

Les grands crus constituent la première classe qui compte aujourd'hui 30 producteurs en activité. Chacun possède sa propre appellation. Le seul nom du vignoble (Musigny, Corton, Montrachet ou Chambertin, parfois précédé d'un « Le ») est la marque de la plus haute noblesse en Bourgogne.

Les premiers crus, le rang au-dessous, utilisent le nom de leur commune, suivi du nom du vignoble (ou, si le vin provient de plus d'un vignoble de premier cru, le nom de la commune accolé aux mots « premier cru »). On donnera pour exemple, respectivement, « Chambolle-Musigny, (Les) Charmes » et, si le vin est un mélange en provenance des Amoureuses et d'un ou deux autres vignobles de premier cru, « Chambolle-Musigny Premier Cru ».

Les premiers crus comme Les Perrières à Meursault, Rugiens à Pommard, ainsi que Les Amoureuses à Chambolle-Musigny et Le Clos St-Jacques à Gevrey-Chambertin, produisent un vin qui est nettement supérieur à celui des autres producteurs (au nombre de 561 dans cette catégorie).

L'appellation communale est le troisième rang ; elle donne le droit d'utiliser le nom de la commune. De tels vins sont souvent étiquetés vins de « village », comme le « Village Meursault » par exemple. Le nom d'un vignoble spécifique, ou lieu-dit, autorisé et de plus en plus souvent utilisé, doit être imprimé sur les étiquettes en caractères plus petits que ceux du nom de la commune. Quelques vignobles de ce type, bien que n'étant pas officiellement des premiers crus, peuvent être considérés comme tels.

En quatrième position se trouvent les vignobles dont la situation est moins favorable, (surtout à l'est de l'axe routier principal, la N74), et qui n'ont le droit de donner à leur vin que le nom de « bourgogne ». Leur produit est très certainement de moindre qualité, mais entre les mains d'un bon producteur, il peut devenir une des rares affaires de la Côte d'Or.

L'INAO a aussi établi une réglementation pour le contrôle de la qualité, exigeant l'usage des cépages classiques seulement (pinot noir pour le vin rouge, chardonnay pour le blanc), la limitation de la production à l'hectare (de 35 hl/ha pour les meilleurs à 60 hl/ha pour les vins les plus ordinaires), l'obtention d'une teneur minimale en alcool (12° pour les meilleurs blancs et 11,5° pour les meilleurs rouges, 10° pour le rouge ordinaire).

Le consommateur ne doit pas oublier de faire la distinction entre le nom d'un vignoble et celui d'une commune. De nombreux villages (Vosne, Chassagne, Gevrey, etc.) ont accolé leur nom à leur meilleur vignoble. La différence entre un chevalier-montrachet (provenant d'un célèbre vignoble) et un chassagne-montrachet (provenant de n'importe quel coin d'une grande commune) n'est pas évidente, mais elle est essentielle.

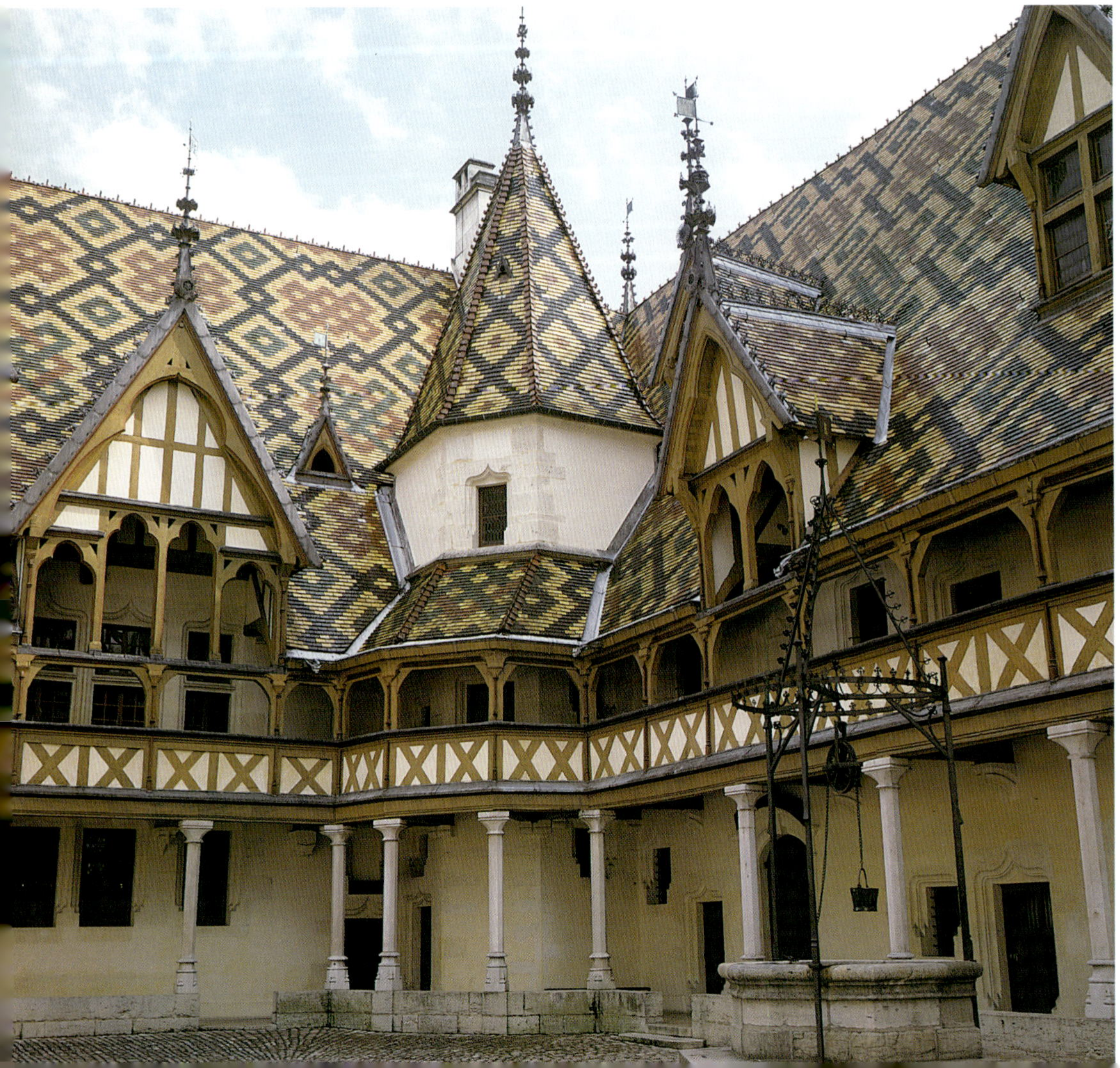

Les marchands de vin à Beaune

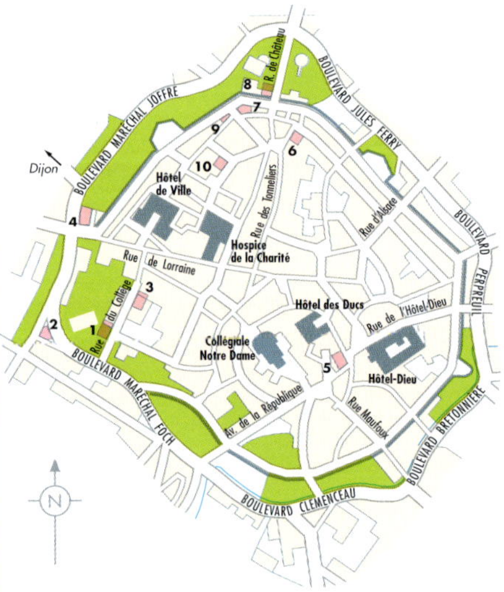

1 Chanson Père & Fils
2 Bouchard Aîné & Fils
3 Patriarche Père & Fils
4 Caves de la Reine Pédauque
5 Joseph Drouhin
6 Louis Latour
7 Remoissenet Père & Fils
8 Bouchard Père & Fils
9 Louis Jadot
10 Champy

Côte de Beaune : Santenay

Les cartes de cette page et des huit suivantes sont le résultat du premier relevé complet officiel et de la classification des vignobles de la Côte d'Or par l'INAO. L'orientation des cartes a été modifiée de 45 à 90 degrés de façon à les aligner sur le bas de la page.

La Côte de Beaune conduit graduellement des villages relativement obscurs de Sampigny, Dézize et Cheilly, qui partagent le cru bien connu de Maranges (tous situés au-delà des limites de cette carte, voir page 56), à la commune de Santenay. Après le hameau de Haut-Santenay et la petite ville de Bas-Santenay, la Côte prend un virage à angle droit pour faire monter sa pente caractéristique vers l'est.

Cette extrémité méridionale de la Côte de Beaune est d'une grande incohérence d'un point de vue géologique et, à bien des égards, atypique par rapport à la Côte dans son ensemble. Des lignes de faille complexes dans la structure des coteaux provoquent des changements radicaux dans le sol et le sous-sol à Santenay. Une partie de la commune présente une forte analogie avec certaines parties de la Côte de Nuits et produit des vins rouges profonds, sinon exquis, susceptibles de bien vieillir. D'autres parcelles donnent des vins légers, typiques de la Côte de Beaune. Certains des vignobles les plus hauts perchés se sont avérés trop pierreux pour être rentables. Les Gravières (nom indiquant un sol pierreux, comme celui de Graves à Bordeaux) et La Comme jouissent des deux meilleurs climats à Santenay.

En se déplaçant vers Chassagne-Montrachet, la qualité de ces excellents vignobles de vin rouge ne cesse de se confirmer. Le nom de Montrachet est si fortement attaché au vin blanc que peu de gens s'attendent à y trouver le moindre vin rouge. Presque tous les vignobles au sud du village de Chassagne en produisent pourtant un peu : Morgeot, La Boudriotte et (page suivante) le Clos Saint-Jean sont les plus célèbres. Leurs vins sont solides, susceptibles de bien vieillir, d'une couleur profonde et dotés d'une personnalité plus proche du Gevrey-Chambertin que, disons, du Volnay.

En visite dans la région à l'époque de la Révolution française, Thomas Jefferson notait que les producteurs de vin blanc devaient se contenter de pain de seigle pendant que les producteurs de vin rouge mangeaient leur pain blanc. Mais Le Montrachet était très célèbre dès le XVIe siècle et une partie du sol de la commune convient mieux au chardonnay qu'au pinot noir. La production du vin blanc a véritablement décollé dans la seconde moitié du XXe siècle, quand le monde entier est tombé amoureux du chardonnay. De nos jours, si Chassagne-Montrachet est connu dans le monde entier, c'est essentiellement pour son vin blanc doré, sec et succulent, au bouquet très fleuri.

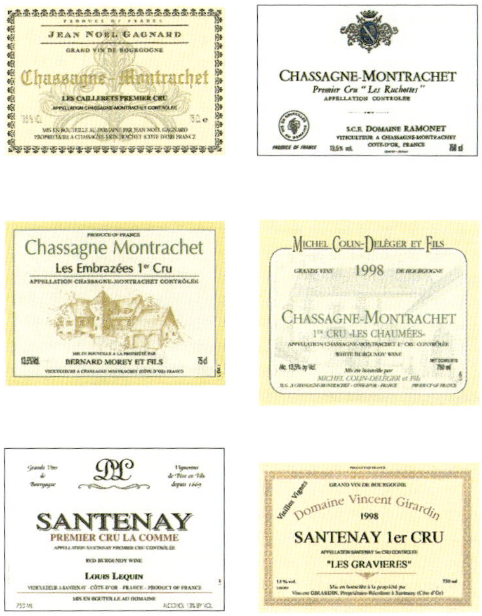

Certains producteurs *de Chassagne-Montrachet ont des parts dans les grands crus de Montrachet et des environs. Le nom de Chassagne-Montrachet est également présent sur les étiquettes de plus d'un producteur situé loin du village. Ces étiquettes sont celles de quelques-uns des meilleurs producteurs de Chassagne et de Montrachet.*

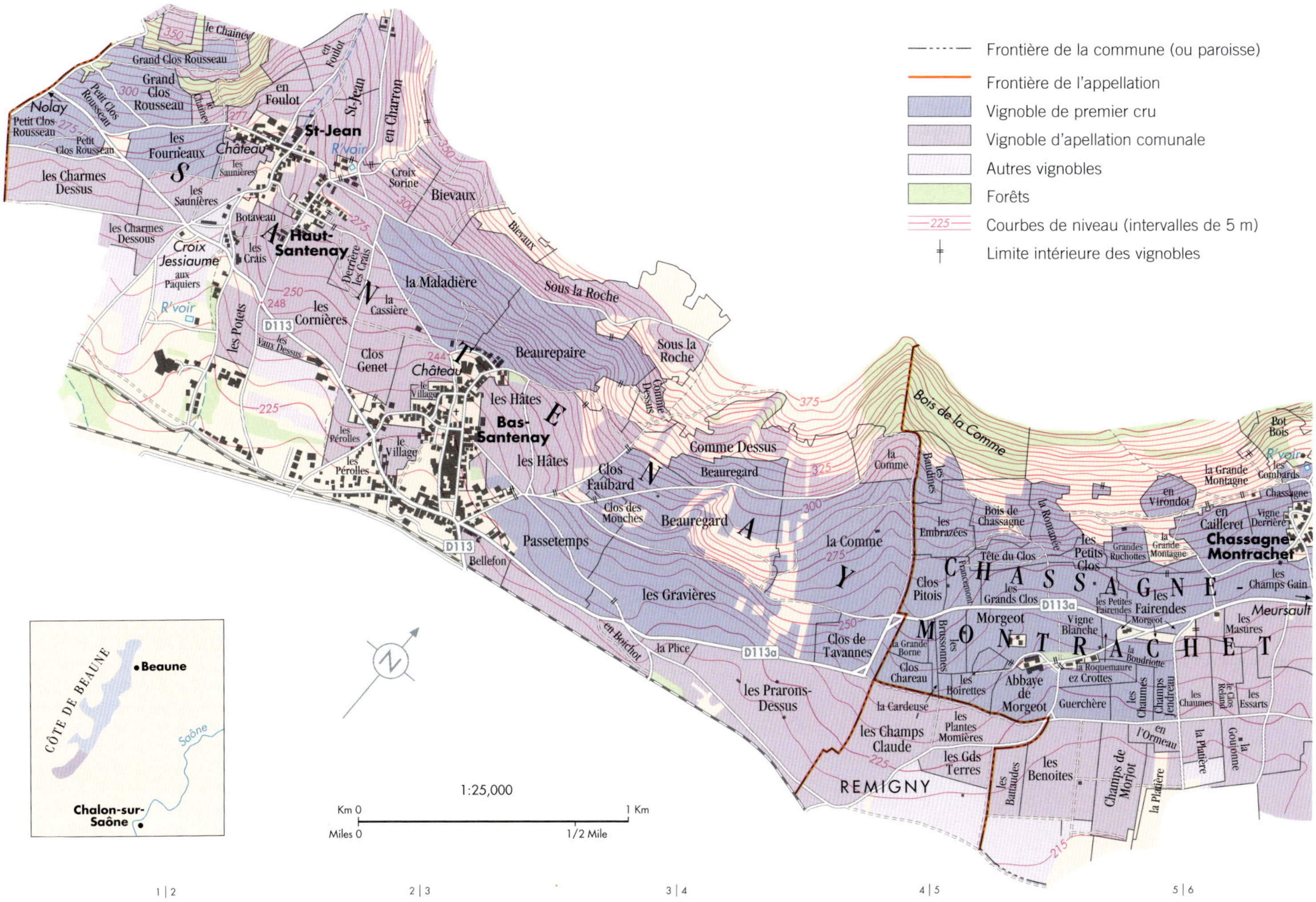

A/B
B/C
C/D
D/E
E/F
F/G
1|2 2|3 3|4 4|5 5|6

Côte de Beaune : Meursault

Une vallée latérale dans les coteaux au nord de Chassagne, qui conduit au hameau de Saint-Aubin où l'on trouve des vins un peu verts à des prix raisonnables, divise les vignobles de la commune en deux. Au sud, il y a un excellent vin blanc mais l'accent est mis sur le rouge. Au nord, à la limite de Puligny, on trouve le meilleur vin blanc de Bourgogne, sinon du monde entier.

Le grand-cru-montrachet doit sa célébrité à une concentration presque incroyable de toutes les qualités du bourgogne blanc. Il est incomparable (si on lui donne dix ans) pour son nez, sa brillance et sa couleur dorée, son arôme long et succulent marqué par une grande définition. Une exposition parfaite à l'est, selon un angle qui fait que le soleil noie encore les rangées à neuf heures du soir l'été, et une providentielle bande de sol calcaire (voir page 57) lui donnent un avantage sur ses voisins. Pour ce vin illustre toutefois, la demande est tellement supérieure à l'offre que des déceptions coûteuses sont à redouter.

Les autres grands crus qui l'entourent sont moins célèbres, moins bien situés, mais leurs vins sont parfois faits avec plus de soin. Le Chevalier-Montrachet a tendance à avoir moins de profondeur (son sol est plus pierreux). Bâtard-Montrachet repose sur un sol plus lourd et échoue souvent à parvenir à la même finesse, même s'il lui faut autant de temps de maturation. Les Criots (à Chassagne) et Bienvenues appartiennent à la même classe, tout comme, lorsqu'ils parviennent à leur meilleur, les premiers crus Les Pucelles, Les Combettes, Les Folatières et le Cailleret (et Les Perrières, le meilleur des Mersault).

Il existe une différence réelle entre Puligny-Montrachet et Meursault, même si les vignobles du premier se déploient au milieu de ceux du second. En fait, le hameau de Blagny (qui fait un excellent vin, très haut sur le coteau, sur un sol pierreux) a un pied dans chacun et s'enorgueillit d'une appellation merveilleusement compliquée : Premier Cru à Meursault, Blagny Premier Cru à Puligny-Montrachet, et Appellation Contrôlée Blagny quand le vin est rouge (ce qui est rare).

Le meursault est légèrement plus souple, plus riche, mais sans cette vivacité et cette finesse fruitée du puligny-montrachet. Les goûts de beurre et de farine sont mentionnés à son sujet, tandis que le puligny, avec son acidité plus grande, plus nerveuse, évoque les pommes et les pêches. En gros, le meursault n'a pas autant de distinction (et pas le rang de grand cru), mais il possède une

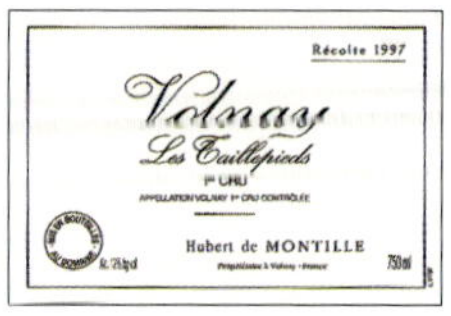

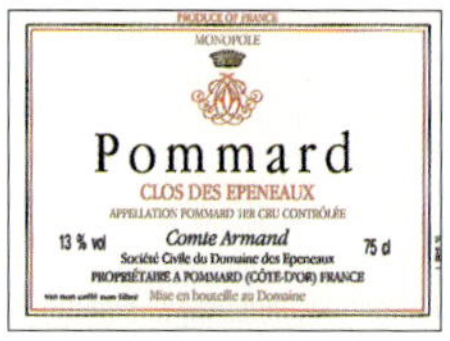

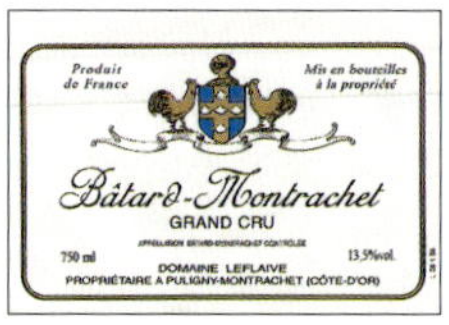

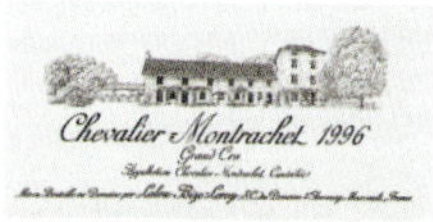

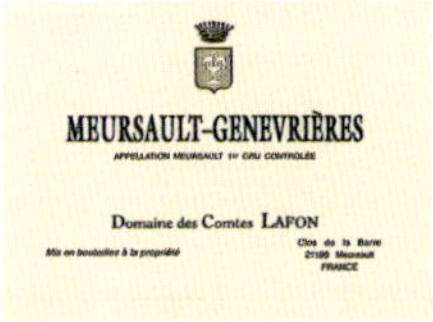

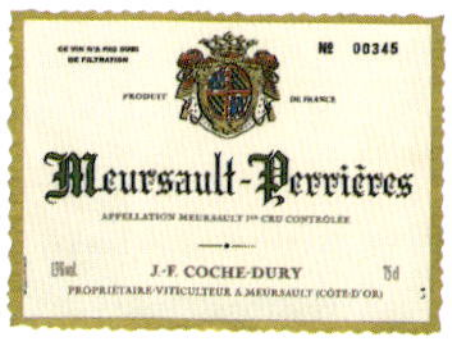

Aucun autre endroit sur la planète *ne peut s'enorgueillir d'une telle concentration de vignobles et de producteurs de grands vins blancs. Lafon et Coche-Dury sont les stars indiscutables du moment pour le Meursault. La lutte est plus serrée pour le Puligny-Montrachet. À la limite septentrionale des vins blancs de premier ordre de la Côte d'Or, les vins rouges de Volnay et de Pommard (présentés page suivante) ont des charmes très élégants. De Montille fait quelques-uns des meilleurs Volnay, mais n'a pas de parts dans ses deux vignobles les plus célèbres.*

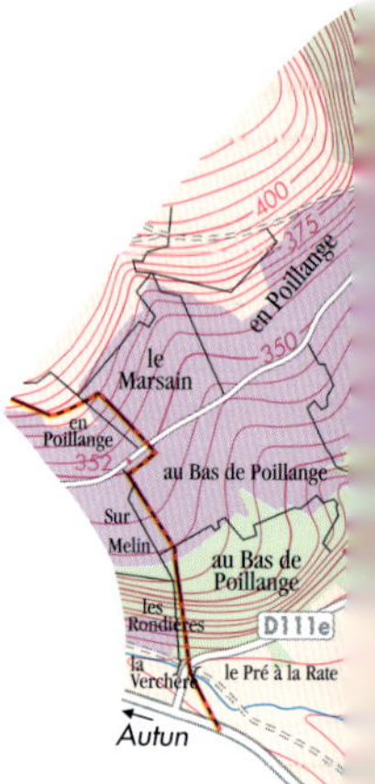

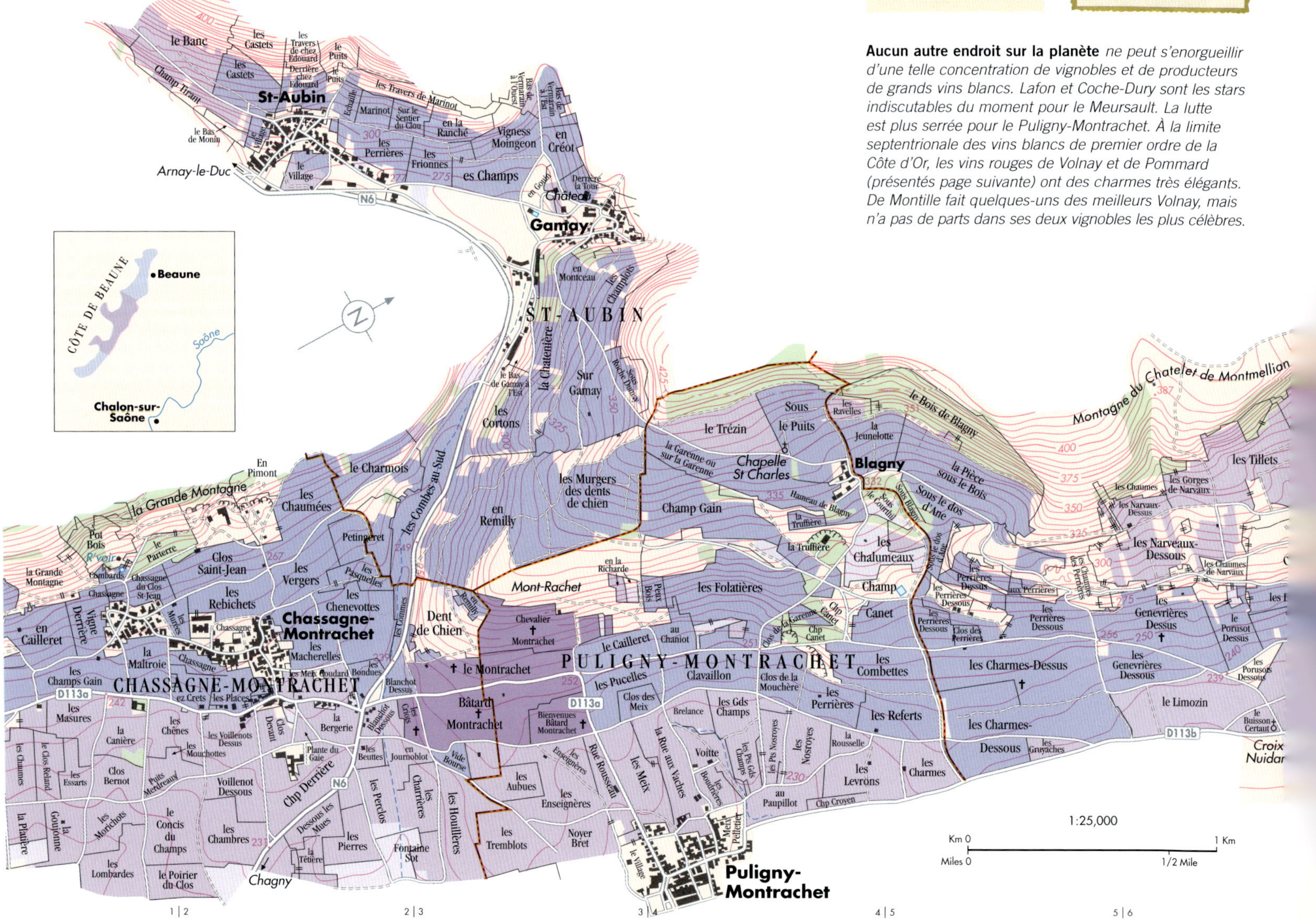

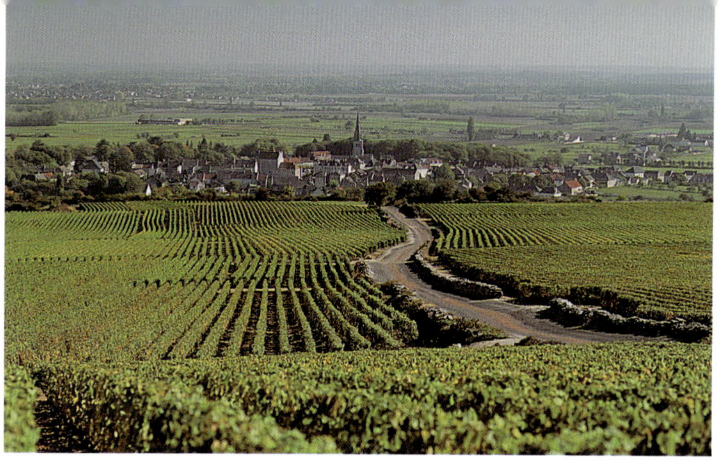

À droite Les vignobles de Meursault, vus depuis ceux qui sont situés en contrebas de Monthelie, descendent vers le village. Au loin, la plaine. Plus le sol est plat et bas, moins le vin est bon : la plupart des vignobles qui bordent la N74 produisent ainsi des vins qui ne méritent que l'appellation de « Bourgogne ».

qualité moyenne élevée et très acceptable sur un territoire étendu. Les parcelles supérieures des Perrières, des Genevrières et des Charmes constituent une alternative sérieuse aux meilleurs premiers crus de Puligny ; Porusot et Gouttes d'Or offrent une version du Meursault classique plus pleine et plus marquée de noisette. Narvaux et Tillets, de climats plus élevés, sans être des premiers crus, peuvent faire des vins intenses, susceptibles de bien vieillir. Le Meursault Village tend à être meilleur qu'un Puligny Village car la nappe phréatique moins profonde à Puligny empêche les racines de s'enfoncer très loin.

Le village de Meursault se situe dans un autre creux au milieu des coteaux, non loin d'Auxey-Duresses et de Monthelie, deux sources de très bons vins rouges et de quelques vins blancs qui sont souvent de bonnes affaires. Derrière eux se déploie le Saint-Romain, souvent oublié, un ancien Hautes Côtes Village promu, qui produit des rouges et des blancs légers mais solides. Meursault s'étend vers Volnay. Une grande quantité de vin rouge est produite de ce côté de la commune, mais il est appelé Volnay-Santenots plutôt que Meursault. Le volnay et le meursault se rapprochent l'un de l'autre autant que peuvent le faire le rouge et le blanc sans devenir du rosé : tous les deux sont souples, très parfumés, d'un rouge plutôt pâle avec toutefois une forte personnalité et un long arrière-goût parfumé.

Si Volnay produit un des rouges les plus légers de la Côte, il peut aussi être le plus brillant. Les vins qui vieillissent le mieux sont Le Clos des Chênes et Caillerets. Champans, Bousse d'Or et Taillepieds ne sont pas loin derrière, tandis que le Clos des Ducs fait le meilleur vin au nord du village.

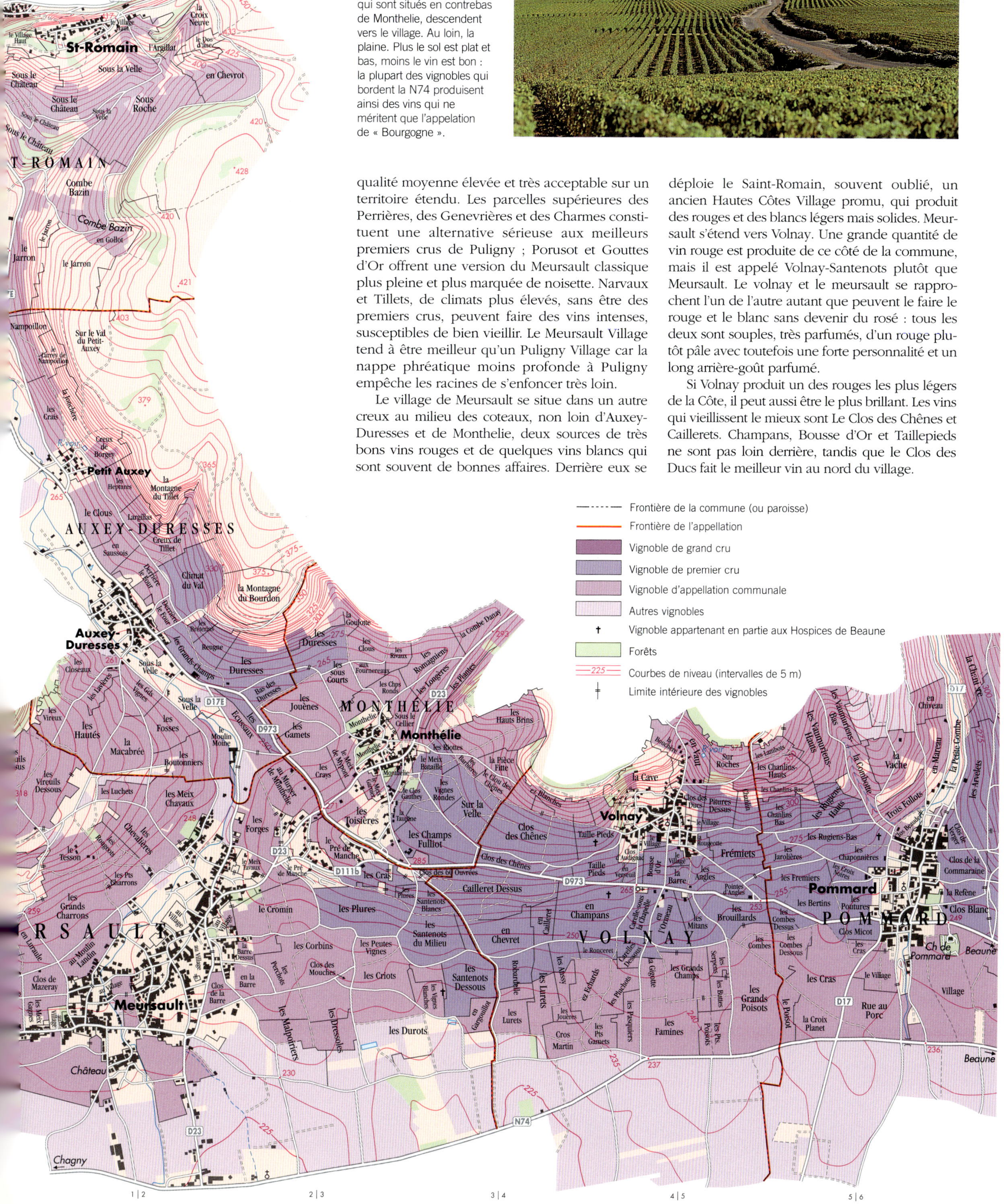

Côte de Beaune : Beaune

Les vignobles de Pommard ont beau border ceux de Volnay (cartographiés à la page précédente), ils donnent pourtant des vins très différents. La frontière de la commune marque un changement dans la nature des sols qui fait des Rugiens (rouges, comme le suggère son nom, grâce à une terre riche en fer) le porte-drapeau du Pommard : sombre, capiteux et tannique. De nombreux vignobles, qui ont droit à l'appellation Pommard Village et représentent 80 % de la commune, produisent des vins de ce style, mais sans grâce ni distinction. Il existe pourtant deux ou trois premiers crus exceptionnels (surtout Les Rugiens et Epenots) et quatre ou cinq bons producteurs. Il est important de se souvenir qu'en Bourgogne le producteur compte autant que le vignoble.

Le vignoble le plus prestigieux de Pommard est la partie basse des Rugiens (Les Rugiens-Bas, voir la carte page 61), juste au-dessus du village. Une des meilleures cuvées des Hospices de Beaune, les Dames de la Charité, est faite grâce à une combinaison de Rugiens et d'Epenots. Le Clos de la Commaraine et les vins des producteurs Courcel, Armand, Gaunoux et de Montille sont les meilleurs de Pommard. Des vins charpentés qui ont besoin de dix ans avant de développer pleinement leur délicieux caractère.

Les négociants de la ville possèdent la plus grande partie des célèbres vignobles alignés sur ce que les Bourguignons appellent « le rein de la pente », à une altitude de 250 m au-dessus de Beaune : Drouhin, Jadot, Bouchard Père et Fils, Chanson et Patriarche entre autres. Feu Maurice Drouhin était l'un des derniers à figurer sur la liste, vieille de plusieurs siècles, des donateurs des Hospices de Beaune. Sa société détient une participation dans le célèbre Clos des Mouches qui fait un beaune blanc succulent et un superbe vin rouge. Une partie des Grèves, qui appartient à Bouchard Père et Fils, est connue sous le nom de Vigne de l'Enfant Jésus et fait aussi un vin merveilleux. Il n'y a pas de grand cru à Beaune. Le meilleur vin est en général un vin délicat, qui vieillit bien mais n'a pas besoin d'être gardé dix ans comme l'exigerait un romanée ou un chambertin.

Au nord de Beaune se profile Corton, la seule colline isolée de toute la Côte d'Or, surmontée d'une forêt sombre. Corton offre à la Côte de Beaune son seul grand cru de vin rouge. Sa pente douce, couverte de vignobles jusqu'au sommet, offre des expositions à l'est, au sud et à l'ouest, qui sont toutes excellentes. Corton n'a pas une mais deux appellations de grand cru : une pour le vin blanc et l'autre pour le vin rouge qui couvre l'essentiel de la colline. Le blanc, le Corton-Charlemagne, est cultivé sur le haut des pentes qui font face au sud et à l'ouest, où les éboulis de calcaire du sommet se sont répandus, blanchissant la marne brune. Ce qui est étrange, c'est que le vignoble de Charlemagne n'est planté de chardonnay que depuis cent ans environ. Quand il est à son meilleur et en dépit de cette récente conversion, ce vin blanc puissant, souvent extraordinaire, rivalise avec le Montrachet.

L'énorme rouge tannique est cultivé sur une large bande tout autour de la colline (trop large sur les pentes est où la partie basse du grand cru est d'une qualité nettement inférieure). Les très grands cortons rouges proviennent uniquement de Corton, des Bresssandes, du Clos du Roi et des Renardes. La parcelle marquée Corton Charlemagne sur la carte fait à la fois du vin blanc (au sommet) et du corton rouge (au-dessous), ce qui peut prêter à confusion.

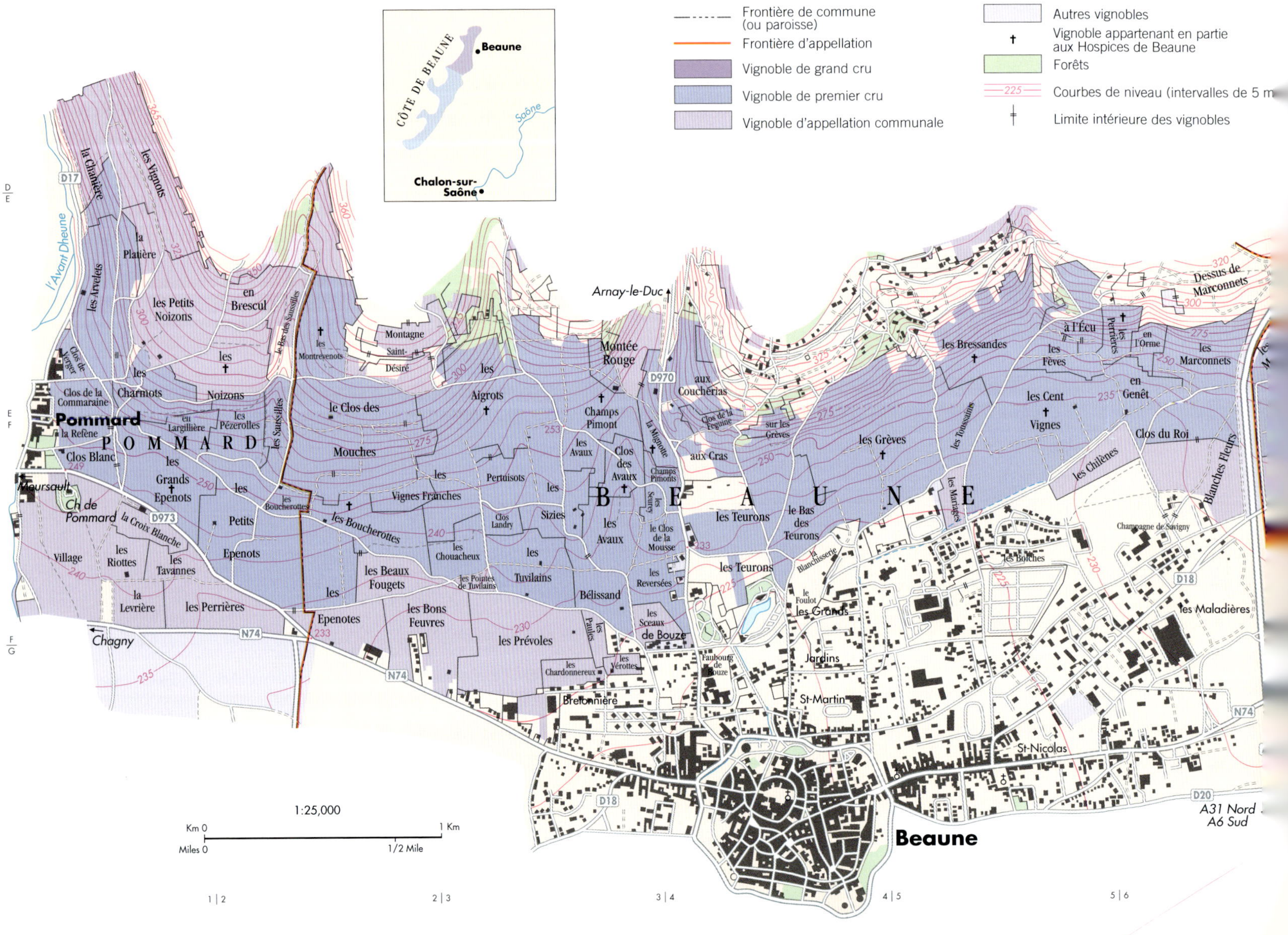

Le producteur le plus célèbre de Corton est Louis Latour, dont la demeure à grand pressoir, le château Grancey photographié page 54, est située sur une vieille carrière dans Les Perrières. Aloxe-Corton est une appellation pour les vins (rouges et blancs) de qualité moindre qui sont produits au pied de la colline vers le sud. Pernand-Vergelesses possède quelques vignobles de premier cru à l'est et à la colline de Corton, ainsi que des pentes de grand cru exposées à l'ouest.

Si Savigny et Pernand paraissent légèrement en retrait, c'est sans doute parce que le premier plan est si imposant. Leurs meilleurs producteurs font des vins qui sont à la hauteur des meilleurs Beaune, ce que leurs prix reflètent parfaitement. Savigny, qui produit des vins « nourrissants, théologiques et morbifuges », d'après la publicité locale, peut offrir des merveilles de finesse.

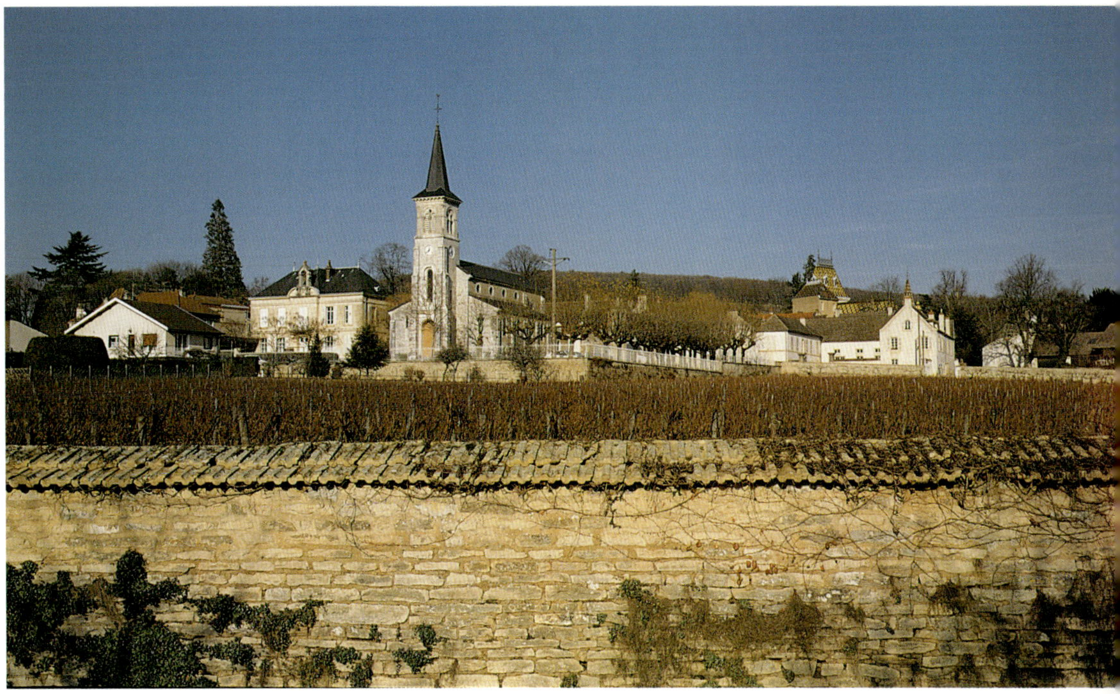

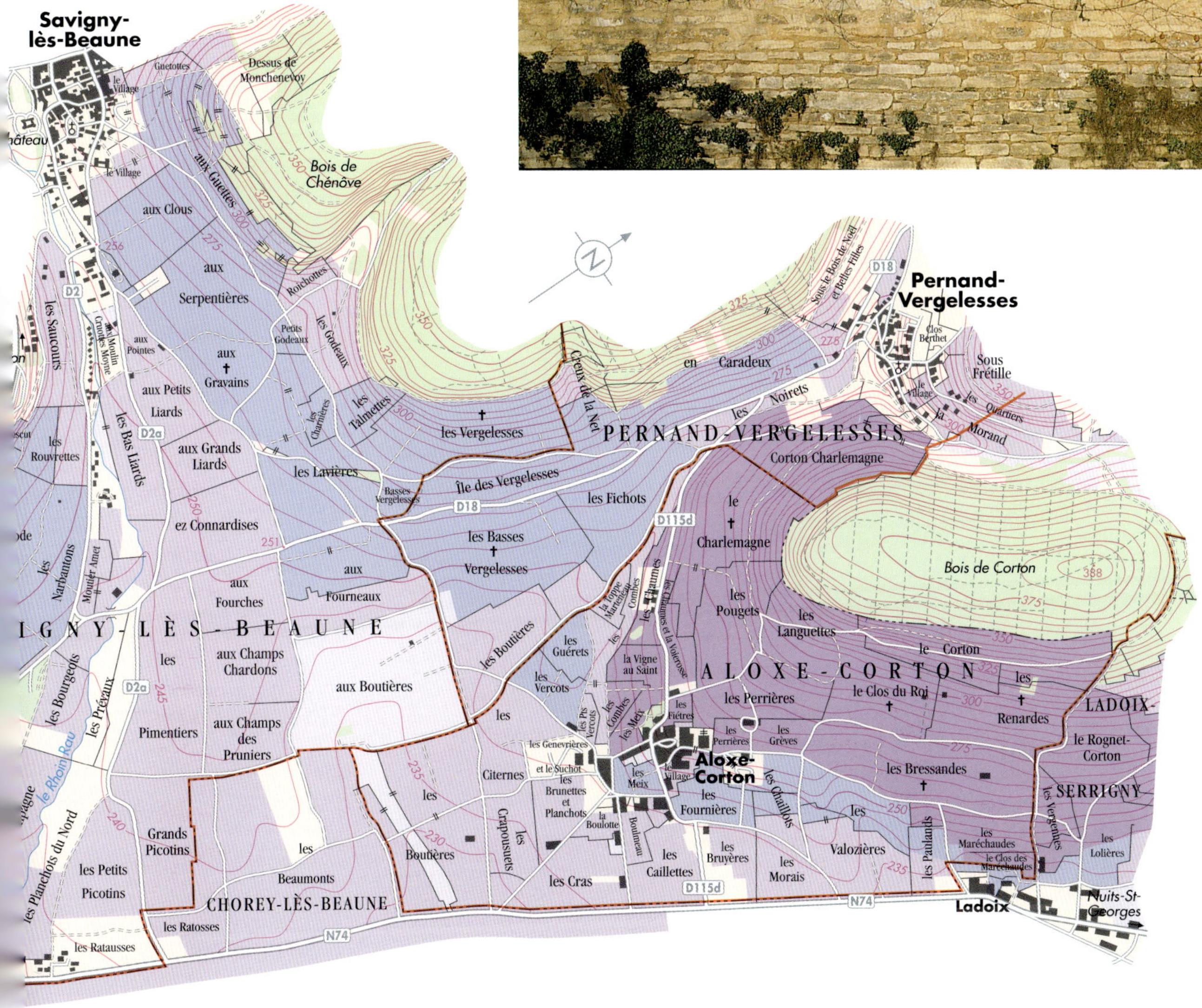

Ci-dessus L'hiver dans le village d'Aloxe-Corton, lorsque les précieuses vignes de pinot noir se reposent et reprennent des forces avant de porter une nouvelle récolte à maturité dans ce climat relativement frais.

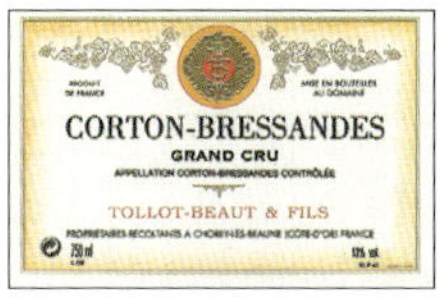

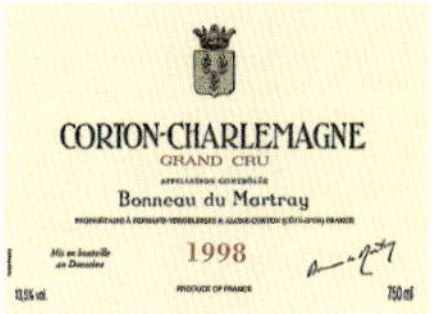

Les Hospices de Beaune *vinifient et mettent en bouteille le produit de leurs propres vignobles. Beaune est aussi le foyer de la grande majorité des négociants et des marchands de vins de Bourgogne, parmi lesquels Louis Jadot et Bouchard Père & Fils possèdent d'excellents vignobles. La plupart des producteurs de la fameuse colline de Corton vivent à Aloxe-Corton ou à Pernand-Vergelesses.*

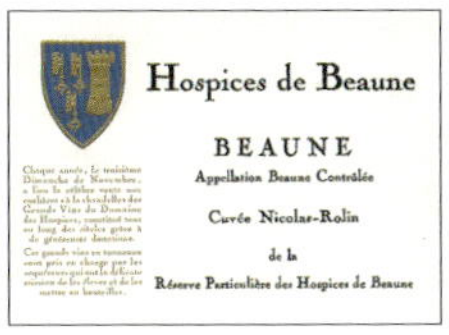

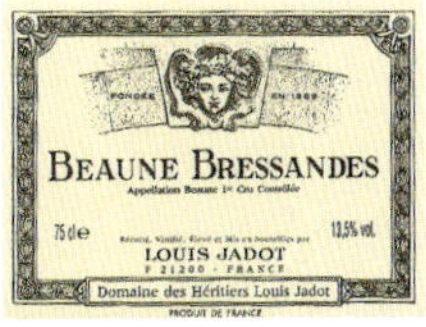

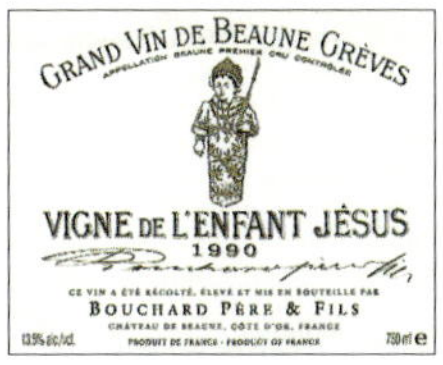

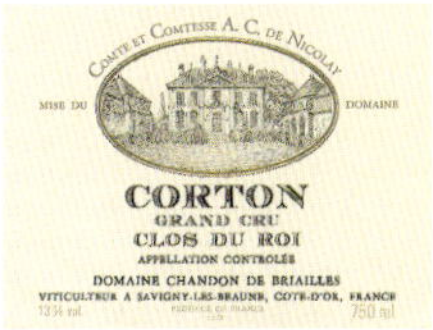

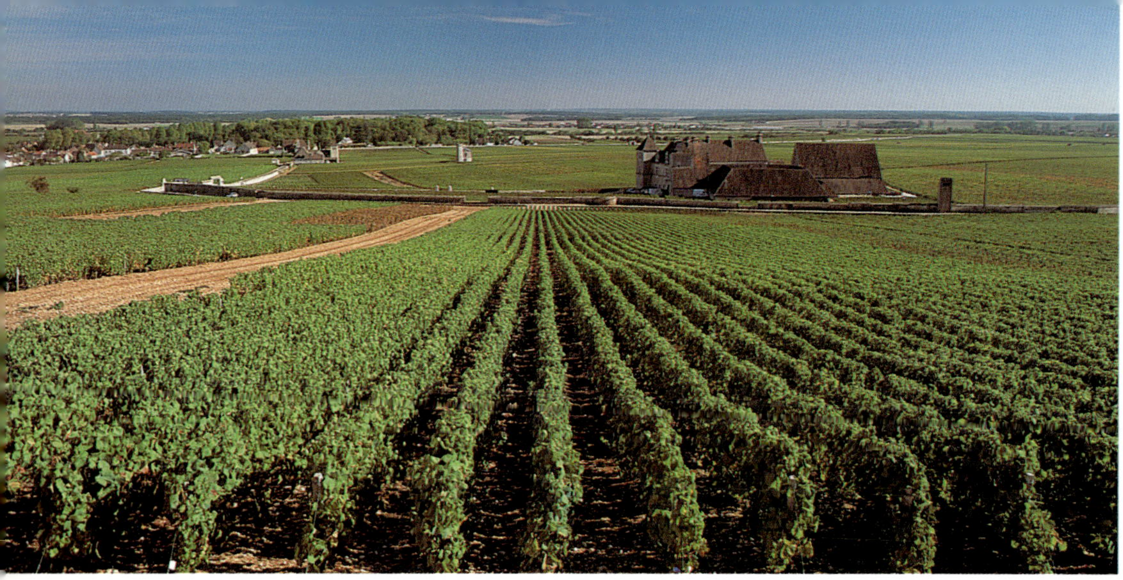

À gauche La pente des vignobles descendant vers le médiéval Clos de Vougeot (site de bien des bacchanales bourguignonnes et inscrit comme « Château » sur les cartes) montre avec quelle douceur se déploie la pente dorée ou Côte d'Or.

Côte de Nuits : Nuits-Saint-Georges

Plus « charnu », d'une plus longue durée de vie et d'une couleur plus profonde, tels sont les signes distinctifs d'un côte de nuits, comparé à un volnay ou un beaune. C'est une région de vin rouge : le blanc y est une rareté.

La ligne des premiers crus, qui se tortille sur les collines de la Côte de Nuits, sert de perchoir aux grands crus. Ce sont les vins qui expriment avec la plus grande intensité la richesse en sève inimitable du pinot noir. La ligne suit l'affleurement de marne au-dessous du calcaire dur du sommet de la colline. Mais la qualité devient extraordinaire là où le sol présente des éboulis limoneux au-dessus de la marne. Heureusement, cela correspond une fois encore à des zones qui sont bien abritées et bien exposées au soleil.

Les vins de Prémeaux sont commercialisés sous le nom de Nuis-Saint-Georges. La qualité est très élevée et consistante : ce sont de grands vins puissants qui sont proches, dans leur meilleure version, du style des chambertins. Le Clos de la Maréchale est un monopole exploité encore aujourd'hui par ses propriétaires pour l'excellente maison Faiveley. Le Clos Arlot est un autre monopole, et les deux sont impeccables. Les Saint-Georges et les Vaucrains, situés juste de l'autre côté de la frontière communale, sont aussi très bons, avec des arômes positifs, intenses, qui exigent un long vieillissement en bouteille – ce qui n'est pas le cas de la plupart des Côte de Nuits-Villages.

À la différence de l'active Beaune, Nuits est une petite ville qui ne compte qu'un restaurant. Mais c'est la résidence d'un certain nombre de négociants. La ville est coupée en deux par une petite rivière, la Meuzin. Au nord de sa vallée, les premiers crus qui conduisent à Vosne-Romanée sont une bonne introduction à cette paroisse extraordinaire.

Vosne-Romanée est un modeste petit village. On n'y trouve rien qui puisse suggérer que le vin le plus cher du monde se trouve sous vos pieds. Au pied d'une longue pente de terre rougeâtre, le village est tourné vers les vignes soigneusement taillés, chaque rangée se terminant par un gros pieu et un épouvantail bien raide.

Le vignoble le plus proche du village est la Romanée-St-Vivant. Le sol y est profond, riche en argile et en chaux. À mi-pente se trouve la Romanée-Conti, avec un sol moins profond et plus pauvre. Plus haut encore, La Romanée suit une pente plus raide, qui semble plus sèche et moins argileuse. Sur la droite, le grand vignoble du Richebourg tourne pour faire face à l'est et au nord-est. En haut du flanc gauche, on trouve la bande étroite de La Grande Rue, et juste à côté la longue pente du La Tâche. Ce sont là les plus chers de tous les bourgognes. Romanée-Conti et La Tâche sont tous les deux des monopoles du Domaine de la Romanée-Conti, qui possède aussi des parts substantielles de Richebourg et de Romanée-Saint-Vivant (et d'Echézeaux et de Grands Echézeaux pour faire bonne mesure). Pour la finesse et la douceur du velours combinées avec une touche épicée, et pour l'opulence presque orientale de leurs vins, le marché est prêt à payer n'importe quel prix. La Romanée-Conti est le plus parfait d'entre eux, mais l'ensemble de ces vignobles présente une forte parenté, qui est le résultat de la petite taille des propriétés, du grand âge des pieds de vigne, de la vendange tardive et du grand soin apporté.

On peut certainement chercher parmi leurs voisins des vins d'un caractère similaire à des prix moins faramineux (à des prix effroyablement proches toutefois dans le cas du Domaine Leroy). Tous les autres noms des vignobles Vosne-Romanée sont splendides.

Le grand Echézeaux Grand Cru (30 hectares) – certains diraient trop grand –, qui inclut la plu-

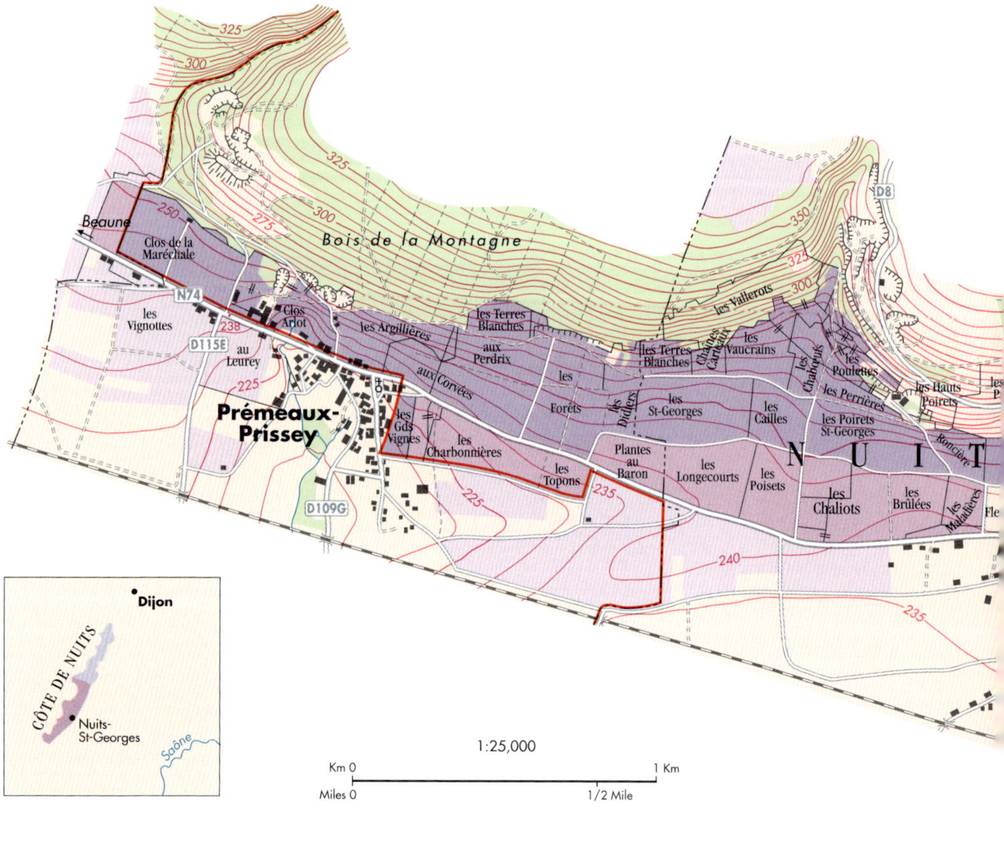

B|C C|D D|E E|F F|G

1|2 2|3 3|4 4|5 5|6

Cette sélection *comprend quelques-uns des vins les plus chers et les plus célèbres de Bourgogne, ainsi qu'un vin blanc peu courant d'Henri Gouges et un excellent représentant des collines situées au-dessus de la Côte d'Or, le dénommé Hautes Côtes.*

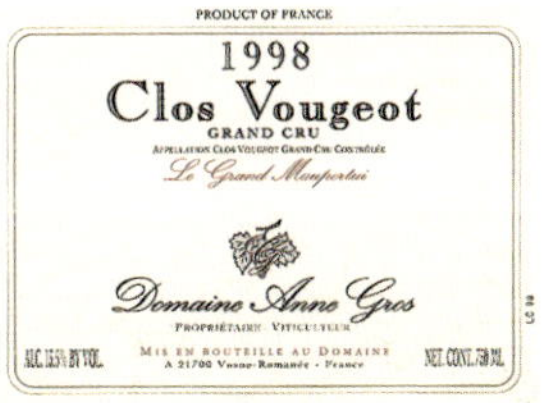

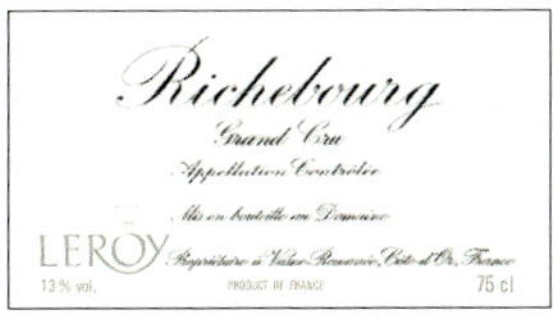

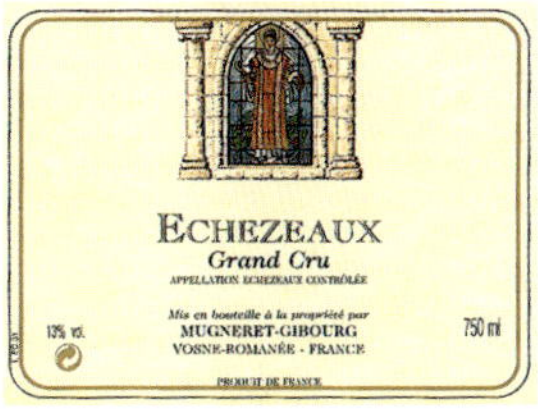

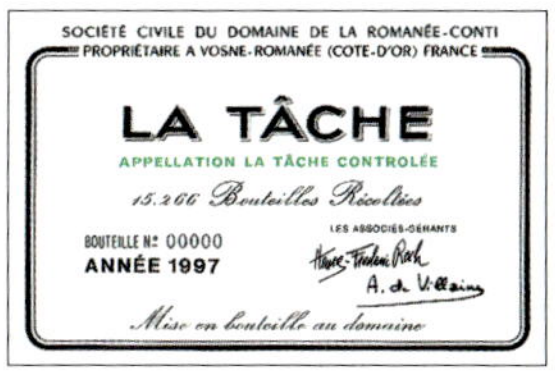

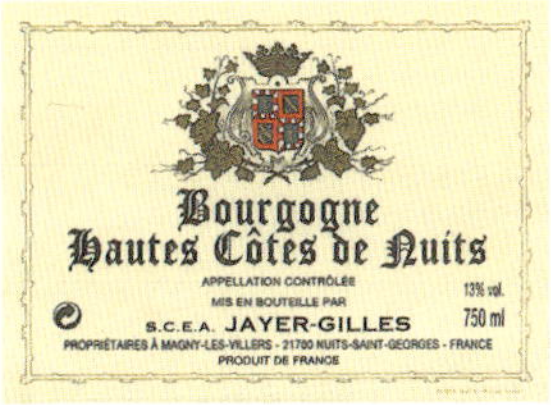

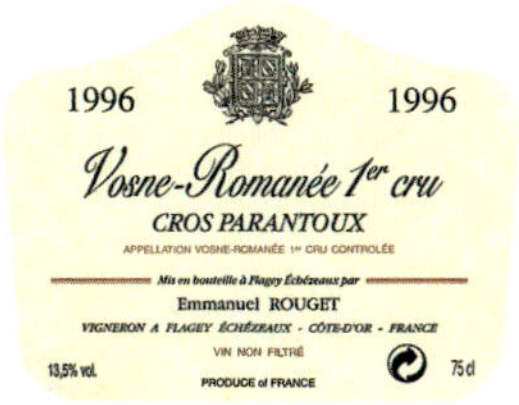

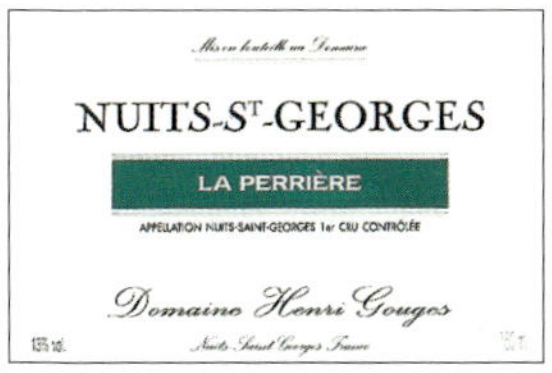

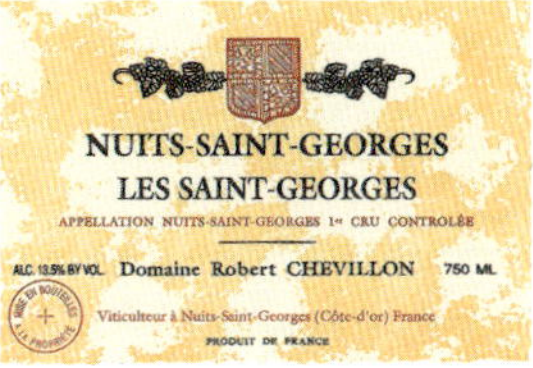

part des climats rose sombre tout autour, a fait d'Echézeaux du Dessus une référence – les Grands Echézeaux moins réputés sont en fait dans la commune de Flagey, qui a été absorbée (œnologiquement en tout cas) dans Vosne. Quelques excellents producteurs y ont des propriétés et font des vins magnifiques, délicats, « fins comme de la dentelle », dit-on. Ce sont souvent de bonnes affaires. Le Grands Echézeaux a plus de régularité, plus de cette intensité prolongée qui caractérise les très grands bourgognes, et très certainement des prix plus élevés.

Un grand mur de pierre entoure les 50 hectares du Clos Vougeot – marque indubitable du vignoble monastique. Aujourd'hui, les subdivisions sont telles que ce n'est plus qu'une étiquette fiable sur une bouteille. Mais c'est le climat dans son ensemble qui est un grand cru. Les cisterciens avaient l'habitude de mélanger le vin du sommet, du milieu et parfois même du bas de la pente pour faire ce qui était un des meilleurs des bourgognes. Toutefois, on considère que le milieu et le sommet de la pente donnent le meilleur vin. Il existe des vins proches du sommet (juste à l'extérieur du Clos) qui peuvent être presque aussi formidables qu'un musigny. Le nom du producteur, comme toujours, doit être votre guide.

Frontière communale
Frontière d'appellation
Vignoble de grand cru
Vignoble de premier cru
Vignoble communal
Autres vignobles
Forêts
Courbes de niveau (intervalles de 5 m)
Limite des propriétés

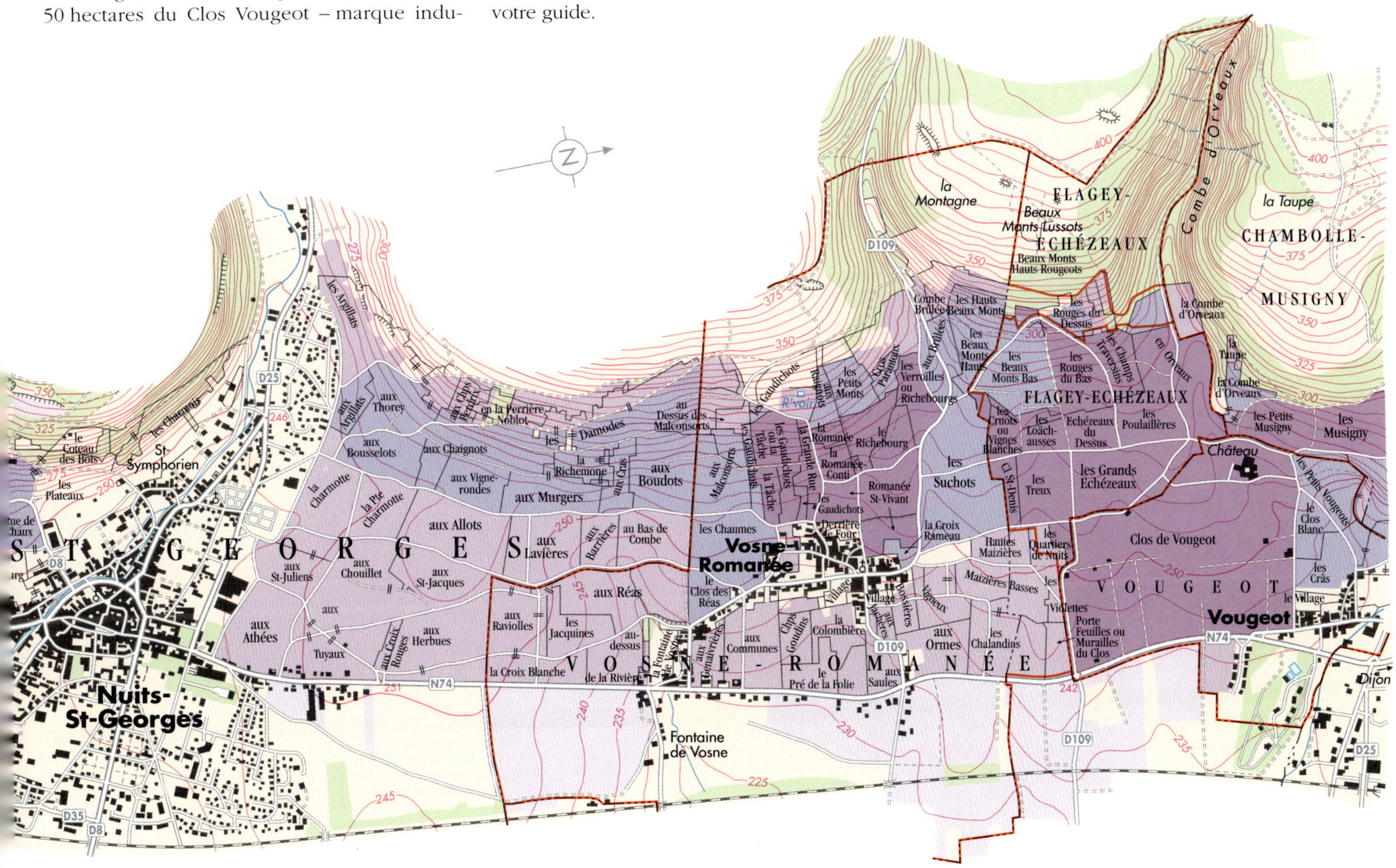

Côte de Nuits : Gevrey-Chambertin

C'est ici, à la pointe septentrionale de la Côte d'Or, que sont faits les meilleurs bourgognes rouges, les plus veloutés et les plus susceptibles de bien vieillir. La nature ajoute un sol riche à la combinaison parfaite de protection et d'exposition procurée par les coteaux. L'affleurement étroit de marne, couvert de limon et d'éboulis, épouse le bas des pentes. C'est de là que les grands crus de Morey et de Chambolle tirent leur puissance : des vins lourds et musclés qui ne donnent rien quand ils sont jeunes, mais développent avec l'âge une complexité inégalée et une grande profondeur d'arôme.

Le grand cru Les Musigny est à part. Sa pente raide oblige les vignerons à remonter l'argile chargée de galets au sommet du coteau après des périodes de pluie prolongées. À cela s'ajoute un sous-sol calcaire perméable qui permet un excellent drainage. Les conditions sont parfaites pour un vin « charnu ».

La gloire du musigny tient au fait que sa puissance est recouverte d'un parfum délicat, à la fois délicieux et obsédant ; sa saveur procède d'une sensualité unique. L'image d'une « queue de paon », s'ouvrant toujours plus pour révéler des arômes aux structures de plus en plus séduisantes est parfaite pour décrire un grand musigny. Il n'est pas aussi puissant qu'un chambertin, pas aussi épicé qu'un romanée-conti, mais celui qui l'a qualifié de « féminin » devait avoir un immense respect pour les femmes. Il a besoin de vieillir dix à quinze ans. Le Bonnes Mares est l'autre grand cru de Chambolle. C'est un vin plus rude au départ que le musigny et qui vieillit peut-être un peu plus lentement, sans jamais parvenir à la grâce caressante de son voisin. Les Amoureuses et les Charmes font partie des meilleurs premiers crus de Bourgogne. Mais n'importe quel chambolle-musigny a toutes les chances d'être bon.

La commune de Morey compte 5 grands crus. Le clos-de-la-roche, le petit clos-saint-denis (qui a donné son nom au village) et le chambertin sont des vins puissants, vifs et profonds, nourris par un sol riche en calcaire. Le Clos des Lambrays est un monopole qui a été promu au rang de grand cru en 1981. C'est un vin à attendre. Le Clos de Tart, le monopole de la maison Mommessin, est toujours excellent, intense sans être pesant.

Morey compte plus de 20 premiers crus minuscules, dont quelques-uns sont connus, mais qui sont tous d'un très bon niveau. Les vignobles grimpent le long du coteau, trouvant de la terre plus haut que n'importe où ailleurs dans la région. Le Monts-Luisants, hautain et pierreux, sert même à faire du vin blanc.

Gevrey-Chambertin dispose d'une grande superficie de bonnes terres. Le sol propice à la viticulture s'étend depuis la colline beaucoup plus bas qu'ailleurs. Certains vignobles situés à l'est de la

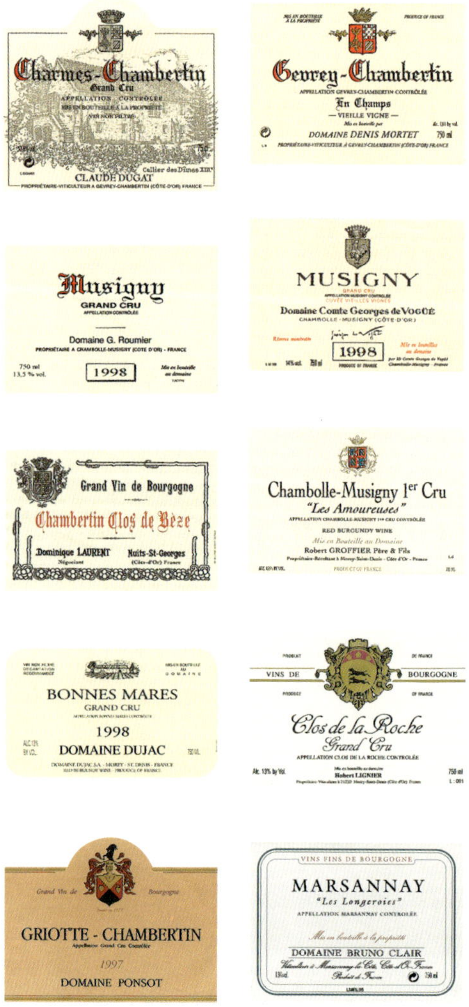

Le nord de la Côte d'Or *est le foyer de réputations établies au fil du temps, de celle, très ancienne, du Domaine Comte Georges de Vogüé, en passant par celle, récente et glorieuse, du Domaine Dujac, jusqu'à celle de l'arriviste Dominique Laurent, un petit négociant de la nouvelle vague qui achète dans les vignobles de toute la Côte d'Or.*

Frontière de commune (ou paroisse)
Frontière d'appellation
Vignoble de grand cru
Vignoble de premier cru
Vignoble d'appellation communale
Autres vignobles
Forêts
Courbes de niveau (intervalles de 5 m)
Limite intérieure des vignobles

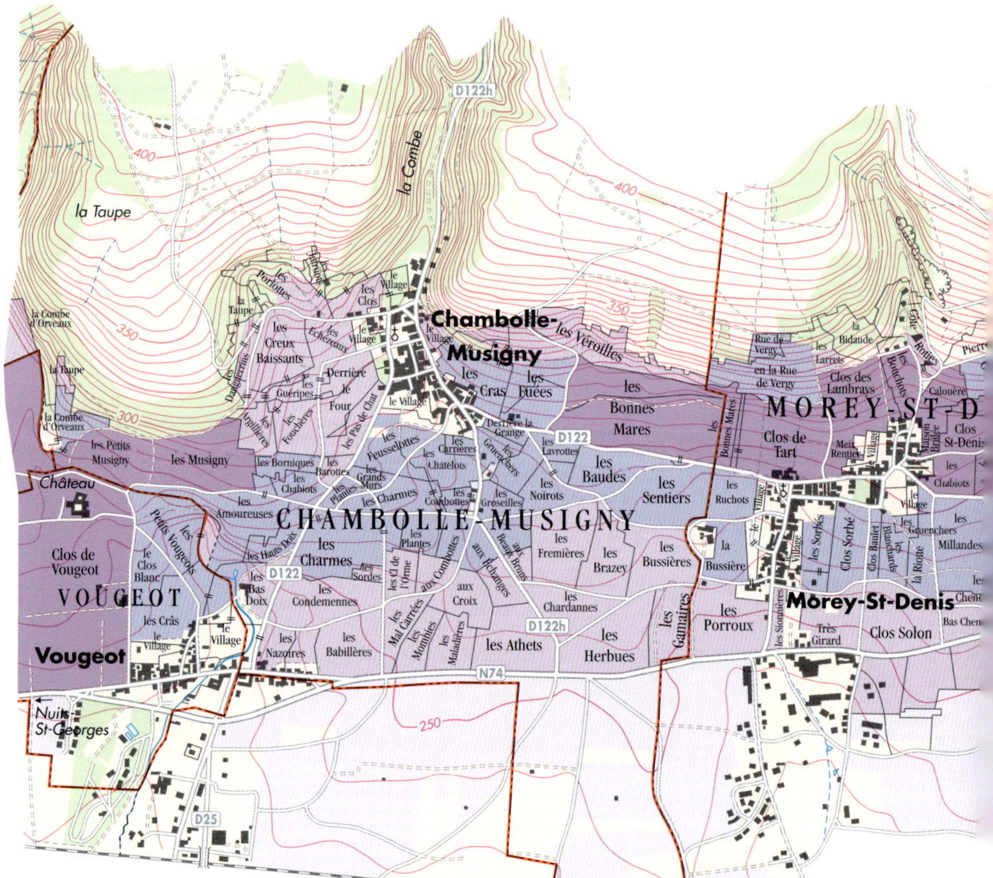

route nationale font encore partie de l'appellation Gevrey-Chambertin et non de la simple appellation Bourgogne. Les deux plus prestigieux vignobles, Chambertin et Clos de Bèze, sont situés juste au-dessous des bois sur une pente douce. Ils ont été classés grands crus à une époque où les citoyens de Gevrey se querellaient avec les notables de Beaune qui décernaient les honneurs. Sans ces disputes, leurs vignobles (Mazis, Latricières et les autres) auraient probablement aussi été classés grands crus, de plein droit. Ils ont l'autorisation d'ajouter « Chambertin » derrière leur nom, mais non devant (à l'inverse de Clos de Bèze).

La commune dispose aussi d'une pente plus élevée avec une superbe exposition au sud-est. Ses premiers crus (Cazetiers, Lavau Saint-Jacques, Varoilles et tout particulièrement Clos Saint-Jacques) sont sans conteste des pairs des grands crus.

Il y a plus de vignobles célèbres dans ce village de Bourgogne que dans n'importe quel autre. Pour certains, l'énergique vin rouge qui y est fait est véritablement le bourgogne.

Les pentes orientées au nord, autrefois appelées la Côte de Dijon, étaient considérées jusqu'au XVIIIe siècle comme faisant partie des meilleures. Mais les producteurs, tentés de faire du vin courant pour la ville, y plantèrent le « déloyal » gamay. Brochon acquit ainsi la réputation d'être un « puits à vin ». Aujourd'hui, seule la pointe méridionale est incluse dans le Gevrey-Chambertin, les autres vignobles n'ayant droit qu'à l'appellation Côte de Nuits-Villages.

Fixin entretient une certaine tradition de qualité avec ses premiers crus (La Perrière, Les Hervelets et le Clos du Chapître) qui ont un potentiel équivalent aux gevrey-chambertin moyens. Marsannay, située en dehors de la carte sur la droite, s'est fait une spécialité d'un délicieux pinot noir rosé. L'appellation produit aussi un vin rouge séduisant, mais son blanc est tout à fait ordinaire.

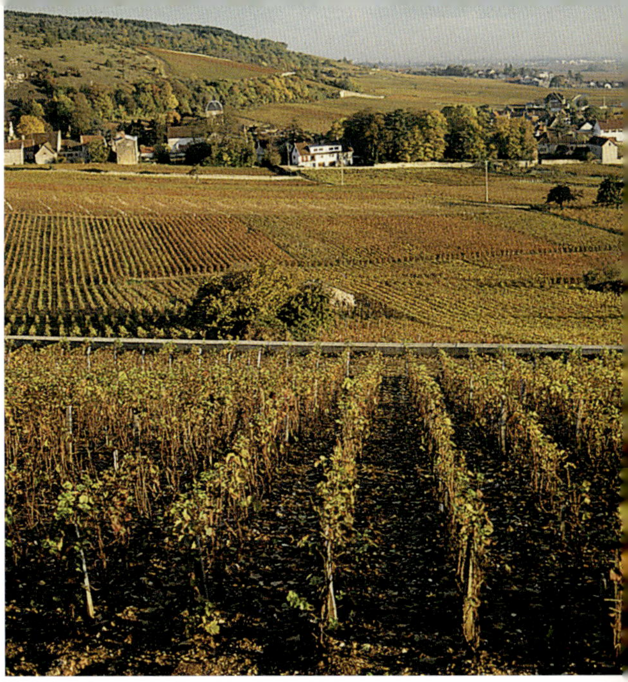

Ci-dessus Chambolle-Musigny, dont les vins musclés et cependant parfumés sont capables, après des années en bouteille, de tourner les têtes et de conquérir les cœurs. Ses premiers crus Les Amoureuses et les Charmes peuvent être plus fins que certaines bouteilles de grand cru.

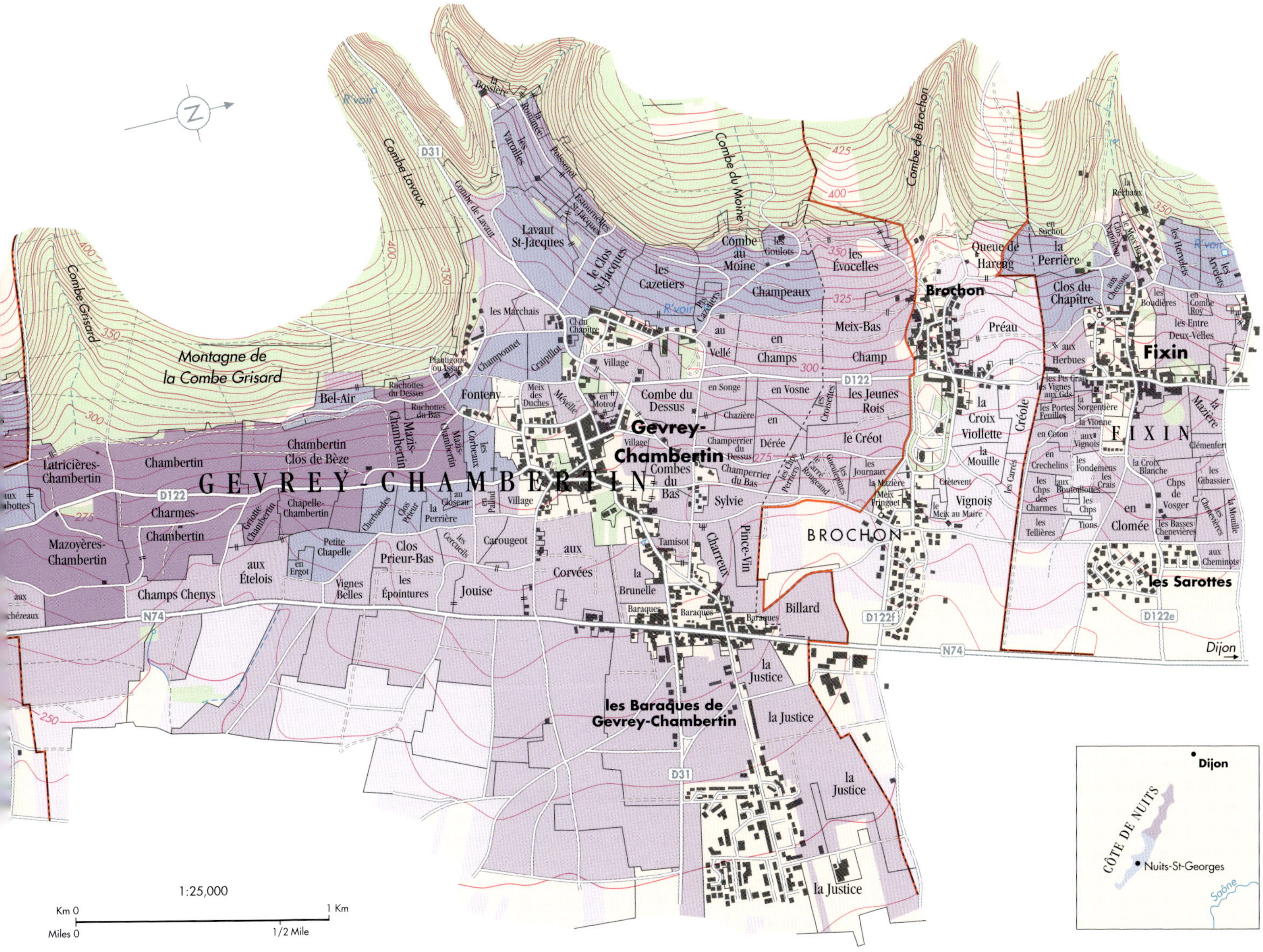

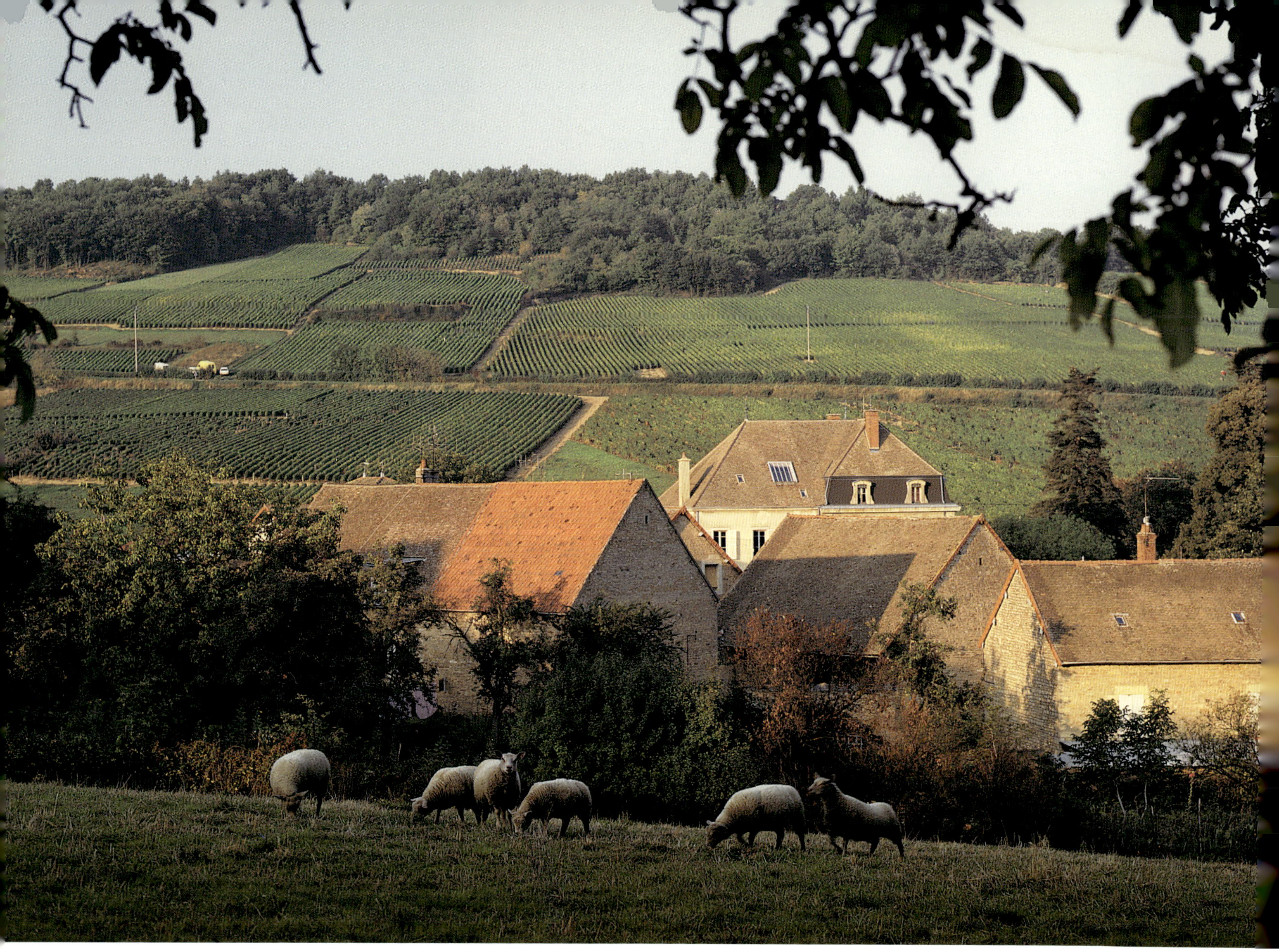

Côte Chalonnaise

Si la Côte Chalonnaise ne produit pas les vins les plus célèbres de Bourgogne, elle peut s'enorgueillir de son fameux trois étoiles, le restaurant Lameloise de la petite ville de Chagny, qui se situe en face de Chassagne-Montrachet, de l'autre côté de la N74.

Le nord de la Côte Chalonnaise est si près de la pointe sud de la Côte d'Or qu'il est surprenant d'y goûter des vins si différents, comme sous-alimentés. Les collines pastorales arrondies, au sud de Chagny, sont à bien des égards un prolongement de la Côte de Beaune, même si la crête régulière est ici remplacée par une succession plus chaotique, au milieu des vergers et des pâturages, de pentes sur lesquelles se déploient les vignobles. Ces vignobles grimpent à une altitude nettement plus élevée que ceux de la Côte de Beaune, ce qui a pour effet de retarder légèrement les vendanges et de rendre le processus de maturation un peu plus incertain. La Côte Chalonnaise, autrefois appelée « région de Mercurey », a pris ce nom à cause de la proximité de Chalon-sur-Saône à l'est.

La carte ne présente que la bande centrale, très célèbre, de la Côte, tout particulièrement les cinq communes qui donnent leur nom aux appellations Rully, Mercurey, Givry, Montagny et Bouzeron, ainsi que les vignobles les plus connus qui se situent sur les pentes exposées à l'est et au sud.

Tout au nord, Rully produit plus de vin blanc que de rouge. Le blanc est piquant et riche en acidité dans les mauvaises années ; il constitue un ingrédient idéal pour le crémant, le vin pétillant de Bourgogne. Dans les bonnes années, le rully est un bourgogne blanc vif, maigre, avec une fraîcheur de pomme, qui constitue parfois une affaire exceptionnelle. Les vins rouges ont aussi tendance à être maigres, mais non sans élégance.

Mercurey est de loin le plus gros producteur, avec 60 % de la production totale de la Côte Chalonnaise, et 90 % de son vin rouge. Le pinot noir est ici à égalité avec un côte-de-beaune mineur : ferme, structuré, presque rude quand il est jeune, mais vieillissant bien. Il s'améliore régulièrement. Les négociants Rodet et Faiveley figurent parmi les producteurs les plus importants.

Une inflation rampante des premiers crus est en cours : le nombre des seuls Mercurey a doublé dans les années 1990 pour parvenir à 30 sur un peu plus de 100 hectares de vignobles. Cette proportion de premiers crus nettement plus élevée que dans la Côte d'Or est typique de la Côte Chalonnaise, raison pour laquelle ses vins ne se vendent pas à prix d'or.

Le voisin de Mercurey, Givry, la plus petite des quatre appellations principales, est presque entièrement voué à la production de vin rouge. Son vin est souvent plus léger, plus facile et plus agréable jeune que le Mercurey, même si le Clos de Jus, conquis sur un terrain broussailleux à la fin des années 1980, produit un vin puissant, structuré, qui vaut la peine d'être attendu. De toutes les appellations de la Côte Chalonnaise, Givry est aujourd'hui la plus dynamique, et peut se vanter de posséder plusieurs petits domaines ambitieux.

Au sud, Montagny est une appellation de vin blanc uniquement qui inclut son voisin Buxy. À une certaine époque, tout Montagny qui atteignait les 11,5° d'alcool naturel était classé premier cru. Aujourd'hui, les délimitations géographiques sont très précisément définies. Les vins blancs y sont plus pleins et ressemblent plus à des vins mineurs de la Côte de Beaune qu'à

À gauche Soleil couchant sur le château de la Saule et les vignobles de chardonnay à l'ouest de Montagny, qui, avec son voisin Buxy, est la source d'un bourgogne blanc excellent et abordable. Les agriculteurs de la Côte Chalonnaise ne se cantonnent pas à la culture de la vigne dans ce charmant paysage pastoral.

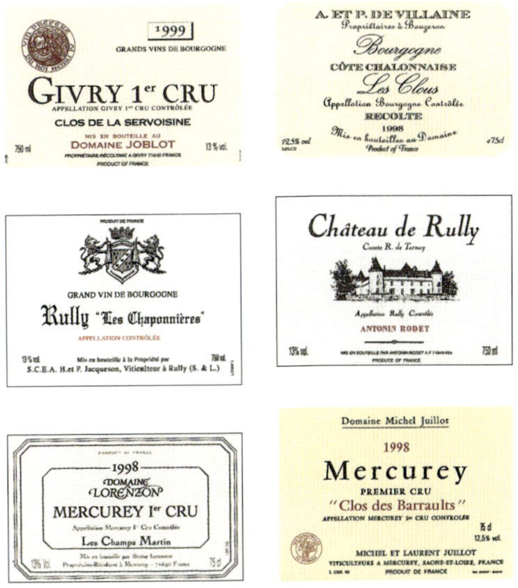

« Premier Cru » n'a pas la même signification sur les étiquettes *de la Côte Chalonnaise que sur celles de la Côte d'Or, car les premiers crus ont proliféré dans les villages comme Mercurey et Givry. L'Aligoté atteint des hauteurs uniques dans le village de Bouzeron au nord.*

des Rully. Certains d'entre eux, toutefois, peuvent être plus lourds et directs comme le sont de nombreux Mâcon-Villages. La maison Louis Latour a depuis longtemps découvert la grande valeur potentielle de ces vins et on lui doit une part significative de la production totale.

Bouzeron, le village qui se trouve au nord de Rully, dispose de sa propre appellation exclusive pour des vins faits à partir d'un seul cépage. C'est en effet la seule appellation de blanc « Aligoté » limitée à un seul village dans toute la Bourgogne. C'est la récompense d'une production de vin perfectionniste, notamment chez Aubert de Villaine, un des copropriétaires du Domaine de la Romanée-Conti.

L'ensemble de la région, Bouzeron compris, produit d'excellents bourgognes rouges et blancs courants. Elle est désormais délimitée sous le nom de « Bourgogne Côte Chalonnaise », mais souvent déclassée sous l'appellation générique de « Bourgogne ». Après deux ou trois ans, les vins rouges peuvent être merveilleux. Mais ce que la région a de plus élégant à offrir, c'est son vin pétillant, le crémant de Bourgogne, qui peut constituer une alternative bon marché au champagne.

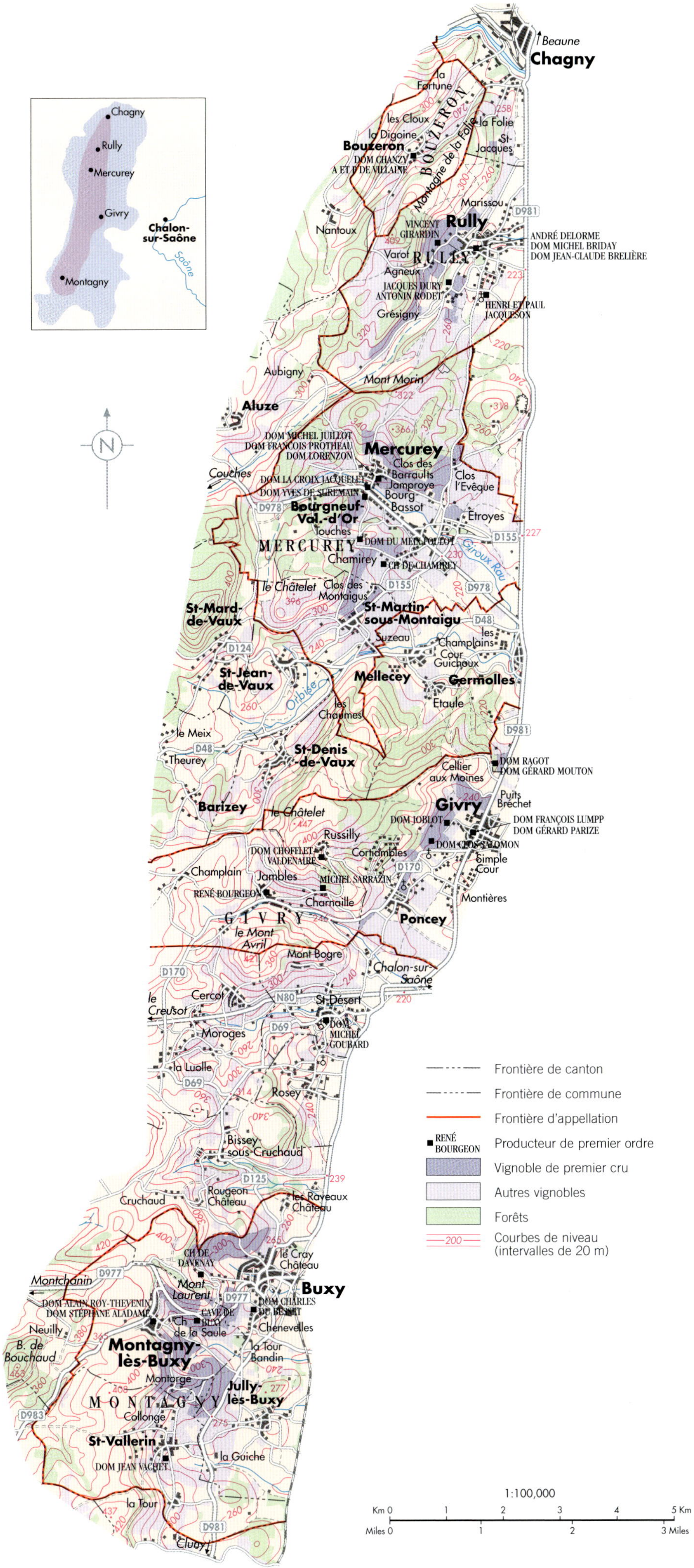

Mâconnais

La ville de Mâcon, sur la Saône, à 55 km au sud de Chalon, a donné son nom à une vaste région vallonnée, profondément rurale, dont les vins sont de qualité variable mais progressent rapidement. Le mâcon rouge (du gamay pour l'essentiel) est à peine reconnaissable comme bourgogne ; le vin blanc, lui, l'est absolument.

Avec son sous-sol calcaire caractéristique, recouvert soit d'argile soit d'alluvions, c'est d'abord un pays de vin blanc (le Mâconnais produit trois fois plus de vin blanc que le reste de la Bourgogne). Le climat légèrement plus chaud que celui de la Côte d'Or convient au cépage de chardonnay, qui semble être chez lui dans le Mâconnais. Souvent gonflé avec du pinot blanc, le chardonnay représente les deux tiers de tout le vin blanc du Mâconnais.

Environ 25 % du vignoble est planté de gamay, le principal ingrédient du mâcon rouge, mais une proportion croissante de la région est consacrée au pinot noir, qui est par conséquent vendu sous l'appellation « Bourgogne ». Le mâcon rouge est rarement exaltant, car le gamay cultivé sur sol calcaire, et non granitique comme dans le Beaujolais, peut avoir un côté dur, rustique.

La vignette de localisation montre quelle partie du grand Mâconnais est détaillée sur la carte. La région plus pâle au nord et à l'ouest de ce secteur produit l'essentiel du Mâcon blanc et rouge et un peu de rosé. L'appellation Mâcon-Villages devrait, théoriquement, être une garantie de qualité supérieure en provenance des meilleurs villages de la région, mais elle s'applique en pratique à la totalité ou presque du Mâcon blanc. Pour se guider avec plus de certitude en matière de vins blancs, il faut chercher ceux qui sont vendus sous un des 43 noms de villages autorisés sur les étiquettes, certains d'entre eux figurant sur la carte. Parmi ces villages, certains ont aussi droit à l'appellation de Beaujolais-Villages, qui s'étend à l'extrémité sud du Mâconnais.

Dans cette zone tampon, les villages de Chasselas, Leynes, Saint-Vérand et Chânes peuvent aussi se réclamer de l'étrange appellation de complaisance Saint-Véran pour le chardonnay cultivé aux confins septentrionaux et méridionaux de l'appellation Pouilly-Fuissé. Les sols de cette partie méridionale de l'appellation Saint-Véran ont tendance à être rouges, acides et sablonneux, et donnent des vins en général très différents, plus simples et plus maigres que ceux des sols calcaires de Prissé et de Davayé au nord de Pouilly-Fuissé.

Le Pouilly-Vinzelles et le Pouilly-Loché, à l'est de la zone centrale du Pouilly-Fuissé, sont théoriquement des alternatives à ce dernier, mais sont produits en très petite quantité.

Le Mâcon-Prissé, cultivé aussi sur du calcaire, peut être une bonne affaire. Le Lugny, l'Uchizy et le Loché, qui font un chardonnay rond, bourguignon, à des prix étudiés, ont leurs partisans. Les deux meilleurs villages, toutefois, sont Viré et Clessé, situés sur une bande de calcaire parallèle à l'autoroute A6, qui s'étend de la concentration d'excellence de Pouilly-Fuissé jusqu'à la colonne vertébrale de la Côte d'Or. L'appellation contrôlée Viré-Clessé a été créée en 1999 pour les vins de ces deux villages entre autres (voir la carte).

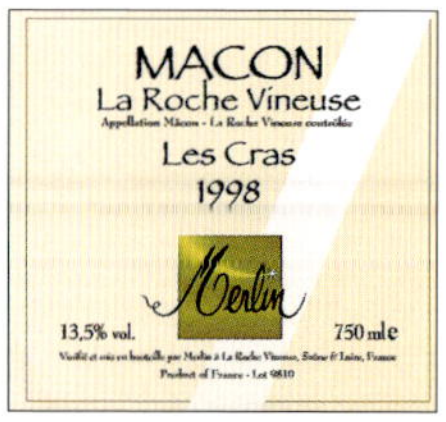

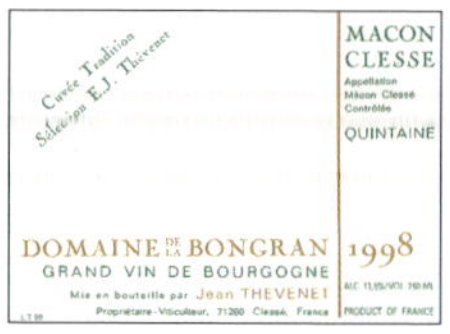

Jean Thévenet est le pionnier *du Mâcon blanc doux, vin de pourriture noble exceptionnel. La plupart des vins de son Domaine de la Bongran et de ceux d'Émilien Gillet sont trop riches pour l'appellation Viré-Clessé.*

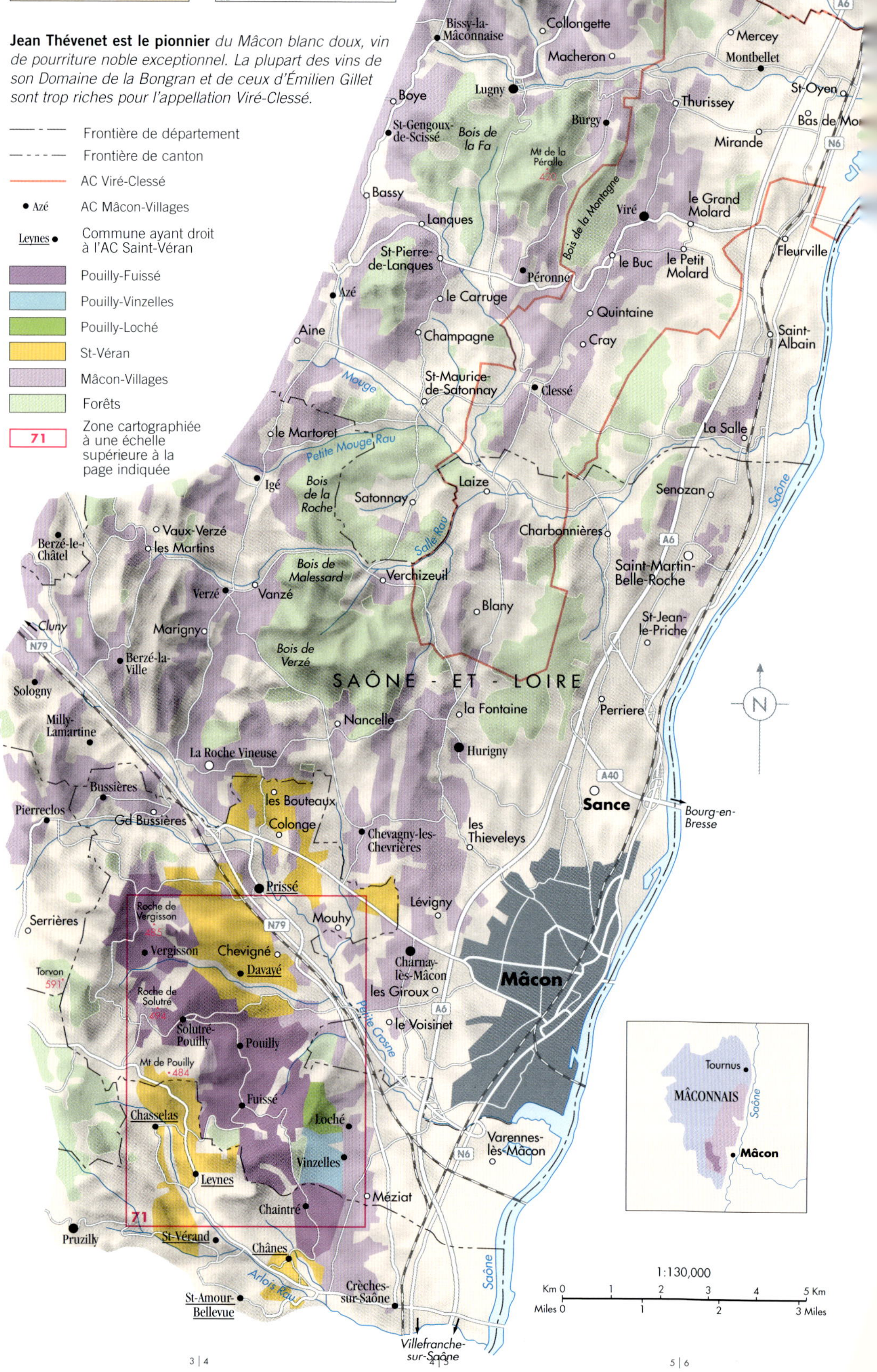

Pouilly-Fuissé

La plupart des vins mâconnais ont une réputation de simplicité plutôt que d'excellence. Mais en se rapprochant de la frontière du Beaujolais, on découvre un secteur qui produit des vins blancs d'une grande élégance. La zone de Pouilly-Fuissé est une soudaine tempête de collines de calcaire ondulées, riches en argile alcaline dont raffole le cépage de chardonnay.

La carte montre comment sont situés sur les pentes les cinq villages très différents de Pouilly-Fuissé (Vergisson, Solutré-Pouilly, Fuissé, Chaintré et Pouilly). Les courbes de niveau suffisent à révéler l'irrégularité de la topographie et la variété des vignobles.

Les vignes exposées au sud sur les pentes dégagées de Chaintré peuvent parvenir à maturité deux bonnes semaines avant celles des pentes de Vergisson, exposées au nord, qui donnent, après un long vieillissement, les vins les plus corsés. Le village de Solutré-Pouilly s'abrite sous la roche rose pâle de Solutré, tandis que les villages jumeaux de Pouilly et Fuissé sont situés à faible altitude.

Le meilleur pouilly est plein, voire riche, parfois capable d'une succulence somptueuse avec le temps. Une douzaine de producteurs environ font des vins qui atteignent régulièrement ces hauteurs, en appliquant des politiques qui divergent allègrement en matière de chêne, d'agitation des lies et d'addition de raisins de seconde vendange pour donner de l'acidité à un vin qui peut être assez gras. Malheureusement, de nombreux autres vins paraissent ternes en comparaison, à peu près impossibles à distinguer d'un mâcon-villages, et leurs producteurs ont hélas tendance à s'appuyer lourdement sur la réputation internationale du Pouilly-Fuissé.

Après une période de stagnation dans les années 1980, l'appellation est aujourd'hui florissante et évolue dans le bon sens. Le catalyseur le plus évident a été le domaine miniature de Guffens-Heynen à Vergisson, dirigé par le brandon de discorde qu'est Jean-Marie Guffens, accompagné de sa femme, talentueuse productrice de vin. Le leader précédent du Pouilly-Fuissé, Château de Fuissé, a dû relever son niveau, mais aujourd'hui la région peut s'enorgueillir de toute une série de perfectionnistes comme les Domaines J.-A. Ferret et Robert-Denogent, Daniel Barraud et Olivier Merlin (installé juste au nord de cette zone sur une terre excellente des pentes orientées à l'ouest de La Roche Vineuse – voir l'étiquette page 70).

Cette région est aujourd'hui beaucoup plus mouvementée que celle de la Côte de Beaune, un peu plus au nord. Guffens a établi sa société de négoce, Verget, un des récents succès de la Bourgogne des affaires, à Soligny, au nord-ouest de la région du Pouilly-Fuissé. Dominique Lafon, qui possède un des meilleurs domaines de Meursault, a choisi d'investir à Milly-Lamartine. Les coopératives sont importantes dans tout le Mâconnais et celle de Chaintré est de loin la première productrice de pouilly-fuissé.

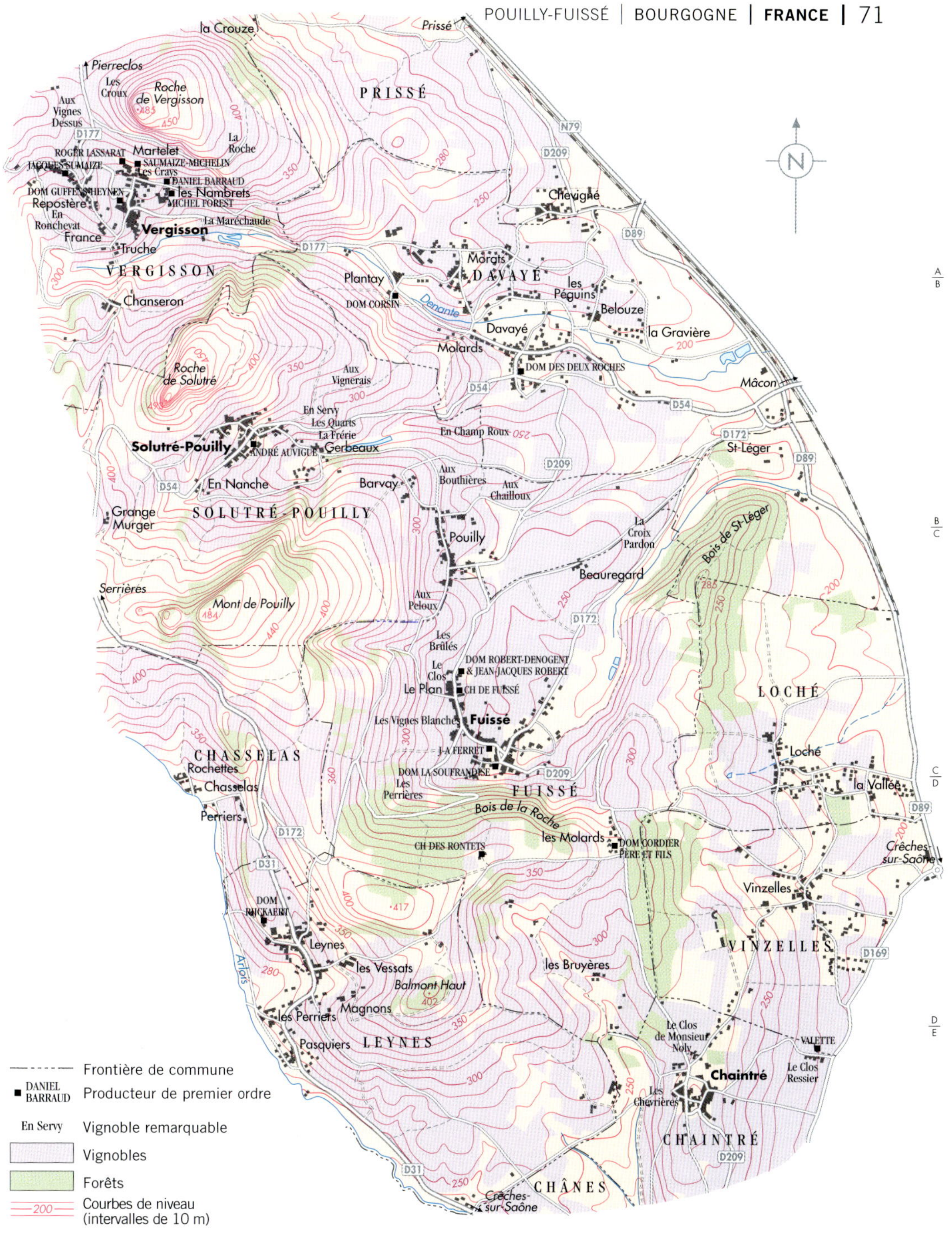

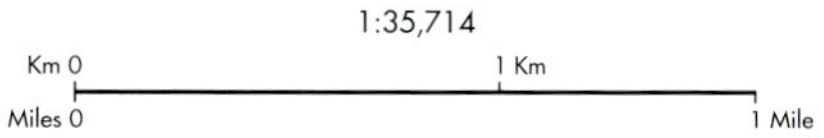

Ci-dessous Une scène typique d'un village bourguignon à l'époque de la vendange, avec les hottes empilées qui seront bientôt sur le dos des vendangeurs, et les géraniums si caractéristiques des villages de la région.

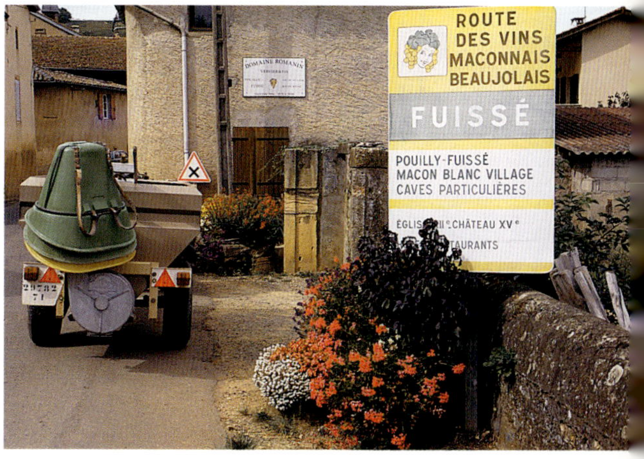

Trois étiquettes *de domaines de grande qualité, et une du premier négociant en vins blancs, la maison Verget, dont la réputation s'est répandue bien au-delà du Mâconnais, à travers la Côte d'Or et jusque dans le Chablis.*

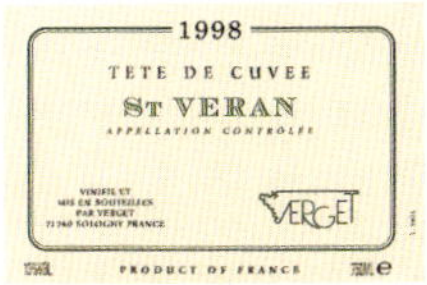

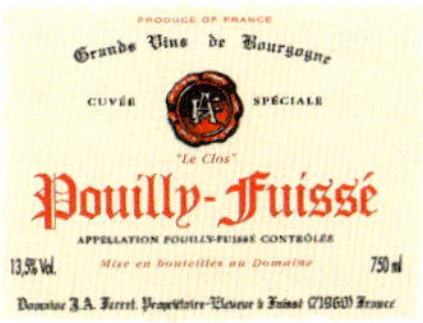

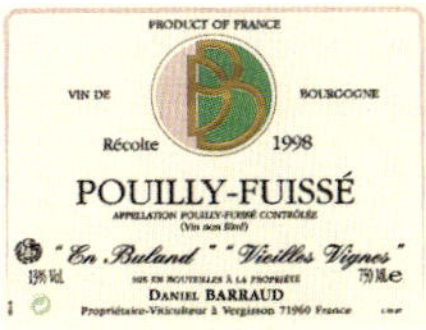

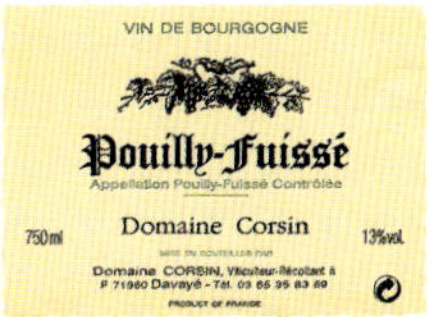

Beaujolais

Parmi les mariages du raisin et de la terre, celui du cépage de gamay et de l'argile sablonneuse sur du granite, qui ne donne rien de remarquable ailleurs, donne ici un vin léger, fruité, frais, vif que l'on ne se lasse pas de boire.

La légèreté n'est pas à la mode et même des amateurs de vin éclairés peuvent négliger le beaujolais pendant la plus grande partie de l'année. Mais au mois de novembre, nul ne peut l'ignorer. Le beaujolais-nouveau était tellement populaire à la fin des années 1970 et dans les années 1980 qu'il semblait être la boisson préférée dans le monde entier. Une fête mondiale accompagnait l'arrivée du vin nouveau, comme si la mémoire des peuples revivait les bacchanales de l'Antiquité. Tous les producteurs de vin rêvaient d'un tel afflux d'argent, que seul le Beaujolais pouvait générer.

Mais la version précoce du beaujolais est devenue si populaire (en 1992, près de la moitié du Beaujolais vendu l'a été en tant que Beaujolais Nouveau) que l'incitation à produire un vin plus sérieux a beaucoup faibli. La perception – et parfois la réalité – de la qualité en a pâti.

La région du Beaujolais s'étend sur 55 km, depuis les collines de granite du sud de Mâcon, extrémité méridionale de la Bourgogne, jusqu'aux terres beaucoup plus plates qui se trouvent au nord-ouest de Lyon. Le Beaujolais produit au total deux fois plus de vin que la Bourgogne, et la région est loin d'être homogène. La nature des sols la divise brutalement à la hauteur de la petite vallée du Nizerand, juste au nord de Villefranche, capitale de la région. Au sud, dans le « Bas » Beaujolais (en vert sur la carte), le sol est argileux, le vin, du simple beaujolais. Ses villages ont des noms obscurs : leur vin ne peut aspirer qu'à atteindre une certaine teneur en alcool qui le qualifie pour l'appellation de Beaujolais Supérieur. De ce puits profond sont tirés chaque année 70 millions de litres – rapidement bus.

Très frais, il peut constituer le parfait vin de bistrot, servi en pichet dans les célèbres et très authentiques bouchons (petites brasseries) de Lyon. Trop souvent, son degré alcoolique est relevé grâce à des additions de sucre, ce qui ruine son parfum piquant, presque ardent, et transforme sa légèreté gouleyante en une âpreté pesante. Le vin ordinaire du « Bas » Beaujolais vieillit rarement bien, même dans les bonnes années. Son sol argileux est trop froid pour permettre une maturation complète des arômes pleins du gamay.

La partie septentrionale de la région, le « Haut » Beaujolais, est assise sur du granite, avec différentes sortes de terres arables sablonneuses qui drainent, réchauffent et font mûrir le gamay, parfois à la perfection. Trente-neuf de ses villages ou communes, signalées dans les zones bleues et mauves sur la carte, ont droit à l'appellation Beaujolais-Villages. Ces vignobles grimpent vers les montagnes boisées jusqu'à une altitude de 450 m.

Il vaut toujours mieux, ou presque, payer un peu plus cher pour un beaujolais-villages, même nouveau, car sa concentration est supérieure. Mais les beaujolais-villages sont rarement à leur meilleur à la fin du mois de novembre. Ils exigent et méritent de passer au moins trois mois en bouteille. Seuls les producteurs indépendants qui mettent en bouteilles (la petite minorité) utilisent le nom des communes du Beaujolais-Villages. L'essentiel de la production est vendu par des marchands qui, par des mélanges, créent un beaujolais-villages conforme aux goûts de leurs clients.

Dix de ces communes, signalées en rose dans le mauve sur la carte, ont le droit d'utiliser leur propre nom sur les étiquettes et sont censées manifester une certaine singularité. Ce sont les crus Beaujolais, cartographiés en détail page 74. Ils se situent juste au sud du Mâconnais, près du Pouilly-Fuissé. Dans la partie septentrionale, on trouve une petite production de beaujolais blanc – en fait certains villages peuvent vendre leur vin rouge sous l'appellation de Beaujolais-Villages et leur blanc sous celle de Mâcon-Villages.

Le gamay est ici dans son élément. Chaque pied de vigne est échalassé individuellement sans treillage. Au bout de dix ans, ils ne sont plus palissés, mais simplement attachés avec de l'osier pendant l'été pour les dégager les uns des autres.

Le beaujolais est le produit d'une macération carbonique, les grappes entières étant jetées, sans passer par une broyeuse, dans la cuve de fermentation. Les raisins, ceux du moins qui se trouvent à la surface de la cuve, commencent leur fermentation interne, une fermentation accélérée qui accentue l'odeur caractéristique et l'arôme du fruit tout en minimisant ceux des tannins et de l'acide malique. Après trois ou quatre jours de macération, les raisins sont pressés et la fermentation achevée dans une cuve sans les peaux, pour minimiser encore l'astringence. Moins d'un mois après la vendange, le vin est fait, prêt à être filtré, mis en bouteille, étiqueté, expédié et bu.

À l'ouest (en dehors de la carte), sur une crête de montagne du bassin de la Haute-Loire, se trouvent trois régions plus petites, vouées à la culture du gamay elles aussi (voir la carte de France page 53). La Côte Roannaise, sur les pentes de la Loire exposées au sud et au sud-est, près de Roanne, bénéficie elle aussi d'un sol granitique. Plusieurs domaines indépendants peuvent y produire des vins qui ont la même intégrité rafraîchissante que le beaujolais. Plus au sud, cultivant le gamay sur des sols similaires, les Côtes du Forez sont dominées par une seule coopérative de qualité. Les Côtes d'Auvergne sont encore plus étendues, en plein centre de la France, près de Clermont-Ferrand, et on y fait à partir du gamay des rouges légers et un petit vin blanc léger.

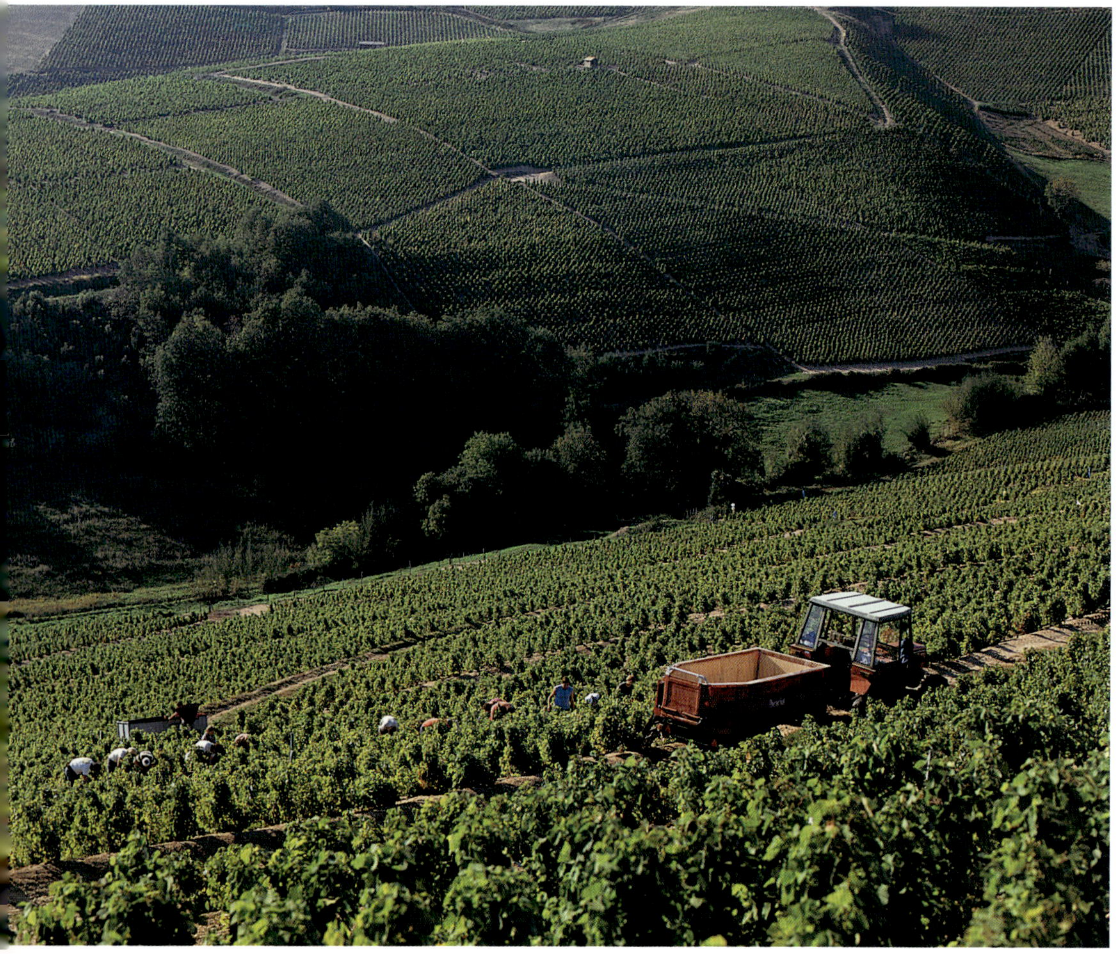

À gauche Dos courbés près du village de Fleurie. Le Beaujolais est une des rares régions vinicoles françaises à ne pas avoir été envahie par les vendangeuses mécaniques, car le processus de vinification utilise des grappes entières et non des raisins qu'on fait tomber de la vigne.

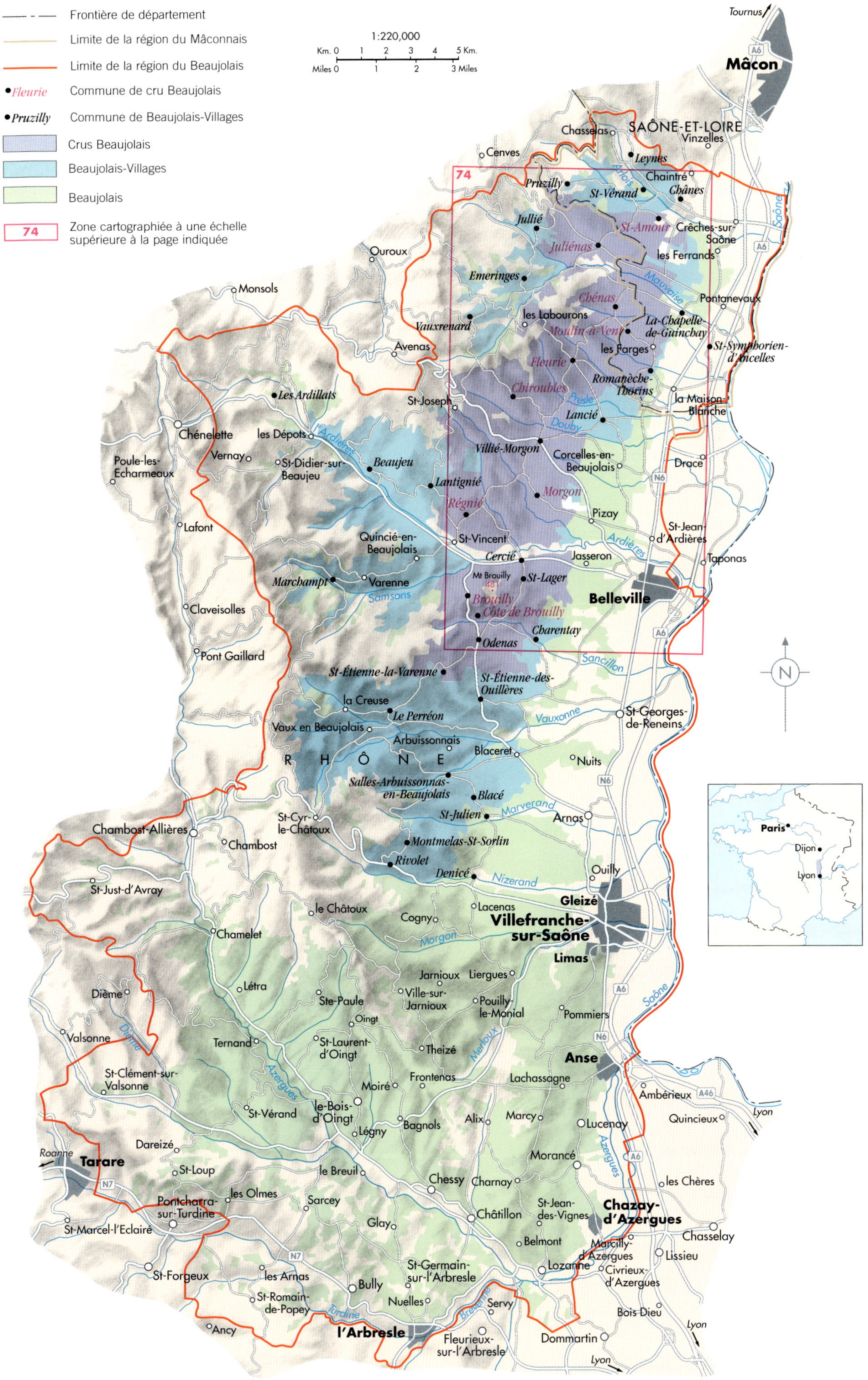

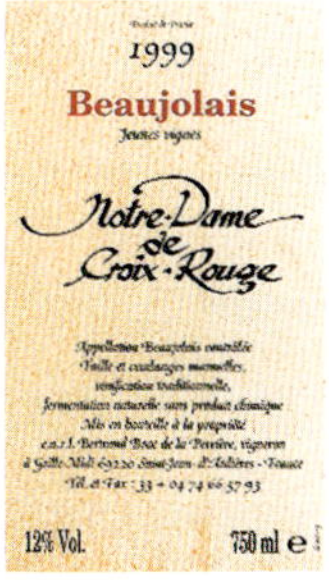

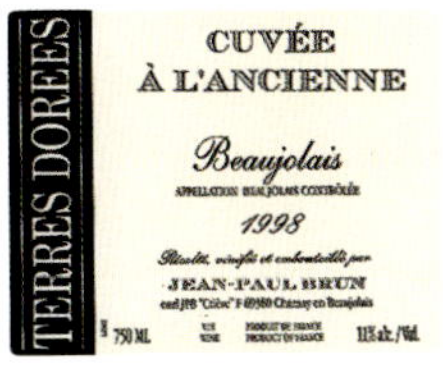

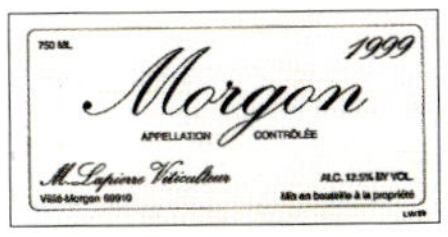

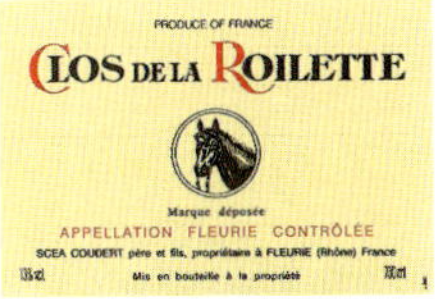

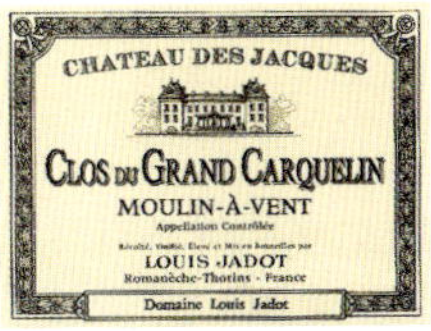

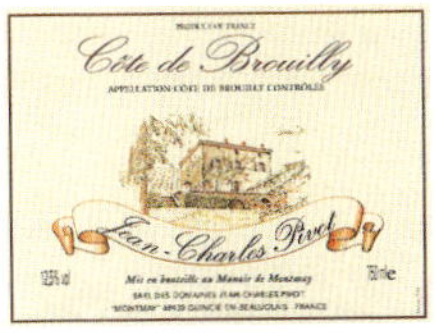

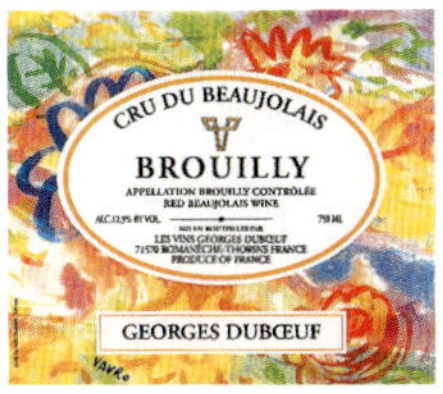

De nombreux producteurs *de vin indépendants et traditionnels se cachent dans les collines du nord du Beaujolais, détaillées page suivante. Les crus Beaujolais inscrivent rarement « Beaujolais » sur leurs étiquettes, il faut donc mémoriser leurs noms (en magenta sur la carte).*

Les crus du Beaujolais

Les dix crus du Beaujolais sont tous situés dans cette zone de collines boisées à leur sommet, presque entièrement couvertes de vignes. Elle se déploie sur 24 km dans sa longueur et 12 km dans la largeur. Les vins y expriment à la perfection les effets du terroir sur un unique cépage, le gamay. Chaque cru a une personnalité que les bons producteurs explorent et exposent avec toute la vigueur permise par la récolte, du vin au parfum tranchant à boire jeune aux riches bouteilles boudeuses qui ont besoin de plusieurs années pour que leur goût piquant et capiteux évolue.

Les villages de cru sont situés sur les contreforts de mamelons volcaniques et sur les monts du Beaujolais. C'est une région beaucoup plus accidentée que la Côte d'Or.

Tous les vignobles de cru sont situés assez hauts pour rendre relativement rares les dégâts provoqués par le gel. Les sols varient de l'ardoise en décomposition (à Morgon) au calcaire (dans certaines parties de Saint-Amour). Tout le sous-sol est composé du granite des volcans éteints – ce qui est très visible sur le tronçon du mont Brouilly, avec ses sols acides et sablonneux.

Le Brouilly est le plus grand des crus du Beaujolais, ses 1200 hectares remplissant l'essentiel du coin sud-ouest de la carte. Avec une production qui atteint parfois le million de caisses, il peut être décrit au mieux comme étant sujet à des variations. Le Côte de Brouilly sur les pentes du mont Brouilly peut atteindre des hauteurs plus convenables, notamment les vins des pentes exposées au sud-est (le Château Thivin, par exemple).

Le Morgon est le deuxième cru en taille et un des plus élégants pour ce qui est du sol et de la saveur. Il est centré sur le mont du Py, une formation rocheuse d'ardoise en décomposition qui lui donne plus de rigueur que n'importe quel autre cru et presque autant de souffle et de substance qu'un Moulin-à-Vent. Il existe quelques morgon moins excitants à une altitude inférieure.

Le Régnié, à l'ouest, n'a acquis le statut de cru que depuis 1988. Ses sols sont relativement sablonneux et les vins ont donc tendance à être souples et directs. Au nord, le Chiroubles est ce qui se fait de plus joli dans le Beaujolais, à la fois comme vin et comme village.

Le Fleurie est central à tous égards : le nez est puissant, le vin fruité et soyeux, limpide. La transition vers la sévérité du Moulin-à-Vent est sensible. Le sol est ici riche en fer et en manganèse, probablement responsable de la concentration de ses jeunes vins et de leur capacité à vieillir dix ans pour atteindre une sorte de caractère bourguignon.

Le Chénas, le plus petit cru, a perdu la meilleure partie de ses terres au profit du Moulin-à-Vent. Le juliénas ressemble au fleurie quand il est jeune, mais il est plus gras, plus charnu et plus épicé, avec une structure qui lui permet de vieillir cinq ans. Le vignoble de Juliénas est pentu, parfaitement protégé et drainé. Aucun autre cru n'est aussi équilibré. Le Saint-Amour constitue la dernière étape du Beaujolais avant Saint-Véran et le Mâconnais.

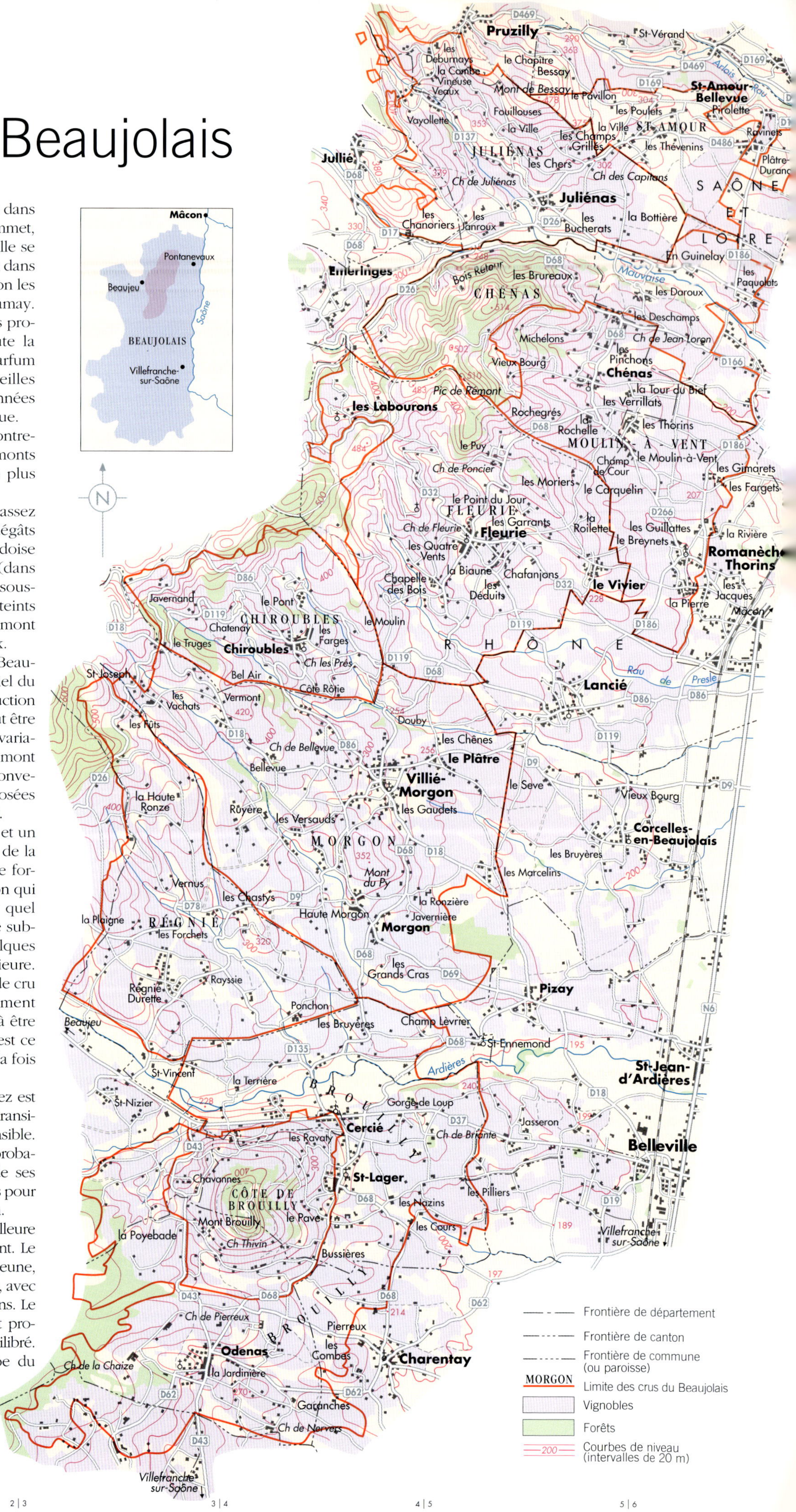

1:75,000
Km 0 1 2 Km
Miles 0 1 2 Miles

Chablis

Le Chablis est l'unique survivant ou presque de ce qui était autrefois une vaste région vinicole et le fournisseur principal de Paris. Il y a un peu plus d'un siècle, le département de l'Yonne comptait 40 000 hectares de vignes (surtout de vin rouge) et jouait le rôle qui allait bientôt être imparti au Midi. Les canaux du Chablis qui coulaient vers la Seine étaient remplis de pinasses, sauf au printemps quand ils étaient dégagés pour le flottage du bois de chauffe des forêts environnantes en direction de la capitale.

Le phylloxéra a d'abord frappé, puis les voies ferrées ont court-circuité les producteurs de vin de l'Yonne, en en faisant une des régions agricoles les plus pauvres de France. En 1945, il ne restait plus que 400 hectares de vignes environ. Le filet de vin que la région produisait était noyé par les flots en provenance d'Espagne, de Californie, d'Australie et des pays qui maintenaient vivante sa réputation en utilisant abusivement son nom. « Chablis » devint synonyme de vin blanc, au moment même où la région semblait à l'agonie.

La seconde moitié du XXe siècle a été marquée par une grande renaissance et une légitimation nouvelle du renom de la région. Car le chablis est un de ces grands vins parfaitement inimitables. Le chardonnay s'adapte très bien à son terroir froid, composé de calcaire argileux, et livre des arômes inégalés.

Le chablis, plus que n'importe quel autre vin, est très difficile à décrire. Il y a là quelque chose qui échappe aux mots. Le vin est dur, sans être âcre ; il évoque les pierres et les minéraux, mais en même temps le foin encore vert. Quand il est jeune, il a d'ailleurs l'aspect vert que de nombreux vins sont censés avoir. Le chablis grand cru et certains des meilleurs premiers crus ont un goût remarquable, puissant, presque immortel. Et c'est en effet un vin qui dure longtemps. Quand il atteint dix ans d'âge, un étrange et délicieux goût amer se développe, et son aspect vert-doré devient un clin d'œil plein de sens (même s'il peut traverser une période intermédiaire délicate et même repoussante, pendant laquelle il a des arômes de laine humide).

Dans les climats froids, les vignobles ont besoin de conditions exceptionnelles pour donner de bons résultats. Le Chablis est situé à 160 km au nord de Beaune et se trouve donc plus près de la Champagne que du reste de la Bourgogne. Sa géologie particulière est son secret : l'affleurement du bord d'un grand bassin calcaire enterré. L'autre bord, de l'autre côté de la Manche dans le Dorset, a donné son nom, Kimmeridge, à cet unique pudding de coquilles d'huîtres préhistoriques. Les huîtres et le chablis sont liés depuis la création, semble-t-il.

Il existe deux autres régions où des sols similaires donnent des vins d'une qualité unique. Leurs vins sont très différents mais représentent ce qui se fait de meilleur au monde pour les cépages employés, en dépit ou peut-être à cause du climat froid. Le Sancerre en est une, où le sauvignon blanc peut atteindre la perfection sur cette argile crayeuse. L'autre est la région de Franken en Allemagne, où le sylvaner, sur le Muschelkalk, parvient à une qualité et une longévité inconnues ailleurs.

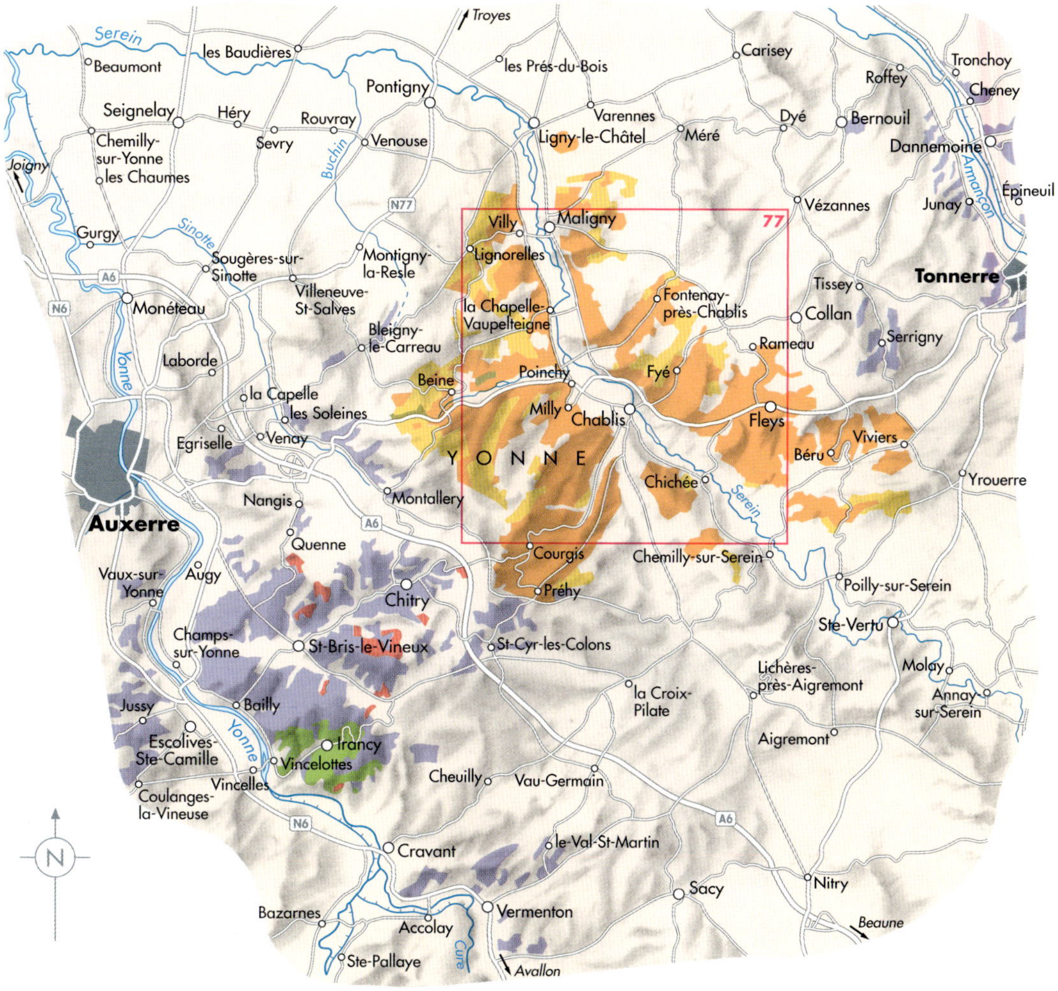

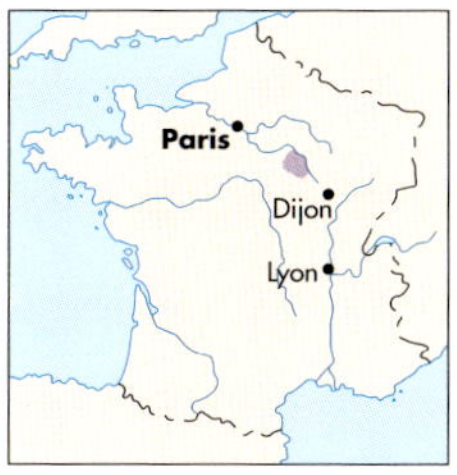

Le robuste chardonnay (connu ici sous le nom de beaunois, vigne de Beaune) est le seul cépage du Chablis. Sur les pentes d'argile kimméridgienne exposées au soleil, il mûrit parfaitement.

Mais le Chablis et le Petit Chablis, région très étendue qui se trouve tout autour, ne sont en aucune façon les seules appellations de l'Yonne. On y trouve les vestiges du vignoble, autrefois immense, d'Auxerre, comme à Irancy où pratiquement toutes les vignes sont du pinot noir, ou à Coulanges-la-Vineuse à l'ouest dont les vins sont vendus sous l'appellation Bourgogne Coulanges. Le sauvignon de Saint-Bris-le-Vineux, inhabituel dans cette partie de la France, possède le statut de VDQS (Sauvignon de Saint-Bris, voir page 152). Le pinot noir et le chardonnay du village sont inclus dans l'appellation Côtes d'Auxerre. Les vignobles autour de Tonnerre, vendus sous l'étiquette Bourgogne Épineuil, se sont développés de façon spectaculaire dans les années 1990. La petite quantité de vin fait à Joigny (au nord-ouest, en dehors de la carte) est vendue sous l'appellation de Bourgogne Côte Saint-Jacques – coup publicitaire qui est aussi un coup de maître de Michel Lorain, le restaurateur du coin devenu vigneron.

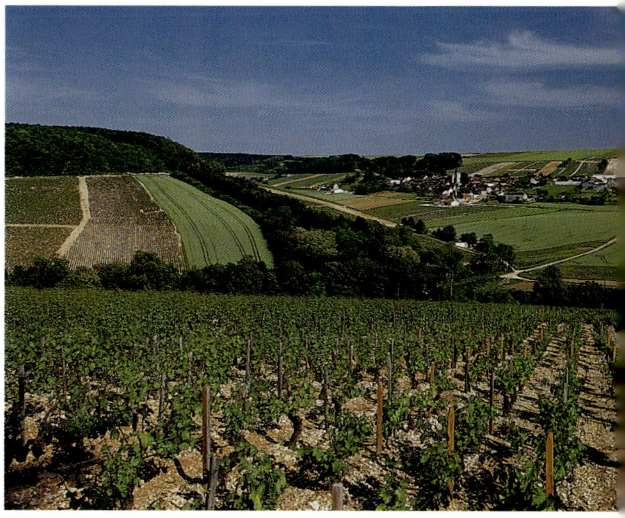

Ci-dessus Les Fourneaux, vignoble de premier cru, au nord du village de Fleys, à l'est de la zone cartographiée à une plus grande échelle page 77. Les raisins qui ne parviennent pas à maturité dans le nord du Chablis sont transformés en crémant, le vin pétillant de Bourgogne.

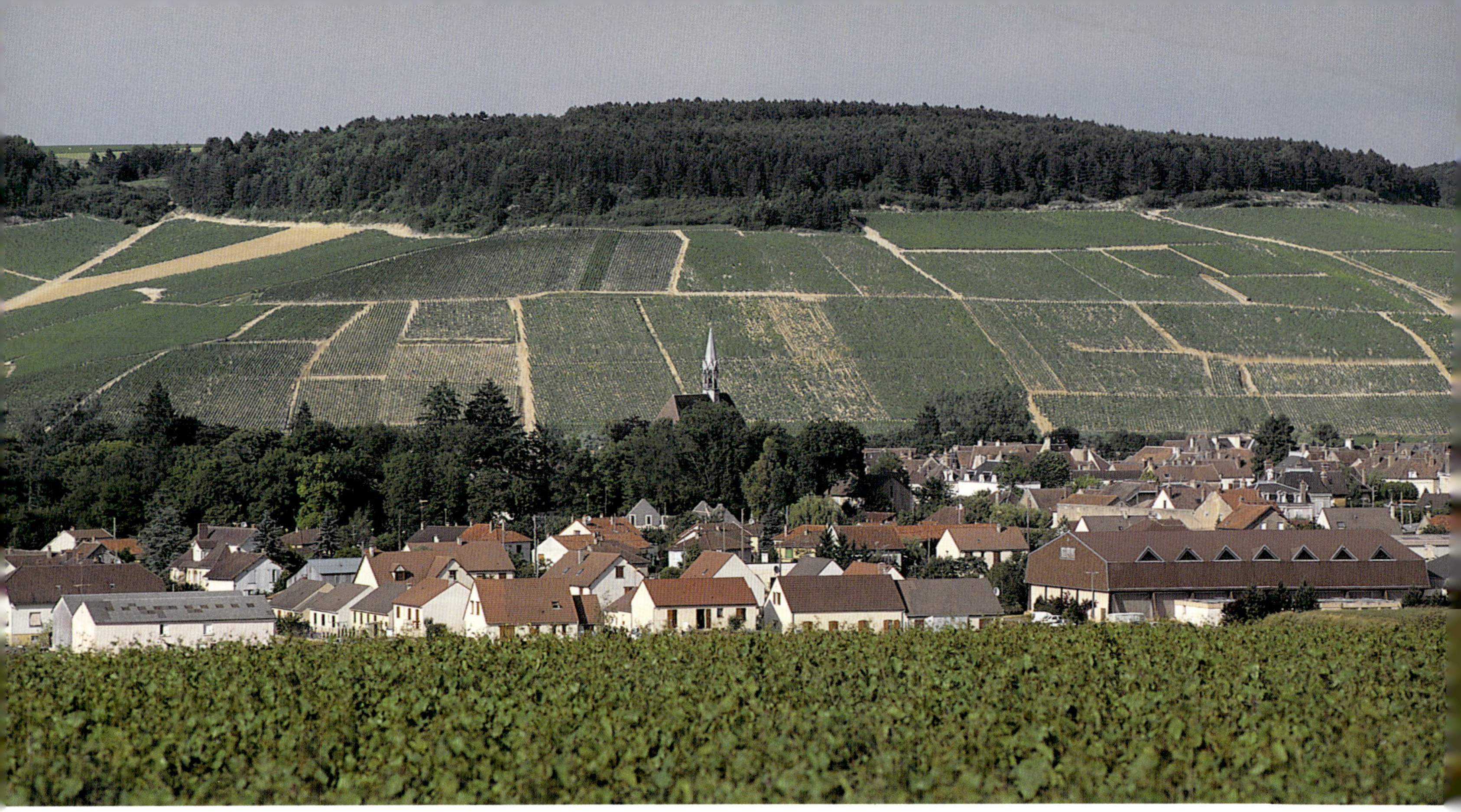

Le cœur du Chablis

La classification des chablis en quatre catégories fournit une des démonstrations les plus claires de l'importance des pentes orientées au sud : les grands crus ont toujours meilleur goût que les premiers crus, les premiers crus que les simples chablis, les simples chablis que les petit-chablis.

Tous les grands crus sont situés dans une même enclave orientée au sud-est, au-dessus du village et de la rivière ; leur surface totale de 105 hectares ne représente que 3 % de l'ensemble du vignoble du Chablis. Chacun des sept a son propre style. Nombreux sont ceux qui considèrent Les Clos et Vaudésir comme les meilleurs , car ils ont les arômes les plus puissants. Mais ils ont en commun une intensité et une densité d'arôme qui les met à égalité avec les meilleurs blancs de la Côte de Beaune, avec toutefois un côté plus nerveux, qui, l'âge aidant, se transforme en une noble complexité. Les grands crus doivent vieillir dix ans dans l'idéal, et de nombreux millésimes sont majestueux après vingt, trente et même quarante ans.

Les Clos est le premier en superficie, avec 24 hectares, et le plus connu. Certains diraient aussi le premier pour ce qui est de l'arôme, de la puissance et de la longévité. Les excellents millésimes des Clos peuvent, avec le temps, développer un parfum proche de celui du Sauternes. Les Preuses est très mûr, rond et d'un caractère un peu moins pierreux peut-être, tandis que le Blanchot et Les Grenouilles sont hautement aromatiques. Le Valmur est l'idéal de certains dégustateurs : riche et parfumé. D'autres préfèrent la définition et la finesse du Vaudésir. La Moutonne n'est pas officiellement classé comme grand cru mais mériterait de l'être. Bougros est classé dernier la plupart du temps, mais l'empreinte du producteur est souvent plus élégante que ne le laisse croire ce classement.

Il y avait autrefois beaucoup plus de premiers crus, mais les moins connus ont été depuis longtemps autorisés à commercialiser leur vin sous les noms des douze les plus célèbres. La carte ci-contre indique les anciens noms et les nouveaux d'usage courant désormais. Les premiers crus ont des expositions et des pentes très variables. Ceux qui se trouvent sur la rive nord de la Serein, bordant les grands crus au nord-ouest (La Fourchaume par exemple) et à l'est (Montée de Tonnerre et Mont de Milieu) sont certainement avantagés.

Un chablis premier cru a un demi-degré d'alcool de moins qu'un grand cru et est, par conséquent, moins impressionnant et moins intense en parfum et en arôme. Néanmoins, c'est un vin de grand style et il devrait durer aussi longtemps qu'un premier cru blanc de la Côte d'Or. Son principal défaut, ces temps-ci, est probablement une certaine dilution, liée à la surproduction.

Le vignoble du Chablis s'est étendu dans les années 1970 et 1980, provoquant une controverse encore vive aujourd'hui parmi les producteurs. La question qui les divise est celle du sol. Les conservateurs attribuent au calcaire kimméridgien des vertus uniques ; leurs adversaires prétendent que le calcaire portlandien très proche, qui affleure beaucoup plus largement dans la région, a les mêmes qualités. L'INAO a pris parti pour ces derniers, permettant ainsi une extension de 4 000 hectares en 1998. En 1960, il y avait plus de terres consacrées au chablis premier cru qu'au simple chablis. Aujourd'hui, en dépit de l'extension considérable des vignobles de premier cru, la surface des vignobles qui produisent du chablis est quatre fois plus étendue.

Ci-dessus La superbe pente, baignée de soleil, des vignobles de grand cru au-dessus du village de Chablis. La pente principale est occupée par Valmur et Les Clos, avec au premier plan l'excellent Premier Cru Vaillons.

Certains disent que la qualité a pâti de cette expansion. Elle varie considérablement d'une année à l'autre, et d'un producteur à l'autre. La plupart optent désormais pour des vins frais, fermentés en cuve plutôt qu'en fût. Quelques-uns d'entre eux montrent que le chêne (rarement du chêne nouveau) a des vertus spéciales. L'introduction de la fermentation malolactique a réduit l'acidité et permis de faire vieillir le vin plus rapidement. Mais, au bout du compte, un bon chablis est toujours aussi bon qu'avant, voire meilleur dans la mesure où la compétence des producteurs s'est accrue comme partout ailleurs.

Ce qui est moins prévisible, c'est la quantité récoltée, car la vigne est toujours fortement exposée aux dégâts des gelées. L'expansion spectaculaire des vignobles a permis de stabiliser les prix. Le chablis grand cru, largement ignoré des marchands de vins fins dans le monde, est encore aujourd'hui à la moitié du prix d'un corton-charlemagne. Parvenir à la parité ne serait que justice.

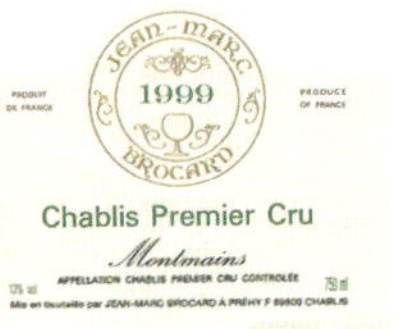

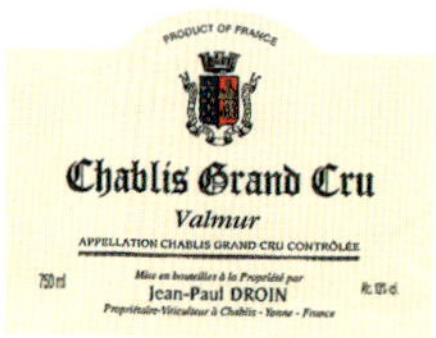

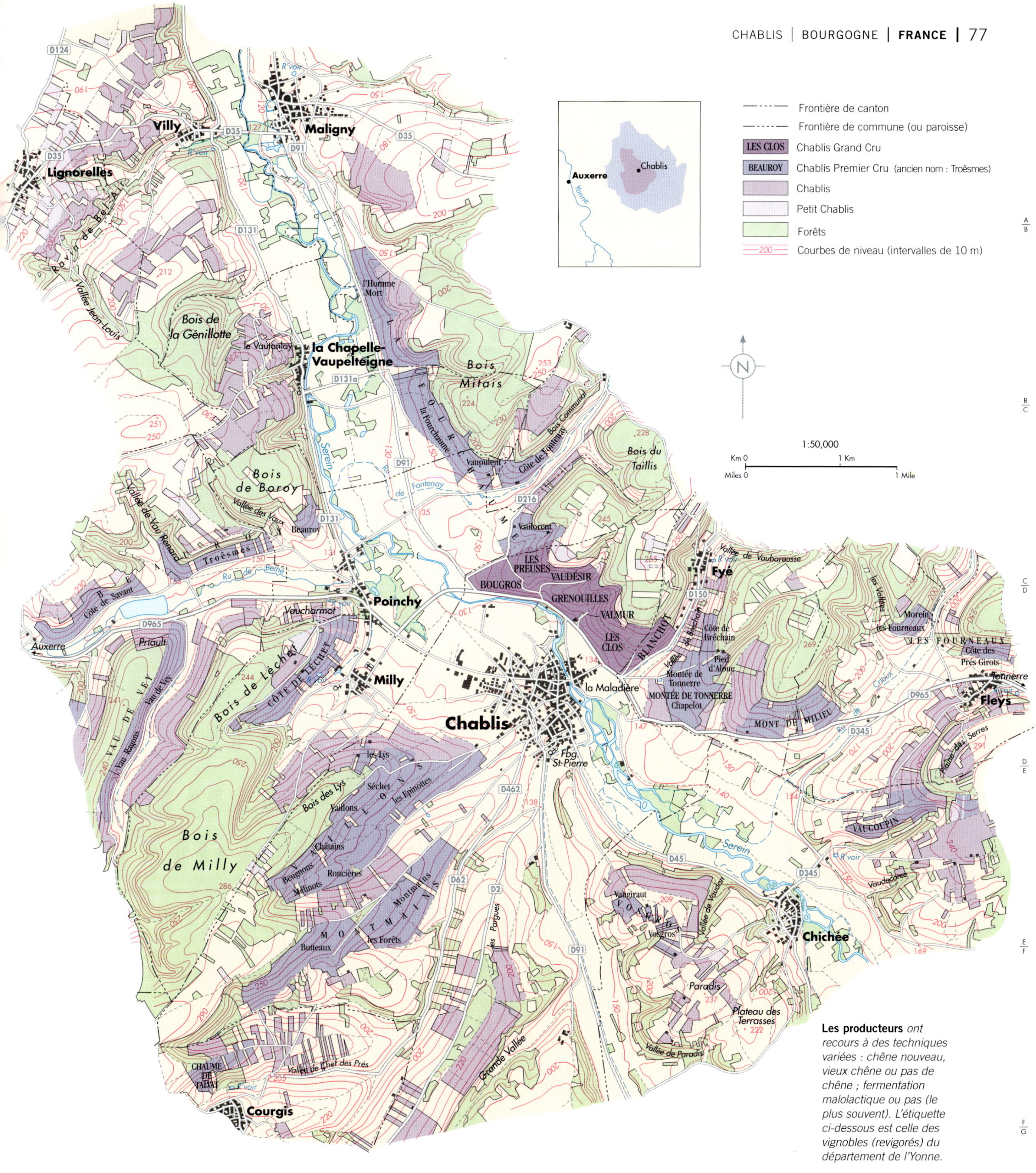

Les producteurs *ont recours à des techniques variées : chêne nouveau, vieux chêne ou pas de chêne ; fermentation malolactique ou pas (le plus souvent). L'étiquette ci-dessous est celle des vignobles (revigorés) du département de l'Yonne.*

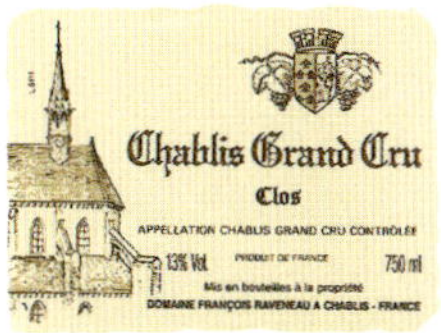

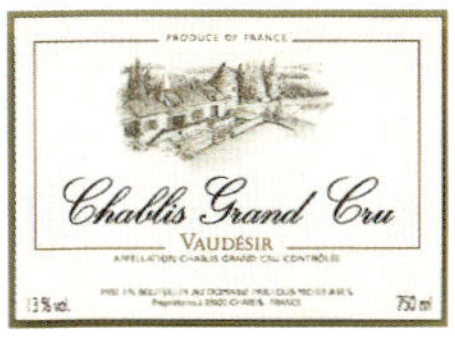

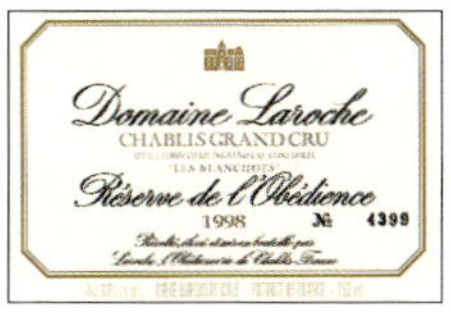

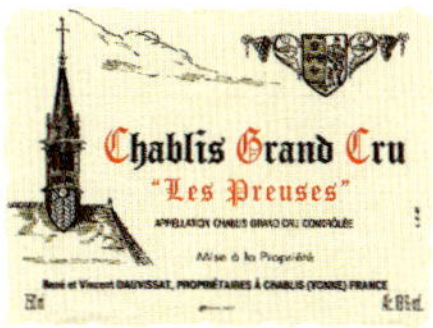

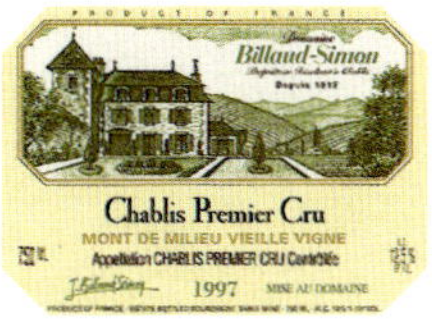

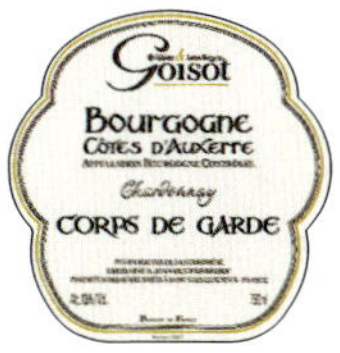

Champagne

Pour être un champagne, un vin ne doit pas simplement faire des bulles. Il doit provenir de la région de la Champagne. C'est le dogme fondamental de la loi vinicole en France, dans toute l'Europe et désormais, à l'issue de négociations acharnées, dans la quasi-totalité du monde. Ce serait une prétention exagérée que de dire que tous les champagnes sont meilleurs que n'importe quel autre vin pétillant. Mais les meilleurs champagnes offrent une combinaison de fraîcheur, de richesse, de délicatesse et de vivacité, ainsi qu'une énergie à la fois paisible et stimulante, qu'aucun autre vin pétillant au monde n'a encore égalé.

Une partie du secret de la Champagne réside dans sa latitude et dans sa localisation précise. Sa latitude est plus élevée que celle de n'importe quelle autre région vinicole (à l'exception de l'Angleterre, dont les meilleurs vins pétillants sont d'honnêtes copies du champagne). Il est normalement impossible que les raisins mûrissent dans une région si éloignée de l'équateur, mais le climat est ici modéré par la proximité de la mer. Les températures du mois de maturation par exemple, sont supérieures à celles du Franken en Allemagne, de Santa Maria en Californie et de Marlborough en Nouvelle-Zélande. Cela signifie que les cépages à maturation relativement précoce atteignent de justesse les bons niveaux de sucre et d'acidité avant l'arrivée de l'automne. S'il faisait plus chaud, l'acidité chuterait trop bas pour donner des vins pétillants intéressants. Plus froid, le risque de vendanger des raisins pas encore mûrs serait trop élevé.

La Champagne, au sol et au climat si généreux, ne se trouve qu'à 145 km de Paris. Elle est centrée sur une petite série de coteaux qui s'élèvent au-dessus d'une plaine de craie coupée en deux par la Marne. Cette région est sans conteste celle pour laquelle une cartographie détaillée est le moins nécessaire. Les noms des villages, par exemple, n'ont pas le moindre intérêt pour l'amateur de champagne, car ce qui caractérise ce vin est qu'il résulte d'un assemblage, qu'il est connu sous le nom du producteur et non sous celui du vignoble – à quelques exceptions près.

La carte de la page 81 montre le cœur de la Champagne, mais la région dans son ensemble est bien plus étendue. Près des trois quart des vignobles se trouvent dans le département de la Marne, mais on en trouve aussi dans l'Aube, région qui se spécialise dans le pinot noir (environ 19 %). Les vignobles consacrés au pinot meunier sur les rives de la Marne s'étendent à l'ouest jusque dans le département de l'Aisne (environ 7 %).

La demande de champagne étant plus élevée que jamais, on devrait atteindre en 2004 une superficie totale de vignobles de 32 500 hectares. Les Champenois débattent déjà de la façon dont ils pourraient les étendre encore. Seuls 10 % de ce précieux vignoble appartiennent aux grandes maisons exportatrices, responsables de la réputation mondiale du champagne. Le reste est la propriété de plus de 19 000 viticulteurs, un bon nombre d'entre eux ne l'étant qu'à temps partiel.

De plus en plus de viticulteurs font et commercialisent leur propre vin plutôt que de vendre leurs raisins aux grandes maisons ; ils représentent désormais un quart du chiffre d'affaires total. Un douzième environ de la production est mis sur le marché par une des coopératives créées pendant la canicule du début du XXe siècle. Mais le marché du champagne reste toujours dominé par les noms célèbres, les grandes maisons de Reims et d'Épernay présentées ci-contre, avec quelques autres (comme Bollinger à Ay) qui sont installées en dehors des deux villes du champagne.

En raison de son succès, la recette du champagne a été beaucoup copiée. Prenez du pinot noir, du pinot meunier et du chardonnay, appliquez une méthode minutieuse appelée aujourd'hui « méthode traditionnelle ».

Les raisins sont pressés, par lots de 4 tonnes, si délicatement que le jus, même celui des pinot noir et pinot meunier à peau sombre, est pâle. Seule une petite quantité précisément définie de chacun des deux peut être utilisée pour le champagne. Le jus fermente vigoureusement au départ, mais au moment où la fermentation ralentit, on ouvre les portes pour laisser entrer le froid automnal. Au froid (aujourd'hui obtenue par climatisation), la fermentation s'interrompt. Le vin passe ainsi un hiver glacé, gardant encore un potentiel de fermentation latent.

C'est sous cette forme qu'il était expédié autrefois. L'Angleterre du XVIIe siècle était un consommateur avide de ce vin délicat, assez aigu. Les Anglais le mettaient en bouteilles à l'arrivée, dans des bouteilles plus solides que celles que l'on trouvait en France. Il fermentait de nouveau au printemps : les bouchons sautaient sous la pression du vin devenu pétillant. Que les Anglais l'aient créé les premiers ou non (les habitants de Limoux prétendent avoir fait la première bouteille de Brut pétillant au XVIe siècle), la mise en bouteilles précoce est en tout cas cruciale dans le processus de maturation du champagne.

Car le vin continue à fermenter dans la bouteille et le gaz produit par cette fermentation se dissout dans le liquide. Si ce processus naturel est encouragé par l'addition d'un peu de sucre, d'un peu de levure, ce qui n'était qu'un gentil vin très léger devient un vin incomparable, gagnant en puissance et en caractère au cours d'une période de vieillissement de deux ans ou plus. Ses bulles lui donnent une vivacité miraculeuse.

La différence essentielle entre les marques de champagne repose dans cette fabrication de l'assemblage des vins, ou « cuvée ». Tout dépend du savoir-faire dans l'assemblage des vins nouveaux – parfois approfondi par l'addition d'une dose de

Les grandes maisons de champagne de Reims

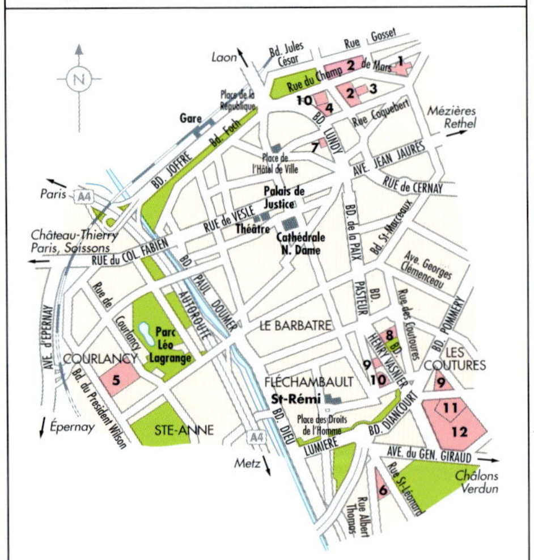

1 Heidsieck Monopole
2 G H Mumm
3 Palmer
4 Krug
5 Lanson
6 Veuve Clicquot Ponsardin
7 Louis Roederer
8 Piper-Heidsieck
9 Charles Heidsieck
10 Taittinger
11 Ruinart
12 Pommery
13 Henriot
14 Abel Lepitre
15 Jacquesson

Les grandes maisons de champagne d'Épernay

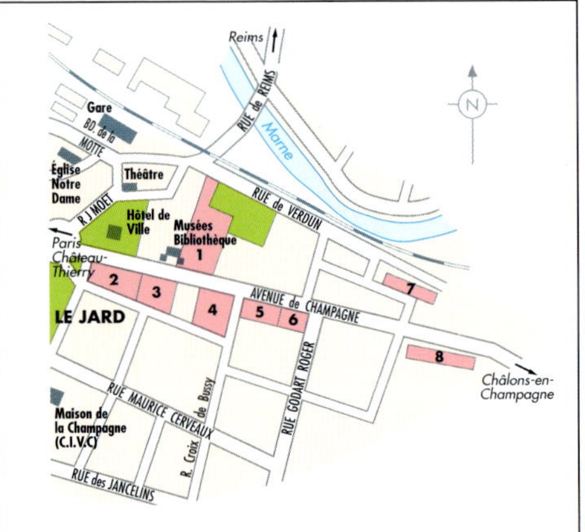

1 Heidsieck Monopole
2 Moët & Chandon
3 Perrier-Jouët
4 de Venoge
5 Pol Roger
6 Demoiselle
7 de Castellane
8 Mercier

Le vocabulaire de l'étiquette

Blanc de blancs : champagne à base de Chardonnay
Blanc de noirs : champagne à base de raisins à peau noire uniquement
Cuvée : un assemblage ou mélange
Non millésimé : champagne contenant des vins provenant d'années différentes
Réserve : terme souvent utilisé mais ne signifiant pas grand-chose
Millésimé : vin d'une seule et même année

Niveaux de douceur

Brut
Sec
Demi-sec
Doux

Codes concernant la mise en bouteilles

NM : négociant-manipulant, producteur de champagne qui achète ses raisins
RM : récoltant-manipulant, viticulteur qui fait son vin
CM : coopérative de manipulation
RC : récoltant-coopérateur, viticulteur qui vend du vin fait par une coopérative
MA : marque d'acheteur

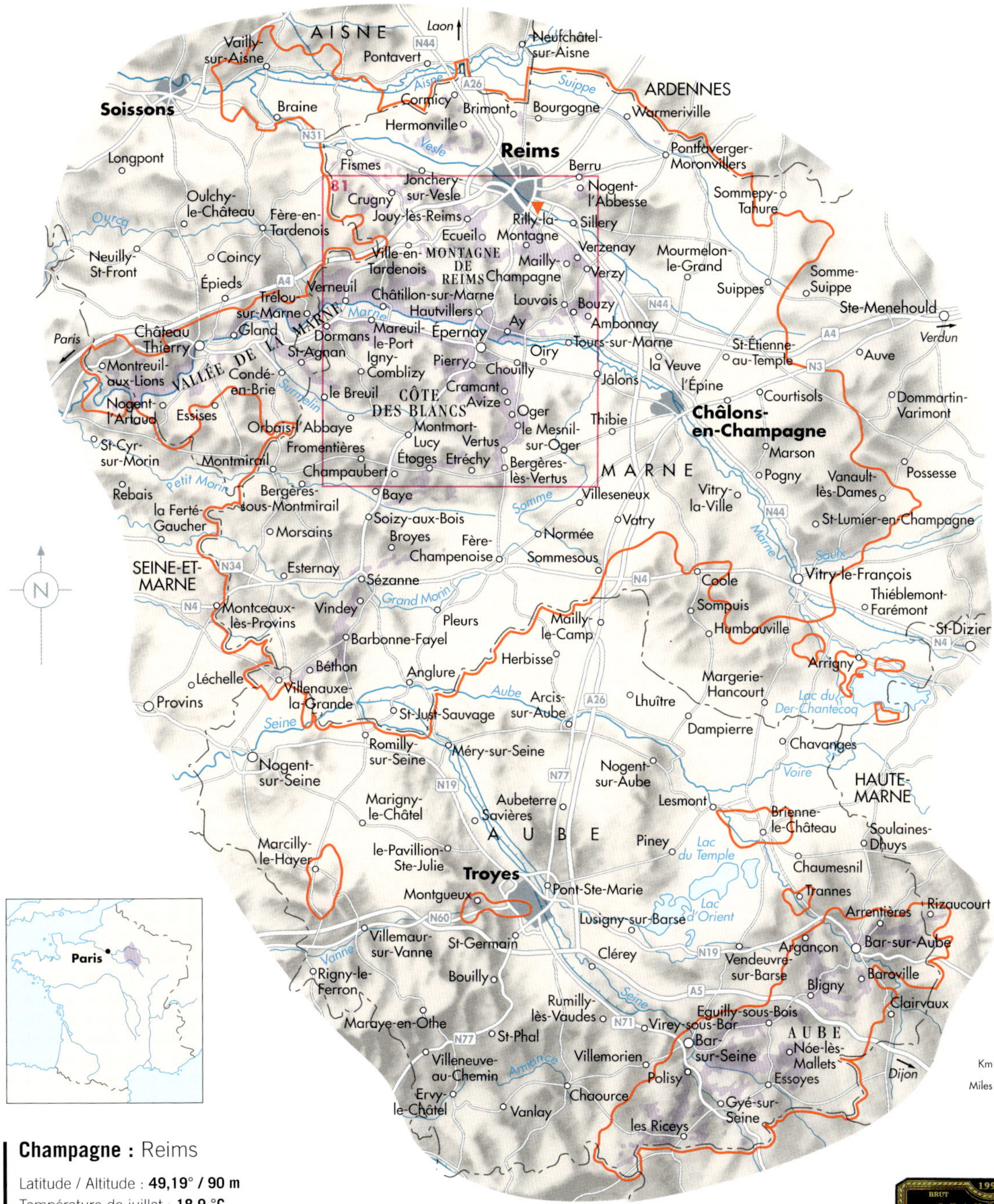

Champagne : Reims

Latitude / Altitude : **49,19° / 90 m**
Température de juillet : **18,9 °C**
Précipitations annuelles : **630 mm**
Précipitations du mois de la vendange : **septembre : 45 mm**
Principaux dangers viticoles : **gelées de printemps, champignons**
Principaux cépages : **pinot noir, pinot meunier, chardonnay**

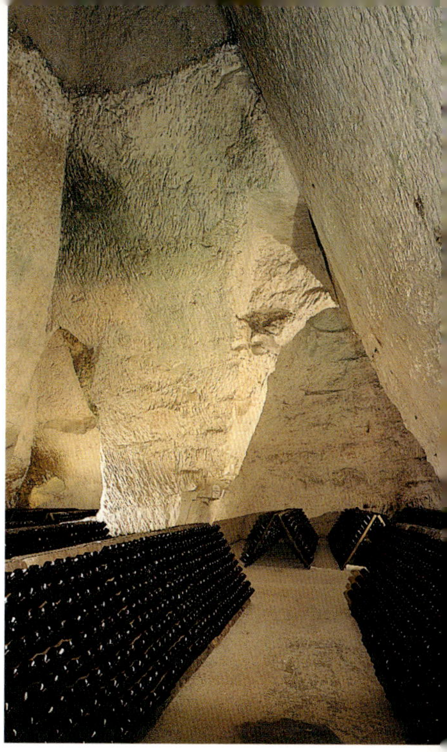

Ci-dessus Creusées dans la craie de la Champagne, les crayères fraîches et humides – celle-ci appartient à Taittinger – fournissent des conditions idéales pour la maturation en bouteille.

vin de réserve plus vieux – et de ce que la maison est prête à dépenser pour les ingrédients de base.

L'autre élément crucial dans la qualité du champagne est le temps que le producteur fait passer au vin sur les lies de la seconde fermentation en bouteille. Plus c'est long, meilleur sera le champagne. Ce temps devrait être supérieur aux quinze mois obligatoires des vins non millésimés (les vins millésimés : au moins trois ans), car c'est le contact avec ces sédiments qui, plus que tout, donne au champagne son arôme subtil.

La réputation d'une maison repose sur ses vins non millésimés, assemblés de manière à ce qu'on ne puisse sentir de différence d'une année à l'autre. Les styles varient, de la concentration impressionnante d'un Krug ou d'un Bollinger jusqu'à la délicatesse séduisante d'un Taittinger, les Pol Roger, Clicquot et Roederer étant des modèles d'équilibre.

C'est la veuve Clicquot, au début du XIXe siècle, qui a commencé l'industrialisation du champagne. Sa grande réussite fut de découvrir une méthode pour débarrasser le vin de ses sédiments sans perdre ses bulles. Elle a inventé un pupitre en bois percé de trous dans lesquels étaient mises sur point (tête en bas) les bouteilles de vin en cours de maturation. Les maîtres de chai tournaient et secouaient délicatement (remuage) les bouteilles tous les jours, jusqu'à ce que les sédiments eussent quitté le fond de la bouteille pour se déposer sur le bouchon. Ils débouchaient alors la bouteille, laissaient s'écouler le vin contenant les sédiments (dégorgement), remplissaient de nouveau la bouteille avec du vin sucré et remettaient un nouveau bouchon. Aujourd'hui, on congèle le goulot : une petite masse de glace sombre jaillit de la bouteille à l'ouverture, laissant derrière elle un vin parfaitement clair.

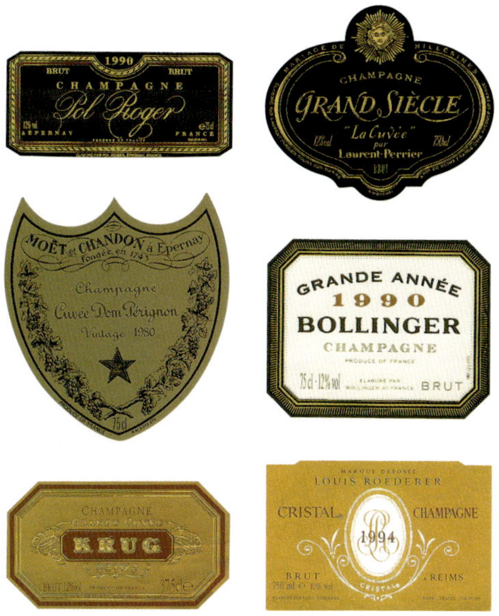

Choisir son champagne *non-millésimé préféré est presque une décision politique, mais cette sélection de cuvées de luxe représente l'aristocratie reconnue du champagne. La plupart sont des millésimes spécialement choisis, mais le Krug et le Laurent Perrier Grand Siècle, assemblages de plusieurs années, sont tout autant admirés (et coûteux).*

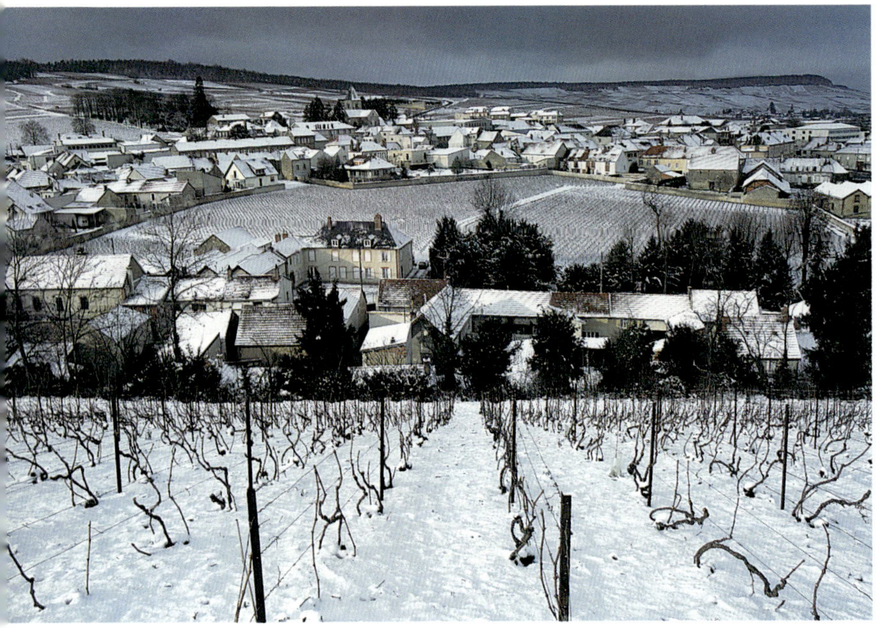

À gauche La neige est fréquente dans les vignobles septentrionaux comme ceux de la Champagne, (ici, Le Mesnil-sur-Oger). Au troisième plan, une exception dans cette région caractérisée par le mélange : le Clos du Mesnil, entièrement ceinturé d'un mur, vendu par la maison Krug comme le champagne d'un seul vignoble.

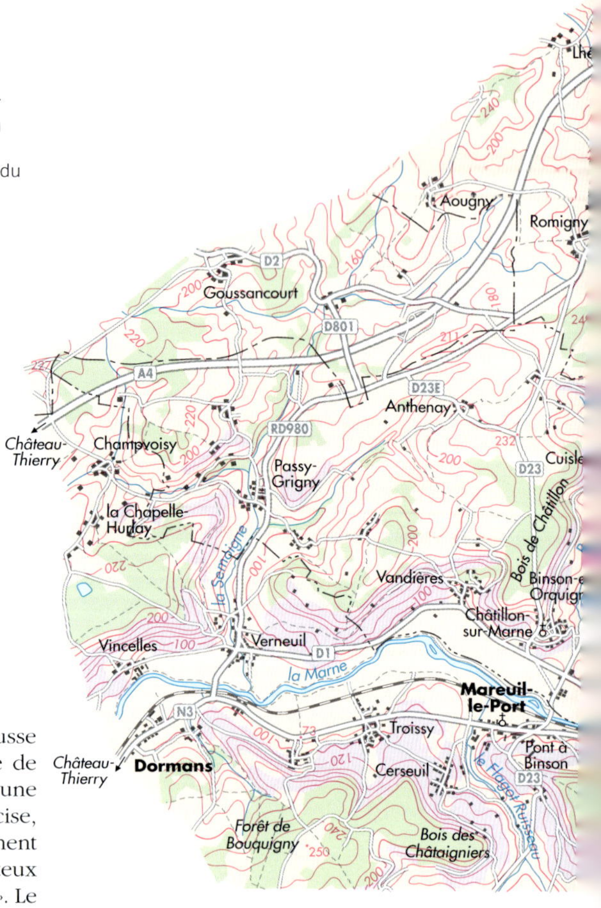

Le cœur de la Champagne

Longtemps avant que les vins de Champagne ne fussent pétillants, ils faisaient l'objet d'une haute estime à Paris sous les noms de « vins de la rivière » et « vins de la montagne ». La rivière était la Marne et la « montagne », un promontoire boisé qui atteint au mieux 300 m de haut et la sépare de la ville de Reims. Les vins les plus appréciés étaient ceux d'Ay, avec sa pente propice orientée au sud et descendant jusqu'à la rivière, avec Épernay en face.

La craie est l'atout majeur de la Champagne. Non seulement on peut y creuser facilement des caves fraîches et humides, mais elle retient l'humidité et fonctionne comme un humidificateur de vin parfaitement réglé qui réchauffe le sol et produit des grappes riches en nitrogène – particulièrement utile pour une action efficace de la fermentation.

Aujourd'hui, trois types de cépages dominent. Encore récemment, le pinot meunier était celui qu'on cultivait le plus couramment, sorte de cousin de la campagne du pinot noir : plus facile à faire pousser et mûrir, très fruité mais pas aussi fin. Il constitue toujours le vin de base pour tous les champagnes, sauf les meilleurs. Le pinot noir a remplacé le pinot meunier, pour devenir le raisin dominant de la région avec près de 40 % de la totalité du vignoble. Le chardonnay n'en représente qu'un quart.

La combinaison gagnante pour un grand champagne consiste à associer les qualités des meilleurs cépages des différentes parties de la région – qui en compte trois. Dans ce climat original, la maturation complète est exceptionnelle et les moindres variations de pente et d'aspect sont cruciales.

Les plantations de pinot noir dominent sur la Montagne de Reims, avec une faible proportion de pinot meunier. Le pinot planté sur les pentes septentrionales comme celles de Verzenay et de Verzy donne des vins de base, nettement plus acides et moins puissants que celui qui pousse sur les flancs méridionaux de la Montagne de Reims, à Ay. Mais ces vins peuvent apporter une délicatesse, particulièrement raffinée et précise, à un mélange. Les vins de la montagne donnent au champagne son bouquet, son côté capiteux et, grâce à leur solide acidité, sa « charpente ». Le village de Bouzy, dont les pentes faibles peuvent être trop productives pour donner un champagne de grande qualité, est célèbre chez les anglophones parce qu'il produit une petite quantité de vin rouge non pétillant. Les vins non pétillants – blancs et rouges légers – de la Champagne, invariablement aigrelets, sont vendus sous l'appellation de Coteaux Champenois.

À l'ouest, la vallée de la Marne présente une succession de pentes orientées au sud qui donnent des vins plus pleins, plus ronds et plus mûrs, chargés d'arômes. Ceux-là aussi sont de façon prédominante des vignobles à raisin noir.

La pente orientée à l'est, au sud d'Épernay, s'appelle la Côte des Blancs, plantée de chardonnay qui donne de la fraîcheur et de la finesse au mélange. Ce vin peut être vendu comme Blanc de Blancs, sans la proportion traditionnelle de Pinot à peau noire. Cramant, Avize et Le Mesnil sont les trois villages dont les noms sont respectés de longue date pour leur vin (non mélangé). La première (et toujours la meilleure) marque de Blanc de Blancs était Salon, du Mesnil.

Ces vignobles (et toute l'appellation Champagne) ont ce qu'on pourrait appeler une classification cachée – cachée dans la mesure où on ne la voit jamais inscrite sur les étiquettes. L'échelle des crus donne un classement en pourcentage aux cépages de chaque commune. Jusqu'au tournant du siècle dernier, un prix indicatif du raisin était donné pour l'ensemble de la récolte. Un producteur dans une des communes de Grand Cru obtenait 100 % du prix. Les premiers crus recevaient entre 99 et 90 % du prix, conformément à leur rang sur l'échelle, et ainsi de suite jusqu'à 80 % du prix pour les zones périphériques. Aujourd'hui, le prix du raisin est déterminé sur une base individuelle entre le producteur et la maison de champagne, quand bien même les classements de vignobles continuent de s'appliquer.

Des marques prestigieuses comme Dom Pérignon, Krug, Winston Churchill de Pol Roger, Roederer Cristal, Belle Époque de Perrier-Jouët, La Grande Dame de Veuve Clicquot ou Les Comtes de Champagne de Taittinger utilisent évidemment pour leur mélange les vins qui obtiennent régulièrement le meilleur classement sur l'échelle.

De tels vins ne doivent jamais être servis très froids car leur arôme en devient impénétrable. Ils ne devraient pas non plus être servis trop jeunes. Les grands champagnes peuvent vieillir vingt ans et plus et parvenir à des profondeurs d'arôme insoupçonnées. La plupart des vins millésimés sont à leur apogée entre huit et quinze ans. Même un vin sans millésime d'une bonne maison, tout particulièrement ceux de Bollinger avec une forte proportion de pinot noir dans leur mélange, peut s'améliorer pendant quatre ou cinq ans. Les petits champagnes, dont l'acidité excessive n'est nullement déguisée par un excès de « dosage », n'ont pas grand-chose à offrir à n'importe quelle étape de leur vie.

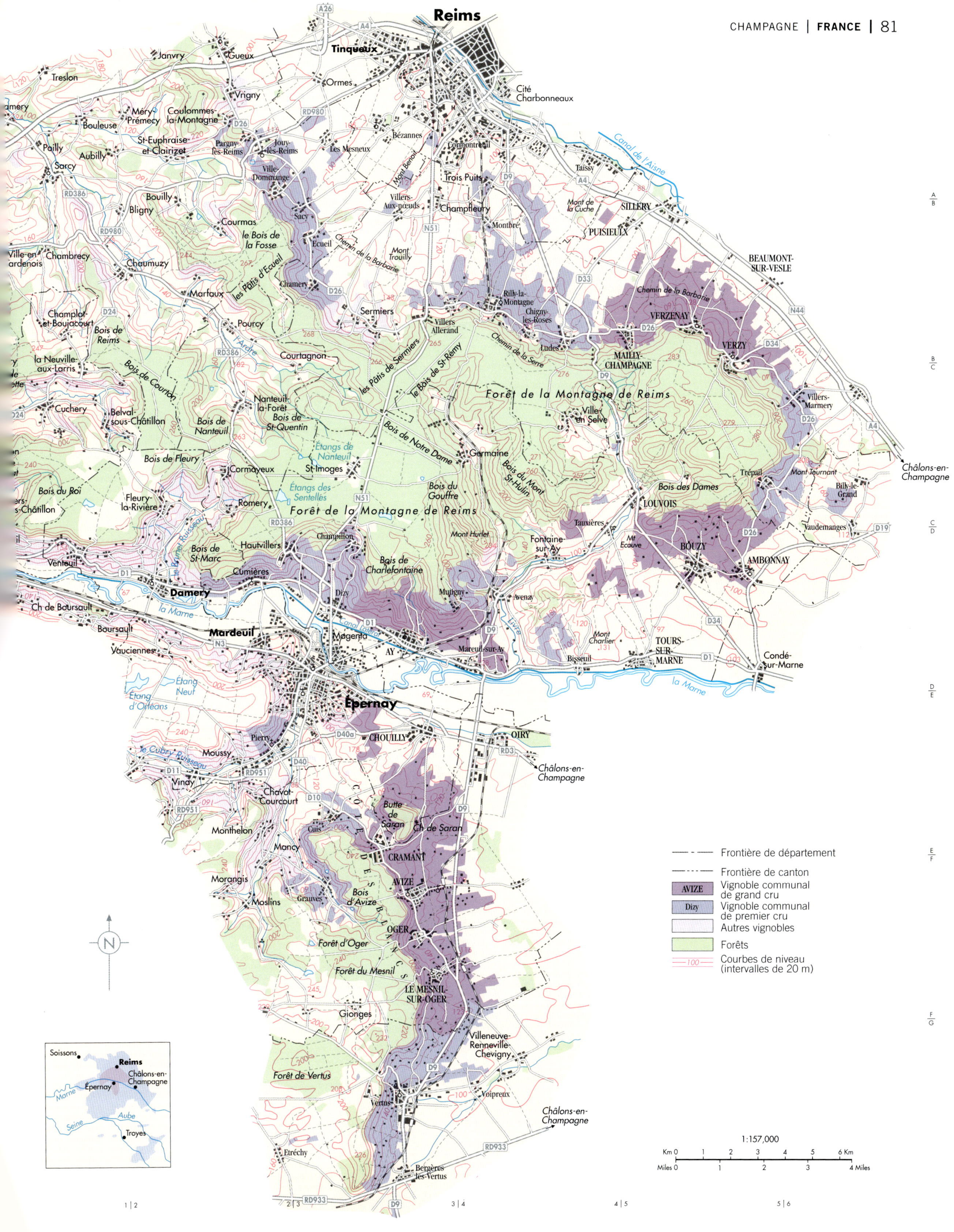
Reims
Tinqueux
Janvry
Gueux
Treslon
Ormes
Vrigny
Cité Charbonneaux
Méry-Prémecy
Coulommes-la-Montagne
Bouleuse
Pargny-lès-Reims
Jouy-lès-Reims
Les Mesneux
Bézannes
Cormontreuil
Canal de l'Aisne
St-Euphraise-et-Clairizet
Poilly
Aubilly
Sarcy
Ville-Dommange
Mont Benoit
Trois Puits
Taissy
Villers-Aux-nœuds
Champfleury
Mont de la Cuche
SILLERY
Bouilly
Bligny
Sacy
Montbré
PUISIEULX
Courmas
le Bois de la Fosse
Ecueil
Chemin de la Barbarie
Mont Trouilly
Ville-en-Tardenois
Chambrecy
Chaumuzy
les Pâtis d'Ecueil
BEAUMONT-SUR-VESLE
Chamery
Rilly-la-Montagne
Chigny-les-Roses
VERZENAY
Marfaux
Champlat-et-Boujacourt
Bois de Reims
Pourcy
Sermiers
Villers Allerand
Chemin de la Serre
Ludes
MAILLY-CHAMPAGNE
VERZY
l'Ardre
Courtagnon
les Pâtis de Sermiers
le Bois de St-Remy
la Neuville-aux-Larris
Bois de Courton
Forêt de la Montagne de Reims
Villers-Marmery
Nanteuil-la-Forêt
Bois de St-Quentin
Ville-en-Selve
Cuchery
Belval-sous-Châtillon
Bois de Nanteuil
Bois de Notre Dame
Étangs de Nanteuil
Germaine
Bois de Fleury
Cormoyeux
St-Imoges
Bois du Mont St-Hulin
Trépail
Mont Tournant
Châlons-en-Champagne
Bois du Roi
Fleury-la-Rivière
Étangs des Sentelles
Bois du Gouffre
Bois des Dames
Billy-le-Grand
LOUVOIS
Romery
Forêt de la Montagne de Reims
Tauxières
Vaudemanges
Champillon
Mont Hurlet
Mt Ecouve
Fontaine-sur-Ay
BOUZY
AMBONNAY
Bois de St-Marc
Hautvillers
le Rumel Ruisseau
Venteuil
Bois de Charlefontaine
Cumières
Damery
Dizy
Mutigny
Avenay
Ch de Boursault
la Marne
Boursault
Mardeuil
Canal Latéral
Magenta
Livre
Mont Charlier
TOURS-SUR-MARNE
Condé-sur-Marne
Vauciennes
AY
Mareuil-sur-Ay
Bisseuil
Étang Neuf
Étang d'Orléans
Épernay
la Marne
Pierry
CHOUILLY
OIRY
Moussy
le Cubry Ruisseau
Vinay
Chavot-Courcourt
Côte des Blancs
Butte de Saran
Ch de Saran
Monthelon
Cuis
Mancy
CRAMANT
Morangis
AVIZE
Bois d'Avize
Moslins
Grauves
OGER
Forêt d'Oger
Forêt du Mesnil
LE MESNIL-SUR-OGER
Gionges
Villeneuve-Renneville-Chevigny
Forêt de Vertus
Voipreux
Vertus
Etréchy
Bergères-lès-Vertus
Frontière de département
Frontière de canton
AVIZE Vignoble communal de grand cru
Dizy Vignoble communal de premier cru
Autres vignobles
Forêts
100 Courbes de niveau (intervalles de 20 m)
1:157,000
Km 0 1 2 3 4 5 6 Km
Miles 0 1 2 3 4 Miles
Soissons
Reims
Châlons-en-Champagne
Épernay
Marne
Aube
Seine
Troyes

Bordeaux

Si « Bourgogne » suggère la richesse et l'abondance, « Bordeaux » évoque plus qu'une simple élégance. Plutôt que le prélat rebondi qui semble symboliser la Bourgogne, Bordeaux fait venir à l'esprit une silhouette distinguée en redingote. Imaginez-la en train de goûter un vin rouge pâle dans un verre en cristal, la main glissée dans son gilet. Derrière cette silhouette, à travers une porte ouverte, on distingue vaguement les tours d'un manoir, irréelles sur le ciel gris perle de bord de mer. Sur un carnet en cuir, elle note, avec un enthousiasme modéré, les progrès de la beauté sur son palais, semblables au mouvement des pièces dans une partie d'échecs.

Bordeaux plaît à l'esthète, tandis que la Bourgogne plaît au sensuel. Le premier donne un vin d'une subtilité indescriptible dans ses nuances et sa complexité. L'autre s'incarne dans le défi intellectuel que représentent tant de propriétés dans tant de régions et de sous-régions.

Bordeaux est la plus grande région de bons vins du monde. Le département entier de la Gironde se consacre au vin. Tout ce qu'il produit est du Bordeaux. Sa production de 6,5 millions d'hectolitres en 1998 laisse la Bourgogne loin derrière lui (voir page 54).

Les vins rouges dominent aujourd'hui les vins blancs dans une proportion de six pour un. Les meilleurs terroirs pour le vin rouge sont le Médoc, les meilleurs des Graves, le Pessac-Léognan juste au sud de la ville de Bordeaux, sur la rive méridionale de la Garonne, le Saint-Émilion et le Pomerol sur la rive septentrionale de la Dordogne. La région qui se trouve entre le fleuve et la rivière s'appelle l'Entre-deux-Mers, nom que l'on retrouve uniquement sur les bouteilles de vin blanc sec, même si c'est là que sont produits les trois quarts de tout le vin rouge vendu sous les appellations contrôlées de Bordeaux et de Bordeaux Supérieur. Une série de villages en face de Bordeaux et de Graves, de l'autre côté de la Garonne, forment les Premières Côtes de Bordeaux où l'on peut faire les meilleures affaires. À l'extrême sud de la carte se trouve le centre de la production des vins de Bordeaux doux.

Bordeaux tire sa gloire des meilleurs mélanges de vins rouges (archétypes mondiaux pour les mélanges de cabernet et de merlot), de sa minuscule production de sauternes dorés et très doux qui peuvent vivre aussi longtemps que les rouges, et de ses quelques blancs secs de Graves.

Mais tout le Bordelais n'est pas glorieux et le grand problème de la région est d'ordre géographique. Les zones les plus favorisées, pour les raisons qui sont exposées aux pages 84 et 85, peuvent produire quelques-uns des plus grands vins et obtenir les prix les plus élevés du monde pour certains d'entre eux. Dans les zones moins prestigieuses, toutefois, il existe des milliers de producteurs de vins qui n'ont ni le désir, ni la volonté, ni la possibilité physique parfois de produire un vin intéressant. La singularité du climat de Bordeaux induit que, certaines années, le bordeaux rouge ordinaire paraît terriblement chétif en comparaison des cabernets toujours parfaitement mûrs du Nouveau Monde. La simple appellation Bordeaux, qui s'applique à plus de vin rouge que tout ce qui est produit par l'Afrique du Sud et l'Allemagne chaque année, est trop rarement à la hauteur de la renommée mondiale de cette région.

Comparé à celui de la Bourgogne, le système des appellations à Bordeaux est simple. La carte de la page 83 les illustre toutes. À l'intérieur de chaque appellation, ce sont les châteaux (parfois de grandes propriétés, parfois de simples fermes avec une cave) qui règlent leur propre problème d'identification. Le système de classification fondée sur la qualité de la Bourgogne n'existe pas à Bordeaux. À sa place, des classifications locales se sont imposées, mais sans critères communs.

La plus célèbre d'entre elles est celle des châteaux du Médoc (et du château Haut-Brion dans le Graves), établie en 1855 en fonction des prix atteints au cours des cent années précédentes, voire plus. Ses premier, deuxième, troisième, quatrième et cinquième crus, auxquels se sont rajoutés par la suite les crus exceptionnels, crus bourgeois supérieurs, crus bourgeois, crus artisans et crus paysans, représentent la plus ambitieuse entreprise d'évaluation des produits de la terre jamais tentée.

La preuve de l'importance primordiale de la situation pour décider de la qualité est apportée par les crus classés, qui ont tendance à occuper les meilleurs sols. Quand la qualité d'aujourd'hui est sans rapport avec le classement, il y a en général une explication (un propriétaire industrieux en 1855 et un paresseux aujourd'hui, ou plutôt l'inverse de nos jours). Plus probablement encore, dans bien des cas, des terres auront été ajoutées ou échangées, ce qui fait que le vignoble n'est plus le même. En fait, le poids accordé aujourd'hui à la vieille classification est exagéré par rapport à la signification réelle de ce système. Les qualités relatives des différents châteaux ont besoin d'être formulées de manière un peu plus subtile qu'en affirmant simplement la supériorité constante de l'un par rapport à l'autre. Le système adopté sur les cartes qui suivent consiste à distinguer les crus classés (dans les régions où ils existent) et les autres crus remarquables.

Le changement le plus notable au cours des dernières années a été l'émergence des « micro-châteaux » (que nous avons indiqués sur les cartes comme produisant moins de 1 000 caisses par an), particulièrement dans le Saint-Émilion, où les collectionneurs les achètent plus cher qu'un premier cru de Médoc (la rareté peut valoir la qualité aux yeux d'un collectionneur).

Les vignobles d'un château l'entourent parfois pour former une jolie propriété. Mais le plus souvent, ils sont dispersés et mélangés à ceux des voisins. Ils peuvent produirent chaque année de 10 à 1000 barriques de vin, chaque barrique contenant 300 bouteilles ou 25 caisses. Les meilleurs vignobles tirent au mieux 5000 litres de vin à l'hectare, les moins bons considérablement moins.

Le maître de chai est une figure importante au château. Encore récemment, c'était un homme d'un certain âge qui avait appris son métier de son père et de son grand-père. De nos jours, c'est plutôt un jeune scientifique, très qualifié, qui a beaucoup voyagé. Dans les petites propriétés, c'est le propriétaire lui-même, dans les grandes propriétés, un vieux serviteur. Il reçoit les visiteurs et leur fait déguster le vin nouveau, froid, sombre et peu goûteux, des fûts dont il a le soin. Ne soyez pas trop enthousiaste : le vin ne sera pas prêt à être bu avant deux ans de maturation en bouteille au moins – et peut-être pas avant vingt ans.

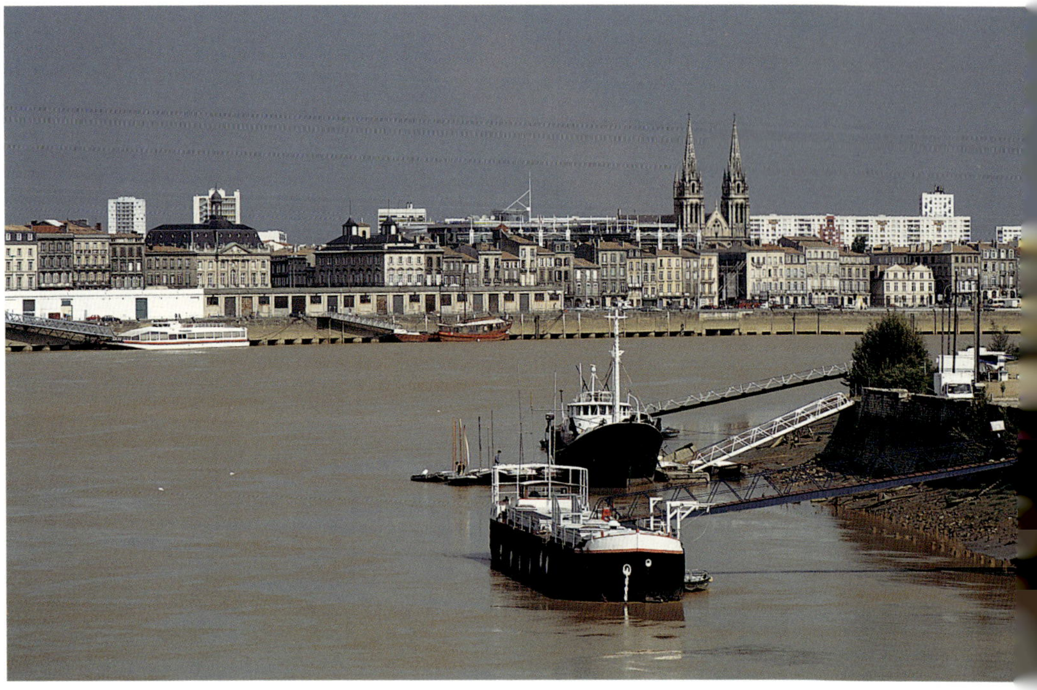

Ci-dessus Bordeaux est aussi une ville marchande très active avec un port sur la Garonne, qui fut autrefois florissant. Les marchands qui faisaient le commerce du vin étaient installés sur les quais. Aujourd'hui, ils ont déménagé dans des entrepôts modernes de la périphérie bordelaise.

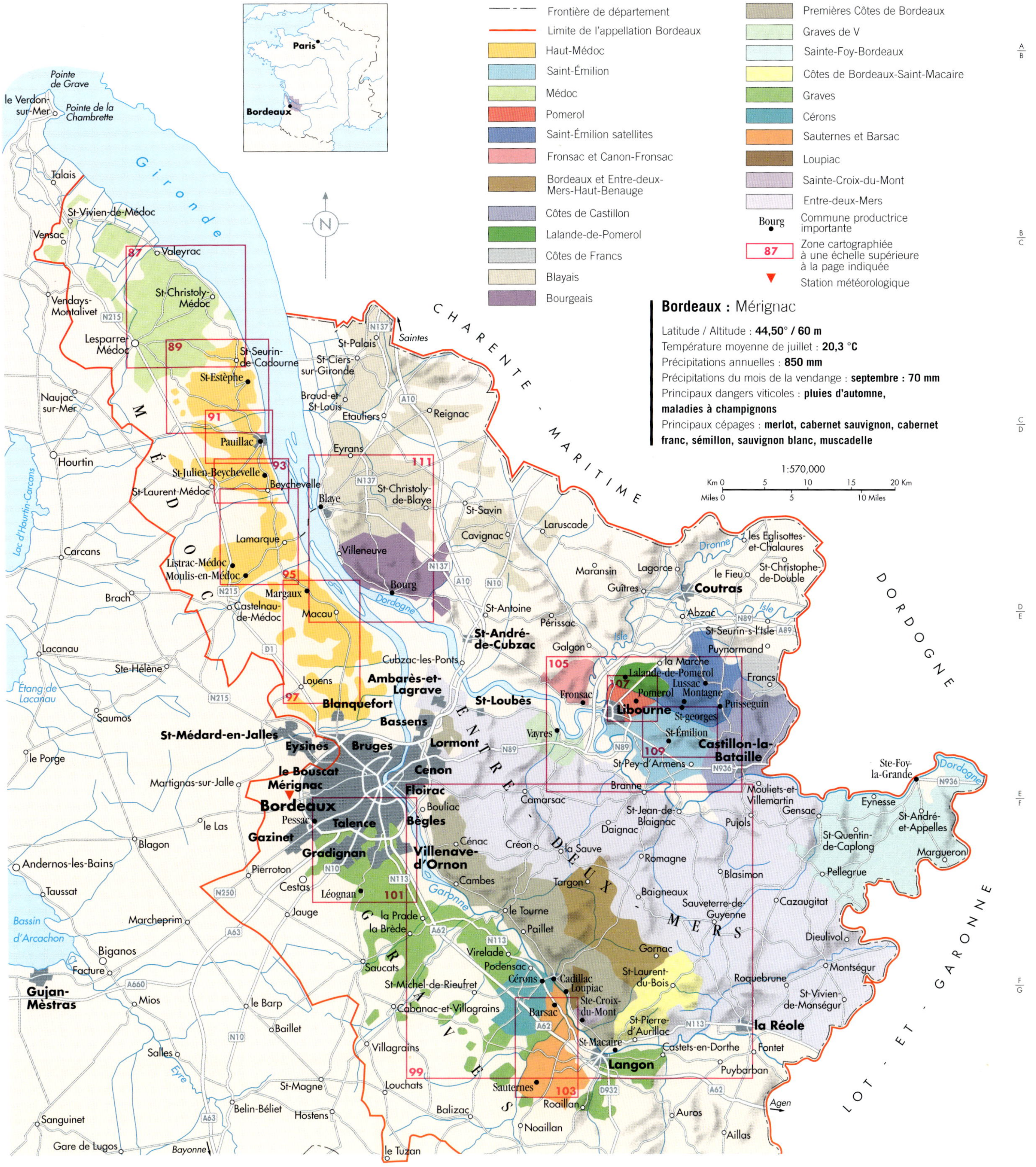
Frontière de département
Limite de l'appellation Bordeaux
Haut-Médoc
Saint-Émilion
Médoc
Pomerol
Saint-Émilion satellites
Fronsac et Canon-Fronsac
Bordeaux et Entre-deux-Mers-Haut-Benauge
Côtes de Castillon
Lalande-de-Pomerol
Côtes de Francs
Blayais
Bourgeais
Premières Côtes de Bordeaux
Graves de V
Sainte-Foy-Bordeaux
Côtes de Bordeaux-Saint-Macaire
Graves
Cérons
Sauternes et Barsac
Loupiac
Sainte-Croix-du-Mont
Entre-deux-Mers
Bourg
Commune productrice importante
87
Zone cartographiée à une échelle supérieure à la page indiquée
Station météorologique
Bordeaux : Mérignac
Latitude / Altitude : 44,50° / 60 m
Température moyenne de juillet : 20,3 °C
Précipitations annuelles : 850 mm
Précipitations du mois de la vendange : septembre : 70 mm
Principaux dangers viticoles : pluies d'automne, maladies à champignons
Principaux cépages : merlot, cabernet sauvignon, cabernet franc, sémillon, sauvignon blanc, muscadelle
1:570,000
Km 0 5 10 15 20 Km
Miles 0 5 10 Miles
Paris
Bordeaux
Gironde
CHARENTE - MARITIME
DORDOGNE
LOT - ET - GARONNE
MÉDOC
ENTRE - DEUX - MERS
GRAVES
Dordogne
Garonne
Isle
Dronne
Pointe de Grave
le Verdon-sur-Mer
Pointe de la Chambrette
Talais
St-Vivien-de-Médoc
Vensac
Valeyrac
St-Christoly-Médoc
Vendays-Montalivet
Lesparre-Médoc
St-Seurin-de-Cadourne
St-Estèphe
Naujac-sur-Mer
Pauillac
Hourtin
St-Julien-Beychevelle
Beychevelle
St-Laurent-Médoc
Lac d'Hourtin-Carcans
Carcans
Lamarque
Listrac-Médoc
Moulis-en-Médoc
Brach
Margaux
Castelnau-de-Médoc
Macau
Lacanau
Ste-Hélène
Étang de Lacanau
Saumos
Ludon
Blanquefort
le Porge
St-Médard-en-Jalles
Eysines
Bruges
le Bouscat
Mérignac
Bordeaux
Martignas-sur-Jalle
Pessac
Talence
Bègles
Gazinet
Gradignan
Villenave-d'Ornon
le Las
Blagon
Andernos-les-Bains
Pierroton
Cestas
Léognan
Taussat
Jauge
Bassin d'Arcachon
Marcheprim
Biganos
Facture
Gujan-Mestras
Mios
le Barp
Baillet
Salles
Eyre
St-Magne
Belin-Béliet
Hostens
Sanguinet
Gare de Lugos
Bayonne
St-Palais
Saintes
St-Ciers-sur-Gironde
Braud-et-St-Louis
Etauliers
Reignac
Eyrans
St-Christoly-de-Blaye
Blaye
St-Savin
Cavignac
Laruscade
Villeneuve
Bourg
St-Antoine
Cubzac-les-Ponts
St-André-de-Cubzac
Ambarès-et-Lagrave
Bassens
St-Loubès
Lormont
Cenon
Floirac
Bouliac
Cénac
Camarsac
Créon
la Sauve
Cambes
Targon
le Tourne
Paillet
Virelade
Podensac
Cérons
Cadillac
Loupiac
Barsac
Ste-Croix-du-Mont
St-Macaire
Langon
Sauternes
Roaillan
Noaillan
Balizac
Villagrains
Louchats
le Tuzan
Saucats
St-Michel-de-Rieufret
Cabanac-et-Villagrains
la Prade
la Brède
Maransin
Lagorce
Guîtres
Coutras
Abzac
le Fieu
les Eglisottes-et-Chalaures
St-Christophe-de-Double
St-Seurin-s-l'Isle
Puynormand
Périssac
Galgon
la Marche
Lalande-de-Pomerol
Lussac
Montagne
Pomerol
Fronsac
Libourne
St-Georges
Puisseguin
Francs
St-Émilion
Castillon-la-Bataille
Vayres
St-Pey-d'Armens
Branne
Mouliets-et-Villemartin
St-Jean-de-Blaignac
Daignac
Pujols
Gensac
Romagne
Blasimon
Baigneaux
Sauveterre-de-Guyenne
Gornac
St-Laurent-du-Bois
St-Pierre-d'Aurillac
Castets-en-Dorthe
Roquebrune
la Réole
Fontet
Puybarban
Auros
Aillas
Agen
Cazaugitat
Dieulivol
Montségur
St-Vivien-de-Monségur
Pellegrue
Margueron
St-Quentin-de-Caplong
St-André-et-Appelles
Eynesse
Ste-Foy-la-Grande
87
89
91
93
95
97
99
101
103
105
107
109
111

Bordeaux : le facteur qualité

Bien que la qualité et la quantité du vin produit chaque année puissent grandement varier, la région de Bordeaux, première source de grands vins au monde, bénéficie de toute évidence de nombreux avantages. La proximité de la mer et la présence de nombreuses rivières lui confèrent un climat tempéré et stable, au sein duquel les gelées susceptibles de tuer la vigne en hiver ou d'endommager les bourgeons au printemps sont rares. La plus grande forêt d'Europe protège la région des vents chargés de sel et modère les précipitations. Le temps du mois de juin (période de floraison) est variable, et c'est pourquoi l'importance de la récolte varie également, mais les étés et les automnes sont pour la plupart chauds et ensoleillés. Les températures et les précipitations moyennes sont légèrement plus élevées qu'en Bourgogne, ce qui signifie que Bordeaux peut cultiver avec succès des cépages à maturation plus tardive.

Le merlot, le cabernet sauvignon, le cabernet franc et le petit verdot sont les cépages principaux pour le vin rouge, dans un ordre d'importance déclinant, auquels s'ajoute un peu de malbec encore cultivé au nord de la Gironde.

Le sémillon et une proportion croissante de sauvignon blanc sont les cépages blancs principaux (complétés par la muscadelle dans les régions de vins doux et par l'ugni blanc et le colombard dans les appellations de moindre importance). Du fait que ces différents cépages fleurissent tous à des moments différents, en cultiver plusieurs réduit les risques en cas de mauvais temps en juin ou d'automne particulièrement frais qui ne portera pas le cabernet sauvignon à pleine maturité. Pratiquement toutes les propriétés viticoles du Bordelais sont par conséquent plantées avec une combinaison de cépages, dont les proportions varient avec les conditions locales, la tradition et, de plus en plus, la mode. Le merlot charnu est un complément naturel du cabernet de Bordeaux. Le fait que le merlot parvienne à maturité plus vite que le cabernet sauvignon le rend encore plus populaire à une époque de fuite en avant comme la nôtre. Le cabernet franc, qui fleurit et mûrit un peu plus tôt que le cabernet sauvignon, offre une assurance supplémentaire et, souvent, un arôme séduisant. Le petit verdot est le dernier à parvenir à pleine maturité, ce qui lui arrive de plus en plus souvent compte tenu du réchauffement de la planète, et il confère à un mélange de Médoc des somptueuses touches épicées.

Ces différences dans le mélange des cépages, inconnues en Bourgogne par exemple, est un des facteurs qui expliquent les énormes variations dans les vins d'une propriété à l'autre.

Le statut du vignoble est un autre facteur. Le succès appelle le succès, il permet de dépenser plus d'argent pour entretenir les terres ou pour

Ci-dessous Certains des facteurs affectant les qualités variables et le caractère du vin de Bordeaux sont présentés sur cette carte du bassin de la Gironde.

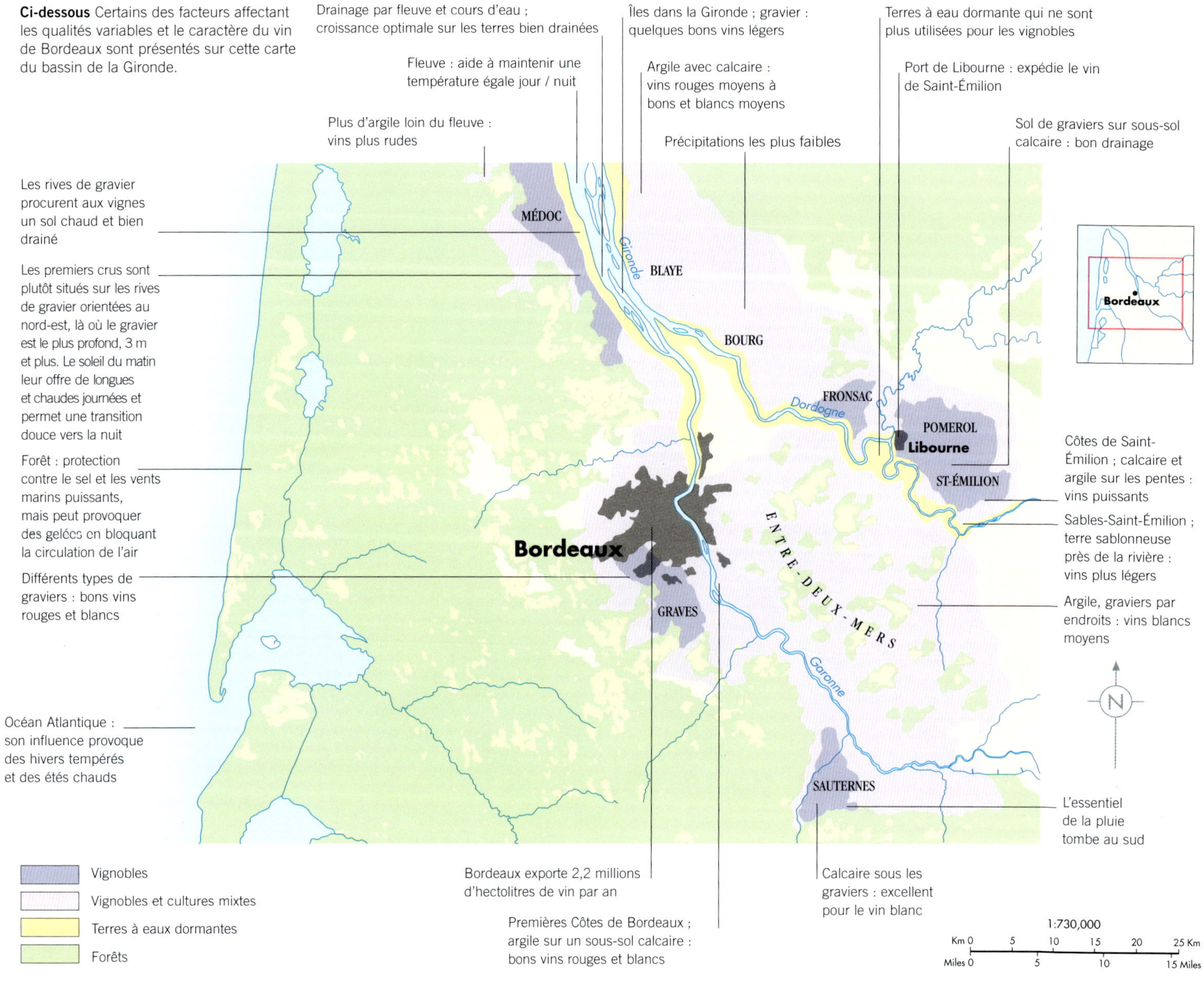

en acheter d'autres. Des différences qui étaient au départ marginales peuvent ainsi s'amplifier au cours des années.

Mais il existe évidemment des différences inscrites dans la structure des sols. Même au sein d'une partie spécifique du Bordelais, le Médoc étant sans doute l'exemple le plus frappant, on dit que le sol « change à chaque pas ».

De façon très générale, le Bordelais est composé de sables et de graviers alluviaux, déposés en petits monticules lors de la fonte des glaciers des montagnes du Massif Central et des Pyrénées, il y a quelques millions d'années. Ces graviers, toujours en surface à la différence de ceux qui se sont déposés dans le Sud de la France, sont très présents dans le Graves (d'où son nom), le Sauternes qui en est la continuation, et le Médoc.

Le professeur Gérard Séguin, de l'université de Bordeaux, a accompli des recherches très significatives sur ce qu'exige la production d'un grand vin dans la région. Comme le montre l'illustration de la page 23, il semble (contrairement à la croyance traditionnelle) que la géologie, c'est-à-dire la composition chimique exacte des sols, soit un facteur presque négligeable dans la détermination de la qualité, du moins à Bordeaux. Une vigne trouvera ce dont elle a besoin pour se nourrir presque n'importe où. Mais plus le sol sera pauvre, plus importantes et profondes seront les racines. D'où le paradoxe selon lequel un sol pauvre fait un vin riche. Si on donne à une vigne un sol riche, comme ceux des coins les plus fertiles de l'Entre-deux-Mers, ou si on répand des quantités généreuses de fertilisant ou de fumier, ses racines resteront en surface.

En la plantant dans des sols pierreux comme dans les meilleurs sites du Médoc, en lui donnant le strict nécessaire, la vigne plongera ses racines à plusieurs mètres de profondeur pour atteindre une nappe phréatique lointaine qui lui fournira une quantité d'eau régulière mais modérée. Le drainage est crucial et c'est donc la structure du sol, aidée dans bien cas par une légère pente et des drains construits par les hommes, qui est le facteur clé de la qualité du vin.

Partant de cette idée, le professeur Séguin a suggéré que plus un vignoble était proche d'un drain efficace, plus le sol serait sec, et plus les racines s'enfonceraient. Les vignobles de premiers crus sont les plus proches des canaux de drainage, les deuxièmes crus un peu loin, et ainsi de suite. Cette théorie explique pourquoi les vieilles vignes ont tendance à donner le meilleur vin : leurs racines sont plus profondes. La théorie peut être testée en observant les jalles, ou cours d'eau, sur les cartes qui suivent, et leur position par rapport aux crus classés et aux autres. À cela s'ajoute la façon dont les pierres emmagasinent la chaleur à la surface et empêchent l'évaporation rapide de l'humidité au-dessous d'elles. Elles offrent ainsi des conditions merveilleusement stables de température et d'humidité, donnant même au cabernet sauvignon tardif des chances de parvenir à maturité tous les ans.

Dans le Saint-Émilion et le Pomerol, les conditions sont différentes. Parce qu'ils sont situés plus à l'intérieur des terres, le climat y est légèrement plus dur. Le cabernet sauvignon a donc parfois du mal à mûrir, notamment sur les sites où les sols ont tendance à être humides et froids. On trouve des graviers sur le plateau à la frontière de Saint-Émilion et de Pomerol, près des châteaux de Cheval Blanc et de Figeac qui produisent des vins plus souples, plus proches de ceux du Médoc. Mais Saint-Émilion se trouve sur un sol calcaire, ce qui a tendance à donner plus de corps et de structure aux vins qui y sont faits. Le sable domine dans la plaine qui se trouve au-dessous des côtes calcaires : les vins y sont nettement plus légers. Sur le plateau où le Saint-Émilion rejoint le Pomerol, le sol est argileux par endroits. L'argile épaisse et le sable, parce qu'ils forment un sol mal drainé, sont généralement moins propices à la viticulture – les gros graviers sont bien meilleurs – mais le château Pétrus de Pomerol prospère sur un sol d'argile spéciale, presque pure, grâce à des canaux de drainage et à sa situation sur un monticule au sous-sol dur et riche en fer.

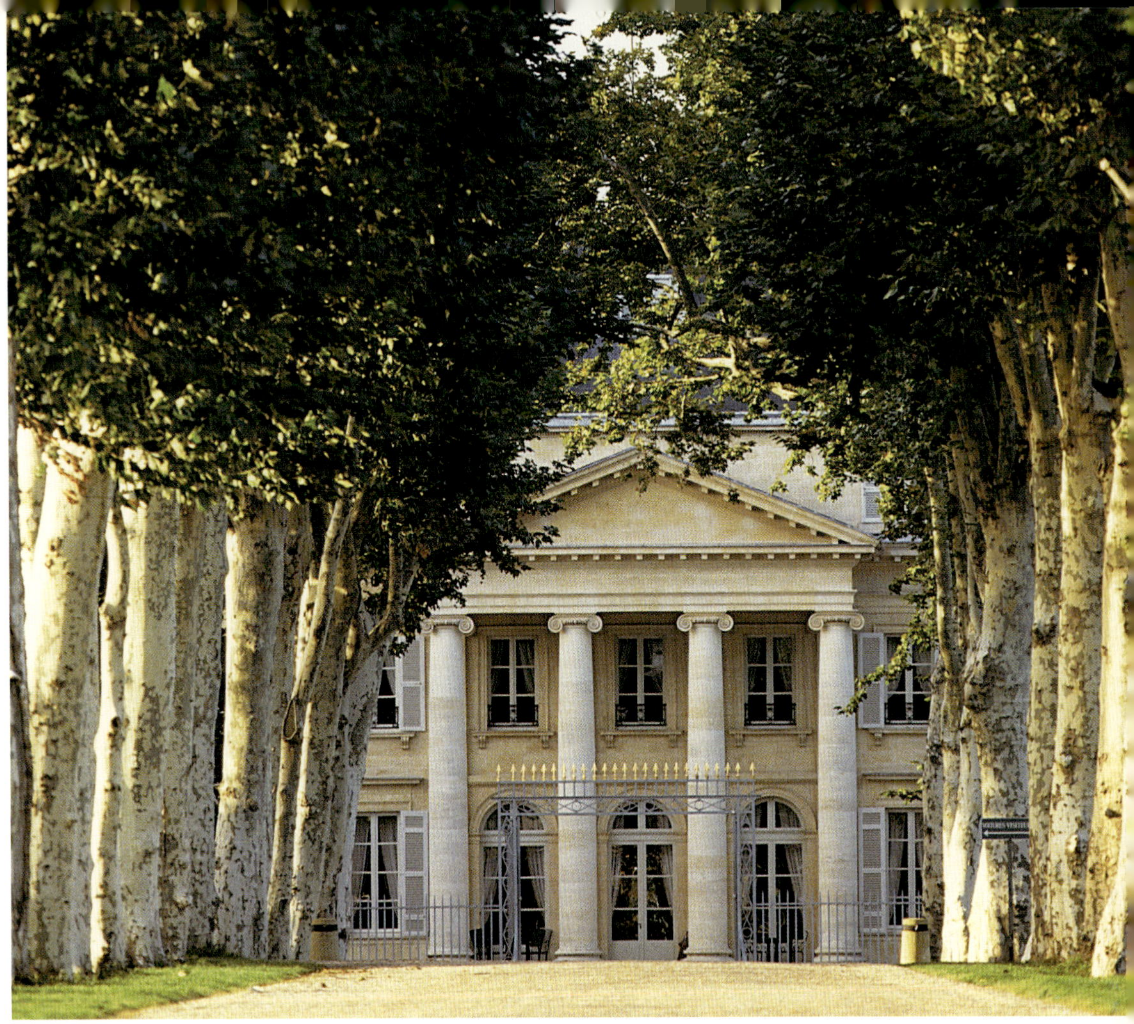

Ci-dessus Le plus glorieux château du Bordelais, le château Margaux, dans le village de Margaux. Le vin étiqueté Margaux provient d'un des vignobles de la commune, et est moins recherché que le Château Margaux.

Sur cette rive plus froide de la Gironde, dite rive droite, peu de producteurs se risquent à planter du cabernet sauvignon. Le merlot et le cabernet franc sont dominants, avec une proportion de merlot particulièrement élevée dans le Pomerol.

Dans le Bordelais, les coûts induits par la culture des vignes et par la production du vin varient considérablement selon les appellations et les ambitions. Plus l'appellation contrôlée est prestigieuse, moins le rendement autorisé est élevé et, dans toute propriété digne de ce nom, plus grand est le soin apporté dans le vignoble et dans la cave.

Le tableau suivant donne les estimations les plus récentes (1998) des coûts de production convertis en euros pour un AC Bordeaux courant (**A**), un AC Médoc courant (**B**) et un cru classé bien géré courant (**C**).

	A	**B**	**C**
Nb de vignes à l'ha	3 333	6 666	10
Coût de la vendange à l'ha	333	792	1 544
Coût viticole total à l'ha	5 483	7 826	17 823
Rendement (hl) à l'ha	62	55	45
Coût viticole total par hl	89	143	396
Coût de vinification par hl	7	9	30
Vieillissement en fût (6 mois)		48	
Vieillissement en fût (18 mois)			151
Coût total par hl	96	200	577
Coût total par bouteille	0,76	1,52	4,27

Source : Centre de gestion et de comptabilité agricole de la Gironde (CGCAG)

Les nouveaux microchâteaux investissent plus encore en main-d'œuvre et soins pour choyer leurs vignes et leurs fûts que les premiers crus ; mais selon les propriétaires (non salariés) du château Le Pin, qui ont lancé ce mouvement, leur coût total par bouteille resterait inférieur à 3,5 euros en 1999. Bien entendu, les coûts du tableau sont ceux du vin sans la mise en bouteille, sans la vente, sans le transport, mais pour l'amateur de vins, ils paraissent incroyablement bas en comparaison du prix d'achat. Il est difficile de croire que l'emballage et le marketing coûtent si cher…

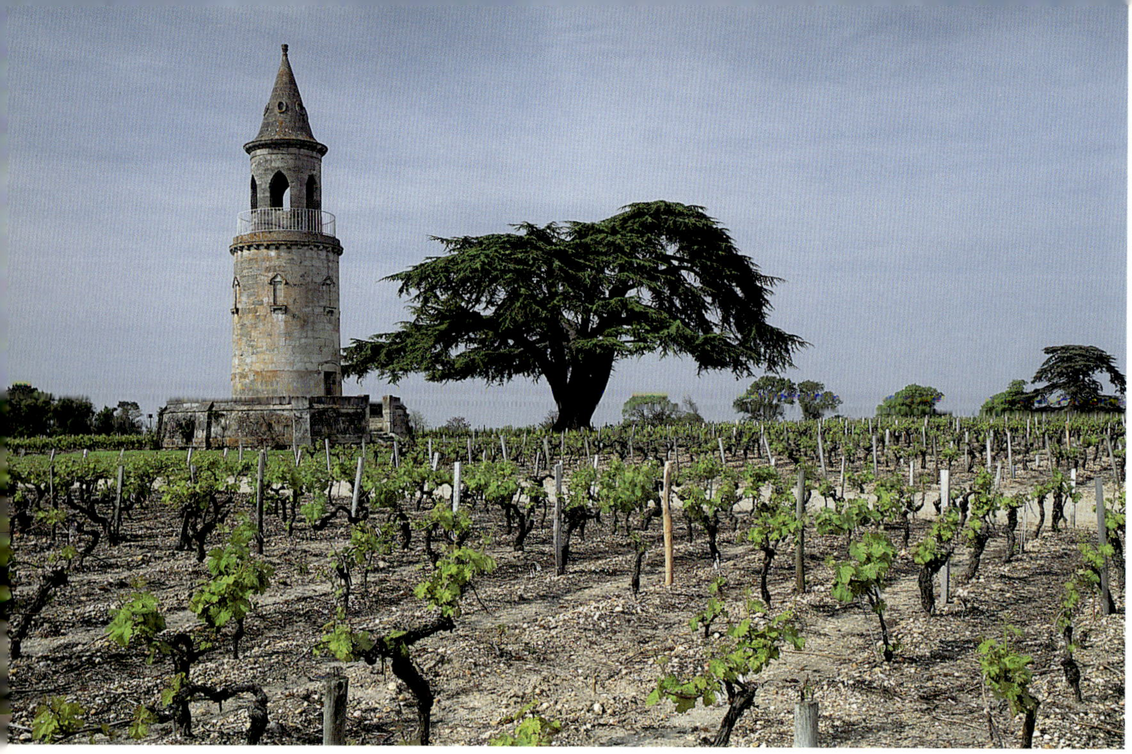

À gauche La tour du château La Tour de By, situé presque sur les berges de la Gironde, entouré par un des nombreux crus bourgeois fiables du Nord du Médoc. Ces vins comptent souvent parmi les meilleures affaires du Bordelais.

Médoc septentrional

Du point de vue géographique, le Médoc est une grande langue de terre à peine ondulée, isolée du reste de l'Aquitaine par le large estuaire de la Gironde. Dans son usage générique, ce nom est donné à tant de vins excellents qu'il ne peut être concurrencé par aucun autre nom au monde : Margaux, Saint-Julien, Pauillac, Saint-Estèphe et les villages environnants sont tous du « Médoc » de par leur situation et leur style. Mais l'appellation Médoc est, elle, plus limitée et moins prestigieuse. Ce qui était plus explicite autrefois quand elle portait le nom de Bas-Médoc. Le terme Bas est tombé en désuétude. Mais les faits sont têtus. La partie basse du Médoc – le bout de la langue, les confins de la région – ne possède aucune des qualités exceptionnelles, physiques et gastronomiques, du Haut-Médoc situé plus au sud.

Aux dunes de gravier bien drainées succèdent, au nord de Saint-Estèphe, des terres plus plates et plus lourdes, avec Saint-Seurin, la dernière commune du Haut-Médoc, à cheval sur une bosse très caractéristique au milieu de marais canalisés. Au nord et à l'ouest, se trouve une terre fertile, depuis longtemps exploitée, dont la ville de marché de Lesparre est la capitale depuis l'époque où les Anglais régnaient, il y a six siècles de cela.

Encore récemment, les vignobles s'étendaient au milieu des pâturages, des vergers et des bois. Aujourd'hui, ils se sont étendus et couvrent la totalité des terres élevées où le gravier allège l'argile, se recentrant sur les villages de Saint-Yzans, Saint-Christoly, Couquèques, By et Valeyrac, sur les rives de l'estuaire de la Gironde, et s'enfonçant à l'intérieur des terres jusqu'à Saint-Germain-d'Esteuil, Ordonnac, Blaignan et Bégadan.

Il n'existe aucun cru classé, mais l'appellation Médoc compte un nombre impressionnant de crus bourgeois intéressants. Depuis vingt-cinq ans en effet, les terres ont été replantées et améliorées et le bas du Médoc est désormais un fournisseur sérieux de vins rouges solides et sains. Une douzaine de châteaux se sont forgés une solide réputation en adoptant les méthodes coûteuses du Haut-Médoc et en faisant vieillir leurs vins dans des fûts neufs (ou récents). Ces exigences de qualité seront plus clairement visibles lorsque la classification en crus bourgeois, crus bourgeois supérieurs et crus bourgeois exceptionnels sera inscrite sur toutes les étiquettes.

L'argile convient mieux au merlot qu'au cabernet, donnant au vin un caractère plus souple et même une vague ressemblance avec le Saint-Émilion. La façon la plus aisée de faire la différence entre le Haut et le Bas-Médoc, c'est de comparer un de leurs meilleurs vins avec un cru bourgeois de Saint-Estèphe. Jeunes, ils seront sans doute difficile à distinguer : les deux sont vigoureux, tanniques, secs et très « Bordeaux ». Au bout de cinq ans toutefois, le vin du Haut-Médoc trouve cette personnalité finement gravée et cette transparence nette dans l'arôme, qui vont continuer à se développer. Le Bas-Médoc a commencé à se radoucir, mais il reste robuste, plutôt rustique, d'une couleur souvent profonde, satisfaisant et savoureux plutôt qu'éclairant et stimulant. Après dix ans, ce vin s'assouplit considérablement, mais souvent aux dépens de la « structure », sans l'affinement de la personnalité que l'on obtient plus au sud.

Le château Potensac est un des châteaux les plus ambitieux (nommé aussi château Lasalle), grâce à ses propriétaires perfectionnistes (qui possèdent aussi le château Léoville-Las-Cases à Saint-Julien), et à sa situation sur le petit plateau où se trouvent aussi le château La Cardonne et le château Tour Haut-Caussan, fort bien géré. Les châteaux Livran à Saint-Germain d'Esteuil, Greysac à By et Laujac à l'ouest de Bégadan ont des noms déjà bien établis, même si le vin a tendance à avoir aujourd'hui plus de substance, de fruit et de caractère aux châteaux La Tour de By, La Clarte, Rollan de By, au Vieux Château Landon à Bégadan, aux châteaux La Tour Saint-Bonnet et Les Ormes Sorbet à Saint-Christophy et Couquèques. Bégadan est la commune la plus importante de la région pour ce qui est de la production, en grande partie grâce aux résultats prodigieux de sa coopérative de producteurs.

Quelques-uns des candidats *les plus évidents pour le reclassement au rang de crus bourgeois exceptionnels. La similarité des étiquettes est frappante.*

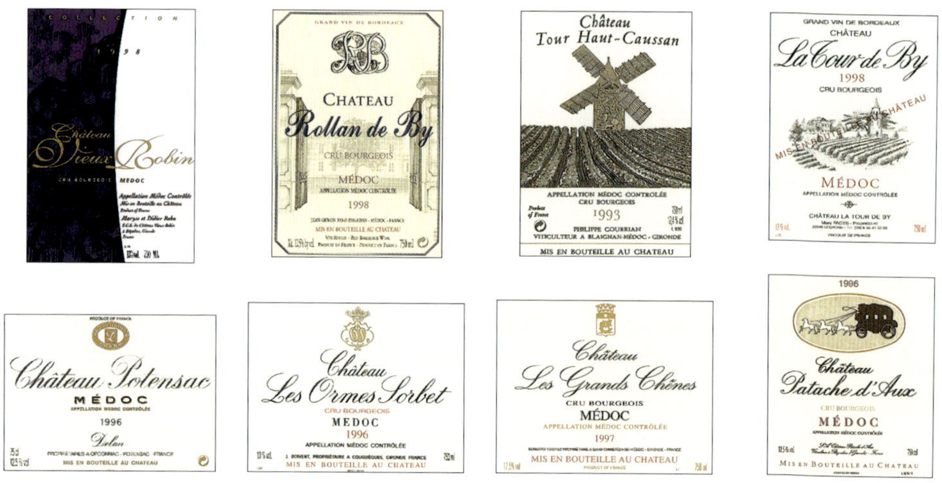

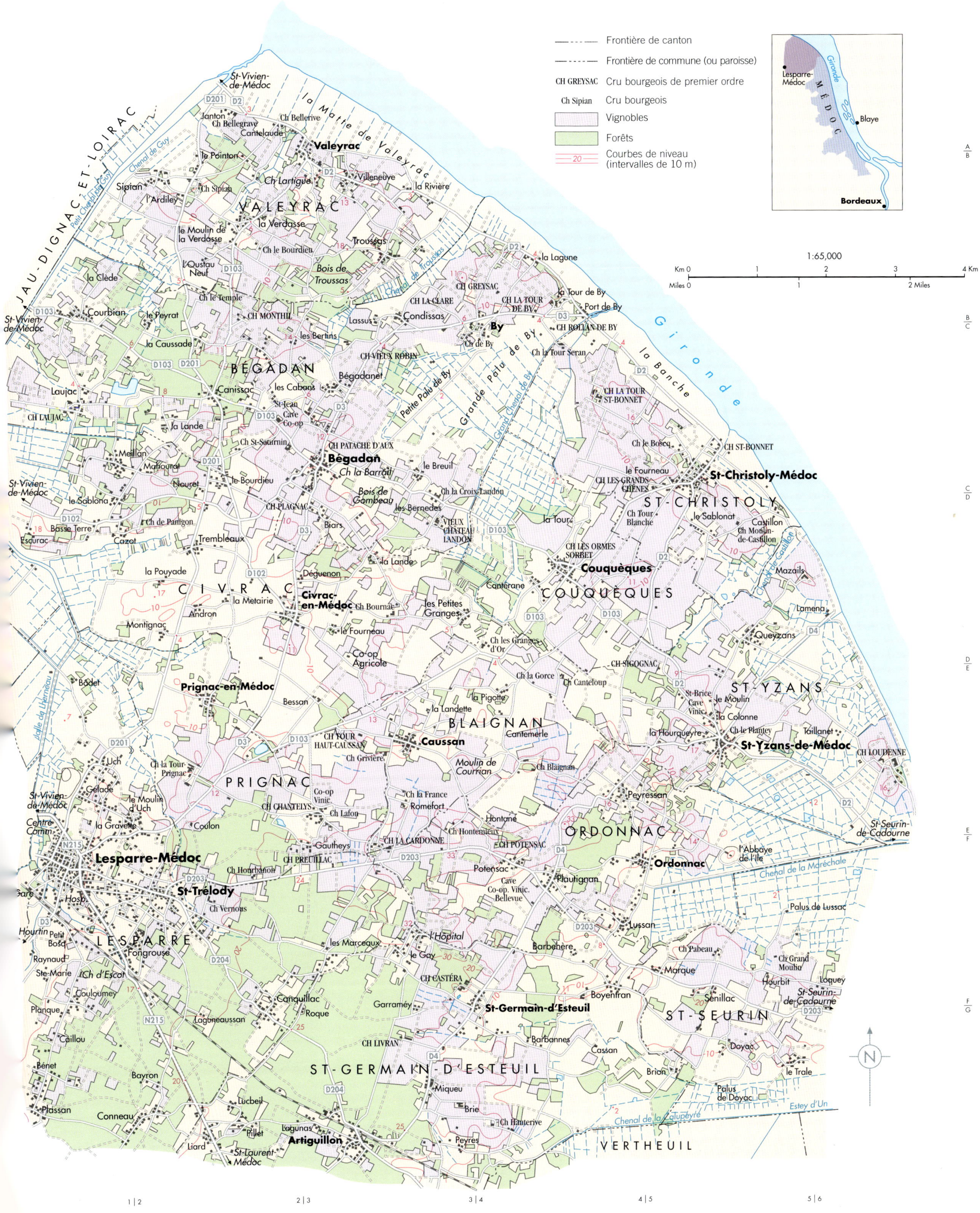

A/B
B/C
C/D
D/E
E/F
F/G

1 | 2   2 | 3   3 | 4   4 | 5   5 | 6

Saint-Estèphe

Les rives de gravier, qui donnent au Haut-Médoc et à ses vins leur caractère et leur qualité, commencent à disparaître à Saint-Estèphe. C'est la plus septentrionale des quatre communes qui sont le cœur du Médoc. Une jalle – mot du Médoc désignant un chenal – sépare Saint-Estèphe de Pauillac, drainant d'un côté les vignobles de château Lafite, de l'autre trois des cinq crus classés de Saint-Estèphe : les châteaux Cos d'Estournel, Cos Labory et Lafon-Rochet.

Il y a une différence entre les sols de Pauillac et ceux de Saint-Estèphe : à mesure que le gravier charrié par la Gironde diminue, la proportion d'argile qui s'y mélange augmente. Plus haut, à Margaux, il y en a très peu. À St-Estèphe, le sol est donc plus lourd et moins drainé. C'est pour cette raison que les vignes plantées à Saint-Estèphe semblent supporter des étés particulièrement secs, comme celui de 1990, mieux que celles des graviers bien drainés. Même lorsque le climat n'est pas extrême, les vins ont tendance à avoir plus d'acidité, à être plus pleins et plus structurés, à avoir moins de parfum, malgré un arôme en bouche assez généreux. Ils ont traditionnellement été de robustes clairets qui pouvaient devenir vénérables en perdant de leur vigueur. Mais ces dernières années, la tendance à faire le bordeaux rouge sur le même modèle puissant et énergique a eu pour effet de gommer certaines des différences entre le saint-estèphe et les vins d'autres communes.

Le Cos d'Estournel est le plus spectaculaire des crus classés. Il est abrité par un excentrique bâtiment en forme de pagode, qui domine la pente assez raide qui descend depuis la limite du Pauillac, surplombant les prairies de château Lafite. Avec le château Montrose qui commande le fleuve, c'est le plus important et le meilleur des Saint-Estèphe, donnant des vins puissants, de couleur sombre et à la vie longue. Le « Cos », comme on l'appelle couramment (en prononçant le s), a dominé la commune au cours des dernières années, avec une succulence et une persistance de l'arôme qui le rend plus séduisant que son rival qui est un deuxième cru. La situation de Montrose, sur son monticule de graviers surplombant la Gironde, est une anticipation du château Latour à Pauillac, juste au sud. Certains trouvent un écho similaire dans son vin intense, tannique, à l'arôme profond. Les millésimes classiques de Montrose ont besoin de vingt ans pour parvenir à la maturité.

Les deux autres crus classés près du Cos d'Estournel, les châteaux Lafon-Rochet et Cos Labory, languissent depuis des années. Le Cos Labory se satisfait d'un riche arôme fruité dès son plus jeune âge. Lafon-Rochet a été racheté et reconstruit dans les années 1960 par Guy Tesseron, un marchand de cognac. Le vin avait la réputation d'être rude, mais les millésimes récents ont été assouplis grâce à une proportion accrue de merlot dans le mélange. Calon-Ségur, au nord du village de Saint-Estèphe, le plus septentrional des crus classés du Médoc, se situe du point de vue du style entre le Cos d'Estournel et le Montrose : ferme et vieillissant bien, sans être trop agressif. Il y a deux cent cinquante ans environ, le marquis de Ségur, propriétaire de Lafite et de Latour, confessait, dit-on, que son cœur battait pour Calon. C'est encore visible aujourd'hui sur l'étiquette.

Saint-Estèphe est surtout connu pour ses crus bourgeois. Ils ont véritablement explosé sur le plateau au sud et à l'ouest du village. Les châteaux de Phélan Ségur et de Pez produisent d'excellents vins. Pez détient un record historique peu ordinaire : propriété des Pontac à Haut-Brion, le vin était déjà vendu à Londres au XVIIe siècle sous le nom de Pontac. Aujourd'hui, il appartient à la maison des champagnes Roederer.

Le château Meyney est une exception dans le Médoc en raison de ses origines monastiques. Compte tenu de sa situation près de l'estuaire, à côté de Montrose, on pourrait s'attendre à un très bon vin, avec un grand potentiel de développement. C'est en fait un vin robuste et fiable, sans finesse notable. Dans le style chaleureux du Saint-Estèphe, le château Les Ormes de Pez, qui appartient au propriétaire du Château Lynch-Bages à Pauillac, fait des vins plus fringants. Les châteaux Tronquoy-Lalande, Capbern Gasqueton et Beau Site, au sud, à l'est et à l'ouest du village, méritent tous les trois leur bonne réputation. Le château de Marbuzet appartient aux propriétaires du Cos, tandis que les châteaux Haut-Marbuzet, Chambert-Marbuzet et MacCarthy sont tous la propriété d'un extraordinaire producteur de vins, Henry Duboscq, dont le style riche en chêne est très goûteux et un des plus sûrs de la région. Les Andron Blanquet, Le Crock et Lavillotte sont sur la liste des saint-estèphe qui expriment le terroir avec vigueur et style, tandis que le Lilian Ladouys est un nouveau venu, surgi sur la scène à la fin des années 1980 avec des premiers millésimes séduisants. Le « Marquis de St-Estèphe », la coopérative des producteurs, est aussi une source importante de ce vin typique.

Au nord de Saint-Estèphe, la rive de gravier diminue en direction d'un promontoire qui se détache des palus – les terres plates à eau dormante près de l'estuaire qui ne donnent aucun vin de qualité. En haut du promontoire se trouve le village de Saint-Seurin-de-Cadourne qui compte une douzaine de crus bourgeois. Le délicat Château Coufran, le Château Verdignan, plus tannique, le sanguin Sociando-Mallet et l'admirable Château Bel Orme Tronquoy de Lalande dominent ce secteur, avec une grosse coopérative dont le vin est vendu sous le nom de « Canterayne ».

Saint-Seurin est situé à la limite du Haut-Médoc : toute vigne cultivée au-delà n'a droit qu'à l'appellation de Médoc (voir pages 84 et 85).

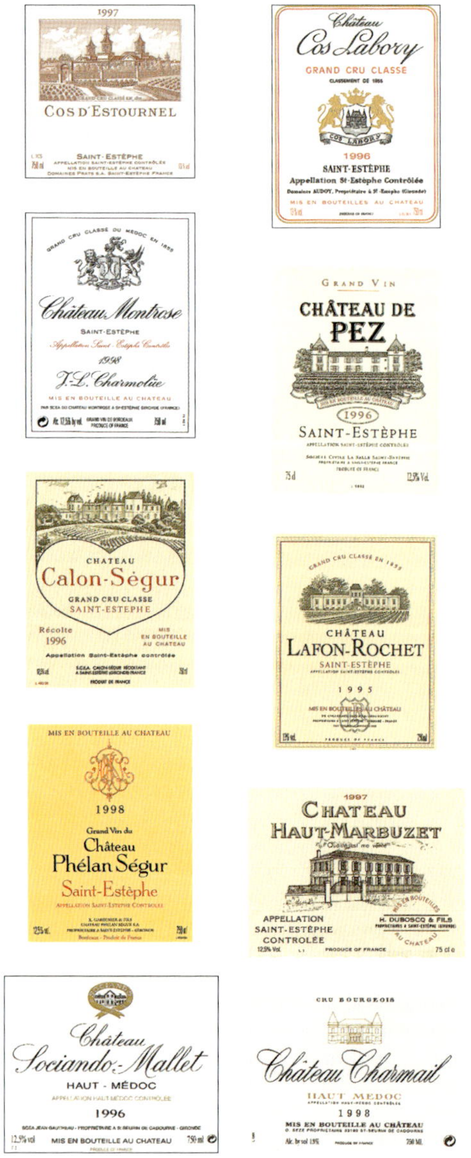

Saint-Estèphe ne compte *que cinq crus classés, mais ne manque pas d'extraordinaires crus bourgeois. Les châteaux Sociando-Mallet et Charmail sont certes situés à St-Seurin-de-Cadourne et non à Saint-Estèphe, mais ils ont la réputation de pouvoir faire, certaines années, de l'ombre aux premiers crus.*

Ci-dessous Le château Lilian Ladouys, une des nombreuses propriétés à travers le Médoc à avoir été considérablement réaménagées et rénovées dans les années 1990.

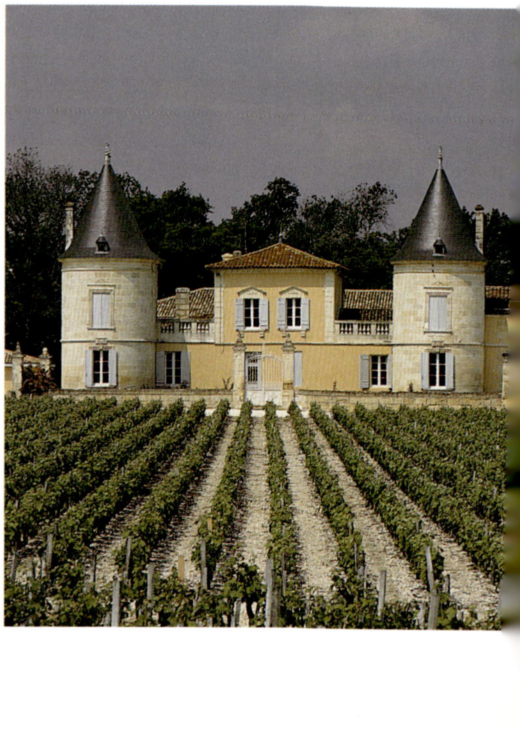

Le magnifique château Loudenne, surplombant la Gironde et sur lequel a flotté pendant plus d'un siècle, jusqu'en 1999, un drapeau anglais, occupe son premier tertre de gravier.

La campagne derrière Saint-Estèphe, en s'éloignant du fleuve, compte quelques crus bourgeois dispersés, dont certains sont bien connus. Cissac et Vertheuil se trouvent sur un sol plus riche et moins graveleux à la limite de la forêt. Le château-cissac est un cru exceptionnel : depuis longtemps, assez vigoureux pour être un Pauillac, même s'il s'est assoupli dans les années 1980. À Cissac, les châteaux du Breuil et Hanteillan et, à Vertheuil, les châteaux Le Bourdieu et Le Meynieu méritent au moins une visite régulière.

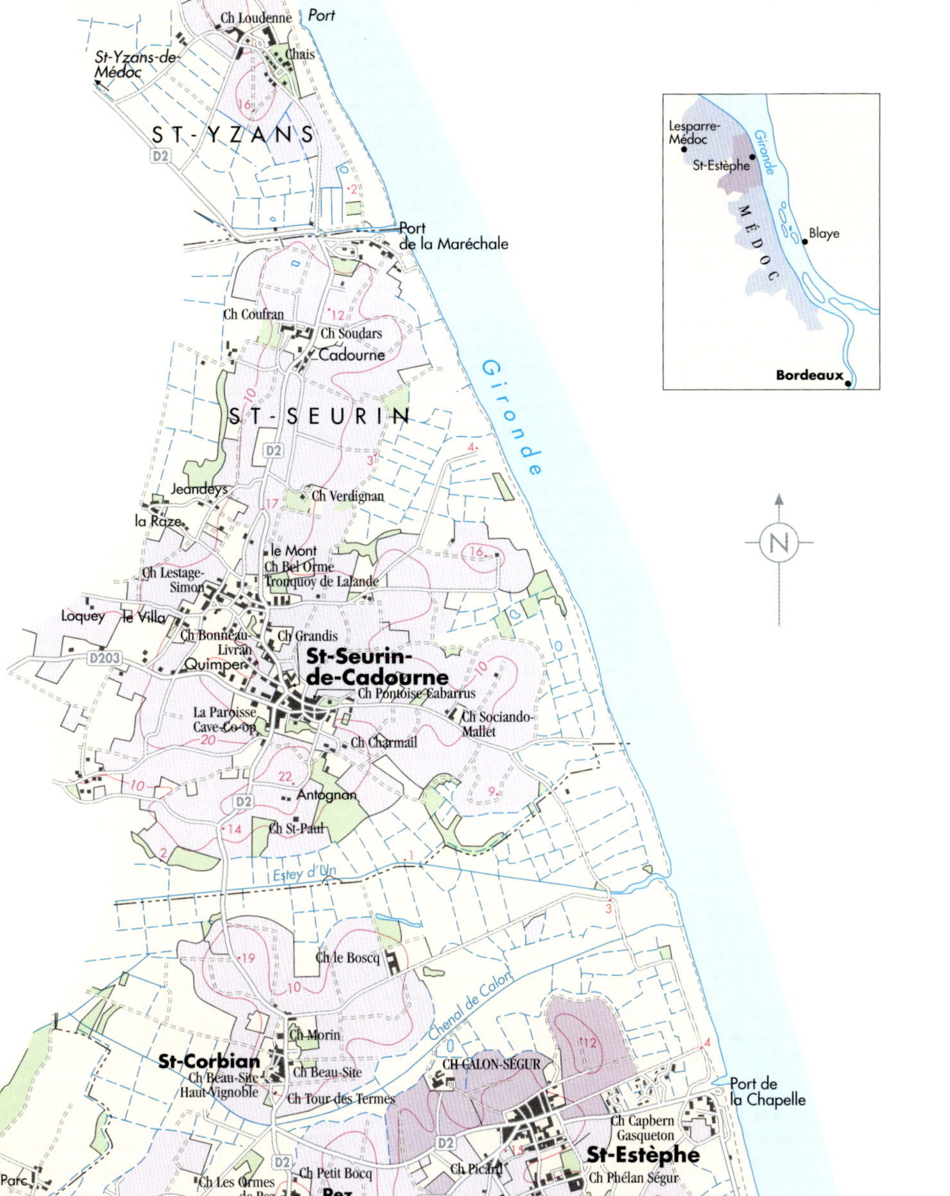

—·—·— Frontière de canton

—·-·-·— Frontière de commune (ou paroisse)

CH COS LABORY Cru classé

Ch de Pez Cru bourgeois

Vignoble de premier cru classé

Vignoble de cru classé

Autres vignobles

Forêts

Courbes de niveau (intervalles de 10 m)

1:42,000

Km 0 1 2 Km

Miles 0 1 Mile

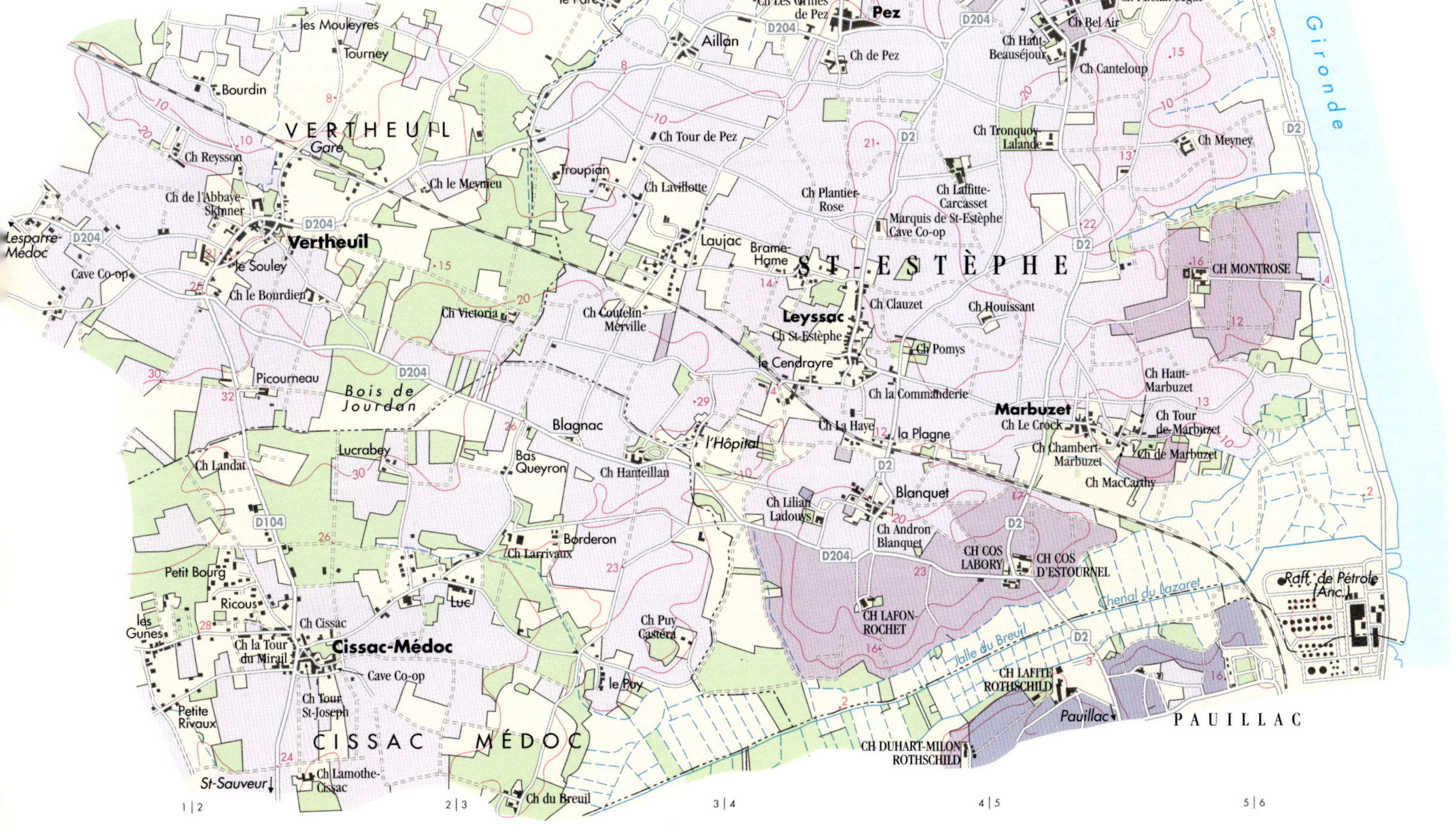

Pauillac

S'il fallait distinguer une commune du Bordelais pour la placer en tête de classement, il n'y aurait aucune discussion possible. Ce serait celle de Pauillac. Les Châteaux Lafite, Latour et Mouton Rothschild, trois des cinq premiers crus classés du Médoc et du Graves, la désignent de droit. De nombreux amateurs de clairet vous diraient que les vins de Pauillac ont cet arôme essentiel qu'ils recherchent dans le bordeaux : une combinaison fraîche, souple et fruitée, du chêne, une certaine sécheresse subtilement associée à plus de substance, une touche de boîte à cigares, une note sucrée et, par-dessus tout, de la vigueur. Même les crus de moindre importance s'approchent de leur clairet idéal.

À Pauillac, les « croupes » de gravier du Médoc ressemblent du mieux qu'elles peuvent à de petits coteaux. La partie la plus élevée, avec les châteaux Mouton Rothschild et Pontet-Canet, atteint 30 m d'altitude, ce qui est remarquable dans cette région côtière.

La ville de Pauillac est la plus grande du Médoc. Heureusement, sa vieille raffinerie de pétrole a cessé de fonctionner et s'est transformée en simple entrepôt (colossal toutefois). Ses vieux quais sont devenus une marina. Quelques restaurants ont ouvert (celui du château Cordeillan-Bages sous les auspices de Lynch-Bages obtenant même deux étoiles au Michelin). Pourtant, il serait difficile de dire que la ville est animée.

Les vignobles des châteaux de Pauillac sont en général moins subdivisés qu'ils ne le sont dans le reste du Médoc. Alors que dans le Margaux, par exemple, les châteaux sont rassemblés dans la ville et leurs domaines inextricablement mélangés, à Pauillac des pentes, des monticules et des plateaux entiers appartiennent à un unique propriétaire. Il n'est donc pas étonnant de noter des variations de style plus grandes, dérivées du terroir.

Les trois grands vins de Pauillac diffèrent spectaculairement. Les châteaux Lafite et Latour se trouvent aux extrémités opposées de la même paroisse, le premier presque dans le Saint-Estèphe, le second presque dans le Saint-Julien. Curieusement, leurs caractères respectifs partent dans des directions contraires : Lafite plutôt vers la souplesse et la finesse d'un saint-julien, Latour vers la fermeté un peu emphatique d'un saint-estèphe.

Ci-dessous Le château Lynch-Moussas est dans une situation très différente du cinquième cru Château Lynch-Bages, qui appartient au même propriétaire mais dont le vin est en général plus concentré et plus recherché.

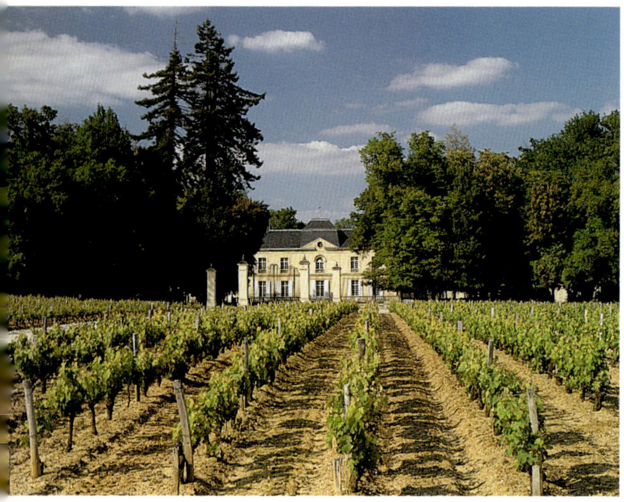

Lafite, un des plus grands vignobles du Médoc avec 100 hectares, fait environ 1000 fûts de son vin fabuleusement cher : un produit parfumé, policé, d'une élégance concentrée, fabriqué dans un chai circulaire et souterrain unique. Son second vin est le Carruades. Le Latour, plus ferme et plus structuré, semble éviter l'élégance pour privilégier des profondeurs robustes qui prennent des décennies à révéler leur complexité. Les Forts de Latour, fait à partir de parcelles séparées d'une terre classée premier cru, à l'ouest de la D2, sont considérés et vendus comme un deuxième cru. Une sélection de vins jeunes, aux saveurs souvent riches, est vendue sous la simple appellation de Pauillac. Le Mouton Rothschild est un troisième type de Pauillac : puissant, sombre, avec une forte saveur de mûres. Compte tenu des dix et parfois même vingt années nécessaires à la maturation, ces vins atteignent le domaine de la perfection à un moment où rares sont ceux qui peuvent les suivre. Les millionnaires eux-mêmes ont tendance à être impatients : bien des bouteilles sont bues trop jeunes.

En sentant la richesse et la force du cabernet sauvignon dans ces vins, il est étrange de penser que c'est un cépage dont on a reconnu la suprématie dans le Médoc il y a seulement deux cents ans. Jusqu'alors, même les Premiers Crus avaient établi la supériorité de leur terroir en recourant à un mélange de cépages médiocres composé surtout de malbec.

À Pauillac, les visiteurs ne doivent manquer à aucun pris le petit musée des œuvres d'art liées au vin, ni les très beaux chais qui font du Château Mouton Rothschild la vitrine de tout le Médoc.

Les abords de Pauillac au sud ont connu des transformations spectaculaires dans les années 1990. Des rivalités anciennes entre les deux moitiés du domaine historique Pichon, dont les châteaux de deuxième cru se font face de part et d'autre d'une route, ont pris une dimension nouvelle. Pendant des années, Pichon-Lalande avait la meilleure réputation pour son vin singulièrement riche et sensuel. Puis le groupe d'assurances AXA a racheté Pichon-Longueville et a commencé ce qu'on peut décrire au mieux comme un programme de reconstruction agressif, restaurant le prestigieux château et faisant construire un étonnant centre pour les visiteurs, ainsi qu'un des rares bâtiments du Médoc qu'on pourrait appeler une cave moderne. Le vin a, lui aussi, subi une transformation spectaculaire, orchestrée par Jean-Michel Cazes, propriétaire du château Lynch-Bages.

Lynch-Bages, qui n'est qu'un cinquième cru, est depuis fort longtemps admiré, surtout en Grande-Bretagne, pour son vin richement parfumé – une sorte de Mouton pour ceux qui ne sont pas tout à fait des millionnaires. Avec le cru bourgeois Château Pibran (propriété d'AXA) et le Château Haut-Bages Averous, le second vin de Lynch-Bages, M. Cazes a dirigé une pléiade de Pauillac modernes exemplaires, avant de prendre sa retraite en l'an 2000. Le château qui reste néanmoins un mystère est Pontet-Canet, le plus gros des crus classés. Jouissant d'une situation superbe non loin de Mouton, il est cependant absolument différent : tannique et réservé, alors que le Mouton est opulent.

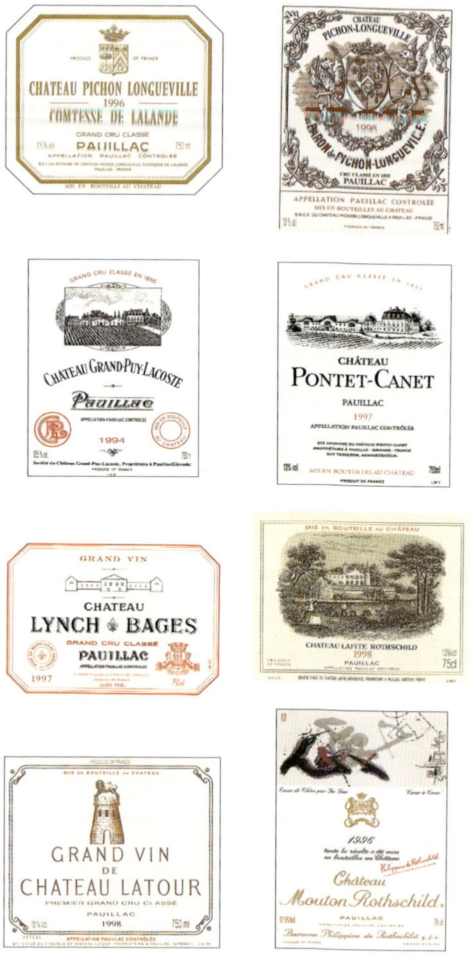

Pauillac est un foyer *de compétition, que ce soit entre les trois premiers crus ou entre les deux Pichon, Lalande et Longueville. Le grand vin n'y manque pas.*

Le château Duhart-Milon appartient aux Rothschild de Lafite et le château d'Armailhac (autrefois Mouton Baronne) à Mouton. Les deux tirent un profit évident de la richesse et des compétences techniques de leurs propriétaires et dirigeants. Le cru classé voisin, Clerc Milon, appartient aussi à l'écurie immense des (Mouton) Rothschild. Les châteaux Batailley et Haut-Batailley sont situés loin du fleuve à l'orée des bois (Haut-Batailley appartient aux mêmes propriétaires que le grand château Ducru-Beaucaillou à Saint-Julien). La Couronne fonctionne à la fois comme château et comme chai. On ne doit pas s'attendre à la même finesse que celle des grands vins faits au bord du fleuve, mais dans les deux cas le vin est bien fait et abordable. Le Haut-Batailley est le plus fin des deux.

Les deux châteaux appelés Grand-Puy, Lacoste et Ducasse, ont une très bonne réputa-

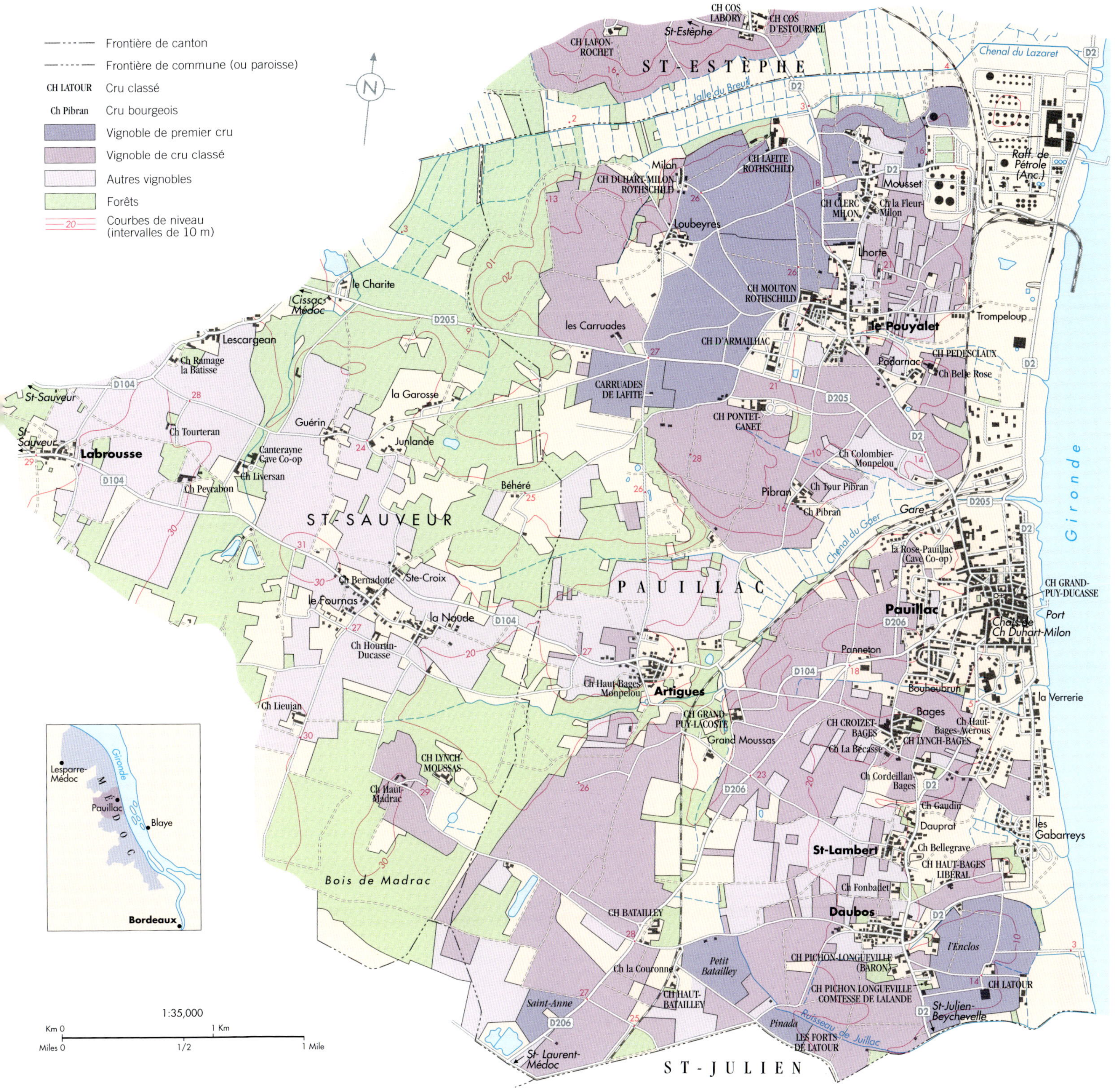

tion, même si le premier est plus connu, produisant avec constance quelques-uns des vins de Pauillac les plus importants et les plus délicieux. Lacoste est un beau vignoble en continuité, sur un terrain élevé entourant le château, tandis que la propriété Ducasse est divisée en trois parcelles séparées, au nord et à l'ouest de Pauillac, le château étant situé sur les quais de la ville.

Le Haut-Bages Libéral, avec ses vignobles magnifiquement placés à Saint-Lambert, a acquis de nouveaux locaux et une nouvelle jeunesse. Le Lynch-Moussas, géré conjointement avec Batailley, vend des vins toujours bons à des prix modestes. Le Croizet-Bages et le Pedesclaux sont résolument conservateurs – ce qui n'est pas pour déplaire.

Pauillac, riche de tant de grandes propriétés, n'est pas, comme Saint-Estèphe, un labyrinthe de petits ou moyens producteurs. Son unique petit cru exceptionnel, La Couronne, a déjà été mentionné. Parmi les crus bourgeois, les châteaux Pibran et Haut-Bages Averous sont entre de très bonnes mains ; Fonbadet, caché par les arbres sur la route de Saint-Lambert, a de vieilles vignes et des vins sérieux ; Haut-Bages Monpelou est en partie la propriété de château Batailley. La coopérative locale fait aussi, sous le nom de La Rose-Pauillac, un vin convenable, en quantité décroissante toutefois.

La carte inclut une partie de la paroisse voisine à l'ouest, Saint-Sauveur. On n'y trouve aucun vin extraordinaire. Les crus bourgeois signalés sont cependant d'une qualité respectable et avantageuse. Le château Liversan (qui inclut Fonpiqueyre) appartient à la famille Polignac ; le château Peyrabon est un vignoble important et bien géré ; le château Bernadotte a été racheté par le propriétaire de Pichon-Lalande en 1993. Le vin de Ramage la Batisse est parfumé et consommable.

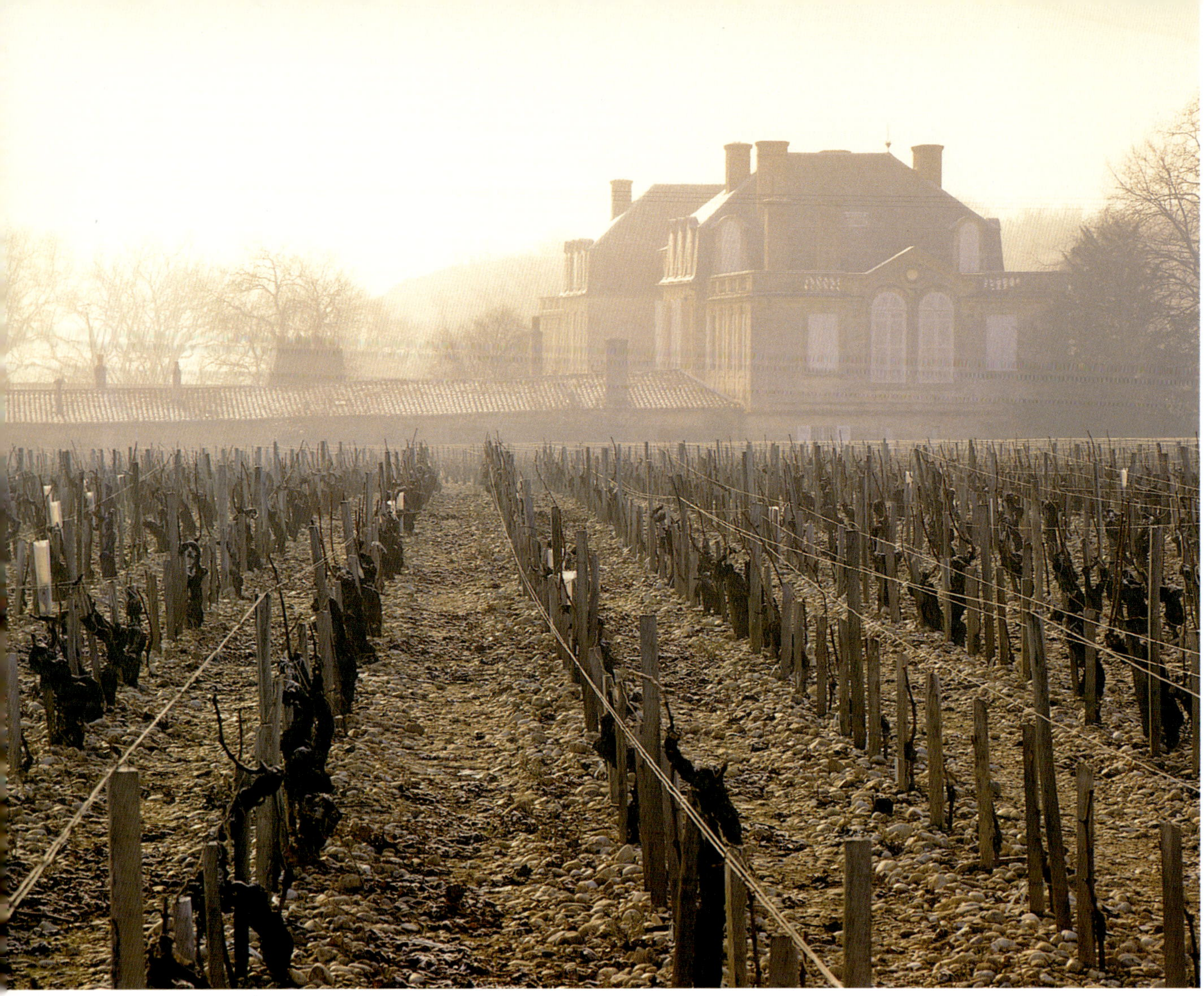

À gauche Le château Langoa-Barton est un manoir très pittoresque et l'un des rares qui soit habité à longueur d'année par son propriétaire, Anthony Barton. La plupart des châtelains et des châtelaines du Médoc vivent à Bordeaux, à Paris, ou même plus loin encore.

Saint-Julien

Aucune autre commune du Bordelais ne compte autant de crus classés que Saint-Julien. Du fait de sa petite taille, elle possède la plus petite production des quatre célèbres villages du Médoc. Cependant la quasi-totalité de ses terres sont exceptionnelles pour la viticulture : des croupes de gravier typiques qui, bien que n'étant pas aussi profondes qu'à Pauillac, sont toutes proches du fleuve ou orientées au sud, vers la vallée drainée par la Jalle du Nord et le Chenal du Milieu.

Les grands châteaux se répartissent par conséquent en deux groupes : les propriétés du bord du fleuve représentées par les Léoville autour du village de Saint-Julien, et le groupe du sud centré sur le village de Beychevelle, avec à sa tête le Château Beychevelle, ses voisins et, plus à l'intérieur des terres, les Châteaux Gruaud-Larose et Lagrange. Plus loin encore, dans la commune de Saint-Laurent, se trouvent trois autres crus classés qui portent l'appellation Haut-Médoc et dont le style est globalement moins subtil. Les quelques crus bourgeois de Saint-Julien sont regroupés autour de Beychevelle ; on trouve à leur tête le redoutable Château Gloria.

Si Pauillac fait le vin le plus frappant et le plus brillant du Médoc, Margaux le plus raffiné et le plus exquis, Saint-Julien constitue la transition entre les deux. À part quelques rares exceptions, ses châteaux font un vin plutôt délicat et rond, délicat lorsqu'il est parvenu à maturité (jeune, il est rude et tannique) quel que soit le millésime.

La gloire principale de la commune est la grande propriété de Léoville, autrefois la plus grande du Médoc et aujourd'hui divisée en trois. Elle est située à la frontière du Pauillac et il faudrait être un téméraire pour dire qu'on peut, à chaque dégustation, distinguer un Léoville d'un Longueville (même si on peut certainement le distinguer d'un Château Latour qui ne se trouve pas loin non plus).

Le château Léoville-Las-Cases a les vignobles les plus étendus des trois, avec 90 hectares environ. Son vin contenu, presque austère, à la durée de vie longue, est d'un « classicisme » si évident, et la famille Delon qui le gère, si avisée, que le Léoville-Las-Cases a la réputation d'atteindre des prix supérieurs à ceux des premiers crus.

Le Château Léoville-Barton n'est pas loin derrière. Il appartient, avec le château voisin, Langoa Barton, à la vieille famille irlandaise des Barton, qui s'est installée à Bordeaux au début du XVIIIe siècle pour faire du commerce de vins. Anthony Barton vit dans le magnifique château Langoa du XVIIIe et fait ses deux vins côte à côte dans le chai. Le Langoa est habituellement considéré comme inférieur au Léoville, car plus plein et plus tannique. Mais tous deux figurent parmi les meilleurs clairets traditionnels et sont toujours de bonnes affaires, même dans les années délicates.

Le Léoville-Poyferré a une histoire très inégale, mais au cours des années 1980 et 1990 il a justifié son grand nom avec d'excellents vins très convaincants.

À quoi ressemblait le Léoville unifié ? Il est difficile de déterminer à quel point les contrastes d'aujourd'hui sont le fait de traditions divergentes ou de terroirs légèrement différents. Une proportion différente de cabernet et de merlot produira des vins différents dans le même vignoble. Par ailleurs, les connaisseurs qui goûtent les vins de différents cépages d'un même vignoble avant qu'ils n'aient été « assemblés » dans le même fût ont souvent dit que chacun avait un goût distinct, mais qu'ils possédaient tous le style caractéristique de la propriété.

Au sud des Léoville, le Château Ducru-Beaucaillou avec son manoir italianisant a établi un style bien à lui, très fin, alors que son voisin Branaire (autrefois Branaire-Ducru) est beaucoup plus carré. De leur côté, les Châteaux Beychevelle et Saint-Pierre (deux voisins) expriment une finesse et une élégance en même temps qu'une rondeur simple qui est extrêmement séduisante.

Le Château Gruaud-Larose ouvre la partie « intérieure » du Saint-Julien, avec des vins d'une richesse et d'une énergie qui les placent au tout premier rang. Il n'y a sans doute qu'un château

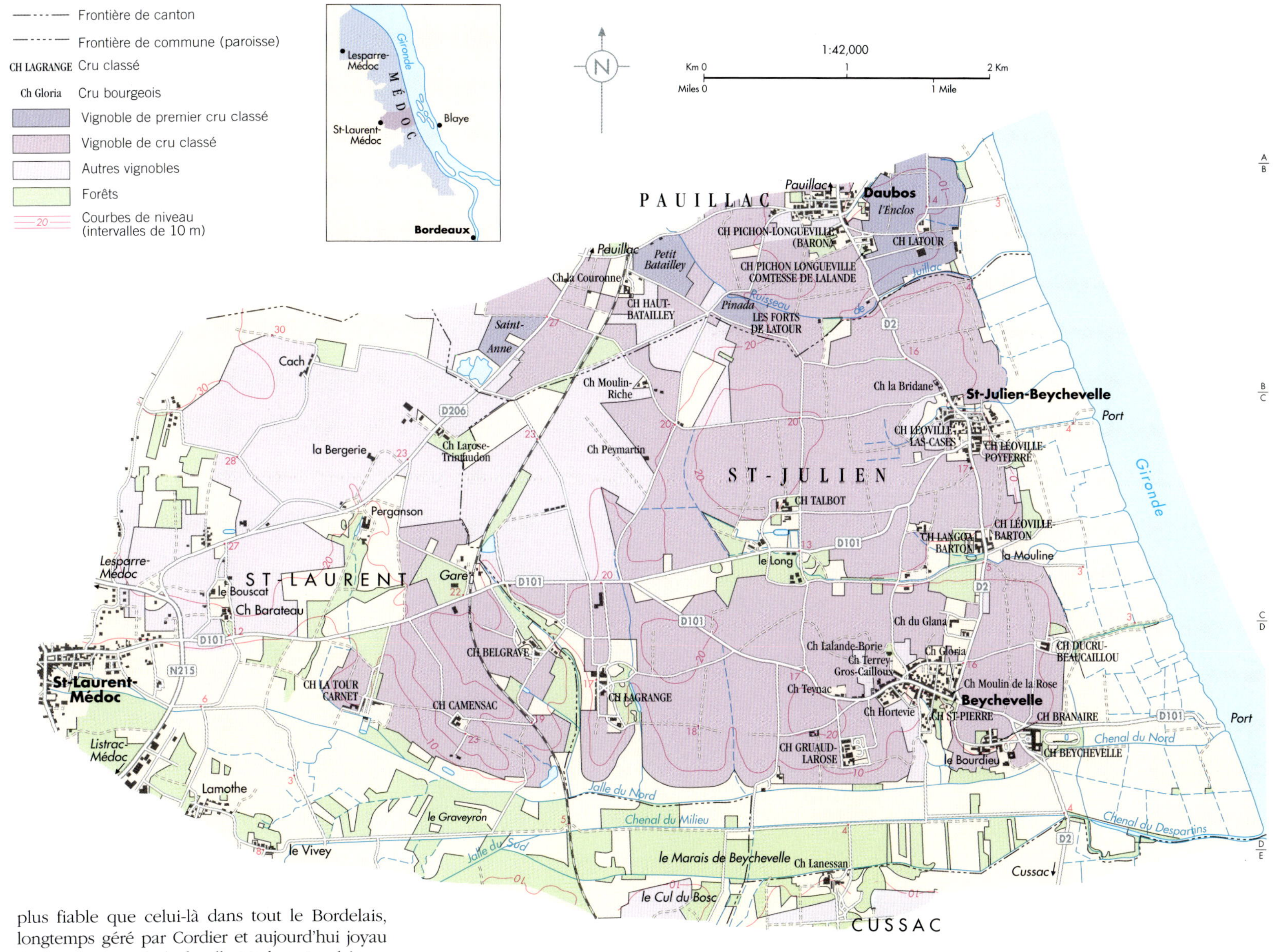

plus fiable que celui-là dans tout le Bordelais, longtemps géré par Cordier et aujourd'hui joyau de la couronne de la famille Merlaut. Le château Talbot, qui occupe la partie centrale et élevée de la commune, est encore en partie la propriété de la famille Cordier. Il est à peine un peu moins bien, mais constamment dense, souple et savoureux.

Le Château du Glana, le grand cru bourgeois voisin, n'a pas été aussi chanceux ces derniers temps que Hortevie, Moulin de la Rose, Terrey-Gros-Cailloux et Lalande-borie, la dernière création du propriétaire de Ducru-Beaucaillou.

Le dernier des crus classés, le Château Lagrange, était autrefois très apprécié pour son vin riche, substantiel. Sous un nouveau régime (japonais) depuis 1984, la concentration a été retrouvée. Il se déploie très loin à l'intérieur des terres, jusque dans l'arrière-pays sur la frontière de Saint-Laurent (dont l'appellation est le Haut-Médoc). Il fait partie d'un groupe de trois crus classés qui sont tous à différentes étapes de leur résurrection. La Tour Carnet est au stade le plus avancé (très séduisant depuis peu). Camensac a été replanté quelques années plus tard par le propriétaire de l'immense et populaire cru bourgeois Larose-Trintaudon. Son vin retrouve de la substance et une certaine reconnaissance. Le château Belgrave a été lui aussi restauré, comme bien d'autres dans le Médoc depuis le début des années 1980.

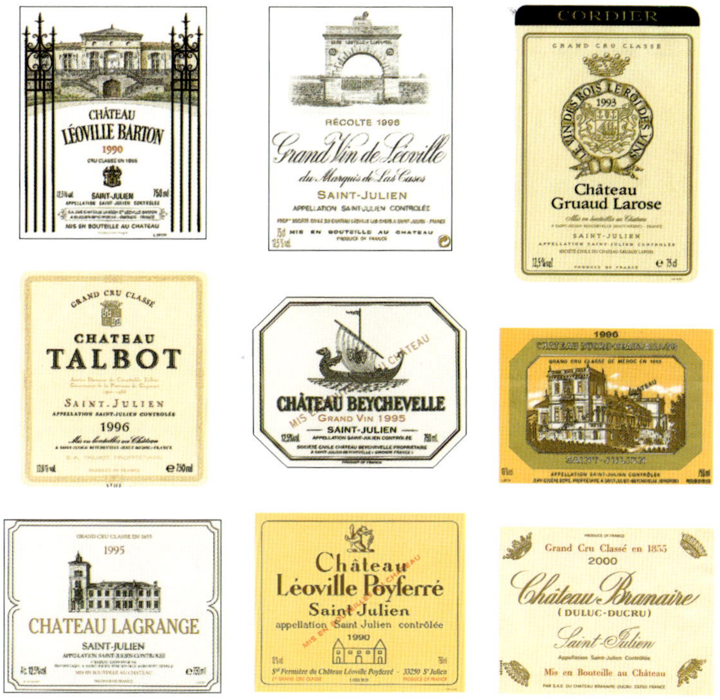

Le Saint-Julien est l'incarnation du clairet : harmonieux, digeste et d'une tenue impeccable. Le Château Léoville-Las-Cases, toutefois, a pour ambition d'être considéré comme un Pauillac de haut rang, tant pour ses tannins puissants que pour son prix.

Centre du Médoc

C'est la zone de transition du Médoc, le mezzo forte entre l'andante du Saint-Julien et l'allegro du Margaux. Quatre villages défilent sans un seul cru classé. Leur appellation est tout simplement « Haut-Médoc ». Ici, les croupes de gravier ne s'élèvent plus aussi fièrement au-dessus du fleuve et la nappe phréatique est plus proche ; le système racinaire des vignes reste par conséquent plus en surface et les vins qu'elles produisent deviennent moins complexes. La commune de Cussac conserve un peu de l'élan du Saint-Julien avec un extraordinaire cru bourgeois, le Château Lanessan. Lanessan et son voisin, Caronne Ste-Gemme, sont deux domaines bien gérés dont les propriétaires ont les moyens de leurs ambitions.

Ailleurs, Cussac ne dispose pas de beaucoup de ce gravier si important. La forêt ici se rapproche du fleuve. Le Château Beaumont occupe l'affleurement le plus intéressant. Son vin est facile, parfumé et parvient rapidement à maturité. Le Château Tour du Haut-Moulin à Vieux Cussac a curieusement des propriétés contraires : sombre, classique, lent à vieillir, mais méritant l'attente.

Le bord du fleuve vaut le détour pour les belles fortifications du XVIIe siècle de Fort-Médoc, ancienne protection contre les Anglais aujourd'hui convertie à un usage pacifique. À Lamarque, une forteresse plus ancienne encore, le splendide château de Lamarque s'est fait un nom grâce à son vin soigné, avec du corps et une touche de médoc. Le Lamarque est le lien avec Blaye de l'autre côté de la Gironde : un service de ferries part du quai.

Cette zone a été très largement replantée. Le château Malescasse fut le premier à être restauré. Et dans la commune voisine au sud, à Arcins, les grandes et anciennes propriétés du Château Barreyres et du Château d'Arcins ont été entièrement replantées. Avec leur voisin, le très bien géré Château Arnauld, et la coopérative « Chevalier d'Ars », ils ont contribué à étendre la réputation d'Arcins. La cuisine du petit *Lion d'Or*, la cantine des marchands de vin dans le Médoc, y a aussi contribué.

Ce n'est pas sur les rives de la rivière mais à l'ouest d'Arcins que les monticules de gravier s'élèvent et se répandent vers l'intérieur des terres, culminant à Grand Poujeaux (dans la commune de Moulis) et à Listrac. Ces deux communes se sont vu conférer des appellations à elles, au lieu d'endosser le Haut-Médoc passe-partout. L'estime accordée au Listrac et au Moulis n'a cessé de croître au cours de ces dernières années.

Immédiatement après la frontière paroissiale, le Château Chasse-Spleen est un des crus bourgeois « exceptionnels » qui peut être considéré comme classé de façon honoraire, de la même façon qu'un Saint-Julien, en raison de sa souplesse, de son accessibilité, de sa structure ferme obtenue en fût de chêne. Le Château Poujeaux peut être tout aussi impressionnant. Entre ces deux propriétés, le village de Grand Poujeaux est entouré d'une série d'excellents crus bourgeois, qui ont tous « Grand Poujeaux » dans leur nom : Gressier, Dutruch et La Closerie, qui produisent des vins rouges au cœur vaillant et à longue vie, emplis de l'arôme unique du Médoc. Juste au nord, le Château Maucaillou s'est distingué par son arôme et sa valeur au cours des dernières années.

Listrac se trouve sur un plateau plus élevé, dont le gravier repose sur du calcaire. Son nom est devenu synonyme de vins rudes, tanniques, qui demandent du temps. L'autre nom à retenir est Fourcas : des trois châteaux qui le portent, Hosten et Dupré sont ceux qui jouissent de la réputation la plus ancienne. La superficie de leurs vignes a été considérablement accrue. Depuis 1973, le baron Edmond de Rothschild a créé le Château Clarke avec 55 hectares de vignes. Les châteaux jumeaux de Fonréaud et de Lestage s'étendent à eux deux sur 77 hectares. Ces propriétés tempèrent l'austérité du Listrac et font des vins plus ronds, qui rendent l'appellation plus attrayante.

Au-delà de la Jalle de Tiquetorte, dans le coin sud-est de cette zone, nous entrons dans la sphère de Margaux. Le château Citran, très étendu, et le petit Villegeorge (en dehors de la carte au sud, un cru bourgeois exceptionnel) se trouvent dans la commune d'Avensan. Tous les deux sont bien connus pour leur style proche du Margaux.

Soussans fait partie des communes dont l'appellation contrôlée n'est plus Haut-Médoc mais Margaux. Le Château de la Tour de Mons a fait de si bons vins dans le passé que les critiques ont soulevé la question de sa promotion au rang de cru classé. Tayac est un autre cru bourgeois important. Paveil de Luze a été pendant un siècle le lieu de villégiature d'une des grandes familles de marchands de Bordeaux et on y fait encore des vins faciles, élégants, comme ceux que la famille aimait.

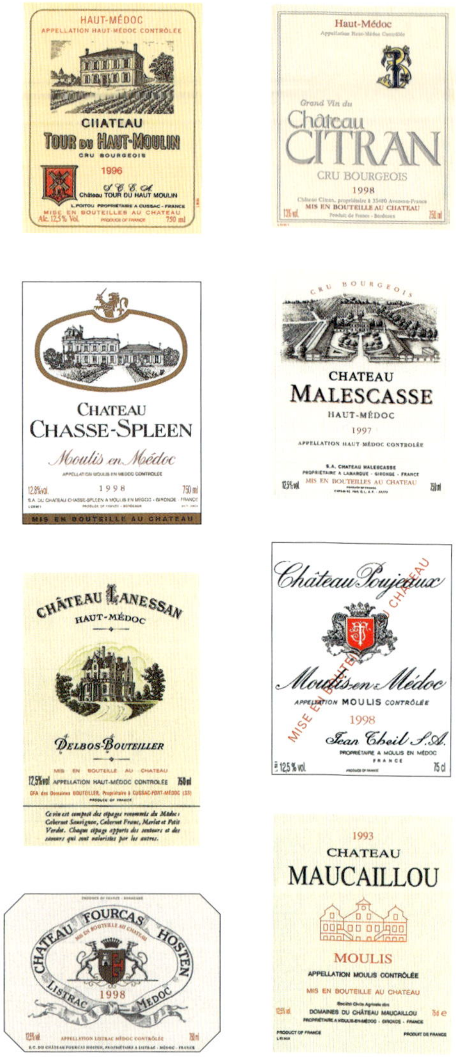

Des vins robustes et fiables *plutôt que des vins d'exception sont présentés dans cette sélection, même si le Château Chasse-Spleen peut atteindre des hauteurs insoupçonnées pour certains millésimes.*

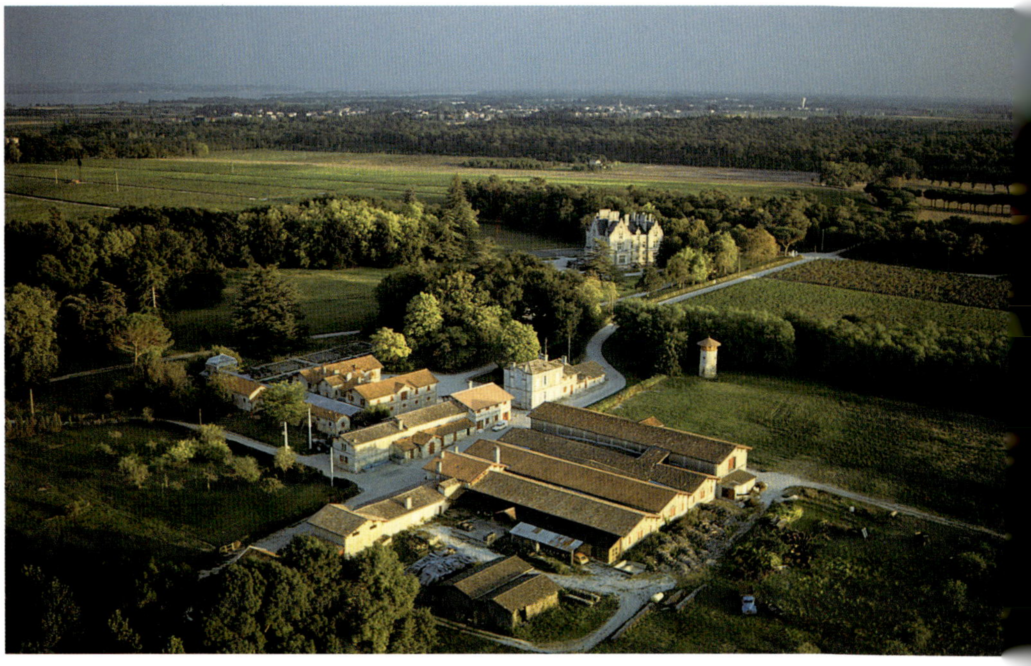

À droite Cette vue du château Lanessan, presque à la frontière de la commune de Saint-Julien, montre combien les sols bien drainés sont rares dans la partie centrale du Médoc et comment les vignobles sont dispersés au milieu des bois.

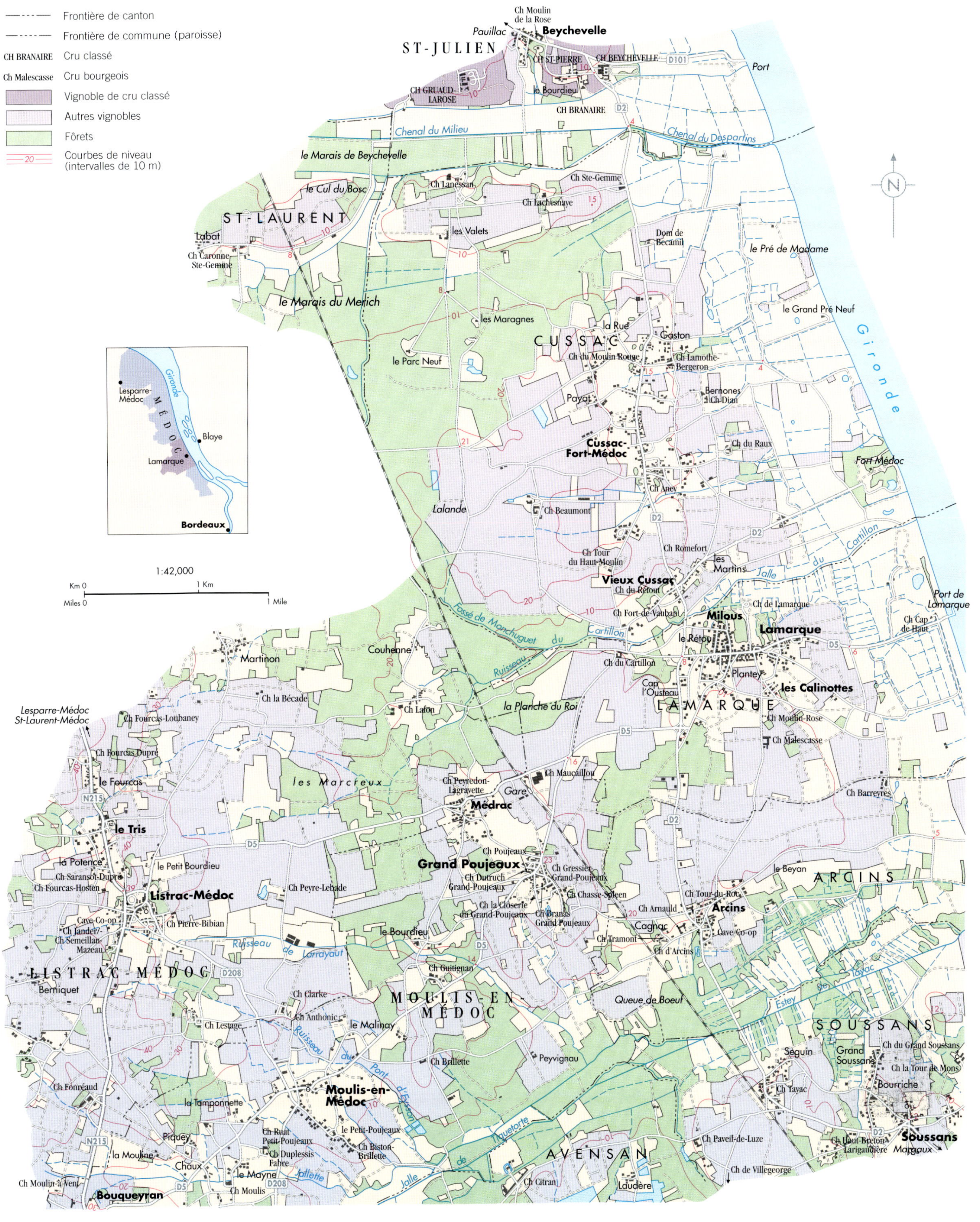

1 | 2
2 | 3
3 | 4
4 | 5
5 | 6
A
B
C
D
E
F
G

Margaux et le Médoc méridional

Margaux et ses « satellites » sont considérés comme les médoc les plus parfumés et les plus raffinés. Les deuxièmes et troisièmes crus abondent, plus que n'importe où ailleurs. Et même si bon nombre d'entre eux sont encore au-dessous de leur potentiel, un vent nouveau souffle dans le Sud du Médoc.

La carte révèle une situation assez différente de celles de Pauillac et de Saint-Julien. Les châteaux, au lieu d'être également répartis sur l'ensemble du territoire, sont rassemblés autour du village. Les plans cadastraux montrent une intrication des différentes propriétés bien plus importante qu'à Pauillac.Ce sont par conséquent les cépages, les techniques et les traditions plus que les transformations du sol qui distinguent les châteaux les uns des autres.

En fait, Margaux possède le sol le plus mince de tout le Médoc, avec une forte proportion de gros gravier. C'est un sol qui offre à la vigne très peu d'éléments nutritifs mais se draine parfaitement. De ce fait, les vins commencent leur vie avec une certaine souplesse, qui peut tourner à la maigreur dans les mauvaises années. Dans les bons et grands millésimes toutefois, tout ce qu'on raconte sur les vertus du gravier se trouve justifié : il y a dans un margaux une délicatesse et un parfum sucré obsédant qui peuvent en faire le plus exquis des bordeaux.

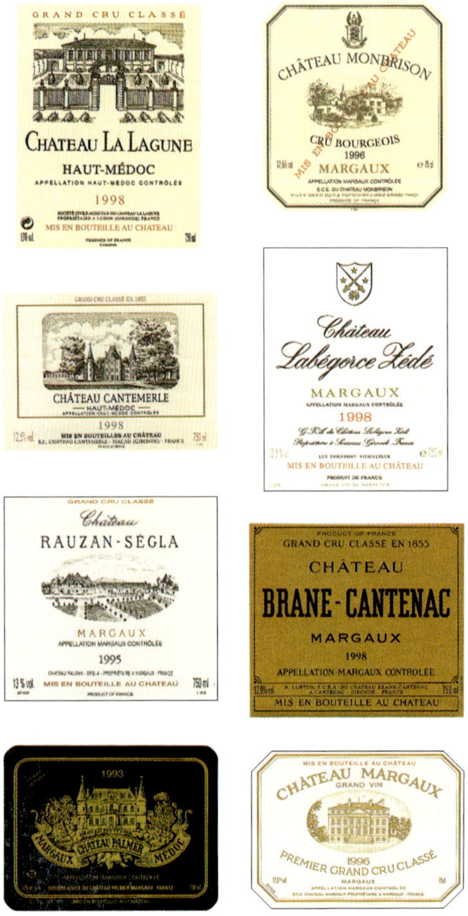

Parmi ces réussites exceptionnelles, *le Château Rauzan-Ségla, autrefois glorieux, a été récemment ressuscité. Les châteaux La Lagune et Cantemerle se situent au sud de la frontière du Margaux et sont donc vendus sous l'appellation Haut-Médoc.*

Les vins des Châteaux Margaux et Palmer sont ceux qui atteignent le plus souvent de telles hauteurs. Le Château Margaux est un premier cru du Médoc dont la bâtisse est tout à fait impressionnante : un fronton au bout d'une allée cavalière, une allure de palace avec un chai parfaitement à la hauteur. Après une longue période de sous-investissements datant de la fin des années 1950, la famille Mentzelopoulos en a fait l'acquisition et y fait de nouveau un vin extraordinaire depuis 1978, ainsi qu'un remarquable blanc à l'arôme de chêne, le Pavillon Blanc de Château Margaux. Le troisième cru Château Palmer tient formidablement son rang et, à la différence de bien des bordeaux rouges d'aujourd'hui, il exprime très franchement ses origines.

Le château Lascombes (restauré et très agrandi par Alexis Lichine avant d'être vendu aux brasseurs anglais Bass) a vu sa qualité de second cru diluée par l'addition exagérée de terres dans les années 1970 et au début des années 1980. Avec plus de 80 hectares de vignoble, c'est devenu une des plus grandes propriétés du Médoc. Les choses se sont cependant récemment améliorées, surtout depuis qu'une distinction claire a été faite, en 1982, entre les vins de Lascombes et ceux qui sont produits comme second vin au château Segonnes.

De la célèbre paire qui formait autrefois la grande propriété de Rauzan, aussi célèbre au XVIIIe siècle que Léoville à Saint-Julien, Rauzan-Ségla est aujourd'hui de loin le meilleur des deux, ayant bénéficié de transformations dans les années 1980 et d'une ferme reprise en main par la famille propriétaire de Chanel à partir de 1994. Le Château Rauzan-Gassies, plus petit, est toujours loin des critères d'un deuxième cru et montre peu d'inclination à combler l'écart.

Il existe plusieurs paires de châteaux de valeur à Margaux. Les deux deuxièmes crus Brane-Cantenac et Dufort-Vivens sont la propriété de différents membres de la famille Lurton, mais ils font des vins très différents : le Brane est parfumé et presque fondant, le Dufort bien moins généreux. Un minuscule vestige du troisième cru Desmirail a été ressuscité et les a rejoints.

Le quatrième cru Pouget est souvent le frère convaincant du troisième cru Boyd-Cantenac. Le Malescot Saint-Exupéry (qui peut avoir un nez miraculeux et être un des meilleurs margaux) et le petit troisième cru Château Marquis d'Alesme-Becker appartiennent aux frères Zuger, Roger et Jean-Claude respectivement.

Toujours dans Margaux même, le quatrième cru Château Marquis de Terme, que l'on trouve rarement à l'étranger, fait aujourd'hui un vin plutôt bon. Le château d'Issan est sans doute la plus belle maison du Médoc : un manoir du XVIIe siècle entouré des douves d'un ancien château fort, près du fleuve. La pente douce admirable de son vignoble qui descend vers le fleuve est un des plus beaux sites de Margaux.

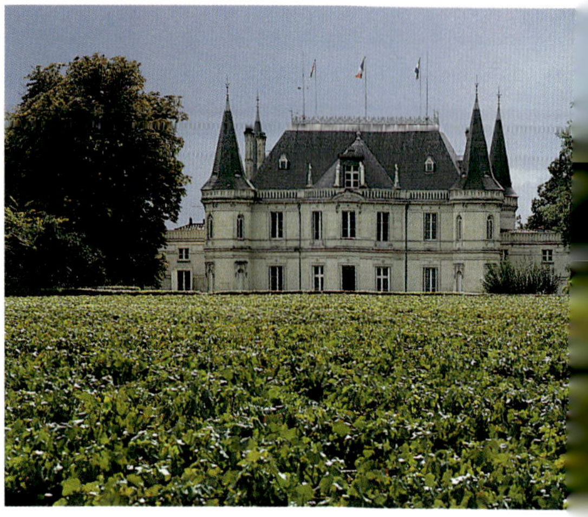

Ci-dessus Le château Palmer affiche les origines multinationales de ses propriétaires, essentiellement les négociants Mahler-Besse et Sichel, en faisant flotter les drapeaux français, hollandais et britannique.

Les crus bourgeois comptent aussi le couple Labégorce. Des deux, le Labégorce-Zédé, appartenant à des Belges, est aujourd'hui le plus connu, même si le Château de Labégorce se démène beaucoup. Plus près du village de Margaux, le Château La Gurgue est géré par la même excellente équipe que celle du Château Ferrière, le troisième cru récemment ressuscité.

Notre parcours se simplifie à mesure que les châteaux sont plus dispersés à partir de Cantenac. La plupart des terres des communes de Cantenac, de Labarde et d'Arsac se sont vu accordées l'appellation Margaux, puisqu'on y fait un vin d'un style et d'une qualité similaires.

À Cantenac même, le Château de Prieuré-Lichine était à juste titre célèbre pour son bordeaux le plus consistant de Margaux à l'époque où il était la propriété d'Alexis Lichine. Le Château Kirwan a connu une éclipse, mais il est aujourd'hui restauré et a recommencé à briller dans les années 1990.

Le solitaire château du Tertre a aussi une histoire de restauration et de qualité renouvelée. Isolé sur les terres élevées d'Arsac, il a été sauvé dans les années 1960 par le propriétaire du château Calon-Ségur et il est aujourd'hui entre les mains de nouveaux propriétaires. Les derniers millésimes ont été excellents, comme l'ont été ceux du cru bourgeois voisin du Tertre, le Château Monbrison, un margaux résolument moderne.

Le château Cantenac-Brown, qui doit être en compétition pour le titre de château le plus laid du Médoc, borde Brane-Cantenac et, tout comme Pichon-Longueville à Pauillac, il est géré par le groupe AXA, à la fois pour la production de vin et comme lieu de villégiature de la compagnie.

On trouve trois autres crus classés importants avant que les vignobles du Haut-Médoc ne prennent fin : Giscours, dont les bâtiments de ferme à colombage dans le style du Touquet ou de Deauville font face à une impressionnante pente couverte de vignes et abritent un vin aux qualités

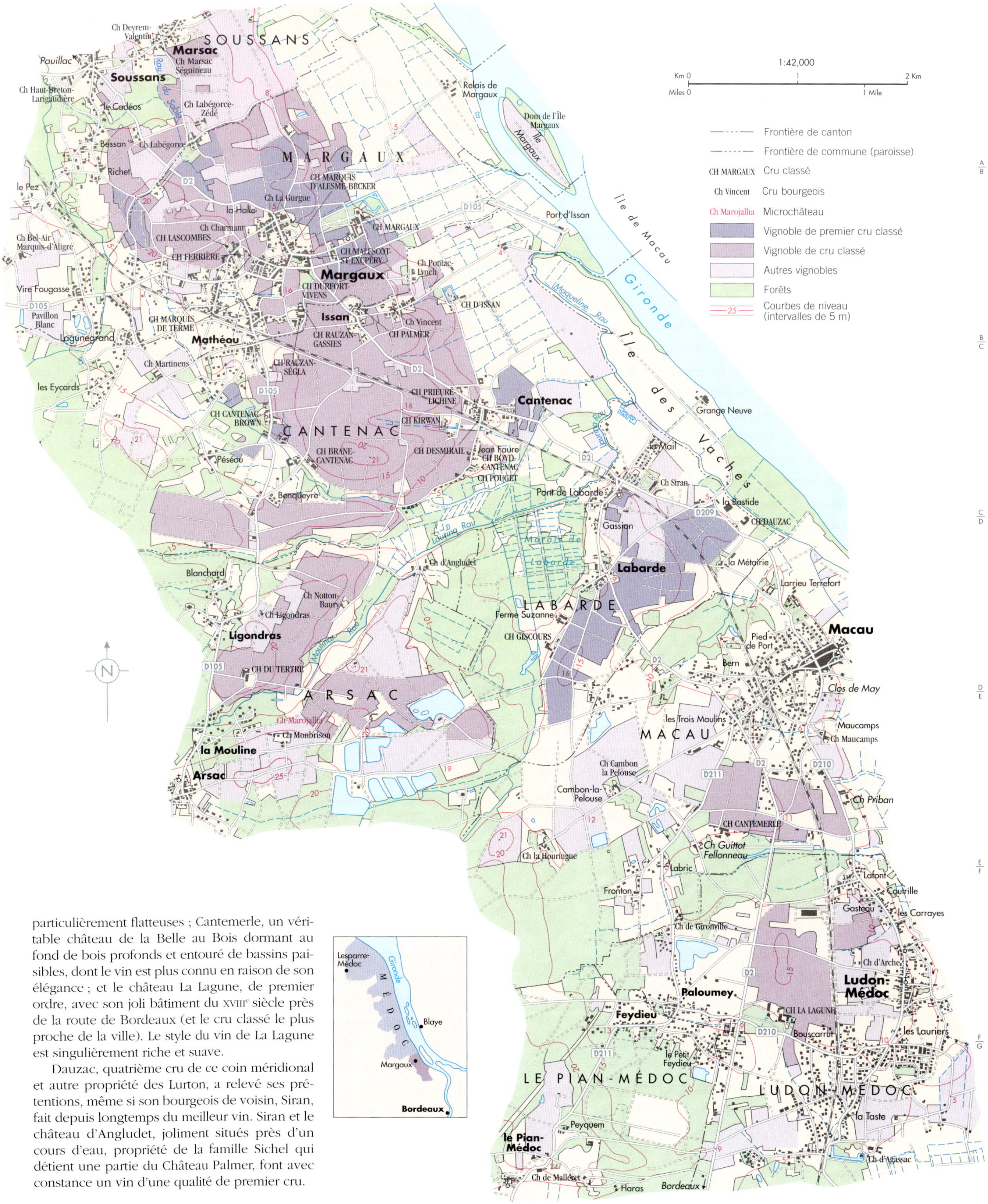

particulièrement flatteuses ; Cantemerle, un véritable château de la Belle au Bois dormant au fond de bois profonds et entouré de bassins paisibles, dont le vin est plus connu en raison de son élégance ; et le château La Lagune, de premier ordre, avec son joli bâtiment du XVIIIe siècle près de la route de Bordeaux (et le cru classé le plus proche de la ville). Le style du vin de La Lagune est singulièrement riche et suave.

Dauzac, quatrième cru de ce coin méridional et autre propriété des Lurton, a relevé ses prétentions, même si son bourgeois de voisin, Siran, fait depuis longtemps du meilleur vin. Siran et le château d'Angludet, joliment situés près d'un cours d'eau, propriété de la famille Sichel qui détient une partie du Château Palmer, font avec constance un vin d'une qualité de premier cru.

Graves et Entre-deux-Mers

Cette carte détaillée est le témoignage des efforts accomplis dans quelques-unes des régions vinicoles les moins prestigieuses du Bordelais. L'essentiel du vin vendu sous la modeste « Appellation Bordeaux Contrôlée » est fait dans l'Entre-deux-Mers, le losange de jolies terres agricoles situé entre la Garonne et la Dordogne, même si le nom « Entre-deux-Mers » est réservé aux vins blancs anodins qui y sont produits en quantités beaucoup plus faibles.

Une grande partie de ce rouge est trop ordinaire et pas même assez rouge. Il y a eu de ce fait des discussions sur la possibilité de rétrograder ce bordeaux rouge peu convaincant à un statut de Vin de Pays – de la Gironde peut-être (un coup d'œil à la carte de la page 151 montre que le département en question est curieusement absent de cet utile système de classification).

Mais il existe des producteurs de premier ordre qui font beaucoup d'efforts. Cette carte les signale.

Des châteaux importants, ainsi que la curieuse et exceptionnelle coopérative, ont changé l'aspect de la région, particulièrement dans les paroisses du Nord de la carte (Dordogne et Saint-Émilion) autrefois dominées par une culture mixte et des vergers, en imposant une monoculture viticole. Parmi ceux qui ont connu le plus de succès, on compte l'excellent Château Bonnet de la famille Lurton, au sud de Grézillac, le Château Tour de Mirambeau au sud de Branne, le Château Thieuley près de Créon et le Château Toutigeac dans la sous-appellation peu usitée du Haut-Benauge. Bon nombre d'entre eux font, avec plus de succès encore, des blancs secs (à partir de cépages de sémillon et de sauvignon). Le Château de Sours à Saint-Quentin-de-Baron a même réussi à vendre en primeur un bordeaux rosé sombre.

D'un plus grand attrait encore sont les Premières Côtes de Bordeaux, une bande de 60 km s'étirant de la ville de Bordeaux à l'appellation confidentielle de Bordeaux Saint-Macaire au sud. Des coteaux de gravier et de calcaire exposés au sud et au sud-ouest s'élèvent au-dessus de l'étroite plaine alluviale qui borde le fleuve (et ne produit que la simple appellation Bordeaux), conduisent à un plateau plus riche en argile et donnent des vins rouges d'une personnalité et d'une concentration réelles. Certains ambitieux nouveaux-venus ont acheté des terres le long de cette bande. Les propriétaires danois du Château de Haux font des vins rouges et blancs modernes, très convaincants. Au Château Carsin, les Finn, propriétaires perfectionnistes, ont engagé une Australienne pour faire leur vin.

Les Premières Côtes de Bordeaux encerclant les appellations de vin blanc doux de Cadillac, de Loupiac et de Sainte-Croix-du-Mont, il ne faut pas être surpris que de bons vins doux y soient aussi produits. Ceux qui sont faits dans le sud de la zone sont vendus sous le nom de Cadillac, tandis que les blancs secs le sont sous celui de Bordeaux. Le Château Reynon à Béguey, près de Cadillac, a connu une belle réussite avec un sauvignon blanc frais et un rouge particulièrement plein. Le Château Fayau à Cadillac maintient la tradition locale du vin blanc doux et fruité.

Ce serait trop dire que le liquoreux Sainte-Croix-du-Mont est redevenu une machine à sous, comme il l'a été autrefois, mais les trois châteaux Loubens, du Mont et La Rame font de grands efforts en ce sens. À Loupiac, juste à côté, les Châteaux Loupiac-Gaudiet et de Ricaud sont prêts à courir les risques inhérents à la production d'un vin vraiment doux, plutôt que le demi-doux courant (voir page 102).

De l'autre côté de la Garonne, au nord de Barsac dans les Graves, on trouve Cérons, une appellation distincte et longtemps oubliée (elle inclut Illats et Podensac) qui a trouvé une nouvelle prospérité (au château d'Archambeau par exemple) en faisant des rouges et des blancs courants sous l'appellation de Graves et abandonnant sa tradition d'un style situé entre les Graves Supérieures (le blanc un peu doux de Graves) et le Barsac : un vin doux plus souple que liquoreux.

Il y a bien d'autres richesses dans la région de Graves que le très célèbre Pessac-Léognan (cartographié page suivante). Son extrémité méridionale est plus vivante que jamais. Des blancs quelconques ont fait place à des vins secs,

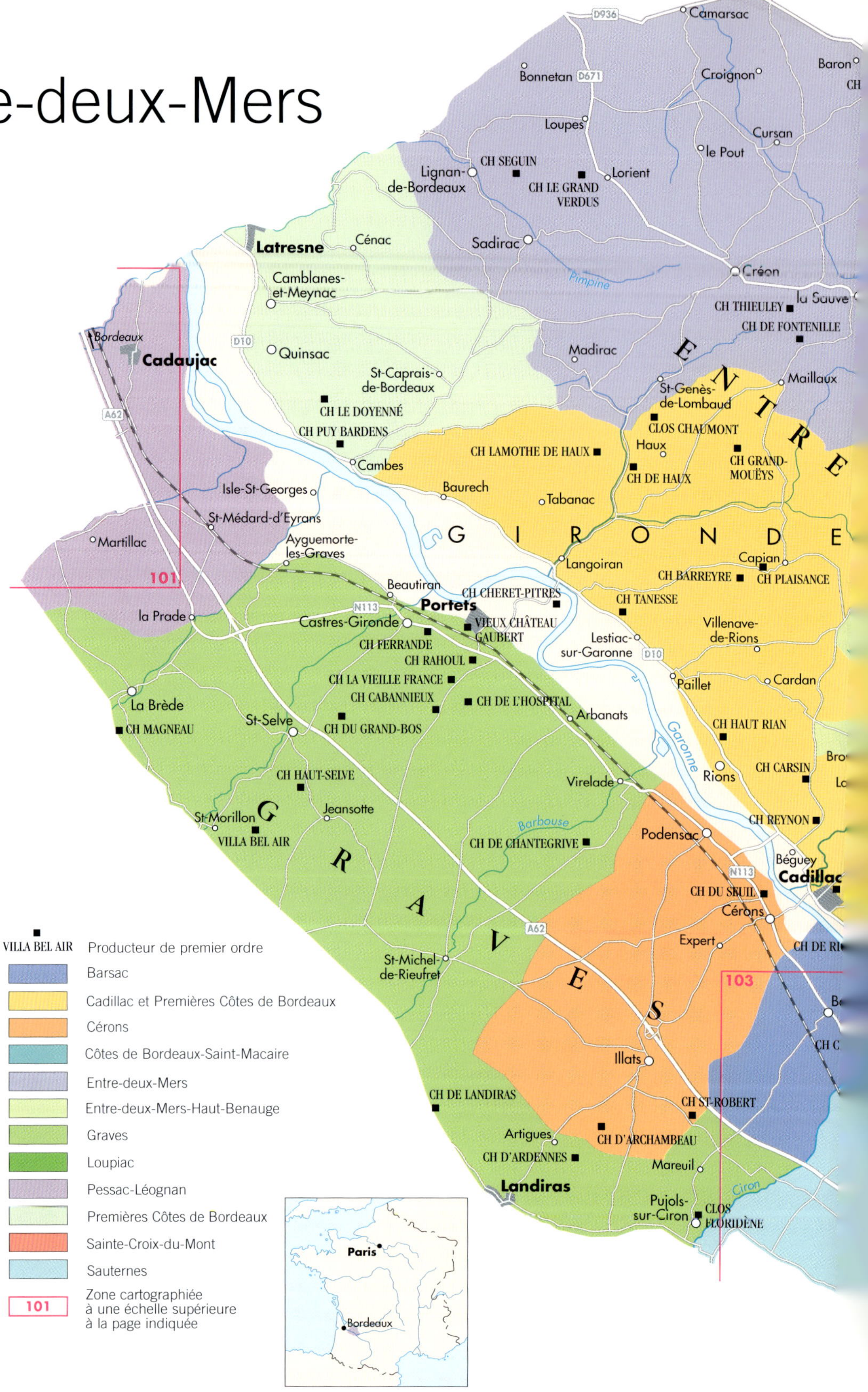

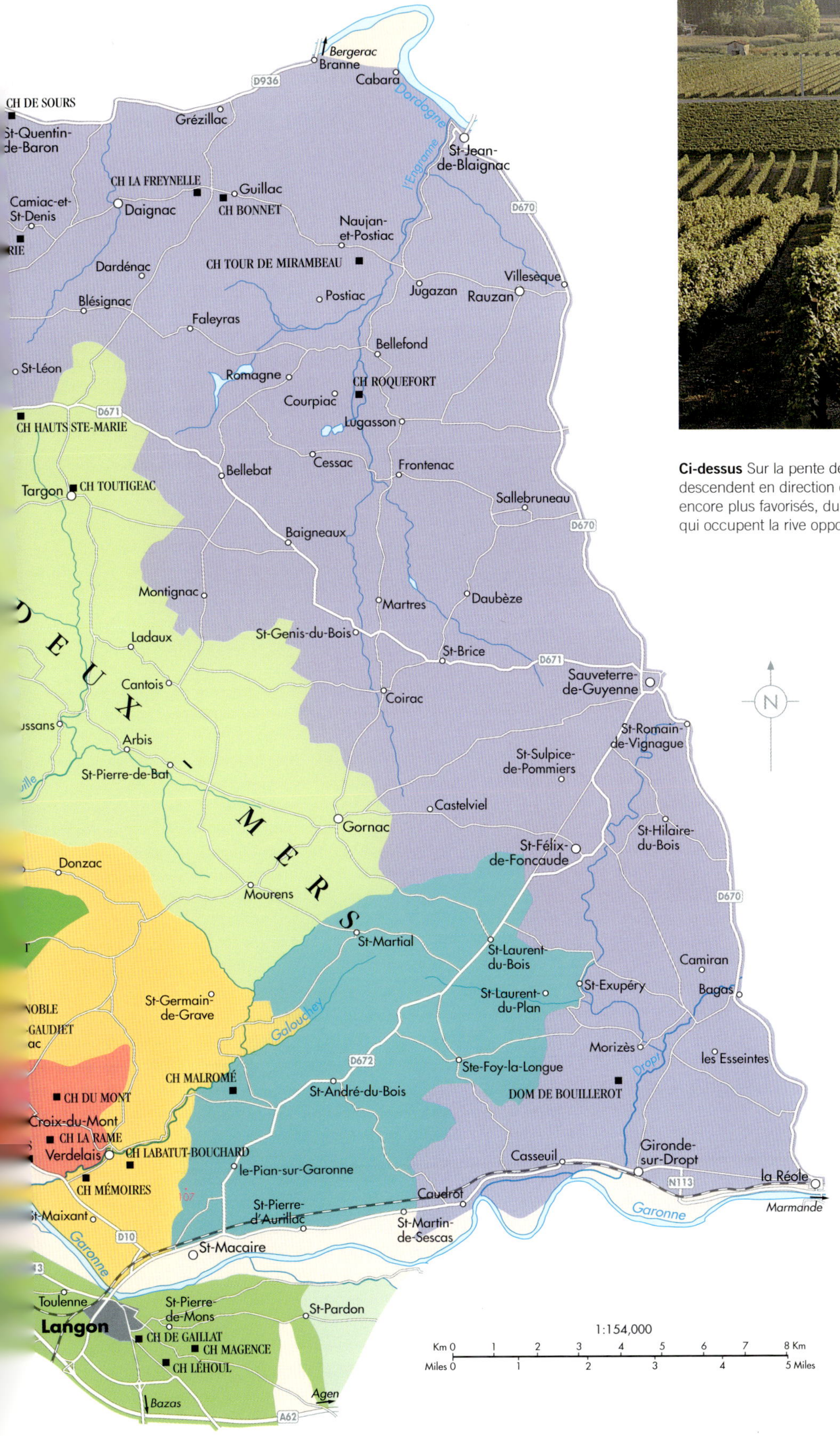

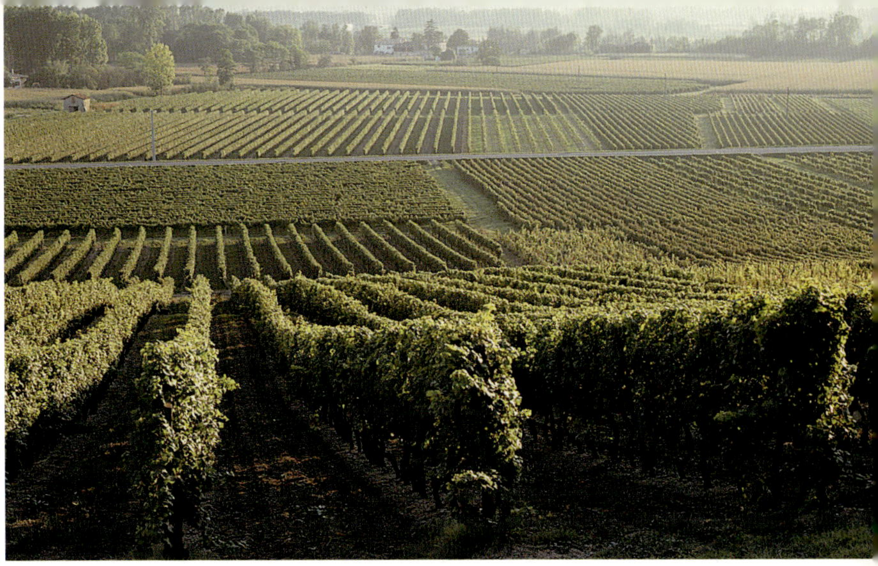

Ci-dessus Sur la pente de Sainte-Croix-du-Mont, les vignobles descendent en direction de la Garonne, non loin de ceux, encore plus favorisés, du vin doux de Sauternes et de Barsac qui occupent la rive opposée (cartographiés page 103).

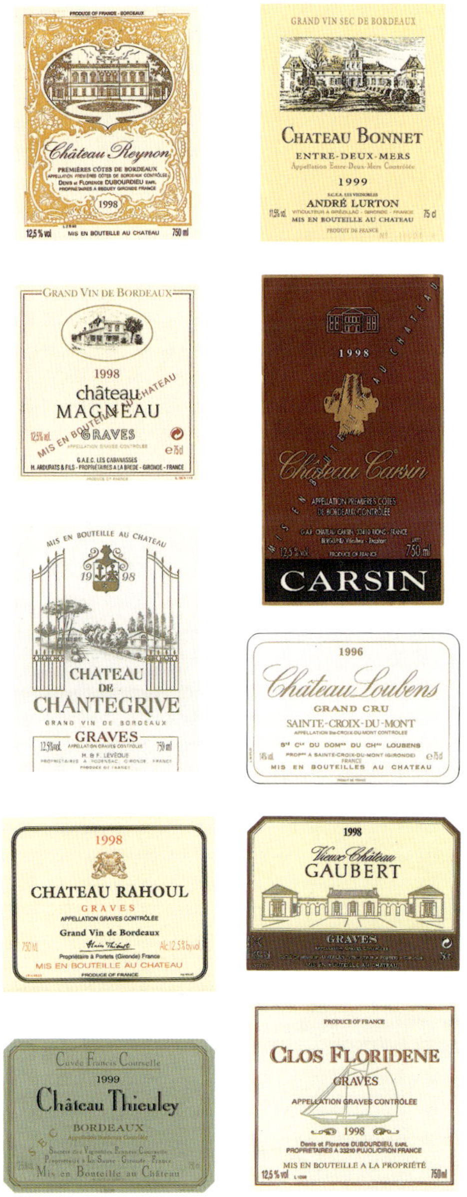

Les producteurs de la région ont tendance à être soit de premier ordre soit à la traîne. Ces vins dominants offrent des styles très variés, du blanc délicieusement direct du Château Bonnet au succulent Sainte-Croix-du-Mont, sans oublier des rouges et des blancs secs à l'arôme de chêne.

vifs et frais, et à une nouvelle vague de rouges profonds, pleins de sève et de tannins puissants. Langon est aujourd'hui une étape obligée pour les acheteurs. Dans le centre et au sud de Graves, quelques vieilles propriétés, notamment dans les paroisses autrefois célèbres de Portets, Landiras et Saint-Pierre-de-Mons, sont gérées par de nouveaux propriétaires et de nouvelles philosophies.

La capacité du sol de Graves à faire aussi bien des vins rouges que des vins blancs est très visible aux châteaux de Chantegrive à Podensac et de Rahoul à Portets, ainsi que dans les propriétés signalées autour d'Arbanats et de Castres-Gironde. Le Clos Floridène à Pujols-sur-Ciron et le château du Seuil, comme de nombreuses propriétés prospères sur la Garonne, excellent dans la production de blancs secs, subtils et vieillis en fût de chêne, à partir des cépages de sauvignon blanc et de sémillon, qui semblent chez eux dans ce paisible coin de la Gironde. Mais la proportion de vin blanc produite dans l'appellation de Graves ne représente qu'un quart du total et ne cesse de décroître.

Pessac-Léognan

C'est ici, dans les faubourgs du sud de la ville de Bordeaux, que la conception du bordeaux rouge prit forme, au cours des années 1660, dans la tête du propriétaire du Château Haut-Brion. Son sable et son gravier arides ont fourni à la région et au marché de l'exportation son meilleur vin rouge depuis au moins l'an 1300, quand l'archevêque qui devint le Pape Clément V (à Avignon) planta les premières vignes de ce qui est devenu le Château Pape Clément.

Les pins sont la culture principale des Graves, nom qui désigne collectivement ce faubourg et les bois qui s'étendent au sud. Les vignobles sont des clairières, séparés les uns des autres par une campagne fortement boisée et coupée par les vallées de rivières peu profondes. La ville et ses plus anciens vignobles s'enfoncent dans la forêt des Landes, qui continue au sud et à l'ouest jusqu'aux contreforts des Pyrénées dans le Pays Basque.

La ville a aujourd'hui absorbé tous les vignobles qui se trouvaient sur son chemin, à l'exception du groupe extraordinaire qui se situe sur les sols de gravier profonds de Pessac : Haut-Brion et son voisin et vieux rival, La Mission Haut-Brion, le petit Les Carmes Haut-Brion (au nord de Haut-Brion et absent de la carte) et un peu en dehors de la ville, l'archi-épiscopal Pape Clément.

On trouve difficilement les châteaux Haut-Brion et La Mission, perdus en pleine banlieue, de chaque côté de l'ancienne route d'Arcachon qui traverse Pessac. Le Haut-Brion est en tout point un premier cru, équilibrant force et finesse avec la singularité d'un grand graves : des notes de terre et de fougère, de tabac et de caramel, un arôme assez peu relevé mais souvent plus intrigant qu'un lafite ou un margaux. La Mission a un goût plus dense, plus mûr, plus sauvage, bien que souvent tout aussi splendide. En 1983, les propriétaires américains de Haut-Brion ont racheté leur vieux rival, y compris le Château La Tour Haut-Brion fait sur la vieille propriété de La Mission, non pour unifier les vignobles mais pour poursuivre la compétition. La partie est livrée chaque année, non seulement entre les deux célèbres vins rouges, mais aussi entre leurs frères blancs incomparablement riches, les Châteaux Haut-Brion Blanc et Laville Haut-Brion. Comme pour montrer ce que le terroir, la singularité de chaque parcelle de sol, signifie sur cette terre de Bordeaux…

La carte représente le secteur autrefois appelé les « Hautes Graves », mais qui a reçu en 1987 sa propre appellation : Pessac-Léognan. L'essentiel du vin produit est rouge, avec à peu près la même recette de cépages que dans le Médoc. Pessac-Léognan se distingue en produisant un peu de vin blanc d'une qualité parfois extraordinaire au sein de la même appellation, dans la plupart des cas au sein de châteaux classés aussi pour leur vin rouge. Une classification très simple (oui/non), revue pour la dernière fois en 1959, compte seize châteaux, six produisant du rouge et du blanc, trois ne produisant que du blanc. Une révision est attendue depuis des années : elle inclura très certainement des châteaux du Sud du Graves, qui s'activent à faire évoluer la production autrefois prédominante de blanc vers une mixité où le rouge domine (voir pages 98 et 99).

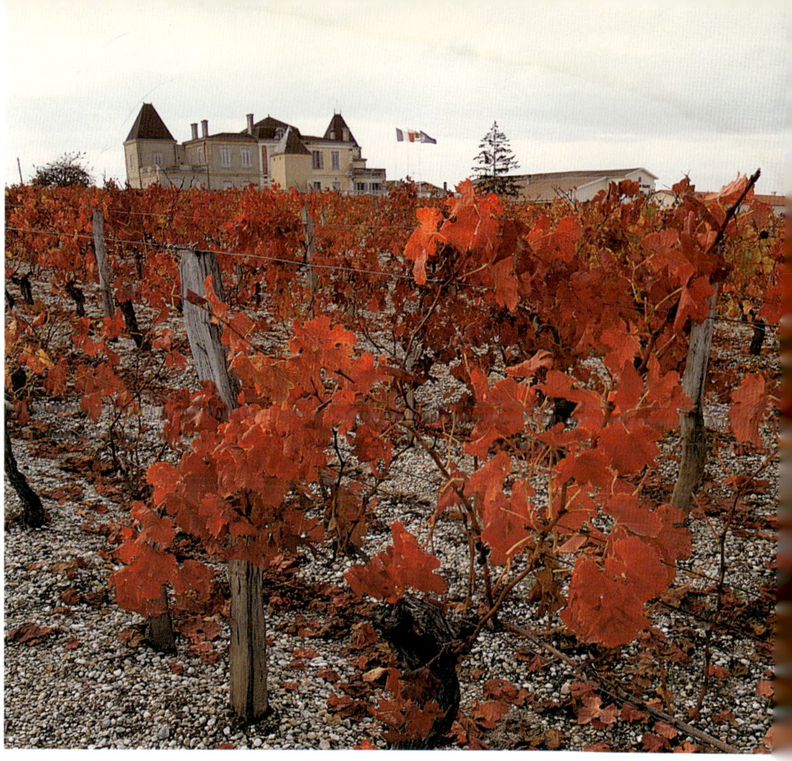

À droite Le respectable Château de France, non classé Léognan, révèle sous le feuillage clairsemé d'automne son sol de gravier qui donne à la région son nom de Graves. Comme la plupart des propriétés de l'appellation, il produit des vins rouges et blancs.

La commune de Léognan, bien enfoncée dans la forêt, est la plaque tournante de cette carte. Le Domaine de Chevalier est son extraordinaire joyau, en dépit d'une apparence modeste. Le domaine n'a jamais eu de château. Même si son chai et son cuvier ont été impeccablement reconstruits et son vignoble agrandi récemment, il garde l'allure d'une ferme dans une clairière au milieu des pins. Il y a quelque chose de presque californien dans cette cave aux deux arômes… qui savent tous deux être brillants. 1500 caisses seulement d'un magnifique blanc de sauvignon-sémillon, fermenté en fût et vieillissant très bien, sont produites chaque année.

Le Château Haut-Bailly est l'autre cru classé de premier ordre à Léognan : son rouge a de la profondeur et de la persuasion. Le rouge du Château de Fieuzal a constitué un sérieux défi à partir des années 1980 ; son vin blanc est aussi très bon, même s'il est produit en petites quantités comme c'est toujours le cas dans les grandes propriétés de Graves. Malartic-Lagravière est comparable et a été entièrement modernisé par son nouveau propriétaire belge.

Le château Carbonnieux est différent. Ce vieil établissement bénédictin est resté longtemps plus célèbre pour son excellent vin blanc que pour son rouge, quand bien même ce dernier a progressé récemment. Le château Olivier, qui produit les deux, a été aussi repris en main.

Nul n'a été plus actif ces derniers temps dans le Graves qu'André Lurton, président de l'organisation des producteurs locaux, propriétaire des Châteaux La Louvière, de Rochemorin, de Cruzeau et de Couhins-Lurton. Il est la force motrice du renouveau en cours.

La commune de Martillac marque la limite méridionale de Pessac-Léognan. Son plus grand cru classé, le Château Smith Haut Lafitte, a été somptueusement transformé récemment ; ses vins, rouge et blanc, ont accédé à une certaine classe, et la propriété est devenue un hôtel-centre de thalasso à base de raisin et de vin (thalasso n'étant donc pas le qualificatif adéquat). Le Château Latour-Martillac peut produire de bons vins blancs, susceptibles de bien vieillir, et ses rouges se sont régulièrement améliorés.

On se demande ce que feraient les hôtes des superbes salons du Médoc s'ils n'avaient pas les blancs secs de Pessac-Léognan à servir avant leurs rouges. Ils admettraient peut-être l'existence de cette autre grande région de vins de l'Est de la France…

Quelques-unes des propriétés *les plus glorieuses de Pessac-Léognan sont représentées ici. Toutes sauf La Louvière figuraient dans la classification de 1959, La Mission Haut-Brion pour son vin blanc et les autres pour leur vin rouge, même si Smith Haut Lafitte, de Fieuzal, Pape Clément et Haut-Brion sont aussi des producteurs de vins blancs.*

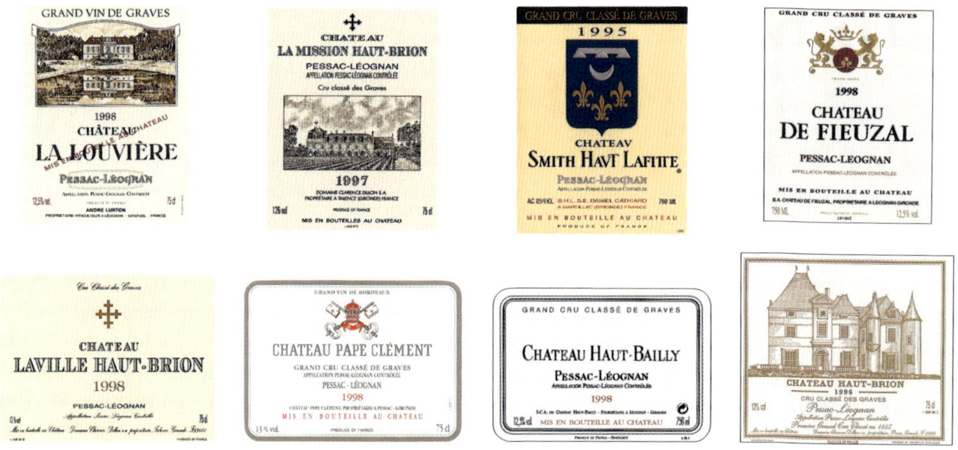

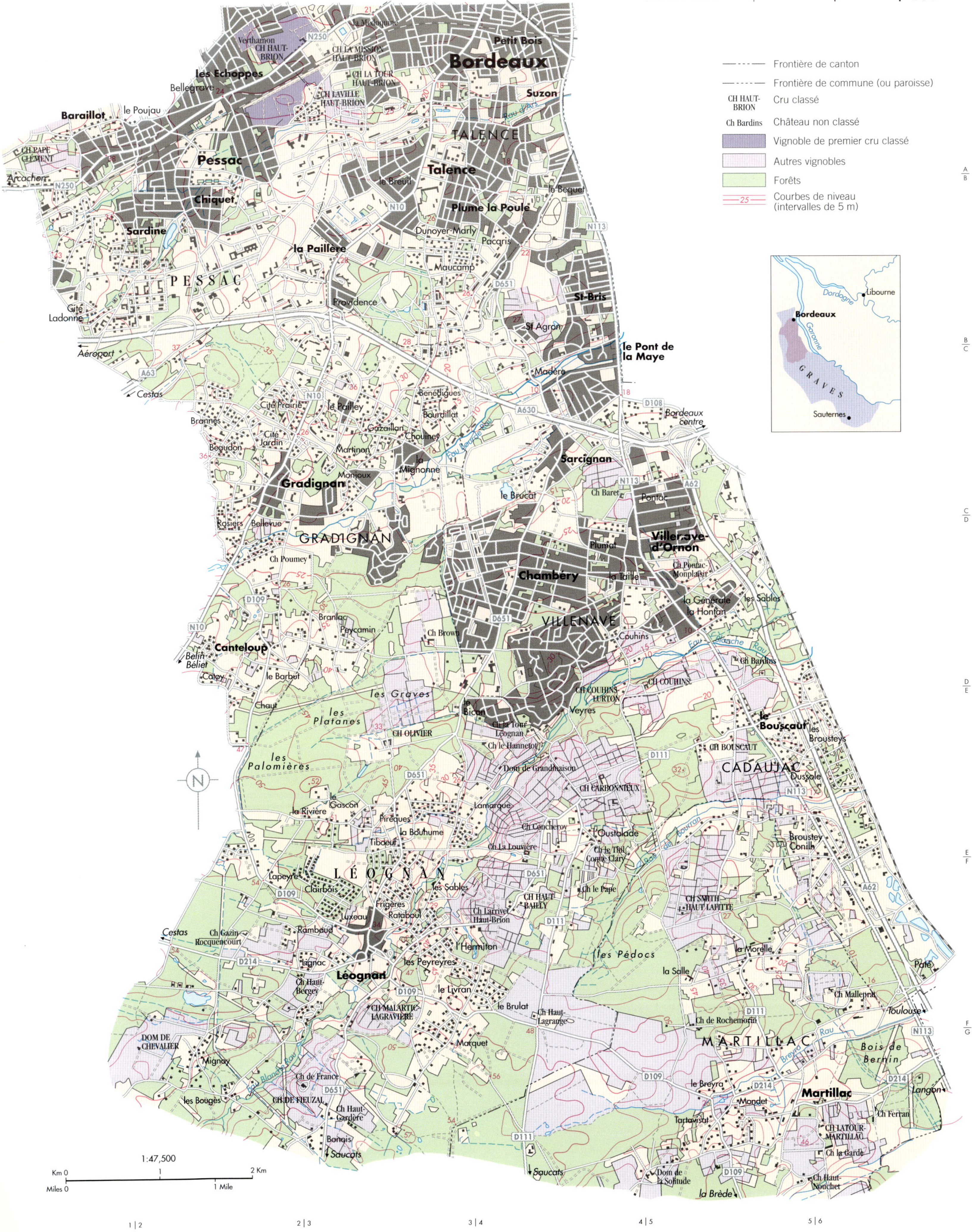
Frontière de canton
Frontière de commune (ou paroisse)
CH HAUT-BRION Cru classé
Ch Bardins Château non classé
Vignoble de premier cru classé
Autres vignobles
Forêts
25 Courbes de niveau (intervalles de 5 m)
Bordeaux
Libourne
Dordogne
Garonne
GRAVES
Sauternes
A/B
B/C
C/D
D/E
E/F
F/G
Bordeaux
Petit Bois
Suzon
TALENCE
Talence
Plume la Poule
les Echoppes
Bellegrave
Verthamon
CH HAUT-BRION
CH LA MISSION HAUT-BRION
CH LA TOUR HAUT-BRION
CH LAVILLE HAUT-BRION
Baraillot
le Poujau
CH PAPE CLÉMENT
Arcachon
Pessac
Chiquet
Sardine
PESSAC
Cité Ladonne
la Paillère
le Breuil
le Bequet
Dunoyer-Marly
Pacaris
Maucamp
Providence
St-Bris
St Agron
le Pont de la Maye
Madère
Aéroport
Cestas
Cité Prairie
le Pailley
Benedigues
Bourdillat
Bordeaux centre
Brannes
Cité Jardin
Gazaillan
Chouiney
Beaudon
Martinon
la Mignonne
Sarcignan
Monjoux
Gradignan
le Brucat
Ch Baret
Pontac
Rosiers
Bellevue
GRADIGNAN
Villenave-d'Ornon
Plumat
Ch Poumey
Chambéry
la Taille
Ch Pontac-Monplaisir
la Générale
la Honfan
les Sables
Branlac
Peycamin
VILLENAVE
Ch Brown
Couhins
Canteloup
Belin-Béliet
le Barbut
Catoy
Eau Blanche
Ch Bardins
CH COUHINS
CH COUHINS-LURTON
les Graves
Chaut
les Platanes
le Bicon
Veyres
Ch la Tour Léognan
le Bouscaut
les Brousteys
CH OLIVIER
Ch le Hannetot
CH BOUSCAUT
les Palomières
Dom de Grandmaison
CADAUJAC
Dussole
CH CARBONNIEUX
le Gascon
la Rivière
Lamarque
Pirèques
Ch Concheroy
l'Oustalade
la Bouhume
Tibdeuf
Ch La Louvière
Ch le Thil Comte Clary
Roustey Conilh
LÉOGNAN
Lapeyre
Clairbois
les Sables
Ch le Pape
CH HAUT-BAILLY
CH SMITH HAUT LAFITTE
Frigères
Rataboul
Luxeau
Ch Larrivet Haut-Brion
Cestas
Ch Gazin Rocquencourt
Rambaud
l'Hermiton
les Pédocs
Lignac
les Peyreyres
la Morelle
la Salle
Paté
Léognan
Ch Haut-Bergey
le Livran
Ch Mallepret
CH MALARTIC-LAGRAVIÈRE
le Brulat
Ch Haut-Lagrange
Toulouse
Ch de Rochemorin
DOM DE CHEVALIER
Marquet
MARTILLAC
Bois de Bernin
Mignoy
Ch de France
le Breyra
Langon
les Bouges
CH DE FIEUZAL
Ch Haut-Gardère
Mondet
Martillac
Ch Ferran
Tartavisat
CH LATOUR-MARTILLAC
Bonois
Saucats
Ch la Garde
Saucats
Dom de la Solitude
Ch Haut-Nouchet
la Brède
N250
N10
N113
D651
A63
A630
D108
A62
D109
D111
D214
1:47,500
Km 0
1
2 Km
Miles 0
1 Mile
1 | 2
2 | 3
3 | 4
4 | 5
5 | 6

Sauternes et Barsac

Toutes les autres régions du Bordelais font des vins qui peuvent être comparés et préférés les uns aux autres (et souvent comparés à des vins de style semblable dans le monde). Le Sauternes est différent : sous-estimé mais incomparable. C'est un des vins qui a l'espérance de vie la plus longue au monde. Il dépend très fortement des conditions locales et il est le fruit d'un champignon particulier et d'une technique de vinification très spéciale. Dans les grands millésimes, le vin peut être sublime : un liquide doré, scintillant, très doux, à la texture riche et au bouquet fleuri. Dans d'autres années, il peut échouer à être un Sauternes.

Seuls les châteaux les mieux situés et les mieux gérés – et nous y incluons Barsac – sont capables de faire un tel nectar. Le Sauternes ordinaire n'est qu'un vin blanc doux.

Ce coin doux et fertile de l'Aquitaine est caractérisé par les brumes qui se forment le long de la petite rivière Ciron les soirs d'automne et qui perdurent bien après le lever du soleil. La technique spéciale, que seuls les très grands châteaux peuvent employer, consiste à vendanger à la main, parfois huit à neuf fois de suite, en général dès le début du mois de septembre et parfois jusqu'en novembre. Ceci afin de tirer le plus grand avantage possible d'une forme particulière de moisissure (le *Botrytis cinerea* ou pourriture noble) qui se forme sur les raisins de sémillon, de sauvignon blanc et de muscadelle pendant les nuits brumeuses et douces et se développe dans la chaleur de la journée pour réduire les peaux des raisins à une pulpe brune. Au lieu de donner aux raisins flétris un goût de pourriture, le botrytis provoque l'expulsion d'une grande partie de l'eau, laissant dans le grain une concentration extraordinaire de sucre, d'acides et d'éléments aromatiques. La fermentation soigneuse et le vieillissement en petit fût donnent un vin d'une intensité de goût, de nez et d'arôme, et d'une onctuosité dans la structure qui ne peuvent être obtenues d'aucune autre façon.

Mais cela signifie qu'il faut récolter les raisins au moment où ils se flétrissent, parfois grain par grain. Les propriétaires des châteaux peu connus ne peuvent se permettre qu'une seule vendange et doivent se contenter d'avoir le plus de botrytis possible quand ils décident de la faire.

La production est d'une faiblesse absurde, puisque l'évaporation est aussi encouragée. De chacun des 100 hectares du château d'Yquem, le plus célèbre des producteurs de Sauternes, on ne tire que 7 hectolitres (933 bouteilles) de vin. Un vignoble de premier cru du Médoc en tirerait cinq ou six fois plus.

Le risque est épouvantablement élevé, dans la mesure où le temps humide en octobre peut transformer la pourriture en champignon nocif, connu sous le nom de pourriture grise, et enlever au producteur toute chance de faire son vin doux et parfois même du vin tout court. Les coûts sont par conséquent élevés et le prix des meilleurs Sauternes (à l'exception d'Yquem) en fait un des vins les moins rentables pour le producteur. Les prix ont progressé, mais ce grand vin doux de Bordeaux reste sous-coté par rapport au vin rouge d'une qualité équivalente.

Sauternes est la seule région en dehors du Médoc à avoir fait partie de la classification de 1855. Le Château d'Yquem a été classé premier grand cru, un rang créé tout spécialement pour lui. Situé au sommet d'un coteau, il dispose d'une nappe phréatique « perchée », exceptionnellement élevée, qui fait que les vignes poussent bien même en période de sécheresse. Onze autres châteaux ont été classés premiers crus et douze autres deuxièmes.

Cinq communes, dont Sauternes, sont autorisées à utiliser l'appellation. Barsac, la plus importante d'entre elles, a le choix d'appeler son vin soit Sauternes soit Barsac, même s'il a tendance à être moins succulent, d'une douceur et d'une finesse plus nettes. Les styles de Sauternes varient, même si la plupart des meilleures propriétés sont regroupées autour d'Yquem. Le Château Lafaurie-Peyraguey peut avoir un goût aussi fleuri que son nom. Le Château Suduiraut à Treignac (lorsqu'il est en forme) est riche et somptueux. Le Château Rieussec (racheté par les Rothschild de Lafite en 1985) est souvent riche et d'une couleur profonde. Les autres producteurs de premier ordre sont Le Clos Haut Peyraguey et les Châteaux Sigalas-Rabaud, Guiraud, de Fargues (géré par Yquem) et, depuis des améliorations récentes, La Tour Blanche qui est aussi une école du vin. Un style très différent, vieillissant fort bien, de vin sans arôme de chêne est fait au Château Gilette. À Barsac, les Châteaux Climens, Coutet et Doisy-Daëne sont aujourd'hui dominants.

Le Sauternes a toujours été économiquement menacé. Pendant des décennies, il n'a pu être produit de manière rentable : les millésimes médiocres se succédaient et la demande fondait. Les vignes étaient arrachées, les vignobles plantés en cépages noirs ou utilisés pour faire des vins blancs secs, qui ne peuvent même pas être vendus comme Graves mais sous la simple appellation de Bordeaux. Heureusement, les deux dernières décennies ont connu une succession de grands millésimes, de nouveaux propriétaires idéalistes ont surgi et le Sauternes est de nouveau à la mode dans certains milieux. En France, il est hautement apprécié pour accompagner le foie gras. Le monde anglo-saxon le boit lors de riches fins de repas (il peut être noyé par la douceur d'un dessert trop sucré). C'est un vin qui mérite d'être bien mieux apprécié.

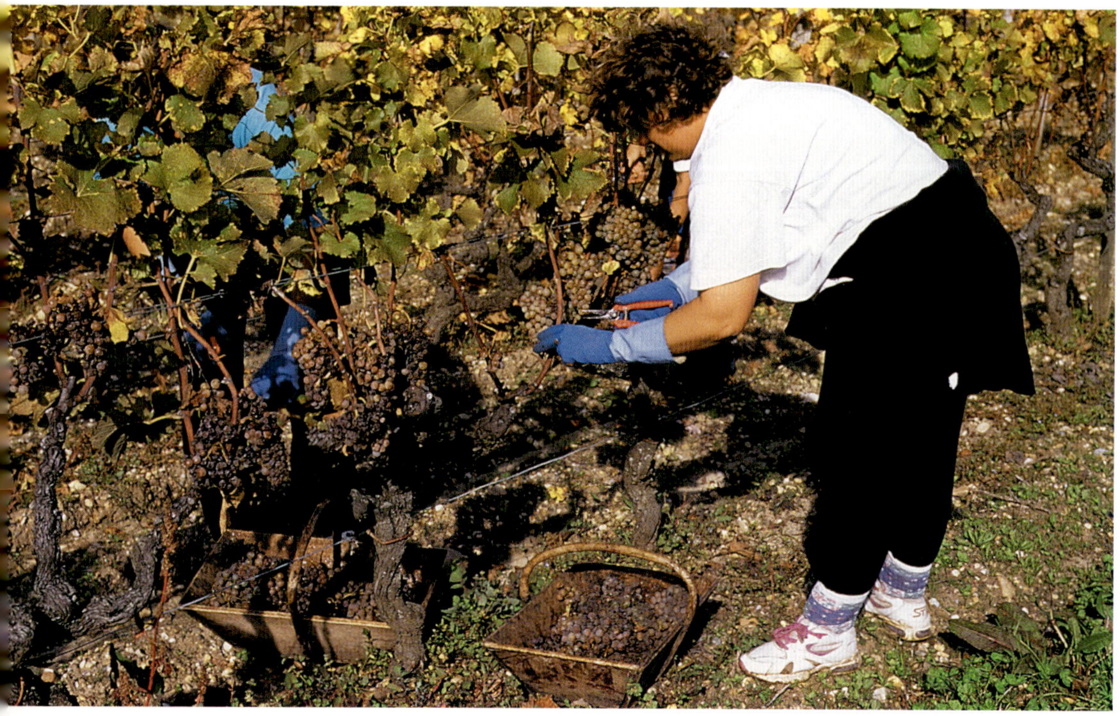

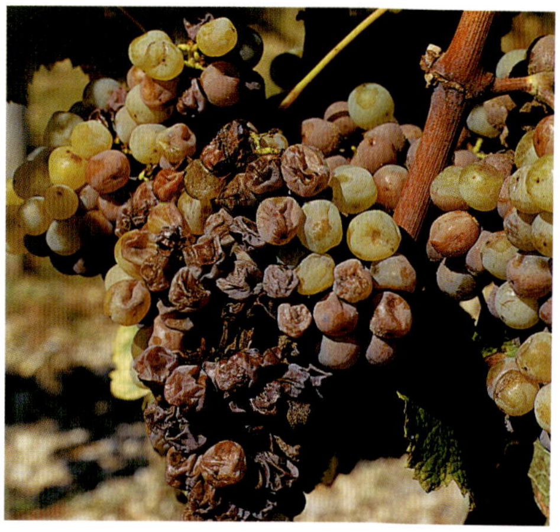

Au château d'Yquem, où les coûts de production sont plus élevés que dans n'importe quelle autre propriété au monde, les vendangeurs (à gauche) sélectionnent les grains de raisin touchés par le curieux champignon du botrytis (ou pourriture noble) qui commence par dessécher le raisin (ci-dessus), puis par le couvrir d'une sorte de cendre, concentrant les sucres et les acides et conférant au vin dans les meilleures années une quasi-immortalité. Les raisins sont si répugnants au moment de la vendange qu'il est difficile d'imaginer qu'ils vont donner un délicieux nectar.

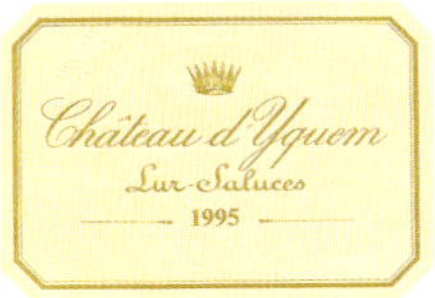

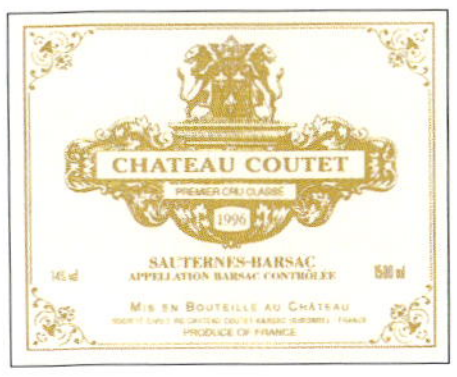

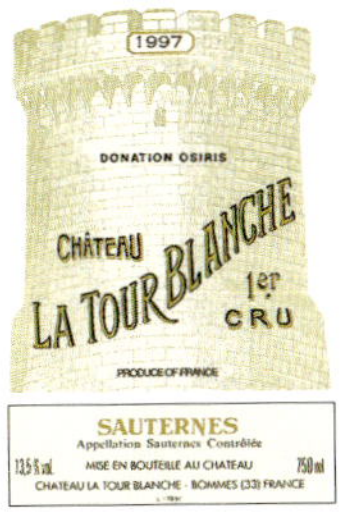

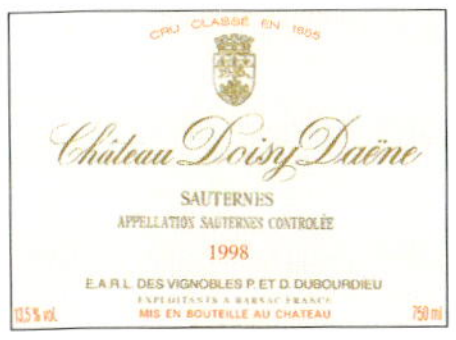

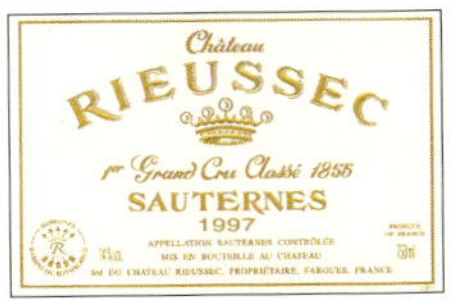

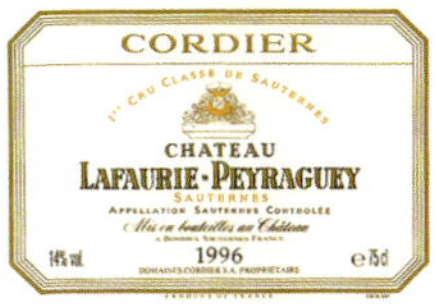

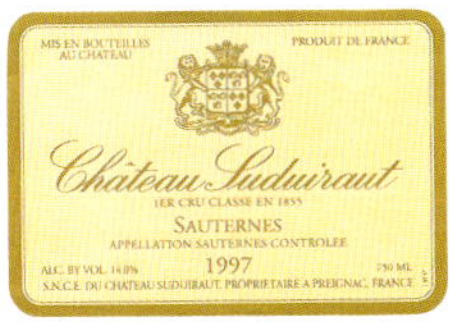

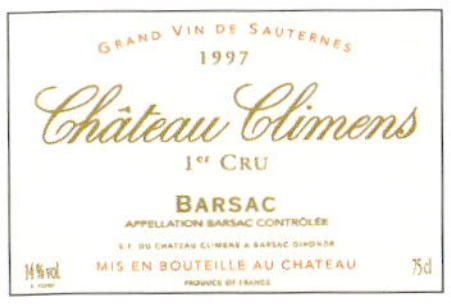

Yquem, aujourd'hui *intégré à l'empire LVMH, est la star incontestée du Sauternes, mais les Châteaux Climens et Coutet ont aussi des réputations fort anciennes de grandeur. Les autres étiquettes sont celles de quelques-uns des producteurs de premier ordre, qui réussissent dans cet art sous-estimé de faire du grand vin blanc doux.*

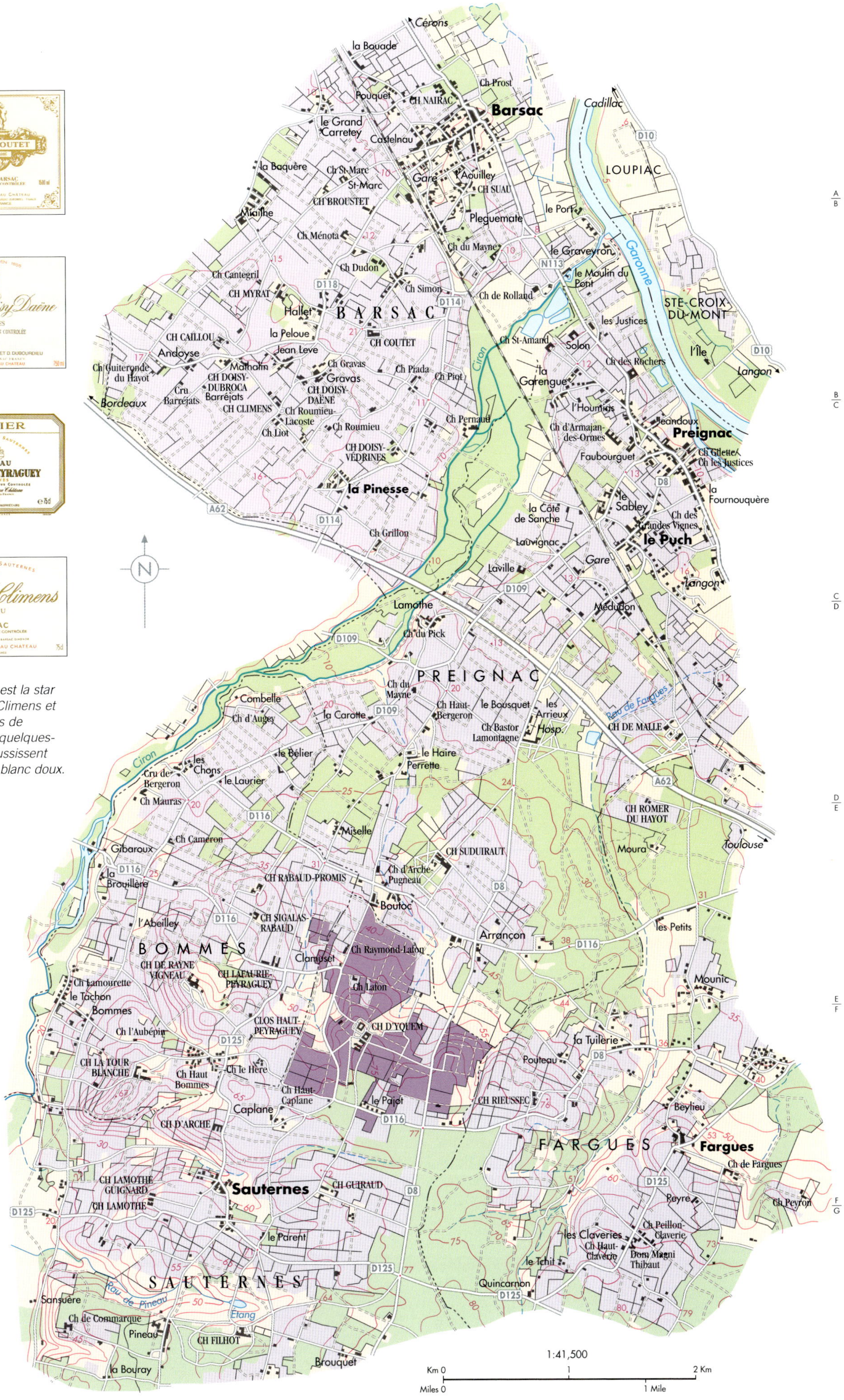

Frontière de canton
Frontière de commune (ou paroisse)
CH LAMOTHE Cru classé
Ch Cameron Autres crus
Vignoble de premier grand cru classé
Autres vignobles
Forêts
Courbes de niveau (intervalles de 5 m)

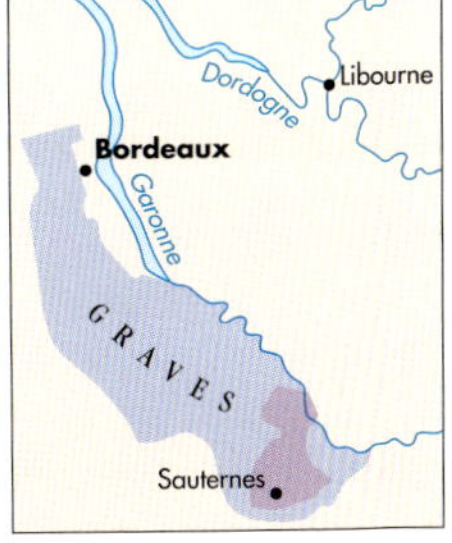

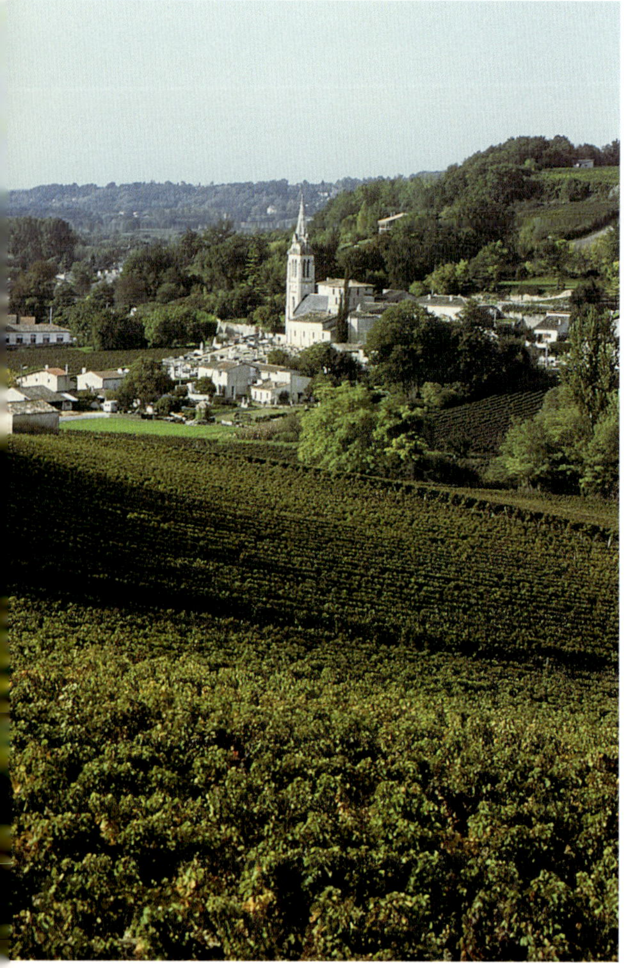

À gauche Les collines autour du village de Saint-Michel montrent combien la campagne de ce côté-ci de la Gironde est différente des terres plates du Médoc. Fronsac a été relancé à la fin du xxe siècle par le puissant négociant J.-P. Moueix, qui a ensuite revendu l'ensemble de ses propriétés de Fronsac à un unique acheteur.

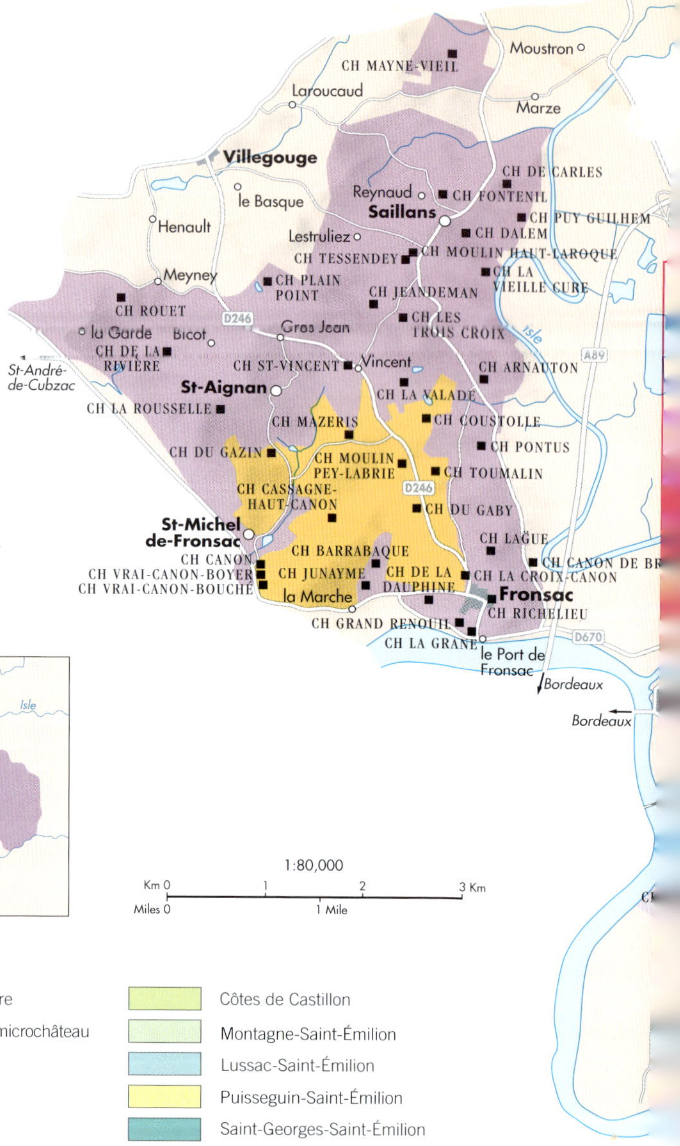

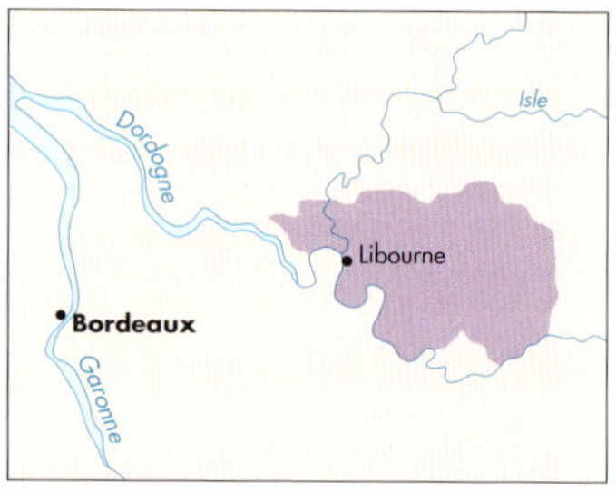

CH DE SELLE Château de premier ordre

Valandraud Totalité ou parcelle d'un microchâteau

Fronsac

Canon-Fronsac

Lalande-de-Pomerol

Pomerol

Saint-Émilion

Côtes de Castillon

Montagne-Saint-Émilion

Lussac-Saint-Émilion

Puisseguin-Saint-Émilion

Saint-Georges-Saint-Émilion

107 Zone cartographiée à une échelle supérieure à la page indiquée

Libournais

Le nom de cette région très dynamique du Bordelais dérive de celui de son ancienne capitale, Libourne. Les gens qui ont le bordeaux dans le sang l'appellent la « rive droite » (de la Garonne, bien entendu, tout comme le Médoc est parfois appelé la « rive gauche »).

Les paroisses les plus illustres sont les prestigieux Saint-Émilion et Pomerol. Mais elles ne sont que le cœur d'une région de vin bien plus vaste. Au sud et à l'est, sept petits villages partagent l'appellation Saint-Émilion, et quatre autres un peu plus au nord-est peuvent y ajouter leur nom. Le Pomerol rassemble les communes de Néac, de Lalande, et de Fronsac à l'ouest.

Avec un mélange de vignes, de forêts et de pâturages vallonnés, les villages à l'est, au nord et à l'ouest sont plus attrayants que les célèbres mais monotones vignobles du Pomerol et du Saint-Émilion sur le plateau du centre (cartographiés respectivement pages 107 et 109).

Aujourd'hui encore, en dépit du prestige qui s'attache à bien des propriétés du Pomerol et du Saint-Émilion, ces communes limitrophes semblent encore perdues et peu visitées. Il est même difficile de repérer les modestes châteaux. Autrefois, un réseau de contacts privés à travers toute la France, la Belgique et les Pays-Bas consituait le marché principal de leur solide et tonique vin rouge. Depuis peu, ils ont rehaussé considérablement leur profil (et leurs critères).

L'arrière-pays de Fronsac jouit d'une position particulière en tant que région historique à part entière. Fronsac fait de splendides vins fruités, pleins de caractère, tanniques lorsqu'ils sont jeunes, d'un style un peu rustique en comparaison du vernis impeccable d'un Pomerol. Mais ils s'améliorent d'année en année au fil de la modernisation en cours. Les pentes de calcaire le long de la rivière sont connues sous le nom de Canon-Fronsac, même si les gens du coin sont souvent incapables d'expliquer ce qui différencie les deux appellations.

Au nord de Pomerol, Néac partage l'appellation Lalande-de-Pomerol : ses vins ressemblent à des Pomerol sans le vernis. Les Châteaux de Chambrun, La Croix Saint-André et Bertineau Saint-Vincent réussissent toutefois à apporter le vernis.

L'équivalent des châteaux d'arrière-pays pour le nord du Saint-Émilion est représenté par le splendide château Saint-Georges dont la réputation va grandissante et qui surplombe toute la région depuis sa colline. Mais bien d'autres producteurs font un vin excellent.

La vigne reste dominante dans ce joli paysage vallonné, même si aucun nom ne vient à l'esprit. Montagne fait un bon « satellite » de Saint-Émilion. Comme d'ailleurs Lussac et Puisseguin qui compensent leur manque de finesse par une solidité très satisfaisante. Toujours plus à l'est, les Côtes de Castillon et les Côtes de Francs (ces dernières ne figurent pas sur la carte), à la frontière de Bergerac et de Montravel, prolongent cette ressemblance familiale. Le Château Puygueraud est une propriété extraordinaire des Côtes de Francs. Toute cette région est en plein essor, souvent grâce aux investissements faits avec l'argent gagné dans des propriétés plus prestigieuses du Saint-Émilion.

La série de villages au sud et à l'est de Saint-Émilion est autorisée à prendre l'appellation Saint-Émilion, certains d'entre eux produisant quelques-uns des vins les plus recherchés de la rive droite. La carte montre la position de deux des quatre parcelles qui composent le très couru Château de Valandraud (les deux autres se trouvent sur la carte plus détaillée de Saint-Émilion page 109). Le nouveau propriétaire du Château Monbousquet a prouvé que ces terres plates et sablonneuses pouvaient donner des vins remarquables, les Châteaux Teyssier et Faugères le suivant de très près. Le Château Bellefont-Belcier (voir la carte page 109) jouit à présent d'une très bonne réputation. À Saint-Christophe vers le nord, le Château Hau-Sarpe est un grand cru classé et le Château Fombrauge, dans les environs, vaut le détour.

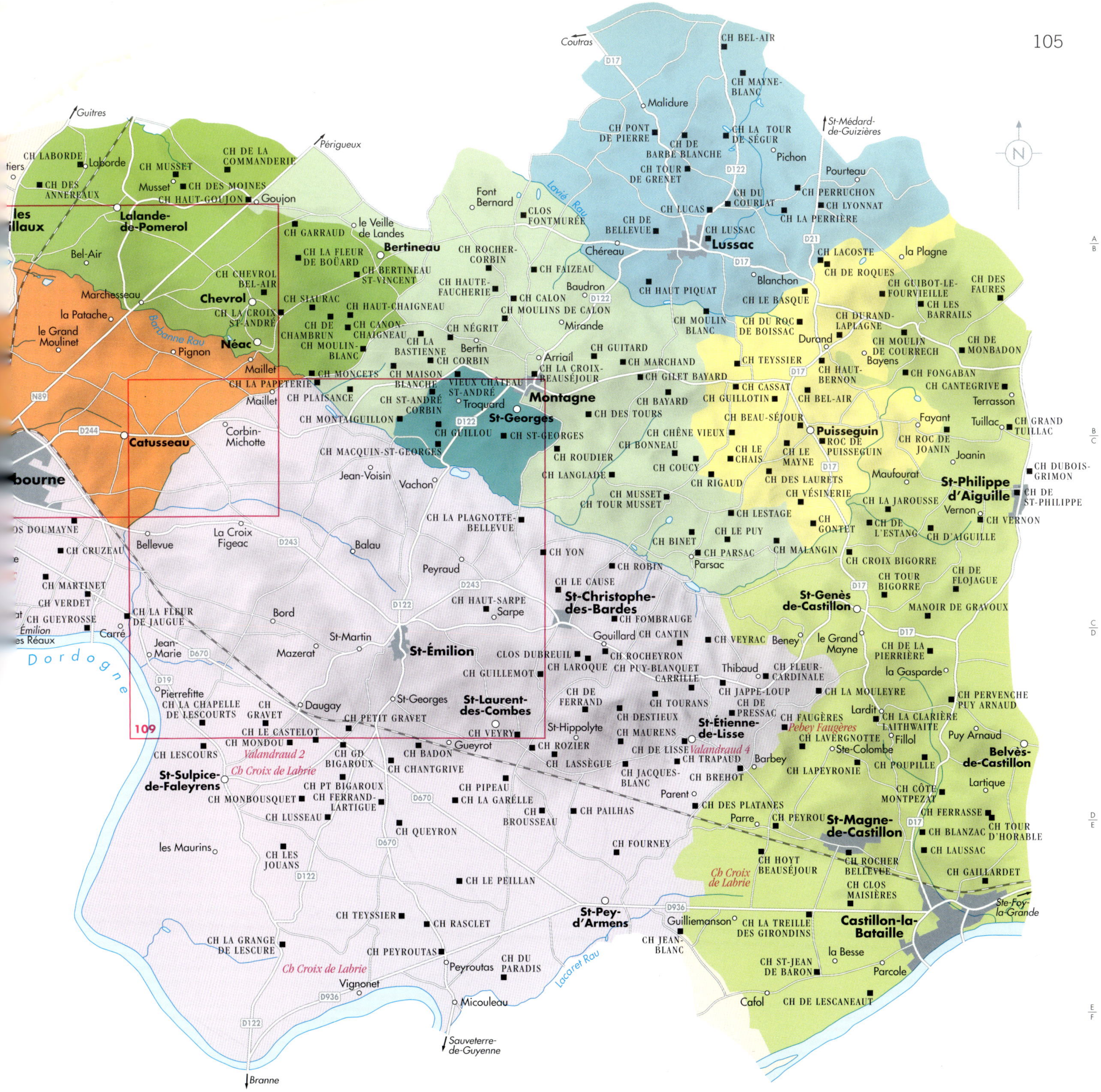

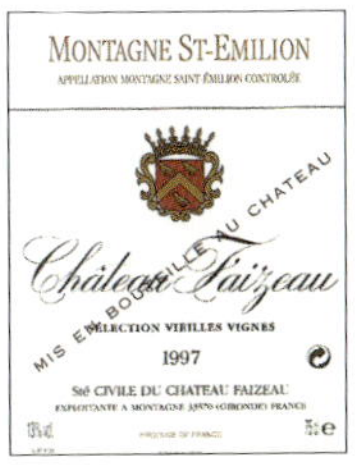

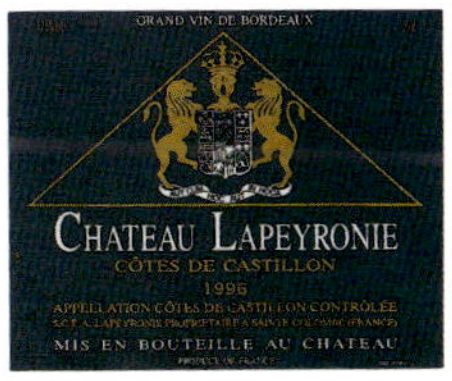

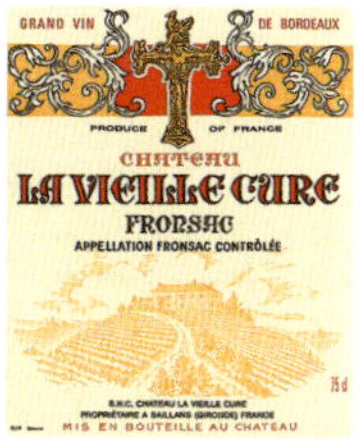

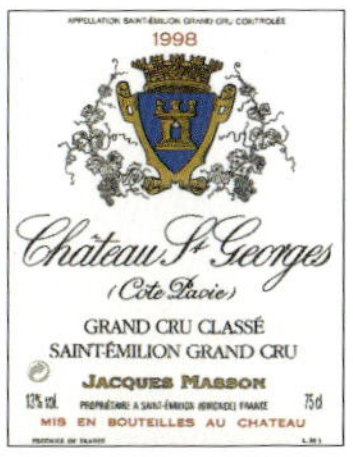

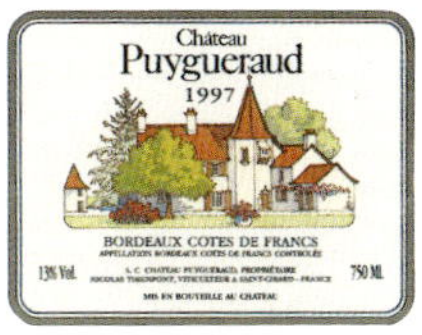

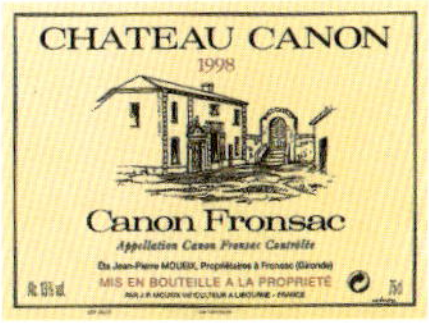

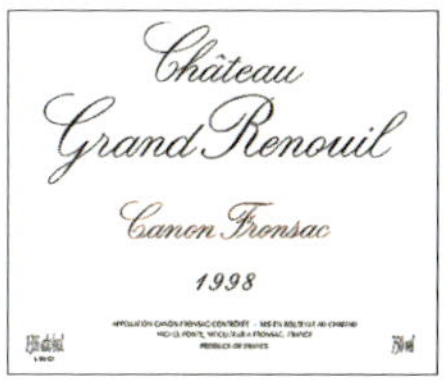

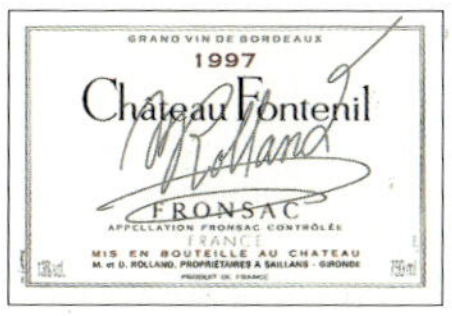

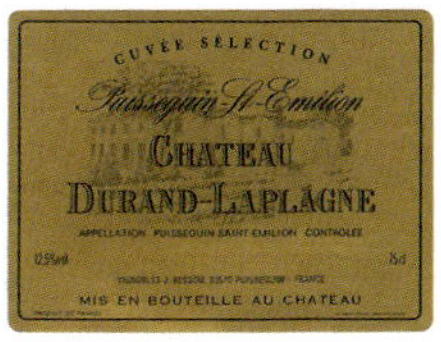

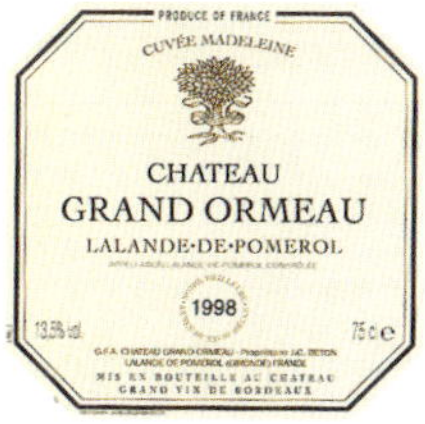

L'étiquette *en haut et à droite représente les Côtes de Francs, appellation très vivante et en pleine expansion, à l'est de la carte en direction de Bergerac (voir la page 83 pour sa localisation précise). Les autres représentent quelques-uns des meilleurs vins de Fronsac et des zones limitrophes de Saint-Émilion et de Pomerol.*

Pomerol

Le Pomerol est, à bien des égards, la nouvelle étoile dans le firmament bordelais. On pourrait croire qu'il est apprécié depuis des siècles. Pourtant, même si les Romains ont eu des vignobles dans la région, elle n'était, il y a cent ans, connue que pour son « bon vin ordinaire » dont, bizarrement, l'essentiel était blanc. Il y a encore cinquante ans, le Pomerol n'était pas considéré comme un vin de premier ordre. Mais aujourd'hui les châteaux les plus recherchés du Pomerol atteignent des prix bien plus élevés que ceux des premiers crus du Médoc. Un nombre étonnant de petites propriétés, dans une région qui n'est pas plus grande que le Saint-Julien, sont considérées comme les meilleures de tout le Bordelais.

Pomerol est un coin si curieux qu'il est difficile de s'y repérer. On n'y trouve aucun village important. Des petites routes zigzaguent sur le plateau sans ordre apparent. Chaque famille fait du vin et chaque maison est isolée au milieu de ses vignes. Le paysage est régulièrement ponctué de maisons modestes, chacune jouissant du nom de « château ». L'église aussi est curieusement isolée et semble être un domaine vinicole de plus.

Pomerol est une étendue de gravier, s'élevant et redescendant légèrement, mais remarquablement plate pour l'essentiel. Dans les parties occidentale et méridionale, le sol a tendance à devenir sablonneux ; à l'est et au nord, là où il rejoint le Saint-Émilion, il s'enrichit d'argile. Pomerol est exclusivement planté de vignes. C'est dans la partie orientale que l'on trouve les meilleurs crus, tous près du Saint-Émilion, ce qui est surprenant dans la mesure où ces deux appellations sont très différentes.

On s'accorde habituellement à dire que les Pomerol sont les bordeaux les plus délicats, les plus riches et les plus immédiatement séduisants. Ils ont une couleur profonde sans avoir l'acidité et le tannin qui l'accompagnent souvent, un nez qui rappelle la prune mûre et même la crème, et parviennent parfois à une concentration extrême, ce qui est l'essence d'un grand vin.

Pomerol est une démocratie. On n'y trouve aucune classification et il serait en effet difficile d'en concevoir une. Il n'existe pas la longue tradition de ventes régulières qui permettrait d'en établir une. Les châteaux sont de petites affaires familiales soumises à l'arrivée et au départ des individus qui les dirigent. De même, la complexité des sols, qui passent du gravier au gravier argileux, puis à l'argile graveleuse et à l'argile sans gravier, ou encore du gravier sablonneux au sable graveleux, ne se reflète pas dans les limites des vignobles.

On s'accorde pourtant sur la liste des vignobles extraordinaires du Pomerol. Pendant des années, le Château Pétrus était considéré comme le premier, avec Trotanoy en dauphin, quand bien même le Vieux Château Certan contestait ce classement. Puis venait Le Pin, vignoble microscopique (à peine 3 hectares) et création de Jacques Thienpont, membre de la famille belge propriétaire de « VCC ». Un vin fait en si petite quantité peut être exceptionnellement poussé par une fermentation malolactique – qui l'assouplit – dans des fûts de chêne renouvelés en très petit nombre chaque année. Le vin obtenu est excessif en tout point, y compris en ce qui concerne le charme. Il a provoqué une demande extraordinaire et des prix encore plus élevés que ceux du Pétrus – ce pourrait être l'origine de l'épidémie de microchâteaux sur le plateau de Saint-Émilion à l'est (voir la carte du Saint-Émilion page 109 pour leur localisation et page 110 pour une explication plus détaillée).

La carte ci-contre signale en caractères majuscules les crus atteignant aujourd'hui les prix les plus élevés. Le Clos de l'Église, les Châteaux Clinet, l'Église-Clinet et La Fleur de Gay sont des joyaux relativement récents dans la couronne du Pomerol. Les Châteaux La Fleur-Pétrus, La Conseillante, L'Évangile, Latour à Pomerol, Petit Village et Certan de May ont un long passé d'excellence.

La proximité de tous ces châteaux sur le sol d'argile est une indication de leur caractère comme de leur qualité. Ces propriétés font en général les vins les plus denses, les plus charnus et les plus opulents qui soient. Avant d'entrer dans les complexités du Pomerol, il est bon de savoir que le niveau moyen est ici très élevé. L'appellation est célèbre pour sa fiabilité. Ce qui implique évidemment que les bonnes affaires sont rares.

L'influence la plus importante dans la région est celle du négoce de Libourne, dirigé avec autorité et élégance par la société familiale de J.-P. Moueix. Ces maisons possèdent ou dirigent une forte proportion des meilleures propriétés.

Un des avantages qui a contribué à la popularité de cette petite région est la maturation précoce de ses vins. Le cépage principal n'est pas le cabernet sauvignon à peau épaisse, dont le vin doit traverser une jeunesse très tannique. Dans le Pomerol, c'est le merlot, secondaire dans le Médoc, qui est la vigne la plus plantée. Les grands crus sont composés à 70-80 % de merlot, avec peut-être 20 % de cabernet franc, connu ici sous le nom de « bouchet ». Le plus grand des Pomerol, le Pétrus, est presque entièrement fait à partir de merlot, qui pousse sur un sol presque entièrement argileux et donne des résultats étonnants.

Même les meilleurs Pomerol dégagent tout leur parfum et développent leur sidérante finesse au bout d'une douzaine d'années ; la plupart d'entre eux sont déjà très séduisants après cinq ans.

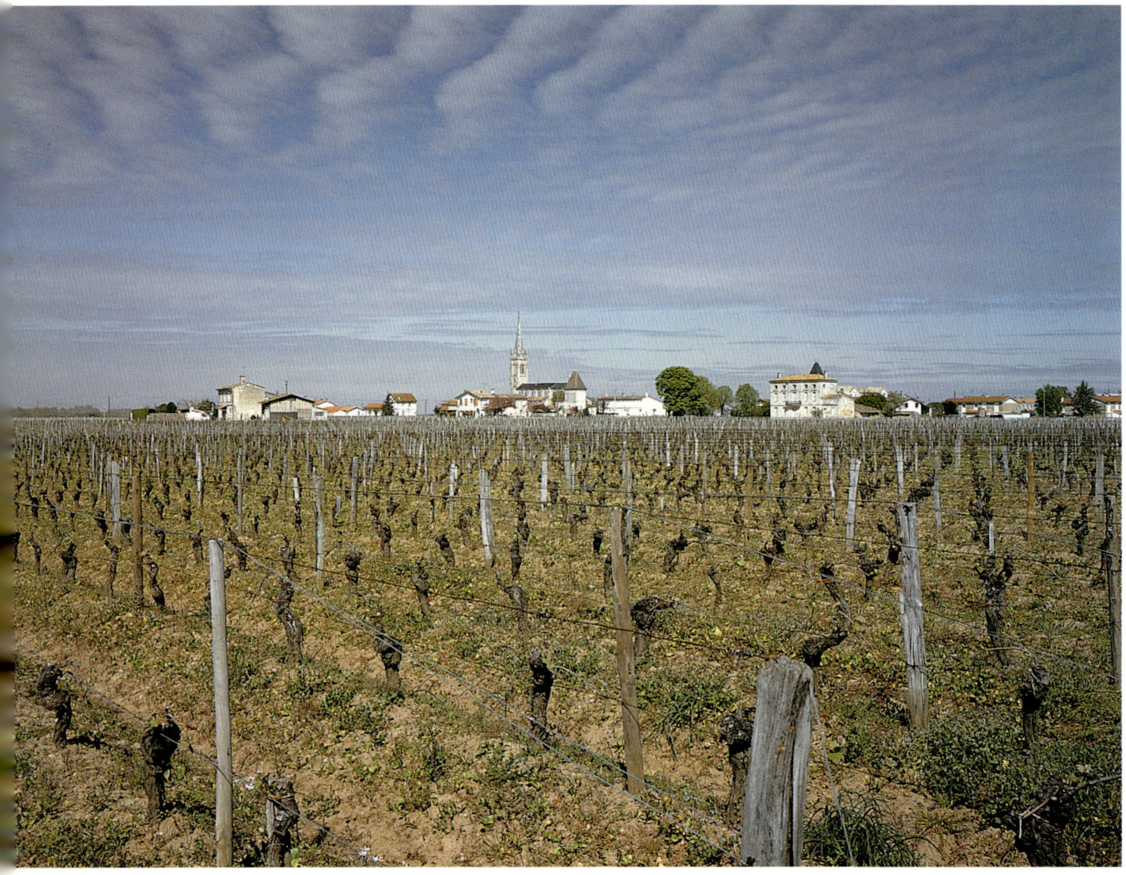

À gauche Les nombreux amateurs de vins attirés par le Pomerol peuvent être déçus par cette petite plaine parcourue de routes étroites. Les châteaux minuscules se ressemblent beaucoup, ce qui crée une certaine confusion. Le clocher de l'église représente à peu près le seul point de repère.

Quelques-uns des vins de Bordeaux *les plus voluptueux et les plus chers sont présentés ici, les records étant atteints par le très vénérable Château Pétrus et par le nouveau venu Le Pin.*

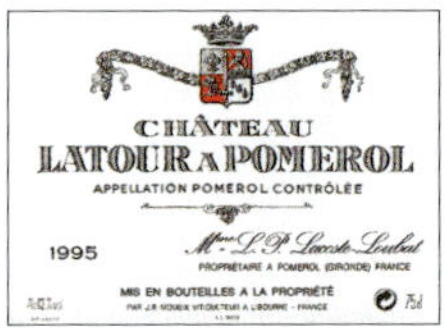

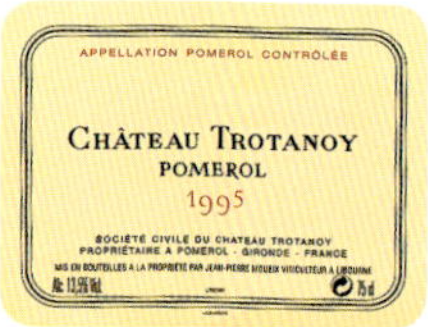

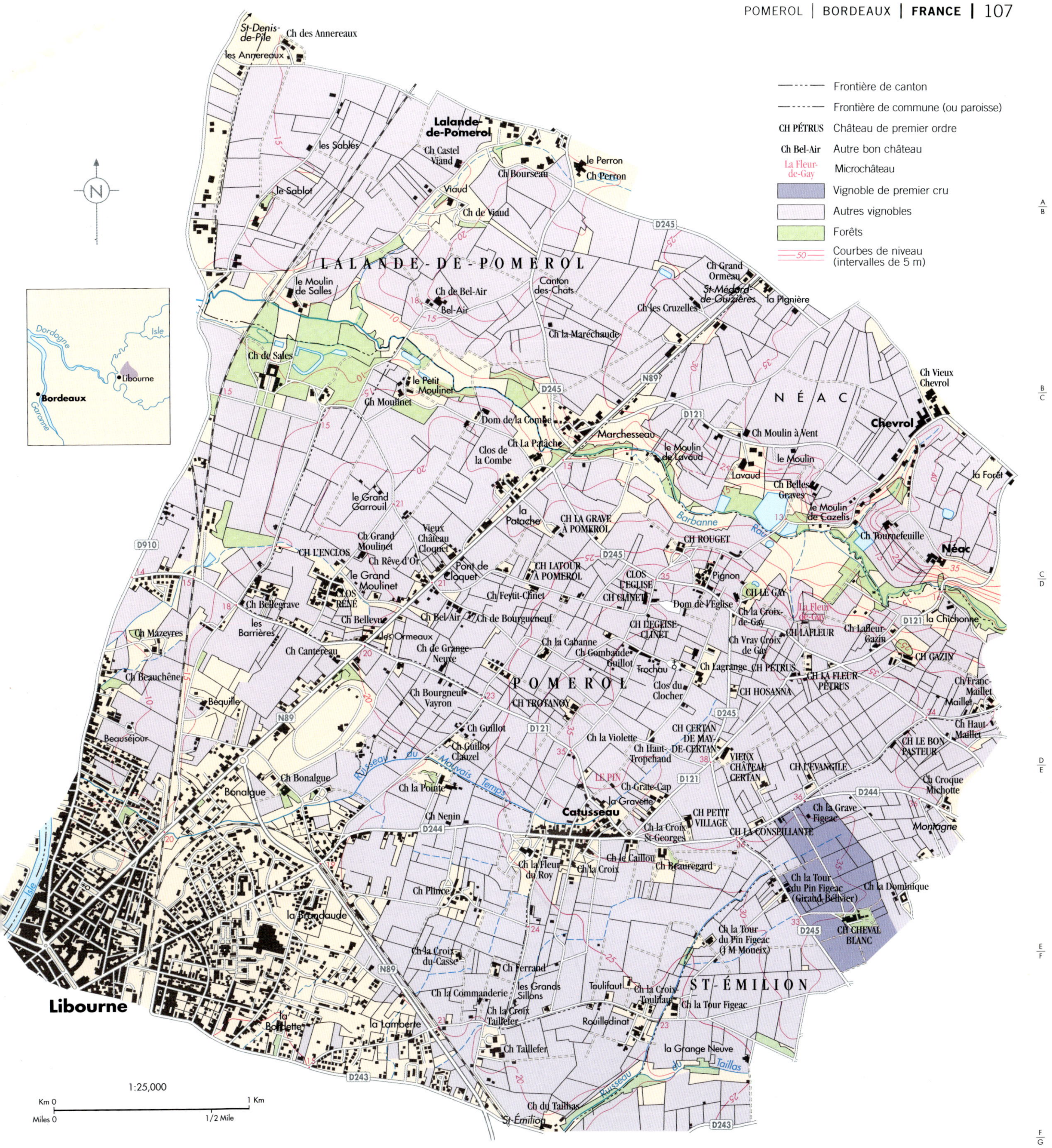

Frontière de canton
Frontière de commune (ou paroisse)
CH PÉTRUS Château de premier ordre
Ch Bel-Air Autre bon château
La Fleur-de-Gay Microchâteau
Vignoble de premier cru
Autres vignobles
Forêts
50 Courbes de niveau (intervalles de 5 m)
Dordogne
Isle
Libourne
Bordeaux
Garonne
LALANDE-DE-POMEROL
NÉAC
POMEROL
ST-ÉMILION
St-Denis-de-Pile
Ch des Annereaux
les Annereaux
Lalande-de-Pomerol
les Sables
Ch Castel Viaud
le Perron
Ch Perron
Ch Bourseau
le Sablot
Viaud
Ch de Viaud
D245
Ch Grand Ormeau
St-Médard-de-Guizières
la Pignière
le Moulin de Salles
Ch de Bel-Air
Bel-Air
Canton des-Chats
Ch les Cruzelles
Ch la Maréchaude
Ch de Sales
le Petit Moulinet
Ch Moulinet
N89
Ch Vieux Chevrol
Chevrol
Dom de la Combe
D121
Ch Moulin à Vent
Ch La Patache
Marchesseau
le Moulin de Lavaud
Clos de la Combe
Lavaud
le Moulin
la Forêt
Ch Belles Graves
le Grand Garrouil
la Patache
Barbanne
le Moulin de Cazelis
CH LA GRAVE À POMEROL
Ch Tournefeuille
Néac
Vieux Château Cloquet
Ch Grand Moulinet
CH ROUGET
D910
CH L'ENCLOS
Ch Rêve d'Or
Pont de Cloquet
CH LATOUR À POMEROL
Pignon
le Grand Moulinet
CLOS RENÉ
CLOS L'EGLISE
CH CLINET
CH LE GAY
Ch Feytit-Clinet
Dom de l'Eglise
La Fleur-de-Gay
Ch Bellegrave
Ch la Croix-de-Gay
Ch Bellevue
Ch Bel-Air
Ch de Bourgueneuf
D121
la Chichonne
les Barrières
CH L'EGLISE-CLINET
CH LAFLEUR
Ch Lafleur-Gazin
Ch Mazeyres
les Ormeaux
Ch la Cabanne
Ch Vray Croix de Gay
Ch Cantereau
Ch de Grange-Neuve
Ch Gombaude-Guillot
CH GAZIN
Trochau
Ch Lagrange
CH PÉTRUS
CH LA FLEUR-PÉTRUS
Ch Franc-Maillet
Ch Beauchêne
Ch Bourgneuf Vayron
Clos du Clocher
CH HOSANNA
Maillet
Bequille
CH TROTANOY
N89
D245
Ch Haut-Maillet
Ch Guillot
D121
Ch la Violette
CH CERTAN DE MAY
CH CERTAN-DE-CERTAN
Beauséjour
Ch Guillot Clauzel
Ch Haut-Tropchand
VIEUX CHÂTEAU CERTAN
CH L'EVANGILE
CH LE BON PASTEUR
Ch Bonalgue
Ruisseau du Mauvais Temps
LE PIN
Ch Grate-Cap
D121
Ch Croque Michotte
Bonalgue
Ch la Pointe
la Gravette
Catusseau
CH PETIT VILLAGE
D244
Ch la Grave Figeac
Ch Nenin
D244
Ch la Croix St-Georges
CH LA CONSEILLANTE
Montagne
Ch le Caillou
Ch la Fleur du Roy
Ch la Croix
Ch Beauregard
Ch la Tour du Pin Figeac (Giraud-Bélivier)
Ch la Dominique
Ch Plince
Isle
la Bondaude
D245
CH CHEVAL BLANC
Ch la Tour du Pin Figeac (J M Moueix)
Ch la Croix-du-Casse
N89
Ch Ferrand
Libourne
Ch la Commanderie
les Grands Sillons
Toulifaut
Ch la Croix-Toulifaut
Ch la Tour Figeac
Ch la Croix Taillefer
la Borderie
la Lamberte
Rouilledinat
Ch Taillefer
la Grange Neuve
Ruisseau du Taillas
D243
Ch du Taillas
St-Émilion
D243
1:25,000
Km 0
1 Km
Miles 0
1/2 Mile
A B C D E F G

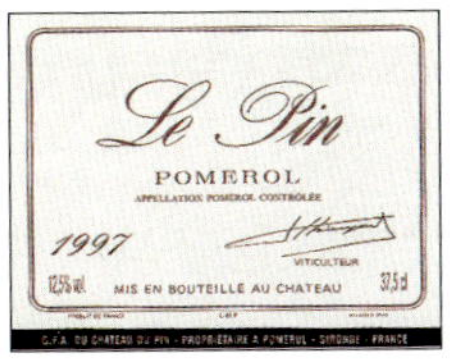

Le Pin
POMEROL
APPELLATION POMEROL CONTROLÉE
1997
MIS EN BOUTEILLE AU CHATEAU

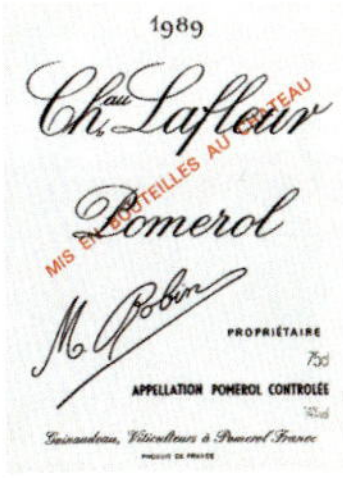

1989
Ch. Lafleur
MIS EN BOUTEILLES AU CHATEAU
Pomerol
PROPRIÉTAIRE
APPELLATION POMEROL CONTROLÉE

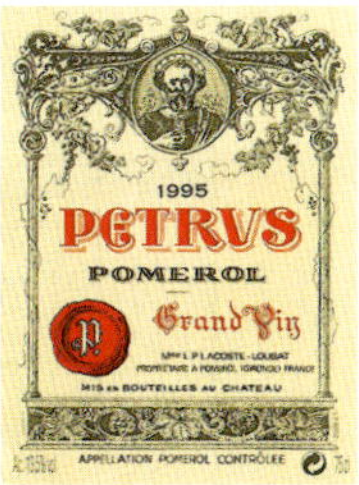

1995
PETRUS
POMEROL
Grand Vin
APPELLATION POMEROL CONTROLÉE

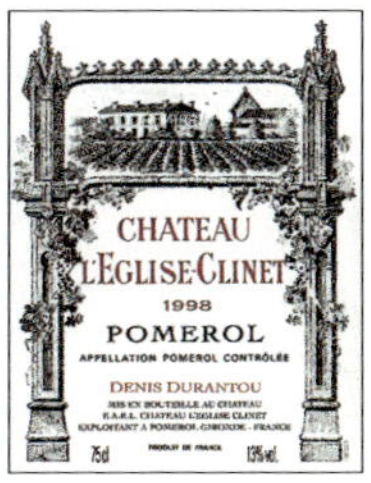

CHATEAU
L'EGLISE-CLINET
1998
POMEROL
APPELLATION POMEROL CONTROLÉE
DENIS DURANTOU

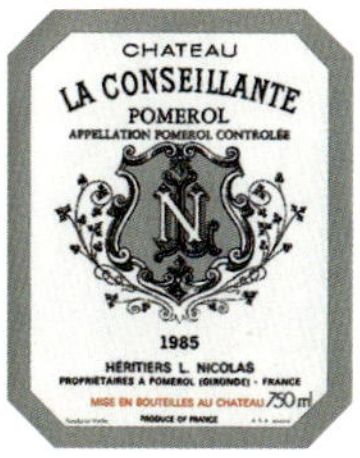

CHATEAU
LA CONSEILLANTE
POMEROL
APPELLATION POMEROL CONTROLÉE
1985
HÉRITIERS L. NICOLAS
MIS EN BOUTEILLE AU CHATEAU
750 ml

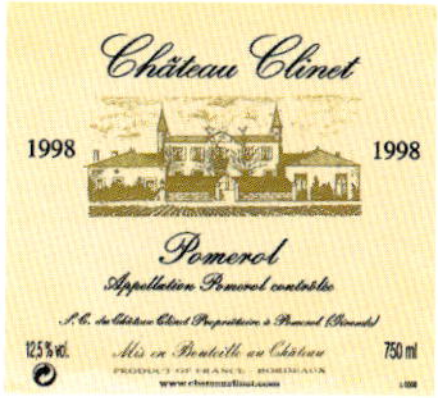

Château Clinet
1998
1998
Pomerol
Appellation Pomerol contrôlée
Mis en Bouteille au Château
750 ml

Saint-Émilion

L'antique et belle ville de Saint-Émilion, épicentre de ce qui est aujourd'hui la région la plus sismique du vin de Bordeaux, est posé sur la pointe d'un escarpement au-dessus de la Dordogne. Derrière elle, sur le plateau graveleux, les vignes se déploient régulièrement jusqu'au Pomerol. Sur le côté, le long de la crête, elles descendent sur des pentes de craie assez raides (les Côtes) dans la plaine. C'est le petit joyau rural, très visité, de la région de Bordeaux. Même l'église de Saint-Émilion est une cave : creusée, comme toutes les autres, dans la roche. L'hôtel-restaurant de la grande place est en fait sur le toit de l'église et on mange sa lamproie au vin rouge, à la bordelaise, assis près du clocher.

Saint-Émilion fait un vin rouge riche. Avant de pouvoir vraiment accepter la sécheresse et la légère âpreté des vins du Médoc, bien des gens apprécient le goût solide du Saint-Émilion. Les meilleurs, produits dans les années ensoleillées, deviennent presque doux en vieillissant.

Les cépages de Saint-Émilion sont ceux, aux raisins bien ronds, du merlot et du cabernet franc. Le cabernet sauvignon, qui mûrit plus tard, a du mal à parvenir à maturité dans ce climat, légèrement moins tempéré par l'océan, et sur ces sols plus humides et plus frais. En général, les vins prennent moins de temps pour parvenir à la perfection que ceux du Médoc, même si c'est un peu plus long que pour les pomerol : quatre ans pour un millésime médiocre ; huit ans et plus pour un bon.

La classification est d'une actualité plus rigoureuse que celle du Médoc. Elle répartit ses châteaux (la plus récente date de 1996) en premiers grands crus classés et grands crus classés. Les autres Saint-Émilion peuvent recevoir l'appellation de grand cru et poser leur candidature pour la classification en passant devant deux comités de dégustation. Il y a aujourd'hui treize vins dans la première catégorie, dominée par le Cheval Blanc et le Château Ausone qui forment une super-catégorie à eux deux, et cinquante-cinq autres dans la seconde. Les simples grands crus sont plusieurs centaines. La plus récente promotion dans la catégorie de premier grand cru classé est celle du Château Angélus. Il arrive que des propriétés très célèbres puissent être rétrogradées.

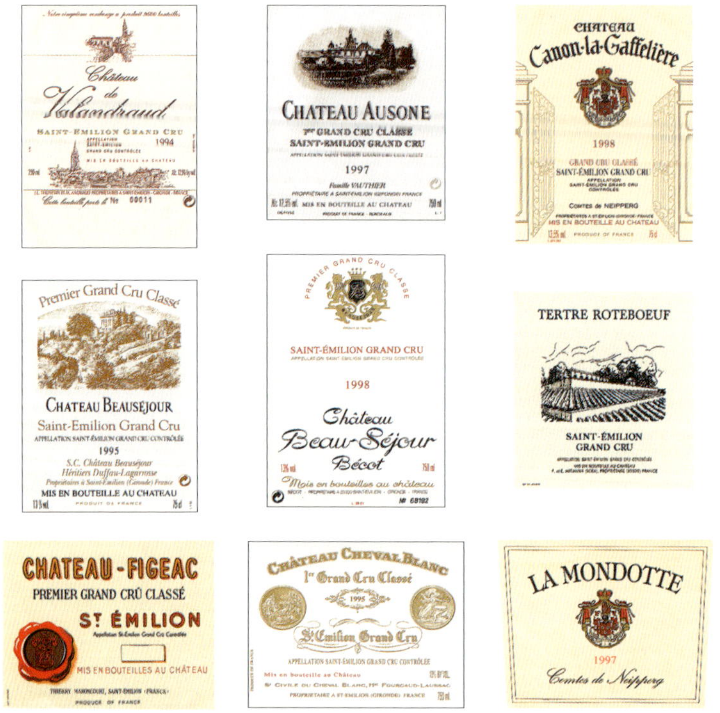

Les réputations *ont été faites et défaites à une vitesse surprenante dans le Saint-Émilion. Le Cheval Blanc et le Figeac sont les propriétés aux résultats les plus constants, tandis que le Beau-Séjour a connu puis perdu la prééminence dans les classifications officielles et officieuses.*

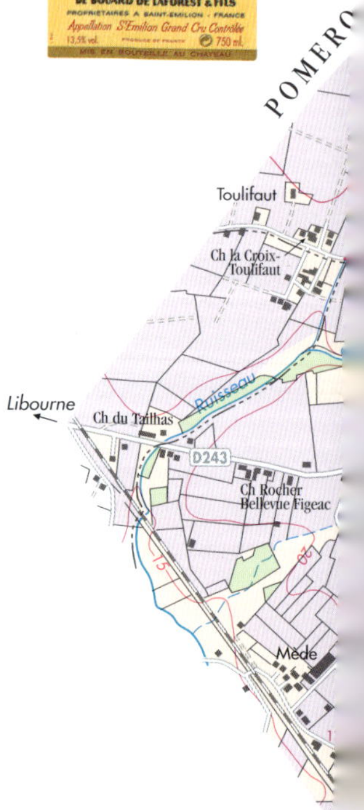

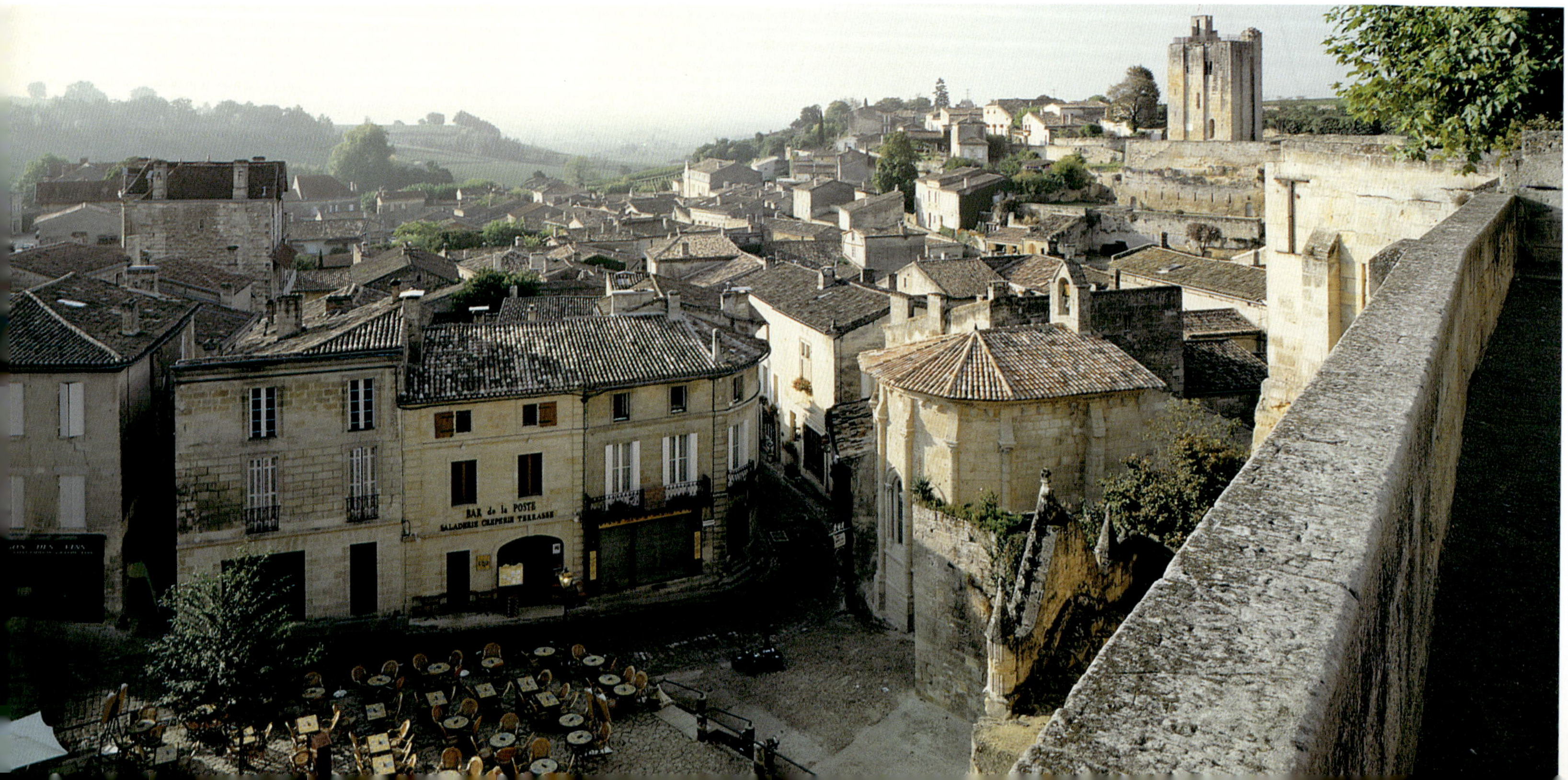

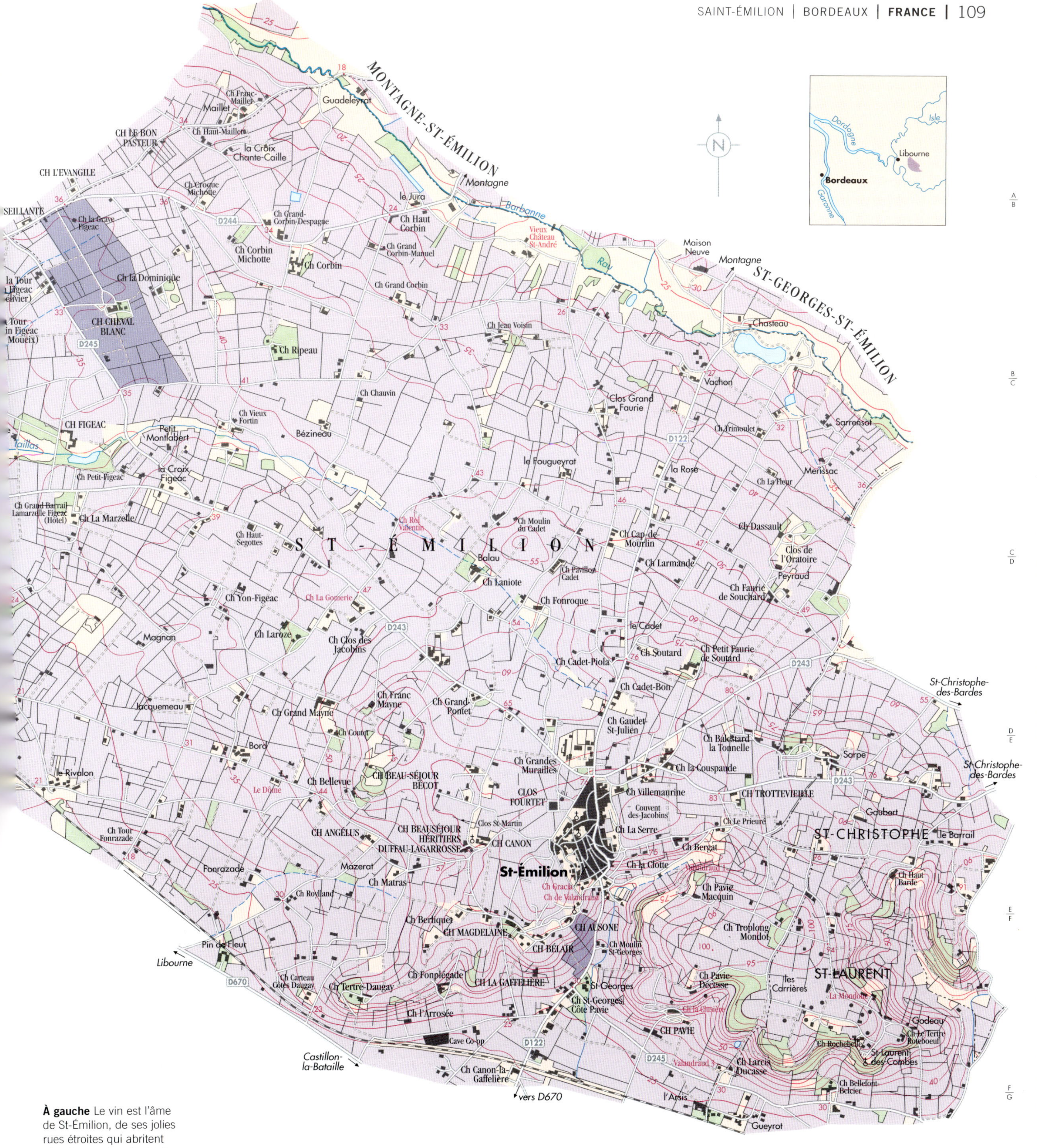

À gauche Le vin est l'âme de St-Émilion, de ses jolies rues étroites qui abritent plus de marchands de vin et de restaurants que de boucheries et de boulangeries. On distingue les vignobles des Côtes au loin, ainsi que la tour du XIIIe siècle (vue plus rapprochée page suivante).

—·—·—	Frontière de canton
—·—·—·	Frontière de commune
CH AUSONE	Premier grand cru classé (1996)
Ch Laroze	Grand cru classé
Ch Gracia	Autre
Ch de Valandraud	Microchâteau ou partie d'un château
(violet foncé)	Vignoble de premier grand cru classé
(violet clair)	Autres vignobles
(vert)	Forêts
25	Courbes de niveau (intervalles de 5 m)

1:26,400
Km 0 — 1 Km
Miles 0 — 1/2 Mile

Certains vins, très recherchés, opèrent en dehors du système de classification. Au début des années 1980, le château Le Tertre Roteboeuf fut la première des propriétés soumise à une nouvelle gestion fanatique, poussant à ses limites la qualité et la désirabilité du vin, sans chercher à obtenir un rang officiel. Depuis lors, des douzaines sinon des centaines des châteaux ont été modernisés. En général, leurs vins sont désormais plus souples et plus concentrés.

Une nouvelle vague, moins bénéfique, a déferlé au début des années 1990 avec l'émergence du Château de Valandraud, un vin concentré, désagréablement non filtré, fabriqué par un négociant local à partir de quelques parcelles de vignobles minuscules (deux d'entre elles sont indiquées sur la carte de la page précédente, deux autres sur la carte du Libournais de la page 105). Ce qu'on a appelé le premier des « microchâteaux » de Saint-Émilion a été suivi par une véritable armée surgie de nulle part. Ceux qui ont émergé avant 2001 ont été indiqués sur la carte, mais on en attend d'autres, tant sont immenses les bénéfices d'une production de vins extrêmement peu subtils dans des quantités suffisamment faibles (en général, moins de 1000 caisses) pour créer une demande.

Il y a deux régions distinctes dans le Saint-Émilion, sans compter les vignobles moins importants de la plaine alluviale et les communes à l'est et au nord-est qui sont autorisés à utiliser l'appellation.

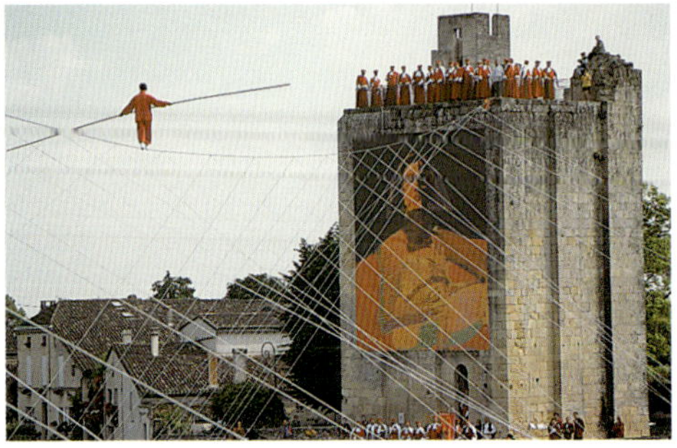

À gauche La Jurande de Saint-Émilion est l'archétype de la fraternité gastronomique en France. La Tour du Roi a toujours joué un rôle au cours des rituels, accomplis dans une tenue de velours rouge.

Un groupe des meilleurs châteaux se succède sur la frontière du Pomerol, sur le plateau graveleux et sablonneux. Le château le plus célèbre de ce groupe et de toute l'appellation est le Cheval Blanc : une maison soignée, peinte de couleur crème, au milieu d'un verger, qui ne laisse en rien supposer qu'elle produise un vin rouge splendide, un des plus équilibrés qui soient au monde, avec une prédominance des cépages de cabernet franc. Parmi les voisins du Cheval Blanc, on trouve le grand Château Figeac qui s'approche de ce niveau, mais dans un style plus léger, plus parfumé, à partir d'un sol encore plus graveleux et avec une certaine proportion de Cabernet Sauvignon.

L'autre groupe, plus important, les Côtes Saint-Émilion, occupe l'escarpement qui se trouve autour de la ville. Le plateau tombe de façon si abrupte qu'il est possible de voir à quel point la couche de terre est mince au-dessus de la craie tendre mais dense dans laquelle les caves sont creusées. Dans le Château Ausone, la perle des Côtes récemment ramenée à la vie, dans un des plus beaux panoramas de tout le Bordelais surplombant la Dordogne, on peut marcher dans les caves avec l'impression d'avoir des vignes qui enfoncent leurs racines dans le plafond.

Ces vins ne sont peut-être pas aussi fruités que les vins de Graves sur le plateau (le nom de Graves prête à confusion, mais il leur est donné à cause du sol graveleux), mais ils peuvent faire partie des Bordeaux les plus parfumés et les plus « généreux ». Ils ont un degré d'alcool de plus que les vins du Médoc. Les Côtes forment un abri contre les influences du nord et de l'ouest, s'inclinent vers le sud et sont relativement bien protégées du gel. Sur le plateau, près du Château du Cheval Blanc, un petit renfoncement dans le sol joue le rôle d'un puisard dans lequel l'air glacé s'infiltre pendant les nuits d'hiver sans nuages.

Ci-dessous Le Château Canon a, comme tant d'autres, connu des hauts et des bas. Il a produit de grands vins dans les années 1980, de plus décevants dans les années 1990. Les propriétaires du Château Rozan-Ségla en ont pris la direction et ont remplacé l'équipement de la cave.

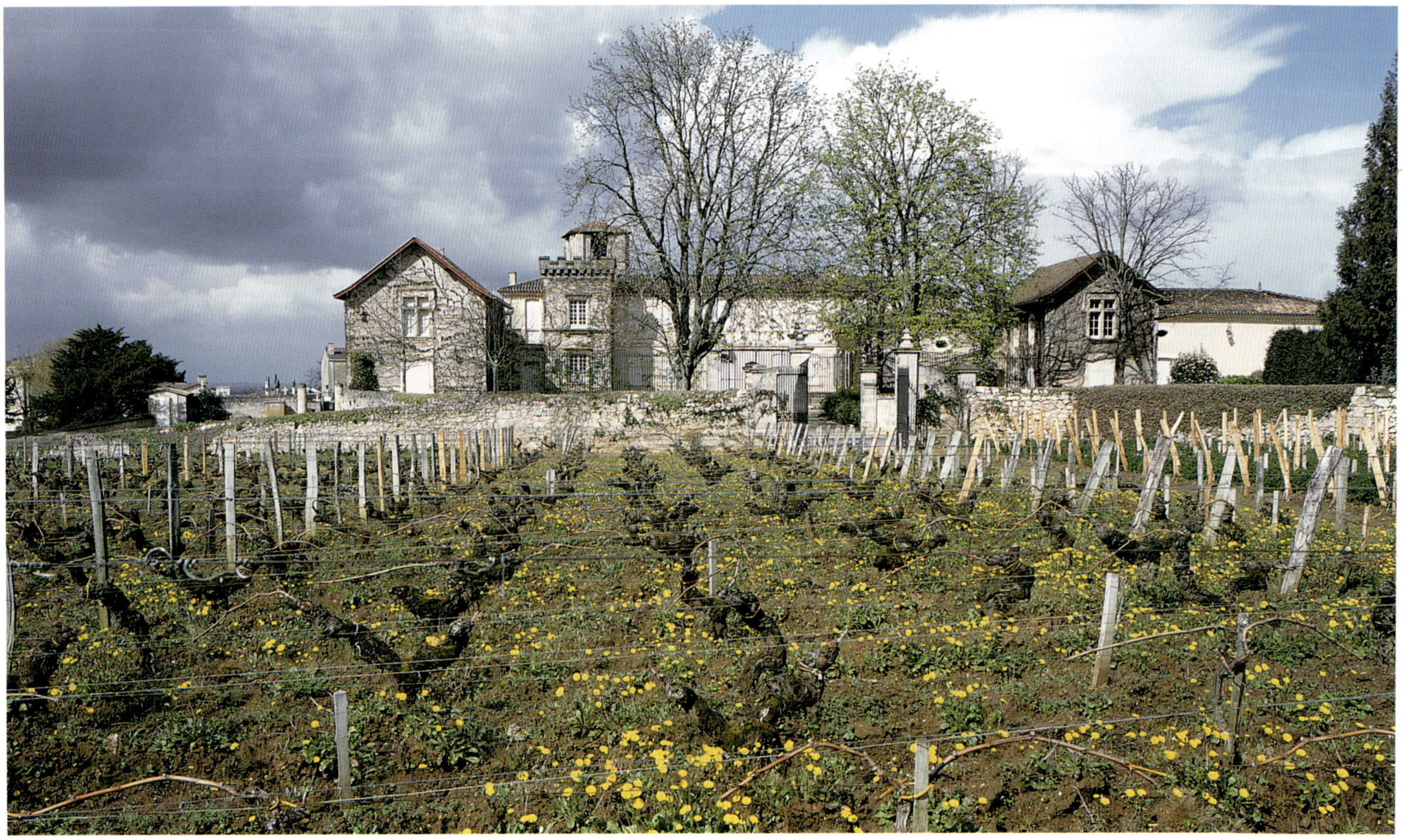

Bourg et Blaye

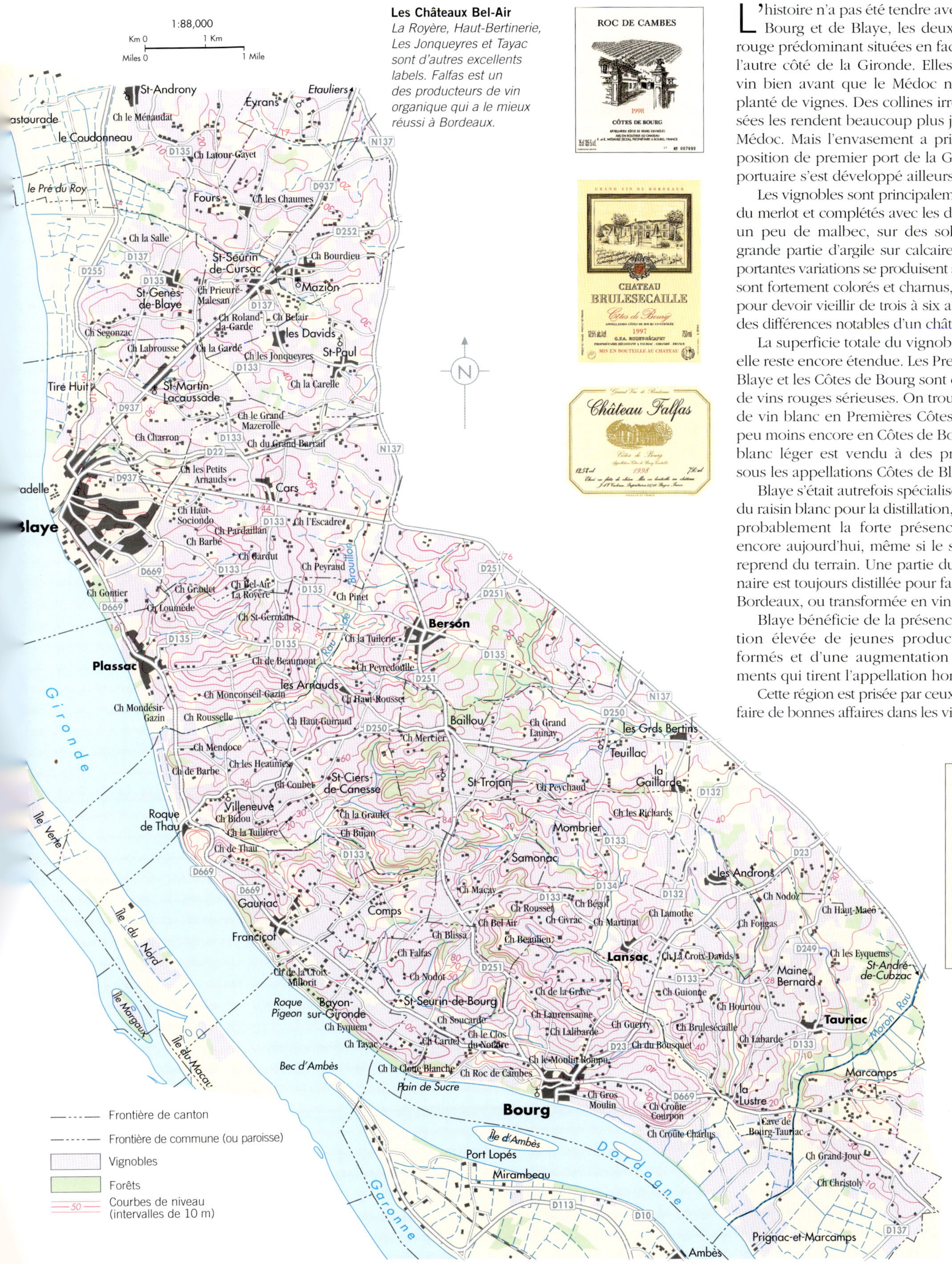

Les Châteaux Bel-Air
La Royère, Haut-Bertinerie, Les Jonqueyres et Tayac sont d'autres excellents labels. Falfas est un des producteurs de vin organique qui a le mieux réussi à Bordeaux.

L'histoire n'a pas été tendre avec les régions de Bourg et de Blaye, les deux régions de vin rouge prédominant situées en face du Médoc, de l'autre côté de la Gironde. Elles exportaient du vin bien avant que le Médoc ne soit drainé et planté de vignes. Des collines irrégulières et boisées les rendent beaucoup plus jolies que le plat Médoc. Mais l'envasement a privé Bourg de sa position de premier port de la Gironde. Le trafic portuaire s'est développé ailleurs.

Les vignobles sont principalement plantés avec du merlot et complétés avec les deux cabernets et un peu de malbec, sur des sols constitués en grande partie d'argile sur calcaire, même si d'importantes variations se produisent au nord. Les vins sont fortement colorés et charnus, assez tanniques pour devoir vieillir de trois à six ans, et présentent des différences notables d'un château à l'autre.

La superficie totale du vignoble a baissé, mais elle reste encore étendue. Les Premières Côtes de Blaye et les Côtes de Bourg sont des appellations de vins rouges sérieuses. On trouve aussi un peu de vin blanc en Premières Côtes de Blaye et un peu moins encore en Côtes de Bourg. Un bon vin blanc léger est vendu à des prix raisonnables sous les appellations Côtes de Blaye et Blaye.

Blaye s'était autrefois spécialisé dans la culture du raisin blanc pour la distillation, ce qui explique probablement la forte présence d'ugni blanc encore aujourd'hui, même si le sauvignon blanc reprend du terrain. Une partie du vin blanc ordinaire est toujours distillée pour faire de la Fine de Bordeaux, ou transformée en vin pétillant.

Blaye bénéficie de la présence d'une proportion élevée de jeunes producteurs très bien formés et d'une augmentation des investissements qui tirent l'appellation hors du marasme.

Cette région est prisée par ceux qui cherchent à faire de bonnes affaires dans les vins de Bordeaux.

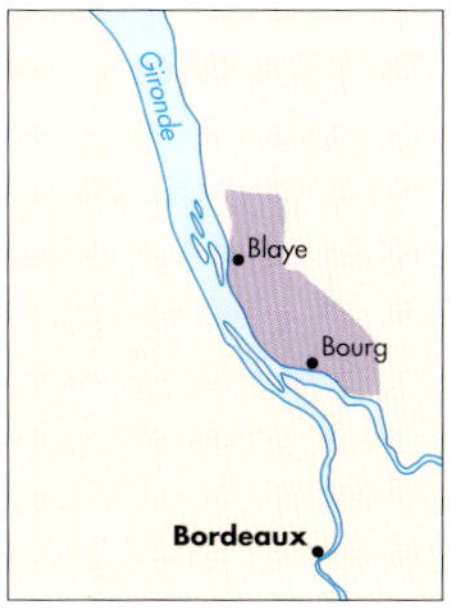

Les vins du Sud-Ouest

Au sud du grand vignoble du Bordelais, abrité de l'Atlantique par la forêt des Landes, la vigne prospère dans des zones dispersées qui ont encore toutes de fortes traditions gastronomiques locales, chacune le long d'une rivière autrefois utilisée pour transporter le vin vers des marchés éloignés. C'étaient les « hautes terres » à qui les marchands de Bordeaux jaloux interdisaient l'accès de leur port jusqu'à ce que leur propre vin fût entièrement vendu (poussant parfois l'insulte jusqu'à renforcer leur vin avec celui, plus robuste, produit là-bas).

On y trouve la plus grande variété de cépages locaux, certains étant spécifiques à telle ou telle petite appellation. Le Cahors, célèbre pour la profondeur et le corps de ses vins depuis le Moyen Âge, est un cas exemplaire. Bien qu'il soit souvent assoupli avec du merlot, il boude le cabernet sauvignon et le cabernet franc et tire son âme et son arôme d'un cépage connu sous le nom de cot dans le reste de la France, sous celui de malbec dans le Bordelais et en Argentine, et ici sous celui d'auxerrois. Grâce à ce cépage et à des étés généralement plus chauds qu'à Bordeaux, le Cahors a tendance à être plus plein et plus vigoureux, un peu plus rustique parfois, que le bordeaux rouge courant. Mais le phylloxéra a littéralement décimé les vignobles de la région, le développement des chemins de fer du Languedoc a sévèrement réduit la demande et le terrible hiver de 1956 a ravagé les vignobles qui restaient encore.

De nos jours, la ville de Cahors, très active, se trouve en amont de la plupart des vignobles. Aujourd'hui, ceux-ci ne représentent plus la culture dominante sur le gravier sablonneux du Lot ; le maïs et les tournesols sont plus fréquents que la vigne sur ces terres alluviales, et bon nombre des vignobles récents, qui rappellent les jardins anglais avec leur gazon et leurs haies de vignes, ont été plantés sur les causses rocheux. À ces altitudes plus fraîches, les raisins exigent plus de temps pour mûrir et les vins qui en résultent sont plus fermes que le Cahors précoce du bord de la rivière. Certains des bons producteurs considèrent qu'un mélange des deux styles est meilleur. Peu d'entre eux exigent que leurs vins soient gardés plus de quatre ou cinq ans. Des techniques de vinification sophistiquées et les fûts de chêne nouveau sont encore relativement rares à Cahors, même si les choses changent rapidement, la région attirant de nouveaux investisseurs nantis de Paris ou de New York. Le style du Cahors devrait continuer à évoluer, même s'il est peu probable qu'il redevienne le « vin noir » légendaire qu'il fut autrefois.

Encore plus loin en amont, on trouve les vignobles du département de l'Aveyron (visibles sur la carte page 53). Au fond de cette campagne sauvage, survivent les derniers vestiges du vignoble autrefois florissant du Massif central. Le Marcillac est le vin le plus important, un rouge poivré fait à partir du cépage fer servadou. Ses voisins de VDQS aux multiples nuances, les Vins d'Entraygues et du Fel et les Vins d'Estaing, sont des vins rares et qui le deviennent de plus en plus, à l'opposé des Côtes de Millau au sud dont les rouges de montagne, composés à partir d'un cocktail complet des cépages du sud-ouest, ont été reconnus VDQS en 1994 seulement.

La campagne accidentée des rives du Tarn, à l'ouest d'Albi, en aval des magnifiques gorges creusées par la rivière dans les Cévennes, paraît paisible en comparaison. Ses verts pâturages vallonnés, sous un climat tempéré, sont parsemés de magnifiques petites villes et villages, soixante-treize d'entre eux faisant partie de l'appellation Gaillac. On y produisait sans doute du vin bien avant que des vignes soient cultivées dans le Bordelais, mais le phylloxéra, comme à Cahors, a paralysé le commerce du vin, qui n'a été relancé avec un réel enthousiasme qu'au cours des dix dernières années, grâce en partie à la sophistication croissante dans l'adaptation aux différents terroirs de Gaillac de cépages extrêmement divers. Les deux cépages typiques pour le vin rouge sont le braucol (fer servadou) poivré et le duras beaucoup plus léger. La syrah est une intruse plutôt bien accueillie, le gamay un peu moins, mais il est utile pour rendre buvable le Gaillac Primeur jeune ; les cépages rouges du Bordelais sont tolérés. Les raisins à peau sombre dominent aujourd'hui et donnent de bons résultats sur les argiles graveleuses au sud du Tarn et autour de Cunac (en dehors de la carte à l'est d'Albi). Les Premières Côtes exposées à l'est, qui grimpent la rive droite de la rivière, sont particulièrement bien adaptées aux vins doux et demi-doux pour lesquels Gaillac, avec ses longs automnes secs, était autrefois célèbre. Ils sont faits à partir de cépages locaux comme le mauzac (dont les arômes de pelures de pomme ressemblent à ceux du limoux), le len de l'el et l'ordenc, assez rares, complétés des trois cépages du Sauternes (voir page 102). Les vins blancs sont en général peu secs et pétillants à différents degrés, comme le délicat Perlé. Ce sont des spécialités des vignobles calcaires au nord, notamment autour de la ville perchée de Cordes. Ceux qui ne connaissent pas la région peuvent être troublés par cette prolifération de cépages et de styles de vins. Mais pour des innovateurs comme Robert Plageoles, dont la gamme courante des vins rouges, rosés et blancs est complétée par un alcool pétillant léger produit selon la traditionnelle méthode gaillacoise, ainsi que par une variante de Gaillac, c'est seulement une source d'inspiration.

Juste à l'ouest, entre le Tarn et la Garonne, les Côtes du Frontonnais font le vin rouge et le vin rosé de Toulouse. De nos jours, le Château Bellevue La Forêt n'est plus le seul producteur à faire à partir du cépage de négrette local (mélangé à divers autres du Sud-Ouest) un rouge remarquable, limpide et fruité. Fronton et Villaudric sont les communes qui sont en tête. Les vins de Lavilledieu et les Côtes du Brulhois sont des vins

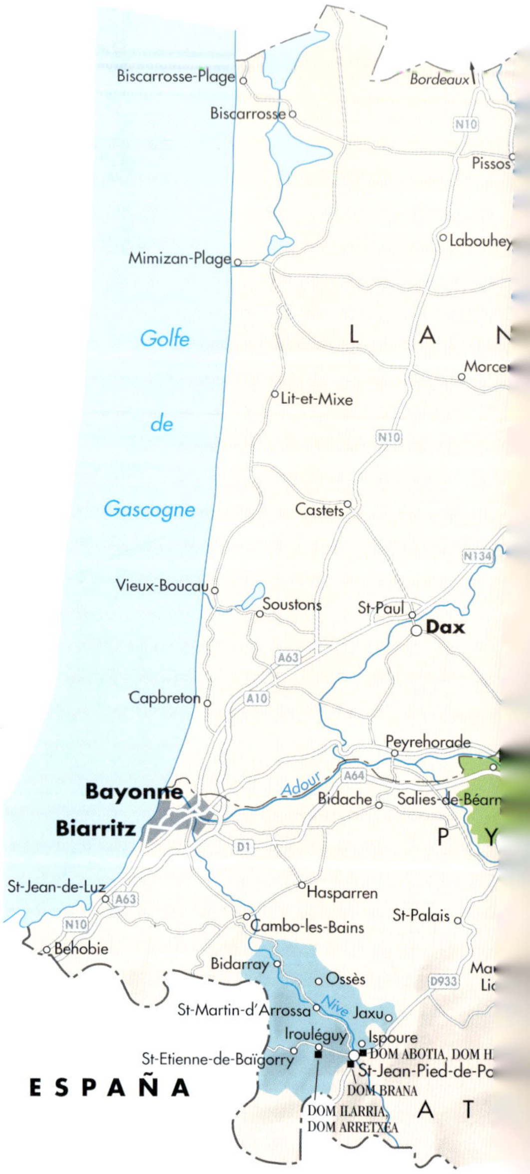

Ci-dessous Les vignes d'Irouléguy, comme celles de Saint-Étienne-de-Baïgorry, déploient dans le décor spectaculaire des Pyrénées occidentales un riche mélange de cépages locaux. Les trois couleurs de vin sont représentées, chacune ayant une vivacité et des arômes individuels fièrement marqués.

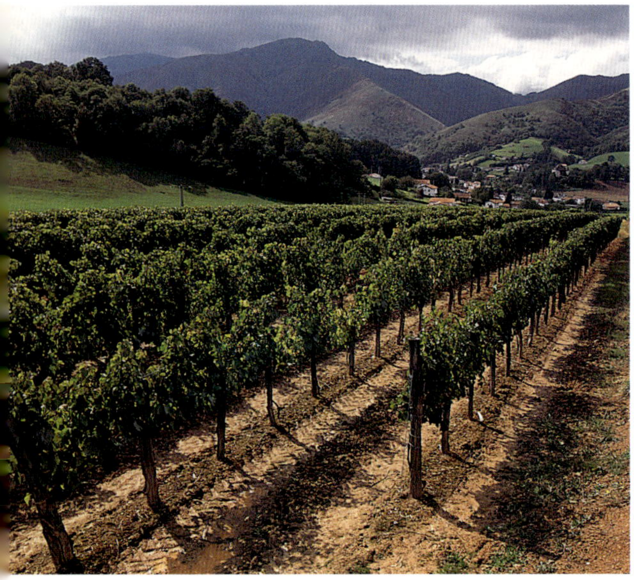

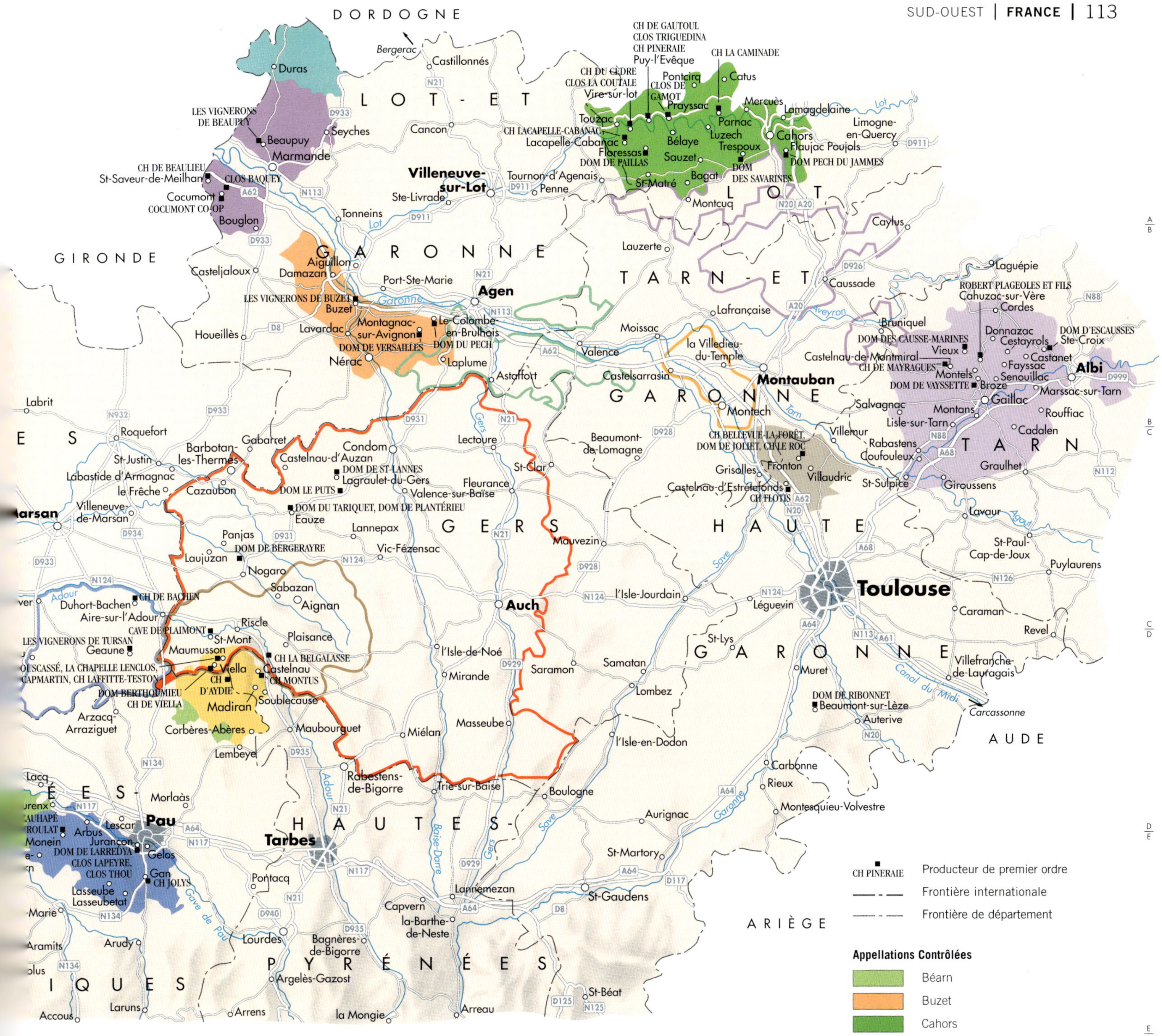

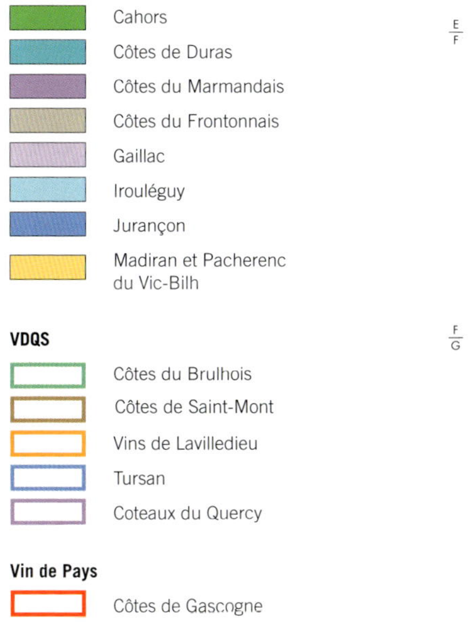

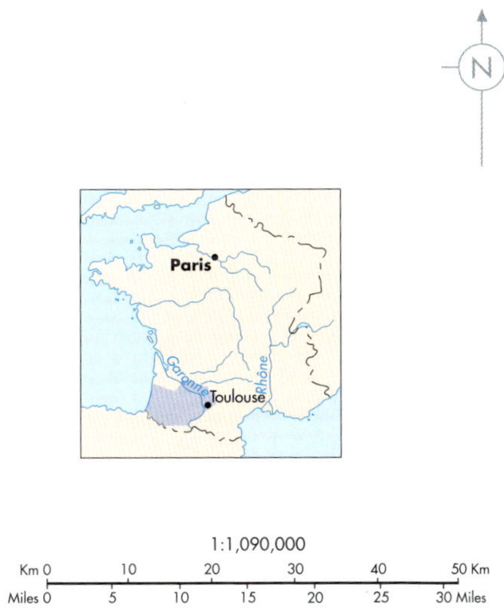

VDQS similaires mais plus légers, faits en aval.

Au nord des vastes vignobles consacrés à l'Armagnac (et de plus en plus détournés pour faire un vin blanc vif et peu cher sous l'appellation de Vin de Pays des Côtes de Gascogne), sur la rive gauche de la Garonne, se trouve l'appellation Buzet dont la production, dispersée sur vingt-sept communes de vergers et de fermes, est entre les mains d'une coopérative bien organisée. Son premier vin, la Cuvée Napoléon, soutient la comparaison avec un bon médoc.

Les Côtes de Marmandais, un peu plus au nord, ont deux excellentes coopératives (à Beaupuy et Cocumont) et un cépage abouriou très distingué qui relève le mélange de cépages bordelais qui caractérise ces régions.

Les autres régions vinicoles de cette carte se trouvent dans la province basque du Béarn. Elles dépendaient historiquement du port de Bayonne

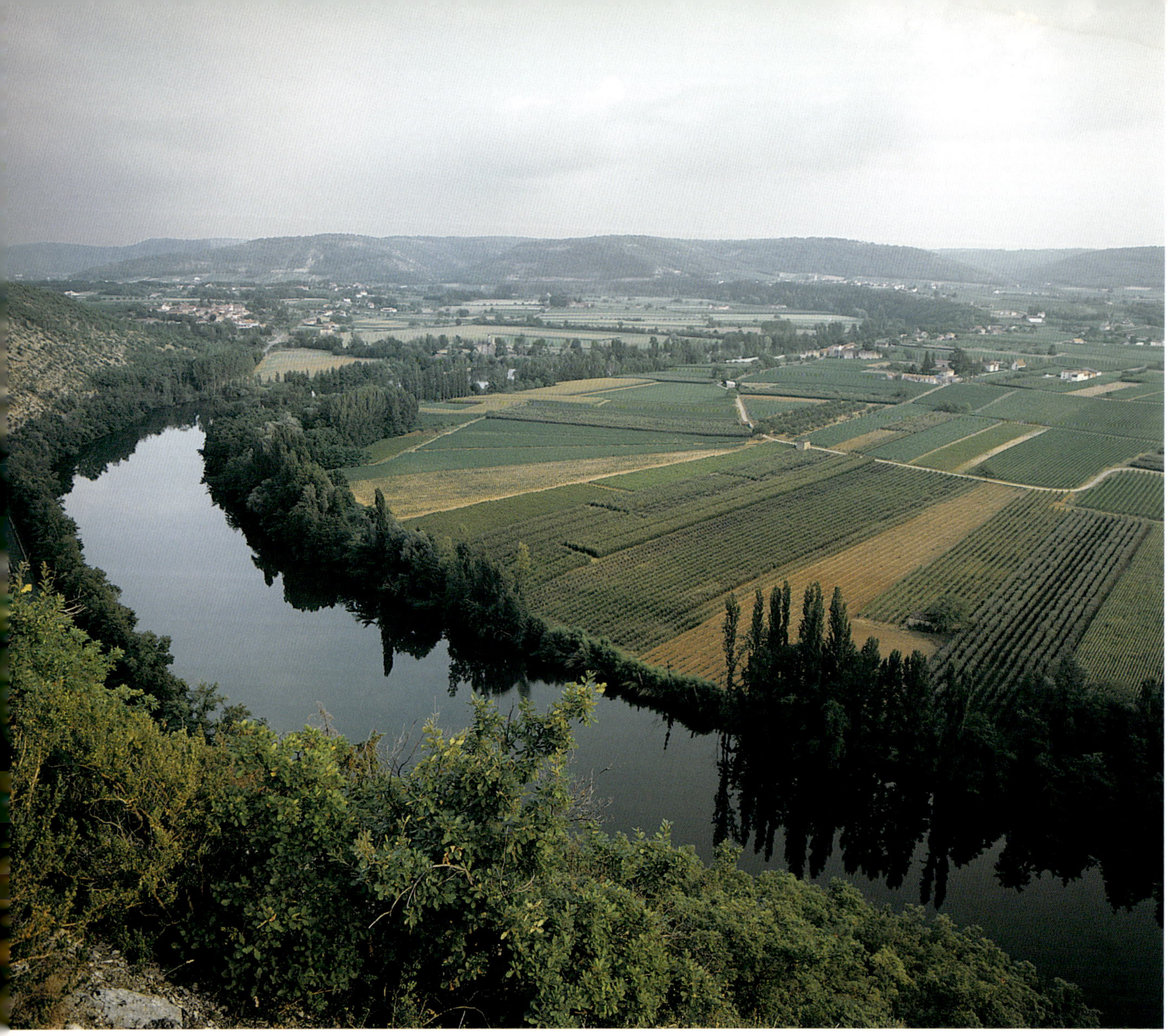

plutôt que de celui de Bordeaux. Les appellations générales Béarn et Béarn-Bellocq comprennent des vins rouges, blancs et rosés faits en dehors des zones vinicoles de Madiran et de Jurançon, les deux véritables joyaux du Sud-Ouest.

Le Madiran est le grand vin rouge de la Gascogne, cultivé sur les coteaux d'argile et de calcaire le long de la rive gauche de la rivière Adour. Le cépage noir local, le tannat, est bien nommé puisqu'il donne des vins sombres et tanniques, rudes et vigoureux, souvent mélangés avec du cabernet et du pinenc (fer servadou). Les dynamiques producteurs de la région ne sont pas toujours d'accord sur la façon de dompter ces monstres et utilisent à des degrés différents du chêne nouveau et une oxygénation délibérée. Certains de ces vins peuvent être bus assez tôt, mais c'est après sept ou huit ans que le bon Madiran est vraiment admirable : aromatique, très parfumé, fluide et vivant, susceptible de soutenir la comparaison avec un cru classé de Bordeaux et d'accompagner un confit de canard.

Les producteurs de talent de cette région ont tourné leur attention vers le vin blanc local, tout particulièrement l'énergique coopérative Plaimont qui domine la production du VDQS Côtes de Saint-Mont et fait beaucoup pour empêcher la disparition des cépages locaux. Le vin blanc sec et doux Pacherenc du Vic-Bilh est fait dans la zone du Madiran avec des cépages d'arrufiac, de courbu et de petit manseng : il s'améliore d'année en année même s'il reste dans l'ombre de son concurrent du sud de Pau, le Jurançon.

Le Jurançon, produit sur les contreforts pentus des Pyrénées, est un des vins blancs les plus élégants de France, d'une essence plus ou moins douce relevée par une note de fruit vert. Le cépage de gros manseng est responsable des versions sèches à vendange précoce, tandis que le petit manseng aux petits grains à peau épaisse peut rester sur la vigne jusqu'en novembre, et parfois même jusqu'en décembre, afin de flétrir et de concentrer les sucres et l'acidité. Ces vins doux, moelleux, sont assez vifs pour être bus avec le foie gras local et ont un style probablement plus proche d'un Vouvray que d'un bon Sauternes.

Le VDQS Tursan, en aval de Madiran, est en pleine renaissance, même si les vins rouges sont beaucoup plus nombreux que les intéressants vins blancs faits à partir du cépage de baroque.

La minuscule appellation d'Irouléguy est l'ultime bastion basque. Elle fait avec obstination des vins rosés, rouges et blancs fermes et rafraîchissants, à partir des cépages locaux, dont le tannat, le courbu et les mansengs, cultivés sur des terrasses orientées au sud, à 400 m d'altitude au-dessus de l'Atlantique. L'étiquette du rosé comporte les mots *Hotx Hotxa Edan*, qu'on pourrait prendre pour le cri de ralliement basque , mais qui signifie seulement : « Servir bien frais ».

Ci-dessus La sinueuse vallée du Lot délimite l'appellation du vin de Cahors, mais il existe des différences immenses entre les vins produits dans la plaine alluviale et ceux des terres plus élevées. Comme on peut le voir ici, la vigne n'a plus le monopole sur les bords de la rivière.

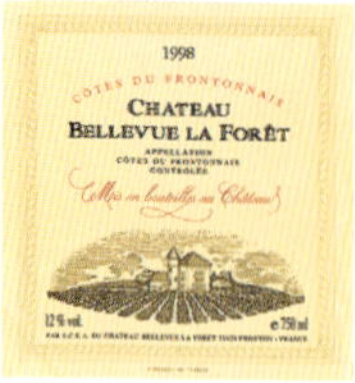

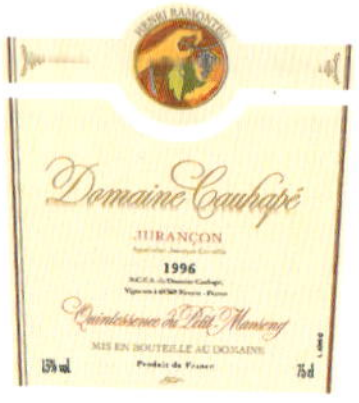

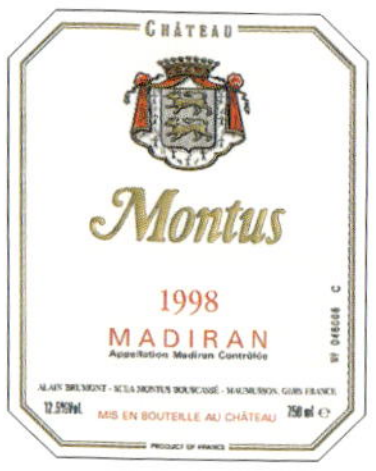

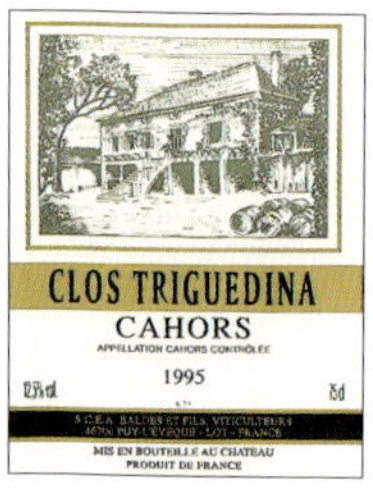

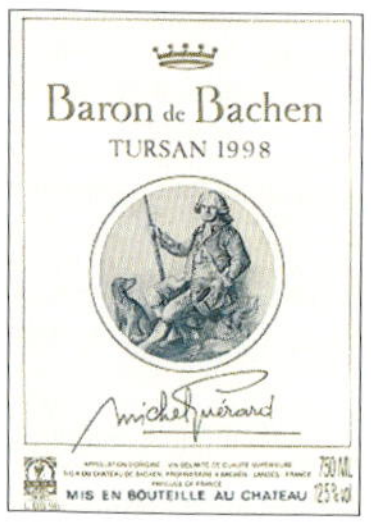

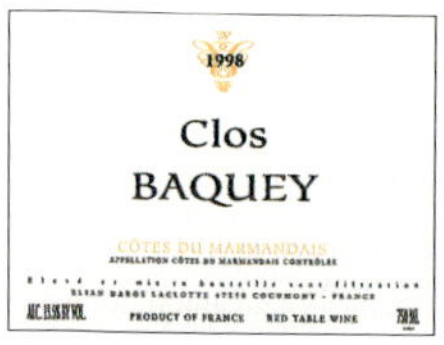

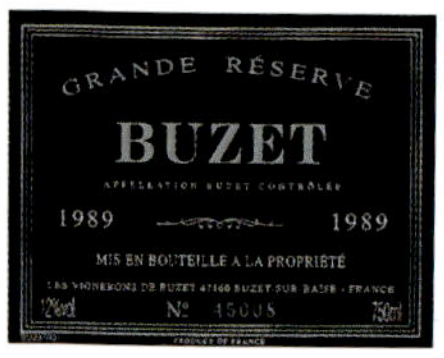

Une large variété *d'appellations, de styles de vins et d'étiquettes de tous les coins de cette vaste et hétérogène région vinicole. Celle-ci se distingue aussi par son héritage particulièrement riche de cépages locaux.*

Dordogne

Le magnifique arrière-pays de Bordeaux, la campagne des bastides de Dordogne qui s'étend à travers un labyrinthe de vallées verdoyantes jusqu'au plateau pierreux de Périgueux, est une des régions favorites des touristes.

Même la petite appellation des Côtes de Duras, qui est en fait un pont entre l'Entre-deux-Mers et le Bergerac, produit un nombre très respectable de vins faits à partir de cépages du Bordelais : quelques rouges, quelques blancs doux, en particulier un sauvignon blanc sec plein de fougue.

Les vins de Bergerac étaient traditionnellement considérés comme des rustres de la campagne, en comparaison de leurs cousins sophistiqués de Bordeaux. Les rouges et les blancs secs les plus ordinaires de l'appellation fourre-tout du département de la Dordogne ressemblent encore aux bordeaux courants, avec les mêmes défauts. Mais il s'est formé aujourd'hui une masse critique de producteurs décidés à faire la preuve que le Bergerac peut produire des vins beaucoup plus sérieux – dans les trois couleurs et, pour les blancs, dans tous les degrés de douceur. Luc de Conti du château Tour des Gendres en mérite sinon tout le crédit, du moins une partie considérable. Grâce à une combinaison de rendements plus faibles et à une plus grande maîtrise de l'hygiène des caves et du vieillissement en fût de chêne, la nouvelle vague des producteurs ambitieux (pas tous français) fait des vins bien structurés, aux arômes profonds, susceptibles de rivaliser avec les plus subtiles appellations de bordeaux.

Les cépages sont les mêmes que ceux du Bordelais. Le climat est un peu plus contrasté que celui de la Gironde et le calcaire est très présent en surface. La gamme des blancs est vaste et, même si elle rend un peu perplexe, elle vaut la peine d'être explorée. Le Bergerac sec peut être un blanc très convaincant, fait à partir d'une combinaison de sémillon (le cépage le plus largement planté dans le département) et de sauvignon blanc. Mais on trouve aussi des blancs tout à fait somptueux. L'appellation Côtes de Bergerac distingue des vins rouges supérieurs faits à l'intérieur de la zone de Bergerac.

Dans la région étendue du Bergerac, les appellations individuelles se multiplient. Rosette, par exemple, travaille un magnifique amphithéâtre de vignes au nord de la ville de Bergerac, mais une poignée de producteurs seulement choisissent de vendre leurs vins blancs délicats, légèrement doux, sous cette appellation. Dans la même zone, l'appellation Pécharmant est célébrée localement pour ses rouges vieillis en fûts de chêne, dans la tradition du bordeaux.

Au-delà de la frontière départementale, en s'éloignant des Côtes du Castillon, on tombe sur la zone complexe du vin blanc Montravel, dans laquelle les Côtes de Montravel et le Haut-Montravel sont des vins plus doux en provenance respectivement du nord et de l'est. Le Montravel normal est un vin blanc sec, fait dans toute l'appellation avec une maîtrise croissante en utilisant souvent le sauvignon blanc et le chêne, tandis que le sémillon produit des vins doux qui ressemblent aux meilleurs blancs doux des Côtes de Francs. Le cépage de muscadelle est aussi autorisé.

Les vins les plus élégants et les plus prestigieux de cette région sont des blancs d'une douceur somptueuse, produits en quantités résolument limitées dans deux zones situées au sud-ouest de la ville de Bergerac. Ainsi, la production totale de Saussignac, voisin occidental de Monbazillac et foyer de quelques producteurs farouchement déterminés, n'excède pas quelques milliers de caisses.

Le vin le plus célèbre du Bergerac, le Monbazillac, parvient à une quantité trente fois supérieure. Sa qualité a énormément progressé depuis 1993, avec l'abandon de la vendange mécanique au profit de plusieurs vendanges à la main (et des normes inférieures d'anhydride de soufre). Juste à l'est de la confluence de la Gardonette et de la Dordogne, le Monbazillac bénéficie d'une situation hydraulique comparable à celle du Sauternes. Les cépages aussi sont identiques, mais les vins ne le sont pas, ce qui s'explique sans doute par l'adaptation remarquable de la muscadelle à Monbazillac : le botrytis peut avoir envahi les vignobles de Monbazillac quand il n'est pas encore apparu dans le Sauternes. Les meilleurs Monbazillac jeunes, comme ceux du château de Tirecul La Gravière, sont plus exubérants, plus vifs que les jeunes Sauternes, alors que les Monbazillac vieillis prennent une couleur ambrée et un goût de noisette qui ne rappellent en rien le célèbre vin doux de Bordeaux.

Bref, Bergerac pourrait prendre pour slogan « l'autre grand vignoble d'Aquitaine ».

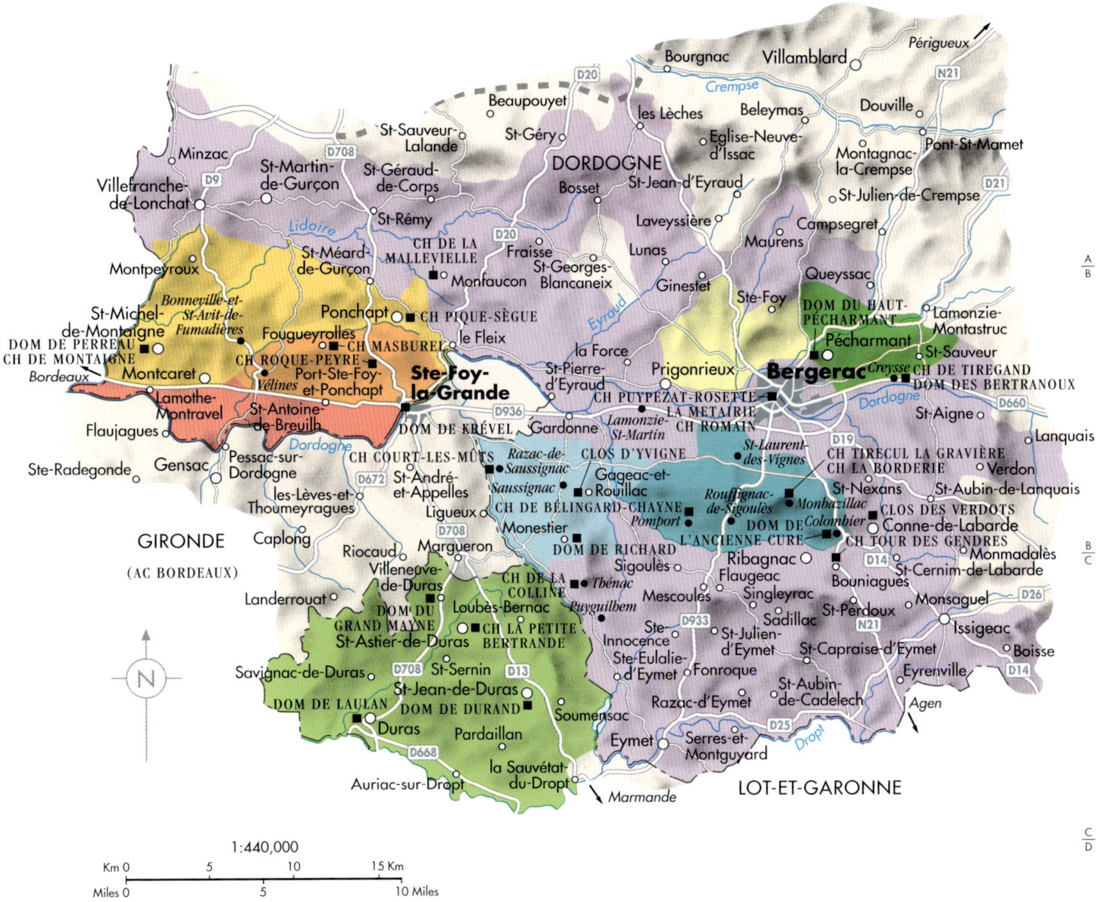

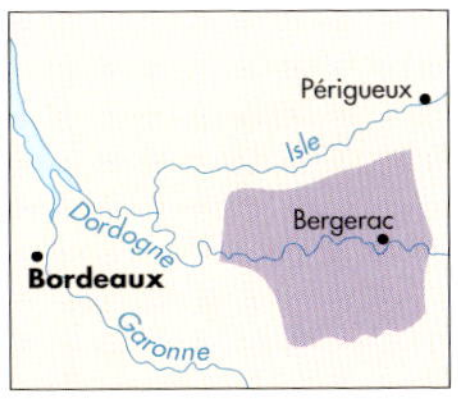

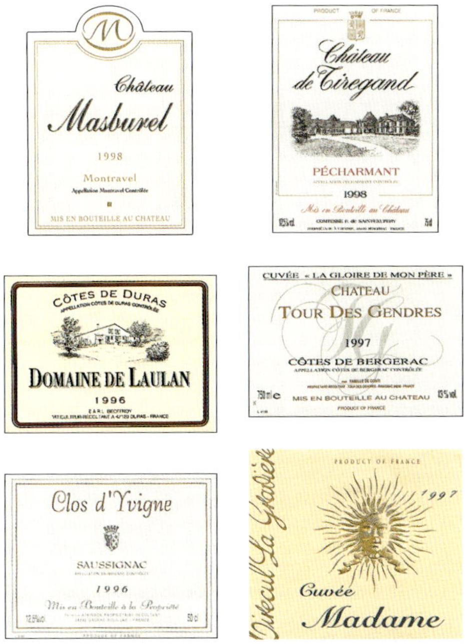

Quelques-uns des meilleurs vins *de la région de Bergerac ne sont pas connus internationalement, bien qu'ils méritent des acclamations. La Dordogne peut offrir de bonnes alternatives aux rouges ainsi qu'aux blancs secs et doux de Bordeaux.*

Vallée de la Loire et Muscadet

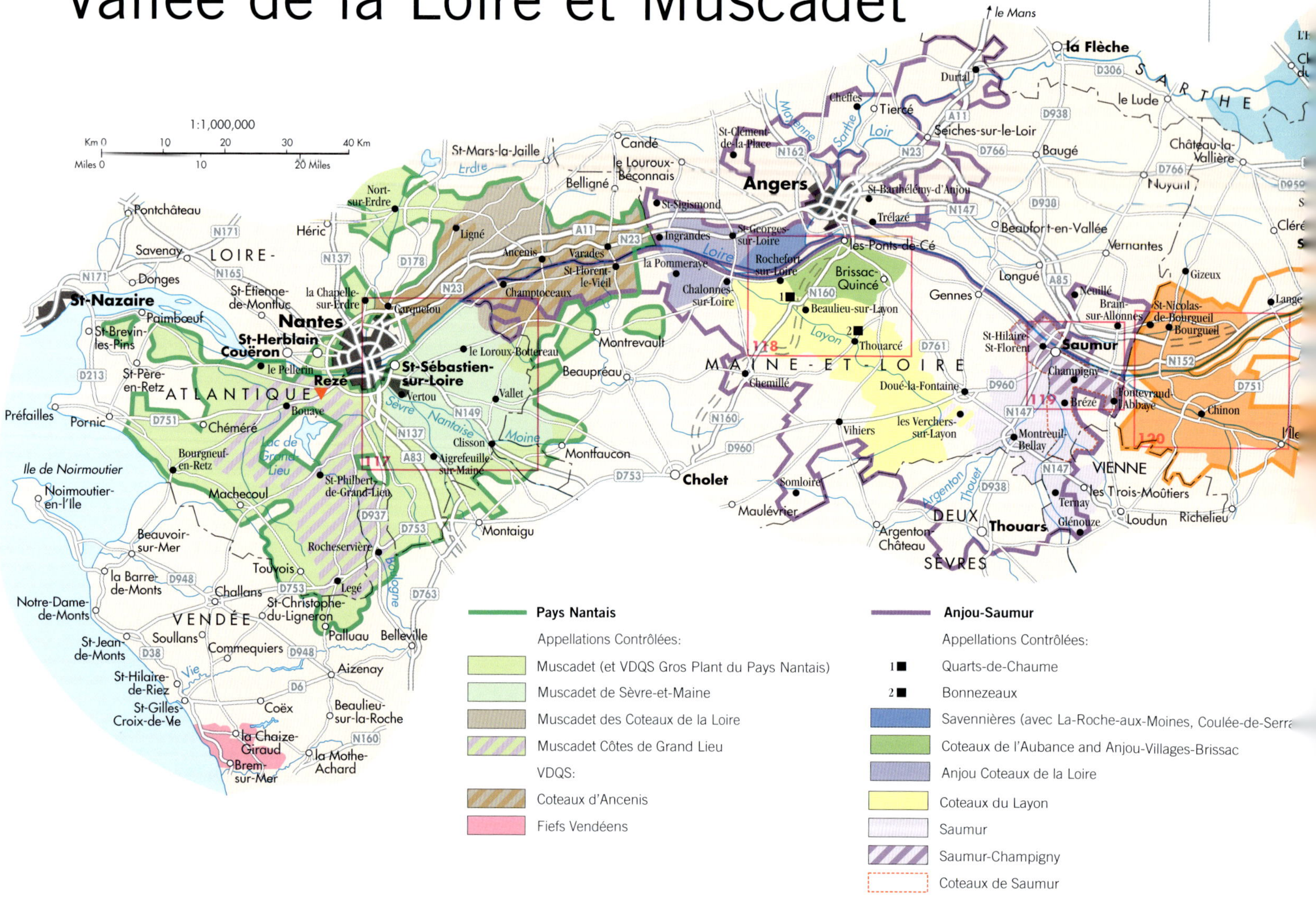

Même si les différentes zones vinicoles de la vallée de la Loire sont séparées par de grandes distances, avec d'importantes variations de climats, de sols et de traditions et avec quatre ou cinq cépages distincts, leurs vins ont un air de famille. Ils sont légers et revigorants, avec une acidité manifeste, bref… charmants. Il est étonnant qu'ils ne soient pas plus largement appréciés en dehors du Nord de la France. Ces vins sont les victimes innocentes de l'obsession de l'amateur de vin moderne pour les grandes unités.

Une partie du problème provient peut-être du fait que la majorité d'entre eux sont des vins blancs. Ils se divisent assez clairement entre les vins secs de l'est (Sancerre et Pouilly) et ceux de l'ouest (Muscadet), avec les vins plus doux de Touraine et d'Anjou au milieu, faits à partir d'un cépage spécifique de la Loire, le très calomnié chenin blanc. Toutefois, les meilleurs rouges de Touraine et d'Anjou ont tout le parfum et le charme du cabernet franc, approfondi par des proportions croissantes de cabernet sauvignon. Le chêne jeune est utilisé plus que jamais. L'anhydride sulfurique notablement moins.

La région de vin de la Bretagne est le Pays Nantais, le foyer du Muscadet. Le Muscadet est la première réussite de l'histoire moderne de la Loire. Vers le milieu du XXe siècle, c'était une région vinicole peu connue. Aujourd'hui, c'est le vin de référence pour accompagner les produits de la mer dans le Nord de la France. Au cours des trente-cinq dernières années, le vignoble a plus que doublé en superficie. Le Muscadet n'est pas un vin cher, mais dans le contexte approprié il est parfait : très sec, légèrement salé, mais ferme plutôt qu'acide (il peut même manquer d'acidité dans les années de canicule).

« Muscadet » est le nom du vin, non du lieu ou du cépage (qui est un cousin du chardonnay, le melon de Bourgogne). 85 % des vignobles de la région du Sèvre-et-Maine (cartographiée en détail ci-contre) produisent du Muscadet sur des coteaux peu élevés et sablonneux, densément plantés. Le cœur du vignoble se situe autour de Vertou, Vallet, Saint-Fiacre et La Chapelle-Heulin ; c'est là que les vins atteignent la pleine maturité, sont les plus vivants et les plus parfumés. Ils sont traditionnellement mis en bouteille sur lie – sans avoir été soutirés –, les lies approfondissant à la fois la texture et l'arôme (comme c'est le cas, d'une manière différente, pour le champagne). Les meilleurs producteurs sont, heureusement, décidés à se débarrasser de la réputation de vin simple du Muscadet, se lançant dans des expérimentations de vieillissement des lies, distinguant les différents vignobles et mettant sur le marché des vins presque bourguignons de quatre ou cinq ans.

Le Muscadet des Coteaux de la Loire, fait à l'intérieur des terres, a tendance à être un peu plus maigre, tandis que l'appellation nouvelle (1994) des Côtes de Grand Lieu est sous grande influence maritime. Le Muscadet courant peut provenir d'à peu près n'importe où dans le Pays Nantais, tout comme le second vin de la région, le Gros Plant du Pays Nantais (VDQS).

En dehors des secteurs cartographiés en détail, Jasnières produit un bon chenin blanc, en général sec, ainsi que des rouges nécessairement légers et des rosés à partir du cépage local pineau d'aunis, dans la zone baptisée Coteaux du Loir.

Le Cheverny prospère sous une myriade de formes, parmi lesquelles le sauvignon blanc est l'un des meilleurs. Les blancs secs coupants de Romorantin sont étiquetés Cour-Cheverny.

Les producteurs de vins à une latitude aussi septentrionale sont affectés par l'irrégularité de la qualité. La maturation dans de nombreux vignobles de la Loire peut varier si largement d'une année à l'autre qu'ils semblent produire des vins différents. Un bel automne transforme presque les raisins en raisins secs, mais la même saison humide donne une récolte très acide. D'où l'importance de l'industrie du vin pétillant dans la région.

Pour une description des Vins de Pays et des VDQS de la vallée de la Loire, voir pages 150 à 152.

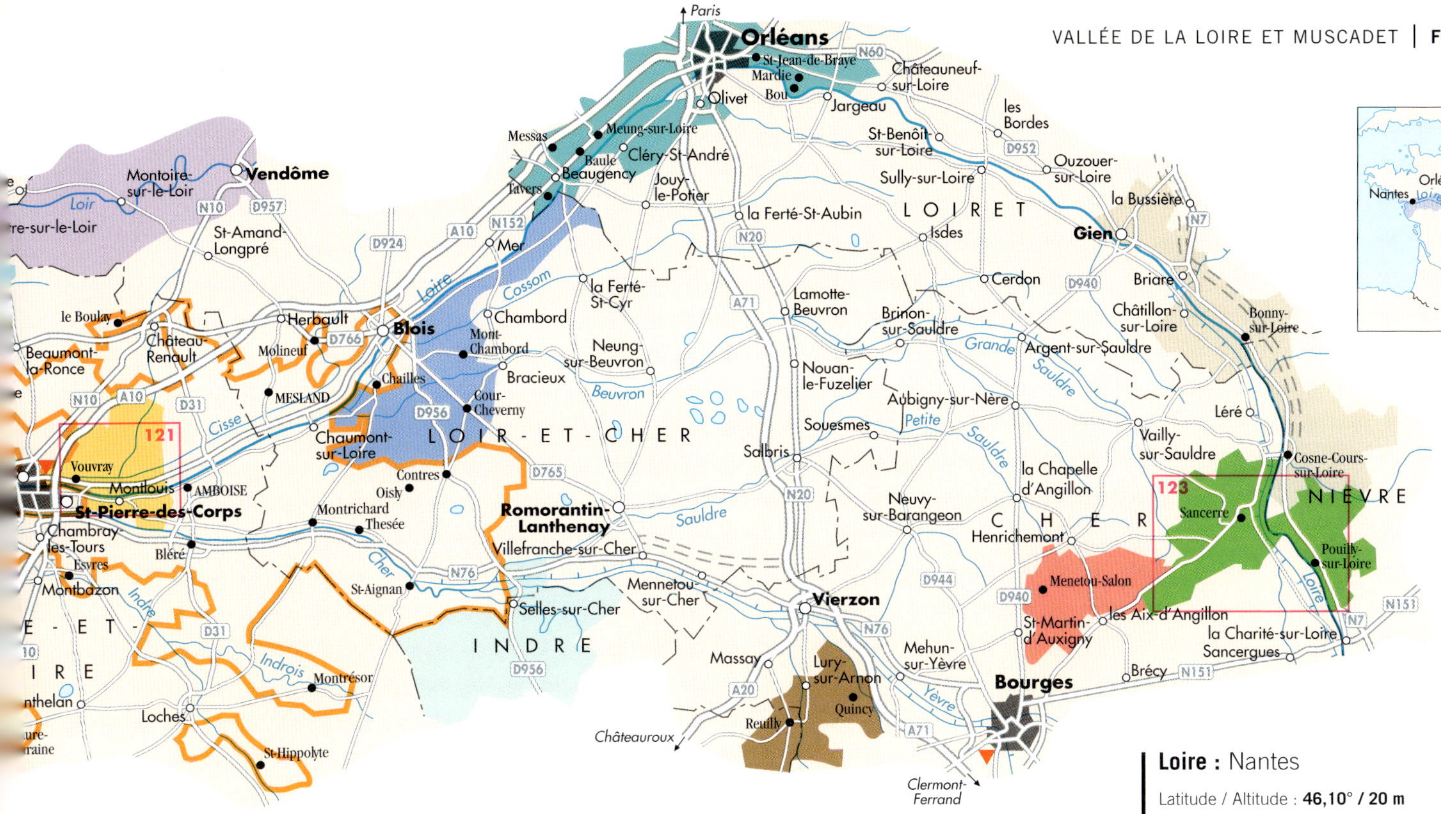

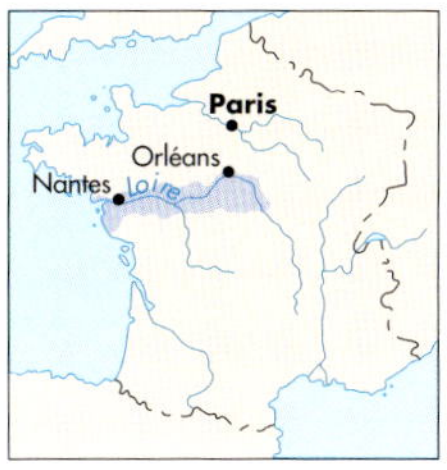

Touraine

Bourgueil, Saint-Nicolas-de-Bourgueil et Chinon

Vouvray et Montlouis

AMBOISE Nom qui peut être ajouté à l'Appellation Touraine Contrôlée

Frontière de département

Commune de vin dominante

• Brézé Zone cartographiée à une échelle supérieure à la page indiquée

117 Station météorologique

Haute-Loire

Appellations Contrôlées:

- Coteaux du Loir et Jasnières
- Cheverny et Cour-Cheverny
- Reuilly et Quincy
- Sancerre et Pouilly-sur-Loire
- Menetou-Salon
- Coteaux du Giennois

VDQS:

- Vins de l'Orléanais
- Valençay
- Coteaux du Vendômois

Loire : Nantes

Latitude / Altitude : **46,10° / 20 m**
Température moyenne de juillet : **19,2 °C**
Précipitations annuelles : **800 mm**
Précipitations du mois de la vendange : **septembre : 70 mm**
Principaux dangers viticoles : **gelées de printemps, pluies d'automne**
Principaux cépages : **melon de Bourgogne, gros plant nantais (folle blanche)**

Loire : Tours Saint-Symphorien

Latitude / Altitude : **47,25° / 100 m**
Température moyenne de juillet : **19,4 °C**
Précipitations annuelles : **690 mm**
Précipitations du mois de la vendange : **octobre : 60 mm**
Principaux dangers viticoles : **manque de maturation, maladies à champignons**
Principaux cépages : **cabernet franc, chenin blanc**

Loire : Bourges

Latitude / Altitude : **47,03° / 160 m**
Température moyenne de juillet : **19,2 °C**
Précipitations annuelles : **660 mm**
Précipitations du mois de vendange : **septembre : 55 mm**
Principaux dangers viticoles : **gelées de printemps, grêle**
Principaux cépages : **sauvignon blanc, pinot noir**

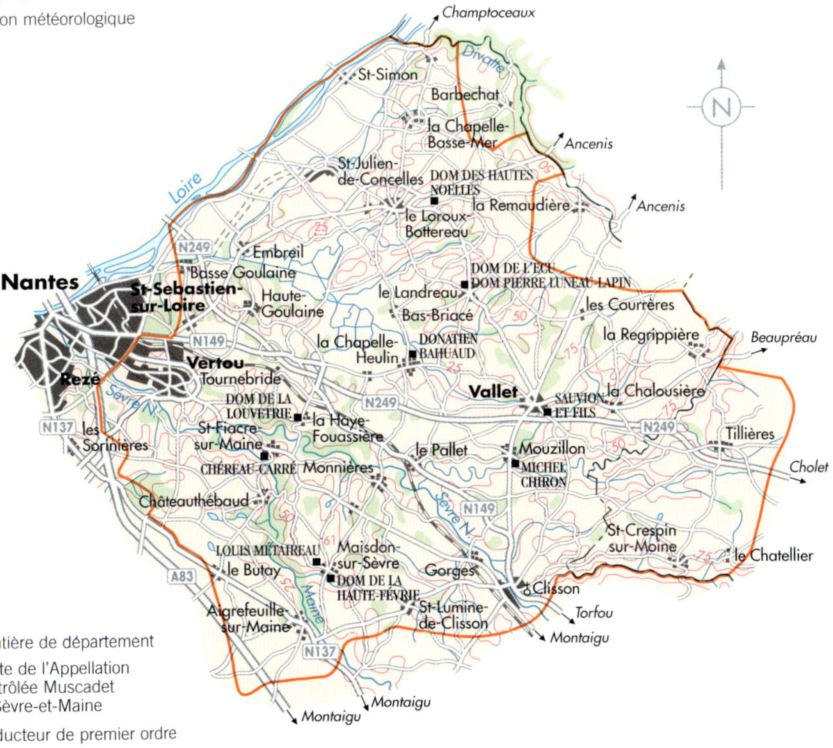

Frontière de département

Limite de l'Appellation Contrôlée Muscadet de Sèvre-et-Maine

MICHEL CHIRON Producteur de premier ordre

Forêts

50 Courbes de niveau (intervalles de 25 m)

Les délimitations des vignobles ne sont pas indiquées car le Sèvre-et-Maine est trop densément planté.

1:325,000

Km 0 5 10 Km
Miles 0 5 Miles

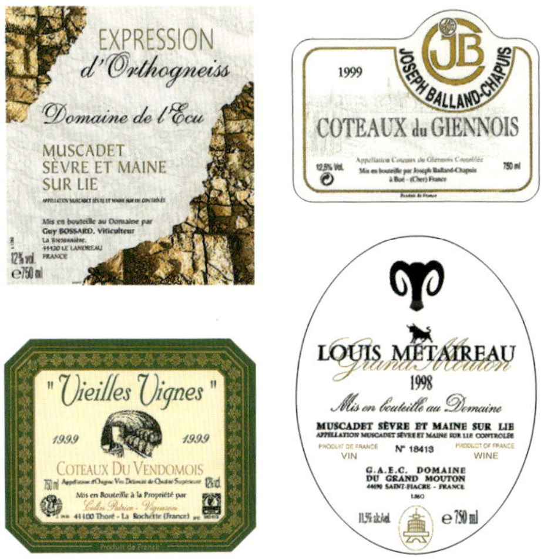

Deux des vins *les plus excitants de la région du Muscadet, un des nombreux VDQS de la Loire, et un des Sauvignons vifs faits près de Gien, en aval de Sancerre.*

Anjou

Les vins blancs d'Anjou et de Touraine ont ceci en commun avec ceux d'Allemagne : dans leurs meilleurs millésimes, ils atteignent une douceur resplendissante et s'améliorent pendant des années, voire des décennies quand la pourriture noble opère véritablement.

Le cépage auquel nous les devons est le chenin blanc, appelé dans la région pineau de la Loire. La zone cartographiée ci-dessous est celle où il atteint sa pleine maturité, grâce aux pentes de schiste ouvertes, sèches, abritées des influences du nord et de l'est. La rivière Layon abrite sur une bonne partie de ses rives, formées de coteaux abrités et parfaitement exposés, les Coteaux du Layon, qui produisent des vins doux (moelleux) nettement supérieurs à la moyenne en Anjou. Les Quarts de Chaume, avec moins de 50 hectares particulièrement protégés et Bonnezeaux (100 hectares), sont assez extraordinaires pour disposer de leur propre appellation.

L'Aubance, rivière insaisissable parallèle au Layon plus au nord, est le lieu de production de vins blancs doux faits avec un talent croissant. Les Coteaux de l'Aubance ont été envahis par ce qui semble être une armée de producteurs doués, comme Christophe Daviau, les Lebreton, Christian Papin et Didier Richou.

Juste au sud d'Angers et – exceptionnellement pour une zone vinicole de l'Anjou – au nord de la Loire se trouve Savennières. De nouveau, c'est du chenin blanc, même si le vin est ici beaucoup plus sec, effroyablement sec quand il est jeune. La loi impose une vendange très réduite (20 hectolitres à l'hectare) et cette combinaison de concentration et d'acidité a besoin de temps pour briller. Il faut compter au moins trois ou quatre ans avant de pouvoir le boire. Au bout de vingt ans, il est magnifique. Dans Savennières, deux grands crus ont leur propre sous-appellation : La Roche aux Moines avec moins de 30 hectares et La Coulée de Serrant avec seulement 5 hectares de viticulture biodynamique.

L'appellation Anjou courante a connu une transformation positive. L'Anjou blanc peut être un bon exemple d'un chenin blanc ferme, plein de caractère. Le Rosé d'Anjou, parfois écœurant, a été dépassé par le Cabernet d'Anjou rosé, sec et délicatement parfumé.

L'Anjou-Gamay léger est toujours largement consommé dans la région. Les producteurs angevins ont su très rapidement maîtriser leurs vignes et leurs fûts de chêne nouveau pour obtenir des rouges très accomplis. Les meilleurs d'entre eux, renforcés à l'aide du cabernet sauvignon et évidemment lancés par les enfants terribles d'Aubance, ont obtenu l'appellation Anjou-Villages qui, dans les millésimes les plus aboutis, peut procurer l'émotion subtile d'un grand rouge de Touraine pour la moitié du prix.

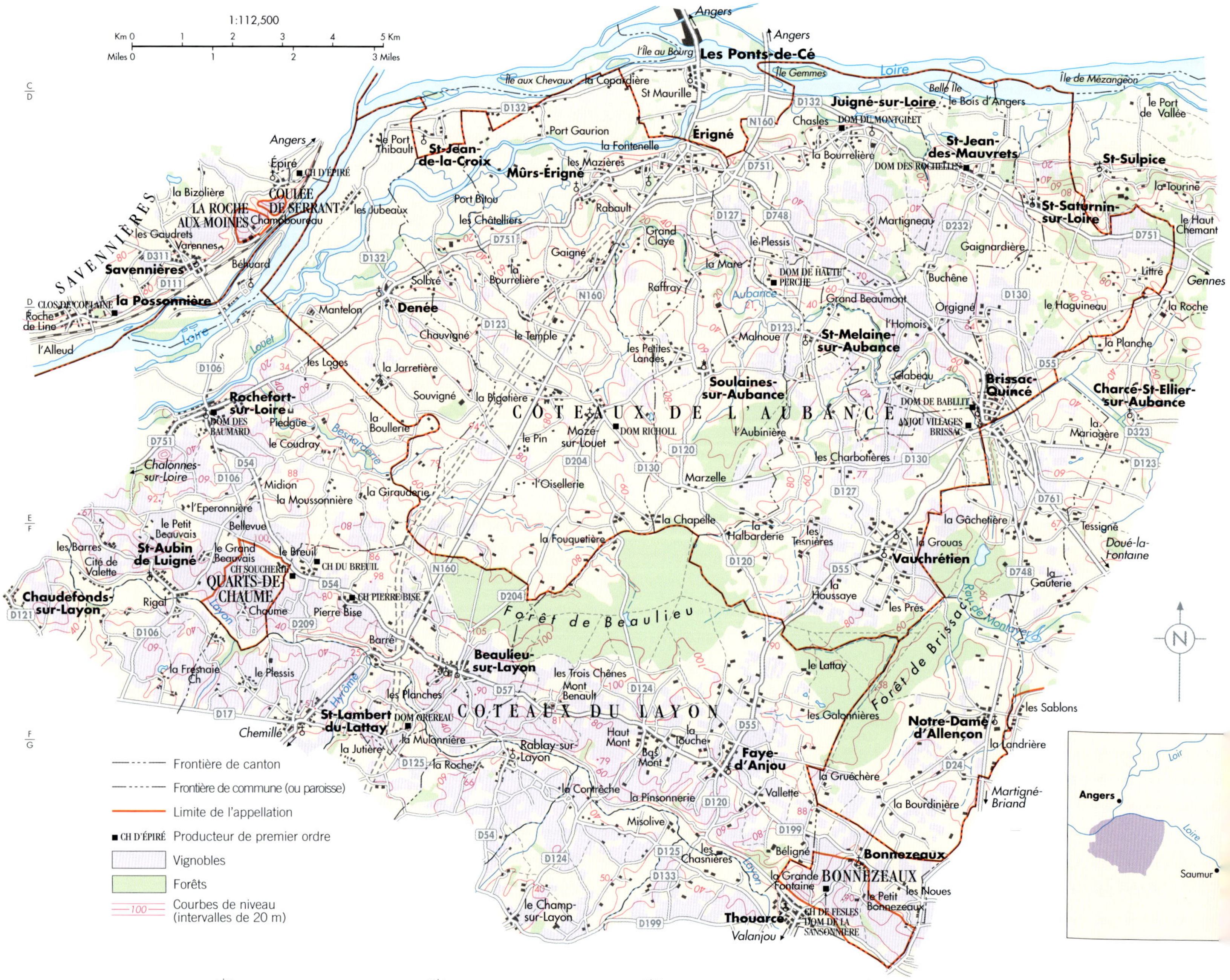

Saumur

L'oxyde de carbone est depuis longtemps vital dans l'économie du vin de la région de Saumur. Le Mousseux de Saumur absorbe le chenin blanc (et près de 10 % du chardonnay) cultivé dans toute la région et même celui de certaines parties des Coteaux du Layon et des Coteaux de l'Aubance qui pourrait être trop âpre pour un vin blanc normal.

La ville de Saumur, qui se situe à 48 km en amont d'Angers, est le Reims et l'Épernay en un de la région de la Loire. On y trouve même des caves souterraines naturelles, creusées dans le tuffeau local. Des entreprises importantes produisent des quantités non moins importantes d'un vin pétillant (dans les trois couleurs) souvent décevant ; les meilleurs Saumur pétillants sont composés d'un élément qui a fermenté dans le chêne et d'un autre qui a tiré profit d'un long vieillissement. C'est toutefois dans la nature du chenin blanc que d'être plus pétillant que les cépages utilisés pour faire le champagne. Le Crémant de Loire peut contenir des raisins cultivés n'importe où le long de cette partie de la Loire orientée à l'est, mais les règlements qui définissent la production sont très stricts et les vins sont en général meilleurs.

Mais aujourd'hui, le seul vin important de cette région vient d'une petite enclave de vignobles sur la rive gauche de la Loire. Le Saumur-Champigny, le vin rouge en vogue, tire son nom de deux des plus importants petits villages de la région – même si Saint-Cyr-en-Bourg est aujourd'hui un centre plus important pour le vin que le petit village de Champigny. Les vignobles sont densément plantés le long des falaises blanches au bord du fleuve, tandis qu'à l'intérieur des terres, autour de Saint-Cyr-en-Bourg et son efficace coopérative, le tuffeau devient plus jaune et plus sablonneux, et a tendance à produire des vins légèrement plus légers.

Le Saumur-Champigny est une des expressions des plus délicates du cabernet franc, sur ces terres qui sont une extension de l'excellent pays de vin rouge qu'est la Touraine, située juste de l'autre côté de la frontière du département. La popularité du Saumur-Champigny dans les bistrots de Paris, que certains pourraient trouver exagérée, n'a pas beaucoup contribué à encourager la recherche de la qualité, pourtant devenue la règle dans certaines parties de l'Anjou ; mais des producteurs aussi doués que les frères Foucault au Clos Rougeaud – et d'autres dont les étiquettes figurent sur cette page – savent encore concevoir des vins sérieux, dont certains sont susceptibles de bien vieillir, dans cette courbe particulière de la Loire.

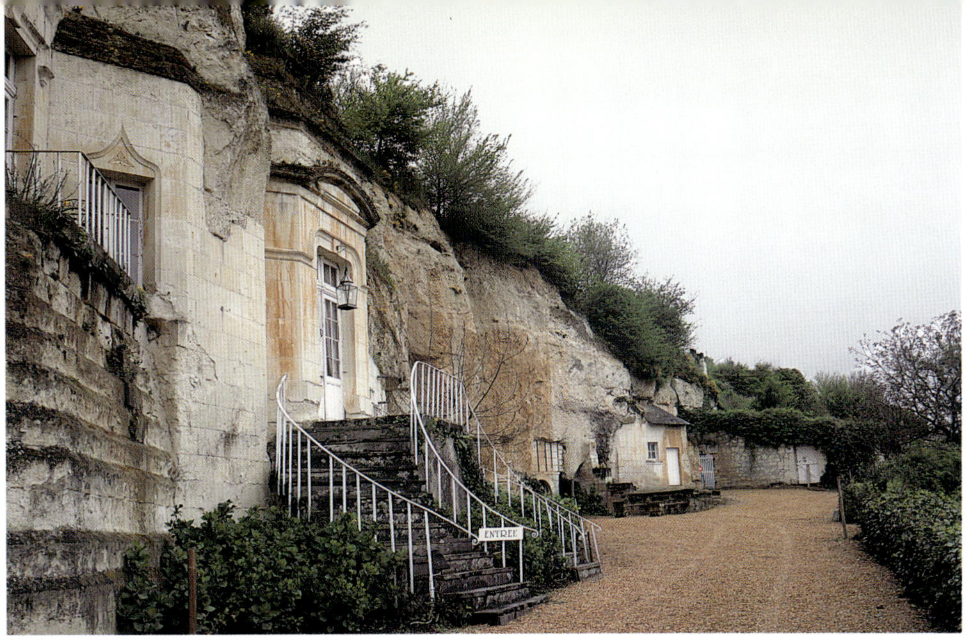

Ci-dessus Le Domaine Filliatreau de Saumur-Champigny est l'un des nombreux producteurs de la Loire moyenne dont les établissements ont été creusés dans le tuffeau. Comme la craie de la Champagne, celui-ci offre des conditions de maturation idéales à l'industrie du vin pétillant de Saumur.

Certains des meilleurs vins de l'Anjou *sont des vins doux à base de chenin blanc, et des rouges composés surtout avec du cabernet franc. Les trois étiquettes du bas représentent les stars du vin non pétillant de Saumur.*

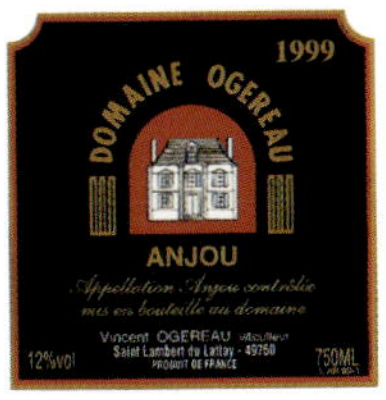

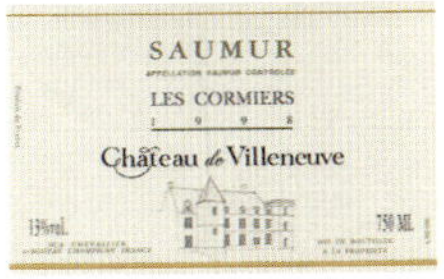

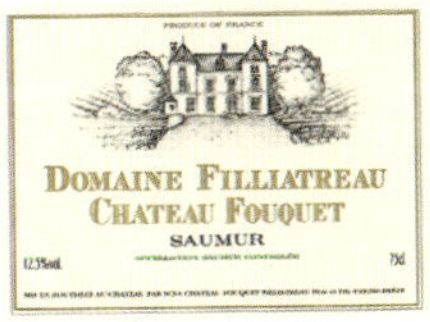

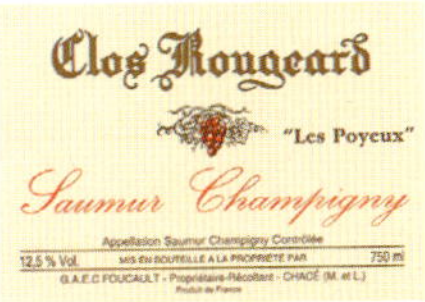

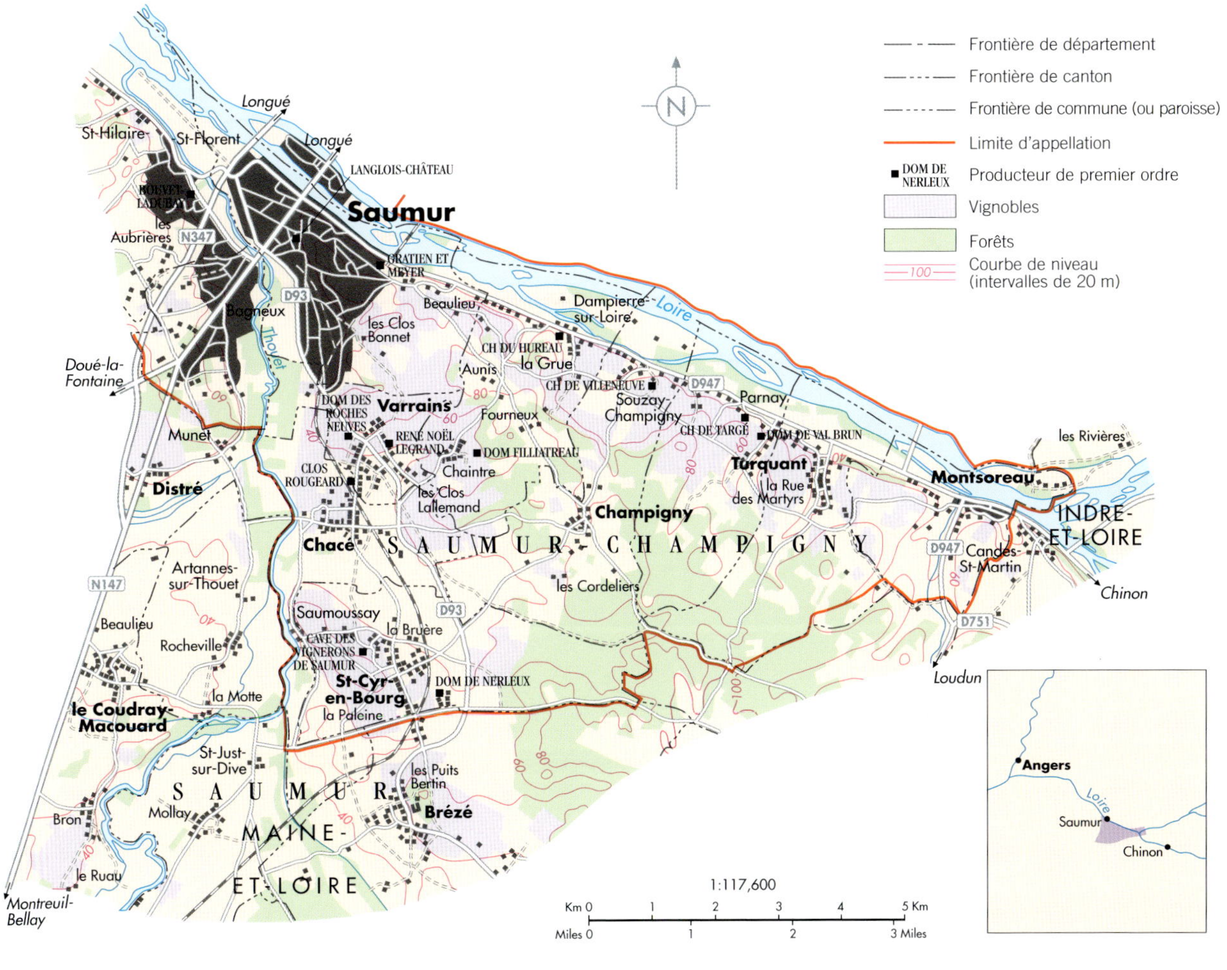

Chinon et Bourgueil

Saint-Nicolas-de-Bourgueil, Bourgueil et Chinon font les vins rouges les plus célèbres de Touraine et de Loire. Le Saumur-Champigny est le seul qui, trop rarement, s'en rapproche. Dans cette partie occidentale de la Touraine sous influence atlantique, le cabernet franc, connu ici sous le nom de breton, donne un vin avec un fruité de framboise digne d'un beaujolais et la saveur râpeuse d'un crayon tout juste taillé. Dans une année moyenne, le vin violet est excellent, bu frais, quelques mois après la vendange. Dans les années de maturité exceptionnelle (1990, 1996 et 1997) il a une substance et une structure qui lui permettent de vieillir dix ans, phénomène qui va s'intensifier maintenant qu'on autorise jusqu'à 25 % de cabernet sauvignon dans ces vins très singuliers. Ils étaient sous-cotés de façon absurde, compte tenu de leur qualité.

Chinon fait le vin le plus soyeux, le plus tendre qui soit à partir d'un patchwork de sols variés – dont le produit est de plus en plus souvent mis en bouteille séparément. Les vignobles situés sur le sable alluvial et le gravier font des Chinon au style plus léger, buvables plus tôt. Le tuffeau, particulièrement sur les pentes orientées au sud de Cravant-les-Coteaux à l'est de Chinon, et sur le plateau au-dessus de Beaumont à l'ouest, tend à produire des vins qui ont la structure d'un bon bourgueil ; les pentes plus raides et le calcaire plus présent en surface contribuent à faire un vin qui peut s'améliorer en bouteille pendant dix ans. Le vin de Saint-Nicolas-de-Bourgueil, sur des sols plus légers à l'ouest, peut être un peu plus maigre. Tout dépend du producteur, plus que de la commune.

Il y a cent ans, le vin de Chinon était classé comme l'égal d'un margaux. En charme, sinon en puissance et en structure, il peut s'en rapprocher aujourd'hui de façon surprenante, et la production augmente en conséquence. La région ne fait que très peu de vin blanc.

La grande région de la Touraine produit toute une série d'autres vins rouges, rosés et blancs habituellement moins sérieux, tous appelés Touraine mais parfois accompagné des suffixes Amboise, Azay-le-Rideau ou Mesland (le Noble Joué, un vin gris exceptionnellement sec et à la forte personnalité, fait à la périphérie méridionale de Tours avec des pinot noir, meunier et gris, aimerait obtenir une reconnaissance officielle). Un nombre vertigineux de cépages est autorisé, mais le gamay est courant pour les rouges, et le sauvignon donne parfois d'excellents résultats pour les blancs vifs.

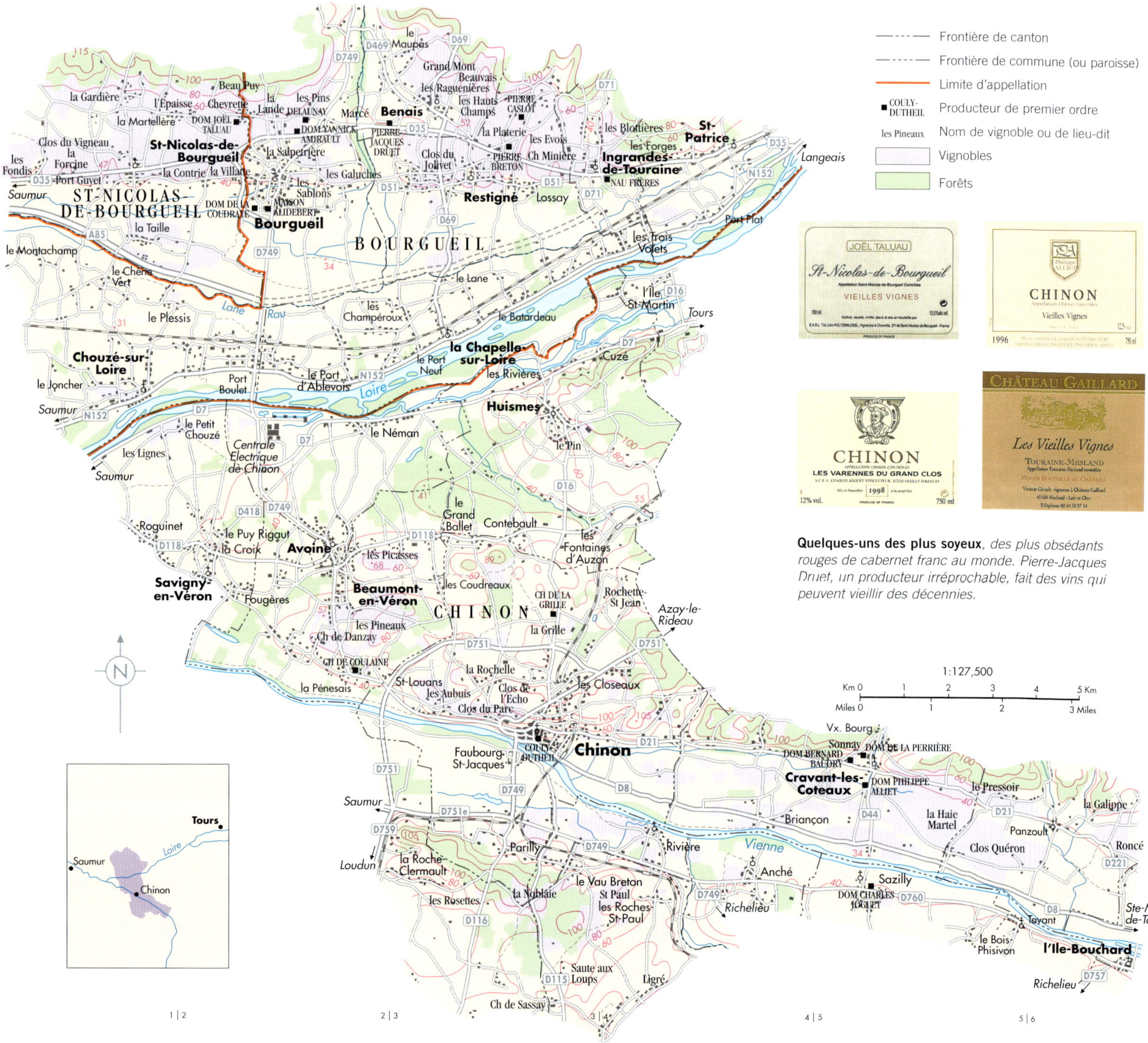

Quelques-uns des plus soyeux, *des plus obsédants rouges de cabernet franc au monde. Pierre-Jacques Druet, un producteur irréprochable, fait des vins qui peuvent vieillir des décennies.*

Vouvray et Montlouis

Tout comme Savennières se situe presque aux portes d'Angers, Vouvray et Montlouis se trouvent juste après Tours dans la direction d'Amboise. Tout ce que la France compte de royal et de romantique est résumé sur ces terres de châteaux Renaissance et de villes anciennes.

Des petits coteaux du tendre tuffeau local s'élèvent le long de la Cisse sur une étendue qui va de Rochecorbon à Noizay. Pendant des siècles, les producteurs de la région y ont creusé caves et maisons troglodytes. Le chenin blanc, souvent plus sec qu'en Anjou, est doux avec un arôme de miel. Ce qui le caractérise plus que tout, c'est sa longévité. Pour un vin relativement léger, pâle, ferme mais plutôt délicat, cette capacité à tant s'améliorer en bouteille est étonnante. Seuls certains vins allemands réussissent aussi cet exploit. L'acidité en est la clé.

La première distinction concernant un Vouvray consiste à savoir si c'est une bouteille de sec, de sec-tendre (un style non officiel mais de plus en plus populaire), de demi-sec, de doux ou de pétillant. À cette distance de l'équateur, le temps varie énormément d'une année à l'autre, comme la maturité et la santé des raisins par conséquent. Le caractère du Vouvray s'altère donc radicalement d'un millésime à l'autre : parfois sec, austère et nécessitant des années d'assouplissement en bouteille, mais de temps en temps capable d'exprimer glorieusement la richesse de la pourriture noble – qui exige plusieurs vendanges dans chaque vignoble. Les millésimes moins heureux peuvent être convertis en très bons vins pétillants, qui ont un arôme de miel et sont susceptibles de bien vieillir, ce qui les différencie du Saumur pétillant.

Normalement, seuls les millésimes les plus riches portent le nom d'un des quelques Clos situés sur les meilleures pentes d'argile et de gravier au-dessus du tuffeau du bord du fleuve. Le producteur le plus connu, Huët, en possède trois : Le Haut Lieu au-dessus des caves, Le Mont qui peut avoir une concentration étonnante, et le Clos de Bourg, le favori du producteur Noël Pinguet et la première de ses conversions à la viticulture biodynamique à la fin des années quatre-vingts. Le prince Pionatowski est le propriétaire du Clos Baudoin, du Domaine Freslier, des Quarts de Moncontour. La famille Allias possède Le Clos du Petit Mont au sommet de la Vallée Coquette. À Vouvray, la plus grande société, Marc Brédif, appartient désormais aux Ladoucette du Château du Nozet à Pouilly-sur-Loire ; c'est une maison aux exigences élevées.

Comme partout ailleurs dans la vallée de la Loire, certains producteurs ont attrapé le virus qui les pousse à expérimenter les petits fûts de chêne nouveau et l'agitation des lies de fermentation. Mais, pour le moment, l'essence de la production du Vouvray consiste, comme en Allemagne, à capturer dans la bouteille le jus du fruit fermenté sous la forme la plus pure possible.

Montlouis jouit de conditions très similaires à celles de Vouvray, sans toutefois bénéficier de l'exposition au sud, parfaitement abritée le long de la Loire, des vignobles du Vouvray. Les sols ayant tendance à être légèrement plus sablonneux, le Montlouis est habituellement un peu plus léger, plus souple et vert. Une plus grande proportion de Montlouis devient du vin mousseux.

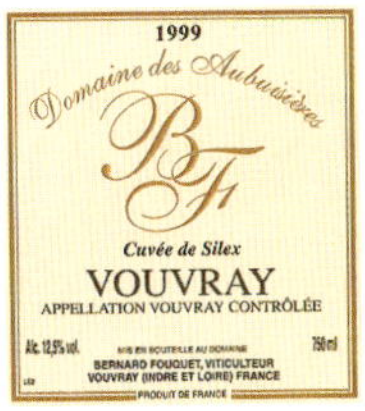

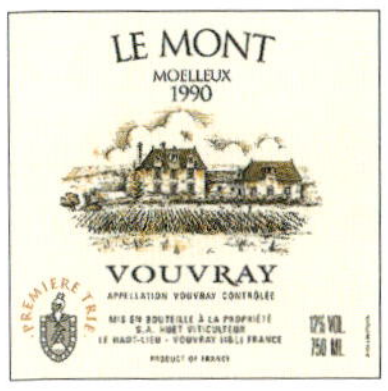

Le Vouvray reflète *le caractère extrêmement variable de chaque millésime plus nettement que n'importe quelle autre appellation. Une année fraîche et pluvieuse signifie que le Vouvray sec sera prédominant, avec peut-être un peu de demi-sec. Un automne doux donnera des grands vins moelleux comme ceux qui sont présentés ci-dessus.*

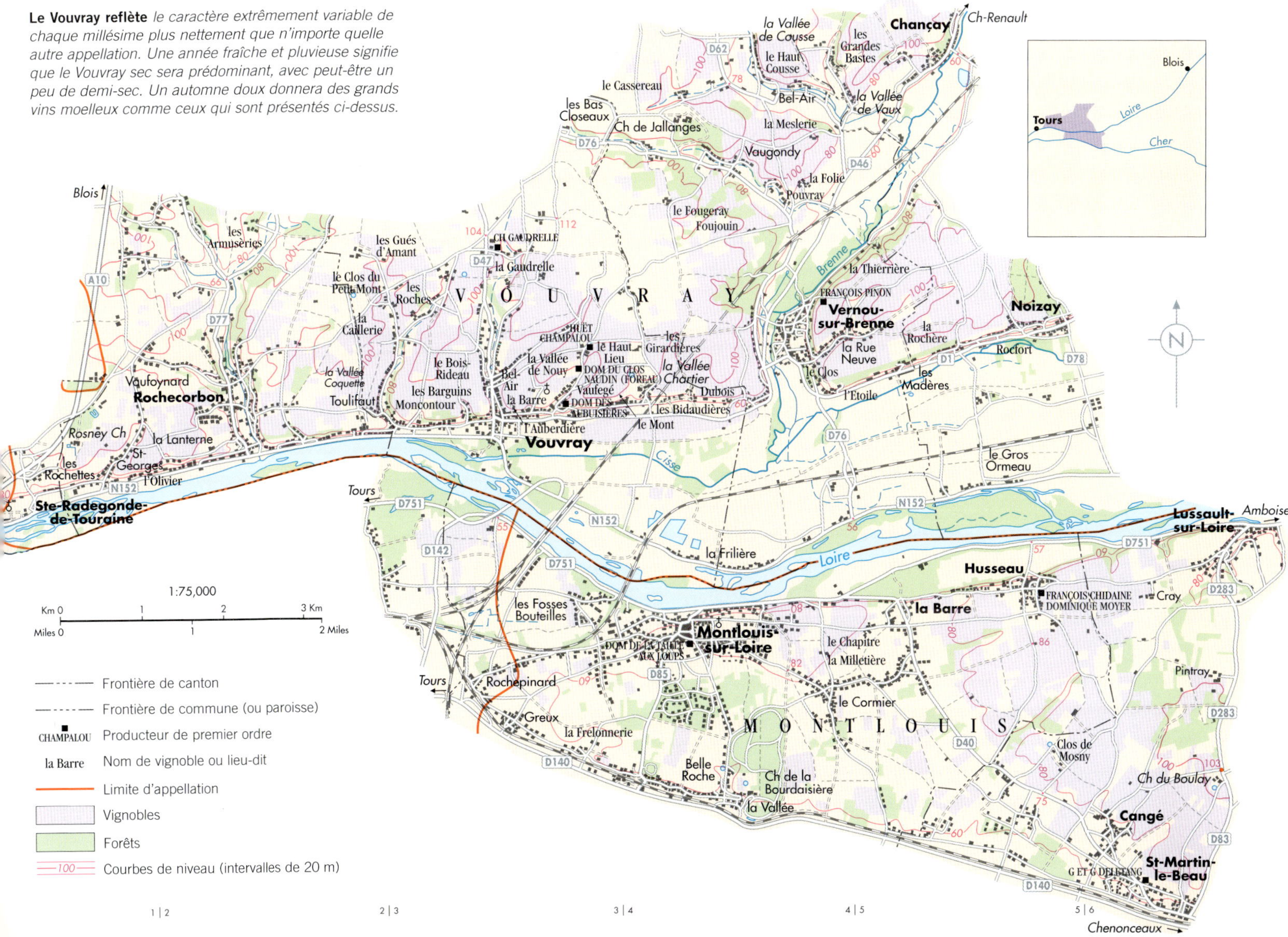

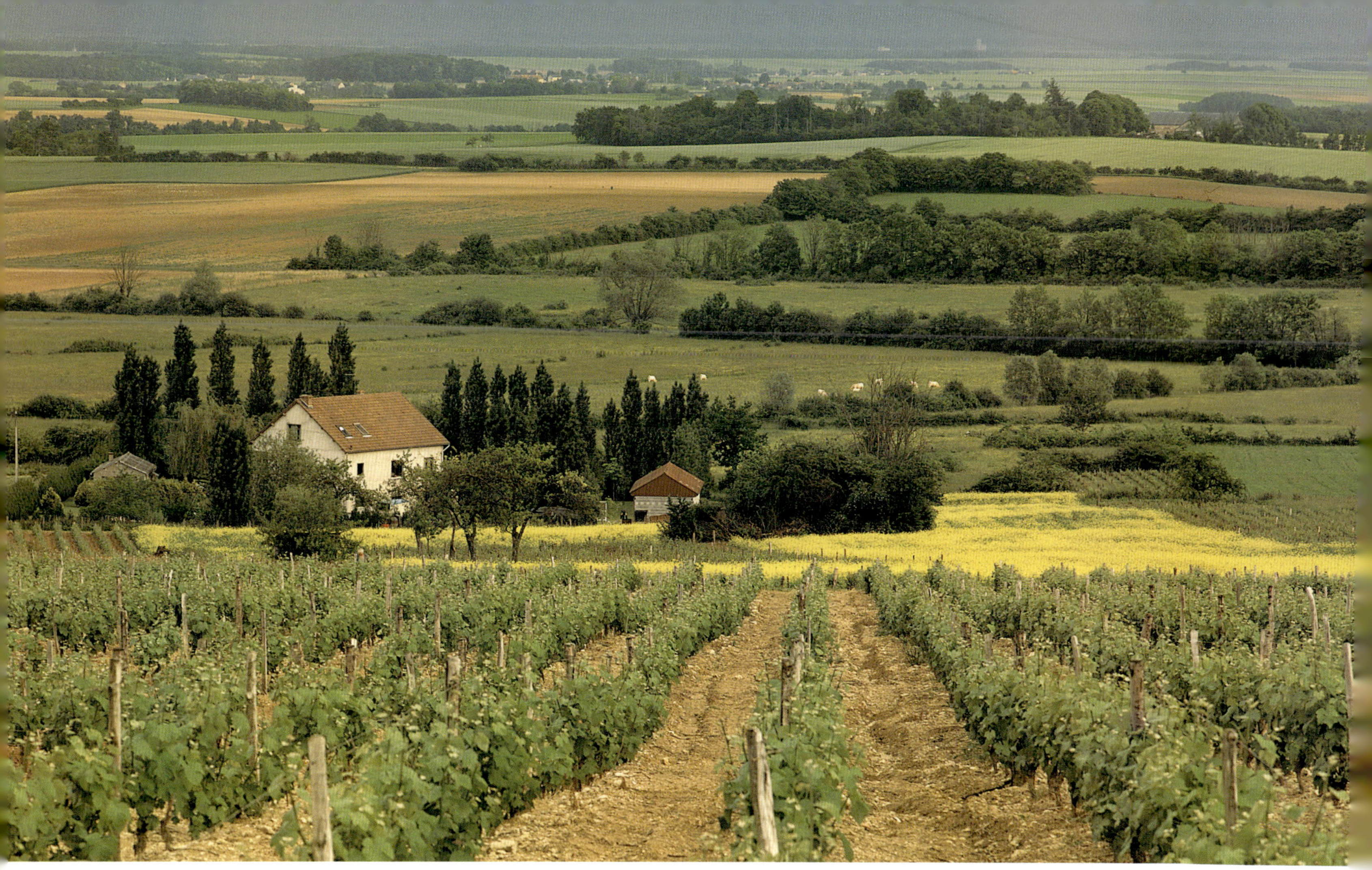

Pouilly et Sancerre

Les vins de Pouilly et de Sancerre, en Haute-Loire, sont sans doute les plus facilement identifiables en France. Sur ces coteaux de calcaire découpés par le fleuve, dans un climat quasi-continental, le sauvignon blanc peut faire un vin meilleur, plus fin et plus complexe, que nulle part ailleurs. Mais cela se produit trop rarement. La popularité du Sancerre et du Pouilly-Fumé a conduit à augmenter le rendement moyen au détriment de la qualité : trop nombreux sont les vins qui ne sont que vifs et vaguement fruités. Le sauvignon de Touraine dans une bonne année est un choix plus sûr qu'un Sancerre ou un Pouilly-Fumé d'une origine incertaine.

La ville est Pouilly-sur-Loire. Le vin s'appelle le Pouilly-Fumé seulement lorsqu'il est fait à partir d'un cépage de sauvignon blanc, plus connu dans la région sous le nom de blanc fumé. Sans le mot « Fumé », le Pouilly-sur-Loire est un vin léger, sans prétention, fait avec du chasselas (ni l'un ni l'autre n'a quoi que ce soit à voir avec le Pouilly-Fuissé, le vin blanc fait à Mâcon, décrit page 71).

Un dégustateur qui prétendrait distinguer en toutes circonstances un Pouilly-Fumé d'un Sancerre ferait preuve d'une grande témérité. À leur meilleur niveau, ils sont sensiblement identiques, le Sancerre étant peut-être un peu plus plein et plus direct, le Pouilly-Fumé plus parfumé. La plupart des vignobles de Pouilly-Fumé sont plus bas que ceux du Sancerre, qui ont tendance à se situer à des altitudes comprises entre 200 et 350 m. Les meilleurs vignobles sont au nord de Pouilly et de l'autre côté du fleuve par rapport à la ville haut perchée de Sancerre.

Lorsque les sols calcaires contiennent une forte proportion de silex, comme c'est le cas dans les vignobles proches de Sancerre, on peut s'attendre à des vins presque âcres, au goût de pierre à fusil, susceptibles de bien vieillir. Ceux qui se trouvent à l'ouest de l'appellation ont tendance à contenir plus d'argile et à donner des vins plus robustes. Entre ces deux zones, le calcaire se mélange souvent au gravier et les vins sont plus légers.

Le village de Bué, avec son meilleur vignoble, le Clos du Chêne Marchand, fait le vin le plus rond, le plus structuré de Sancerre. Le Chavignol (particulièrement Les Monts Damnés) peut être plus fin. Ménétréol donne des vins plus métalliques, à condition que le producteur soit soucieux de la qualité. La superficie totale du vignoble de Sancerre a plus que triplé au cours du dernier quart du XXe siècle pour atteindre 2 400 hectares, presque deux fois et demie celle du Pouilly-Fumé.

Dans le Pouilly, plus homogène, Le Château du Nozet (très Disneyland) des Ladoucette est sans doute la plus grande et la plus connue des propriétés. Mais Didier Dagueneau s'est lancé le premier dans des rendements extrêmement bas et des expérimentations avec du chêne (suivi par Vincent Pinard et d'autres à Sancerre).

Des producteurs aussi ambitieux ont très certainement envie de prouver que leurs vins peuvent bien vieillir, mais la grande majorité des Sancerre et des Pouilly-Fumé atteignent leur maximum de séduction et d'attrait au bout d'un an ou deux en bouteille.

L'autre passion de Sancerre est son pâle pinot noir qui, dans les années de faible maturation, est d'une légèreté déconcertante. Mais il peut aussi ressembler à une version campagnarde et charmante d'un bourgogne rouge. Il ne représente qu'un sixième de la production totale (et n'existe pas dans l'appellation Pouilly-Fumé), mais quelques-uns des producteurs les plus ambitieux ont prouvé récemment que, dans les bonnes années, il peut procurer un plaisir équivalent à celui donné par bien des vins de la Côte de Beaune, pour un prix similaire.

À l'intérieur de la grande boucle du fleuve se trouvent les autres vignobles du Centre (voir la carte de la vallée de la Loire page 117). Les vignobles historiques de Quincy et de Reuilly, et la parcelle en expansion rapide de Menetou-Salon, font aussi des sauvignons blancs fruités et des pinots noirs pâles pour concurrencer Sancerre, souvent à de bons prix et sans le risque de désinvolture généré par la célébrité de l'appellation.

Le Quincy est peut-être la plus rustique de ces trois appellations et ne s'applique qu'à des vins blancs. Reuilly produit de grandes quantités des trois vins, tout comme Menetou-Salon qui, grâce à une forte proportion de calcaire dans ses sols, établit rapidement une réputation d'appellation plus fiable que sa voisine orientale, Sancerre.

À gauche Ni Sancerre ni Pouilly-sur-Loire mais Menetou-Salon – ainsi que Quincy et Reuilly – produit des vins tonifiants, nerveux, parfois un peu fermés, à partir du cépage de sauvignon blanc cultivé dans la vallée de la Haute-Loire.

- Frontière de département
- Frontière de canton
- Frontière de commune (ou paroisse)
- ■ COTAT — Producteur de premier ordre
- le Paradis — Nom de vignoble ou lieu-dit
- Limite d'appellation
- Vignobles
- Forêts
- 200 — Courbes de niveau (intervalles de 20 m)

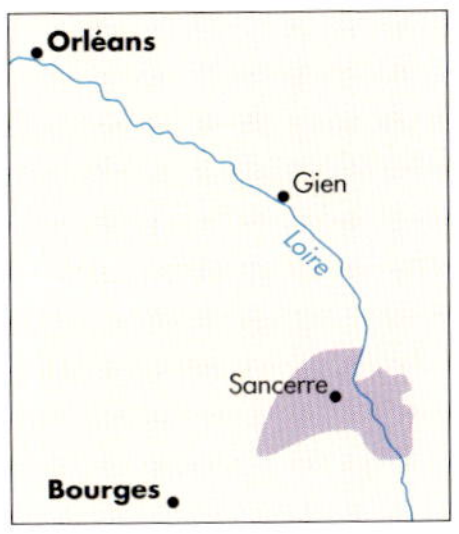

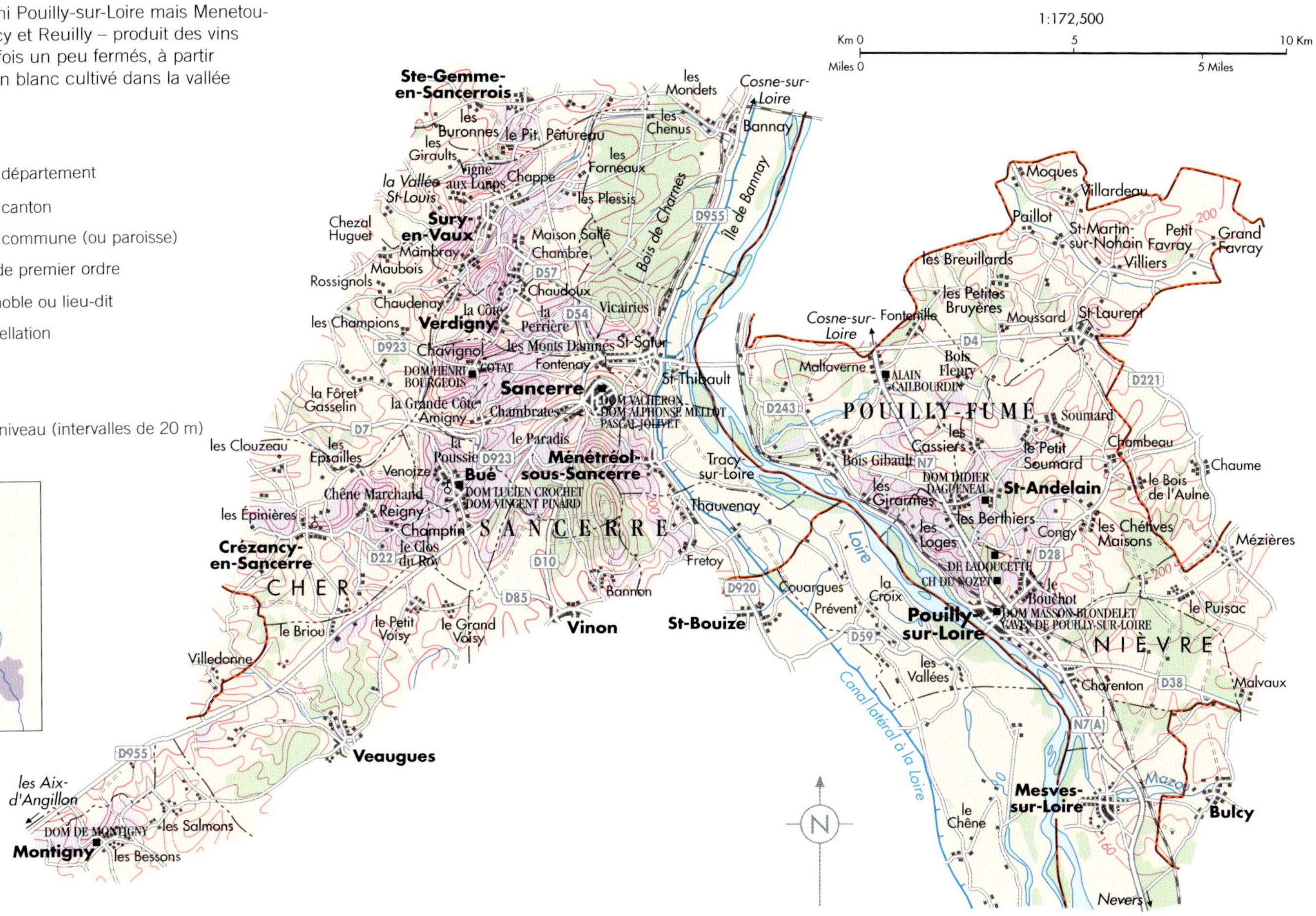

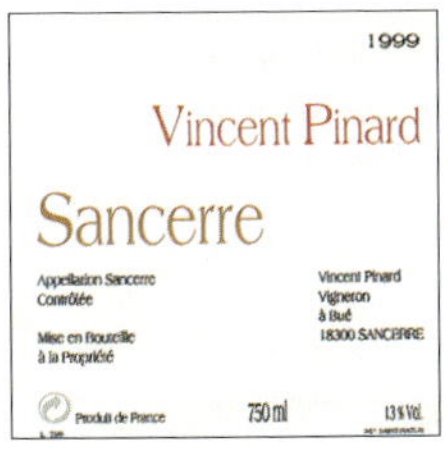

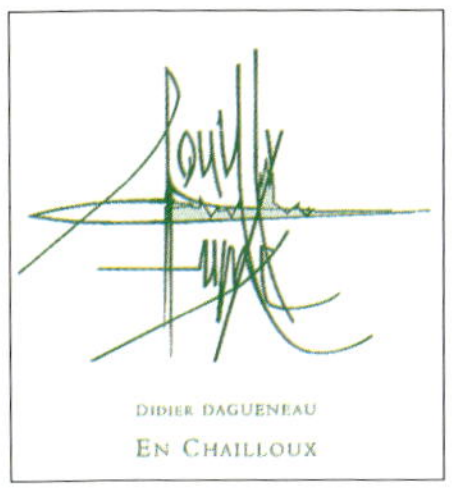

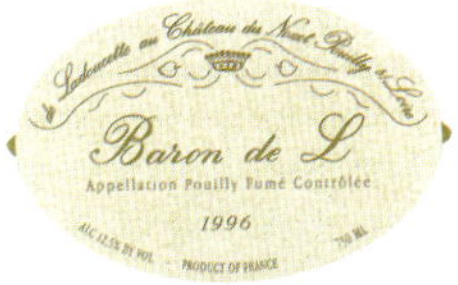

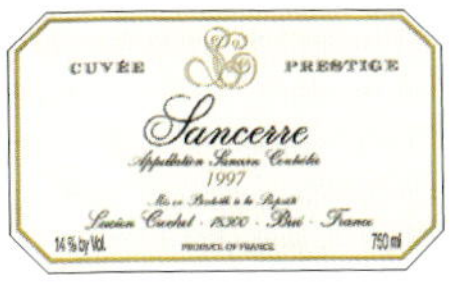

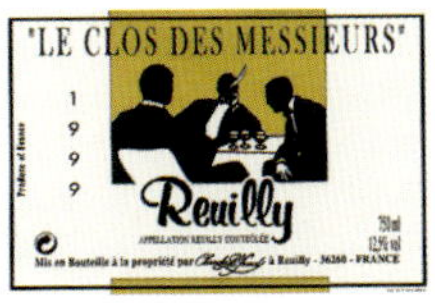

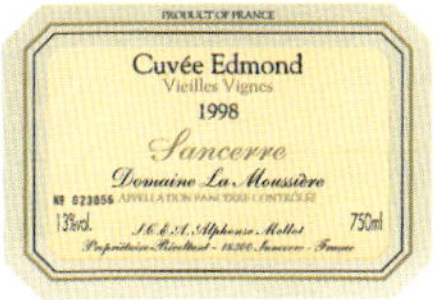

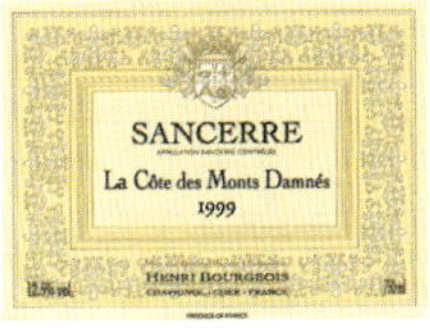

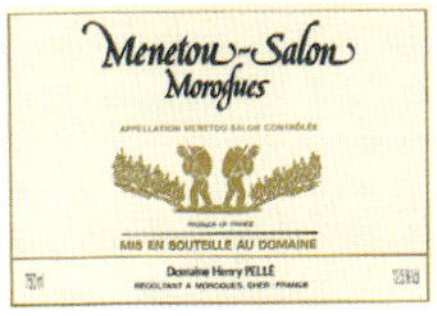

L'étiquette de Didier Dagueneau *n'est qu'un exemple des nouveaux styles qui rompent avec la tradition du Pouilly-Fumé. Innovateur infatigable, il a fait des expériences avec le chêne, les vins doux, le riesling et bien d'autres choses.*

Ci-dessous La Loire sinueuse, un vignoble et la ville de Pouilly-sur-Loire, qui donne son nom au Pouilly-Fumé.

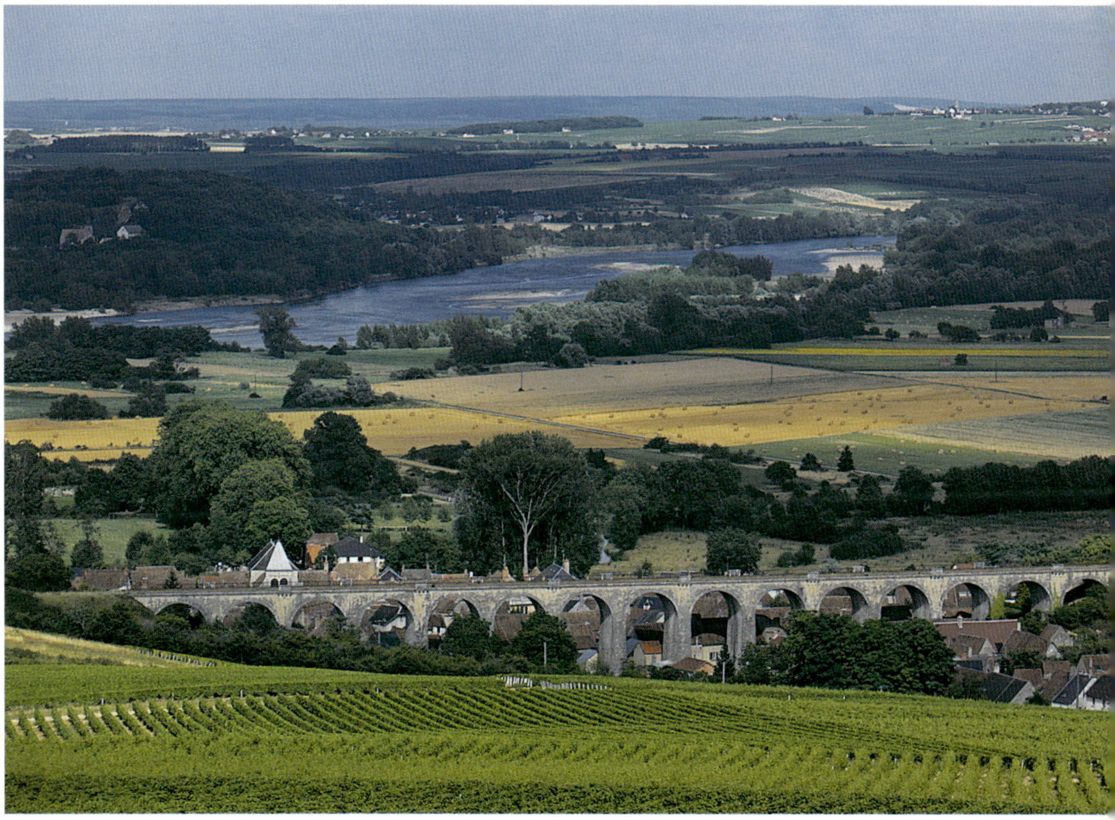

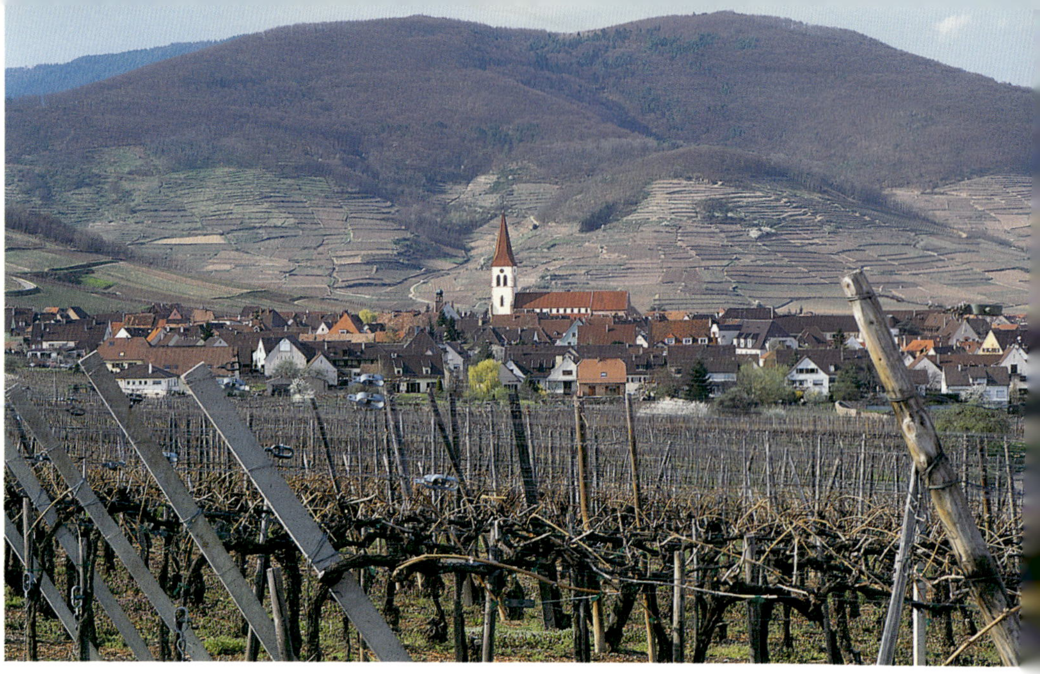

Alsace

Le vin d'Alsace reflète la situation ambivalente d'une province frontalière. Il existe deux frontières physiques possibles entre la France et l'Allemagne : le Rhin et la crête des Vosges qui est parallèle au fleuve, à 25 km à l'ouest. Le Rhin a constitué la frontière historique la plupart du temps, mais les montagnes ont toujours été la barrière qui délimite les grandes différences climatiques, stylistiques et même linguistiques. Le vin d'Alsace est traditionnellement classé comme « vin rhénan ». Son marché s'étend depuis toujours à l'Allemagne, à la Suisse et aux régions septentrionales de l'Europe jouxtant le Rhin et la Mer du Nord.

L'Alsace n'a jamais été allemande en dehors des périodes d'occupation militaire. Sa langue et son économie le sont peut-être, mais son âme est restée absolument française. L'Alsace fait un vin germanique à la manière française. Le ton est donné par le climat, le sol et le choix des cépages, en tout point comparables aux régions vinicoles allemandes, la plus proche étant celle de Bade, de l'autre côté du Rhin. Ce qui change, c'est l'interprétation qui est faite de ces éléments, car les producteurs de vin allemands et alsaciens ont des conceptions très différentes de ce que le vin peut et doit être.

Les meilleurs vins, qu'ils soient doux ou secs, sont des modèles d'équilibre naturel entre le sucre et l'acidité, avec un degré d'alcool fortuit jamais relevé par une chaptalisation (addition de sucre avant la fermentation). Le vin allemand n'est pas destiné à la table, mais au salon ou au jardin. Le vin d'Alsace, par contre, est un grand adjuvant à l'une des plus riches cuisines de France. L'Alsace donne à l'arôme fleuri des cépages allemands un corps et une autorité de blanc de Bourgogne.

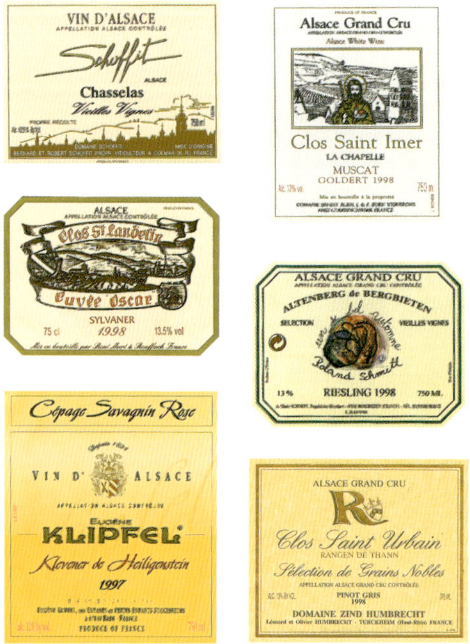

Quelques exemples *particulièrement réussis des nombreux cépages de second ordre typiques de l'Alsace (chasselas, sylvaner, klevener de Heiligenstein) ainsi que, sur la droite, des vins produits à partir des trois cépages nobles cultivés en dehors du Haut-Rhin.*

Les producteurs de vin alsaciens ont toujours cherché à faire des vins très secs, fermes, puissants, en faisant fermenter chaque gramme du sucre obtenu pendant les longs étés secs d'Alsace, n'hésitant pas en rajouter pour rendre les vins plus forts. Mais depuis peu les deux stéréotypes alasacien et allemand ont évolué en se rapprochant l'un de l'autre. Le niveau résiduel moyen de sucre dans le vin d'Alsace a augmenté, tandis que les vins allemands deviennent plus secs et plus alcoolisés (grâce à un recours accru à la chaptalisation). Les meilleurs producteurs des deux rives du Rhin sont fiers de ces résultats de l'abaissement des rendements, qui permet une plus grande concentration de ce que chaque raisin a à offrir. Mais les consommateurs se plaignent du fait que le vin d'Alsace s'accommode plus difficilement à la cuisine et que les étiquettes donnent trop peu de renseignements sur le degré de douceur.

Les indices les plus fiables sur les étiquettes de vins d'Alsace sont les cépages, dont la mention est inhabituelle en France. Les cépages qui donnent leur nom et des qualités particulières aux vins sont le riesling du Rhin – à l'origine des meilleurs vins aussi bien en Alsace qu'en Allemagne – le sylvaner, le muscat, le pinot blanc et gris, et le gewurztraminer au parfum exceptionnel.

Le gewurztraminer est un symbole parfait de la région. On ne s'attend pas à ce qu'un vin aussi sec et limpide puisse avoir un parfum aussi fruité. *Würze* signifie « épice » en allemand, mais on note aussi des notes de pétales de rose, de pamplemousse et parfois de lychees.

Pour l'initié, un vin au caractère aussi marqué peut devenir un peu ennuyeux à la longue. Il a sa place avec les plats alsaciens les plus riches : l'oie ou le porc. Mais la plupart des Alsaciens considèrent que le Riesling est leur véritable grand vin. Il a un charme insaisissable : une alternance de sévérité et de délicatesse, d'un parfum fleuri et d'une certaine dureté qui encourage sans jamais rassasier.

On constate aujourd'hui un intérêt renouvelé pour le pinot gris (autrefois appelé tokay d'Alsace) ; il donne le vin de la région qui a le plus de corps et le moins de parfum. Il constitue une alternative naturelle à un bourgogne blanc.

Le Muscat d'Alsace est en général un mélange de cépages de muscat ottonel et de muscat blanc. Réussi, il traduit le goût de raisin caractéristique du muscat, mais il donne un vin aussi net qu'un coup de sifflet : un très bon apéritif.

Le klevener de Heiligenstein est le cépage spécifique d'une région qui se trouve autour du village d'Heiligenstein, juste au nord de Barr, sur un sol à dominante calcaire qui s'étend au nord jusqu'à Ottrott. Le vin, légèrement épicé, au discret arôme de beurre, a une faible teneur en alcool et, dans les bons millésimes, est capable de bien vieillir.

Le pinot blanc est beaucoup plus important. C'est un nom employé à la fois pour le pinot blanc lui-même – le cépage courant de l'Alsace qui réussit normalement à transmettre le caractère fumé typique des blancs de la région – et pour le pinot auxerrois, plus souple (les deux étant fréquemment mélangés). Pour compliquer encore la situation, le pinot auxerrois est parfois étiqueté « klevner » ou même « clevner ». C'est aussi le vin de base pour produire le Crémant d'Alsace, fabriqué selon la méthode traditionnelle, qui peut parfois rivaliser avec les Crémants de Bourgogne et de Loire.

Une classe au-dessus des vins les plus courants de la région, on trouve le Sylvaner. Le Sylvaner d'Alsace est léger et parfois d'une âcreté séduisante. Sans l'âcreté, il peut avoir un arôme un peu terne et épais. C'est souvent le premier vin d'un dîner alsacien, qui introduit le vin principal, le Riesling.

Les cépages inférieurs, le chasselas et le knipperlé (il y en a d'autres), ne sont en général pas indiqués sur les étiquettes. Ils sont souvent servis au verre dans les cafés. Très jeunes, particulièrement pendant l'été qui suit une bonne récolte, ils sont si bons que le visiteur ne devrait surtout pas commettre l'erreur de les manquer en demandant un vin plus chic. Le terme *Edelzwicker* (mixture noble) désigne habituellement un mélange de cépages, eux-mêmes rarement nobles.

Parmi ces différents cépages, seuls les riesling, pinot gris, gewurztraminer et muscat – la noblesse des cépages alsaciens – obtiennent l'appellation controversée de grand cru d'Alsace (dont il est question aux pages 126 à 128). En 1983, les vingt-cinq des vignobles les mieux situés avaient été désignés, et vingt-cinq autres furent ajoutés en 1993. Ces sites reconnus comme Grands Crus ne se trouvent pas sur les cartes détaillées des pages suivantes, mais sont numérotés sur la carte ci-contre, bon nombre d'entre eux étant regroupés dans un périmètre très favorisé de calcaire et d'argile à l'ouest de Strasbourg, sur un des vignobles les plus bas du département du Bas-Rhin. Steinklotz est particulièrement bien connu pour son pinot gris et son pinot noir, Altenberg de Berbieten

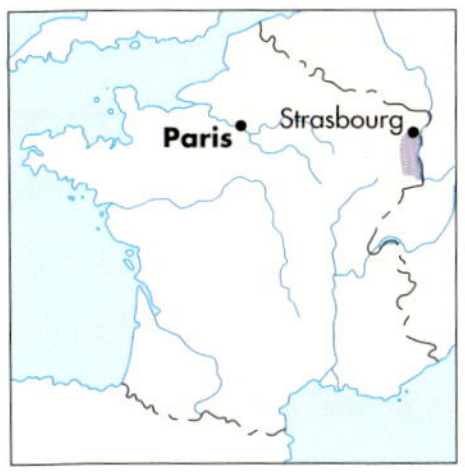

À gauche Les vignobles de Niedermorschwihr, à l'ouest de Colmar, sont le centre spirituel de l'Alsace vinicole. Les vignobles alsaciens figurent parmi les plus productifs de France et sont les seuls officiellement autorisés à indiquer le cépage sur les étiquettes de leurs bouteilles.

pour son riesling. Dans le coin gauche en bas de la carte, à 20 km au sud de la principale concentration des grands crus du Haut-Rhin, se trouve le vignoble historique de Rangen qui s'élève en pente raide au-dessus du village de Thann. Schoffit et Zind-Humbrecht font sur ces sols volcaniques des vins superbes de richesse, particulièrement le riesling et le pinot gris.

Un des attraits de l'Alsace est sa mosaïque de types de sols, et le défi que constitue donc la recherche du cépage le mieux adapté. Ce qui distingue aussi l'Alsace des autres régions vinicoles françaises, c'est la faiblesse des précipitations (voir les chiffres page 127) – seul Perpignan est plus sec que Colmar. La sécheresse peut parfois frapper les vignobles, mais la maturité complète est en général garantie.

Comme ses homologues de la Loire et de l'Allemagne, le vin d'Alsace est essentiellement centré sur le fruit plutôt que sur le chêne qui, lorsqu'il est utilisé, l'est exclusivement sous la forme des vieux fûts ovales qui permettent une stabilisation lente plutôt que l'addition d'un arôme de chêne. De la même façon, la plupart des producteurs de vin d'Alsace ont délibérément supprimé la fermentation malolactique pour leurs blancs, mais elle est en général nécessaire pour les 6 % de vin rouge d'Alsace, fait à partir du pinot noir. Les couleurs et les styles varient énormément, depuis le rosé sombre et acide jusqu'au rouge profond à l'arôme de chêne (vieilli en fût) et au faible goût de fruit. Comme en Allemagne, il est difficile pour les producteurs d'ignorer la quête du Graal du parfait pinot noir.

L'autre défi pour les producteurs de la région est de tirer le plus grand profit des plus beaux automnes, lorsque les raisins très mûrs peuvent être cueillis pour les Vendanges Tardives, ou lorsque, plus mûrs encore et touchés par le botrytis, ils sont vendangés plusieurs fois pour la Sélection des Grains Nobles et la fabrication de vins plus doux et plus rares. Un gewurztraminer vendangé tardivement donne sans doute le vin au goût le plus exotique qui soit au monde, tout en gardant une remarquable limpidité et une grande finesse d'arôme. Mais, même au sein de ces catégories très réduites, il est extrêmement difficile de prédire quel degré de richesse atteindra un vin. Certains sont plus intenses que doux. Certains sont miraculeux. D'autres encore débordent leur catégorie par la quantité produite plus que par leur qualité réelle.

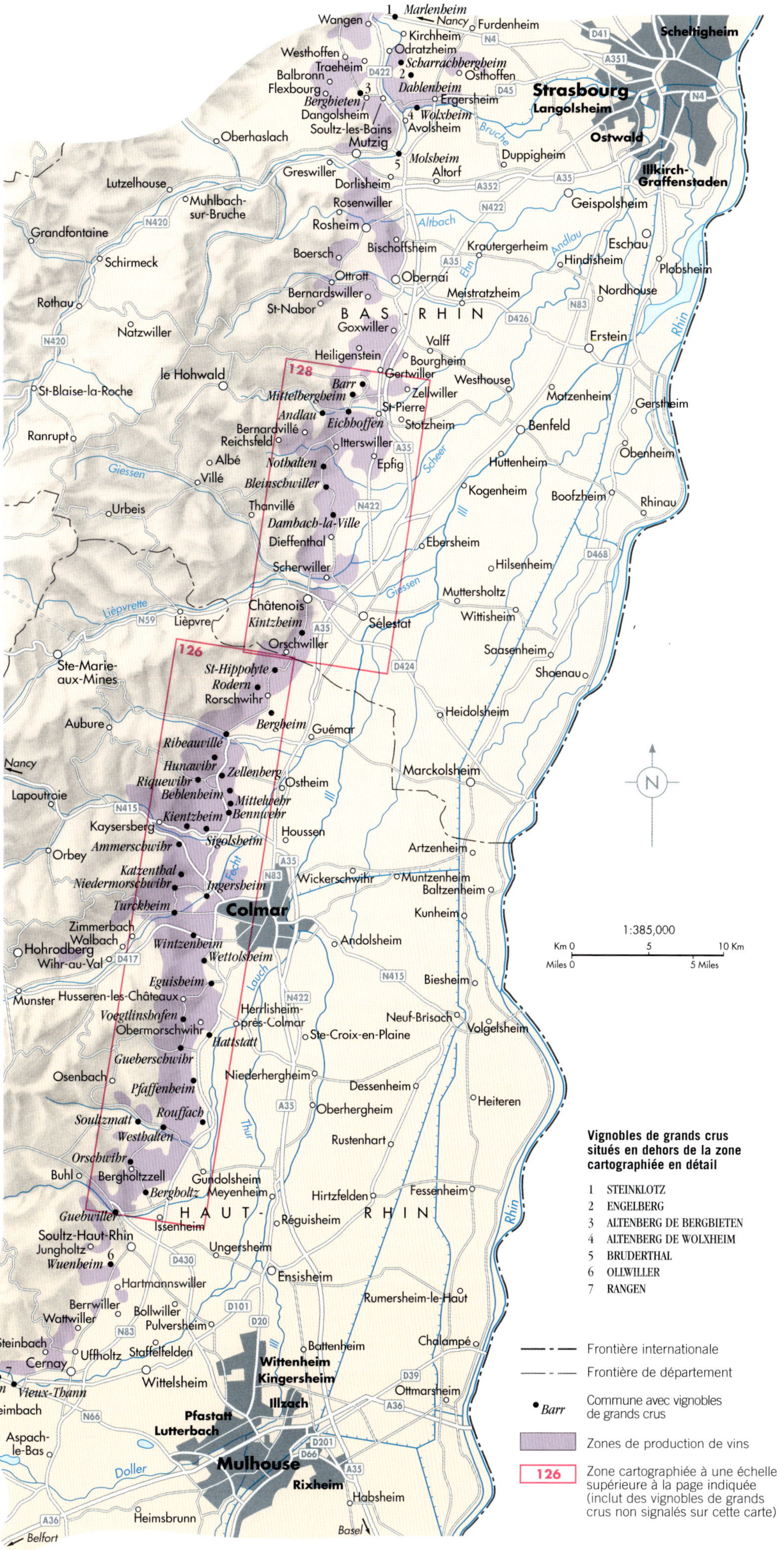

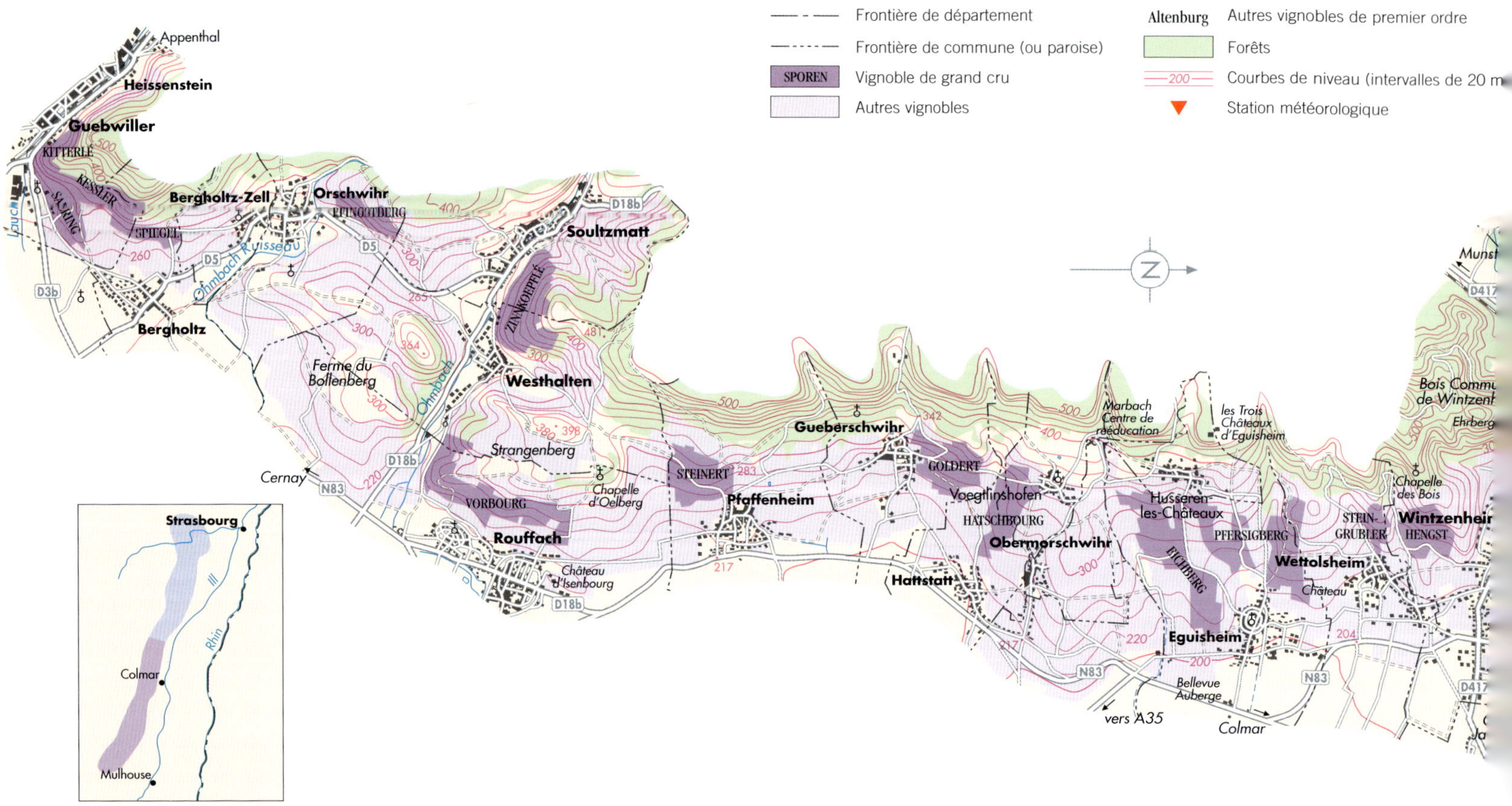

Le cœur de l'Alsace

La carte de ces deux pages présente le cœur du vignoble de l'Alsace couché sur le côté, pour le rendre directement comparable à la Côte d'Or. Le nord est à droite. Comme dans bien d'autres régions vinicoles d'Europe, une série de coteaux exposés à l'est fournissent l'environnement idéal pour la vigne. Des contreforts et des angles rentrants offrent des abris supplémentaires et des inclinaisons parfaites pour l'ensoleillement des vignes exposées à l'est, au sud-est et au sud. Une forêt de pins peut faire baisser la température moyenne d'un vignoble d'un degré par rapport à un autre qui est proche d'une plantation de jeunes chênes.

L'Alsace est ensoleillée. Les hauteurs des Vosges à l'ouest sont le secret de ces vignobles qui se situent sur leurs contreforts, à une altitude variant de 180 à 360 m, sur une bande verte qui ne fait jamais plus de deux kilomètres de large. Les chauffeurs de poids lourds qui grimpent vers Saint-Dié, en passant par Kaysersberg, rencontrent une épaisse couche de nuages en arrivant sur la crête des Vosges, qui bloquent aussi des nuages sur leur flanc ouest. Plus les montagnes sont hautes, plus les terres sont sèches, abritées de l'humidité des influences occidentales. La partie centrale des vignobles du Haut-Rhin, rassemblés sous les pentes boisées au nord et au sud de la ville de Colmar, est protégée par les sommets qui peuvent bloquer les nuages et maintenir un ciel dégagé pendant des semaines. Dans ce climat protégé, le ferme et classique riesling prospère.

Assez ironiquement, les conditions de la viticulture sont tellement idéales que l'Alsace a été longtemps considérée comme une source de vins ordinaires ou d'ingrédients fiables pour des mélanges – un peu comme la France utilisait les vins algériens autrefois. Ceci explique l'absence d'une hiérarchie ancienne des meilleurs vignobles, comme dans la Côte d'Or.

L'industrie moderne du vin s'est surtout développée à l'initiative des fermiers : certains se sont transformés en marchands et ont commercialisé leur vin et ceux de leurs voisins, qui ne se distinguaient que par les différences de cépages. Des noms aussi célèbres que Hugel, Dopff, Trimbach, Humbrecht, Becker, Kuehn ou Muré sont l'aboutissement de ce lointain processus. L'Alsace a eu la première cave coopérative de France en 1895 et des coopératives comme Eguisheim, Kientsheim, Beblenheim et Westhalten sont très bien placées parmi les meilleurs producteurs d'aujourd'hui.

L'appellation Grand Cru, relativement récente (voir page 124), tentative pour désigner les meilleurs vignobles, est en train de modifier la perception courante des vins d'Alsace. Leurs rendements limités et les niveaux de maturation accrus doivent théoriquement donner des vins d'une qualité supérieure. Les producteurs devraient les promouvoir non plus comme la simple expression d'un cépage donné, mais comme des vins jouissant d'une appellation au sens plein : la combinaison du terroir, du cépage, de l'exposition et, jusqu'à un certain point, de la tradition.

Mais le commerce du vin d'Alsace était encore récemment organisé pour vendre des combinaisons particulières de marques et de cépages plutôt que des vignobles partagés, dont les limites exactes font l'objet de sérieuses disputes. Les noms dont la célébrité dépasse les frontières de la région,

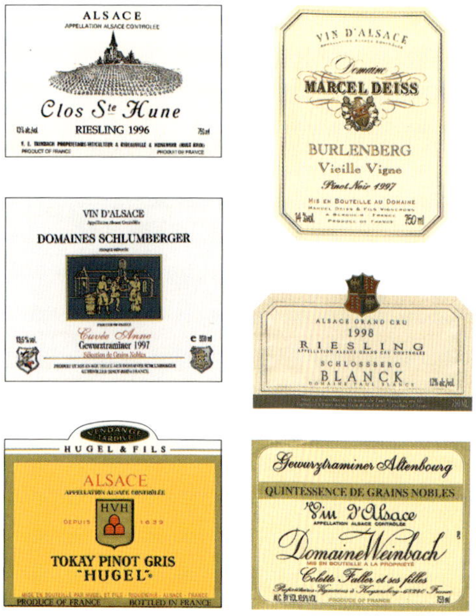

Quelques-uns des meilleurs *producteurs d'Alsace, depuis les grands marchands comme Trimbach et Hugel jusqu'aux individualistes passionnés comme Deiss. Les vins connaissent de très grandes variations de douceur ; la Sélection des Grains Nobles donne des vins somptueux, plus riches que ceux des Vendanges Tardives.*

Alsace : Colmar

Latitude / Altitude : **47,55° / 210 m**
température moyenne de juillet : **19,1 °C**
Précipitations annuelles : **590 mm**
Précipitations du mois de la vendange : **septembre : 60 mm**
Principaux dangers viticoles : **érosion des sols, sécheresse partielle**
Principaux cépages : **riesling, gewurztraminer, pinot gris, pinot noir**

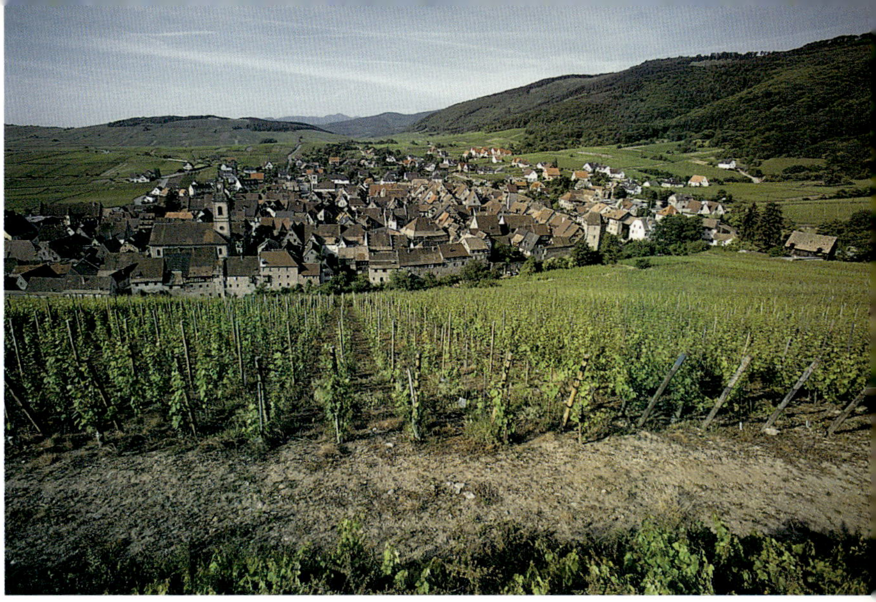

À droite Le village médiéval fortifié de Riquewihr est un des plus jolis de la région et un véritable lieu de pèlerinage pour les touristes. Les vignobles de Schoenenbourg, au premier plan, sont bien meilleurs pour leur riesling très aromatique que ceux de Sporen, plus bas, au fond et à gauche.

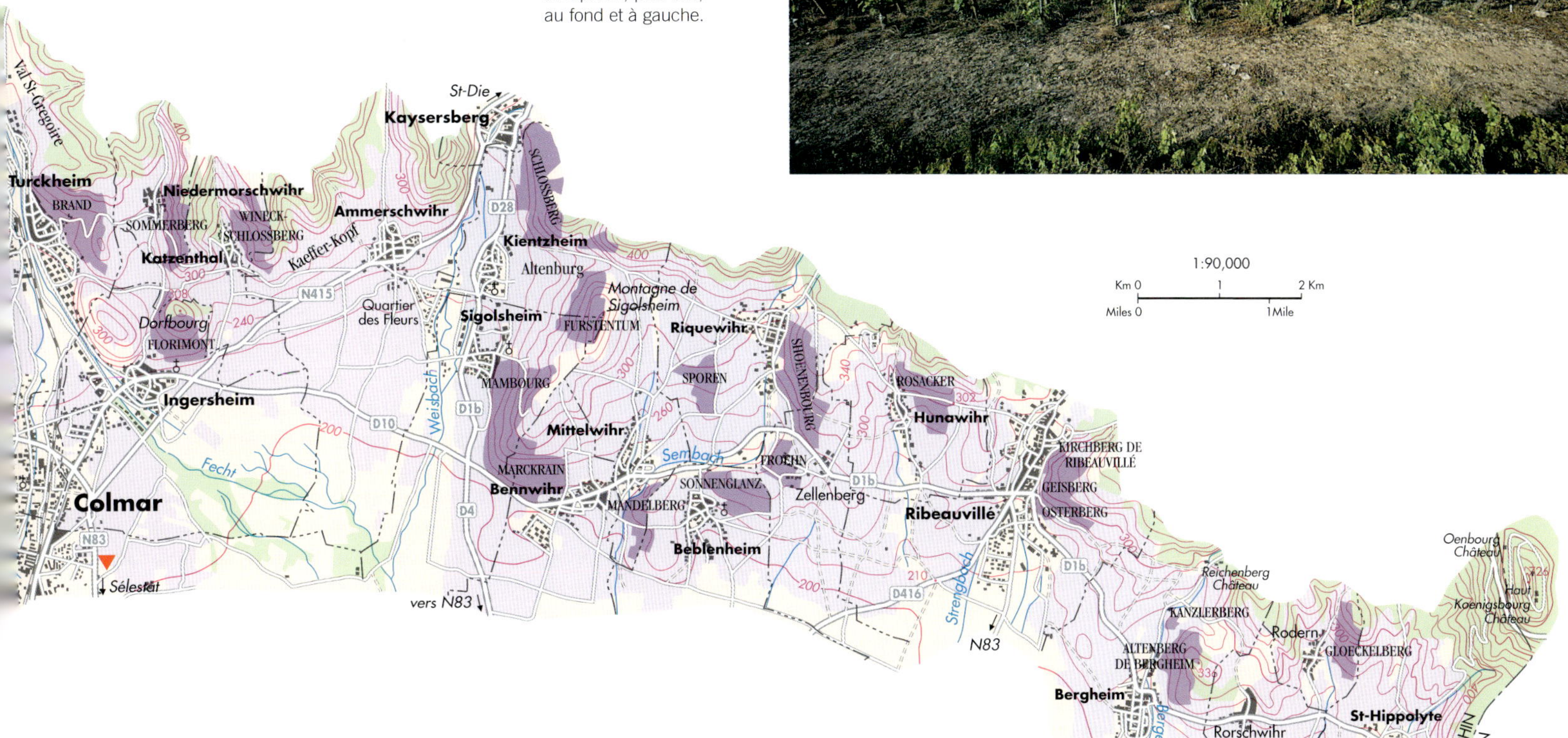

comme Hugel ou Trimbach, sont des marchands avant d'être des producteurs. L'accent mis sur les vignobles individuels a pour effet de transférer le pouvoir des marchands aux producteurs et n'a donc pas reçu un accueil unanimement favorable.

Les décrets finiront par déterminer quels cépages nobles peuvent être cultivés dans chaque grand cru (et un seul cépage apparaîtrait sur l'étiquette). Certains sites sont destinés au riesling, d'autres au gewurztraminer, au pinot gris et parfois au muscat ; les mélanges, même magnifiques comme ceux de Marcel Deiss du vignoble de l'Altenberg, sont (pour l'instant) interdits, comme le sont le sylvaner et le pinot noir (sauf cas particuliers comme Zotzenberg, voir page suivante). Les producteurs devront adopter les cépages officiels s'ils entendent se conformer à la réglementation.

Certaines associations de sites et de cépages sont déjà bien en place, fondées en général sur des expériences de culture et de dégustation, qui se révèlent souvent avoir des liens géologiques.

À Guebwiller par exemple, au sud, le grès de Kitterlé est célèbre pour ses vins succulents obtenus à partir d'un mélange de plusieurs cépages (chez Schlumberger notamment). Juste au nord, à Westhalten, la pente plus calcaire de Zinnkoepflé est exposée plein sud et réussit merveilleusement au gewurztraminer et au riesling, alors que les marnes et le grès de Vorbourg exposés au sud-est, à Rouffach, ont une affinité particulière pour le muscat.

Hatschbourg, à Voegtlingshofen, est un splendide vignoble sur marnes et calcaire où mûrissent un pinot gris et un gewurztraminer à la texture très dense, tout comme chez Goldert, juste à côté. Eichberg, à Eguisheim, produit de très bons gewurztraminer et riesling sur des marnes et du grès, tandis que Hengst, à Wintzenheim, est célèbre pour les mêmes cépages.

Les contreforts en granit des Vosges donnent des riesling d'une richesse supérieure lorsqu'ils font sentir leur influence sur des vignobles comme Brand, à Turckheim, et Kientzheim, à Schlossberg. À Riquewihr, les marnes argileuses de Schoenenbourg peuvent aussi donner un glorieux riesling, les argiles du Sporen au sud du village convenant mieux au gewurztraminer. À Bergheim, l'Altenberg (qui produit trois grands crus) aux sols mélangés est superbe dans tous les cépages.

Mais quelques producteurs, tout particulièrement ceux qui ont une certaine réputation, renoncent au système des grands crus. Le meilleur riesling d'Alsace, voire du monde, est produit dans le Clos Sainte-Hune de Trimbach, au sein du grand cru Rosacker, au-dessus d'Hunawihr. Le nom de Rosacker n'est jamais mentionné sur l'étiquette parce que les Trimbach considèrent le Clos Sainte-Hune comme supérieur.

En effet, le mot « Clos » désigne un vignoble délimité au sein d'un autre vignoble ; il est donc souvent synonyme de qualité, comme le Clos des Capucins dans le Domaine Weinbach en face de la maison des Faller à Kientzheim, le Clos Saint-Landelin de Muré au sein du vignoble de Vorbourg, le Clos Hauserer de Zind-Humbrecht près du grand cru Hengst, le Clos Jebsal près de Turckheim, le Clos Saint-Urbain dans le grand cru Rangen à Thann (voir page 125), le Clos Windsbuhl près d'Hunawihr.

Les concepts de « grand cru » et de « Clos » plaisent à de nombreux producteurs, mais d'autres produisent d'excellentes sélections sous le simple nom de « cuvées » de leurs meilleurs cépages. Le consensus n'est pas établi en Alsace sur ces questions.

Cela n'empêche pas la région de traiter le touriste comme un roi. Une Route des Vins, dûment signalée, serpente au cœur du pays du vin alsacien, traversant quelques-uns des plus jolis villages vinicoles du monde. L'architecture courante développe un style gothique très riche et très spectaculaire : pignons en saillie, cours pleines de fleurs, ferronneries des têtes de puits, pavés, vitres plombées et poutres sculptées survivent dans bien des villages. Riquewihr et Kaysersberg sont les plus beaux. La ville de Colmar, capitale de l'Alsace, possède une magnifique collection de maisons à colombages du XVe siècle.

Entre les zones habitées, les vignes très disciplinées occupent tout le panorama, jusqu'à ce que, du haut d'une crête, on découvre tout à coup une mer verdoyante et scintillante venant lécher, des deux côtés, les bords de la montagne, avant de disparaître dans la brume au loin.

Bas-Rhin

Les villages indiqués sur la carte des deux pages précédentes se trouvent tous dans le Haut-Rhin, mais au nord d'Orschwiller commence l'autre département de l'Alsace, moins connu, le Bas-Rhin. Le mot « Bas » n'a, bien entendu, aucune connotation péjorative. Les producteurs du Bas-Rhin prétendent d'ailleurs que leurs vins, sans être aussi directs et riches que ceux du Haut-Rhin, n'en sont pas moins parfumés et peuvent très certainement être plus élégants.

Les sommets des Vosges sont ici moins élevés et la protection contre la pluie moins efficace. La proportion de Vendange Tardive et de Sélection des Grains Nobles est nettement inférieure, mais les bons sites ne manquent pas. Seule la partie méridionale du Bas-Rhin est cartographiée ci-dessous (pour la moitié nord, voir la carte page 125).

Le grand cru le plus méridional est Praelatenberg entre Orschwiller et Kintzheim, avec des sols granitiques particulièrement propices au riesling.

Le granite des Vosges qui enserre la pointe occidentale du village de Dambach-la-Ville a une influence notable sur les vignobles de cet important centre vinicole du Bas-Rhin. Les vins qui y sont faits sont remarquablement secs et fermes, et le riesling y vieillit magnifiquement, avec cette touche métallique typique de l'Alsace. Frankstein est le grand cru très étendu, peut-être trop étendu, de Dambach.

Muenchberg, plus au nord, est également un grand cru intéressant. Surplombant Nothalten, son grès volcanique en fait un homologue du grand cru de Rangen à Thann (au sud de la carte page 125). Le riesling et le pinot gris peuvent ici aussi développer une intensité explosive, particulièrement entre les mains d'un producteur passionné comme André Ostertag.

Zotzenberg au nord de Mittelbergheim est depuis longtemps célèbre pour le vieillissement splendide de ses vins produits à partir du cépage de sylvaner. Il pourrait bien constituer la première exception officielle à la limitation à quatre cépages adoptée par la législation sur les grands crus, même si une partie du sylvaner de Zotzenberg a déjà été remplacée par le riesling et le gewurztraminer approuvés.

À la limite septentrionale de cette carte se trouve le grand cru de Kirchberg, près de Barr, au sein duquel Klipfel produit un gewurztraminer d'une qualité exceptionnelle.

Le Bas-Rhin est de toute évidence un excellent terrain de chasse pour ceux qui sont à la recherche de producteurs et de vignobles fiables sans être les plus célèbres d'Alsace.

Tout à fait à l'ouest de l'Alsace, on trouve l'appellation des Côtes de Toul, qui fait des blancs, des rosés – encore appelés « gris » – extrêmement légers à partir de cépages de pinot noir, de gamay et d'auxerrois.

Quelques-uns des meilleurs *producteurs du Bas-Rhin, y compris deux iconoclastes, Marc Kreydenweiss et André Ostertag, dont les vins sont si atypiques en Alsace qu'ils ont du mal à les faire accepter par les autorités de l'appellation contrôlée.*

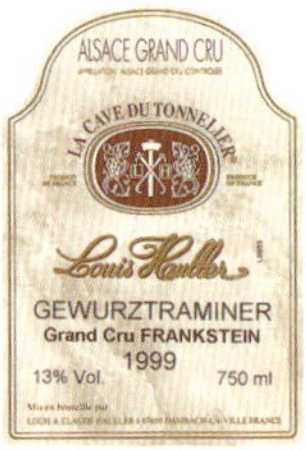

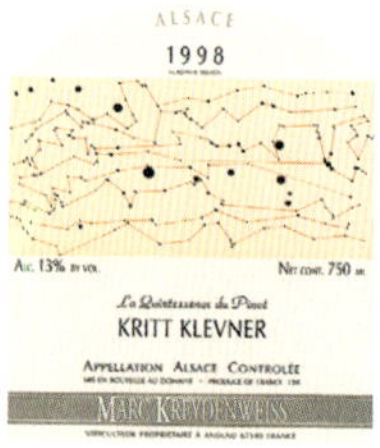

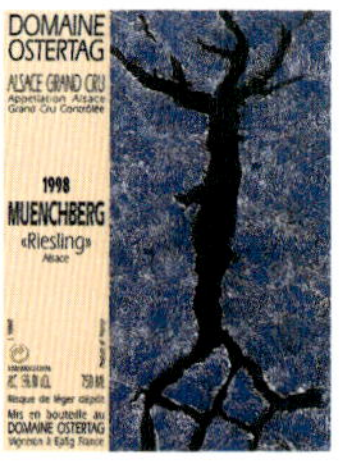

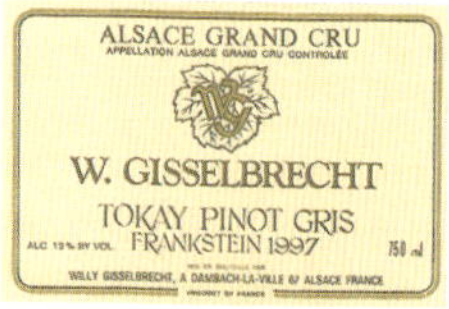

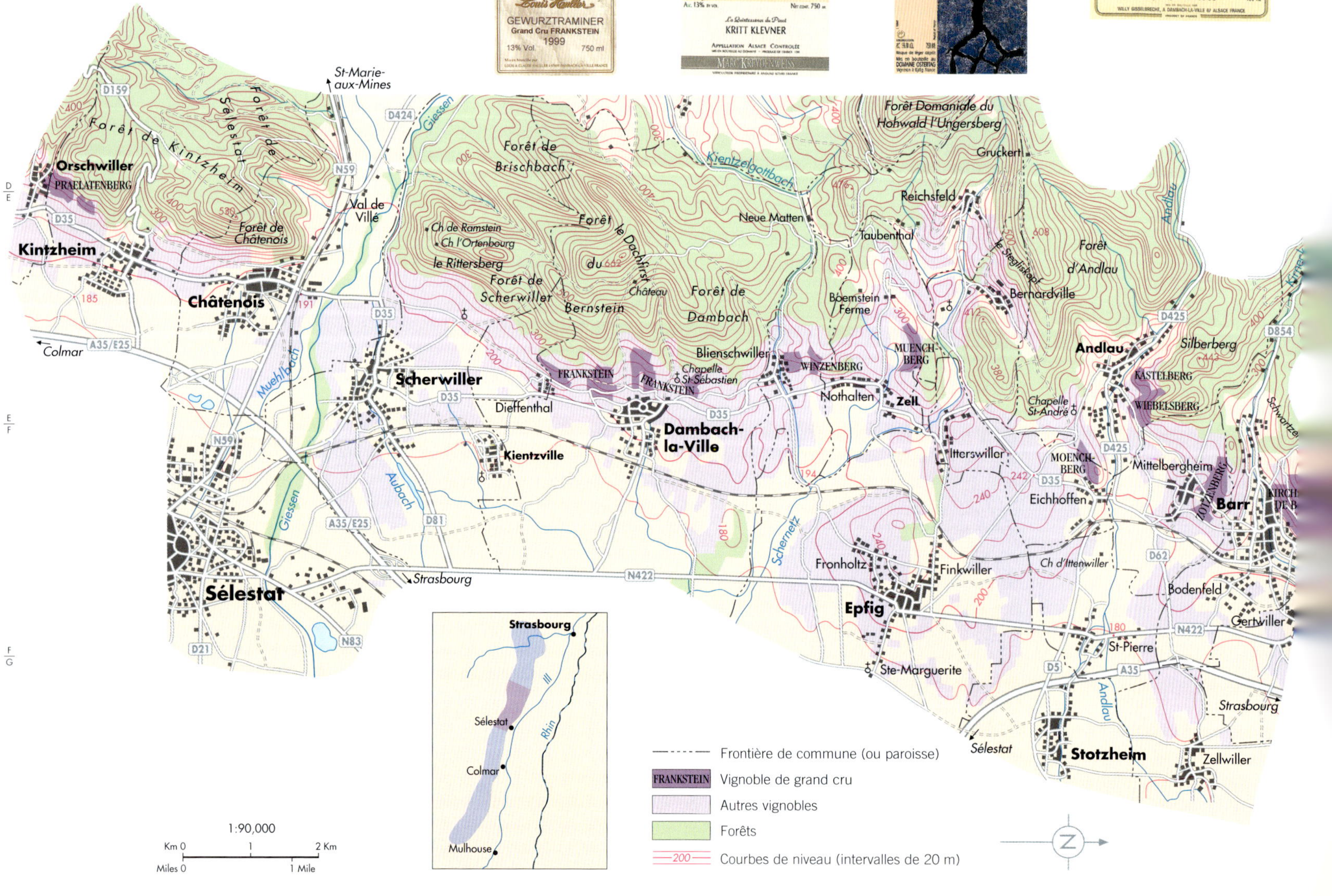

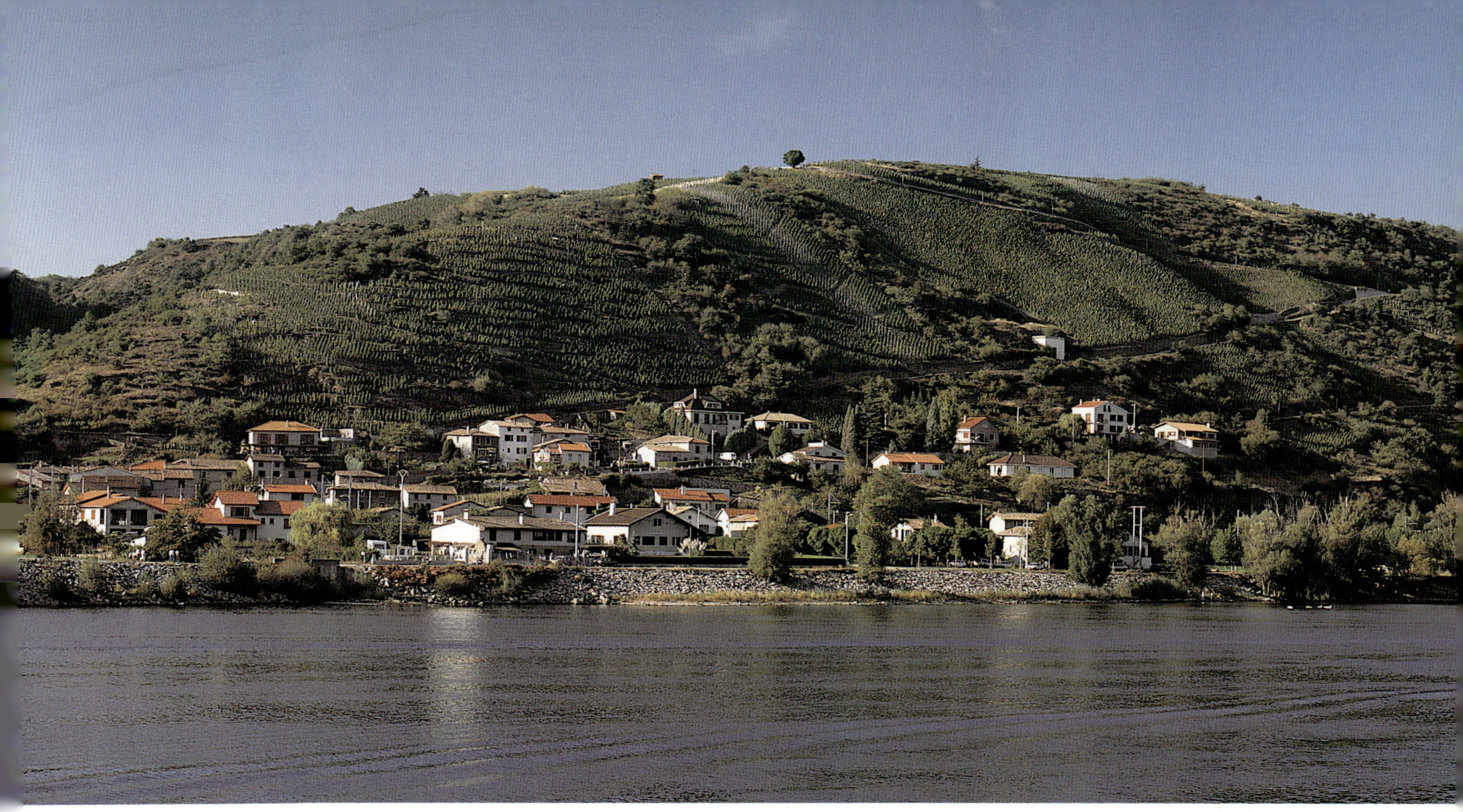

Ci-dessus Les vignobles de Côte Rôtie au-dessus de la petite ville d'Ampuis, fief de Marcel Guigal et de sa famille. Le Rhône septentrional s'est caractérisé récemment par une augmentation extraordinaire du nombre des producteurs de vins et des viticulteurs.

Rhône septentrional

La vallée de la Loire et la vallée du Rhône sont les deux faces d'une même pièce. Elles contiennent respectivement le meilleur du nord et le meilleur du sud de la viticulture française. L'essentiel du vin de la Loire est blanc, l'essentiel du vin du Rhône est rouge. Dans chacun des cas, on trouve une grande variété de styles de vins, mais qui ont tous quelque chose en commun. Pour le Rhône, c'est la consistance.

Les vins rouges du Rhône vont de l'intensément concentré et tannique, rubis-noir à violet-noir, quand ils sont jeunes, au jus de fruit relativement simple mais fortement alcoolisé. Les meilleurs ont de la profondeur, de la longueur et parviennent à des maturités durables d'une harmonie comparable à celle des meilleurs bordeaux. Les vins blancs sont minoritaires et ont tendance à être capiteux, mais grâce aux progrès de la vinification, ils peuvent aujourd'hui être aussi remarquables que les rouges, à l'exception des meilleurs.

Les vignobles de la vallée du Rhône se divisent naturellement en deux catégories : le nord, avec moins d'un dixième de la production totale et des bons vins dans l'ensemble ; le sud, beaucoup plus divers. Sur le cours du Rhône, depuis la Suisse jusqu'à la France, la campagne passe des forêts de chêne, où la vigne partage la terre avec les pêchers et les noisetiers, à la garrigue et aux vergers d'oliviers de la Provence. Une rapide comparaison des précipitations (voir les chiffres pages 130 et 135) dans les deux régions suffit à expliquer pourquoi le Rhône du nord est plus vert. La cassure se produit à peu près à Montélimar où, sur une brève portion de la large vallée, la vigne est absente.

Dans le nord, la vigne est perchée sur des coteaux en terrasses de granite décomposé et jouit d'une exposition parfaite. Le cépage du nord du Rhône est la syrah, ou shiraz. Mais le Rhône septentrional peut aussi s'enorgueillir de trois cépages blancs très élégants et de plus en plus à la mode, marsanne, roussanne et viognier, même s'ils ne contribuent que faiblement à la production totale.

Le Côte Rôtie, le Condrieu et l'Hermitage, les plus majestueux des vins du Rhône, appartiennent tous les trois à la partie septentrionale. Autour d'eux, on trouve plusieurs autres fortes personnalités locales, de longues traditions et des réputations changeantes.

Le Cornas, par exemple, est le cousin de campagne obstiné du noble Hermitage, fait à partir du même cépage de syrah sur du sol granitique et plein de la même autorité et de la même puissance, avec un peu moins de finesse toutefois. L'appellation est aujourd'hui réduite à 90 hectares de terrasses vertigineuses, du fait d'un manque de jeunes viticulteurs enthousiastes, ce qui est parfaitement inhabituel en France (particulièrement dans le Rhône) de nos jours. Jean-Luc Colombo (qui expérimente de forts arômes de chêne) et le vénérable Auguste Clape sont sans doute les deux producteurs les plus connus de Cornas, mais Thierry Allemand et Paul Jaboulé Aîné produisent aussi d'excellentes bouteilles ; ce dernier vient de faire l'acquisition d'un vignoble de premier ordre après le départ à la retraite d'un petit propriétaire, phénomène courant de nos jours.

La tentation d'étendre un grand nom s'est emparée de Saint-Joseph, l'appellation de la rive gauche au nord de Cornas qui s'étend aujourd'hui sur une zone de 40 km, depuis Glun jusqu'au village de Condrieu (avec un territoire en expansion considérable au nord, autorisé à produire du Saint-Joseph et du Condrieu). Jusqu'en 1969, c'était un groupe de six communes, dont Mauves – au sol granitique semblable à celui de la colline de l'Hermitage de l'autre côté du fleuve – était sans conteste le phare. Depuis 1969, le Saint-Joseph a été autorisé à s'étendre à un total de quarante-cinq communes et à cultiver 850 hectares de vignes. Le Saint-Joseph devrait être le rouge le plus vert du Rhône septentrional, arrivant à maturité le plus tôt sans perdre la nervosité de la syrah. Malheureusement, une trop grande partie du Saint-Joseph est aujourd'hui cultivée non plus sur les rives pentues et granitiques du fleuve, mais sur le plateau, beaucoup plus frais. De tels vins sont difficiles à distinguer d'un côtes du rhône, l'appellation fourre-tout qui s'applique à cinquante communes au nord de Montélimar (et à cent treize au sud). Les noms des six communes originales, Glun, Mauves, Tournon, Saint-Jean-de-Muzols, Lemps et Vion, avec celle de Chavarnay dans la région de Condrieu au nord, restent des références pour les meilleurs vins. De ces deux enclaves, parfois désignées du nom du vignoble, proviennent de bons vins faits par des gens comme Jean-Louis Chave, Stephan Montez, Chapoutier et Jean-louis Grippat. Saint-Joseph produit aussi un des blancs les moins connus et les plus adaptés à toutes sortes de cuisines, parfois meilleur que son rouge, avec les cépages d'hermitage, de marsanne et de roussanne.

Les vins pétillants produits selon la méthode traditionnelle semblent quelque peu déplacés dans cet environnement rustique et méridional. Mais Saint-Péray, au sud de Cornas, s'est fait depuis longtemps un nom pour son vin pétillant et doré (parfois plat), véritable poids lourd à base des cépages de roussanne et de marsanne. Sur la Drôme, en dehors de la carte à l'est, des cépages très différents (clairette et muscat) font respectivement deux styles différents de vin pétillant : le substantiel Crémant de Die et le poids-plume, la Clairette de Die Tradition au fort goût de raisin (ainsi baptisé en dépit du fait que le cépage de clairette ne représente que 30 % du mélange avec du muscat). Des blancs normaux et légers sont vendus dans la région sous l'appellation Châtillon-en-Diois.

L'étroitesse du nord de la vallée du Rhône a limité l'expansion des appellations les plus vénérables, mais certains viticulteurs se lancent dans des régions qui ne bénéficient pas du statut d'appellation contrôlée. Quelques producteurs énergiques de Côte Rôtie et de Condrieu (voir page suivante) ont cherché des emplacements favorisés sur la rive opposée du fleuve pour leurs nouvelles plantations. Le produit de ces vignobles est vendu comme Vins de Pays (voir la carte page 151). De la même façon, des producteurs disposant de bons appuis financiers comme Louis Latour à Beaune et Georges Dubœuf dans le Beaujolais capitalisent, avec des vins aux prix très étudiés, sur le potentiel et le faible coût de la terre dans les Côteaux de l'Ardèche.

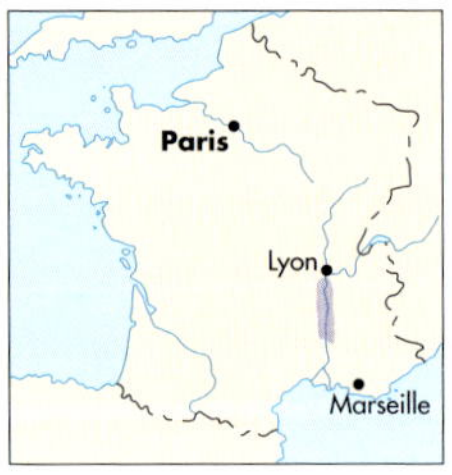

1:450,000
Km 0 5 10 15 Km
Miles 0 5 10 Miles

Rhône : Valence

Latitude / Altitude : **44,55° / 160 m**
Température moyenne de juillet : **22,5 °C**
Précipitations annuelles : **840 mm**
Précipitations du mois de la vendange : **septembre : 130 mm**
Principaux dangers viticoles : **temps médiocre à la floraison, maladies à champignons**
Principaux cépages : **syrah, viognier**

- Frontière de département
- Côte Rôtie
- Château Grillet
- Condrieu
- Condrieu/St-Joseph
- St-Joseph
- Hermitage
- Crozes-Hermitage
- Cornas
- St-Péray
- Côtes du Rhône
- Coteaux du T
- 131 Zone cartographiée à une échelle supérieure à la page indiquée
- ▼ Station météorologique

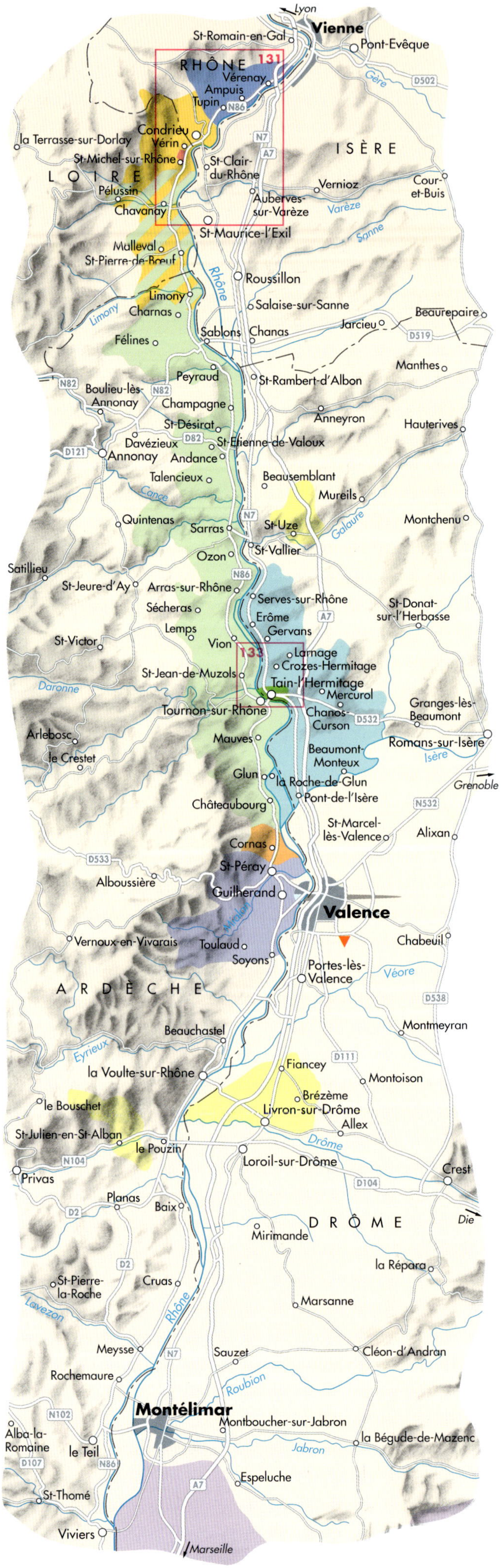

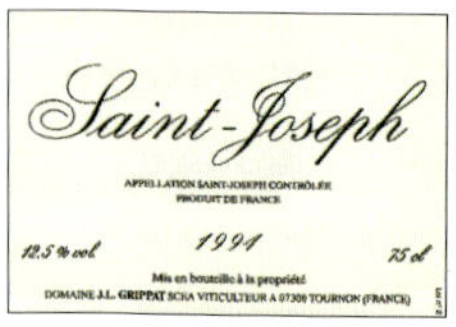

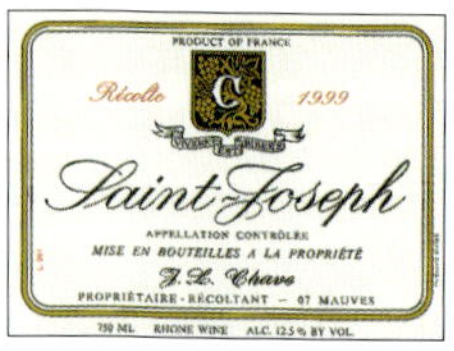

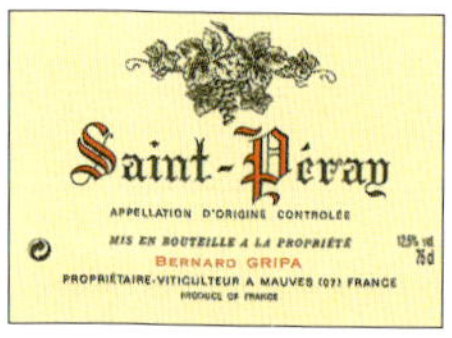

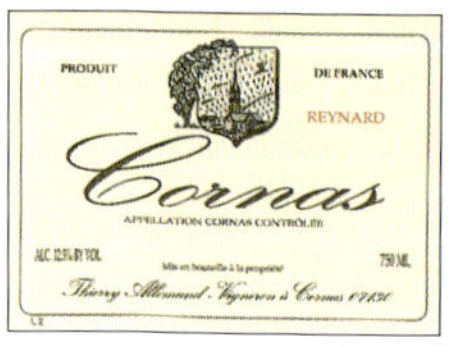

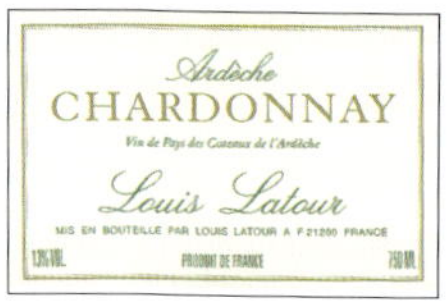

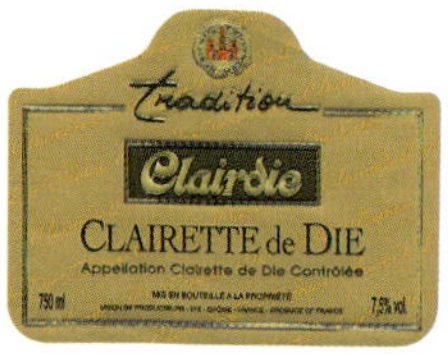

Quelques-uns des meilleurs *vins faits le long du Rhône septentrional, en dehors des appellations classiques détaillées aux trois pages suivantes. Le Chardonnay de Louis Latour est fait au sud-ouest de Valence dans le département de l'Ardèche, tandis que la Clairette de Die est faite au sud-ouest de la ville du même nom, bien en dehors de cette carte (voir la carte page 53).*

Côte Rôtie et Condrieu

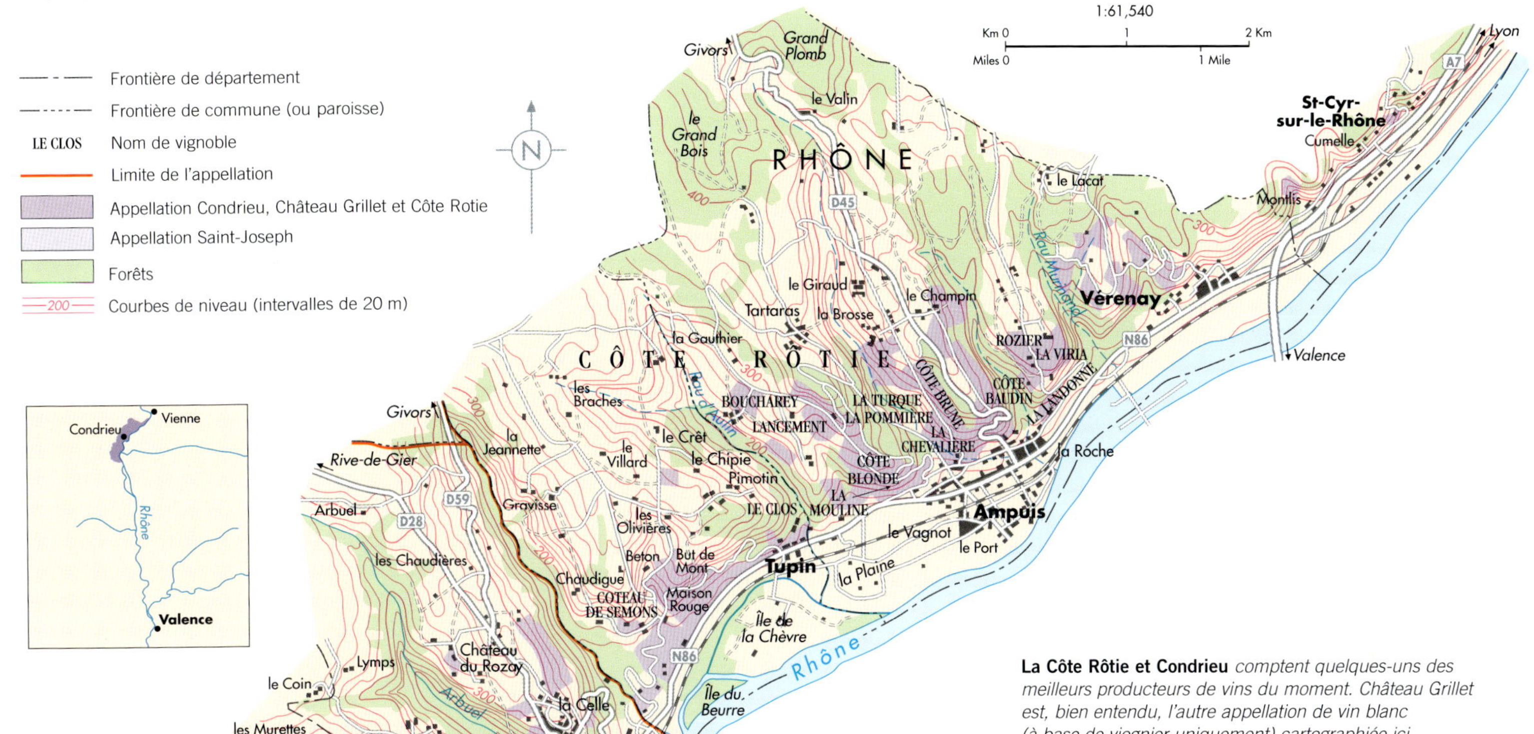

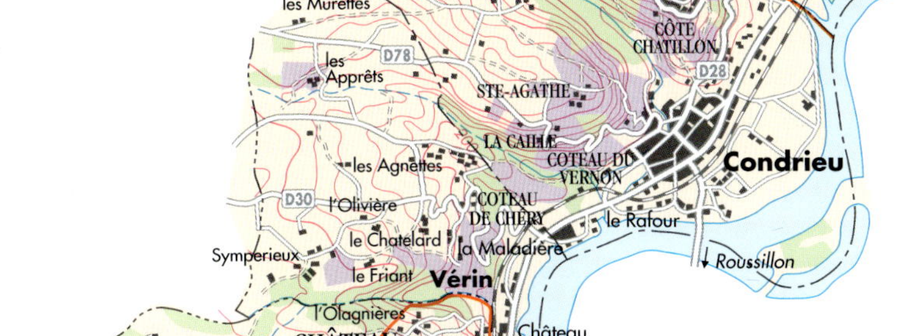

La Côte Rôtie et Condrieu *comptent quelques-uns des meilleurs producteurs de vins du moment. Château Grillet est, bien entendu, l'autre appellation de vin blanc (à base de viognier uniquement) cartographiée ici.*

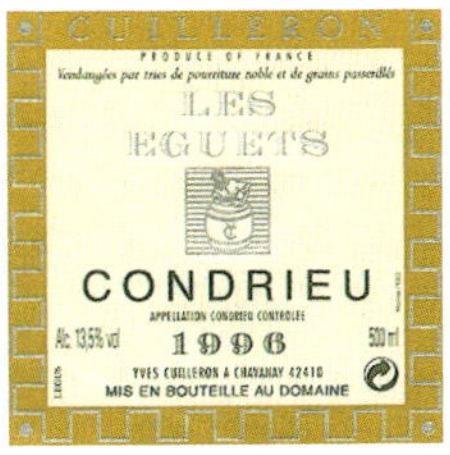

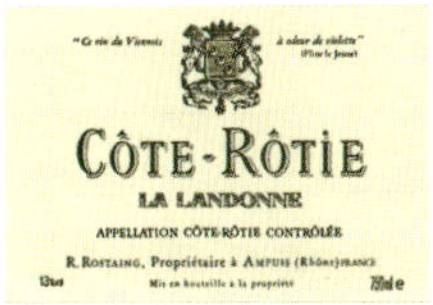

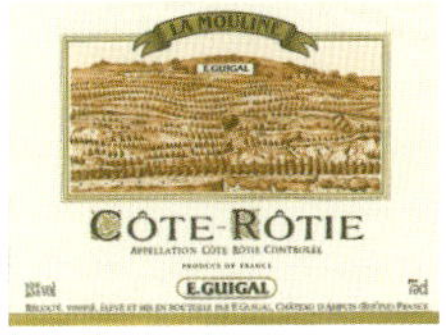

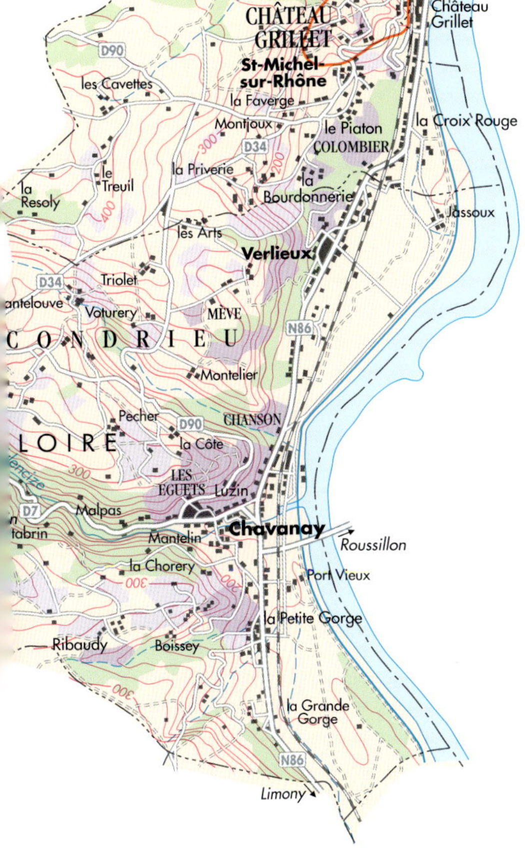

Le ruban de vignobles accroché aux terrasses vertigineuses des parois occidentales de la vallée du Rhône à Ampuis ne connaît que depuis peu la renommée mondiale. Avant que le très obstiné Marcel Guigal et ses vins exceptionnels ne deviennent célèbres dans les années quatre-vingts, le Côte Rôtie était un vin réservé aux connaisseurs, étonnant tous ceux qui découvraient sa finesse magique, souple et fruitée – vin sudiste par sa douceur et pourtant proche d'un bourgogne rouge pour son côté tannique agrémenté d'arômes délicats.

La Côte Rôtie a des origines romaines, voire antérieures. Jusqu'au XIXe siècle, son vin était vendu par vase de 76 litres (contenance de la double amphore). Elle a longtemps conservé sa position confidentielle d'un des meilleurs vins de France. Quand cet atlas a été publié pour la première fois en 1971, sa superficie n'était que de 70 hectares et déclinait. Le prix de la bouteille couvrait à peine le dur travail fourni. Depuis que le monde l'a « découvert », les prix de ce vin ont grimpé de façon astronomique et, en trente ans, la superficie des vignobles a triplé pour atteindre 200 hectares, dépassant nettement celui de l'Hermitage, qui est censé être le vin le plus célèbre du Rhône.

Comme son nom l'indique, sa pente orientée au sud (si vertigineuse qu'elle atteint par endroits 60 %) est rôtie pendant l'été. De nombreuses parcelles de ce ruban de vignobles d'à peine 500 m de large sont exposées au soleil toute la journée. La pierre de schiste retient toute la chaleur (raison pour laquelle les plantations faites récemment sur le plateau qui se trouve au-dessus ne parviennent que rarement à une maturation aussi complète).

L'extension au nord et au sud de la Côte Rôtie fait l'objet de vives discussions depuis des siècles. Mais tout le monde s'accorde à admettre que les vignobles d'origine sont les deux pentes directement au-dessus d'Ampuis : la Côte Blonde, comprenant différentes parcelles au sol de sable et d'ardoise avec un élément de calcaire pâle, et la Côte Brune, d'une superficie équivalente au nord, dont l'argile plus lourde est assombrie par le fer et dont les vins sont traditionnellement plus durs. D'une qualité égale mais de style différent, leurs vins étaient, dans le passé, mélangé par les marchands pour produire un côte rôtie unifié. Aujourd'hui la mode des vins mis en bouteilles à la propriété est une tendance qu'a accélérée la figure dominante de l'appellation, le perfectionniste Marcel Guigal. En mettant séparément en bouteilles les vins étiquetés La Mouline (Côte Blonde), La Landonne et La Turque (Côte Brune) après les avoir fait vieillir en fûts de chêne nouveau pendant quarante-deux mois, il tend à créer un nouveau Romanée-Conti. Ce sont des vins pour millionnaires que la puissance et le goût mordant impressionnent, mais pas toujours pour les amoureux du classique et délicat Côte Rôtie, vieilli en fûts qui ont eux-mêmes vieilli. Ces derniers seront davantage séduits par les bouteilles de Côte Blonde de Gangloff, d'Ogier et de Rostaing.

La situation se complique encore un peu du fait de la présence de noms différents sur les étiquettes Guigal, les plus célèbres de la Côte Rôtie, et sur les cartes locales. Le plus puissant de tous les vins de Guigal, La Landonne, mis en bouteilles aussi par René Rostaing, est le seul qui corresponde à une parcelle officiellement reconnue. La Mouline est un somptueux monstre de velours produit dans les vignobles les plus méridionaux d'Ampuis, juste au nord de la commune de Tupin. La Turque domine le centre d'Ampuis, tandis que le vin vendu sous le nom de Château d'Ampuis (récemment acquis par Guigal) est un mélange de six vignobles assez différents, qui se situent tous autour d'Ampuis, mais au sud de La Landonne.

Si la description traditionnelle du style du vin de la Côte Rôtie diffère assez remarquablement de la réalité d'aujourd'hui, il en est de même des cépages qui le composent. Les livres de référence indiquent que les producteurs peuvent ajouter jusqu'à 20 % de viognier, le cépage blanc, à la syrah qui est l'élément essentiel du vin. En réalité, la production aujourd'hui est exclusivement faite à partir de la syrah.

Le cépage de viognier, extraordinairement capiteux, au parfum inimitable, est la spécialité de l'appellation Condrieu, encore plus petite que celle de la Côte Rôtie, dont les vignobles jouxtent les siens. Le schiste et le mica font place au granite. Bon nombre de producteurs locaux font à la fois des rouges et des blancs, recherchés au point que les gros marchands voudraient acheter tout leur vin et même tout leur vignoble.

Parmi les producteurs de premier ordre du Condrieu classique, parfumé, presque toujours sec, il faut compter Georges Vernay et son Coteau du Vernon, Pierre Dumazet, André Perret et Guigal, qui produit désormais une cuvée de luxe, La Doriane, à partir des raisins cultivés dans les vignobles de la Côte Chatillon et du Colombier. Parmi les jeunes producteurs, également ambitieux, qui se sont lancés dans les vendanges tardives et le vieillissement en fûts de chêne, il faut mentionner Yves Cuilleron, Yves Gangloff, Robert Niéro et François Villard.

Toute cette énergie créative a besoin de vignobles pour s'exprimer et Condrieu, aussi, a grandi, passant de 12 hectares dans les années 1960 à 98 hectares au tournant du siècle. Les nouveaux sites ne sont pas toujours situés dans les parcelles difficilement accessibles où le viognier capricieux trouve un abri contre le vent froid du nord. Les vignobles les plus favorisés à Condrieu ont souvent une terre arable poudreuse, riche en mica, appelée « arzelle » dans la région. Ce sont le Coteau de Chéry, Chanson, la Côte Bonnette et Les Eguets.

Le meilleur viognier de tous est théoriquement le Château Grillet : 3,8 hectares de vignes en amphithéâtre et une appellation propre. Ces vins associent une forte teneur en alcool avec un arôme obsédant et étonnamment fragile. Ce sont quelques-uns des rares vins blancs de luxe à boire jeunes.

Hermitage

Oui, la colline renommée de l'Hermitage est minuscule ! Et à la différence des appellations qui se trouvent plus au nord, son expansion est limitée de longue date par un décret. Le Rhône, la grande artère nord-sud de la France, avec les routes et les voies ferrées qui le longent, serpente sous les terrasses étroites de l'Hermitage. Le magnifique vignoble tourné vers le sud et surplombant le fleuve au-dessus de Tain a été ainsi contemplé par des millions de gens.

Les pentes de l'Hermitage, qui était une extension du Massif central jusqu'à ce que le fleuve creuse une voie sur son flanc occidental, ne représentent que 134 hectares de terrasses de granite. Le vignoble fait face au sud et, s'il n'est pas aussi pentu que celui de la Côte Rôtie, il l'est toutefois assez pour exclure toute mécanisation de la viticulture et pour faire des tâches annuelles de réparation de l'érosion des sols une entreprise digne de Sisyphe. La terre arable qui glisse le long de la colline après les gros orages est faite en grande partie de silex et de calcaire décomposés, particulièrement au centre et à l'est en s'éloignant du fleuve.

Il y a cent ans environ, les climats de cette colline imposante étaient cités avec le Château Lafite et le Romanée-Conti parmi les meilleurs vins rouges du monde. Au XIXe siècle, le marchand de vins André Jullien en faisait le classement suivant : Méal, Gréfieux, Beaume, Raucoule, Muret, Guoignière, Bessas, Burges et Lauds. L'orthographe a changé, mais les climats sont restés. Et si l'Hermitage est traditionnellement et peut-être idéalement un mélange de plusieurs climats, leurs noms sont visibles sur un nombre croissant d'étiquettes, puisque le besoin d'identifier les caractéristiques de chaque vignoble s'est emparé aussi bien des producteurs que des consommateurs.

En général, les vins rouges les plus légers et les plus aromatiques, tous faits à partir de syrah, viennent de Beaumes, Les Diognières et L'Hermite. À l'intérieur de l'Hermite se trouve une parcelle occupée par des vignes anciennes et curieusement éparpillées à partir desquelles Chapoutier fait son Pavillon Ermitage (ancienne orthographe) exceptionnellement concentré. Les vins plus structurés et plus complexes viennent de Péléat et des Roucoules. Les Gréffieux, dans lequel Chapoutier a des parts importantes, Le Méal, les deux Bessards ont tendance à donner des vins plus tanniques et vieillissant mieux.

L'adjectif « viril » a toujours été associé à l'Hermitage. Autrefois abondamment utilisé pour renforcer les bons rouges de Bordeaux, il a presque les qualités d'un porto sans l'addition de cognac. Comme le porto millésimé, l'Hermitage génère d'importants sédiments dans la bouteille et il s'améliore pendant de nombreuses années jusqu'à ce que son parfum et son arôme deviennent presque irrésistibles.

Un jeune Hermitage d'une bonne année est aussi fermé et tannique que n'importe quel autre rouge jeune, mais rien ne peut contenir son parfum abondant et ses arômes de fruits dont le verre semble saturé. En vieillissant, la surprise de ce premier impact ne diminue pas, mais l'ardeur juvénile de l'assaut cède le pas à une pure splendeur de présence et de maturité. On ne peut le boire sans être impressionné.

À la différence des appellations Côte Rôtie et

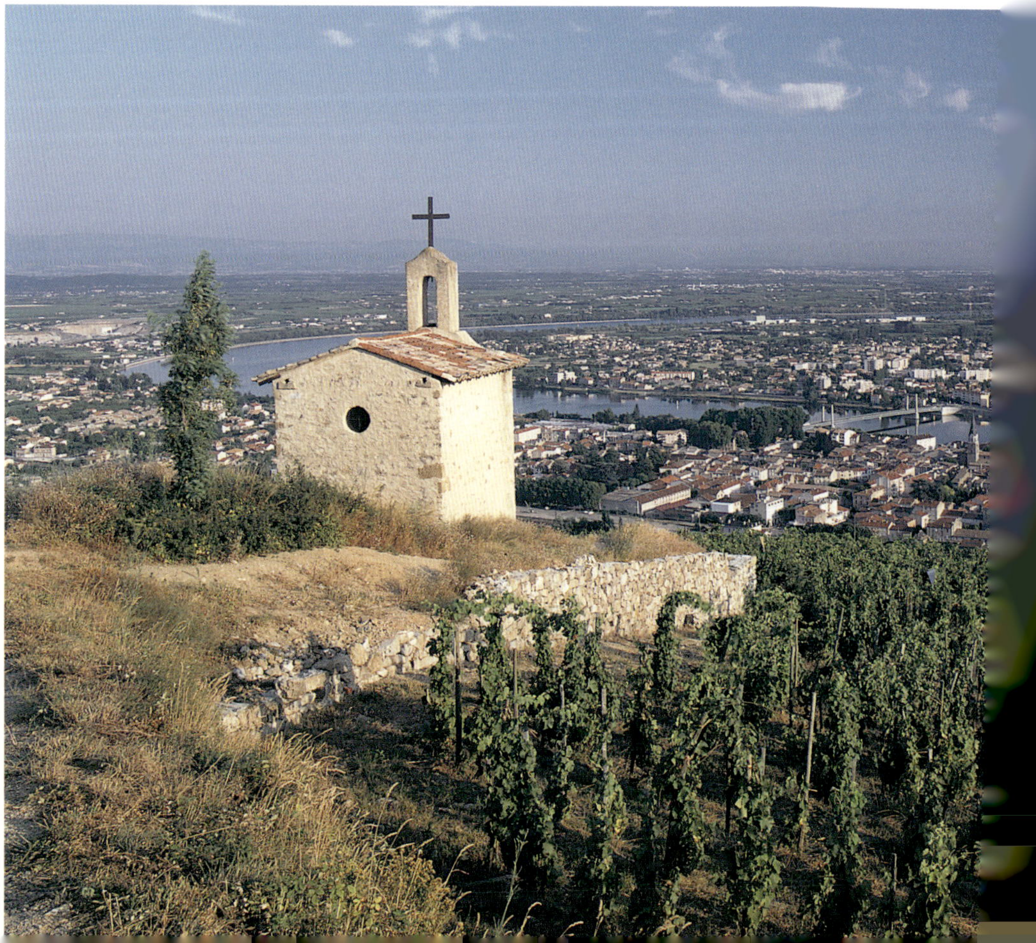

À droite La fameuse chapelle sur la colline de l'Hermitage a été restaurée. Elle surplombe les vignes les plus favorisées de la pente graniteuse, ainsi que le Rhône et ses complexes industriels autour de Tain-l'Hermitage et de Tournon, sa jumelle de la rive opposée.

Condrieu au nord, l'Hermitage est depuis fort longtemps à la mode. L'essentiel de la superficie disponible est donc planté et les opportunités pour étendre le vignoble sont rares. L'appellation est dominée par quatre producteurs seulement : Chave, installé de l'autre côté du fleuve à Mauves, les grandes maisons de négoce Chapoutier et Jaboulet, et le plus petit, Delas.

Mais il s'est présenté une autre opportunité pour les nouveaux venus enthousiastes, rejoints par un nombre croissant de producteurs locaux soucieux de mettre en bouteilles le fruit de leurs efforts plutôt que de le vendre à la coopérative. Le Crozes-Hermitage est au grand cru ce qu'un Gevrey-Chambertin Village est au Chambertin. Crozes, le village qui se trouve derrière la colline, donne son nom à l'appellation qui s'étend sur près de 16 km au nord et au sud de Tain et de l'Hermitage même, déployant un vignoble de 100 hectares, dont seule une fraction est présente sur cette carte (voir la carte page 130).

Jusqu'à une période récente, seul un Crozes, le Domaine de Thalabert de Paul Jaboulet, fait dans une des zones les plus couronnées de succès de l'appellation juste au nord de Beaumont Monteux, était régulièrement comparable à un Hermitage et le reste faisait piètre figure. Aujourd'hui, nous pouvons choisir entre deux styles fondamentaux : l'un, plein du fruit frais des mûres, qui peut être bu jeune ; l'autre, plus sérieux, qui imite l'Hermitage massif et peut être conservé jusqu'à dix ans.

Des producteurs comme Alain Graillot, Albert Belle, le Domaine Pochon et le Domaine du Colombier ont ouvert la voie, mais de nouveaux marchands comme Laurent Tardieu et la coopérative de Tain sont aussi responsables de bouteilles admirables.

Certains des meilleurs Crozes-Hermitage sont des vins blancs, spécialité pour laquelle la colline de l'Hermitage était autrefois fameuse. Faits avec des cépages de roussanne et de marsanne en particulier, ils représentent encore aujourd'hui un quart du vin produit par l'Hermitage. Jullien avait nommé « Raucoule » le meilleur vignoble d'Hermitage blanc et celui-ci est toujours connu pour l'arôme de ses blancs. Le nom le plus connu aujourd'hui est Chante-Alouette. En dehors du fait que c'est un vignoble (même s'il n'est pas indiqué sur les cartes traditionnelles de l'Hermitage), c'est aussi une marque de Chapoutier et un vin tout à fait remarquable, même s'il est souvent mal compris. Doré, sec, plein et incroyablement délicat, avec un arôme de noisette au bout d'un certain temps, c'est un vin qui doit vieillir une décennie au moins, comme un Hermitage rouge.

Un autre vin blanc a été ressuscité récemment. C'est l'extraordinaire « vin de paille » fait en toutes petites quantités dans les années de grande maturité des raisins par des gens comme Chave ou Chapoutier, à partir de grains qui se sont flétris sur des tapis de paille.

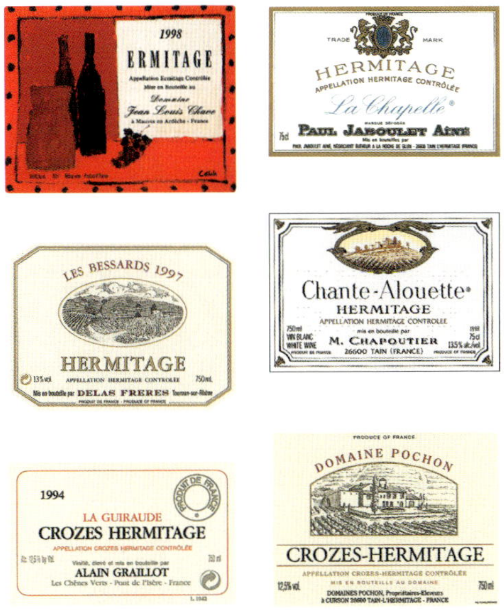

Hermitage est une petite *appellation, mais elle fait des vins rouges, des vins de paille blancs et doux et des blancs secs qui vieillissent bien, comme le Chante-Alouette de Chapoutier. L'étiquette rouge n'est utilisée que pour l'Ermitage Cuvée Cathepsine de Chauve, réservé aux années exceptionnelles.*

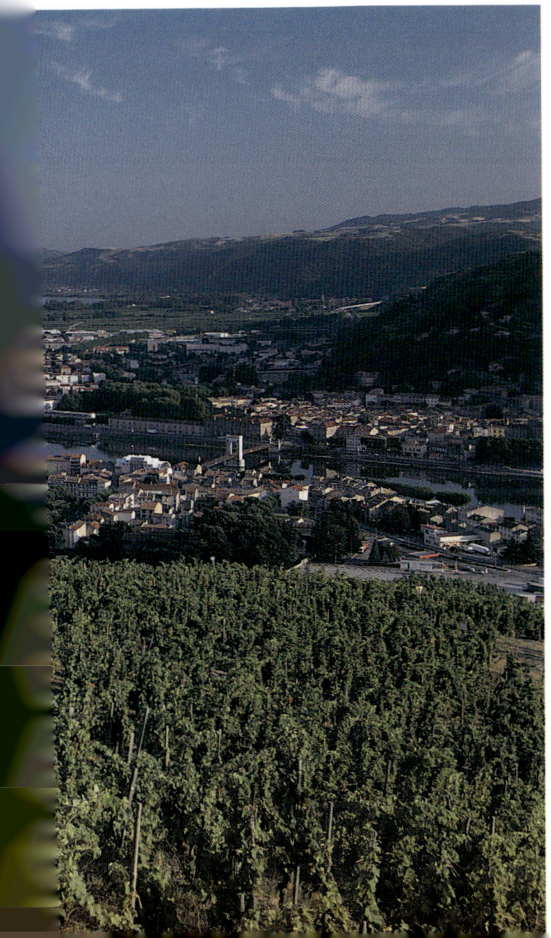

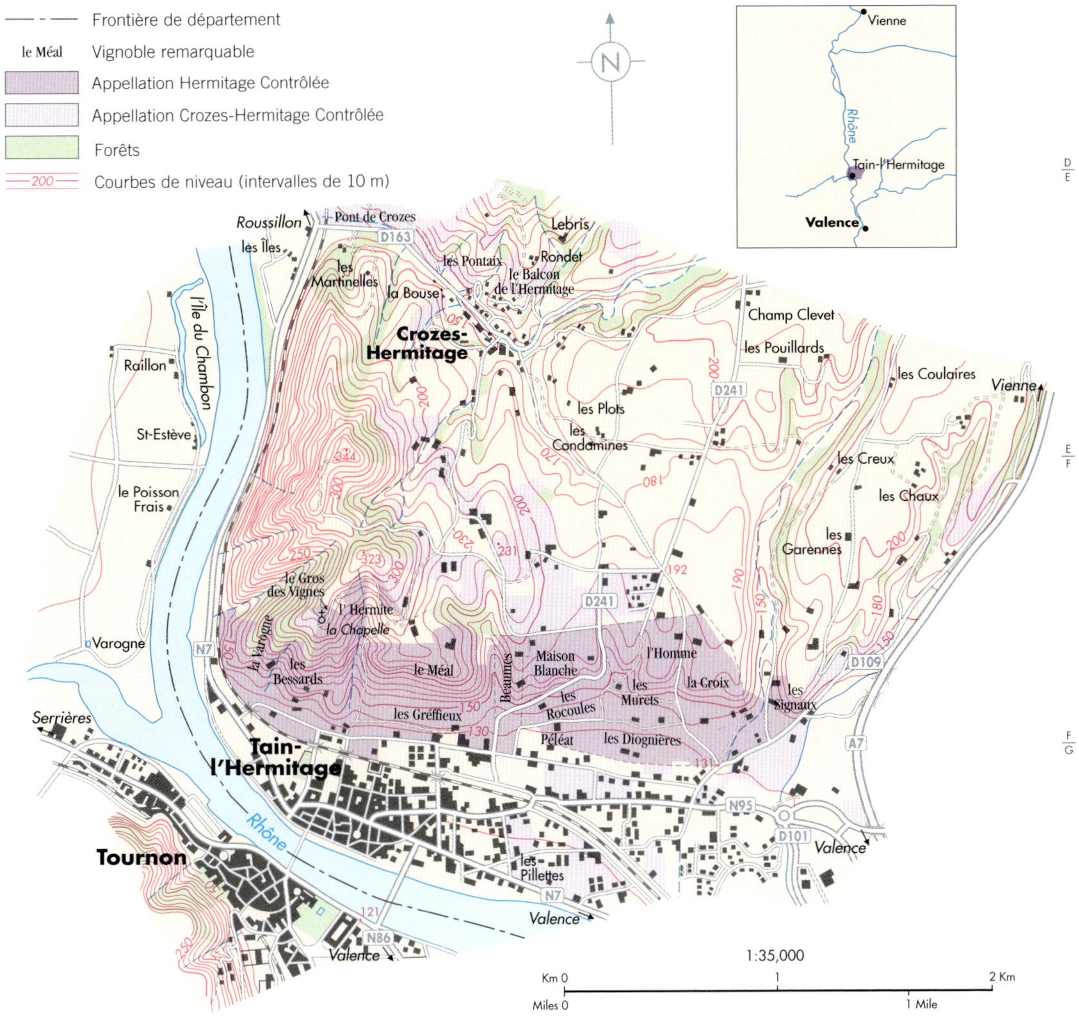

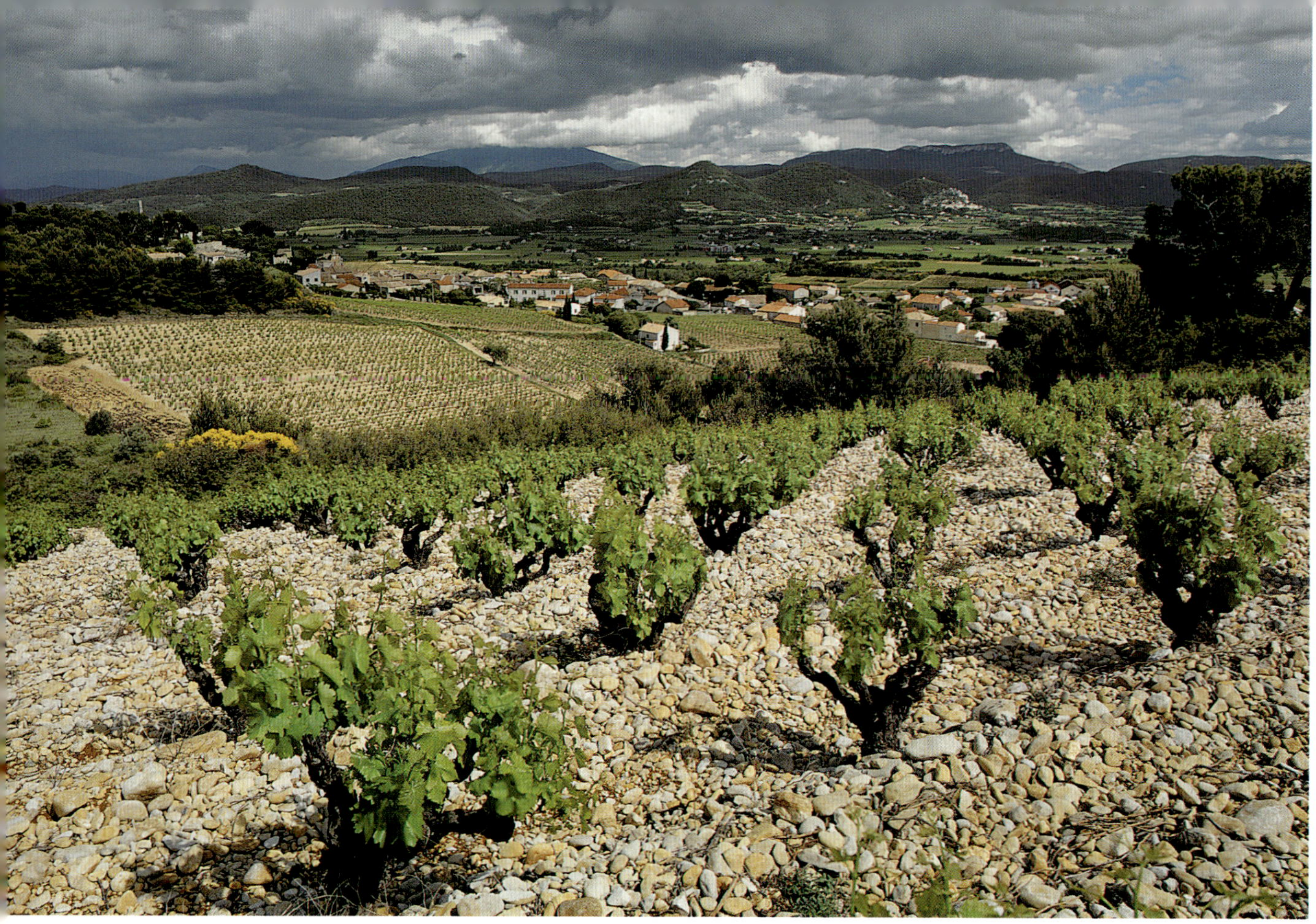

À gauche Ces pieds de vigne qui dominent Rasteau, fidèles au stéréotype du Rhône méridional sont plantés de manière très espacée dans un océan de galets beiges et roses que la glace a modelés.

Rhône méridional

L'embouchure de la vallée du Rhône occupe une place particulière dans le cœur du voyageur. L'Histoire et l'histoire naturelle s'associent pour en faire une des régions les plus riches de France dans les domaines les plus divers. Qui n'a pas présents à l'esprit les vastes travaux des Romains, les lézards dans leurs ruines, les potagers de légumes précoces derrière les protections contre le mistral, les pins et les amandiers, que remplacent plus au sud les champs d'oliviers, et partout, à flanc de coteau ou dans la plaine, sur le sable ou l'argile, le point croisé de la vigne ?

Ces vignes qui cuisent sur de larges terrasses de pierres rondes et lisses chauffées par le soleil sont presque toujours un riche mélange de cépages. Dans le sud, le cépage dominant pour le vin rouge est le versatile grenache, de plus en plus souvent complété par la syrah et le mourvèdre. Le cœur de la région, le vignoble qui en résume toutes les qualités, est le Châteauneuf-du-Pape, où un total de treize cépages différents est autorisé, en théorie du moins (voir pages 136 et 137). Tout autour, on trouve une série de villages peuplé par un groupe croissant de producteurs ambitieux. Le Rhône méridional est aussi une région bien quadrillée par les grands négociants en vins, dont les produits varient autant que ceux des petits domaines.

L'appellation la plus courante est le Côtes du Rhône, qui s'applique très largement aux vins rouges, rosés et blancs de la vallée du Rhône, et couvre une superficie de 40000 hectares. La récolte annuelle est trois fois supérieure à celle du Beaujolais et à peine moins importante que celle du Bordelais.

Au sein de l'appellation, il existe de grandes différences de qualité et de style, les sols plus légers et les climats plus frais donnant des vins eux-mêmes plus légers. Certains côtes du rhône sont très ordinaires, mais cette appellation fourre-tout cache quelques trésors, soit produits par les meilleurs négociants, soit constitués par les vins de second ordre des producteurs des grandes appellations. L'exemple typique était le Château de Fonsalette de la même écurie que le Château Rayas, le grand Châteauneuf-du-Pape. Le Coudoulet de Beaucastel est la riposte du Château de Beaucastel. Mais il existe aussi des perfectionnistes dans les zones périphériques, comme le Domaine de Gramenon près de Grignan, ou encore le Domaine La Réméjeanne à l'ouest de Bagnols-sur-Céze, le Domaine Rouge Garance à Saint-Hilaire-d'Ozilhan et la coopérative d'Estézargues, tous dans le département du Gard.

Le grenache est à l'origine d'au moins 40 % de la totalité des rouges des côtes du rhône. Les partenaires de mélange les plus courants sont la syrah et le mourvèdre. Le blanc et le rosé ne représentent chacun que 2 % de la production totale.

L'appellation Côtes du Rhônes-Villages est nettement supérieure et elle peut offrir quelques-unes des meilleures affaires du vignoble français. Parmi ses quatre-vingt-quinze communes, toutes étant situées dans le sud, les seize meilleures ont la possibilité d'ajouter leur nom à une étiquette déjà surchargée. Ces villages privilégiés sont indiqués en italique sur la carte ci-contre et quelques-uns des plus connus sont cartographiés en détail aux pages suivantes. D'autres villages encore ont atteint une certaine renommée en dehors de leur région : Valréas, Vinsobres, Visan et, sur la rive droite du Rhône, Chusclan qui, avec son voisin Laudun, a la réputation de faire de bons rosés et de bons rouges. Les deux villages les plus septentrionaux du Côtes du Rhônes-Villages, Rousset-les-Vignes et Saint-Pantaléon-les-Vignes, vendaient autrefois leur vin sous le nom de Haut-Contat.

Entre ces villages du nord et le Rhône se trouve l'appellation qui monte, les Coteaux du Tricastin, un paysage desséché par le mistral, connu autrefois pour ses truffes. Le mourvèdre ne mûrirait pas si loin de la Méditerranée et c'est donc le cinsault qui renforce le grenache fruité et la dure syrah. Même les meilleurs Coteaux du Tricastin n'ont pas besoin de vieillir plus de deux ou trois ans.

Les Côtes du Ventoux, qui ont été promues au rang d'appellation contrôlée en 1973, luttent contre des conditions plus froides et des altitudes plus élevées que celles de la plupart des Côtes du Rhône. On y faisait traditionnellement des rouges et des rosés légers à tous égards quand ils étaient jeunes. Mais un nombre croissant de producteurs cherchent à faire des vins plus substantiels et y parviennent. L'étiquette la plus connue est celle de La Vieille Ferme, poste avancé du très renommé Château de Beaucastel à Châteauneuf-du-Pape.

Sur la rive droite du Rhône, au sud du département de l'Ardèche, se trouvent les Côtes du Vivarais, promues au rang d'appellation contrôlée en 1999 (voir la carte page 53). On y fait des vins qui sont des côtes du rhône poid-plume sur des vignobles calcaires dispersés, dans des conditions climatiques particulièrement fraîches pour cette région torride de la France.

Les vignobles des Costières de Nîmes, discutés et cartographiés dans le Languedoc oriental (pages 138-139), sont, à bien des égards, une extension occidentale du Rhône méridional.

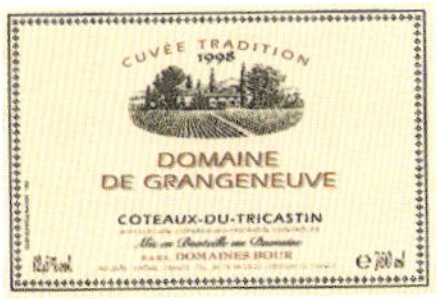

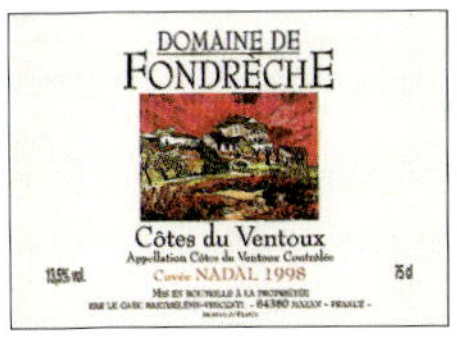

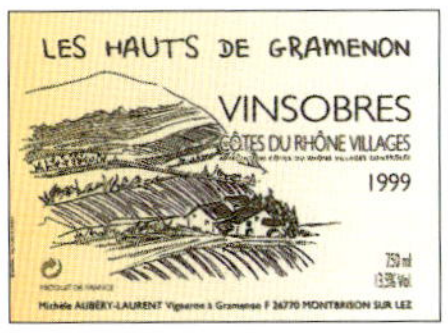

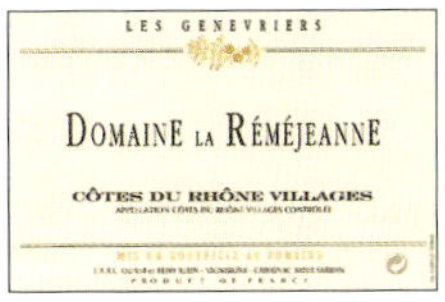

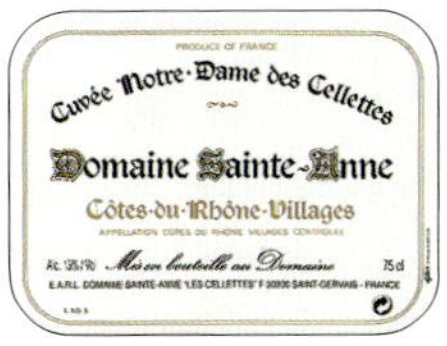

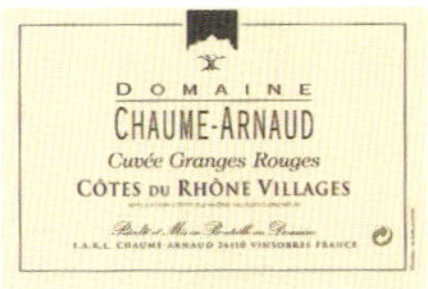

Quelques-uns des nombreux vins *intéressants faits dans le sud du Rhône, en dehors de la zone cartographiée en détail aux pages suivantes. Les Côtes du Ventoux sont une transition entre le Rhône et la Provence.*

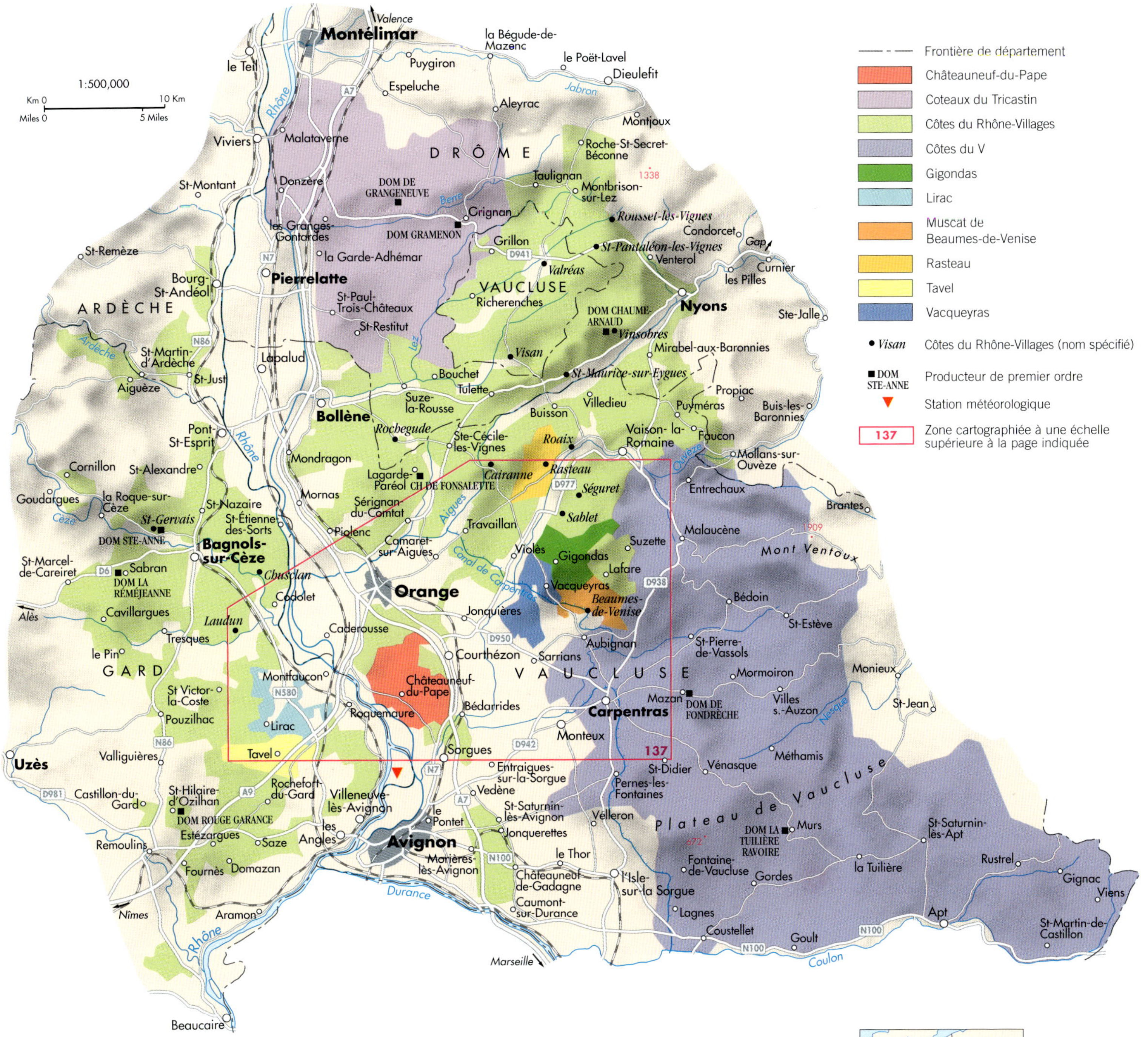

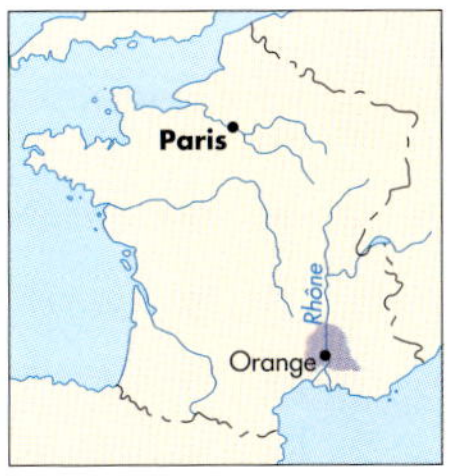

Rhône : Avignon

Latitude / Altitude : **44° / 50 m**

Température moyenne de juillet : **23,3 °C**

Précipitations annuelles : **610 mm**

Précipitations du mois de la vendange : **septembre : 65 mm**

Principal danger viticole : **sécheresse**

Principaux cépages : **grenache noir, syrah, carignan, cinsault, mourvèdre**

Châteauneuf-du-Pape et ses environs

Châteauneuf-du-Pape est le célèbre centre du Rhône méridional, situé juste au nord d'Avignon sur des coteaux dominés par une résidence d'été papale en ruine. Le vin rouge profond de Châteauneuf se distingue par sa plus forte teneur en alcool minimale de France (en théorie de 12,5°, en pratique, souvent plus de 14°), mais aussi parce qu'il fut historiquement le premier à être réglementé. Son plus célèbre producteur, feu le baron Le Roy du Château Fortia, a instauré ici ce qui est devenu le système national des appellations contrôlées. Un des éléments de sa proposition initiale, faite en 1923, établissait qu'une bonne terre pour les vignes de Châteauneuf devrait être assez aride pour qu'on y cultive aussi de la lavande et du thym. À cela s'ajoutaient des contrôles stricts sur les cépages, la taille de la vigne, la quantité et la puissance du vin. Et, contrairement à l'habitude, les raisins abîmés devaient être éliminés avant la fermentation. La lucidité du baron fut progressivement récompensée par la reconnaissance mondiale de l'obscur vignoble de Châteauneuf-du-Pape.

On y produit 11 000 hectolitres de vin chaque année, 97 % de cette production étant du vin rouge d'une qualité extrêmement variable. L'essentiel se situe entre le bon et le moyen. Allégé en couleur (non en alcool) par l'addition d'une plus grande proportion de grenache, il peut être bu au bout d'un an ou deux. Un certain nombre de grandes propriétés, comparables aux châteaux du Bordelais, produisent un Châteauneuf classique, sombre et profond, chacune d'elles utilisant son propre cocktail des treize cépages autorisés afin de le rendre plus ou moins épicé, plus ou moins tannique ou souple, plus ou moins susceptible de vieillir. Le grenache est la colonne vertébrale de l'appellation, souvent mélangé au mourvèdre, qui a besoin d'un climat chaud pour mûrir, à la syrah, au cinsault et au counoise (une spécialité locale), avec de faibles quantités de vaccarèse, de picpoul noir, de terret noir, de grenache blanc à peau mince, de clairette, de bourboulenc, de roussanne et du neutre picardan. Seul le Château de Beaucastel continue à les utiliser tous.

Les méthodes de vinification modernes ont renouvelé l'intérêt de cette appellation. Aujourd'hui, des propriétés comme les châteaux de Beaucastel et de Rayas, le Domaine du Vieux Télégraphe, le Clos des Papes et le château de la Berthe, qui ont des exigences aussi élevées que dans les meilleures propriétés de France, sont dirigées par des individus parfois très singuliers comme Henri Bonneau, André Brunel aux Cailloux et les Féraud au Domaine du Pegau, dont les productions limitées séduisent tant les collectionneurs de grands vins. Leurs rouges, toujours riches et épicés, mais parfois rudes quand ils sont jeunes, peuvent atteindre des profondeurs somptueuses en vieillissant, avec des arômes giboyeux. Leurs rares blancs, succulents dès le plus jeune âge, développent, au bout de sept ou huit ans, des parfums exotiques qui rappellent parfois le zeste d'orange. La plupart des grandes propriétés utilisent des bouteilles en verre sombre et gravé.

Le cliché concernant le Châteauneuf-du-Pape, c'est le galet qui absorbe la chaleur. Mais en réalité, les sols de cette région relativement petite sont beaucoup plus variés que ne le savent les amoureux du vin. Les célèbres vignobles de Rayas, par exemple, n'ont pratiquement pas de galets et une forte proportion d'argile. Le vin produit dans les vignobles orientés au nord, entre Mont-Redon et Orange, a tendance à être plus léger et plus élégant, avec des tannins plus souples que ceux des vins des sites plus chauds. L'utilisation de chêne nouveau et une certaine proportion de mourvèdre constituent les autres facteurs de l'extraordinaire variation des styles de Châteauneuf-du-Pape.

Le Châteauneuf-du-Pape est entouré d'une centaine de communes qui produisent du côtes du rhône. Certaines d'entre elles ont toutefois obtenu un statut plus glorieux en se voyant accorder leur propre appellation. Gigondas produit, dans une cuvette surchauffée au-dessous des pittoresques Dentelles de Montmirail, un rouge surpuissant, qui a besoin de vieillir six ou sept ans. C'est un rival sérieux du Châteauneuf-du-Pape. Des producteurs ambitieux, comme ceux du Domaine de Santa Duc et du château de Saint-Cosme, ont fait des expériences heureuses avec du chêne nouveau (ce qui n'est pas la norme dans le sud du Rhône), tandis que les traditionalistes du Domaine de Cayron font encore des vins somptueusement capiteux.

Vacqueyras a obtenu son appellation en 1990 et, tout en étant généralement plus contenu que le Gigondas, son vin peut offrir les épices et les herbes du sud rhodanien à un prix raisonnable. Juste au nord, Cairanne et Rasteau ont aussi été jugés dignes d'une appellation, même si les vignobles ne parviennent pour le moment qu'à rassembler de quoi faire les vins doux naturels assez rustiques de l'appellation Rasteau (voir page 142). Beaumes-de-Venise produit un vin du même genre, un muscat doré, puissant et doux.

Les Côtes du Rhônes-Villages sont tous des vins de caractère et méritent une étude précise. Le Sablet, le Valréas, le Saint-Gervais et le Rochegude sont plus souples et peuvent être bus jeunes.

Le rosé est la spécialité traditionnelle de Tavel et de Lirac, les deux appellations les plus méridionales du Rhône. Le puissant et sec Grenache rosé de Tavel, qui prend une teinte orangée au bout d'un an ou deux, a des admirateurs fervents, même s'il est meilleur à boire avant le passage à l'orange. Tavel est une preuve que la célébrité n'est pas l'amie du progrès. Le Lirac, autrefois connu pour son rosé, est une meilleure affaire. Avec des rendements autorisés inférieurs, l'appellation se tourne vers des rouges souples et fruités, moins dominés par le grenache que les Tavel. Ses blancs contiennent un tiers de cépage de clairette au minimum.

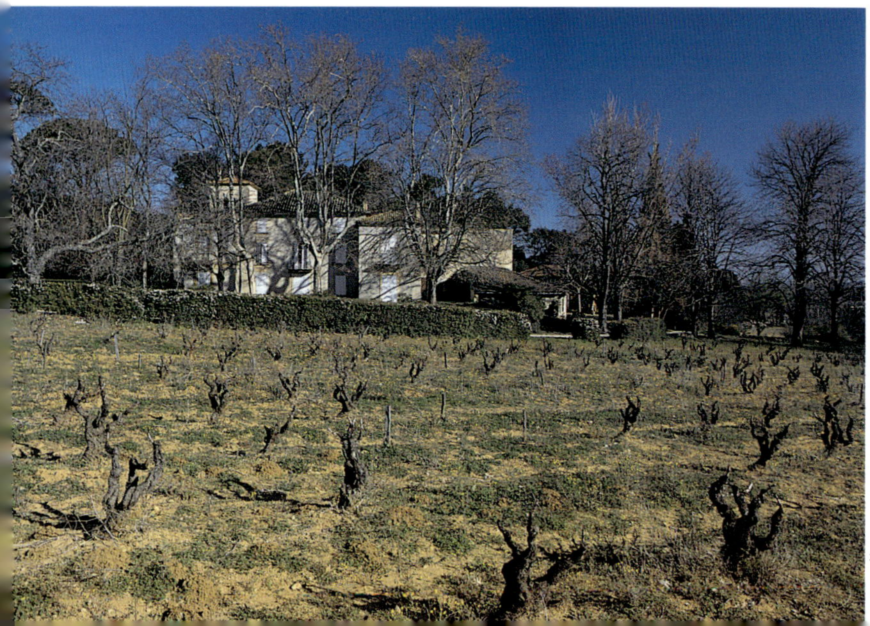

À gauche Les vignobles du Château Rayas, sans conteste le plus grand des Châteauneuf-du-Pape, sont aussi peu engageants que son singulier chai à l'ancienne. Ses vins peuvent cependant être superbement riches et satisfaisants.

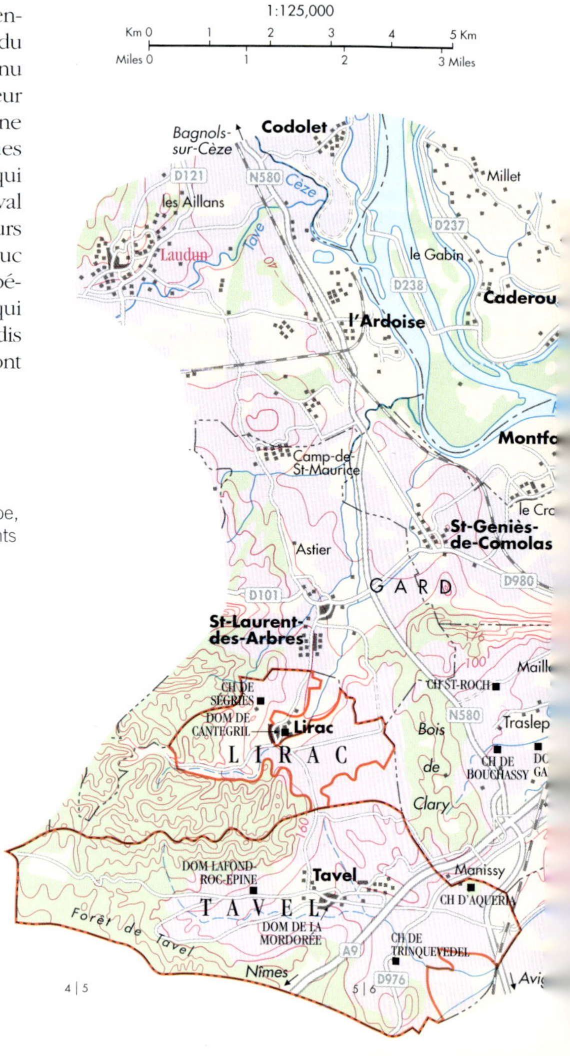

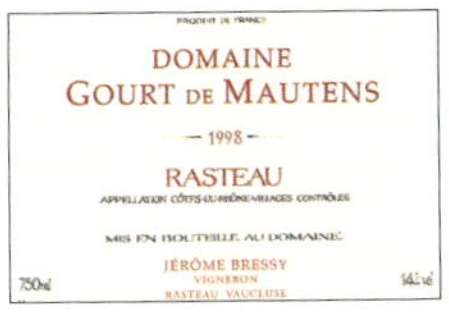

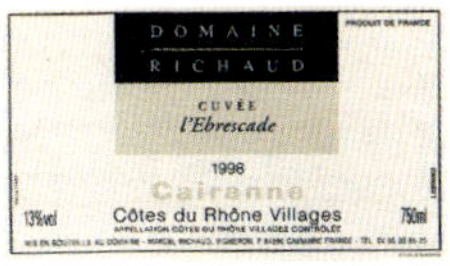

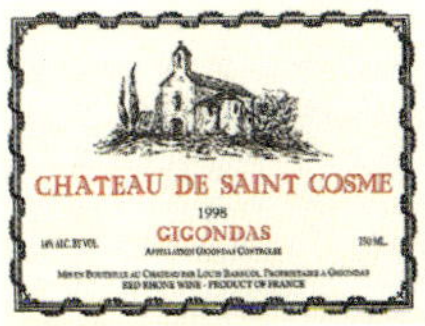

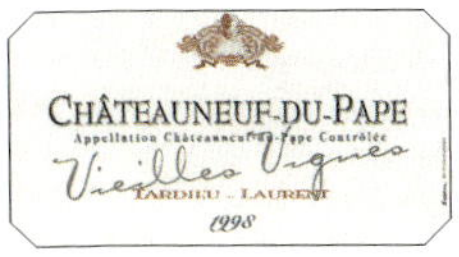

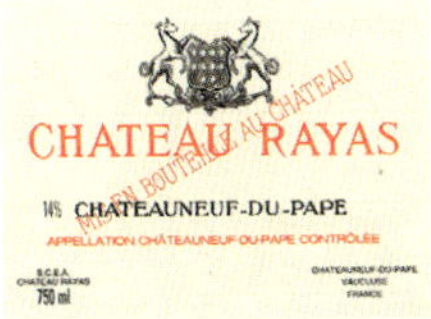

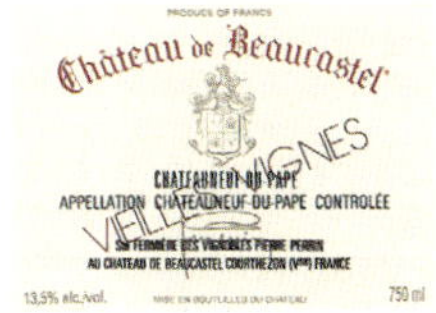

La diversité des appellations *donne une idée de l'étendue de cette carte, bien au-delà des limites de l'appellation Châteauneuf-du-Pape. De plus en plus d'excellents vins blancs sont produits dans la région, comme le Château de Beaucastel qui, le premier, s'est lancé dans les Vieilles Vignes de Roussanne avec vieillissement en fûts de chêne.*

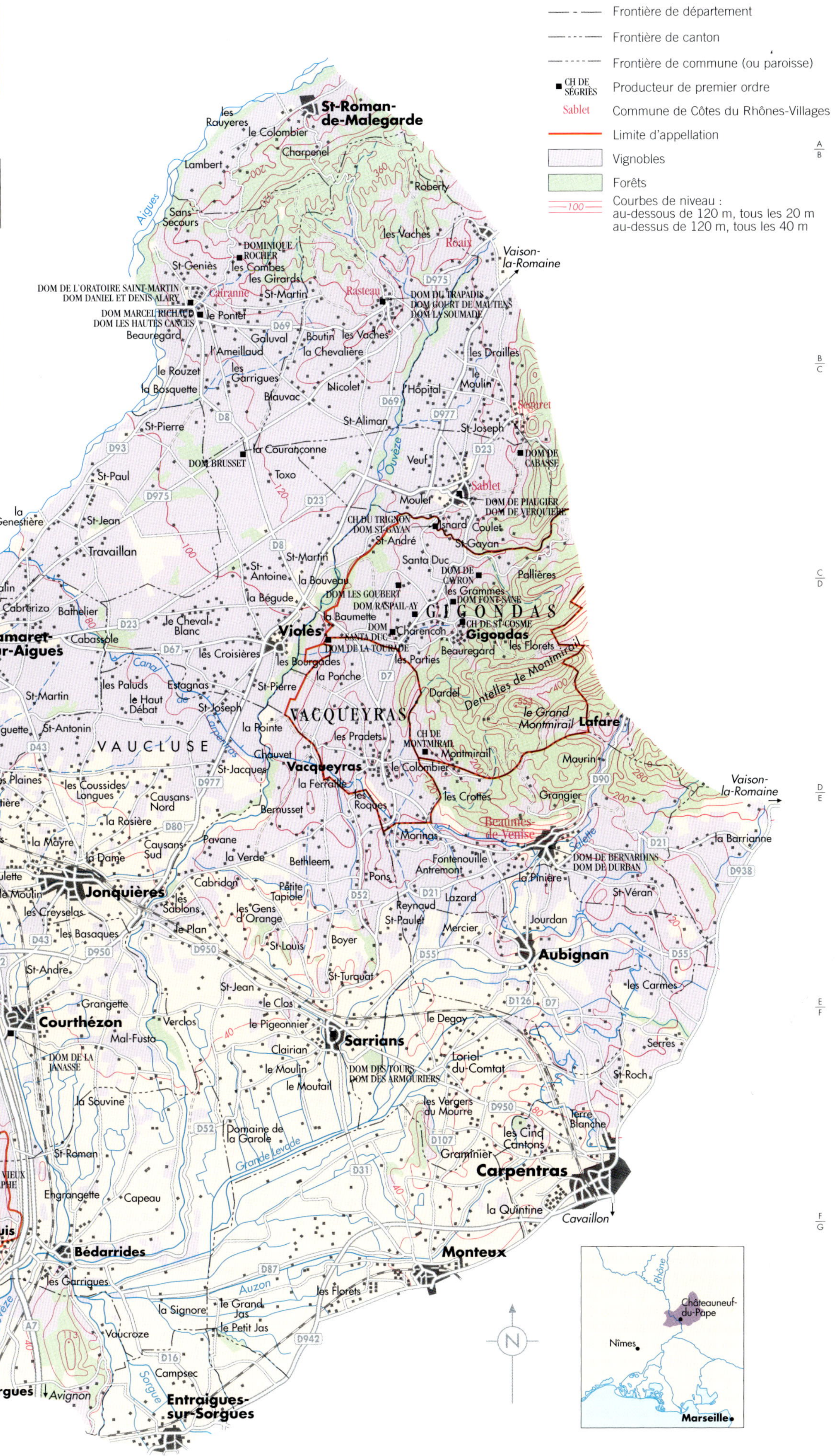

Languedoc oriental

Le Languedoc est une sortie de secours, un lien vers le monde extérieur et un creuset d'influences diverses. La frontière entre le sud de la vallée du Rhône et la limite orientale du Languedoc fait l'objet de disputes, à juste titre puisque la qualité du vin fait dans l'appellation limitrophe des Costières de Nîmes s'est tant améliorée que bon nombre de ses vins, faits à partir de cépages de syrah et de grenache, ressemblent étonnamment aux plus succulents Côtes du Rhône.

Aujourd'hui cette qualité s'est étendue, heureusement, à l'ensemble du Languedoc-Roussillon. Jusqu'en 1994, cet atlas casait les 190 km de côtes méditerranéennes et d'arrière-pays dans une seule carte. L'histoire du Midi de la France, qui produit plus d'un tiers de la production vinicole française, était récemment encore assez sinistre : on y constituait, grâce à des subventions, des surplus d'un vin rouge ordinaire, ainsi que quelques vins doux naturels assez forts (voir page 142) qui ne suscitaient que peu d'intérêt en dehors de la France. Les vignerons des coteaux avaient été anéantis par le phylloxéra. Les plaines arides du département de l'Hérault, de Narbonne à Montpellier, étaient exploitées à une échelle industrielle pour donner un vin si pâle et si léger qu'il fallait le mélanger à du vin importé d'Algérie. Une crise de surproduction permanente s'était installée. Mais, à la fin des années 1990, le Languedoc-Roussillon a réussi à devenir la région vinicole la plus rentable et la plus intéressante de France.

En dépit des incitations financières pour arracher les vignes des sites les moins propices – trop plats et trop fertiles pour donner des arômes intéressants – c'est encore le vignoble le plus important de France avec plus de 298 000 hectares (le Bordelais ne dépasse pas 115 000 hectares). La majorité de ses 30 000 viticulteurs donnent leur raisin aux quelque 357 coopératives regroupées (Val d'Orbieu, par exemple, est une des plus grandes entreprises vinicoles au monde). Les deux tiers du vin de la région est fait dans leurs caves, dont les installations varient de l'indigence au dernier cri, tout comme le vin des coopératives varie de l'ennuyeux au digne d'intérêt.

Mais les vins les plus intéressants sont en général produits par des individus passionnés, souvent des producteurs de vins de la première génération qui, à une autre époque, auraient embrassé des professions plus conventionnelles. Ils travaillent exactement là où les Romains faisaient pousser leurs vignes (les premières en Gaule), sur des coteaux dont la terre arable est si mince que rien d'autre ne peut y prospérer.

Les appellations Coteaux du Languedoc, avec leurs sous-appellations, couvrent la plupart des sites probables d'une viticulture de qualité dans le Languedoc oriental – comme le montre la répartition des producteurs de premier ordre. Saint-Chinian (voir la carte pages suivantes) et Faugères, qui se sont dégagés de l'appellation Coteaux du Languedoc pour créer leur propre appellation, sont des cas typiques. L'altitude est un élément clé, une grande partie de Faugères et le secteur nord de Saint-Chinian autour de Berlou (célèbre pour sa coopérative) étant bien au-dessus de 200 m dans un décor de montagnes spectaculaire dominé par les pics des Cévennes (voir la photographie page suivante). Les vignes cultivées sur du schiste peuvent donner des vins qui ont du cachet, tandis que celles qui poussent plus bas sur ces sols bizarres d'argile violette et de calcaire autour du village de Saint-Chinian sont plus doux et plus souples.

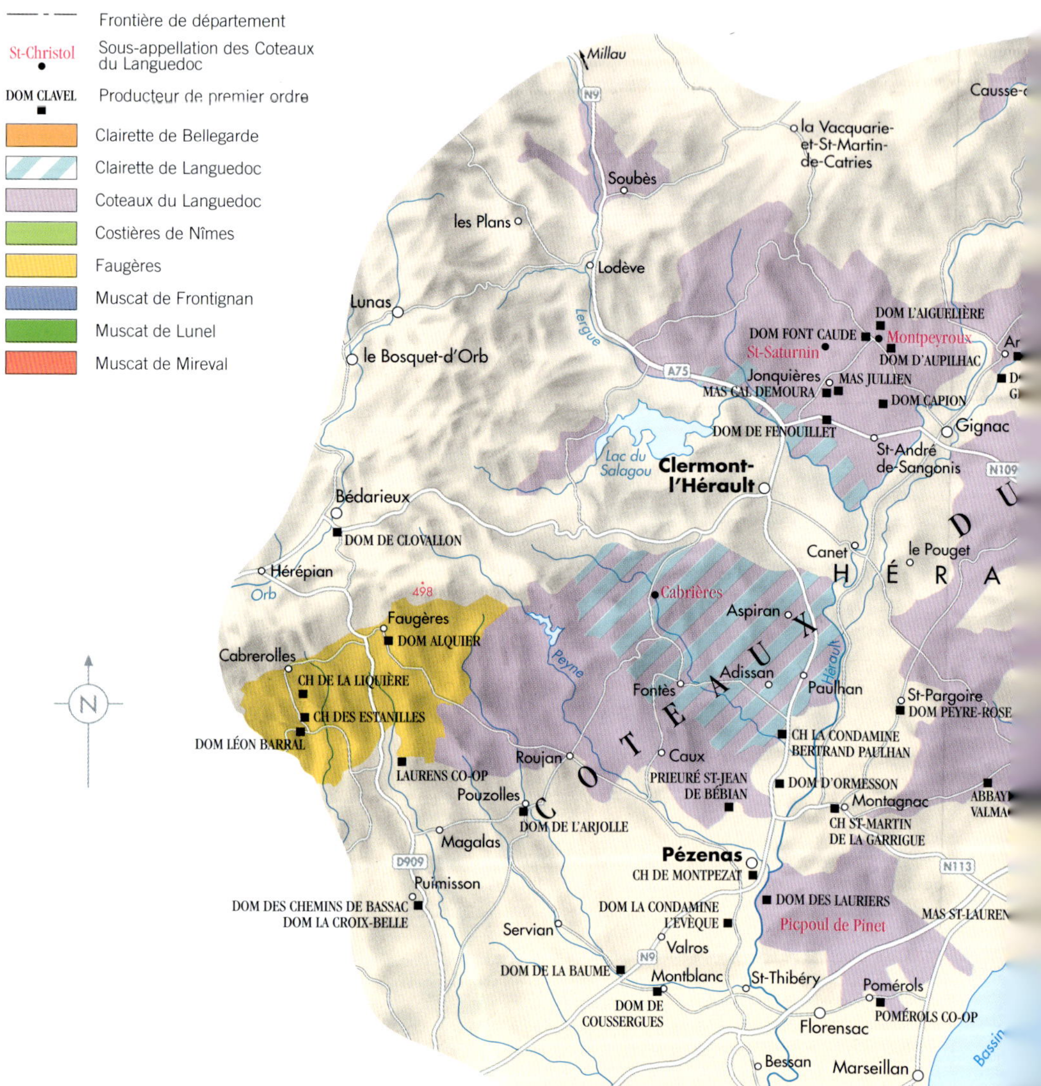

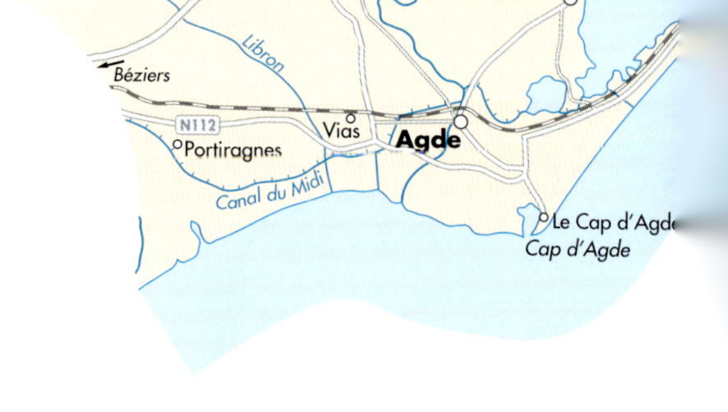

Les vins produits sur les flancs du piton rocheux qu'est le pic Saint-Loup, au nord de Montpellier, par le château de Cazeneuve, le Domaine de l'Hortus, les châteaux de Lancyre et de Lascaux sont extrêmement consistants et ont un tel goût d'herbage qu'ils pourraient être le prochain cru à devenir une appellation distincte des Coteaux du Languedoc. Mais Montpeyroux, au nord de Clermont-L'Hérault, est à une altitude plus élevée encore et défend avec éloquence sa candidature. Les Domaines de l'Aiguelière, d'Aupilhac et de Font Caude, comme leurs homologues du pic Saint-Loup, peuvent bien se trouver dans les limites des quelques appellations contrôlées du Languedoc, ils ne se limitent pas pour autant à la seule production de vins d'appellation contrôlée.

Ce n'est pas sans raison que le Languedoc a été baptisé le Nouveau Monde de la France. Ses producteurs de vins ont toujours été plus anarchiques que ceux qui se trouvent plus près de Paris et de Bruxelles, et la camisole de force des règlements d'appellation fait toujours l'effet d'être trop serrée dans cette région. La plupart des producteurs font toute une série de vins de pays (présentés en détail pages 150-152) en même temps que leurs vins d'appellation. Et un bon nombre d'entre eux, particulièrement mais non exclusivement ceux qui se trouvent en dehors des zones d'appellation, ne font que des Vins de Pays – sous un nom géographique local ou sous celui, internationalement reconnu, de vin de pays d'Oc accompagné du nom d'un cépage. Les étés régulièrement chauds permettent de faire mûrir une gamme variée de cépages et le préjugé français

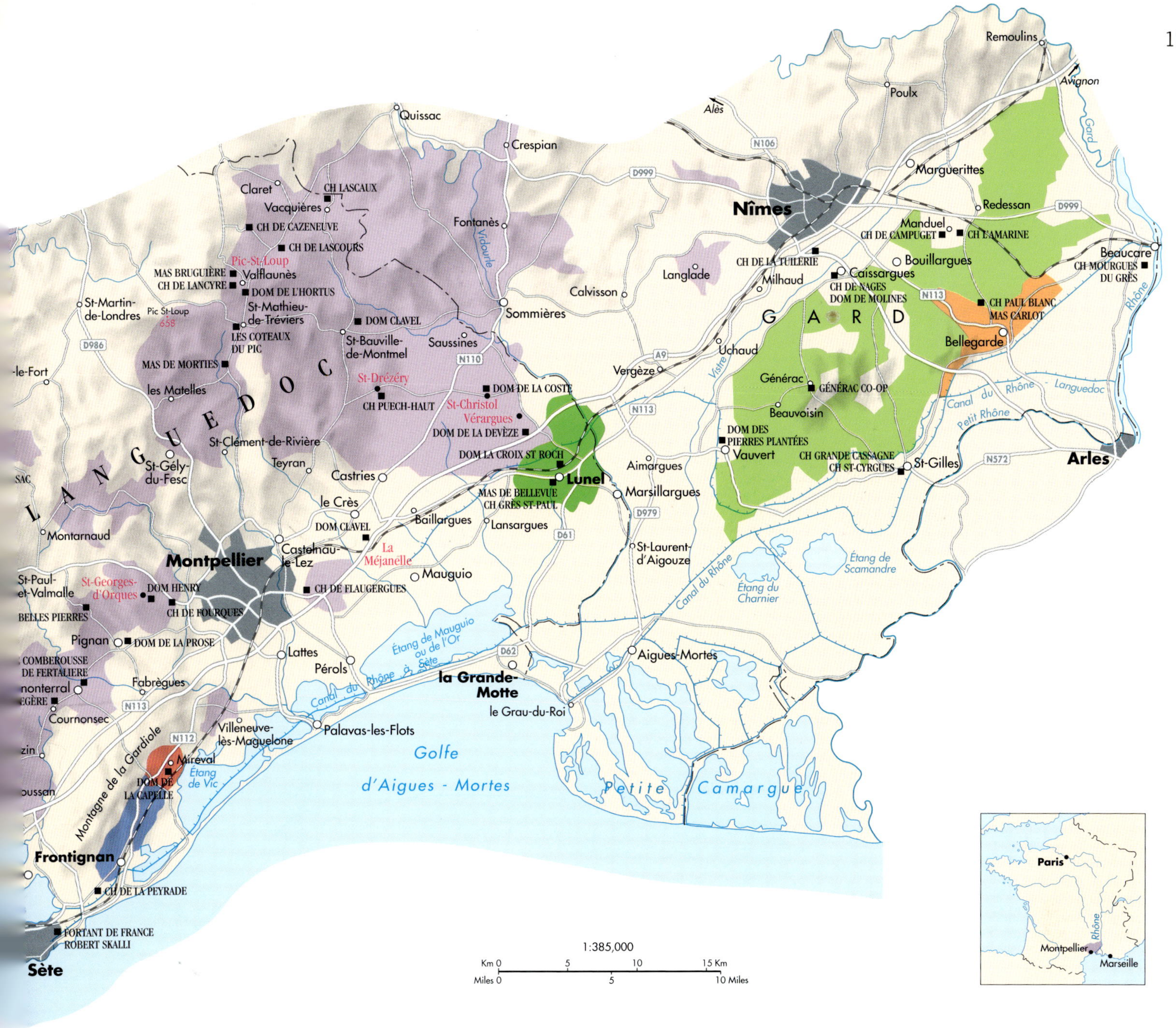

contre les vins de cépage est ici bien moins marqué.

Le vin rouge représente plus de 80 % de l'énorme production du Languedoc, à partir de cépages méditerranéens comme le mourvèdre, le grenache, la syrah ou le cinsault, avec une proportion déclinante du solide carignan ou de cépages internationaux comme le merlot et, dans une moindre mesure, le cabernet sauvignon. La production du vin blanc est devenue de plus en plus sophistiquée, comme en témoignent la marée de chardonnay à des prix très raisonnables et la gamme vertigineuse de mélanges de cépages à la mode, comme le viognier, la marsanne, la roussanne et le rolle (vermentino). L'usage abondant du chêne nouveau semble toutefois plaire davantage aux producteurs qu'aux consommateurs. Les cépages noirs reflètent avec tant d'évidence la garrigue et les senteurs minérales que l'addition d'un arôme de chêne paraît superflue.

La Clairette du Languedoc et le Picpoul de Pinet sont des vins blancs reconnus par le système des appellations contrôlées. Le premier est souvent d'une mollesse impossible, même si la coopérative d'Adissan a initié un retour à une version douce sans doute connue dès l'époque romaine ; le second est une appellation contrôlée d'un cépage spécifique – ce qui est tout à fait inhabituel en France –, le Picpoul à l'étrange arôme citronné. Ces cépages sont la tradition du Languedoc avec les vins doux naturels, faits à partir du muscat – le Muscat de Frontignan était autrefois célèbre dans le monde entier. Les muscats de Mireval et de Lunel au sud de Nîmes ont rarement l'attrait d'un vin de Frontignan et peu d'entre eux ont la personnalité d'un muscat de Saint-Jean de Minervois, perché dans les contreforts des Cévennes entre Saint-Chinian et le Minervois (voir page suivante).

Sète, sur la côte au pied de Frontignan, jouit d'une réputation qui remonte à l'époque romaine. Béziers (sur la carte pages suivantes) était synonyme de gros rouge. Ces deux villes sont encore entourées de propriétés importantes, les châteaux du sud, mais leurs installations viticoles sont remplies de cuves de fermentation en acier inoxydable, indispensables maintenant que les vins de cépages ont conquis des marchés immenses.

Le Languedoc a fait la preuve qu'il pouvait tenir son rang sur le terrain terriblement médiocre de la production de vins ordinaires du Nouveau Monde. Heureusement pour nous, c'est une région qui a aussi prouvé qu'elle était capable de produire des vins sérieux, reflets des terroirs du Sud de la France.

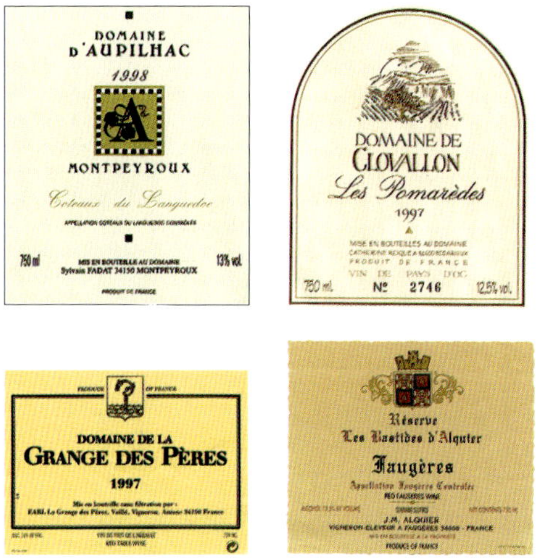

Les meilleurs vins *du Languedoc oriental proviennent en général des collines, mais pas nécessairement des parcelles dotées du statut d'appellation contrôlée, comme le Mas de Daumas Gassac a été le premier à le prouver. Le Domaine de la Grange des Pères est une star plus récente, lui aussi situé près d'Aniane dans les contreforts des Cévennes.*

Languedoc occidental

À l'ouest, le vignoble du Languedoc devient plus sauvage, le paysage plus montagneux, plus classique, avec des sols et des climats plus variés. L'altitude est plus élevée et la température plus basse en moyenne que dans le Languedoc oriental. Le vin est plutôt structuré comme un bordeaux que comme un vin du sud du Rhône. On n'y rencontre aucune plaine, seulement un couloir alluvial entre les montagnes des Corbières et les terrasses du Minervois que traversent aujourd'hui pour relier l'Atlantique à la Méditerranée la route et la voie ferrée, qui ont supplanté l'Aude et le canal du Midi, ce miracle technique du XVIIe siècle.

Des deux appellations du Languedoc occidental, celle du Minervois est la plus civilisée, la plus policée. Le terrain n'est pas aussi accidenté que celui des Corbières, même si à la bordure septentrionale, là où le vignoble remonte sur les contreforts de la Montagne Noire, les pieds de vigne sur la garrigue cévenole ont une allure aussi précaire que ceux tout tordus des Corbières, au pied des Pyrénées. Le village de Minerve est surplombé par quelques-uns des vignobles les plus élevés et les plus tardifs de l'appellation.

Un peu plus bas, sur une vaste étendue à l'ouest, la Petite Causse est une ceinture d'argile et de calcaire bien placée dans l'amphithéâtre exposé plein sud qu'est l'appellation du Minervois. Les vignobles autour de La Livinière produisent tant de vins qui semblent combiner les senteurs robustes des parcelles élevées avec la souplesse suave issue des vignobles de basse altitude qu'ils ont obtenu leur sous-appellation.

Au sud-ouest, Clamoux subit les premières influences atlantiques et produit un vin au niveau d'acidité supérieur et au style légèrement plus maigre. L'Argent Double, terre plus chaude et plus sèche descendant vers l'Aude, et la petite région des Serres, près de la Méditerranée, produisent le triste Minervois mélangé que l'on peut trouver à des prix alléchants dans tous les supermarchés de France. Mais on y trouve aussi quelques producteurs très ambitieux, qu'il s'agisse d'individus ou de coopératives.

En dépit du fait que 98 % du Minervois soit du vin rouge et parfois du rosé, l'antique cépage de bourboulenc est de plus en plus présent dans de bons mélanges de blancs, avec du maccabéo, du grenache blanc et des cépages du Rhône, où le chêne est souvent intégré. Le bourboulenc, appelé aussi malvoisie, prospère sur un étrange affleurement de l'appellation La Clape des Coteaux du Languedoc, massif calcaire excentré qui était à l'époque romaine une île au sud du port de Narbo (la Narbonne d'aujourd'hui). Ces vins blancs ont des senteurs marines, sinon iodées. Un vin doux, le Minervois Noble, est aussi produit dans la région.

Le paysage des Corbières est encore plus spectaculaire : un chaos géologique de montagnes et de vallées s'étend depuis la mer dans le département de l'Aude sur une distance de 60 km. Le calcaire alterne avec le schiste, la roche volcanique et le sable. L'influence de la Méditerranée, qui laisse parfois place à celle de l'Atlantique, se déploie sur les collines occidentales de la vallée de l'Aude.

Le Corbières rouge, quand il n'est pas courant, a un goût plus sauvage, souvent plus concentré et plus rude que le Minervois, dont les vignobles bénéficient de précipitations estivales un peu plus abondantes. En effet, la sécheresse et les incendies de l'été constituent des menaces constantes dans les diverses régions de l'appellation Corbières, qui constitue un foyer de luttes politiques incessantes. La redistribution la plus récente, en 1991, a divisé l'appellation Corbières en onze zones. Mais les intéressés débattent depuis de la façon de se limiter à sept ou huit zones plus faciles à gérer.

Il existe une différence considérable entre les vins faits près des lagons au bord de la Méditerranée et ceux qui sont produits sur les terrasses de schiste en altitude au sud-ouest. Les collines basses et dénudées autour de Boutenac ont été les premières à jouir d'une certaine réputation pour leur Corbières rouge excellent, capable de bien vieillir.

Mais si la géographie de l'appellation des Corbières est complexe, celle de Fitou semble parfaitement loufoque. Fitou est composé de deux enclaves distinctes dans les Corbières : une bande d'argile et de calcaire autour des lagons sur la côte et une zone de schiste dans la montagne à 24 km à l'intérieur des terres, avec un morceau des Corbières entre les deux. Fitou a obtenu la première appellation du Languedoc en 1948 (le Corbières et le Minervois ont dû attendre jusqu'en

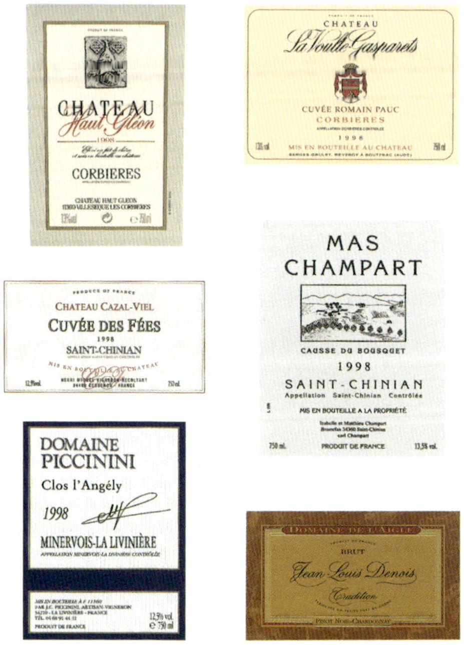

Quelques-uns seulement des douzaines *de producteurs de vins artisanaux de grande valeur des appellations du Minervois et des Corbières, ainsi qu'une alternative exceptionnelle au champagne faite au Domaine de l'Aigle près de Limoux.*

Ci-dessous Au début du printemps, vue sur les vignes de Vieussan, un des villages les plus élevés de l'appellation Saint-Chinian, blotti au pied des Cévennes.

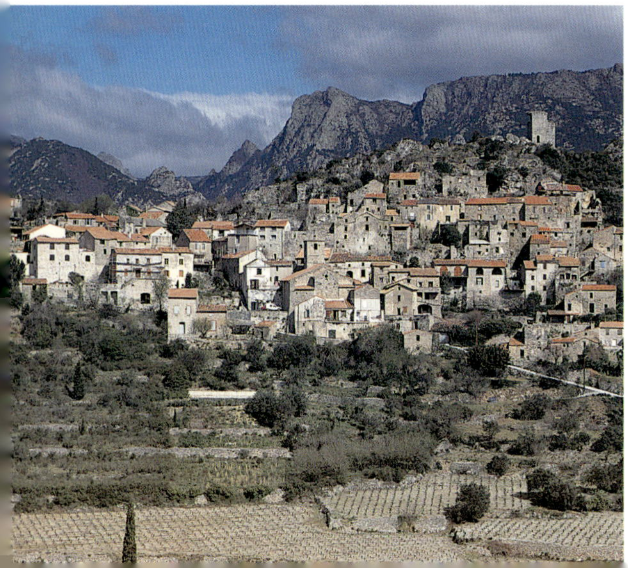

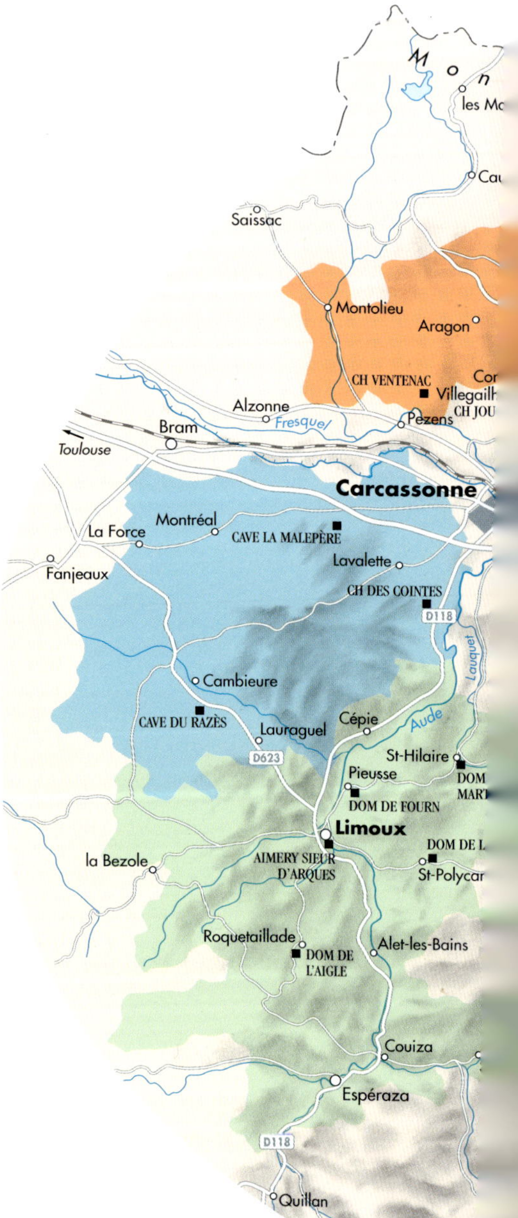

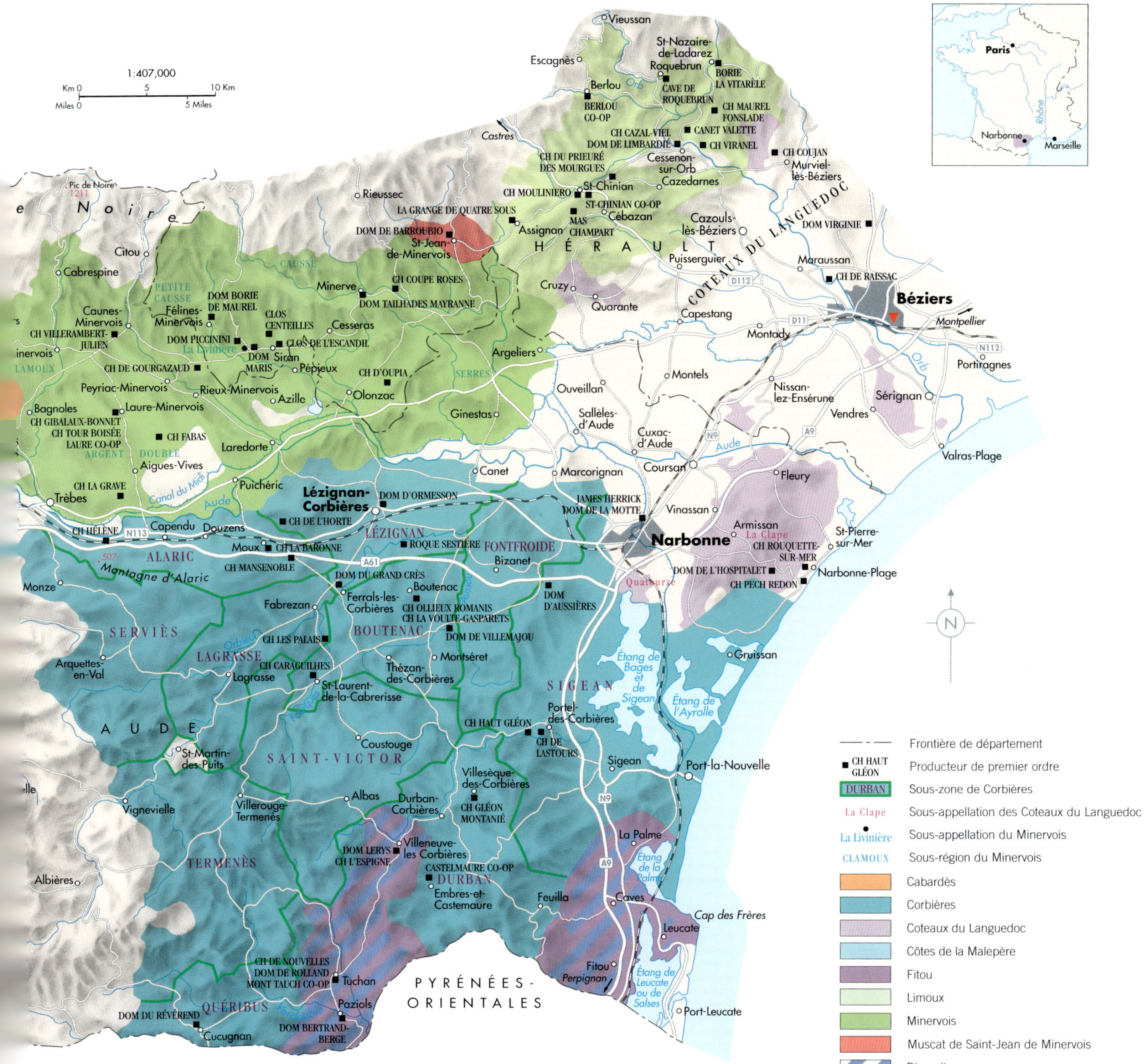

1985 pour accéder au statut d'appellation contrôlée) parce que ces deux groupes de villages avaient exercé la plus forte pression politique.

Assez ironiquement, Fitou est resté à la traîne pendant une grande partie des années 1980 et 1990. Et aujourd'hui encore, il compte bien une ou deux coopératives ambitieuses, mais les producteurs de qualité se font rares. Avec l'augmentation, prévue dans les années à venir par les règlements de l'appellation, de la proportion de grenache aux dépens du carignan dans le Fitou montagneux, et de celles de syrah et de mourvèdre dans le Fitou maritime, on peut s'attendre à des améliorations.

L'ampleur de l'influence rafraîchissante de l'Atlantique est particulièrement visible autour de Carcassonne. Au sud de la ville fortifiée, Limoux a conquis une réputation nationale pour son excellent vin pétillant traditionnel, que ce soit de la Blanquette, fait à partir du cépage local de mauzac, ou du Crémant de Limoux, embelli avec du chardonnay. Un chardonnay de Limoux sans bulle, fermenté en fût de chêne, honore la carte des vins de nombreux restaurants trois étoiles.

Au nord de Limoux, les appellations Côtes de la Malepère et Cabardès font pousser des cépages méditerranéens ainsi que les divers cabernets en provenance de l'ouest.

Languedoc : Béziers

Latitude / Altitude : **43° / 80 m**
Température moyenne de juillet : **23 °C**
Précipitations annuelles : **710 mm**
Précipitations du mois de la vendange : **septembre : 65 mm**
Principal danger viticole : **sécheresse**
Principaux cépages : **carignan, grenache noir, cinsault, syrah, merlot, cabernet sauvignon**

Roussillon

Le Roussillon est bien plus qu'un simple suffixe, car il est différent à la fois physiquement et culturellement du Languedoc.

Le paysage est ici plus accidenté, mais la région est plus douce, moins sauvage que les contreforts rocheux des Corbières. L'ensoleillement (325 jours par an) y est pour quelque chose et explique la présence de champs de légumes et de vergers dans la plaine de Perpignan et les vallées de l'Agly, du Têt et du Tech. Les effets de l'ensoleillement sont même renforcés par l'amphithéâtre orienté à l'est formé par les Corbières, le Canigou et la chaîne des Albères.

Les vignobles sont parmi les plus secs et les plus chauds du pays ; leurs pieds de vigne bas donnent des raisins de grenache de toutes les couleurs dès le milieu du mois d'août. Ils sont en général utilisés pour les célèbres Vins Doux Naturels (VDN) du Roussillon. Ces apéritifs autrefois populaires ne sont pas des vins doux fabriqués naturellement, comme le laisse supposer leur nom, mais du jus de raisin en partie fermenté qu'on empêche de se transformer en vin en ajoutant de l'alcool à un moment plus précoce que dans la fabrication du porto.

Même si tous les muscats du Languedoc sont des vins doux naturels, le Roussillon en produit plus que n'importe quelle autre région de France (plus de 90 % de la production totale). Le Rivesaltes, fait dans une vaste portion du Roussillon, à partir de grenache noir, blanc et gris, est de loin le vin doux naturel le plus populaire de France. Dans les coins les plus fertiles et après un vieillissement de seize mois, on peut obtenir un vin doux très ordinaire. Mais ceux qui sont vieillis en fûts dans le climat relativement chaud de la région et qui portent des millésimes sur leurs étiquettes, ou bien la mention « hors d'âge », sont beaucoup plus ambitieux, quelle que soit leur couleur. Les rouges peuvent être très séduisants avec leurs arômes de chocolat et de cerise et quelque chose de très sec et de très tannique sur la fin. Les vins moins concentrés, plus oxydés, ont un goût de raisin sec plus affirmé. Il existe aussi des rosés.

Le muscat de Rivesaltes vient du même secteur qui englobe toute la région à l'exception des vignobles d'altitude du département des Pyrénées-Orientales et des deux enclaves du Fitou dans le département de l'Aude, cartographiées à la page précédente. Les rendements autorisés pour le muscat sont plus bas, et les vins faits à partir du muscat d'Alexandrie et du muscat blanc sont en général meilleurs, même si la plupart d'entre eux doivent être bus jeunes.

La curieuse région de Maury à l'intérieur des terres dans la partie élevée du nord du Roussillon a sa propre appellation de Vins Doux Naturels, rouges et rosés pour l'essentiel. Ils peuvent, surtout depuis que le minimum légal de grenache noir a été fixé à 75 %, être aussi nobles et lents dans leur développement qu'un bon banyuls. Ils sont cultivés sur des sols semblables.

Le Banyuls est le meilleur vin doux naturel de France, cultivé parfois avec des rendements de 20 hectolitres/hectare dans les vignobles les plus méridionaux du pays, sur des terrasses balayées par les vents, leurs pentes vertigineuses de schiste brun sombre tombant dans la mer. Les cépages varient de façon considérable, mais sont en majorité d'antiques cépages de grenache noir mûris à de très hautes températures et donnant parfois des raisins secs. Pour le grand cru, fait seulement dans les années exceptionnelles, trente mois de vieillissement en fût et 75 % de grenache noir sont des minima obligatoires. Les techniques de vieillissement, et par conséquent la couleur et le style, varient considérablement, comme pour le porto (voir pages 210-211). Des vins pâles et capiteux, avec un arôme rance, peuvent être le résultat d'un vieillissement prolongé en fûts de bois dans des conditions climatiques relativement chaudes. Les vins de rimage sont vieillis en bouteille à un rythme bien plus lent, comme le porto millésimé.

Les vins moins puissants faits dans les vignobles consacrés au Banyuls (principalement des cépages de grenache, avec des proportions croissantes de syrah et de mourvèdre) portent le nom du joli port de Collioure, résidence célèbre des peintres et de l'industrie de l'anchois. Ces vins d'un rouge profond, plus espagnols que français, ont toutefois une forte teneur en alcool.

Les vins de table du Roussillon sont certainement plus faciles à appréhender que les vins doux naturels, même s'ils évoluent chaque année dans leur style et leur composition. L'appellation Côtes du Roussillon est le niveau le plus ordinaire, fait essentiellement à partir de carignan, même si ce robuste cépage du Midi est aujourd'hui limité à 60 % du mélange (au profit du grenache, du cinsault, de la syrah et du mourvèdre). Mais, pour l'instant, c'est une appellation à la recherche de sa personnalité, au-delà de son aspect chaleureux et vaguement attrayant. Les vins de table blancs du Roussillon sont plus intéressants, même si la plupart des meilleurs sont vendus comme simples vins de pays, et parfois même comme vins de table, plutôt que sous l'appellation de Côtes du Roussillon. Le Roussillon peut s'enorgueillir d'une gamme assez exotique de cépages à peau claire qui peuvent donner des vins secs, capiteux et parfumés (voir les principaux cépages ci-contre).

Les Côtes du Roussillon-Villages sont plus audacieux, plus positifs (vins rouges uniquement), grâce à des rendements inférieurs et une concentration plus élevée. Cette appellation supérieure est limitée au tiers septentrional de la région et permet aux villages de Latour-de-France et de Caramany d'avoir leur propre sous-appellation. Les vins rouges de Caramany ont été les premiers à manifester une plus grande ambition dans les années 1960 en introduisant la macération carbonique pour contrôler le cépage de carignan, à l'arôme un peu envahissant. Les Côtes du Roussillon-Villages sont toujours de bonnes affaires avec des vins fermes, structurés, vieillissant bien, et dont les arômes proviennent du sol et de leur pure vinosité plutôt que d'une adaptation aux diktats de la mode internationale.

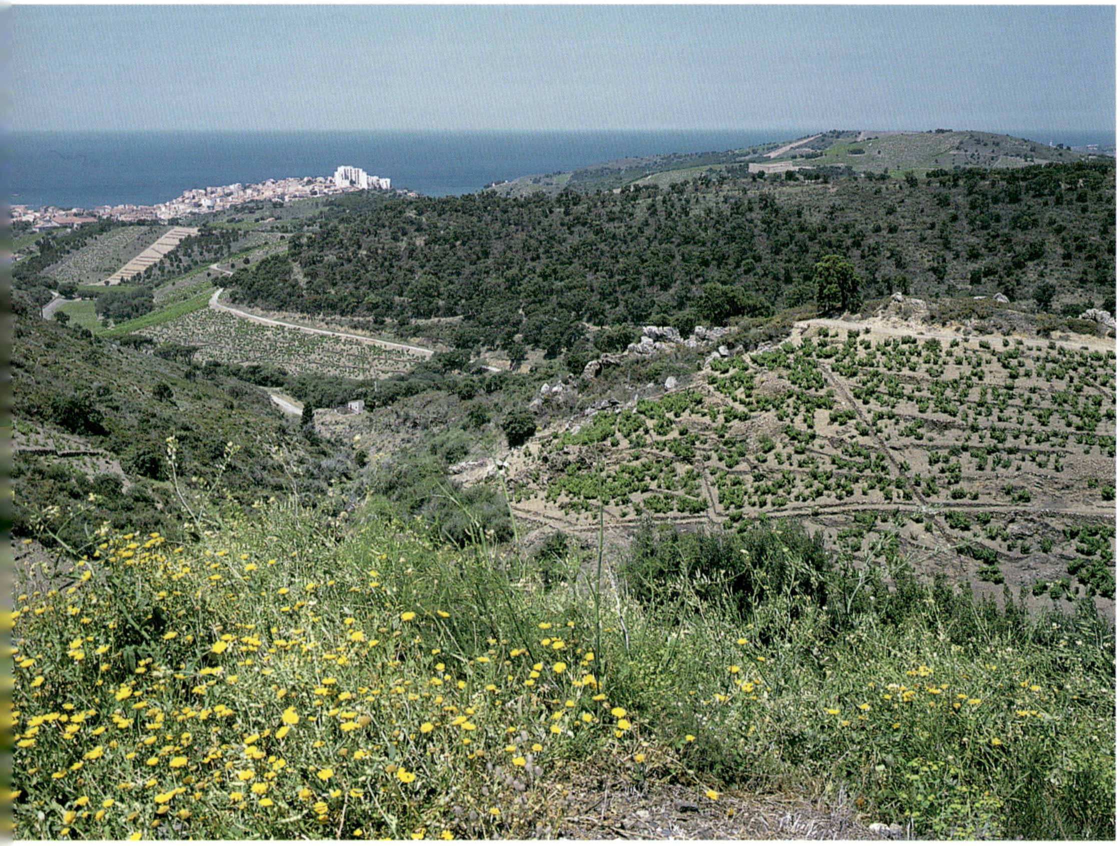

À gauche Ce vignoble clairsemé au-dessus de Banyuls indique que les producteurs ne sont pas ici motivés par le profit maximum. Des vignes antiques, des rendements minuscules et des vins qui passent de nombreuses années en cave : telle est la recette vénérable du Banyuls.

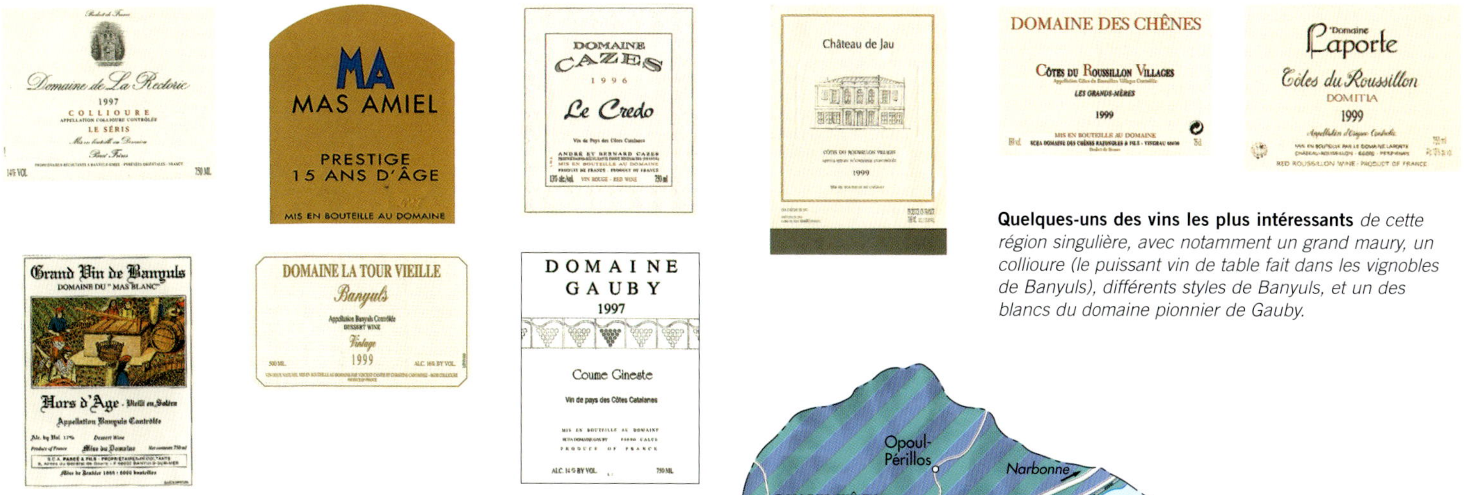

Quelques-uns des vins les plus intéressants *de cette région singulière, avec notamment un grand maury, un collioure (le puissant vin de table fait dans les vignobles de Banyuls), différents styles de Banyuls, et un des blancs du domaine pionnier de Gauby.*

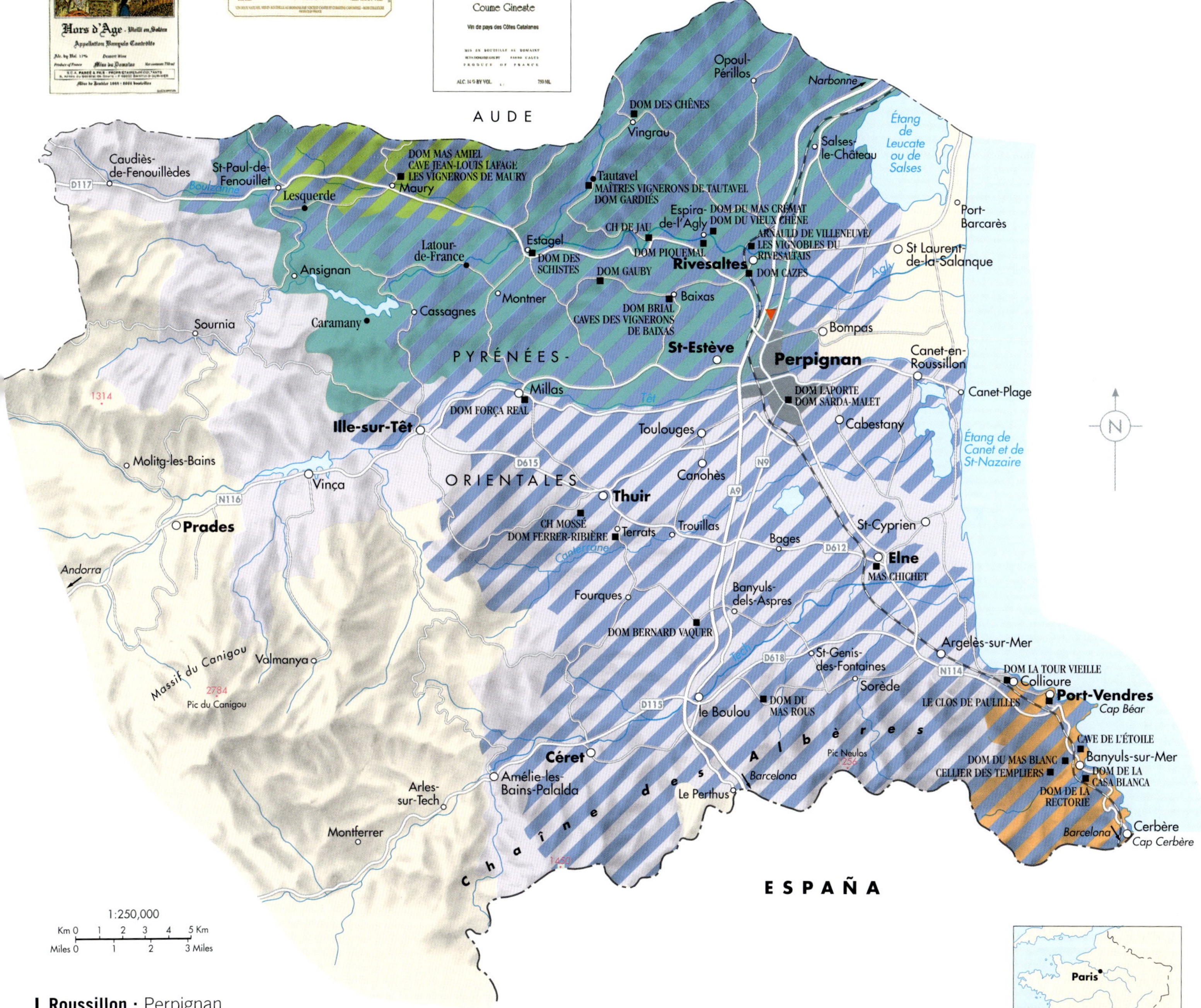

Roussillon : Perpignan

Latitude / Altitude : **42,44° / 40 m**

Température moyenne de juillet : **23,7 °C**

Précipitations annuelles : **570 mm**

Précipitations du mois de la vendange : **septembre : 50 mm**

Principal danger viticole : **sécheresse**

Principaux cépages : **carignan, lladoner pelut, grenache noir, grenache blanc, muscat, maccabeu, marsanne, roussanne, malvoisie du Roussillon, vermentino**

Frontière internationale

Frontière de département

DOM CAZES — Producteur de premier ordre

Lesquerde — Côtes du Roussillon-Villages

Banyuls et Collioure

Côtes du Roussillon

Côtes du Roussillon-Villages

Maury

Rivesaltes et Muscat de Rivesaltes

Station météorologique

Provence

La Provence ! Le nom seul a une telle résonance, sans parler de la région elle-même, que les amateurs de vins sont tout à fait disposés à lui pardonner le rosé puissant et sans beaucoup de goût qui a été longtemps la seule chose qu'elle était en mesure d'offrir.

Fort heureusement, cette région a été envahie par des personnes décidées à faire progresser coûte que coûte la qualité et qui avaient déjà imposé leur marque ailleurs. Aujourd'hui, le vin provençal est encore rosé à 80 % et toujours ennuyeux dans les mêmes proportions, mais une minorité croissante s'améliore et propose de riches arômes. Et surtout, des vins rouges intéressants sont apparus un peu partout.

Un coup d'œil à la carte permet de comprendre pourquoi ces rouges sont parfois très différents. La seule et classique appellation des Côtes de Provence, la plus étendue de tout le système français, comprend les environs du nord de Marseille, les flancs méridionaux de la Montagne Sainte-Victoire, les îles, l'arrière-pays et la côte avec les stations balnéaires comme Le Lavandou et Saint-Tropez, les retraites pré-alpines plus fraîches au nord de Draguignan, et même la petite poche des vignobles des environs de Villars, au nord de Nice.

L'enclave plus froide des Coteaux Varois, une recrue beaucoup plus récente du système des appellations contrôlées, est coupée de l'influence adoucissante de la mer par le Massif de la Ste-Beaume : les vignobles des collines boisées du nord de Brignoles peuvent attendre la vendange jusqu'au début du mois de novembre, alors que sur la côte, celle-ci commence au début du mois de septembre. (Le négociant de Bourgogne Louis Latour a connu de grands succès avec du pinot noir cultivé encore plus au nord, près d'Aups).

À l'ouest, le paysage des Coteaux d'Aix-en-Provence (dont la ville universitaire constitue la limite sud-est) est peu spectaculaire, tout comme ses vins, même si le cépage de counoise donne un certain intérêt à quelques rosés. Les vignobles des collines des Côtes du Lubéron de l'autre côté de la Durance ont des nuits plus fraîches et leur environnement les rapproche des vignobles du Rhône. Les Coteaux de Pierrevert (voir la carte page 53) font des vins nettement plus légers.

Entre les Coteaux d'Aix-en-Provence et le Rhône se trouve la minuscule appellation créée en 1995 qui doit son nom à l'extraordinaire village des Baux-de-Provence, le piège à touristes perché au sommet d'une colline. Réchauffée par la mer et secouée par les rafales du fameux mistral, cette zone est mieux adaptée à la culture organique que n'importe quelle autre en Provence. Elle fournit aussi une bonne illustration des conflits qui animent la fraternité vinicole provençale et l'INAO. Le conflit principal porte sur le choix des cépage : faut-il encourager la tradition ou la qualité pure et simple ?

Dominée par des vagues successives d'immigrants en provenance de l'est, du nord, de l'ouest et du sud, la Provence peut s'enorgueillir d'un héritage varié de cépages, dont certains semblent inconnus ailleurs comme le tibouren et le calitor (ou pécoui touar). La préoccupation actuelle de l'INAO est de réduire et d'éliminer à terme le carignan – qui a été planté ici comme dans le Languedoc pour produire des vins rouges légers et bon marché pour le Nord de la France au début du XXe siècle –, et d'encourager le grenache et le cinsault (si utiles pour les rosés) et les robustes mourvèdre et syrah qui étaient plus répandus autrefois. Le cabernet sauvignon est officiellement considéré comme un intrus dont l'influence doite être contrôlée.

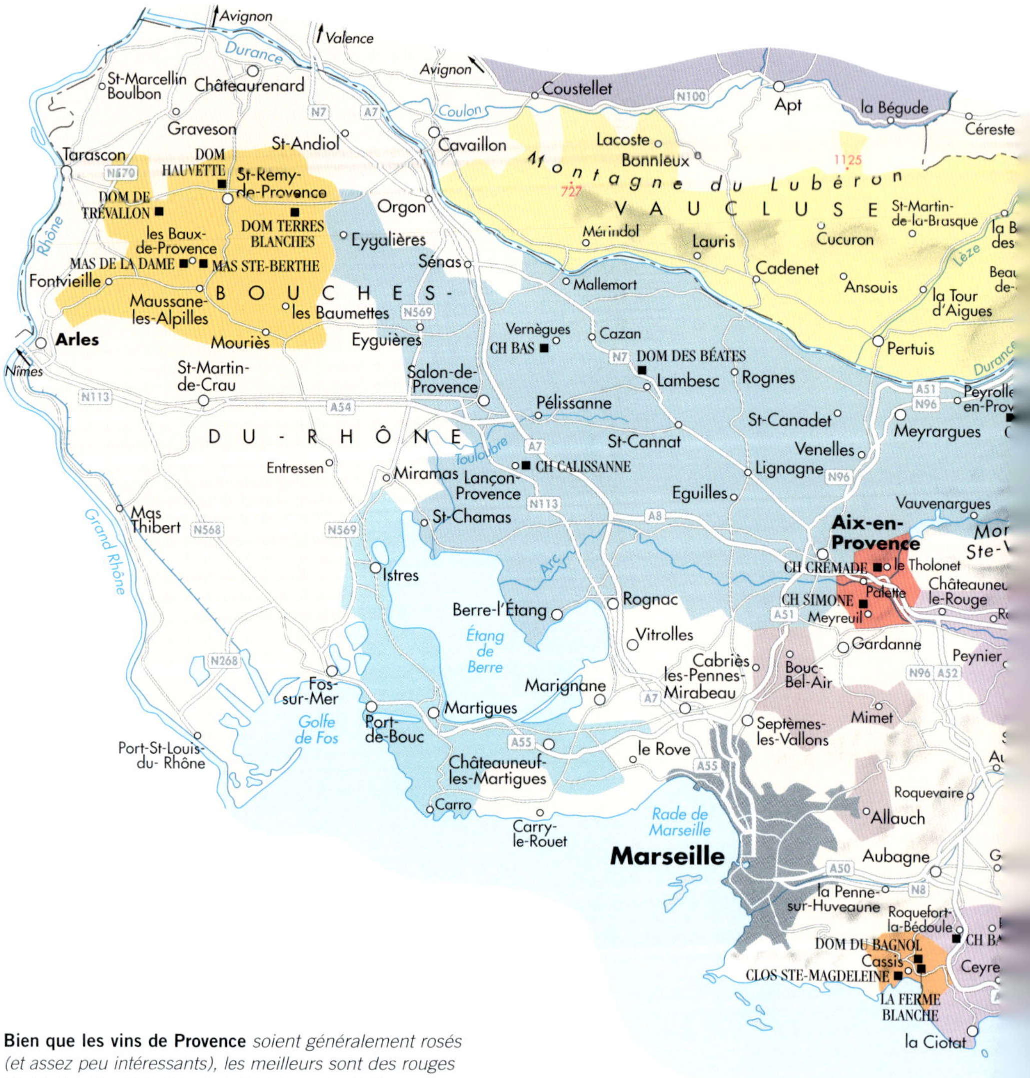

Bien que les vins de Provence *soient généralement rosés (et assez peu intéressants), les meilleurs sont des rouges pleins de caractère, que ce soient ceux du Château Simone près d'Aix ou ceux du plus récent Domaine de la Courtade sur l'île de Porquerolles.*

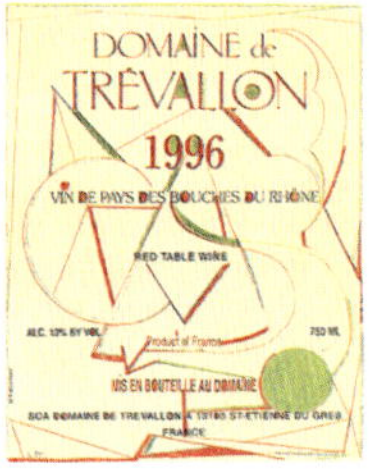

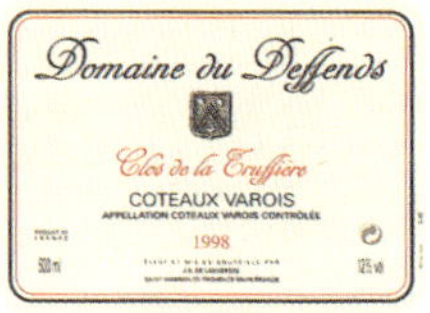

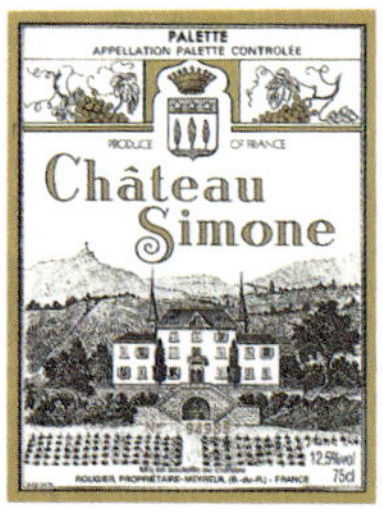

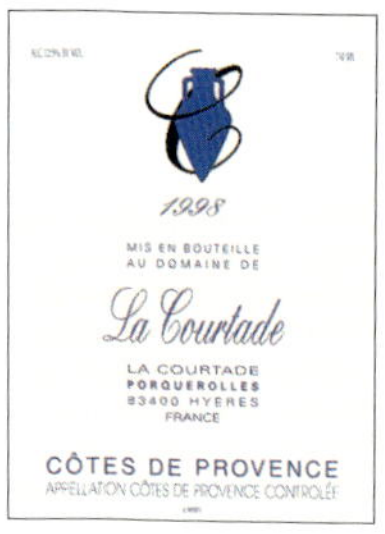

De nombreux bons rouges de Provence (et quelques blancs) sont donc aujourd'hui vendus comme des vins de pays, y compris ceux du Domaine de Trévallon aux Baux, sans aucun doute le meilleur producteur de la région. Le pionnier du mélange cabernet-syrah pour la Provence est Georges Brunet, qui s'est installé dans un château Vignelaure délabré, au nord-est d'Aix-en-Provence, en provenance du château La Lagune à Bordeaux (Vignelaure est désormais entre les mains d'un entraîneur de chevaux de course irlandais).

Comme on pouvait s'y attendre de la part d'une région dont la tradition vinicole remonte à l'époque romaine, la Provence compte quelques zones de production de vin bien établies. Palette est sans conteste un site historique sur la rive de l'Arc, exposée au nord et riche en calcaire, juste à l'est d'Aix-en-Provence ; depuis deux cents ans, à château Simone, la famille Rougier y fait des vins des trois couleurs denses et extraordinaires à partir d'une palette de cépages locaux.

Cassis, petit port à l'est de Marseille, fait aussi

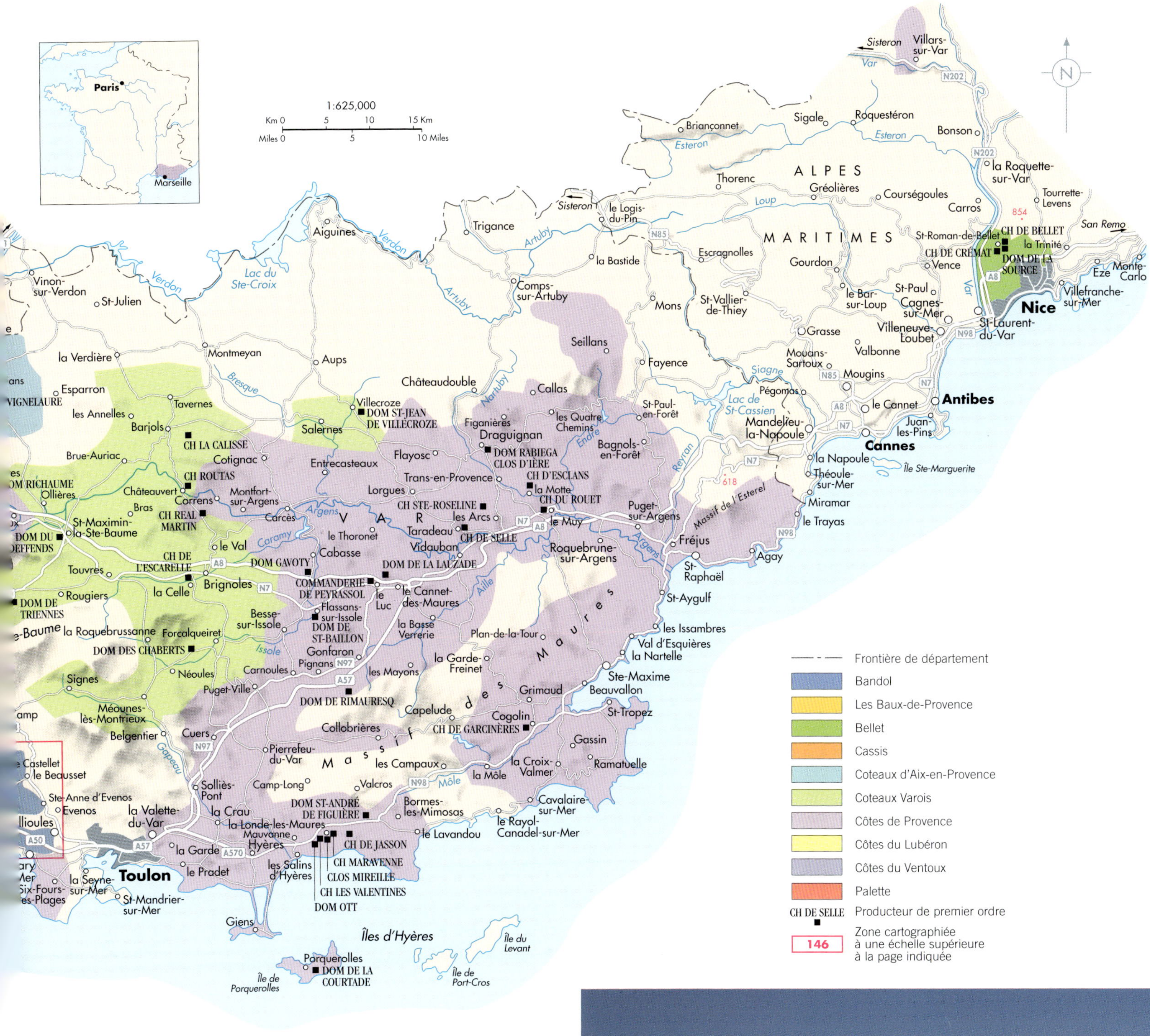

de sérieux efforts pour son blanc particulièrement herbacé, accompagnement de rigueur de la bouillabaisse. À l'est de la Provence, une poignée de vignerons continuent de résister à la mainmise de Nice sur les vignobles de Bellet, rafraîchis par les vents marins et alpins, enrichis par les cépages d'origine italienne comme le braquet (brachetto), la folle noire (fuella) et le rolle (vermentino).

Les vins faits à proximité des centres touristiques sont rarement bon marché. On imagine donc l'inflation que connaissent ceux des Côtes du Lubéron. Cette crête très à la mode, frontière septentrionale de la Provence, donne des rouges proches de ceux des côtes du ventoux, ainsi que quelques blancs d'une fraîcheur surprenante.

À droite Le Domaine de Richeaume, au pied des contreforts de la Montagne Sainte-Victoire, est un des nombreux domaines de viticulture organique de la Provence, où les faibles précipitations rendent peu nécessaire l'usage des fongicides.

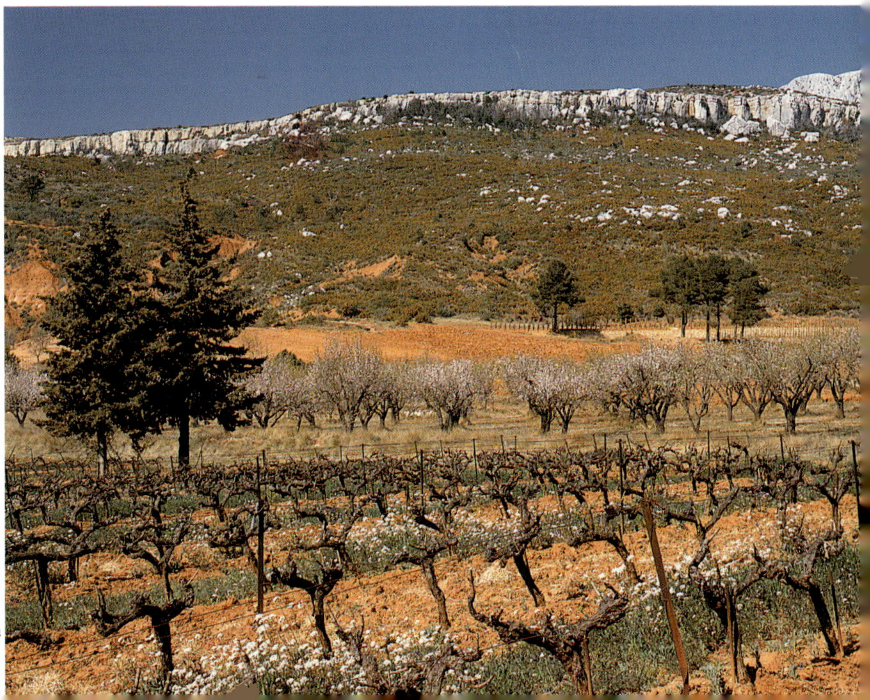

Bandol

Sur des terrasses inclinées vers le sud, parmi les pins de l'arrière-pays et loin du port touristique, l'appellation Bandol est marqué par son isolement et son statut unique. En taille, elle n'est qu'un nain par rapport au géant des côtes de provence qui produit l'essentiel du vin de la région. Mais en stature, c'est le vin le plus important de la Provence et, de surcroît, un vin qui répond aux exigences des amateurs de vin contemporains.

Le vin est généralement rouge, fait à partir du très en vogue cépage de mourvèdre ; son goût de plantes sauvages et son côté charnu sont très agréables. Grâce à un climat favorable qui fait mûrir l'unique cépage au cours d'un cycle de maturation des plus longs qui soient, le bandol rouge est d'une maturité voluptueuse et peut être pleinement apprécié au bout de six ou sept ans. Un substantiel rosé, à base de cinsault, est bu dans toute la région et de petites quantités de bandol blanc sont aussi produites à partir des cépages de clairette, de bourboulenc, d'ugni blanc et de sauvignon blanc.

Les terroirs varient énormément dans cette appellation pourtant relativement petite. Sur les sols d'argile rouge qui dominent, les tannins du mourvèdre peuvent être très marqués, de sorte que le vin doit être mélangé du grenache et du cinsault qui poussent aussi dans la région. Le grenache donne si facilement un degré d'alcool élevé qu'il est couramment planté dans les vignobles exposés au nord. Les sols de la partie nord-ouest sont particulièrement riches en galets. Les sols récents qui s'étendent de Saint-Cyr à Le Brûlat ont tendance à produire de meilleurs vins, plus souples. Les sols les plus vieux, qui s'étendent au sud de Le Beausset et sont les plus élevés (300 m), ont tendance, comme ceux du Château de Pibarnon, à être nettement moins fertiles ; la vendange peut y être retardée jusqu'à la mi-octobre.

Si Bandol s'efforce de s'adapter aux changements survenus dans le monde (le fût de chêne nouveau est un sujet de dispute dans une région où les vieilles barriques de chêne sont encore la norme), la région peut se prévaloir d'une qualité très encourageante. Les rendements sont parmi les plus bas de France et les vignes de mourvèdre doivent atteindre la pleine maturité avant d'être autorisées à donner du vin rouge. Heureusement, chaque chute de pluie semble être suivie d'un coup de mistral qui chasse tout risque de pourriture. Le mourvèdre, d'une acidité faible, n'est peut-être pas le cépage le plus facile à vinifier, mais les techniques de ce magnifique coin de France sont de plus en plus sophistiquées.

La plupart des grands domaines disposent de vignobles dans tous les coins de l'appellation, mais les nouveaux venus comme Luc Sorin, de Bourgogne, et Guillaume Tari, de Bordeaux, se concentrent plutôt sur une seule propriété, les Domaines Sorin et de la Bégude respectivement.

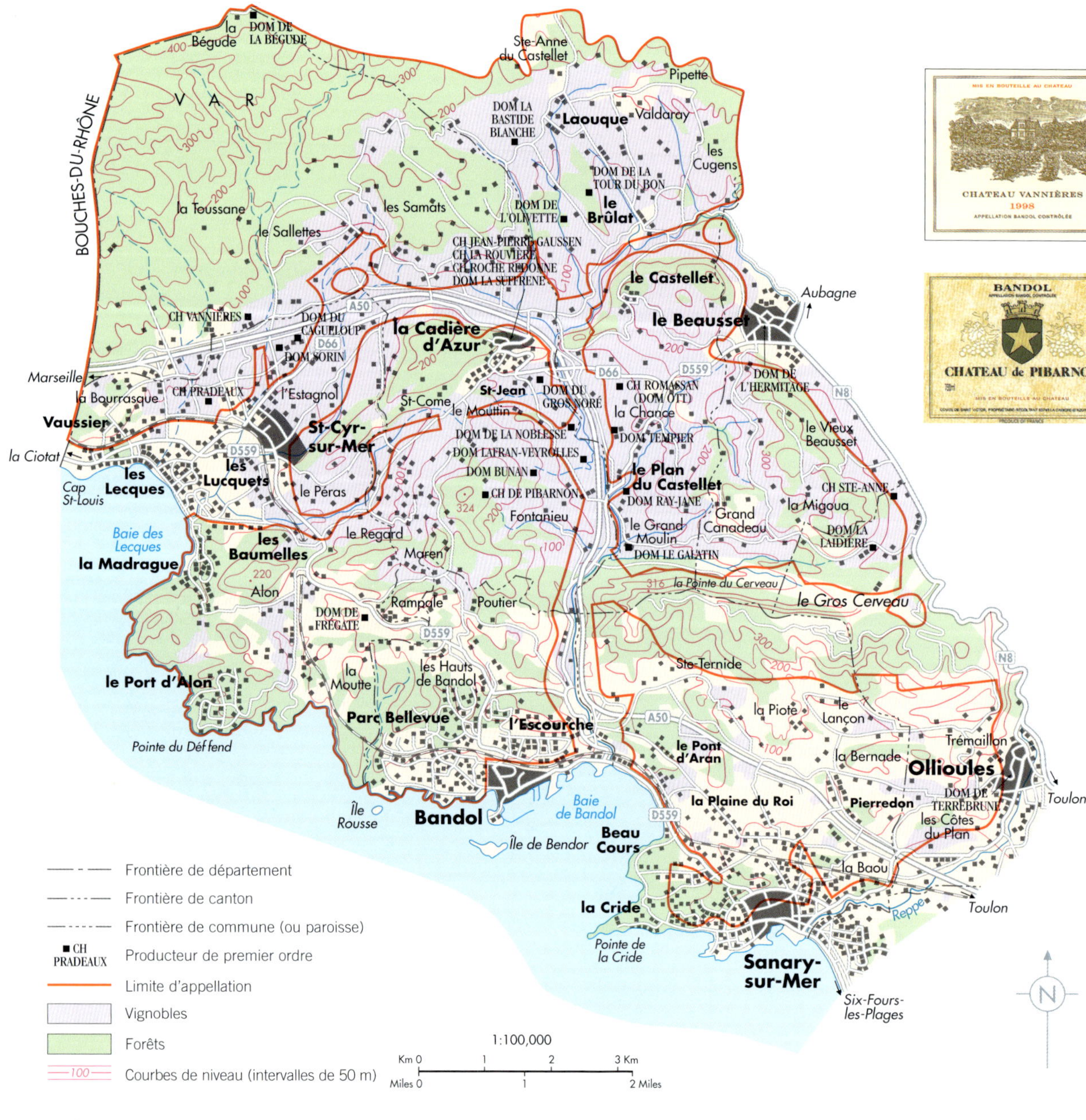

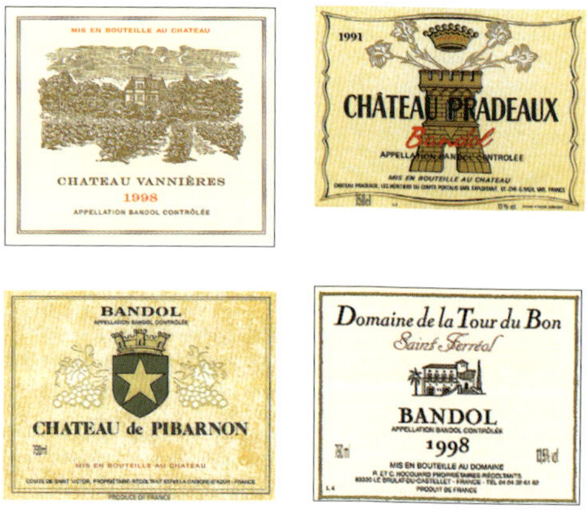

Le Domaine Tempier *et le Domaine Ott, situés à l'est de Toulon et où l'on a pendant des décennies mis le vin dans de coûteuses bouteilles en forme de quille, sont deux producteurs de Bandol qui jouissent d'une réputation internationale, tout comme ceux dont les étiquettes figurent ci-dessus.*

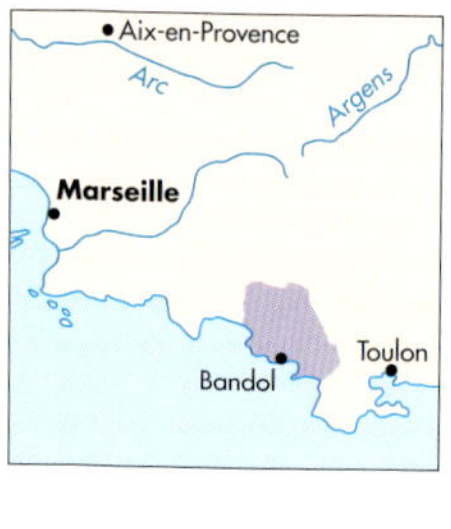

Corse

La Corse est plus ensoleillée et plus sèche que n'importe quelle autre région de la France continentale. C'est aussi l'île la plus montagneuse de la Méditerranée et donc un patchwork de terroirs différents qui n'ont en commun que des mois de juillet et d'août exceptionnellement secs. Elle est plus proche de l'Italie que de la France à bien des égards, à commencer par la distance. Mais c'est surtout la France qui a influencé son histoire vinicole. Quand la France perd l'Algérie au début des années 1960, des producteurs de vin talentueux émigrent, encouragés par De Gaulle, sur la côte est, alors affectée par la malaria. En 1976, le vignoble corse a quadruplé, constitué de vignes à fort rendement.

La contribution de la Corse à la production vinicole européenne a été depuis lors réduite et, grâce à de larges subventions de Bruxelles et de Paris, les caves de l'île sont maintenant relativement bien équipées, et les vignerons bien formés dans l'un ou l'autre des instituts œnologiques du continent. Les vignobles ont aussi été replantés avec des cépages capables de produire des vins appréciés par les consommateurs d'aujourd'hui.

Malgré cela, la majeure partie du vin produit sur l'île est consommé sur place, sans plus de considération qu'il ne le mérite. Le vin le plus communément exporté est le vin de pays ordinaire, seulement gratifié du séduisant « nom de verre » de la Corse, L'Ile de Beauté, sous lequel voyage plus de la moitié du vin produit.

Une proportion croissante de vin corse, toutefois, est un produit de bonne qualité qui a redécouvert ses atouts que sont les vivaces cépages traditionnels et les collines rocheuses sur lesquelles ils poussent le mieux.

La recherche porte sur l'héritage de vignes grimpantes, dont une seule espèce est encore cultivée aujourd'hui : le sciacarello. Ce cépage est principalement associé à la plus ancienne région vinicole de l'île, sur la côte occidentale granitique, près d'Ajaccio, à Calvi et dans la région de Sartène, près de Propriano. Il donne un vin très buvable, un rouge souple et épicé à la fois, et un rosé qui reste très vivant en dépit de sa forte teneur en alcool.

Le niellucio, souvent cité comme l'autre cépage primitif de Corse, est en fait le sangiovese toscan qui a dû être importé par les Génois qui ont occupé l'île jusqu'à la fin du XVIIe siècle. Ce cépage plus résistant domine dans le nord de l'appellation Patrimonio, dans l'arrière-pays de Bastia. Le Patrimonio est la première appellation véritable, créée en Corse en 1968, et elle reste une des meilleures. C'est la seule région de cette île magnifiquement rocailleuse à avoir un sol calcaire ; elle produit des rouges fermes qui font penser à des vins du Rhône, des blancs bien équilibrés et des vins doux naturels de muscat (voir page 142) de bonne qualité.

Les vins doux, de muscat ou de vermentino (Malvoisie de Corse, connue sous le nom de Rolle ailleurs), sont aussi la spécialité du Cap Corse (qui est aussi le foyer du cépage blanc corse, la codivarta). Le Rappu, un rouge doux et puissant, fait du côté de Rogliano avec un cépage d'aleatico, est aussi très prisé – et pas seulement sur l'île. Le vermentino local donne aussi un blanc sec, doré, souple et capiteux. Les vins de cette pointe septentrionale de la Corse reçoivent l'appellation de Coteaux du Cap Corse.

L'appellation de Calvi dans le nord-ouest utilise les cépages de sciacarello, de niellucio et de vermentino, ainsi que les cépages internationaux courants pour faire des vins de table très corsés. Figari et Porto-Vecchio font de même dans le sud. Dans cette région chaude, il serait difficile de déclarer ces vins désaltérants, même si Porto-Vecchio semble être parvenu à faire des vins – particulièrement les blancs – d'une netteté fruitée et moderne.

En comparaison de ces vins concentrés au caractère traditionnel, les vins de Corse courants sans autre suffixe régional n'offrent aucun intérêt particulier (ils sont faits du côté d'Aléria et de Ghisonaccia sur la plaine côtière orientale).

À certains égards, le vin de Corse peut être comparé au vin de Provence. Dans les deux cas, le rosé est généralement le meilleur vin, ou du moins plus appropriée. Ces deux régions sont aujourd'hui prises en main par des producteurs d'une nouvelle génération impatients de tirer parti des terroirs et de leur marché local – certains diraient captif –, impatients de trouver dans leurs vins les senteurs évanescentes des herbes du maquis.

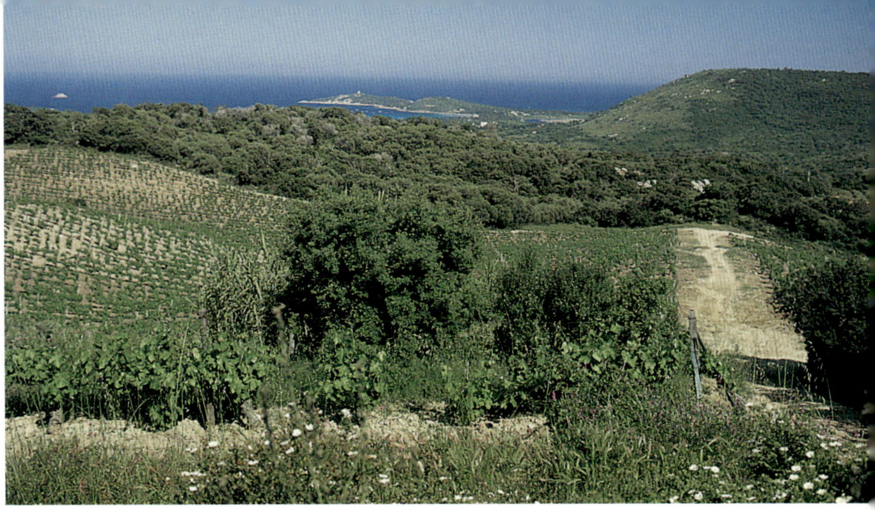

À droite La mer n'est jamais loin sur cette île. Depuis les vignobles du Domaine de Torraccia, près de Porto-Vecchio, on peut voir Elbe par temps clair.

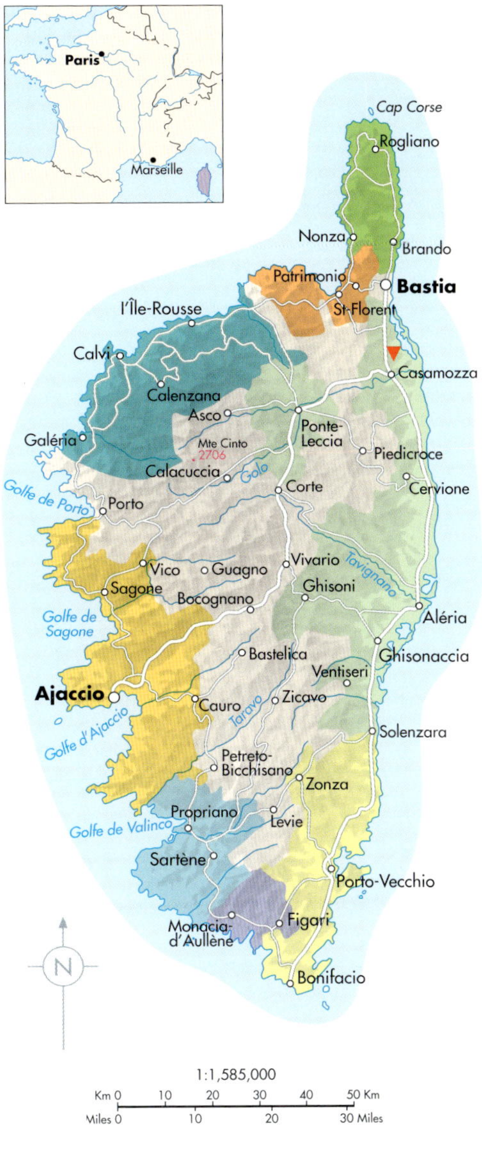

- Vin de Corse
- Vin de Corse-Coteaux du Cap Corse/Muscat du Cap Corse
- Vin de Corse-Calvi
- Vin de Corse-Sartène
- Vin de Corse-Figari
- Vin de Corse-Porto-V
- Ajaccio
- Patrimonio/ Muscat du Cap Corse
- ▼ Station météorologique

Corse : Bastia

Latitude / Altitude : **42,33° / 10 m**
Température moyenne de juillet : **23,3 °C**
Précipitations annuelles : **730 mm**
Précipitations du mois de la vendange : **septembre : 65 mm**
Principal danger viticole : **sécheresse**
Principaux cépages : **cinsault, carignan, niellucio, sciacarello**

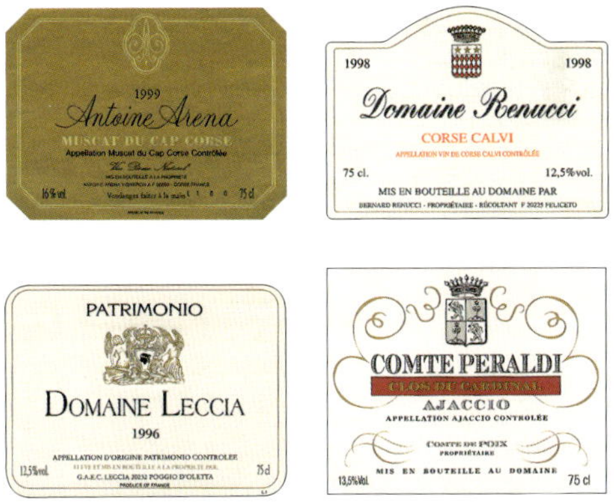

Les meilleurs vins de Corse *sont soit des rouges puissants, chargés des senteurs du maquis, soit des muscats pleins faits sur le Cap Corse, à la pointe septentrionale de l'île.*

Jura

Petite enclave de vignes disséminées au milieu des bois et des prairies dans ce qui ressemble aux collines les plus perdues de France, le vignoble du Jura a peut-être diminué depuis l'invasion du phylloxéra au XIXe siècle, mais ses vins restent variés et tout à fait originaux. Les appellations Arbois, Château-Chalon, L'Étoile et Côtes du Jura sont toutes singulières et fascinent ceux qui apprennent à marier la cuisine et le vin.

C'est un pays verdoyant peuplé de gros mangeurs, fortement influencé par les excès gastronomiques, les sols et le climat de la Bourgogne voisine, si ce n'est que les hivers peuvent être ici encore plus sévères. Comme dans la Côte d'Or, les meilleurs vignobles sont en pente, parfois raide, vers le sud et le sud-est. Le calcaire jurassique est caractéristique du Jura comme de la Bourgogne.

Le Jura cultive de plus en plus les cépages de Bourgogne : beaucoup de chardonnay, mais sans jamais beaucoup d'inspiration ; du pinot noir de façon limitée. Les meilleurs vins, toutefois, sont faits à partir des cépages locaux, particulièrement le savagnin à maturation tardive, connu aussi sous le nom de naturé. Le savagnin, souvent rendu plus charnu grâce au chardonnay, donne de la rigueur et une note de noisette aux vins blancs de table, qui peuvent être à la fois délicieux et élégants lorsqu'ils sont bien faits.

Ce cépage noble est aussi responsable du fameux et puissant « vin jaune » du Jura, pour lequel les raisins de savagnin sont vendangés aussi mûrs que possible, fermentés puis laissés dans les vieilles barriques bourguignonnes pendant un peu plus de six ans – temps nécessaire pour le vin s'évapore et s'oxyde. À sa surface, se développe une pellicule de levure, similaire mais non identique à la célèbre flor de Jerez (voir page 199). Le vin ferme, à l'intense arôme de noisette, est mis en bouteille dans les clavelin typiques de 62 centilitres qui sont censés correspondre à ce qui reste d'un litre mis à l'origine dans la barrique. Ce vin, qui n'est pas destiné aux néophytes, peut vieillir pendant des décennies et il vaut souvent mieux l'ouvrir bien avant de le boire, idéalement pour accompagner le poulet de Bresse local. L'appellation contrôlée Château-Chalon est réservée à ce curieux mais potentiellement excellent vin jaune, fait dans toute la région et dont la qualité peut varier considérablement.

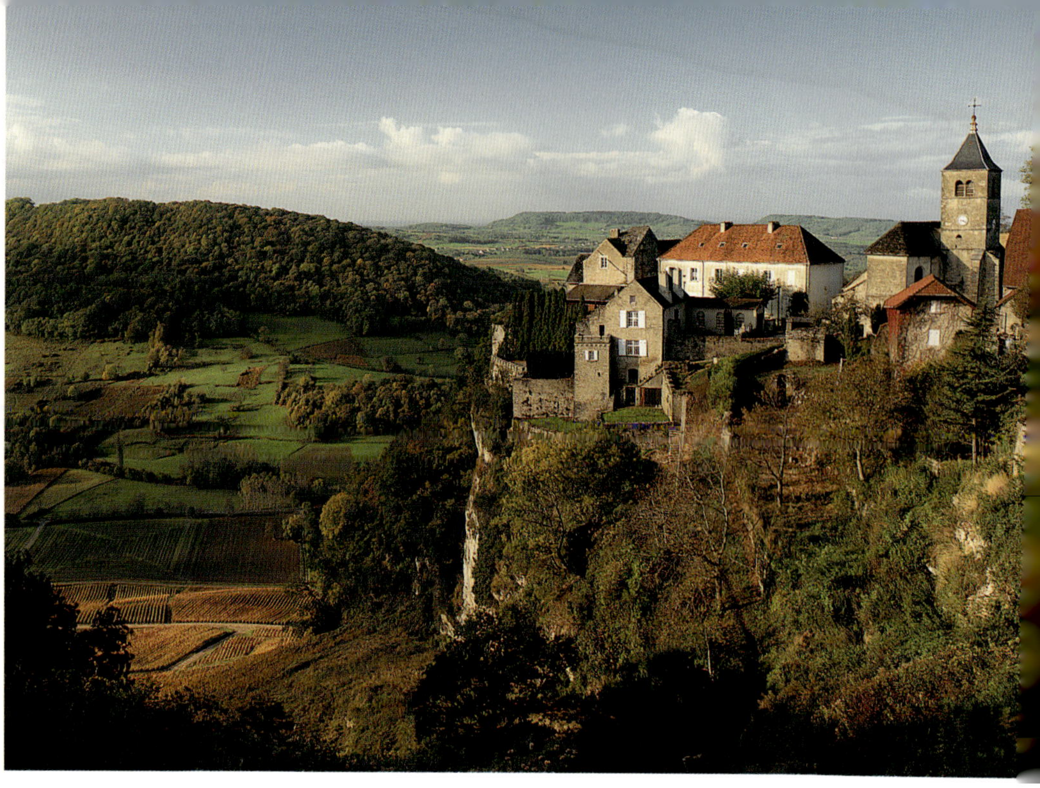

Ci-dessus Dans le Jura, les bâtiments, tels ceux qui dominent ici les vignes de Château-Chalon, sont d'inspiration suisse et bourguignonne. Les cépages, toutefois, sont une combinaison de cépages bourguignons et de variétés locales.

Le cépage noir le plus courant du Jura est le très parfumé poulsard, ou ploussard, particulièrement autour de Pupillin (une sous-appellation d'Arbois). Les rouges produits sont rarement d'une couleur profonde, mais ils peuvent être intéressants : souples, délicats et parfaits avec le gibier local. On trouve aussi une proportion considérable d'un rosé soyeux, en fait un rouge léger souvent appelé Corail. Le trousseau est un cépage du Jura d'une couleur plus profonde, mais il est plus rare. On peut le trouver au nord dans l'Arbois, et il est de plus en plus vendu en vin de cépage. Le pinot noir a tendance à mieux se comporter autour d'Arlay, à l'ouest de Château-Chalon.

La seconde appellation de la région après l'Arbois, les Côtes du Jura, est relativement étendue. Ses vignobles bordent la route de Bourg-en-Bresse au sud-ouest, depuis Lons-le-Saunier jusqu'à Saint-Amour, et produisent essentiellement des vins blancs, y compris du vin jaune.

Le Jura a toujours fait un bon vin pétillant ; l'appellation récente de ce vin traditionnel est Crémant du Jura. Il est beaucoup moins élégant que le vin liquoreux du Jura ou le vin de paille, fait dans toute la région à partir de cépages de chardonnay, de savagnin et/ou de poulsard vendangés tôt et séchés soigneusement dans de bonnes conditions de ventilation jusqu'en janvier. Ces raisins sont alors fermentés jusqu'à plus de 15° d'alcool, puis vieillis dans de vieux fûts pendant deux ou trois ans. Comme le vin jaune, ces vins sont destinés à être gardés longtemps. La dernière spécialité est le Macvin du Jura, qui a aussi maintenant sa propre appellation, une mixture très odorante de jus de raisin et d'eau-de-vie de raisin.

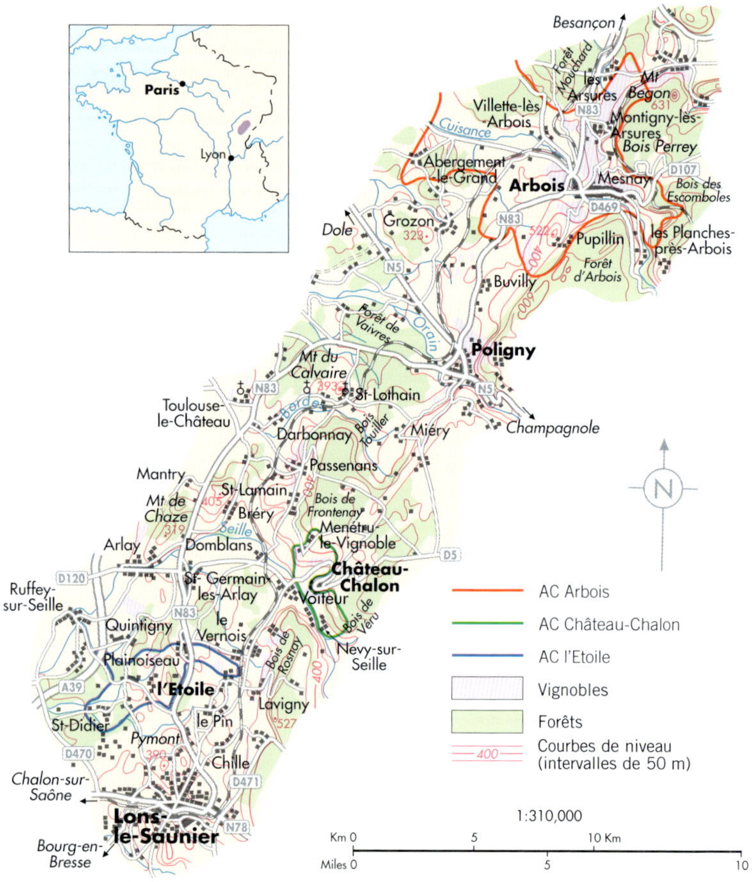

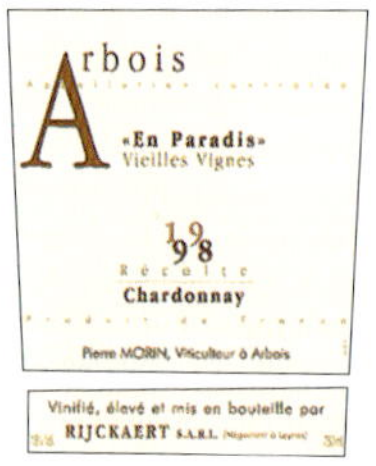

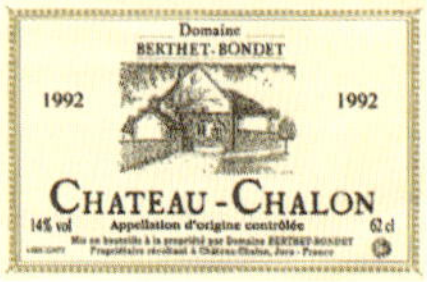

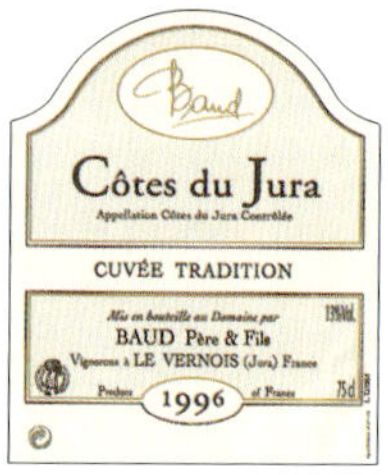

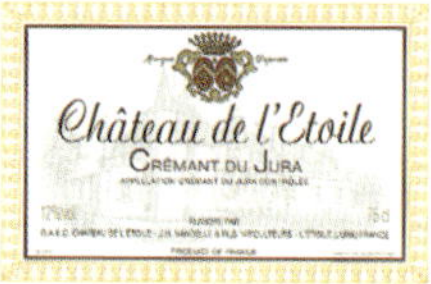

Trois de ces étiquettes *représentent des styles traditionnels, mais Rijckaert a envahi la région depuis le Mâconnais, important un nouveau style de vinification, plus vivant, avec un fruit et une acidité plus intenses.*

Savoie

La carte de cette page couvre une superficie presque aussi étendue que celle du Bordelais (voir page 83) ; pourtant, la Savoie produit moins d'un cinquantième du vin de Bordeaux, parce que les zones vinicoles sont ici très largement dispersées. Les montagnes sont souvent un obstacle. La terre cultivable se paie au prix fort. C'est la France alpine, capable de satisfaire toutes les exigences du tourisme : des hivers assez froids pour attirer des hordes de skieurs et des lacs pour l'été (qui réchauffent les vignobles avoisinants).

Une petite partie, en expansion toutefois, de la Savoie est aujourd'hui consacrée à la vigne. Elle donne des vins tellement variés, à partir d'un riche mélange des cépages locaux, qu'il peut paraître surprenant qu'ils se rangent presque tous sous l'appellation de Vin de Savoie.

La proportion de vin blanc en Savoie est deux fois supérieure à celle du rouge et du rosé réunis. Le vin est plutôt léger, limpide et frais – en harmonie avec l'air, les lacs et les cours d'eau savoyards – que profond et capiteux. Certains producteurs se sont cependant lancés dans des expériences pour tirer le meilleur parti du très bon cépage noir de la région, la mondeuse au goût poivré. La plus grande partie du vin vendu sous la simple appellation de Vin de Savoie est produite à partir du cépage de jacquère : sec et équilibré comme un muscadet un peu éthéré.

Mais au sein de la grande région de la Savoie, pas moins de dix-sept crus individuels sont autorisés à ajouter leur nom sur l'étiquette, lorsque certaines conditions, différentes pour chaque cru et plus strictes que pour le Vin de Savoie, sont remplies. Sur les rives méridionales du lac Léman, par exemple, seul le cépage de chasselas, adoré par le voisin suisse, est autorisé pour les vins étiquetés crus Ripaille (qui peuvent être des vins dorés, très riches), Marin et Marignan.

Au sud de Genève, dans la vallée de l'Arve, on trouve le cru d'Ayze, qui produit des blancs et des vins pétillants faits à partir d'un cépage spécifique, le gringet (probablement parent du savagnin).

Seyssel est la troisième appellation particulière de la Savoie, bien connue pour ses vins pétillants, produits à partir d'un mélange de cépages d'altesse et de molette locale. Les vins blancs sont faits principalement à partir de l'altesse. Les deux vins ont une réputation fort ancienne.

Juste au nord de Seyssel, se trouve Frangy, un cru isolé qui ne fait que le cépage local, l'altesse au riche caractère. La supériorité de l'altesse, ou roussette, est reconnue par l'attribution d'une appellation spéciale à tout vin qui en est tiré dans certaines conditions : la Roussette de Savoie.

Au sud de Seyssel, ce sont les grands vignobles de Chautagne, un cru connu surtout pour ses rouges, particulièrement son gamay granuleux. À l'ouest du Lac du Bourget, on tombe sur Jongieux. Les vins étiquetés Jongieux sont faits uniquement à partir de jacquère, mais on cultive aussi de l'altesse dans la région.

Au sud de la ville de Chambéry, dont le vermouth herbacé est aujourd'hui très difficile à trouver, se déploie le vignoble le plus étendu de la Savoie, sur les pentes sud et sud-est du mont Granier. Cette région comprend les crus en vogue d'Apremont et d'Abymes, qui savent sans aucun doute tirer le plus d'arôme du cépage réticent qu'est la jacquère.

En suivant l'Isère jusqu'à la Combe de Savoie, on rencontre une série de crus dans lesquels tous les cépages de Savoie sont cultivés, tout particulièrement la jacquère et un peu d'altesse. Parmi ces crus, Chignin s'est fait l'ambassadeur de la Savoie avec un de ses meilleurs vins. Sa spécialité, le Chignin-Bergeron, fait exclusivement à partir du cépage de roussanne du Rhône, est un des blancs les plus puissants et les plus parfumés de toute la région. Chignin et Arbin peuvent aussi faire mûrir de la mondeuse (le fond de la vallée est assez chaud pour abriter des pépinières, certaines d'entre elles étant connues dans la France entière pour leurs boutures de vigne).

De délicats vins pétillants faits en dehors de Seyssel et d'Ayze, mais aussi ceux qui sont produits selon la méthode traditionnelle, sont vendus sous l'appellation Vin de Savoie. Ils devraient sous peu obtenir leur propre appellation de Crémant de Savoie.

Tout à fait à l'ouest du Lac du Bourget, les vignobles de VDQS de Bugey, où poussent à peu près les mêmes cépages que dans le reste de la Savoie (sauf le chasselas) et du chardonnay avec un certain succès, sont délimités avec une précision non dépourvue de complexité. Les trois crus particuliers de Bugey sont Manicle, Montagnieu (célèbre pour sa roussette au parfum délicat) et Cerdon (connu pour son rosé pétillant).

Savoie : Chambéry

Latitude / Altitude : **45,39° / 230 m**
Température moyenne de juillet : **pas de moyenne**
Précipitations annuelles : **1 220 mm**
Précipitations du mois de la vendange : **septembre : 125 mm**
Principal danger viticole : **défaut de maturation**
Principaux cépages : **roussette (altesse), jacquère, mondeuse, gamay**

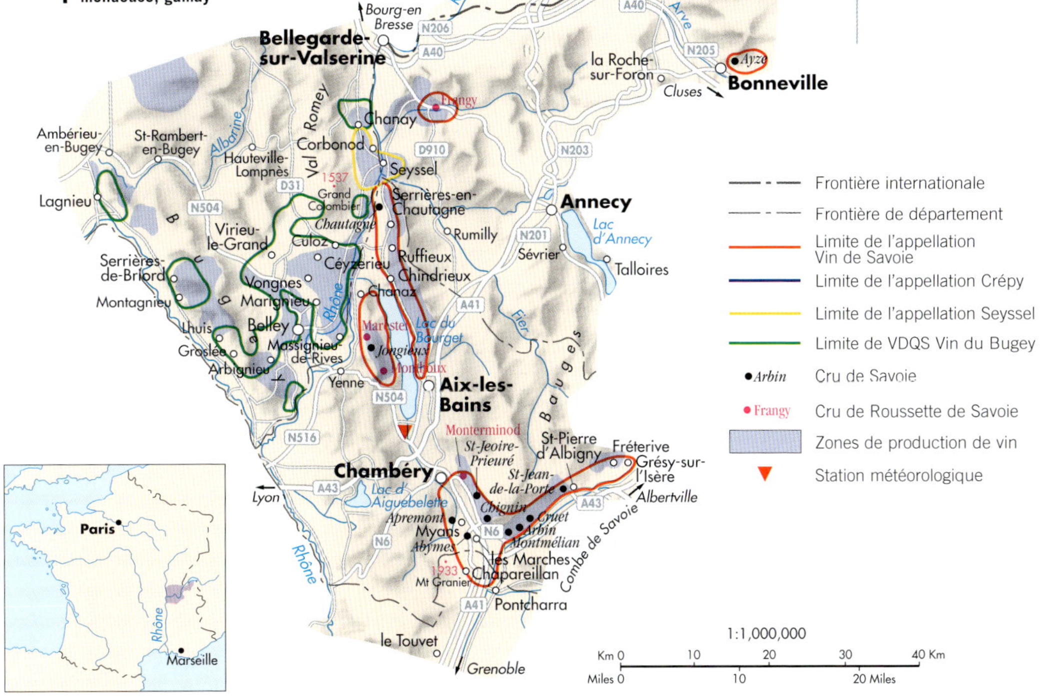

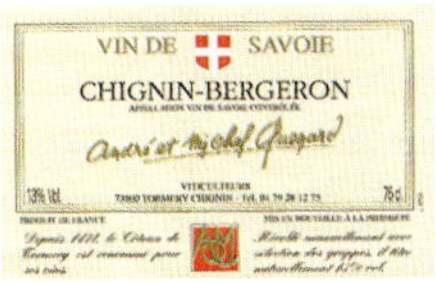

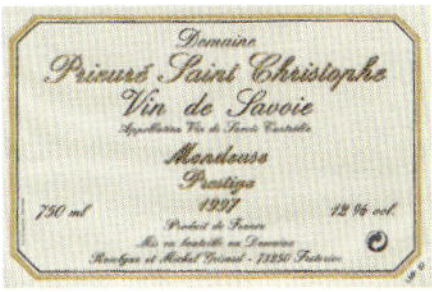

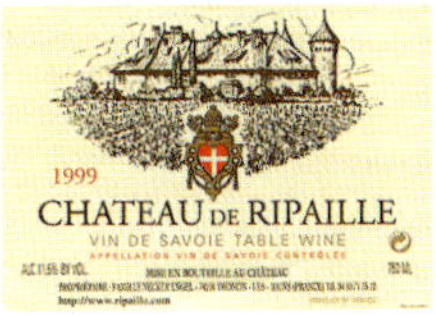

Le Chignin-Bergeron *de chez Quenard est un des rares vins de Savoie à voyager loin de sa région. La plupart des producteurs de vin attendent ici qu'on leur rende visite.*

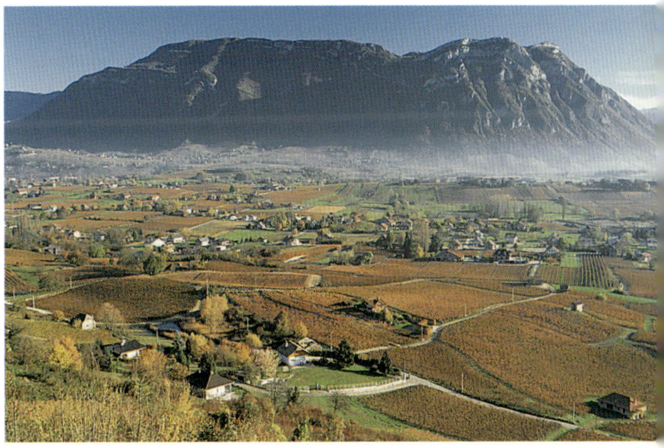

À droite Les vignes de chasselas près de Crépy sont surplombées par des montagnes qui restent couvertes de neige pendant une grande partie de l'hiver et du printemps.

Vins de Pays

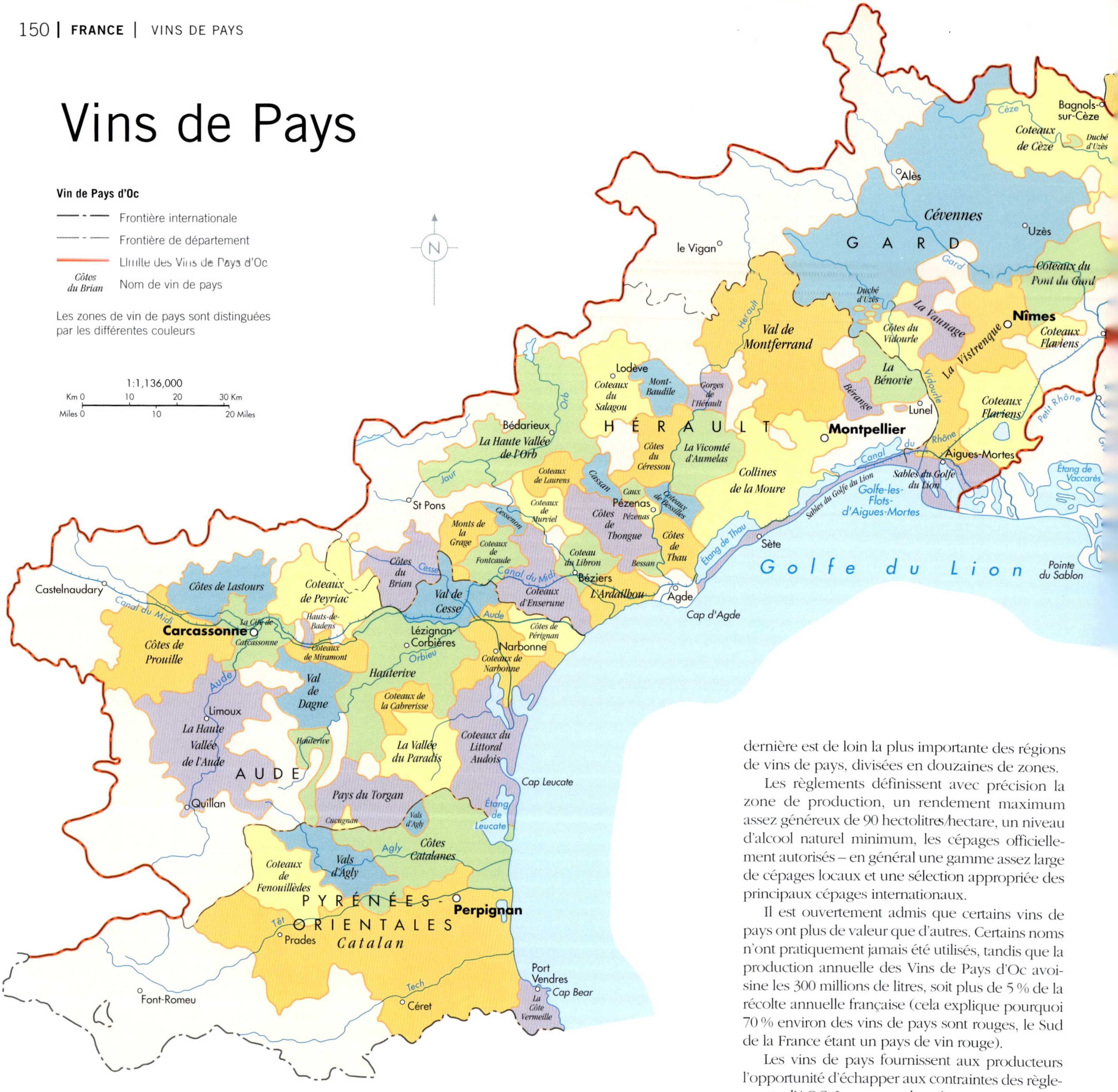

Les Vins de Pays sont une création relativement récente de la réglementation vinicole française… et un immense succès. Si la catégorie des Vins Délimités de Qualité Supérieure (présentée aux pages suivantes et illustrée page 53) a été créée pour distinguer les zones en attente d'appellation contrôlée, la catégorie des Vins de Pays a été créée en 1973 (et rendue effective en 1979 seulement) pour stimuler la vaste catégorie des Vins de Table. Un vin de pays est considéré en France comme un vin de table supérieur. Mais surtout, en devenant Vin de Pays, un vin de table devient le vin d'un endroit spécifique. Les noms ont été soigneusement choisis pour éviter toute confusion avec les appellations contrôlées, ce qui a donné des résultats d'une créativité réjouissante.

Les noms des Vins de Pays ont des accents poétiques : vals, coteaux, monts, gorges, pays, marches, vicomtés, balmes et fiefs. Qui pourrait résister au charme de la Vallée du Paradis (une région au nord-est des Corbières) ou à celui de L'Ile de Beauté (nom des vins de pays corses) ?

Les vins de pays opèrent à trois niveaux : quatre-vingt-quinze petites zones locales, cinquante-quatre départements (qui ne comptent pas nécessairement les départements de « bon vin » comme ceux de l'Alsace, du Bordelais, de la Champagne, de la Côte d'Or et du Beaujolais), et quatre grandes régions – toute la vallée de la Loire (Vins de Pays du Jardin de la France), une grande partie du Sud-Ouest (Vins de Pays du Comté Tolosan), une grande tranche de l'Est de la France (Vins de Pays des Comtés Rhodaniens), tout le Languedoc et le Roussillon (Vins de Pays d'Oc). La dernière est de loin la plus importante des régions de vins de pays, divisées en douzaines de zones.

Les règlements définissent avec précision la zone de production, un rendement maximum assez généreux de 90 hectolitres/hectare, un niveau d'alcool naturel minimum, les cépages officiellement autorisés – en général une gamme assez large de cépages locaux et une sélection appropriée des principaux cépages internationaux.

Il est ouvertement admis que certains vins de pays ont plus de valeur que d'autres. Certains noms n'ont pratiquement jamais été utilisés, tandis que la production annuelle des Vins de Pays d'Oc avoisine les 300 millions de litres, soit plus de 5 % de la récolte annuelle française (cela explique pourquoi 70 % environ des vins de pays sont rouges, le Sud de la France étant un pays de vin rouge).

Les vins de pays fournissent aux producteurs l'opportunité d'échapper aux contraintes des règlements d'AOC. La gamme des cépages autorisés est plus vaste, les rendements plus élevés, les vignes n'ont pas besoin d'avoir un âge minimum et la zone géographique est beaucoup moins limitée. Un producteur du nord du Rhône, par exemple, peut donc vendre le produit d'une vigne trop jeune pour faire du Condrieu ou encore un merlot cultivé sur la rive opposée du fleuve pour en faire un Vin de Pays des Collines Rhodaniennes. Les excellents vins du Domaine de Trévallon en Provence occidentale, disqualifiés pour l'appellation des Baux-de-Provence à cause d'un excès de cabernet sauvignon, peuvent être vendus comme Vins de Pays des Bouches-du-Rhône (à un prix particulièrement élevé). Des négociants comme Louis Latour en Bourgogne et Georges Duboeuf dans le Beaujolais ont pu s'étendre sur de nouveaux territoires vers le sud en vendant respectivement du pinot

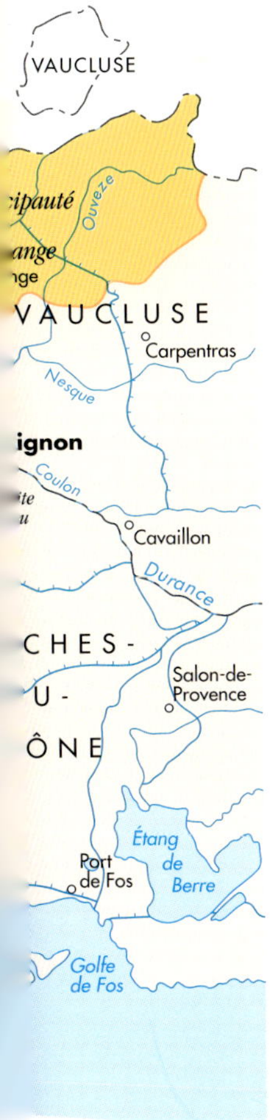

noir et du viognier sous l'appellation Vins de Pays des Coteaux de l'Ardèche. Et pour donner un dernier exemple, les producteurs de Muscadet qui veulent profiter de l'adaptation du chardonnay dans leur région, peuvent en vendre sous le nom de Vin de Pays du Jardin de la France.

La catégorie Vin de Pays a aussi probablement contribué à sauver des centaines sinon des milliers de viticulteurs dans le Sud-Ouest. Une grande partie du surplus phénoménal, destiné initialement aux alambics d'armagnac et de cognac, a été détournée pour faire un vin blanc net, respectivement le Vin de Pays des Côtes de Gascogne et le Vin de Pays Charentais.

Cette catégorie relativement récente de vin français a connu un accueil chaleureux. Vers la fin du XXe siècle, elle représentait plus d'un tiers de l'ensemble du vin produit en France, absorbant le marché qui était autrefois réservé au vin de table ordinaire. Son succès sur les marchés d'exportation est dû sans aucun doute à un aspect fort peu français de l'attrait exercé par ces vins : un tiers d'entre eux sont aujourd'hui vendus non plus sur la base de leur origine géographique, mais comme vins de cépage, susceptibles d'être reconnus dans le monde entier grâce aux mots « chardonnay » ou « merlot » inscrits sur leurs étiquettes. Les vins de pays donnent aux producteurs de vin français les moyens de combattre le Nouveau Monde sur son propre terrain. La plupart des amateurs de vins français considèrent encore les vins de pays comme des vins de qualité inférieure, mais sur tous les marchés d'exportation, particulièrement en Allemagne et au Royaume-Uni, les vins de cépage sont devenus familiers, ce qui est encourageant. Ils sont aussi plus faciles à comprendre que les vins complexes nés du système de l'AOC.

De nombreux vins de pays sont soit des vins commerciaux un peu aguicheurs, soit de pâles copies du style de l'appellation contrôlée locale. Mais dans ce fourre-tout de cent cinquante noms étranges, se cachent quelques vins fascinants, sérieux et parfois peu coûteux.

Les vins de pays ne sont cependant pas nécessairement bon marché. Le premier vin de pays à atteindre des hauteurs respectables a été le Mas de Daumas Gassac, une propriété près d'Aniane, au nord-ouest de Montpellier (voir page 138). Un curieux mélange de cépages blancs donne un vin blanc tout à fait intéressant et les cépages du Bor-

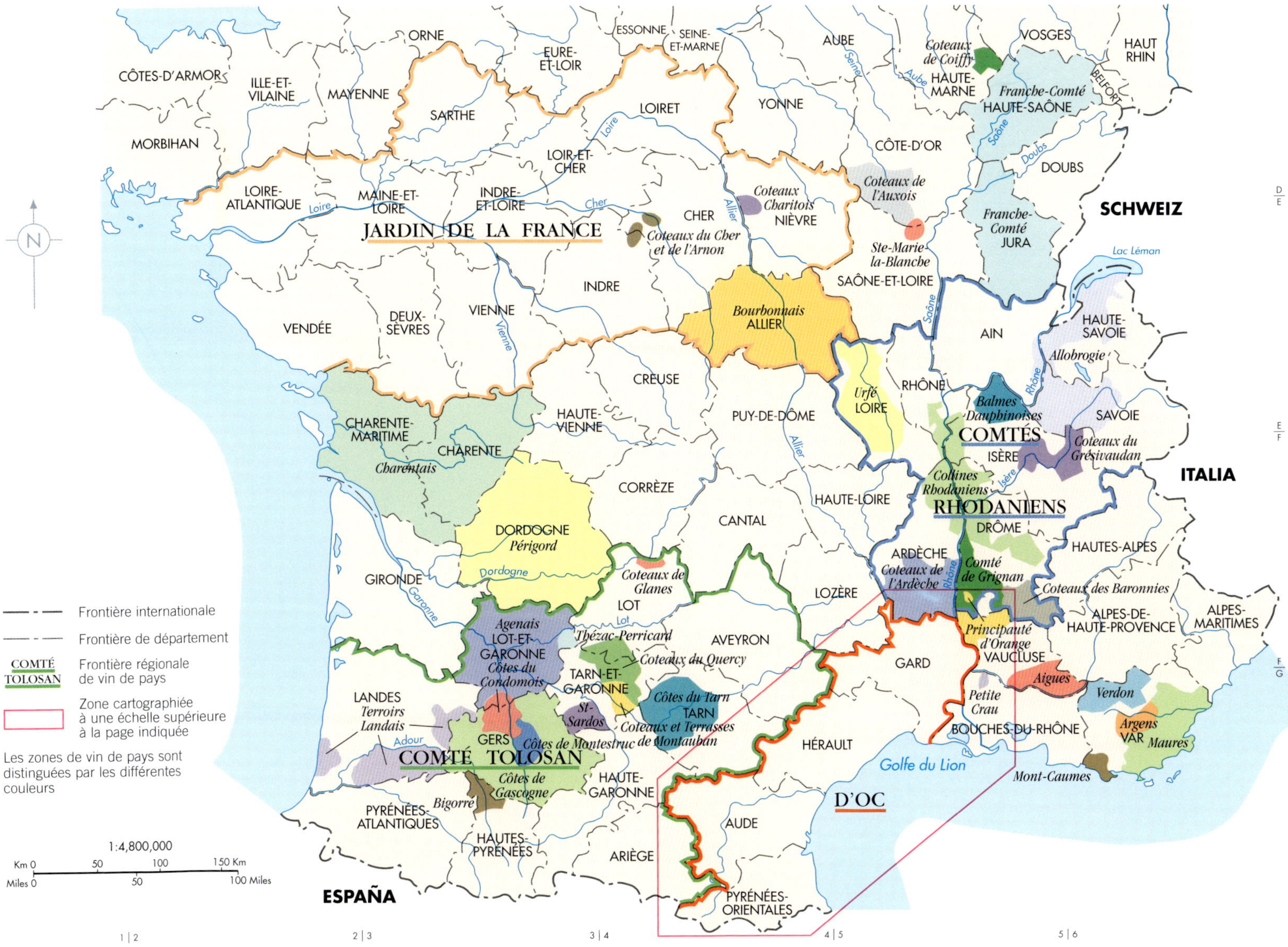

delais font un vin rouge d'une couleur, d'une concentration et d'une profondeur formidables sur ce terroir singulier, composé de couches de débris volcaniques profondes et bien drainées. C'est un exemple parmi des douzaines de vins de pays de caractère exprimant des terroirs non reconnus par le système de l'AOC. Le Domaine Grange des Pères est un autre vin rouge profondément aromatique très respecté qui a émergé dans cette région.

Les étrangers, français ou en provenance d'autres pays, sont de plus en plus importants dans l'économie du Languedoc, en grande partie grâce à la production du vin de pays. Depuis des années, les producteurs itinérants australiens ont fait progressé le niveau des techniques de vinification des coopératives françaises ; Hardys, le groupe australien, a été le premier à faire monter les enchères en achetant le Domaine de la Baume, près de Béziers. Un rival australien, Southcorp, a fait l'acquisition de James Herrick Wines, près de Narbonne. Les investissements français se sont aussi multipliés, en particulier de la part des Rothschild (Mouton et Lafite), des Laroche de Chablis, de Boisset, de Louis Latour et d'Antonin Rodet en Bourgogne, de Duboeuf dans le Beaujolais. La terre ne coûte pas cher par rapport à celle d'autres régions vinicoles célèbres, le climat est plus régulier, les possibilités du vin de pays variées et la vente à l'étranger facile.

Tout cela fait que le Languedoc appartient désormais à un monde du vin plus grand que celui des années 1990, quand la Californie manquait de vins de cépage bon marché et que les négociants américains puisaient dans les vastes réserves des Vins de Pays d'Oc. Les consommateurs faisaient à peine la différence.

VDQS

Les Vins Délimités de Qualité Supérieure (cartographiés page 53) représentent à peine 1 % de la production de vin française, mais ce statut inspire la fierté chez les producteurs autant que le ferait une appellation contrôlée. Les exemples les plus récents de promotion au statut d'appellation contrôlée sont les Côtes du Forez dans la Loire, les Côtes du Vivarais dans le sud du Rhône et Cabardès dans le Languedoc occidental, où les Côtes de Malepère travaillent dur pour obtenir le même statut. Saint-Bris (ou Sauvignon de Saint-Bris) dans le sud-ouest du Chablis est un autre candidat à la promotion. On compte des vins de pays promus VDQS, très récemment le Coteaux du Quercy par exemple, qui fait des rouges et des rosés à partir du cabernet franc, au sud de Cahors.

Les autres VDQS du Sud-Ouest – Côtes de Millau, Côtes de Saint-Mont, Côtes du Brulhois, Tursan et les Vins de Lavilledieu, d'Entraygues et du Fel, d'Estaing – sont commentés pages 112-114. Le Vin de Bugey en Savoie est cartographié et commenté page 149.

Les vins du nord-est de la France sont connus sous le nom de Vins de l'Est. Les pâles et vifs VDQS Vins de Moselle sont des rouges légers ou des rosés pâles issu du cépage de gamay (comme l'appellation contrôlée Côtes de Toul), et surtout des blancs faits à partir d'auxerrois, de gewurztraminer, de müller-Thurgau, de pinot blanc, de pinot gris et de riesling.

De toutes les régions vinicoles de France, c'est la Loire qui dispose de la plus grande concentration de VDQS, depuis l'embouchure du fleuve avec le gros plant du Pays Nantais, un des rares vins de cépage français, fait dans la région du muscadet. Le gros plant est un cépage âpre qui exige que le vin soit consommé avec des crustacés. C'est aussi un bon candidat pour la distillation.

Le pâle VDQS Fiefs-Vendéens est le produit du département de la Vendée, au sud de Nantes. Le Coteaux d'Ancenis, fait au nord du pays du muscadet en assez grande quantité, est essentiellement un rouge mineur et un rosé, à partir de cépages de gamay et de cabernet, mais il inclut aussi un peu de malvoisie doux et fumé (pinot gris).

Bien au sud de la Loire, les vifs et légers Vins du Thoursais et du Haut Poitou sont souvent des vins de cépage (les autorités françaises font moins d'objections à la mention du cépage sur les étiquettes des VDQS que sur celles des AOC).

Les vignobles des Coteaux du Vendômois, autour de Vendôme, tout comme l'appellation contrôlée Jasnières à l'ouest, font des rouges et des rosés légers mais parfois pleins de caractère, à partir du cépage local, le pineau d'Aunis.

Valençay, sur le Cher, décline mais fait encore une vaste gamme de vins vifs à partir d'un mélange de six cépages au moins. À l'inverse, le gamay est le cépage prédominant des rouges et des rosés pâles de Châteaumeillant, au sud de la Touraine.

Les vignobles des Vins de l'Orléanais étaient autrefois très étendus, assez pour avoir donné naissance à un célèbre vinaigre, mais ils ont aujourd'hui rétréci. En amont, dans l'Allier et le centre de la France, Saint-Pourçain semble avancer d'un bon pas avec ses gamays pâles, ses pinots, ses chardonnays et ses sauvignons, tandis que le Côtes d'Auvergne poursuit une longue tradition de culture du gamay, dans des conditions caniculaires par rapport à celles du bassin de la Loire.

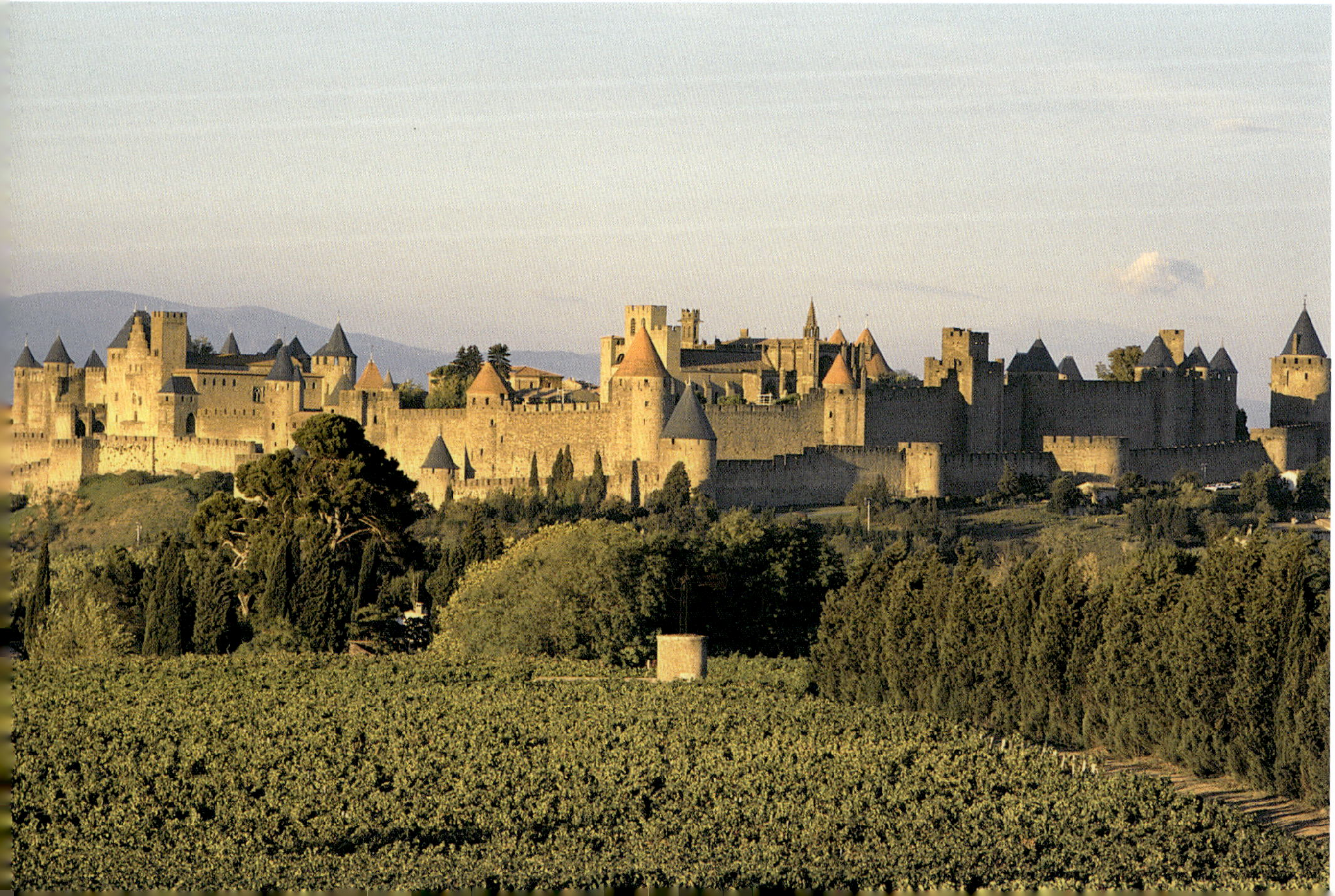

À gauche La ville fortifiée de Carcassonne donne son nom à un vin de pays fait dans les environs, à mi-chemin de deux zones de transition du Languedoc vinicole. Au sud, le VDQS Côtes de la Malepère produit des vins rouges de plus en plus convaincants à partir de cépages du Bordelais, tandis que Carbadès les mélange avec du grenache, de la syrah et même du fer de Marcillac.

Italie

L'Italie ne joue plus les seconds violons pour la France ; elle a affirmé sa personnalité très nettement, même si c'est parfois de façon un peu exaspérante. Ses meilleurs vins ont une vivacité et un style qui n'appartiennent qu'à eux. Au bas de l'échelle, comme n'importe quel autre pays producteur de vin important, l'Italie a encore une proportion très élevée de vignes à haut rendement qui donnent des vins sans intérêt. Mais ces derniers sont de moins en moins nombreux et la qualité des vins intermédiaires s'est considérablement améliorée au cours des dernières années.

Certains diraient que cela n'a rien de surprenant. Les colons grecs appelaient l'Italie *Oenotria* (le pays du vin, ou plus exactement, des vignes échalassées, signe évident d'une viticulture ambitieuse). Presque tout le territoire italien est viticole. Seule la France produit – et uniquement certaines années – plus de vin que l'Italie.

L'Italie ne peut manquer de produire de bons vins d'une grande variété, puisque les éléments essentiels qui y contribuent sont les pentes, l'ensoleillement et le climat tempéré. Son aspect physique singulier – cette longue colonne vertébrale de montagnes descendant depuis l'abri formé par les Alpes jusqu'aux confins de l'Afrique du Nord ou presque – fait que la combinaison idéale de l'altitude, de la latitude et de l'exposition fait rarement défaut. Bon nombre de ses sols sont volcaniques. D'autres sont composés de calcaire ou de tuf. L'argile graveleuse ne manque pas. Nous sommes bien en *Oenotria*.

Parce que l'Italie est si bien adaptée à la vigne et qu'elle produit aujourd'hui des vins merveilleux et d'une élégance rare, il est facile d'oublier à quel point cela est récent. Il y a une génération à peine, seule une minuscule proportion du vin italien était mise en bouteilles par le producteur. La plus grande partie de ce vin était expédiée dans les villes pour la consommation courante, destinée à étancher la soif et bue sans la moindre cérémonie. Lorsqu'il était exporté, le vin italien était le plus souvent mélangé par les grands négociants.

Il n'est donc pas surprenant que les étiquettes des bouteilles italiennes soient si peu évoluées, leur défaut majeur étant la confusion qu'elles génèrent en matière de noms. Le vin étant omniprésent, partie intégrante de la vie quotidienne et fait par tant de gens indépendants et fiers, toutes sortes de termes sont employés pour marquer l'originalité. Ainsi, une bouteille pourra porter non seulement le nom officiel (DOC) et le nom du producteur, mais encore celui de la propriété, celui d'une parcelle de la propriété, ainsi que celui qui passera par la tête du propriétaire – et personne n'est à court d'imagination. On renonce souvent aux étiquettes explicatives au dos des bouteilles et aux noms des régions (souvent remplacées par celui d'une petite ville inconnue). L'Italie a besoin d'un système d'étiquetage fiable (ce qui n'implique pas nécessairement une nouvelle réglementation vinicole), définissant l'origine de la production, sa localisation et sa désignation.

Depuis les années 1960, le gouvernement italien s'est lancé dans une tâche monumentale visant à réduire la multiplicité des vins italiens (des centaines) à un nombre limité d'identités. Le système de la *Denominazione di Origine Controllata* (DOC) est l'équivalent italien du système français des appellations contrôlées : il fixe les limites (parfois trop généreusement), les rendements (idem), les cépages et les méthodes de vinification.

Forme supérieure de la DOC, la DOCG (la dénomination n'était pas seulement contrôlée mais garantie – distinction subtile) a été créée dans les années 1980 et accordée soit à des vins d'une qualité supérieure évidente, comme le Barolo, le Barbaresco, le Vino Nobile de Montepulciano, le Brunello di Montalcino, soit dans un but de stimulation à un chianti entièrement modifié.

Toutefois, au cours des dernières années, un inconvénient majeur du système des DOC est apparu au grand jour : celui d'avoir contribué à fossiliser les pratiques de la majorité des producteurs de vin de chaque région, qui privilégient des rendements excessifs au détriment de la qualité. Le système a pénalisé les producteurs de vin soucieux de progresser et conscients du fait que certains changements, dans le choix des cépages, par exemple, ou dans les techniques de maturation, pouvaient améliorer leurs produits.

Il en est résulté une prolifération des Vini di Tavola dans les années 1970 et 1980 – des vins non classifiés et démarqués au niveau le plus bas – qui dépassaient souvent, en qualité et en prix, les vins de DOC. Certains d'entre eux sont devenus des références en matière d'excellence vinicole. Les Vini di Tavola ont aussi été des bancs d'essai pour les idées nouvelles, les cépages d'im-

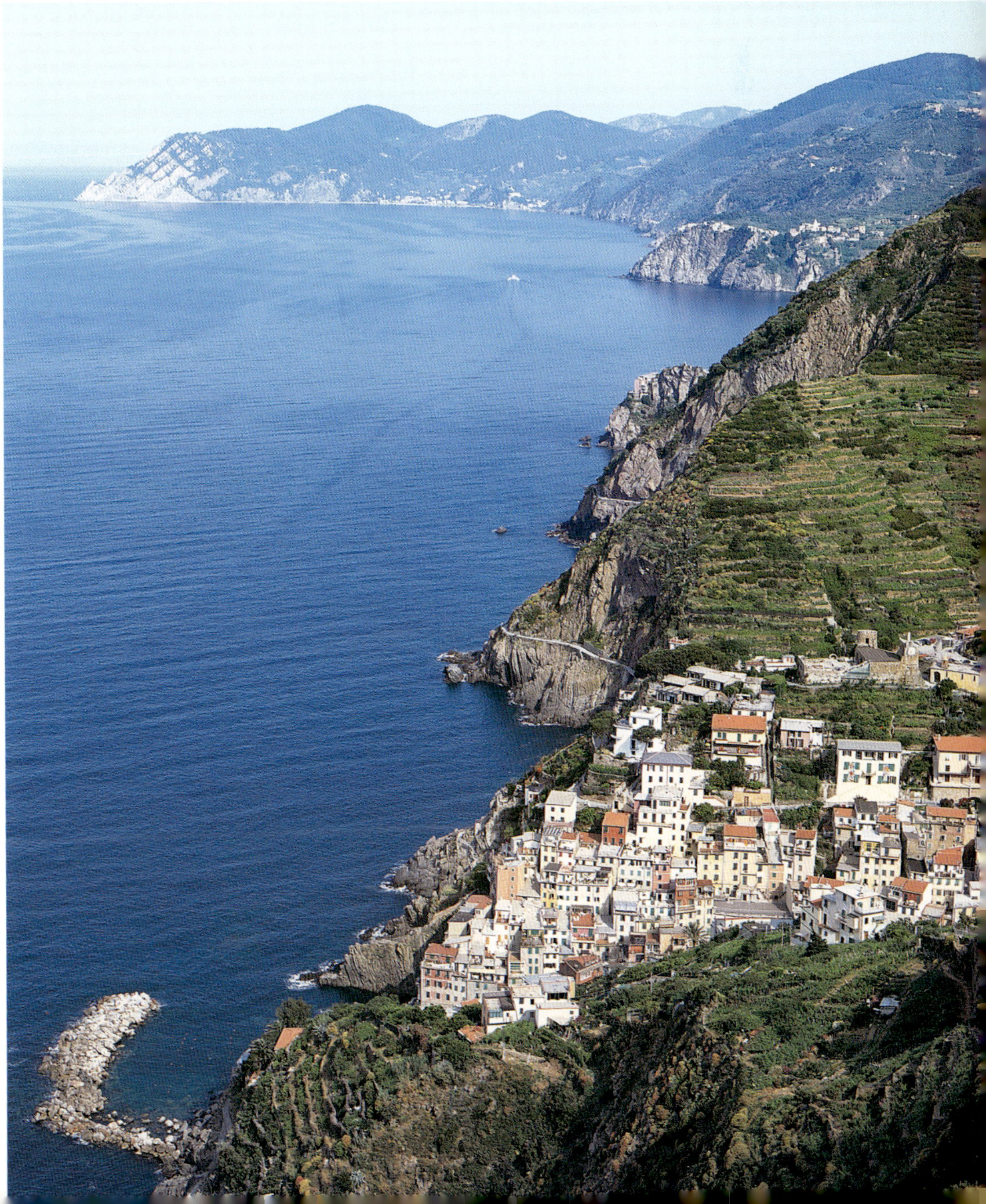

À droite Toutes les parcelles possibles et impossibles de l'Italie sont plantées de vignes. Ici, elles sont accrochées aux terrasses de la côte d'Amalfi, juste au sud de Naples.

portation, les techniques empruntées dans le monde entier.

Vers la fin des années 1980, les Vini di Tavola continuaient de se multiplier et la situation était absurde (et menaçait de devenir intenable lorsque les règlements de la Communauté européenne rendraient illégales toutes sortes d'informations utiles, comme le millésime et le cépage, sur les étiquettes des vins de table).

En 1992, une nouvelle loi a restructuré l'ensemble du système de classification en introduisant certaines restrictions, notamment sur les rendements autorisés, et une hiérarchie bien établie, depuis le pinacle des DOCG en passant par les DOC jusqu'à une nouvelle catégorie, l'IGT, créée pour les Vini di Tavola dont les producteurs innovent (ou du moins pour ceux qui n'ont pas vocation à devenir des DOC). Le principe de cette catégorie, comparable à celle des Vins de Pays en France, consiste à autoriser l'usage du nom géographique et du nom du cépage, mais uniquement dans cet ordre.

En théorie, un IGT n'a pas le même statut qu'un DOC, mais le marché en décide autrement dans bien des cas, particulièrement pour tous ceux qui sont faits à partir de cépages non-traditionnels. Le cabernet sauvignon (introduit au début du XIXe siècle) et le chardonnay ont été le fer de lance de cette invasion. Mais le merlot, la syrah et d'autres ont suivi. Les limites des IGT ne figurent pas sur les

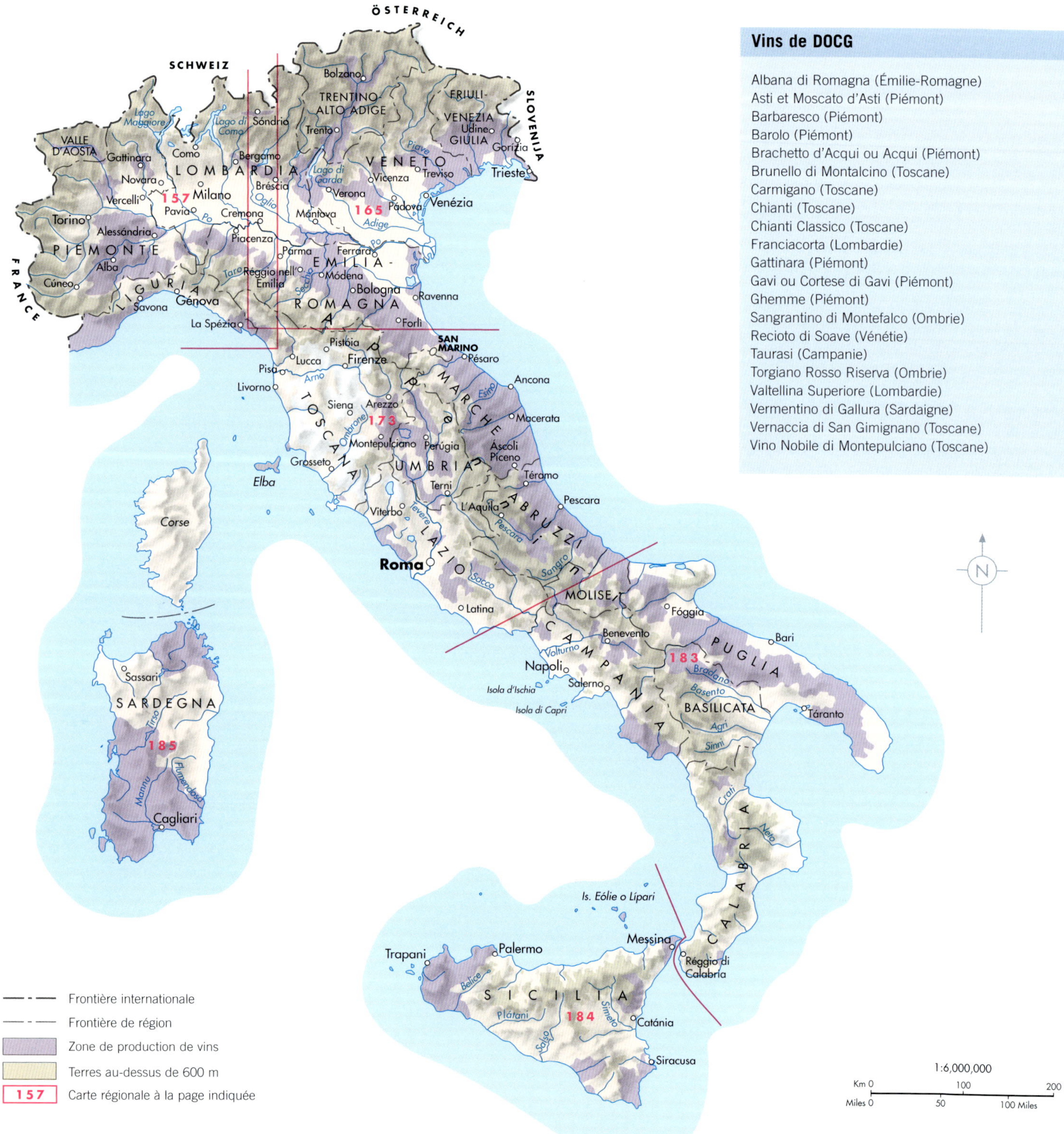

Vins de DOCG

- Albana di Romagna (Émilie-Romagne)
- Asti et Moscato d'Asti (Piémont)
- Barbaresco (Piémont)
- Barolo (Piémont)
- Brachetto d'Acqui ou Acqui (Piémont)
- Brunello di Montalcino (Toscane)
- Carmigano (Toscane)
- Chianti (Toscane)
- Chianti Classico (Toscane)
- Franciacorta (Lombardie)
- Gattinara (Piémont)
- Gavi ou Cortese di Gavi (Piémont)
- Ghemme (Piémont)
- Sangrantino di Montefalco (Ombrie)
- Recioto di Soave (Vénétie)
- Taurasi (Campanie)
- Torgiano Rosso Riserva (Ombrie)
- Valtellina Superiore (Lombardie)
- Vermentino di Gallura (Sardaigne)
- Vernaccia di San Gimignano (Toscane)
- Vino Nobile di Montepulciano (Toscane)

cartes détaillées des pages suivantes, de peur de créer une confusion avec celles des centaines de DOC. Les IGT apparaissent cependant sur un nombre croissant d'étiquettes, notamment parce que bien des noms (Ombrie, Sicile, par exemple) ont une résonance sur le marché international que n'ont pas ceux des DOC.

La carte ci-contre est destinée à rappeler la localisation des régions et à servir de référence pour les cartes détaillées qui suivent. Toutes les DOC et DOCG importantes apparaissent sur les quatre pages (157, 165, 173 et 182) qui découpent le pays en régions nord-ouest, nord-est, centre et sud. Les zones complexes de production de vin de grande qualité sont présentées sur des cartes spécifiques à grande échelle.

Et le vin ? Les meilleurs vins d'Italie sont-ils toujours des rouges ? La plupart, mais certainement pas la totalité. L'Italie a appris à faire des vins blancs « modernes » (vifs et frais) dans les années 1960. Dans les années 1980, elle a appris à redonner du caractère et, dans les années 1990, l'entreprise fut couronnée de succès. Soave, verdicchio, pinot grigio, on peut aujourd'hui trouver tous ces cépages sous des formes délicieusement fruitées, ainsi que dans leur version décapante.

Les vins rouges italiens ne cessent de s'améliorer. Ils vont du soyeux et fragile au violet et puissant, avec des styles et des arômes très différents, à partir des redoutables cépages locaux et de l'inévitable cabernet international. Cette révolution dans la qualité du vin, en dépit de son extraordinaire rapidité, n'est pas le reflet d'une recherche systématique et d'expérimentations dans les universités et les laboratoires – à l'inverse de ce qui se passe en France, en Californie et en Australie. Les progrès résultent des conseils pratiques donnés par un groupe grandissant de consultants qui ont beaucoup voyagé, étaient au départ des spécialistes de la vinification et jouent maintenant un rôle très actif dans la revitalisation nécessaire des vignobles italiens. Une grande partie de l'*Oenotria* et de ses caves doit être transformée pour privilégier la qualité.

Cependant, les qualités du vin italien doivent être appréciées dans le contexte de sa cuisine incroyablement variée et sensuelle. Le véritable génie de l'Italie réside dans sa capacité à faire de tout une fête et d'y faire jouer le rôle principal au vin.

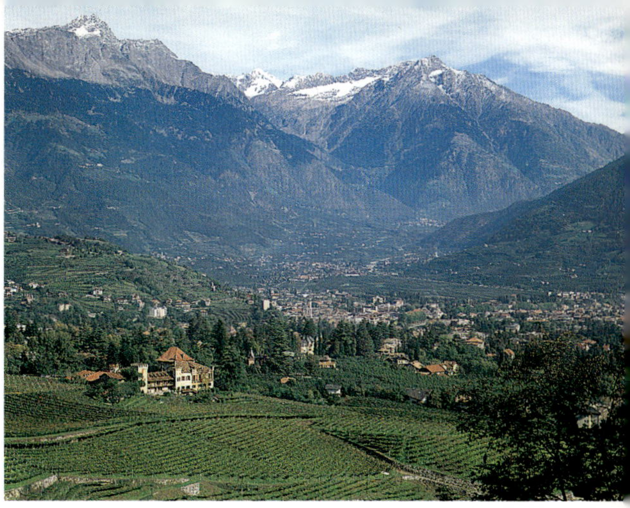

Ci-dessus Les vignobles qui dominent Merano, dans le Haut-Adige, là où l'Italie rejoint le Tyrol autrichien et où l'allemand est plus couramment parlé que l'italien. Les étés peuvent être extrêmement chauds dans cette région vinicole, la plus septentrionale d'Italie.

Vins d'Indicazione Geografica Tipica

Allerona (Ombrie)
Alta Valle della Greve (Toscane)
Alto Livenza (Vénétie/Frioul-VJ)
Alto Mincio (Lombardie)
Alto Tirino (Abruzzes)
Arghila (Calabre)
Barbagia (Sardaigne)
Basilicata (Basilicate)
Venaco Bresciano (Lombardie)
Beneventano (Campanie)
Bergamasca (Lombardie)
Bettona (Ombrie)
Bianco de Castelfranco Emilia (Émilie-Romagne)
Calabria (Calabre)
Camarro (Sicile)
Cannara (Ombrie)
Civitella d'Agliano (Latium)
Colli Aprutini (Abruzzes)
Colli Cimini (Latium)
Colli del Limbara (Sardaigne)
Colli del Sangro (Abruzzes)
Colli della Toscana Centrale (Toscane)
Colli di Salerno (Campanie)
Colli Ericini (Sicile)
Colli Trevigiani (Vénétie)
Collina del Milanese (Lombardie)
Colline Frentane (Abruzzes)
Colline Pescaresi (Abruzzes)
Colline Savonesi (Ligurie)
Colline Teatine (Abruzzes)
Condoleo (Calabre)
Conselvano (Vénétie)
Costa Viola (Calabre)
Daunia (Apulie)
Del Vastese ou Histonium (Abruzzes)
Delle Venezie (Vénétie/ Trentin Haut-Adige/Frioul-VJ)
Dugenta (Campanie)
Emilia ou d'ell'Emilia (Émilie-Romagne)
Epomeo (Campanie)
Esaro (Calabre)
Fontanarossa di Cerda (Sicile)
Forli (Émilie-Romagne)
Fortana del Taro (Émilie-Romagne)
Frusinate ou del Frusinate (Latium)
Irpinia (Campanie)
Isola dei Nuraghi (Sardaigne)
Lazio (Latium)
Lipuda (Calabre)
Locride (Calabre)
Marca Trevigiana (Vénétie)
Marche (Marches)
Maremma Toscana (Toscane)
Marmilla (Sardaigne)
Mitterberg tra Sauria und Telor Mitterberg zwischen Gfrill und Tollor Mitterberg (Trentin/Haut-Adige)
Montenetto di Brescia (Lombardie)
Murgia (Apulie)
Narni (Ombrie)
Nettuno (Latium)
Nurra (Sardaigne)
Ogliastra (Sardaigne)
Orcia (Toscane)
Osco ou Terre degli Osci (Molise)
Paestum (Campanie)
Palizzi (Calabre)
Parteolla (Sardaigne)
Pellaro (Calabre)
Planargia (Sardaigne)
Pompeiano (Campanie)
Provincia di Mantova (Lombardie)
Provincia di Modena ou Modena (Émilie-Romagne)
Provincia di Nuoro (Sardaigne)
Provincia di Pavia (Lombardie)
Provincia di Verona ou Veronese (Vénétie)
Puglia (Apulie)
Quistello (Lombardie)
Ravenna (Émilie-Romagne)
Roccamonfina (Campanie)
Romangia (Sardaigne)
Ronchi di Brescia (Lombardie)
Rotae (Molise)
Rubicone (Émilie-Romagne)
Sabbioneta (Lombardie)
Salemi (Sicile)
Salento (Apulie)
Salina (Sicile)
Scilla (Calabre)
Sebino (Lombardie)
Sibiola (Sardaigne)
Sicilia (Sicile)
Sillaro ou Bianco del Sillaro (Émilie-Romagne)
Spello (Ombrie)
Tarantino (Apulie)
Terrazze Retiche di Sondrio (Lombardie)
Terre del Volturno (Campanie)
Terre di Chieti (Abruzzes)
Terre di Veleja (Émilie-Romagne)
Tharros (Sardaigne)
Toscana ou Toscano (Toscane)
Trexenta (Sardaigne)
Umbria (Ombrie)
Val di Magra (Toscane)
Val di Neto (Calabre)
Val Tidone (Émilie-Romagne)
Valdamato (Calabre)
Vallagrina (Vénétie/Trentin Haut-Adige)
Valle d'Itria (Apulie)
Valle del Belice (Sicile)
Valle del Crati (Calabre)
Valle del Tirso (Sardaigne)
Valle Peligna (Abruzzes)
Valli di Porto Pino (Vénétie)
Veneto (Vénétie)
Veneto Orientale (Vénétie)
Venezia Giulia (Frioul)
Vigneti delle Dolomiti (Trentin Haut-Adige)

Vocabulaire de l'étiquette

Mentions de qualité

Denominazione di Origine Controllata e Garantita (DOCG) : vins reconnus comme les meilleurs d'Italie ou soutenus par d'habiles politiciens
Denominazione di Origine Controllata (DOC) : réplique italienne du système français de l'appellation contrôlée (voir page 52)
Indicazione Geografica Tipica (IGT) : réplique italienne relativement récente au système français des Vins de Pays (voir page 150)
Vino da Tavola : vin de table, vin le plus ordinaire d'Italie

Autres mentions courantes

Abboccato : légèrement doux
Amabile : demi-doux
Annata : année de millésime
Azienda agricola : propriété vinicole qui n'achète pas de raisin ou de vin, à la différence d'une *azienda vinicola*
Bianco : blanc
Cantina : cave ou chai
Cantina sociale, cantina cooperativa : coopérative
Casa vinicola : négociant en vins
Chiaretto : rouge très pâle
Classico : zone d'origine (par opposition à une zone étendue)
Consorzio : association de viticulteurs
Dolce : doux
Fattoria : ferme
Frizzante : semi-pétillant
Gradi (alcool) : teneur en alcool par litre en %
Imbottigliato (all'origine) : mis en bouteilles à la propriété)
Liquoroso : puissant, en général viné
Metodo classico, metodo tradizionale : vin pétillant fermenté en bouteille
Passito : fort, vin généralement fait à partir de raisins secs
Podere : petite propriété agricole, plus petite qu'une *fattoria*
Recioto : vin fait à partir de raisins demi-secs, spécialité de la Vénétie
Riserva : vin qui a vieilli
Rosato : rosé (rare en Italie)
Rosso : rouge
Secco : sec
Spumante : pétillant
Superiore : vin qui a vieilli plus longtemps qu'un DOC normal et contient de 0,5 à 1% d'alcool supplémentaire
Tenuta : société ou propriété
Vendemmia : vendange
Vendemmia tardiva : vendange tardive
Vigna, vigneto : vignoble
Vignaiolo, viticoltore : vigneron
Vino : vin

Nord-ouest de l'Italie

Nord-ouest de l'Italie signifie Piémont pour tout amoureux du vin. Avec ses vermouths doux-amers, ses spumantes très verts, ses vins violets et piquants pour accompagner le gibier et le fromage, il incarne au mieux la sensualité de la table italienne.

Mais les collines de Langhe et de Monferrato autour d'Albe et d'Asti ne sont pas les seuls grands vignobles du nord-ouest. Le cépage le plus noble, le nebbiolo, donne d'excellents résultats (certes différents) dans plusieurs autres coins de la région, surtout dans les collines au-dessus de Novara et de Vercelli (célèbres pour le riz), où il compte, sous le nom de Spanna, six DOC différentes. La récente DOC Colline Novaresi peut être faite pratiquement à partir de tous les cépages noirs et blancs locaux et elle est utilisée pour tous les oca, fara, ghemme, sizzano et erbaluce déclassés. Tout comme le Colline Vercellesi absorbe tout ce qui se veut spanna dans les provinces de Vercelli et de Biella.

La DOCG Gattinara (surtout celle en provenance de Colline Monsecco) est considérée comme la reine de ces vins, avec Ghemme et Lessona en princes consorts, et Bramaterra juste derrière. Tous ces vins bénéficient du climat subalpin, d'une exposition au sud et d'un sol glaciaire qui se draine vite. En pratique, tout dépend du producteur et de la quantité autorisée des cépages de bonarda et de vespolina en addition. Le poids et l'intensité d'un barolo ne sont pas tout à fait atteints, mais le parfum ne manque pas. Le Spanna, qui autrefois pouvait prendre un arôme de gibier, a profité tout autant que les autres vins du coup de balai donnés dans toutes les caves d'Italie.

Le nebbiolo pousse aussi dans le coin nord-est de la carte ci-contre, là où la Lombardie rejoint la Suisse. À Valtellina, sur les pentes encaissées orientées au sud de la rive septentrionale de l'Adda, le cépage, qui prend ici le nom de chiavennasca, donne des vins rouges nerveux, de véritables champions d'escalade. Le cœur de la région, le Valtellina Superiore, qui inclut les sous-zones de Grumello, Inferno, Sasella et Valgella, fait un vin infiniment meilleur que celui vendu sous l'étiquette Valtellina. Il a été promu au rang de DOCG en 1998. Un sfurzat sec est fait à partir de raisins semi-secs.

Au nord de Turin, sur la route du Val d'Aoste et du tunnel du Mont-Blanc, on trouve deux autres nebbiolo de grande réputation et de faible production, Carema et Donnaz. Carema est encore dans le Piémont (mais appelle néanmoins le nebbiolo, picutener). Le Donnaz est fait à Donnas de l'autre côté de la frontière provinciale, dans le Val d'Aoste, région vinicole la plus petite d'Italie. Les conditions climatiques alpines peuvent rendre ces nebbiolos moins puissants et d'une couleur plus profonde, mais leur donnent une finesse particulière.

Le cépage noir d'Aoste est le petit rouge, qui n'est pas très différent de la mondeuse de Savoie : sombre, frais, vivifiant, avec un fort goût de raisin. Il est la base de l'Enfer d'Arvier et du Torrette entre autres, parmi tous les vins regroupés sous la DOC Valle d'Aoste. Le cépage de fumin fait des vins qui vieillissent mieux. Cette vallée très active produit aussi des vins recherchés à partir de cépages importés : les blancs très légers de La Salle et de Morgex, quelques cépages d'hiver, malvoisie et petite arvine, venus de la Suisse.

Quand les collines du Piémont rejoignent la plaine de la Lombardie à l'est, les conditions climatiques deviennent moins extrêmes. Il est difficile d'offrir une transition aussi musicale que celle procurée par le nom du pivot de la viticulture lombarde : Oltrepo Pavese. Il est plus difficile encore de présenter de façon ordonnée la profusion des vins de cette région, certains étant des DOC, d'autres non, et beaucoup étant vendus sans même l'indication d'une origine géographique. Un grand nombre des meilleurs pinot nero et certains pinot bianco employés pour la confection des vins pétillants viennent de cette région sans que cela soit mentionné.

La DOC Oltrepo Pavese Rosso exige deux tiers de barbera adoucis avec une gamme de cépages locaux ; le bonarda (nom local du croatina) est le supplément principal et le plus caractéristique, même si la uva rara peut ajouter un goût épicé au mélange. La propriété de premier ordre dans cette zone de l'Oltrepo est Frecciarossa, la « flèche rouge », de Casteggio. Buttafuoco et Sangue di Giuda sont des rouges pétillants, plus mémorables pour leur nom que pour leur arôme. Les vins blancs y sont faits à partir du pinot, qui peut être soit bianco, soit nero (transformé en blanc), ou encore grigio, ou bien à partir des trois mélangés. Le pinot grigio est plus fréquemment non pétillant. C'est un vin dense, qui peut être délicieux, comme le laisse supposer sa parenté avec le grauburgunder allemand. Le riesling italien (en d'autres termes le welsch) n'est pas d'un ennui insupportable dans la région (même si le riesling renano, le « vrai » riesling, est meilleur). Les moscatos sont excellents et même le müller-thurgau fait des vins respectables. La seule chose qui manque dans cette région productive mais rarement célébrée, c'est un nom à évoquer. Le Colli Piacentini autour de Piacenza cherche à obtenir une reconnaissance avec des vins de cépages internationaux et un rouge souvent pétillant fait à partir de barbera et de bornarda.

Au sud du Piémont dans la dernière boucle des Alpes, connue sous le nom d'Apennins Liguriens, nous sommes sur les bords la Méditerranée avec à peine assez de terrain entre les montagnes et la mer pour faire pousser de la vigne. La production de la Ligurie est minuscule, mais très singulière et digne d'intérêt. Parmi les différents cépages cultivés, seuls le vermentino (appelé ici pigato) et le malvasia sont largement employés ailleurs : l'albarola blanc, le bosco et le buzzetto sont aussi ésotériques que leur nom le laisse entendre. Cinque Terre est le vin blanc servi avec le poisson sur la côte vertigineuse près de La Spezia. La version liquoreuse s'appelle la Sciacchetra. D'autres vins moins connus de la côte méritent d'être goûtés lors d'une visite à Gênes : vous ne les trouverez nulle part ailleurs.

Toutefois, le vin ligurien le plus mémorable est probablement le Rossese rouge, que ce soit celui de Dolceacqua près de la frontière française ou celui d'Albenga, près de Gênes. À la différence de tout ce qui se fait à l'ouest, le long de la côte des Alpes-Maritimes, le Rossese peut être vraiment frais, fruité (au sens du fruit doux ou du goût de raisin prononcé qu'on trouve à Bordeaux), attrayant au nez et agréable à boire. Et contrairement à la plupart des vins célèbres du nord-ouest de l'Italie, il n'a pas besoin de vieillir.

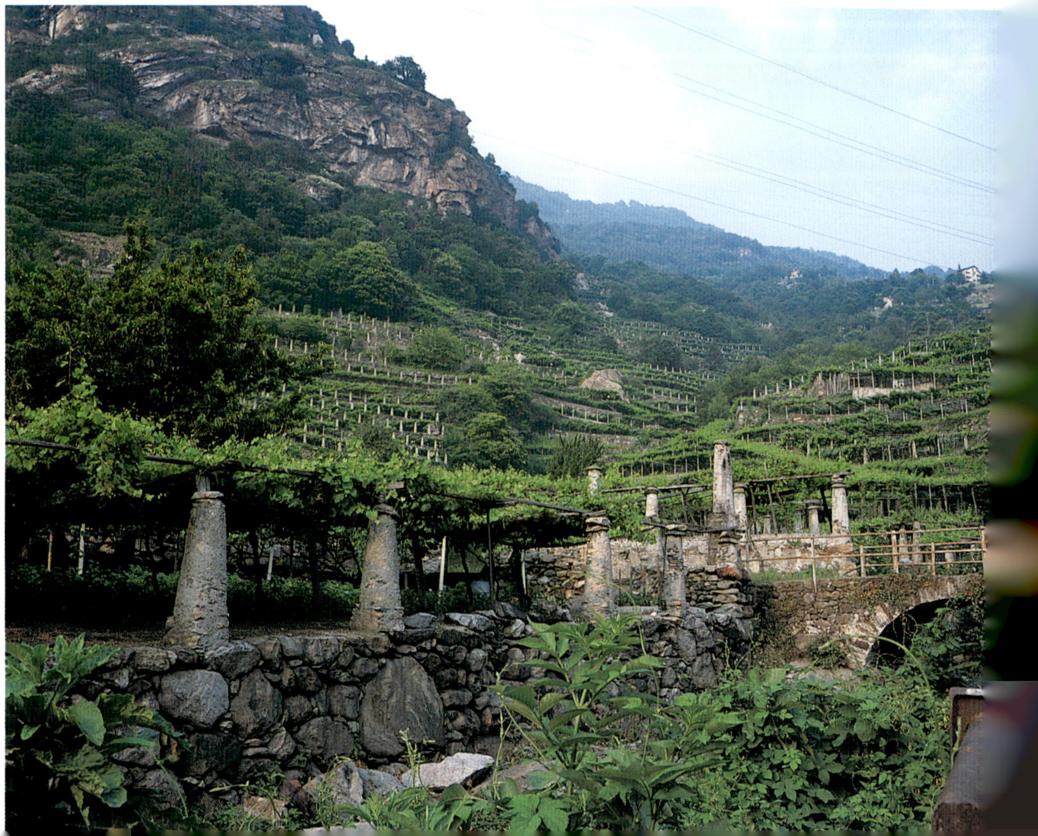

À droite D'antiques piliers de pierre soutiennent la vigne sur les terrasses sub-alpines du Val d'Aoste qui conduit au tunnel du Mont-Blanc et à la Suisse francophone. Certains des cépages les plus exotiques de cette dernière se retrouvent dans les vignobles très entretenus d'Aoste.

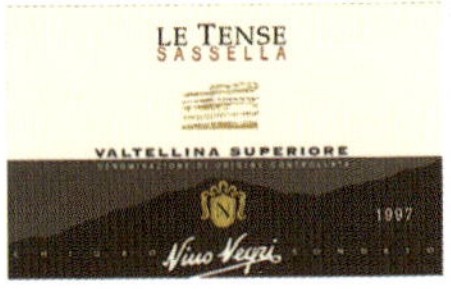

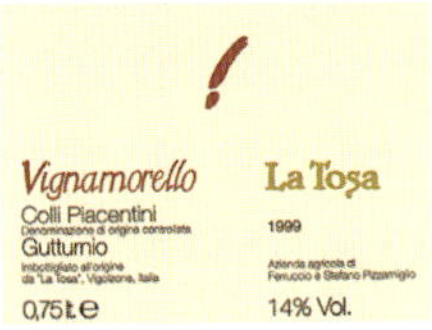

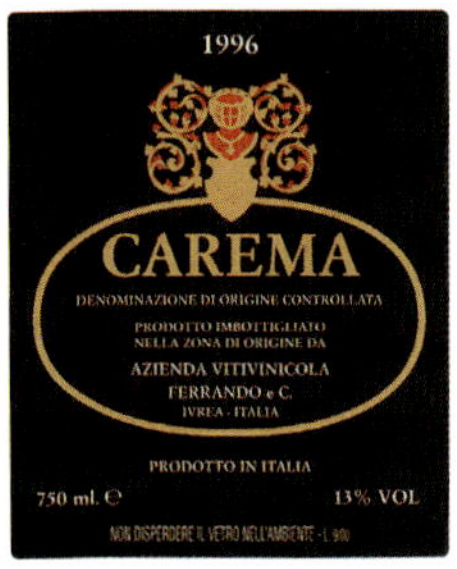

Trois vins *de la périphérie du nord-ouest de l'Italie : des nebbiolo pénétrants de Carema, sur la frontière du Piémont et d'Aoste, et des vignobles en altitude de Valtellina, avec un mélange plus souple de barbera et de bonarda en provenance des collines autour de Piacenza à l'est.*

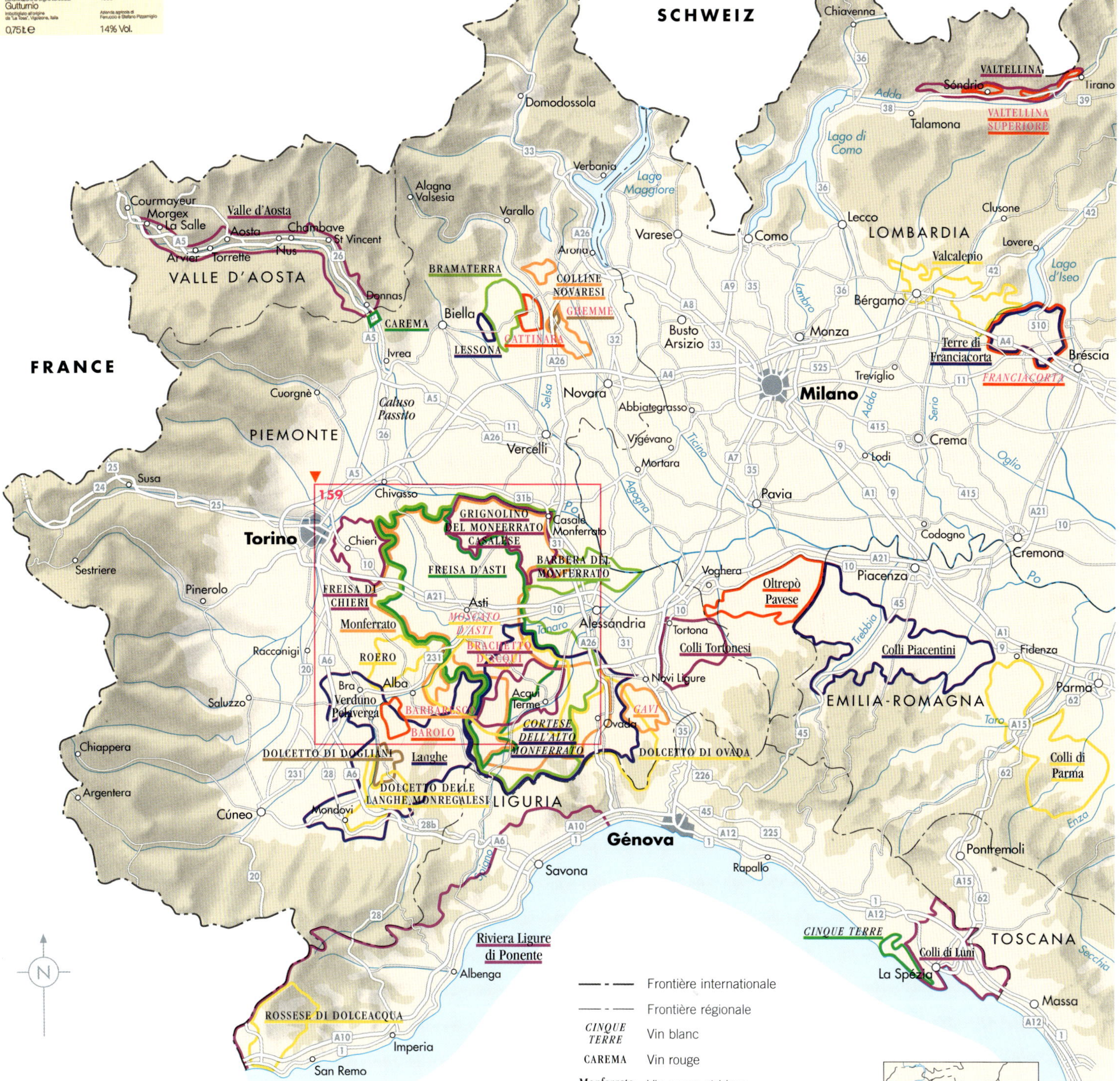

Frontière internationale

Frontière régionale

CINQUE TERRE Vin blanc

CAREMA Vin rouge

Monferrato Vin rouge et blanc

Caluso Passito Vin de dessert

DOCG/DOC Limites distinguées par des lignes colorées

Terres au-dessus de 600 m

159 Zone cartographiée à une échelle supérieure à la page indiquée

▼ Station météorologique

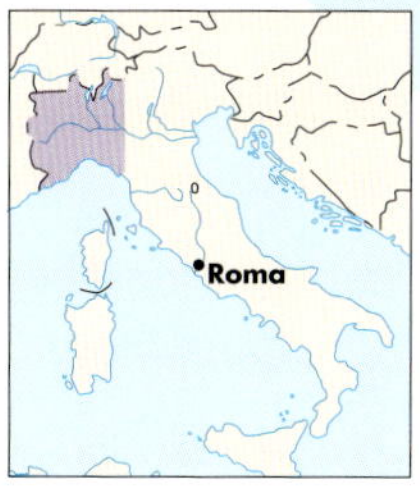

Nord-Ouest de l'Italie : Turin

Latitude / Altitude : **45,13° / 280 m**
Température moyenne de juillet : **22 °C**
Précipitations annuelles moyennes : **850 mm**
Précipitations du mois de la vendange : **octobre : 85 mm**
Principaux dangers viticoles : **mildiou poudreux, grêle, défaut de maturation**
Principaux cépages : **barbera, dolcetto, moscato bianco, nebbiolo**

Piémont

La cuisine et le vin piémontais sont aussi inséparables qu'en Bourgogne. Puissance, richesse, singularité, maturité, quelque chose d'automnal. Les truffes jouent un rôle important. On a le sentiment que la proximité de la France est plus qu'une simple coïncidence. Les Alpes encerclent presque entièrement la région, et vues depuis son centre, les collines de Monferrato près d'Asti, elles forment la ligne d'horizon continue et sombre, ou d'un blanc éclatant en hiver et au printemps.

Au moment de la vendange dans le Barolo, les collines sont à moitié dissimulées. Des rampes de vignes dorées et cuivrées, parsemées de pêchers et de noisetiers, descendent vers la vallée du Tanaro, perdue dans le brouillard. Voir à Serralunga ou à La Morra le raisin noir rentrer est une expérience magique.

Ci-dessous Les belles pentes de Serralunga d'Alba dans la zone de Barolo, connue depuis longtemps comme le foyer de Fontanafredda, un des rares gros producteurs dans cette région caractérisée par ses petites fermes familiales. L'ancien domaine royal de Fontanafredda appartient désormais à une banque.

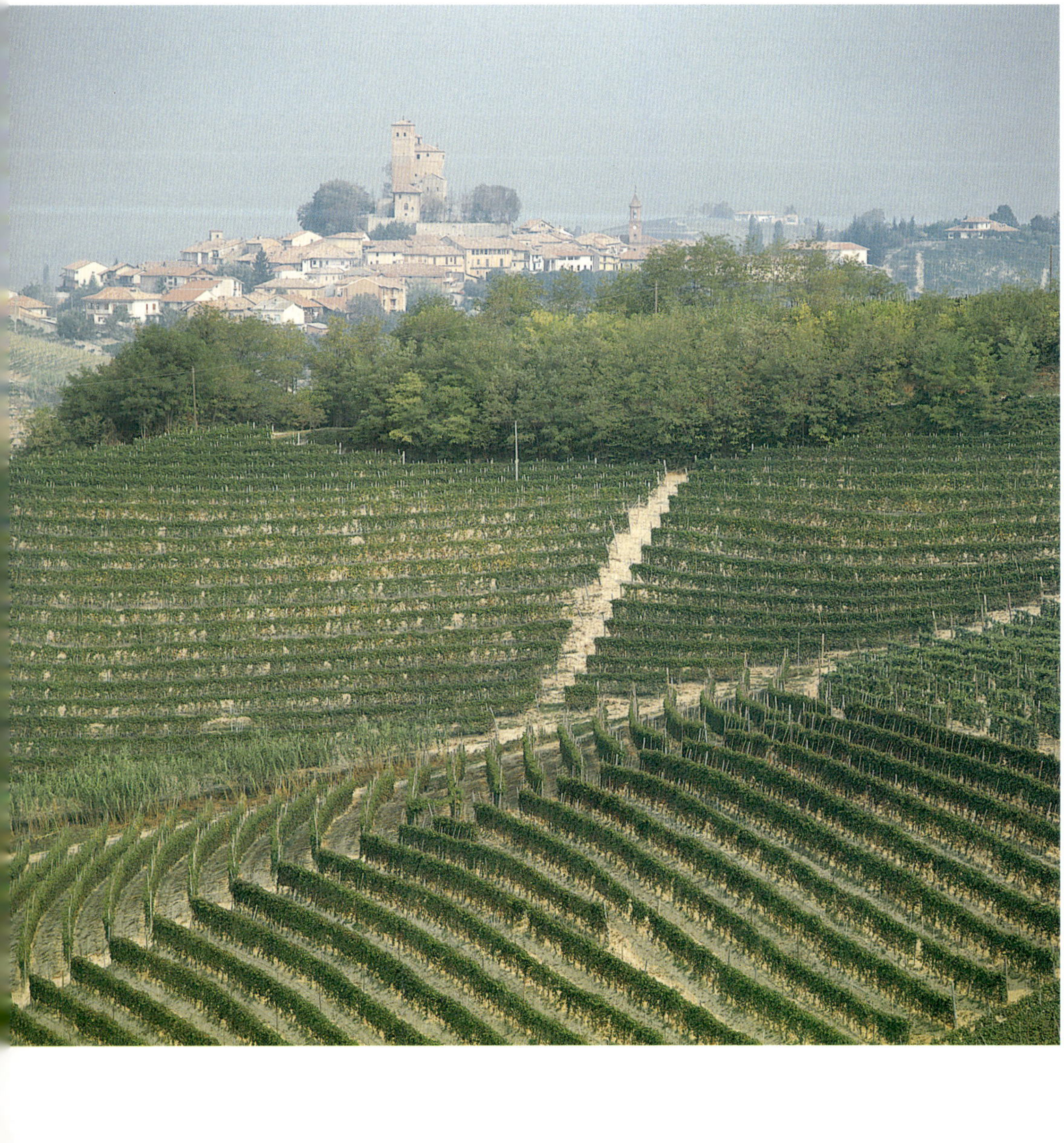

Les deux meilleurs vins rouges du Piémont, le Barolo et le Barbaresco, ont emprunté leur nom aux villages cartographiés en détail dans les pages qui suivent. Les autres portent les noms de leurs cépages : Barbera, Dolcetto, Grignolino, Freisa, Favorita. Si au cépage ils ajoutent le nom d'un lieu (par exemple Barbera d'Asti), cela signifie qu'ils proviennent d'une zone géographique limitée et qu'ils sont théoriquement d'une qualité supérieure. La carte montre les zones les plus importantes du Piémont central, y compris celle du fameux Moscato d'Asti *frizzante*, quintessence du muscat doux dans sa forme la plus glorieuse. L'Asti (le suffixe *spumante* a été abandonné depuis des années) est souvent méprisé par les snobs du vin à cause de la joyeuse simplicité qui est pourtant sa raison d'être. Il a aussi le mérite de contenir moins d'alcool que n'importe quel autre vin au monde.

Le cépage de cortese à peau mince est cultivé au sud-est d'Alessandria pour produire le Gavi, un des vins blancs secs les plus en vogue d'Italie dans les années 1980. La demande accrue de vins blancs avait alors conduit à promouvoir un vieux cépage, l'arneis, qui servait à rallonger le nebbiolo pour faire des vins souples, légers et parfumés, assez proche du pinot blanc – particulièrement dans les collines de Roero, au nord-ouest d'Albe, sur les sols sablonneux de la rive gauche du Tanaro. Des producteurs, plus soucieux de s'adapter au marché, ont ajouté avec succès du chardonnay (ainsi que du cabernet et du sauvignon blanc) à leur portefeuille de cépages. Le chardonnay de Langhe est très populaire.

Le nebbiolo est sans rival pour le titre de meilleur cépage noir du nord de l'Italie. Il n'a pas besoin de se conformer aux spécifications du barolo ou du barbaresco pour donner un vin moelleux et parfumé ; le Nebbiolo d'Alba, le Langhe Nebbiolo et le Roero rouge sont en effet des vins très intéressants aujourd'hui.

À un niveau juste au-dessus du noble, on trouve le cépage de barbera, qui est le plus important de la région. Comme le nebbiolo, le barbera est sombre et d'une acidité naturelle assez élevée, mais il est souvent plus agréable et buvable bien plus tôt qu'un nebbiolo. Il est traditionnellement vendangé plus tôt que le nebbiolo, mais il lui faut des sites plus chauds et une vendange plus tardive si l'on veut faire descendre l'acidité à des niveaux plus sapides, comme l'ont montré les producteurs d'Asti et d'Albe. Dans les années 1990, l'émergence d'une série de barberas vieillis en petits fûts de chêne a été un des événements les plus marquants dans la région du Piémont (le cépage de barbera ayant apparemment plus d'affinités que le nebbiolo avec le chêne nouveau).

Le rival du barbera est le dolcetto, en mesure de mûrir sur les sites les plus froids et les plus élevés. Souple, quand le barbera est parfois mordant, mais capable d'un merveilleux équilibre entre le charnu, le dense et poudreux, le sec et l'amer. Le meilleur dolcetto vient d'Albe, de Diano d'Alba, de Dogliani et d'Ovada (pour son style le plus puissant).

Le Grignolino est un vin rouge cerise léger et constant, mais il peut être piquant et excellent ; à son meilleur niveau (en provenance d'Asti ou de Monferrato Casalese), il est limpide et stimulant. Tous ces vins se boivent relativement jeunes.

Parmi les autres spécialités de cette région prolifique : le Brachetto d'Acqui, rouge doux et mousseux ; le Verduno, rouge léger fait à partir du cépage de pelaverga ; le Malvasia di Casorzo d'Asti, rosé ou rouge doux ; l'intéressant Passito jaune (fait avec des raisins semi-secs) dans la DOC Erbaluce di Caluso ; le Loazzolo, blanc doux fait avec du moscato sec ; le mélange agréable de barbera et de grignolino vendu sous le nom de Rubino di Cantavenna. Un des vins favoris à Turin même est le Freisa, souvent en provenance d'Asti : un rouge doux et pétillant qui fait penser à un Lambrusco plus âpre, moins fruité. On l'aime ou on le déteste.

Une DOC conciliante a été inventée pour les barbera, bonarda, brachetto, chardonnay, cortese, grignolino, moscato et spumante en provenance de n'importe quel coin de la région, pour éviter que les IGT ne viennent ternir la réputation du Piémont. Monferrato, entre le Pô et les Appenins, comptent des cépages tels le cortese, le dolcetto et le freisa. Personne n'a jamais accusé le Piémont de manquer de cépages, d'arômes et de noms.

Le Grignolino rouge léger *et le Moscato blanc représentent, avec la Freisa et la Favorita, le côté aromatique et séduisant de la vaste gamme de vins du Piémont. Le Dolcetto, comme le Barbera planté en abondance, sont de plus en plus soumis à un vieillissement en fûts de chêne, composant essentiel de la plupart des chardonnay à succès du Piémont.*

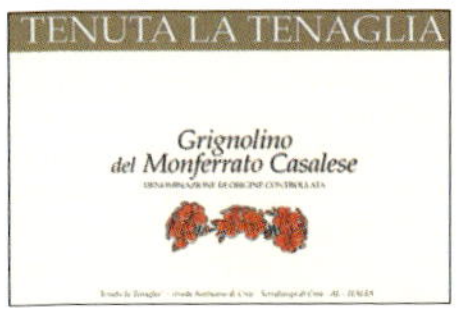

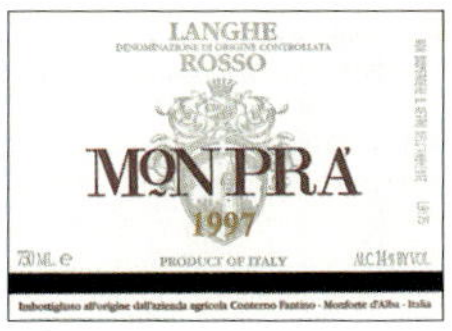

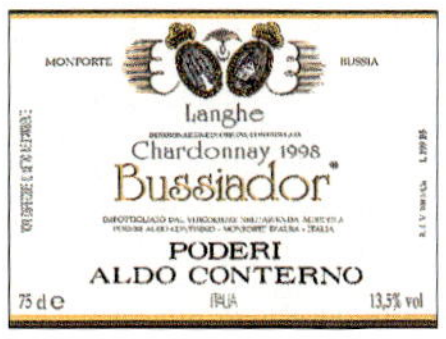

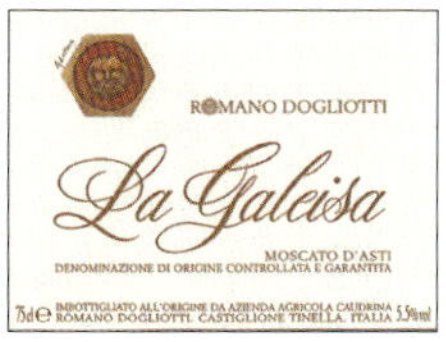

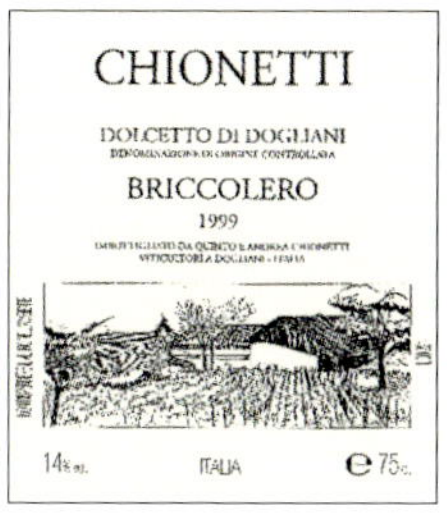

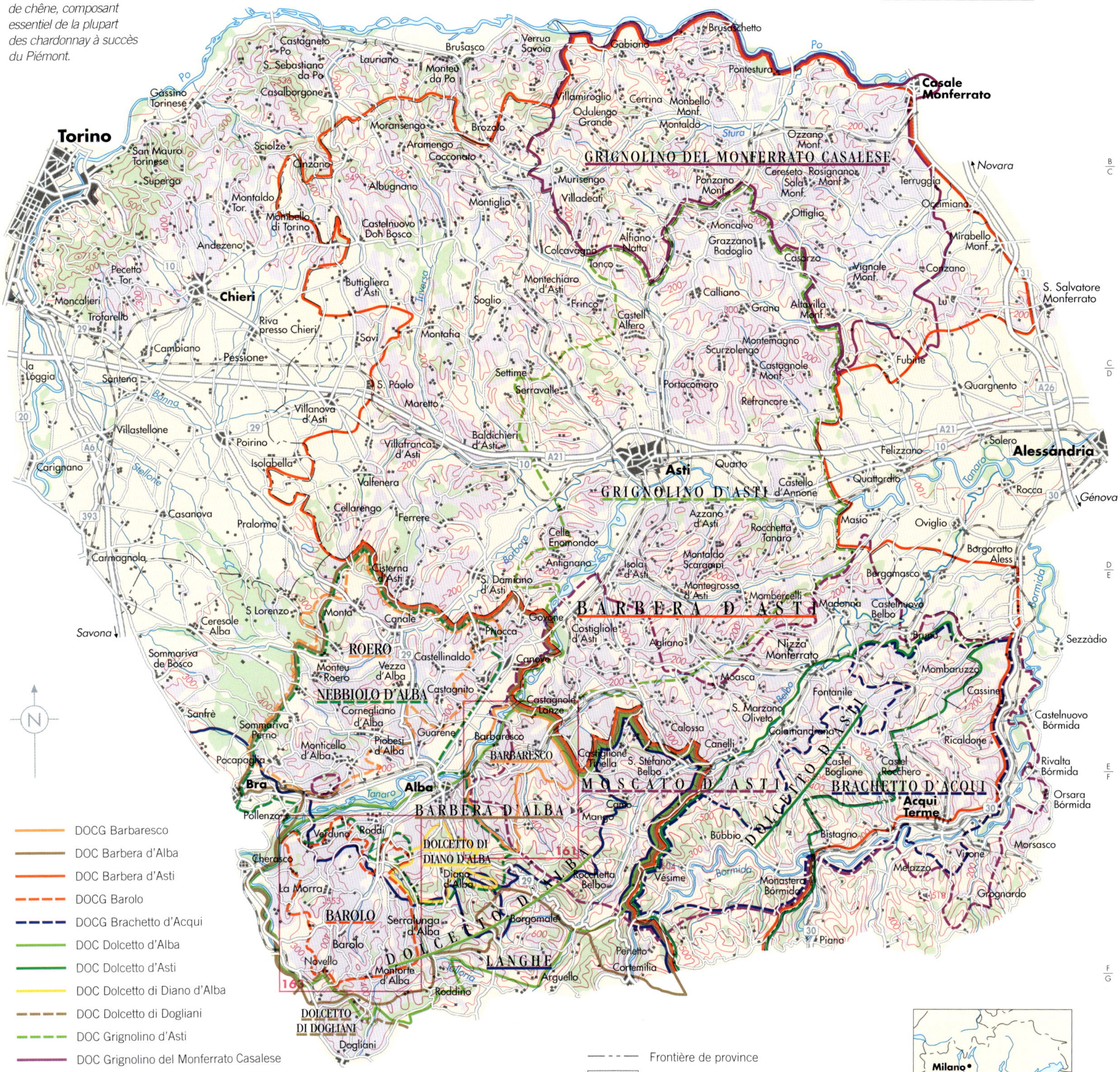

DOCG Barbaresco
DOC Barbera d'Alba
DOC Barbera d'Asti
DOCG Barolo
DOCG Brachetto d'Acqui
DOC Dolcetto d'Alba
DOC Dolcetto d'Asti
DOC Dolcetto di Diano d'Alba
DOC Dolcetto di Dogliani
DOC Grignolino d'Asti
DOC Grignolino del Monferrato Casalese
DOC Langhe
DOCG Asti and Moscato d'Asti
DOC Nebbiolo d'Alba
DOC Roero

1:365,000
Km 0 5 10 Km
Miles 0 5 10 Miles

Frontière de province
Vignobles
Forêts
Courbes de niveau (intervalles de 100 m)
Zone cartographiée à une échelle supérieure à la page indiquée

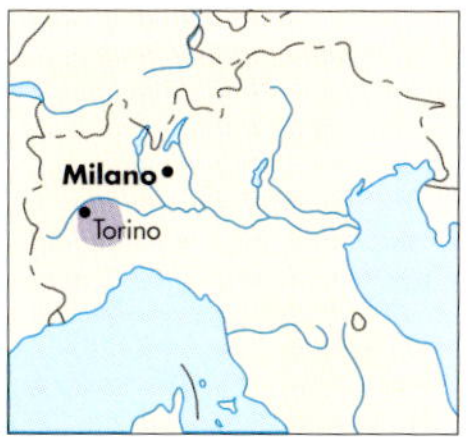

Barbaresco

Le nebbiolo trouve son expression la plus éblouissante dans les collines de Langhe, sur les marnes calcaires et argileuses de la rive droite du Tanaro, au nord est d'Albe dans la zone de Barbaresco et au sud-ouest de la ville, autour du village de Barolo (présenté et cartographié aux pages 162-163). Le nebbiolo mûrit tardivement et les meilleurs vins viennent donc des pentes orientées au sud, à une altitude modérée (de 150 à 350 m).

Aujourd'hui, le producteur et son vignoble (les termes de *sori* et de *bricco* reviennent constamment pour distinguer les sites) sont les éléments clés du Barolo et du Barbaresco. Les dégustations permettent de révéler de nettes différences de qualité, d'arôme, de puissance et de finesse qui, dans la Côte d'Or, justifieraient l'application du mot cru. Et pourtant l'émergence de ces grands vins hors des limbes de la légende et leur accession aux louanges de la critique ne date que des années 1980.

Ce fut la deuxième fois en cent cinquante ans que la région connut une révolution. Jusqu'en 1850 environ, les nebbiolos étaient vinifiés pour faire des vins doux, leur fermentation n'étant jamais menée à un terme satisfaisant. Un œnologue français, Louis Oudart, recruté par un grand propriétaire de Barolo en veine de réformes, démontra qu'on pouvait parvenir à une fermentation complète pour faire de puissants rouges secs. Ces techniques du XIXe siècle, qui consistent à vendanger tardivement, à prolonger l'extraction et le vieillissement indéfiniment dans de vieilles barriques immenses, sont restées en vigueur presque sans aucune modification jusqu'en 1980 environ. À cet date, les consommateurs plus critiques insistent sur l'importance du fruit et commencent à se détourner des vins fortement tanniques et d'une puissance trop imposante ; ils perdent patience en

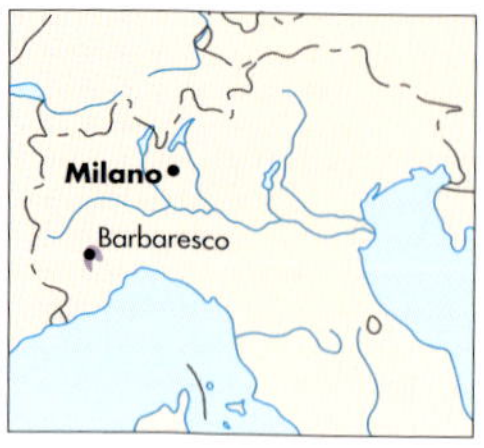

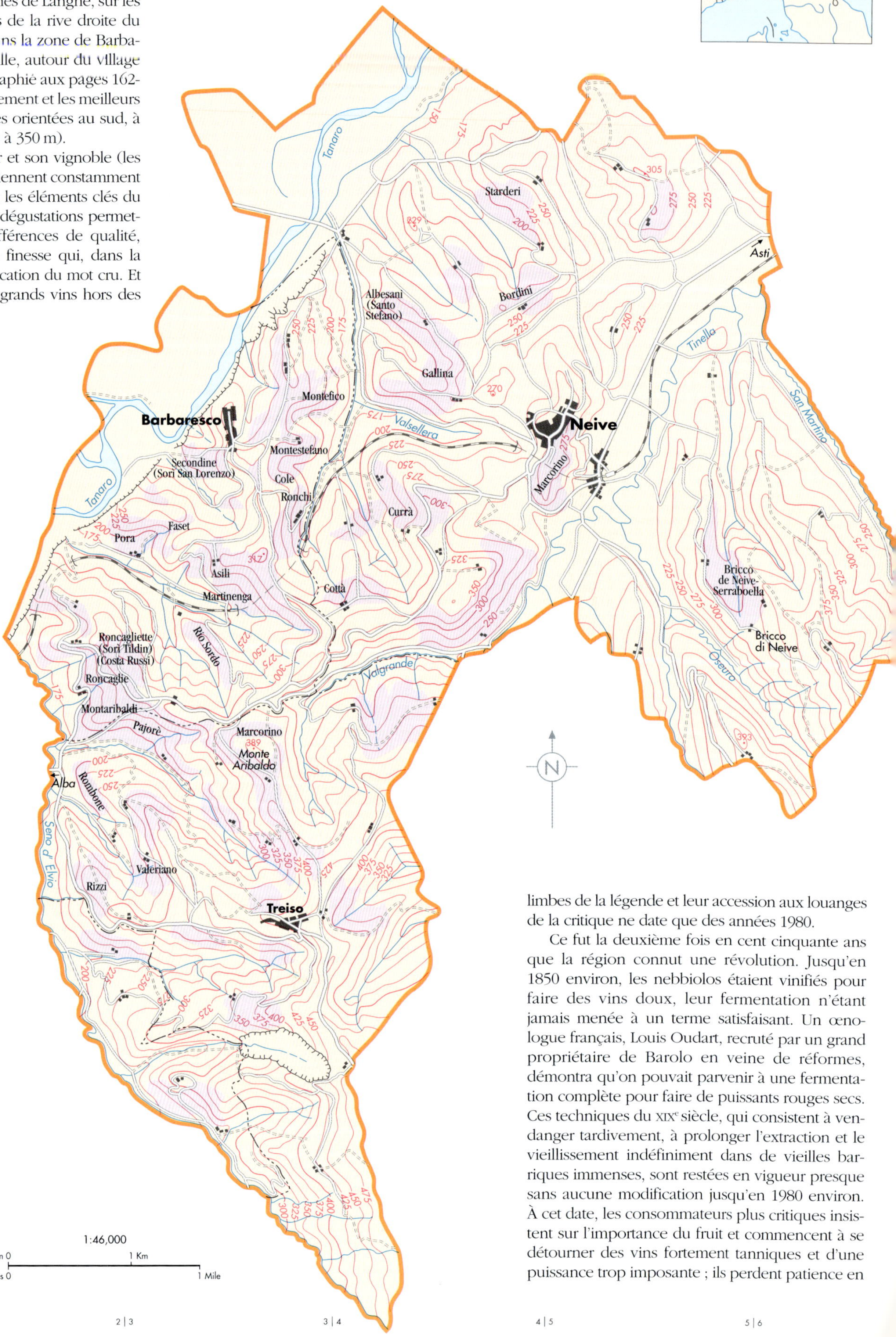

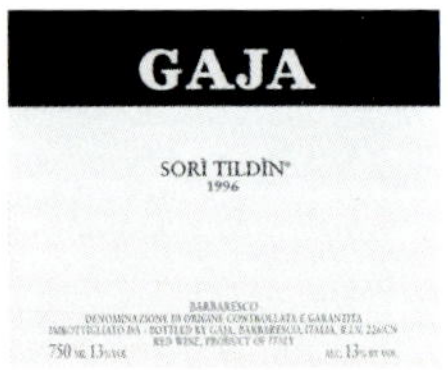

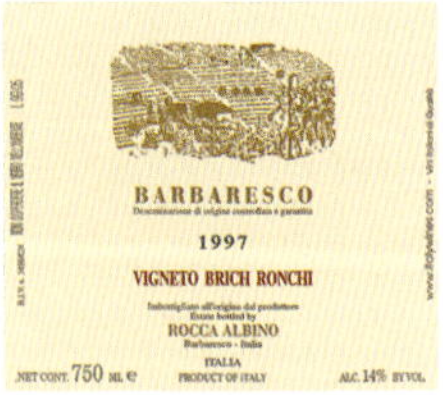

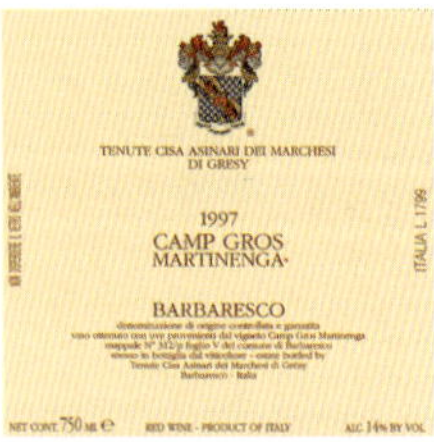

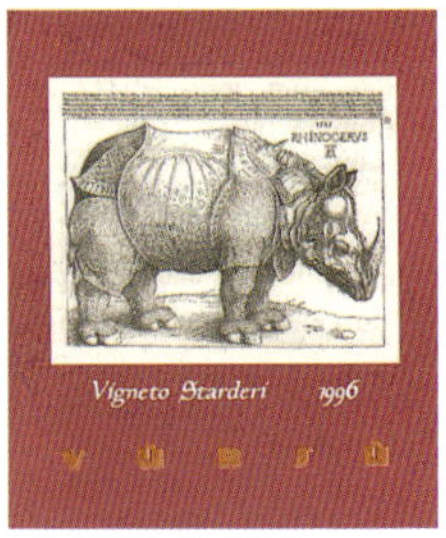

Le nombre de *petits producteurs mettant en bouteilles sous leur propre étiquette a augmenté au cours des dernières années, en raison du succès international des vins de caractère, comme ceux présentés ci-dessus.*

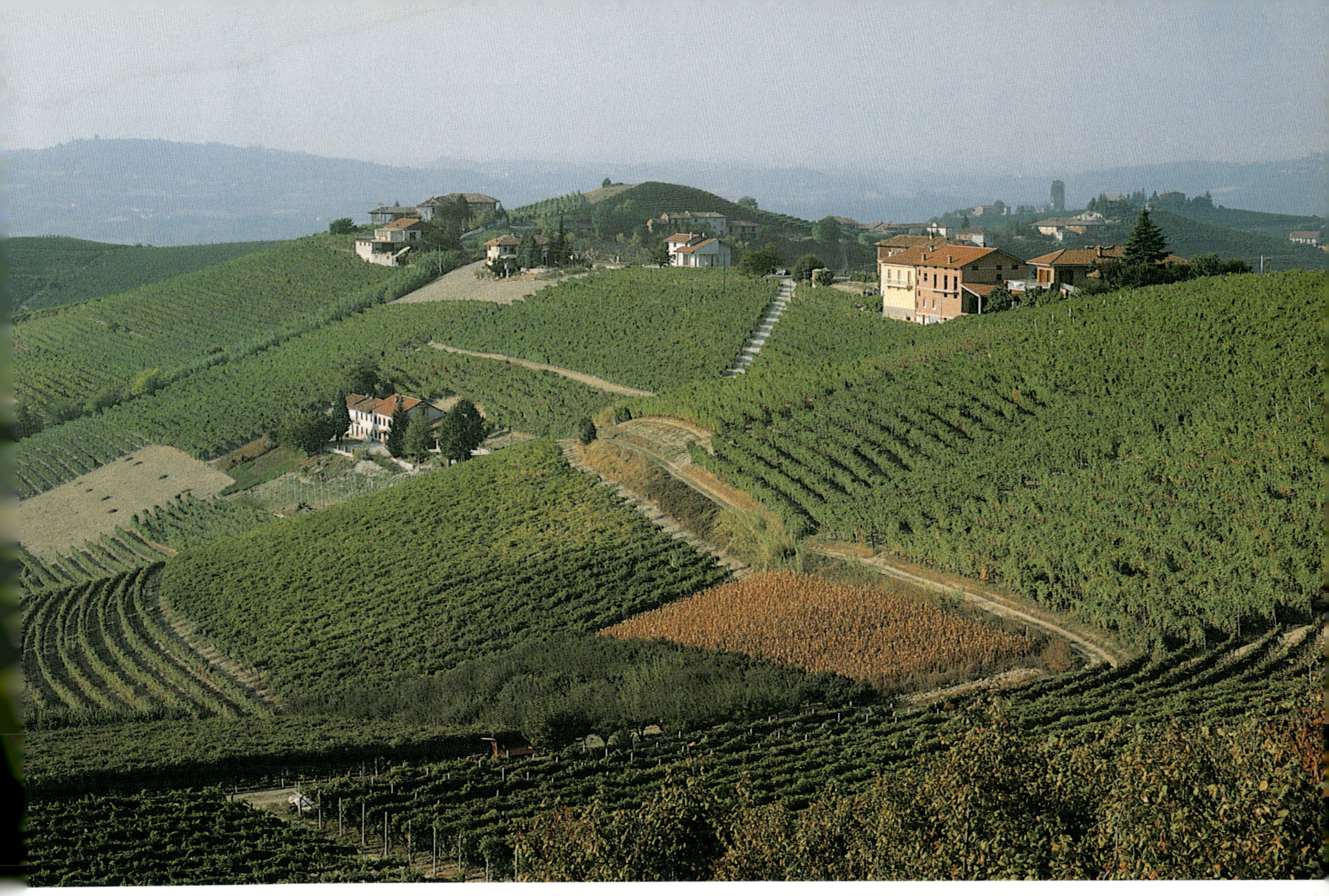

attendant une maturité qui ne vient jamais.

La vinification moderne n'a pas eu de difficulté à trouver des solutions : choix du bon moment pour vendanger ; fermentation dans l'acier inoxydable à température contrôlée ; macérations plus brèves ; périodes de vieillissement réduites dans les vieilles barriques de chêne, vieillissement en petits fûts de chêne nouveau (sujet à controverse) ; et pour ceux qui ont investi dans les cuves de fermentation rotatives, une macération de quelques jours au lieu des semaines ou des mois qui étaient de rigueur autrefois.

Il en résulte toujours des vins tanniques qui ont besoin de vieillir, mais le tannin ne fait qu'encadrer un répertoire étourdissant d'arômes obsédants. Les grands barolo et barbaresco peuvent superposer des notes boisées et fumées sur un fond de douceur, l'arôme de framboise sur du cuir et des épices, une légèreté de feuille sur une concentration de confiture. Les vins plus vieux évoluent vers les arômes animaux ou de goudron, suggérant la cire ou l'encens, les champignons ou les truffes. Ce qui les rassemble, c'est la nervosité de leurs tannins, qui ont un effet rafraîchissant et non pesant sur le palais.

Le Barabesco dispose d'un vignoble qui ne fait que la moitié de la superficie de celle du Barolo. C'est un gros village sur une crête qui danse vers l'ouest en direction d'Albe, flanquée de vignobles de renom. Asili, Martinenga et Sori Tildin sont des synonymes de vins rouges excellents. Un peu au-dessous, à l'est, on trouve Neive, dont le château fut le laboratoire des expérimentations d'Oudart. Ce sont dans ces vignobles que le barbera, le dolcetto et particulièrement le moscato sont toujours plus présents que le nebbiolo. Les meilleurs sites pour ce dernier cépage à Neive sont, entre autres, Bricco di Neive et Santo Stefano. Les puissants vins produits sur les meilleurs sites de Neive dans les années 1990 étaient si bons que l'attention s'est entièrement concentrée sur cette zone et qu'un nombre croissant de petits producteurs mettent en bouteilles sous leur propre étiquette.

Ci-dessus Vue plongeante sur les vignobles de Barbaresco, une des trois petites agglomérations de la zone du Barbaresco. Les caves de la plupart des producteurs sont regroupées dans une des agglomérations (comme en Bourgogne), raison pour laquelle ils ne sont pas signalés sur la carte.

Au sud, sur des pentes à l'altitude un peu plus élevée, dans la commune de Treiso, le nebbiolo a tendance à être très élégant et parfumé. Pajorè a été, historiquement, le cru le plus important. Roncagliette produit des vins qui ont cet équilibre si caractéristique de ceux qui sont faits autour du village de Barbaresco au nord. Les autorités vinicoles ont divisé toute la zone du Barbaresco en sous-zones contiguës, certaines étant de bien meilleure qualité que d'autres. Seuls les meilleurs vignobles de Barbaresco sont signalés sur la carte ci-contre, avec les noms susceptibles d'apparaître sur les étiquettes.

Le Barbaresco jouait autrefois la doublure du Barolo, jusqu'à ce qu'Angelo Gaja, vêtu d'un superbe pull Missoni, se mît à arpenter la scène du monde du vin. Gaja ne souffrait d'aucune inhibition : que ce soient les barbaresco classiques (qui ne sont plus étiquetés comme tels car cet homme de spectacle s'est défait des contraintes de la DOCG), les cabernet, chardonnay ou sauvignon blanc expérimentaux, ou les barbera traités comme des bordeaux premiers crus, ses vins se défendent très bien et coûtent une fortune.

Bruno Giacosa avait montré dès les années 1960 qu'un barbaresco pouvait avoir l'intensité, si ce n'est le poids d'un barolo, mais ce fut Gaja qui modernisa le message en important de nouvelles barriques et de nouvelles idées dans cette région pourtant des plus traditionnelles. En 2000, Gaja a annoncé qu'il renonçait au nom qu'il avait rendu si célèbre et sous lequel il avait vendu tant de vins de DOCG Barbaresco (son Sori San Lorenzo, vin fabuleusement cher en provenance d'un seul vignoble, son Sori Tildin et son Costa Russi), pour celui de Langhe Nebbiolo, appellation fourre-tout pour les barolo et le barbaresco déclassés et pour les vins contenant jusqu'à 15 % de cépages « étrangers », comme le cabernet, le merlot et la syrah.

À part ce cas notable et ceux des producteurs extraordinaires que sont Giacosa et Marchesi di Gresy, le niveau de production reste moins évolué que dans le Barolo. Dans le Barbaresco, on a toujours vendu une plus grande part du raisin aux grands négociants de la région et aux coopératives.

Les vignobles du Barbaresco sont en général plus bas et plus chauds que ceux du Barolo. La vendange y est donc plus précoce, mais les vins manquent un peu de la puissante stabilité du Barolo – ce qui peut être un avantage pour les frénétiques consommateurs d'aujourd'hui.

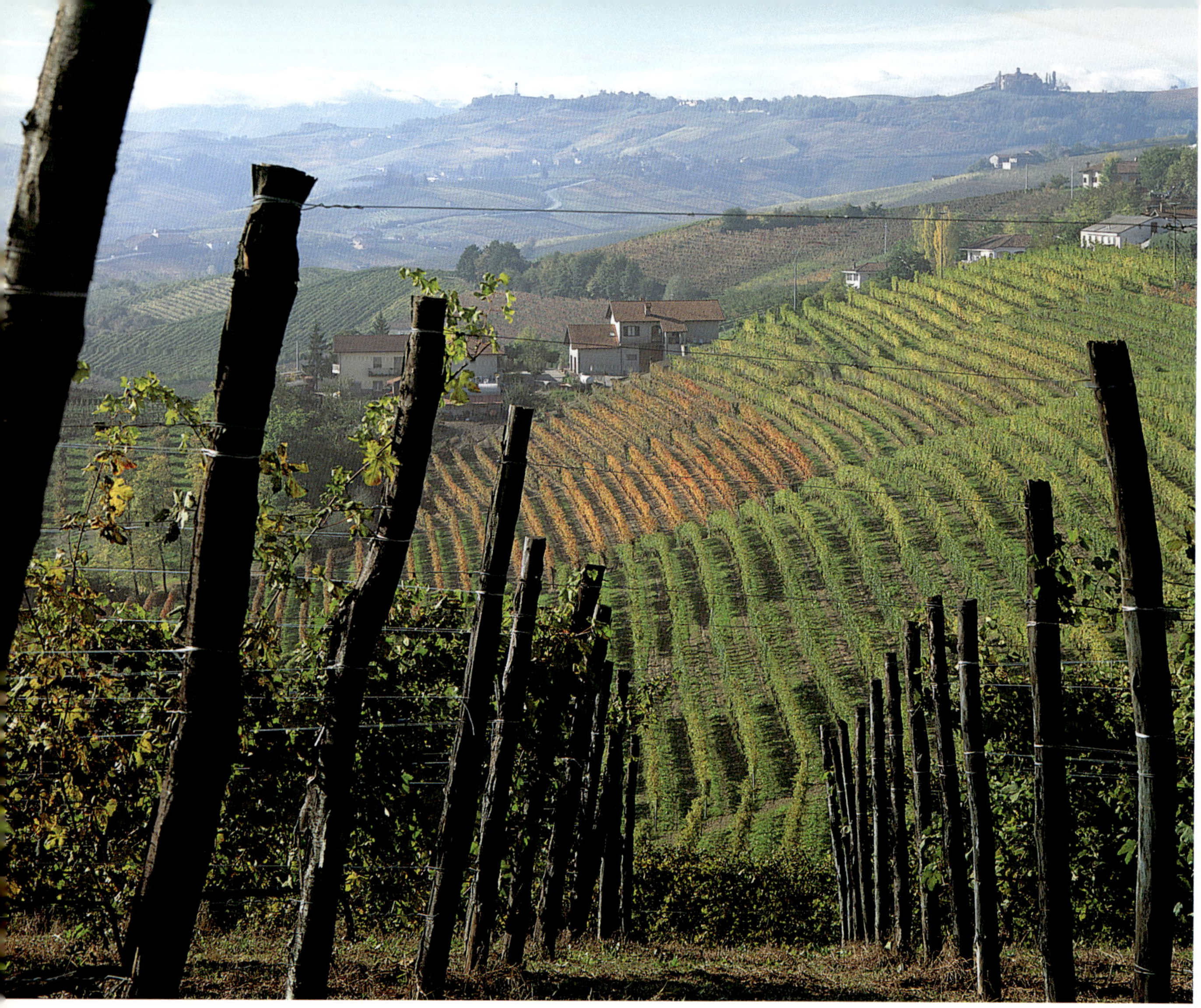

À gauche Les vignobles dans la subdivision de La Morra, la plus productive du Barolo, avec des quantités deux fois supérieures à celles des seconds, les vignobles de Serralunga. Les Alpes enneigés à l'horizon sont à l'origine du nom du Piémont.

Barolo

Le Barbaresco est un grand exemple de Nebbiolo, mais le Barolo est le plus grand. La zone du Barolo commence à trois kilomètres à peine au sud-ouest de Barbaresco, avec les vignobles Dolcetto de Diano d'Alba qui s'étendent au milieu, et elle est soumise à bien des influences et des éléments déjà décrits à la page 160. Deux petits affluents du Tanaro, la Talloria dell'Annuziata et la Talloria di Castiglione, divisent le Barolo en trois chaînes de collines principales, qui s'élèvent à 50 m environ au-dessus de la zone du Barbaresco.

Plus de 1 200 hectares de vignobles de Barolo sont concentrés dans cette zone, juste assez grande pour contenir cinq villages dans les collines relativement peuplées du Langhe. Il faut comparer la carte ci-contre avec celle de la région beaucoup plus plate de Pessac-Léognan à la page 101 qui est à peu près à la même échelle. Tant d'expositions différentes, d'altitudes et de microclimats ont procuré une matière infinie pour le débat sur les subdivisions possibles.

À l'ouest de la route d'Albe, les sols sont tout à fait semblables à ceux du Barbaresco, marnes calcaires de l'époque que les géologues appellent le Tortonien. Ces collines occidentales (communes de Barolo et de La Morra) ont tendance à donner des vins sensiblement moins intenses, plus ouvertement parfumés. On compte parmi les grands vignobles Brunate, Cerequio, Rocche di La Morra et La Serra de La Morra, ainsi que le site le plus célèbre du Barolo, Cannubi, sur un terrain légèrement en contrebas.

À l'est, toutefois, dans les vignobles de Castiglione Falletto, Serralunga d'Alba, et dans ceux plus au nord de Monforte d'Alba, les sols sont helvétiques, beaucoup moins fertiles, avec beaucoup plus de grès. Ils ont tendance à donner des vins encore plus concentrés, les plus charnus du Barolo, qui exigent des vieillissements extrêmement longs et acquièrent avec l'âge un bord orangé très net dans leur profondeur d'encre noire. Les meilleurs exemples en sont le Bussia et le Ginestra à Monforte et, à Castiglione Falletto, le Villero de Vietti et le vin que Scavina appelle en dialecte piémontais Bric dël Fiasc (Bricco Fiasco en italien). La seule exception à l'austérité des Barolos de Castiglione Falletto est peut-être le Bricco Rocche qui, sur des sols relativement sablonneux, peut donner des vins assez parfumés.

À l'est se déploie Serralunga d'Alba, avec son énorme propriété, autrefois royale, de Fontanafredda, une association qui a permis d'établir la réputation du barolo, « vin des rois, roi des vins ». Serralunga d'Alba abrite quelques-uns des vignobles les plus élevés de Barolo, mais la chaleur s'accumulant dans l'étroite vallée qui la sépare de Monforte d'Alba à l'ouest compense l'effet de l'altitude et même le nebbiolo peut parvenir à maturité complète. C'est à Serralunga que le gaja s'est étendu, du Barbaresco au Barolo, à la fin des années 1980, les deux vins ayant acquis le statut d'appellation d'origine contrôlée en 1980.

Cependant, même avant cette date, le Barolo pouvait s'enorgueillir de l'existence de douzaines de vignerons compétents. La tradition ici veut, comme en Bourgogne, que la famille qui cultive la vigne fasse aussi le vin – même s'il y a eu une évolution considérable dans la façon dont ce vin vif, expressif, presque bourguignon, est fait depuis deux ou trois décennies. Le Barolo est, sans conteste, un des vins les plus consistants qui soient au monde, exigeant des décennies de maturation en bouteille pour révéler son bouquet éthéré. Quelques traditionalistes ont une clientèle si fidèle et si éclairée qu'ils peuvent se permettre de continuer à faire un tel vin. Les autres ont adapté le Barolo aux temps modernes, en réduisant la fermentation et le vieillissement en fûts. Il est impossible de dire qui a raison et qui a tort, et seuls ceux qui ont décidé d'ignorer les qualités uniques de ce raisin et de cette région se trompent.

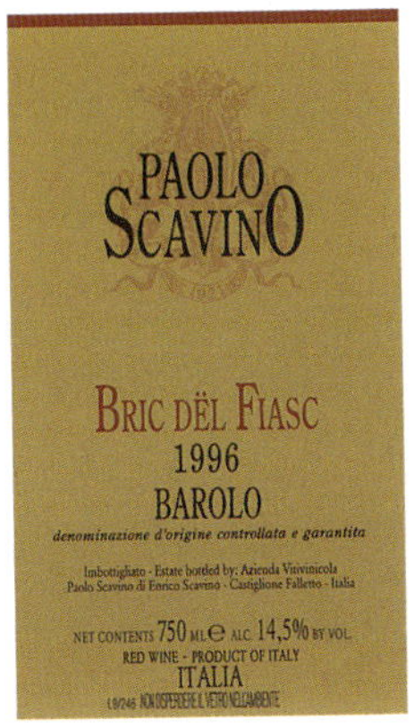

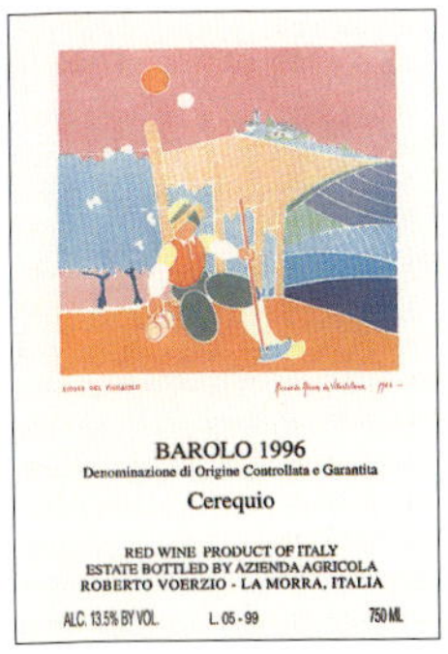

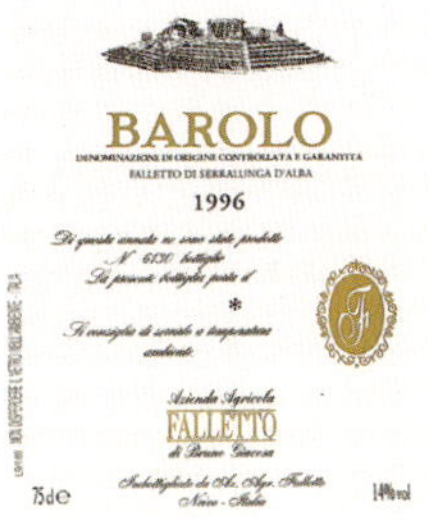

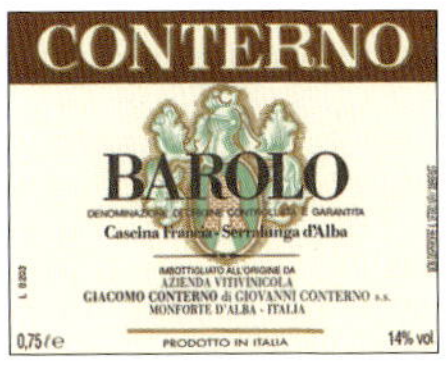

Le Barolo peut s'enorgueillir *de douzaines de grands producteurs. Il y a, pour commencer, toute la série des Conterno, parmi lesquels Aldo est autant célébré que Giovanni, son frère aîné qui dirige l'affaire et porte le nom de leur père Giacomo. Comme en Bourgogne, le nom qui figure sur l'étiquette est souvent celui du prédécesseur et non du producteur actuel.*

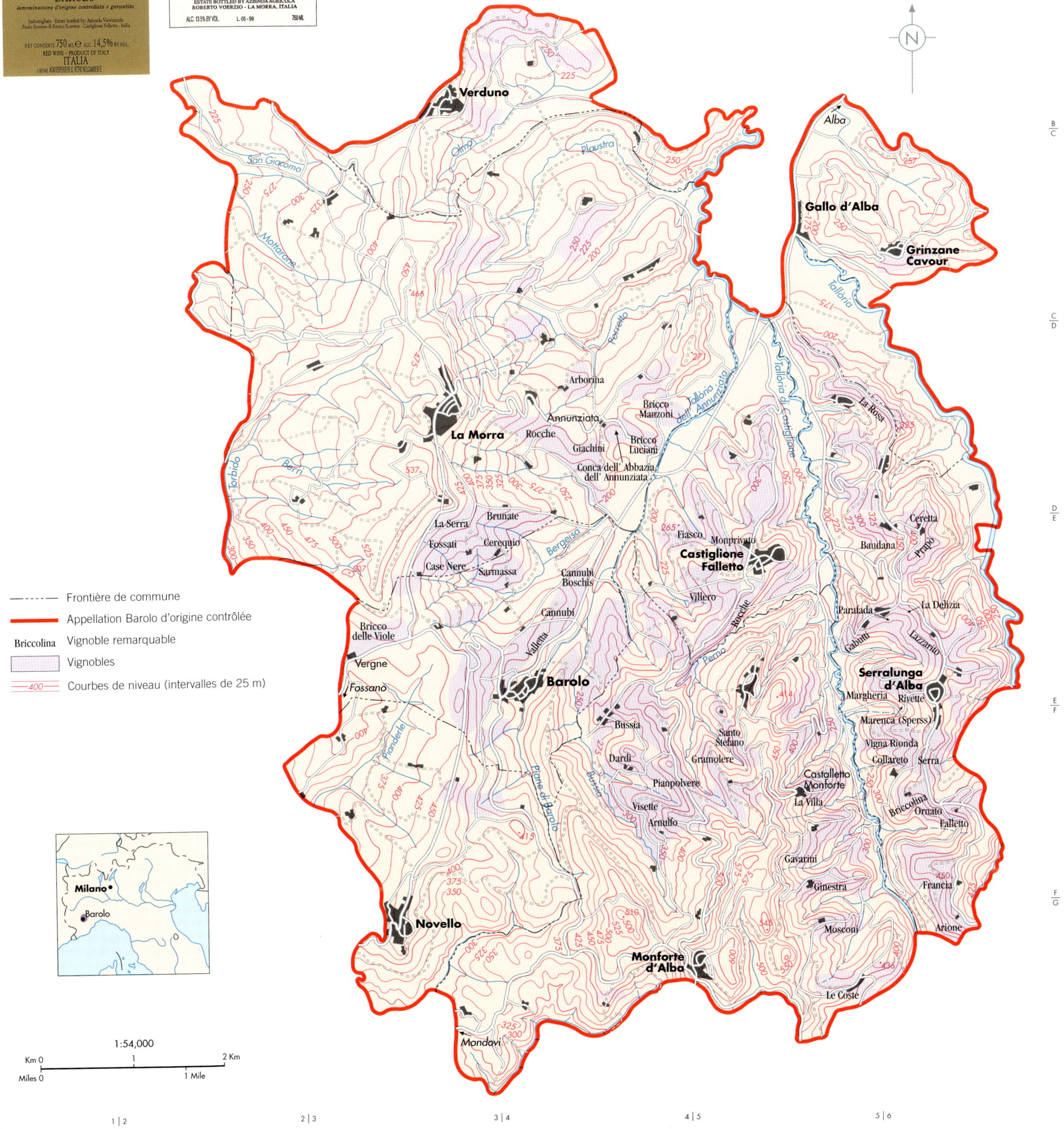

Nord-est de l'Italie

Le Nord-est de l'Italie est la région qui doit le moins à la tradition et le plus aux idées modernes. Que ce soit l'effet du réalisme des Vénitiens, la pression exercée par la proximité de l'Autriche, le climat modéré ou l'ensemble de ces facteurs, cette région exporte plus de vin (en bouteilles), fait pousser et essaie plus de cépages, possède plus de vignobles à l'allure prospère que n'importe quelle autre région du pays.

Les cartes détaillées des pages 166 à 171 présentent le Trentin et le Haut-Adige, Vérone et ses vins, le Frioul-Vénétie Julienne.

Les vins de la Lombardie occidentale sont présentés page 156. De l'autre côté de la plaine lombarde, à l'est de Milan et sous les sommets enneigés des Alpes, la région située entre Brescia et Bergame est réputée pour le meilleur vin pétillant d'Italie (*metodo classico*) : le Franciacorta, grand succès économique italien, est né dans les années 1970 dans la propriété familiale des Berlucchi comme une imitation directe du champagne, et s'est depuis développé d'exploitation en exploitation dans la région qui se trouve au sud du lac Iseo. Le chardonnay et le pinot nero sont parfaitement adaptés à un climat sans extrême. Les meilleurs vins, pétillants ou non (y compris des vins copiés avec beaucoup de réussite sur les bordeaux et les bourgognes), sont faits par le charismatique Maurizio Zanella du Ca' del Bosco, dont la cuvée Annamaria Clementi est d'une finesse que l'on ne retrouve que dans les très bons vins de Champagne. Le Bellavista est aussi une belle expression du Franciacorta pétillant, la Riserva Vittorio Moretti est sa meilleure cuvée. Les vins rouges et blancs de cépage sont vendus sous le nom de Terre di Franciacorta.

Ci-dessous Dans le Trentin-Haut-Adige, le terrain est si montagneux que les vignobles ne peuvent être plantés que sur les pentes des vallées. La proportion de vins obtenant le statut de DOC est exceptionnellement élevée.

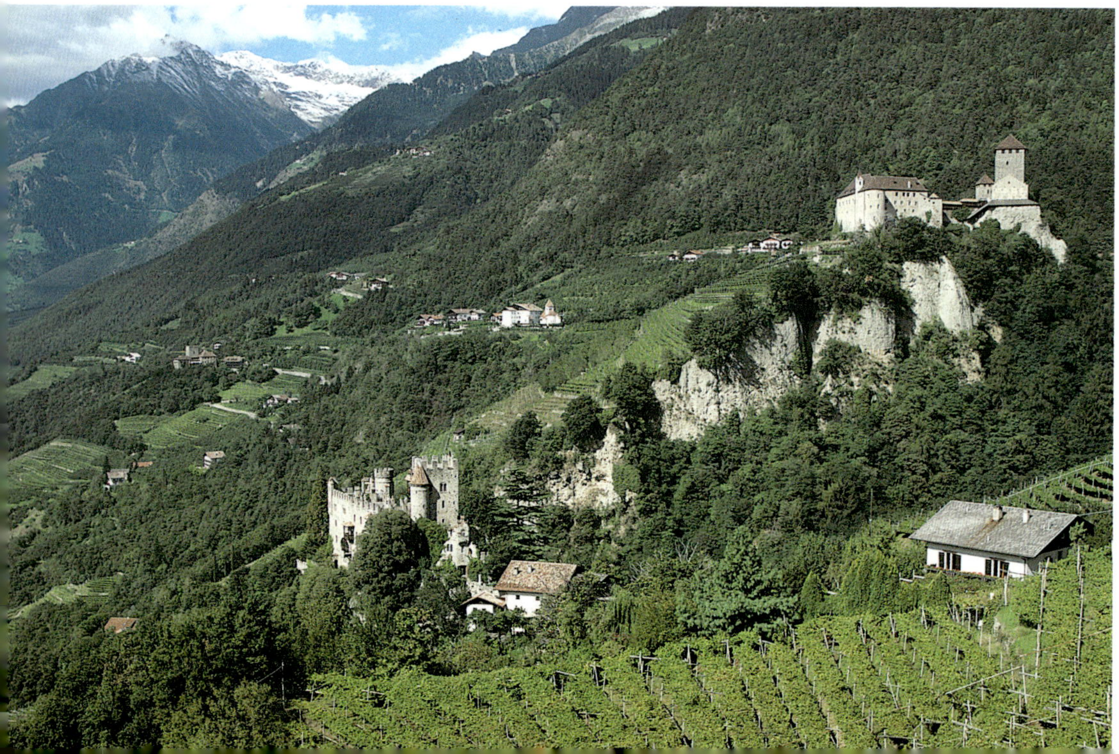

Parmi les autres vins de Lombardie, les vins produits du côté de Garde ont un caractère très proche de ceux qui se trouvent du côté de Vérone sur le lac de Garde. On trouve peu de choses en dehors du Chiaretto de Riviera del Garda et du Bardolino. Tous deux sont des rouges assez légers pour être des rosés, ou des rosés assez sombres pour être des rouges, avec un arôme agréable, une texture souple et légèrement sucrée, rendus encore plus appétissants par une touche d'amertume, proche de l'amande – goût qui est celui de tous les meilleurs rouges dans cette partie de l'Italie. Ils devraient être bus très jeunes.

Le Lugana blanc à base de trebbiano, à l'extrémité méridionale du lac de Garde, est tout à fait attrayant, doté d'une touche succulente dans un vin parfaitement sec ; des propriétés comme Ca' dei Frati ont prouvé que d'autres grands vins blancs peuvent être faits à partir de cépages internationaux. Garda est une DOC récente, un peu fourre-tout, qui permet de faire des mélanges des cépages de référence de la Vénétie, le soave, le valpolicella et le bianco di custoza.

La plate vallée du Pô ne compte qu'un nom fameux, infâme pour les amateurs de vin peu éduqués : le Lambrusco, un rouge pétillant des environs de Modène et surtout de Sorbara. Il y a quelque chose de tout à fait appétissant dans ce vin vif, au fort goût de raisin, et son étrange mousse de surface. Il contrebalance admirablement la richesse de la cuisine bolognaise. Sa vague mais indéniable ressemblance avec le Coca-Cola est à l'origine d'une immense fortune (en un an, Riunite, la coopérative de Reggio nell'Emilia, a expédié 11 millions de caisses aux États-Unis). C'est une des réussites les plus extraordinaires de l'histoire du vin.

Le vin change de caractère en allant vers la Vénétie et vers l'est. Sur des îlots volcaniques verdoyants au milieu de la plaine, on trouve les florissants Colli Berici et Euganei près de Vincenza et de Padoue. Les cépages noirs sont les cabernet du Bordelais et, surtout, le merlot à maturation précoce, qui joue un rôle de plus en plus grand depuis la vallée de l'Agide, au nord du lac de Garde, jusqu'à la Slovénie, ainsi que dans la Suisse italienne. Les blancs sont un mélange des cépages traditionnels (garganega de Soave, prosecco, verdiso vif et léger) et de cépages plus structurés (tokay, sylvaner, riesling, sauvignon blanc et pinot bianco).

Les DOC de la région sont des zones délimitées qui donnent leur nom à des vins rouges et blancs. Ceux qui sont connus sous le nom de Colli Euganei Rosso (par exemple) sont des vins faits à partir d'un mélange approuvé de cépages différents. Les meilleurs vins accolent souvent un nom de cépage au nom de DOC (Colli Euganei Pinot Bianco). Mais il existe aussi des DOC, comme Gambarella entre Soave et Colli Berici, qui sont limitées à un cépage traditionnel, la garganega dans le cas présent.

Breganze, au nord de Vincenza, est l'exemple d'une DOC rendue célèbre (comme Franciacorta) grâce à un producteur fanatique. Fausto Maculan a surpassé les blancs traditionnels de tokay et de vespaiolo (même s'il en fait aussi) en montrant que c'était une bonne région pour le cabernet – et en ressuscitant, avec son Torcolato doré, le vieux goût vénitien pour les vins doux à base de raisins secs.

Le nord très productif de la Vénétie et son voisin de l'est, le Frioul-Vénétie Julienne, où la plupart des vins sérieux sont des blancs, sont cartographiés page 170.

La réputation de l'Émilie-Romagne croît régulièrement. Les collines autour de Bologne, les Colli Bolognesi, produisent aujourd'hui un cabernet, un merlot et un sauvignon blanc très respectables. La région qui se trouve au sud de Bologne et de Ravenne produit encore des océans du vin de cépage Romagna, à partir du trebbiano di romagna le plus commun qui soit. L'Albana di Romagna a été le premier vin blanc à obtenir le statut de DOCG en 1986, au grand étonnement de tous à l'exception des hommes politiques locaux. Comme beaucoup de vins blancs italiens, l'Albana est fait dans différents degrés de douceur. Les seuls vins intéressants sont toutefois ceux qui viennent des collines à l'est de Forli. Les versions douces de la Fattoria Zerbina sont probablement les meilleures.

Le Sangiovese di Romagna, plus fiable que l'Albana, est une zone de vin rouge extensive, de qualité variable. Le vin peut être maigre et surproduit, mais il peut aussi être charnu et sophistiqué, assez pour expliquer l'intérêt des producteurs toscans avisés pour les boutures de sangiovese en provenance de Romagne. C'est aussi un signe prometteur quant à la capacité de ce vin de bien se mélanger au cabernet.

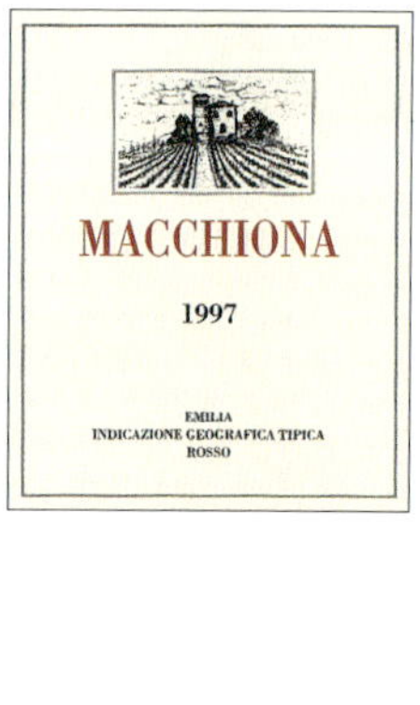

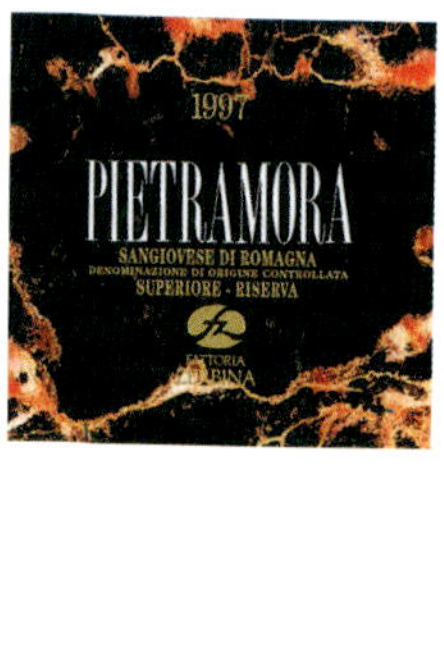

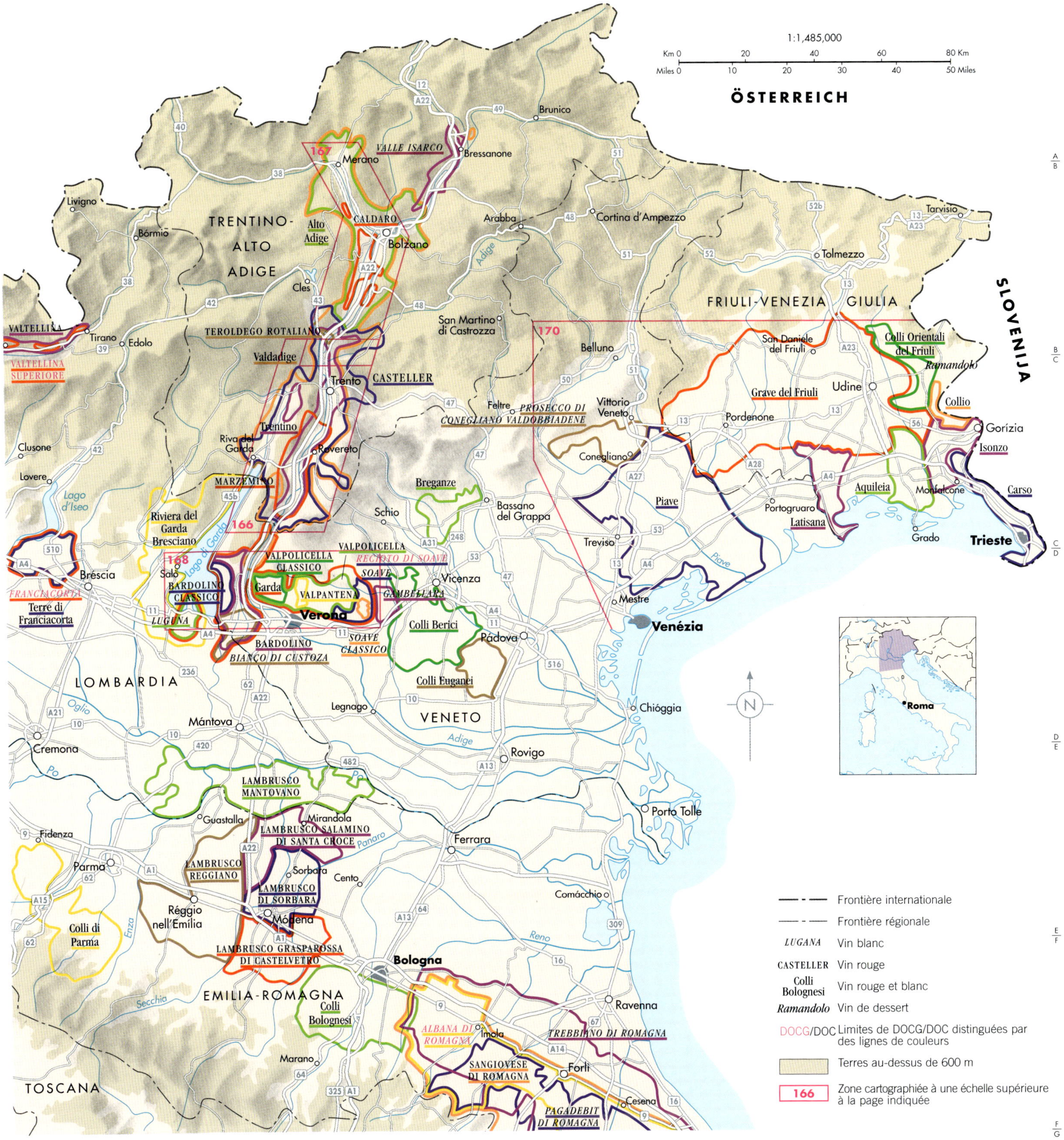

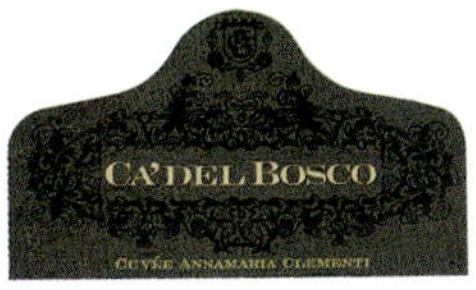

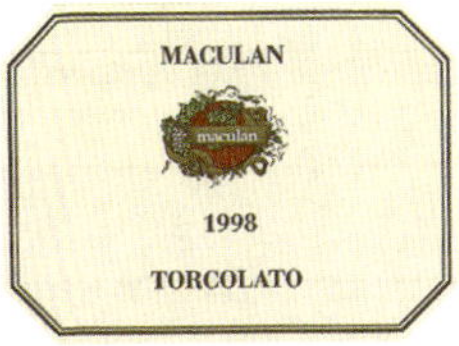

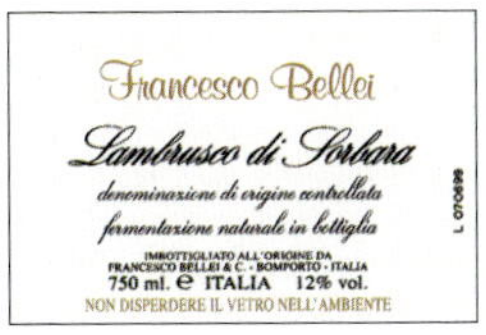

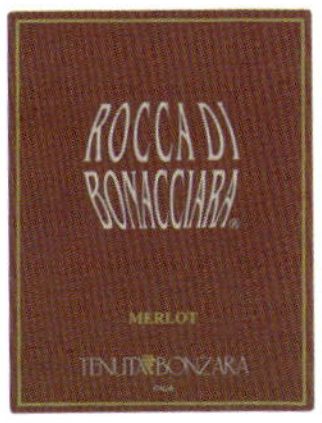

Le nord-est de l'Italie produit *une vaste gamme de vins aux styles différents. Trois vins rouges entourent un très grand blanc pétillant (Ca'del Bosco), un blanc doux unique (Maculan Torcolato) et un rouge pétillant exceptionnel, le Lambrusco, dont le nom a été dévalué par de mauvais mélanges à visée purement commerciale.*

Trentin

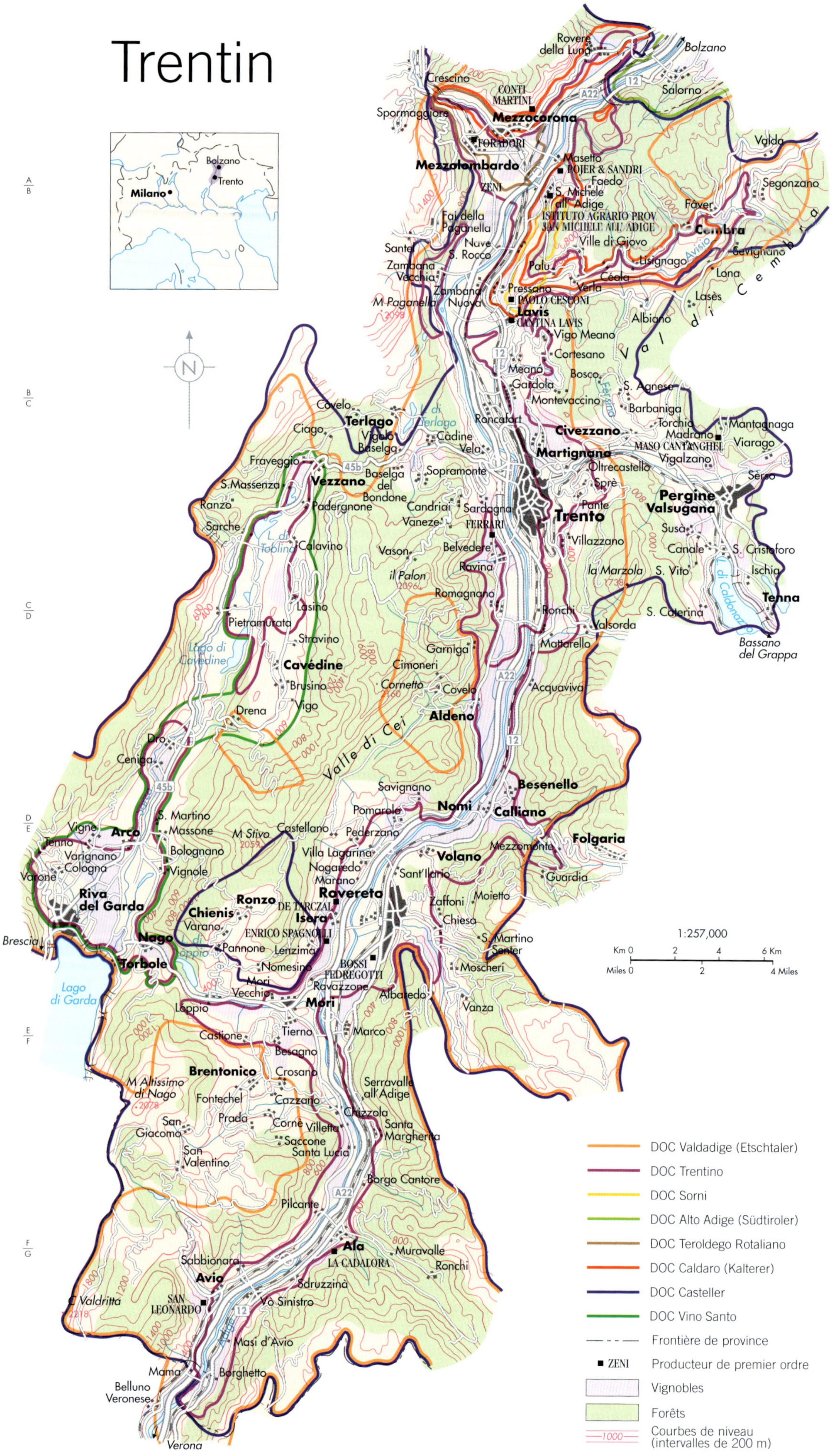

La vallée de l'Adige est ce corridor spectaculaire des Alpes qui relie l'Italie à l'Autriche en passant par le col du Brenner. C'est une véritable tranchée entre deux murs de roc s'élargissant par endroits, mais, comme la vallée du Rhône, c'est un axe nord-sud grouillant de sites industriels et de la circulation qui les accompagne inévitablement.

Ses vignobles forment un plaisant contraste avec la circulation qui anime le fond de la vallée. Ils s'empilent sur tous les bouts de pentes disponibles, depuis la rivière jusqu'aux à-pics de rocher, dans une succession de pergolas qui, vues d'en haut, ressemblent à des marches couvertes de feuilles.

La DOC fourre-tout de toute la vallée a pour nom Valdadige. Mais chaque partie de la vallée a ses propres spécialités et ses cépages spécifiques. Les conditions climatiques sont bonnes pour à peu près n'importe quel cépage blanc et les candidats habituels ont été très largement plantés. Vendangés tôt, ils ont toutes les qualités nécessaires pour faire un bon vin pétillant, spécialité de la ville de Trento. Les cépages noirs locaux sont aussi très appréciés (bien que trop productifs) et résistent bien à une marée de cépages importés.

En direction de Trento vers le nord, la gorge qui serpente porte le nom de Vallagarina, terre d'élection du Marzemino, un rouge sombre, peu corsé, qui doit presque entièrement sa réputation au dernier acte de *Don Giovanni*. L'extrémité septentrionale du Trentin est le foyer du Teroldego, rouge très sanguin fait à partir du cépage du même nom qui pousse dans la vallée graveleuse dite Campo Rotaliano, entre le Mezzolombardo et le Mezzocorona. Le Teroldego Rotaliano est un des grands personnages de l'Italie, un vin violet très dense avec une forte extraction. Il est susceptible de bien vieillir, il est souple avec un délicat goût de raisin (un peu marqué quand il est jeune) et une amertume pénétrante qui est le signe immanquable de la surexploitation des vignes de Teroldego. Elisabetta Foradori est la reine du bon Teroldego Rotaliano.

Le schiava ou vernatsch en provenance du Tyrol aurait besoin d'un champion similaire. Autre cépage noir, qui présente souvent la même amertume, il est employé dans le Trentin pour deux DOC, le Casteller assez léger et le Sorni plus substantiel (qui contient aussi du teroldego et du lagrein de Bolzano). Le schiava est sans doute meilleur sous la forme du rosé produit dans le village de Faedo à la pointe nord de cette carte.

Les pentes orientales de l'Adige autour de San Michele sont particulièrement propices aux cépages blancs et, depuis quelques années, aux cépages noirs internationaux. Les producteurs de premier ordre sont Pojer & Sandri – installés à Faedo et producteurs d'un des rares müller-thurgau intéressants dans le monde – l'Instituto Agrario Provinciale, Maso Cantanghel, Cesconi et la coopérative Lavis. Quelques-uns des meilleurs sont vendus comme IGT plutôt que comme DOC.

Le flanc occidental de la vallée près de Trento utilise la même gamme assez vaste de cépages (toutes ces zones font un bon vin ordinaire pour le *spumante*), mais il se spécialise dans le Vino Santo de grande qualité, fait à partir d'un autre cépage local, le nosiola.

Haut-Adige

Le Haut-Adige, ou Sud-Tyrol, pointe méridionale du Tyrol autrichien, est la région vinicole italienne la plus septentrionale et l'une des plus performantes et des plus intéressantes. L'allemand est ici une langue plus courante que l'italien et les cépages français sont plus répandus que les germaniques. Les vignobles font depuis toujours des rouges légers, souples et bon marché pour l'Allemagne voisine, mais ils sont aujourd'hui systématiquement replantés avec des cépages plus ambitieux, les cépages blancs nerveux de la région sur lesquels s'est fait la réputation moderne du Haut-Adige et les cépages qui donnent des vins rouges sérieux dans des régions plus chaudes.

La production est centrée sur la banquette de la vallée de l'Adige. Les vignobles d'altitude (de 200 à 1 000 m) permettent des mélanges infinis. La plupart des vins sont vendus sous le nom de la DOC Alto Adige (Südtiroler), suivi du nom du cépage.

Les vignobles les plus élevés, en terrasses vertigineuses comme dans la vallée de l'Isarco (Eisack) qui s'étend sur 24 ou 32 km au nord-est de Bolzano (en dehors de la carte), accueillent les cépages allemands (müller-thurgau, riesling, sylvaner et même grüner veltliner), leurs arômes bénéficiant du fort écart des températures de jour et de nuit.

Sur les pentes plus basses, le chardonnay, le pinot bianco et le pinot grigio sont fruités et vifs. En remontant vers le nord en direction de Merano, le village de Terlano doit son excellente réputation au sauvignon blanc. Le cépage de gewurztraminer tire son nom de son origine géographique présumée, le village de Tramin (Termeno en italien), à 19 km au sud de Bolzano. Hofstätter, producteur renommé, en fournit la preuve.

Le cépage de schiava (ou vernatsch) est un véritable cheval de trait. Ses vins sont pâles, souples et plutôt simples, avec parfois un petit goût d'herbe amère. Le meilleur et le plus célèbre est le Santa Maddalena (Sankt Magdalener). Le Lago di Caldaro (Kalterersee), zone qui s'étend loin du lac, les Colli di Bolzano (Bozner Leiten) et le Meranese di Collina (Meraner Hügel) sont toutes des DOC Schiava, avec des vins semi-doux pour le marché allemand. Le lagrein, le cépage local, donne des vins beaucoup plus sérieux, à commencer par le rosé profondément fruité Lagrein-Kretzer et le Lagrein-Dunkel plus sombre, les deux étant susceptibles de bien vieillir.

Les cépages noirs importés au XIXe siècle (le pinot noir, le merlot et le cabernet) peuvent être très bons, particulièrement chez les producteurs qui ont abandonné les pergolas traditionnelles pour un échalassage bas. Tous ces cépages, ainsi que le lagrein, remplacent le schiava dans les sites les plus chauds de la région, à l'est du lac Caldaro et sur les pentes au-dessus de Bolzano.

La majeure partie de la production provient des coopératives ; les meilleurs producteurs indépendants, comme Lageder, Hofstätter, Widmann et Niedrist, ont été rejoints par des caves coopératives très ambitieuses : Colterenzio, San Michele Appiano, Terlano, Termeno, Caldaro et Cortaccia.

Haut-Adige : Bolzano

Latitude / Altitude : **46,28° / 230 m**
Température moyenne de juillet : **21,7 °C**
Précipitations annuelles : **650 mm**
Précipitations du mois de la vendange : **octobre : 50 mm**
Principal danger viticole : **gelées de printemps**
Principaux cépages : **schiava, chardonnay, pinot bianco, pinot grigio, lambrusco, teroldego, lagrein**

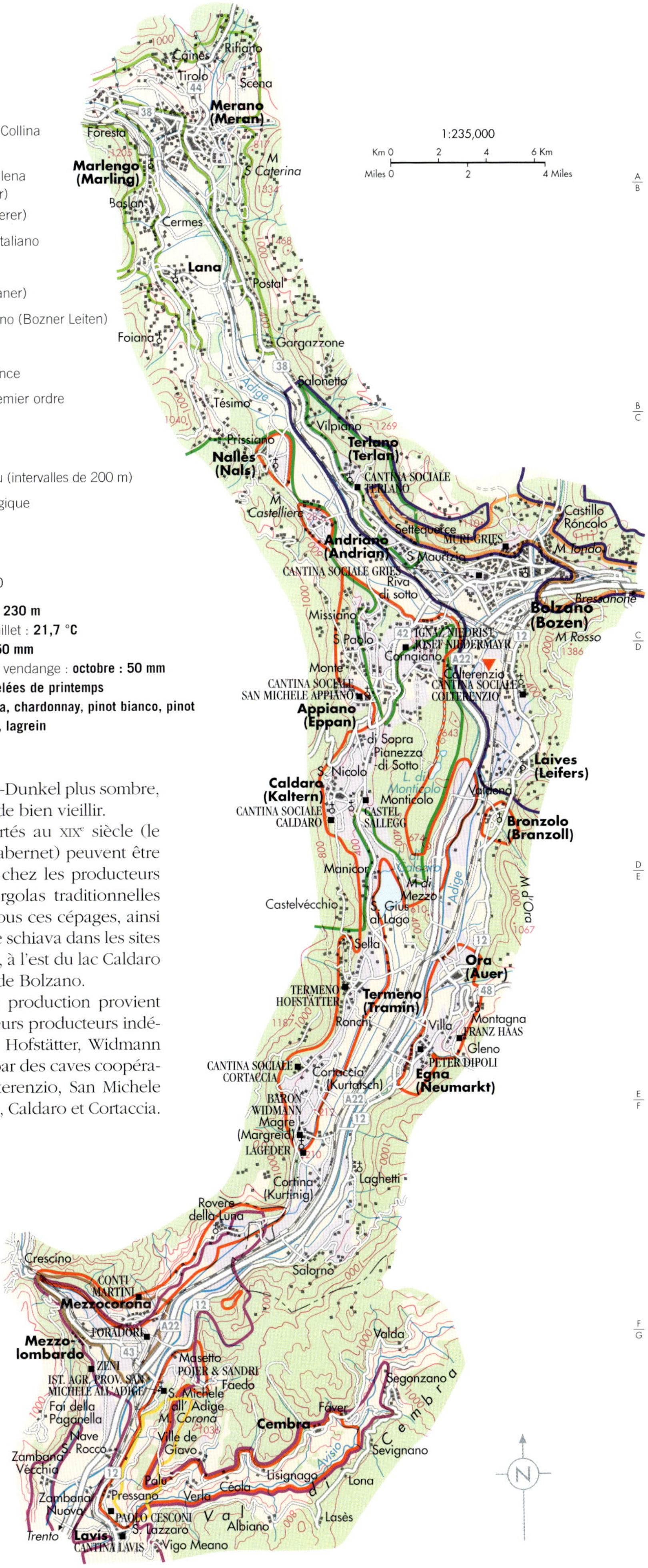

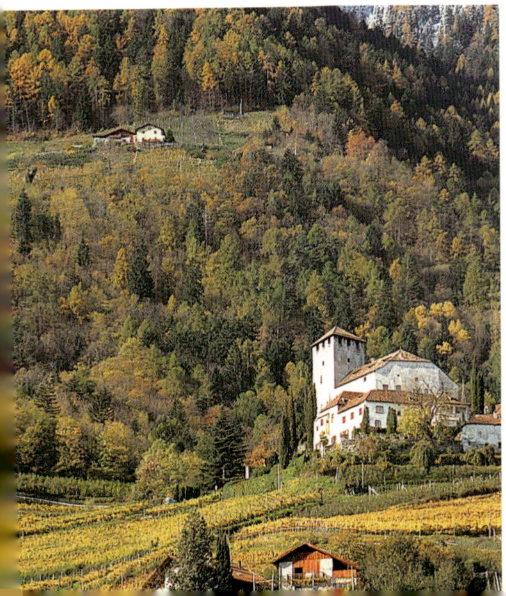

À gauche Dans les vignobles de l'étroite vallée entre Bolzano et Merano, les pergolas sont remplacées par l'échalassage des vignes, qui donne des rendements inférieurs et des vins plus concentrés.

Vérone

Les collines joliment jardinées de Vérone, s'étendant du Soave à l'est de la ville au lac de Garde à l'ouest, ont un sol volcanique tellement fertile que la vigne court partout, sur chaque terrasse, sur chaque pergola, parmi les villas et les cyprès qui incarnent si bien la grâce italienne.

Leur Soave est le vin blanc italien le plus célèbre et se présente sous deux formes différentes qu'il est parfois impossible de distinguer. La plus commune est une sorte de bain de bouche déversé par la puissante Cantina Sociale et les grosses sociétés de négociants. Ils s'alimentent auprès de centaines de producteurs qui n'ont, hélas, pas d'autre motivation que l'augmentation des rendements.

Le véritable Soave, avec sa combinaison entêtante d'amande et de citron, existe encore grâce à la persistance de petites propriétés comme Pieropan et Anselmi (qui, en 1999, après une série de conflits avec les autorités locales, ont décidé d'opérer en dehors du système de la DOC). Ces hommes résolus ont été rejoints par un nouveau groupe de producteurs consciencieux comme La Cappuccina, Fattori & Graney, Gini, Inama, Pra et Tamellini.

Ils produisent leurs vins dans la zone d'origine du Soave, centrée sur la partie orientale des collines de Lessini, au nord-est du village de Soave. C'est la zone du Classico, aujourd'hui entourée par des vignobles plus plats et plus fertiles qui sont autorisés à utiliser le nom de Soave, situation très courante dans le paysage moderne du vin italien.

Les cépages importants sont le garganega et une forme locale du trebbiano ; ils font des vins d'une intensité et d'une texture qui emplissent la bouche et permettent de saisir pleinement la signification suave du Soave. Le chardonnay et le pinot blanc sont aussi autorisés, pour autant que le garganega représente au moins 70 % du vin.

Les meilleurs producteurs font en général une gamme de vins en provenance d'un seul vignoble (ou cru), qui exprime la singularité de sites comme Vigneto La Rocca et Capitel Foscarino. Ils se sont aussi lancés dans le vieillissement en fûts de chêne et dans une version douce merveilleusement vivante à partir de raisins secs : Recioto di Soave.

Le Soave cohabite avec le Valpolicella, dont la zone de DOC a été étendue bien au-delà de la zone du Classico originale pour rejoindre les limites du Soave, avec le Valpantena, sous-zone autorisée dominée par la maison Bertani. Le Valpolicella normal devrait avoir une belle couleur et un bel arôme de cerise, un agréable nez un peu sucré, et une légère amertume au moment où on l'avale. Ce vin produit en masse est souvent décevant, mais il existe aujourd'hui de très nombreux producteurs qui reconnaissent la nécessité de faire des vins véritablement élégants, par opposition au vin simplement commercial fait dans le Soave – tout comme on a vu un retour vers des sites difficiles à cultiver mais de qualité supérieure.

Le Valpolicella Classico, situé sur un vignoble légèrement plus élevé abritant San Ambrogio, Fumane et Negrar, a les mêmes qualités que le vin fait en dehors de cet épicentre, mais sous une forme beaucoup plus intense (même si on trouve des producteurs exceptionnels comme Dal Forno et Trabucchi en dehors de la zone du Classico). Les propriétés de premier ordre pour le Valpolicella sont extrêmement ambitieuses, considérant avec raison que c'est un des vins italiens les plus dignes d'être promus, dans tous les sens du terme.

Les vignes sont plantées sur des terrasses de galets blancs, à des densités bien supérieures aux autres régions, et l'adoption du système Guyot pour les échalas permet d'obtenir le plus d'arôme possible pour chaque grain de raisin du cépage à maturation tardive de corvina, le meilleur de la région. Certains producteurs ont préféré opérer en dehors du système de la DOC, qui impose un maximum de 70 % de corvina et exige l'inclusion de molinara, cépage âpre et nettement inférieur, ainsi que du rondinella, traditionnel et assez neutre. Certains producteurs ont tenté quelques expériences avec des cépage locaux plus rares, comme l'oseleta.

La forme la plus puissante du Valpolicella est soit le Recioto, soit l'Amarone, respectivement le produit doux (parfois un peu pétillant) et le produit sec (un peu amer) des raisins séchés en grenier pour faire des vins très puissants et concentrés, qui sont l'apogée de tout repas de fête à Vérone. Ces vins sont des descendants des vins grecs, transpor-

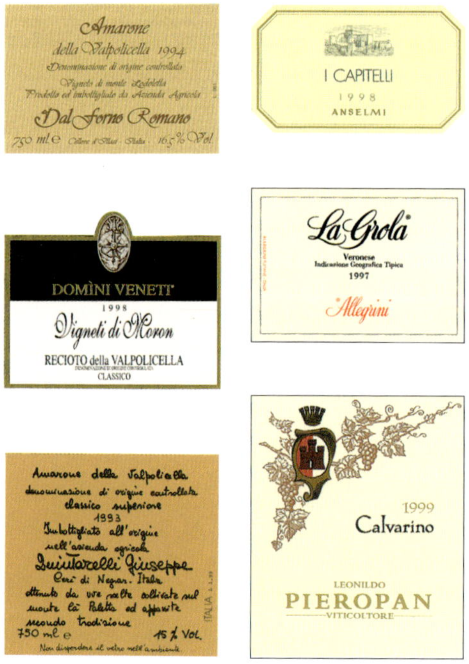

Les trois vins de la colonne de gauche *sont faits à partir de raisins secs, spécialité de la Vénétie. Dans celle de droite, on trouve les meilleurs vins faits dans le Soave et le Valpolicella, même si ces noms n'apparaissent plus sur les étiquettes.*

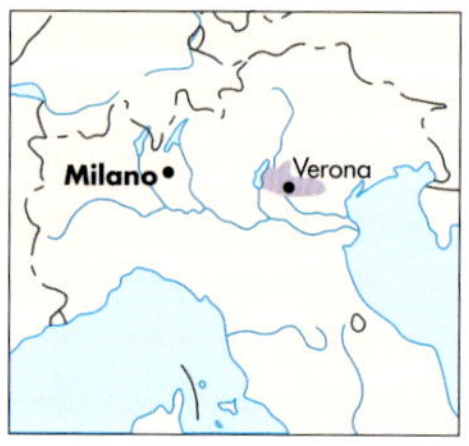

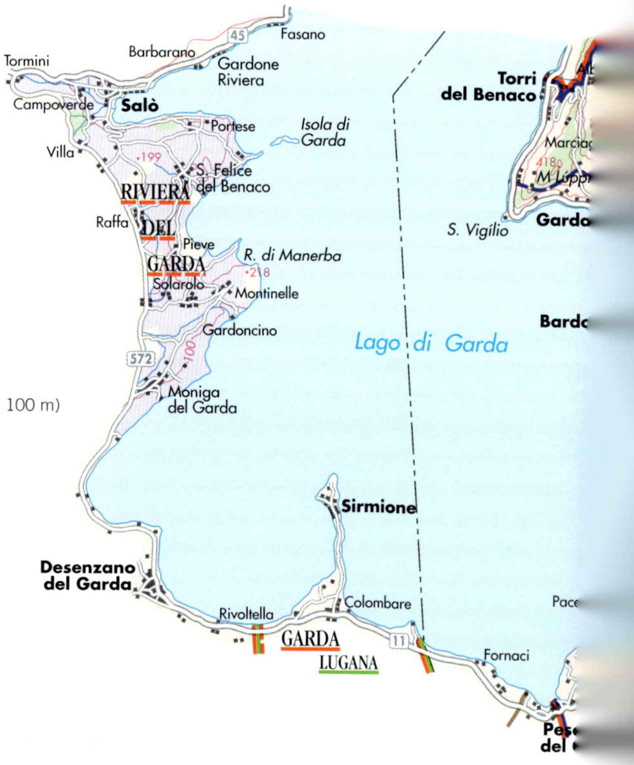

Frontière de province
Vignobles
Forêts
Courbes de niveau (intervalles de 100 m)
Station météorologique
DOC Bardolino
DOC Bardolino Classico
DOC Valpolicella
DOC Valpolicella Classico
DOCG Recioto di Soave
DOC Soave
DOC Soave Classico
DOC Garda
DOC Riviera del Garda
DOC Valpolicella Valpantena
DOC Bianco di Custoza
DOC Gambellara
DOC Lugana

tés par les Vénitiens au Moyen Âge et adaptés à l'arrière-pays vénitien. On sait que les vins doux de Vénétie étaient admirés dès le VIe siècle, lorsque Cassiodorus mentionne l'Acinatico, adoré pour sa douceur par les rois gothiques d'Italie.

La vieille pratique du *ripasso* renforce le Valpolicella de la vendange principale et en fait le Valpolicella Superiore, en le refaisant fermenter sur les peaux de raisins pressés, de préférence du corvina, après qu'un amarone a fini sa fermentation. Le premier vin vendu sous le nom de *ripasso*, le Campofiorin de Masi, a suscité un respect accru pour le vin de Valpolicella dans les années 1980.

Des propriétés comme Dal Forno, Le Ragose, Quintarelli et Tedeschi, et des négociants comme Bertani ont fondé un véritable parti soutenant le Valpolicella Classico et ses variantes comme l'une des valeurs sûres du vin italien.

Le Bardolino, sur des terrains plus bas autour du joli lac de Garde, donne un vin pâle, moins substantiel, qui peut être bu dès qu'il a fermenté. Le Chiaretto del Garda, plus au nord, est semblable.

Le Bianco di Custoza fait dans le sud, et le Gambellara produit à l'est de Soave, seront des choix plus sûrs que le Soave courant.

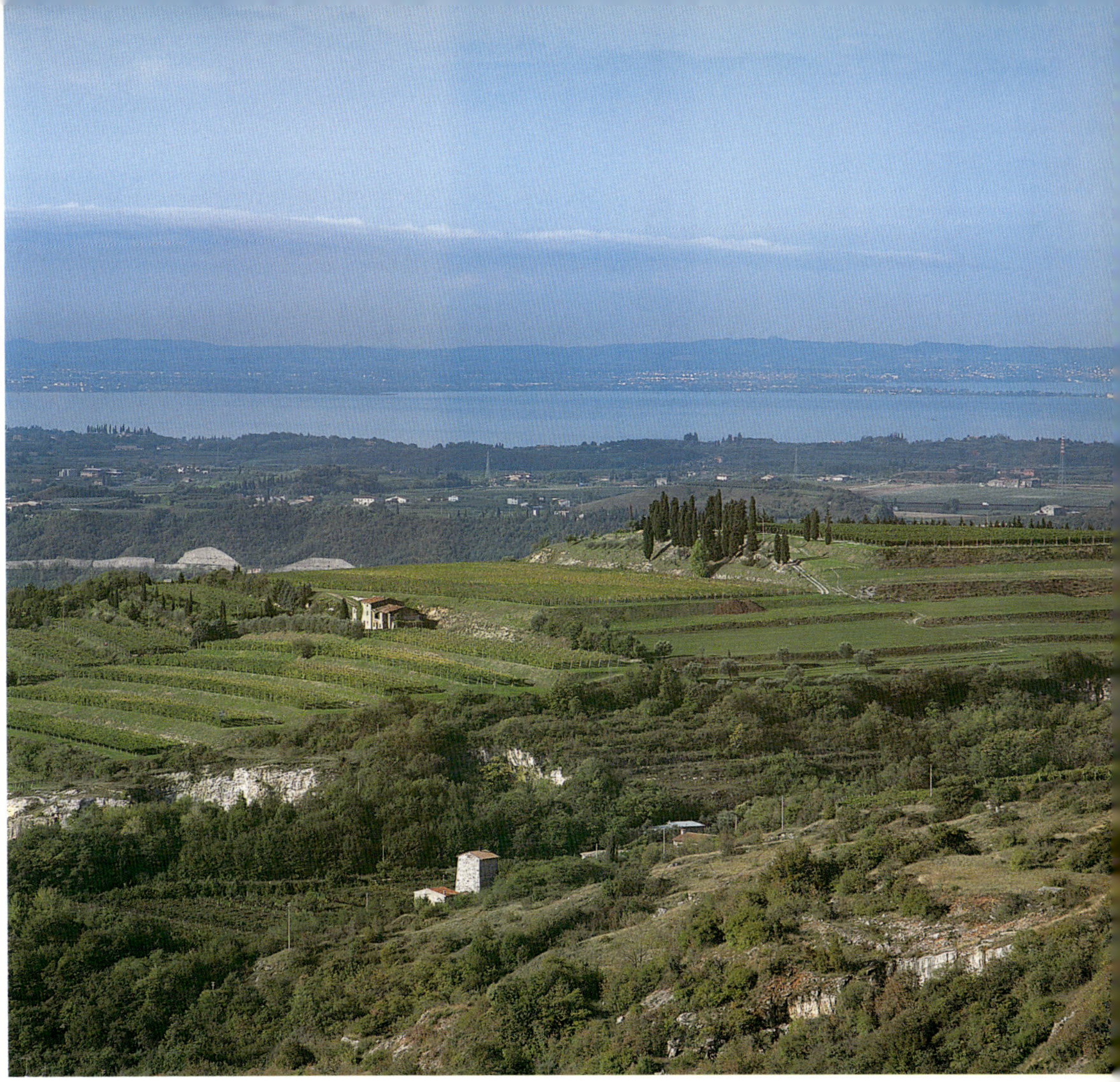

À droite Le lac de Garde s'étend derrière les vignobles d'Allegrini, un producteur qui, comme Anselmi à Soave, a choisi de sortir du système de la DOC pour ses vins d'IGT, La Poja et La Grola. La foi d'Allegrini dans le cépage molinara ne s'accorde pas avec les règlements de la DOC.

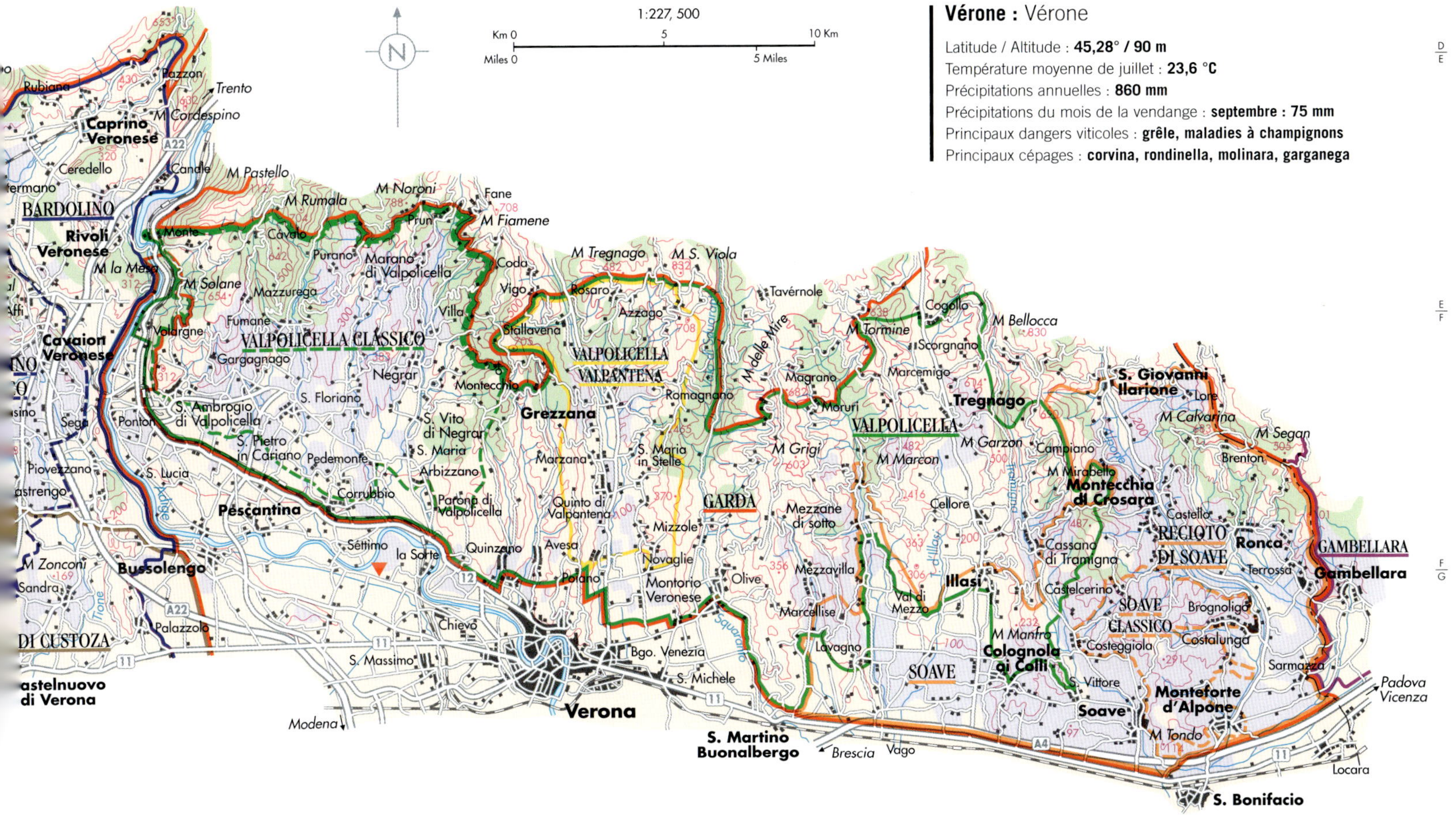

Vérone : Vérone

Latitude / Altitude : **45,28° / 90 m**
Température moyenne de juillet : **23,6 °C**
Précipitations annuelles : **860 mm**
Précipitations du mois de la vendange : **septembre : 75 mm**
Principaux dangers viticoles : **grêle, maladies à champignons**
Principaux cépages : **corvina, rondinella, molinara, garganega**

Vénétie orientale et Frioul-Vénétie Julienne

Le nord-est de l'Italie est la région du pays dans laquelle les vins blancs aromatiques et vifs sont dominants en termes de production comme d'image. La carte de cette page couvre la partie viticole du Frioul-Vénétie Julienne et une partie de sa voisine occidentale, la Vénétie. La Vénétie a deux grands centres vinicoles : Vérone (voir page 168) et Conegliano, à 65 km au nord de Venise, site du principal laboratoire de recherche vinicole d'Italie. Le nord de la Vénétie rejoint les Dolomites, et la région de Conegliano-Valdobbiadene a déjà un aspect alpin. Sa spécialité, le cépage blanc de prosecco, donne un vin assez dépourvu de charme, mais fournit une très bonne base pour le *spumante* très admiré de la région. Le Prosecco est donc le vin pétillant de Venise et, dans sa forme supérieure, le Cartizze de Valdobbiadene, c'est un des meilleurs d'Italie – peu corsé, coupant, avec une vague douceur qui couvre l'amertume naturelle du Prosecco.

Toujours dans la Vénétie, la vaste plaine de la Piave, très abondamment plantée de vignes, produit un blanc frais et sec à partir du verduzzo (un cépage important du nord-est) et fournit une bonne quantité de bons merlots et cabernets. À l'est de Venise, les grands cépages du Bordelais font la course en tête pour le vin rouge. Produits en masse comme ils le sont, ces vins peuvent avoir un goût assez vert. Sur les propriétés comme Venegazzu et Castello di Roncade, dans la province de Trévise, ils ont été mélangés pour obtenir de véritables clairets. Le raboso, un cépage noir local, aide à définir les critères vénitiens pour le vin rouge : austère et sec, comme pour le blanc d'ailleurs .

On a longtemps pensé que la majeure partie du cabernet planté dans le Frioul était du cabernet franc (parfois orthographié frank), mais on a découvert récemment qu'il s'agissait du vieux cépage bordelais de carmenère (confondu avec le merlot au Chili). Quand il est surproduit, comme c'est souvent le cas, le carmenère prend un arôme animal.

Le cabernet est le cépage le plus abondant dans l'ouest de la région, particulièrement dans le Lison-Pramaggiore. En allant vers l'est, le merlot à maturation précoce semble mieux adapté pour les récoltes plus importantes et le climat plus frais de cette partie de l'Italie. Le merlot domine dans les DOC Grave del Friuli et Isonzo. Les zones côtières avec leurs vignobles plats ont tendance à faire des vins moins concentrés, à partir des mêmes cépages, que ceux des collines aux plantations beaucoup plus limitées de Colli Orientali del Friuli ; certains

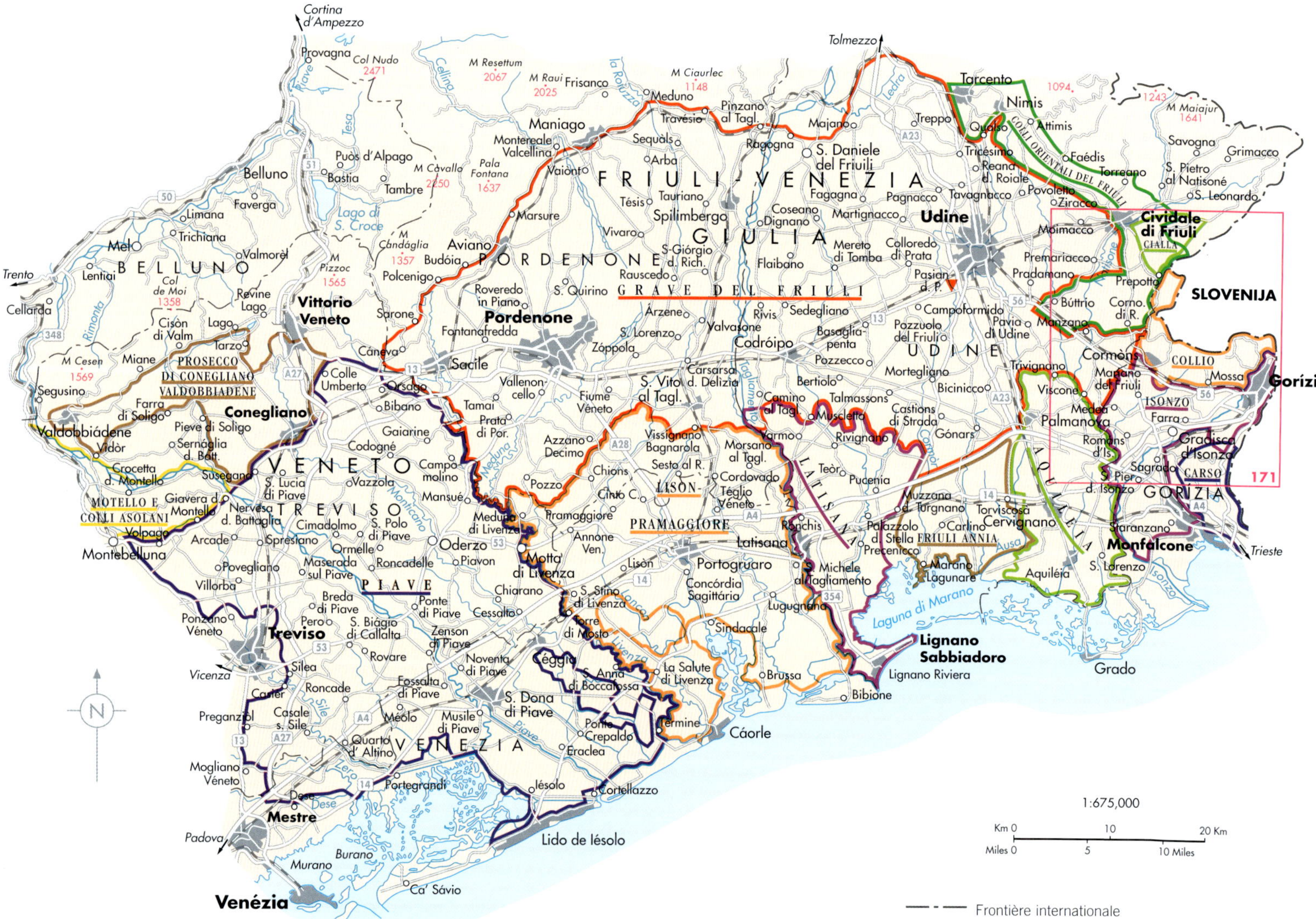

Frontière internationale
Frontière de région
Frontière de province
ISONZO DOC
Les limites de DOC sont distinguées par des lignes de couleurs
171 Zone cartographiée à une échelle supérieure à la page indiquée
Station météorologique

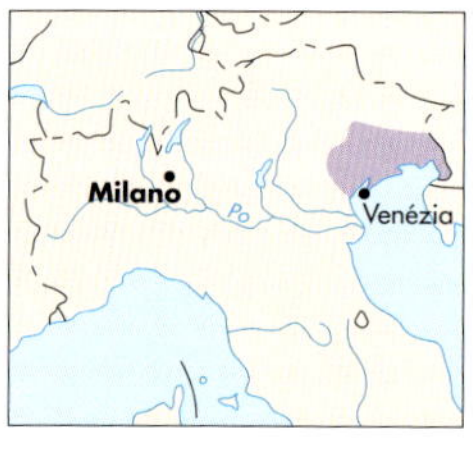

Frioul-VJ : Udine

Latitude / Altitude : **46,01° / 90 m**
Température moyenne de juillet : **22,8 °C**
Précipitations annuelles : **1530 mm**
Précipitations du mois de la vendange : **septembre : 165 mm**
Principaux dangers viticoles : **défaut de maturation (pour le cabernet), mildou poudreux**
Principaux cépages : **merlot, refosco, tocai friulano, ribolla gialla**

producteurs d'Isonzo, toutefois, réussissent sur des vignobles bien drainés à faire des vins tout aussi bons que ceux de leurs homologues installés dans les zones de collines mieux connues du Frioul.

À l'intérieur de la DOC de Lison-Pramaggiore, Pramaggiore se distingue pour ses rouges (cépages de cabernet, de merlot et de refosco) et Lison pour son tokay et d'autres vins blancs. Le Tocai di Lison (qui dispose d'une zone Classico autour de la petite ville de Lison) commence à donner la satisfaction soyeuse que ce cépage procurera pleinement un peu plus à l'est.

Le Grave del Friuli est la DOC la plus importante du Frioul-Vénétie Julienne, englobant les terres basses et graveleuses du centre de la région ; La moitié de la récolte est composée de merlot, avec un peu de cabernet et aussi du refosco, souvent sous-estimé et vivifiant. Les blancs du Grave sont principalement le sec et maigre Verduzzo (meilleur sous sa forme douce dans la zone de Ramandolo, au nord d'Udine) et le Tocai Friulano, beaucoup plus substantiel. On y cultive aussi une bonne quantité de pinot bianco.

Les noms de certains grands producteurs se détachent dans cette vaste zone qui est loin d'être homogène : di Leonardo, Pighin, Pittaro et Vistorta. Ils sont tous dans la province d'Udine, en direction des Colli Orientali del Friuli, la partie méridionale cartographiée en détail ci-contre avec le très semblable Collio Goriziano, dans la province de Gorizia. Les collines de Gorizia, frontière naturelle entre l'Italie et la Slovénie (voir page 253), jouissent d'un climat beaucoup plus modéré, sous l'influence de l'Adriatique.

Dans les années 1970, Collio Goriziano a construit sa réputation sur la fraîcheur de ses cépages fermentés à froid, sans chêne, comme le très vert tocai friulano, le pinot bianco, le pinot grigio et le sauvignon blanc, à une époque où une vinification aussi high-tech était rare en Italie. C'est aujourd'hui la norme et les producteurs de vin de la région essaient maintenant de faire leurs blancs, y compris ceux de ribolla gialla, de traminer, de malvasia et de riesling italico avec une plus grande extraction et une plus forte personnalité.

Les collines à l'intérieur des terres produisent des vins similaires, même s'ils sont moins vivants et consistants. Certaines parties des Colli Orientali del Friuli semblent plus alpines que maritimes, mais la pointe sud-ouest entre Buttrio et Manzano est assez chaude pour que le cabernet sauvignon y mûrisse. Les cépages noirs jouent un rôle plus important que dans le Collio, y compris les cépages locaux comme le refosco (terrano) plein de caractère, le schiopettino et le pignolo, ainsi que ceux du Bordelais.

Une bonne partie de l'orgueil local est générée par le Picolit, un puissant vin de dessert qui pourrait être décrit au mieux comme le Jurançon italien : un vin à l'arôme de foin et de fleurs, moins fortement marqué par l'arôme de miel qu'un sauternes.

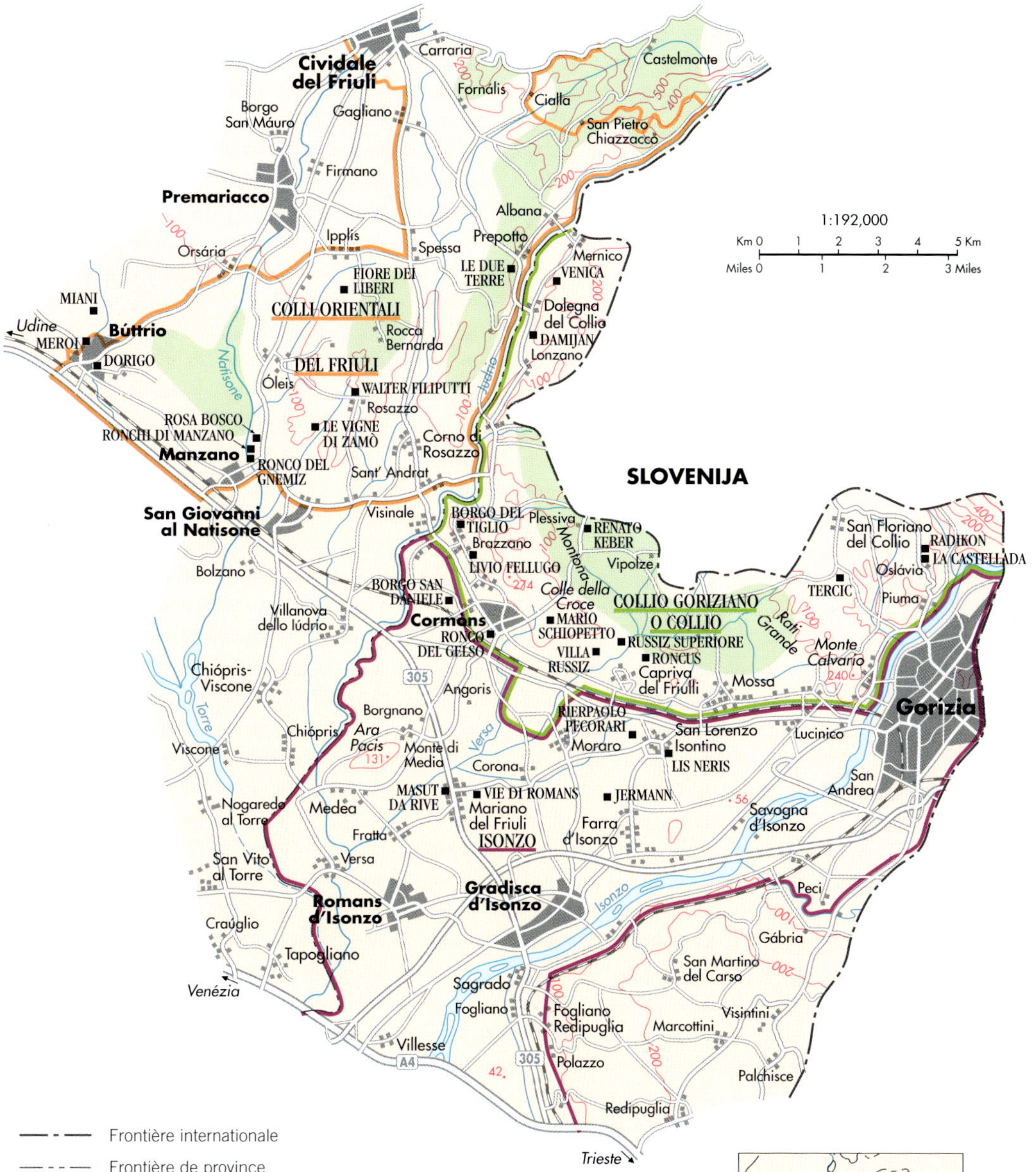

Frontière internationale
Frontière de province
DOC Colli Orientali del Friuli
DOC Collio Goriziano o Collio
DOC Isonzo
■ RONCUS Producteur de premier ordre
Forêts
500 Courbes de niveau (intervalles de 100 m)

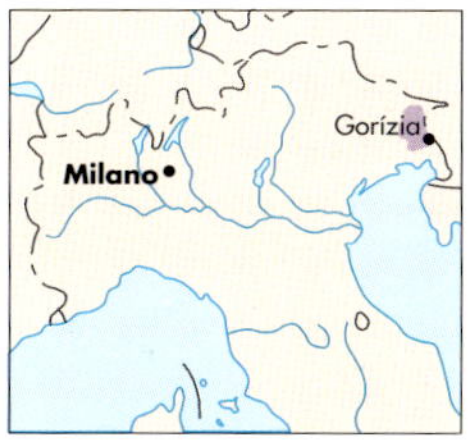

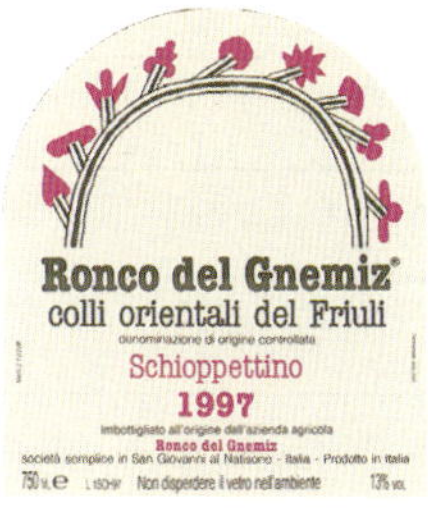

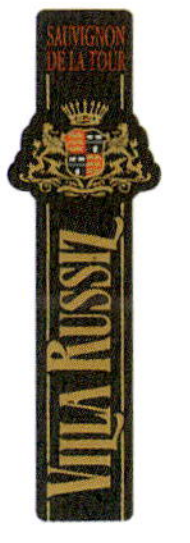

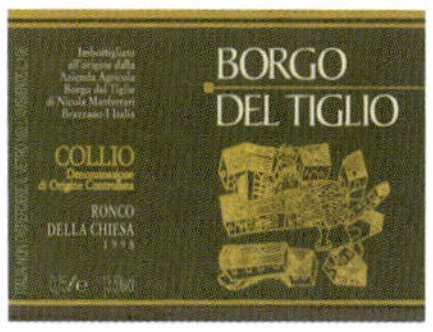

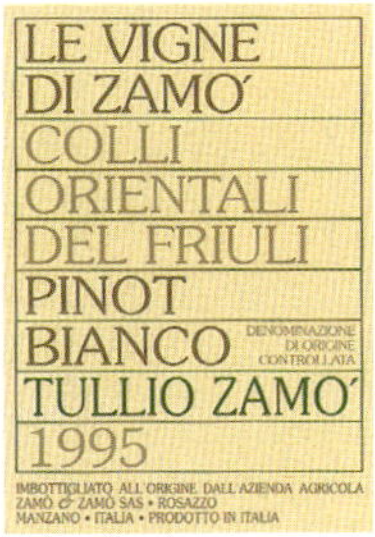

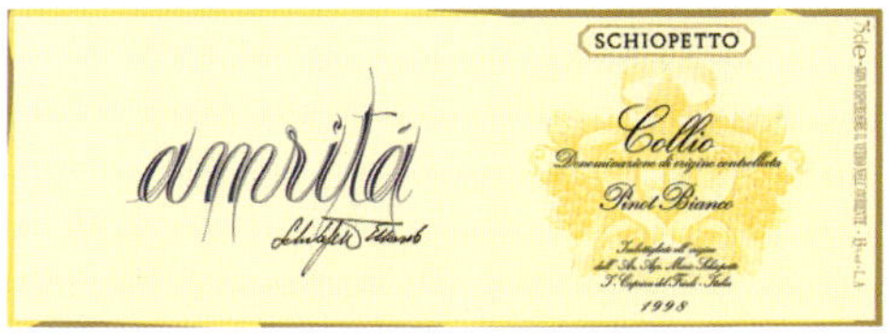

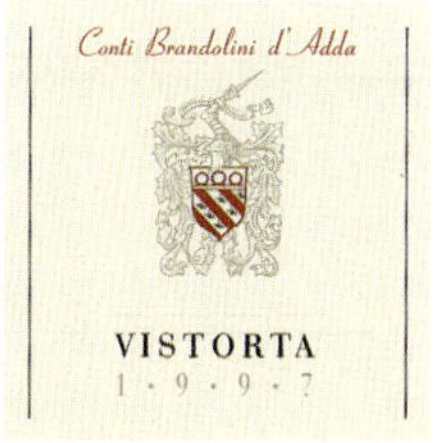

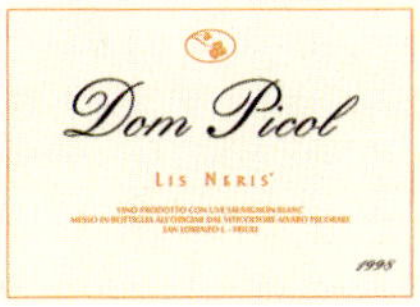

Pendant des années, les meilleurs *vins du Frioul ont tous été étiquetés comme des vins de cépage, mais à mesure que les producteurs comme ceux qui sont présentés ici gagnent en réputation, ils essaient de faire reconnaître les noms spéciaux de leurs vins – une habitude typiquement italienne.*

Italie centrale

Si le Chianti Classico est le cœur de la Toscane (cartographiée page 177), la carte ci-contre montre le cœur battant de l'Italie : les incomparables villes de Florence et de Rome, et les vins qui réjouissent leurs citoyens et leurs milliers de visiteurs.

Les vins faits dans cette partie de l'Italie varient énormément, non seulement en raison des écarts de latitude, mais aussi en raison des différences de terrains et surtout d'altitude. La chaîne des Apennins impose des limites au territoire où le vin peut mûrir (comparez les données pour Florence et Pérouse, par exemple, aux pages 177 et 181 respectivement), tandis que, de chaque côté, les mers baignent les régions vinicoles océaniques et leur confèrent des caractères foncièrement différents.

Jusqu'à une époque récente, le Chianti rouge de Florence et le Frascati blanc de Rome étaient pratiquement les seuls vins du Centre connus en dehors de l'Italie. Dans les années 1980, le Brunello di Montalcino et, dans une moindre mesure, son voisin le Vino Nobile di Montepulciano (voir pages 179 et 180) ont fortement marqué les esprits de ceux qui ont les moyens de les acheter, tout comme l'ont fait une série de Super-Toscans, bouteilles souvent glorieuses faites en Toscane en dehors de toute DOC.

Ci-dessous Le profil unique de San Gimignano, à l'ouest du Chianti Classico. La ville avait autrefois soixante-dix tours fortifiées. Aujourd'hui, elle n'en a plus que treize. Le Vernaccia blanc était sa spécialité depuis le Moyen Âge, ses vignobles sont maintenant plantés de cépages noirs.

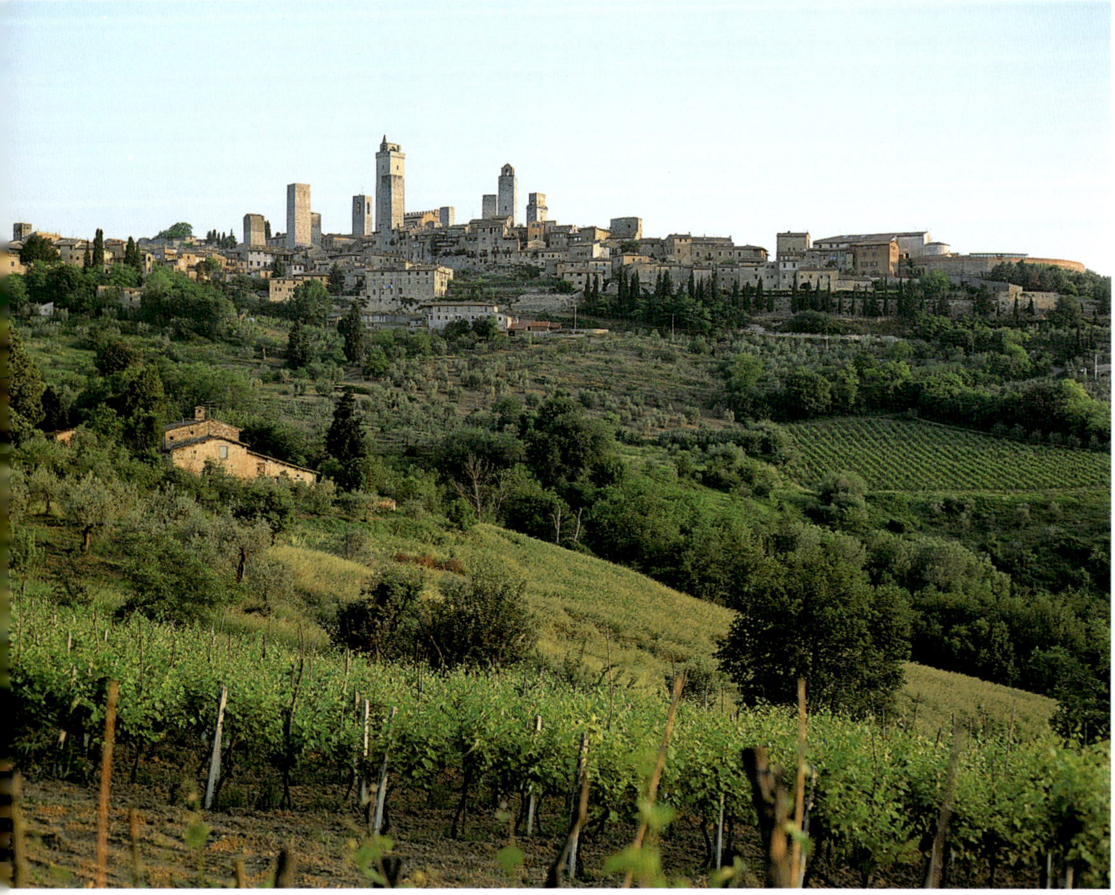

Aujourd'hui, toutefois, ils sont rejoints par une foule de vins de plus en plus intéressants, nés comme par enchantement, sans précédent historique et parfois sans aucune inspiration géographique. Certains exemples sont plus évidents que d'autres. Les vignobles qui bourgeonnent sur la côte toscane, l'Alta Maremma, sont cartographiés page 175. Le paysage vinicole en évolution rapide de l'Ombrie est présenté page 181. Entre ces deux régions vinicoles qui émergent rapidement, il existe d'autres zones qui connaissent des transformations vinicoles radicales.

La première d'entre elles est Morellino di Scansano, une zone vinicole plutôt bien établie, vallonnée, à la pointe sud-ouest de la Toscane. Elle semble particulièrement bien adaptée au cépage de sangiovese (qui porte le nom de morellino dans ce coin). Moris Farms et Le Pupille ont ouvert la voie dans les années 1980 ; depuis les investissements ont envahi cette région, en provenance de producteurs déjà établis dans d'autres régions de l'Italie et attirés par le prix bas des terrains et les sols acides qui permettent au raisin de mûrir plus facilement.

Le Sangiovese – du vin rouge uniquement – fait dans cette région est beaucoup plus rond et plein que dans le Chianti Classico. Le Montecucco est une nouvelle DOC entre Scansano et Montalcino.

La zone de la DOC Sovana, au sud-est de Morellino di Scansano, autrefois connue pour l'anodin Bianco di Pitigliano, est replantée en cabernet, en sangiovese, ainsi qu'en ciliegiolo (« comme de la cerise »). Ce dernier cépage très juteux est la spécialité des terres proches de la côte aux environs d'Orbetello, là où le climat est plus chaud et plus sec. Il est en général vendu comme un IGT Maremma Toscana. Le domaine de La Parrina dans la DOC La Parrina est le meilleur producteur pour les vins rouges de cette côte.

De l'autre côté de la frontière du Latium (Lazio pour les Italiens), on trouve un autre foyer d'ambitions vinicoles avec Montefiascone, le centre de production de ce qui est généralement le vin blanc le plus inintéressant, affublé du nom le plus étrange : Est ! Est !! Est !!! Les frères Cotarella (l'un d'eux dirige le négoce de vins Antinori à Florence) ont montré grâce à leur autre société, Falesco, que cette zone peut produire un merlot somptueux et moderne, même s'il doit être vendu comme un simple IGT Lazio.

Le Chianti et ses frères de sang (tous issus du cépage de sangiovese, sujet à de fortes variations) sont les rouges dominants de la partie septentrionale de la carte. Dans l'Est, leur influence s'étend de Sangiovese di Romagna (présenté page 164) jusqu'aux marches de l'Adriatique, où le Rosso Piceno est un mélange traditionnel de sangiovese et du cépage extrêmement intéressant du montepulciano. Juste au sud d'Ancona, le Rosso Conero très corsé est aujourd'hui la meilleure expression qui soit du montepulciano. Plus au sud encore, dans sa véritable patrie, le montepulciano d'Abruzzo peut varier du vin bon marché très fruité à la déception d'un vin rustique et étiré, avec la version rosée Cerasuolo.

Les Abruzzes ont été longtemps considérées comme un désert vinicole avec une exception notable : les vins extraordinaires faits depuis des décennies par Eduardo Valentini de Loreto Aprutino. Son Montepulciano d'Abruzzo est une sorte d'essence du cépage et du terroir. Son Trebbiano d'Abruzzo, vin blanc corsé vieillissant fabuleusement bien, méticuleusement composé à partir du cépage connu aussi sous le nom de bombino, était sans rival jusqu'à ce que Enrico Marramiero se présente sur la scène (ses rouges restent cependant meilleurs que son Trebbiano). Voir page 183 pour plus de détails sur les vins de Molise.

À l'ouest des Apennins, le sangiovese domine la Toscane et l'Ombrie au sud des confins de la zone du Chianti. Le comte Bonacossi à Carmignano, à l'est de Florence, a été l'un des premiers à reconnaître les vertus aromatiques d'une addition de cabernet sauvignon. De l'autre côté de la frontière du Latium, la famille des vins de Cesanese est remarquable, surtout en raison de son imprévisibilité. Ces vins peuvent être pétillants ou non, doux ou secs. Les Aleatico, où que vous puissiez les trouver, offrent une expérience plus curieuse : ce sont des rouges doux aux parfums de Moscato.

Les cépages blancs qui imposent leur marque à la plupart des vins d'Italie centrale sont l'ennuyeux trebbiano de Toscane (comparable à l'âpre et neutre ugni blanc en France) et le malvasia bianco, très corsé et plein de caractère. Le trebbiano, qui est connu sous le nom de procanico sur la côte

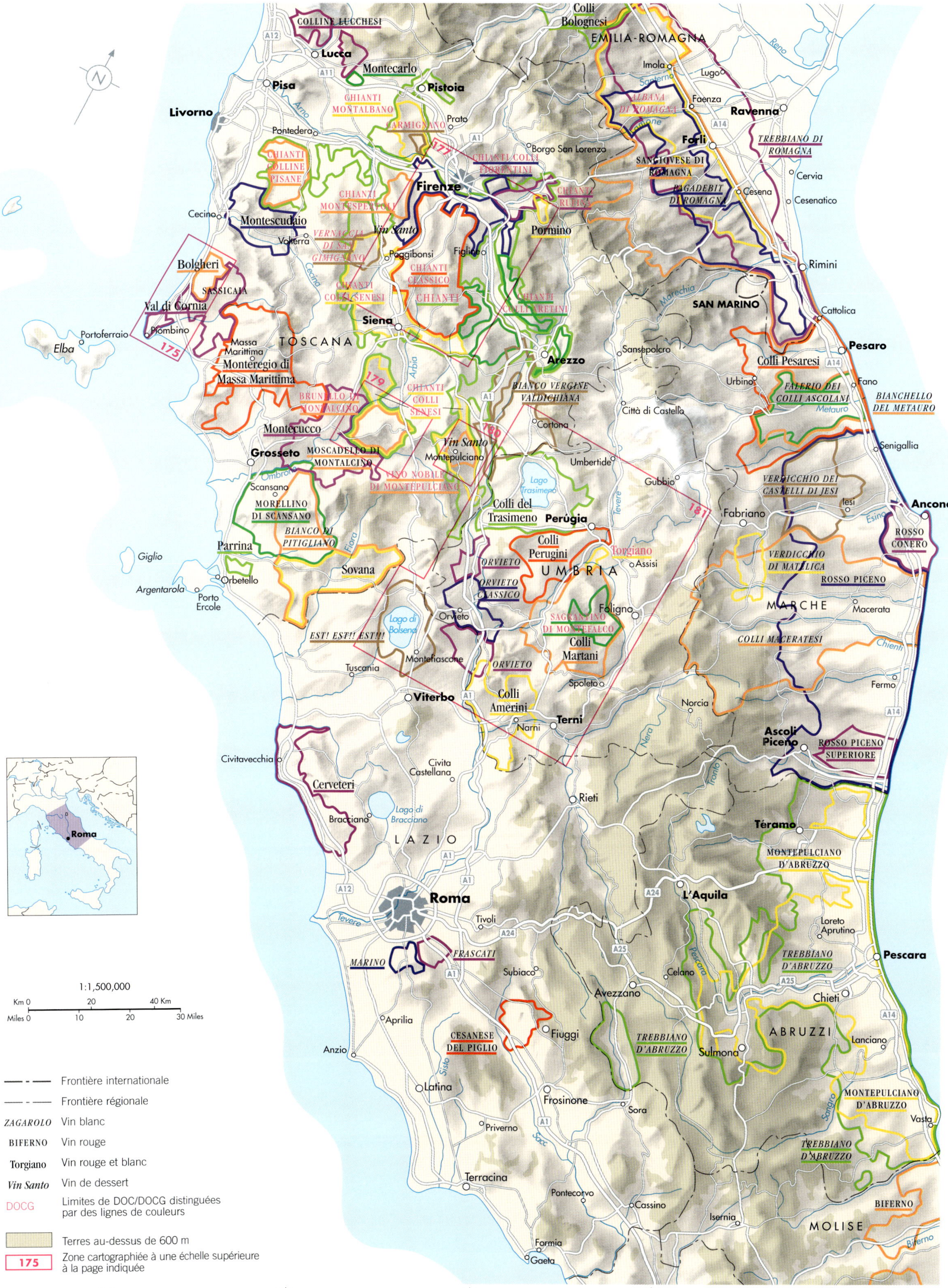
COLLINE LUCCHESI
Lucca
Montecarlo
Pistoia
Pisa
Livorno
CHIANTI MONTALBANO
CARMIGNANO
Prato
Pontedera
CHIANTI COLLINE PISANE
CHIANTI COLLI FIORENTINI
Borgo San Lorenzo
Colli Bolognesi
EMILIA-ROMAGNA
Imola
Lugo
Faenza
ALBANA DI ROMAGNA
Ravenna
Forlì
TREBBIANO DI ROMAGNA
SANGIOVESE DI ROMAGNA
Cervia
CAGADEBIT DI ROMAGNA
Cesena
Cesenatico
Firenze
CHIANTI MONTESPERTOLI
CHIANTI RUFINA
Pomino
Cecina
Montescudaio
Volterra
VERNACCIA DI SAN GIMIGNANO
Vin Santo
Poggibonsi
Figline
CHIANTI CLASSICO
Rimini
Bolgheri
SASSICAIA
CHIANTI COLLI SENESI
CHIANTI
CHIANTI COLLI ARETINI
SAN MARINO
Val di Cornia
Piombino
Cattolica
Portoferraio
Elba
175
Massa Marittima
TOSCANA
Siena
Sansepolcro
Arezzo
Pesaro
Colli Pesaresi
Monteregio di Massa Marittima
179
Urbino
Fano
FALERIO DEI COLLI ASCOLANI
BIANCHELLO DEL METAURO
BRUNELLO DI MONTALCINO
CHIANTI COLLI SENESI
BIANCO VERGINE VALDICHIANA
Città di Castello
Montecucco
Cortona
180
Senigallia
Grosseto
MOSCADELLO DI MONTALCINO
Vin Santo
Montepulciano
Umbertide
VINO NOBILE DI MONTEPULCIANO
Gubbio
Lago Trasimeno
VERDICCHIO DEI CASTELLI DI JESI
Scansano
MORELLINO DI SCANSANO
Colli del Trasimeno
Perùgia
181
Fabriano
Jesi
Ancona
BIANCO DI PITIGLIANO
ROSSO CONERO
Giglio
Parrina
Colli Perugini
Torgiano
Assisi
VERDICCHIO DI MATELICA
Sovana
ORVIETO
UMBRIA
Orbetello
ORVIETO CLASSICO
ROSSO PICENO
Argentarola
Porto Ercole
Foligno
MARCHE
Macerata
Lago di Bolsena
Orvieto
SAGRANTINO DI MONTEFALCO
EST! EST!! EST!!!
Colli Martani
COLLI MACERATESI
Montefiascone
Tuscania
ORVIETO
Spoleto
Fermo
Colli Amerini
Viterbo
Norcia
Terni
Narni
Ascoli Piceno
ROSSO PICENO SUPERIORE
Civitavecchia
Civita Castellana
Cerveteri
Rieti
Bracciano
Lago di Bracciano
LAZIO
Teramo
MONTEPULCIANO D'ABRUZZO
Roma
L'Aquila
Tivoli
Tevere
Loreto Aprutino
MARINO
FRASCATI
Subiaco
Celano
TREBBIANO D'ABRUZZO
Pescara
Avezzano
Chieti
Aprilia
Fiuggi
ABRUZZI
CESANESE DEL PIGLIO
TREBBIANO D'ABRUZZO
Anzio
Sulmona
Lanciano
Latina
Frosinone
Sora
MONTEPULCIANO D'ABRUZZO
Vasto
Priverno
TREBBIANO D'ABRUZZO
Terracina
Pontecorvo
Cassino
Isernia
BIFERNO
MOLISE
Formia
Gaeta
1:1,500,000
Km 0 20 40 Km
Miles 0 10 20 30 Miles
Frontière internationale
Frontière régionale
ZAGAROLO Vin blanc
BIFERNO Vin rouge
Torgiano Vin rouge et blanc
Vin Santo Vin de dessert
DOCG Limites de DOC/DOCG distinguées par des lignes de couleurs
Terres au-dessus de 600 m
175 Zone cartographiée à une échelle supérieure à la page indiquée
1 | 2
2 | 3
3 | 4
4 | 5
5 | 6
A/B
B/C
C/D
D/E
E/F
F/G

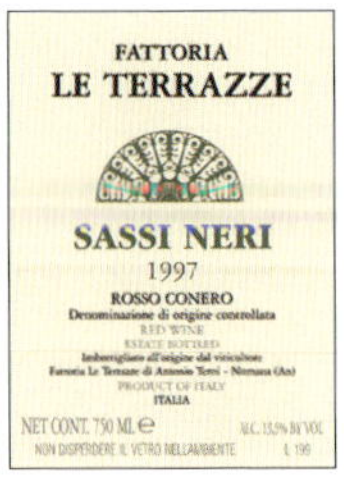

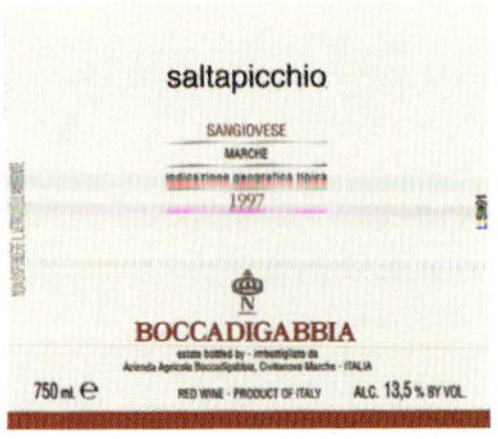

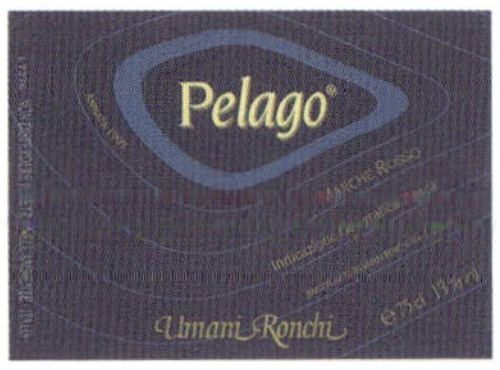

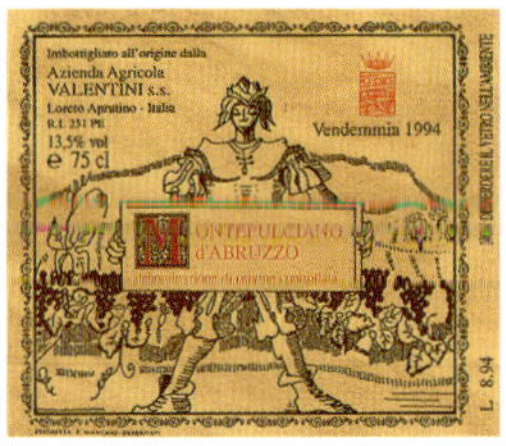

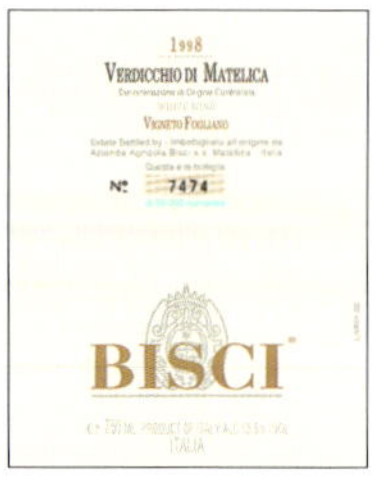

Les deux étiquettes *à l'extrême gauche, avec l'IGT Pelago à base de cabernet de chez Umani Ronchi et le Verdicchio de Bisci sont les meilleurs vins des Marches, tandis que Valentini fait le plus célèbre Montepulciano d'Abruzzo.*

toscane et l'île d'Elbe, est de toute évidence en dehors de ce qui est requis en Italie centrale aujourd'hui, en dépit des vaines tentatives de le rendre plus intéressant en le vendant sous des marques de consortiums comme Galestro et Bianco della Lega.

Ni le trebbiano ni le malvasia, hélas, n'a d'arôme très prononcé. Par conséquent, les vins blancs d'Italie centrale ont tous une neutralité et une similitude qui ne sont évitées que par les meilleurs vins de Frascati et de Marino, faits dans les collines volcaniques d'Albe, au sud de Rome (l'Orvieto est présenté avec les autres vins d'Ombrie).

Les choses s'améliorent quand d'autres cépages interviennent. Le Montecarlo, près de Lucca, souvent désigné comme le meilleur blanc de Toscane (DOC), contient du sémillon, du sauvignon blanc et du pinot bianco. Sur la côte adriatique, le Verdicchio trouve son inspiration dans le cépage du même nom et peut être un blanc sec avec une très forte personnalité et, chose rare pour le blanc d'Italie centrale, une certaine capacité à bien vieillir.

À l'extrême sud de la Toscane, là où les rouges dominent, il faut noter le Bianco di Pitigliano qui contient du grechetto, un cépage rare, vif et parfumé, qui joue aussi un rôle intéressant en Ombrie. La DOC Pomino, conçue par la famille Frescobaldi du Chianti, a abandonné les cépages toscans et réussi à faire un vin florentin original, à partir des cépages de sauvignon, de pinot bianco et de chardonnay.

Le vernaccia est un des cépages blancs de l'Italie centrale doué d'une certaine personnalité, à son apogée à San Gimignano où un nombre croissant de producteurs limite les rendements et réussit à faire des vins qui ont un goût du passé et ne se contentent pas d'être amers. Le vermentino s'améliore aussi, particulièrement le long de la côte. Le Tenuta Belvedere de Marchesi Antinori, à Bolgheri, ouvre la voie.

À l'heure où nous écrivons, le vin le plus élégant produit sur l'île d'Elbe (qui a en général adopté le sangiovese et le trebbiano) est l'Aleatico, le rouge doux fait à partir des raisins secs de ces cépages fortement parfumés. Mais l'Italie centrale abrite une telle créativité vinicole que les choses pourraient changer en un rien de temps.

Plus que n'importe où ailleurs en Italie, les vins de cette région sont hélas trop variés et trop singuliers pour être cartographiés séparément.

Ci-dessous Les Abruzzes, à l'est de Rome, sont une des régions les moins touristiques d'Italie. Ses cépages noirs et blancs ont un grand potentiel. Leur nom provoque parfois un peu de confusion : le montepulciano est le cépage noir et le trebbiano d'Abruzzo (ou bombino) est le blanc.

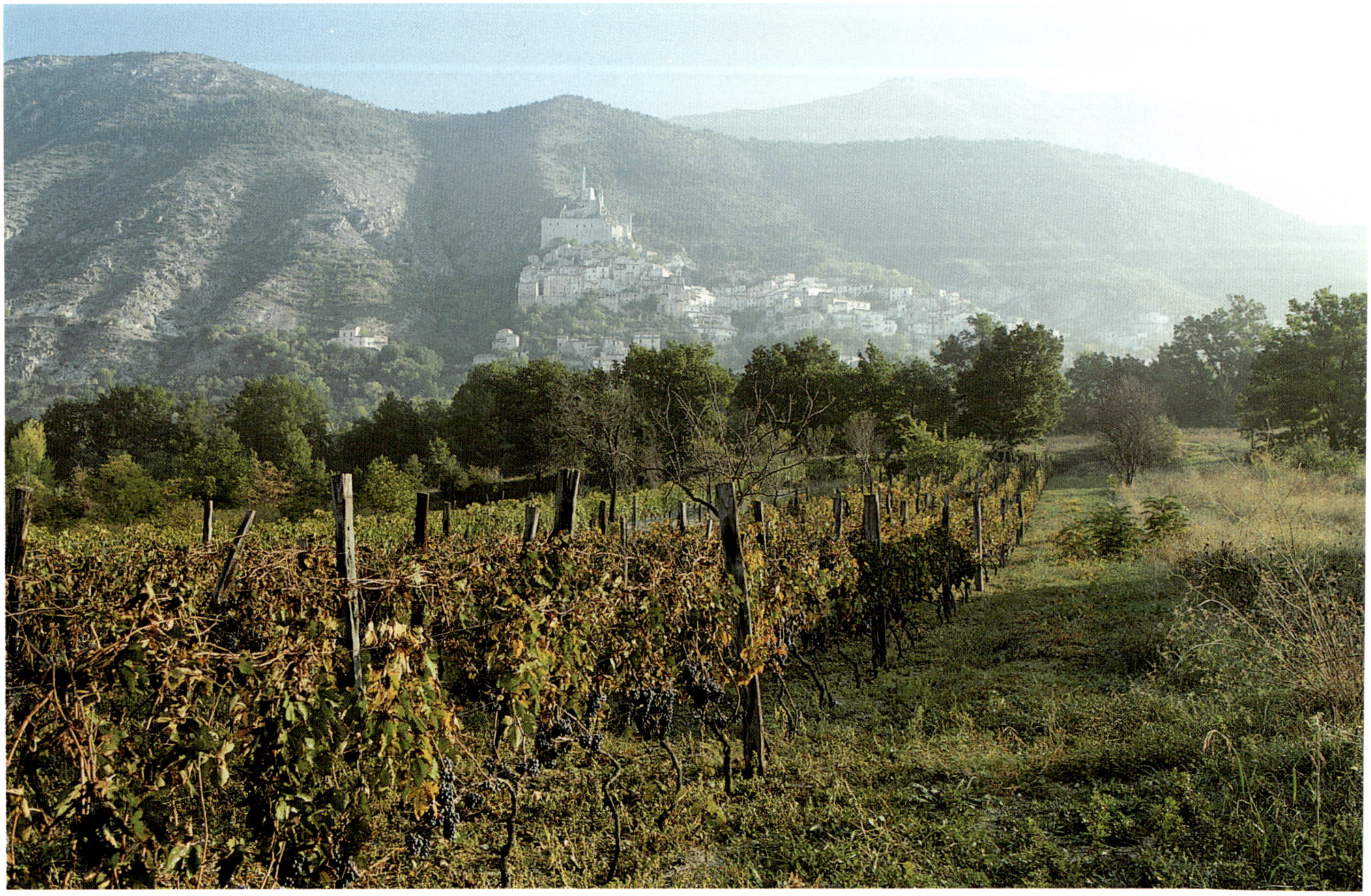

Côte toscane

Depuis le Chianti Ricasoli, aucun producteur n'a eu sur le vin italien l'impact du Sassicaia, petit vignoble près de la côte toscane qui a chamboulé tout le système de la DOC. Le Sassicaia s'opposait totalement à la tradition et était incontestablement un vin superbe, à l'époque classé comme Vino da Tavola, tout simplement parce qu'il n'y avait pas d'autre vignoble dans le coin, et donc pas de règlements de DOC.

Dans les années 1940, le marquis Incisa della Rochetta avait choisi un hectare rocailleux de la grande propriété de San Guido pour planter du cabernet. Il convoitait le médoc.

La propriété se trouve à 10 km de la mer, sur les premières pentes des Collines Métallifères, une petite chaîne riche en minéraux formant une sorte d'amphithéâtre et créant un climat merveilleux. Les vignes y fleurissent en mai et les raisins sont mûrs à la fin du mois de septembre. Quand les vins du marquis commencèrent à perdre leurs tannins, ils révélèrent des arômes jamais obtenus en Italie.

Ses neveux, Piero et Lodovico Antinori, goûtèrent les vins. Piero discuta avec le professeur Peynaud à Bordeaux. Les Antinori commencèrent à mettre en bouteilles et à vendre le Sassicaia avec le millésime de 1968. Vers le milieu des années 1970, le vin était célèbre dans le monde entier. Dans les années 1980, Lodovico Antinori commença à planter une sélection de parcelles aux sols variés dans sa propriété d'Ornellaia, avec des cépages de cabernet sauvignon, de merlot et, avec un moindre succès, de sauvignon blanc.

Entre-temps, son frère Piero releva le niveau du rosé dans sa propriété de Belvedere et, en 1990, il produisit un mélange de cabernet et de merlot appelé Guado al Tasso, vin léger en provenance d'une parcelle assez élevée au sol sablonneux. C'est le site le plus occidental des grands rouges.

Les nouvelles propriétés vinicoles ont proliféré. Bon nombre d'entre elles doivent encore établir leur réputation (Tenuta del Terriccio au nord y est parvenu très vite avec son fabuleux Lupicaia, fait à partir d'un mélange de cépages bordelais). Gaja du Barbaresco a lancé le Ca' Marcanda. Ruffino du Chianti s'est aussi établi ici. Les cépages de cabernet et de merlot constituent les choix habituels.

La DOC Bolgheri évolue très vite (Sassicaia a sa propre DOC à l'intérieur de celle-ci). Tous les autres vins doivent être des mélanges (de cabernet, de merlot ou de sangiovese pour les rouges), ce qui signifie que les Cavaliere à base de sangiovese et les Masseto à base de merlot, par exemple, doivent être vendus comme IGT.

Si Bolgheri s'est avéré parfait pour le cabernet, le merlot pourrait bien être le cépage de référence pour la zone vinicole de la moitié sud de cette carte, la récente DOC Val di Cornia, autour de Suvereto. Les sols y sont nettement plus riches en argile. Le propriétaire de Bellavista de Franciacorta a choisi le merlot pour sa propriété de Petra. Lodovico Antinori a acheté des terrains dans la région. Tout comme le domaine San Luigi à Piombino, en plein milieu de ce qu'on pourrait appeler aujourd'hui la côte dorée de la Toscane. La DOC Monteregio di Massa Maritima, juste au sud de la sous-zone dynamique de Sureveto, sera probablement la prochaine étape.

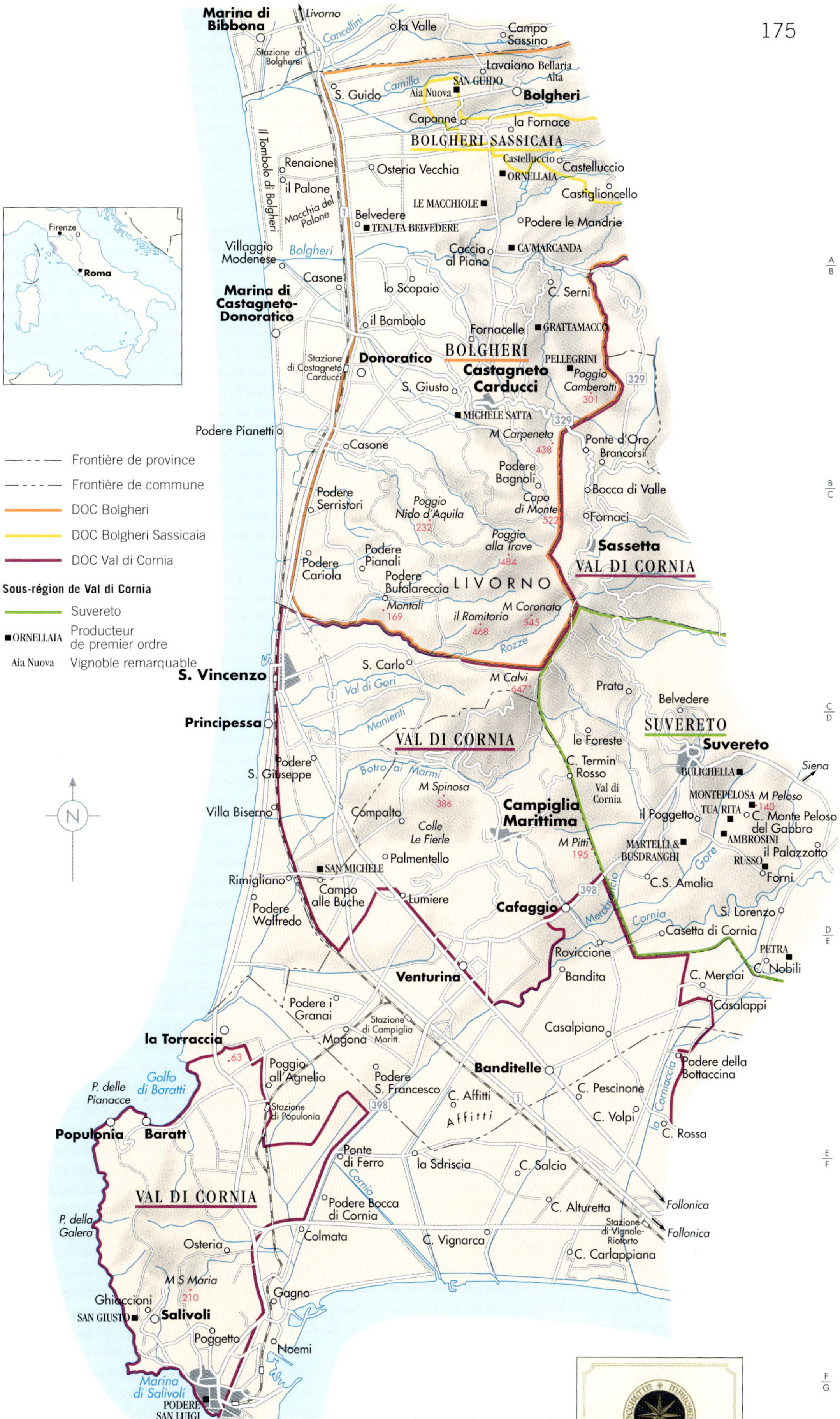

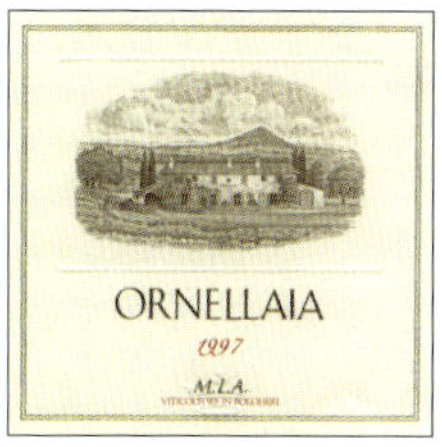

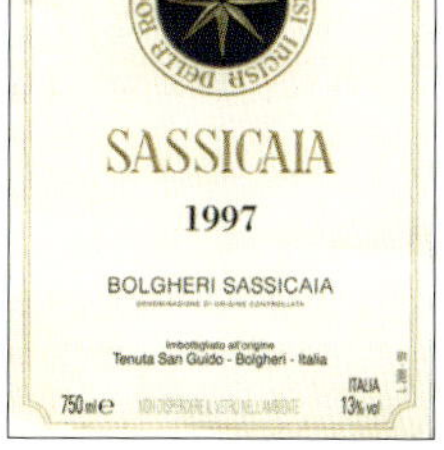

Sassicaia de Bolgheri *(en haut de la carte) est le pionnier du cabernet qui a changé la physionomie du vin toscan, suivi par Ornellaia. Les dix dernières années ont vu se multiplier le nombre des IGT de Toscane.*

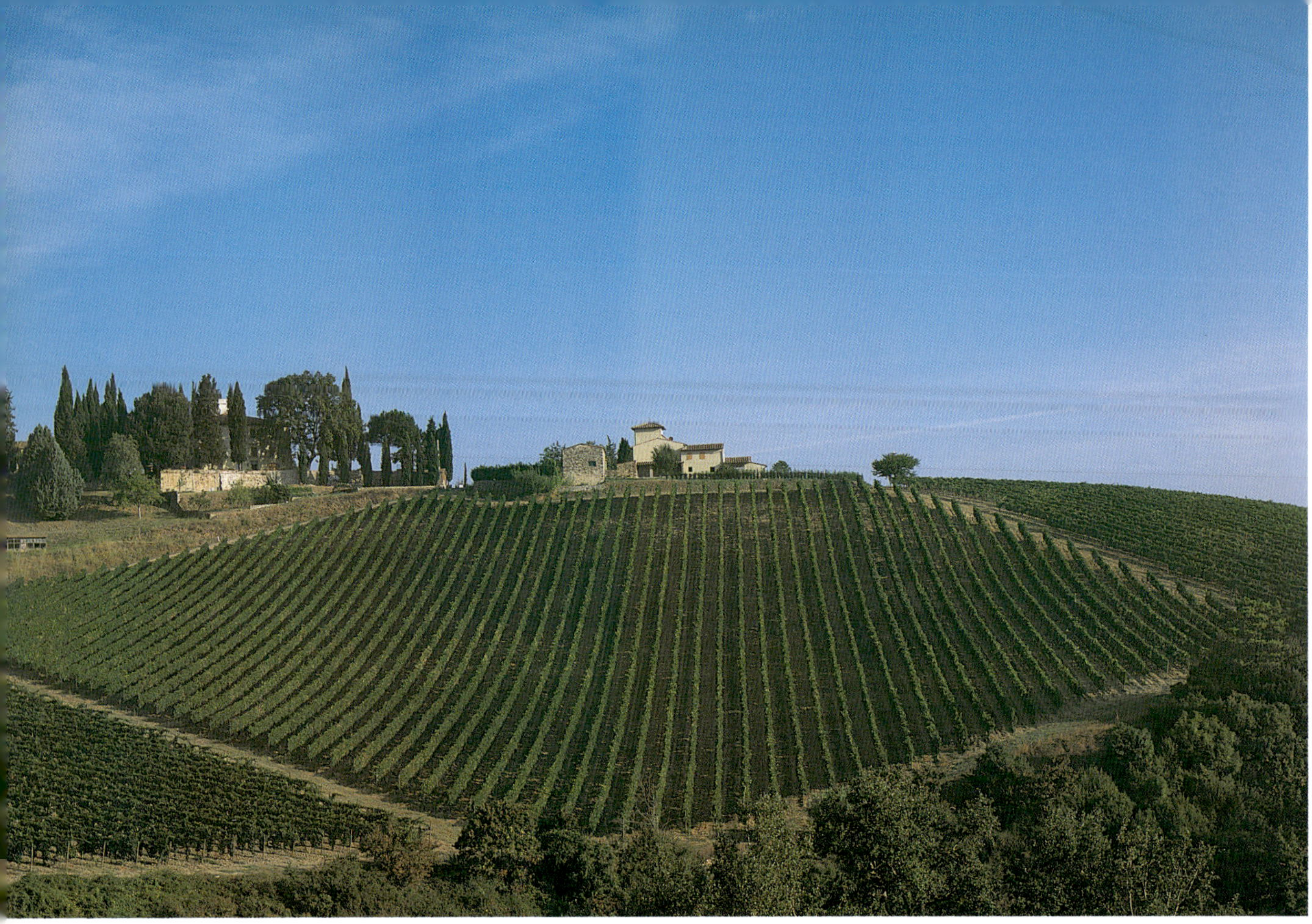

À gauche Des vignobles aussi ordonnés que celui-ci, près de Santa Cristina, sont une caractéristique relativement récente d'un paysage où la « promiscuité des cultures » était la règle. Santa Cristina est la propriété des Antinori où le Tignanello, le vin révolutionnaire, est né dans les années 1970.

Le cœur du Chianti

Les collines qui séparent Florence de Sienne sont fidèles à l'idée que se faisait le poète romain de la vie aristocratique à la campagne. L'harmonie du paysage, de l'architecture et de l'agriculture est profonde et ne date pas d'hier. Les villas, les cyprès, les oliviers, les vignes, les rochers et les bois composent des tableaux qui nous viennent de l'époque romaine, de la Renaissance, du Risorgimento.

Dans ce décor hors du temps, où se mêlaient autrefois les cultures nécessaires à la vie des paysans de Toscane, les vignobles s'alignent le long des collines et des vallées, et sont en général la propriété de nouveaux venus fortunés qui les gèrent rigoureusement.

La zone d'origine du Chianti, une des premières à avoir été délimitée en 1716, se réduisait aux terres qui entourent les villages de Radda, Gaiole, Castellina et Greve. La ligne rouge sur la carte montre que le Chianti Classico s'est étendu depuis, mais il reste indéniablement une des huit meilleures sous-zones du Chianti et une des plus grandes concentrations d'excellents producteurs de vins en Italie.

Parmi les autres sous-zones, celle de Chianti Rufina, à l'est de Florence, est la plus intéressante, produisant des vins élégants et susceptibles de bien vieillir. Des propriétés talentueuses, autour de San Gimignano dans la sous-zone des Colli Senesi, au-dessus de Sienne, sont en train d'émerger. Le Chianti fait dans les collines situées au-dessus de Florence, de Pise et d'Arezzo (les sous-zones des Chianti Colli Fiorentini, Colline Pisane et Colli Aretini) tend à être moins élégant, tout comme celui de la sous-zone du Chianti Montalbano, au nord-ouest de Florence. Pour ce qui est des frontières de ces sous-zones, même le Consorzio reste vague.

La carte de la page 173 montre à quel point est étendue la région – près de 160 km du nord au sud, plus grande que le Bordelais – autorisée à produire du vin étiqueté Chianti, un vin beaucoup moins ambitieux que celui qui porte l'étiquette Chianti Classico.

La formule générale du Chianti a été établie dans son château de Brolio par l'illustre baron Ricasoli, qui fut un moment le Premier ministre italien. Dès 1872, il a distingué deux formes de Chianti : une simple, à boire jeune, et une autre plus ambitieuse, destinée à la cave. Il a autorisé le cépage blanc dominant à l'époque, le malvasia, à figurer dans le mélange pour le Chianti jeune, avec les cépages noirs cultivés alors, le sangiovese et le canaiolo. Malheureusement, la proportion des vignes de vin blanc très productives augmenta et le trebbiano fit son apparition dans le mélange. Quand les règlements de la DOC définirent le Chianti en 1963, ils insistèrent pour qu'une proportion de 10 % de cépages blancs soit requise (avec un maximum autorisé de 30 %) dans les deux formes de Chianti. Un chianti décoloré (trop souvent renforcé avec des vins rouges importés du sud de l'Italie) devint la règle ; il fut alors parfaitement clair pour une famille aussi vénérable que celle des Antinori à Florence que les règles devaient changer ou qu'elle devrait faire son vin à sa façon et lui donner un nouveau nom.

L'excellent Tignanello des Antinori, fait comme le Carmignano à partir de sangiovese et d'une petite proportion de cabernet, fut leur drapeau pirate à partir de 1975. Pour marquer des points supplémentaires, ils ajoutèrent rapidement du solaia, en inversant les proportions de cabernet et de sangiovese. Quelques années plus tard, il n'y eut pas un *castello* et une villa dans le Chianti qui ne les ait imités avec un Super-Toscan de leur invention (vendu initialement par défi comme Vino da Tavola, aujourd'hui encadré par une catégorie de l'IGT), un bon nombre d'entre eux étant excellents et certains vraiment originaux.

Comme la personnalité de ces vins rebelles se détachait de plus en plus de toute référence toscane, et que des boutures nouvelles de meilleure qualité de sangiovese et des techniques pour les cultiver apparaissaient, le concept de Chianti Classico Riserva a émergé.

De façon assez ironique, mais typique des mœurs italiennes, cela s'est produit peu de temps

Sous-zones du Chianti :

Classico
Colli Aretini
Colli Fiorentini
Colli Senesi
Montespertoli
Rufina

DOC Pomino
Frontière de province
FONTODI Producteur de premier ordre
Vignobles
Forêts
250 Courbes de niveau (intervalles de 50 m)
Station météorologique

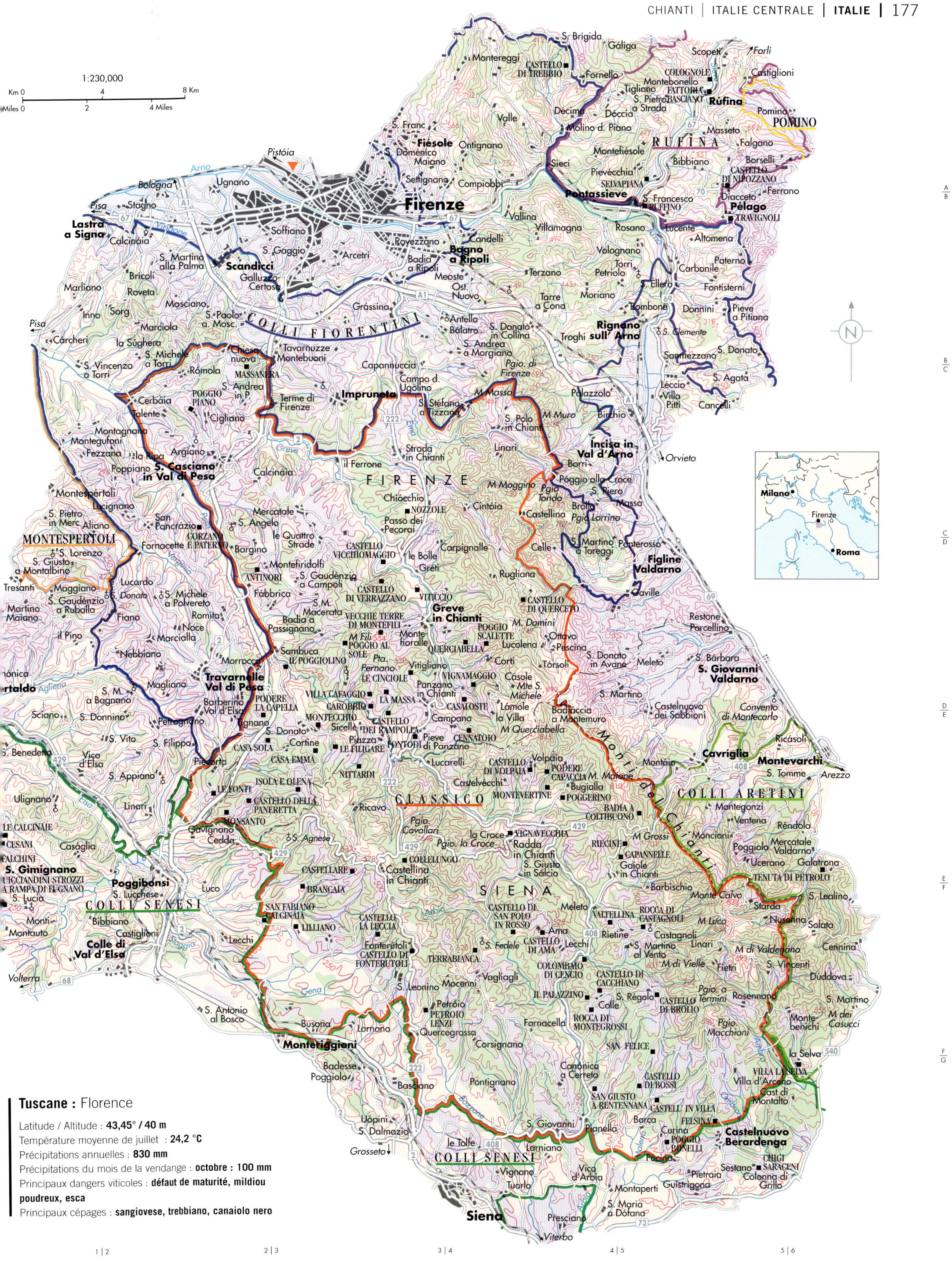

Tuscane : Florence

Latitude / Altitude : **43,45° / 40 m**
Température moyenne de juillet : **24,2 °C**
Précipitations annuelles : **830 mm**
Précipitations du mois de la vendange : **octobre : 100 mm**
Principaux dangers viticoles : **défaut de maturité, mildiou poudreux, esca**
Principaux cépages : **sangiovese, trebbiano, canaiolo nero**

après que la zone de production entière a reçu le statut de DOCG en 1984 (un des pires millésimes qui soit). Aujourd'hui, il y a une différence bien marquée entre les deux styles de vin en province de la région du Chianti. Un vin étiqueté Chianti est normalement piquant, fruité, glissant, prêt à être bu au bout de deux ans. À l'inverse, le Chianti Classico Riserva est de nos jours un vin extrêmement sérieux, fait en grande partie (75 à 100 % du mélange) à partir de cépages de sangiovese de très bonne qualité, vieilli dans du chêne (barriques ou petits fûts), avec de faibles rendements et une durée de vie de dix ans ou plus.

Les sols varient de la marne calcaire (avec la marne typique connue sous le nom de *galestro*) au rocher, en passant par des sols plus chauds et plus sablonneux, comme ceux de San Gimignano à l'ouest, qui peuvent produire des blancs denses, riches en minéraux, à partir du cépage local de vernaccia (voir page 174) ou d'autres.

Les vignobles du Chianti Classico se situent à des altitudes allant de 250 à 500 m, et parfois plus haut encore. À ces altitudes, et dans un climat caractérisé par des automnes assez humides, la difficulté consiste à faire parvenir à maturité non seulement les sucres mais aussi les tannins du sangiovese (qui est assez tardif). Un nombre croissant de producteurs y arrive, avec un brio tout italien, et façonne des vins complexes, fermes et savoureux plutôt que voluptueux. Ils peuvent aussi produire de l'huile d'olive, un Chianti Classico non Riserva et à boire plus tôt (souvent bon marché), un vin blanc assez peu intéressant à partir d'un cépage local (voir page 174), peut-être un Vino Santo (le célèbre blanc doux ou jaune de Toscane, longuement vieilli et fait avec des raisins secs (voir page 180) et un ou deux IGT Super-Toscans.

Les vins sont en général faits avec beaucoup de soin (presque toujours dans des barriques de qualité supérieure), ont des noms fantastiques et des prix ambitieux. Les cépages non-traditionnels comme le cabernet, le merlot, la syrah et le chardonnay étaient tellement à la mode dans les années 1980 et 1990 que les prix des bouteilles étiquetées Chianti ont considérablement augmentés. Aujourd'hui, certains producteurs soutiennent que le Chianti Classico Riserva est l'expression la plus juste de chaque propriété.

À Sienne, une institution unique, l'Enoteca ou Bibliothèque du vin d'Italie, logée dans une vieille forteresse des Médicis, donne l'occasion de déguster non seulement tous les Chianti possibles et imaginables, mais aussi la plupart des vins italiens dans un décor d'une splendeur appropriée.

La carte de la page précédente signale, en plus du vallonnement chaotique du Chianti et de la dissémination des vignes (et des oliviers) au milieu des forêts, les caves de la plupart des producteurs de premier ordre du Chianti Classico. Beaucoup d'entre eux, mais pas tous, sont membres du Chianti Classico Consorzio, qui est davantage aujourd'hui une organisation commerciale qu'un groupe de producteurs de haut niveau.

Ci-dessous Le soleil se couche sur Volpaia, tourné vers Radda, au sud. À 650 m d'altitude, c'est un des vignobles les plus élevés du Chianti, trop froid pour le sangiovese et planté en chardonnay, suvignon et müller-thurgau.

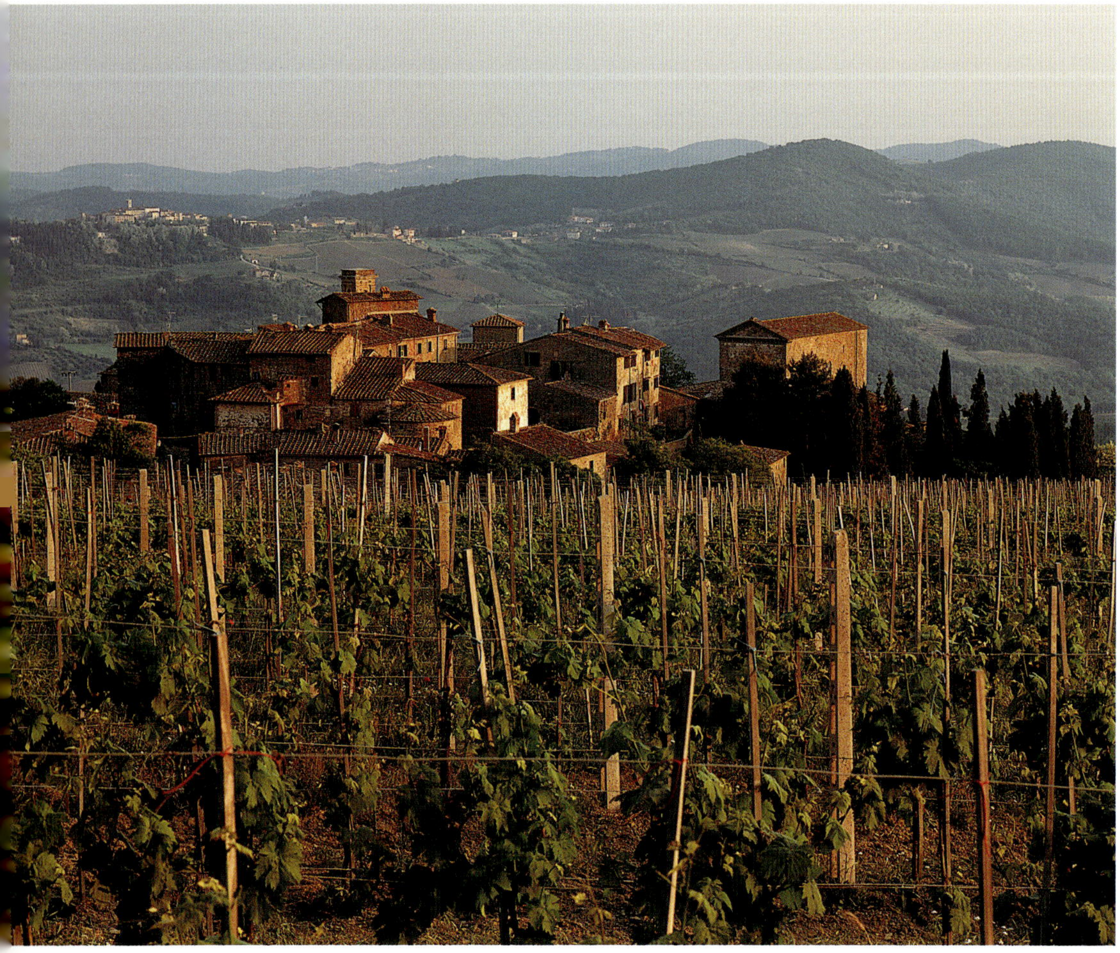

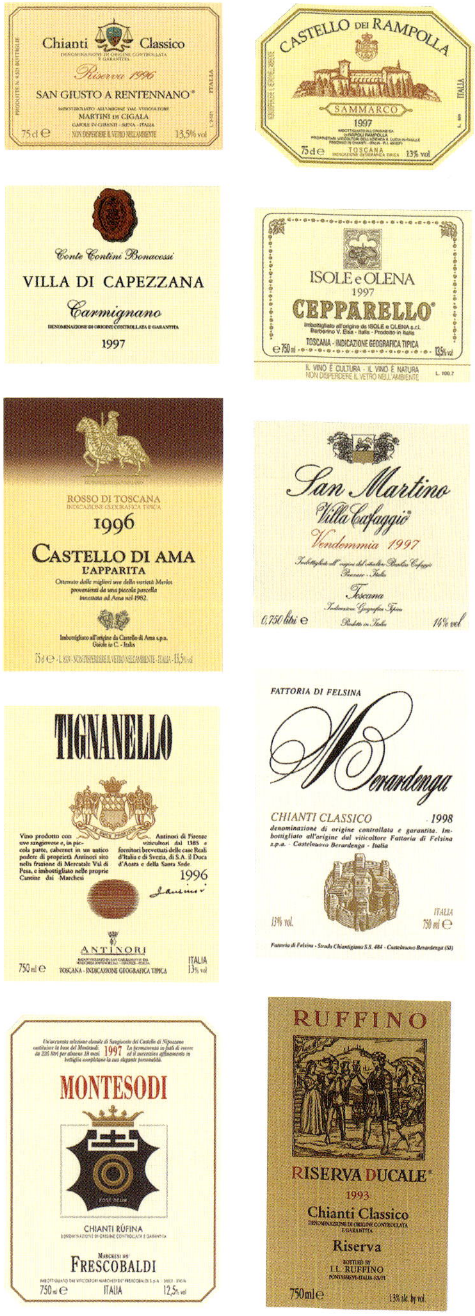

Les Classico Riserva du Chianti, *mélanges de sangiovese, de cabernet et de merlot, partagent maintenant le haut de l'affiche avec le Tignanello, leur grand successeur. Le Castello di Ama l'Apparita est un excellent merlot. Rufina est la zone qui se trouve à l'est de Florence et le Ruffino est une marque établie depuis fort longtemps.*

Montalcino

La plus vaste des zones périphériques de la grande région du Chianti est celle des Colli Senesi, les collines de Sienne. Sur 65 km au sud de Sienne, elles se déroulent en vagues imposantes, surmontées de forêts, avec ici et là un village classé, un château fortifié ou une falaise de tuf.

Jusque dans les années 1970, on avait peu entendu parler de cette partie de la Toscane. Que le climat fut plus régulier qu'un peu plus au nord (la mer est à 50 km seulement) et les étés plus chauds et extrêmement secs était un savoir purement local. Le Monte Amiata, de 1 700 m d'altitude, attire l'été tous les orages qui arrivent par le sud.

À l'époque où Ricasoli concevait la formule idéale du Chianti, Clemente Santi et les siens (les Biondi-Santi aujourd'hui) mettaient au point, dans leur propriété Il Greppo, un modèle de ce qu'ils allaient baptiser le Brunello di Montalcino. Ce vin dense, musclé, était fait à partir du seul cépage de sangiovese, appelé dans ce coin brunello (sans le mélange qui allait caractériser le Chianti). Les étranges bouteilles des vieux millésimes de ce vin étaient tellement impressionnantes que d'autres producteurs ont fini par s'y intéresser. À partir du début des années 1980, Montalcino a été submergé par ce raz-de-marée de curiosité et d'intérêts internationaux pour ce qui était de toute évidence la réplique de la Toscane au Barolo.

Montalcino présente le double avantage de jouir du climat chaud et sec de la côte toscane (voir page 175), et de disposer, dans les meilleurs vignobles au sud de la ville, des sols rocheux, peu fertiles, des meilleurs sites du Chianti. On y obtient les formes les plus concentrées, aux durées de vie les plus longues, du sangiovese, car la maturation ne constitue pas ici l'éternel problème, comme c'est le cas dans le Chianti Classico.

La vieille méthode consistait à faire fermenter sur ses peaux, lentement et longtemps, ce vin puissant et sombre, afin d'extraire le maximum de couleur et d'arôme. Il était ensuite vieilli pendant des années dans de grandes et vieilles barriques en chêne de Slavonie, puis pendant des décennies en bouteilles. Le résultat était un vin de héros, ou plutôt de millionnaires héroïques, saturé d'arôme, concentré, doté d'un impact puissant.

Toutefois, même à Montalcino, les lois vinicoles ont été adaptées au goût moderne. Le minimum de quatre ans obligatoire dans le chêne a été réduit à deux ans (le vin ne pouvant être vendu qu'au bout d'une période de quatre ans). Le Montalcino a été la première DOCG à être dotée d'une « DOC junior », le Rosso di Montalcino, un vin (relativement) plus léger, qui peut être vendu au bout d'un an. Il a absorbé le fruit moins concentré et permis au Brunello de conserver une qualité moyenne qui est en général admirablement élevée.

C'est d'autant plus remarquable que la zone a été énormément étendue, passant de 60 hectares en 1960 à plus de 1 500 aujourd'hui. Les altitudes varient de 150 m dans le Val d'Orcia au sud, où sont faits les vins les plus puissants, et à 500 m juste au sud de la ville, où sont produits les plus élégants et les plus aromatiques. Certaines zones sont certainement meilleures que d'autres, mais il est encore trop tôt pour se lancer dans un classement des sites, tâche politiquement sensible.

La seule question à propos de l'avenir du Brunello di Montalcino concerne l'arrivée en masse de barriques de chêne nouveau, qui a eu pour effet de souiller le caractère éminemment spécifique de cette zone singulière – plus évident dans son sangiovese que dans les cépages internationaux, abondamment plantés aujourd'hui dans le Montalcino. Les vins qui en résultent peuvent être vendus sous la DOC Sant' Antimo (mêmes limites que le Brunello, nom différent).

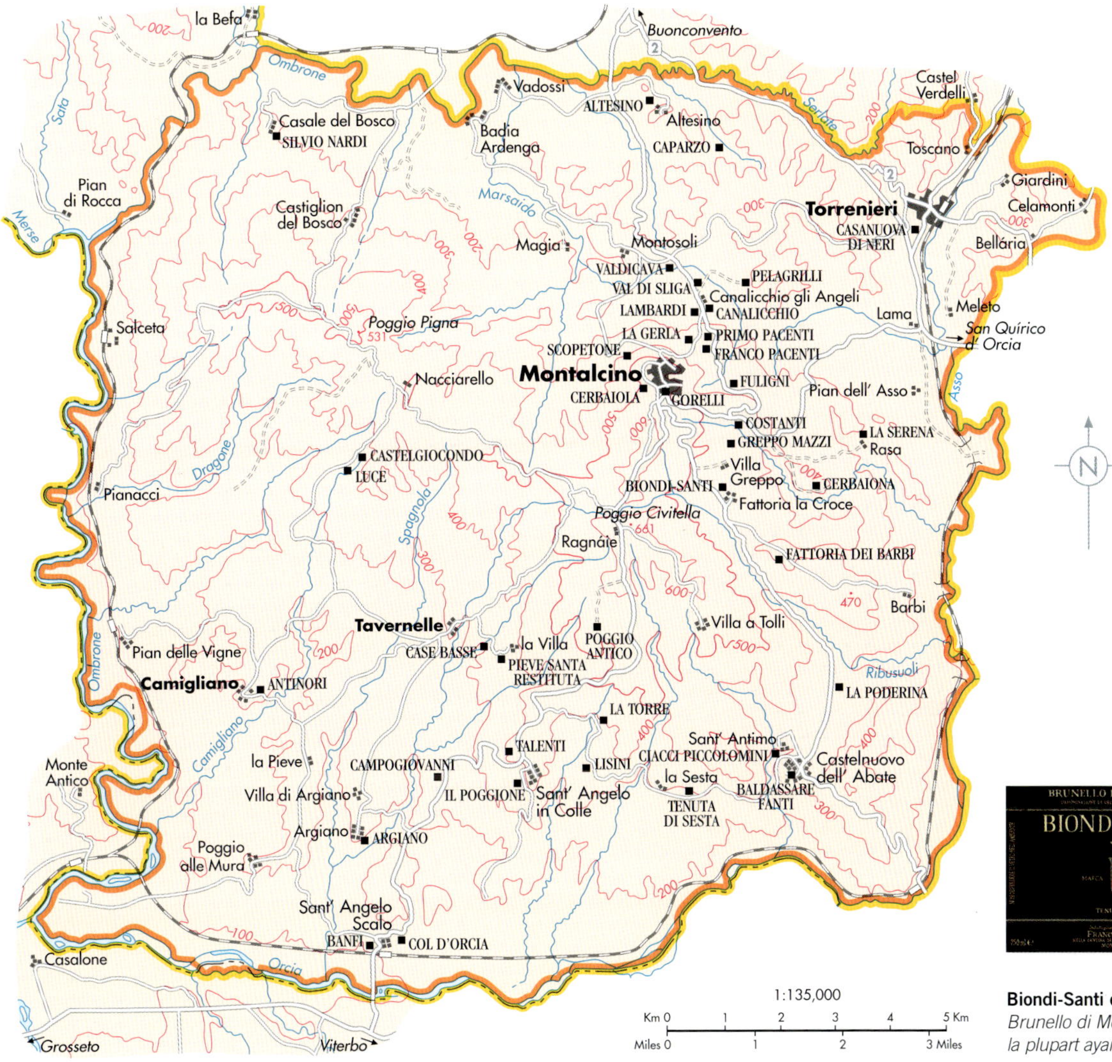

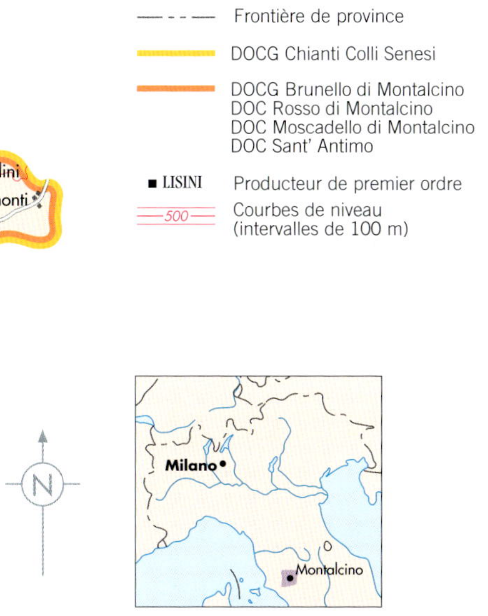

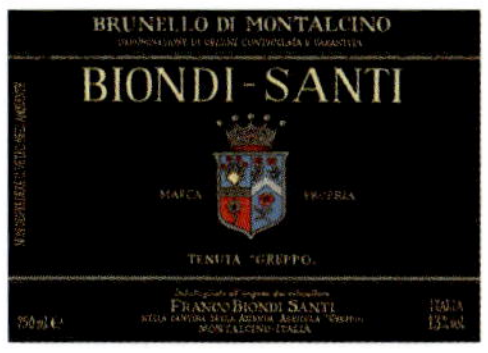

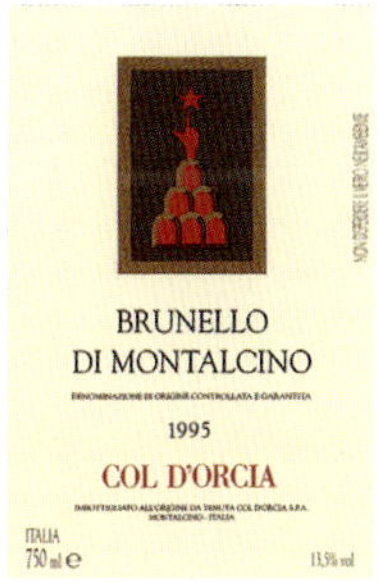

Biondi-Santi était à l'origine *l'unique producteur de Brunello di Montalcino. Il y en a aujourd'hui des douzaines, la plupart ayant un niveau remarquablement haut.*

Montepulciano

Les voisins de Montalcino à l'est, de l'autre côté d'une partie enclavée du Chianti, ont des prétentions très anciennes eux aussi, incarnées dans leur DOC Vino Nobile di Montepulciano. Montepulciano est une petite ville plein de charme, au sommet d'une colline entourée de vignobles, plantés d'un mélange de sangiovese (appelé ici le prugnolo gentil) et des autres cépages courants du Chianti. Certains producteurs admettent ignorer les exigences légales pour mélanger des cépages autres que le sangiovese dans leurs meilleurs vins. D'autres accordent beaucoup d'importance dans leur mélange au cépage de colorino pour sa couleur et sa structure. Ce « vin noble » élevé, avec le Barolo, le Barbaresco et le Brunello di Montalcino, au rang de DOCG en 1980, tend à occuper une place médiane entre le Chianti Classico et le Brunello, avec le parfum du premier et le corps du second.

Encore récemment, les talents de vinification étaient encore plus inégaux qu'à Montalcino et les vins, lestés par une forte charge de tannins, pouvaient manquer de l'intensité dramatique des meilleurs brunello.

Comme dans le Montalcino, les périodes de vieillissement minimales ont été réduites. Le Rosso di Montepulciano peut être étonnamment souple. L'invasion de la barrique de chêne se poursuit ici aussi, effaçant les contours un peu durs du vin, ce qui n'est pas une mauvaise chose dans certains cas.

Les altitudes des vignobles varient un peu moins qu'à Montalcino et la plupart des meilleurs sites se trouvent entre 250 et 450 m. Les sols sont en général plus sablonneux et les vins plus accessibles, même si la chaleur ambiante du sud de la Toscane garantit des niveaux de maturité impeccables.

Conduits par l'élégante maison Avignonesi, les producteurs de vin ont flirté avec différentes formules de Super-Toscans, notamment le blanc Marzocco au vibrant arôme de chêne. Le sangiovese et de merlot sont utilisés pour des mélanges plutôt que vendus sous forme de Vino Nobile.

Mais le plus grand triomphe de Montepulciano est peut-être son Vino Santo. D'une couleur orangée, il a une odeur fumée, une douceur intense, persistante – après quatre années de vieillissement dans des *caratelli* (fûts) minuscules et plats, placés traditionnellement (ce n'est plus le cas aujourd'hui) sous les tuiles du toit d'un *palazzo* Renaissance.

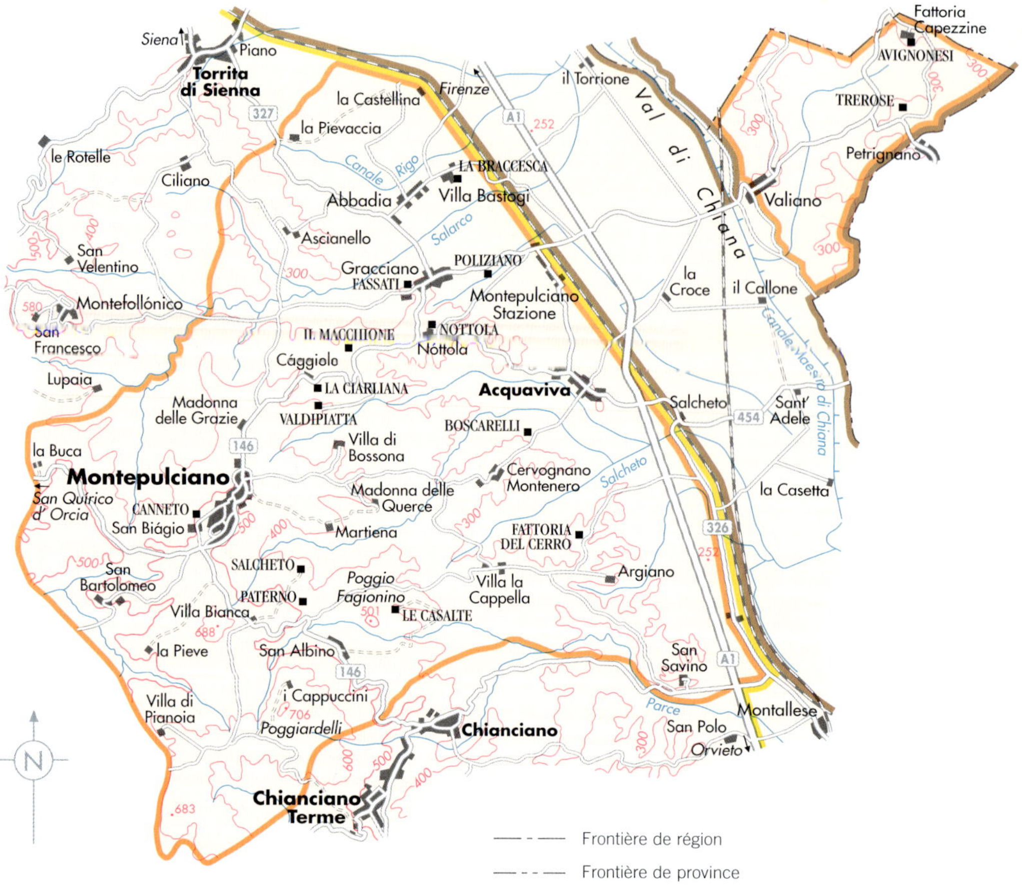

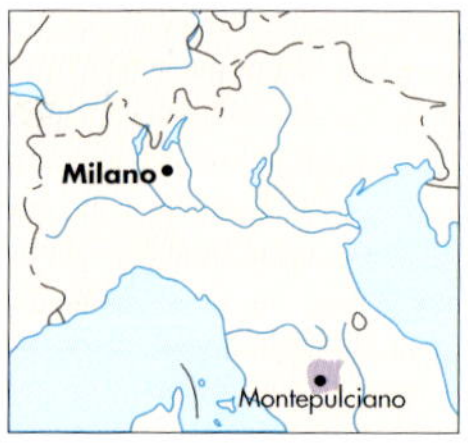

Ci-dessous La ville de Montepulciano se découpe sur l'horizon, avec ses oliviers et ses cyprès, clairement visible depuis Montalcino, sa rivale située à 20 km à l'ouest. Ses vignobles se déploient vers l'est, en direction du Chiana.

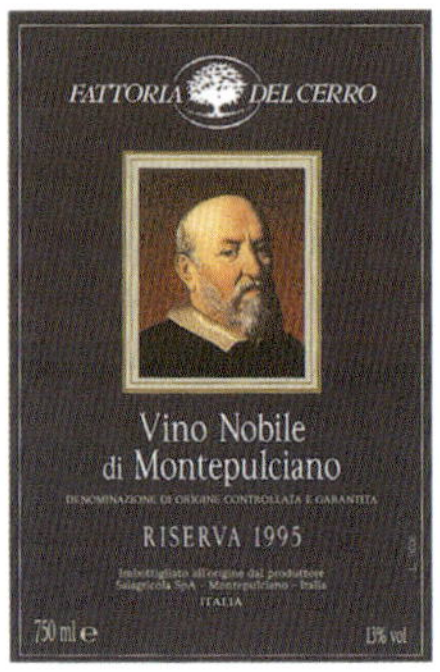

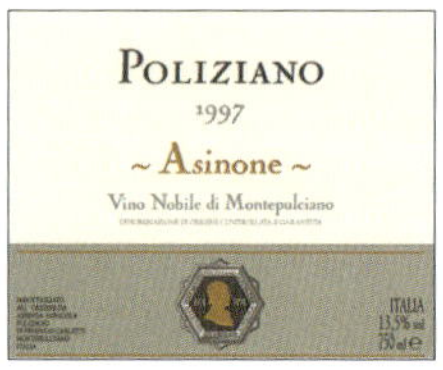

Le Vino Nobile qui *a fait le renom de Montepulciano partage aujourd'hui cette gloire avec un nombre croissant de vins de cépages – blancs et rouges – et de mélanges.*

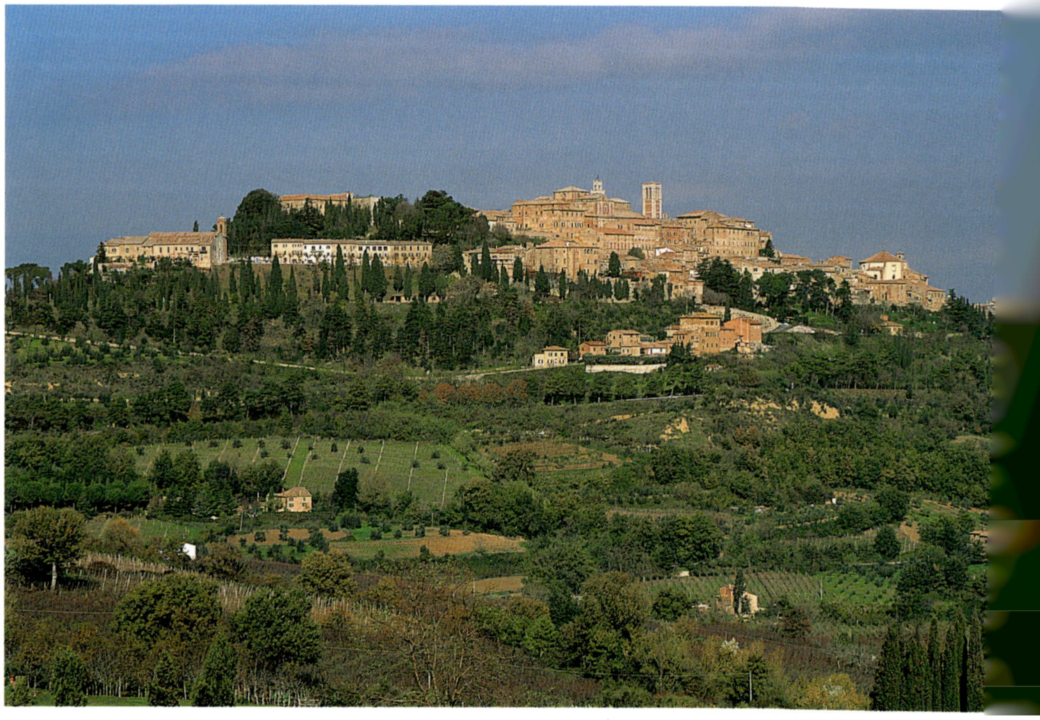

Ombrie

À l'instar de la côte toscane (voir page 175), l'Ombrie bout d'une nouvelle ambition vinicole. Son isolement a laissé la région et ses vins dans l'ombre, même si ses traditions vinicoles sont aussi anciennes que partout ailleurs.

Orvieto était une importante cité étrusque. Les magnifiques caves, taillées il y a 3000 ans dans la roche volcanique de la spectaculaire colline, sont un exemple unique de la technologie préhistorique. Elles ont été conçues pour permettre une longue fermentation au froid d'un vin doux. L'Orvieto classique était *amabile*, aussi doux que possible, dépendant de la saison et de la quantité de botrytis générée par les brouillards d'automne. Hélas, l'engouement des années 1960 et 1970 pour les blancs secs a transformé la production en une vague déclinaison de plus du mélange de trebbiano (appelé ici procanico) et de malvasia de l'Italie centrale. Et la fortune de ce leader supposé des vins d'Ombrie s'est effondrée.

Dans sa propriété de Torgiano, près de Pérouse, le professeur Giorgio Lungarotti a été le premier à démontrer que l'Ombrie pouvait produire de grands vins rouges. La réputation de ses Rubesco Riserva 1975, 1979 et 1983 a conquis de nouveaux territoires. Sa fille maintient aujourd'hui le Torgiano en bonne place sur la carte.

Le climat de l'Ombrie varie énormément, du plus frais que sur les hauteurs du Chianti, au nord du lac Trasimène, à la chaleur méditerranéenne de Montefalco et de Terni dans le sud.

C'est dans le Sud-Ouest, au Castello della Sala des Antinori, que s'est produite la péripétie suivante. La propriété avait été au départ conçue pour faire de l'Orvieto, mais à partir du milieu des années 1980, le producteur Renzo Cotarella développe une gamme impressionnante de vins blancs non-traditionnels. Un chardonnay fermenté en fût était peut-être la seule chose à laquelle s'attendre, mais le Cervaro della Sala a eu dès le départ une pureté et une singularité qui en font un des plus grands vins blancs d'Italie. Un Muffato à pourriture noble, fait à partir de plusieurs cépages internationaux et de grechetto, a montré d'autres possibilités. Un pinot nero, exceptionnellement raffiné mais inégal, en a montré d'autres.

Une DOCG entièrement nouvelle, Sagrantino di Montefalco, a été établie, consécration inspirée par les rouges époustouflants de 1991 et 1993, faits à partir du cépage local étonnamment fruité (et puissamment tannique) de sagrantino, dans les environs de Montefalco par Arnaldo Caprai. Colpetrone devait le suivre rapidement.

L'Ombrie fait aujourd'hui un ensemble de vins très italiens, rouges et blancs, avec des cépages locaux et importés – y compris un Orvieto qui présente de nouveau un réel intérêt. Aucun modèle d'assemblage des cépages et des terroirs n'a encore émergé, mais le rôle de consultant des œnologues, demi-dieux de la scène vinicole moderne en Italie, y est plus vital que jamais. Les frères Cotarella, en particulier, ont mené des raids couronnés de succès en Ombrie, depuis leur base de Montefiascone de l'autre côté de la frontière du Latium. Comme bien d'autres producteurs, ils ont tendance à étiqueter leurs vins en IGT Umbria, plutôt que sous les DOC Colli Perugini, Colli del Trasimeno, Colli Martani (très bon pour le grechetto) et Colli Amerini. L'Ombrie nouvelle est arrivée.

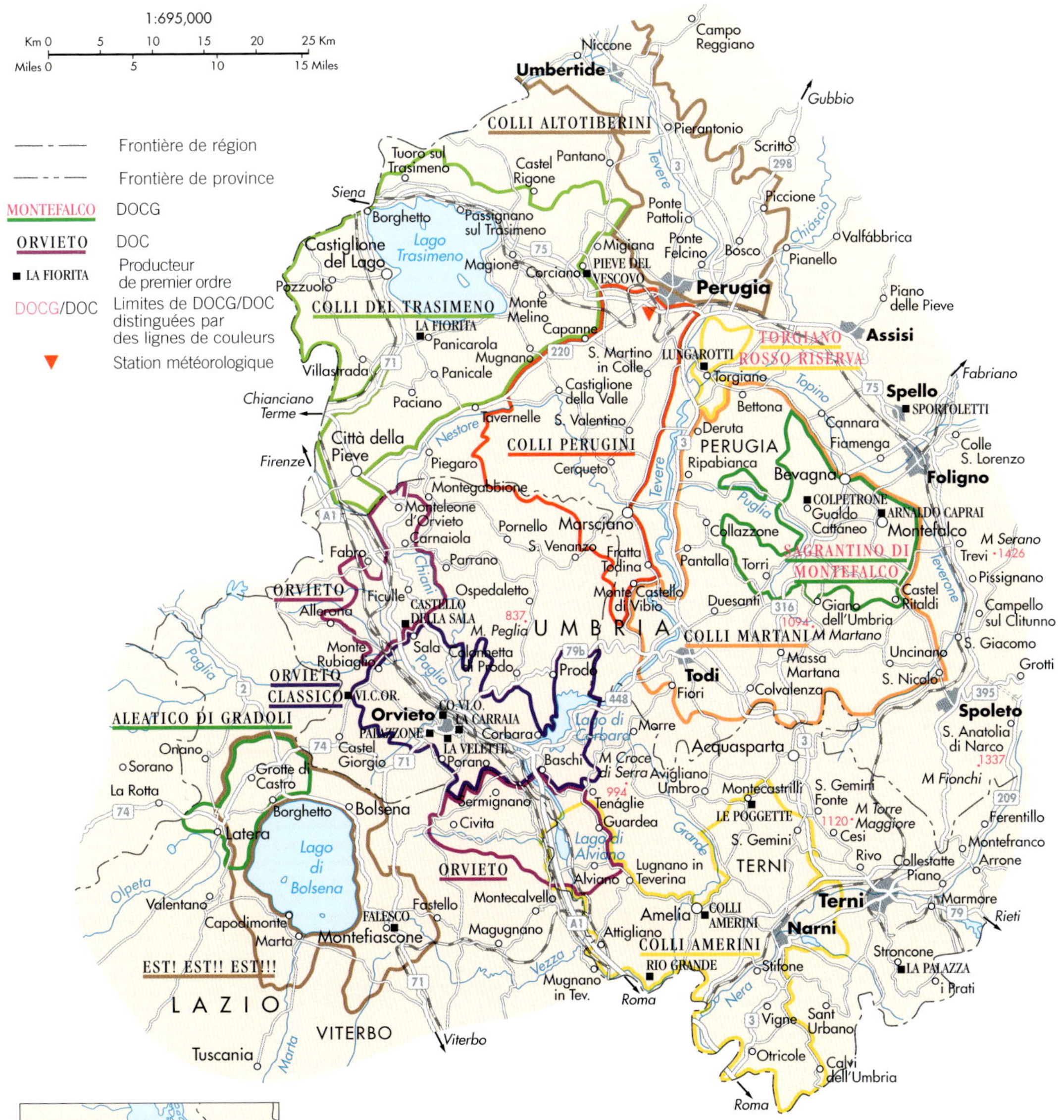

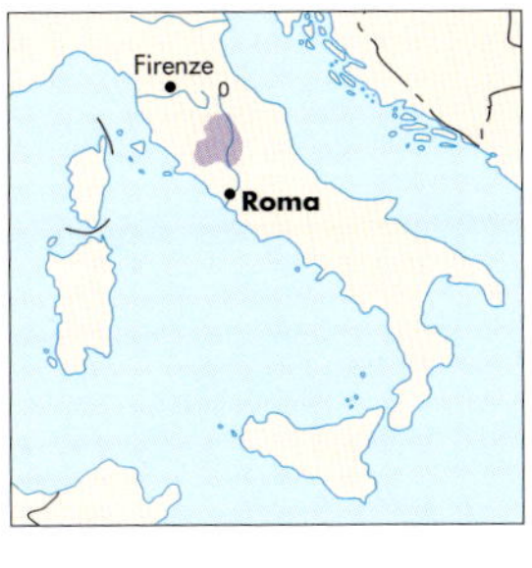

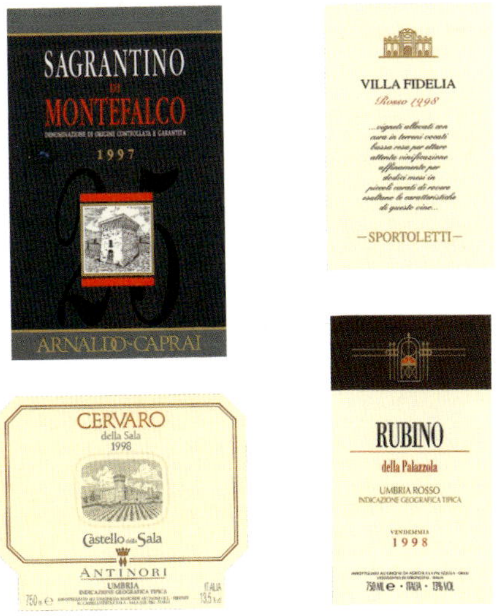

L'Orvieto doux était autrefois *le seul vin intéressant de l'Ombrie. La région est surtout connue aujourd'hui pour ses rouges modernes, comme le Sagrantino di Montefalco et le blanc complexe Cervaro della Sala.*

Ombrie : Pérouse

Latitude / Altitude : **43,07° / 510 m**

Températures moyennes de juillet : **23,1 °C**

Précipitations annuelles : **910 mm**

Précipitations du mois de la vendange : **septembre : 70 mm**

Principal danger viticole : **un peu d'esca dans les vieux vignobles**

Principaux cépages : **sangiovese, ciliegiolo, sagrantino, trebbiano, grechetto**

Italie du Sud

Dans le passé, les vins cramoisis, profonds et puissants du Sud (ceux des Pouilles et des îles présentées aux pages suivantes) aidaient les producteurs de vins plus élaborés du Nord à traverser les crises des années 1960 et du début des années 1970, quand ils ne savaient pas encore faire mûrir leurs raisins en toutes circonstances. De nos jours, une proportion faible, mais en augmentation constante de ces vins, est mis en bouteilles. Dans la mesure où les Pouilles produisent plus de vins que la totalité de l'Australie, cette évolution n'est pas sans produire un certain impact – dû aussi à la puissance de ces vins faits sous un climat chaud.

Historiquement, c'est près de Naples, dans l'arrière pays de la Campanie, particulièrement dans la province d'Avellino, que le ton a été donné des vins les plus remarquables de la région. L'aglianico (une déformation d'ellenico, grec, comme toute la civilisation de cette région) est le meilleur cépage noir à peau sombre du sud de l'Italie ; il donne des vins puissants, à la personnalité à la fois noble et sombre, mais il mûrit si tardivement qu'il serait impossible de le cultiver plus au nord. Dans les collines de Taurasi, où ce cépage trouve sa meilleure expression, la vendange a souvent lieu sous la neige, et le raisin est d'une acidité naturelle si élevée que la fermentation malolactique n'est pas une simple opération de routine. Toutefois, comme partout en Italie, l'aglianico est apprivoisé et même quelque peu étouffé par l'application des techniques modernes de vinification qui assouplissent beaucoup les vins.

Le nom de greco di tufo, un cépage blanc assez substantiel de l'intérieur de la Campanie, d'un arôme remarquablement original (parfum de peau de pomme et de minéraux en profondeur), exprime à la fois son origine grecque et la roche de tuf sur laquelle il pousse. Dans la même province très vallonnée d'Avellino, le cépage de fiano donne un vin

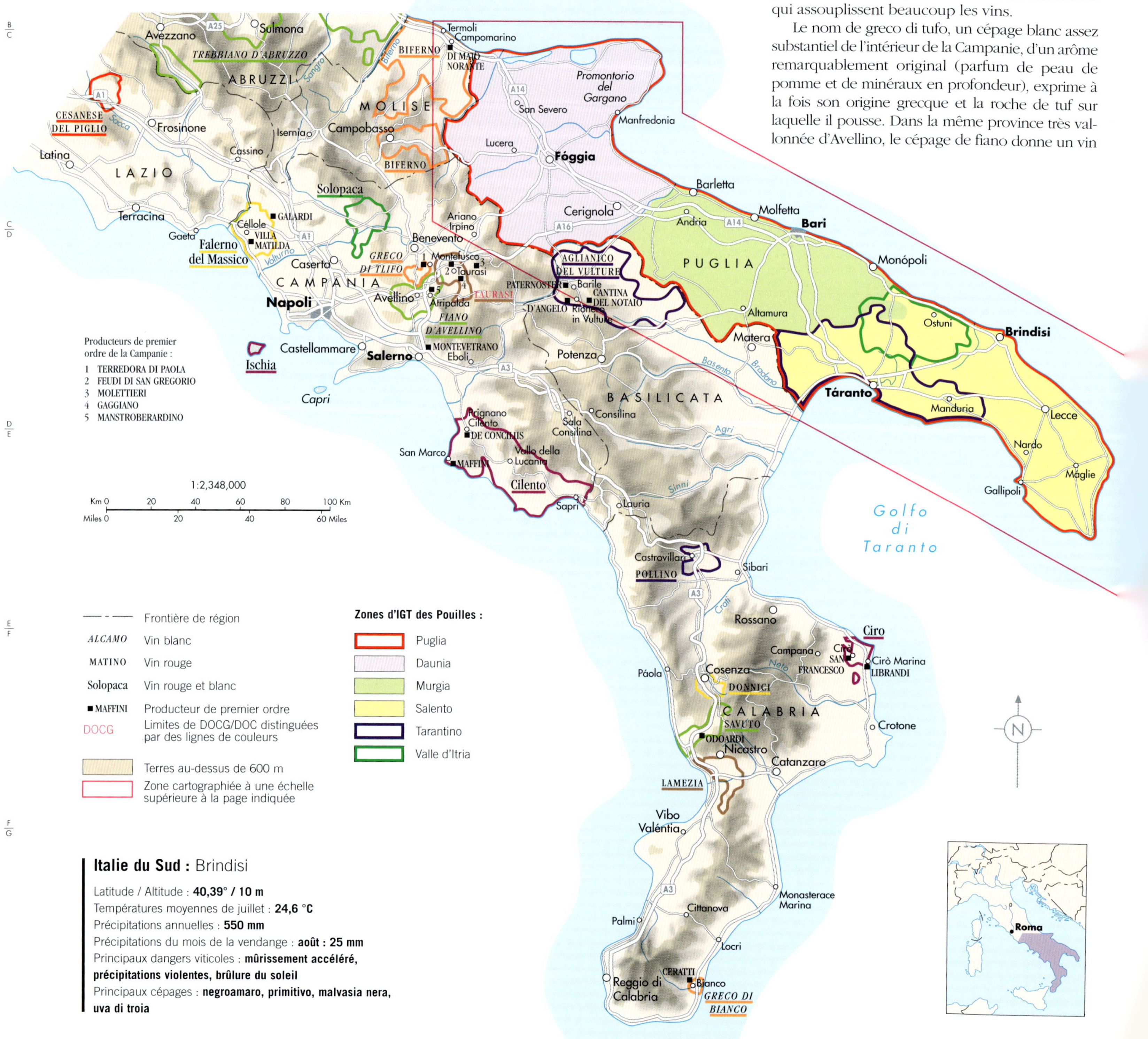

Italie du Sud : Brindisi

Latitude / Altitude : **40,39° / 10 m**
Températures moyennes de juillet : **24,6 °C**
Précipitations annuelles : **550 mm**
Précipitations du mois de la vendange : **août : 25 mm**
Principaux dangers viticoles : **mûrissement accéléré, précipitations violentes, brûlure du soleil**
Principaux cépages : **negroamaro, primitivo, malvasia nera, uva di troia**

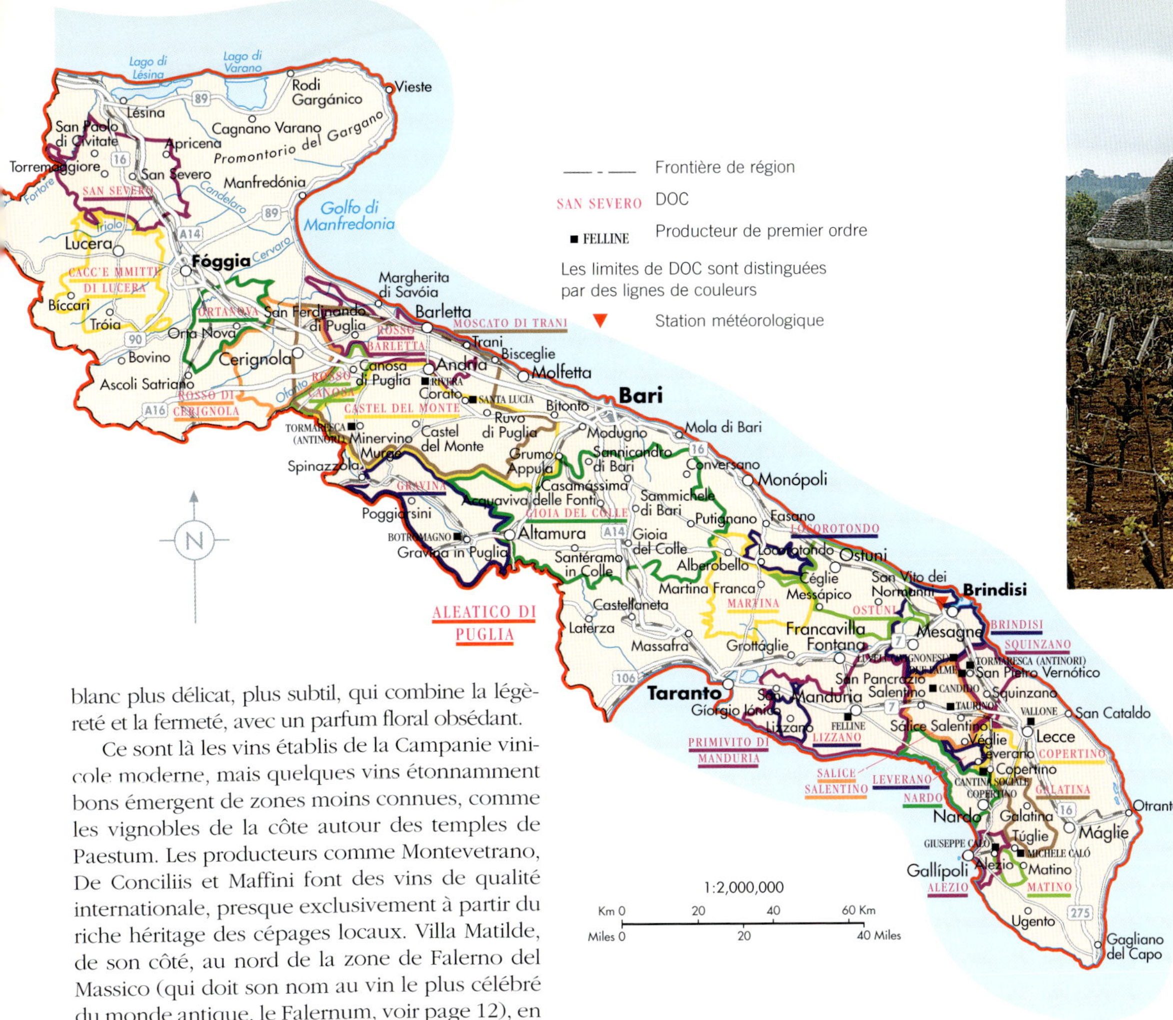

blanc plus délicat, plus subtil, qui combine la légèreté et la fermeté, avec un parfum floral obsédant.

Ce sont là les vins établis de la Campanie vinicole moderne, mais quelques vins étonnamment bons émergent de zones moins connues, comme les vignobles de la côte autour des temples de Paestum. Les producteurs comme Montevetrano, De Conciliis et Maffini font des vins de qualité internationale, presque exclusivement à partir du riche héritage des cépages locaux. Villa Matilde, de son côté, au nord de la zone de Falerno del Massico (qui doit son nom au vin le plus célébré du monde antique, le Falernum, voir page 12), en tire le meilleur, avec d'excellents rouges à base d'aglianico et de piedirosso et des blancs en progrès à partir du cépage de falanghina. Le Terra di Lavoro de Fontana Galardi est un rouge impressionnant, très élégant, en provenance de ce coin septentrional de la Campanie.

Dans la Basilicate au sud, l'Aglianico del Vulture est l'unique DOC de la région, fait (avec un talent inhabituel dans ce coin du monde) à partir d'une sélection d'aglianico différente de celle de Taurasi, sur les pentes d'un volcan éteint jusqu'à une altitude de 760 m. Moins célèbre que celui de Taurasi, il constitue souvent une meilleure affaire, même si la qualité de la vinification varie considérablement. Les producteurs de premier ordre sont Paternoster et D'Angelo, qui a connu un certain succès en ajoutant une dose de merlot pour assouplir l'aglianico.

L'aglianico est aussi cultivé sur la côte adriatique du sud de l'Italie, dans la région peu connue de Molise. Le premier producteur du coin, Luigi Di Majo à Campomarino, concocte une version plus abordable avec ses vignes de la propriété de Di Majo Morante, quand bien même elles sont vendangées fort tard en novembre. Le Ramitello est sa version encore plus abordable du mélange de montepulciano d'Abruzzo et de l'aglianico, fait conformément aux spécifications de Biferno, la DOC locale. Le cépage de falanghina donne des blancs bourrés d'arômes. Borgo di Colloredo est une autre propriété de Molise pleine d'ambition.

La Calabre ne compte qu'un vin rouge de grande réputation, le Ciro, sur la côte orientale. Mais il existe des DOC pour plusieurs autres zones, comme Donnici, Lamezia, Pollino et Savuto, cette dernière révèlant un peu le potentiel du cépage local, le gaglioppo. Le vin le plus original de la Calabre est le Greco di Bianco, puissant, piquant et délicatement parfumé, fait autour du village de Bianco, presque à la pointe de la botte italienne.

La scène vinicole des Pouilles, elle, est en pleine révolution ; même si elle reste loin derrière la poche active du vin français, le Languedoc revitalisé, elle avance dans cette direction positive. Cette région n'est plus considérée comme étant seulement une cuve de mélange ou le lac de vin de l'Europe. Elle bourdonne aujourd'hui de la présence d'œnologues émérites venus de toute l'Italie, de producteurs de vins étrangers venant faire des mélanges pour les consommateurs des supermarchés de l'Europe du Nord, de quelques sociétés avisées à la recherche de bons investissements dans le vin italien. Antinori, par exemple, a acheté deux propriétés à la fin des années 1990 : une, en altitude, en direction de la Basilicate, et une autre près de Brindisi. Au départ, la société a utilisé les cépages internationaux dont elle avait hérité plutôt que les cépages locaux pour son Tomaresca IGT Puglia.

À la fin des années 1990, la proportion de vin de DOC fait dans les Pouilles était bien inférieure à 5 % du total. La plupart des acheteurs s'intéressent plus à un IGT chardonnay ou primitivo (le cépage de zinfandel californien) sel Salento qu'à un DOC gravina ou ostuni.

Les cépages locaux intéressants ne manquent pourtant pas. Le negroamaro est le nom éloquent du cépage noir principal dans le sud des Pouilles. Il peut donner des vins rôtis proches du porto à Salice Salentino, Squinzano, Leveran et Copertino. L'uva di troia, cultivé dans le Centre et le Nord avec le Montepulciano des Abruzzes, est un cépage qui s'avère supérieur. Le malvasia nera, avec différentes tonalités identifiées à Lecce et Brindisi, est le partenaire de mélange du negroamaro ; il donne un certain velouté à la texture. Ces vins, lorsqu'ils ne sont pas bridés par la technologie importée, ont une forte teneur en alcool.

Presque tous les vins les plus intéressants des Pouilles sont rouges et sont faits au sud de la route Tarente-Brindisi, dans la partie méridionale de la zone désignée par l'IGT Salento. La terre y est relativement plate et le climat inlassablement chaud, de sorte que les variations d'exposition sont faibles et les microclimats quasi absents. Un des rares éléments de différenciation dans le talon de l'Italie est la présence traditionnelle du cépage de primitivo sur la côte méridionale, autour de Manduria.

À mesure que les producteurs vont se concentrer davantage sur la bouteille plutôt que sur la cuve, l'intérêt de cette région va immanquablement grandir.

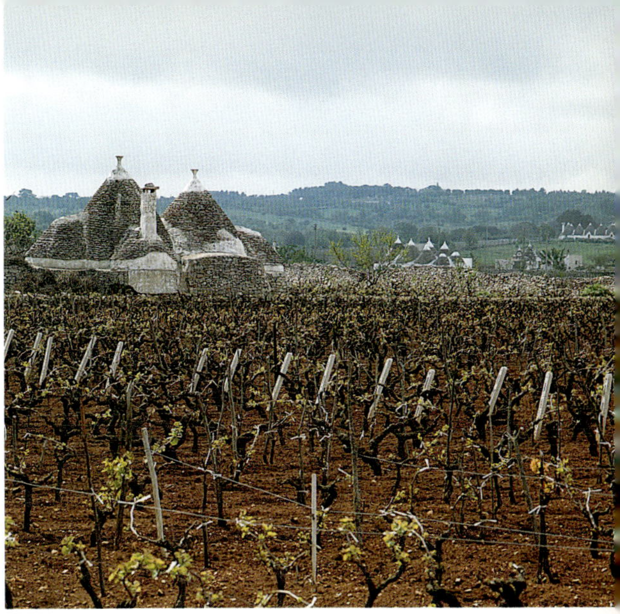

Ci-dessus Les *Trulli*, petites maisons de pierre comme celles-ci près d'Alberobello, sont un des traits distinctifs du paysage des Pouilles, qui est beaucoup plus plat que le reste de l'Italie du Sud. Elles offrent un abri contre la chaleur suffocante des étés.

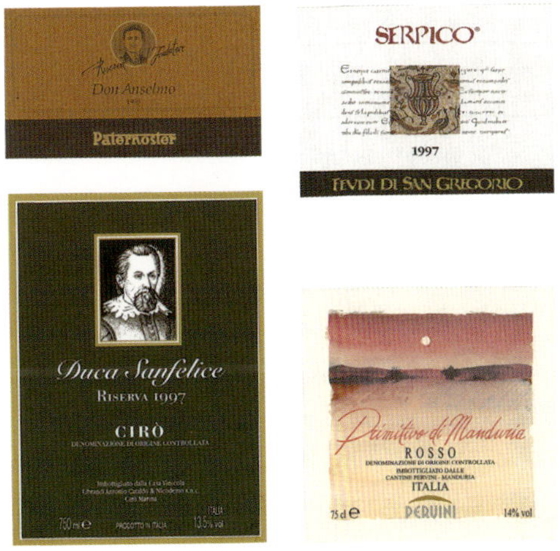

Les étiquettes de cette partie *de l'Italie sont restées pendant longtemps rarissimes. Mais, de nos jours, une proportion croissante de la vaste production est vendue en bouteilles, qui portent les noms de producteurs établis (ci-dessus) ou d'importateurs.*

Sicile

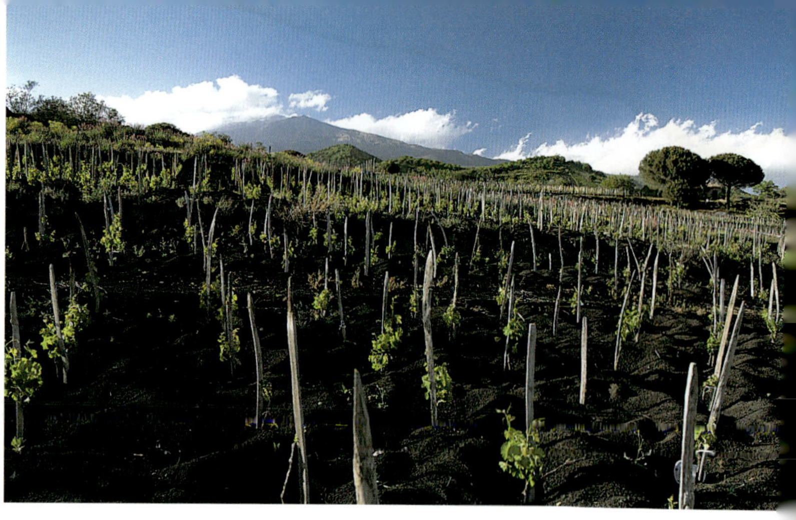

À droite Vignes sur les sols noirs, volcaniques et fertiles, près des pentes de l'Etna. Les vins de DOC de l'Etna se font dans les trois couleurs, mais les progrès ont été ici plus lents que dans d'autres parties de la Sicile.

L'establishment du vin italien s'est finalement rendu compte du potentiel énorme de la belle île de la Sicile, au climat si favorable. Elle produit une quantité vertigineuse de vin, plus que les Pouilles, mais elle dispose d'un paysage beaucoup plus varié et d'un véritable héritage culturel. La pointe méridionale de l'île est plus au sud que Tunis ; l'île de Pantelleria, dont les muscats sont célèbres à juste titre, est à la même latitude que cette ville africaine et plus proche d'elle que de Palerme. Il peut faire très chaud en Sicile et la mer de vignes de Catarratto, dans la province occidentale de Trapani, est régulièrement ébouillantée par les vents brûlants d'Afrique. L'irrigation est nécessaire pour une bonne moitié des vignobles, mais l'arrière-pays peut être très vert et luxuriant, et les sommets des montagnes au nord-est sont habituellement couverts de neige pendant plusieurs mois.

La grande majorité du vin sicilien est blanc, produit en immenses quantités par des coopératives pour constituer des surplus ou pour être envoyé en masse sur le continent puis transformé en un dérivé quelconque. Mais une proportion croissante de rouges et de blancs est désormais mise en bouteille, après une vinification relativement talentueuse (avec des équipements modernes achetés avec les subventions déversées dans cette île autrefois misérable).

Le cépage qui va peut-être établir la réputation vinicole de la Sicile est le nero d'avola, dont l'autre nom, calabrese, suggère qu'il a des racines calabraises. Mais c'est dans le sud-est de la Sicile, près de la ville baroque de Noto, qu'il produit le vin le plus intéressant. Dans les vins étiquetés Eloro Pachino, faits autour de la ville d'Eloro, il trouve une expression pleine, glorieuse, avec un fort arôme de mûre et assez de structure pour bien vieillir. Ce type de rouge était autrefois fermenté chaud et vite, puis vendu pour les mélanges. Mais des vins comme le Rosso del Conte de Regeleali ont montré quelle magnificence on pouvait obtenir avec un peu de soin. Le nero d'avola peut avoir quelques difficultés à mûrir sur les vignobles les plus élevés de l'île, mais les producteurs talentueux comme Abbazia Sant' Anastasia l'ont transplanté avec succès sur la côte septentrionale, où il est mélangé avec de la syrah et du merlot.

La Sicile n'a pas fait exception au mouvement d'expérimentation des cépages internationaux : le chardonnay fermenté en fûts de Planeta a été considéré par les Italiens comme une de leurs plus belles réussites. Mais il existe des signes d'une réévaluation progressive des cépages locaux. Les autres cépages intéressants sont le frappato, qui peut donner de bons vins vifs à boire jeune (dont le Cerasuolo, rouge léger qui a rendu Vittoria célèbre), et le nerello cappuccio, à ne pas confondre avec le nerello mascalese de l'Etna.

Les cépages à peau fine cultivés pour le vin viné de Marsala, pour le vin de table d'Alcamo ou pour le lac vinicole de l'Europe, dominent dans l'ouest chaud et poussiéreux de l'île, faisant du catarratto le second cépage d'Italie après le trebbiano. Quelques-uns des producteurs de vin parachutés dans l'île ont fait à partir de ce cépage des bouteilles à l'arôme de chêne léger assez convaincantes. Mais les vins vraiment intéressants proviennent du grecanico et de l'inzolia.

Bon nombre des meilleurs vins de Sicile sont vendus comme IGT (avec le Faro rouge, récemment rénové), car les autres DOC siciliennes sont réservées à la spécialité de l'île, le vin de dessert. Les Moscato de Noto et de Pantelleria, et le Malvasia des îles volcaniques Lipari sont d'excellents exemples d'une des plus vieilles traditions vinicoles d'Italie.

Le Marsala, sorte de lointain cousin du sherry croisé avec du madère, est célèbre depuis l'époque de Nelson, qui s'en servait pour renforcer le moral de la Royal Navy. Dans les années 1980, on a cru qu'il allait revenir à la mode, mais il est aujourd'hui retombé dans le marasme. Les maisons historiques de cette zone trop plantée, Pellegrino et Donnafugata, ont sauvé la mise en faisant du vin de table, et même Marco De Bartoli, qui est pratiquement le seul à maintenir la tradition du Marsala, étiquette ses deux meilleurs vins, Vecchio Samperi Riserva 30 Anni et Vigna La Miccia, Vini da Tavola.

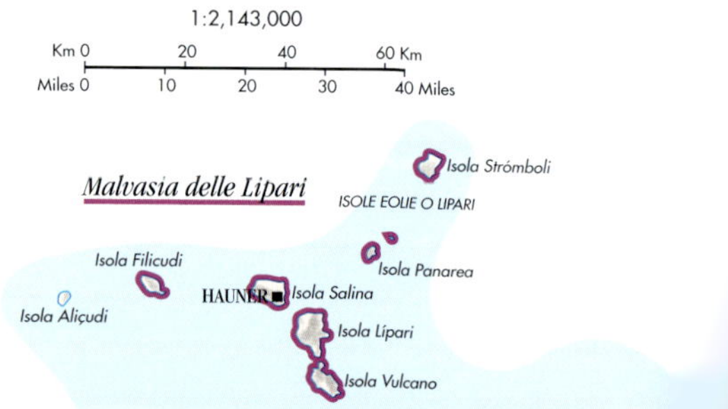

— - - — Frontière de province
ALCAMO Vin blanc
ELORO Vin rouge
Etna Vin rouge et blanc
Marsala Vin de dessert
■ PLANETA Producteur de premier ordre
Les limites de DOC sont distinguées par des lignes de couleurs
Terres au-dessus de 500 m

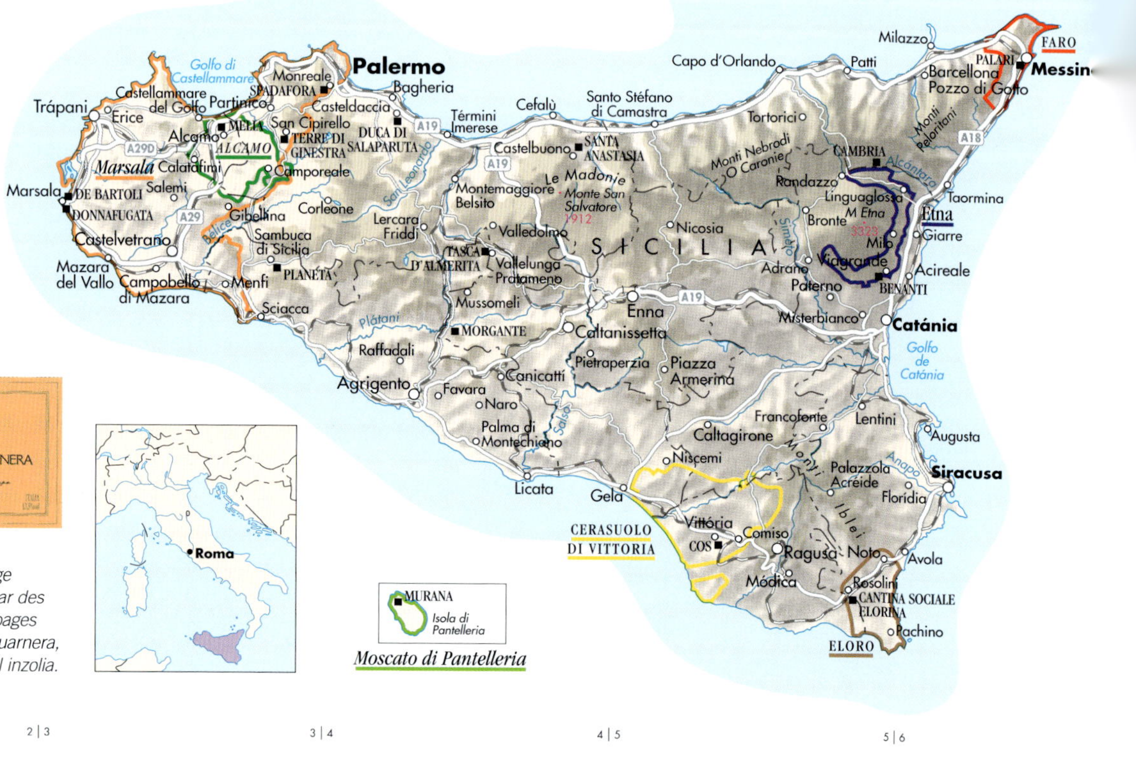

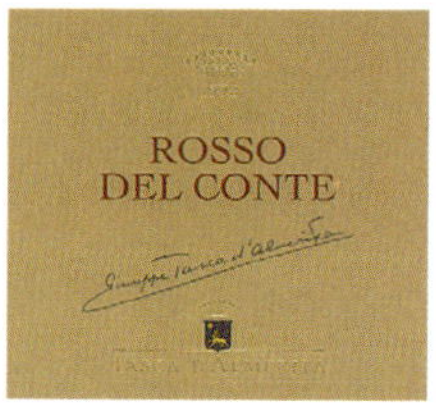

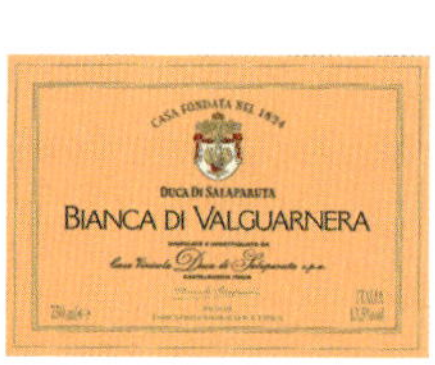

Le Rosso del Conte *a longtemps été le seul vin rouge sérieux de la Sicile. Il est aujourd'hui concurrencé par des stars (le Santa Cecilia de Planeta) et des vins de cépages internationaux. Les vins blancs, tel le Bianca di Valguarnera, ont insufflé un nouveau respect pour le cépage local inzolia.*

Sardaigne

La principale île italienne du nord de la Méditerranée, la Sardaigne, a pendant des siècles subi des influences similaires à celles de la Sicile, mais en dehors de quelques rares exceptions, elle n'a rejoint que très lentement la grande fête du vin moderne.

Le vin n'a jamais joué un rôle important dans l'agriculture ou dans la culture sardes, même si des plantations largement subventionnées se sont succédées depuis le milieu du XXe siècle pour donner des vins rouges si alcoolisés qu'ils sont presque doux, pour servir à faire des mélanges sur le continent.

Pendant les années 1980, toutefois, les subventions se sont faites plus rares et la surface des vignobles a diminué des trois-quarts environ, pour ne plus représenter qu'un tiers de celui de la Sicile. Aujourd'hui, le système de la DOC sarde se réduit à si peu de chose qu'il n'encourage guère le maintien de la qualité.

La grande majorité des cépages de Sardaigne sont soit d'origine espagnole, l'île ayant connu quatre siècles de domination aragonaise, soit introduits par le régime suivant de Savoie. Le cannonau, forme locale du garnacha (grenache) espagnol, caméléon de qualité pour des vins doux ou secs, représente 20 % de la production. Sa zone de production en DOC a été généreusement augmentée pour couvrir la totalité de l'île, comme cela a été aussi le cas pour le vermentino di Sardegna, qui peut atteindre des rendements de 130 hectolitres par hectare et répondre encore aux règlements de la DOC. Le vermentino léger, citronné, est le cépage blanc typique de la Sardaigne. On le trouve sur la côte de Ligurie sous le nom de pigato et dans le sud de la France sous celui de rollo ou rolle.

Carignano del Sulcis est une DOC mieux conçue, plus limitée, destinée à installer de vieilles vignes de carignan (le carinena d'Espagne) dans le sud-ouest de l'île. Mais là encore, des rendements de 105 hectolitres par hectare sont jugés acceptables. Le bovale (le bovale sardo et le bovale grande) donnent des rouges corsés ; on considère que c'est le cousin sarde du bobal espagnol.

Le monica rouge, le giro, le nugarus blanc et le nasco sont des cépages typiquement sardes, d'une origine plus obscure même si les analyses d'ADN vont finir par tout révéler.

Vermentino di Gallura, dans le nord, est une des plus surprenantes DOCG d'Italie. La combinaison de la chaleur et des vents marins à Gallura concentre les raisins de vermentino à un niveau inégalé. Capichera est le producteur de premier ordre pour ce qui se veut le meilleur vin blanc de l'Italie du Sud, à égalité avec un vendemmia tardiva vieilli en fûts de chêne. En Sardaigne comme en Sicile, de nombreuses DOC compliquées sont destinées aux seuls vins doux, mais la production de vins doux a décliné et le système de la DOC ne signifie plus grand-chose.

Les vins sardes d'une grande distinction se trouvent en dehors du système de la DOC. Le cas le plus évident est celui du Turriga, un vin énormément concentré, vieilli en barriques, fait à partir de vieilles vignes de cannonau et de carignano sous les auspices d'Argiolas, par le producteur émérite de la maison Antinori, Giacomo Tachis, qui est depuis longtemps fasciné par la Sardaigne et la Sicile. Ce vin a connu un tel succès international qu'un groupe de vins semblables – le Costera et le Korem (toujours chez Argiolas), le Terre Brune et le Rocca Rubia de la coopérative Santandi, le Cabernet Marchese di Villamarina de Sella e Mosca (assez peu sarde) – ont tous fait forte impression.

Les amoureux du vin peuvent seulement regretter qu'une île, pourvue de tant d'antiques vignobles de cépages locaux à la mode et au potentiel intéressant, sous un climat méditerranéen idéal pour la vigne, ne produise que si peu de vins enthousiasmants.

L'île de Malte, elle, est en pleine réinvention. Pendant longtemps importatrice de vins en provenance des îles et du continent italiens pour ses mélanges et la production d'un vin vaguement maltais, cette république insulaire située à 100 km au sud de la Sicile a conduit une révolution tranquille dans sa viticulture. Meridiana a coopéré avec Antinori pour faire quelques excellents vins, très convaincants, à partir de cépages du Bordelais, tandis que les vieux de la vieille comme Delicato et Marsovin ont modernisé leurs rouges charnus, faits à partir du cépage de gellewza, et leurs blancs corsés composés des cépages locaux de gennarua et de ghirghentina (probablement l'inzolia sicilien).

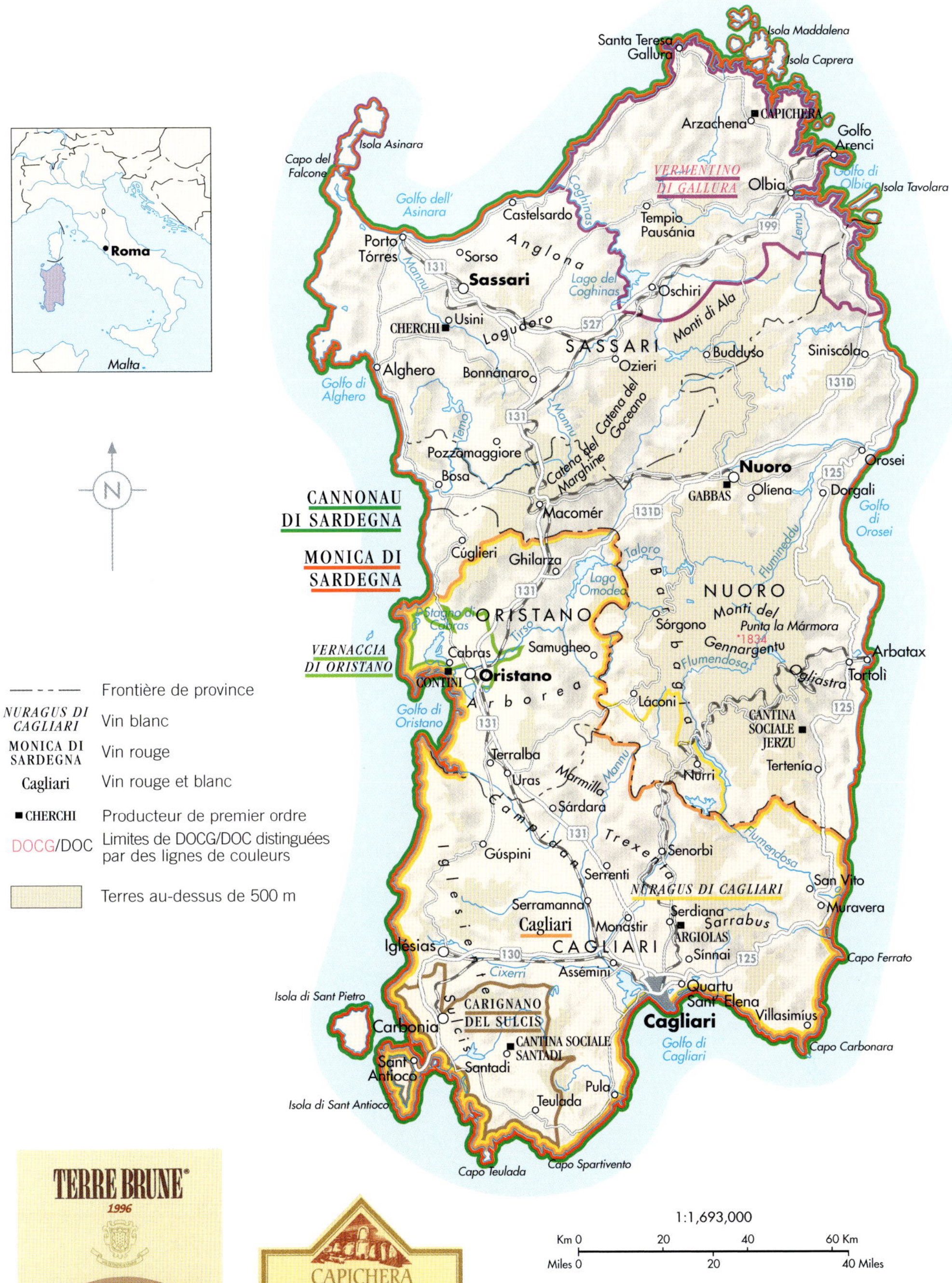

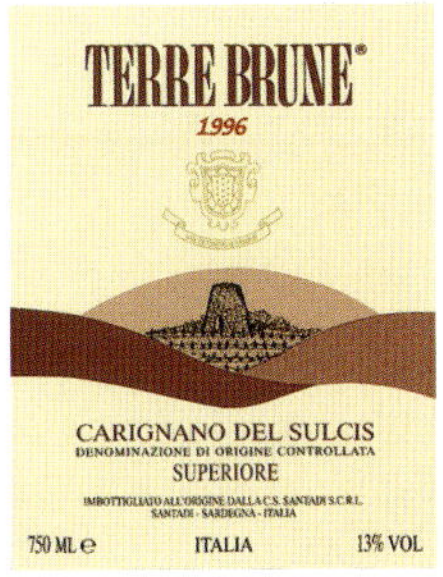

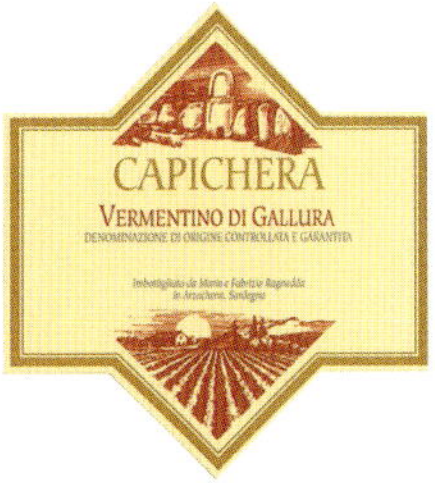

Peut-être que le succès international *de vins comme ceux qui sont présentés ci-contre et ceux du Turriga d'Argiolas incitera plus de producteurs sardes à suivre les innovateurs ambitieux de Sicile et à capitaliser sur le potentiel indiscutable de leur île en matière de climat et de cépages.*

Espagne

Au sein du monde du vin en réinvention et de révolution permanente, l'Espagne est le pays qui a changé de la façon la plus radicale depuis la dernière édition de cet *Atlas*. Les régions vinicoles officielles présentées sur la carte ci-dessous sont non seulement plus nombreuses, mais désormais connectées entre elles, depuis l'adhésion à la Communauté européenne, par un impressionnant réseau d'*autopistas*. Les producteurs de vin espagnols qui avaient encore récemment l'impression d'opérer dans un espace rustique, suranné, vide, se retrouvent membres d'une communauté moderne, remarquablement cohérente et vibrante d'innovation. L'Espagne dispose aujourd'hui d'un nombre de consultants itinérants qui portent leurs connaissances sophistiquées dans les endroits les plus improbables.

Les dernières années du XXe siècle ont connu des investissements extraordinaires à la fois pour l'acquisition de nouveaux vignobles, la rénovation d'anciens, et pour l'installation de *bodegas* (caves) dernier cri. Les transformations récentes les plus enthousiasmantes ont lieu en dehors des *denominaciones* officielles : cinquante-cinq DO et une DOCa, Rioja, au moment où nous écrivons (mais d'autres seront créées très vite).

Une grande partie de l'Espagne est idéale pour la culture de la vigne. Ses majestueuses montagnes sauvages sont peut-être inhospitalières et certaines parties du Nord trop exposées aux variations climatiques, mais le reste du pays est parfaitement adapté puisque situé à une latitude proche de 40° et à une altitude assez élevée. L'Espagne est pour l'essentiel un plateau et plus de 90 % des vignobles espagnols se trouvent ainsi à des altitudes supérieures à celles des principales régions vinicoles françaises.

Ce qui donne, sur la majeure partie du territoire, des hivers froids et des étés très chauds, avec un ensoleillement si intense que les vignes parviennent à saturation et que les raisins cessent de mûrir pendant une bonne période de l'été. Le véritable problème reste cependant la sécheresse dans le Sud, l'Est et certaines parties du Nord. Les sols secs ne peuvent nourrir beaucoup de vignes, ce qui fait qu'elles sont, dans la plupart des régions vinicoles, très clairsemées et taillées (si l'on peut dire) en buissons, juste au-dessus du sol. En 1996, l'autorisation officielle d'irriguer a marqué un tournant pour les producteurs de vin espagnols, même si seuls les domaines les plus riches ont les moyens de creuser pour trouver l'eau et d'installer les systèmes d'irrigation. Cette faible densité de la vigne, six fois inférieure à celle d'un vignoble courant du Bordelais ou de la Bourgogne, est la raison pour laquelle l'Espagne est le pays du monde qui consacre le plus de terres à la vigne, tout en produisant nettement moins de vin que la France ou l'Italie – même si les

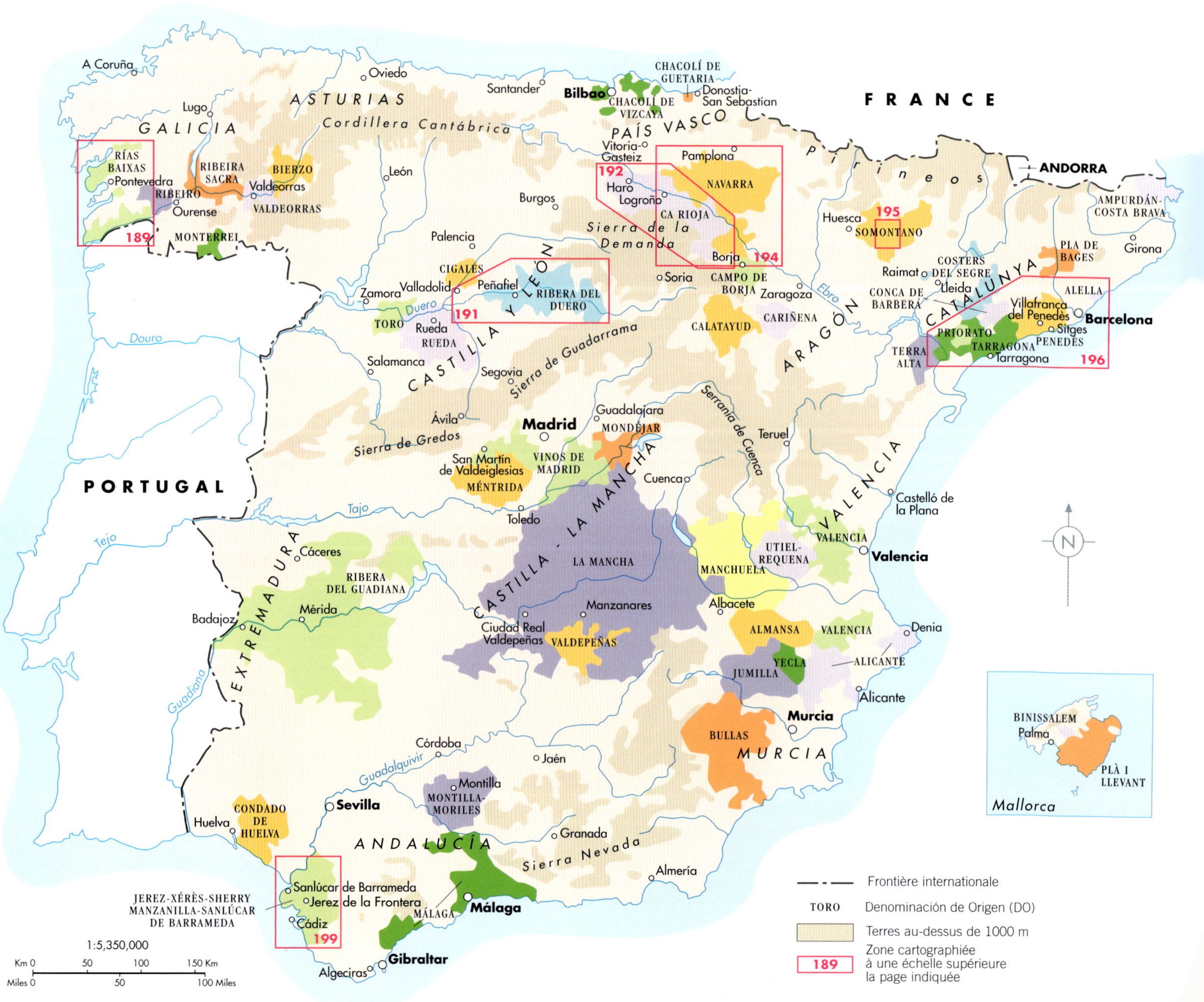

rendements moyens, grâce à l'irrigation et à une tendance croissante à échalasser la vigne, augmentent de façon spectaculaire.

Le système de la DO (*denominación de origen*) est beaucoup plus embryonnaire qu'en France : la plupart des appellations sont si vastes qu'elles incluent toutes sortes de terrains et de conditions de production. L'attitude des Espagnols vis-à-vis des règlements traduit plus qu'une simple tendance à l'anarchie, de sorte que l'on observe une forte disparité entre ce qui est autorisé et ce qui est planté. Ce phénomène est bénéfique dans le cas de producteurs soucieux d'améliorer la qualité. Cependant, acheter du raisin et du vin courant plus que des bouteilles en provenance d'un domaine spécifique est caractéristique de l'Espagne.

Les bodegas espagnoles étaient traditionnellement des endroits où l'on faisait vieillir le vin, souvent plus longtemps qu'ailleurs et parfois plus que nécessaire. La coutume espagnole qui consiste à ne vendre le vin que lorsqu'il est prêt à la consommation est toutefois assez attirante.

Mais les choses sont en train de changer dans les bodegas. Pendant des siècles, le chêne américain a été le bois de premier choix pour les fûts, en raison du trafic maritime intense entre l'Espagne et le Nouveau Monde. Depuis le début des années 1980, les tonneliers français ont fait la conquête de clients espagnols. L'arôme du chêne, mais aussi le temps passé dans le fût, sont sous influence française. Les catégories de *Reserva* et *Gran Reserva* ont été implicitement conçues pour reconnaître le vieillissement prolongé en fût de chêne. Mais un nombre croissant de producteurs accordent aujourd'hui plus de valeur à l'intensité qu'à l'ancienneté de leurs vins et abandonnent ou dévaluent leurs *Gran Reservas*.

La plus petite des zones (en terme de production) est la Galice verdoyante, au nord-ouest. L'Atlantique, les collines, le vent et une bonne dose de pluie sont les conditions physiques et climatiques déterminantes. Les vins sont en général légers, secs et rafraîchissants, même si un trop grand nombre d'entre eux sont encore dominés par le cépage de palomino et par le cépage noir et charnu d'alicante-buschet, plantés en masse après les ravages du phylloxéra. Les vins qui quittent la région sont relativement rares et invariablement blancs. Mais les habitants de la Galice semblent se régaler de leurs rouges âpres. La plupart des vins blancs espagnols ont besoin d'un supplément d'acidité pour leur donner de la vivacité, mais ce n'est pas le cas dans cette région. Les rías-baixas sont présentées en détail page 189, mais les blancs du Ribeiro voisin, produits par une poignée de producteurs sérieux à partir des cépages naturellement vifs de l'albariño, du treixadura et du loureira, méritent une plus grande considération. La région du Ribeiro, presque à l'abandon, expédiait du vin vers l'Angleterre bien avant celle de la vallée de Douro au sud. La Ribeira Sacra, un peu plus à l'intérieur des terres, fait toujours le vin rouge le plus intéressant de Galice, dans des conditions archaïques et sur des terrasses vertigineuses. Le cépage local, très fruité, de mencia dans la Ribeira Sacra est aussi cultivé dans la petite région en pleine renaissance de Monterrei (assez chaude pour qu'on y fasse pousser du tempranillo) et dans celle de Valdeorras, dont le trésor est le cépage blanc et ferme de godello.

Le mencia fait les meilleurs rouges du Bierzo. L'intérêt que suscite cette région, qui fait partie de la Castilla-Léon, chez les producteurs de vin talentueux devrait la rendre bientôt plus célèbre. La majorité des vignobles de Castilla-Léon se trouve dans la vallée élevée et enclavée du Duero. Le Ribera del Duero, pays du tempranillo et rival principal pour le vin rouge de Rioja, est cartographié en détail page 191. Mais la région du Toro, à l'ouest, progresse plus vite encore. Le Toro a sa propre variété de tempranillo, le tinta de Toro, qui donne des rouges si exubérants, si robustes, d'un rouge si profond qu'il est maintenant planté ailleurs.

Les vins blancs les plus célèbres de la Castilla-Léon viennent de Rueda, entre Toro et Ribera del Duero. Au début des années 1970, les vieux centres vinicoles qu'étaient Rueda et Nava del Rey, producteurs traditionnels de vins blancs proches du sherry, devinrent des sites de prospection de la célèbre cave de Rioja, Marques de Riscal, qui cherchait une nouvelle source de vins blancs dotés de la fraîcheur fruitée à la mode. Le paysage, plat et

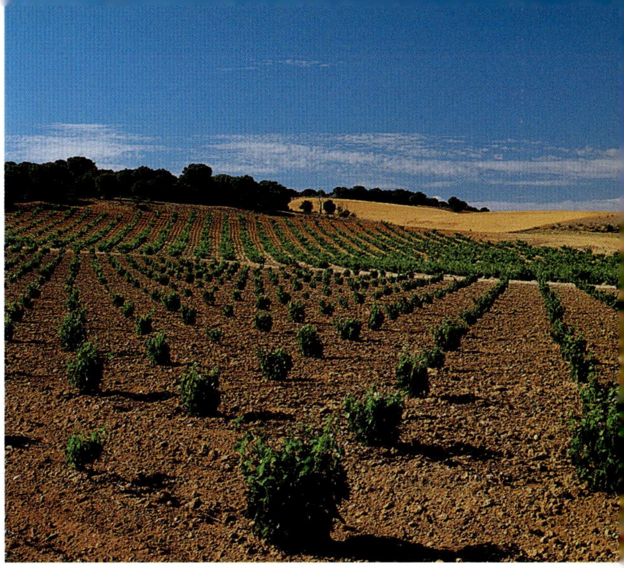

À droite Vignes buissonnantes et clairsemées dans le Toro, une des nombreuses régions autrefois obscures, en pleine renaissance aujourd'hui. La carte bleue ci-dessous montre de combien peu d'eau de pluie disposent ces vignes.

Vocabulaire de l'étiquette

Mentions qualitatives

Denominación de origen e calificada (DOCa) : distinction du vin de qualité supérieure, accordée seulement à La Rioja jusqu'à présent

Denominación de origen (DO) : réplique du système français des appellations contrôlées (voir page 52)

Vino de la tierra : réplique espagnole du système français des Vins de pays (voir page 150)

Vino comarcal (VC) : vin fait dans une région spécifique, comme les Vins de pays régionaux

Vino de mesa : vin de table, le plus ordinaire d'Espagne

Autres mentions courantes

Año : année
Blanco : blanc
Bodega : cave
Cava : vin pétillant de méthode traditionnelle
Cosecha : millésime
Crianza : vin d'un minimum de deux ans après la vendange, qui a passé au moins six mois (12 dans La Rioja et le Ribera del Duero) dans le chêne
Dulce : doux
Embotellado (de origen) : mis en bouteille à la propriété
Espumoso : pétillant
Gran reserva : vin sélectionné, vieilli pendant au moins trois ans, dont un en fût de chêne et un en bouteille
Joven : vin vendu l'année suivant la vendange, avec un peu ou pas de chêne
Reserva : vin vieilli pendant au moins trois ans, dont un en fût de chêne et un en bouteille
Rosado : rosé
Seco : sec
Tinto : rouge
Vendimia : vendange
Vino : vin
Viña, viñedo : vignoble

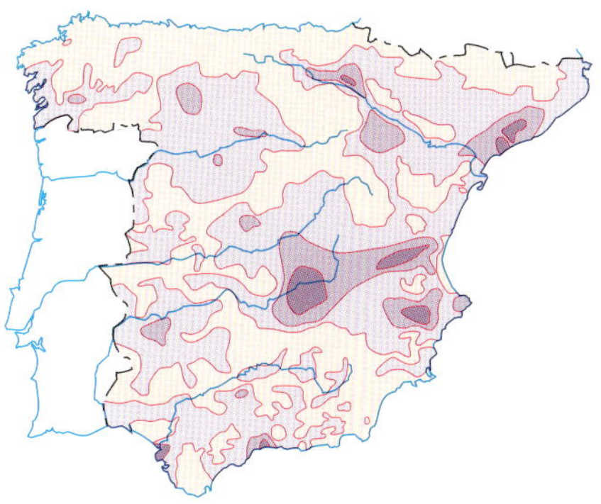

Production de vin en litres par hectare

1000
500

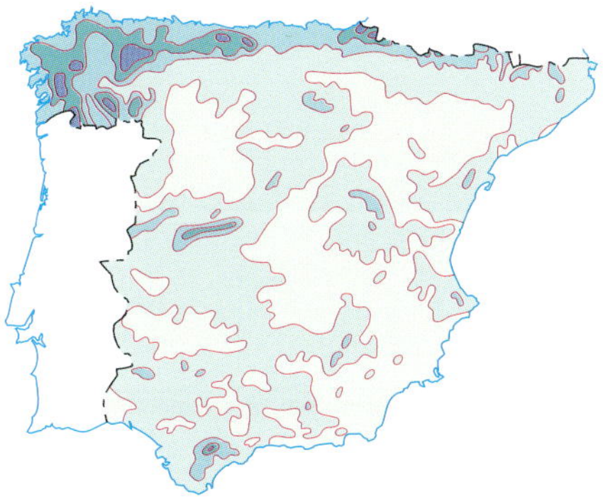

Précipitations annuelles moyennes en mm

2000
1500
1000
500

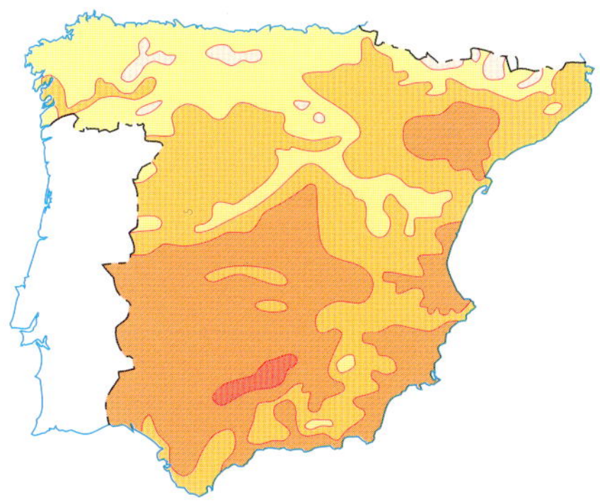

Température quotidienne moyenne de juillet en °C

28
24
20
16

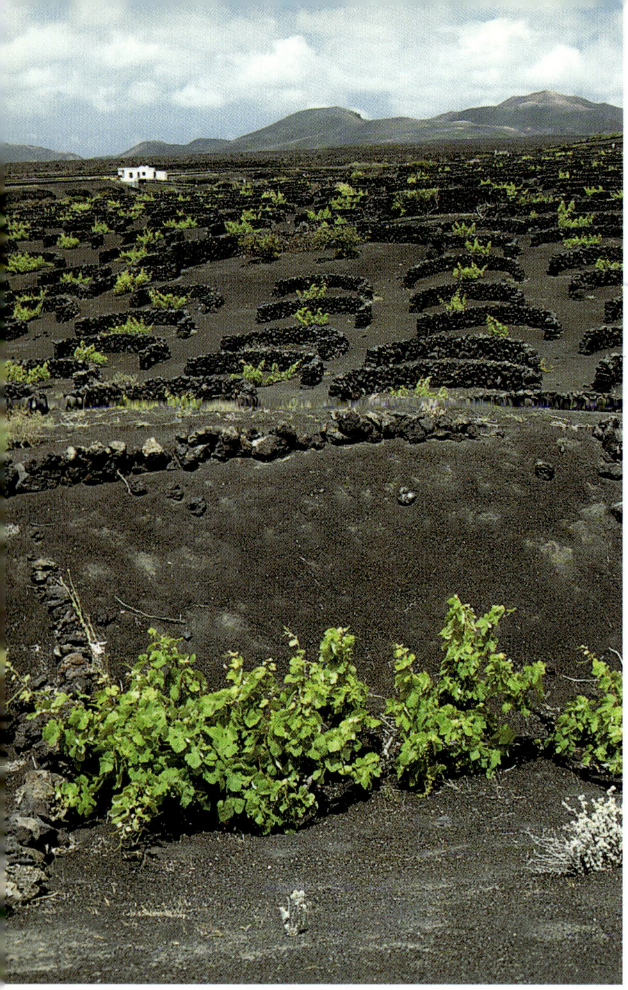

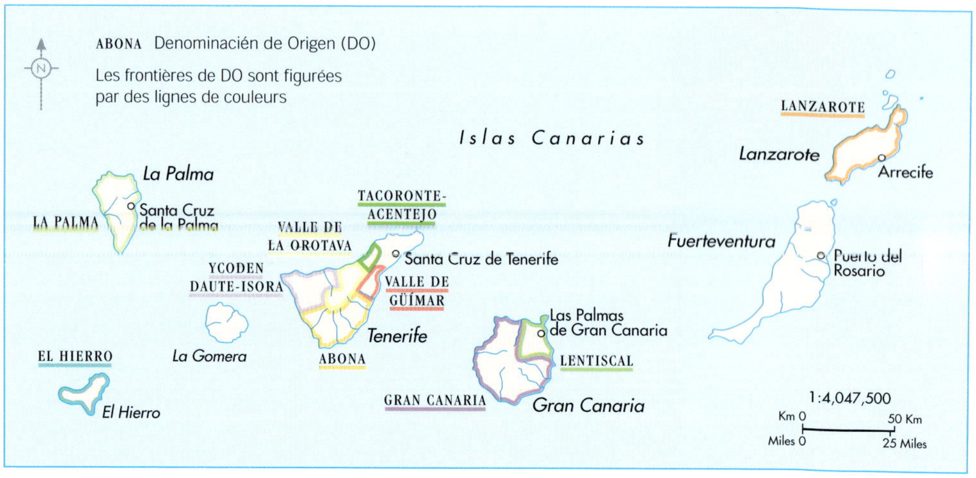

À gauche Des coupe-vent en pierre protègent des vignes échalassées très basses sur les sols noirs et volcaniques de Lanzarote qui, comme la plupart des îles Canaries (voir ci-dessus), a sa propre DO.

dénudé, n'était pas très attrayant, ni le palomino abondamment planté après les attaques de phylloxéra. C'est le cépage blanc local de verdejo – ainsi que le réseau ancien de caves profondes qui fournissaient autrefois la cour à Valladolid – qui encouragea Riscal à construire une bodega de vin blanc moderne. Vinifié avec soin, le verdejo dispense une bonne acidité fruitée, une verdeur bien charpentée et il vieillit très bien en barrique. Le sauvignon blanc se comporte exceptionnellement bien ici aussi. Les vins rouges faits dans la région sont pour le moment vendus comme *Vinos de la tierra*, sous le nom de Medina del Campo.

La région de Cigales, au nord, se consacre pour le moment à la production de rouges légers, *clarete*, pour les habitants de Valladolid. Mais la bodega Frutos Villar a montré qu'il existait d'autres possibilités.

Autour des villes de Santander et de Bilbao, on trouve les blancs basques d'une fraîcheur perçante, faits respectivement par Chacoli de Vizcaya/Bizkaiako Txakolina et Chacoli de Guetaria/ Getariako Txakolina (le politiquement correct en Espagne exige l'usage de quatre langues : le galicien, le basque, le catalan et le castillan).

L'Ebro coule vers le sud-est, depuis la cordillère Cantabrique au nord jusqu'à la Méditerranée en Catalogne. Le fleuve traverse La Rioja et la Navarra (voir pages 192 à 194), où l'on retrouve le trempanillo et le garnacha, puis la région de Campo de Borja qui produit un garnacha très juteux, jeune et bon marché. Un peu plus au sud, les régions de Calatayud et de Carinena sont dominées par de grandes coopératives.

Somontano (page 195) est une des DO les plus cohérentes, alors que la Catalogne (pages 196-197) est une de ses régions les plus variées.

Les vignobles de l'arrière-pays de Valencia et d'Alicante n'ont qu'une modeste tradition vinicole et un style peu singulier – si ce n'est leur puissance. Valencia, Utiel-Requena, Almansa, Yecla, Jumilla, Alicante et Bullas forment ce qu'on appelle le Levante, produisant traditionnellement un vin puissant (issu de mélanges) destiné à une exportation faiblissante. Son salut réside dans la diversification et dans un style aussi allégé que possible sous ce climat très chaud et avec des cépages aussi lourds que le monastrell (mourvèdre) et le bobal (le bovale de Sardaigne). Les vins intéressants sont délibérément forts et doux, et Agapito Rico a montré qu'on pouvait faire un syrah sérieux. Mais les exportations qui connaissent un certain succès sont les combinaisons de monastrell vinifié avec soin, relevé avec du merlot, du tempranillo ou du syrah. Les caves climatisées étant encore une exception, la plupart des vins doivent être expédiés jeunes.

La Meseta – ces hauts plateaux au sud de Madrid dont les vignobles à perte de vue fatiguent l'œil – joue un rôle central dans toute la vie de l'Espagne. L'étendue de La Manche, sa principale DO, est impressionnante. Ses vignobles classés DO, qui ne représentent que la moitié de la superficie totale, sont deux fois plus étendus que tous ceux de l'Australie réunis. La ville de Valdepeñas a depuis toujours donné son nom à une grande partie de sa production : un vin rouge puissant mais pâle, fait essentiellement à partir du cépage d'airén (le cépage le plus abondamment planté en Espagne), coloré avec un cépage noir. Les cépages noirs sont le garnacha et, de plus en plus, le cencibel, nom local du tempranillo. La technologie, dans cette région, est passée directement de l'archaïque (les *tinajas*, énormes amphores d'argile) à l'acier inoxydable et au chêne.

Entre cette région et Madrid, se trouvent les DO de Méntrida, de Vinos de Madrid et de Mondéjar, mais les vignobles les plus innovateurs sont ceux de Marquès de Grinon, près de Tolède, avec leur palette de cépages importés (la syrah et le petit verdot sont en vogue) et leurs nouvelles méthodes de viticulture et d'irrigation.

Tout à fait à l'ouest de La Manche dans l'Estrémadure, près de la frontière portugaise, se trouve l'immense et assez récente DO de Ribera del Guadiana. Comme dans La Manche, une bonne partie du vin produit est transformé en Brandy de Jerez. Mais le potentiel est là pour des vins de table robustes, mûrs, comme l'indique l'Alentejo de l'autre côté de la frontière portugaise.

L'Andalousie est dominée par la production de vins vinés et de brandy. Elle est présentée en détail pages 199-200.

En dépit de la distance qui les sépare de du continent (elles se situent à 1 150 km de l'Espagne continentale), les îles Canaries sont entrées avec vivacité dans le jeu des appellations contrôlées. Les îles de La Palma, El Hierro, Lanzarote et Gran Canaria ont chacune leur DO, tandis que l'orgueilleuse île de Tenerife n'en compte pas moins de cinq (voir ci-dessus).

Les îles Baléares ne sont pas hors-jeu non plus. La fierté qu'éprouvait Majorque pour ses vins et son cépage local de manto negro a été ranimée avec la création des DO de Binissalem et de Plà i Llevant.

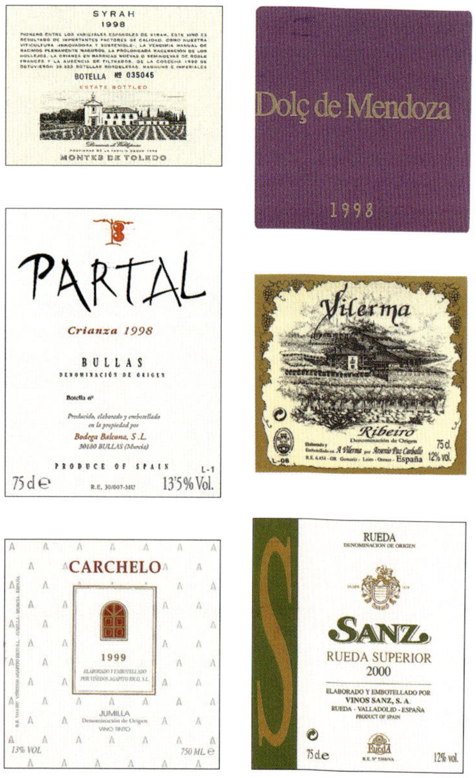

Ce sont là quelques-uns seulement des vins les plus élégants, faits en dehors des régions les plus connues d'Espagne cartographiées aux pages suivantes.

Rías Baixas

Les vins des Rías Baixas sont aussi éloignés que possible de l'idée que l'on se fait du vin espagnol : ce sont des blancs délicats, vifs, aromatiques, parfaits pour accompagner les crustacés qui sont le régime de base de la Galice.

Tout est à échelle minuscule pour les vins de la Galice. Certains des meilleurs producteurs ne font pas plus de quelques centaines de caisses par an. La plupart des producteurs ne disposent que de quelques hectares de vignes. Ce coin humide et vert de l'Espagne était récemment encore très pauvre et pratiquement ignoré du reste du pays. Tout galicien avec un peu bon de sens émigrait, mais restait fièrement attaché aux minuscules parcelles de terrain dont il avait hérité.

Ces conditions, ainsi que l'isolement physique de la Galice, mirent un frein au développement des Rías Baixas et des régions vinicoles avoisinantes. Ce n'est pas avant les années 1990 que ces vins singuliers ont trouvé un marché enthousiaste en dehors de la Galice.

Comme les vins, le paysage est exceptionnel pour l'Espagne : des petits bras de mer irréguliers appelés rías, sortes de fjords de faible profondeur, bordés de collines couvertes de forêts de pins et d'envahissants eucalyptus importés dans les années 1950. Même les vignes n'ont pas la même apparence qu'ailleurs.

Comme dans la région très semblable du Vinho Verde de l'autre côté du fleuve Mino au Portugal, les vignes ont été traditionnellement échalassées sur des pergolas inondées de lumière, sortes de treillis horizontaux à hauteur de tête. Les piquets largement espacés et fuselés sont souvent des poteaux de granite. Pour les milliers de petits fermiers qui cultivent la vigne simplement pour faire leur propre vin, ce système leur permet d'utiliser chaque précieux mètre carré de leur terre et aussi de ventiler les pieds de vigne, précaution importante dans une région où les brouillards marins s'insinuent dans les vignobles même en été.

On cultive la vigne dans toute la région représentée sur la carte, mais la *denominación* Rías Baixas est composée d'une série de sous-régions qui se conforment aux réglementations de la DO. Val do Salnés est la plus importante, la plus froide et la plus humide, car la plus septentrionale et située sur la côte. Le cépage à peau épaisse d'albarino domine car il est en mesure de résister au mildiou qui menace constamment. À O Rosal plus au sud, les vignobles sont installés dans des clairières sur des pentes exposées au sud et produisent des vins d'une acidité nettement inférieure à celle des vins de Val do Salnés. Condado do Tea (la Tea est un affluent du Mino) est la plus chaude des sous-zones et ses vins sont plus puissants et moins raffinés. Soutomaior, au sud de Pontevedra, et Ribeiro do Ulla, au sud de Santiago de Compostela, sont deux sous-zones plus petites, récemment accréditées.

Dans les deux sous-zones méridionales, le cépage d'albarino est traditionnellement mélangé avec le treixadura, également parfumé et moins structuré, et le loureira, à l'arôme de laurier. Les mélanges peuvent donner les meilleurs vins, mais le vin de cépage d'albarino est plus facile à vendre à des amateurs aujourd'hui très fidèles de Madrid et de l'autre côté de l'Atlantique.

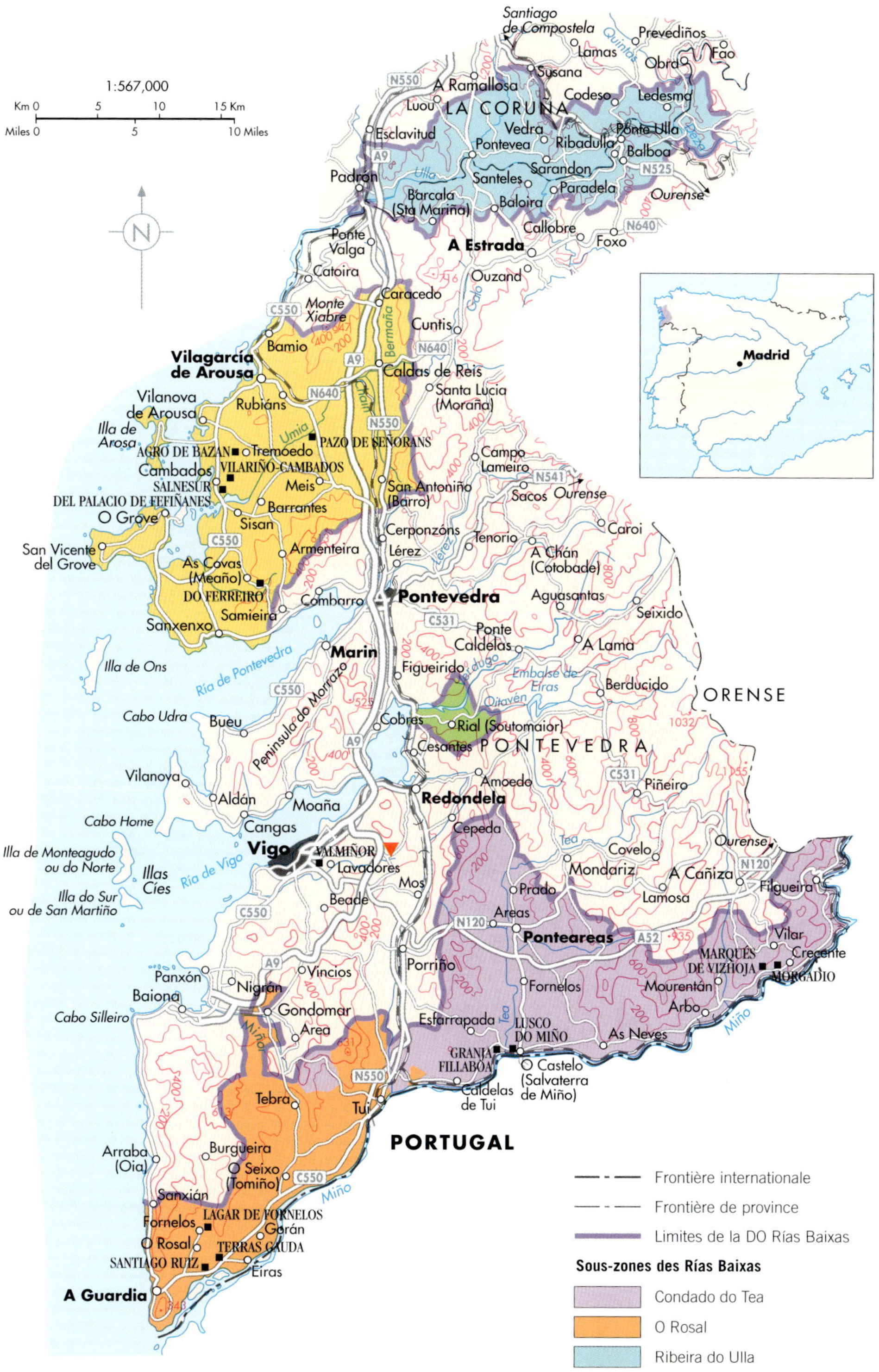

Rías Baixas : Vigo

Latitude / Altitude : **41,13° / 250 m**

Température moyenne de juillet : **19,3 °C**

Précipitations annuelles : **1520 mm**

Précipitations du mois de la vendange : **septembre : 90 mm**

Principal danger viticole : **maladies à champignons**

Principaux cépages : **albarina, treixadura, loureira blanca**

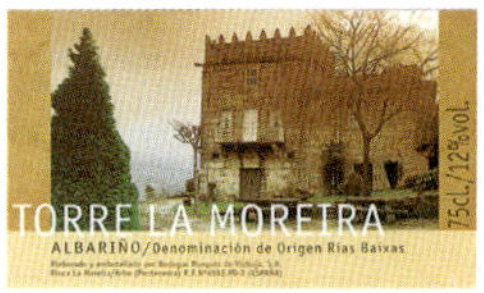

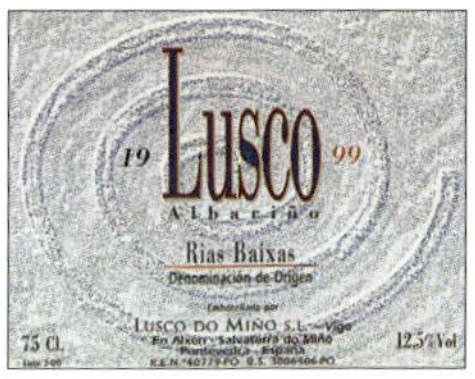

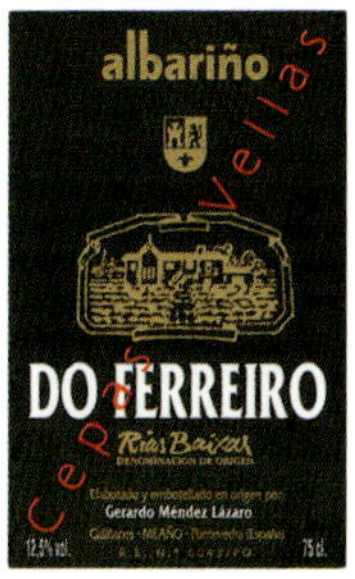

La plupart de ces vins, *certains des meilleurs des Rías Baixas, sont au mieux au bout de deux ans. Do Ferreiro est installé à Val do Salnés, où une fermentation malolactique partielle peut atténuer l'acidité naturelle de cette sous-zone.*

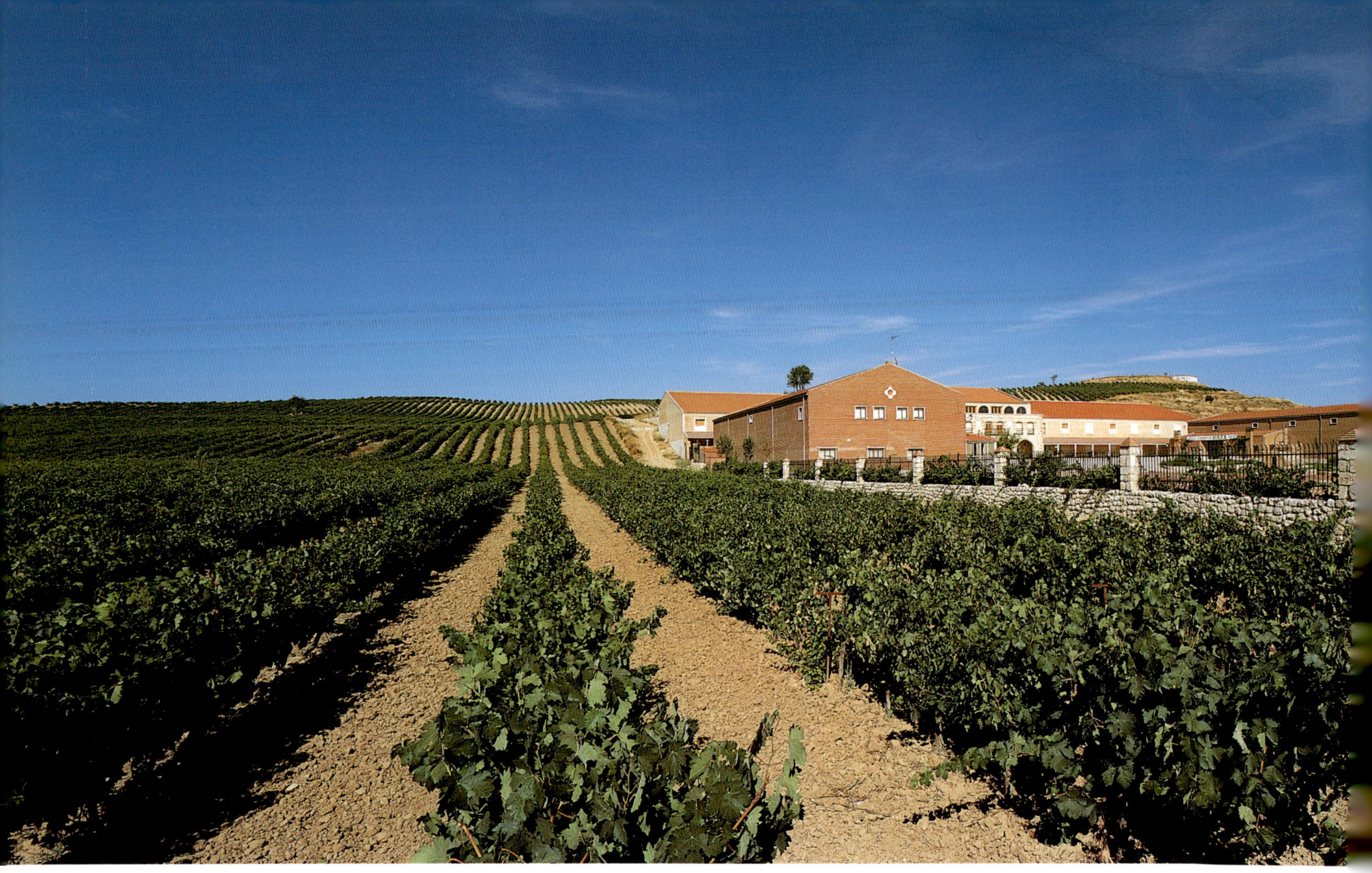

Ribera del Duero

Pendant longtemps, jusqu'à la fin des années 1970, le rouge le plus prestigieux et le plus onéreux d'Espagne était un vin excentrique. Peu de gens avaient goûté le Vega Sicilia et moins encore savaient où, dans le désert du centre de l'Espagne, trouver ce remarquable vignoble.

Le plateau de la Vieille Castille, qui s'étire sur des kilomètres et des kilomètres de poussière jaune, de Segovia et Avila jusqu'à l'ancien royaume de Léon, est traversé par le Duero, fleuve d'une ardeur juvénile qui devient le Douro au Portugal, dans la région du porto (voir page 207). C'est dans la large vallée du Duero et de ses affluents, de Valladolid en amont à Aranda de Duero, que l'on trouve une des plus anciennes traditions du vin – plus en raison de la soif des habitants de Valladolid (capitale de l'Espagne au XVIIe siècle, la ville avait édicté des lois très strictes concernant le vin) qu'en raison de l'effet bénéfique du climat continental extrême sur la vigne. À 800 m d'altitude, les nuits sont très froides. Les gelées sont aussi très fréquentes. Les raisins sont généralement vendangés en novembre. La lumière et l'atmosphère ont respectivement cet éclat et cette sécheresse de l'altitude, que l'on retrouve dans les vins. Ce sont des rouges concentrés d'une couleur, d'un fruité et d'une saveur particulièrement intenses, d'un style très différent de celui de la Rioja à moins de 100 km au nord-est.

Vega Sicilia, la propriété du perfectionnisme absolu à Valbuena de Duero, a prouvé qu'on pouvait faire un vin rouge excellent dans la région. Elle a été plantée dans les années 1960, en imitation du modèle bordelais, au moment où la Rioja connaissait des transformations du même ordre. Mais ici, on employait les cépages du Bordelais pour ajouter une touche cosmopolite et séduisante au tempranillo local (appelé tinto fino ou tinto del pais). L'Unico de Vega Sicilia, fait uniquement dans les bonnes années, vieilli en fût de chêne plus longtemps que n'importe quel autre vin de table et vendu après dix ans, a une personnalité étonnante, pénétrante. Son jeune frère, le Valbuena de cinq ans d'âge, déploie son charme beaucoup plus vite.

Plutôt que de planter du cabernet, du merlot et du malbec (toujours employé à Vega Sicilia, mais seulement comme complément du tinto fino), la région a fait ses preuves en n'utilisant que le seul cépage local. Dans les années 1960, la coopérative de Peñafiel, située un peu plus à l'est dans des caves au-dessous d'un château maure au sommet d'une splendide colline isolée, a très nettement amélioré ses techniques de vinification en utilisant le tinto fino et en faisant vieillir en fûts de chêne ses *Reservas*, dont le très goûteux Protos.

Alejandro Fernandez à Pesquera de Duero n'a pas tardé à suivre ce mouvement. Fernandez a recherché frénétiquement la perfection depuis le début des années 1980 pour son vin à 100 % tinto fino. Ce vin très fruité et très alcoolisé, au point de paraître agressif, le Pesquera est d'une succulence qui est la promesse de longues années de stabilité. Fernandez s'est lancé dans d'autres aventures depuis, notamment un nouveau Ribera à Condado de Haza.

Passant de deux caves dans les années 1950 à vingt-quatre en 1982 quand fut créée la DO, à plus de cent dix aujourd'hui, ce haut plateau étendu a connu une transformation tout à fait remarquable de ses terres autrefois consacrées aux céréales et à la betterave sucrière. Un grand nombre de vignobles sont plantés non pas de la variété de tempranillo de Ribera, mais de boutures importées d'autres régions pour modifier la qualité. La grande variété des sols, même dans un seul vignoble, donne des rythmes de croissance radicalement différents aux divers cépages. Les affleurements de calcaire, plus fréquents au nord du fleuve, permettent de stocker l'eau des rares pluies.

La tradition qui consiste à acheter du raisin est aussi forte que dans la Rioja et toutes les nouvelles bodegas rivalisent pour l'achat des meilleurs raisins. Certains proviennent des environs de La Horra, mais les meilleurs producteurs de vin comme Teofilo Reyes et Peter Sisseck, le danois qui a fait de Dominio de Pingus le vin le plus rare et le plus cher d'Espagne, sont très circonspects dans leurs approvisionnements – des raisins des pieds de vigne buissonnants, vieux et noueux, de tinto fino.

Deux des producteurs les plus couronnés de succès de la région ne sont même pas dans les limites de la DO. Abadia Retuerta, une nouvelle propriété très étendue financée par l'entreprise pharmaceutique suisse Novartis, se trouve à Sar-

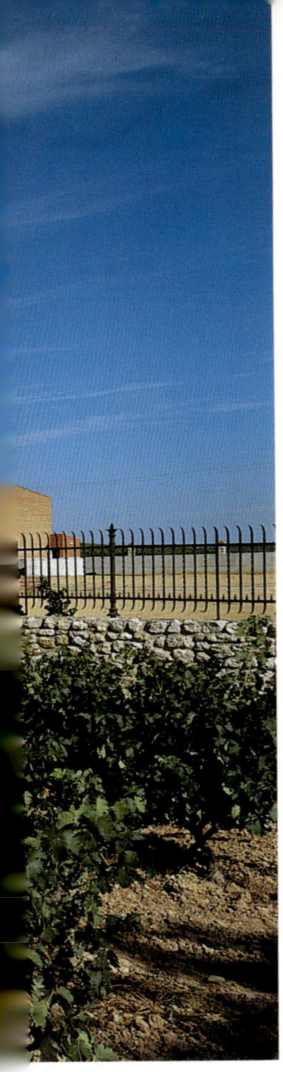

À gauche Condado de Haza, la seconde propriété d'Alejandro Fernandez, le propriétaire de Pesquera et l'homme qui a lancé l'expansion frénétique de Ribera del Duero. Cette pente exposée au sud conduit au fleuve Duero.

don de Duero, à l'ouest des limites officielles (en 1982, quand les limites ont été tracées, il n'y avait plus de vignes dans ce coin, même s'il y en avait eu de façon continue depuis le XVIIe siècle). Les vignes y sont jeunes, mais le talent et la technologie ne manquent pas (Pascal Delbeck de Saint-Émilion y travaille), ainsi qu'un désir de produire des combinaisons variées de tempranillo et de cépages noirs français – y compris de petit verdos.

Mauro est une bodega plus ancienne, fondée dans les années 1980 et installée aujourd'hui dans une élégante et vieille demeure à Tuleda, plus à l'ouest encore, par Mariano Garcia, longtemps maître de chai de Vega Sicilia. Ici, les cépages employés sont le tempranillo, le garnacha et la syrah, cultivés au milieu des céréales, du côté de Santibanez de Valcorba – qui se trouve un peu plus bas et est donc plus chaud que Ribera del Duero. À huit heures du soir, au printemps, la température et le son des criquets laisseraient croire qu'on est au milieu de l'après-midi. La richesse des vins reflète cette chaleur.

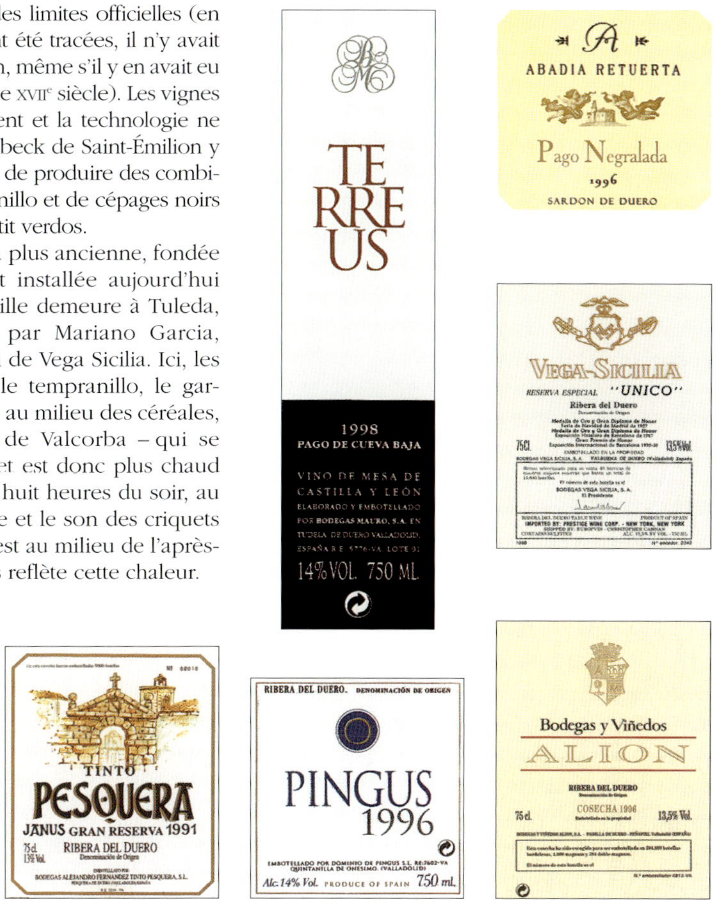

Tous ces vins font partie des expressions les mieux sélectionnées et vinifiées du cépage de tempranillo. Les deux du haut sont faits juste à l'ouest de la limite du Ribera del Duero.

1:671,000

Km 0 — 10 — 20 Km

Miles 0 — 5 — 10 — 15 Miles

Liste des principaux producteurs de vin numérotés sur la carte

1. DOMINIO DE PINGUS
2. ARZUAGA NAVARRO
3. VEGA SICILIA
4. HERMANOS CUADRADO C.B
5. DEHESA DE LOS CANÓNIGOS
6. HACIENDA MONASTERIO

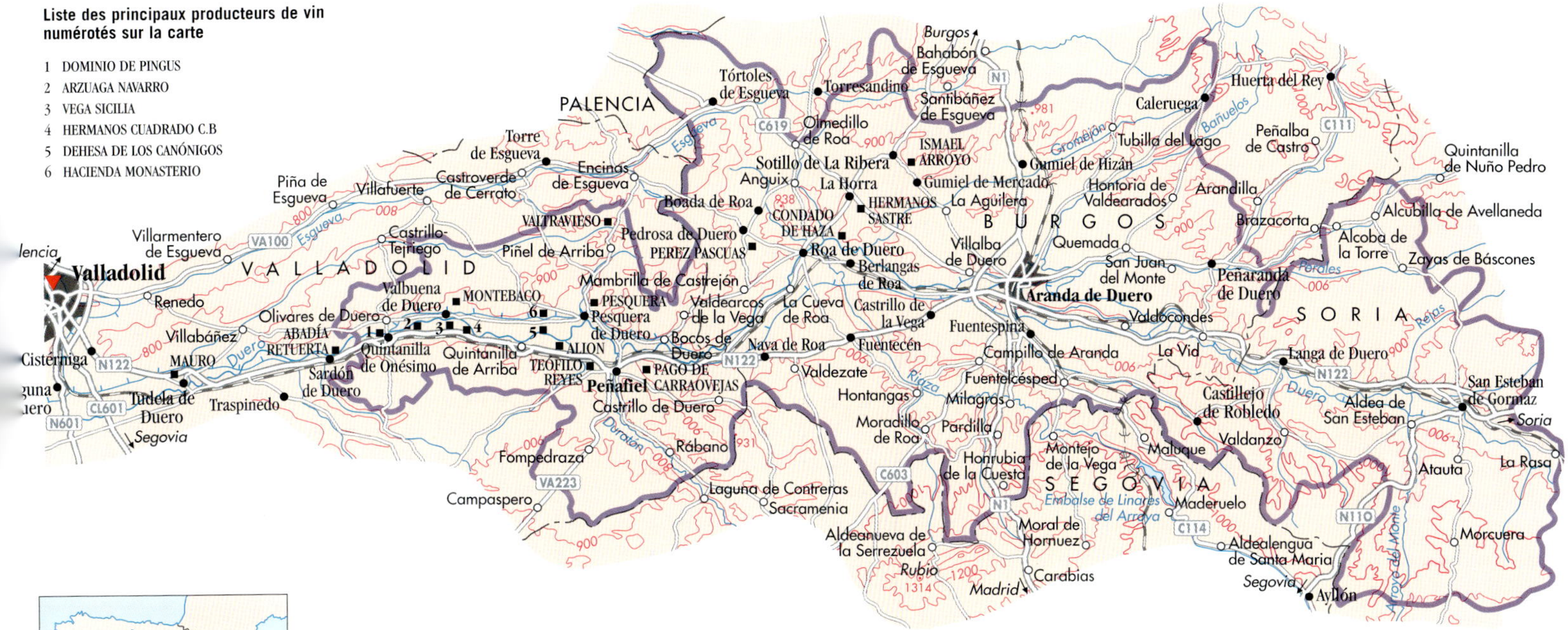

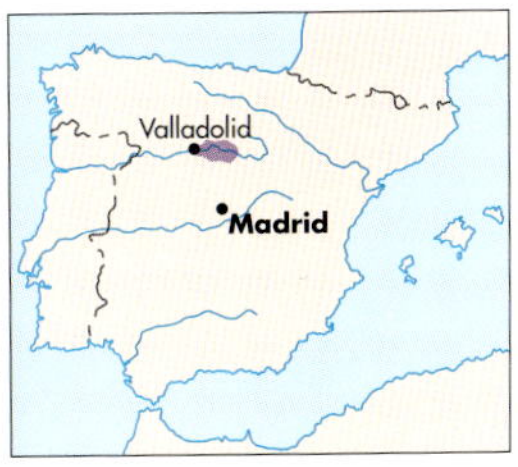

Ribera del Duero : Valladolid

Latitude / Altitude : **41,43° / 840 m**
Température moyenne de juillet : **21,4 °C**
Précipitations annuelles : **410 mm**
Précipitations du mois de la vendange : **octobre : 45 mm**
Principaux dangers viticoles : **gelées, pluies d'automne**
Principaux cépages : **tinto fino/tinto del pais (tempranillo)**

Frontière de province
Limites de la DO Ribera del Duero
La Horra — Centre vinicole
MAURO — Producteur de premier ordre
1000 — Courbes de niveau (intervalles de 100 m)
Station météorologique

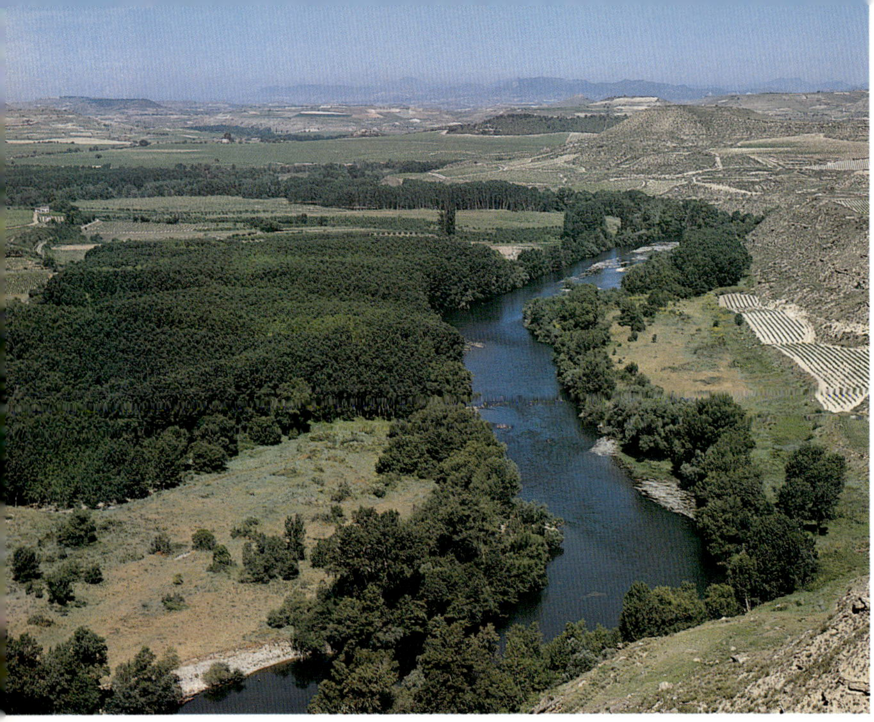

À gauche L'Ebre forme une bonne partie de la frontière physique qui sépare la DO Rioja Alavesa sur la droite de la photo de La Rioja Alta autour de San Vicente (qui produit des vins particulièrement bons).

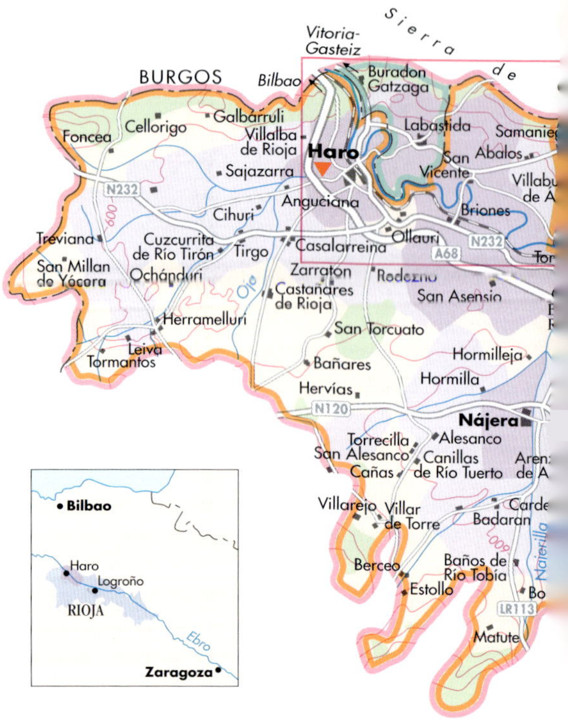

Rioja

La Rioja est une région de transition dans tous les sens du terme. Non seulement elle traverse aujourd'hui une crise d'identité pour ce qui est du style de ses vins, mais elle peut aussi souffrir tout à la fois des étés brûlants et secs des régions vinicoles du sud et des mildious, de la pluie et du gel qui frappent les vignobles septentrionaux.

Sans la muraille massive formée par la Sierra de Cantabrique, elle subirait les assauts des vents atlantiques qui seraient fatals aux vignes. Dans le nord-ouest de la région, dans quelques-uns des vignobles les plus élevés, au-dessus de Labastida, le raisin parvient difficilement à maturité. À l'est, au contraire, les raisins sont parfaitement mûrs jusqu'à 800 m d'altitude, grâce à l'influence tempérée de la Méditerranée qui s'exerce jusqu'à Elciego. Les viticulteurs d'Alfaro dans l'est peuvent vendanger quatre ou six semaines avant ceux de Haro (qui vendangent parfois fin octobre).

La région se divise en trois zones. La Rioja Alta est la partie occidentale, élevée, au sud de la large rivière Ebro bordée de peupliers qui se prolonge au nord jusqu'au pays basque, autour de San Vicente de la Sonsierra. La Rioja Alavesa est la partie de La Rioja qui se trouve dans la province basque d'Avala. La Rioja Baja, la partie la plus étendue, la plus orientale et la plus chaude, est une enclave qui ressemble à une anomalie, à l'est de la capitale industrielle, Logrono. La cave historique de Marqués de Murrieta Castillo Ygay ne pouvait être autorisée à faire de La Rioja Baja qui est considérée, pas toujours à juste titre, comme étant d'une qualité inférieure. Les sols de La Rioja Baja sont encore plus variés que ceux de La Rioja Alta et ses vignes plus clairsemées.

La vigne est pratiquement la seule culture dans les deux sous-zones occidentales toutefois. Le paysage est un patchwork de parcelles de vignes buissonnantes sur des sols d'argile rouge plus ou moins souple et de calcaire blanc, parcourus de dépôts d'alluvions jaunes. Ces terrasses, à différents niveaux d'érosion fluviale (plus c'est haut, meilleur c'est), sont en général dominées par l'argile dans La Rioja Alta et par le calcaire dans La Rioja Alavesa. Les sols rouges autour de Fuenmayor figurent parmi ceux qui ont le meilleur rendement de toute La Rioja. L'argile y est en quantité si importante qu'une énorme usine de céramique est née. C'est la zone de La Rioja qui a été brièvement envahie dans les années 1970 par quelques-unes des grosses maisons de sherry, qui avaient espéré faire une rapide razzia.

Le tempranillo est de loin le cépage le plus important de La Rioja, mais il est mélangé avec le garnacha plus rond, avec de bons résultats dans La Rioja Alta en amont de Najera et dans La Rioja Baja dans les vignobles en altitude de Tudelilla. Le cépage de graciano (le morrastel du Languedoc) est une excellente spécialité de La Rioja, un peu délicat à cultiver même s'il n'est plus menacé d'extinction. Le mazuelo (carignan) est autorisé, mais les expérimentations faites avec le cabernet sauvignon sont à peine tolérées.

La réputation de la région est née vers la fin du XIXe siècle quand les négociants de Bordeaux sont venus y chercher de quoi remplir des cuves désespérément vides après les incursions du phylloxéra au nord des Pyrénées. Ils savaient quel était le potentiel du Rioja grâce aux vins des deux marquis, de Riscal et de Murietta, qui avaient fondé leurs propriétés respectivement en 1860 à Elciego et en 1872 à l'est de Logroño.

Haro, avec sa connexion ferroviaire vers la côte atlantique, était le centre idéal pour les mélanges de vins, apportés à cheval depuis La Rioja Baja. Les négociants bordelais montrèrent comment les faire vieillir en petits fûts. C'est ainsi que naquirent la plupart des bodegas importantes de Haro, toutes fondées autour de 1890 et regroupées autour de la voie ferrée.

Jusque dans les années 1970, l'essentiel du vin de La Rioja est très clair, fait dans des conditions précaires et à petite échelle par des agriculteurs. L'élevage et le mélange, sans même la vinification, étaient les activités clés. Le Rioja était traditionnellement fermenté assez vite puis

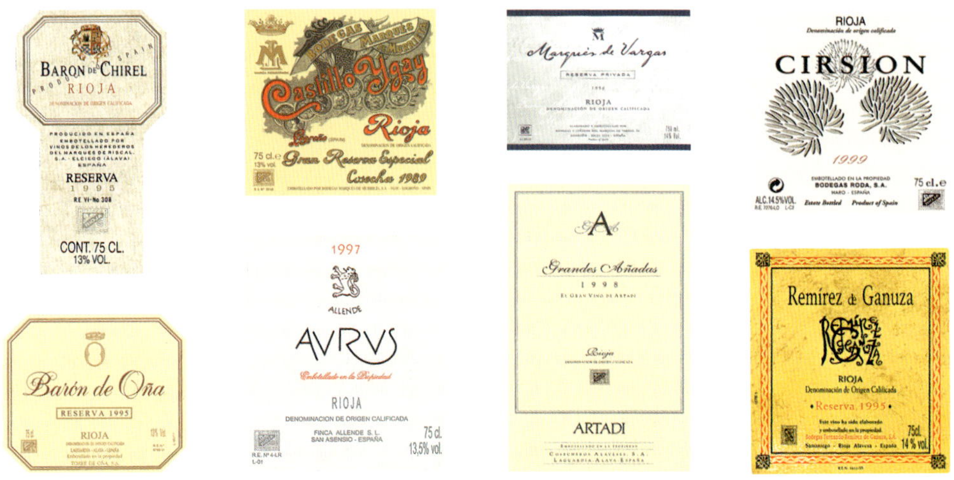

Quelques étiquettes de nouvelles bodegas *intéressantes, ayant des ambitions très vastes, même si on a reproché à certains de ces vins de ne pas être assez typiques. Plus traditionnel, le Castillo Ygay passe cinq ans en fût de chêne.*

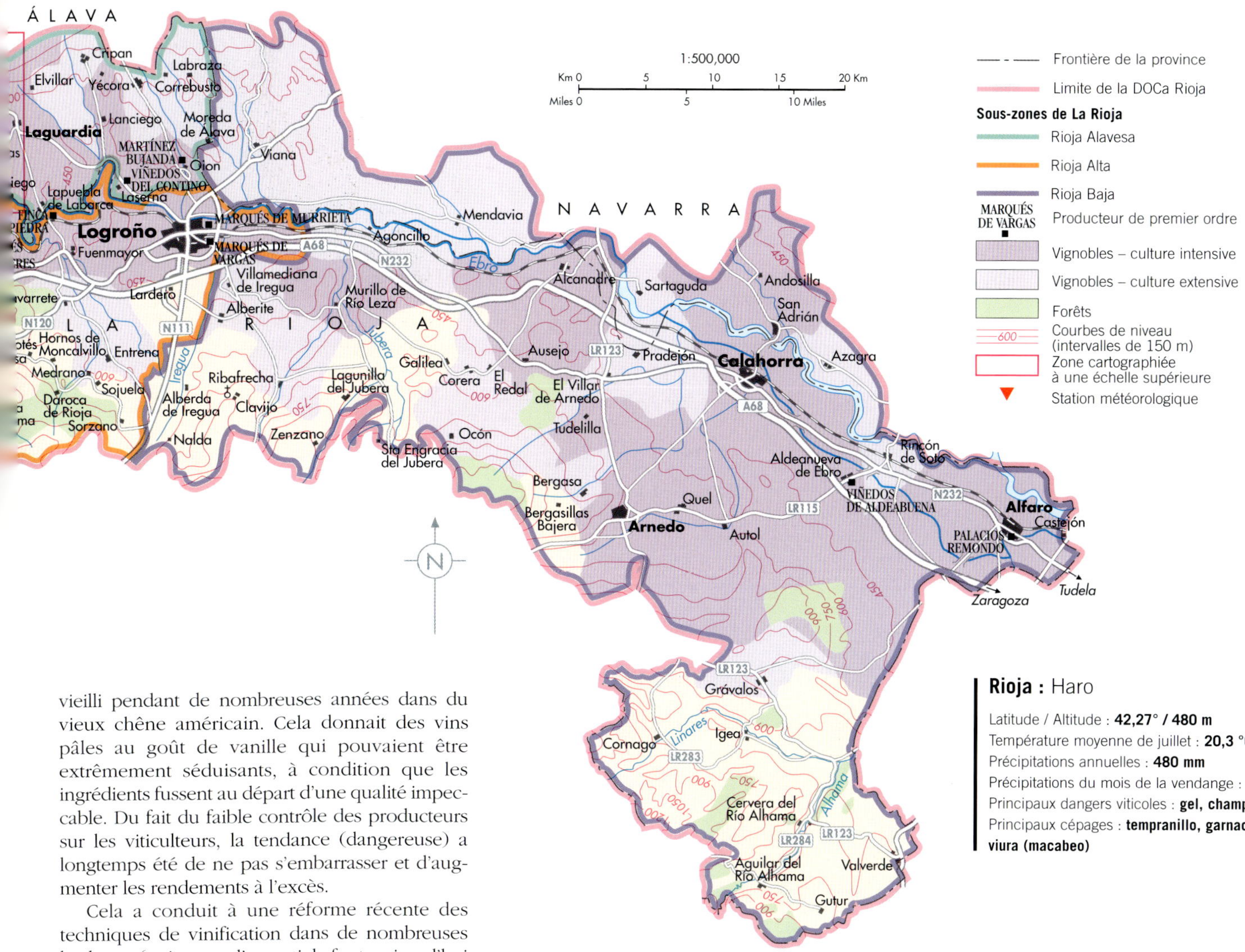

Rioja : Haro

Latitude / Altitude : **42,27° / 480 m**
Température moyenne de juillet : **20,3 °C**
Précipitations annuelles : **480 mm**
Précipitations du mois de la vendange : **octobre : 30 mm**
Principaux dangers viticoles : **gel, champignons, sécheresse**
Principaux cépages : **tempranillo, garnacha tinta (grenache), viura (macabeo)**

vieilli pendant de nombreuses années dans du vieux chêne américain. Cela donnait des vins pâles au goût de vanille qui pouvaient être extrêmement séduisants, à condition que les ingrédients fussent au départ d'une qualité impeccable. Du fait du faible contrôle des producteurs sur les viticulteurs, la tendance (dangereuse) a longtemps été de ne pas s'embarrasser et d'augmenter les rendements à l'excès.

Cela a conduit à une réforme récente des techniques de vinification dans de nombreuses bodegas (qui, pour l'essentiel, font aujourd'hui leur propre vin, quand elles ne cultivent pas leurs propres vignes). Le tempranillo doux, à peau mince, est macéré beaucoup plus longtemps et mis en bouteille bien plus tôt, après un vieillissement en fût de chêne français plutôt qu'américain. Il en sort un vin plus profond et plus fruité – bref, plus moderne (mais assez éloigné du Rioja traditionnel).

Cenicero, sans conteste le centre de La Rioja sans les écarts climatiques extrêmes (les raisins qui sont cultivés à l'ouest ont tendance à avoir plus d'acide et de tannins ; à l'est, ils en ont moins), est l'endroit de la région où le chêne français nouveau a été introduit pour la première fois, plus précisément dans la bodega Marqués de Caceres en 1970.

L'autre évolution, moins controversée, est le développement des vins en provenance d'une seule propriété, comme Contino, Remelluri, Finca Valpiedra, Marqués de Vargas, Senorio de San Vincente et Lanzaga.

Environ un septième de toutes les vignes de La Rioja donne du raisin blanc, presque immanquablement l'âpre viura (macabeo), complété de quantités limitées du traditionnel malvasía riojana et de garnacha blanca. Le riche blanc vieilli en fût de chêne de Rioja, comme celui de Lopez de Heredia, est un des grands vins originaux du monde. Il a toutefois presque disparu, remplacé par des vins blancs plus neutres, fermentés à froid, dont la provenance est mentionnée sur l'étiquette, mais rarement perceptible dans le verre.

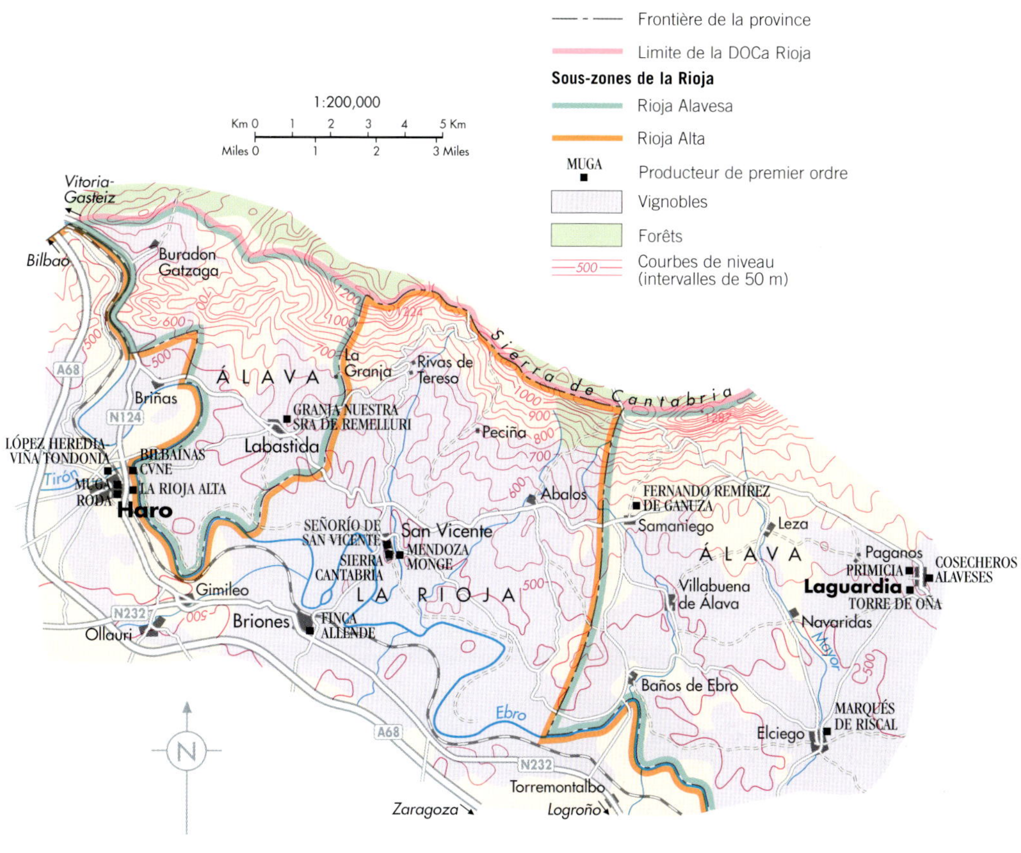

Navarre

Calée sur la frontière nord-est de La Rioja, la région vinicole de la Navarre a été longtemps en compétition avec elle, jusqu'à ce que les négociants de Bordeaux décident de ne plus faire leurs échanges, postérieurs aux attaques de phylloxéra, avec la Navarre, mais plutôt avec La Rioja déjà équipée d'une ligne de chemin de fer depuis Haro.

Pendant une bonne partie du XXe siècle, les vignobles relativement clairsemés de la Navarre ont été pour l'essentiel consacré à la garnacha, aux rosés appréciés et aux rouges ordinaires puissants et profonds que ce cépage donne. Mais il y eut une révolution avec l'arrivée du cabernet sauvignon, du merlot, du chardonnay du cépage de La Rioja occidentale, le tempranillo. Le garnacha est passé de mode et, dès les années 1980, la Navarre sortit toute une série de bouteilles issues de mélanges de tempranillo et de cabernet, de cabernet et de merlot, quelques jolis chardonnays bien faits, ainsi que le rosé bon marché qui semblait devoir être l'unique spécialité de la région. Les coopératives très importantes continuaient d'absorber une grande quantité du garnacha de la région, mais vers la fin des années 1990, on reconnaissait de plus en plus l'intensité et la richesse du vin rouge produit par les vieilles vignes de ce cépage, qui joue un rôle appréciable dans les mélanges comme ceux du Gran Feudo Vinas Viejas de Chivite et du Lautus chez Guelbenzu à Cascante.

Les vins les plus exportés de Navarre sont à mi-chemin entre ceux de la Rioja et ceux du Somontano : des vins vieillis en fûts de chêne mais qui utilisent une vaste palette de cépages espagnols et internationaux. Le chêne français est utilisé plus couramment que dans La Rioja, sans doute parce que le vieillissement a été introduit beaucoup plus tard en Navarre, mais peut-être aussi parce qu'une superficie très importante des vignobles est consacrée à des cépages français. Les vins qui en résultent sont d'une couleur plus profonde, sans doute parce que les peaux sont gardées plus longtemps dans la cuve de fermentation.

La Navarre n'est cependant pas plus homogène que La Rioja. Il y a un monde de différences entre la Ribera Baja, chaude et sèche, la Ribera Alta sur les rives de l'Ebre qui doit être irriguées, et les zones plus froides, moins plantées, aux sols plus variés, du nord. La persistance des vents d'ouest a fait naître des forêts d'éoliennes sur les plateaux au-dessus des vignobles. La Ribera Alta est un peu plus chaude et plus exposée à l'influence méditerranéenne que la Ribera Baja, qui est protégée par le mont Moncayo. Fitero, dans la Ribera Baja, peut produire un garnacha particulièrement bon car ses sols pauvres, comparables à ceux de Châteauneuf-du-Pape, sont très bien exposés ; Corella a acquis une excellente réputation pour son moscatel-de grano-menudo (muscat blanc) à pourriture noble.

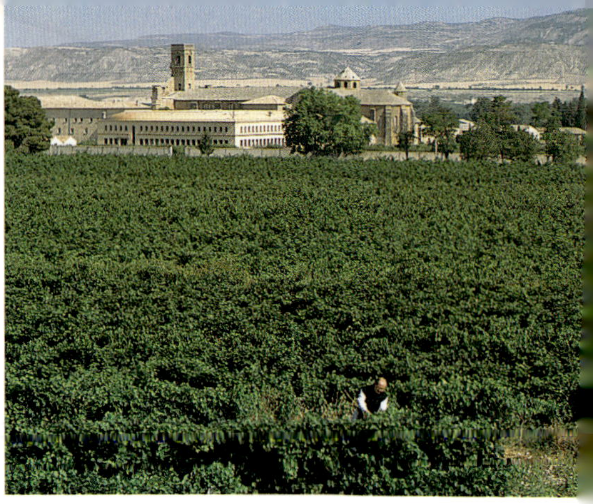

Ci-dessus On cultive toujours la vigne dans le Monasterio de la Oliva à Carcastillo. Au Moyen Âge, les pèlerins traversaient la Navarre pour se rendre à Saint-Jacques-de-Compostelle et appréciaient beaucoup les vins de la région.

Les vins produits dans le nord de la Ribera Alta sont plus pâles et moins alcoolisés que ceux du sud. La Navarre septentrionale est beaucoup plus montagneuse et, grâce à l'altitude et à l'influence atlantique, elle est beaucoup plus fraîche que le sud. Comme dans La Rioja, l'altitude permet que les raisins des cépages bordelais soient vendangés très tard, parfois jusqu'en décembre.

L'argile et un peu de calcaire – les sols sont plus anciens que ceux du Sud – constitue la norme ici ; mais les sols, la topographie et l'altitude peuvent être tellement variés dans les sous-zones de Tierra de Estella et de Valdizarbe au nord que ceux qui cherchent un terrain approprié dans ces régions viticoles sous-développées doivent le faire avec un soin extrême pour éviter les gelées de printemps et le défaut de maturation à l'automne.

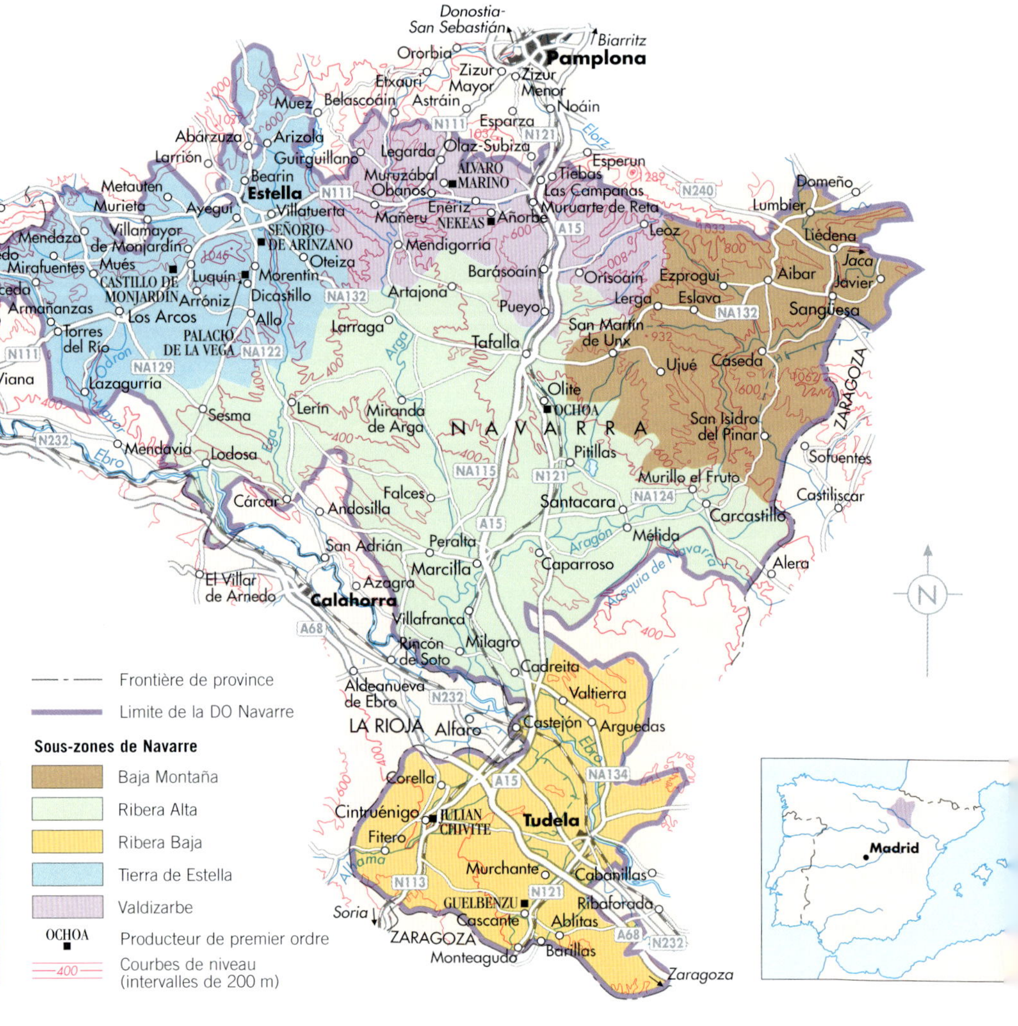

Alors que l'essentiel *de la production de la Navarre est soit un rosé fruité, soit un nombre croissant de rouges vieillis en fûts de chêne et composés de cépages espagnols et bordelais, le vin le plus impressionnant de la région est le Chivite, blanc doux de vendange tardive.*

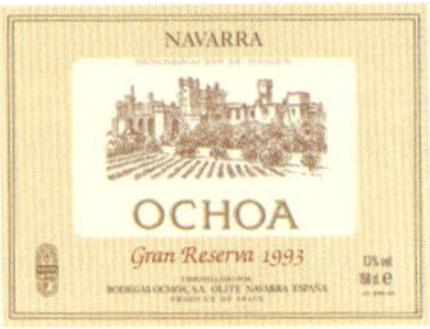

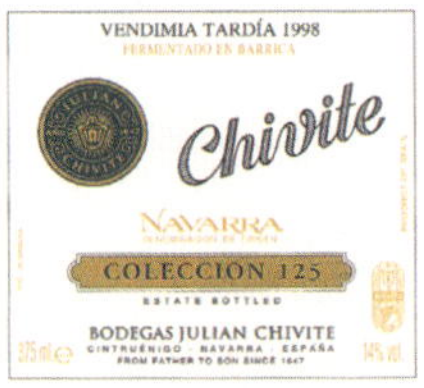

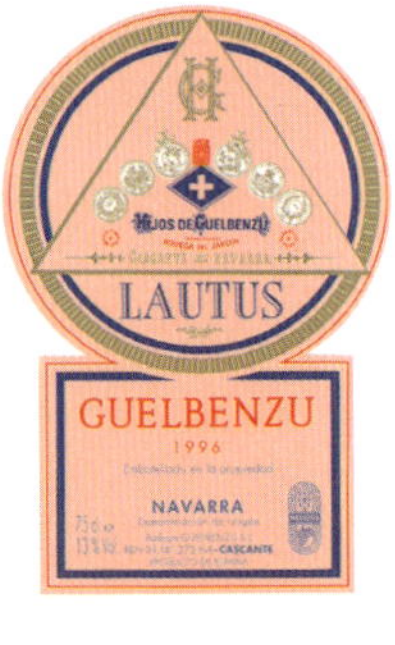

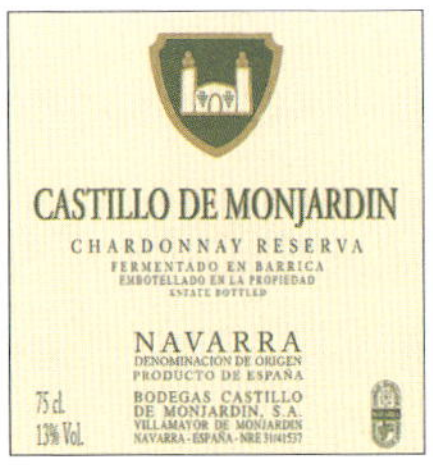

Somontano

Par temps clair, on peut voir les sommets couverts de neige des Pyrénées depuis le Somontano, la région dont le nom signifie « au pied des montagnes ». Ce ne sont pourtant pas les Pyrénées qui rendent possible la culture de la vigne dans cette région très cohérente et très soignée, mais la Sierra de Guara et la Sierra de Salinas. Ces montagnes protègent le Somontano des influences septentrionales froides et constituent une sorte d'amphithéâtre orienté au sud, avec des vignobles autour des villages de Salas Bajas et Salas Altas et sur les rives des rivières Vero et Cinca.

C'est une petite DO, encore adolescente, qui doit sa naissance non pas à la nature, ni même à un individu particulièrement ambitieux, mais au gouvernement local qui, à la fin des années 1980, a encouragé Vina del Vero à planter du tempranillo et des cépages internationaux pour ajouter une touche de séduction internationale aux cépages locaux de moristell et de parraleta.

En dépit d'une histoire glorieuse, l'Aragón est un peu un désert, se traînant loin derrière ses voisins de Catalogne et de Navarre pour ce qui est du développement de la viticulture. La majorité de sa partie occidentale est trop extrême et exposée pour permettre à la vigne de prospérer. Au sud, c'est un véritable désert. Mais la région de Somontano a un grand potentiel avec un climat tempéré et beaucoup plus de pluie que sur le reste du plateau central de l'Espagne (précipitations annuelles de 500 à 600 mm).

Aujourd'hui, le Somontano n'a peut-être pas atteint le niveau du Ribera del Duero, de la Rioja et du Priorato, mais ses vins figurent parmi les plus fiables et les plus abordables de toute l'Espagne, dans la mesure où l'essentiel de la production de ses 2 000 hectares est entre les mains de trois producteurs de premier ordre – Vinas del Vero, Enate qui appartient à un unique propriétaire, et la coopérative modèle Bodegas Pirineos –, chacun d'eux continuant à investir pour améliorer la qualité, aussi bien des équipements que des techniques de vinification.

Les vins sont d'une rondeur séduisante, sans jamais être massifs, grâce à des sols sablonneux pour l'essentiel. Naturellement, la vive acidité est leur marque distinctive, surtout à cause des sols à faible teneur en potassium qui maintiennent un niveau de pH fort bas. On trouve des rouges gouleyants à base de cépages bordelais, quelques tempranillos savoureux, des chardonnays beaucoup plus convaincants que dans le reste de l'Espagne, quelques-uns des rares gewurztraminers du pays, secs et rafraîchissants. Bodega Pirineos travaille plus que tout autre producteur au maintien des cépages locaux, extrayant chaque goutte d'arôme du léger moristell à la senteur de framboise en favorisant la fermentation malolactique en fût. Pirineos persévère aussi avec la parraleta, à faible rendement mais plus structuré et aux senteurs minérales. Il s'essaie enfin à un vin sec sérieux, fait à partir de vieilles vignes de macabeo vendangées tardivement. Le garnacha était l'autre cépage traditionnel de la région, dont les producteurs locaux font encore une version de rancio, vieillie dans leurs propres fûts.

La région est remarquablement homogène et, de façon assez surprenante, attend encore d'être envahie par un individu ambitieux. En ce début du XXIe siècle, il faut mentionner Blecua, une nouvelle cave ambitieuse construite dans un esprit très proche de celui de Napa Valley par Vinas del Vero, et le rôle de consultant joué à Lalanne par l'itinérant Telmo Rodriguez de chez Remelluri dans La Rioja. La région n'attend plus qu'une petite dynamo.

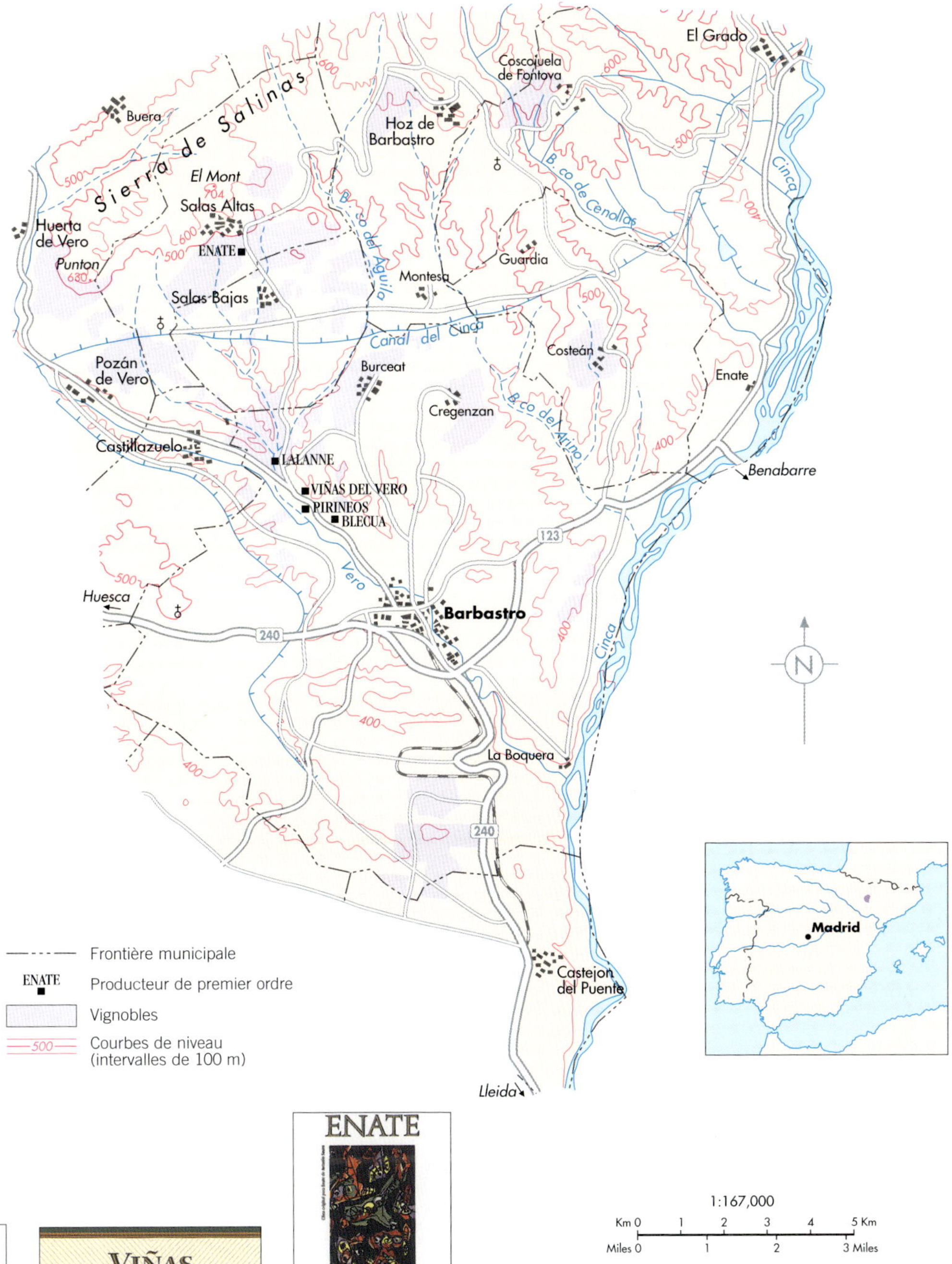

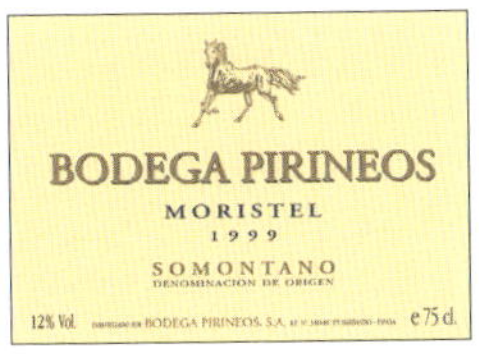

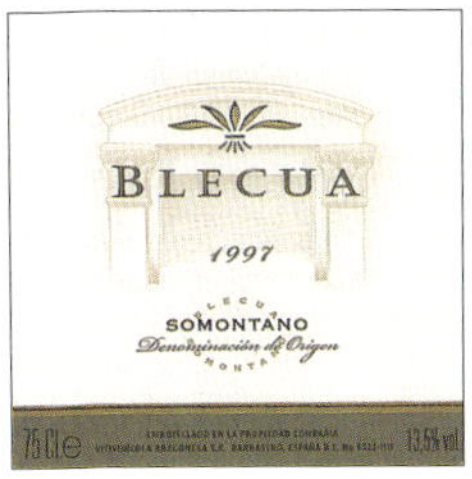

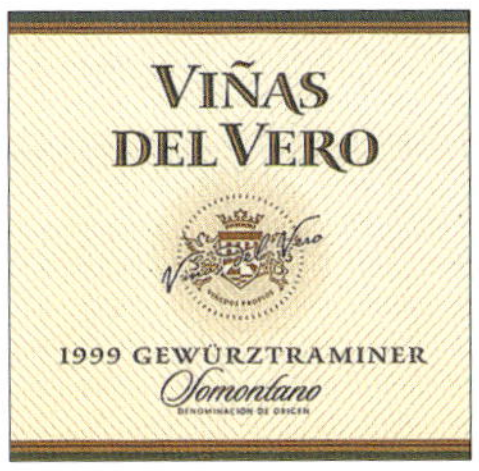

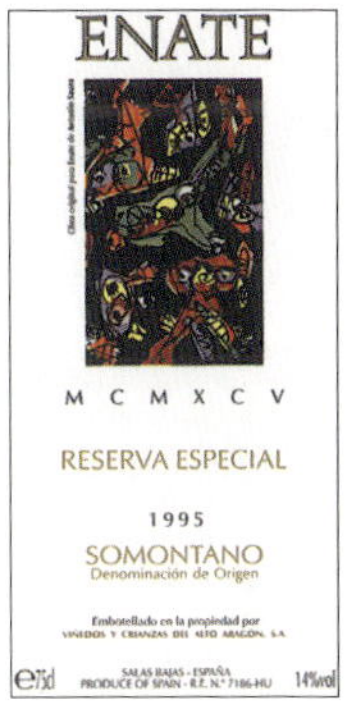

Pour une région aussi petite, *Somontano fait preuve d'une grande compétence pour la culture d'une vaste gamme de cépages, y compris les locaux et un des rares gewurztraminer convaincants d'Espagne.*

Catalogne

Les Catalans prétendent travailler bien plus que les autres Espagnols, et ils ont en effet plus de points communs, d'un point de vue culturel, avec le Roussillon français. Les producteurs de vin de la Catalogne, dynamisés par le marché favorable de Barcelone, produisent des vins plus divers, en provenance des terroirs plus variés, que ceux des autres régions. Pour commencer, 95 % du Cava, réplique espagnole du champagne très présente à travers toute l'Espagne sur les présentoirs des supermarchés et sur les listes de vins des restaurants, est produit en Catalogne, principalement sur le plateau fertile de Penedès, autour de la capitale vinicole de Sant Sadurni d'Anoia.

L'industrie – car c'en est une – est dominée par Codorniu et Freixenet, dont la rivalité a parfois freiné les progrès du Cava au lieu de stimuler la recherche d'une meilleure qualité. La méthode de vinification est semblable à celle de la Champagne, mais les cépages sont très différents. Le macabeo, assez neutre, domine tous les assemblages de Cava, sa nouaison tardive constituant une bonne assurance contre les risques de gelée de printemps dans les vignobles relativement froids de Penedes. L'arôme, parfois excessif, provient du cépage local de xarel-lo, planté en général à basse altitude.

Le cépage de parellada est considéré comme le meilleur ingrédient du cava, donnant un vin au goût de pomme d'une réelle vivacité dans le nord de la région de Penedès, quand on ne le laisse pas produire des effets exagérés. Le chardonnay est un ingrédient de plus en plus courant, et le pinot noir est autorisé lui aussi. Ces deux derniers cépages rendent le cava moins choquant pour les palais qui ne sont pas espagnols, même si cela en fait un vin moins catalan. Des rendements plus faibles et un vieillissement en bouteille prolongé donnent au Cava une qualité crémeuse plutôt qu'un aspect mousseux et agressif – à un bon prix. Le grand cadeau des Catalans au monde du vin pétillant (en dehors du bouchon local), ce sont les gyropalettes (voir ci-dessous), ces palettes géantes qui remplacent la pénible et approximative tâche du remuage à la main par le contrôle informatique.

Le marché du vin pétillant en Espagne n'a pas grandi comme on s'y attendait et les producteurs de Cava ont consacré une énergie croissante à faire des vins non pétillants. Les cépages internationaux importés de France sont plus répandus dans le Penedès que dans le reste de l'Espagne, en partie à cause des pionniers de ce type de vins des années 1960 – Miguel Torres et, à plus faible échelle, Jean Leon, qui appartient aujourd'hui à Torres, le géant catalan pour les vins non pétillants.

Le Miguel Torres d'aujourd'hui est célèbre pour ses expérimentations précoces sur le chardonnay et le cabernet sauvignon (ce dernier lui a valu une célébrité internationale aux « jeux olympiques du vin » de Gault et Millau en 1979, devant certains des noms les plus fameux du Bordelais). Depuis, Torres a grandi en taille plus qu'en stature, produisant une vaste gamme de mélanges sérieux, à défaut d'être enthousiasmants, de cépages locaux et importés qui ont remporté un succès énorme sur le marché espagnol. Vina Sol (cépage de parellada) est un des premiers vins blancs modernes espagnol fermenté à froid. Les Coronas sont les tempranillos catalans les mieux distribués du pays (le tempranillo est appelé ull de llebre dans la région). Les investissements au Chili ont fourni une diversion, tout comme les expérimentations avec le riesling, le gewurztraminer et le pinot noir dans les vignobles plus élevés. Mais depuis la fin des années 1990, la plupart des vins couronnés de succès de Torres sont faits à partir de raisins cultivés dans l'enclave tout à fait spécifique de Conca de Barbera. Le Gran Muralles, fait avec des cépages catalans à faible rendement, a montré la voie à partir du millésime 1996 vers un type de rouge Torres beaucoup plus concentré.

L'appellation Penedés s'est révélée beaucoup trop contraignante pour un producteur de la taille de Torres, instigateur principal de la récente et controversée DO Catalunya, qui couvre toutes les régions de la Catalogne. Mais il existe un certain nombre de producteurs consciencieux, essentiellement dans les vignobles des hauteurs, taillés au milieu des pins et de la garrigue méditerranéenne, qui font de leur mieux pour tirer des vins dotés d'une personnalité sérieuse. Les vignobles les plus bas et les plus chauds de Baix-Penedès, près de la côte, ont traditionnellement fourni des raisins de moscatel et de malvasia très mûrs pour des vins de dessert. On y a récemment favorisé le monastrell, le garnacha et le carinena pour des mélanges de rouges plus secs.

La Tarragone, juste à l'ouest de Penedès, autour

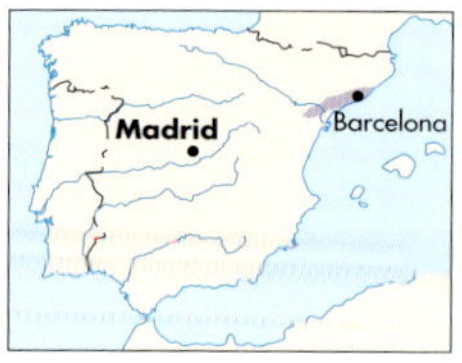

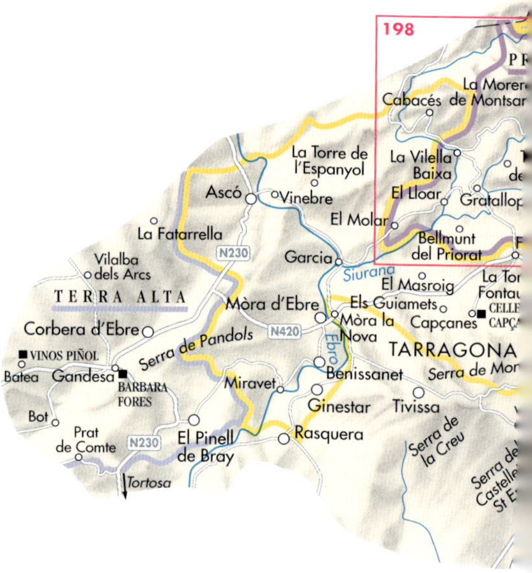

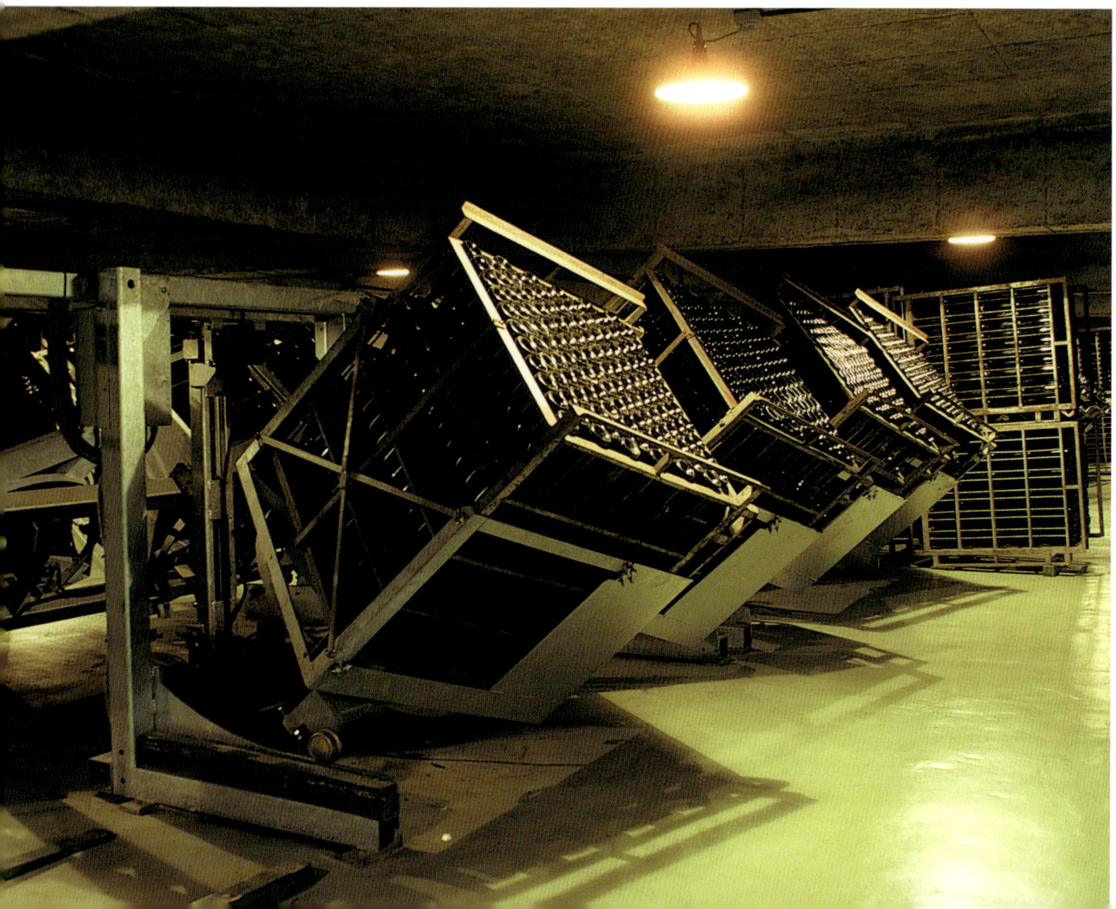

À gauche La gyro-palette, une invention catalane peu romantique mais très efficace, tout particulièrement depuis que l'art du remuage à la main des vins pétillants se meurt. Ces robots travaillent ici dans les caves de Seguras Viudas à Sant Sadurni d'Anoia.

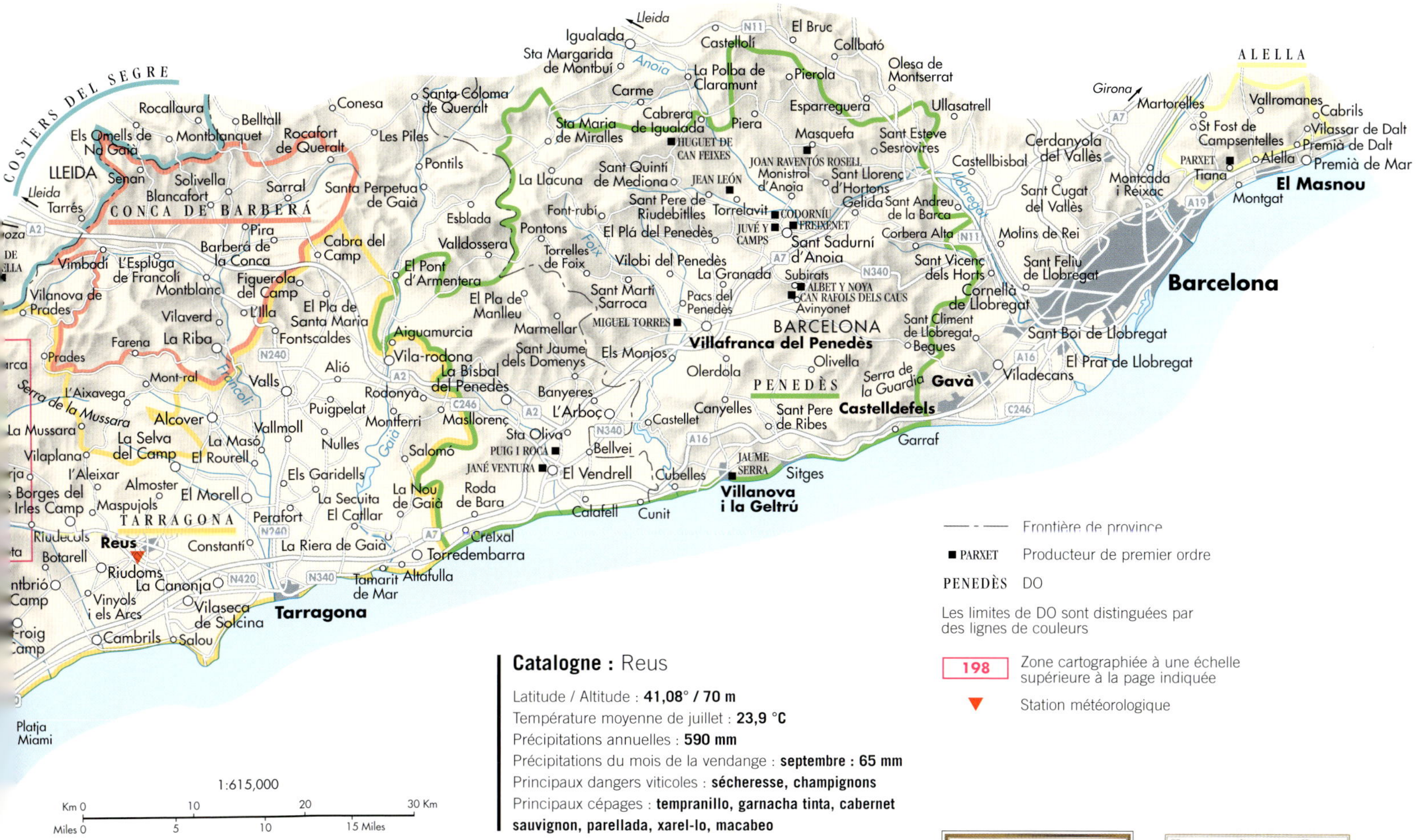

Frontière de province

■ PARXET Producteur de premier ordre

PENEDÈS DO

Les limites de DO sont distinguées par des lignes de couleurs

198 Zone cartographiée à une échelle supérieure à la page indiquée

▼ Station météorologique

Catalogne : Reus

Latitude / Altitude : **41,08° / 70 m**
Température moyenne de juillet : **23,9 °C**
Précipitations annuelles : **590 mm**
Précipitations du mois de la vendange : **septembre : 65 mm**
Principaux dangers viticoles : **sécheresse, champignons**
Principaux cépages : **tempranillo, garnacha tinta, cabernet sauvignon, parellada, xarel-lo, macabeo**

de la ville du même nom et remontant le long de la crête qui borde la côte, est encore plus variée. Bon nombre des vignobles fournissent du raisin pour le cava. La plaine côtière orientale, El Camp de Tarragona, continue à produire de grandes quantités d'un rouge doux et lourd, parfois longuement vieilli en fût pour en faire un rancio. Mais à l'ouest, dans les vignobles plus élevés, les producteurs sont de plus en plus inspirés par ce qui s'est passé dans l'enclave du Priorat (voir page suivante). Autour de Falset, une toute petite ville en altitude qui est le portail de la zone de Priorat, des vins rouges secs et très concentrés sont produits, même s'ils ne bénéficient pas du caractère distinctif du sol du voisin.

La zone de Falset que la coopérative Capaçanes a fait connaître au monde entier dans les années 1990, mène campagne pour obtenir sa propre DO afin de s'élever au-dessus du Camp de Tarragona et de la troisième sous-zone Ribera d'Ebre, un peu plus au sud dans les collines qui dominent les rives de l'Ebre.

Dans la haute campagne de la DO Terra Alta, chaude et ensoleillée, les cépages noirs importés remplacent rapidement les cépages blancs catalans qu'on y cultivait pour l'industrie du cava.

Si la Tarragone est effectivement composée de trois régions contiguës et que Penedès constitue la quatrième, Costers del Segre est un cas plus extraordinaire encore avec au moins quatre sous-zones dispersées (voir la carte de l'Espagne page 186). Les Garrigues se trouve juste au-delà de la chaîne de Montsant qui la sépare du Priorat à la mode. C'est un paysage similaire, quoique légèrement plus civilisé. Les vignes buissonnantes de garnacha et de macabeo au potentiel considérable poussent à une altitude de 750 m, de même que le tempranillo et les nouveaux cépages internationaux échalassés à toute vitesse au milieu des amandiers et des oliviers. Les brises en provenance de la Méditerranée limitent les risques de gel.

Les cépages internationaux plus légers mais épicés sont cultivés à des altitudes inférieures dans le nord-ouest du Segre et dans la zone de Vall de Riu Corb. Artesa, bien plus au nord, est plus proche du Somontano dans l'Aragón (voir page 195). Puis on trouve Raimat, véritable oasis dans le semi-désert du nord-ouest de Lleida, grâce à un système d'irrigation développé par la famille Raventos de Codorniu. Les vins y ressemblent plus à ceux du Nouveau Monde qu'à ceux de la Catalogne.

Sur la côte, juste au nord de Barcelone, les producteurs de vin d'Allela se battent avec les promoteurs immobiliers et se sont lancés dans les plantations de cépages internationaux.

En dehors de la carte, mais présente sur la carte générale de l'Espagne, on trouve la DO relativement nouvelle de Pla de Bages, centrée sur la ville de Manresa, au nord de Barcelone. Bien qu'elle cultive un intéressant picapoll (le picpoul du Languedoc), elle aussi est progressivement replantée avec du cabernet et du chardonnay. Ampurdan-Costa Brava est la DO la plus septentrionale de la Catalogne ; elle a fait des progrès récents, en dehors de sa production principale de rosé pour touristes, à partir de ses cépages substantiels de carinena.

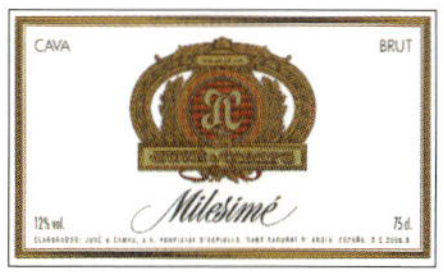

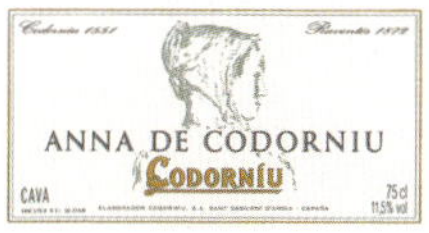

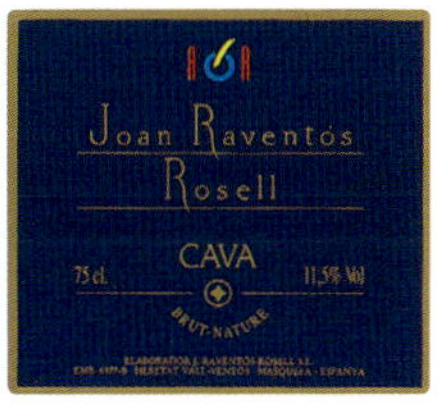

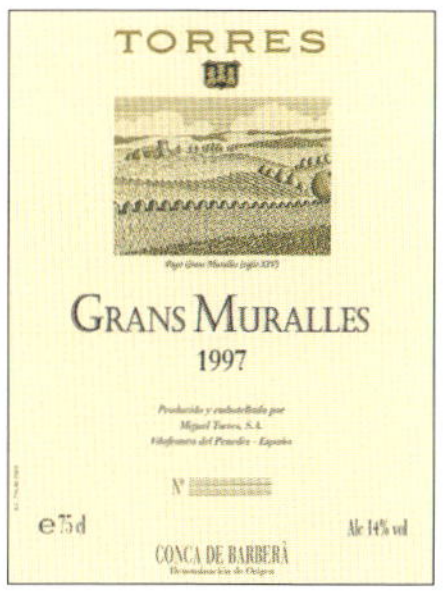

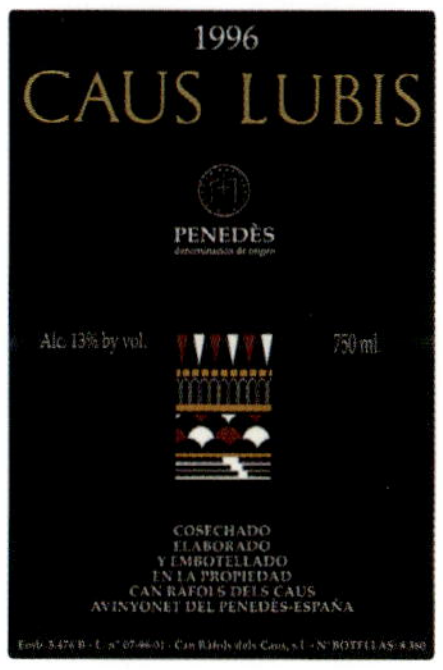

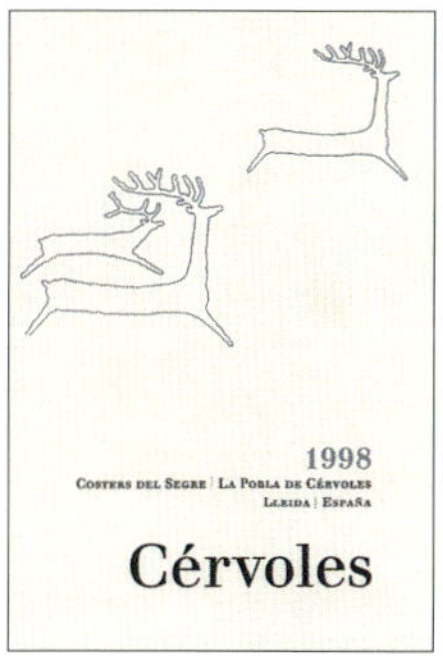

La Catalogne produit maintenant *des vins non pétillants intéressants, à côté des océans de cava. Le Cervoles (rouge et blanc) est fait à partir de vieilles vignes de l'arrière-pays de Conca de Barbera redécouvertes par les propriétaires de Castell de Remei de la région de Costers del Segre.*

Priorat

En 1990, le gouvernement catalan a publié un ouvrage substantiel sur mille ans de viticulture en Catalogne, dans lequel le Priorat (Priorato, en castillan) n'était même pas mentionné. Vers la fin des années 1990, cette minuscule région vinicole produisait un des vins les plus excitants et les plus chers d'Espagne.

Cette transformation rapide est le travail d'un seul homme – et pas celui qui, aujourd'hui, est associé le plus souvent au nom de Priorat. L'entreprise familiale éponyme René Barbier, dans les collines sauvages au nord-ouest de Tarragone, appartient désormais au géant du Cava, Freixenet, et produit des vins de table à Sant Sadurni d'Anoia.

Avant l'arrivée du phylloxéra, il y avait 5 000 hectares de vignobles dans ce paysage vertigineux de collines froissées les unes contre les autres. En 1979, lorsque René Barbier a découvert le potentiel de cette région vinicole historique, il ne restait plus que 600 hectares de vignes, de carinena (carignan) essentiellement. En 1989, il avait formé un gang de cinq membres qui lanceraient chacun un « Clos ». Des nouveaux producteurs qui partageraient au départ des locaux et des raisins à Gratallops, mais qui se sépareraient rapidement. Des producteurs de vin techniquement au point et inspirés par la région qui feraient toutefois un vin rustique très distinct de celui produit jusque-là dans le Priorat, à base de raisins fermentés – des vins très différents de la norme espagnole à fort arôme de chêne.

Le succès international de ces vins concentrés a été tel (leur rareté y a aussi contribué) que la région a été envahie et refaçonnée par de nouveaux arrivants, venus de Penedès et d'au-delà. Au tournant du siècle, on comptait 1 000 hectares replantés ou transformés en terrasses propices à la plantation. Et 1 000 autres hectares étaient désignés pour la viticulture. Cette activité soudaine s'est imposée dans une région où les bergers et les charrettes tirées par des ânes sont encore courants. Le village vinicole de Gratallops, le plus connu de tous, compte moins de 200 résidents permanents.

Pourquoi ces vins sont-ils si singuliers ? Cette enclave est entourée de collines élevées, vertigineuses. Le Priorat est protégé du nord-ouest par Montsant, une longue crête d'affleurements rocailleux. C'est son sol très inhabituel, la llicorella, une ardoise brun sombre dont les éclats de quartzite brillent au soleil, qui donne aux meilleurs Priorat l'essence minérale qui les caractérise.

Les précipitations annuelles sont souvent inférieures à 400 mm, ce qui rendrait l'irrigation obligatoire dans la plupart des régions. Mais les sols du Priorat sont exceptionnellement humides et frais, de sorte que les racines de la vigne creusent des tunnels, comme dans la région de Douro, dans les failles de la llicorella, pour trouver de l'eau fraîche. D'où des quantités ridiculement faibles d'un vin fabuleusement concentré.

Le carinena est encore le cépage le plus planté, mais seules les vignes les plus vieilles produisent le vin de grande qualité. Un antique cépage de garnacha est planté sur les sites les plus froids, où la maturation est plus lente, et il fournit la colonne vertébrale des priorats les plus sérieux, rendus plus charnus avec les cépages de cabernet sauvignon, de syrah et de merlot plantés plus récemment.

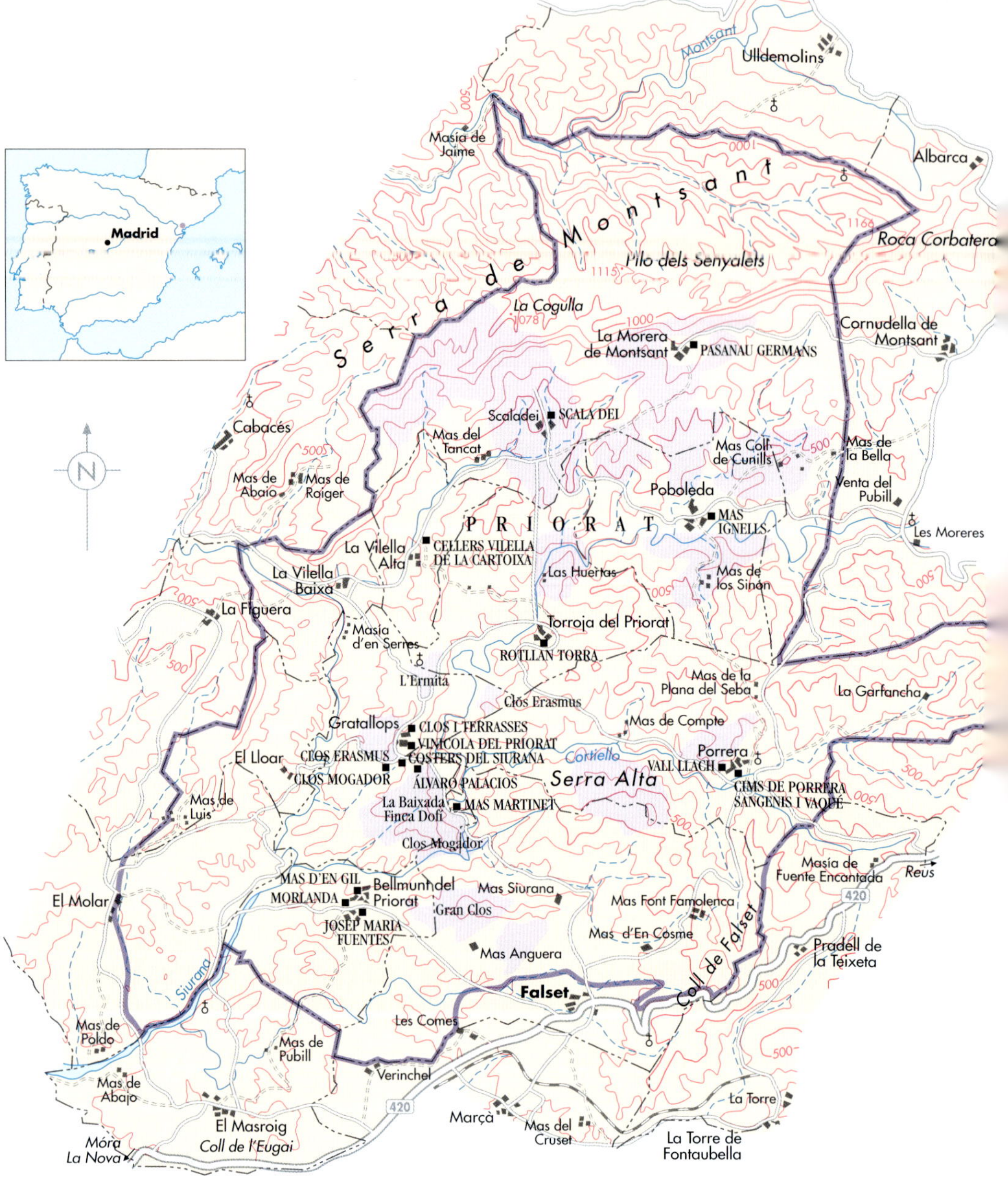

Frontière municipale

Limites de la DO Priorat

MAS MARTINET ▪ Producteur de premier ordre

Gran Clos Vignoble désigné

Vignobles

500 Courbes de niveau (intervalles de 100 m)

1:146,000

Km 0 1 2 3 4 5 Km

Miles 0 1 2 3 Miles

Ci-dessous La pente de schiste à 50° de l'Ermita, près de Gratallops, rendue célèbre – et chère – par la superstar du Priorat, Alvaro Palacios, est principalement plantée de garnacha à faible rendement, complété par du cabernet sauvignon et un peu d'un ancien cépage de carinena.

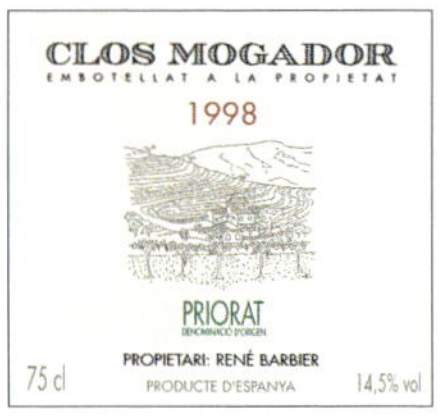

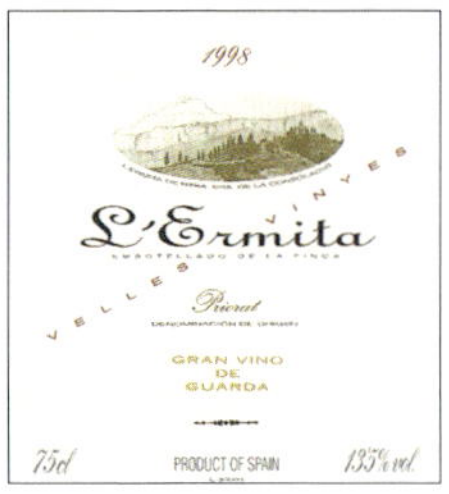

Le Clos Mogador *est géré par le créateur du Priorat moderne, René Barbier, un des rares producteurs de vin à vivre à plein temps dans la région. Alvaro Palacios est installé près de la bodega de sa famille dans La Rioja Baja.*

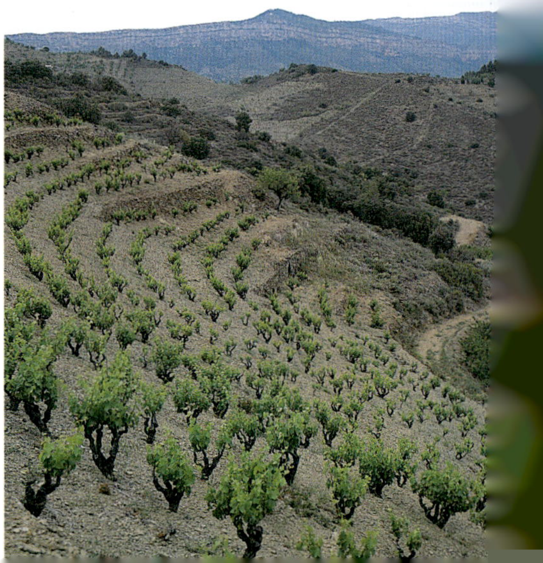

Le pays du sherry et le Sud

Le Levante sur la côte méditerranéenne est déjà très chaud. Au sud du Levante, la vigne a besoin de conditions très spéciales pour produire un vin très spécial. L'Andalousie est la région du vin viné et du brandy, même si ceux qui produisent des vins de table dans le Condado de Huelva (carte de l'Espagne page 186), à l'est de la ville du même nom, font de leur mieux pour faire le vin le plus rafraîchissant possible vu les températures.

Les gens du coin choisissent plutôt un vin d'une grande finesse, même si la combinaison de la puissance et de la délicatesse n'est pas une des qualités que l'on trouve normalement dans les vins produits sur une terre brûlée. Là où le soleil grille la terre et où les raisins mûrissent à la température d'une tarte au four, le vin développe parfois une vigueur, une puissance et une profondeur merveilleuses. Mais de la finesse, pas vraiment.

Là réside la spécificité remarquable du sherry. C'est une question de craie, de variété du cépage de palomino fino, d'investissements énormes et d'habileté transmise depuis des générations. Toute bouteille de sherry ne présente pas, loin s'en faut, cette qualité. Mais un véritable fino, le produit non viné des dunes de craie blanche de Macharnudo ou de Sanlùcar de Barrameda, est une expression du vin et du bois d'une beauté et d'une vivacité uniques au monde.

Le pays du sherry, entre les villes aux noms romantiques de Cadiz et de Séville, est presque une caricature de la grandeur de l'Espagne. C'est ici que l'on trouve les élevages de taureaux, les châteaux se découpant sur l'horizon, les patios, les guitares, les danseurs de flamenco, les nuits prolongées jusqu'à l'aube. Jerez de la Frontera, la ville qui donne son nom au sherry, le vit et le respire, comme Beaune le bourgogne et Épernay le champagne.

La comparaison du sherry et du champagne peut être poussée assez loin. Les deux sont des vins blancs dotés d'un caractère spécifique que leur donne la craie, les deux ont besoin d'un traitement traditionnel assez long pour parvenir à la pleine expression de leurs qualités. Tous les deux sont des vins apéritifs vivifiants. Ils représentent l'interprétation la plus méridionale et la plus septentrionale du même tableau : cépage blanc sur sol blanc.

Le sol n'est pas blanc partout. Les zones de craie (*albarizas*) sont les meilleures ; les *pagos* (terres) de Carascal, Macharnudo, Añina et Balbaina sont les plus célèbres. Certains vignobles sont situés sur du sable et produisent des vins de second ordre pour les mélanges.

Les quartiers des négociants et des bodegas se trouvent dans les villes du sherry que sont Sanlúcar, El Puerto de Santa Maria et particulièrement Jerez. Il y a dans chacune de ces villes des bars où les tapas, sans lesquelles aucun Andalou ne boira un verre, constituent un véritable banquet.

La *copita*, un verre pas plus grand qu'une fleur de tulipe, ne cesse de se remplir et de se vider d'un vin plus pâle, plus frais, plus délicieux que n'importe quelle drogue jamais goûtée.

Mais les endroits les plus célébrés de Jerez sont les bodegas des maisons de négoce. Ces bâtiments aux ailes immenses blanchies à la chaux, aux toits sombres, zébrés par les rayons de soleil, font irrésistiblement penser à des cathédrales. À l'intérieur, dans les fûts empilés parfois sur cinq étages, le vin nouveau est stocké pour parvenir à maturité. Il ne repartira pas avant d'être passé par un long processus de mélange, connu sous le nom de système de solera. Seul le millésime d'une qualité exceptionnelle est vendu sans être mélangé par un *almacenista,* ou gérant de stocks.

Le premier travail, une fois que le vin nouveau a terminé sa fermentation, consiste à le répartir en différentes catégories : meilleur ou moins bon, léger ou corsé. Chaque vin est placé dans une *criadera* (cave) appropriée à son caractère. Chaque catégorie de vin a un nom traditionnel.

À partir des *criaderas*, le négociant remplit un certain nombre de soleras, constituées de vingt à plusieurs centaines de fûts. Chaque vin est versé dans la solera qui correspond le mieux à son caractère. À mesure que le vin nouveau entre d'un côté de la solera, le vin parvenu à maturité pour le mélange est prélevé de l'autre côté. Le système de la solera permet que le vin soit constamment mélangé et ressorte donc avec un goût homogène.

Les vins de solera sont la boîte de couleurs du négociant pour obtenir le mélange de sa marque. Le sherry ordinaire, au moment où il est vendu, est un mélange adouci et viné, mais les sherries tirés directement de la solera sont des vins secs destinés

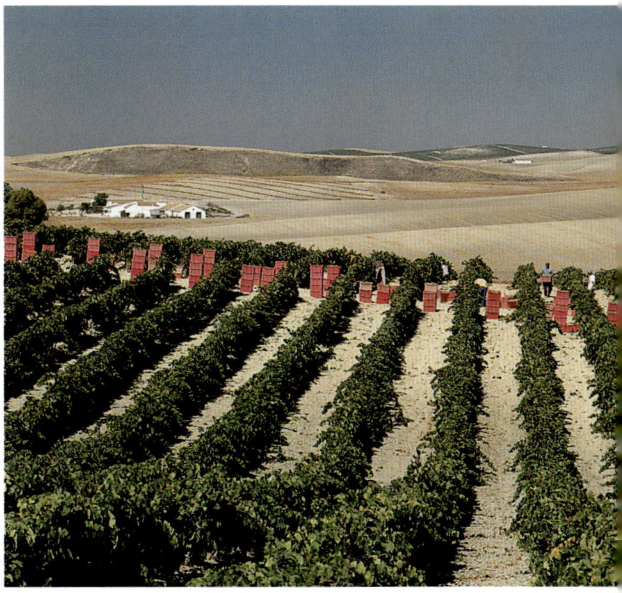

Ci-dessus Dans les vignobles soucieux de qualité comme celui-ci, dirigé par González Byass, le cépage de Palomino Fino est maintenant vendangé dans de petites boîtes en plastique pour limiter les dommages et l'oxydation.

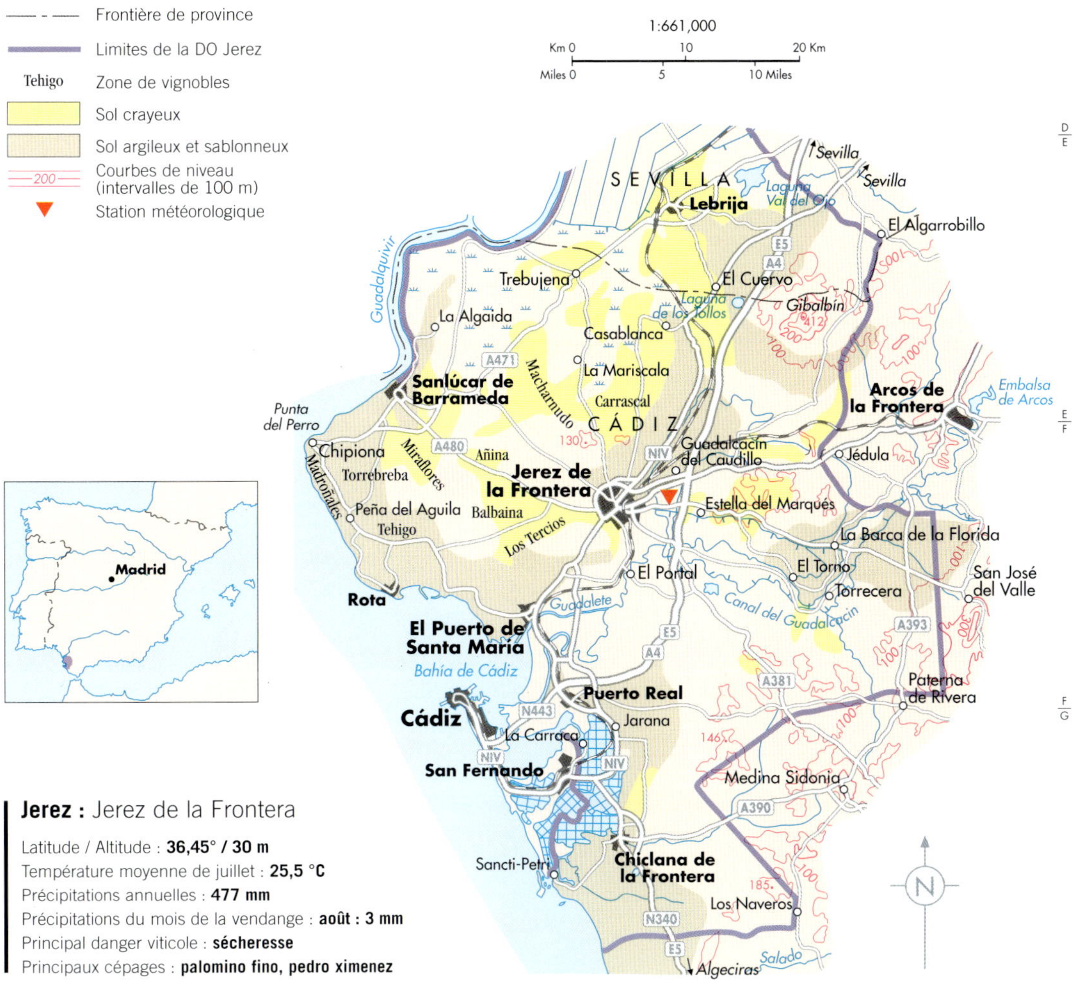

Jerez : Jerez de la Frontera

Latitude / Altitude : **36,45° / 30 m**
Température moyenne de juillet : **25,5 °C**
Précipitations annuelles : **477 mm**
Précipitations du mois de la vendange : **août : 3 mm**
Principal danger viticole : **sécheresse**
Principaux cépages : **palomino fino, pedro ximenez**

au connaisseur. Tout le sherry jeune est au départ classé soit comme un vin assez léger et délicat pour faire un fino (qui va mûrir sous une étrange couche protectrice de levure de Jerez, semblable à du pain et appelée flor), soit comme un vin plus plein, appelé oloroso. Les olorosos sont portés à maturation par le contact de l'air et délibérément vinés pour atteindre une teneur en alcool de 15,5 %, en réalité proche de 18 %, qui tue toute levure.

Les sherries vendus comme finos sont les meilleurs et les plus pâles, les plus élégants et les plus secs, et n'exigent que très peu de mélanges. Ils vieilliront parfaitement bien dans le bois, mais ils sont aussi excellents jeunes. Dans ce cas, ils se périment vite et une bouteille ouverte devrait être bue dans les heures qui suivent. Les manzanillas de Sanlúcar de Barrameda sont encore plus légers et plus secs, faits exactement comme un fino et gratifiés d'un arrière-goût salé qui est censé venir de la mer.

L'amontillado – un vin plus souple et plus sombre – est le vin suivant. Les meilleurs amontillados sont de vieux finos qui n'avaient pas la fraîcheur nécessaire pour être bus jeunes, même si ce nom se trouve souvent sur les étiquettes de mélanges commerciaux qui sont moyens à tous égards (un fino est transformé en amontillado classique en laissant le flor mourir ou en l'éliminant grâce à un ajout d'alcool ; le sherry est alors porté à maturation par simple contact avec l'air, comme pour les olorosos). Les grandes soleras d'amontillado (c'est seulement dans la solera que l'on peut apprécier la véritable individualité d'un vin) sont d'un arôme sec et puissant, presque brûlant, d'une saveur piquante, riche, sombre et grasse. Un amontillado de grande marque sera simplement un mélange adouci des olorosos les plus ordinaires, appelés rayas.

L'oloroso classique, sec et sombre, est rare. De tels vins ont un grand potentiel de vieillissement, mais ils sont trop lourds pour une solera de fino. Les olorosos servent aussi de base pour bon nombre des meilleurs sherries doux, quelques-uns des plus intrigants étant faits exclusivement à partir des cépages pedro ximenez (souvent appelés PX), qui sont traditionnellement séchés pour faire des vins destinés à adoucir le sherry. Les marques étiquetées oloroso ou cream sont des mélanges de rayas, auxquels on ajoute des vins doux. Le pâle cream est en général le même vin, la couleur naturelle ayant été retirée. Le palo cortado, au contraire, est un vrai classique, une rareté, riche et sec à la fois, et se situe entre l'oloroso et le fino.

Pas un mélange, doux ou mi-doux comme le sont la plupart des mélanges, ne peut être comparé aux étonnants sherries naturels. Ce sont des objets de collection, comme peuvent l'être les bourgognes des grands domaines.

Le sherry est de loin le plus célèbre des *vinos generosos* de l'Andalousie, mais la côte montagneuse à l'est, la Costa del Sol, et les collines chaudes et sèches ont aussi leurs spécialités, proches du sherry mais dans un style différent (voir la carte page 186). Le sherry tire même le nom d'une de ses catégories (amontillado) de sa ressemblance avec les vins de Montilla.

Montilla-Moriles, pour donner son nom entier, est une région vinicole qui s'amenuise, juste au sud de Cordoue, mais qui compte encore 10 000 hectares de vignobles, en partie sur la même craie qui donne naissance aux olorosos et aux finos de Jerez. Il y a encore cinquante ans, sa production était mélangée à Jerez, comme si les deux régions n'en avaient fait qu'une. Mais le montilla est différent. Son attrait particulier tient à sa puissance naturelle, qui permet de l'expédier sans le viner, à l'inverse du sherry qui est légèrement viné.

Le cépage du Montilla n'est pas le palomino mais le pedro ximenez, celui que Jerez réserve pour son vin le plus doux. Le climat plus chaud de Montilla donne une teneur en sucre plus élevée aux raisins, qui fermentent dans des *tinajas* en terre cuite à ciel ouvert. La flor se forme rapidement. En un an ou deux, le vin est prêt, plus souple que le sherry, se buvant comme un vin de table en dépit de sa puissance. Certains prétendent y trouver le parfum des olives noires.

Bien que le montilla soit en général à son apogée jeune, pâle et sec, les bodegas utilisent les mêmes méthodes que celles de Jerez pour faire des vins qui vont de l'apéritif au vin de dessert. Le style des finos est un peu plus lourd que celui de Jerez.

Montilla n'est pas très loin de Malaga, autrefois célèbre dans le monde entier pour un splendide vin de dessert à fort goût de raisin. Le Malaga est en réalité une large gamme de *vinos generosos* qui ont en commun un élément : les bodegas doivent, comme l'exige la loi, être installées dans la capitale de la Costa del Sol. Les vignobles sont très dispersés, avec du pedro ximenez dans l'arrière-pays et du moscatel sur la côte. Les récoltes sont très faibles et les vins concentrés peuvent vieillir indéfiniment. Les soleras donnent la meilleure qualité. L'*arrope* (le moût réduit à chaud), technique utilisée depuis l'époque romaine, concentre plus encore l'arôme. Le marché d'aujourd'hui, hélas, est si indifférent aux grands malagas que le meilleur producteur, Scholtz Hermanos, a dû fermer ses portes en 1996. Il y a un vague mouvement de renouveau sous la forme encourageante du Lopez Hermanos et du Molina Real, d'une douceur dorée.

Les bodegas de sherry de Jerez de la Frontera

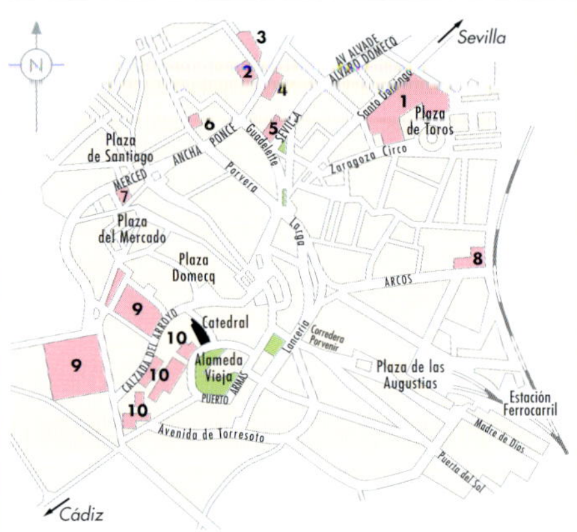

1 Williams & Humbert
2 Wisdom & Warter
3 Sandeman
4 Valdespino
5 Garvey
6 Sanchez Romate
7 Emilio Lustau
8 John Harvey
9 Domecq
10 González Byass

Ci-dessous Le rafraîchissant sherry fino provient des soleras de vin qui vieillissent pendant des années dans des fûts poussiéreux, comme ceux-ci, à l'intérieur de la bodega La Mezquita de Pedro Domecq.

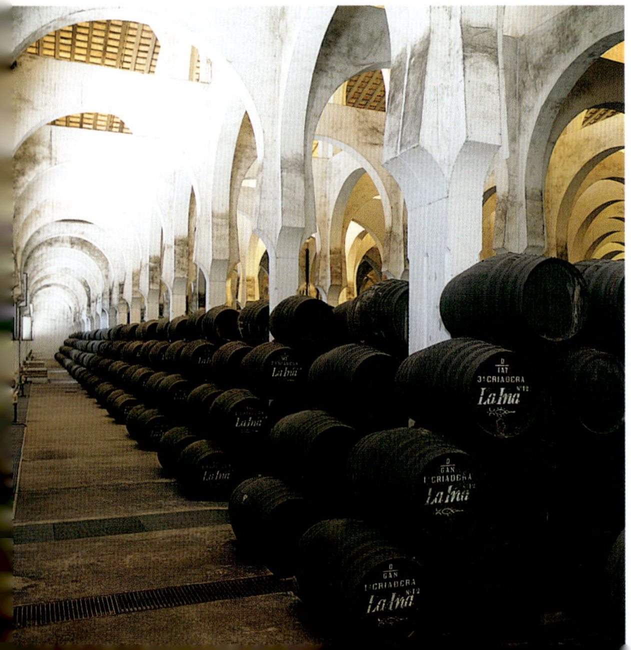

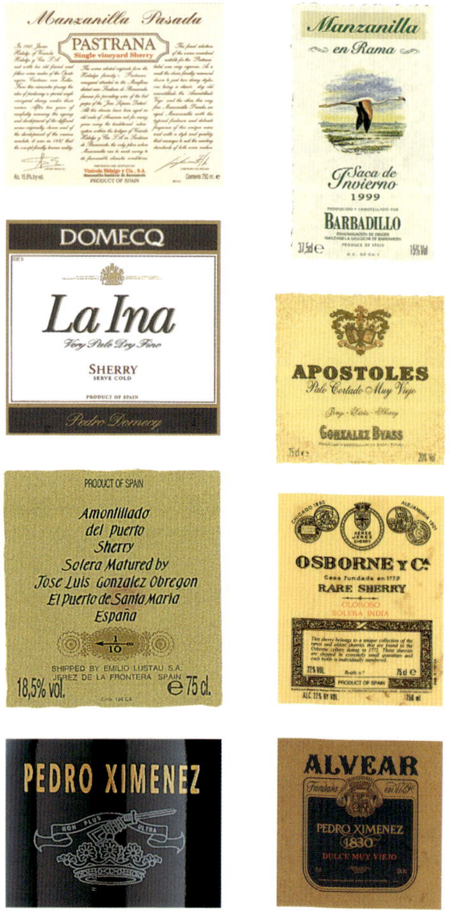

Le sherry se présente *dans bien des styles distincts. La collection présentée ici va du pâle et relevé aux sombres essences extrêmement sucrées comme le PX de Sanchez Romate (en bas à gauche), en passant par des antiquités exceptionnelles. L'Alvear PX est un Montilla.*

Portugal

Le vin portugais pourrait constituer un fascinant cas d'école pour les dirigeants d'entreprise modernes. C'est précisément à cause de son isolement prolongé que le Portugal a pu se protéger des tendances de la mode et des remèdes de charlatan, et conserver ainsi son riche héritage de cépages locaux qui le rend original dans une Europe envahie par quelques cépages internationaux.

Le touriga nacional, par exemple, donne indéniablement un grand vin de table, outre le porto. On le voit de plus en plus sur les étiquettes de vin au Portugal et ailleurs. Le touriga francesa et le tinto cao sont les autres cépages de porto, capables de faire aussi bien des vins vinés que des vins moins puissants. Le cépage de trincadeira preta (le tinta amarela du porto) est d'une grande richesse. Le jaen (le mencia en Galice) donne un vin jeune et élégant

Le cépage qu'on appelle tempranillo en Espagne a aussi beaucoup de succès au Portugal, où il prend le nom de tinta roriz dans le Nord et d'aragonês dans le Sud. L'arinto est probablement le cépage blanc le plus aristocratique du Portugal, mais le bical est aussi capable de bien vieillir, et l'encruzado de Dão a beaucoup de potentiel pour les blancs corsés. Sans oublier, bien entendu, les grands cépages blancs de l'île portugaise de Madère (voir page 212).

Tous ces arômes sont aujourd'hui plus accessibles car le Portugal commence à faire des vins plus agréables, plus voluptueux, même si l'acidité et les tannins restent plus prononcés qu'en Espagne.

Pendant longtemps, le Portugal n'a été connu du monde du vin que pour son grand vin doux, le porto (présenté en détail pages 207 à 211), et pour son style de vin conçu spécifiquement pour l'exportation – des vins qui ne sont ni rouges ni blancs, ni doux ni secs, ni pétillants ni plats –, dont Mateus et Lancers étaient les ambassadeurs vers le milieu du XXe siècle.

Les Portugais ont toujours été de prodigieux buveurs de leurs propres vins et n'en connaissant pas d'autres, ils étaient tout à fait habitués aux vins locaux, d'une acidité astronomique dans le Nord et d'une grande rusticité dans le Sud. Le pays n'est pas vaste, mais les différentes régions subissent des influences distinctes de l'Atlantique, de la Méditerranée et même du continent. Les sols varient aussi énormément, depuis le granite, l'ardoise et le schiste dans le Nord à l'argile et au sable dans le Sud. L'industrie vinicole portugaise méritait clairement une étude détaillée.

C'est enfin le cas. Depuis le début des années 1990, les vins de table du Portugal, particulièrement ses rouges fort singuliers, ont brûlé les étapes de l'évolution de la vinification moderne. Le contrôle des températures, le triage des rafles, les fûts de chêne nouveaux, tous ces éléments ont contribué à une meilleure restitution du fruit des cépages originaux du Portugal et à la fabrication de vins qui n'ont plus besoin de vieillir dix ans avant d'être buvables. Même si le pays compte maintenant quelques œnologues de talent, dont certains jouissent du statut révéré de consultant comme leurs homologues italiens, des outsiders australiens comme David Baverstock et Peter Bright peuvent se flatter d'avoir joué un rôle de pionnier dans ce

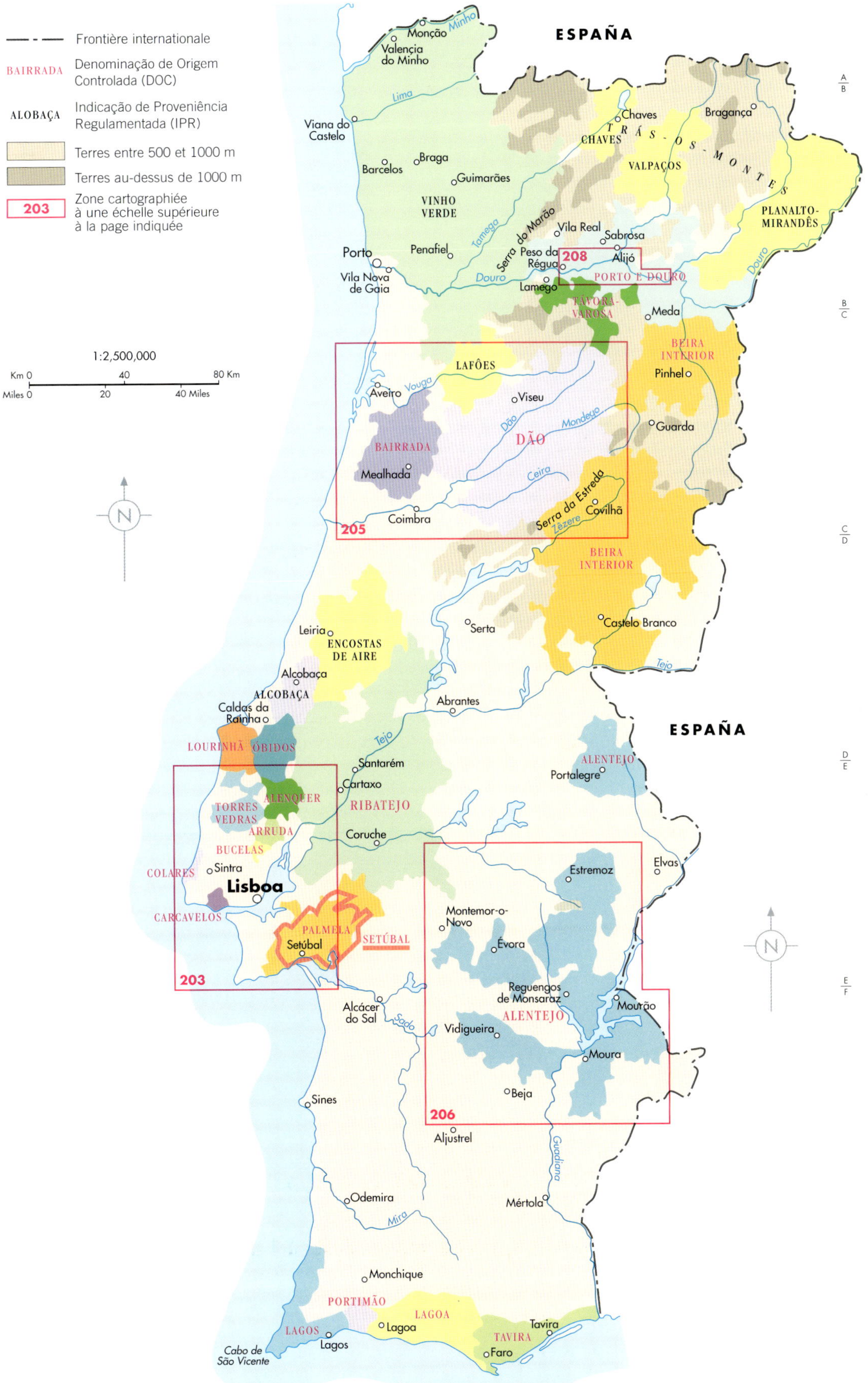

domaine, respectivement à Esporao et à JP Vinhos.

Non que le vin portugais n'ait pas connu plus tôt des lois et des réglementations. Le Douro prétend être la première région vinicole délimitée du monde (en 1756). Bien avant l'entrée du Portugal dans la Communauté européenne en 1986, bien d'autres régions avaient été fixées et chaque aspect de leur vin contrôlé. Cela ne s'est pas toujours fait au bénéfice de la qualité, ni au goût des marchands et de leurs clients locaux, ce qui les conduisait à ignorer les prescriptions de la loi et à continuer, comme si de rien n'était, à faire les mélanges qu'ils préféraient.

Avec l'entrée dans la CEE, la carte vinicole du Portugal, tout comme celle de l'Espagne, a vu apparaître toutes sortes de lignes de démarcations. Les règlements des DOC portugaises, copiées sur les appellations contrôlées françaises, prescrivent un certain nombre de cépages autorisés. La catégorie du Vinho regional, qui s'applique à des régions beaucoup plus vastes, prend toutefois une importance croissante dans la mesure où sa réglementation est plus flexible. En 2000, il y avait moins de dix IPR (*Indicaçoes de Proveniência Regulamentada*), régions en attente d'une DOC, et la catégorie est appelée à disparaître. Tandis que certaines des régions nouvellement créées ont une certaine authenticité, d'autres seront probablement emportées par le vent. Le temps sera juge.

La région de Tras-os-Montes (« derrière les montagnes »), auparavant négligée, va peut-être voir sa vie changer avec son nouveau statut de Vinho regional. Ce sont des vignobles élevés, installés sur un sol de granite qui surplombe le nord de la vallée du Douro, d'une beauté stupéfiante au moment de la vendange. Ses IRP, Chaves, Valpaços et Planalto-Mirandês, produisent quantité de vins de coopératives et sont aussi une source essentielle du rosé depuis longtemps fabriqué par Sogrape pour Mateus.

Beiras, qui couvre pratiquement la moitié septentrionale de la région au sud de la vallée du Douro, est un nom utilisé pour les vins qui n'ont pas accès aux appellations Dão ou Bairrada. Mais des rouges bien faits peuvent aussi sortir de l'ombre dans ce coin, comme l'ont montré Caves Primavera et Quinta de Foz de Arouce.

Le futur vinicole du Sud du Portugal semble mieux assuré. L'Estrémadure et la péninsule de Setúbal sont présentées à la page suivante. L'Alentejo (« au-delà du Tage »), très à la mode, est cartographié et présenté à la page 206.

La région productive du Ribatejo doit son nom au Tage (Tejo) qui la traverse en direction du sud-ouest et de Lisbonne, depuis la frontière espagnole. Les rives fertiles du fleuve produisaient autrefois de grandes quantités d'un vin vraiment léger. Mais vers la fin des années 1980, des subventions de la Communauté européenne ont persuadé des centaines de viticulteurs d'arracher leurs vignes. La production totale a chuté et le centre de la production du Ribatejo s'est éloigné des rives et s'est concentrée sur des cépages importés de cabernet sauvignon et, plus récemment, de syrah (qui semble avoir un futur prometteur au Portugal). Le cépage au nom multiple de periquita/castelao francês/joao de santarem et celui de trincadeira preta sont les principaux pour les vins rouges locaux, tandis que les blancs sont généralement faits à partir du fernao pires, fabuleusement parfumé.

La nomenclature du Ribatejo peut créer une certaine confusion pour les non-initiés. La région produit des vins faits exclusivement à partir de cépages portugais qui portent l'étiquette DOC Ribatejo, avec ou non la mention d'une des sept sous-régions, comme Cartaxo ou Almeirim. Mais elle produit aussi du Vinho regional Ribatejo, à partir de cépages internationaux et de cépages portugais.

Les quatre DOC de l'Algarve sont peut-être les plus contestables du pays. La région méridionale et balnéaire du Portugal a certainement attiré de célèbres investisseurs, mais en tant que région vinicole, l'Algarve reste surtout bonne… pour le tourisme.

Parmi les nombreux styles follement différents de vins portugais, le plus singulier reste le Vinho Verde, le vin « vert » (par opposition au vin vieilli) de la province la plus septentrionale, le Minho ; il représente environ un cinquième de la récolte totale du pays (l'essentiel est vendu au Portugal). Le mot vert décrit son style frais, souvent immature, et non sa couleur qui est rouge ou presque translucide.

Dans ce climat humide, les vignes sont extrêmement vigoureuses, l'acide malique exceptionnellement élevé et les sucres naturels du raisin relativement faibles, donnant des rouges et des blancs avec une faible teneur en alcool, une nette âpreté, un goût unique. Bien que l'essentiel du Vinho Verde blanc soit fait à partir d'un mélange de cépages incluant généralement de l'azal, du loureiro, du trajadura, de l'avesso et du perdenao (arinto), les meilleurs sont faits avec le cépage blanc d'alvarinho (albarino, en Espagne), cultivé du côté de Monçao.

La vigne n'est pas la seule plante du Portugal qui intéresse les buveurs de vin. La moitié sud du pays abrite la plus forte concentration de chênes-liège au monde, faisant du Portugal le premier fournisseur de bouchons.

Vocabulaire de l'étiquette

Mentions de qualité

Denominação de origem controlada (DOC) : réplique portugaise du système français de l'AOC (voir page 52)
Indicaçao de proveniência regulamentada (IPR) : régions en attente du statut de DOC, comparable au système des VDQS français
Vinho regional : réplique portugaise du système français des Vins de pays (voir page 150)
Vinho de mesa : vin de table ordinaire

Autres mentions courantes

Adega : cave
Amarzém : cave
Branco : blanc
Colheita : vendange
Doce : doux
Garrafado (na origem) : mise en bouteille (à la propriété)
Garrafeira : réserve spéciale de négociant
Maduro : vieux ou mûr
Quinta : ferme ou propriété
Rosado : rosé
Séco : sec
Tinto : rouge
Verde : jeune
Vinha : vignoble

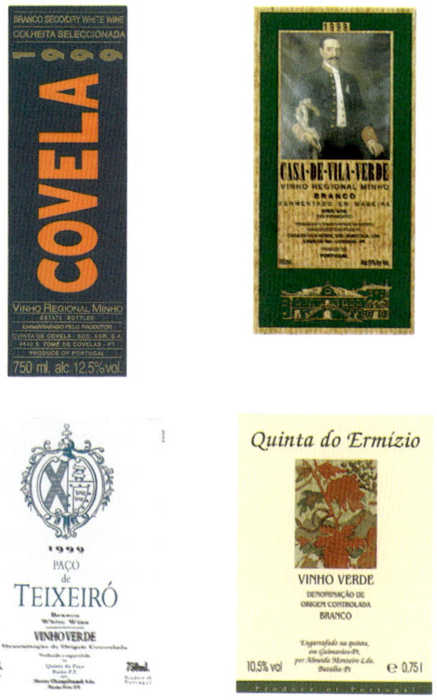

Ces quatre vins *ont été faits dans la région du Vinho Verde, mais le Covela n'est plus du tout traditionnel, mélange du cépage local d'avesso et de chardonnay, avec un vieillissement en futs de chêne neufs.*

Ci-dessous Parce que la terre manque dans le Minho, les vignes sont échalassées sur des poteaux ou cultivées sur des pergolas. Dans ce climat humide, les raisins sont vendangés avant que les maladies à champignon ne menacent.

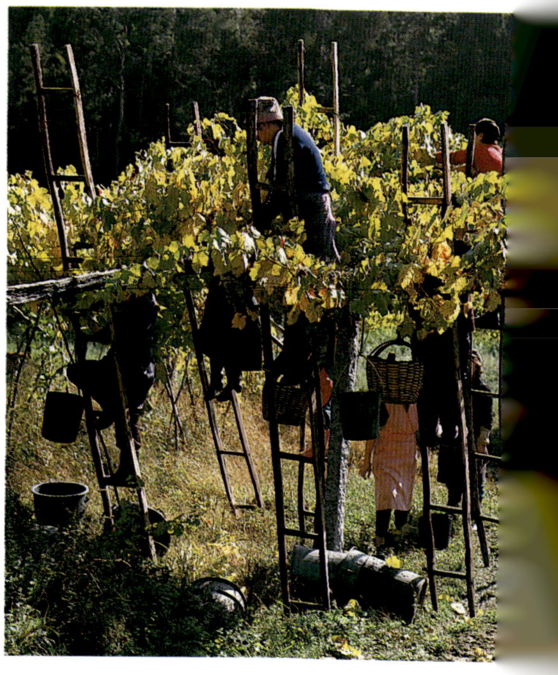

Estrémadure et péninsule de Setúbal

L'Estrémadure, appelée autrefois simplement Oeste, est la région vinicole la plus productive du Portugal, même si la superficie moyenne des vignobles des 55 000 viticulteurs ne dépasse pas 1 hectare. Cette région très maritime fait des vins très peu chers, dont certains sont intéressants, sur des sols sablonneux et argileux.

C'est la région des coopératives, dont les meilleurs produits sont souvent le fait des œnologues-consultants et sont achetés par des négociants portugais ou par des importateurs étrangers. Mais comme ailleurs le nombre des petites propriétés ambitieuses augmente, même si la tentation de cultiver des cépages internationaux plutôt que des cépages portugais semble plus forte que dans n'importe quelle autre région du pays.

Pendant longtemps, cette partie du Portugal a été célèbre pour trois vins historiques. Le Bucelas (ou Bucellas) est moins menacé d'extinction dans la mesure où de nouveaux investisseurs ont suivi Quinta da Romeira dans son engagement en faveur de la région. Le cépage d'arinto, naturellement vif et citronné, est cultivé dans une zone particulièrement ventée et chaude à 25 km au nord de Lisbonne et bénéficie d'un sol plus argileux et d'un climat plus chaud que le reste de l'Estrémadure. Il donne des vins rafraîchissants et relevés qu'il vaut mieux boire jeune, sans maturation en fûts de chêne.

Colares, sur la côte atlantique, est une des zones vinicoles les plus étranges au monde. Les vignes de ramisco sont cultivées sur une plage balayée par le vent, accrochées au sable qui les immunise contre le phylloxéra. Le vin, fait initialement par la coopérative locale, est en général noir et tannique, et il a besoin de vieillir autant que le bordeaux d'il y a cent ans. Ce qui distingue le Colares, ce sont ses vignes non greffées et sa lutte pour résister aux promoteurs immobiliers sur la côte. Carcavelos, dont le vin ambré et succulent est devenu célèbre pendant la guerre de la péninsule, a perdu cette bataille contre les agents immobiliers d'Estoril.

Les vignobles de la péninsule de Setúbal, entre les estuaires du Tage et du Sado, sont aujourd'hui bien plus importants que ces noms autrefois fameux. Ils sont divisés en deux zones très différentes : les collines d'argile et de calcaire de Serra da Arrabida, dont les pentes sont refroidies par les vents de l'Atlantique ; la plaine sablonneuse du fleuve Sado à l'intérieur des terres, plus chaude et plus fertile, à l'est de Palmela.

Le vin le plus traditionnel est le très robuste Moscatel de Setúbal, un muscat riche, orangé, légèrement viné et parfumé grâce à une longue macération avec des peaux de muscat d'Alexandrie.

Les producteurs les plus importants de Setúbal, JP Vinhos et José Maria da Fonseca, ont été des pionniers de la nouvelle vague de vins de table modernes au Portugal. JP Vinhos pourrait prétendre au titre de producteur le plus expérimenté en matière de vins blancs, que ce soit à partir du chardonnay ou du cépage local de fernao pires. Les deux sociétés font depuis des années des rouges moyens, très accessibles, à partir du cépage noir dominant, le periquita, et plus récemment avec du tinta miuda (graciano en Espagne), qui est aussi cultivé en Estrémadure.

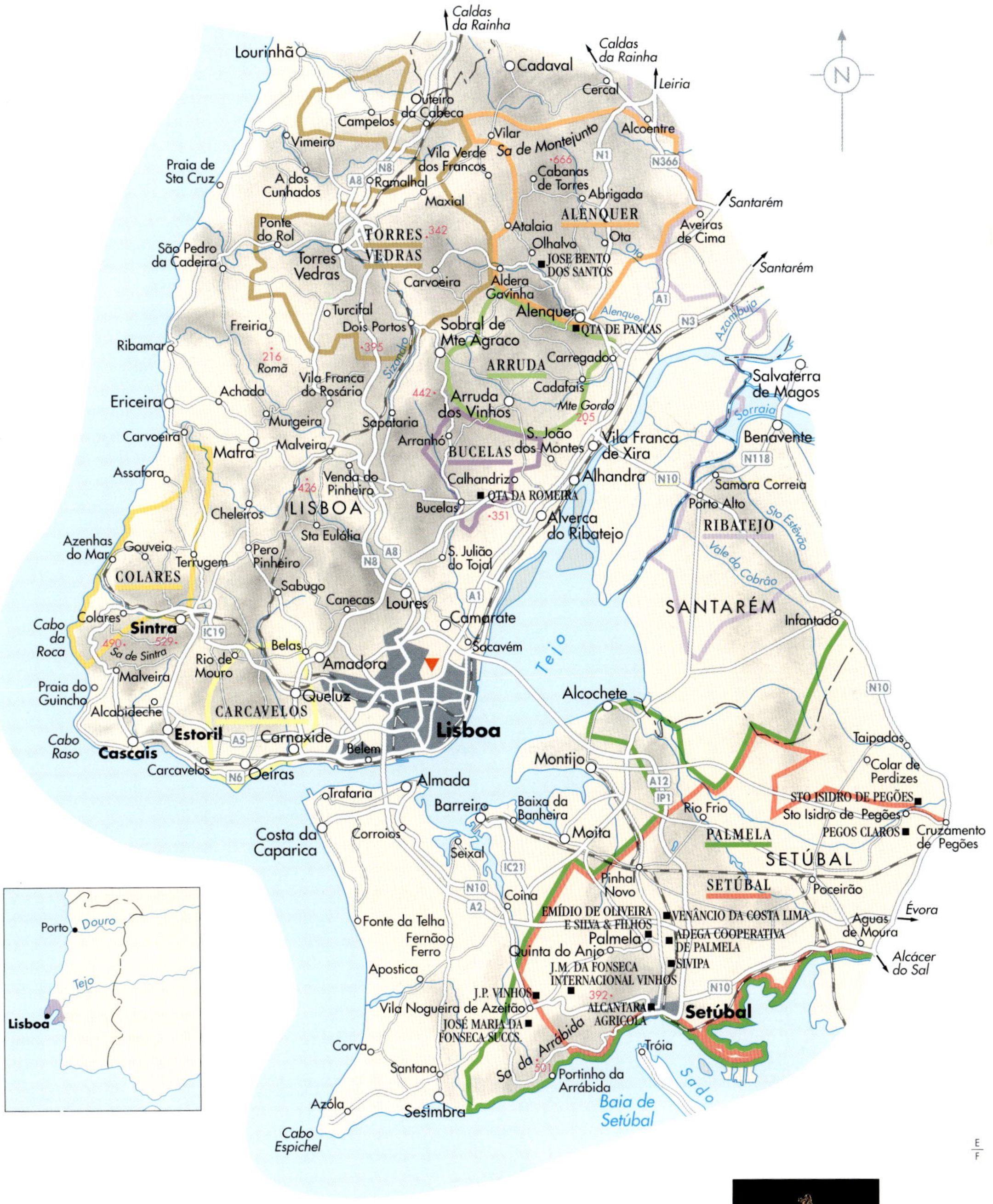

—·— Limite de district

■ J.P. VINHOS Producteur de premier ordre

ARRUDA DOC

Les limites de DOC sont distinguées par des lignes de couleurs

▼ Station météorologique

1:588,000

Km 0 10 20 Km

Miles 0 5 10 Miles

Estrémadure : Lisbonne

Latitude/Altitude : **38,47 ° / 120 m**

Température moyenne de juillet : **22,5 °C**

Précipitations annuelles : **670 mm**

Précipitations du mois de la vendange : **septembre : 35 mm**

Principaux dangers viticoles : **pluies pendant la fructification, pluies d'automne**

Principaux cépages : **periquita, camarate, trincadeira, fernao pires, arinto**

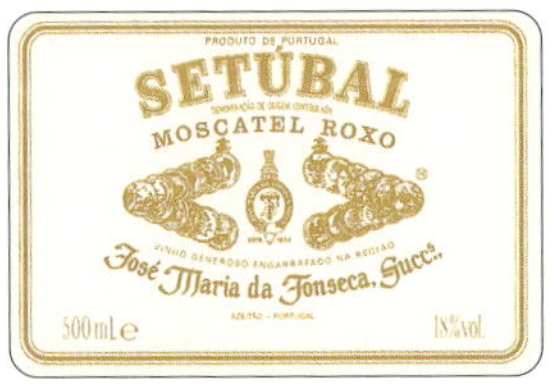

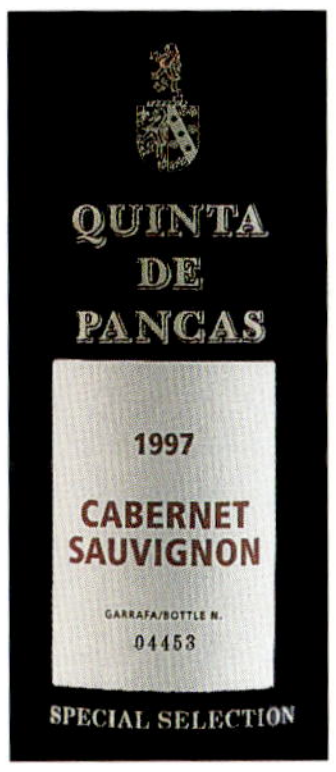

Le Moscatel Roxo *est une spécialité rare de Setúbal. Le Quinta da Pancas d'Estrémadure est un des premiers producteurs portugais à avoir maîtrisé le cabernet sauvignon. Les cépages importés sont encore une minorité dans les vignobles de ce pays. Pourvu que ça dure !*

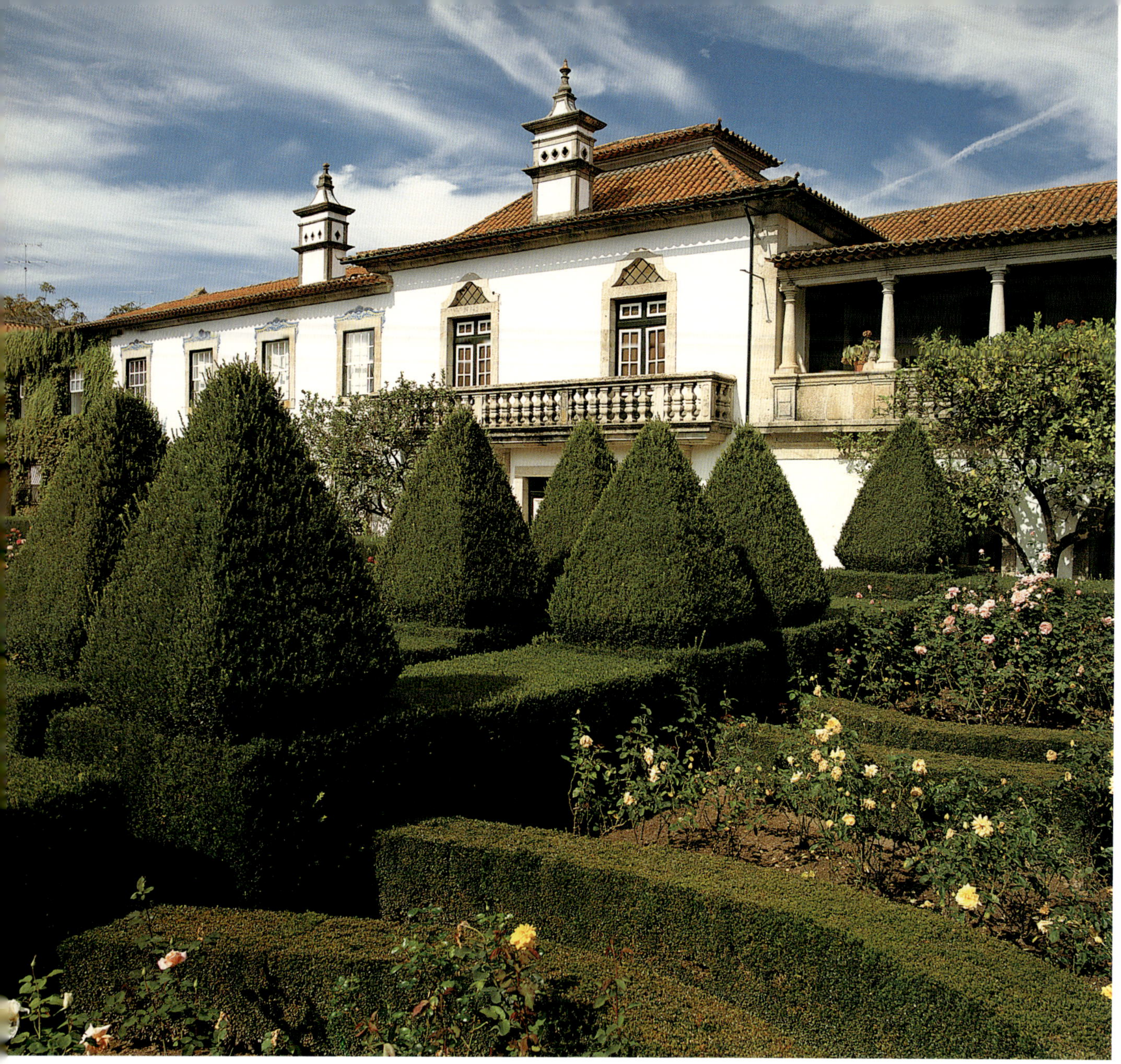

À gauche Le manoir du XVIIIe siècle de la propriété Conde de Santar, près de Viseu dans la région de Dão. La vinification y a connu une révolution depuis l'époque où les raisins étaient obligatoirement travaillés dans les coopératives. Les vins d'aujourd'hui sont beaucoup plus agréables.

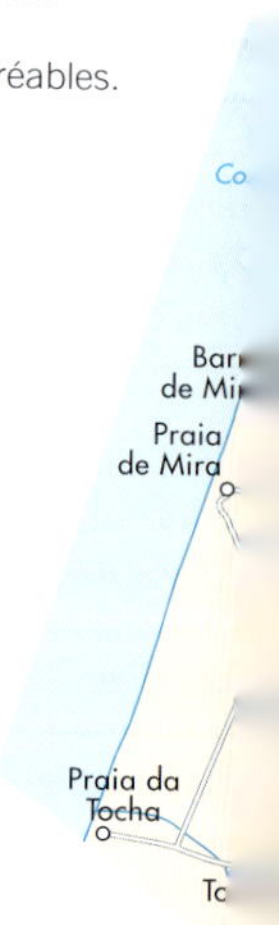

Bairrada et Dão

E F

Bairrada et Dão, deux des régions vinicoles les plus anciennes du Portugal, sont aujourd'hui plongées dans les affres d'une transition bénéfique. Bairrada est une zone rurale, à cheval sur l'autoroute qui conduit de Lisbonne à Porto et couvrant la plus grande partie de la zone qui sépare les collines granitiques de Dão de la côte atlantique. Cette proximité de l'Atlantique en fait une des régions les plus pluvieuses du pays : les viticulteurs rencontrent les mêmes problèmes pour faire mûrir leurs raisins et pour les préserver des champignons que leurs homologues de Bordeaux.

F G

Les collines basses de Bairrada sont composées de sols extrêmement variés, mais l'argile épaisse, riche en calcaire, prédomine et donne du corps et un mordant typiquement portugais à ses vins. L'ingrédient déterminant toutefois est le cépage typique de Bairrada, le baga. Les producteurs de vin passionnés comme Luis Pato assimilent le baga au nebbiolo du Piémont, avec sa charge irréductible d'acides et de tannins. Le baga donne des vins au fort caractère qui demandent de la patience (parfois vingt ans de vieillissement en cave) et de la sympathie – qualités rares chez l'amateur de vin d'aujourd'hui. Certains producteurs ont pour politique de faire vieillir eux-mêmes leurs meilleurs vins et il est possible de trouver de vénérables et délicieux rouges de Bairrada chez des gens comme Casa de Saima et Quinta de Baixo. Tous les rouges de Bairrada gagnent à être oxygénés.

Bon nombre des 7000 viticulteurs de la région appartiennent aux coopératives qui, avec le centre de vinification de Sogrape, possèdent les chais les plus importants. Mais les plus ambitieux des petits producteurs sont admirablement regroupés et organisés, et un sérieux programme de recherche est en cours pour concevoir le Bairrada du XXIe siècle. L'élimination des rafles est devenue plus fréquente et certains producteurs réduisent les récoltes et coupent le feuillage pour pousser le raisin aux limites de la maturation.

De plus en plus, des blancs intéressants sont faits avec des cépages de maria gomes (fernao pires) et du cépage local de bical, qui est d'une acidité remarquable comme le baga. Le bical donne des vins pétillants respectables ainsi que des blancs très corsés.

Le nom de Dão était associé jusque dans les années 1990 à des rouges un peu ennuyeux, aux tannins agressifs, résultat d'un statut ridicule qui forçaient les producteurs à donner leurs raisins à des coopératives peu douées pour la vinification. Heureusement, la Communauté européenne a désavoué cette situation de monopole et il en est résulté des vins plus fruités, plus agréables, dont certains figurent parmi les meilleurs du Portugal.

Le Dão, qui doit son nom à la rivière qui le traverse, est un plateau de granite au sol sablonneux où le roc affleure. Les vignobles sont secondaires dans le paysage, poussant ici et là dans les clairières des forêts de pins. Sa capitale, Viseu, est une des plus jolies villes du Portugal. La Serra de Caramulo protège la région des influences atlantiques et les montages de la Serra da Estrela et de la Serra da Nave des influences du sud et de l'est.

1 | 2 2 | 3 3 | 4 4 | 5 5 | 6

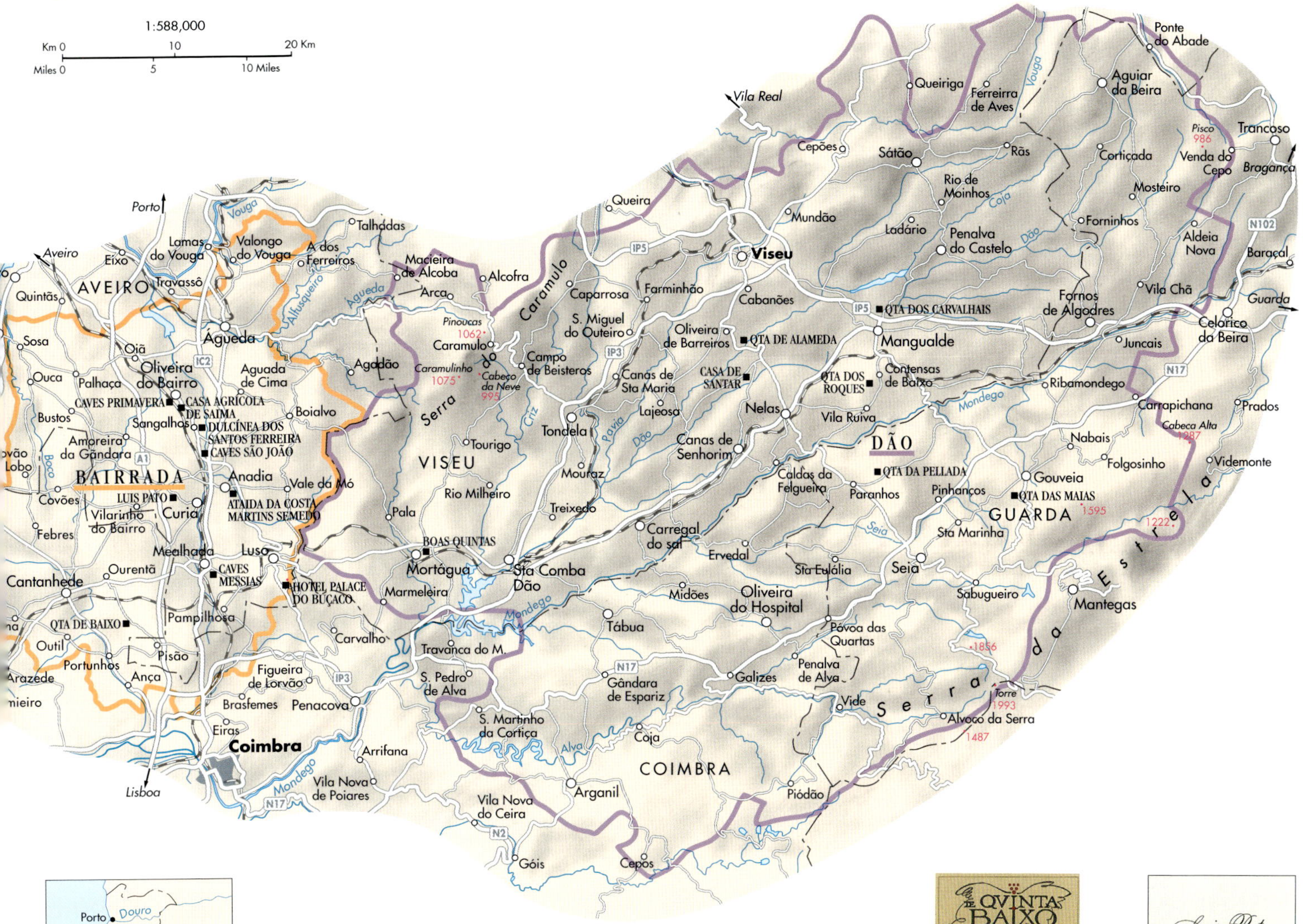

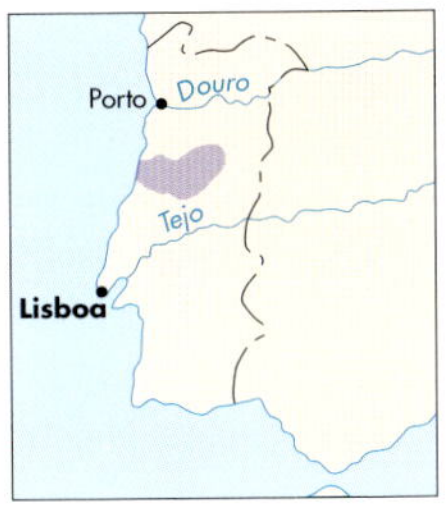

Frontière de district

■ LUIS PATO Producteur de premier ordre

BAIRRADA DOC

Les limites de DOC sont distinguées par des lignes de couleurs

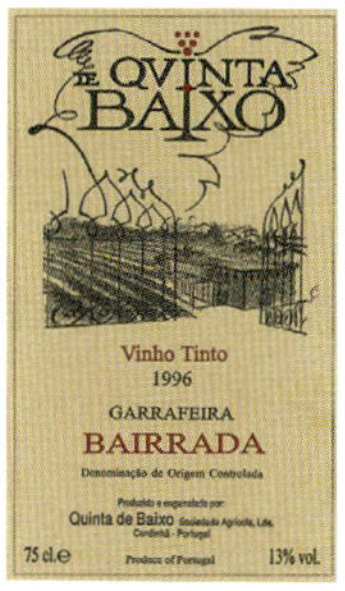

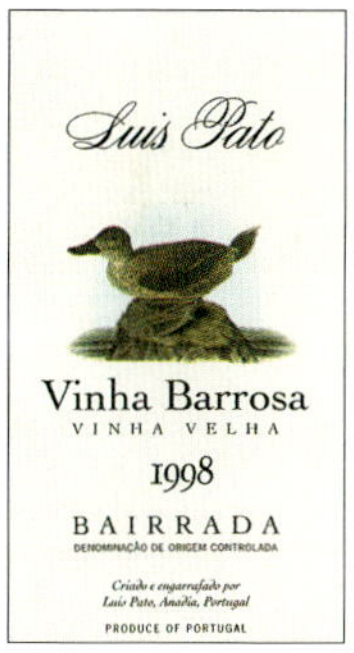

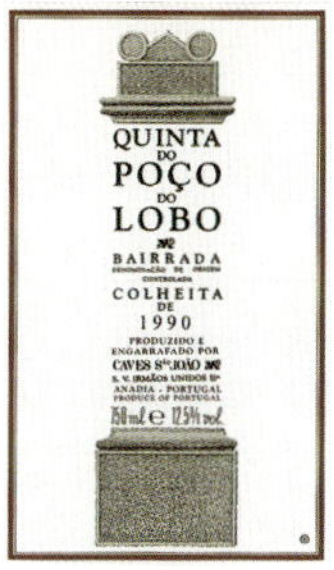

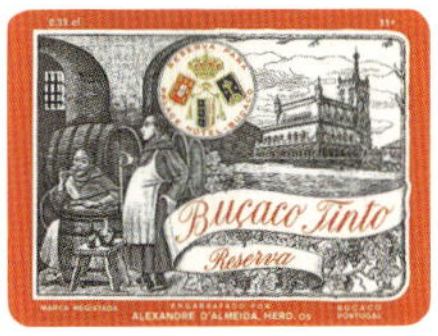

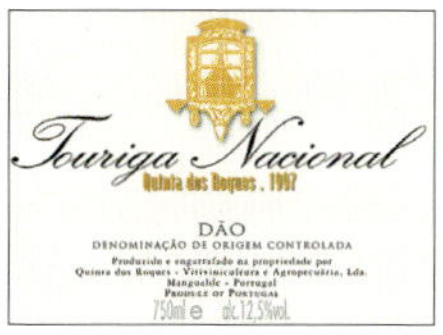

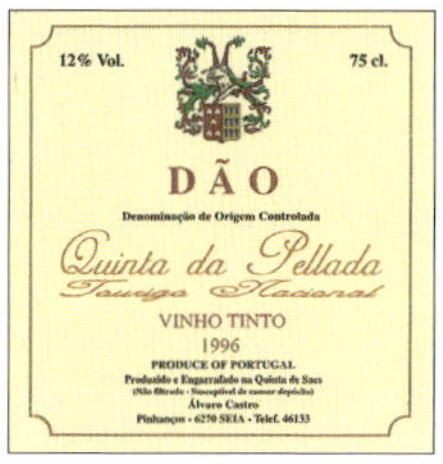

Luis Pato est le producteur *le plus dynamique de la région de Bairrada. L'élimination des rafles est une méthode relativement nouvelle pour des vins comme ceux-ci, quelques-uns des meilleurs du nord du Portugal.*

Cela signifie qu'en hiver la région de Dão est froide et humide ; en été, tempérée et sèche.

Comme d'habitude au Portugal (Bairrada est en ce sens une exception), une gamme hallucinante de cépages sont cultivés dans la région de Dão, pour produire des rouges de plus en plus fruités – qui conservent toutefois une certaine substance granitique – et des blancs fermes, parfumés, susceptibles de bien vieillir. Cette affinité pour la cave, des blancs comme des rouges, était tout à fait évidente pour les dãos traditionnels, mis en bouteilles par les négociants qui achetaient, mélangeaient et faisaient vieillir les vins des coopératives, avant de les vendre comme leurs propres *Reservas* ou *Garrafeiras*.

Les meilleures propriétés individuelles comme Quinta dos Roques/Quinta des Maias et Quinta da Pellada/Quinta de Saes ont produit des vins de cépage ainsi que des mélanges, expérimentant des cépages de touriga nacional pour un long vieillissement, de jaen pour un vin fruité à boire jeune, de tinta cao pour le parfum. L'encruzado très corsé a déjà prouvé qu'il était un des meilleurs cépages blancs du Portugal. Sogrape, le pionnier du vin de cépage dans la région, a fortement investi dans la gamme plantée à Quinta de Carvalhais. La région de Dão redécouvre le fruit.

Le potentiel de ce coin du monde pour des vins de table remarquables a toujours été clair, grâce à un précurseur singulier, excentrique et mystérieux. À la frontière orientale de Bairrada, le Buçaco Palace Hotel a sélectionné et fait vieillir ses vins rouges et blancs de façon tout à fait traditionnelle. Les rouges venaient normalement du nord de la belle ville universitaire de Coimbra, tandis que les blancs étaient vendangés à la main dans les régions de Bairrada et de Dão, puis mélangés et vieillis en fûts pendant des années dans les caves du palace. On trouve encore sur la liste des vins de l'hôtel des rouges et des blancs qui remontent à des décennies et les millésimes courants au tournant du siècle étaient ceux des années 1960 et 1970. Ils ont l'aspect et le goût de reliques d'une autre époque – ils sont fascinants.

Alentejo

En comparaison du tapis de vignes qui semble étouffer le nord du Portugal, l'Alentejo, dans le tiers méridional du pays, est relativement dépourvu de vignobles. Les grands espaces, brûlés de soleil, sont tachetés de la couleur argentée des oliviers et du brun sombre des chênes-liège, et parcourus par les troupeaux de moutons. Les petites propriétés sont rares. Les immenses propriétés, inconnues dans le Nord où la population est dense, sont ici la norme.

Même au milieu de l'hiver, c'est une région ensoleillée. Les précipitations sont faibles et les températures si couramment élevées que la vendange commence en général la troisième semaine d'août. Des sols riches et gras alternent avec le granite et le schiste.

Six des huit sous-régions de l'Alentejo s'appuient sur une importante coopérative, aucune d'elles ne surpassant toutefois celle de Reguengos qui, à Terras D'el Rei, produit un des vins les mieux vendus au Portugal. Une proportion significative des vins de la région est vendue en vin de cépage ou en Vinho regional Alentejano. Évora peut s'enorgueillir d'une longue tradition de vin en bouteilles, dont le Cartuxa et le Pêra Manca d'Eugenio de Almeida, à l'étiquette richement décorée.

Mais des producteurs nouveaux tentent de faire connaître les vins de l'Alentejo au monde entier.

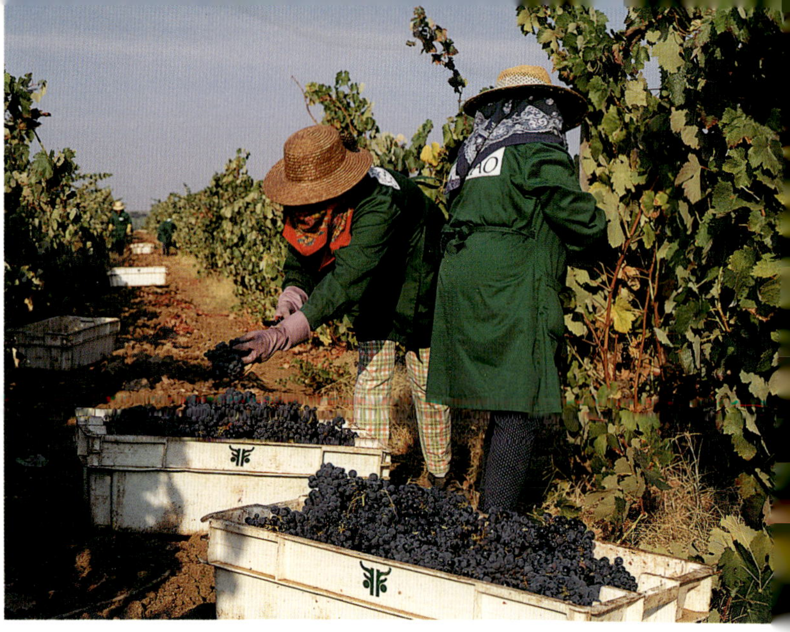

À droite Le trincadeira est ramassé à la main chez Herdade do Esporão, dans le Reguengos, même si les vendangeuses mécaniques se multiplient dans cette région faiblement peuplée.

Quand José Roquette, propriétaire de l'une des équipes de football rivales de Lisbonne, a gratifié sa propriété de Reguengos, Herdade do Esporão, d'un producteur de vin australien à la fin des années 1980, les Portugais en ont pris bonne note. Quand les Lafite Rothschild ont investi à Quinta do Carmo à Borba en 1992, le monde entier en a pris bonne note. L'œnologue Joao Portugal Ramos a donné une énergie nouvelle à toute la région en produisant une marque populaire et facile à exporter, le Marqués de Borba.

Traditionnellement, les négociants de Porto achetent une barrique ou deux du robuste Alentejo rouge pour leurs dîners, le plus remarquable d'entre eux étant le Mouchao, fait par la famille anglo-portugaise des Reynolds et aujourd'hui célèbre à juste titre. Les traditions vinicoles sont rares dans cette région qui est devenue une terre d'accueil pour les pionniers.

Les cépages noirs sont aujourd'hui plus populaires que le cépage blanc de roupeiro aux senteurs florales. L'aragonês (tempranillo), le cépage local de trincadeira preta et le periquita ont tous été fortement mis à contribution, ainsi que le cépage noir et charnu d'alicante bouschet qui semble développer une certaine noblesse dans l'Alentejo. Le touriga nacional, le cabernet sauvignon et la syrah ont été bien évidemment importés.

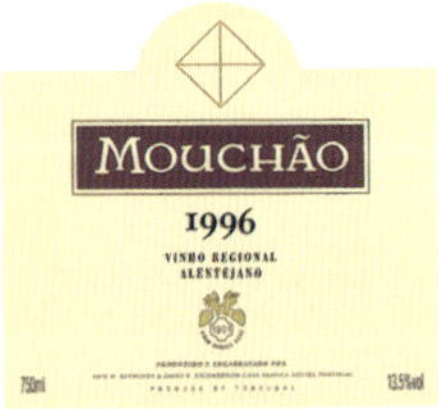

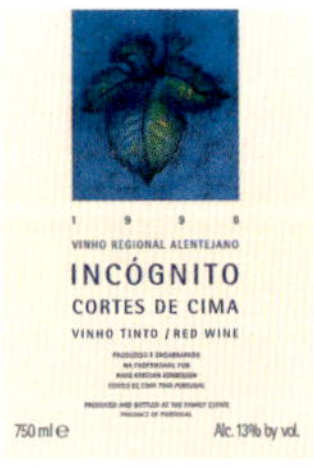

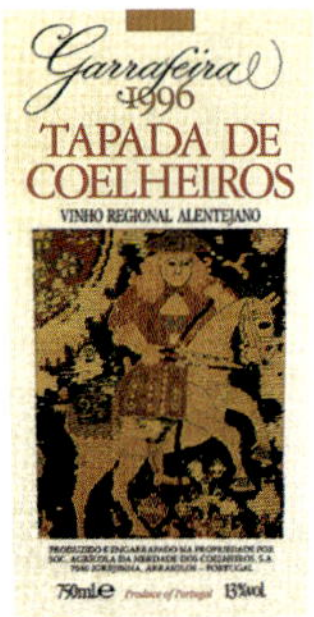

Le Mouchao a été un des premiers vins *à être exporté de la région de l'Alentejo. L'Incognito est un des plus récents, un syrah expérimental mis en bouteille par un danois, Hans Kristian Jorgensen. Il y a du cabernet dans le Tapada de Coelheiros, mélangé à de l'aragonês (tempranillo).*

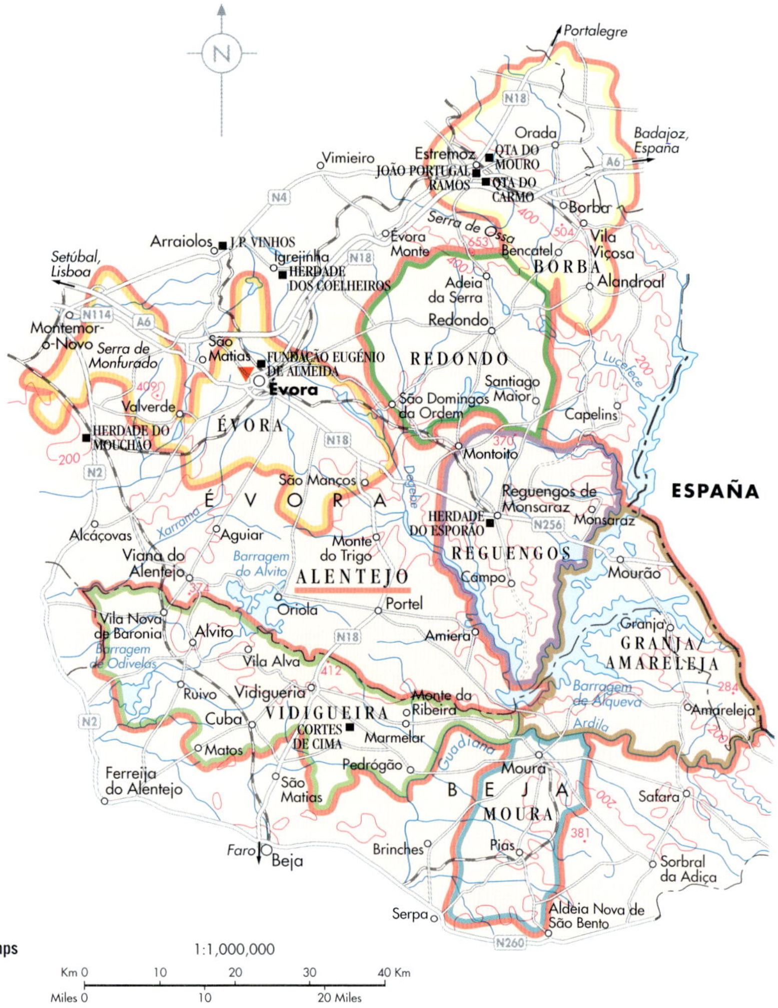

— - —	Frontière internationale
- - -	Frontière de district
▬	DOC Alentejo
■ CORTES DE CIMA	Producteur de premier ordre
400	Courbes de niveau (intervalles de 200 m)
▼	Station météorologique

Sous-zones de l'Alentejo

- Borba
- Évora
- Granja/Amareleja
- Moura
- Redondo
- Reguengos
- Vidigueira

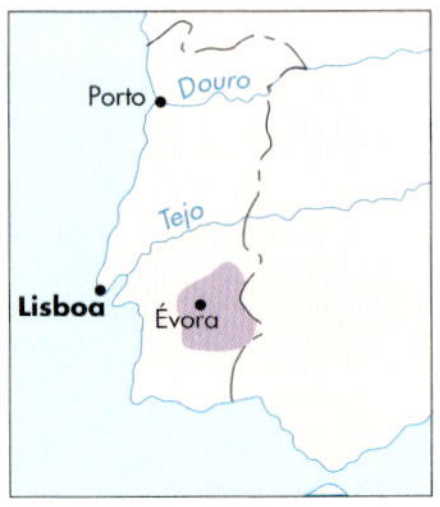

Alentejo : Évora

Latitude / Altitude : **38,34° / 320 m**
Température moyenne de juillet : **23,1 °C**
Précipitations annuelles : **620 mm**
Précipitations du mois de la vendange : **août : 5 mm**
Principaux dangers viticoles : **sécheresse, gelées de printemps**
Principaux cépages : **aragonês (tempranillo), trincadeira, periquita, alicante bouschet, roupeiro, antao vaz**

Douro – pays du porto

De tous les endroits où l'homme a planté de la vigne, le Haut Douro est le plus improbable. Pour commencer, il n'y a pratiquement pas de terre où la planter, seulement des pentes à 60 %, de schiste et d'ardoise, décomposées et instables, brûlées par un soleil pouvant atteindre 38 °C l'été. C'était une terre de désolation absolue.

La vigne est pourtant une des rares plantes qui ne se laissent pas intimider par ces conditions. Le climat méditerranéen lui convient. Il fallait simplement le tour de force d'ingénierie consistant à construire des murs à flanc de montagnes, des milliers de murs comme des courbes de niveau, pour retenir des parcelles de terre où planter la vigne.

Une fois la terre stabilisée et la pluie retenue, les oliviers, les oranger, les chênes-liège, les noisetiers et la vigne prospérèrent.

Après que le phylloxéra eut envahi les vignobles de la région, les vieilles terrasses de pierre furent progressivement remplacées, au cours des années 1970 vouées à l'efficacité, par des terrasses plus larges (*patamares*) taillées au bulldozer et soutenues par des couches de schiste plutôt que par des murs de pierre. Leur grand avantage est de permettre aux tracteurs et aux machines de circuler. Leur désavantage, c'est qu'elles réduisent la densité de la vigne (de grandes quantités d'herbicide sont utilisées pour les préserver des mauvaises herbes qui réduiraient encore l'apport en eau, ridiculement faible dans le Douro). Le long des *patamares*, là où l'inclinaison le permet, les viticulteurs plantent la vigne dans la pente plutôt qu'en travers, pour permettre à la fois la mécanisation de la culture et une densité plus grande de la vigne.

Bon nombre des terrasses originales (créées au XVIIe siècle) survivent dans les montagnes au-dessus de Régua, dans la zone initiale du Porto qui s'étendait jusqu'à l'affluent du Douro, le Tua, et fut délimitée officiellement en 1756 (première délimitation vinicole au monde). Aujourd'hui, cette zone est encore le principal producteur de porto, mais la recherche de la qualité a conduit à remonter de plus en plus haut sur le fleuve. Depuis la destruction à l'explosif du Cachao da Valeira, le haut de la vallée est accessible par le fleuve.

Le Douro arrive au Portugal depuis l'Espagne à travers une zone désertique qui n'est accessible par la route que depuis la fin des années 1980, lorsque les fonds de la Communauté européenne ont commencé à se déverser au Portugal. Grâce à un travail de titans, on a creusé un canyon dans la roche du Haut Douro (ou Douro Supérieur), la partie la plus plate, la plus sèche et la moins développée mais capable néanmoins de donner de très bons raisins.

À l'ouest, les 1400 m d'altitude de la Serra do Marao empêchent les nuages de pluie venus de l'Atlantique pendant l'été de venir rafraîchir le schiste du cœur du pays du porto, Cima Corgo. Souvent, pas une goutte de pluie ne tombe pendant tout l'été, même si le Baixo Corgo en aval du Corgo, autre affluent du Douro, et en dehors de la carte à l'ouest, est plus humide que le Cima Corgo ou le Douro Supérieur, zone la plus sèche de toutes. Pour donner un grand porto, les vignes doivent plonger leurs racines le plus profondément possible dans le schiste à la recherche de la nappe phréatique. Le Baixo Corgo a la réputation d'être trop humide pour donner des portos de qualité supérieure.

Les meilleurs vignobles de Porto aujourd'hui sont ceux qui se trouvent autour et au-dessus de Pinhao, y compris dans les vallées du Tedo, de la Tavora, du Torto, du Pinhão et du Tua, tous affluents du Douro. Du fait des variations d'altitude et d'orientation, le caractère des vins varie énormément. Dans la vallée du Tedo par exemple, le vin a tendance à être particulièrement tannique, alors que celui qui est fait de l'autre côté du fleuve, autour de Quinta do Crasto, est relativement léger et fruité.

Chaque vignoble de Porto est classé de A à F, en fonction de ses avantages naturels et des cépages qui y sont plantés. Plus le classement est élevé, plus chers sont les raisins sur le marché hautement contrôlé qui règle les rapports entre viticulteurs et producteurs de porto.

Le temps de la vendange, où que ce soit, est l'apogée de l'année, mais dans le Douro, compte tenu de la difficulté de la vie quotidienne, c'est une

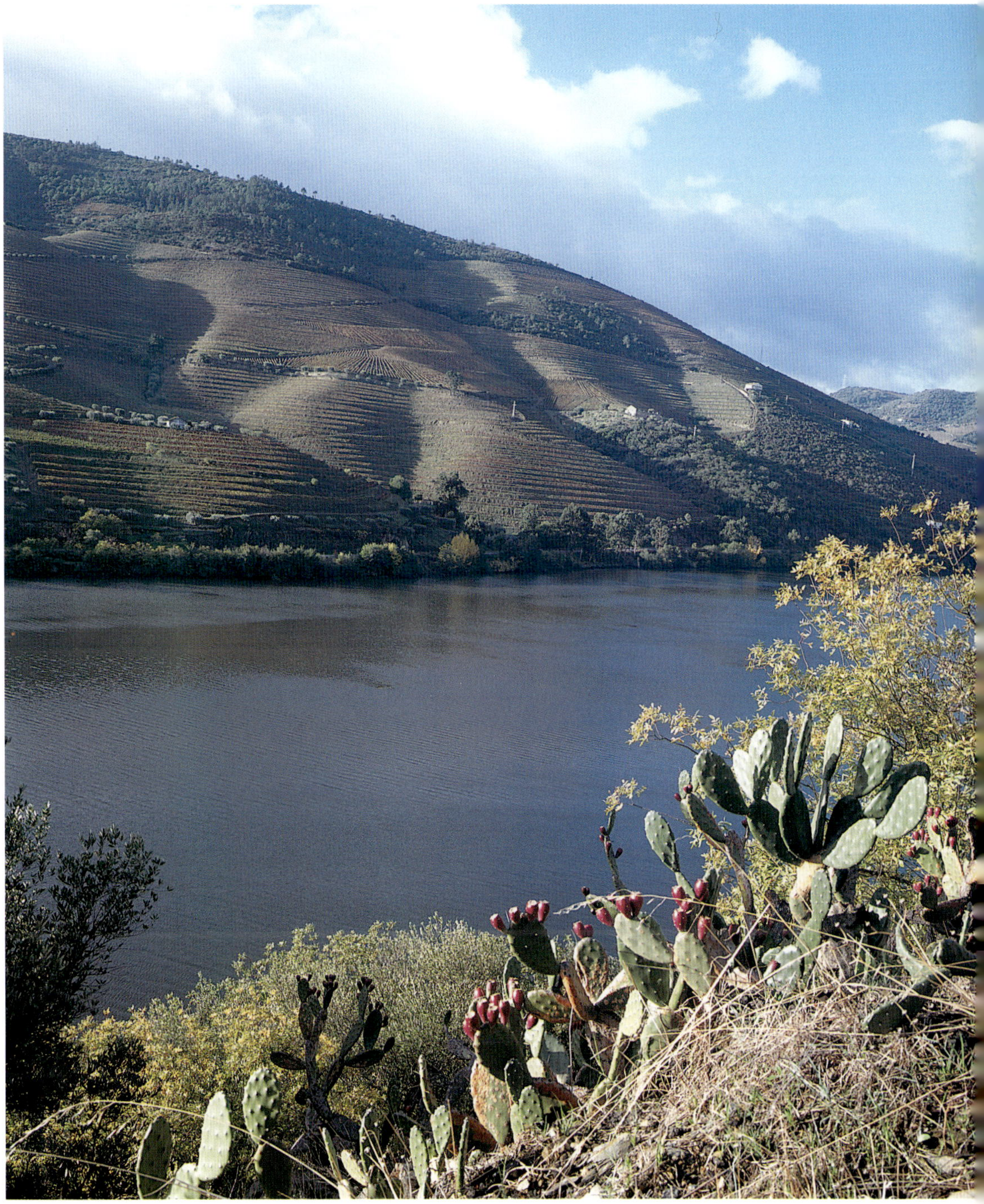

À droite Le long du Douro, près de Quinta do Crasto qui produit de bons vins de table, les cactus donnent une idée de la faiblesse des précipitations. Sur la rive opposée, les terrasses des vignobles épousent les courbes de niveau.

expérience presque dionysiaque. Il y a une frénésie antique attachée à ce rituel, aux chansons, à la musique des tambours et des cornemuses (ou des stéréos portables aujourd'hui) et aux longues nuits de foulage à la lumière des lampes tempête pendant que les femmes dansent entre elles.

Les négoces de portos célèbres ont leurs propres quintas, ou fermes vinicoles, dans les collines où ils vont superviser les vendanges. Ce sont d'immenses maisons blanches, cachées sous les treilles. La Quinta do Noval au-dessus de Pinhão, rénovée par le groupe AXA, est connue dans le monde entier depuis la fin des années 1980, mais il en existe maintenant des douzaines dont les noms apparaissent sur les étiquettes. Il s'agit soit de millésimes d'un négociant majeur qui ne sont pas assez bons pour être déclarés normalement (Taylor vend ainsi du Quinta de Vargellas et Graham du Quinta dos Malvedos), soit, comme pour un château du Bordelais, d'une année sur deux et pas seulement des années ratées (comme la Quinta do Vesuvio et la Quinta do Passadouro, par exemple). La source principale de raisins et de vin pour le porto n'est cependant pas les grandes propriétés mais la multitude des petits viticulteurs, même si un nombre croissant d'entre eux sont tentés de vendre leur produit sous le nom de leur propre quinta.

C'est particulièrement vrai en ce qui concerne les vins de table – rouges pour la plupart et tous étiquetés Douro – qui ont émergé dans la région depuis que les subventions de la CEE ont fait du contrôle de la température, par exemple, un élément courant de la vinification. Traditionnellement, les vins de table du Douro étaient faits avec des raisins qui n'étaient pas suffisamment mûrs ou provenaient d'un site trop froid qui ne convenait pas au porto. Mais les vins légers sont devenus tellement importants pour les producteurs comme Sogrape (Ferreira et Quinta da Leda, ce dernier étant situé en dehors de la carte à l'est), Ramos Pinto, Quinta de la Rosa, Quinta do Crasto, Quinta do Fojo et Quinta da Gaivosa (dans le Baixo Corgo) qu'ils ont planté des vignobles destinés uniquement aux vins de table.

Le Barca Velha de Ferreira a été le prototype du vin de table du Douro, mais il y a aujourd'hui des dizaines de prétendants à ce trône, certains d'entre eux faisant des vins vraiment fruités et modernes (Quinta do Crasto, par exemple). Les styles de vin rouge de Douro varient énormément et la plupart d'entre eux semblent avoir été vendangés trop tôt pour avoir les qualités explosives d'un porto ou le goût de terroir distinctif du Douro. Mais Quinta do Côtto (en dehors de la carte à l'ouest), Quinta de la Rosa et Quinta da Gaivosa ont en commun une minéralité de schiste proche de celle du Priorat. Les bouteilles de Niepoort à Redoma (dans les trois couleurs) ont une qualité qui leur est propre.

Avant le travail de pionnier de José Ramos Pinto Rosas et de João Nicolau de Almeida dans

Frontière de district
Frontière de paroisse
QTA DA FOZ Quinta
Vignobles
Forêts
500 Courbes de niveau (intervalles de 100 m)
Station météorologique

Douro : Vila Real

Latitude / Altitude : **41,19° / 480 m**
Température moyenne de juillet : **21,3 °C**
Précipitations annuelles : **1 130 mm**
Précipitations du mois de la vendange : **septembre : 55 mm**
Principaux dangers viticoles : **pluie pendant la fructification, sécheresse, érosion**
Principaux cépages : **touriga nacional, touriga francesa, tinta cao, tinto roriz (tempranillo), tinta barocca**

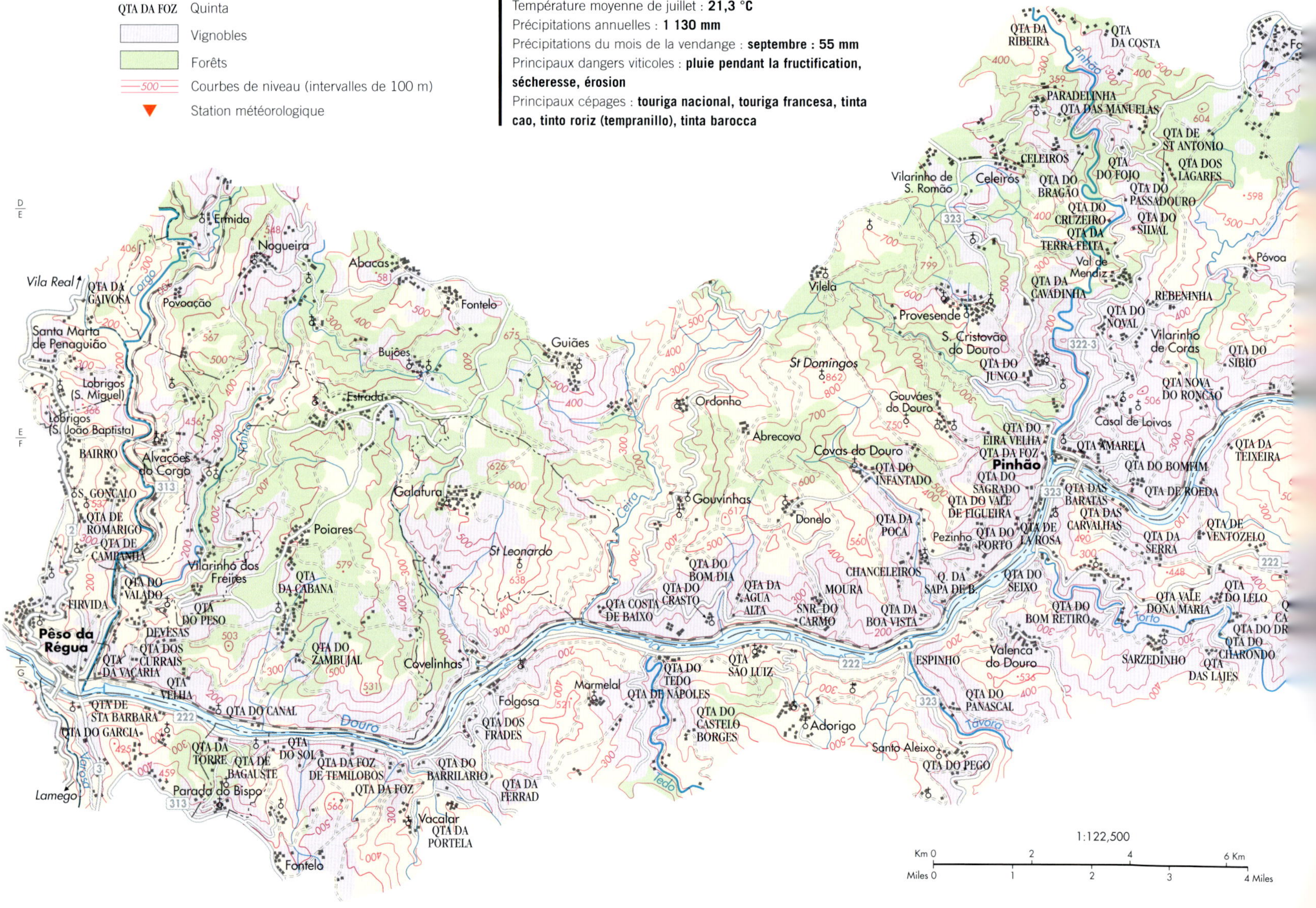

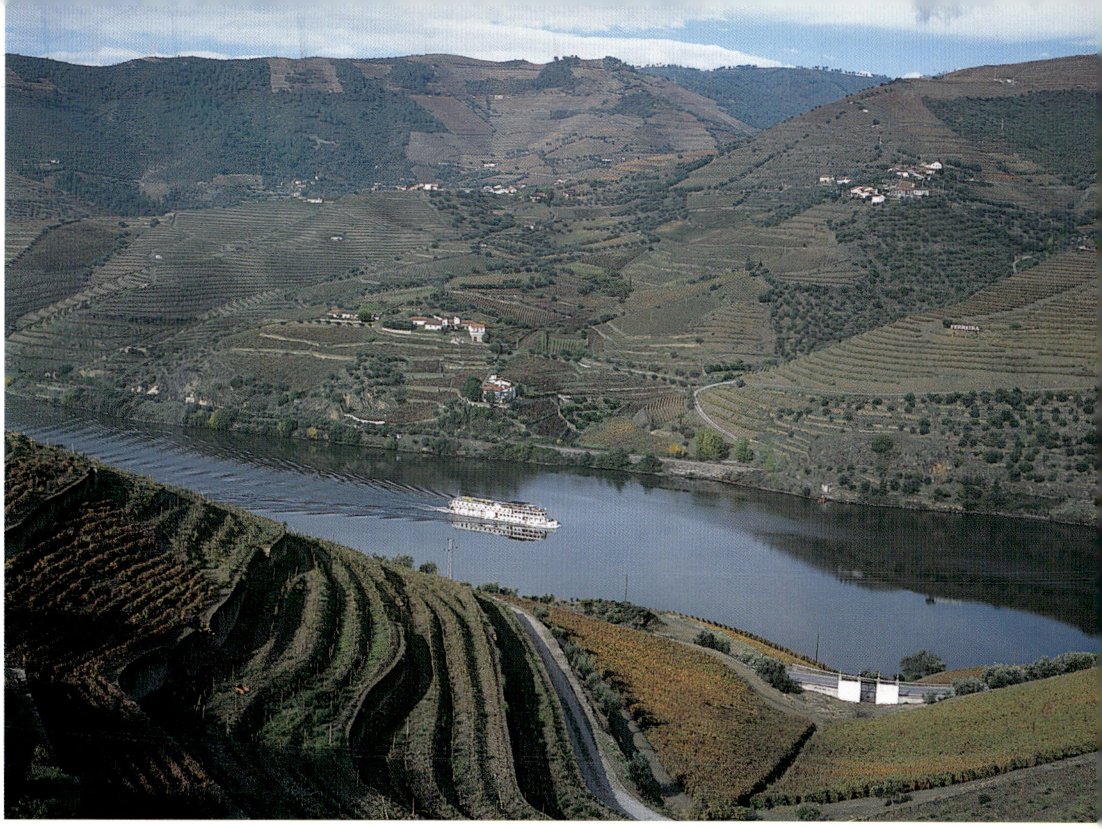

À droite Un des nombreux bateaux de croisière qui remontent le Douro depuis Regua, devant le portail de Quinta do Seixo, en aval de Pinhão.

les années 1970, on ne savait pas grand-chose des cépages qui poussaient dans le Douro, en général un enchevêtrement de vignes buissonnantes. Ces deux chercheurs ont découvert quels cépages donnaient le meilleur porto : le touriga nacional, le tinta roriz (tempranillo en Espagne), le tinta barocca, le touriga francesa et le tinta cão. Ils occupent une proportion croissante des vignobles aujourd'hui plus disciplinés du Douro. Mais on trouve aussi du souzao, cultivé dans le Baixo Corgo, et du tinta amarela dans le Cima Corgo.

Pour faire du porto blanc – très apprécié localement – le viozinho, le gouveio, le malvasia et le rabigato sont quelques-uns des meilleurs cépages à peau fine qui, chaque année, affrontent les étés brûlants et les hivers glacials du Douro.

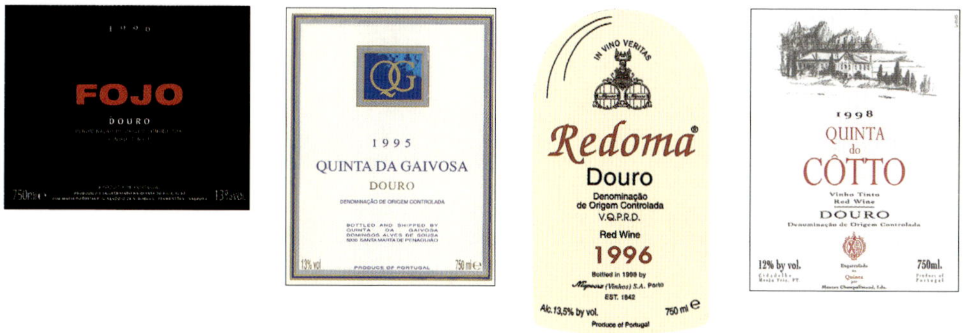

Quatre des plus intéressants vins de table *de la région du Douro. Redoma est un vin élégant fait dans les trois couleurs par Dirk Niepoort. Fojo, un nouveau venu, est le meilleur vin de Quinta do Fojo, dans la vallée du Pinhão. Gaivosa et Côtto ont des réputations un peu plus anciennes.*

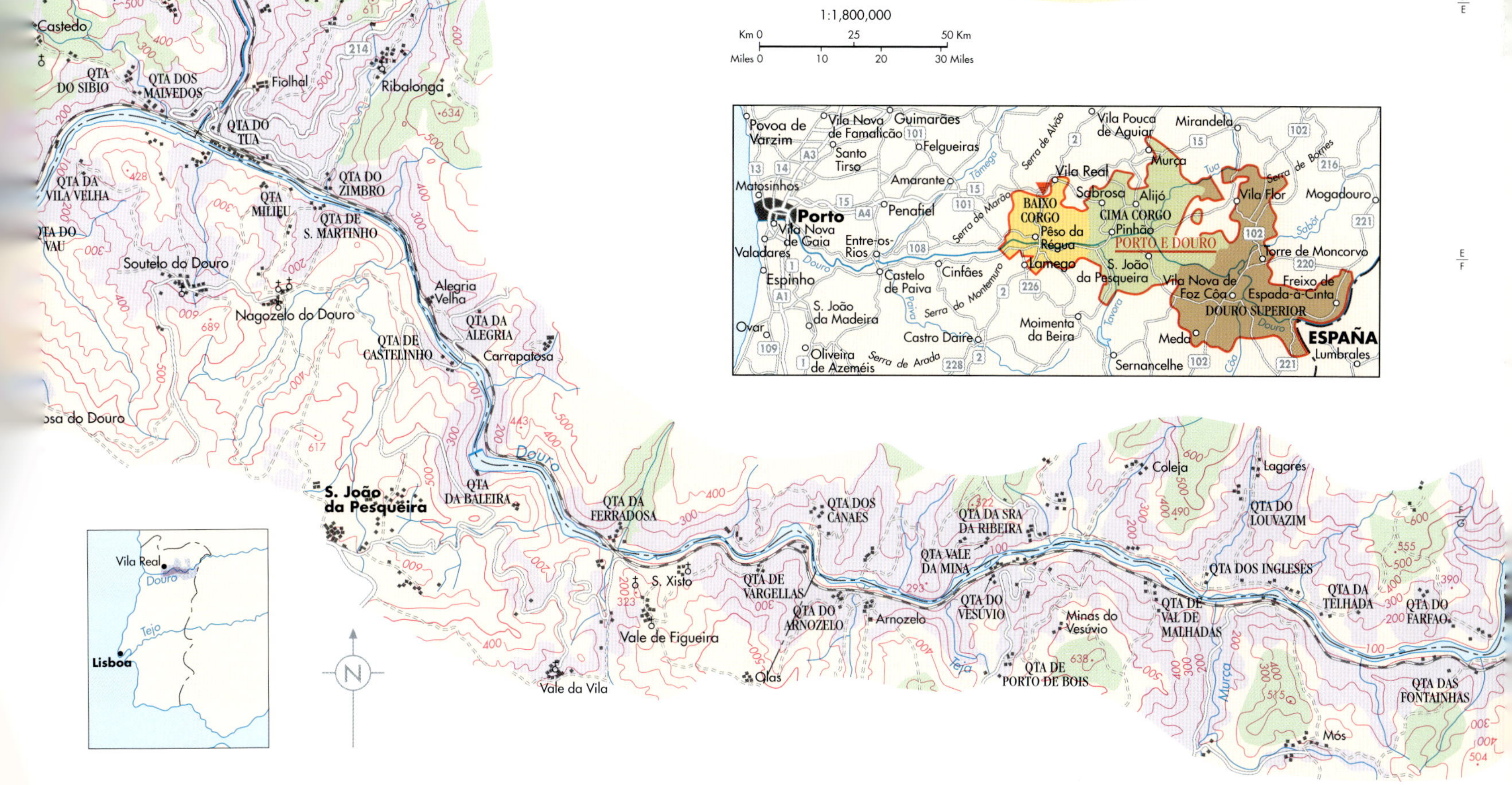

Les *lodges* de porto

Si les raisins qui servent à faire le porto sont cultivés dans la contrée sauvage de la vallée du Douro, l'essentiel du vin est encore vieilli dans les empilements de fûts des *lodges* des négociants à Vila Nova de Gaia, sur l'embouchure du fleuve. Les raisins y sont transformés en ce vin d'une puissance et d'une douceur uniques qu'est le porto (nom protégé dans toute l'Europe).

Le porto est obtenu en faisant s'écouler du vin rouge partiellement fermenté, quand il contient encore la moitié du sucre du raisin, dans un récipient rempli pour un quart de brandy (souvent glacé). Le brandy interrompt la fermentation de sorte que la mixture qui en résulte est à la fois forte et douce. Mais le vin a aussi besoin de la pigmentation des peaux de raisins pour se colorer et de leurs tannins pour se conserver. La fermentation du porto étant exceptionnellement réduite, la pigmentation et le tannin doivent être obtenus d'une autre manière – traditionnellement par le foulage.

Le foulage est un moyen de faire macérer les peaux de raisins dans leur jus afin d'en extraire toutes les essences. Le pied nu est l'instrument parfait pour cette opération : chaud et ne broyant pas les pépins qui, sinon, rendraient un jus amer. Le foulage rythmé traditionnel s'effectue dans une large cuve en pierre (*lagar*) où l'on s'enfonce jusqu'à la cuisse.

La plupart des producteurs et des négociants de porto ont mis en place des procédés mécaniques qui se substituent au foulage : soit des machines à pales contrôlées par des ordinateurs, soit des auto-vinificateurs, cuves de fermentation fermées qui brassent le vin nouveau et les peaux. Mais il y a encore des négociants qui considèrent que la méthode traditionnelle du foulage, beaucoup plus coûteuse, est la meilleure. Elle est donc encore pratiquée dans de nombreuses quintas, particulièrement dans la meilleure région, celle de Cima Corgo.

Après le rude hiver du Douro, mais avant que l'été étouffant ne confère au porto un caractère connu sous le nom de « cuisson du Douro », l'essentiel du vin jeune est expédié en aval. Toutefois, les rues pavées de Vila Nova de Gaia pouvant être rapidement encombrées par une circulation intense, les installations électriques étant plus fiables désormais et la climatisation une réalité dans le Douro, le porto est de plus en plus souvent vieilli en amont du fleuve.

Porto et Vila Nova de Gaia, sur l'autre rive, sont encore sous forte influence anglaise, le commerce du porto étant dominé par des familles anglaises et anglo-portugaises. La Factory House de Porto, de style géorgien, fut le lieu de rendez-vous des négociants britanniques de porto depuis des siècles (elle est toujours, officiellement, en territoire britannique). Ils se retrouvent pour le déjeuner tous les mercredis, afin de discuter des questions d'intérêt commun, incluant celle du millésime probable du porto, que l'ont doit servir selon des règles strictes (l'une d'elles étant qu'il faut exclusivement le passer de droite à gauche).

De l'autre côté du fleuve, les *lodges* de porto avec leurs piles d'antiques fûts poussiéreux, ressemblent beaucoup aux bodegas de sherry. Le porto de qualité supérieure est vieilli dans des fûts appelés pipes qui contiennent 550 à 600 litres (une pipe, unité spéculative de mesure commer-

Ci-dessous Les noms affichés sur les toits des *lodges* des négociants de Vila Nova de Gaia font face à la seconde ville du Portugal, de l'autre côté du Douro. Porto a donné son nom au vin quand les négociants anglais ont commencé à l'expédier depuis ce port au XVIIe siècle.

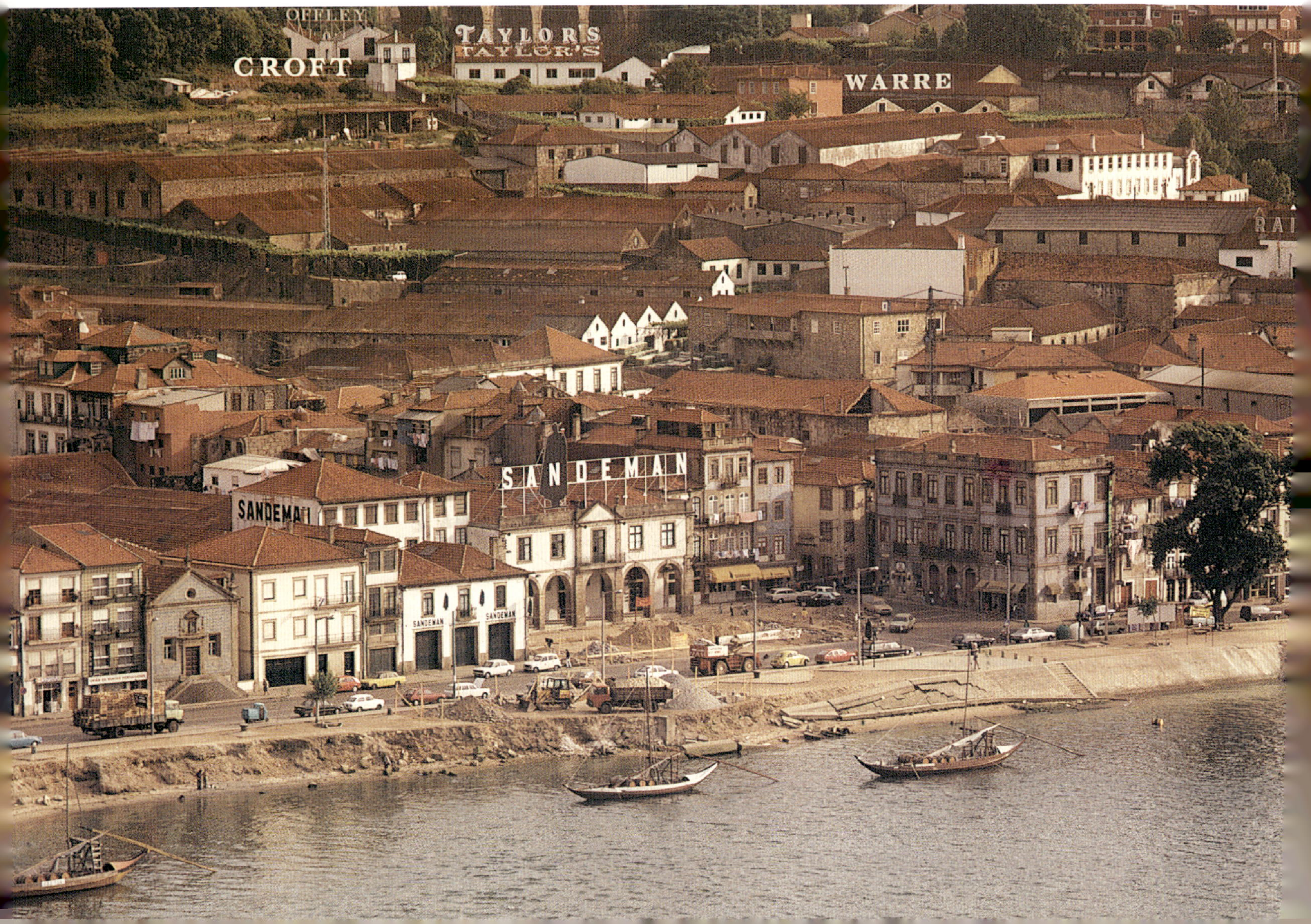

ciale, correspond toutefois à 534 litres), pendant des périodes qui peuvent varier de deux à cinquante ans. Le porto ordinaire est brièvement vieilli dans des cuves beaucoup plus grandes.

Trois années sur dix environ, les conditions pour faire un porto parfait sont réunies. Le meilleur vin de ces bonnes années n'a pas besoin d'être mélangé. Rien ne peut l'améliorer, si ce n'est le temps. Il est mis en bouteille au bout de deux ans, comme un bordeaux rouge, avec simplement l'étiquette du négociant et la date. C'est du porto millésimé et il est fait en quantité minuscule. Il n'y en a jamais assez. Au bout de vingt ans peut-être, il aura une épaisseur, un parfum, une richesse et une délicatesse incomparables.

Un grand porto millésimé est incontestablement un des meilleurs vins au monde. La plupart des autres portos passent par une procédure de mélange pour finir comme un vin de marque au caractère bien défini. Ce vin, vieilli dans le bois, mûrit différemment, plus rapidement, pour parvenir assez vite à un résultat assez moelleux. Un vieux porto de fût est plutôt pâle (« tawny » est le terme technique), mais surtout très souple. Les tawnies les mieux vieillis, généralement étiquetés 20 ans d'âge (il est aussi permis d'étiqueter 10, 30 et plus de 40 ans d'âge), peuvent coûter aussi cher que des portos millésimés. Bien des gens les préfèrent à l'ardeur pleine et riche que le porto millésimé peut conserver pendant des années. Le tawny frais est la boisson courante des négociants.

Les portos étiquetés Colheit (vendange en portugais) sont des portos vieillis en fûts d'une seule année, des tawnies assez expressifs qui peuvent être bus dès qu'ils ont été mis en bouteilles.

Les portos de fût ordinaires, étiquetés Ruby, ne sont pas conservés aussi longtemps et le temps ne révèlerait certainement pas d'autres qualités en eux (des vins peu chers, étiquetés Tawny sans indication d'âge, sont en général un mélange de ces jeunes portos ruby avec du porto blanc, fabriqué comme le rouge à partir de cépages blancs). Ils ont meilleur goût lorsqu'ils ont encore le fruit de leur jeunesse, et sont souvent ardents au bout de deux ou trois ans (ce qui est l'âge moyen d'un mélange). La France est le grand marché pour ces vins, même si le porto encore rude et à peine prêt se vend bien n'importe où.

Le porto millésimé a des désavantages. Il a besoin d'être conservé pendant très longtemps. Il a besoin d'être manipulé avec beaucoup de soins. Comme la fabrication n'est pas terminée bien après sa mise en bouteille, les sédiments forment sur les parois de la bouteille un mince voile, délicat, qui donne un aspect sale. Si la bouteille est déplacée sans prendre les plus grandes précautions, la « croûte » se brisera et se mélangera au liquide, de sorte qu'il faudra le filtrer de nouveau. En tout cas, il faut décanter le vin avant de le servir. Un porto vendu comme porto voilé ou susceptible de se voiler est un mélange de plusieurs années mis en bouteille suffisamment tôt pour être sûr d'introduire une bonne dose de sédiments dans la bouteille.

Le compromis le plus courant entre le porto millésimé et le porto de fût est représenté par la catégorie très variée du Late Bottled Vintage (LBV), un porto conservé en fût quatre à six ans et mis en bouteille une fois qu'il s'est débarrassé de sa croûte. Les LBV les plus commerciaux n'ont rien à voir avec le caractère d'un porto millésimé, mais le nombre croissant des fabrications plus traditionnelles peut permettre de se faire une idée de l'exubérante concentration d'un véritable porto millésimé.

Les *lodges* de porto à Vila Nova de Gaia

1 Fonseca
2 Graham
3 Smith Woodhouse
4 Churchill
5 Ferreira
6 Niepoort
7 Martinez
8 Cockburn
9 Warre
10 Burmester
11 Quarles Harris
12 Taylor
13 Silva & Cosens (Dow)
14 Delaforce
15 Borges
16 Ramos-Pinto
17 Sandeman
18 Croft
19 Offley Forrester
20 Noval
21 Cálem
22 Osborne
23 Barros
24 Rozès
25 Kopke
26 Wiese & Krohn

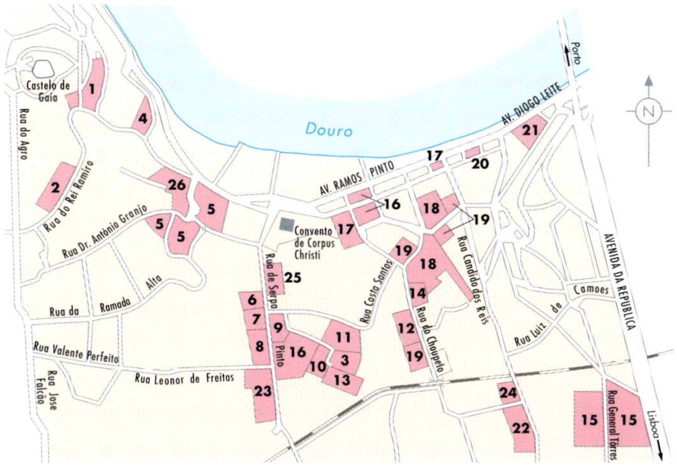

La majorité de ces étiquettes *sont celles de bouteilles de porto millésimé (autrefois peintes au pochoir plutôt qu'étiquetées) contenant un liquide chargé de sédiments. Les tawnies comme ceux de Sandeman ou du Duque de Bragança de Ferreira peuvent être servis tels quels.*

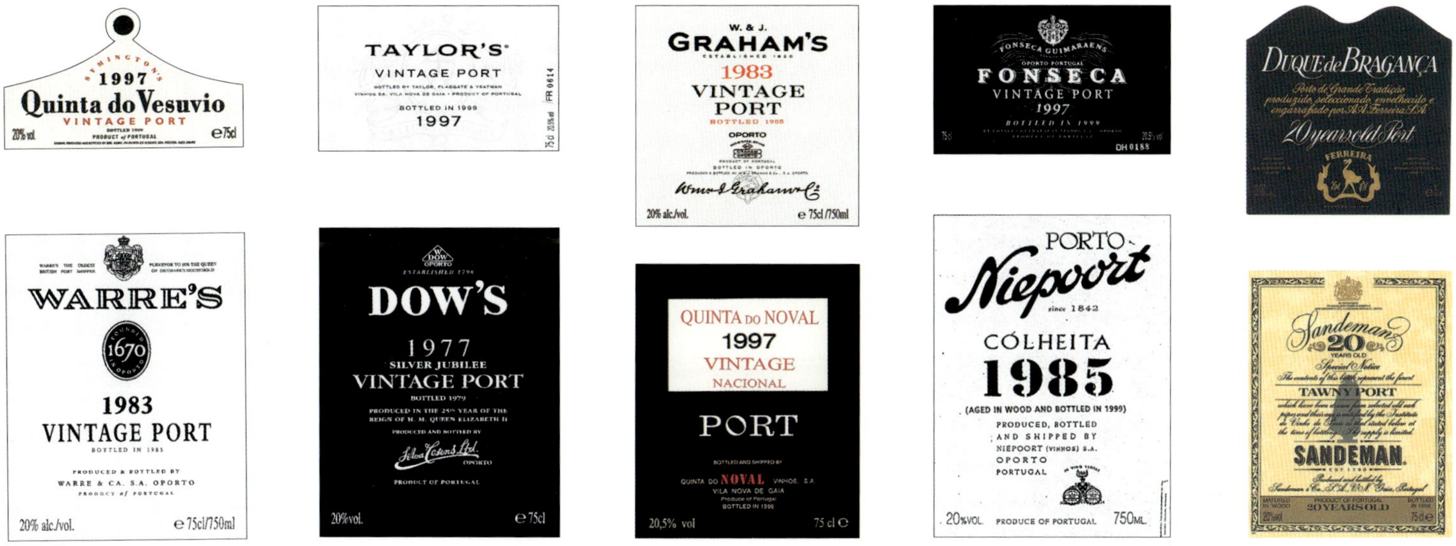

Madère

Les îles volcaniques qui se trouvent à 640 km de la côte du Maroc et que les Anciens connaissaient sous le nom d'îles enchantées, nous sont connues sous ceux de Madère, Porto Santo et Desertas. Madère est la plus grande de l'archipel et une des plus jolies îles du monde, aussi vertigineuse qu'un iceberg et aussi verte qu'une clairière.

La légende veut que les Portugais, en débarquant en 1420 à Machico dans l'Est de l'île, aient mis le feu à la vagétation dense. L'incendie dura des années laissant sur le sol déjà fertile les cendres d'une forêt entière.

L'île est encore fertile aujourd'hui. Depuis le bord de l'eau jusqu'à mi-distance de son sommet (1800 m), des terrasses sont régulièrement disposées pour les parcelles de vigne, de canne à sucre, de maïs, de haricots, de pommes de terre, de bananiers et de fleurs. Comme dans le Nord du Portugal, la vigne est cultivée à hauteur de tête sur des treilles, afin de laisser l'espace libre au-dessous pour d'autres cultures. Des centaines de kilomètres de *levadas*, petits canaux d'irrigation, distribuent l'eau venue des sommets.

Le vin est la principale production agricole depuis quatre cents ans. Madère n'est cependant pas la première des îles que les Portugais aient plantée. Au départ, les colons virent en elles une extension des vignobles de vin doux de la Méditerranée. L'Empire ottoman prenait alors possession des sources du cépage de malmsey (malvasia) : la Crète et les îles de la mer Egée. Porto Santo, l'île basse et sablonneuse au climat proche de celui de l'Afrique du Nord, paraissait plus prometteuse que Madère, montagneuse, pluvieuse et verdoyante.

Les colons plantèrent le cépage de malvasia sur Porto Santo pour obtenir un raisin riche en sucre, et trouvèrent un marché déjà existant pour le vin doux qu'ils en tiraient, le vendant même en France à la cour de François Ier.

La vigne fut plantée plus tard, en même temps que la canne à sucre, à Madère. Le développement des colonies d'Amérique eut pour effet une augmentation du trafic et du commerce maritimes. La grande île, avec le port de Funchal, devint l'étape d'approvisionnement obligée pour les navires en partance pour l'Amérique. Les conditions climatiques de Madère sont très diffférentes de celles de Porto Santo. La pluie n'est jamais très loin, surtout sur la côte septentrionale exposée aux vents de l'Atlantique. La malvasia, le verdelho et les autres cépages ont souvent du mal à parvenir à maturité. L'addition de sucre était un expédient évident.

Le vin doux-amer qui en résultait était très utile pour servir de lest sur les navires ou de remède contre le scorbut. C'est en servant de lest que le madère est devenu ce qu'il est. Pour ces longs voyages en mer, on y ajoutait une bonne dose de brandy (ou d'alcool de canne). Le passage de l'équateur aurait achevé n'importe quel vin, mais donnait au madère un merveilleux moelleux, découvrit-on. Et un double passage, plus encore. Au XVIIIe siècle, le madère devient le vin préféré des colonies américaines. Savannah, en Géorgie, était célèbre pour ses marchands de madère et ses connaisseurs. On y trouve encore des bouteilles de madère du XVIIIe siècle, avec le nom du navire qui les a transportées sur l'étiquette.

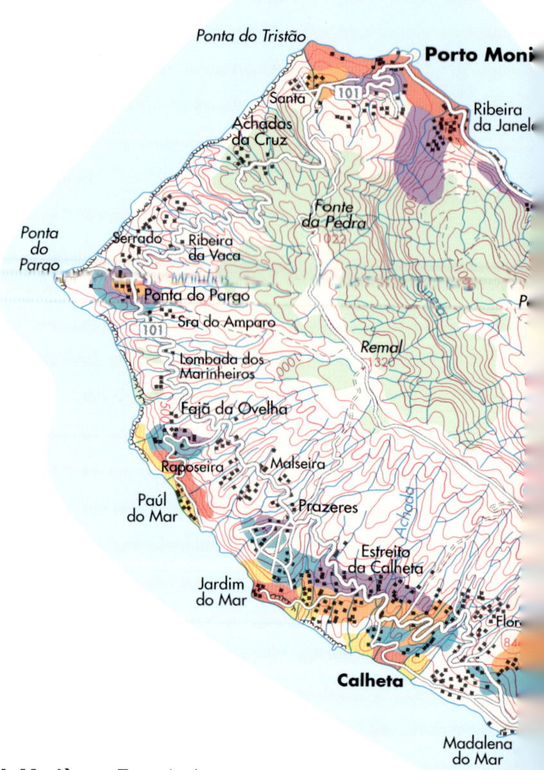

Madère : Funchal

Latitude / Altitude : **32,41° / 50 m**
Température moyenne de juillet : **21,6 °C**
Précipitations annuelles : **640 mm**
Précipitations du mois de la vendange : **septembre : 30 mm**
Principaux dangers viticoles : **maladie à champignons**
Principaux cépages : **tinta negra mole, verdelho, sercial, malvasia, bual**

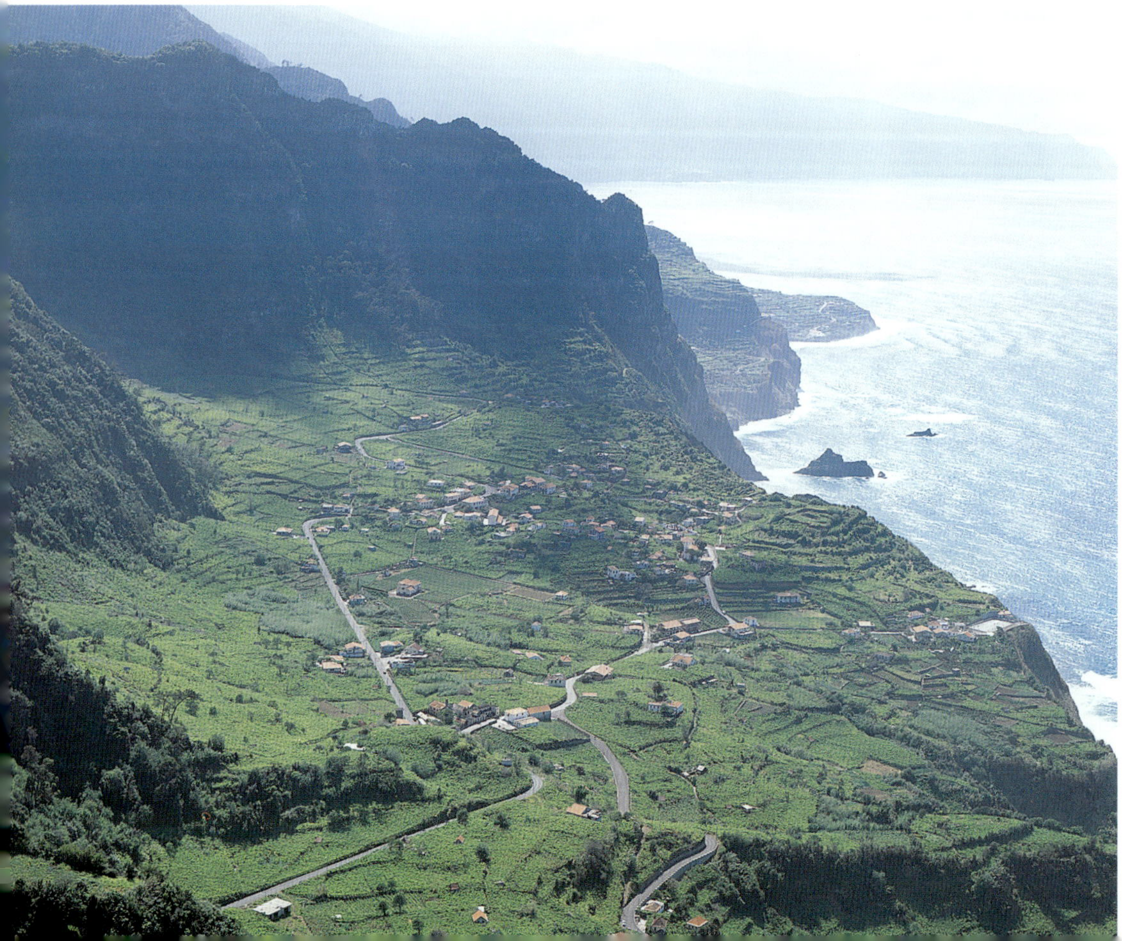

Au lieu des longs voyages en mer dans la chaleur, le madère est aujourd'hui soumis à l'épreuve du feu. Un effet semblable à celui de la chaleur tropicale est produit par le réchauffement du vin pendant au moins trois mois dans des cuves chaudes (*estufas*) à 45°C (des températures plus modérées sur des périodes plus longues produisent de meilleurs effets). Quand l'épreuve est terminée, le vin a pris ce goût caramélisé typique de tous les madères. Si ce goût est trop marqué, cela signifie que l'*estufa* était trop chaude.

Aujourd'hui, les négociants de madère font des mélanges pour donner à leur produit une certaine consistance. La méthode ancienne était un système proche de celui de la solera pour le sherry, mais à présent interdit par la Communauté européenne pour les vins de plus de dix ans. Certains vins de solera, mis en bouteilles il y a longtemps, sont excellents, mais la qualité supérieure pour le madère, comme pour le porto, se trouve traditionnellement dans les bouteilles d'un seul millésime – et dans le cas du madère, d'un seul cépage.

Le double désastre de l'oïdium dans les années 1850 et du phylloxéra dans les années 1870, puis la Révolution russe et la Prohibition en Amérique

À gauche La quasi totalité des vignobles de Madère est entre les mains de petits propriétaires, qui se satisfont de la culture du tinta negra mole plutôt que des cépages nobles. Henriques & Henriques, qui possède 10 hectares, est un des rares négociants à posséder des vignobles.

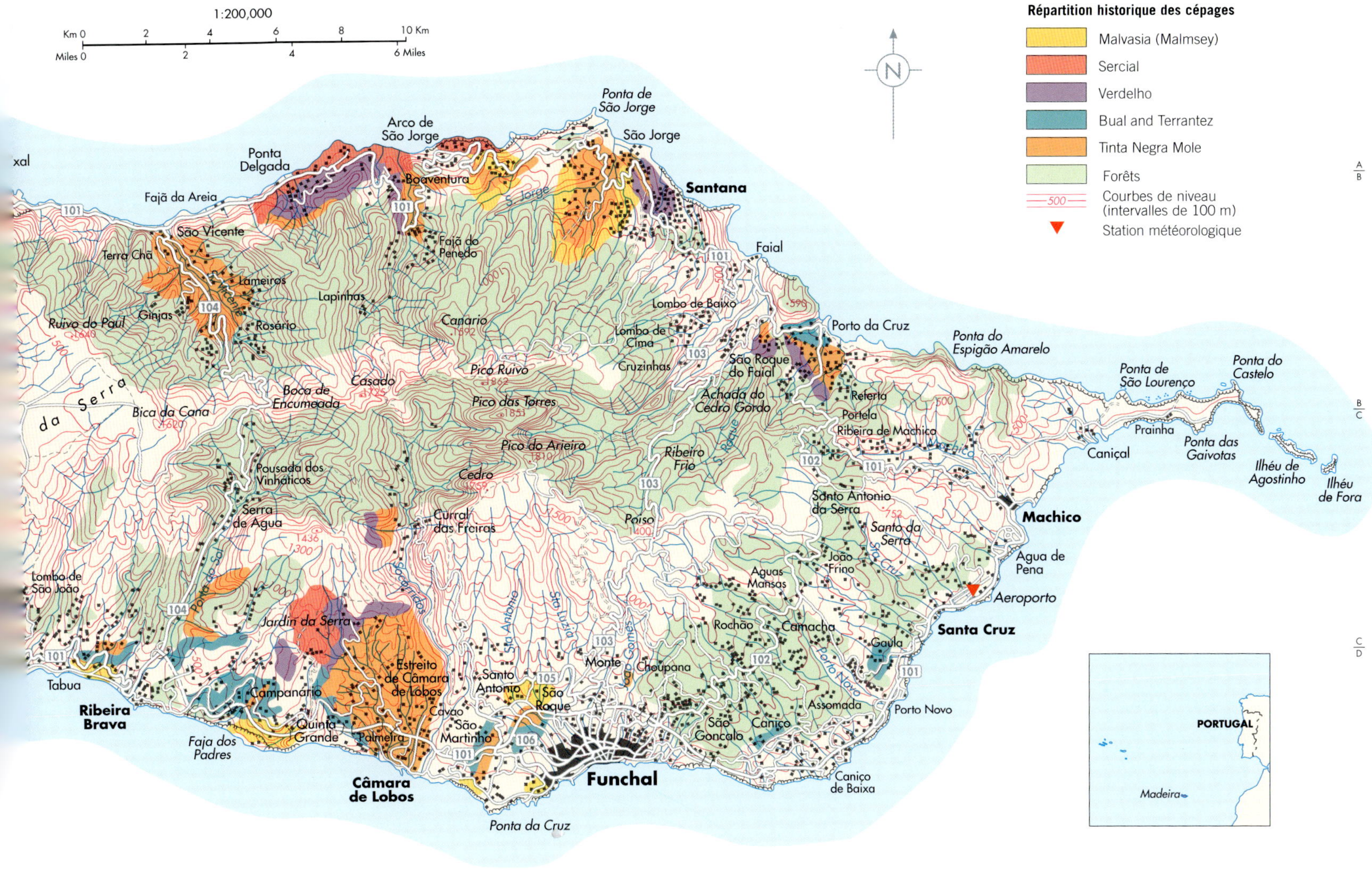

ont failli mettre fin au madère en provoquant la fermeture ou la fusion de nombreux négoces et en interrompant pendant longtemps le flux d'un madère de bonne qualité. Les vignobles furent largement replantés avec des cépages hybrides américains (le black spanish essentiellement, connu à Madère sous le nom de jacquet) et les cépages classiques devinrent rarissimes. La vigne vinifera la plus plantée fut le tinta negra mole, au mieux un substitut correct des cépages qui avaient fait la réputation de l'île (ce cépage représente aujourd'hui 90 % de la vigne plantée à Madère).

Il était courant, jusqu'à ce que le Portugal devienne membre de la CEE en 1986, de mentionner sur les étiquettes les cépages classiques de Madère, que le vin fut ou non fait avec eux. Aujourd'hui, à moins d'être fait avec un cépage traditionnel, les étiquettes doivent simplement mentionner l'âge (3, 5, 10 et 15 ans) et le degré de douceur, contrôlé par l'addition de *vinho surdo* ou vin sourd : du jus de raisin qu'on a empêché de fermenter en y ajoutant du brandy. De nos jours, les madères sont en général faits comme les portos, en interrompant la fermentation avec de l'alcool.

Les cépages traditionnels sont associés à un niveau de douceur particulier. Le plus doux des quatre, et celui qui arrive à maturité le plus tôt, est le malmsey : c'est un vin brun sombre, parfumé et riche, avec une texture souple et presque grasse, et ce goût relevé propre aux madères. Il est parfait pour terminer un riche dîner sur une note enjouée.

Le madère de bual est plus léger et un peu moins doux – mais très certainement un vin de dessert. Une note fumée peut s'y insinuer qui modifie sa richesse. Le bual est hélas devenu un vin rare.

Le verdelho (le cépage blanc le plus planté de l'île) donne un vin moins doux et moins souple que le bual. Son arôme de miel légèrement fumé permet de le boire avant ou après les repas.

Les plantations minuscules de sercial (cerceal sur le continent), qui donne le madère le plus sec, sont les vignobles les plus élevés de l'île et ceux qui sont vendangés les derniers. Le vin de sercial, le plus lent de tous à se développer, est léger, parfumé, très vif, d'une astringence désagréable quand il est jeune, mais d'un attrait merveilleux quand il vieillit. Il est plus substantiel qu'un sherry fino, mais reste un apéritif parfait.

On peut inscrire le nom d'un de ces cépages seulement si le vin est fait à 85 % avec le cépage en question (le vinho surdo est inclus dans le calcul).

Pour que le millésime figure sur l'étiquette, un madère doit être fait avec le vin d'une seule année et vieilli en barrique pendant au moins vingt ans. En pratique, les meilleurs vins peuvent passer un siècle en fût et être décantés dans des dames-jeannes avant d'être mis en bouteilles. En bouteille, ils évoluent avec une lenteur d'escargot.

Le madère millésimé est un vin que le temps semble incapable d'épuiser ou de diminuer. Plus il est vieux, meilleur il est ; une bouteille de n'importe quel bon madère garde sa fraîcheur des mois.

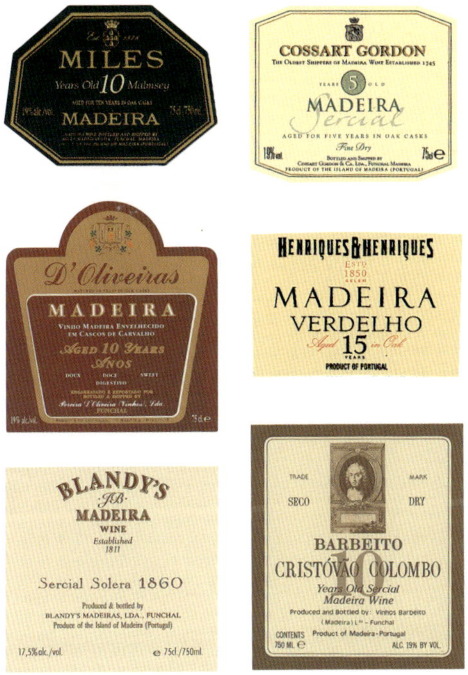

Quand la Prohibition ferma le marché américain, *les négociants durent se regrouper pour survivre. Les deux étiquettes du haut et celle de Blandy (des vins en général plus doux que ceux de Cossart Gordon) appartiennent à la Madeira Wine Company, et donc à la famille Symington.*

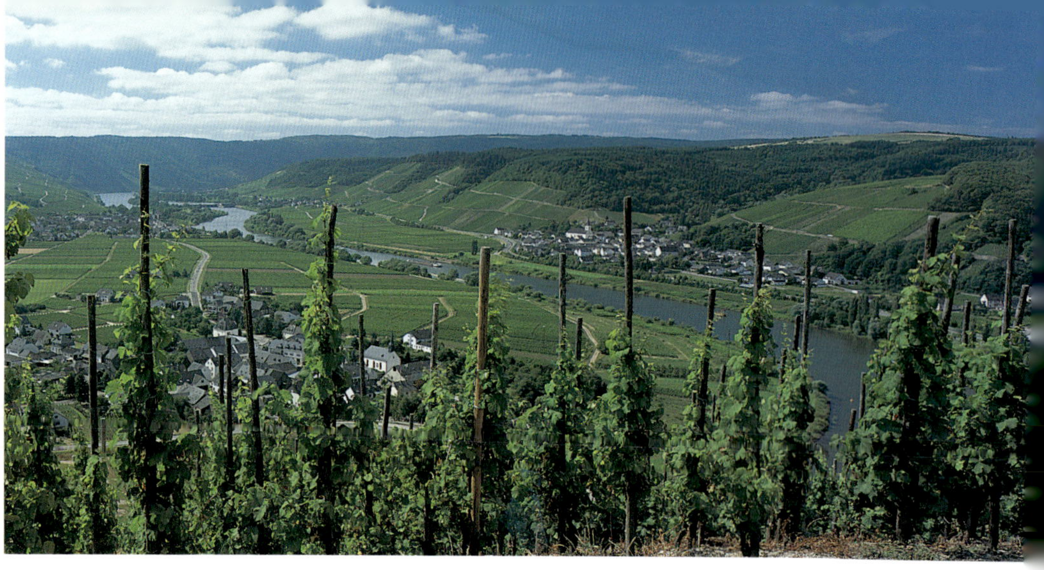

Allemagne

Les vins de l'Allemagne sont les plus mal compris au monde. Ses vignobles se situent dans une zone septentrionale au nord de laquelle il n'est plus possible de faire pousser de la vigne. Nombre d'entre eux se trouvent sur des sites impropres à l'agriculture : si la vigne n'y poussait pas, on n'y trouverait que des forêts ou des rochers. Tout bien considéré, leur chance de donner le meilleur vin blanc du monde paraît assez mince. Et pourtant, dans certaines circonstances, ils y parviennent et lui donnent un caractère nerveux et élégant que personne, nulle part, ne peut imiter.

Le secret de ces vins tient à l'équilibre de deux éléments très peu en vogue : le sucre et l'acidité. Le sucre sans acidité donnerait un vin plat ; l'acidité sans sucre, un vin coupant. Mais dans les bonnes années, les deux se contrebalancent si finement que c'est du grand art. Ces vins deviennent la scène sur laquelle se mélangent et fusionnent les essences du raisin et du sol, de façon plus apparente que partout ailleurs parce que la teneur en alcool est bien plus faible et par conséquent le vin plus transparent. Grâce à cette acidité importante, les meilleurs vins vieillissent de façon magnifique.

Les vins doux d'Allemagne s'apprécient, à la différence des autres vins, seuls, dans toute leur gloire, plutôt qu'en accompagnement d'un mets quelconque. Mais on a tendance aujourd'hui à y voir un handicap commercial, ce qui a eu pour effet d'accélérer la production de vins complètement secs.

Depuis que la mode des vins secs (*trocken*) a triomphé (début des années 1980), cette production est passée de vins très minces (un mosel kabinett très sec peut être péniblement âpre) à des vins plus fermes et d'une élégance convaincante (principalement les spätlesen secs). Cependant, le monde au sens large n'a pas encore appris à les aimer. C'est un défi auquel une nouvelle génération de producteurs fait face avec des vins d'une vitalité enthousiasmante. La tragédie, c'est qu'ils sont concurrencés par des vins ordinaires produits en masse et favorisés par la politique gouvernementale. Un pays dont l'ambassadeur vinicole est le Liebfraumlich plutôt qu'un vin sérieux et éloquent n'a pas sa place dans la compétition internationale.

Depuis 1971, les lois vinicoles allemandes semblent avoir délibérément cherché à troubler et même à égarer le consommateur. Les lois ont apparemment été conçues pour favoriser à court terme les producteurs de vin lancés dans une production de masse vendue à très bas prix. Il en est résulté un désastre pour le monde vinicole allemand dans son ensemble, mais surtout pour les perfectionnistes (et ils sont nombreux) qui ont des vins remarquables à offrir.

Les étiquettes de vin allemand (voir l'encadré) sont à la fois les plus précises et les plus troublantes qui soient. Elles sont la cause et l'instrument de bien des problèmes de cette industrie. La confusion la plus regrettable est celle qui est liée à l'existence des *Grosslagen* (unités géographiques importantes, utiles d'un point de vue commercial) dont les noms sont impossibles à distinguer, pour la plupart des consommateurs, des *Einzellagen*, les vignobles individuels. Prenez par exemple le village de Nierstein dans la Rhénanie-Palatinat, cartographiée en détails page 233. Il compte de nombreux excellents vignobles qui font des vins ardents, pleins de caractère, comme le Niersteiner Hipping ou le Niersteiner Pettenthal. Mais il existe une importante *Grosslage* qui inclut la production beaucoup moins élégante de quinze villages situés dans l'arrière-pays très plat de Nierstein, du nom de Niersteiner Gutes Domtal. Des océans de vins demi-doux sans goût y sont mélangés et étiquetés sous ce nom. La seule façon pour le consommateur de distinguer ce produit de masse grossier du vin obtenu à partir d'un vignoble unique consiste à mémoriser les noms de toutes les *Grosslagen* d'Allemagne. Nos cartes distinguent clairement les *Grosslagen* et les *Einzellagen*.

Le riesling (voir page 25) est le grand cépage de l'Allemagne. Il est planté, à l'exclusion de tout autre cépage ou presque, dans les meilleurs sites de Mosel-Saar-Ruwer, du Rheingau, du Nahe et du Pfalz (Palatinat). Dans un site de moindre qualité, lors d'une moins bonne année, il n'a pas la moindre chance de mûrir.

Pour une production plus importante et moins risquée, l'Allemagne s'est tournée dans les années 1920 vers le müller-thurgau, un cépage hybride à maturation précoce et à rendement élevé, créé en 1882. Les vins sont plats et n'ont pas la délicieuse structure de l'acidité fruitée du riesling. En 1996, les amoureux du bon vin allemand ont eu la satisfaction de voir le riesling reprendre la place qui lui revient de cépage le plus planté en Allemagne. Néanmoins, les vins ordinaires qui ne mentionnent aucun cépage sur leur étiquette sont en général faits à partir du müller-thurgau, qui représente encore un cinquième du vignoble allemand.

Le sylvaner arrivent bien après ces deux cépages, même s'il prospère sur les meilleurs sites de Franconie, où il donne un vin meilleur que le riesling. Le sylvaner donne aussi de l'excellent vin dans la Rhénanie-Palatinat et dans le Bade.

De nouveaux hybrides, conçus tout spécialement pour une maturation plus complète, ont été très à la mode dans les années 1980, particulièrement dans la Rhénanie et le Palatinat (qui donne parfois un bon scheurebe). Deux éléments ont pondéré l'enthousiasme initial pour ces cépages : leurs arômes un peu trop évidents et leur faible résistance aux hivers rudes (inférieure à celle du riesling). Cela a poussé les pépiniéristes allemands à incorporer dans leurs hybrides des gènes de cépages de Mongolie qui résistent au froid.

Le spätburgunder (pinot noir), le portugieser courant, le dornfelder (hybride récent) et, dans le Württemberg, le trollinger sont des sources de plus en plus importantes de vin rouge. Mais seule la vallée de l'Ahr, aussi septentrionale que la région de Bonn, produit plus de rouge (spätburgunder) que de blanc.

Il y a peu de temps encore, la loi vinicole allemande n'avait pris aucune disposition pour limiter les rendements (parmi les plus élevés du monde) ou pour classer les vignobles comme le font les

Vocabulaire de l'étiquette

Mentions de qualité

Qualitätswein mit Prädikat (QmP) : vins faits à partir des raisins les plus mûrs. Les meilleurs vins doux d'Allemagne sont des QmP, même si cette catégorie, en fonction de l'année, peut comprendre de 7 (1984) à 83 % (1976) de la récolte. La chaptalisation n'est pas autorisée. Les classifications additionnelles sont en ordre de maturité croissante :

Kabinett : vins légers, frais, idéaux pour l'apéritif

Spätlese : littéralement « vendange tardive » et signifiant plus mûr qu'un Kabinett. Les vins peuvent varier de sec et plein à doux et léger. Vieillissent bien

Auslese : faits à partir de raisins plus mûrs, parfois même touchés par la pourriture noble, avec une addition de sucre. Doivent vieillir

Beerenauslese (BA) : vins rares, doux, faits avec des raisins touchés par la pourriture noble (*beeren*)

Eiswein : vins faits avec des raisins à forte concentration de sucre et d'acidité, frigorifiés sur le pied de vigne – moins rares que les TBA

Trockenbeerenauslese (TBA) : vins rares, doux, chers, faits avec des raisins desséchés (trocken) par le botrytis sur le pied de vigne et vendangés à la main

Qualitätswein bestimmter Anbaugebiete (QbA) : « vin de qualité d'une région vinicole spécifique », mais les critères sont ridiculement bas pour ce qui est de la maturation. Ces vins sont régulièrement chaptalisés

Classic : nouvelle catégorie de vins secs de qualité pour la consommation courante, à cépage unique

Selection : vins secs supérieurs d'un seul cépage

Landwein : réplique approximative du système français des Vins de pays ; désignation qui n'est pas très populaire quand le QbA est si répandu

Deutscher Tafelwein : très petite catégorie du vin le plus léger et le plus ordinaire

Autres mentions courantes

Amtliche Prüfungsnummer (AP Nr) : chaque lot de vin doit être officiellement « testé » et obtenir un numéro de test ; les premiers numéros identifient le centre de test, les deux derniers l'année du test

Erzeugerabfüllung ou Gutsabfüllung : mis en bouteilles à la propriété

Halbtrocken : demi-sec

Trocken : sec

Weingut : propriété vinicole

Weinkellerei : cave ou chai

Winzergenossenschaft/Winzerverein : coopérative

À gauche Les vignes de la Moselle (les meilleures sont toutes du riesling) sont échalassées individuellement, chacune sur un piquet sans treille. Ici, elles surplombent un des plus jolis paysages qui soient : forêts sur les hauteurs, vignes sur les pentes raides, fleuve sinueux dans la plaine.

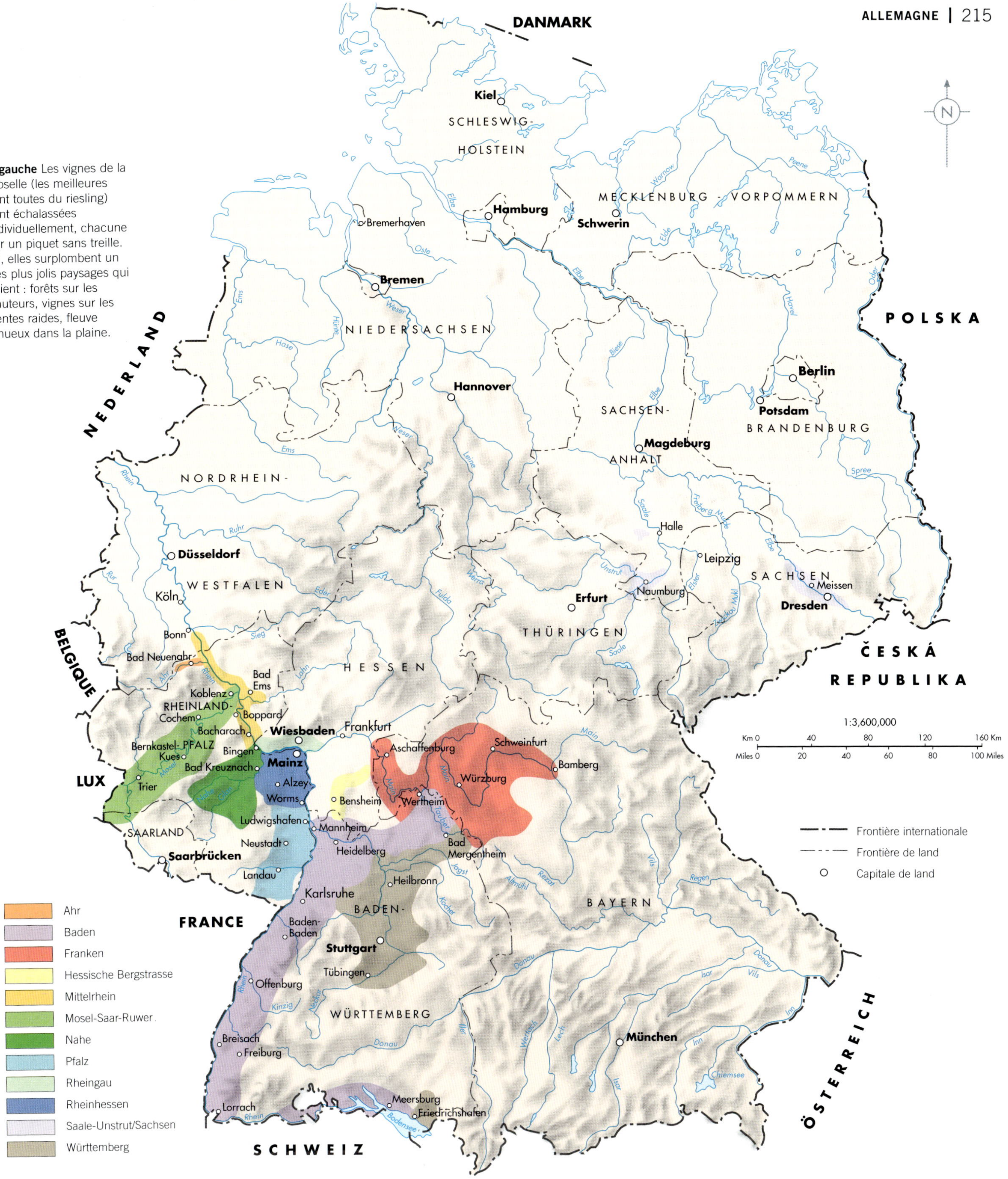

Français. La loi ne réglemente que la maturité, ou « poids du moût », et la proportion de sucre dans les raisins au moment de la vendange (voir page 26).

Mais personne ne prétend que tous les vignobles allemands sont également situés sur des sols parfaits. Nos cartes détaillées montrent qu'une faible proportion des vignobles (signalée par la couleur lilas ou, mieux encore, violet) peut être considérée comme constamment supérieure. Cet audacieux classement des vignobles, fait en collaboration avec le consortium des meilleurs producteurs d'Allemagne, le VDP (*Verband Deutsches Prädikatsweingüter*), les organisations locales et les experts, a été publié pour la première fois dans l'édition précédente de cet *Atlas* (1994). Comme nous l'espérions, cela semble avoir encouragé les autorités allemandes à s'engager vers une classification officielle des vignobles. Cependant, la volonté de distinguer clairement les grands vignobles de ceux qui sont simplement productifs fait toujours défaut (voir page 226).

Le gouvernement allemand s'est toujours refusé à encourager ce qu'il appelle de l'élitisme. Les Français n'ont pas peur d'appeler ça la qualité.

Moselle

La Moselle est accompagnée par les reflets des vignes tout le long de son cours, depuis les montagnes des Vosges jusqu'à sa réunion avec le Rhin à Coblence. En Allemagne, le nom de cette région vinicole, composée de vignobles très variés, est celui de Mosel-Saar-Ruwer – incluant donc les deux grandes vallées vinicoles latérales de la Moselle (présentées pages 218-219).

On trouve en Moselle, côte à côte, sur le plat comme sur les pentes, les meilleurs et les pires aspects du vin allemand. D'immenses usines de mises en bouteille consacrées à la production du vin médiocre qui a valu à l'Allemagne sa mauvaise réputation, côtoient des vignobles qui produisent à la fois un des meilleurs vins du monde et des vins presque imbuvables. Car seuls les sites bien exposés permettent une maturation complète du riesling dans une région aussi septentrionale. À chaque boucle de ce fleuve se produit une modification spectaculaire du potentiel des vignobles. En général, tous les meilleurs sites font face au sud et descendent en pente raide vers le fleuve qui leur sert de miroir. Les reflets dorés de leurs feuilles au moment des vendanges inspiraient déjà le poète romain Ausone au quatrième siècle après J.-C. Il les retrouverait encore aujourd'hui, à défaut de reconnaître le fleuve domestiqué par les barrages.

Même si tous les grands moselles sont faits à partir de riesling, 40 % environ de la production de la vallée est mélangée et vendue sous un nom de *Grosslage*. Près de la moitié du vignoble, la partie plate et peu prometteuse, est consacrée à d'autres variétés : le morne müller-thurgau, l'âpre elbling ou le kerner, un des meilleurs hybrides. La région de la Mosel-Saar-Ruwer est sous-peuplée et difficile à travailler. La superficie de son vignoble décline, mais elle reste tout de même la quatrième région vinicole de l'Allemagne (après la Rhénanie-Palatinat, le Palatinat et le Bade).

La plupart des meilleurs vins sont faits entre Zell et Serring (voir pages 222-223 pour une description de quelques-unes des vignes au meilleur potentiel entre Zell et Cochem). En aval de Cochem, on cultive une proportion particulièrement élevée de riesling. C'est aussi le cas dans le Mittelrhein, la région voisine aux plantations plus clairsemées, sur les rives du Rhin autour de Coblence.

En amont de Trèves, les collines cultivées sont régulièrement menacées par les gelées de printemps et entièrement plantées ou presque du cépage traditionnel d'elbling, résistant et rustique. Ce cépage donne un vin maigre, acide, souvent légèrement pétillant, à la fois dans l'Obermosel et au Luxembourg de l'autre côté du fleuve. Les viticulteurs du Luxembourg, qui chaptalisent régulièrement, se servent plus fréquemment du rivaner (müller-thurgau) et plantent de plus en plus de cépages à faible acidité comme l'auxerrois.

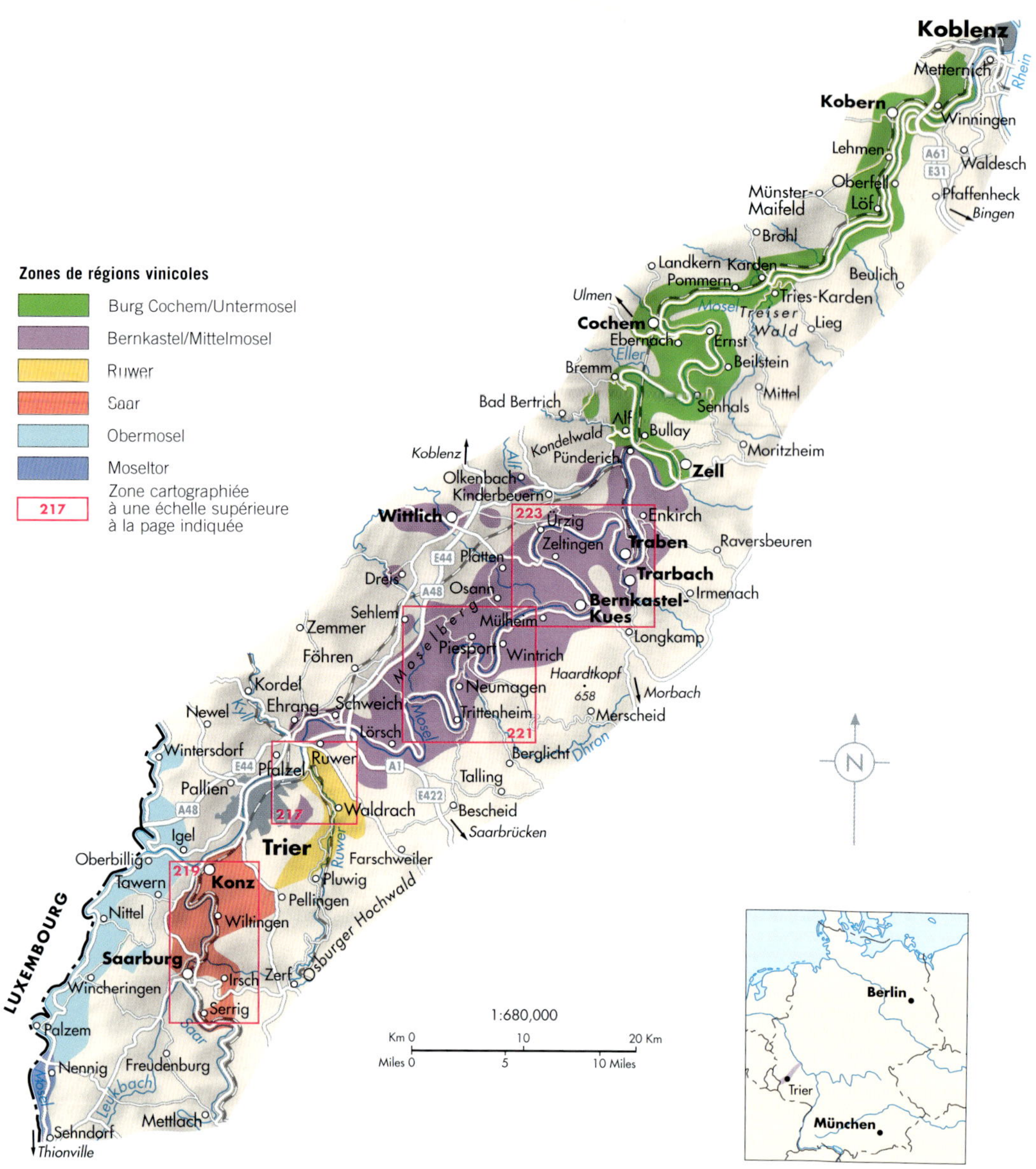

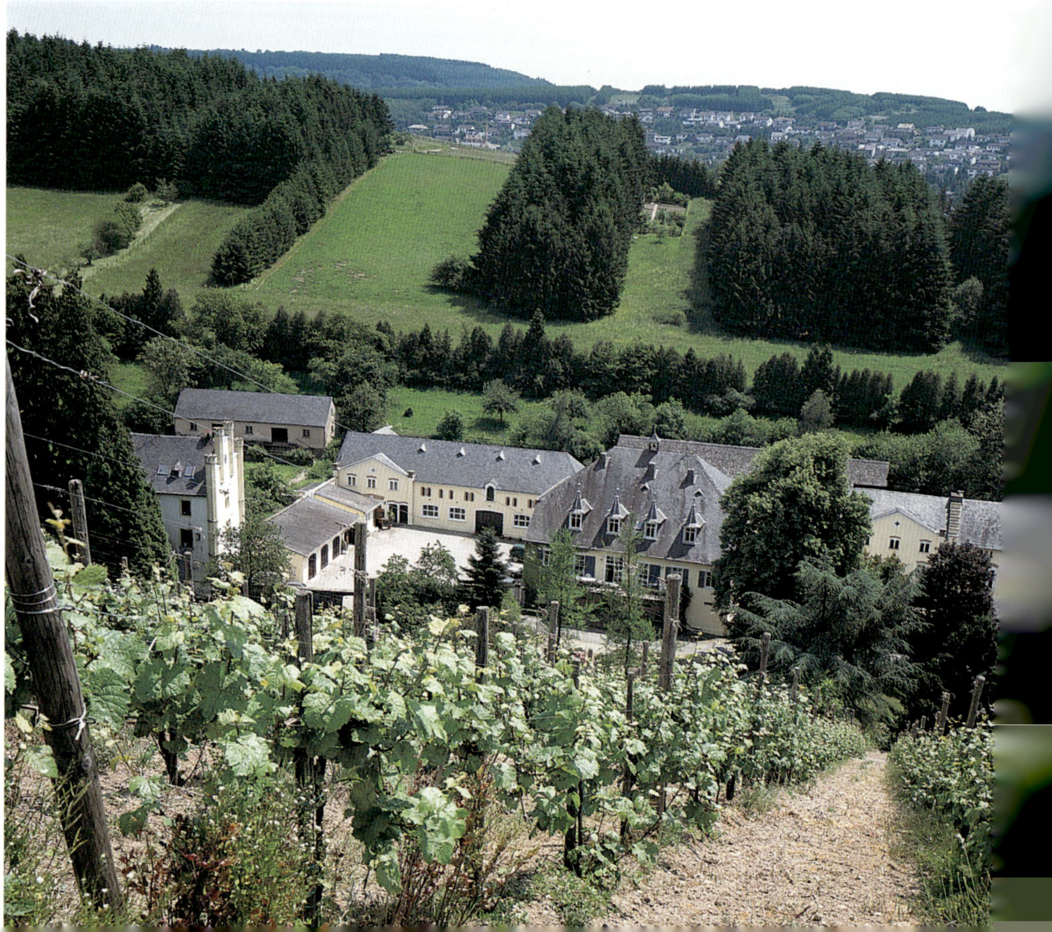

À droite Le long de la Moselle, les vignobles sont installés sur des pentes vertigineuses. Le Karthäuserhof, constitué des vestiges d'un monastère chartreux, est une des meilleures propriétés de la région Mosel-Saar-Ruwer. Napoléon confisqua les biens de l'Église et les vendit au plus offrant.

Ruwer

Le Ruwer est un simple cours d'eau. Ses vignobles représentent en superficie à peu près la moitié de ceux d'une commune de la Côte d'Or. Il y a des années où la majeure partie de son vin reste médiocre : pâle et acide. Cependant, comme dans la Sarre, quand les conditions sont bonnes, il peut s'y produire des miracles : ce sont alors les vins les plus délicats d'Allemagne, agréables, infiniment bons et pleins de subtilité.

Waldrach, le premier village vinicole, fait un bon vin léger. Kasel est beaucoup plus intéressant. Le domaine von Kesselstatt et le Bischöfliches Weingut de Trèves ont des vignobles dans la région. Dans les grandes années, les kaselers sont fantastiques. De façon assez originale en Allemagne, les grandes propriétés du Ruwer ont souvent le monopole des meilleurs sites. Karlsmühle, par exemple, à Mertesdorf, est l'unique propriétaire de Lorenzhöfer et peut faire des vins d'une précision inspirée.

Mertesdorf et Eitelsbach ne sont pas des villages célèbres, mais chacun d'eux possède un vignoble extraordinaire, propriété d'un des meilleurs producteurs de vin au monde.

De l'autre côté du Ruwer, Maximin Grünhaus de Mertesdorf déploie un vignoble à l'oblique de la rive gauche. La plus grande partie de ses collines couvertes de vignes s'appelle Herrenberg. La partie qui produit la qualité supérieure s'appelle Abtsberg (colline de l'abbé) et la partie moins bien située Bruderberg (colline des frères). Un aqueduc souterrain relie le domaine Grünhaus à Trèves, une importante ville vinicole qui date de l'époque romaine, située à 8 km en amont sur la Moselle.

Dans le périmètre de la ville de Trèves se trouvent la clairière isolée d'Avelsbach, appartenant à l'État et à la cathédrale de Trèves, et le célèbre et vénérable Thiergarten. Le vin d'Avelsbach est très proche de celui du Ruwer : extraordinairement délicat – parfois plus parfumé et plus direct.

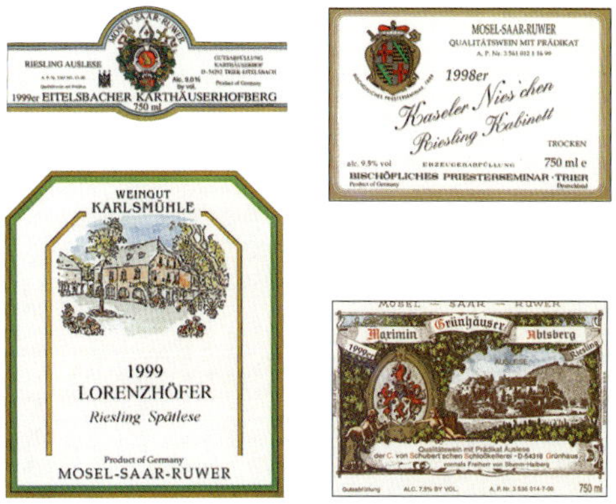

La ville de Trèves *était la capitale septentrionale de l'Empire romain. Plusieurs de ses grandes propriétés vinicoles sont des œuvres de charité, certaines utilisant encore les caves creusées dans la roche par les Romains. Karthäuserhofberg est la seule à avoir une étiquette uniquement sur le goulot.*

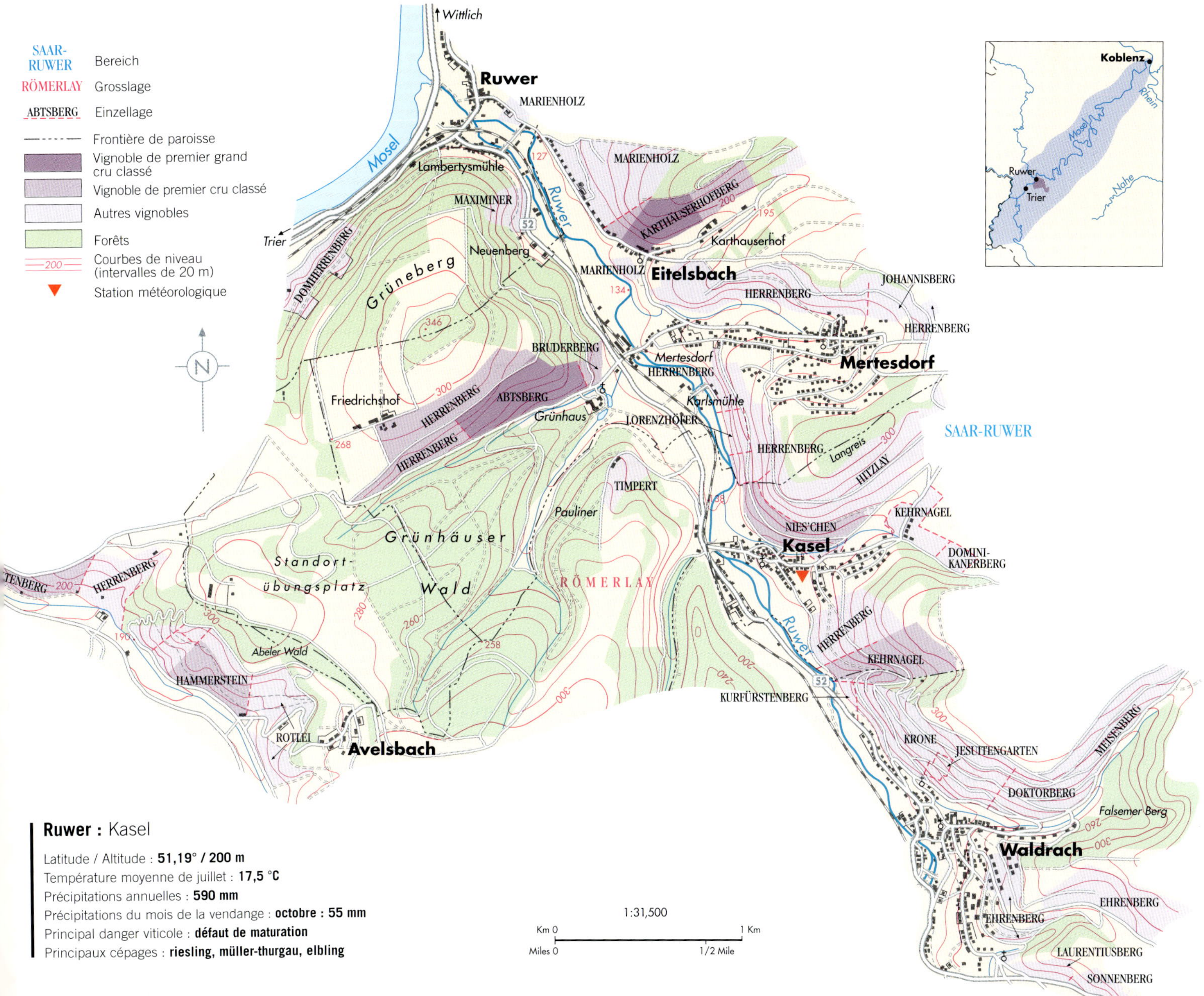

Ruwer : Kasel

Latitude / Altitude : **51,19° / 200 m**
Température moyenne de juillet : **17,5 °C**
Précipitations annuelles : **590 mm**
Précipitations du mois de la vendange : **octobre : 55 mm**
Principal danger viticole : **défaut de maturation**
Principaux cépages : **riesling, müller-thurgau, elbling**

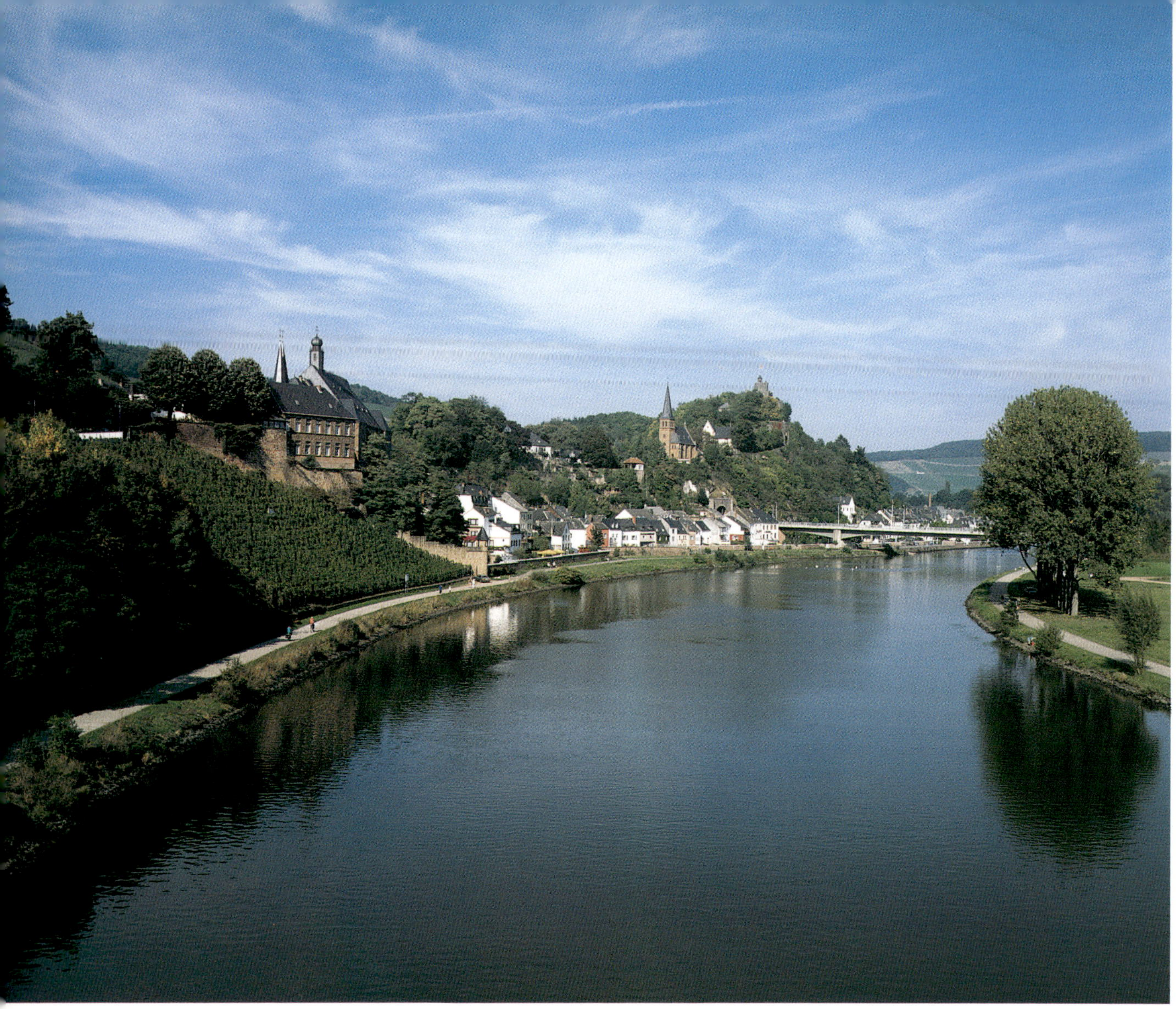

À gauche La Sarre s'écoule vers le nord à travers la petite ville de Saarburg, avec son inévitable *Schloss* ou château. Plutôt que de longer la rivière, la plupart des grands vignobles se déploient perpendiculairement à la Sarre dans des vallées latérales. Les exceptions se trouvent à Kantzem, avec les célèbres vignobles de Braune Kupp et de l'Altenberg.

Sarre

Le vin allemand, avec ses faiblesses et ses triomphes, n'est nulle part mieux incarné que dans la vallée de l'affluent de la Moselle, la Sarre. La lutte pour la formation du sucre dans les raisins fait rage dans ce coin froid. La bataille n'est remportée que trois ou quatre fois sur une période de dix ans (les millésimes 93, 94, 95 et 97 ont été exceptionnels). Ces années donnent un vin blanc inimitables, parmi les plus extraordinaires qui soient au monde.

Avec seulement 600 hectares, la vigne doit partager la vallée avec les vergers et les pâturages. C'est une région agricole, dégagée et paisible. Il est difficile de croire qu'en amont chauffent les haut-fourneaux de la Sarre industrielle.

Les pentes exposées au sud – pratiquement toutes descendent rapidement vers la rivière – offrent aux producteurs le meilleur ensoleillement pour une maturation optimale.

Comme dans tous les bons sites de la Moselle, le sol est essentiellement de l'ardoise, et le cépage du riesling. Les qualités du vin de Moselle – le mordant et la fraîcheur de la pomme, un mélange merveilleux de miel dans le parfum et d'acier sur la fin – sont à leur apogée dans le vin de la Sarre. L'emphase est ici mise sur l'acier plus que sur le miel.

Les mauvaises années donnent un vin si acide qu'il pousse les meilleurs producteurs eux-mêmes à vendre la totalité de leur production aux fabricants de sekt, le vin pétillant, qui ont besoin d'un vin acide à la base. Mais quand le soleil brille, que le riesling mûrit et continue de le faire jusqu'en octobre et même en novembre, l'énorme bouffée de senteurs de fleurs et de miel serait trop enivrante sans l'acidité râpeuse. C'est alors que le vin de la Sarre devient ce qu'il est, un vin doux dont il est impossible de se lasser, équilibré et profond.

Les sites exceptionnels sont rares. La plupart sont entre les mains des propriétés riches et anciennes qui peuvent se permettre d'attendre les bonnes années et en tirer le meilleur parti. Les étiquettes des domaines les plus importants – austères en comparaison des créations fleuries de certaines régions d'Allemagne – sont présentées ci-contre. Un des premiers domaines d'État s'était implanté ici, avec ses bureaux dans la ville voisine de Trèves, mais il a été divisé depuis.

La propriété la plus célèbre de la Sarre est celle d'Egon Müller, dont la maison apparaît sur la carte sous le nom de Scharzhof, au pied du Scharzhofberg à Wiltingen. Les meilleurs vins de Müller figurent parmi les vins blancs les plus chers du monde. Les autres propriétaires du Scharzhofberg sont von Kesselstatt et la cathédrale de Trèves (Hohe Domkirche) qui ajoute le mot Dom devant le nom de ses vignobles. Egon Müller administre aussi la propriété Le Gallais, avec son célèbre vignoble de Braune Kupp, de l'autre côté de Wiltingen. Les vignobles de premier ordre (en allant d'aval en amont) sont Kanzemer Altenberg, Ockfener Bockstein, Ayler Kupp et Saarburger Rausch – célèbres pour leurs bons millésimes. Le nom de *Grosslage* pour toute la région de la Sarre est Scharzberg – qu'il est facile, curieusement, de confondre avec le grand Scharzhofberg.

Bien des vignobles de la Moselle, particulièrement dans la Sarre, appartiennent à un groupe d'institutions religieuses charitables de Trèves. Le Friedrich-Wilhelm-Gymnasium (l'école de Karl Marx), le Bischöfliches Konvikt (un pensionnat catholique), le Bischöfliches Priesterseminar (un séminaire), le Vereinigte Hospitien (un hospice) et la cathédrale sont tous d'importants producteurs de vins. Les deux Bischöfliches et la cathédrale gèrent ensemble 105 hectares de vignobles, ici et dans la Moselle moyenne, sous le nom de Vereinigte Bischöfliches Weingut. Dans leurs profondes et humides caves romaines de Trèves, on a l'impression que le vin même est un acte de pure charité plutôt que de vulgaire commerce.

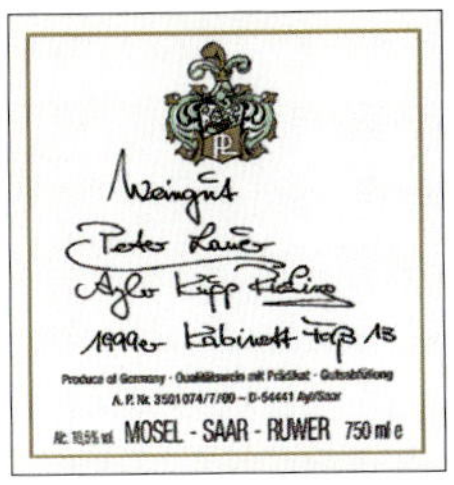

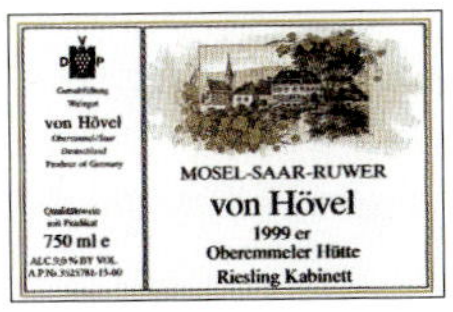

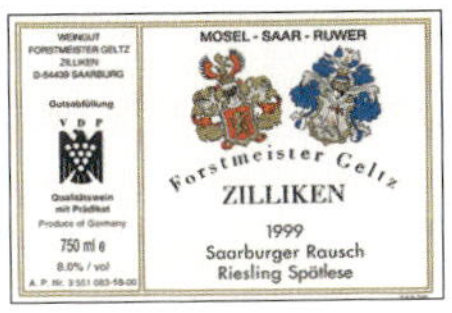

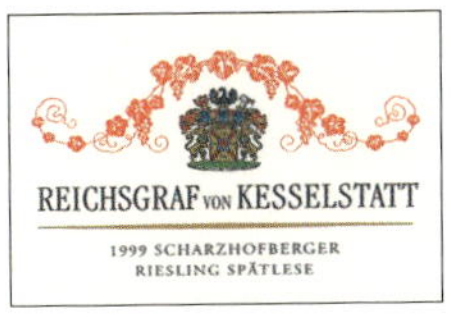

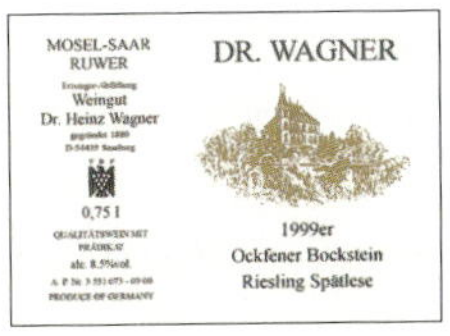

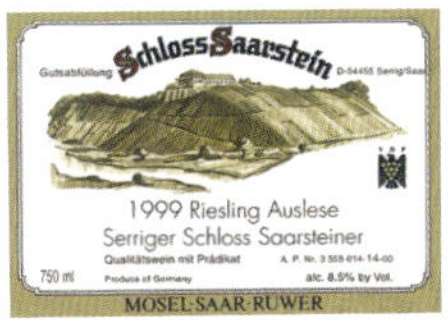

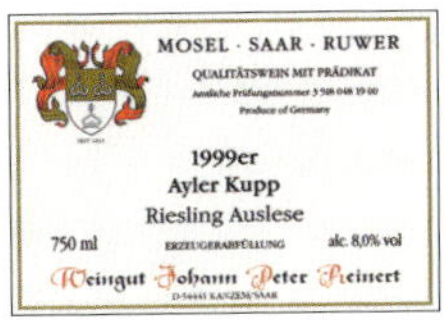

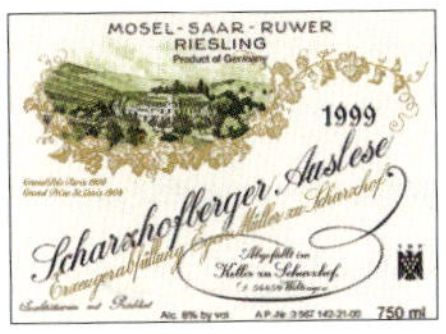

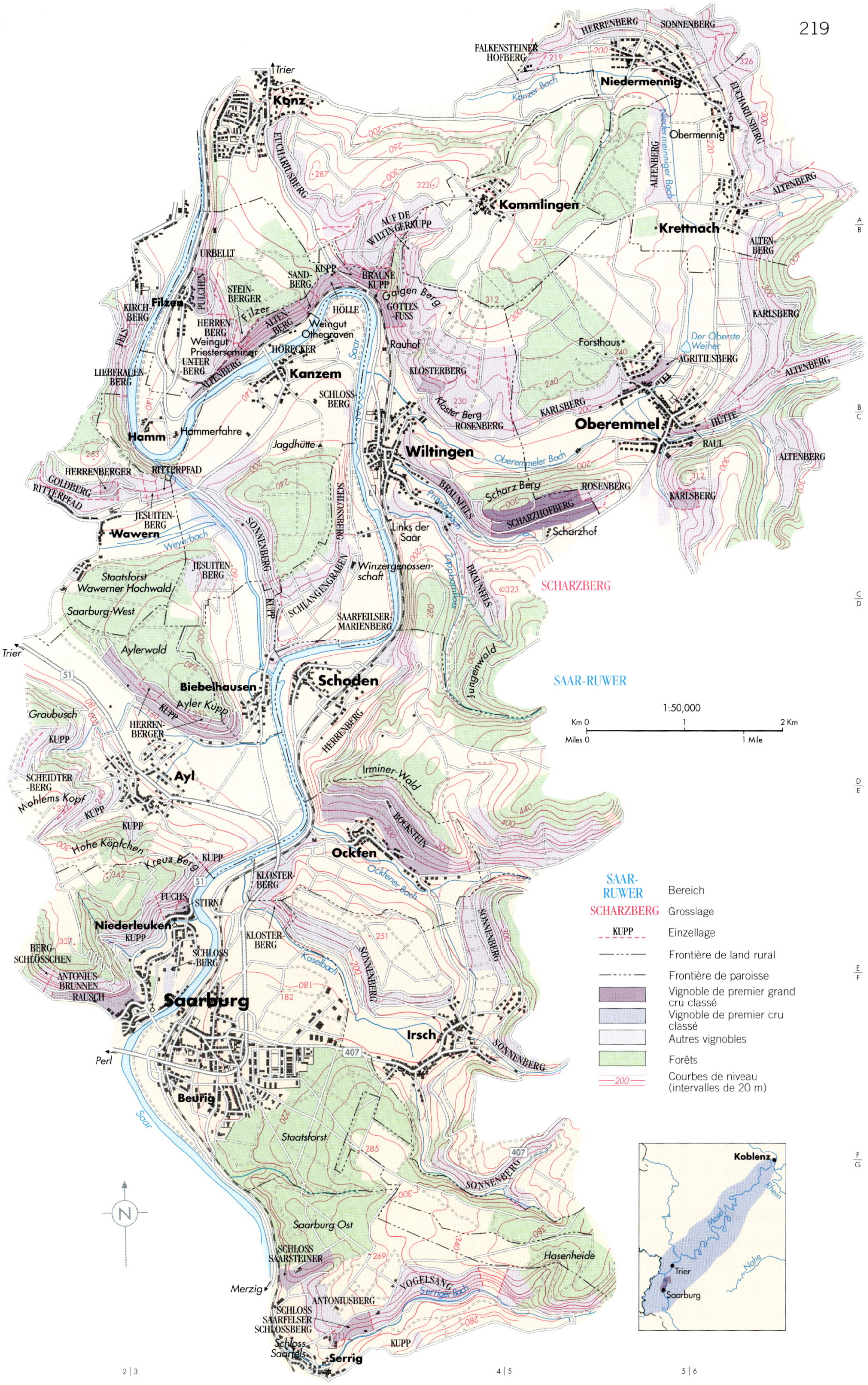

Il existe peu de régions *vinicoles aussi petites que la Sarre avec une telle concentration d'excellents producteurs. Ce n'est pas le pays du vin quotidien. Soit on y obtient de longue lutte un résultat glorieux, soit on n'y obtient rien.*

Moselle moyenne : Piesport

Le plus grand vin du fleuve est fait sur une distance de 65 km de boucles sinueuses, sur des sites établis par les romains dès le IVe siècle. Les spectaculaires rives en ardoise, qui s'élèvent parfois jusqu'à 200 m, procurent des conditions parfaites pour le cépage de riesling, planté pour la première fois dans cette région au XVe siècle et fermement enracinés dans les meilleurs sites depuis le XVIIIe.

Les vins du fleuve varient sur ses rives plus encore que les vins de Bourgogne le long de la Côte d'Or. Avec des expositions au sud, au sud-est et au sud-ouest, plus la pente est raide, plus le vin est délicieux. C'est uniquement parce que le sol est en ardoise, traversée par la pluie comme un tamis, qu'il peut rester accroché à ces rives qui font penser à des précipices. La combinaison d'un sol stable bien drainé et de vignobles exposés au soleil est le secret des vins de la Moselle.

Il n'existe aucune définition formelle de ce qui constitue la Moselle moyenne. Nous avons décidé de ne pas la limiter à sa partie centrale et aux villages les plus célèbres pour en inclure plusieurs dont le vin est souvent sous-estimé.

Un des candidats les plus évidents est Thörnich, avec le vignoble Ritsch ramené à une existence glorieuse par Carl Loewen. Klüsserath, un peu en aval, figure dans la même catégorie. Le vignoble Bruderschaft est l'exemple typique d'un excellent site sur la Moselle : une pente raide tournant du sud vers le sud-ouest. Puis on tombe sur la longue bande de terre qui prend fin à Trittenheim et qui a une allure de falaise à hauteur du village de Leiwen, plongeant dans la rivière pour mieux porter le vignoble de Laurentiuslay – où les bons vins abondent grâce à une concentration exceptionnelle de jeunes producteurs ambitieux. Le site vertigineux se transforme en une pente douce avant la courbe du fleuve, marquant la fin de la *Grosslage*, dont le nom est Sankt Michael.

Les sites les mieux exposés de Trittenheim sont Felsenkopf et Leiterchen (de l'autre côté du pont), les monopoles de Milz, ainsi que la meilleure partie du vignoble d'Apotheke. Ce sont les premiers vignobles de la Moselle qui, depuis toujours, ont donné des vins d'une qualité indiscutable, délicats mais jamais faibles.

La ville de Neumagen, place forte romaine et débarcadère, conserve sur sa petite place ombragée la sculpture d'une pinasse romaine, chargée de barriques et de galériens fatigués. Les vins de Dhron, le village voisin, sont un peu plus connus, notamment le Dhroner Hofberger sur les pentes les plus raides de la commune.

Piesport est dans une catégorie nettement supérieure à celle de ses voisins. On y trouve le site idéal : un amphithéâtre à forte pente exposé plein sud. Les pentes qui entourent le village de Goldtröpfchen, sont célèbres pour leurs vins aux arômes de miel, parfumés et racés, qui peuvent devenir parfois baroques, grâce à une ardoise particulièrement profonde, proche de l'argile. La moitié de ces pentes sont classées en grand cru et l'autre en premier cru. Les immenses plantations de l'autre

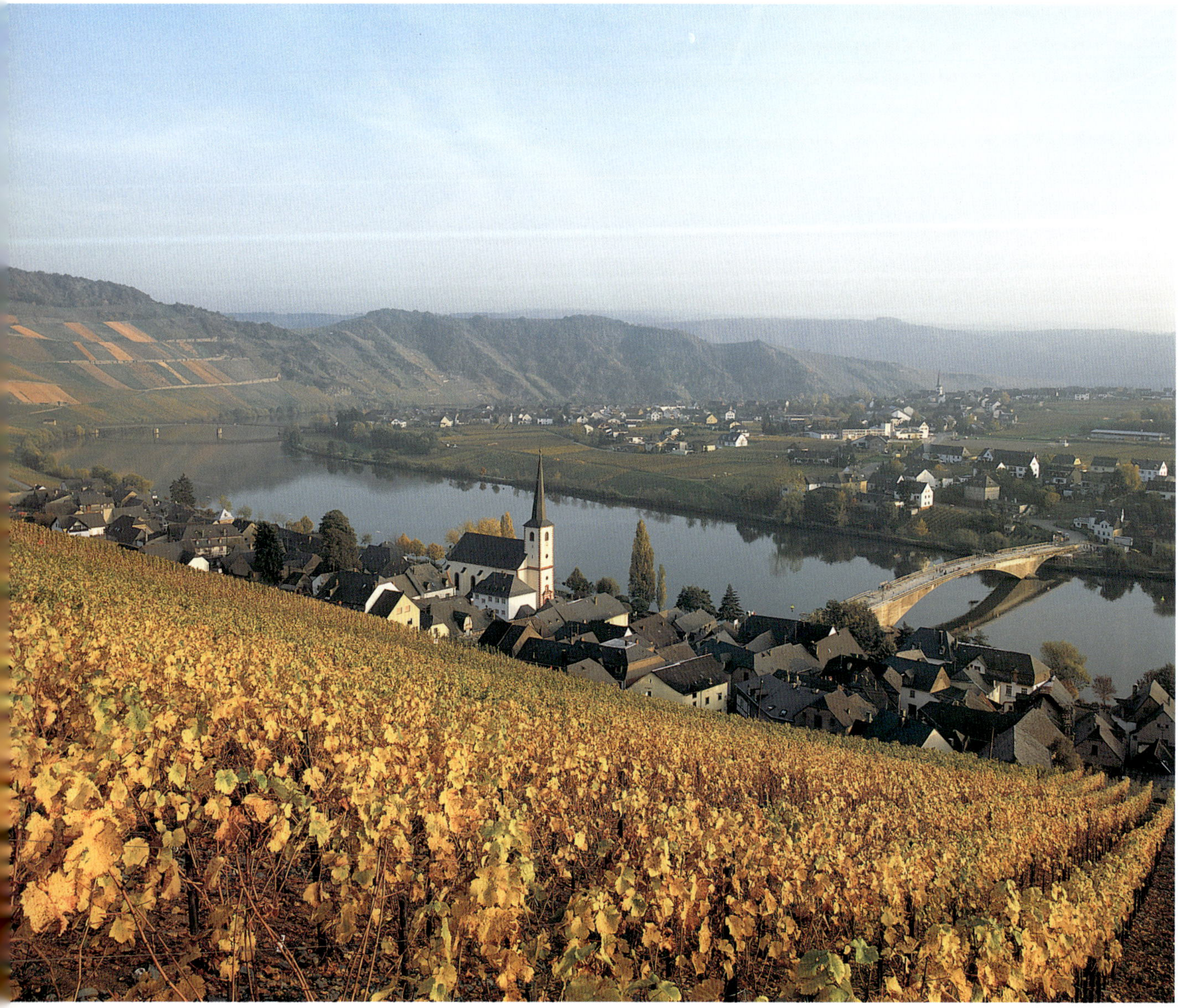

À gauche Le village de Piesport se situe au pied d'un croissant glorieux de vignobles pentus faisant face au soleil. De l'autre côté du fleuve se trouve Niederemmel, sur une terre plate où le riesling a peu de chances de parvenir à complète maturité. Comparez cette vue avec celle de la page 8.

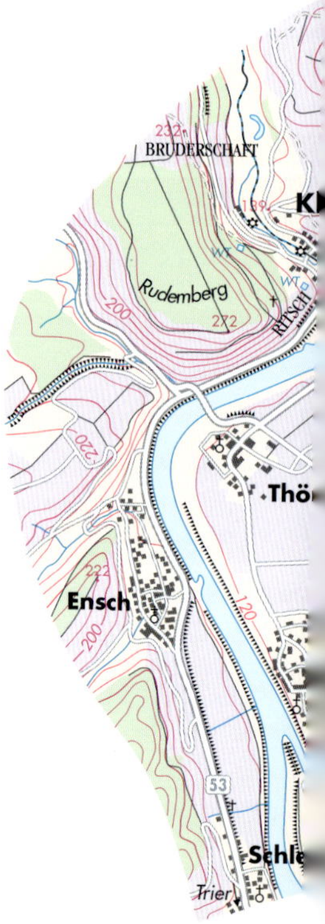

côté du fleuve (voir la photo), connues sous le nom de Piesporter Treppchen, sont loin de figurer dans la même classe de vin. Logiquement, ces vins devraient porter le nom du village de Niederemmel.

Michelsberg est le nom de la *Grosslage* de cette partie du fleuve, de Trittenheim à Minheim. « Piesporter Michelsberg » n'est donc pas logiquement du Piesporter – autre exemple de la façon dont la réglementation allemande égare le consommateur.

Wintrich et Kesten font de bons vins. Mais les pentes ne sont pas bien alignées sur cette portion, sauf au début de la grande rampe qui atteint sa hauteur maximale en face du village de Brauneberg. À Kesten, le vignoble s'appelle Paulinshofberger. À Brauneberg, ce sont ceux de Juffer et Juffer Sonnenuhr, qui donnent ce que l'on considérait il y a cent ans comme le meilleur vin de la Moselle, conformément au goût pour les vins dorés et corsés.

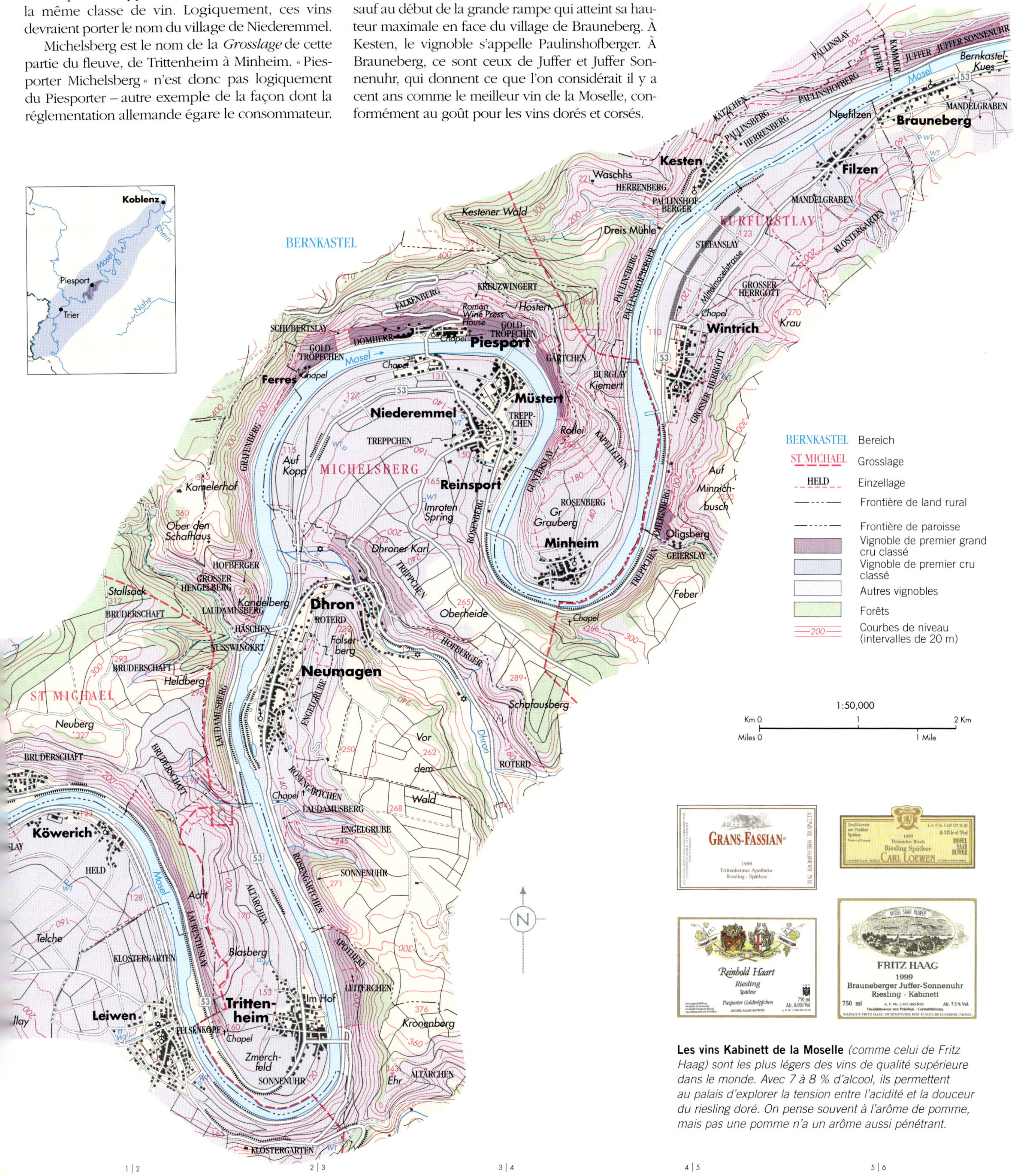

BERNKASTEL Bereich
ST MICHAEL Grosslage
HELD Einzellage
Frontière de land rural
Frontière de paroisse
Vignoble de premier grand cru classé
Vignoble de premier cru classé
Autres vignobles
Forêts
200 Courbes de niveau (intervalles de 20 m)

1:50,000
Km 0 1 2 Km
Miles 0 1 Mile

Les vins Kabinett de la Moselle *(comme celui de Fritz Haag) sont les plus légers des vins de qualité supérieure dans le monde. Avec 7 à 8 % d'alcool, ils permettent au palais d'explorer la tension entre l'acidité et la douceur du riesling doré. On pense souvent à l'arôme de pomme, mais pas une pomme n'a un arôme aussi pénétrant.*

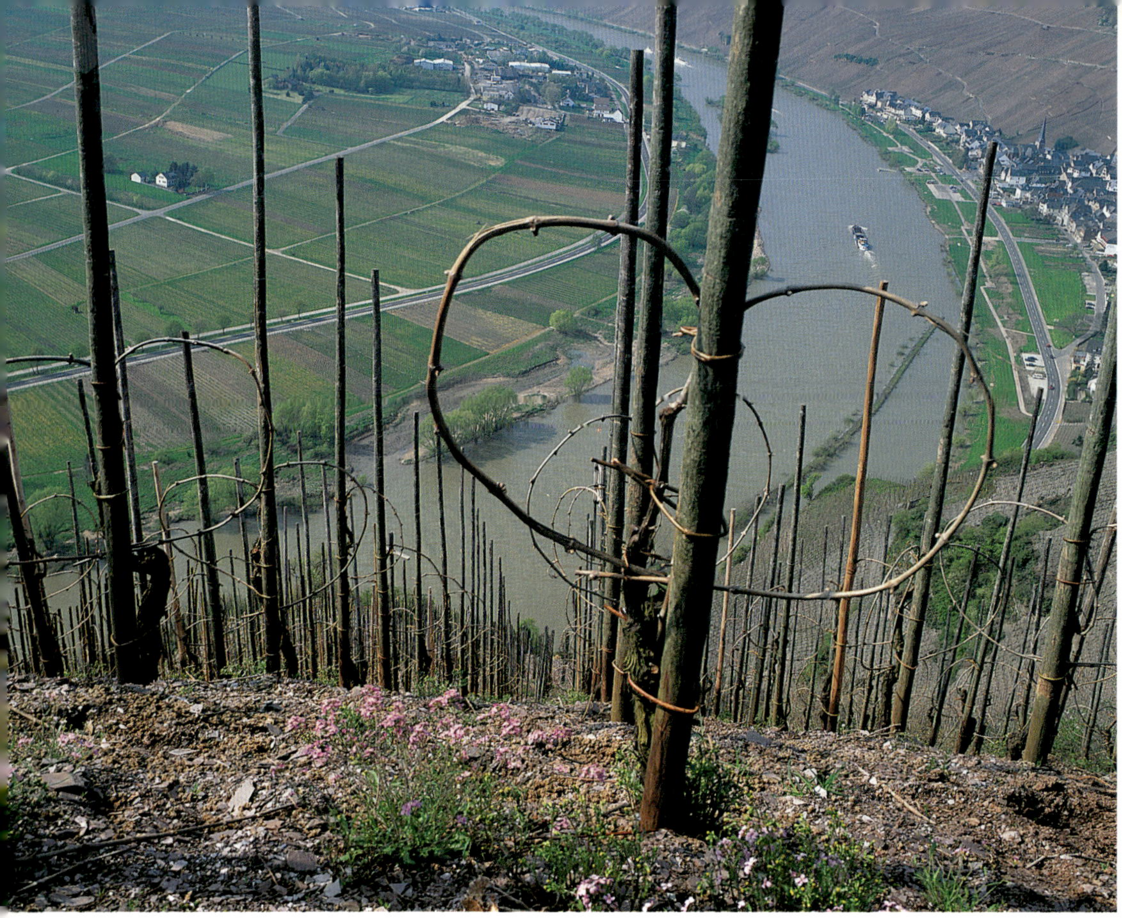

À gauche Les vignes de la Moselle, chacune sur son piquet, sont échalassées en deux longues tiges tordues en forme de cœur. Chaque pied de vigne exige une attention constante, particulièrement pour l'échalassage pendant la saison de croissance.

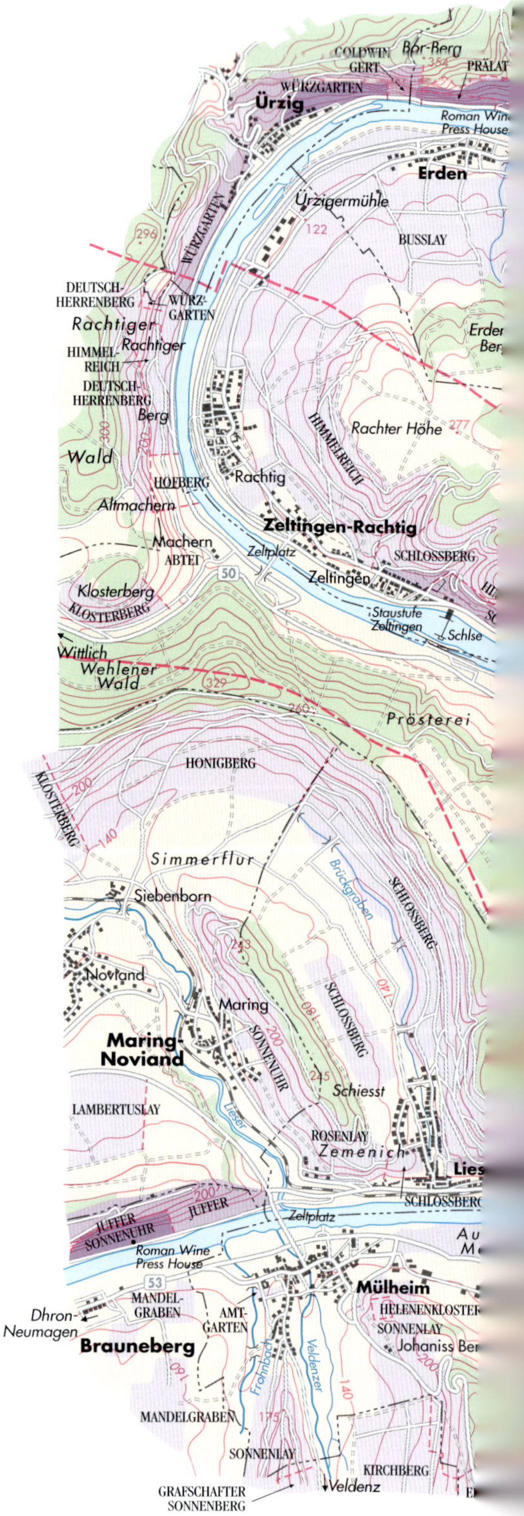

C/D

Moselle moyenne : Bernkastel

La vue depuis le pont à Bernkastel est celle d'un mur de vignes de 200 m de haut et de 8 km de long. Seul le Douro, parmi toutes les rivières auxquelles la vigne s'est unie, offre un tel spectacle.

D/E

De Brauneberg à Kues, la banlieue de Bernkastel, les pentes des collines sont relativement douces. Un des vins les plus remarquables produits dans cette portion est le eiswein, habituellement fait sous l'autorité de Max Ferd. Richter, à partir du vignoble d'Helenkloster au-dessus de Mülheim. Les sites de premier ordre sont extrêmement pentus à Lieser – un village connu à cause du sinistre manoir qui faisait partie autrefois de la propriété des von Schorlemer, au pied du vignoble de Rosenlay. Le vignoble de Niederberg-Helden dispose d'une pente parfaite, exposée plein sud.

E/F

Le plus formidable vignoble de la Moselle démarre abruptement, s'élevant juste au-dessus ou presque des pignons de Bernkastel : l'ardoise sombre toisant l'ardoise. Le bas de la colline, sa pente orientée au sud, est le Doctor – sans doute le vignoble le plus célèbre en Allemagne. La comparaison des premiers crus de Bernkastel avec ceux de Graach ou de Wehlen, souvent des vins des mêmes viticulteurs, est un jeu fascinant. La marque de Bernkastel est une touche de silex. Les vins de Wehlen, cultivés sur une mince couche d'ardoise dure, sont riches et filigranés. Ceux de Graach, installés sur une ardoise plus profonde et plus riche, ont une distinction minérale.

F/G

Le moins bon de ces vins est censé avoir une personnalité très évidente : pâle avec un reflet vert, des douzaines de petites bulles au fond du verre, un parfum presque agressif de raisin, remplissant et tapissant la bouche de son acidité, sa douceur et son parfum.

Le meilleur doit avoir bien vieilli, être pâle et doré, piquant, profond et frivole à la fois ; il exige d'être comparé à de la musique et de la poésie.

Mais le nom de Bernkastel s'applique à des quantités de vin que ses pentes sont bien incapables de produire. Bereich Bernkastel est un nom que n'importe quel vin de QbA peut utiliser dans la Moselle moyenne. Et Bernkastel compte aussi deux noms de *Grosslage* : Badstube (réservé à ses cinq meilleurs sites) et Kurfürstlay, que des vignobles aussi lointains que ceux de Brauneberg et Wintrich peuvent utiliser. La réglementation prétend que de telles subtilités n'échappent à personne.

Zeltingen met fin à la Grande Muraille. C'est la plus grande commune vinicole de la Moselle et une de ses meilleures. À Urzig, de l'autre côté du fleuve, de l'ardoise dans des poches rocailleuses plutôt que des rives homogènes donne aux vins de Würtzgarten (jardin d'épices) un arôme différent, plus pénétrant et nerveux que ceux de Zeltingen. Le meilleur vignoble d'Erden, le Prälat, est sans doute le plus chaud de toute la vallée de la Moselle, coincé entre les falaises escarpées d'ardoise rouge et le fleuve. Les vins du vignoble de Treppchen sont en général plus austères.

À Lösnich et Kinheim, les courbes de niveau sont plus espacées. Bien que tout soit abondamment planté, de riesling en général, le grand jeu est terminé. Mais on trouve des vins réjouissants, frais et parfumés, dans les caves des nombreux producteurs et sur leurs terrasses fleuries. Peu d'endroits au monde procurent une expérience aussi relaxante que la vallée de la Moselle, de Trèves à Coblence où elle rejoint le Rhin.

Traben-Trarbach est une seule communauté. Les vins de Trarbach sont bien connus. Ceux d'Enkirch, particulièrement ceux qui proviennent du vignoble de Batterieberg, le méritent.

La Moselle moyenne prend fin un peu en aval à Zell, célèbre pour les vins sans distinction de sa *Grosslage* Schwarze Katz (le chat noir). Le paysage change de façon spectaculaire, les vignes étant presque toutes plantées sur des terrasses étroites – d'où le nom relativement récent de Terrassen-

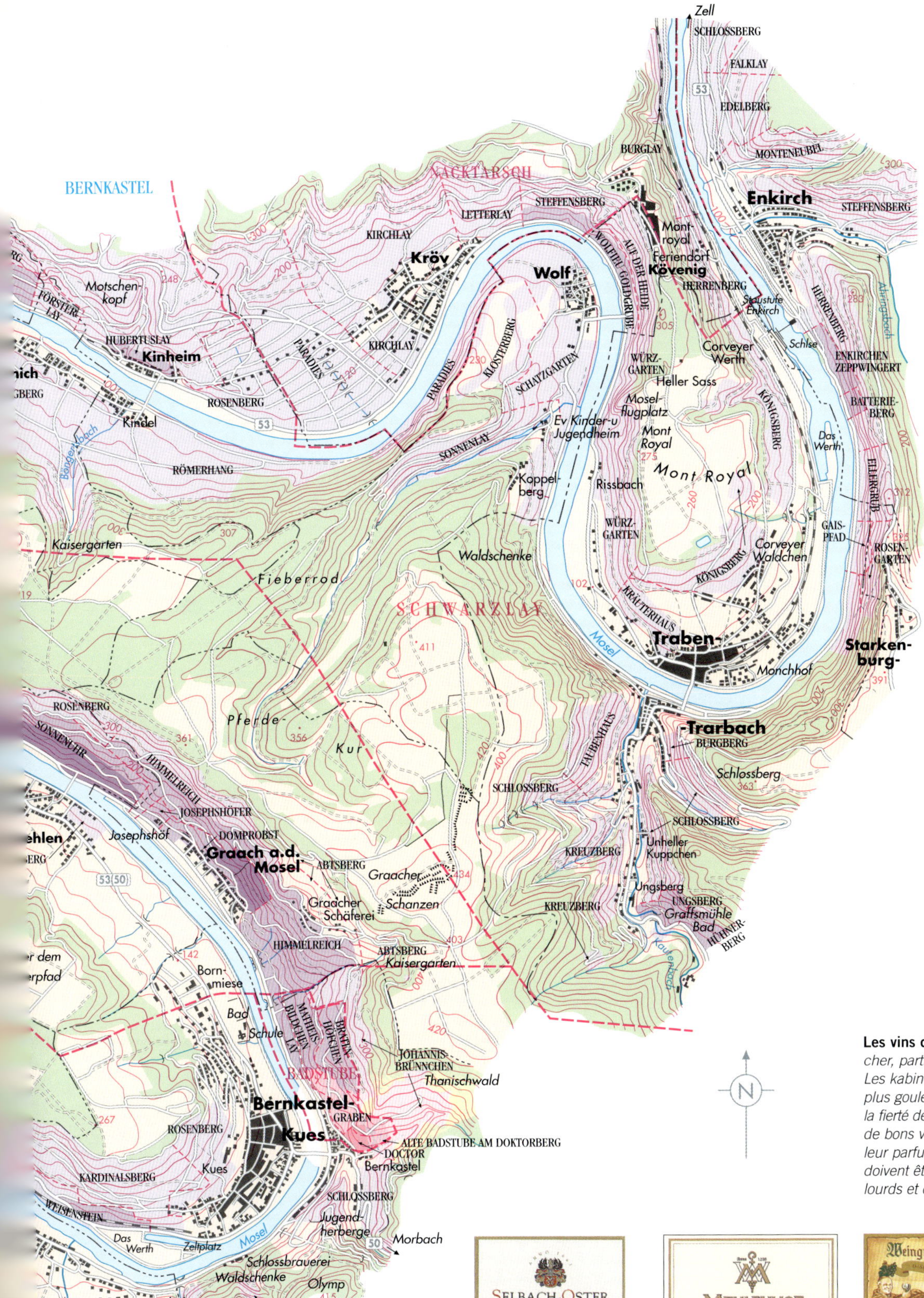

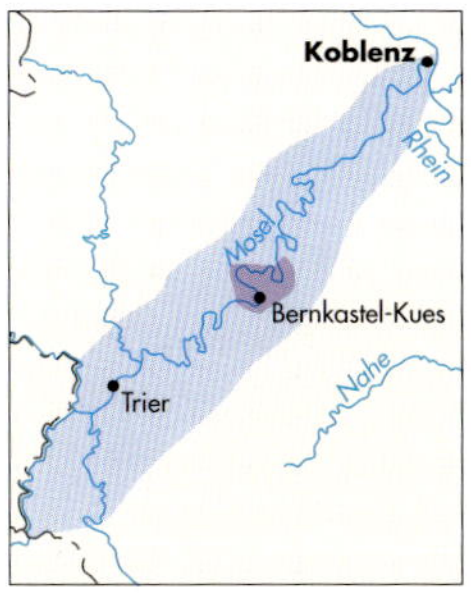

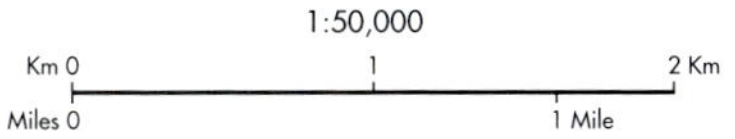

Les vins de vendanges tardives *coûtent beaucoup plus cher, particulièrement dans la Mosel-Saar-Ruwer. Les kabinetts peuvent être charmants, mais les spätleses plus gouleyants et les ausleses nettement plus riches sont la fierté de leurs producteurs. Les spätleses peuvent donner de bons vins secs ou presque secs. Les ausleses, avec leur parfum de pourriture noble et leur arôme de miel, doivent être doux. Complètement fermentés, ils deviennent lourds et déséquilibrés, avec une forte teneur en alcool.*

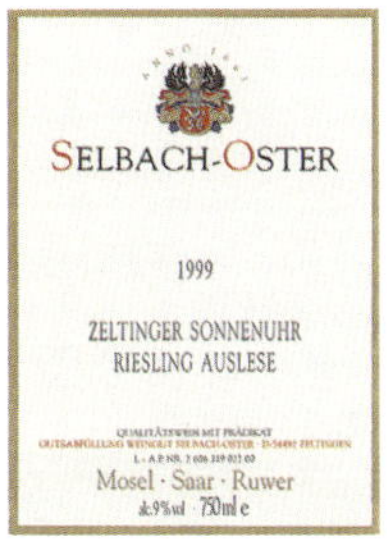

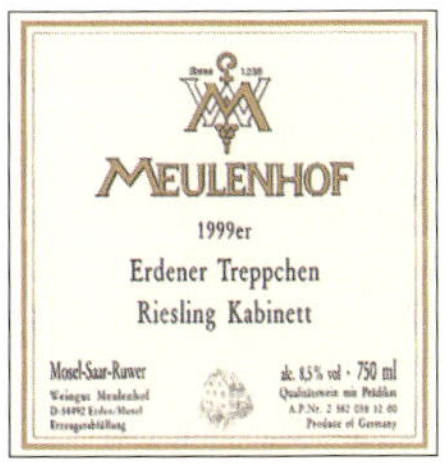

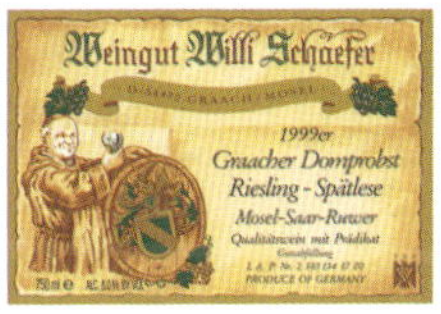

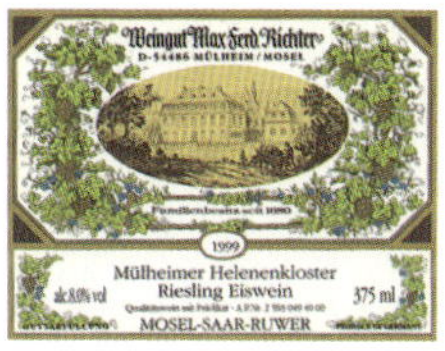

mosel. Parmi les nombreux sites de premier ordre, les plus importants aujourd'hui sont le Pünderichер Marienburg, le Neefer Frauenberg, Bremmer Calmont, Gondorfer Gäns et, à Winningen, le Uhlen (vignoble remarquable) et le Röttgen. Heymann-Löwenstein fait des vins secs superbes avec les raisins qui mûrissent bien et tôt dans cette zone.

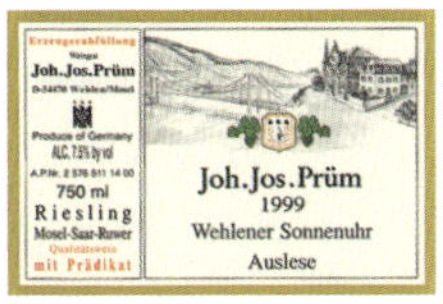

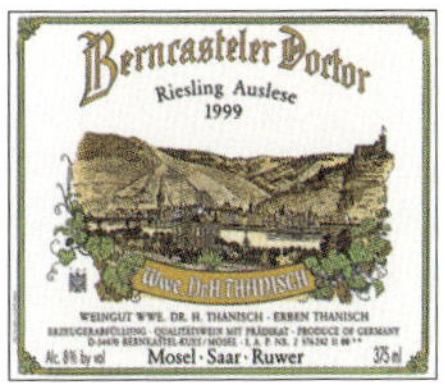

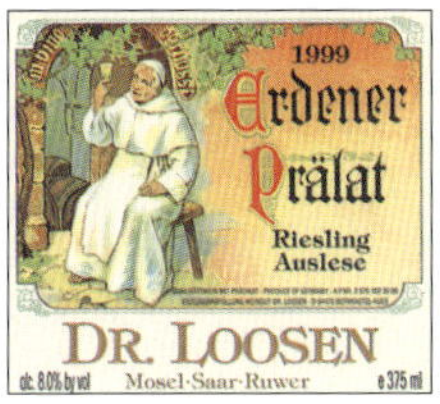

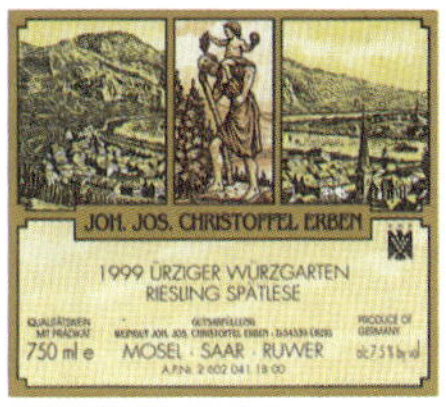

Nahe

Le vin de la Nahe semble doté de toutes les qualités les plus appréciées du vin allemand. Il est limpide et il a un fort goût de raisin, avec l'intensité et l'espérance de vie du riesling, tout comme un bon vin de la Moselle ou de la Sarre. En même temps, il a quelque chose de l'arôme plein qui, dans le meilleur rheingau, évoque l'antre de l'alchimiste.

La Nahe, s'écoulant vers le nord depuis les collines d'Hunsrück pour rejoindre le Rhin à Bingen, est bordée de vignes qui surgissent chaque fois que ses rives ou celles de ses affluents se tournent vers le sud. Mais devant les falaises de Rotenfels, juste au-dessus du vignoble de Traiser Bastei, une série de collines se déploie sur la rive septentrionale pour porter un grand vignoble.

Bad Kreuznach est la capitale vinicole de la Nahe. C'est une station thermale, avec un casino et des rangées d'étranges broussailles dressées, sur lesquelles on verse de l'eau salée afin de produire de l'ozone pour le bien des convalescents.

Bad Kreuznach abrite quelques-uns des meilleurs vignobles de la Nahe : Kahlenberg, Krötenpfuhl et Brückes sont des sites exposés au sud qui peuvent donner des vins exceptionnels. Toute la région, jusqu'à Bingen sur le Rhin, est connue sous le nom de Nahetal. Dans le haut de la Nahe, la commune de Schlossböckelheim inclut la *Grosslage* de Burgweg, tandis que celle de Kronenberg se trouve au nord de Bad Kreuznach.

En amont de la boucle de Bad Münster, le précipice rouge des Rotenfels, censé être la falaise la plus élevée en Europe au nord des Alpes, bloque

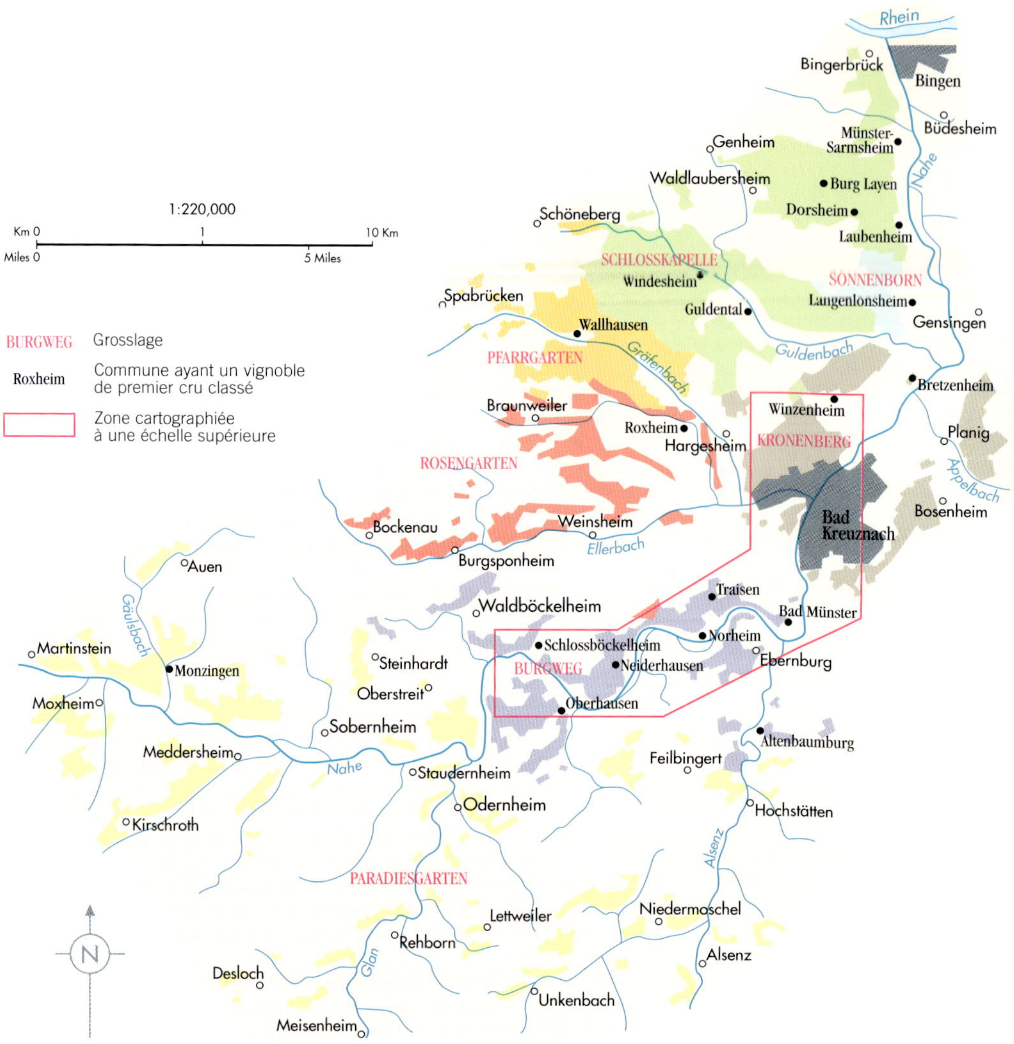

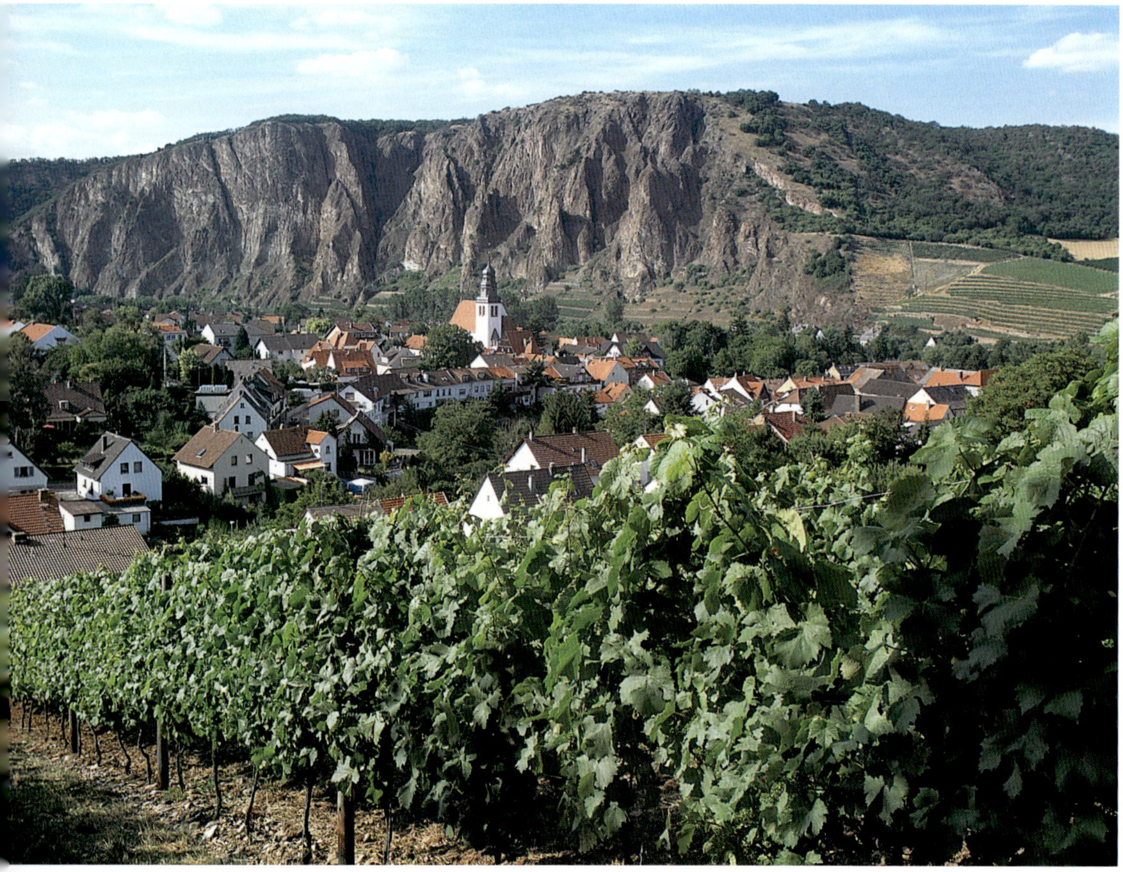

À gauche Un coup d'œil ver l'ouest depuis Bad Münster en direction de la prochaine boucle de la Nahe, où la rivière a creusé une falaise de 200 m de haut. Les éboulis au pied de la falaise constituent le vignoble de Bastei, célèbre pour son vin d'une grande maturité et d'un caractère minéral profond.

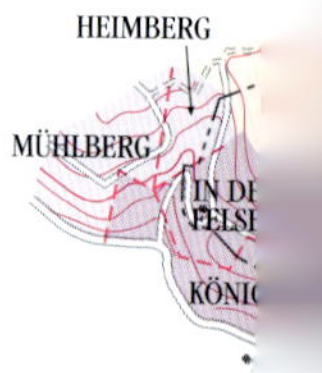

le cours de la rivière. Au pied de la falaise, on trouve des éboulis de terre rouge sur 30 m environ. Les pieds de vigne sont plantés serrés dans l'espace limité, profitant d'un sol idéal dans un site qui est un véritable piège à soleil. C'est le Traiser Bastei. Le degré de piquant et de feu dans un bastei d'une bonne année est exceptionnel pour un vignoble aussi septentrional. Il peut faire penser à un grand vin du Palatinat, auquel on aurait ajouté la fraîcheur et la finesse d'un vin de la Sarre.

À partir de cette boucle et en amont se succèdent de belles pentes, à travers les villages de Norheim et de Niederhäuser, jusqu'au plus illustre des vignobles de la Nahe, le Niederhäuser Her-

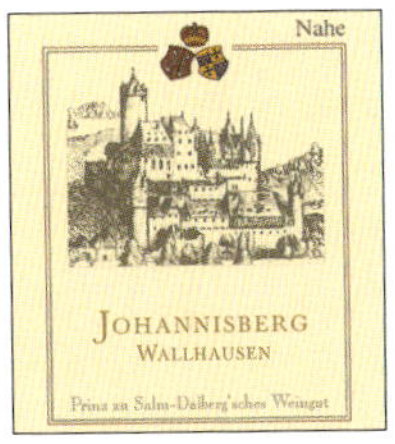

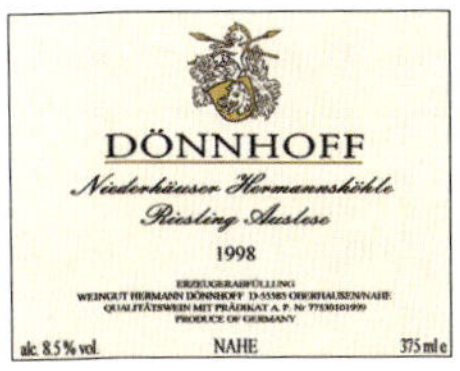

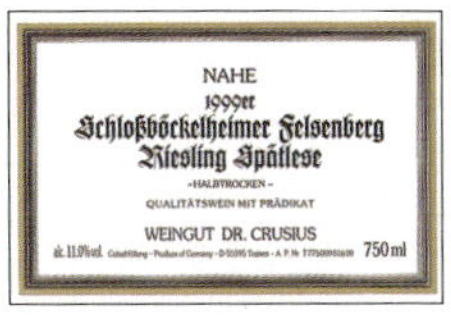

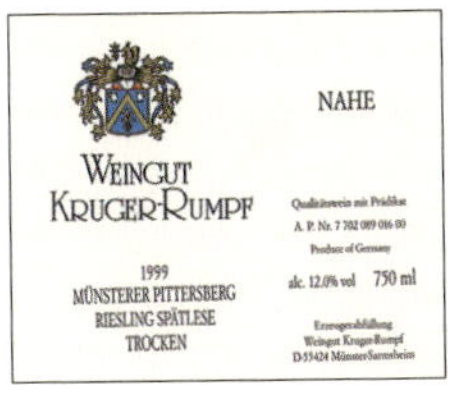

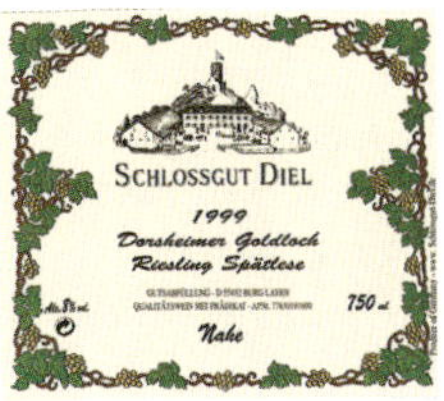

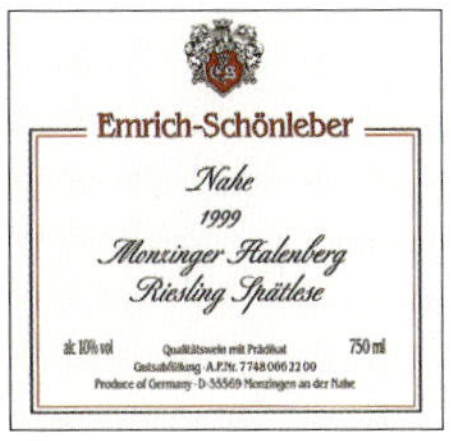

Hermann Dönnhof *a été le fer de lance de la Nahe, région passionnante pour l'amateur de vin moderne. Mais chacun des producteurs présentés ici, y compris ceux qui se trouvent au nord de la carte détaillée, vaut le détour.*

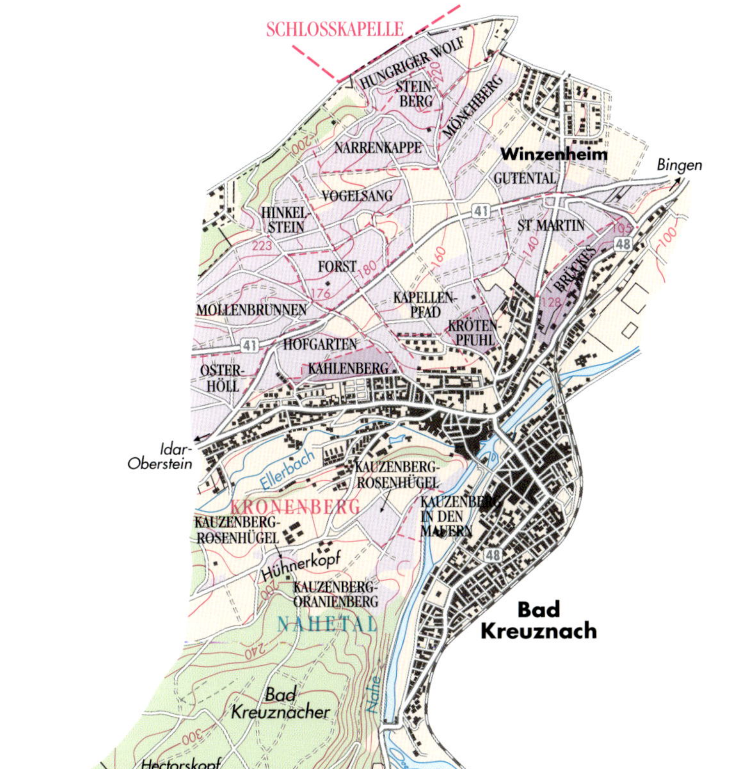
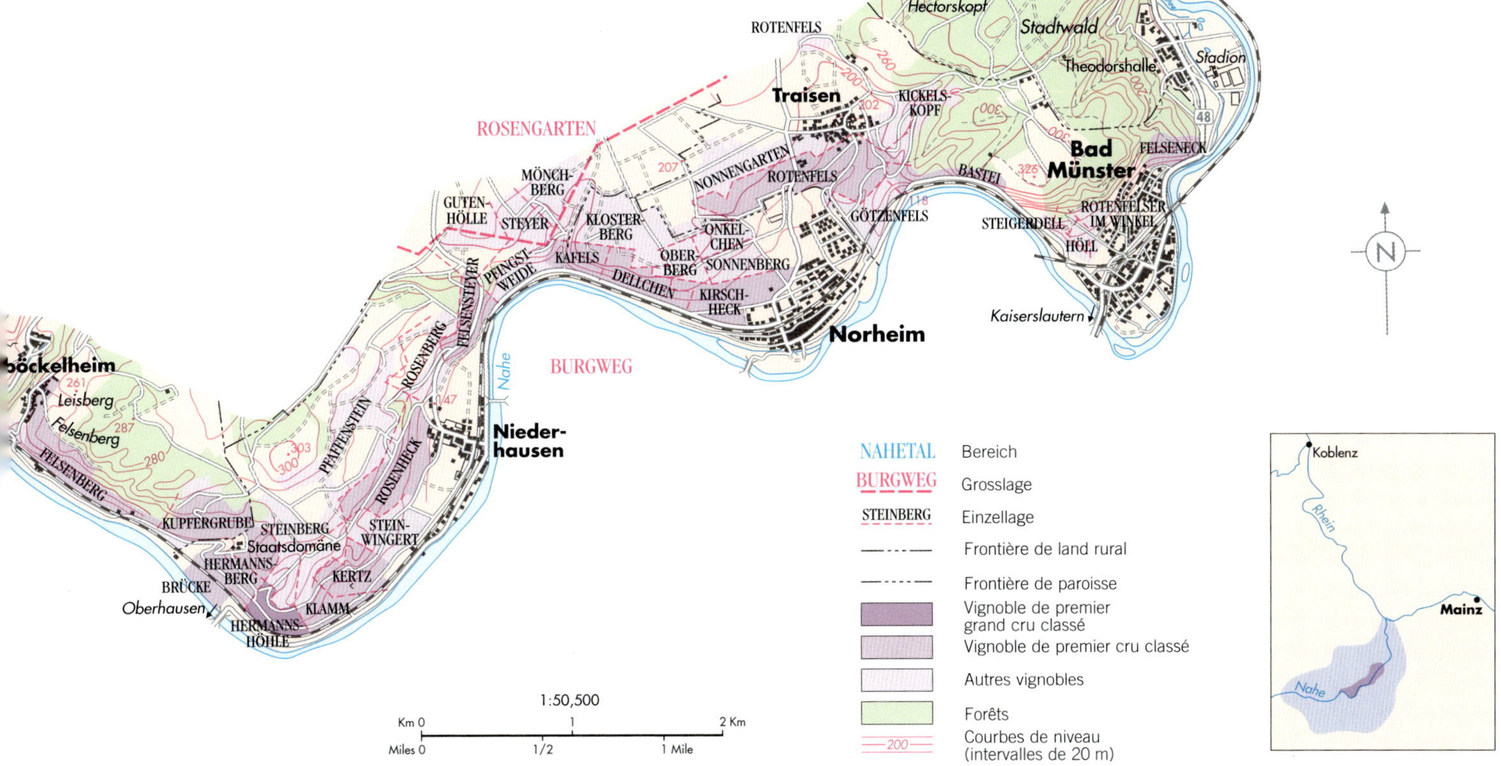

mannshöhle. Il a été évalué pour la première fois par le Contrôleur royal de Prusse dans sa classification des vignobles de la Nahe en 1901. Ce fut un progrès décisif pour l'industrie vinicole de la région, encourageant ainsi le gouvernement prussien à créer un nouveau domaine l'année suivante. Les collines arides et les vieilles mines de cuivre furent remplacées par plusieurs plantations de vignes ; des forçats construisirent aussi les murs immenses et les vignobles en terrasses de Schlossböckelheimer Kupfergrube. Depuis lors, ses vins ont concurrencé ceux de Felsenberg, à la réputation fort ancienne, pour la suprématie dans le Sclossböckelheim.

À partir des années 1920, le domaine d'État de la Nahe et plusieurs grandes propriétés qui possédaient des vignobles dans ce coin ont commencé à produire des vins d'une minéralité brillante et piquante. Finalement, en 1930, la Nahe a été reconnue comme région vinicole indépendante, mais la célébrité des producteurs de premier ordre a toujours été plus grande que celle de la région elle-même. Vers la fin des années 1980, le domaine d'État n'a plus été en mesure de jouer le rôle de guide pour lequel il avait été établi. Il est désormais, sous le nom de Gutsverwaltung Niederhausen-Schlossböckelheim, entre les mains d'un groupe privé. Les grandes propriétés d'autrefois à Bad Kreuznach se sont elles aussi quelque peu égarées, vendant de nombreux vignobles. Le grand bénéficiaire en a été la propriété d'Hermann Dönnhoff à Oberhausen, qui a pris le rôle de leader.

En amont de la zone cartographiée, Monzingen possède deux vignobles de premier cru classé, à Halenberg et à Frühlingsplätzchen. La vallée, large à cet endroit, donne des rieslings relativement agréables. En aval, en direction du Rhin, une série de vallées latérales offrent des pentes exposées au sud (voir la carte page 224). Armin Diel de Schlossgut Diel et le prince Salm de Schloss Wallhausen sont deux des producteurs les plus influents dans ce coin de plus en plus animé.

Rheingau

Si le Rhin est un des grands fleuves du monde pour ce qui est du vin, ce fut le Rheingau qui, au cours de l'histoire, le représenta de la manière la plus majestueuse. Hélas, la couronne semble avoir été cédée au Palatinat, même si – ou peut-être parce que – le potentiel du Rheingau est si évident. Le Rhin s'écoule sur presque toute sa longueur en direction du nord-ouest, à l'exception de la région qui se trouve au-dessous de Mayence, car les monts du Taunus se mettent en travers de son passage. Il tourne alors vers le sud-ouest pendant 32 km, jusqu'à ce qu'il atteigne le Rüdesheimer Berg. Là, à travers rochers et rapides, il retrouve la voie du nord, laissant derrière lui une rive parfaitement inclinée pour des vignobles exposés plein sud.

L'extrémité occidentale du Rheingau est présentée sur la carte ci-dessous, là où le Rüdesheimer Berg Schlossberg, de loin la pente la plus raide, tombe dans le fleuve. L'extrémité orientale se trouve sur la carte page 227 et la partie centrale, dite classique, est présentée aux deux pages suivantes.

Une nouvelle classification des vignobles du Rheingau a été mise à l'essai en 2000. Le fait qu'elle attribue à 35 % des vignobles la qualité supérieure (alors que 3 % seulement sont classés en grand cru et 11 % en premier cru dans la Côte d'Or) l'a rendue aussi informe que les vins qui ont tant nui à la réputation de l'Allemagne.

À la différence des autres régions vinicoles du Rhin, le Rheingau dépend presque exclusivement du riesling, comme le fait la Moselle moyenne. Le climat est relativement sec et ensoleillé. La proximité du fleuve adoucit les températures et, dit-on, réfléchit le soleil plus qu'ailleurs. Le fleuve fait plus de 800 m de large à cet endroit et c'est une voie navigable très active.

Le style du vin du Rheingau tend à être le plus noble qui soit en Allemagne, unissant le parfum fleuri du riesling à des arômes plus dorés et plus

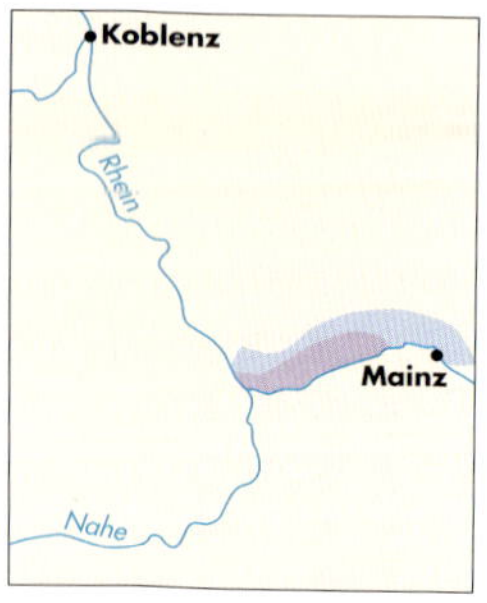

Région vinicole de Johannisberg

226 Zone cartographiée à une échelle supérieure à la page indiquée

Station météorologique
Voir les données chiffrées page 228

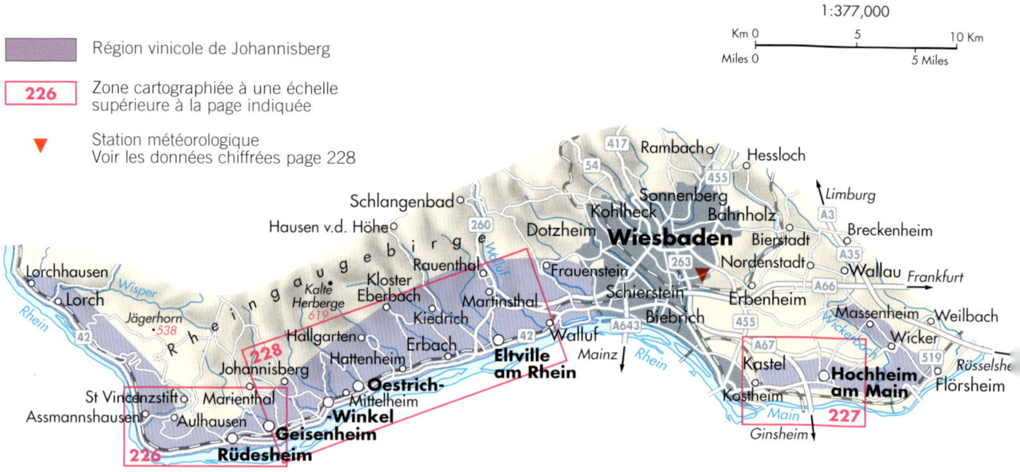

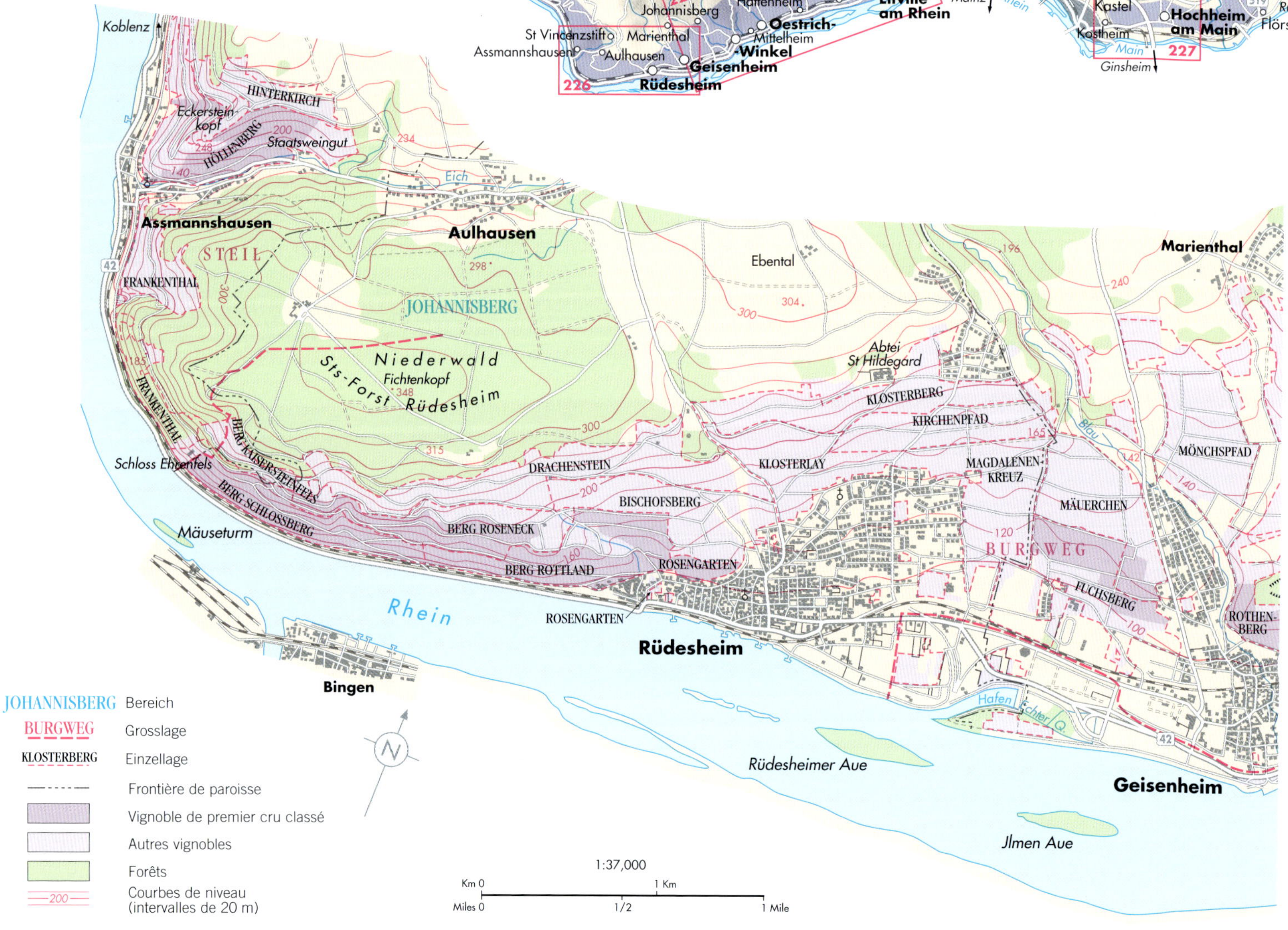

profonds que ceux des vins de Moselle. Il a un caractère plus direct et plus minéral. Souple et charmant sont des mots que l'on ne devrait jamais entendre dans le Rheingau.

Assmannshausen est la ville la plus occidentale de la carte. Elle se situe au-delà du Rheingau principal et elle constitue une exception à toutes les règles de la région, étant célèbre pour son vin rouge à la mode, fait à partir d'un cépage de Spätburgunder (pinot noir). Des producteurs ambitieux et cosmopolites comme August Kesseler ont révolutionné la couleur et la structure de ces vins : de pâles et curieusement fumés, ils sont devenus profonds et robustes. L'assmannshäuser sec est le vin rouge le plus célèbre du pays. Son rosé trockenbeerenauslesen, rare, coûte une fortune.

Le Rüdesheimer Berg se distingue du reste de la paroisse par l'addition du mot Berg avant chaque nom de vignoble. Dans les meilleures années (qui ne sont pas toujours les plus chaudes, car les sols sont parfois trop drainés), ce sont des vins exceptionnels, pleins de fruit et de puissance, tout en étant délicats et nuancés. Dans les années les plus chaudes, les vignobles qui se trouvent derrière la ville déploient tout leur potentiel.

L'école du vin de Geisenheim, à l'est de Rüdesheim, est un des centres les plus célèbres d'étude du vin, particulièrement pour ce qui est de la viticulture dans les climats froids.

À 30 km environ à l'est de Rüdesheim, de l'autre côté de Wiesbaden et des vignobles cartographiés aux pages suivantes, le Rheingau a un poste avancé inattendu : Hochheim. Les vignobles de Hochheim se déploient en pente douce juste au nord du Main et de son influence tempérée, dans une zone isolée au milieu d'une région où l'on ne trouve pas de vigne. Les bons vins de Hochheim ont la qualité des meilleurs vins du Rheingau et le style de ceux de Nackenheim-Nierstein dans le Rheinhessen (cette excitante qualité corsée, donnée par des sols profonds et un microclimat chaud). Des producteurs comme Franz Künstler et Domdechant Werner ont injecté du sang neuf dans une région qui était auparavant spontanément associée à la reine Victoria, dont la visite est commémorée par le vignoble et l'étiquette Königin Victoriaberg. Kirchenstück fait les vins les plus élégants. Hölle et Domdechaney produisent des vins si riches qu'ils en deviennent atypiques dans cette région si distinguée.

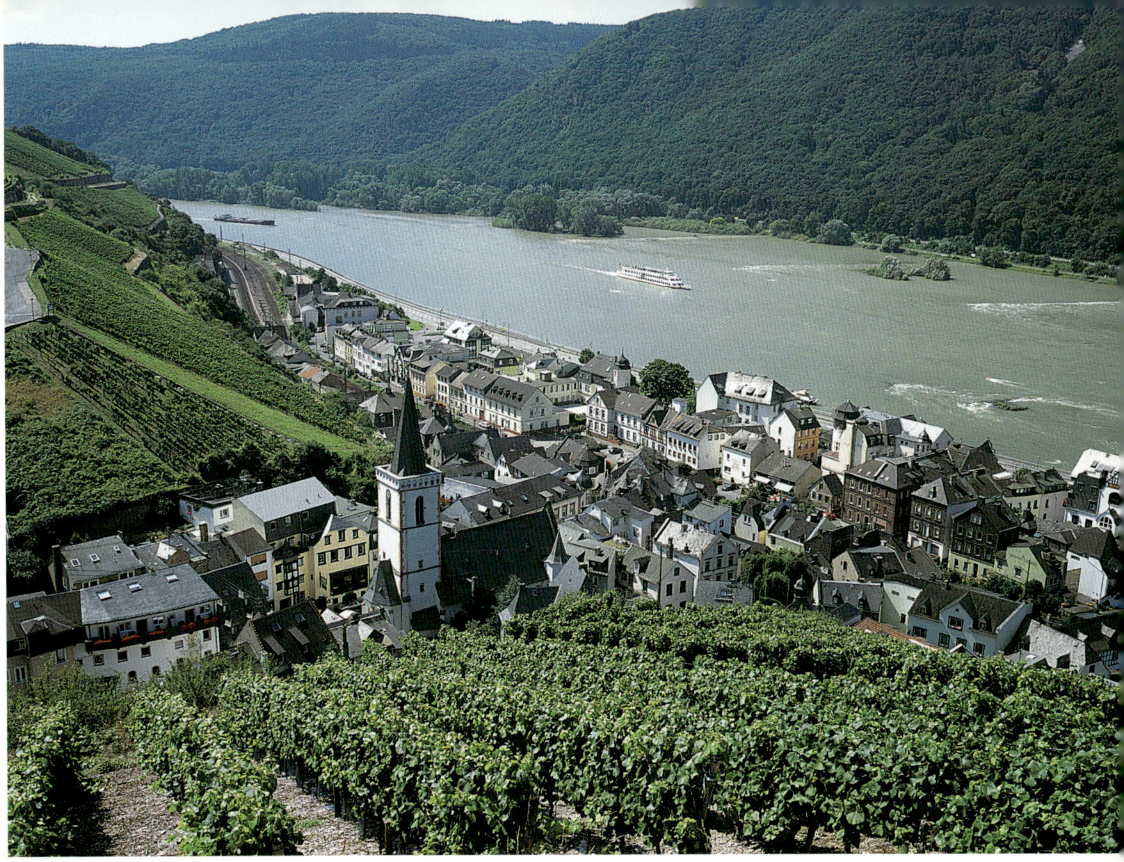

Ci-dessus Le vignoble de Höllenberg à Assmannshausen est tourné vers la petite ville animée et le Rhin. Les pentes de l'autre côté du fleuve, qui ne reçoivent pas autant de soleil, sont abandonnées à la forêt dense.

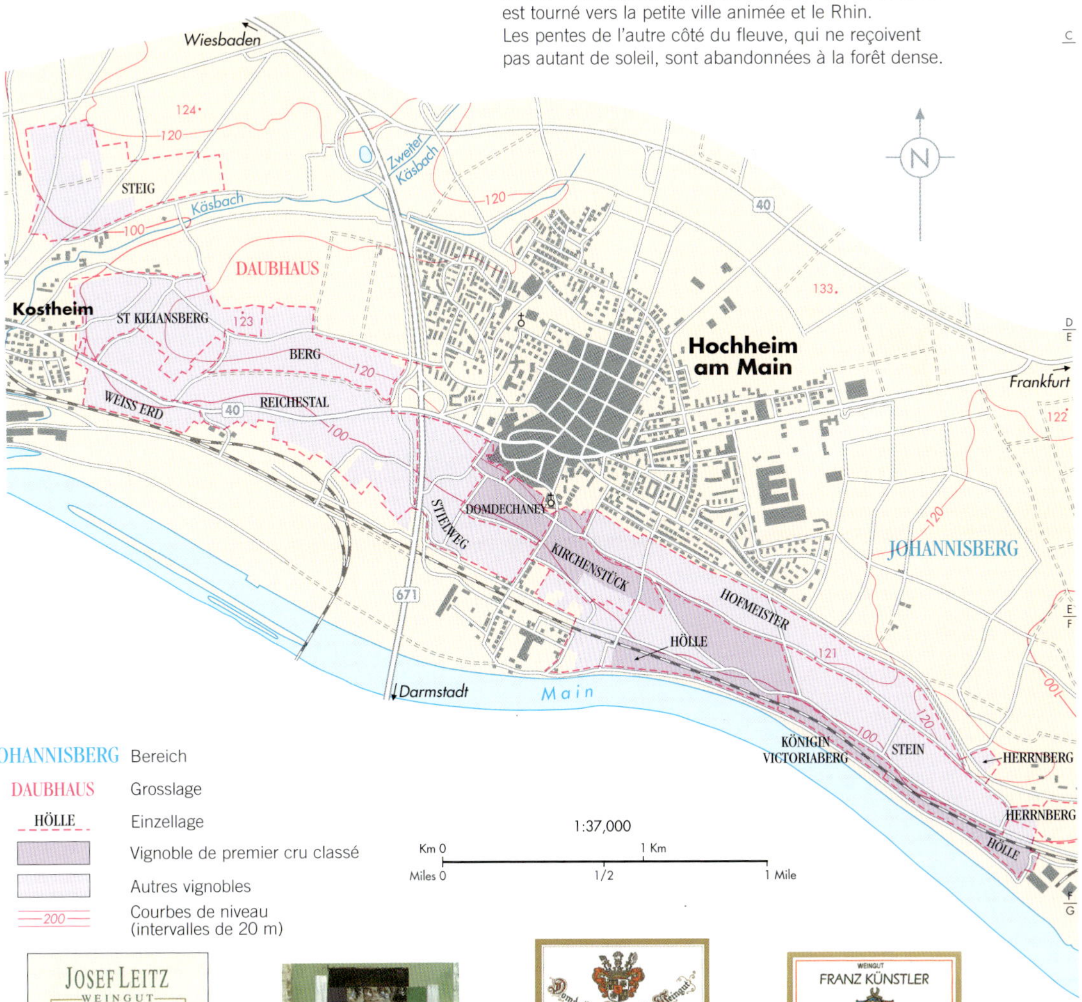

JOHANNISBERG Bereich
DAUBHAUS Grosslage
HÖLLE Einzellage
Vignoble de premier cru classé
Autres vignobles
200 Courbes de niveau (intervalles de 20 m)

1:37,000
Km 0 — 1 Km
Miles 0 — 1/2 — 1 Mile

Les trois étiquettes *à partir de la deuxième en partant de la gauche sont de remarquables vins corsés de Rüdesheim Berg, une région qui, dans les années de forte acidité, donne à ses vins une structure immortelle. Les deux étiquettes de droite sont ce qui se fait de mieux à Hochheim. Celle de gauche est celle du vin rouge le plus célèbre d'Allemagne.*

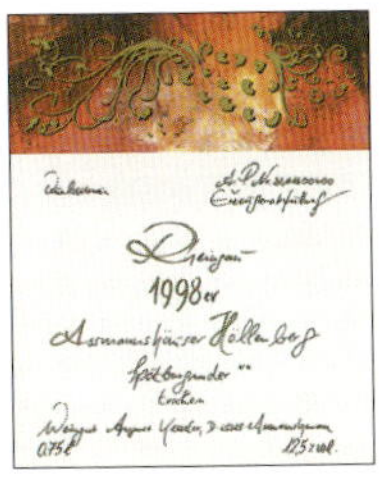
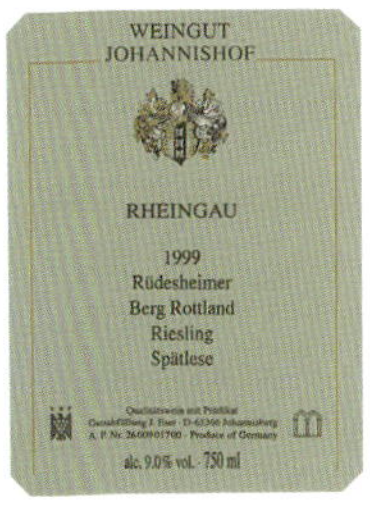

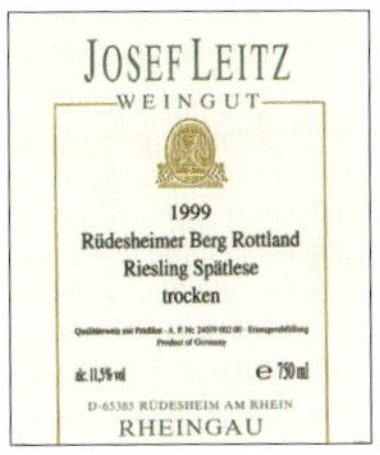

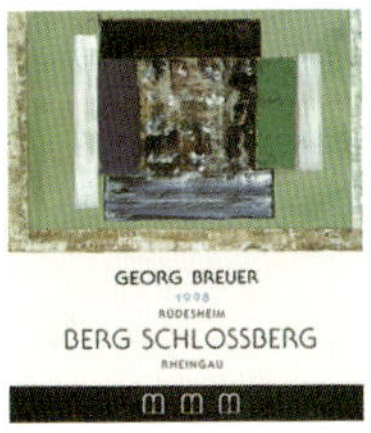

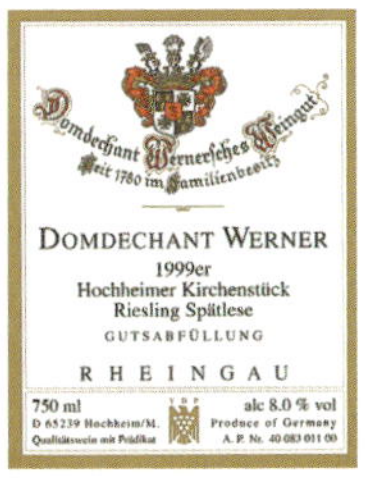

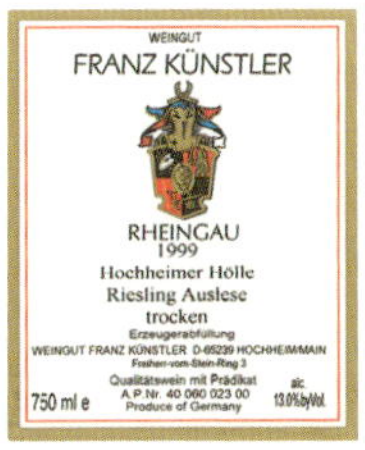

1 | 2 2 | 3 3 | 4 4 | 5 5 | 6

JOHANNISBERG Bereich
GOTTESTHAL Grosslage
KLOSTERBERG Einzellage
Frontière de paroisse
Vignoble de premier cru classé
Autres vignobles
Forêts
200 Courbes de niveau (intervalles de 20 m)
Voir page 226 pour repérer la région

Rheingau : Wiesbaden (voir page 226)

Latitude / Altitude : **50,02° / 140 m**
Température moyenne de juillet : **18,9 °C**
Précipitations annuelles : **490 mm**
Précipitations du mois de la vendange : **octobre : 35 mm**
Principaux dangers viticoles : **défaut de maturation, maladies à champignons**
Principaux cépages : **riesling, spätburgunder**

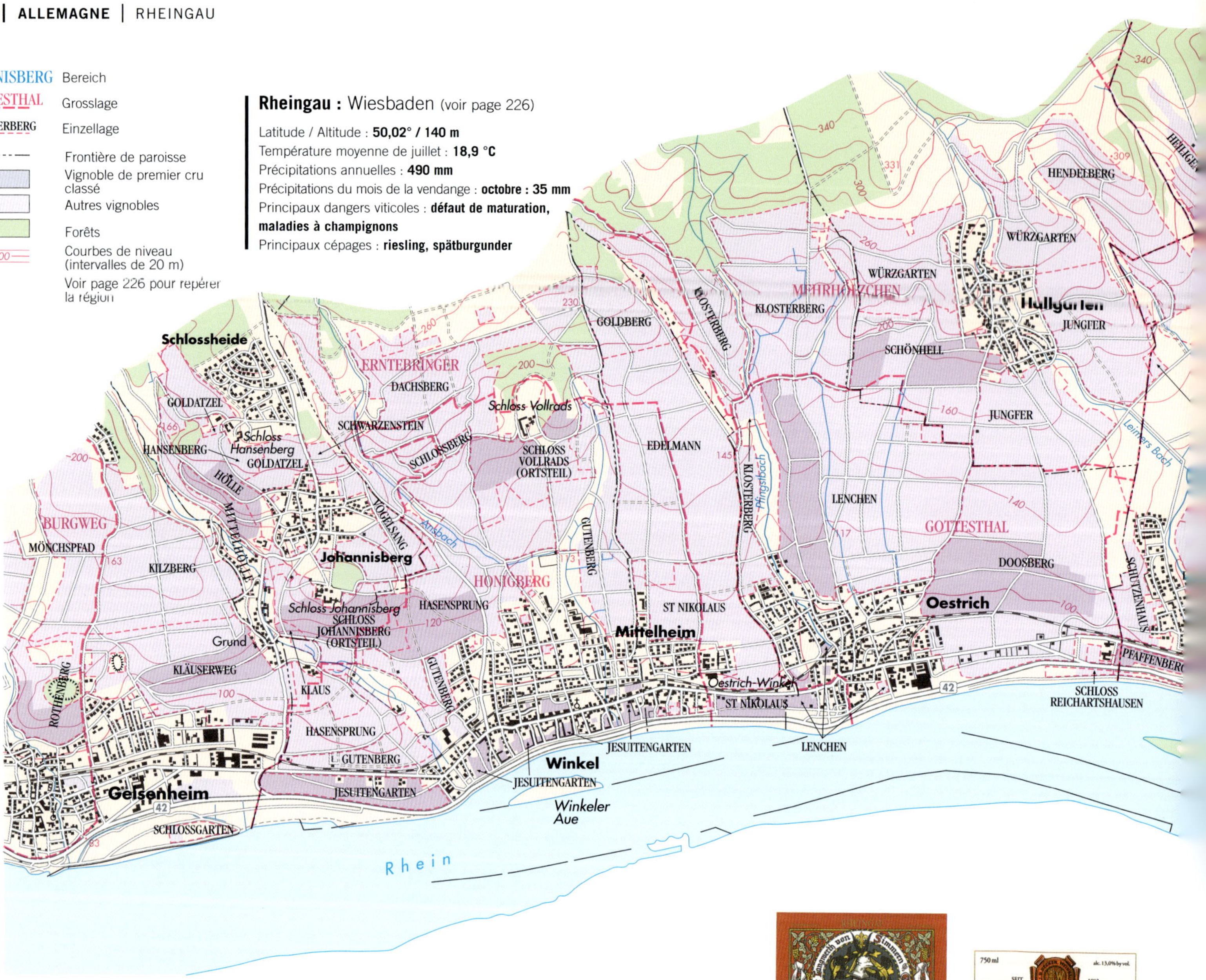

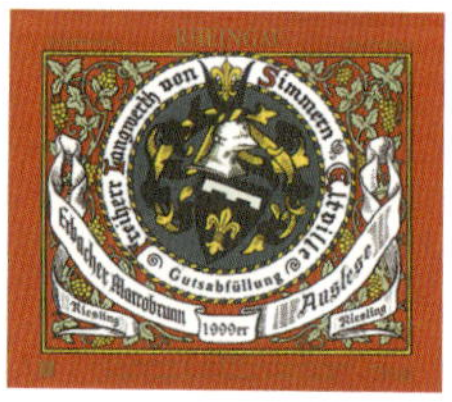

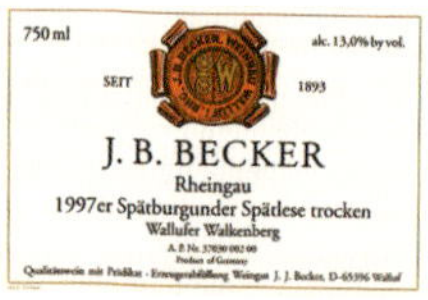

Le cœur du Rheingau

La large bande de vignobles exposés au sud, abrités au nord par les collines du Taunus et réchauffés par la réverbération en provenance du fleuve, est le centre historique de la production des bons vins en Allemagne. Le fleuve favorise la formation des brumes qui sont propices au développement du botrytis. Des sols très variés, avec différents types d'ardoise et de quartzite, ainsi que des marnes, font de cette partie du Rheingau une région plus proche de la Bourgogne que des autres zones de culture du riesling en Allemagne.

L'ensemble de la région du Rheingau a reçu en 1971 l'appellation de Bereich Johannisberg, du nom de sa paroisse la plus célèbre. Comme si tout le Médoc était autorisé à porter le nom de Margaux. Dans la partie occidentale de cette section, le Schloss Johannisberg, surplombant une vaste étendue de vignes, domine le paysage vinicole entre Geisenheim et Winkel. On le crédite d'avoir introduit en Allemagne au XVIIIe siècle la pourriture noble et autres subtilités sucrées – même si ses vins ne font plus d'ombre à ses voisins, comme Johannishof par exemple.

Schloss Vollrads est une autre propriété historique magnifique, dont les vins n'ont pas été, ces derniers temps, à la hauteur de leur potentiel. La propriété se situe à 2 km environ au nord de Winkel. Même le deuxième site de ce coin, Hasensprung (« saut du lièvre »), est en mesure de faire un vin richement nuancé et aromatique.

Mittelheim n'a guère d'identité qui la distingue des sites plus importants de Winkel et d'Oestrich. Son nom n'apparaît sur aucun vin digne d'intérêt. Certains disent la même chose d'Oestrich. Les vins d'Oestrich ne sont pas assez racés, mais ils ne manquent pas de caractère et de succulence. Doosberg et Lenchen sont des noms à ne pas négliger.

À Hallgarten, les vignobles du Rheingau atteignent leur altitude maximale. Dans ceux de Würzgarten et de Schönhell, le sol de marne donne des vins puissants qui vieillissent bien. Mais pas un de ces vignobles n'a une réputation mondiale.

Les frontières de Hattenheim s'étendent assez loin dans les collines pour inclure la crête du Steinberg, vignoble clos de murs cisterciens comme le Clos de Vougeot. Au-dessous, dans un renfoncement boisé, se trouve le vieux monastère qu'on pourrait appeler le quartier général du vin allemand : le Kloster Eberbach. Le lieu et la constante application, depuis six cents ans, à concrétiser une idée unique de la beauté rendent tout commentaire trivial. Le Kloster Eberbach est aujourd'hui à l'origine de l'Académie allemande du vin, qui essaie de former le goût du monde entier au vin allemand.

Comme à Hallgarten, on trouve de la marne dans le sol de Hattenheim. Sur sa frontière commune avec Erbach, se trouve le seul site qui fasse un grand vin près du fleuve, dans un environnement qui laisse penser que le drainage est loin d'être parfait. Du côté de Hattenheim, il s'appelle Mannberg ; du côté de Erbach, Marcobrunn. Le vin est très aromatique, souvent riche, fruité et épicé. Le Marcobrunn, où la marne se fait bien sentir, est un grand cru sur chaque centimètre-carré, quand le vignoble est entre de bonnes mains. Ceux de Nussbrunen et de Wisselbrunnnen peuvent donner des vins tout aussi bons. Le principal propriétaire de Mannberg est le baron Langwerth von Simmern ; ceux de Marcobrunn sont Schloss

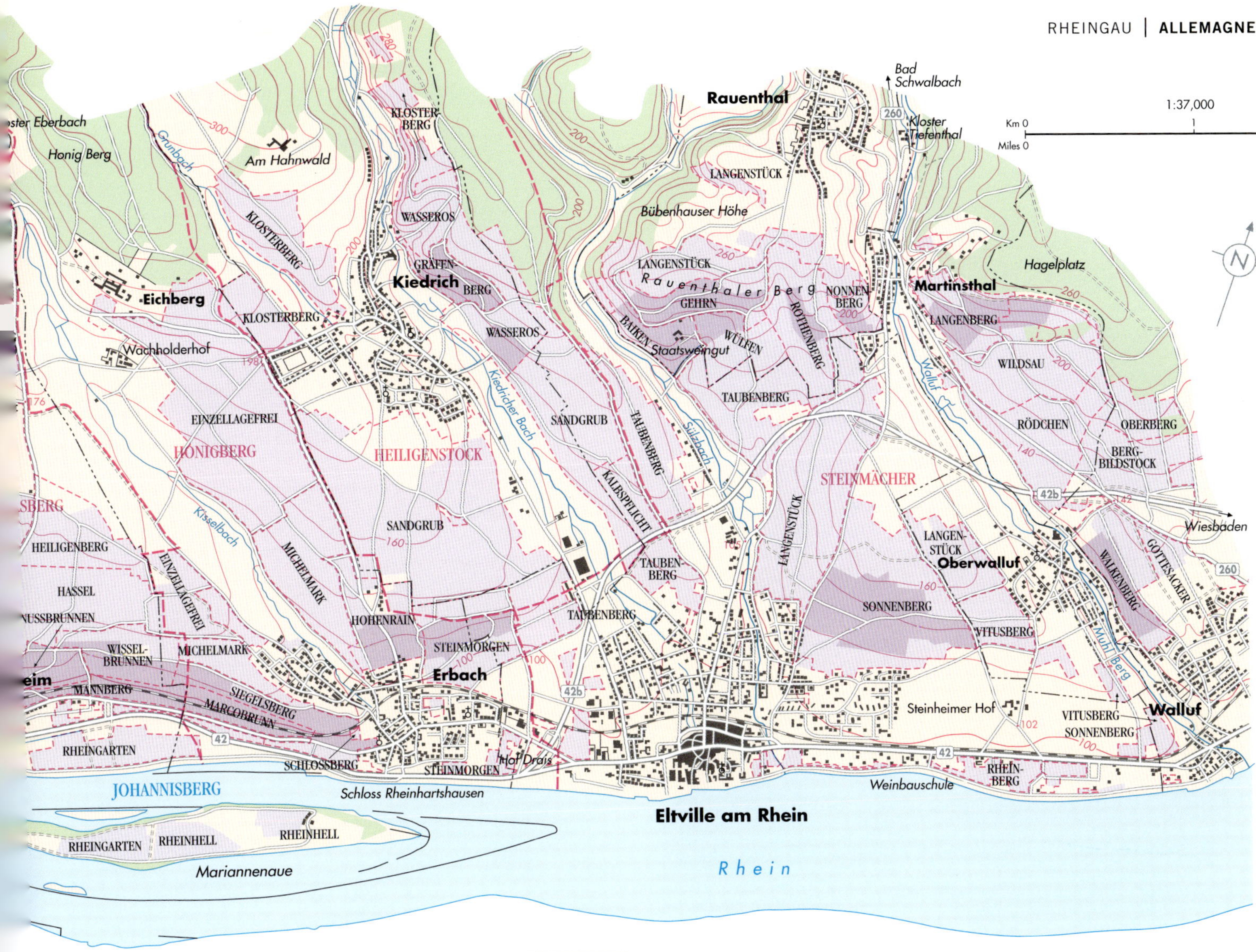

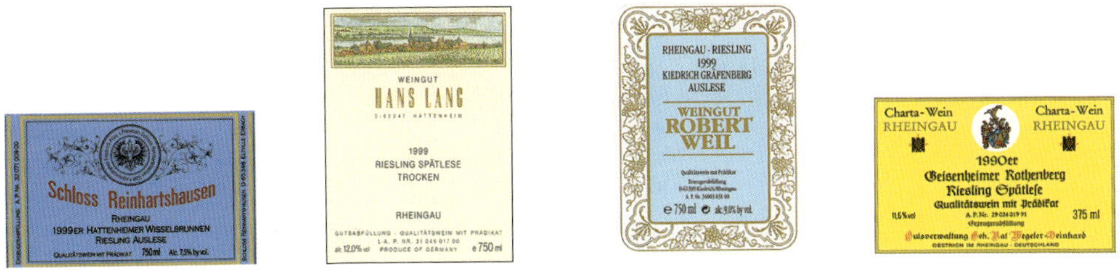

De nombreuses étiquettes du Rheingau *ont gardé le charme nostalgique des dessins créés il y a un siècle et plus – signe de confiance en soi de la région. On peut facilement la comparer à la Côte d'Or en Bourgogne. Mais la Bourgogne a mis un pied dans le monde du vin moderne, tandis que le Rheingau est resté en deçà de leur potentiel. Les six producteurs présentés ci-contre figurent aujourd'hui parmi les premiers.*

Schönborn, Schloss Rheinhartshausen, le domaine d'État et le domaine Knyphausen.

Le Erbacher Siegelsberg, vignoble parallèle à celui de Marcobrunn, est la qualité juste au-dessous. À Erbarch, les terres municipales remontent jusque dans les collines sur une bande étroite. Ce sont de bons vignobles, mais pas les meilleurs.

La magnifique église gothique de Kiedrich est le site classé suivant. Les vignobles du village font un vin très bien équilibré et délicatement épicé. Robert Weil (appartenant désormais à des Japonais) est la plus grande propriété installée à Kiedrich et fait les vins les plus somptueux du Rheingau. Le vignoble de Gräfenberg est considéré comme le meilleur du coin, même si Wasseros le suit de très près.

Les vins qui atteignent les prix les plus élevés, par quoi l'on juge les vignobles en définitive, ont été traditionnellement ceux des vendanges tardives, les beerenauslesen et les trockenbeerenauslesen à pourriture noble, qui exigent d'être bus avec concentration et seuls, plutôt qu'en accompagnement d'un plat. Les chefs de file du Rheingau moderne se sont toutefois écartés de cette tradition : environ deux tiers du vin produit est désormais sec. La Charta, organisation des meilleurs producteurs, a ouvert la voie avec des vins secs de qualité Spätlese et des rendements faibles.

Rauenthal, le dernier des villages sur les collines et le plus éloigné du fleuve, peut produire un vin exceptionnel tout à fait différent. Les vins complexes de Rauenthal de Bernard Breuer font partie des vins les plus recherchés d'Allemagne. Les auslesens du domaine d'État et des deux propriétaires seigneuriaux, le baron Langwerth von Simmern et le comte Schönborn, ainsi que ceux des petits producteurs du Rauenthaler Berg, sont très estimés pour leur combinaison de puissance et de délicatesse, de parfum fleuri et d'arrière-goût épicé.

Eltville produit de grandes quantités de vin, mais sans le cachet suprême. La ville est le quartier général du domaine d'État, dont les vins (particulièrement ceux de Steinberg) ont été dans le passé parmi les meilleurs et devraient l'être encore.

Sans accéder à la célébrité de leurs voisins, Walluf et Martinsthal font des vins d'une qualité proche. Les stars de Walluf sont JB Becker et Toni Jost.

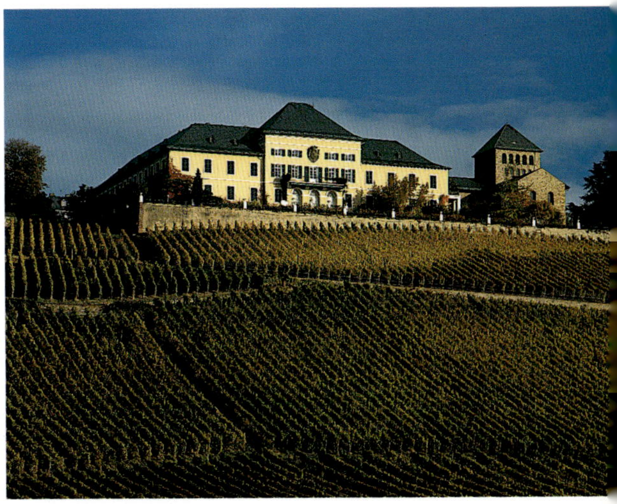

Ci-dessus Le Schloss Johannisberg est le symbole du Rheingau, visible depuis l'autre rive du fleuve, au-dessus d'un tapis de vignes. C'est là que l'on fit officiellement le premier spätlese de vendanges tardives en 1775.

Palatinat

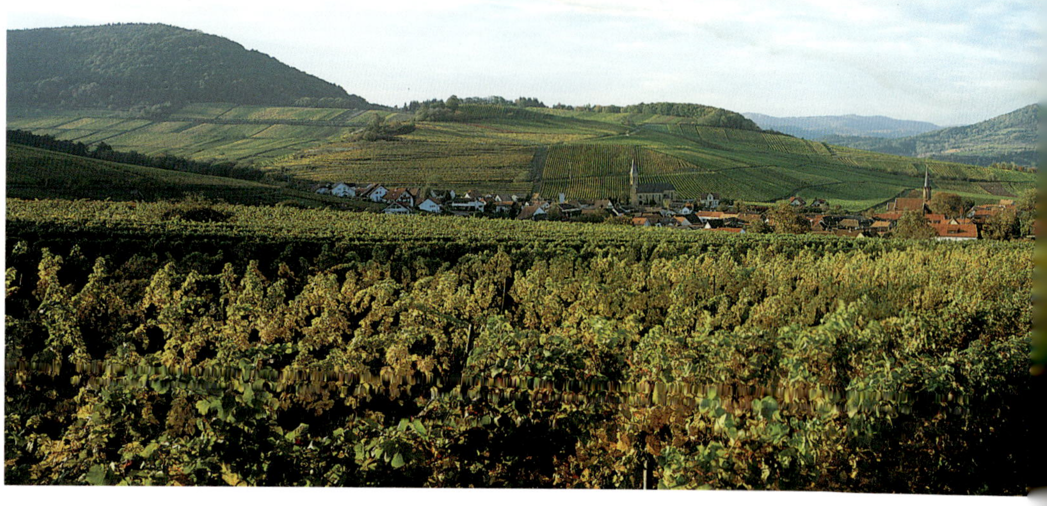

Le Palatinat est le plus grand et sans doute le plus enthousiasmant des vignobles allemands : une bande de 80 km au nord de l'Alsace, abritée par le prolongement allemand des Vosges, le Haardt.

Comme l'Alsace, c'est la partie la plus ensoleillée et la plus sèche du pays. C'est une région qui a un charme irrésistible, avec ses maisons à colombage, ses villages de contes de fées, d'un monde meilleur et plus ensoleillé. Une route labyrinthique, la Deutsche Weinstrasse, l'équivalent de la Route du vin en Alsace, commence aux portes de l'Allemagne (littéralement : on trouve un portail massif à Schweigen) et serpente vers le nord à travers les vignobles et les villages. Une grande partie du vin de la région (Südliche Weinstrasse est son nom officiel) est produite par d'efficaces coopératives qui ont révolutionné les méthodes anciennes et ont donné aux vins une réputation de bonnes affaires.

Le riesling est le cépage le plus abondamment planté, le müller-thurgau arrivant en deuxième position. Mais une riche variété de cépages représente 60 % des vignes de la région. Le Palatinat est le laboratoire de l'Allemagne pour toute une gamme de rouges et de blancs aux tonalités variées, comprenant toute la famille des pinots – avec une insistance particulière sur les vins secs et une utilisation des petits fûts pour faire vieillir les vins. Les pinots dans les trois couleurs (Weissburgunder, Grauburgunder et Spätburgunder), avec ou sans chêne, sont de plus en plus populaires.

Neustadt an der Weinstrasse marquait autrefois une transition nette entre les vins de pays sans prétentions du Sud et un monde très différent, le Mittelhaardt, où quelques-uns des plus grands et des plus célèbres vignobles de l'Allemagne sont établis et orientés vers les marchés du luxe et de l'exportation. Dans le Mittelhaardt, (nom donné à la série des petites villes cartographiées en détail page 231), le riesling est particulièrement présent. Trois célèbres producteurs ont traditionnellement dominé le noyau du Palatinat : Bürklin-Wolf, von Basserman-Jordan et von Buhl. Mais leur quasi-monopole de la qualité a disparu avec l'apparition de producteurs ambitieux et originaux. Aujourd'hui, les vins vraiment enthousiasmants, gorgés de fruit, sont faits par des producteurs comme Rebholz dans une zone aussi méridionale que Siebeldingen et Müller-Catoir à Neustadt-Haardt.

La qualité particulière du vin du Mittelhaardt est sa succulente richesse équilibrée par une formidable acidité – même lorsqu'il se présente, comme c'est souvent le cas aujourd'hui, sous la forme d'un trocken ou d'un halbtrocken. Il est très éloigné de la nervosité métallique d'un vin de la Sarre et il a une teneur en alcool plus élevée.

Ci-dessus Les montagnes du Haardt s'étendant au sud de Neustadt an der Weinstrasse sont une protection moins efficace que dans le Mittelhaardt. Ici, près de Siebeldingen, les vignobles se déploient sur des pentes douces et dans des conditions propices à une grande variété de cépages, ce qui encourage les expérimentations.

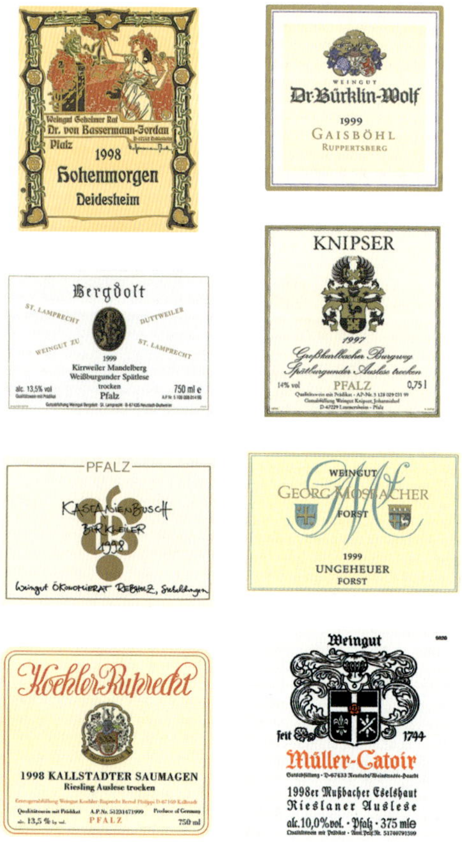

L'étiquette traditionnelle *du Palatinat était très portée sur les blasons. La tendance, aujourd'hui, consiste à souligner l'origine géographique du vignoble (« Gaisböhl », « Hohenmorgen ») avant celle de la commune (« Ruppertsberg », « Deidesheim »). C'est logique : le vignoble, et non l'entité administrative, est la source de la qualité.*

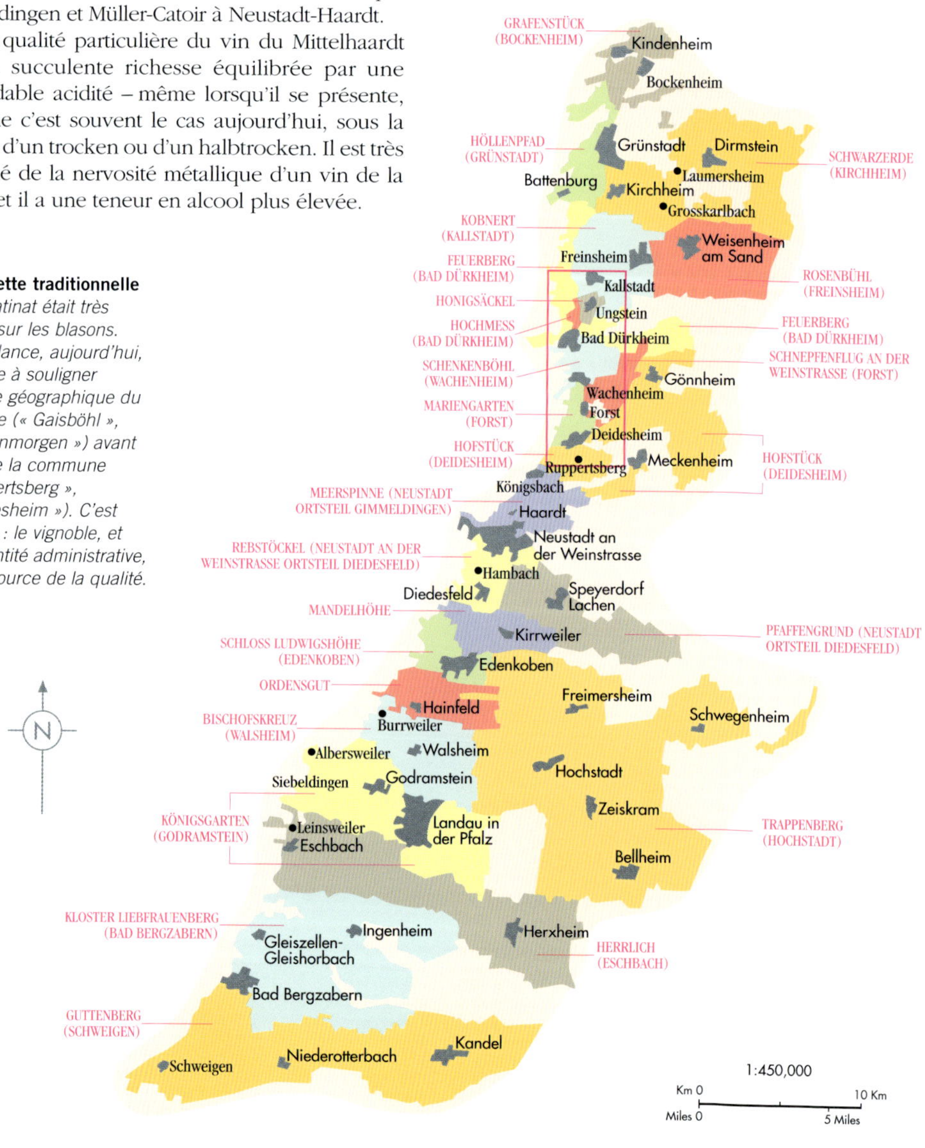

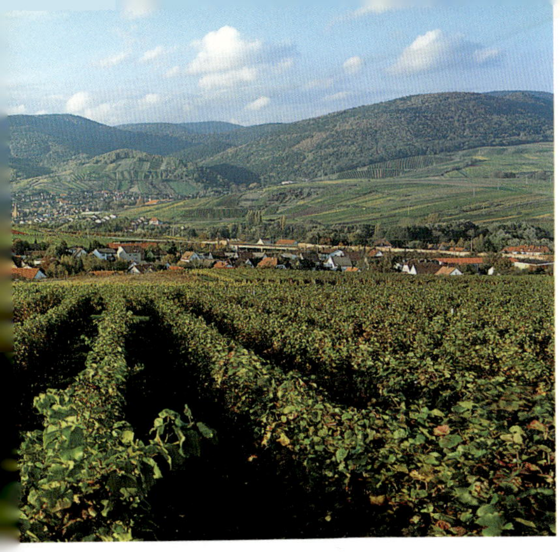

Les Einzellagen sur le versant occidental sont les vignobles qui atteignent le plus fréquemment des sommets. Au sud, Ruppertsberg est un des premiers villages du Mittelhaardt. Ses meilleurs sites (Linsenbusch, Hoheburg, Reiterpfad, Nussbien, Spiess) se trouvent tous sur des pentes douces, bien exposées et plantées de riesling essentiellement.

Forst a la réputation de faire le vin le plus succulent d'Allemagne (pas tant par sa douceur que par son style et son caractère). Un affleurement de basalte noir au-dessus du village procure un sol sombre et chaud, riche en potassium. Le Jesuitengarten, le vignoble le plus célèbre de Forst, et celui tout aussi bon de Kirchenstück se trouvent tous les deux derrière l'église. Freundstück (qui appartient en grande partie à Reichsrat von Buhl) et une partie de Ungeheuer sont dans la même catégorie.

Forst était traditionnellement respecté comme le village vinicole du Palatinat, avec ses excellents sites (Kirchenstück et Jesuitengarten) placés très haut dans la classification de 1828. Plus récemment, le village un peu plus grand de Deidesheim au sud a été classé par de nombreux experts comme meilleur village de toute la région (c'est aussi un des plus jolis villages d'Allemagne). Von Basserman-Jordan et von Buhl y ont leur chai. Les meilleurs vignobles sont Hohenmorgen, Langenmorgen, Leinhöle, Kalkofen, Kieselberg et Grainhübel.

Le village de Wachenheim, où est installé Bürklin-Wolf, marque la fin du noyau du Mittelhaardt traditionnel avec toute une série de petits vignobles célèbres. Belz, Rechbächel, Goldbächel, Pechstein et Gerümpel sont les premiers crus. La richesse n'est pas la qualité la plus apparente du vin de Wachenheim. Mais il est d'une douceur finement équilibrée et a une grande pureté d'arôme.

Bad Dürkheim est la plus grande commune vinicole d'Allemagne avec 800 hectares de vignobles. Une foire s'y tient avant la vendange. Le rouge de Dürkheim (souvent fait à partir du cépage relativement récent et populaire du dornfelder) se boit pour accompagner les saucisses. On y trouve aussi du blanc. Le riesling est minoritaire sauf sur les meilleurs sites que sont Herrenberg et Spielberg.

À partir de là, en direction du nord, on entre dans le Unterhaardt, dont les paroisses les plus célèbres sont Ungstein et Kallstadt. Honigsäckel et Kobnert, respectivement, sont les noms des *Grosslagen* de leurs meilleurs sites. Les premiers crus sont Saumagen (planté dans ce qui était une carrière de craie romaine) et Annaberg, célèbre pour son riche Scheurebe. Mais les vins extraordinaires sont désormais au nord de ce qui était autrefois considéré comme la dernière limite. Bref, des vins excellents, souvent ardents, sont faits dans toute cette région fort dynamique.

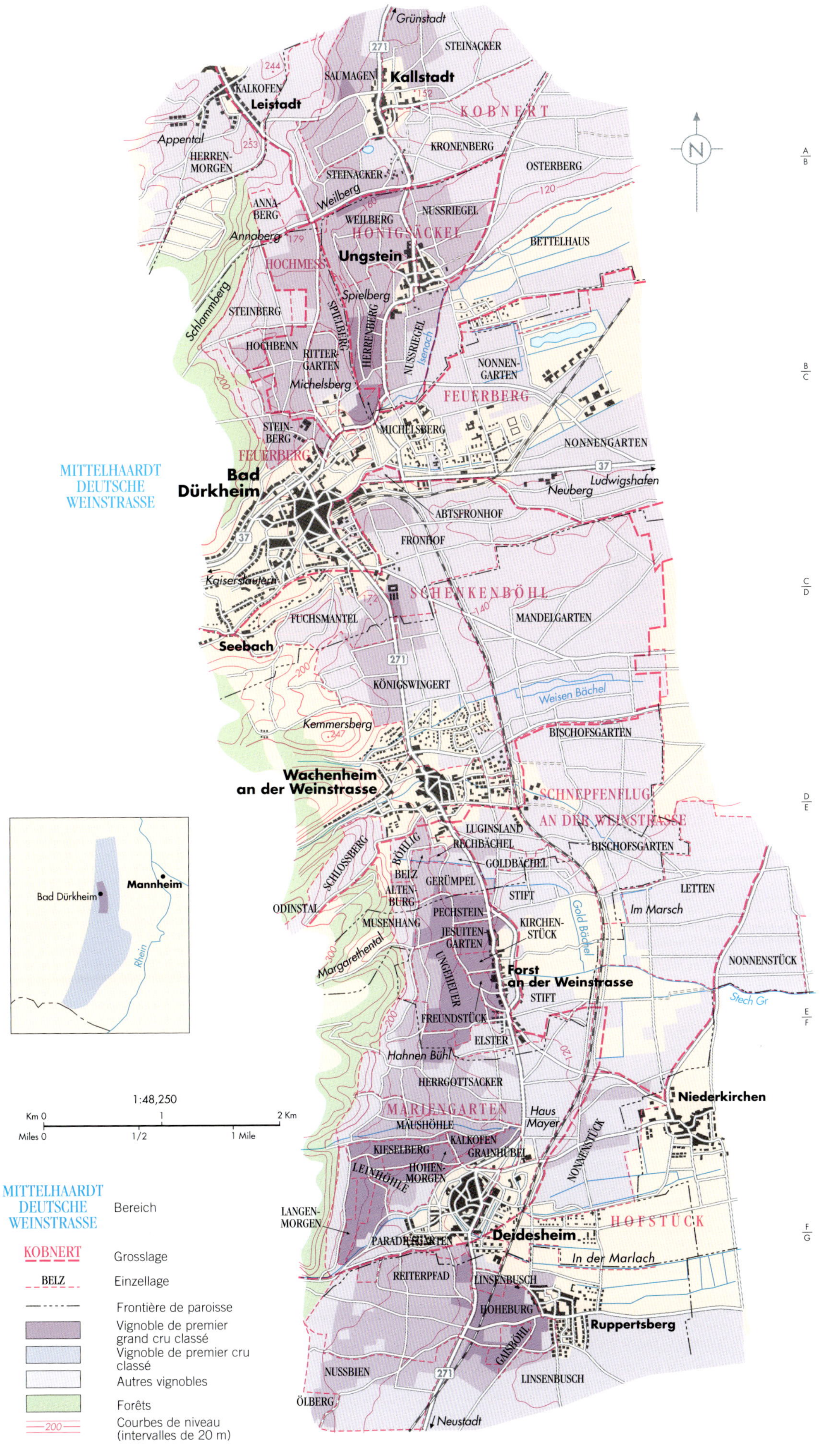

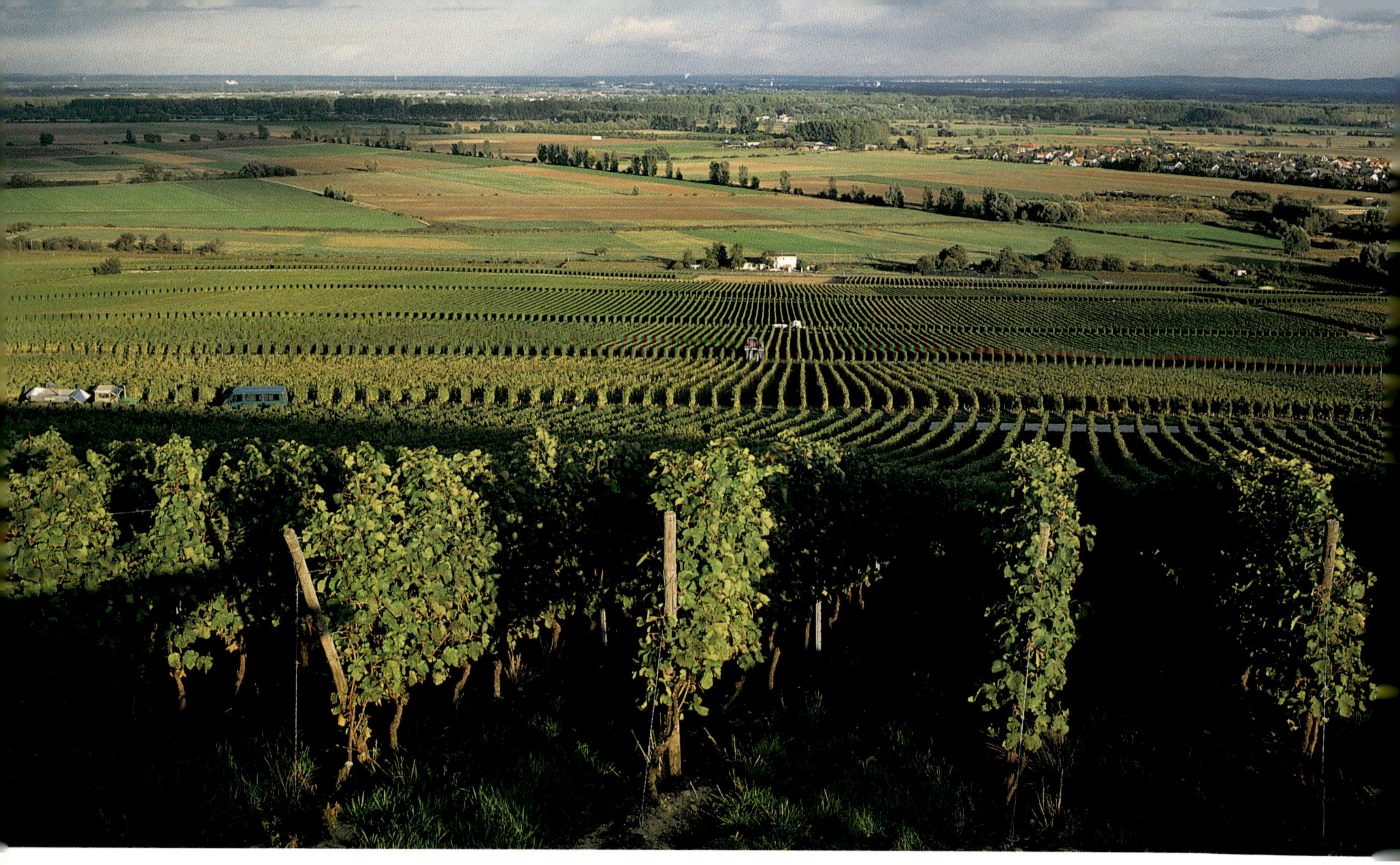

Rheinhessen

D
E

La région vinicole la plus étendue d'Allemagne, le Rheinhessen, se situe dans le crochet fait par le Rhin, délimitée à l'est et au nord par le fleuve, la Nahe à l'ouest et le Palatinat au sud. La ville de Mayence, qui abrite chaque année une grande foire vinicole, est son principal centre d'activité. Les 150 villages du Rheinhessen, répartis sur un périmètre de 50 km sur 30, font de la vigne parmi d'autres cultures. C'est une région d'agriculture mixte, assez monotone, vaguement ondulée, fertile, sans beaucoup de caractère sauf sur les bords du Rhin, là où le fleuve a creusé des pentes raides qui accueillent des vignobles en terrasses.

E
F

L'essentiel du vin du Rheinhessen, fait à partir des cépages de müller-thurgau et de sylvaner, est également dépourvu de caractère : léger, souple, en général un peu doux, parfois sec, avec un arôme de terre assez vigoureux.

La plus grande partie de cette production médiocre est écoulée sous le nom de Liebfraumilch. C'est un vin de QbA pour les régions du Rheinhessen, du Palatinat, de la Nahe et du Rheingau. Il contient au moins 70 % de riesling, de sylvaner, de kerner ou, plus couramment, de müller-thurgau. Il doit avoir un minimum de 18 g/l de sucre résiduel (le maximum pour un halbtrocken). Le liebfraumilch est assez neutre et semi-doux. Il est strictement réservé à l'exportation. Les gens du coin préfèrent les vins secs (sylvaners), qui peuvent être très satisfaisants, ainsi que par la gamme étendue d'arômes bien définis proposés par quelques-uns des producteurs les plus exigeants d'Allemagne.

F
G

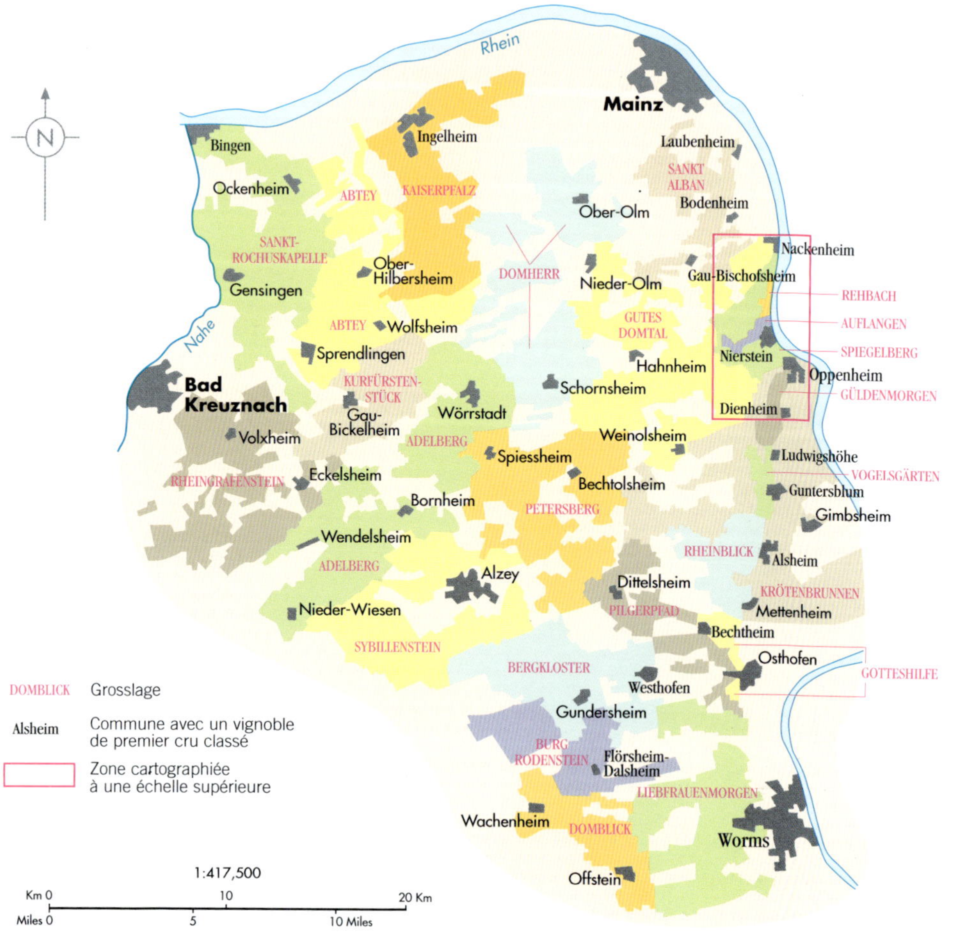

1 | 2 2 | 3 3 | 4 4 | 5 5 | 6

À gauche Les perspectives sont vastes et peu spectaculaires à l'intérieur du Rheinhessen, près de Gau-Bischofsheim. Le suffixe « heim », qui signifie foyer, est attaché à presque tous les noms par ici. Mais peu d'entre eux produisent des vins ayant une quelconque singularité.

Trois régions couvrent la totalité du Rheinhessen : le Bingen au nord-ouest, le Nierstein au nord-est et le Wonnegau au sud, entre Alzey et Worms, les deux villes principales. Pendant des siècles, Worms a été une des grandes villes du Rhin, siège de la fameuse « Diète » de 1521, qui excommunia Martin Luther. Son vignoble de Liebfrauenstift a le douteux privilège d'avoir donné son nom au Liebfraumilch, le roc de la qualité allemande en matière de vin. À l'autre extrémité du Rheinhessen, la ville de Bingen, en face de Rüdesheim (voir page 226) sur le Rhin, a d'excellents vignobles sur les pentes raides de son premier cru classé, le Scharlachberg.

Wonnegau produit des vins respectables, des sylvaners tout particulièrement, autour d'Azley et au sud sur les sols crayeux. Mais les meilleurs vignobles sont ceux qui sont concentrés dans la bande qui borde le Rhin (cartographiée ci-contre).

La ville de Nierstein est devenue aussi célèbre que celle de Bernkastel. C'est en partie grâce à sa taille et au nombre de ses producteurs (près de 300) et aussi parce que son nom est employé sans vergogne par la Niersteiner Gutes Domtal, une *Grosslage* accordée à quinze villages (qui ne représentent qu'une partie de Nierstein, sans aucun doute la moins distinguée). Ces mélanges ordinaires empoisonnent le vin allemand. Assez ironiquement, Nierstein dispose de quelques vignobles superbes, comme les producteurs Sankt Antony et Heyl zu Herrnsheim le démontrent avec éloquence.

Les deux villes qui flanquent cette zone, Oppenheim et Nackenheim, ont des vignobles aussi bons que la plupart de ceux de Nierstein, mais aucun n'est meilleur que ceux de la colline de sable rouge, le Roter Hang. Hipping, Brudersberg, Pettenthal et Rothenberg (qui est de Nackenheim) font un vin aussi parfumé et riche que celui du Rheingau, même s'il est légèrement plus souple et plus luxuriant. Gunderloch est l'interprète virtuose du vignoble de Rothenberg à Nackenheim. Les premiers crus d'Oppenheim sont plus fermes et moins élégants.

Un véritable vin de Nierstein emploiera un des noms des vignobles indiqués sur la carte. Les meilleurs spécifient aussi qu'ils sont faits à partir d'un cépage de riesling, même si on y fait depuis des années de bons weissburgunder et grauburgunder. On trouve dans le Rheinhessen la plus grande variété des cépages cultivés en Allemagne, y compris des hybrides récents comme le kerner, le scheurebe, le bacchus, le faberrebe et le dornfelder.

En dehors de la zone qui figure sur la carte détaillée, les meilleurs villages se trouvent juste au nord et au sud – Bodenheim, Guntersblum, Alsheim et Bechtheim – sans oublier Flörsheim-Dalsheim, dans l'ombre du Donnersberg, où Weingut Keller prouve qu'on peut aussi faire du bon vin dans les collines en pente douce du Rheinhessen.

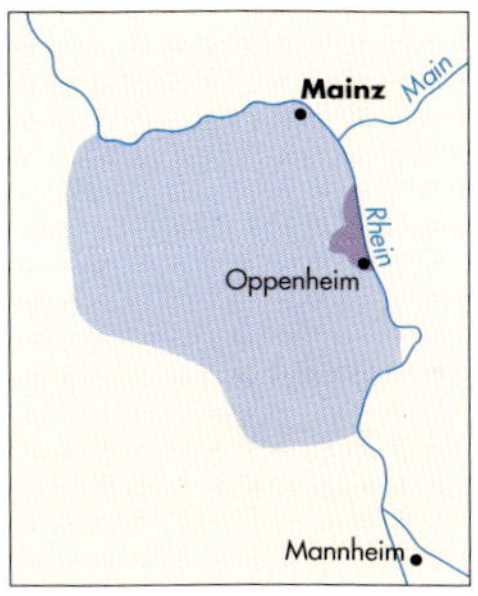

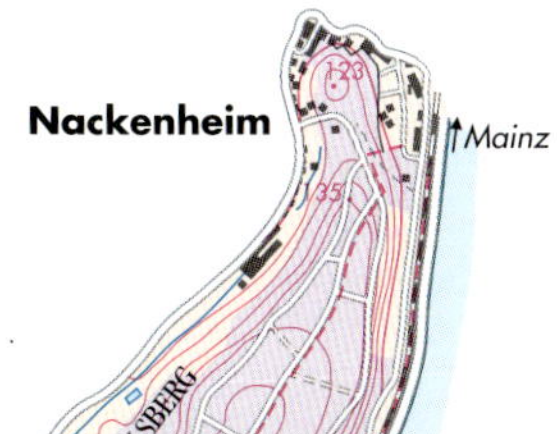
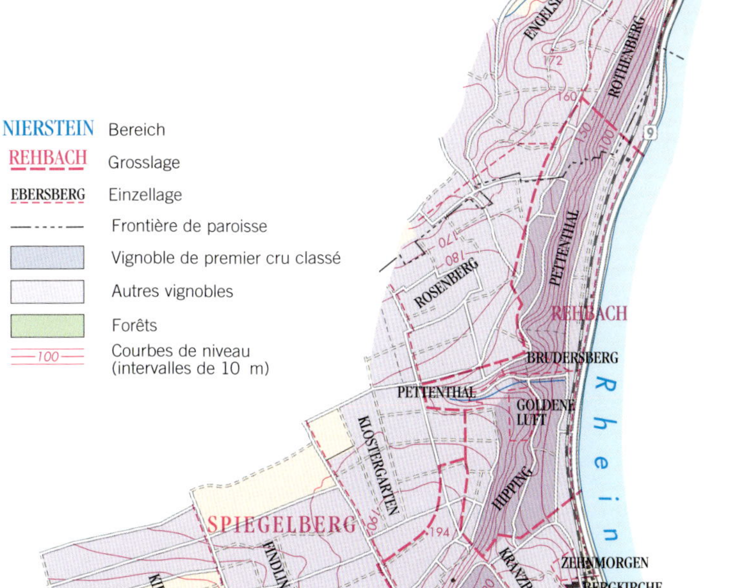
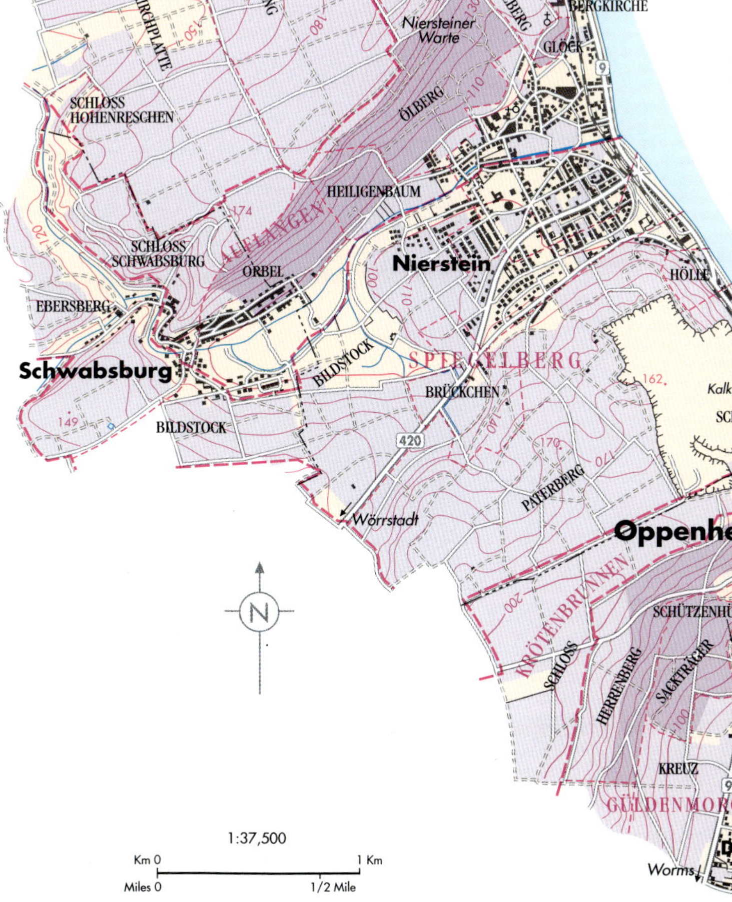
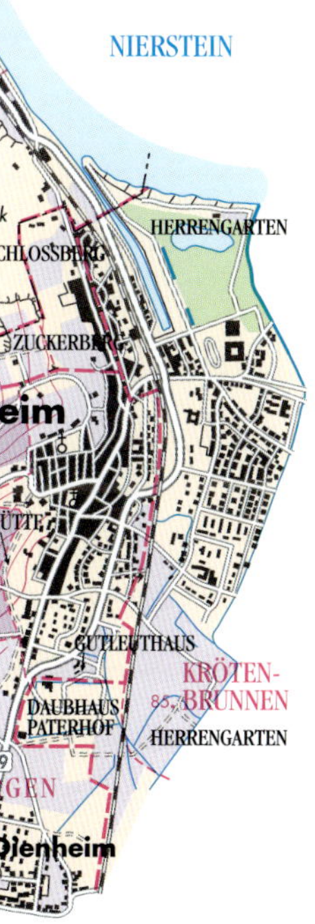

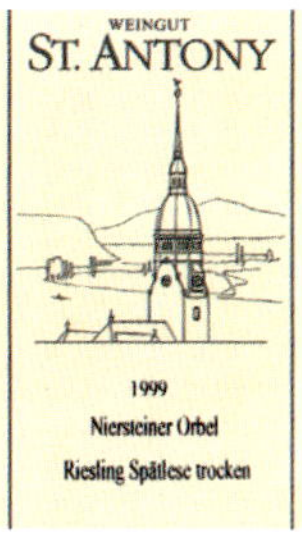

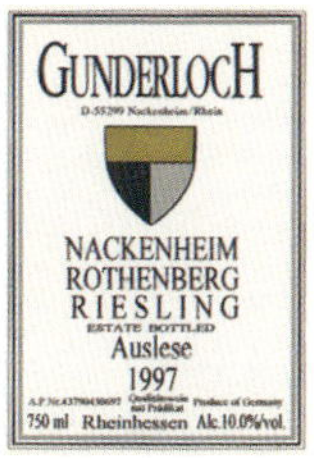

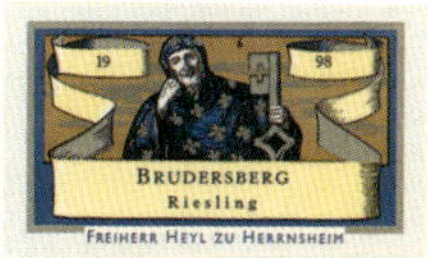

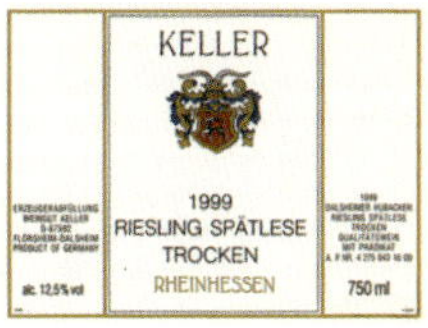

La qualité *de la vinification dans les propriétés proches du Rhin comme Gunderloch et Heyl zu Herrnsheim (la deuxième étiquette à partir du bas), est aussi élevée que partout ailleurs en Allemagne.*

Bade et Wurtemberg

Le Sud de l'Allemagne, avec son climat chaud, pourrait être une région plus vinicole que ses voisines septentrionales. C'était le cas, il y a une centaine d'années. Mais les combinaisons particulières de sol, de climat et de structure sociale qui rendent possible et rentable la production d'un vin de bonne qualité dans des endroits improbables sur la Moselle et le Rhin, ne se retrouvent que rarement dans l'immense État du Bade-Wurtemberg. Les meilleurs de ses vins sont excellents, mais ils sont si dispersés et si appréciés des populations locales que le reste du monde n'en entendait guère parler jusqu'à récemment. Nulle part ailleurs en Allemagne, la rationalisation et la modernisation de l'industrie du vin n'ont été menées aussi loin, aussi rapidement. Les vignobles du Bade ont, dans les dernières années, doublé en superficie et quadruplé en rendement. Seuls le Palatinat et le Rheinhessen produisent plus.

Les coopératives ont été les locomotives de ce grand mouvement. Aujourd'hui 90 % de la récolte est assurée par une centaine de ces établissements et plus de la moitié de la totalité du vin est commercialisée par Badischer Winzerkeller à Breisach, la ville-frontière sur le Rhin, entre Fribourg et l'Alsace. À l'autre bout de l'échelle, de petits producteurs talentueux, comme le professeur Heger à Kaiserstuhl, ont importé des idées nouvelles.

Une des façons de définir le style du Bade est de dire qu'il est l'opposé de celui de la Moselle. Parfum fleuri et éthéré, mais surtout vinosité substantielle. Le Bade est un peu plus humide et nuageux que l'Alsace, de l'autre côté du Rhin, protégée par le parapluie des Vosges. Ses vignobles enserrent la Forêt-Noire, où la pluie et la brume conjuguent leurs effets pour faire un des plus jolis paysages d'Allemagne. L'essentiel des vignobles du Bade se trouve dans une bande de 130 km de long, entre la forêt et la vallée du Rhin. Les meilleurs d'entre eux sont soit sur des pentes orientées au sud, soit sur l'affleurement volcanique qui forme le Kaiserstuhl, sorte d'île surélevée dans la vallée du Rhin.

Aucun cépage n'est dominant. Le müller-thurgau représente presque un tiers de la récolte (la moyenne nationale est proche du cinquième), mais il a été récemment dépassé par le spätburgunder (pinot noir), de plus en plus utilisé pour des rouges massifs et de pâles weissherbsts. Le troisième cépage, le pinot gris, porte deux noms : le rülander quand il donne un vin onctueux, le grauburgunder quand (plus souvent désormais) il donne un vin plus plein, plus sec, plus français. Le riesling donne comme toujours des vins élégants qui vieillissent bien. Le weissburgunder (pinot blanc) donne des vins agréables et souples, le gewurztraminer des vins épicés et le sylvaner (sur le Kaiserstuhl) des vins d'un caractère presque aussi fort que ceux de la Franconie. Les nouveaux cépages aux qualités hautement aromatiques sont peu utilisés. Le vin du Bade accompagne parfaitement les repas.

Le Kaiserstuhl et Tuniberg fournissent un tiers de la totalité du vin du Bade. Leurs affleurements spectaculaires ont été remodelés grâce à des travaux héroïques de terrassement. Le spätburgunder rouge est considéré comme le meilleur vin du coin. Le sylvaner et le grauburgunder sont parfois splendides, durs avec beaucoup d'arôme.

Au nord, juste au-dessous de la station thermale de luxe de Baden-Baden (Forêt-Noire), l'Ortenau est une poche de viticulture de qualité, avec une préférence marquée pour le vin rouge. À Durbach, les propriétés seigneuriales du Margrave de Bade (Schloss Staufenberg) et du comte Wolff Metternich font de bons klingelbergers (nom local du riesling), ruländers, spätburgunders et traminers, même s'ils sont surpassés en réputation par Andreas Laible. Beaucoup plus au nord, le Kraichgau et le Badischer Bergstrasse forment une *Bereich* (région vinicole) en dépit de leur disparité, leurs meilleurs vins étant faits à partir des cépages minoritaires de riesling et le grauburgunder cultivés sur les bons sites.

Tout à fait au sud, dans le Markgräflerland, le coin de l'Allemagne qui se trouve entre Fribourg et Bâle, le cépage favori est le gutedel, nom local du chasselas, planté de l'autre côté de la frontière en Suisse. Il donne un vin rafraîchissant, parfois réticent. Son hybridation avec le sylvaner, le nobling, a plus de goût. Le weissherbst connaît un certain succès aussi. Différents essais indiquent que le chardonnay se sent bien dans le coin.

Le lac de vin de la région la plus septentrionale, autour de Meerburg sur le Bodensee, est traditionnellement un weissherbst de couleur rose, assez sec, fait à partir d'un cépage despätburgunder. Le müller-thurgau est le cépage blanc principal dans la région. Le Margrave de Bade y a une autre propriété splendide, le Schloss Salem.

Ci-dessous Le Kaiserstuhl peut s'enorgueillir des vignobles terrassés les plus modernes d'Allemagne, résultat d'un énorme travail sur des collines entières pour transformer les parcelles des vignobles antiques.

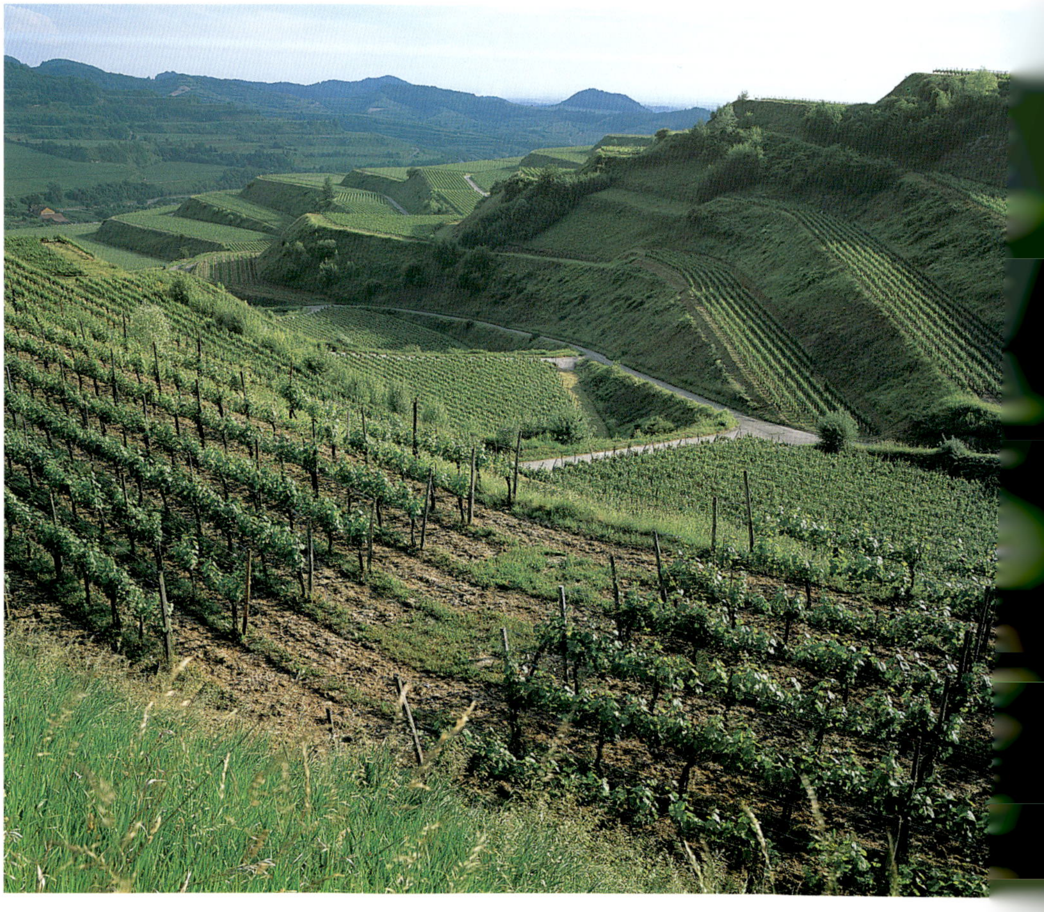

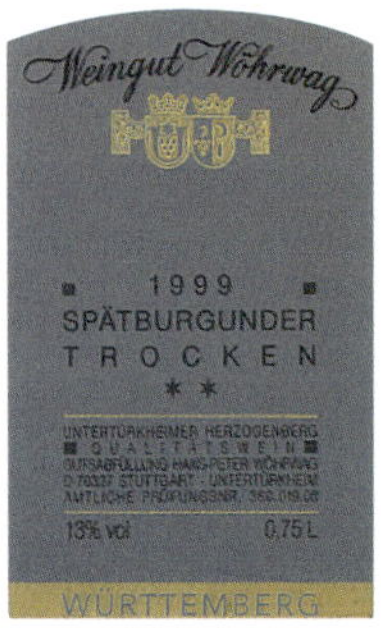

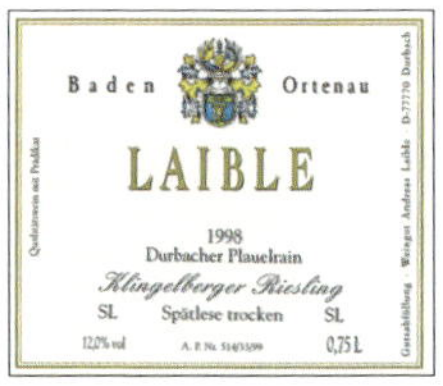

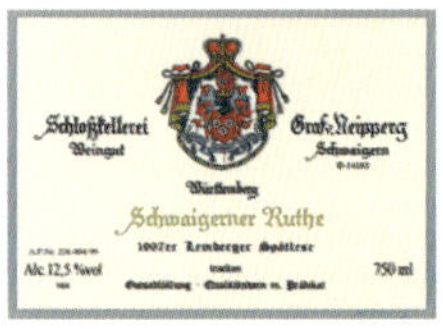

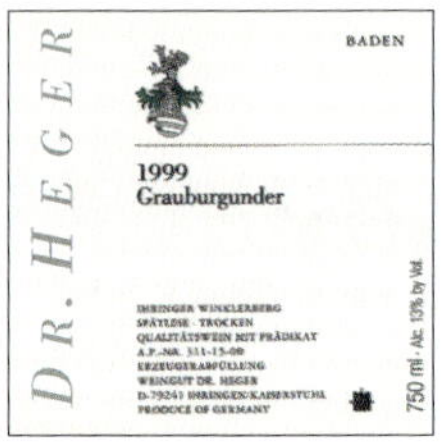

Les burgunder ou pinot, *Spät- (noir) et Grau- (gris), jouent un rôle dominant dans le Bade. Le riesling porte le nom de « Klingelberger », et celui qui est fait à Durbach est célèbre bien au-delà des frontières de la région.*

Le Wurtemberg, en dépit de l'étendue de ses vignobles (quatre fois la superficie de ceux du Rheingau, par exemple), reste plus connu pour ses voitures (fabriquées à Stuttgart) que pour ses vins. La région, qui s'étend, comme le Bade, bien au-delà des limites de cette carte (voir page 215), fait plus de rouge (ou weissherbst) que de blanc, en grande partie grâce à ses cépages locaux de trollinger, lemberger, schwarzriesling (ou pinot meunier) et de l'inévitable spätburgunder. Le climat est plus continental et pas toujours clément pour les producteurs de vin. Les sites sont donc choisis avec prudence, le long du Neckar et de ses affluents. La région est toutefois devenue une productrice de vins rouges sérieux. La *Bereich* (région vinicole) située au nord de la capitale du land (Stuttgart), le Württemburgisch Unterland, possède les trois quarts des vignobles.

Stuttgart et Heilbronn détiennent en fait la quasi-totalité de l'industrie. Les touristes viennent en masse goûter leurs produits : les pâles trollingers, lembergers, muskatellers, müller-thurgau et sylvaners. Bien que le traminer puisse être bon, c'est le riesling qui donne, comme presque partout en Allemagne, les vins blancs les plus enthousiasmants.

Tout au nord, au-delà de Mannheim, se trouve la minuscule région vinicole de Hessische Bergstrasse, qui produit essentiellement un riesling sec, destiné à la consommation locale.

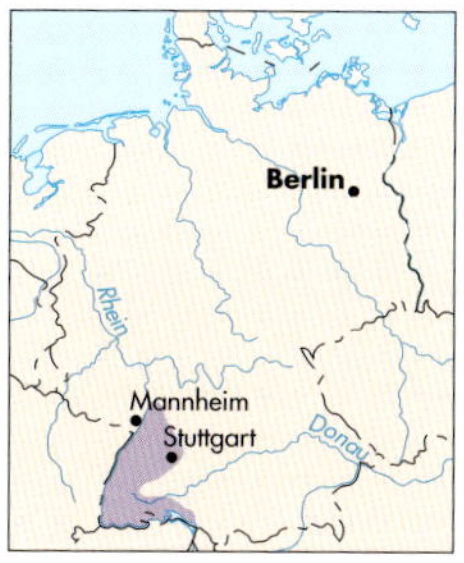

Bade : Fribourg

Latitude / Altitude : **48° / 280 m**
Température moyenne de juillet : **19,2 °C**
Précipitations annuelles : **880 mm**
Précipitations du mois de vendange : **sept. : 85 mm**
Principal danger viticole : **gelée de printemps**
Principaux cépages : **spätburgunder, müller-thurgau, grauburgunder**

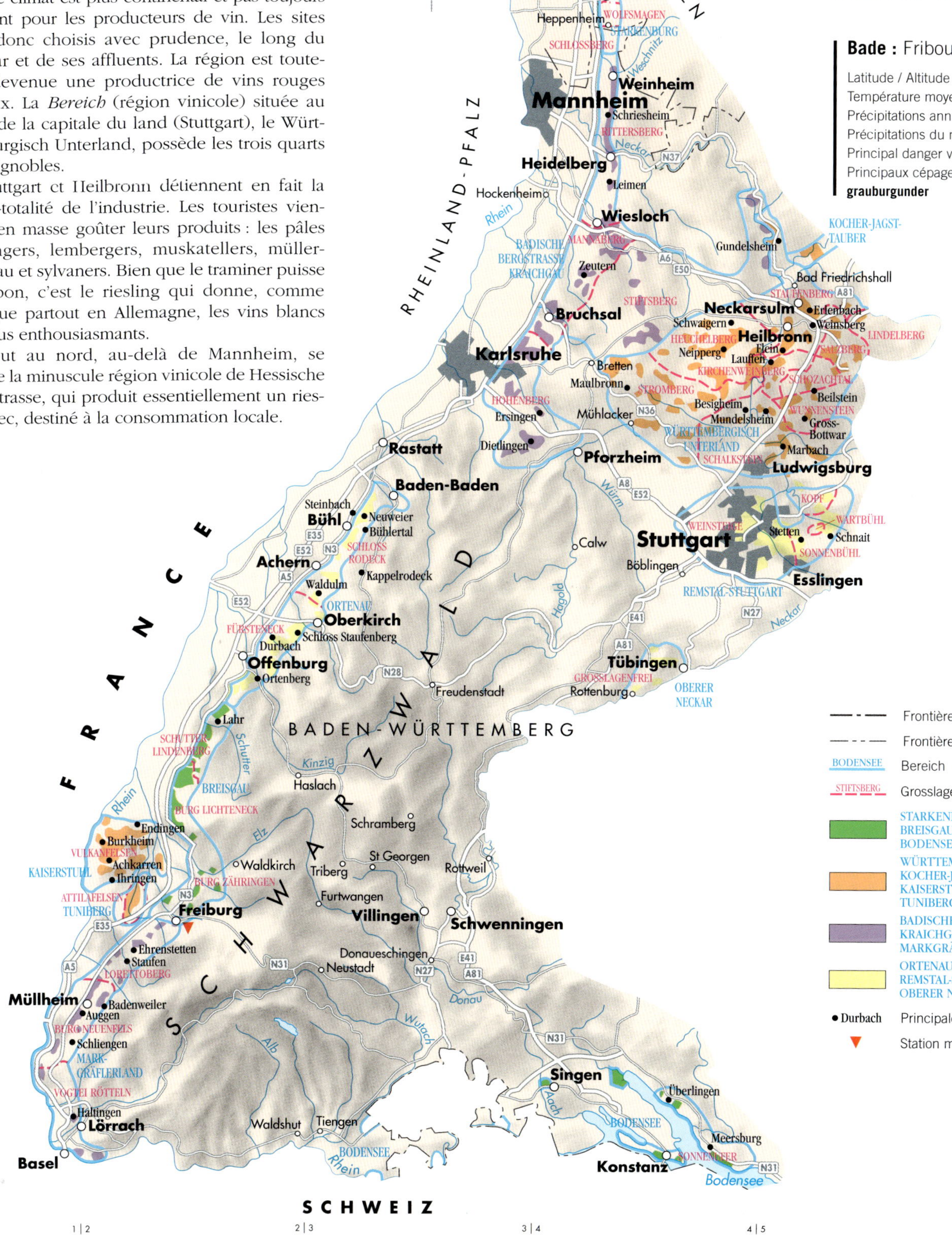

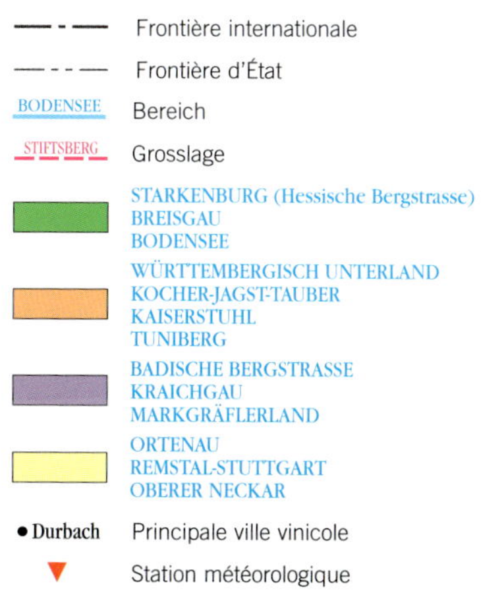

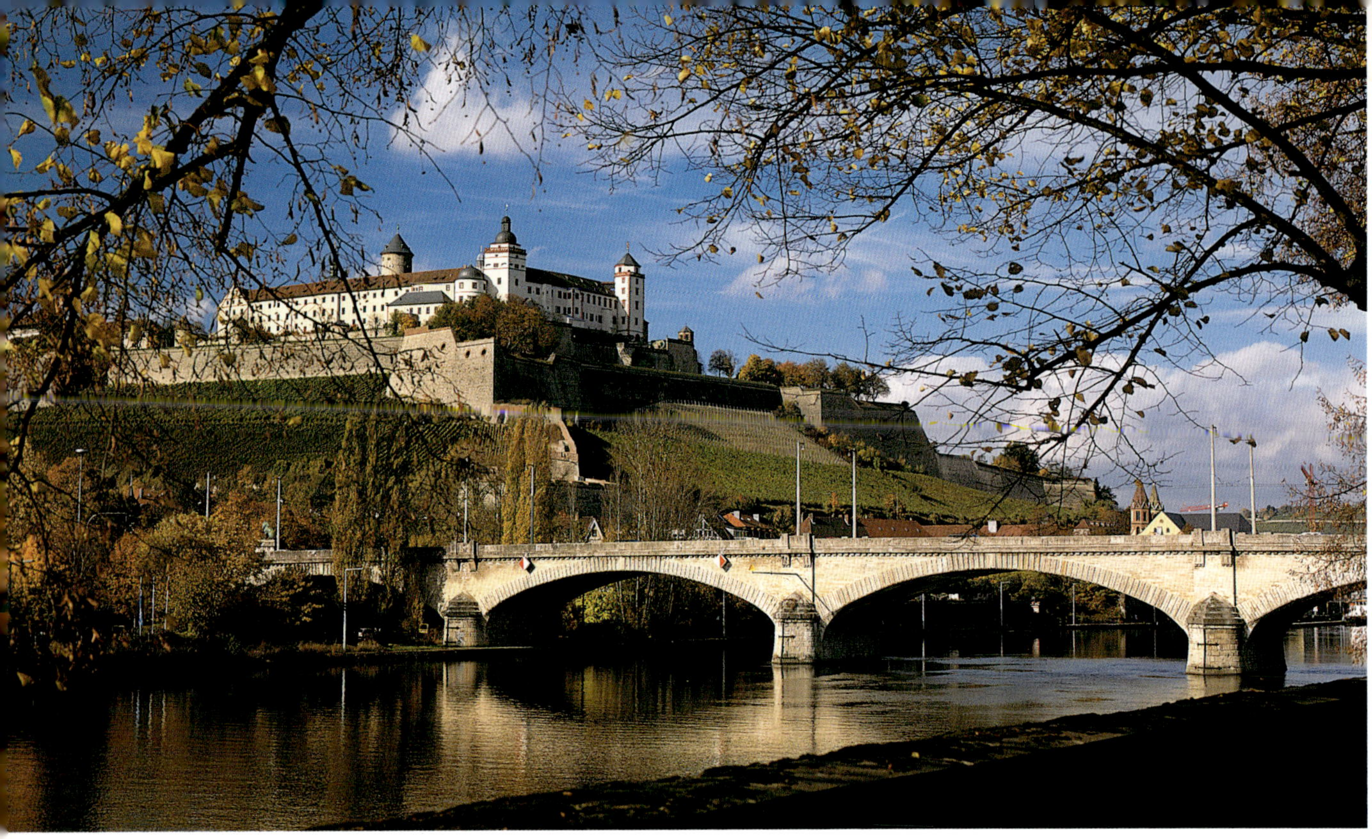

À gauche les vignobles sont blottis au cœur de la ville baroque de Würzburg, dont les ponts splendides enjambent le Main. La forteresse de Marienburg domine les versants escarpés du Schlossberg. Les institutions charitables de la ville tiennent de splendides *weinstuben* où leurs propres vins sont servis en accompagnement de la cuisine locale.

Franconie

La Franconie se situe en dehors du courant principal du vin allemand, à la fois pour des raisons géographiques et à cause de traditions tout à fait singulières. Politiquement, elle se trouve dans l'ancien royaume de Bavière, centré sur la bière. Ses caves d'État ont une majesté que l'on ne trouve nulle part ailleurs en Allemagne.

La Franconie est une région unique dans la mesure où ses vins de sylvaner sont meilleurs que ses vins de riesling. En saveur et en puissance, ils s'écartent de la douceur délicate des vins allemands et se rapprochent des vins français, pour être parmi les meilleurs vins de table du pays. Les vins de Franconie étaient traditionnellement mis en bouteille dans des flasques trapues (*Bocksbeutel*), mais les vins secs sont de plus en plus souvent présentés dans des bouteilles de bourgogne ou de bordeaux.

Le nom de Steinwein était autrefois appliqué à tous les vins de Franconie. Stein est en fait le nom d'un des deux célèbres vignobles de la ville de Würzburg sur le Main. L'autre vignoble s'appelle Leiste. Tous deux se sont rendus célèbres dans le passé par des vins qui vieillissaient incroyablement bien. Un vin de Stein de la grande année de 1540 était encore buvable dans les années 1960.

De tels vins étaient au moins des beerenauslesens (grains nobles) : extrêmement doux. La Franconie ne produit plus beaucoup de ces raretés. La plupart de ses vins sont relativement corsés et complètement secs, ayant dans le cas des spätlese trocken quelque chose d'un bourgogne blanc.

La Franconie installe la vigne dans une campagne dont le climat est définitivement continental. Dans le Steigerwald, la plus orientale de ses trois régions vinicoles, la vigne a même l'air déplacée au milieu des champs labourés et des forêts de chênes qui couvrent ses collines isolées. Quelques-uns des meilleurs vins proviennent des paroisses d'Iphofen (foyer de Hans Wirsching) et de Rödelsee, ainsi que de la principauté de pacotille de Castell.

C'est l'unique région vinicole d'Allemagne dans laquelle la saison de croissance est régulièrement trop courte pour que le riesling puisse y prospérer.

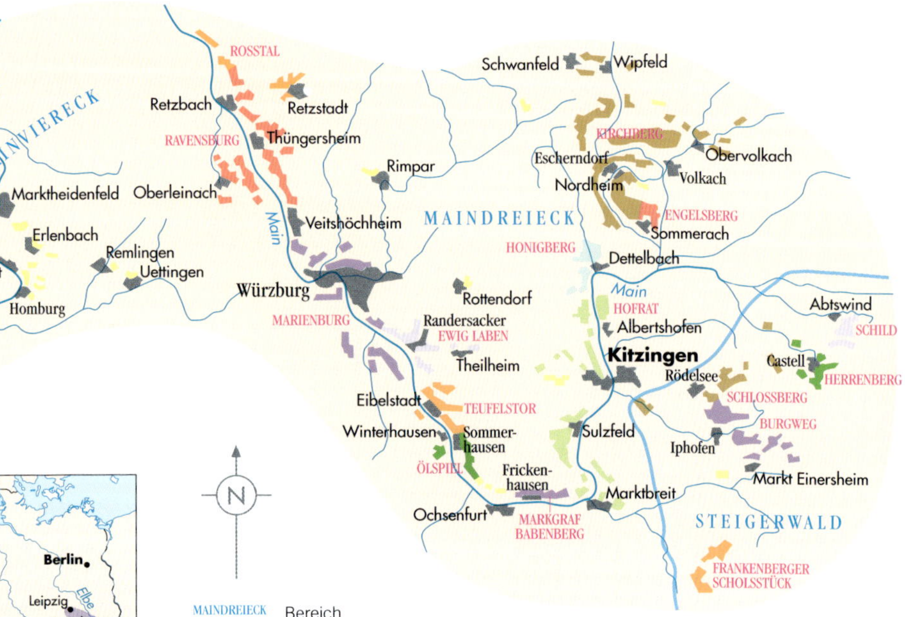

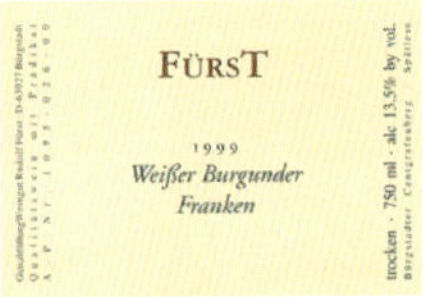

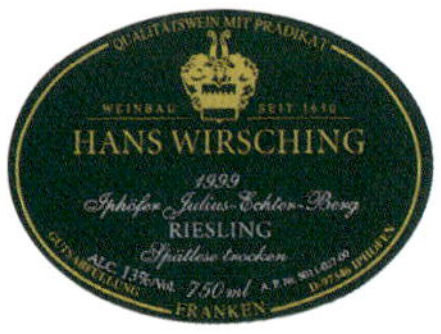

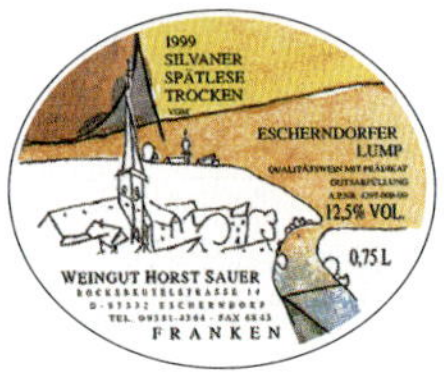

Les établissements *les plus importants de Franconie appartiennent aux anciens hospices laïques et religieux et à l'État bavarois. Ces trois étiquettes sont celles de viticulteurs indépendants de premier ordre.*

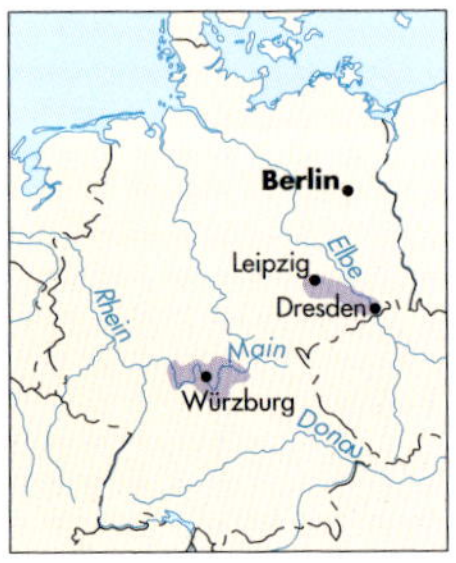

Saxe et Saale-Unstrut

Le sylvaner, coupant comme un rasoir, est la solution. En Franconie, ce cépage de deuxième division monte tout à coup en première – non pas pour offrir un feu d'artifice de parfums mais une combinaison de subtilité et de force qui impose le respect. Deux à cinq années passées en bouteille font toute la différence. En tenant compte des différences d'arômes procurés par des cépages différents, on peut tout de même les comparer à des premiers crus ou même des grands crus de Chablis.

Mais même en Franconie, hélas, le müller-thurgau semble constituer un meilleur investissement, du moins sur les sites qui ne sont pas parfaits. Ce cépage s'est imposé sur près de la moitié des 2 400 hectares du vignoble de la région (à titre de comparaison, la Nahe a un vignoble d'une superficie qui représente les trois quarts de celui de la Franconie, le Rheingau un peu plus de la moitié, le Palatinat quatre fois plus). Une minorité des vins est faite à partir des cépages très aromatiques de bacchus et de kerner. Le scheurebe et le rieslaner, un croisement de riesling et de sylvaner qui mûrit très tard, peuvent donner des vins de dessert parti culièrement bons et des vins secs assez substantiels, à condition de parvenir à complète maturation.

Le cœur de la production de vin en Franconie est situé dans la région vinicole de Maindreieck, délimitée par le parcours trois fois dévié du Main, depuis Escherndorf et Nordheim en amont de Würzburg, jusqu'à Frickenhausen vers le sud, puis remontant de nouveau vers le nord, traversant la capitale de la région pour inclure la section suivante et le district périphérique de Hammellburg. Ce qui singularise ces flancs de collines exposés au sud, c'est le type de calcaire des sols, connu sous le nom de Muschelkalk (dont les origines ne sont pas très différentes de celles de l'argile kimméridgien du Chablis ou même du Sancerre). La région vinicole du Steigerwald, beaucoup plus petite, à l'est du Main, possède des sols plus riches en gypse et en marne. La troisième région vinicole, en aval et à l'ouest, dispose d'un terreau plus léger, à base de grès. C'est la région de Mainviereck où la superficie du vignoble est limitée, mais qui peut compter sur des stars comme Rudolf Fürst et les propriétés de Fürst Löwenstein en Franconie.

Les zones indiquées en jaune sur la carte sont Grosslagenfrei, ce qui veut dire que les villages sont si éloignés les uns des autres qu'ils n'ont pas été regroupés en *Grosslagen*. Leurs vins sont vendus sous le nom d'un site individuel ou sous celui de la région vinicole (*Bereich*). La plupart des vins de Franconie sont faits par des coopératives.

Würzburg vaut le détour : c'est une des grandes villes du vin, avec trois magnifiques caves qui appartiennent respectivement à l'État de Bavière (Staatliche Hofkellerei), un hospice de l'église (Juliusspital) et un hospice laïque (Bürgerspital).

Le Staatliche Hofkellerei se trouve sous la somptueuse Residenz des anciens princes-évêques, dont les plafonds peints par Tiepolo sont une raison suffisante de visiter Würzburg. Il y a aussi le château de Mariensburg avec sa colline couverte de vignes, le grand pont baroque et les *weinstuben* (bars à vin) animés qui appartiennent à ces vieilles institutions et qui servent une nourriture savoureuse pour accompagner ces vins.

Avec la réunification de l'Allemagne, deux petites régions nouvelles sont passées sous le contrôle de la bureaucratie vinicole allemande. La Saxe longe les rives de l'Elbe, dans le pays de la belle porcelaine entre Dresde et Meissen. La Saale-Unstrut se situe à la confluence des deux rivières, au sud-ouest de Leipzig. Ces deux régions sont à peu près à la même latitude que Londres, mais leur climat bien plus continental les gratifie souvent d'étés magnifiques (le risque de gelée de printemps reste toutefois très élevé). Dans les années 1990, le vignoble a été abondamment replanté et augmenté, avec désormais 600 hectares dans la Saale-Unstrut et près de 400 dans la Saxe.

Vers la fin des années 1990, des propriétés restaurées comme Lützkendorf à Bad Kösen (Saale-Unstrut) et Schloss Proschwitz à Meissen (Saxe) ont prouvé que les deux régions pouvaient produire des vins secs d'une substance et d'un caractère remarquables, en dépit de leur situation septentrionale.

Bien que le cépage à tout faire des deux régions soit encore le müller-thurgau, les cépages de weissburgunder, de grauburgunder, de riesling et de traminer dominent les pentes raides, exposées au sud, dont la Saxe et la Saale-Unstrut sont dotées. Ces vins sont souvent comparés à ceux de la Franconie, même s'ils sont plus aromatiques et moins épais.

Une enclave de vignobles de la Saale-Unstrut proche de la Süsser See, près de Halle, est située au nord-ouest de la zone cartographiée ci-dessous.

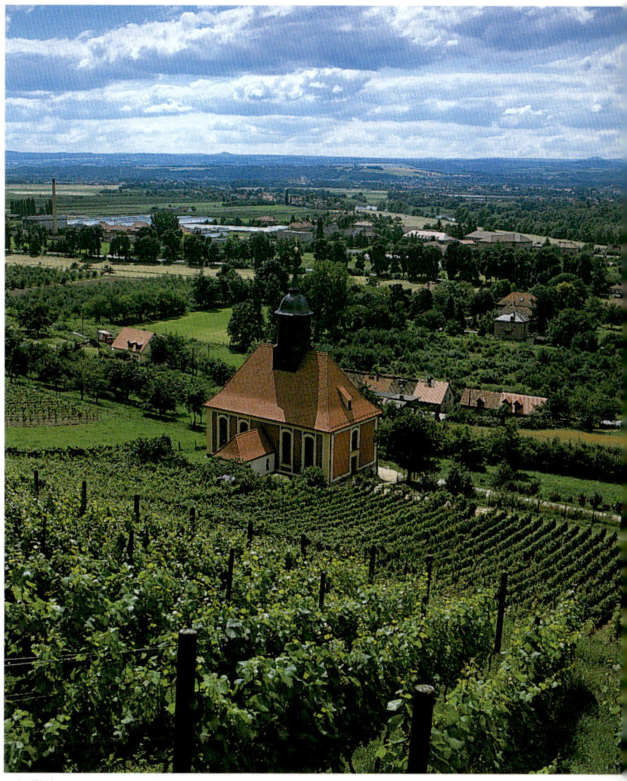

Ci-dessus La pente tournée vers le sud du Königslicher Weinberg à Pillnitz, près de Dresde, est un des vignobles les plus orientaux d'Allemagne, ce qui lui vaut des conditions climatiques continentales extrêmes.

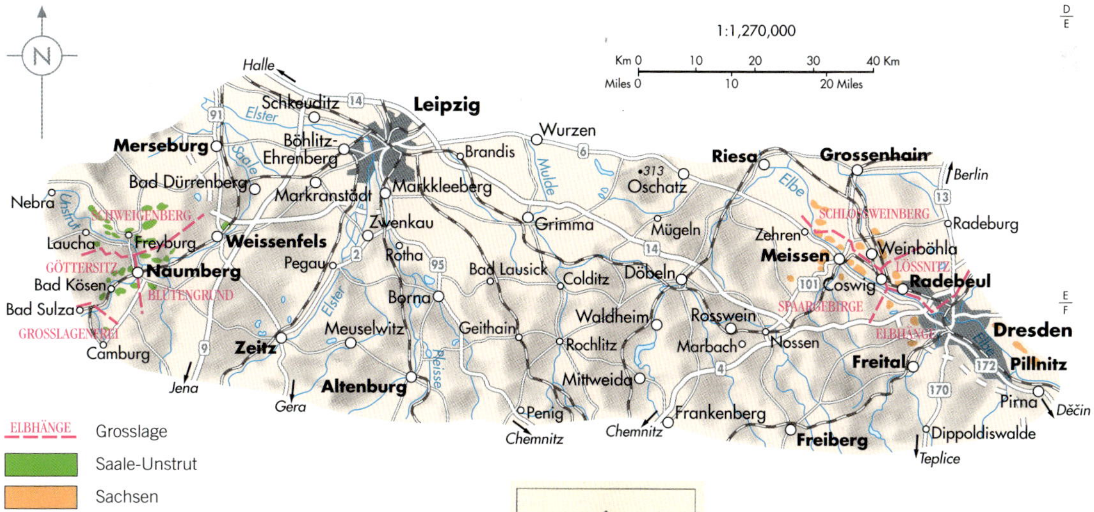

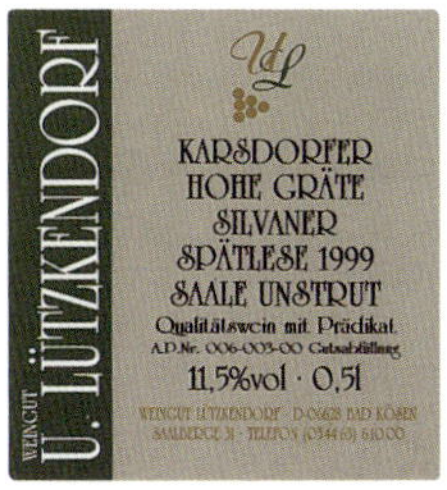

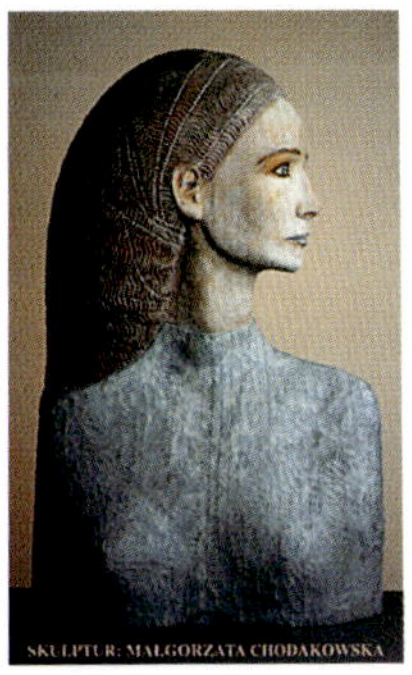

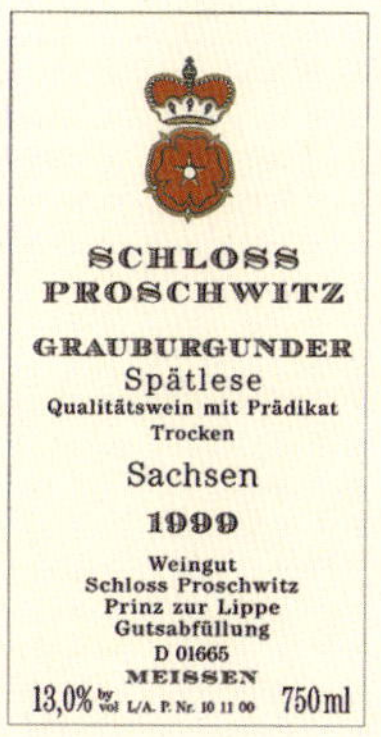

Le Prinz sur Lippe *du Schloss Proschwitz a été un pionnier de la région de Meissen, reprenant à l'État des vignobles qui avaient appartenu à la famille pour faire de remarquables pinots, blancs et gris. La Saxe a aussi une tradition de vins pétillants et produisait discrètement du champagne au* XIX*e siècle.*

D|E E|F F|G

Suisse

En dépit de sa proximité avec quelques-uns des pays importateurs les plus enthousiastes du monde, la Suisse gardait ses vins pour elle seule jusqu'à une date encore récente. Et même aujourd'hui, avec la mise en place d'un marché vinicole transformé, moins protectionniste, 2 % seulement de la production est bue en dehors des frontières.

Ce n'est pas parce que le vin n'est pas bon, quand bien même la fabrication d'un bon vin relève toujours du défi en Suisse. La difficulté principale consiste à identifier les parcelles de terrain le mieux exposées à la lumière et à la chaleur, que ce soit directement sous le soleil ou par réflexion à proximité d'un lac, d'un fleuve, ou d'une paroi rocheuse.

Faire du vin, quel qu'il soit, en Suisse où les coûts sont élevés, est inévitablement onéreux. Le pays du lait et de l'argent ne sera jamais en mesure de produire du vin de masse bon marché. D'ailleurs, les producteurs suisses se concentrent de plus en plus sur des vins à la singularité très marquée. Le pays dispose de 15 000 hectares de vignobles appartenant à des milliers de viticulteurs à plein temps ou à mi-temps qui s'occupent avec grand soin de leurs propriétés impeccables et souvent spectaculaires, les considérant comme des jardins plus que comme des entreprises commerciales.

Cela ne veut pas dire que la Suisse soit indifférente aux modes étrangères. Son industrie vinicole a dû, avec une certaine réticence, se plier à une réglementation plus stricte, en abandonnant notamment la pratique qui consistait à mélanger du vin ordinaire importé avec du vin suisse. La production de vin rouge est en augmentation, les cépages hybrides sont un souvenir lointain et le système d'apellations contrôlées permet d'imposer progressivement une plus grande rigueur dans l'étiquetage et de limiter le fléau de la surproduction.

Le soin scrupuleux accordé à la vigne, grâce à l'irrigation dans les parties les plus sèches du Valais, a permis à la Suisse d'obtenir des rendements aussi élevés que ceux de l'Allemagne. En parvenant à produire de telles quantités, en chaptalisant quand c'est nécessaire, les Suisses ont rendu la viticulture rentable, en dépit des conditions topographiques et d'un coût de la vie élevé. Dans la cave, la fermentation malolactique courante (à la différence de ce qui se passe en Allemagne et en Autriche) compense l'âpreté naturelle excessive des raisins.

La Suisse a les vignobles les plus élevés d'Europe et est la patrie de deux des plus grands fleuves vinicoles du monde, le Rhône et le Rhin, qui naissent très près l'un de l'autre sur le mont Saint-Gothard.

Chaque canton suisse cultive du raisin pour faire du vin. Au cours de ces dernières années, quatre cinquièmes de la production totale du vin du pays ont été faits dans les cantons occidentaux, dans la Suisse romande où l'on parle français. Le canton du Valais a supplanté celui de Vaud en tant que premier producteur de vin et fait aujourd'hui un peu plus de rouge que de blanc. Genève est le troisième canton pour ce qui est de la viticulture, suivi par celui du Tessin au sud (où l'on parle italien) qui produit environ 5 % du vin suisse. Vient ensuite le canton de Zürich (de langue allemande).

En dépit des progrès du vin rouge, le cépage le plus planté de la Suisse reste le pâle chasselas, qui parvient à avoir du caractère dans les sites les plus favorisés (voir pages 240-241). Ce cépage domine la production dans le canton de Vaud et joue un rôle important dans celle du Valais, de Genève et de Neuchâtel. On trouve dans le Valais et dans d'autres parties de la Suisse romande des poches de malvoisie (pinot gris), de pinot blanc, de johannisberg (sylvaner), d'ermitage (marsanne) et de chardonnay. Dans la partie orientale, le cépage blanc le plus répandu est le müller-thurgau, créé par le professeur Müller de Thurgau.

Pour les vins rouges, de plus en plus courants et impressionnants, le gamay et le cépage connu sous le nom de blauburgunder, le clevener (ou pinot noir), sont cultivés à travers tout le pays, à l'exception du Tessin qui se concentre sur le merlot, importé de Bordeaux en 1907 après les ravages du phylloxéra dans la région. Au cours de ces dernières années, la syrah et le viognier à peau fine ont fait des percées remarquables dans le Valais. Le merlot et le cabernet sauvignon sont de plus en plus plantés dans les vignobles de Genève.

Mais les vins les plus élégants de la Suisse ont tendance à provenir d'un des nombreux cépages locaux : petite arvine, amigne, humagne blanc, heida, rèze, cornalin et humagne rouge dans les zones francophones ; completer, räuschling et elbling dans la Suisse germanophone, bondola rouge dans le Tessin. Parmi eux, la petite arvine, le completer, le cornalin rouge et l'humagne peuvent donner des vins absolument excellents.

Les vins au style typiquement suisse sont la Dôle, mélange très variable de pinot noir et de gamay, l'Œil-de-perdrix rosé à partir de pinot noir de Neuchâtel ; dans les cantons germanophones, le süssdruck et le Schillerwein rosés, faits à partir d'un mélange de cépages à peaux pâles et sombres.

La Suisse orientale produit environ 17 % de la récolte de raisin du pays, en général dans des sites où le blauburgunder est susceptible de mûrir – ce cépage a été importé de France pendant les guerres du XVIIe siècle. Certains de ces

Ci-dessous Le château d'Aigle, dans le canton de Vaud, surplombe le lac Léman, dont les vins ont souvent une qualité minérale en raison de la particularité de leur sol.

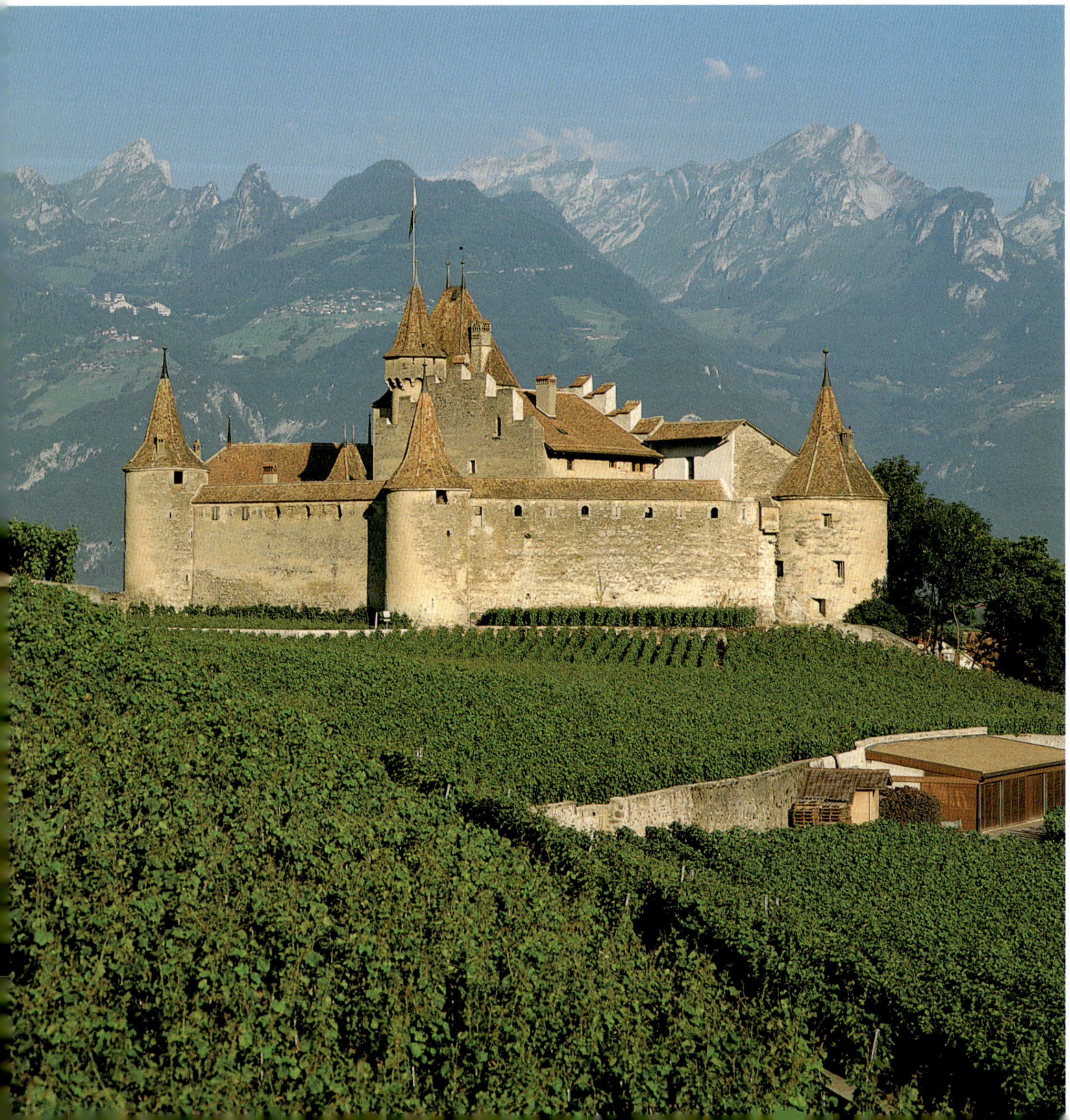

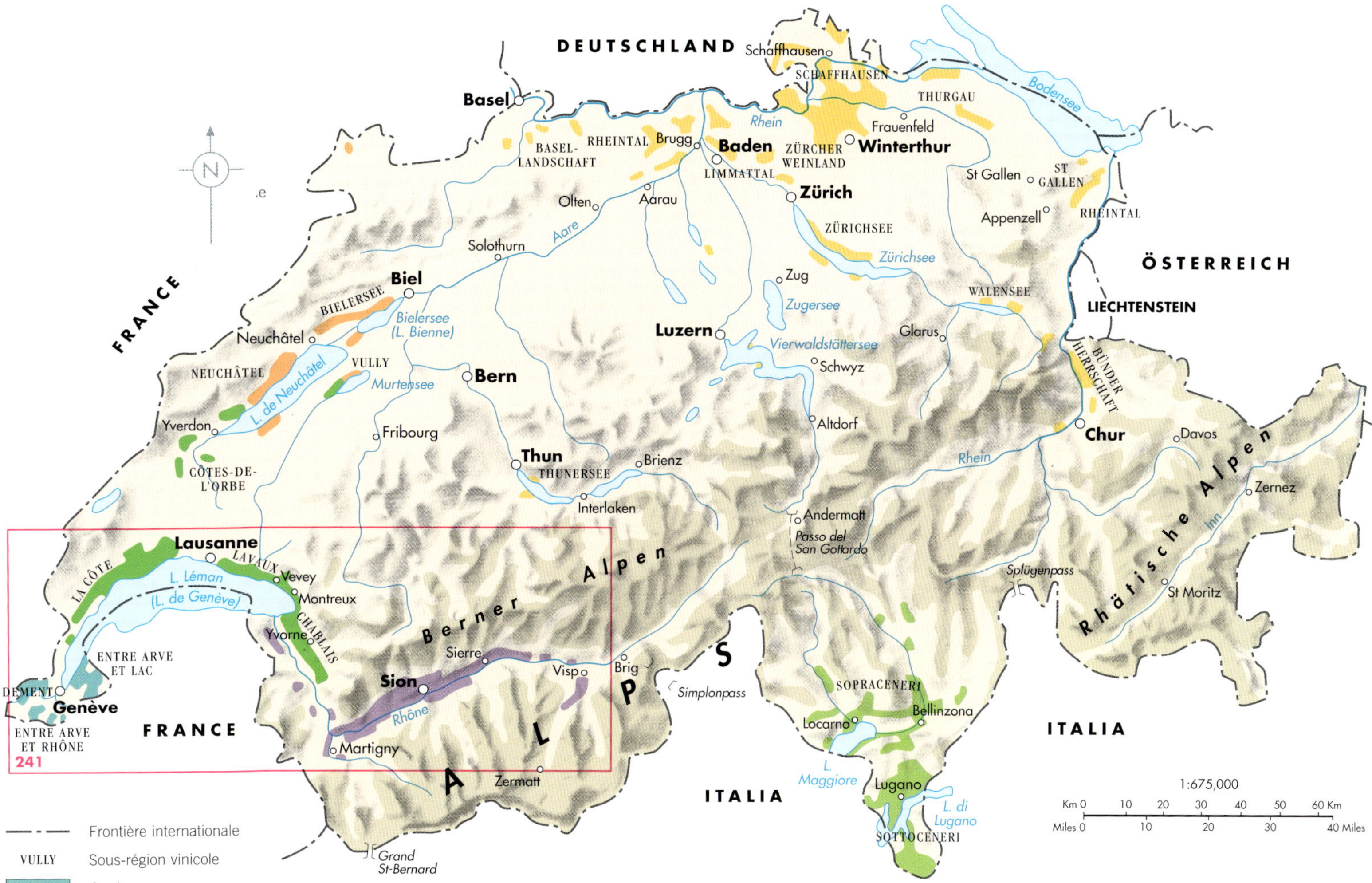

La variété exceptionnelle *que peut offrir la Suisse apparaît clairement sur ces différentes étiquettes aux dessins attrayants écrites en trois langues distinctes. Ce sont celles des meilleurs producteurs de vin rouge du Tessin et de la Suisse orientale. Le completer est un cépage blanc local qui donne des vins capiteux.*

vins sont insipides, tandis que les meilleurs des bündner herrschaft sont appréciés et peuvent être excellents, grâce au vent d'automne chaud, le föhn. Le blanc favori de la région est l'austère et antique completer.

L'échelle de la qualité dans l'autre région de vin rouge de la Suisse, le Tessin, est encore plus étendue. Le merlot peut varier du franchement éhonté à quelque chose qui soutient la comparaison avec les super-toscans, quand il mûrit sur des pentes bien situées.

Les vignobles dont les pentes sont exposées au sud au-dessus du lac de Neuchâtel sont dédiés au pinot noir et au chasselas, et donnent des vins délicats dans les trois couleurs, souvent animés par le léger pétillement procuré par un contact prolongé avec les lies. Les producteurs installés autour du village d'Auvernier tirent un très bon parti de leur chasselas non filtré, variation bienvenue d'une recette traditionnelle. Des vins semblables à ceux de Neuchâtel sont faits au nord-est sur le lac de Bienne, avec un pinot noir particulièrement bon, sur des petites parcelles au-dessus de Schafis, Ligertz et Twann.

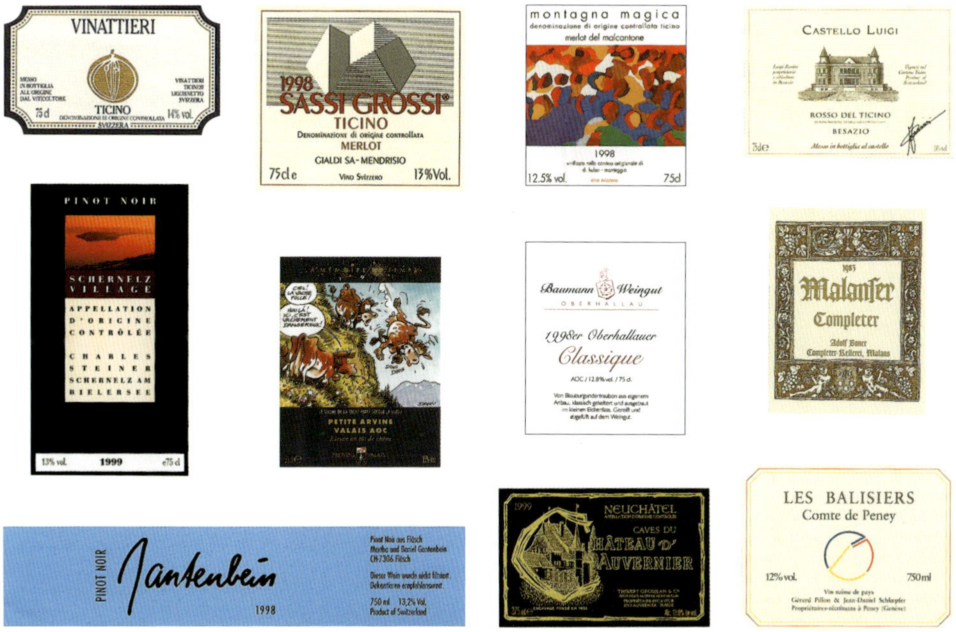

Valais, Vaud et Genève

Les pentes raides du Valais, la vallée que le tout jeune Rhône a creusée dans les Alpes, sont suivies de pentes plus douces dans le canton de Vaud, où les eaux du Rhône s'élargissent avant d'entrer dans le lac Léman. Une bande presque continue de vignobles orientés au sud est accrochée à la rive nord du fleuve et du lac, de sorte que ces trois cantons produisent à eux seuls les trois quarts du vin suisse : le Valais, laboratoire d'expérimentation ; le Vaud, cœur traditionnel de la Suisse vinicole depuis plus de mille ans ; Genève, qui fait de gros efforts pour relever la qualité de ses vins.

Dans le haut du Valais, les conditions alpines (soleil intense et sécheresse l'été) peuvent donner des vins très concentrés et très mûrs. Les précipitations moyennes à Sion, grand centre vinicole, ne représentent pas deux tiers de celles du Bordelais. De nombreux producteurs ont construit des canalisations pour recueillir l'eau des montagnes.

Les premières vignes sur le Rhône poussent près de Brig : des cépages traditionnels comme le lafnetscha, l'himbertscha, le gwäss, l'heida et l'hafnätscha (qui a presque disparu), renvoient à l'époque où le tunnel du Simplon et le chemin de fer n'avaient pas encore transformé l'économie valaisanne. Juste au sud-ouest, à Visperterminen, se trouvent les plus hauts vignobles d'Europe (1 100 m), presque dans l'ombre du Matterhorn.

La production de vin à grande échelle commence un peu avant Sierre (l'endroit le plus sec de toute la Suisse) et se prolonge sur une distance de 50 km jusqu'à Martigny, où le Rhône fait un spectaculaire virage à droite en direction du lac Léman. C'est là que se trouvent les bureaux des nombreuses sociétés qui font les produits de base du Valais, le fendant blanc (nom local du chasselas) et la dôle rouge (un mélange à 85 % de pinot noir avec une addition de gamay). La Dôle exige une maturité minimale : ce qui est rejeté est parfaitement anodin et vendu sous le nom de Goron. Bon nombre des meilleurs vins proviennent des pentes calcaires autour de Sierre.

La grande majorité des vignes du Valais sont cultivées par de petits propriétaires et le vin est fait par la coopérative dominante. Provins a pris des mesures exemplaires pour encourager la qualité, mais ce sont les petits producteurs inventifs qui ont ouvert la voie, particulièrement avec les vins rouges qui, au tournant du siècle, représentaient 60 % de la production totale du Valais. Les cépages traditionnels, comme le tannique cornalin et le rustique humagne rouge, sont de plus en plus souvent remplacés par le pinot noir et le gamay, mais aussi par la syrah, qui voyage très bien en amont de son foyer dans la vallée du Rhône française.

Parmi les vingt-sept cépages à peau fine qui poussent dans le Valais (l'isolement y a contribué), la petite arvine est celui qui est le plus largement couronné de succès. La combinaison d'acidité nerveuse et de considérable substance est très efficace dans le climat aride autour de Sion et de Martigny. Les blancs du Valais sont en général très puissants, qu'ils proviennent du johannisberg (sylvaner), de l'ermitage (marsanne), de la malvoisie (pinot gris), du chardonnay ou de l'amigne local (spécialité du village de Vétroz), de l'humagne blanc (sans relation avec le rouge, apparemment), de l'heida ou de la rèze, cultivés très haut dans les Alpes pour donner un vin rare, proche du sherry, le vin de glacier dans le val d'Anniviers.

Les vignobles du Vaud, favorisés par l'influence tempérée de la grande masse d'eau du lac Léman, sont très différents : 80 % d'entre eux sont consacrés à un seul cépage, le chasselas. Les rendements sont encore trop élevés – avec une moyenne supérieure à 110 hl/ha – pour produire un vin très enthousiasmant, même s'il existe quelques vignobles isolés dont on tire régulièrement les expressions les plus intéressantes au monde de ce cépage.

Le Chablais est la plus orientale des régions vinicoles du canton de Vaud et le chasselas peut

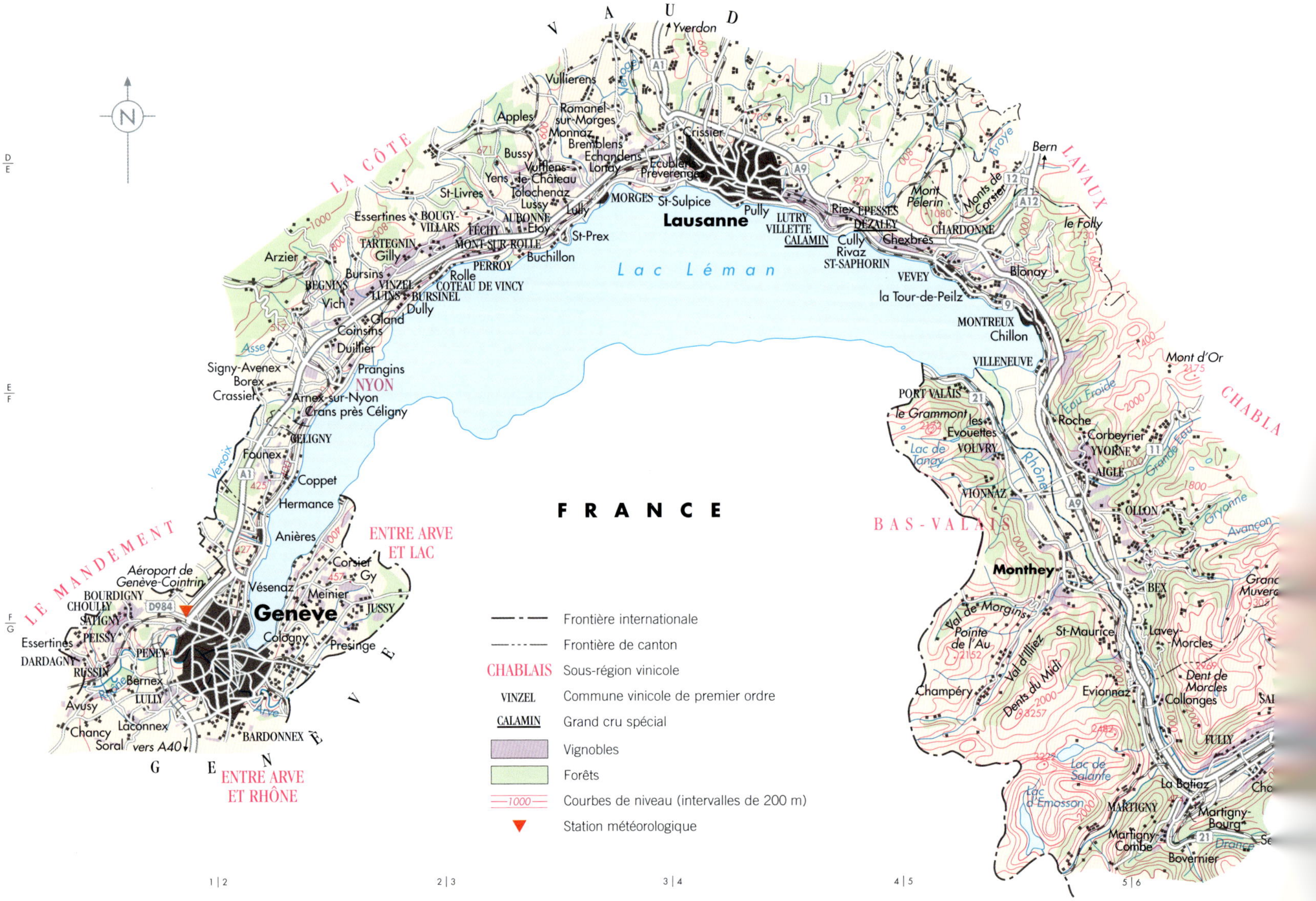

atteindre une maturité exceptionnelle autour des villages d'Aigle et d'Yvorne. La jolie rive en terrasses au nord du lac est divisée en deux zones : Lavaux (qui comprend les vignobles situés entre Montreux à l'est et Lausanne, où sont faits quelques-uns des vins blancs suisses les plus célèbres et les plus onéreux) et La Côte qui se déploie sur un arc moins glorieux et moins spectaculaire, de l'ouest de Lausanne à la ville de Genève.

Au sein de Lavaux, des villages comme Chardonne, Saint-Saphorin, Rivaz et Epesses jouissent d'une réputation qui remonte au Moyen Âge. Mais deux crus particuliers, calamin et dézaley, font l'objet d'une estime toute particulière et atteignent des prix plus élevés encore. Calamin, avec ses 7 hectares en tout, se trouve dans Epesses. Les 65 hectares de Dézaley comprennent des propriétés comme le Clos des Abbayes et le Clos des Moines, qui appartiennent désormais tous les deux à la ville de Lausanne. À l'intérieur de ces crus, le chasselas peut prendre une expression nerveuse, fumée, pierreuse, en fonction des terroirs et des expositions, les meilleurs vignobles bénéficiant de la lumière réfractée par le lac et de la chaleur accumulée par les terrasses de pierre, construites initialement par les Cisterciens.

Les meilleurs vins de La Côte viennent en général des villages d'Aubonne, de Féchy, de Bougy-Villars, de Mont-sur-Rolle et de Morges. Les vignobles de la sous-région de Nyon sont de plus en plus convoités par les promoteurs immobiliers qui essaient d'étendre la ville de Genève.

Les vignobles de Genève ont été tout d'abord dévastés par le phylloxéra, puis par la qualité médiocre des cépages hybrides plantés au début du XXe siècle. Aujourd'hui, le chasselas représente près de 50 % du vignoble genevois, le gamay 30 % et le pinot noir devient de plus en plus commun. La puissante coopérative domine la production et s'approvisionne dans trois zones. La plus grande est Mandement (Satigny en est la principale commune vinicole), qui donne le chasselas le plus mûr et le plus aromatique. Les vignobles qui se situent entre l'Arve et le Rhône sont plus neutres, et ceux qui sont entre l'Arve et le lac sont assez secs et donnent des vins pâles.

Comme dans le Valais, le rythme est donné par un petit groupe d'individus ambitieux qui ont montré que l'innovation (planter du cabernet sauvignon par exemple) peut être plus gratifiante que le respect des coutumes. Le village de contes de fée de Dardagny, par exemple, a aujourd'hui la réputation de produire un pinot gris exceptionnellement stimulant.

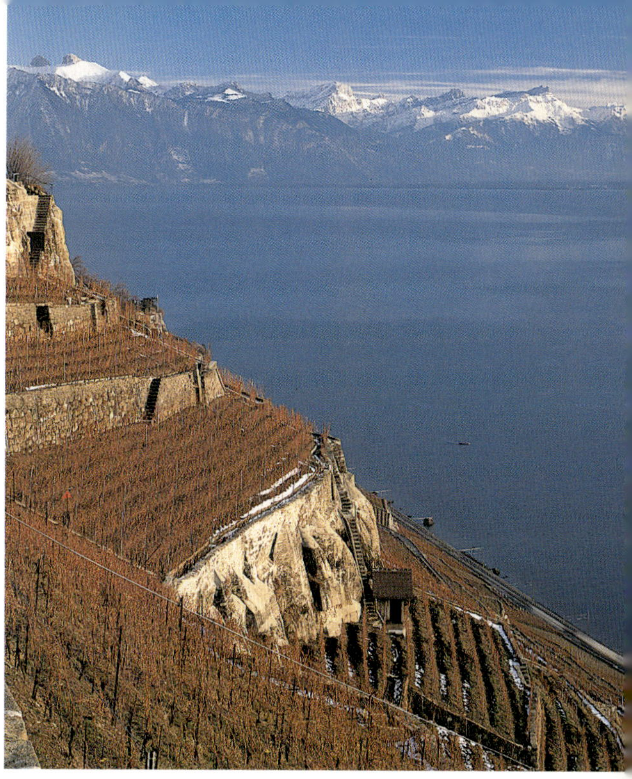

Ci-dessus Les vignobles vertigineux exposés au sud, à Chexbres, dans le Lavaux, bénéficient de la lumière réfractée par le lac Léman, comme ceux de Dézaley, le village voisin et encore plus célèbre.

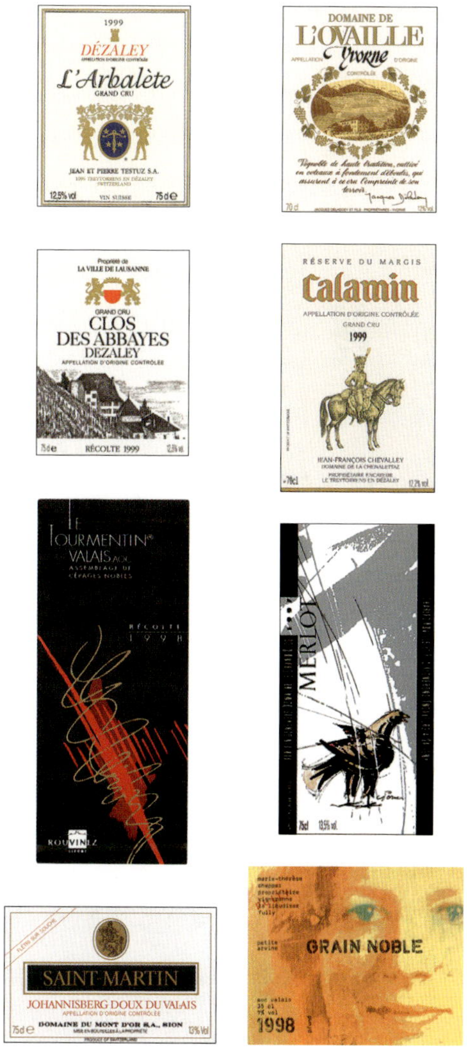

Le chasselas *trouve sa plus belle expression dans les quatre vins représentés en haut ; les quatre autres sont un merlot de Genève et quelques spécialités du Valais.*

Suisse : Genève

Latitude / Altitude : **46,15° / 410 m**
Températures moyennes de juillet : **19,4 °C**
Précipitations annuelles : **880 mm**
Précipitations du mois de la vendange : **septembre : 90 mm**
Principal danger viticole : **gelée de printemps**
Principal cépage : **chasselas**

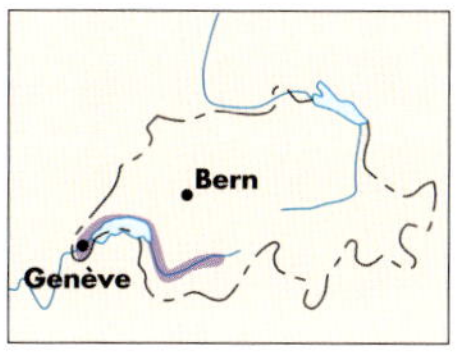

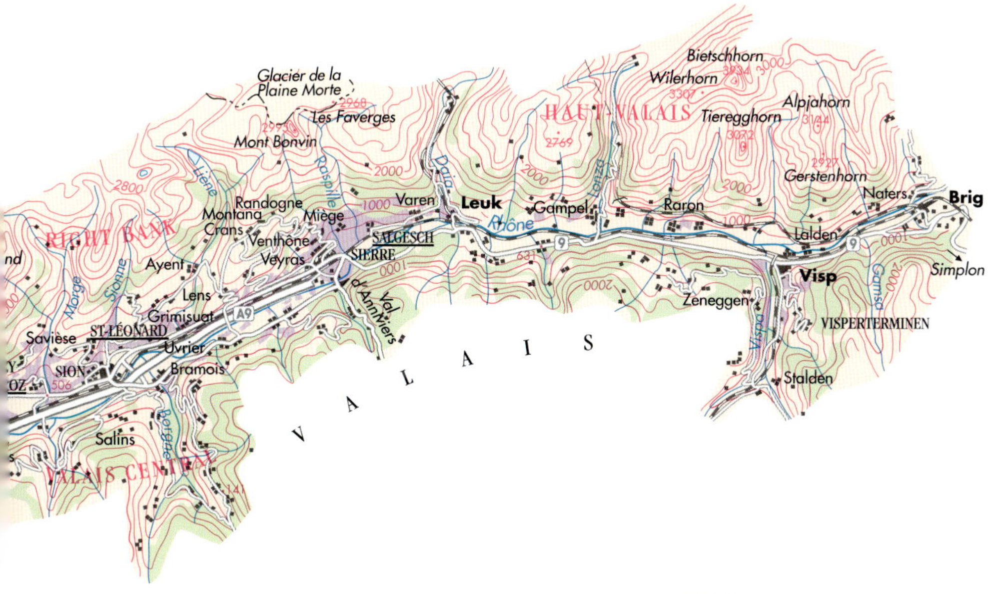

Autriche

Aucun pays d'Europe n'a changé son attitude et relevé ses exigences en matière de production de vin aussi spectaculairement que l'Autriche depuis le milieu des années 1980. Et pourtant la grande majorité des amateurs de vin dans le monde n'ont pas la moindre idée de ce à quoi ressemble un vin autrichien et se contentent de l'idée que cela doit ressembler à un vin allemand.

Ceux qui ont eu la chance de connaître la nouvelle vague des vins autrichiens, purs et extrêmement secs (*trocken*), savent qu'ils ont plus en commun avec les vins d'Alsace qu'avec les vins allemands – tout en ayant une personnalité propre bien définie. On trouve en eux quelque chose de la fraîcheur du Rhin, mais plus encore de l'ardeur et de l'intensité aromatique du Danube.

L'Autriche moderne n'est qu'une minuscule portion de ce que représentait ce nom avant la Première Guerre mondiale. Mais son noyau, le Niederösterreich ou Basse Autriche qui entoure Vienne, la capitale, là où les Alpes rejoignent le bassin Pannonien qui se déploie jusqu'en Hongrie, est une région pleine de variété. On y trouve de l'ardoise, du sable, de l'argile, du gneiss, du terreau et du limon calcaire très fertile, des prairies desséchées et d'autres perpétuellement vertes, des précipices rocheux au-dessus du Danube et le lac tranquille et peu profond du Neusiedlersee. À l'exception de quelques minuscules vignobles dans le Tyrol, seule l'Autriche orientale fait du vin.

Les vignobles autrichiens sont plus proches de l'équateur que ceux de l'Allemagne et le climat est extrême – avec des hivers plus froids, mais des étés plus chauds. Il en résulte des niveaux naturels d'alcool nettement plus élevés, phénomène accentué par des rendements bien plus faibles. Le vignoble autrichien est d'une superficie à peu près identique à celui de l'Allemagne (100 000 hectares), mais ne produit que le quart du vin allemand, entre 2 et 3 millions d'hectolitres par an. En 1993, l'Autriche a durci sa réglementation vinicole en limitant le rendement à l'hectare à 9 000 kg (à peu près 60 hectolitres) pour les vins qui sont autorisés à porter un nom géographique. La chaptalisation, autrefois courante, est interdite pour les vins de qualité (comme c'est aussi le cas en Allemagne).

L'événement qui a joué le rôle de catalyseur de ces réformes a été le scandale du vin autrichien en 1985, qui a fait les gros titres à l'époque : quelques marchands malhonnêtes (pour ne pas dire criminels) avaient été accusés d'ajouter du glycol de di-éthylène dans leurs vins pour leur donner plus de corps et les rendre plus attrayants aux yeux des négociants allemands qui constituaient le principal marché d'exportation de l'Autriche.

Ce fut une période misérable pour l'industrie du vin en Autriche. Mais cette crise a transformé

Autriche : Vienne

Latitude / Altitude : **48,04° / 180 m**

Température moyenne de juillet : **19,8 °C**

Précipitations annuelles : **660 mm**

Précipitations du mois de la vendange : **septembre : 40 mm**

Principal danger viticole : **gelées de printemps**

Principaux cépages : **grüner veltliner, riesling, welschriesling, weissburgunder (pinot blanc)**

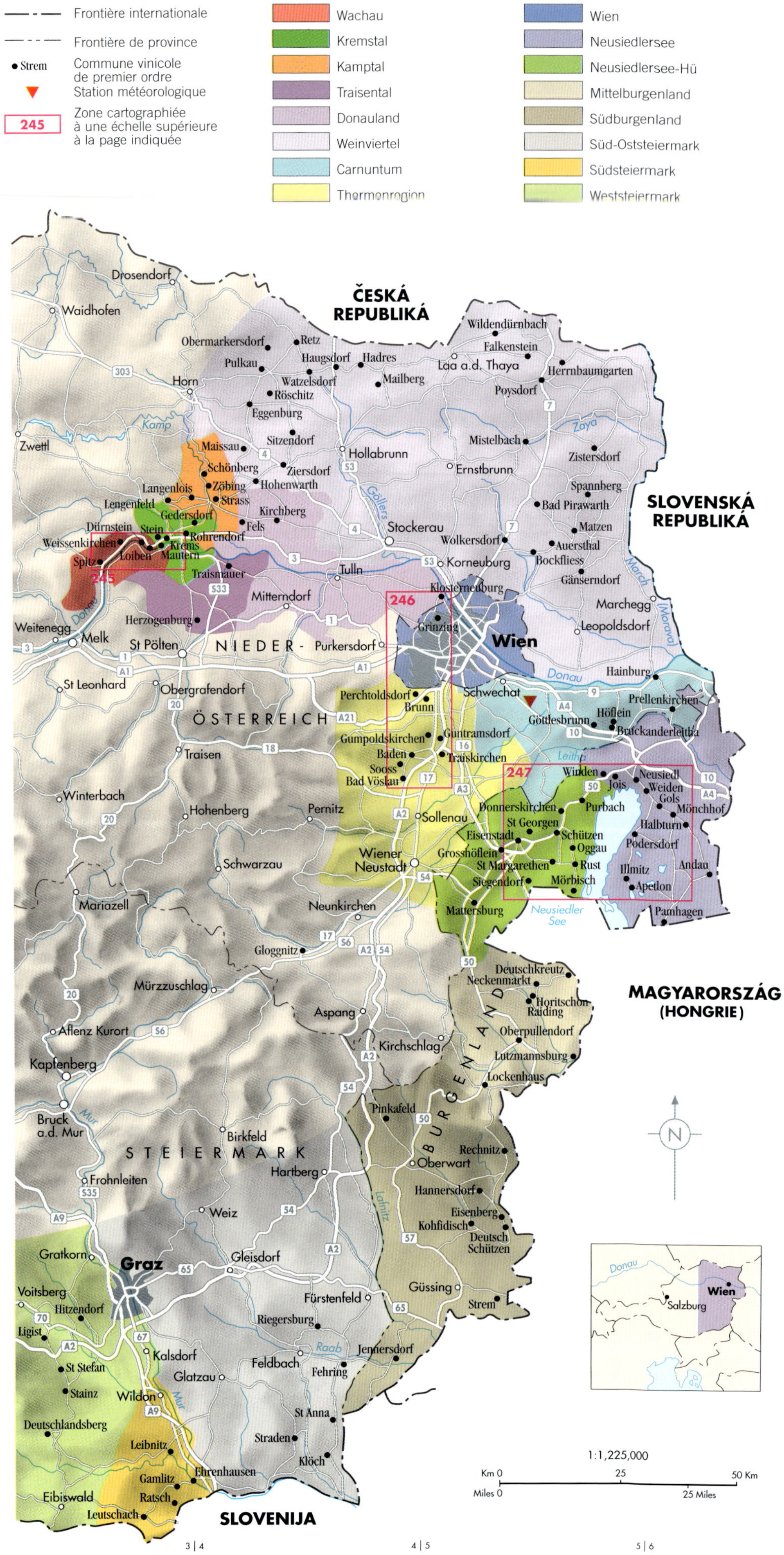

le vin autrichien en un produit fruité, qui n'a plus rien à voir avec la douceur peu naturelle, presque huileuse, d'autrefois. Les arômes de fruits les plus courants sont ceux du cépage blanc autrichien, le grüner veltliner, qui est cultivé sur plus d'un tiers du vignoble du pays. Ce n'est pas un cépage qui a une longue histoire en Autriche, mais il a prouvé au cours des cinquante dernières années qu'il y était bien chez lui.

Le vin de veltliner, quand il est bien fait et bu jeune, est merveilleusement frais et fruité, avec beaucoup d'acidité et un arôme qui hésite entre le pamplemousse et l'aneth. Le comparer au riesling serait comparer une fleur sauvage avec une variété hybride de jardin.

Même si le sauvage peut éclipser l'aristocrate (voir page 244), la majorité des grüner-veltliner sont légers, épicés et sont destinés à une consommation rapide, particulièrement dans la région vinicole la plus étendue du pays, le Weinviertel (littéralement le « quart de vin »). Cette campagne vallonnée, boisée, au nord de Vienne, avec ses églises baroques et ses jolis villages, représente la quintessence de la Mitteleuropa. Juste au nord de la frontière, avec un climat similaire et des sols tout aussi variés, se déploient les vignobles de la République tchèque et de la Slovaquie. Les collines de la Slovaquie forment une barrière entre le Weinviertel et l'influence tempérée de la plaine de Pannonie au sud-est, de sorte que les vins qui y sont faits ont tendance à être plus frais et plus légers que ceux de l'Autriche. Mailberg, avec sa combinaison tempérée de limon calcaire et de sable dans une vallée particulièrement bien abritée, a la réputation de faire quelques-uns des rouges les plus réussis du Weinviertel, à partir du cépage de zweigelt, une des spécialités de l'Autriche. Toutefois, le vin de Blauer Portugieser, moins intéressant, est plus courant.

Près de 70 % des cépages autrichiens sont blancs, même les cépages à peau noire sont de plus en plus appréciés par les producteurs ambitieux qui peuvent les vendre comme vins de cépage, mais les mélangent le plus souvent pour produire une cuvée. Le cabernet sauvignon, le merlot et le blauburgunder (pinot noir) sont plantés mais dans des proportions limitées. Ils sont en général mélangés à du zweigelt dans le Niederösterreich et à du blaufränkish ou du saint laurent (un cépage souple et fruité) dans le Burgenland.

Les régions vinicoles les plus célèbres du Niederösterreich, le Wachau et le Kremstal, sont présentées en détail aux deux pages suivantes. Mais le Kamptal, la zone tampon très productive qui sépare le Kremtal du Weinviertel, compte aussi quelques producteurs de vin doués. Ses vignobles, orientés au sud sur des sols souvent moins limoneux, protégés par les montagnes des influences nordiques, bénéficient du même climat et de la même topographie que ceux du Kremstal et du Wachau à l'ouest. Ils donnent des rieslings et des grüner-veltliner tout aussi denses, ainsi qu'une plus grande variété de cépages secondaires. Le Kamp, l'affluent du Danube, s'écoule vers le sud et exerce son influence tempérée. Les centres vinicoles les plus importants sont Langenlois, qui est une ville du vin depuis des siècles, Zöbenstein,

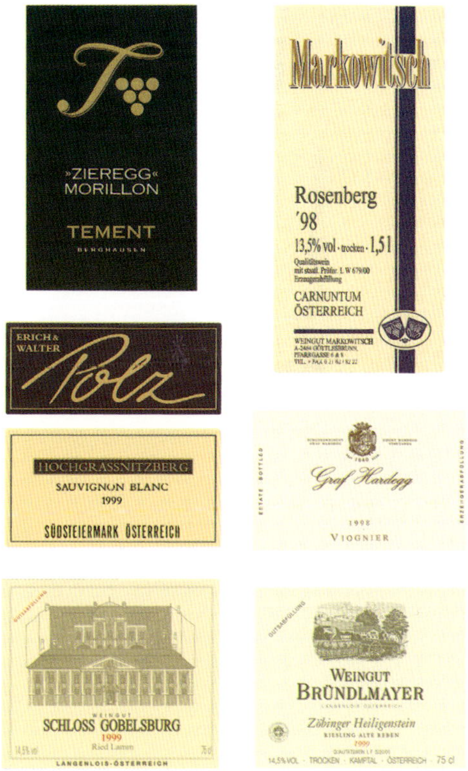

Quelques-uns des vins *extrêmement variés de l'Autriche, dont un viognier expérimental de la région du Weinviertel, et deux vins du Kamptal faits par Willi Bründlmayer.*

célèbre pour son vignoble d'Heiligenstein, et Gobelsburg, où le superbe Schloss Gobelsburg a été restauré dans toute sa gloire, grâce à une association avec Willi Bründlmayer de Langenlois.

La réforme du vin autrichien s'est étendue à sa géographie, avec des frontières redéfinies et une floraison de nouveaux noms, résultat de l'apparition de nouvelles régions vinicoles. La culture mixte domine dans le Traisental et dans le Donauland-Carinthie, qui produit un müller-thurgau assez ordinaire (il représente un douzième de tout le vin produit en Autriche), ainsi qu'un bon grüner veltliner et un roter celtliner, cépage parent à peau rouge. À l'est de la région, à la périphérie de Vienne, on trouve les chais monastiques et la très influente école nationale du vin de Klosterneuburg.

Les vins de Vienne et de la Thermenregion, qui comprend le village de Gumpoldskirchen, sont présentés page 246. La Carinthie est la région la plus méridionale et la plus chaude du Nieröster-reich. Abritée au nord par les montagnes et par les célèbres forêts de Vienne, elle s'ouvre entièrement à l'influence tempérée de la plaine de Pannonie et, depuis le milieu des années 1990, elle a acquis une bonne réputation pour ses rouges de zweigelt et de blaufränkisch. Göttlesbrunn et Höflein sont les villages les mieux situés. Ailleurs, les vignobles peuvent être fatalement froids en hiver et dangereusement secs en été.

La Steiermark (en Styrie) au sud, juste de l'autre côté de la frontière de la Slovénie, est la région vinicole autrichienne la plus élégante et la plus étendue. À la différence des régions plus septentrionales, elle a produit exclusivement des vins secs, proches de ceux de la Slovénie, pendant des décennies. Elle ne dispose que de 7 % des vignobles du pays et ils sont très clairsemés. Mais sa réputation due au sauvignon blanc, au chardonnay et au welschriesling, est inégalée dans le reste du pays. Le chardonnay, appelé ici morillon, semble très bien installé. La Südsteiermark connaît la plus grande concentration de producteurs estimés. Le cépage de traminer est une spécialité des sols volcaniques de Klöch dans le Süd-Oststeiermark. Le schilcher rosé, fait à partir du cépage rare de blauer wildbacher, est une spécialité de la Weststeiermark.

Ci-dessous Vignobles à l'automne dans la campagne vallonnée du sud de la Styrie, ou Südsteiermark, région très admirée pour la définition de ses vins blancs.

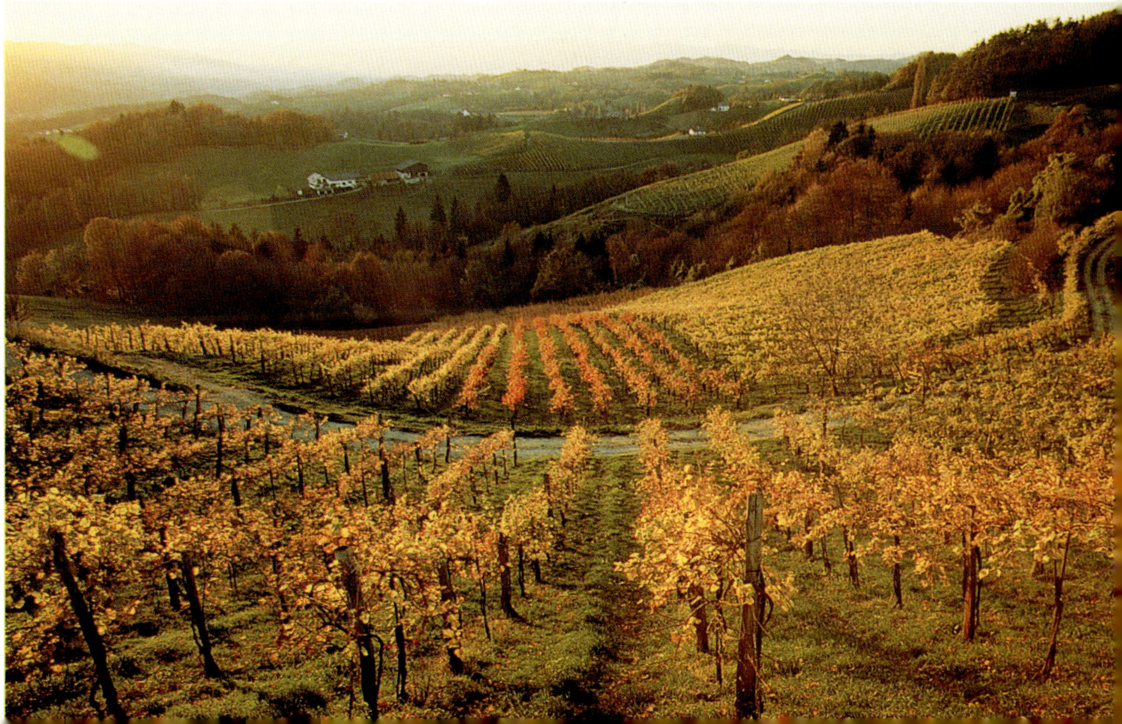

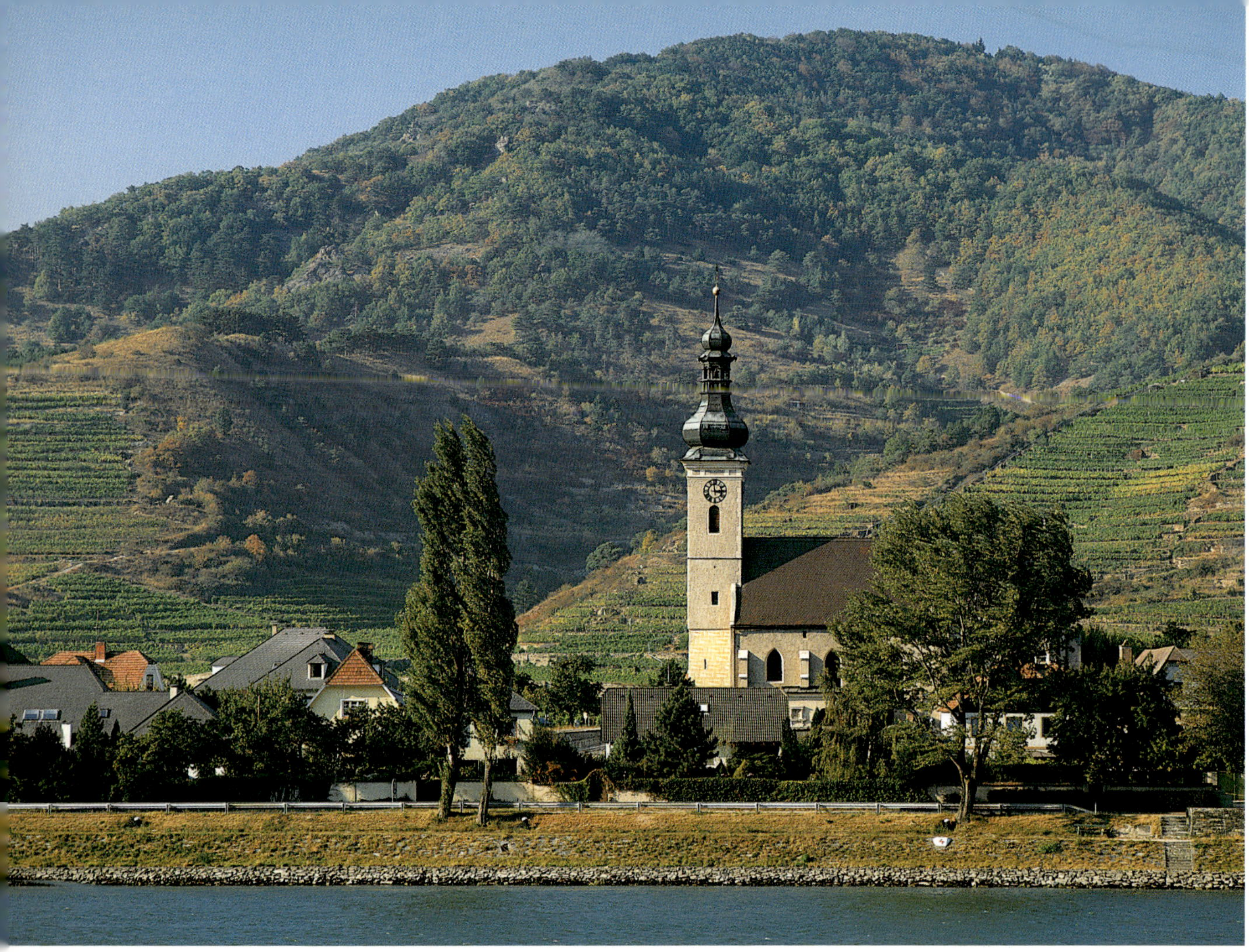

À gauche Unterloiben et son église se situent entre le Danube et les vignobles en terrasses vertigineuses protégés de l'influence nordique par les collines. La région du Wachau est une des rares où l'air humide du Nord affronte l'influence tempérée de la plaine de Pannonie.

Wachau et Kremstal

D
E

S'il est une région qui justifie une approche géographique du vin, c'est bien celle, d'une beauté stupéfiante, du Wachau, point de convergence complexe des climats du Nord et du Sud, riche mosaïque de roches et de sols différents. Le Danube large et gris aborde, 65 km environ avant d'atteindre Vienne, une série de collines qui atteignent 490 m d'altitude. Sur une brève portion, la rive rocheuse au nord du fleuve, aussi pentue que celles de la Moselle et de la Côte Rôtie, est couverte de vignes courant le long de sentiers étroits qui mènent aux sommets couverts de forêts.

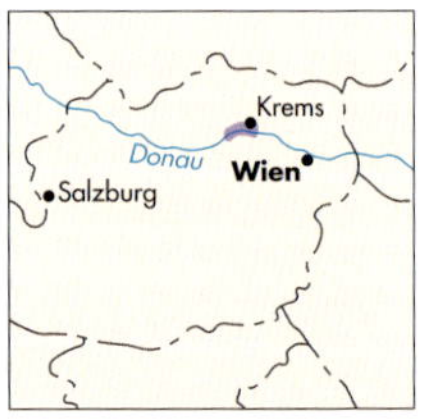

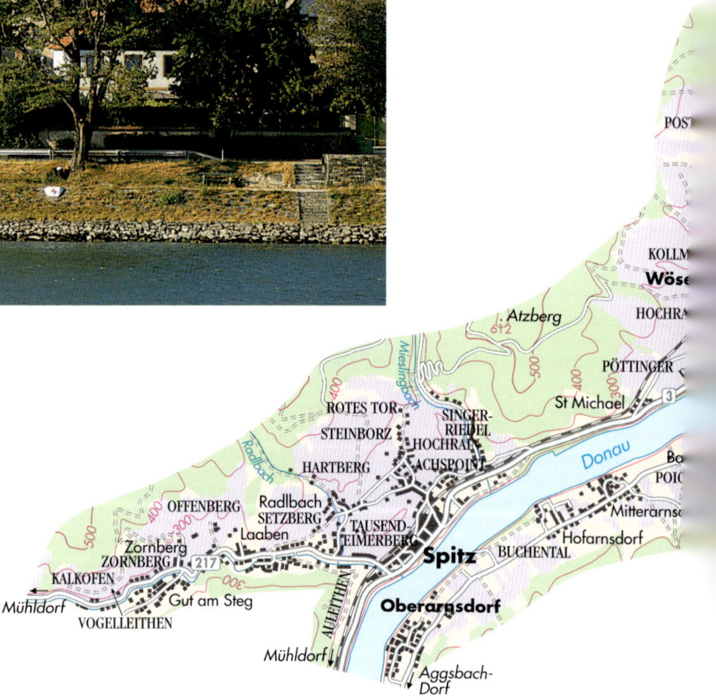

E
F

Certaines parcelles disposent d'un sol profond ; dans d'autres, le rocher affleure ; il y a des parcelles ensoleillées toute la journée et d'autres qui semblent rester dans l'ombre. C'est le Wachau, la région vinicole la plus célèbre d'Autriche, même si elle ne produit, avec 1500 hectares, que 3 % du vin du pays.

Ce qui donne aux vins du Wachau (presque toujours des blancs secs) leur distinction, c'est la géographie. Ils sont concentrés parce que le climat doux de la plaine de Pannonie remonte la vallée du Danube pour exercer là son influence la plus occidentale. Dans ces vignobles à faible rendement, les raisins peuvent atteindre une teneur en alcool de 15 % ou plus. Cependant, les vins ne sont pas des monstres épais (même si le millésime très mûr de 1998 a encouragé les producteurs à dépasser toutes les limites), car les vignobles sont rafraîchis pendant la nuit par l'air du Nord, riche de l'oxygène produit par les forêts en altitude. Ces vignobles en terrasses sont assez vertigineux et ont parfois besoin d'être irrigués au cœur de l'été (les précipitations sont souvent inférieures au minimum naturel de 500 mm par an). Mais les nuits sont fraîches et le Danube a un rôle régulateur sur la température.

F
G

Le grüner veltliner est le cépage traditionnel du Wachau et fait les vins les plus vivants et les plus convaincants – au mieux assez verts, ardents, presque poivrés, avec une capacité à bien vieillir comme des bourgognes. Le grüner veltliner peut prospérer sur les rives dans le limon calcaire et le sable. Les producteurs ont dédié leurs sites plus élevés et plus pentus, aux sols moins fertiles de gneiss et de granite, au riesling.

Les meilleurs rieslings du Wachau en provenance de producteurs reconnus comme Hirtzberger à Spitz, Prager à Weissenkirchen, FX Pilcher à Oberloiben, Emmerich Knoll à Unterloiben, ainsi que la célèbre coopérative Freie Weingärtner à Dürnstein, ont le côté coupant des vins de la Sarre avec une structure aussi gouleyante et pleine qu'un vin d'Alsace. Le chêne nouveau n'est pas en vogue ici, mais quelques expériences ont été tentées avec des raisins botrytisés.

Les producteurs du Wachau disposent de leur propre système pour désigner leurs vins, sorte de goût local codifié. Le Steinfeder est un vin léger avec une teneur en alcool maximale de 10,7 %, qui doit être bu jeune. Le Federspiel, fait avec des raisins légèrement plus mûrs, a une teneur en alcool maximale de 11,9 % – il peut être bu à tout moment pendant ses cinq premières années. Les vins qui portent l'étiquette Smaragd (du nom du lézard local vert émeraude) sont nettement plus corsés ; secs en général, avec une teneur en alcool de 13 à 14 %, ils gagnent à vieillir six ans et plus.

L'influence rafraîchissante du Nord est au plus fort à l'ouest de Spitz, alors que l'Unterloiben et l'Oberloiben jouissent d'un climat nettement plus doux (plus encore même qu'à Weissenkirchen). Dürnstein, où se trouve le château dans lequel fut

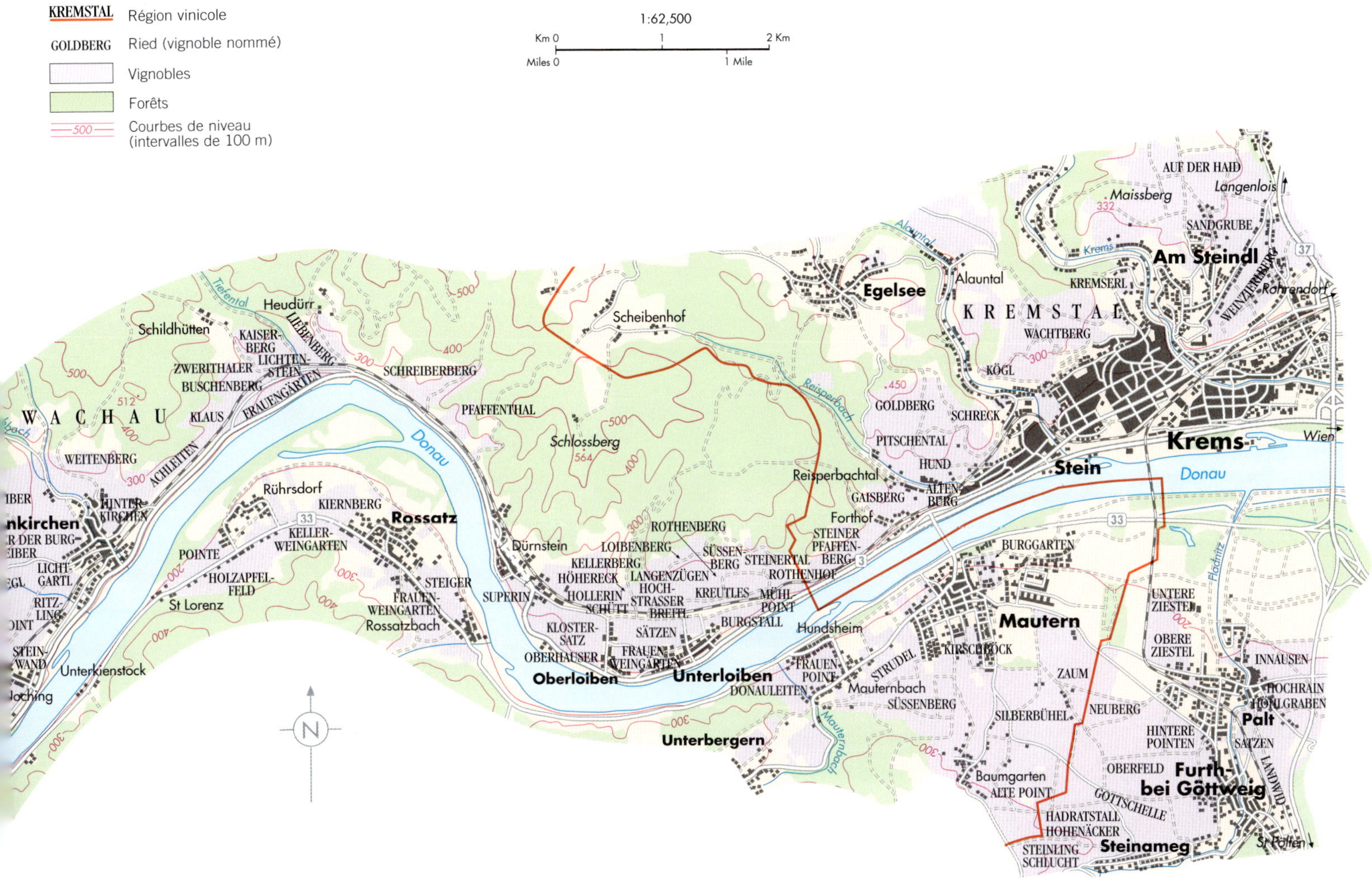

emprisonné Richard Cœur de Lion, est la capitale naturelle du Wachau et l'apogée de cette vallée spectaculaire. Le château en ruine, le clocher baroque et les vignobles vertigineux du village dégagent un romantisme irrésistible.

La plupart des meilleurs vins du Wachau sont cultivés sur la rive nord du Danube exposée au sud, mais Nikolaihof fait de solides vins organiques (le climat sec n'exige guère l'emploi des fongicides) sur la rive sud, du côté de Mautern.

Il n'est guère surprenant que ce site de 20 km de long soit le foyer de quelque 900 propriétés distinctes ou *Rieden* (avec des limites encore trop débattues pour être indiquées sur la carte). La place manque pour décrire chacun d'entre eux, mais Achleiten, à l'est de Weissenkirchen, est tellement exceptionnel qu'il faut au moins le mentionner. L'ardoise et le gneiss donnent des vins d'une minéralité qui font le bonheur d'une dégustation à l'aveugle.

Les jolies villes jumelles de Stein et de Krems marquent la fin du Wachau et le début de la région similaire, bien que moins spectaculaire, du Kremstal. L'argile et le calcaire des vignobles, dont le célèbre Steiner Hund, donnent une densité singulière au riesling et au grüner veltliner.

La vallée de la Krems remonte au nord vers le Langenlois dans la vallée de la Kamp, sur des limons étrangement mous – mélange de terre et de rochers – qui donnent quelques célèbres grüner-veltliner, mais aussi des rouges très corsés. Le Kremstal est une zone intermédiaire entre la concentration extrême du Wachau et la grande variété du Kamptal (présenté page 243). Certaines parties de la région sont élevées et assez pentues pour exiger les mêmes terrasses que dans le Wachau. Il faut compter parmi les producteurs les plus talentueux Malat, Nigl et Undhof-Salomon, qui peuvent faire des blancs vifs avec toute la concentration des vins du Wachau.

La carte n'inclut que le secteur sud-ouest du Kremstal. Plus à l'est, on trouve Rohrendorf (voir la carte page 242), foyer de l'énorme cave Lenz Moser, sur des collines plus basses au sol sablonneux.

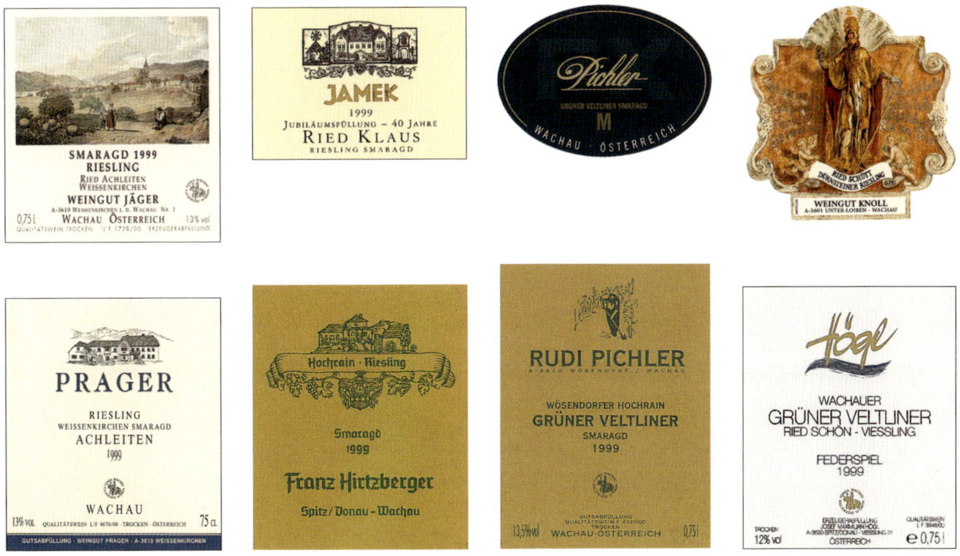

L'élite des producteurs du Wachau *est ici représentée, même si les critères de qualité sont extraordinairement élevés dans le groupe solidaire de producteurs connu sous le nom de « Vinea Wachau Nobilis Districtus » (district du célèbre vignoble de la région du Wachau).*

Vienne et Thermenregion

Il n'est pas d'autre capitale que Vienne qui entretienne un rapport aussi intime avec le vin. Prague produisait autrefois une quantité assez substantielle de vin et Paris peut toujours s'enorgueillir d'une minuscule parcelle de vignes à Montmartre. Mais Vienne compte encore 700 hectares de vignobles. La vigne défend son territoire contre les lignes de tramway au cœur des quartiers résidentiels, et remonte jusque dans les forêts sur les pentes des collines qui entourent la ville. Vienne organise aussi une biennale du vin, VieVinum, d'une élégance rare dans le cadre grandiose du palais impérial.

L'essentiel du vin viennois est bu sous le nom de heurige dans les *Heurigen* – mot désignant à la fois le vin nouveau et la taverne où il est bu. Chaque vigneron semble être aussi tavernier et écrit sur un tableau noir le nom des vins et leurs prix (modestes), par pichet ou bouteille d'un litre sans étiquette, à boire sur place ou à emporter. Le bon *Heurige* est un vin sensationnel : vif, plein d'esprit, qui monte droit à la tête. La plus grande partie du heurige provient du grüner veltliner. C'est parfois du weissburgunder (pinot blanc), du traminer ou du müller-thurgau. C'est quelquefois du riesling, même si ce cépage est normalement réservé pour les vins de garde de Vienne.

Les amateurs viennois connaissent chaque producteur de Neustift, Grinzing, Sievering, Nussdorf et Kahlenberg, les villages vinicoles de la capitale. L'atmosphère sous les treilles de leurs tavernes varie du piège à touristes au petit coin idyllique.

Les vignobles se prolongent vers le sud, le long du Südbahn (nom ancien de la région aujourd'hui appelée Thermenregion en raison de ses sources chaudes), remontant sur le dernier pli des collines alpines qui font face à la brûlante plaine hongroise. À la différence de ceux de Vienne, les vignobles de la Thermenregion sont trop éloignés du Danube pour bénéficier de son influence rafraîchissante. La tradition des *Heurigen* existe aussi ici, sans la cohue des touristes.

Seule la partie nord-est de la Thermenregion, traditionnellement la plus importante, est représentée sur la carte. Dans les années 1970, les blancs riches et gras de Gumpoldskirchen faisaient partie des vins les plus connus d'Autriche : épicés, assemblés tardivement à partir du cépage très vif de zierfandler, du rotgipfler plus lourd ou du neuburger, le héros de la région.

La Thermenregion dispose d'une grande variété de cépages élégants, mais la tendance, pour le vin blanc, est aujourd'hui aux rieslings et aux neuburgers secs, au chardonnay vieilli en fût de chêne, ainsi qu'aux beerenauslese et aux trockenbeerenauslesens, secs et doux à la fois, faits à partir des cépages de zierfandler et de rotgipfler.

La région compte toutefois une proportion exceptionnellement élevée de cépages rouges, dont le peu substantiel blauer portugieser et le souple saint laurent, proche d'un pinot. Les stations thermales de Baden et de Bad Vöslau, ainsi qu'une portion de la région sud-est du Steinfeld, ont la réputation de faire des rouges à parfaite maturation, avec des cépages de zweigelt, de saint laurent, mais aussi de cabernet sauvignon et de merlot, vieillis dans du chêne français.

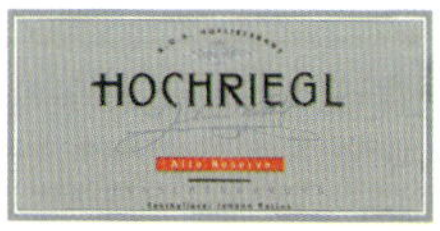

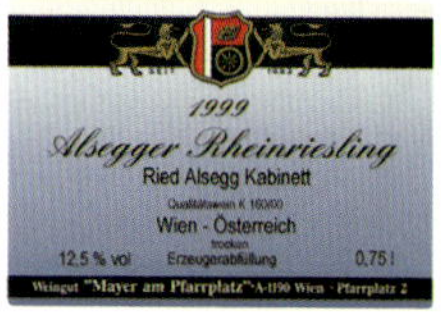

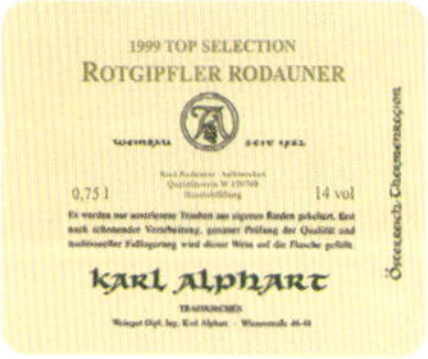

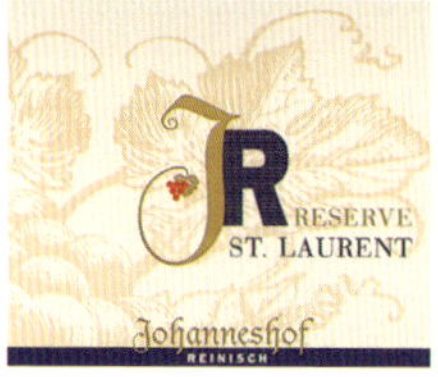

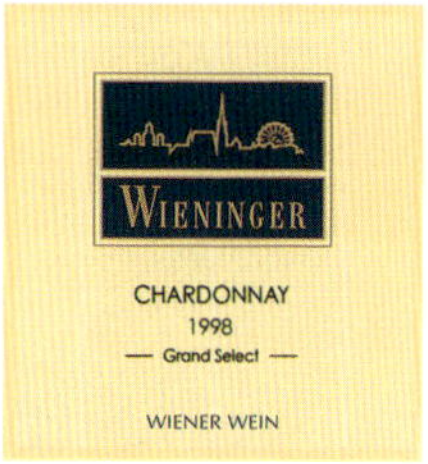

Le chardonnay *a envahi les vignobles de Vienne, remplaçant des cépages plus traditionnels comme le riesling.*
Les vignobles de la Thermenregion, autour de Gumpoldskirchen, sont de plus en plus célèbres pour leurs vins rouges corsés et leurs blancs riches et épicés.

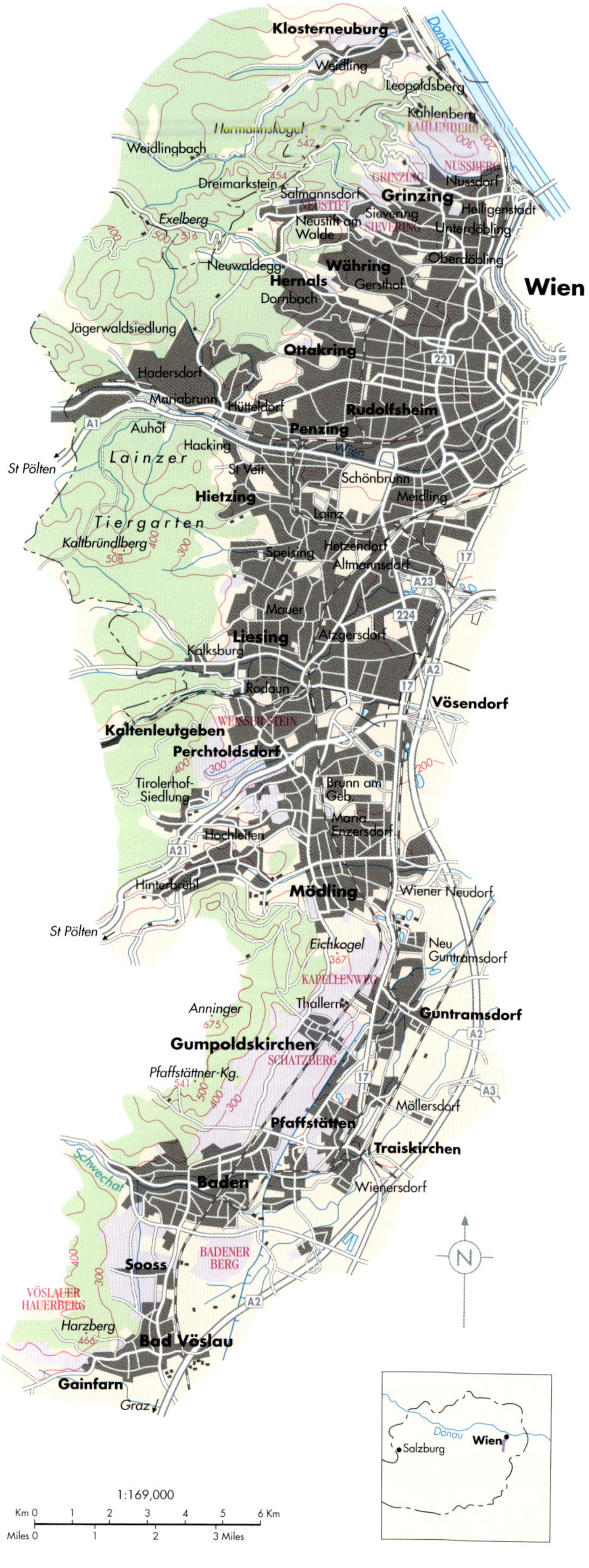

Burgenland

Le Burgenland se situe sur la frontière de la Hongrie – le district vinicole hongrois de Sopron vient s'y insérer. On y cultive une gamme de cépages plus variée que dans n'importe quelle autre région vinicole de l'Autriche. Le grüner veltliner, en dépit de son ubiquité, n'occupe qu'un petit cinquième de la superficie du vignoble du Burgenland. Les autres cépages courants sont le welschriesling, le blaufränkisch, le zweigelt, le müller-thurgau, le weissburgunder (pinot blanc), le neuburger, le muskateller (muscat ottonel), le saint laurent, le sämling 88 (scheurebe) et les nouveaux venus que sont le cabernet sauvignon et le chardonnay. Tout comme la Hongrie, sa spécialité traditionnelle est le vin doux, fait sur les rives plates et sablonneuses du lac de Neusiedl, une immense piscine marécageuse de plus de 32 km de long et d'un mètre de profondeur. Des quatre zones du Burgenland, le Neusiedlersee est celle qui fait les meilleurs vins doux, rouges et blancs, d'Autriche.

L'accession de cette région à la célébrité internationale a été extrêmement rapide. Après la Deuxième Guerre mondiale, moins de 100 hectares de vignobles étaient plantés près des marécages de la côte orientale du lac, autour des villages d'Illmitz et d'Apetlon qui ne disposaient que de routes de terre et n'avaient pas l'électricité. Les larges rues des villages sont encore bordées de petites maisons simples, à un étage et aux toits de roseau. Les charrettes tractées par des animaux ne sont pas rares. La frontière hongroise est à quelques kilomètres. La campagne est tellement plate et les roseaux tellement hauts que les vues sur le lac sont rares.

Le secret de la viticulture de la région, c'est le lac et ses brumes qui encouragent la formation de la pourriture noble : grappe après grappe, les raisins semblent avoir été plongés dans la cendre. C'est la région vinicole la plus chaude d'Autriche (trop chaude pour le riesling qui mûrit tôt), ouverte sur l'influence tempérée de la plaine de Pannonie, de sorte que les cépages rouges (cultivés dans un paysage qui rappelle le Médoc) mûrissent complètement chaque année. Le lac, cependant, leur conserve juste assez d'acidité. Le dernier ingrédient est la présence de producteurs réfléchis et curieux, qui ont voyagé dans le monde entier.

Alois Kracher, père et fils, ont fait le maximum pour inscrire Illmitz sur la carte du monde du vin, avec une gamme extraordinaire de blancs doux (des mélanges soigneusement composés) faits dans un vignoble et une cave-laboratoire très simple. Mais ils ne sont en aucune façon les seuls. Ces vins d'une richesse extraordinaire sont faits traditionnellement dans de grandes et vieilles barriques de chêne, mais aussi dans des fûts plus petits pour la plus grande joie des tonneliers français.

Les meilleurs vins rouges du Neusiedlersee ont tendance à provenir de vignobles plus élevés (à peine), situés plus loin du lac vers les villages de Frauenkirchen, Mönchhof et Gols. Ici aussi, l'introduction du chêne français a donné une plus grande rigueur aux cépages locaux de zweigelt et de saint laurent, qui n'ont ni l'un ni l'autre beaucoup de tannin. Des producteurs comme Achs, Heinrich, Nittnaus, Stiegelmar et Umathum font des vins rouges meilleurs chaque année.

De l'autre côté du lac, dans le Neusiedlersee-Hügelland, on trouve des collines (qui provoquent de véritables pluies), une architecture baroque plus grandiose et une tradition véritable de production de bons vins. Le vin du Burgenland le plus célèbre vient de Rust : le ruster-ausbruch était régulièrement comparé au tokay (voir page 250). Pour sa douceur, l'ausbruch est classé entre le beerenauslese et le trockenbeerenauslese. Les vignobles descendent vers l'est et les villages de Purbach, Donnerskirchen, Rust et Mörbisch. Situés à des altitudes plus élevées que ceux de l'est du lac, ils ont tendance à être moins sensibles au botrytis. De grandes quantités de vin rouge sont produites ici et dans les vignobles qui s'étendent à l'ouest jusqu'à Neustadt ou presque, et au-delà de Mattersburg au sud.

Dans le Mittelburgenland, juste au sud, une vigne sur deux est du blaufränkisch, cépage rouge et tonique qui donne des résultats de plus en plus sophistiqués, à l'aide du chêne employé de façon originale par Hans Igler.

Dans les bons millésimes, *le Burgenland dispose de raisins dont la concentration de la pourriture noble est une des plus élevées au monde. La région produit aussi d'excellents rouges comme ceux d'Umathum et de Triebaumer.*

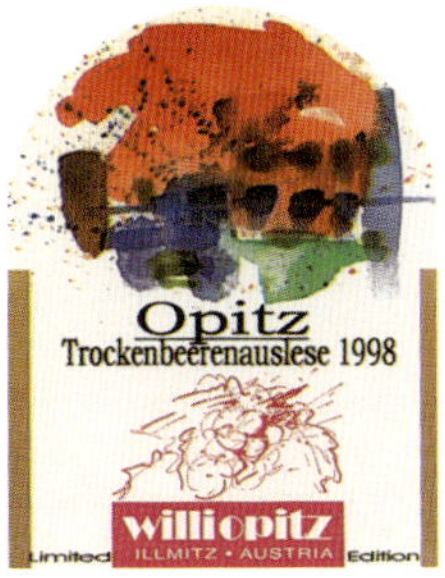

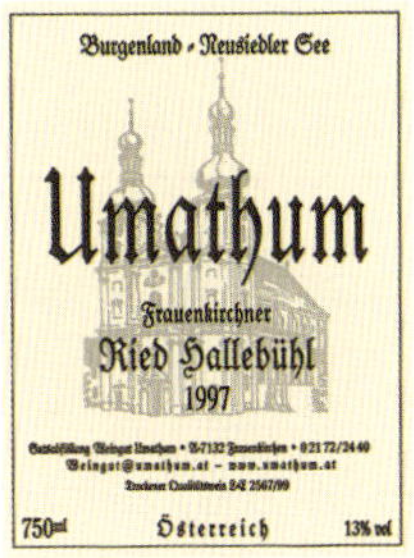

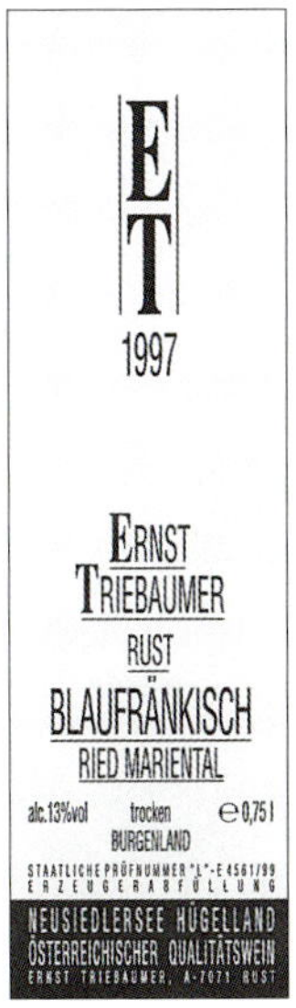

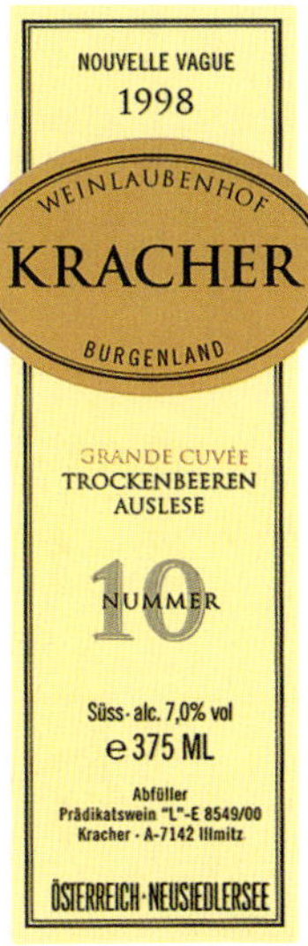

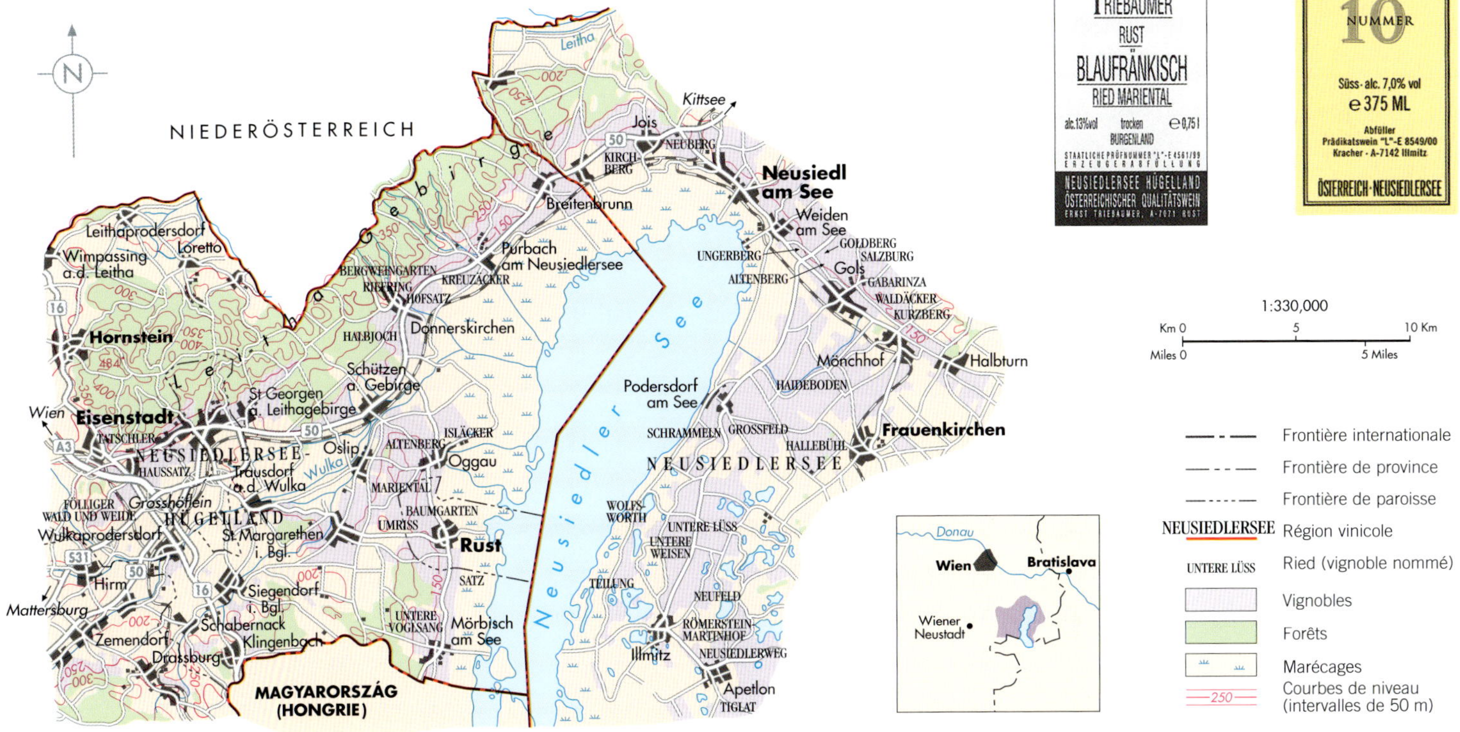

Hongrie

Parmi tous les pays producteurs de vin situés à l'est de Vienne, la Hongrie est celui qui, depuis des siècles, a la tradition culinaire et vinicole la plus élégante, les cépages locaux les plus raffinés, les réglementations et les coutumes vinicoles les plus développées. Pour ces raisons mêmes, c'est le pays qui a le plus à perdre en s'adaptant aux goûts des acheteurs étrangers qui n'y voient qu'une source bon marché de vins toujours identiques.

Depuis les années 1960 cependant, la Hongrie a perdu confiance en ses traditions et ses vins ont perdu de leur originalité. Les années 1970 et 1980 ont vu les plantations de cépages internationaux se développer à grande échelle – tendance qui s'est accélérée dans les années 1990, à mesure que les domaines contrôlés par l'État ont été privatisés et que des investisseurs étrangers ont cherché à exporter du vin bon marché. La technologie de la vinification moderne à basse température, par réduction, a envahi tout le pays, donnant des vins souvent plus fruités mais aussi plus ennuyeux que ceux que l'on avait connus. Toutefois, au tournant du siècle, l'orgueil national a suffi pour déclencher de nouvelles expérimentations avec les fûts de chêne. L'espoir a rejailli quand la Hongrie a reconnu de nouveau que l'extraordinaire palette de ses cépages blancs était un avantage plutôt qu'une contrainte.

Le vin hongrois typique est blanc – fortement doré en fait – et épicé. Il a un goût, quand il est bon, riche et élégant, pas nécessairement doux, mais plein de feu et même ardent. C'est un vin destiné à accompagner une cuisine épicée, poivrée et riche. Comme l'Allemagne, la Hongrie aime ses vins doux. Le Tokay (voir pages 250-251) est sa fierté et sa joie.

La carte de la page 249 présente les vingt-deux régions vinicoles définies par la loi de 1997, plusieurs d'entre elles ayant été rebaptisées, et les noms historiques et familiers abandonnés.

En tête de la grande gamme de cépages de Hongrie, on trouve le furmint (puissant et acide) et l'harslevelu (plus souple et parfumé) – qui sont aussi ceux du Tokay. Ils sont le prolongement de deux cépages devenus très rares : le kéknyelu (« rafle bleue ») du lac Balaton, capable de conjuguer merveilleusement attaque et richesse ; le szürkebarat (pinot gris), superbe sur les bords du lac – même si la cave Nagyrede, à 80 km au nord-est de Budapest, prétend posséder le plus grand vignoble en Europe de ce cépage à la mode.

Les autres cépages sont plus légers : le leanyka, vivant et aromatique (c'est le feteasca alba en Roumanie) ; le kiralyleanyka, au fort goût de raisin ; le frais, et même âpre, ezerjo de mor ; l'olaszrizling (welschriesling), qui a meilleur goût en Hongrie que partout ailleurs ; le mezesfeher (« miel blanc »), riche, gouleyant et doux en général ; le juhfark de Somlo, rare, parfumé et âpre ; l'irsai oliver, le cserszegi fuszeres, le zenit et le zefir, nouveaux hybrides fort populaires. Sans compter le tramini, le sauvignon, le chardonnay et le muskotaly (muscat).

Les cépages noirs hongrois sont en minorité, même s'il existe des projets visant à réduire ce déséquilibre. Le kadarka (appelé gazma en Bulgarie), souple et épicé, était autrefois abondamment planté. Véritable cheval de labour plutôt que de course, il déployait tout son potentiel dans le Sud, à Szekszard. Le kekfrankos (ou nagyburgundi) est le blaufränkisch autrichien, un poids plume assez rafraîchissant ici comme ailleurs. Dans le Nord, il semble mieux adapté, ainsi que d'autres cépages à maturité précoce (cabernet franc, merlot). Le kekoporto (portugieser) est aussi planté. Les rouges de Hongrie les plus sérieux et les plus susceptibles de bien vieillir proviennent de mélanges de merlot et de cabernet importés du sud ensoleillé.

La moitié des vignobles de Hongrie se trouve dans la grande plaine de l'Alföld (où la viticulture est très mécanisée) située entre le Danube et le Tisza, dans des régions connues aujourd'hui sous le nom de Kunsag et de Csongrad, aux sols sablonneux où seule la vigne peut pousser. Le vin de la grande plaine – le Kadarka rouge et le Olaszrizling ou Ezerjo blanc – est la boisson quotidienne des villes de Hongrie.

L'autre moitié des vignobles hongrois est disséminée dans les collines qui traversent le pays du sud-ouest au le nord-est et culminent avec les Tokajhegyalja, les collines du Tokay.

Dans le Sud, les districts de Szekszard, de Villany-Siklos, de Mecsekalja, de Tolna et de Hajos-Baja, on produit des vins rouges et blancs, mais l'accent est mis aujourd'hui sur le rouge. Le climat est ici le plus chaud de la Hongrie. Le kadarka est le cépage traditionnel, le kekfrankos est bien installé, le cabernet est l'étoile qui monte – donnant des vins corsés, parfois même énormes et sauvages, avec des tannins puissants et une acidité qui impose de les faire vieillir (la mode fait que l'arôme de chêne est parfois exagéré).

Villany-Siklos est la zone la plus favorisée, avec des producteurs comme Jozsef Bock, Attila, Tamas Gere et les Tiffan, qui ont une clientèle importante pour leurs cabernets sauvignons, leurs kekoportos et leurs merlots. Sur les pentes du Szekszard, on trouve un limon calcaire, rouge et profond, qui donne des rouges tanniques à partir des cépages de kadarka, de merlot et des différents cabernets. Les noms intéressants sont Vesztergombi, Tamas Duzsi, Heimann, Peter Vida. Dans la région de Tolna, très proche, les Antinori de Toscane, avec la préscience qu'on leur connaît, se sont mis au travail. Szekszard produit un mélange du nom de Bikaver, appellation qui appartient normalement à la région d'Eger.

L'Egri Bikaver était autrefois un vin hongrois célèbre en Occident, un rouge rude vendu comme Sang de Taureau. Eger, à l'extrémité des collines de Matra dans le nord-est du pays, est un des centres vinicoles les plus importants de Hongrie, une ville baroque avec des caves immenses creusées dans le tuf tendre et sombre des collines. Des barriques de chêne cent fois noircies, de 3 m de diamètre et cerclées de ferraille rouge, sont alignées sur 13 km de tunnels. Leur âge et leur état ont joué un rôle, avec la substitution du kekfrankos au kadarka, dans l'anémie apparente de ce vin historique. Les méthodes de vinification du Nouveau Monde ont été importées par le principal producteur pour y remédier (phénomène courant en Hongrie). Deux producteurs au moins ont ouvert la voie avec des vins très sérieux. Vilmos Thummerer et Tibor Gal sont le nouveau visage de l'Eger, et le Baver ne représente qu'une partie d'une large gamme de vins rouges et blancs. Parmi les blancs, le gagnant est très certainement le Leanyka, charmant et parfumé.

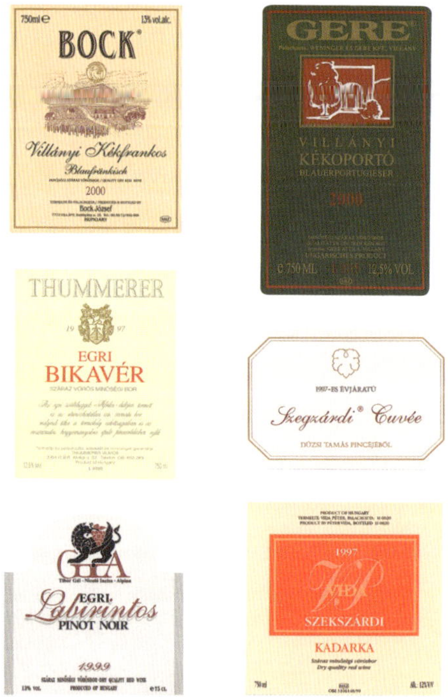

En règle générale, *le nord et le centre-ouest de la Hongrie sont des régions de vin blanc, le Sud le foyer des meilleurs vins rouges. Le vin hongrois (le Tokay mis à part) est étiqueté selon l'origine géographique et le cépage. Les noms des producteurs importants sont apparus il y a fort peu de temps seulement.*

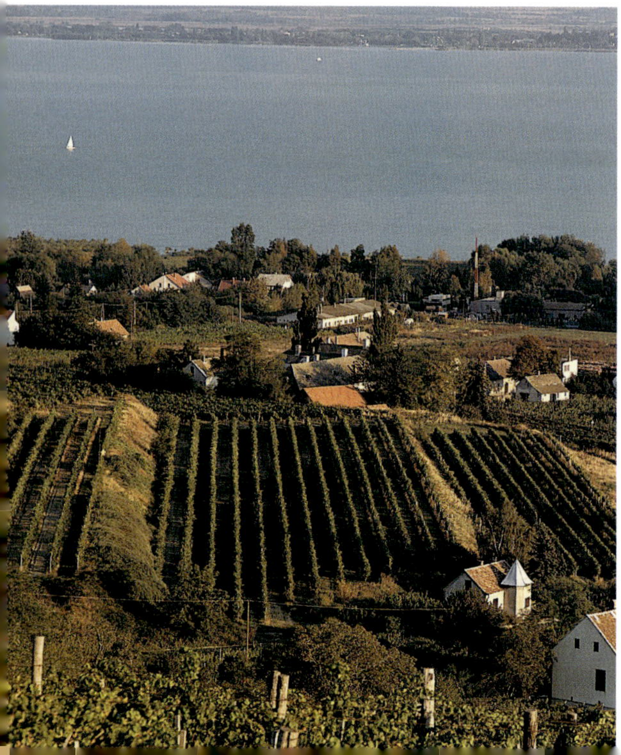

À gauche Les pentes du volcan éteint appelé mont Badacsony, au sud du lac Balaton, le plus grand lac d'Europe, offrent des sols et des expositions parfaites pour les blancs corsés et ardents qu'aiment les Hongrois. Le lac Balaton est un lieu de villégiature animé.

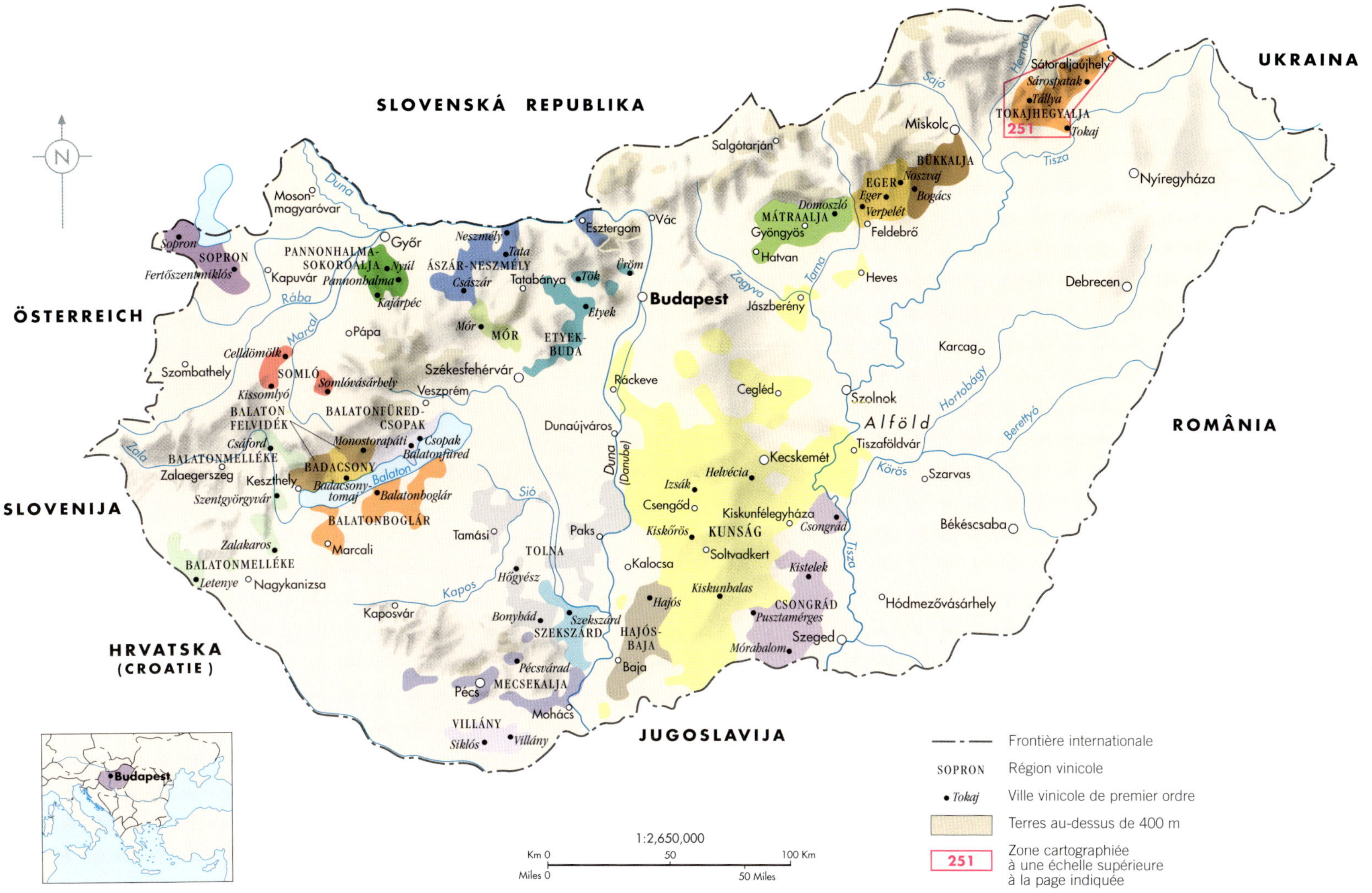

À l'ouest de l'Eger, le long des pentes exposées au sud de la chaîne du Matra, on trouve le deuxième vignoble de Hongrie, le Matraalja, formé des anciens districts de Gyöngyös-Visonta et de Debro. Le vin doux Harslevelu de Debro est le grand vin historique. Les cépages traditionnels d'olaszrizling et de kadarka ont été supplantés par les cépages internationaux à la mode. Les chardonnays et les sauvignons nerveux de Gyöngyös sont des vins d'exportation de premier ordre.

À l'ouest, près de la frontière autrichienne, se trouve le Sopron, un avant-poste où l'on fait du vin rouge avec le cépage de kekfrankos, un vin vif mais sans grande qualité.

À l'est de cette région, le district d'Aszar-Neszmely est connu pour ses vins blancs secs, faits à partir des cépages traditionnels. Mais, aujourd'hui, on y produit essentiellement des cépages internationaux dans quelques caves nouvelles et ultramodernes, conçues tout spécialement pour l'exportation. Etyek-Buda, à l'ouest de Budapest, est une autre source de vins blancs de style international – y compris d'un vin pétillant produit dans les caves de Budafok, au sud de la capitale.

Le petit district isolé de Somlo, au nord du lac Balaton, cultive du furmint et de l'olaszrizling sur des sols volcaniques, tandis que celui de Mor, au nord, cultive de l'ezerjo sur du calcaire. Tous deux font des vins bien différents : Mor produit un vin acide, frais, très parfumé ; Somlo, des vins aux arômes plus fermes et minéraux, particulièrement avec le cépage de juhfark, assez rare aujourd'hui, qui donne un vin pâle comme de l'eau, sec et fermé quand il est jeune. Les deux districts sont répertoriés comme « régions vinicoles historiques » de Hongrie.

Le lac Balaton (le plus grand lac d'Europe), a une signification très particulière pour les Hongrois. Dans un pays sans accès à la mer, c'est ce qui en tient lieu. C'est aussi le plus beau coin du pays. Les villas d'été et les villages de vacances couvrent ses rives. La cuisine y est excellente. Le climat est agréable et l'atmosphère respire la joie de vivre. La rive septentrionale du lac a tous les avantages d'une bonne exposition au sud et elle est abritée des vents froids. Elle bénéficie aussi de l'influence tempérée de cette grande masse d'eau. C'est le vignoble idéal.

Ses qualités lui viennent aussi d'une combinaison de sols sablonneux et volcaniques. Les pentes assez raides, consitutées de sable enrichi de basalte, sont plutôt bien drainées et retiennent la chaleur.

L'olaszrizling est le cépage blanc courant. Il peut donner un très bon vin au bout d'un an seulement, sec mais frais, limpide et peu fort. Les véritables spécialités toutefois sont les cépages qui donnent des vins puissants, à l'arôme de miel : le furmint, le szürkebarat et le keknyelu (le meilleur). Au bout d'un an, goûté au fût, un szürkebarat peut être blanc comme du lait, piquant et ardent. Après trois ans, ces vins ont une présence remarquable. Ils sont aromatiques, ardents : la quintessence du vin hongrois. Ils conviennent parfaitement à la cuisine piquante du coin.

La région du lac Balaton a été divisée en quatre appellations : celles, classiques, de Badacsony et de Balatonfüred-Csopak ; celle de Balaton-Felvidék sur la rive septentrionale ; la rive méridionale (autrefois Balatonboglar) s'appelle désormais Dél-Balaton, mieux connue sur les marchés d'exportation sous le nom de Chapel Hill. Le meilleur producteur est Otto Légli. Divers vignobles périphériques à l'ouest sont regroupés sous l'appellation Balaton-Melléke.

Les sous-régions de Balatonfüed-Csopak et de Badacsony font les meilleurs vins. Le vin de qualité courante porte le nom de Balatoni, suivi du nom du cépage. Le nom de Badacsonyi signifie qu'il s'agit d'un vin plus fort, plus doux et, pour les Hongrois, meilleur. Le nom à suivre dans cette région est celui de la cave Szt Orban, dont le propriétaire, Huba Szeremley, est prêt à tous les sacrifices pour faire grandir la réputation de la région.

L'arôme singulier du Balaton ne se limite pas aux cépages locaux. Quel que soit le cépage planté, il absorbe le caractère dense et épicé des sols volcaniques et des étés chauds. Ici, le sauvignon et le chardonnay se chargent de l'âme hongroise, et le cépage d'irsai oliver donne du corps à leur parfum pénétrant. Peu de vin rouge est produit, même si la péninsule de Tihany fait parvenir à parfaite maturation un excellent kekfrankos.

Tokay

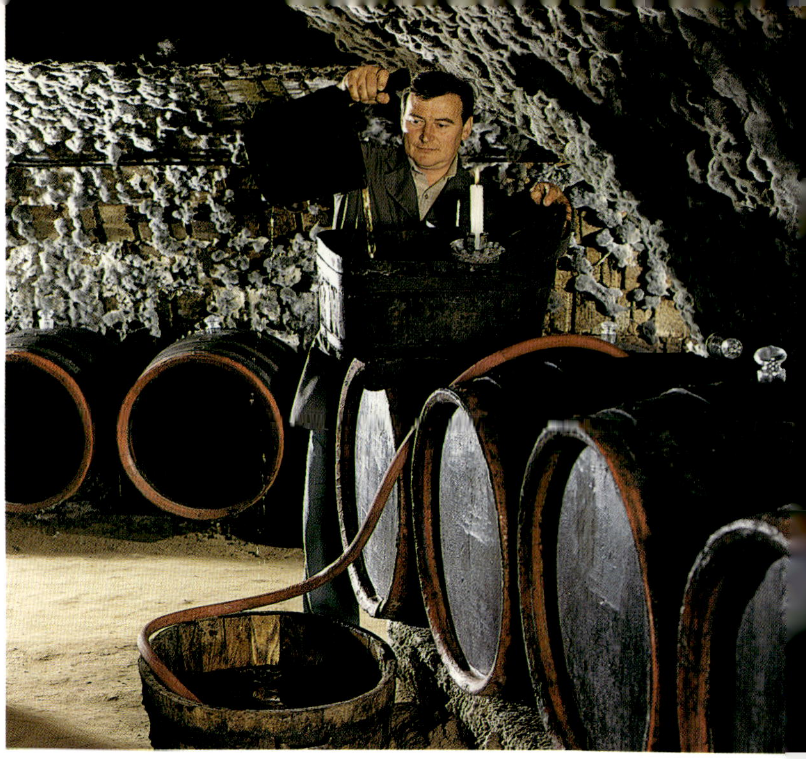

À droite Tout ce qui concerne le Tokay est original : le raisin, les sols et la vinification sont uniques. Dans les caves froides (des kilomètres de tunnels étroits creusés dans le tuf), la moisissure épaisse des parois fournit des levures qui jouent un rôle bénéfique dans la longue et lente fermentation. Ici, à Tolcsva, dans les caves d'État, le vin est tiré de manière traditionnelle.

Le terme « légendaire » est appliqué au Tokay plus souvent qu'à n'importe quel autre vin (l'orthographe hongroise du nom est Tokaji et la ville dont le vin provient est Tokai). Et c'est à juste titre. Quand la Hongrie est devenue communiste en 1949, la qualité de ce qui était reconnu comme le plus grand vin de l'Europe de l'Est s'en est trouvée affectée. Les célèbres vignobles et les grandes propriétés des collines du Tokay perdirent leur identité. Ils furent confisqués et leurs vins furent homogénéisés dans les caves collectivistes qui en prirent le contrôle. Les vignes furent déplacées des collines pentues aux terres plates, leur densité réduite de 10 000 à 2 500 pieds/hectare et les rendements augmentés dans des proportions absurdes. On autorisa l'oxydation du vin.

Le tokay était pourtant légendaire depuis 400 ans. Seul le champagne a fait naître autant d'anecdotes. L'histoire relate comment le somptueux Tokaji Aszu, fait à partir de raisins touchés par le botrytis, a été produit au tout début par le chapelain de la famille Rakoczi, dans un vignoble du nom d'Oremus (le chapelain s'appelait Szepsy et c'était en l'an de grâces 1650). Comment les chevaliers polonais, qui mirent fin au siège de Vienne par les Turcs en 1683, se prirent de passion pour le tokay. Comment le grand patriote Rakoczi, prince de Transylvanie, s'en servit pour courtiser Louis XIV et obtenir son soutien contre les Habsbourg, ses suzerains. Comment Pierre le Grand et la Grande Catherine maintenaient un détachement de Cosaques dans le Tokay pour faire escorter leurs livraisons. Et comment les propriétés fortifiantes miraculeuses du tokay conduisaient les potentats de ce monde à en garder un flacon à leur chevet.

Le tokay est le premier vin, en l'état actuel des connaissances, à avoir été fait avec des raisins touchés par le botrytis ou « pourriture noble » : plus d'un siècle avant le vin du Rhin, et peut-être deux siècles avant le sauternes. Les conditions qui provoquent la pourriture, le rabougrissement des raisins et l'intense concentration de leur sucre, de leur acidité et de leur arôme, sont endémiques dans le Tokay.

La chaîne est d'origine volcanique avec ses cônes typiques surgissant aux confins du nord de la grande plaine. Deux rivières, le Bodrog et le Tisza, convergent à sa pointe méridionale, là où le mont Kopashegy, le fameux mont Chauve, s'élève au-dessus des villages de Tokay et de Tarcal. De la plaine remontent les vents chauds d'été. Les montagnes procurent une protection et les rivières donnent naissance aux brumes qui favorisent la formation du botrytis en automne.

Sur les trois cépages présents dans le Tokay aujourd'hui, le furmint à peau fine, au goût vif, à la maturation tardive et donc sensible au botrytis, représente 70 % des vignes. L'harslevelu (littéralement « feuille de tilleul »), moins sensible au botrytis mais riche en sucres et en arômes, représente 20 à 25 % des plantations. Le muscat blanc à petits grains – utilisé soit comme cépage d'appoint, comme la muscadelle dans le sauternes, soit seul pour faire une spécialité somptueuse – représente 5 à 10 % du vignoble.

Les vignobles des collines du Tokay ont été classés pour la première fois en 1700 par le prince Rakoczi. Vers 1737, on distingua les premiers crus, les deuxièmes, les troisièmes, les non-classés, à côté des trois grands crus – un à Tokay même et deux à Tarcal, qui possède un cru hors-concours, comme le Yquem. La carte montre les principaux villages de la région (il y en a vingt-huit en tout), avec leurs pentes qui forment un large V face au sud-est, au sud et au sud-ouest. La partie la plus septentrionale fait les *aszús* les plus fins et les plus délicats sur des sols sablonneux. C'est là que le vignoble original, Oremus, fit le premier de tous les vins Aszu. La cave Oremus appartient aujourd'hui aux Espagnols de Vega Sicilia, et elle a été déplacée au sud, à Tolcsva.

À Sarospatak, avec son splendide château sur la rivière, Megyer et Pajzos ont été les deux premiers vignobles à être privatisés. Kincsem est le grand vignoble de Tolcsva, baptisé du nom du plus grand cheval de course hongrois par ses précédents propriétaires, la famille Waldbott qui a demandé sa restitution. Les anciennes caves impériales de Tolcsva appartenaient encore à la coopérative d'État au tournant du siècle.

Olaszliszka (« Olasz » signifie italien) est une colonie italienne du XIIIe siècle (la légende veut que les Italiens aient introduit la viticulture). Le sol est formé d'argile pierreuse, qui donne des vins plus puissants. Erdobenye se situe près de la forêt de chênes, qui fournit les fûts. Szegilong compte plusieurs crus classés et se prépare à une renaissance. Bodrogkeresztur et Tokay même, près de la rivière, bénéficient de la meilleure exposition au botrytis : certains petits producteurs, menés par le docteur Lesko, ont réussi à produire leurs propres vins, même sous le régime communiste.

Depuis Tokay, de l'autre côté du mont Kopashegy en direction de Tarcal, les vignobles pentus et bien abrités sont la Côte d'Or de la région. Une succession de sites autrefois célèbres (le plus extraordinaire est Szarvas) se prolongent à travers Tarcal sur la route de Mad, avec Terezia et le grand cru Mzesmaly. À Mezozombor, Disznoko a été le premier des vignobles à être privatisé et il a été magnifiquement restauré par le groupe AXA. Mad, l'ancien centre du commerce du vin, fait les célèbres premiers crus Nyulaszo, Saint Tamas, Kiraly et Betsez, de même que le vertigineux Kovago à l'abandon. Le fer de lance de la renaissance du Tokay est Istvan Szepsy, descendant de la famille du chapelain Rakoczi et producteur résolument tourné vers l'innovation. Le leader du marché, c'est le Royal Tokaji à Mad, fondé par Hugh Johnson et d'autres, première société indépendante créée sous le nouveau régime.

Le tokay est fait selon un processus en deux temps tout à fait unique. Dans un bon vignoble et pour une bonne année, les raisins d'*aszú* rabougris sont vendangés progressivement, au fur et à mesure qu'ils sont touchés par le botrytis, parfois jusqu'au mois de novembre. Ils sont ensuite pressés et fermentés pour constituer la base puissante du vin de l'année suivante. Les raisins d'*aszú* sont entre-temps entassés dans une pile presque sèche, qui laisse s'écouler le fabuleux Eszencia – le jus saturé de sucre, parfois jusqu'à 800 grammes/litre – qui est conservé comme le plus grand trésor de la région.

Au moment où la vendange prend fin, le vigneron ajoute une couche d'*aszús* écrasés sur une cuve du vin de base de l'année précédente, dans une proportion d'un kilo par litre. Une seconde fermentation commence, contrôlée par la proportion de sucre et la température de la cave. Les vins les plus riches et les plus fins maintiennent le plus haut degré possible de sucre naturel et, par conséquent, la plus faible teneur en alcool.

La mesure de la douceur correspond encore, théoriquement, à une *puttonyos* (hotte de vendange) de 20 kilos d'*aszú* ajoutée à 137 litres (contenance d'un fût nommé *gönci*) – même si la douceur est aujourd'hui mesurée en grammes de sucre résiduel par litre. Le vin vendu comme Aszu à 6 *puttonyos* doit contenir plus de 160 grammes par litre ; l'Aszu Eszencia est un vin à 7 *puttonyos*, pour lequel la seconde fermentation est minimale et l'intensité phénoménale. Trois *puttonyos* correspondent à peu près à la douceur d'un Auslese allemand, quatre ou cinq donnent la douceur et la concentration d'un Beerenauslese. Le vieillissement minimal en fût pour les vins d'Aszu correspond au nombre de *puttonyos* plus deux ans : un vin de 5 *puttonyos* ne pourra donc être mis en bouteilles qu'au bout de sept ans. Savoir si c'est l'âge idéal est une question fort débattue. Une mise en bouteilles plus précoce est aujourd'hui la norme. S'il n'y a pas d'*aszú* ajouté, le vin s'appelle soit Szamorodni (littéralement « comme il vient ») et prend l'allure d'un sherry léger, soit Szaraz (sec), soit Edes (assez doux). Le terme de Vendange Tardive, malheureusement non réglementé, est récemment apparu sur les étiquettes et complique une définition déjà fort embrouillée.

Certains producteurs laissent dans les cuves un peu d'espace en surface, et les tunnels sombres et bas sont couverts d'une moisissure de cave, connue sous le nom de *cladosporium cellare*. Une grande quantité de levures et de bactéries peuvent donc attaquer et se nourrir de l'oxygène contenu dans le vin, un peu comme le fait le flor sur le sherry fino, mais à un rythme beaucoup plus lent, tissant ainsi une toile complexe d'arômes divers.

Le tokay le plus luxueux est celui qui est fait uniquement avec le jus qui s'écoule avant que le raisin ne soit pressé. L'Eszencia est tellement doux qu'il peut à peine fermenter. De toutes les essences de raisin, c'est le plus velouté, onctueux, avec un arôme de pêche pénétrant. Son parfum se prolonge en bouche avec la puissance d'un encens. Autrefois, l'Eszencia était stabilisé avec du brandy. Aujourd'hui, c'est le vin qui a la plus faible teneur en alcool qui soit. Il n'y a pas d'âge trop élevé pour ce vin (ou pour n'importe quel grand vin d'Aszu). À quoi ressemble-t-il à 200 ans d'âge, seuls les Tsars peuvent le dire.

Que réserve l'avenir ? Depuis 1990, l'État a privatisé la terre et les caves, les restituant à leurs propriétaires légitimes ou les vendant à de nouveaux venus. Six nouvelles prises de participation ont été autorisées en 1993, trois d'entre elles par des groupes d'assurances français. Des capitaux ont été injectés pour améliorer les vignobles, renouveler l'équipement, faire des recherches sur les qualités les plus subtiles du sol. Les tokay mis en bouteilles à la propriété sont de nouveau sur le marché et les noms des premiers crus redeviennent familiers. C'est une perspective enthousiasmante, cadrée par une codification de plus en plus détaillée.

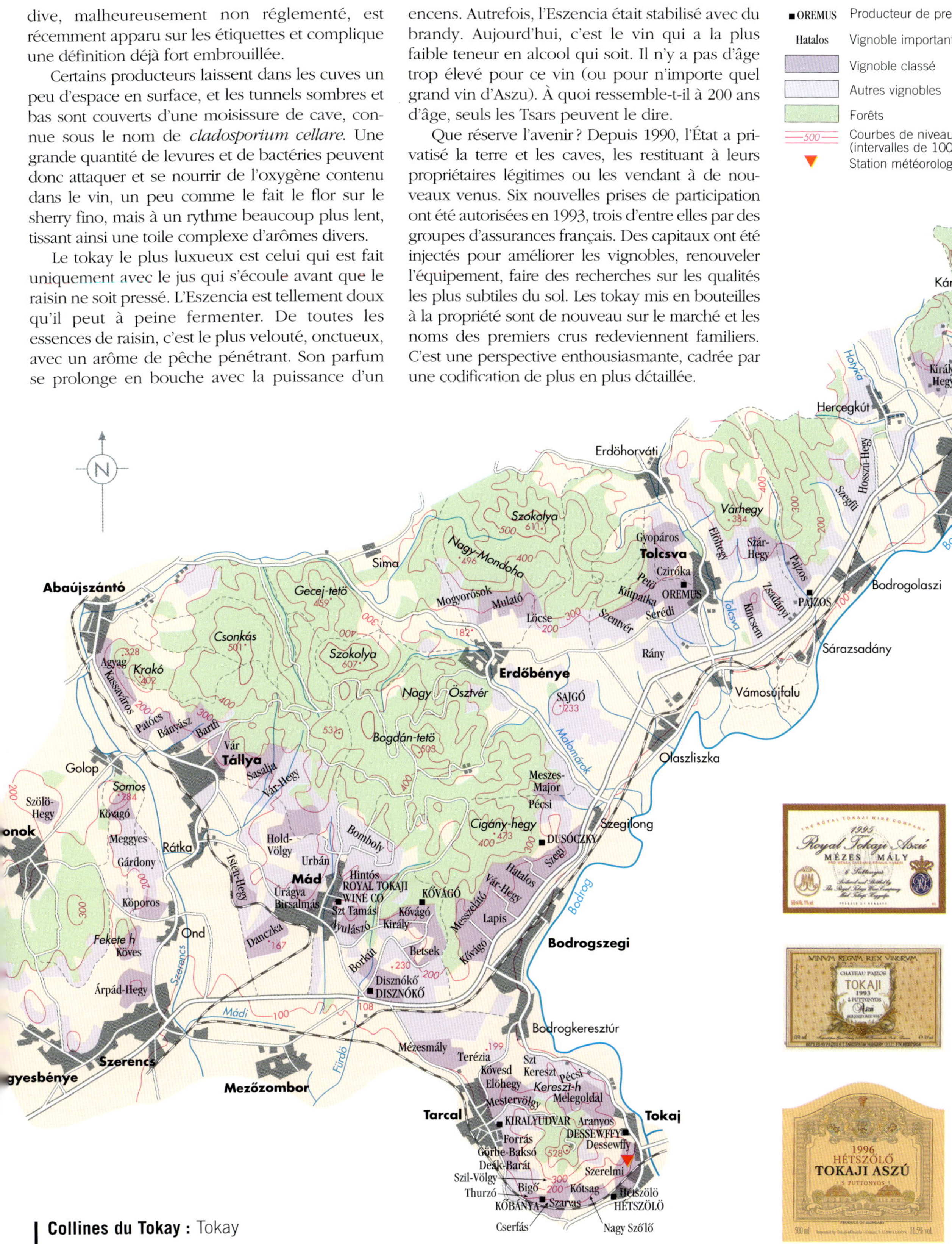

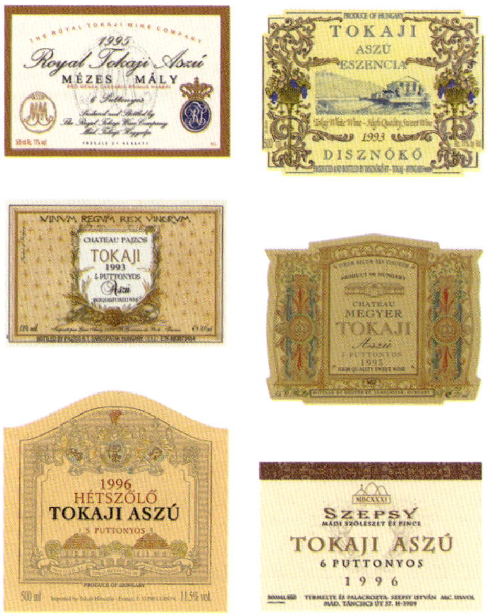

Les maisons du Tokay adoptent *soit l'approche bordelaise (vins de la propriété mélangés), soit l'approche bourguignonne (vins de chaque vignoble gardés séparément). En haut à gauche, un vin en provenance d'un seul vignoble. L'Aszu Eszencia est l'équivalent d'un vin de 7 puttonyos.*

Collines du Tokay : Tokay

Latitude / Altitude : **47,30° / 130 m**
Température moyenne de juillet : **21,3 °C**
Précipitations annuelles : **590 mm**
Précipitations du mois de la vendange : **50 mm**
Principaux dangers viticoles : **pluies d'automne, pourriture grise**
Principaux cépages : **furmint, harslevelu**

République tchèque et Slovaquie

Il serait curieux que les républiques tchèque et slovaque soient incapables de faire du bon vin, situées comme elles le sont sur la frontière septentrionale de pays à la vocation vinicole aussi marquée que l'Autriche et la Hongrie. Mais pour l'instant, le potentiel est beaucoup plus exaltant que la réalité, qui se résume trop souvent à un simple müller-thurgau sans aucune distinction. Le marché du vin tchèque est dominé par un petit groupe de négoces et de packageurs appartenant à des intérêts allemands, et ne prête que peu d'attention au souci de qualité manifesté par quelques familles, dont les produits vénérés ne peuvent être dénichés que chez les meilleurs marchands de vin tchèques.

Les Tchèques protestants du Nord et de l'Ouest de la nouvelle république sont plus portés à boire leur délicieuse bière que le vin, vin qui a la faveur des catholiques de Moravie (la moitié orientale du pays) et de la Slovaquie indépendante. La production de vin y est d'ailleurs beaucoup plus importante qu'en Bohème, dont les vignobles sont rassemblés autour de Prague.

De l'autre côté de la frontière orientale de la Saxe, la Bohème ne dispose que de 400 hectares de vignobles, essentiellement le long de la rive droite de l'Elbe, au nord de Prague. On y fait des vins légers, de style allemand, notamment à Melnik, à Roudnice nad Labem, à Most et à Velke Zernoseky, qui se distingue pour son rynsky ryzlink (riesling).

La Moravie produit la grande majorité des vins tchèques dans les vignobles situés juste de l'autre côté de la frontière autrichienne. Ils sont concentrés au sud de la capitale, Brno, se déployant vers l'est à travers les paisibles collines de Palava, sur 110 km environ depuis Znojmo . Dans cette région, les vins les plus réussis sont les sauvignons blancs (qui ont du piquant sans que les arômes soient exagérés) des deux caves modernisées du znojmo à Satov et à Novy Saldorf, ainsi que ceux de valtice, de pavlov et de velke pavlovice. Il y a aussi les rulandske sede (pinot gris) de Pavlov, de Mikulov et de Znojmo, ainsi que les riesling de Valtice, de Mikulov, de Bzenec et de Novy Saldorf. Le cépage local, délicieux, de palava provient de Pavlov et de Satov. Le muskat moravsky connaît aussi un certain succès. Les cépages blancs les plus plantés sont le müller-thurgau, le veltlinske zelené (grüner veltliner) et le ryzlink vlassky (welschriesling). Les vins rouges ne sont pas très intéressants. Les cépages les plus satisfaisants sont le svatovavrinecké (saint laurent) et le frankovka (blaufränkisch). Le pinot noir a donné de meilleurs résultats que le cabernet, même si une maîtrise accrue de la fermentation malolactique et du vieillissement en fûts de chêne, ainsi qu'un nouvel hybride morave du cabernet, devraient modifier cette situation.

La Slovaquie possède le plus grand vignoble de l'ancienne Tchécoslovaquie, avec environ deux tiers de la superficie et de la production de vin. Ses vignobles sont regroupés pour l'essentiel autour de Bratislava. Quelques autres sont disséminés le long de la frontière hongroise, où ils bénéficient d'un climat légèrement plus favorable et peuvent ajouter les cépages d'ezerjo et de leanyka à leur répertoire.

Raca, au nord de Bratislava, est connu pour ses robustes rouges, faits avec des cépages de frankovka, de saint laurent et de pinot noir. Pezinok fait de bons veltliners et une vaste gamme de riesling, dont un très populaire, mélangé à du silvaner Modra s'est fait un nom avec ses riesling et ses rulän ders. Nitra vient juste derrière avec les mêmes vins. Plus au sud, Sered produit depuis le XIXe siècle du Hlohovec, un vin pétillant. Les caves Ruban près de Nové Zamky, sont admirées pour leurs ruländers épicés, leurs veltliners et leurs traminers, ainsi qu'un limberger rouge d'une maturité parfaite. La Slovaquie a aussi hérité, dans sa partie orientale, de deux villages qui faisaient autrefois partie de la région du Tokaj en Hongrie. Les tokay, muscat jaune et traminer de nové mesto, sont tout à fait décents.

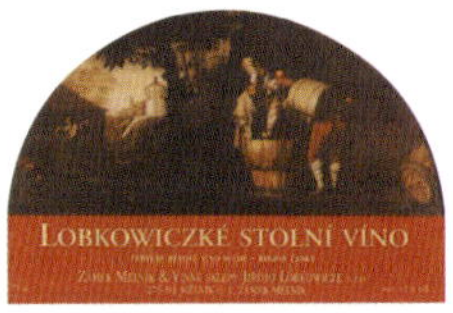

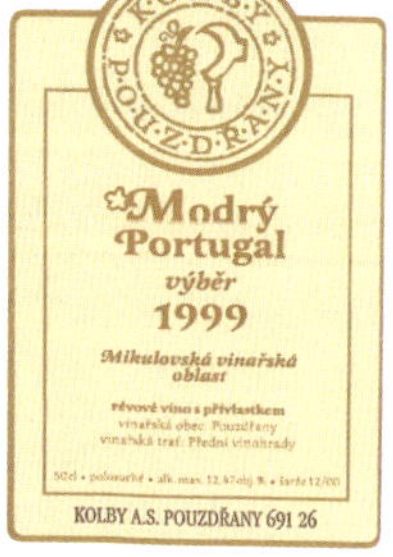

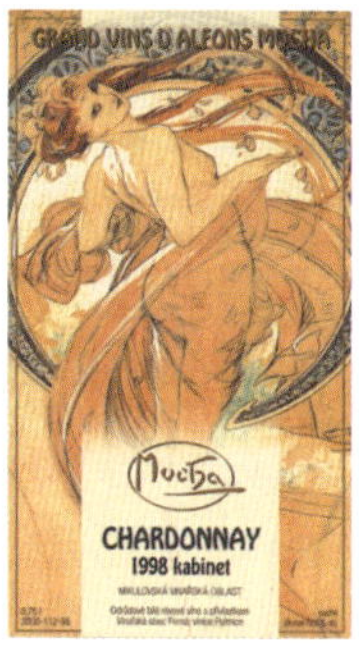

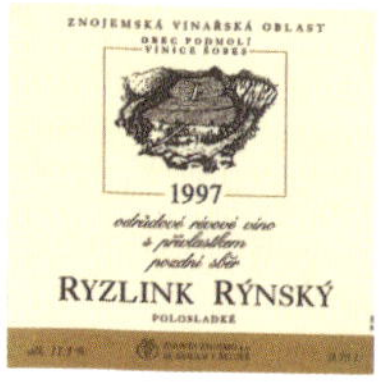

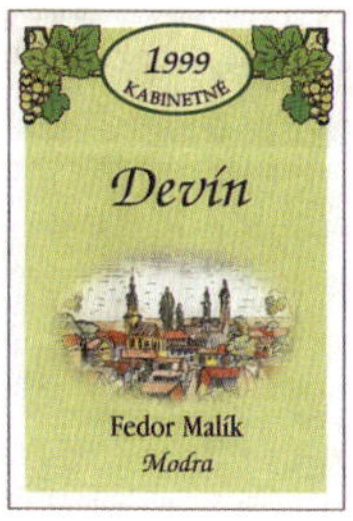

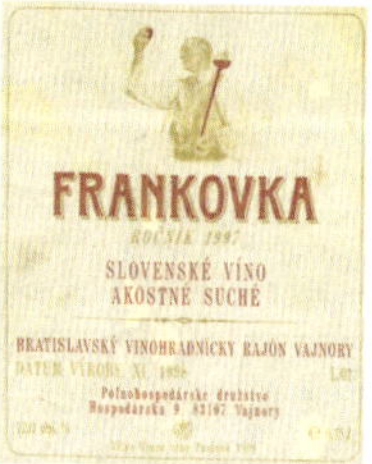

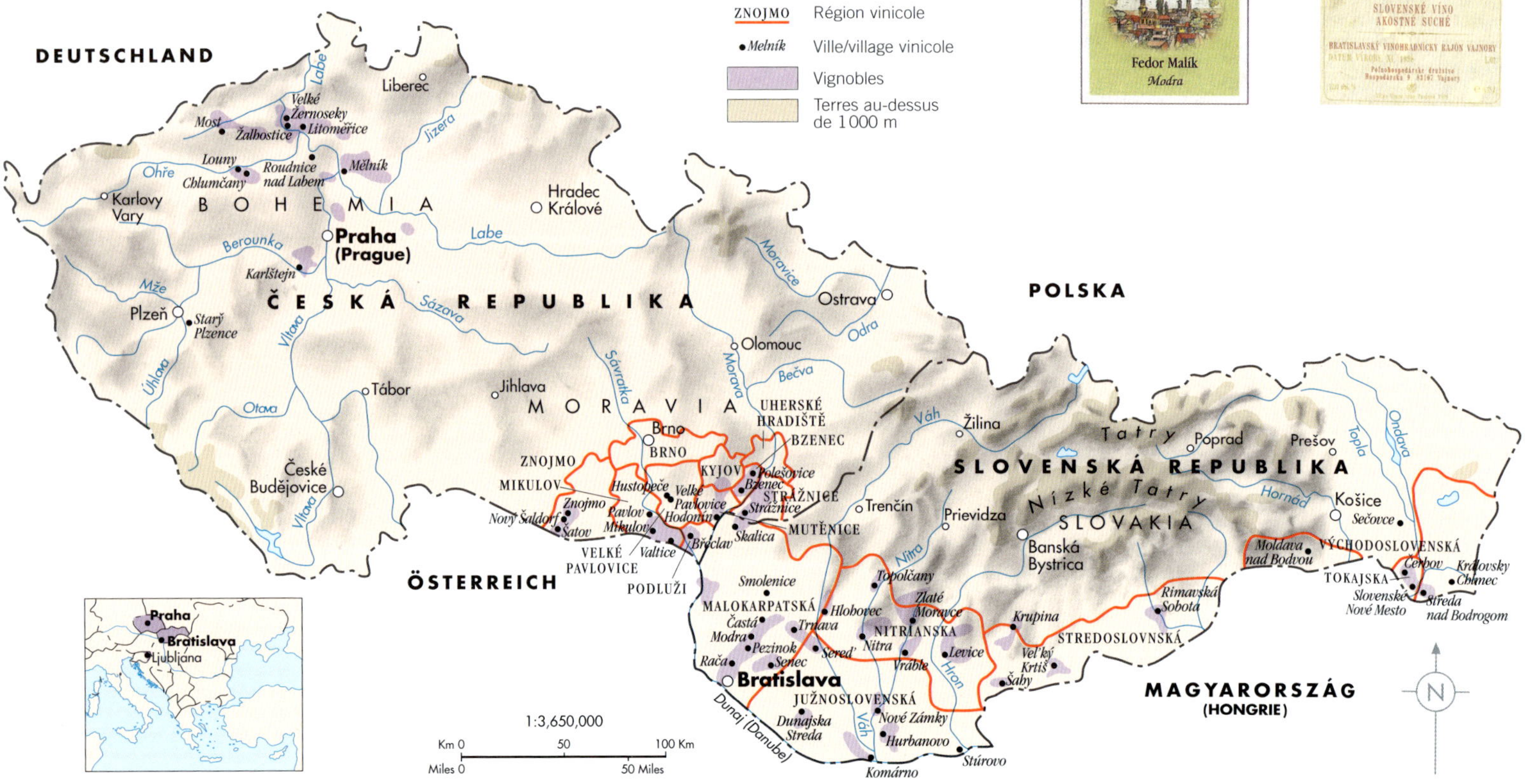

Slovénie

La Slovénie, nouvelle nation d'une prospérité relative (cartographiée dans sa totalité page 255), effleure à peine l'Adriatique en Istrie, puis remonte au nord le long de la frontière italienne vers les alpes Juliennes et à l'est vers les Alpes karstiques, jusqu'à la Plaine de Pannonie. Les pentes méridionales des Alpes et leurs contreforts vallonnés fournissent d'excellents sites pour la maturation du raisin, répartis dans trois régions distinctes : la Promorska, sur la côte, qui bénéficie d'un climat méditerranéen ; la Posavje (le long de la rivière Sava) et la Podravje (le long de la rivière Drava) ont un climat plus continental.

La Slovénie produit plus de vin blanc que de rouge et s'enorgueillit de ses cépages locaux de sipon, ranina, kraljevina, pinela, zelen et rebula. Divers cépages internationaux sont aussi cultivés, souvent sous des noms locaux. Le sauvignon blanc s'appelle muskatni silvanec (inspiré par l'homonyme allemand du muskat silvaner). Le pinot blanc porte le nom de beli pinot ou beli burgundec, le pinot noir celui de modri pinot, le pinot gris celui de sivi pinot. Le traminec est, bien entendu, le traminer ; renski rizling, le riesling ; rizvanec, le müller-thurgau ; laski rizling, le welschriesling ; modra franinja, le blaufränkisch. Le pikolit et le refosk correspondent au picolit et au refosco respectivement. Le merlot, le cabernet et le chardonnay n'ont pas de noms d'emprunt. Certains cépages sont mélangés de façon hasardeuse, mais les assemblages sont de plus en plus courants.

Les vins de la Podravje ont une faible teneur en alcool et une vive acidité, souvent masquée par le sucre non fermenté. Les vins les plus recherchés sont toutefois les trockenbeerenauselens de pourriture noble, rivaux des célèbres vins doux du Burgenland en Autriche, faits dans les années où la plaine de Pannonie a exercé son influence. On y produit des eisweins et des vins pétillants – même si Radgove reste la capitale de cette activité en Slovénie. Le vieillissement en fûts de chêne nouveau s'est développé et a donné naissance à une génération de vins slovènes d'un style nouveau.

Les vins de la Posavje peuvent être encore plus légers et plus acides. Le produit typique est le Cvicek rosé, réponse locale et populaire au Schilcher autrichien. Dans la Bela Krajina, le climat est en partie influencé par le golfe de Kvarner (voir la carte page 255) et les vins sont plus puissants. Les cépages rouges parviennent à maturité complète. Le climat est propice pour les vins délicats de pourriture noble. L'eiswein parfumé, fait avec le rumeni muskat, a connu un succès tout particulier.

La région occidentale de Primosrka a fait naître, comme on pouvait s'y attendre, des blancs secs et des rouges robustes de style italien. Dans certains cas, les régions slovènes ne sont qu'une simple continuation des régions voisines, de l'autre côté de la frontière, dans le Frioul : la Brda est le prolongement du Collio, tandis que le Karst est un Carso oriental. Autour de Koper, sur la côte, le cépage de refosk connaît un grand succès, et lorsqu'il est cultivé sur les sols rouges, riches en fer, du plateau du Karst, il donne le fameux vin de Teran. La plupart des vignobles de cette région subissent l'influence de la mer et des Alpes, et ils ont tendance à donner des vins puissants, aromatiques – les blancs restant d'une qualité bien supérieure à celle des rouges.

La Slovénie a pris conscience de son rôle en tant que producteur d'un vin de meilleure qualité. Avec ses 20 000 hectares de vignobles, la production correspond aux besoins de la consommation nationale. Quelques producteurs construisent lentement leur réputation sur le marché international.

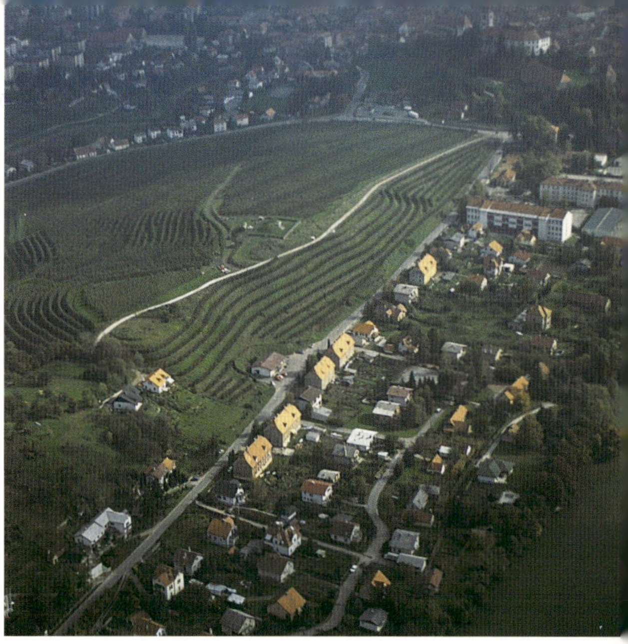

À droite Ces vignobles aux contours rigoureusement dessinés épousent les courbes de niveau, au-dessus de la ville de Ptuj dans la Podravje, montrant combien la viticulture et l'industrie du vin sont bien organisées dans la Slovénie moderne.

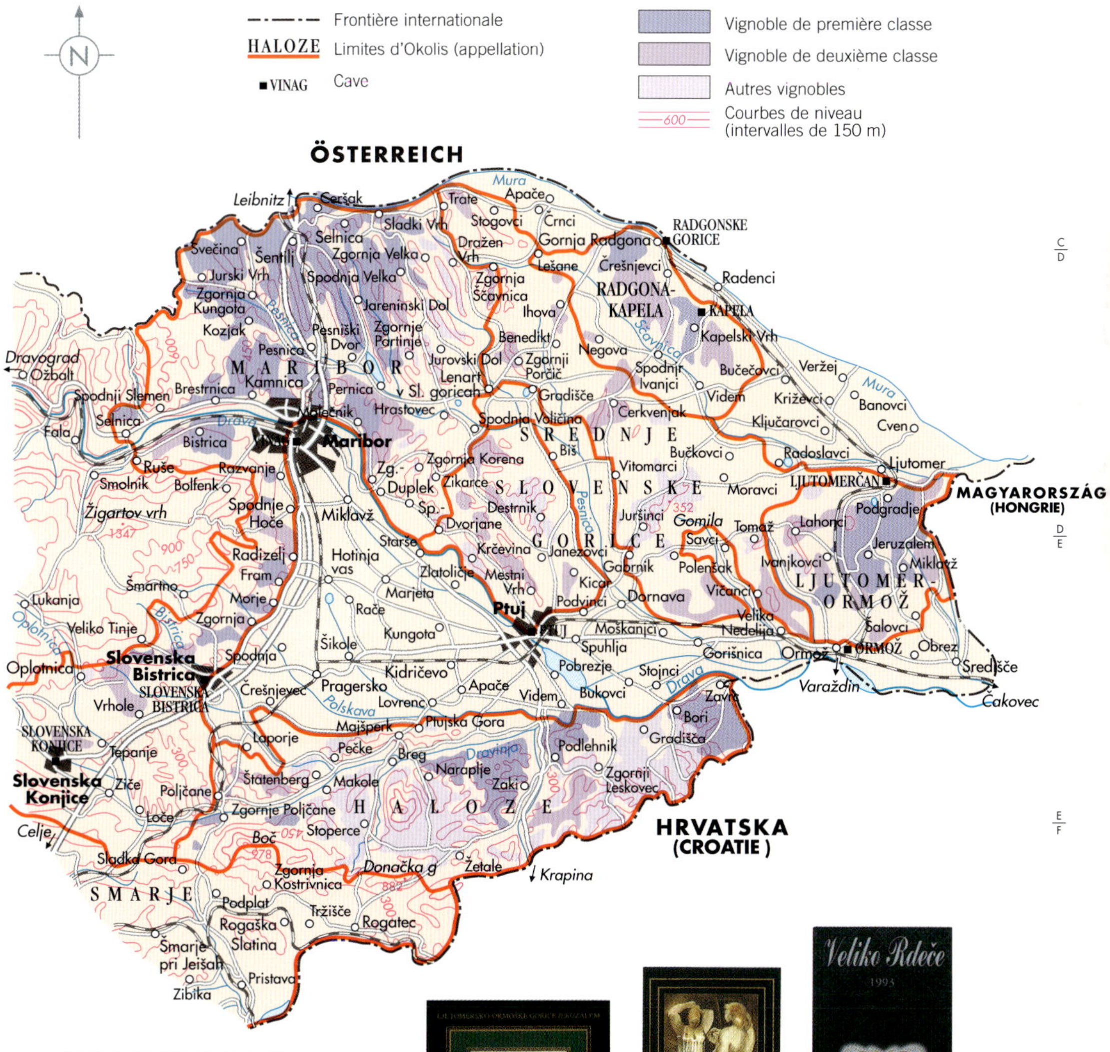

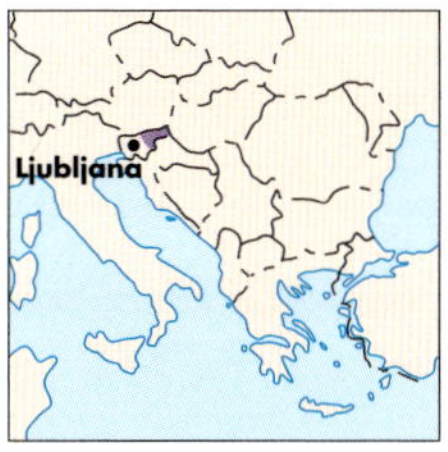

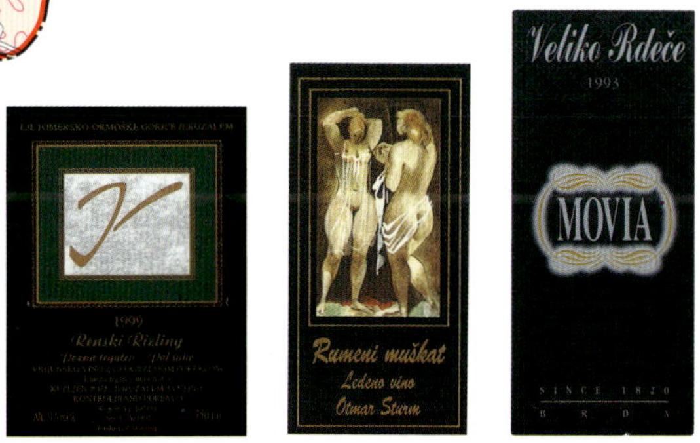

Cet alignement d'étiquettes *présente des vins des trois régions les plus dynamiques de la Slovénie. Les Slovènes sont des buveurs tellement enthousiastes qu'il est rare de trouver leurs vins sur le marché de l'exportation.*

B/C C/D D/E E/F F/G

1 | 2 2 | 3 3 | 4 4 | 5 5 | 6

Croatie et Balkans

Cette section de l'*Atlas* était intitulée, dans la précédente édition, Ex-Yougoslavie. Mais le chaos politique des années 1990 a prouvé qu'une désignation aussi globale n'avait plus aucun sens. Les traditions vinicoles des républiques de l'ex-Yougoslavie sont tout à fait différentes, même s'il existe des similitudes culturelles dans l'histoire du vin en Croatie et en Slovénie.

Les Balkans ont une grande richesse : la variété de cépages anciens qui sont toujours cultivés, malgré l'invasion des cépages français, en raison de leur forte individualité et de leur parfaite adaptation aux conditions locales. Quelque trois cents cépages différents sont supposés pousser entre la plaine de Pannonie au nord, la Grèce au sud, l'Adriatique à l'ouest et la Bulgarie à l'est.

La Bosnie-Herzégovine montagneuse est l'exception. Sa topographie et son héritage musulman font de la viticulture une activité improbable, sauf dans l'arrière-pays de la côte dalmate et autour de la ville de Mostar. Le zilavka de Mostar est un cépage blanc d'une singularité mémorable, qui donne un vin sec, à l'arôme plein et à l'odeur d'abricot unique. Pour le moment, le cépage noir local de blatina fait pâle figure en comparaison. Quelques familles de la région s'emploient toutefois à faire changer les choses.

La Croatie est une terre de contrastes, une région remplie de trésors rares, avec des distinctions bien marquées entre les vins faits le long de la côte Adriatique et ceux des régions plus continentales. L'Istrie, plus proche à bien des égards de la côte slovène et du nord-est de l'Italie, fait principalement des rouges à partir du merlot et du teran (refosco) et des blancs avec du malvoisie.

Le zlahtina blanc est un des vins caractéristiques de l'île de Krk et il est utilisé pour les vins pétillants faits sur le continent. L'île sablonneuse de Susak (dont une grande partie de la population vit aujourd'hui dans le New Jersey) a rejeté les assauts du phylloxéra, mais son cépage indigène, le trojiscina à peau rose, est menacé de disparition en raison de son faible rendement.

À partir de Rijeka et vers le sud, le grand cépage noir est le plavac mali, dont on a pensé pendant un moment qu'il était un ancêtre du zinfandel. Parmi ses manifestations les plus convaincantes, on trouve le Dingac, puissant et sucré, le piquant Postup, en provenance des terrasses vertigineuses au bord de la mer, dans la péninsule de Peljesac au nord de Dubrovnik. Il donne aussi un formidable prosek local – un bon substitut du porto, quand il est réussi – dans les parcelles rocailleuses, entre les figuiers et les oliviers. Une version plus pâle, connue sous le nom d'Opol, vin traditionnel de la côte dalmate, d'un rose profond, est spécialement conçu pour être bu l'été.

Depuis l'indépendance, plusieurs petits producteurs ambitieux ont émergé le long de la côte, rejoints notamment par Miljenko (Mike) Grgic, originaire de Dalmatie et célèbre pour sa cave de Napa Valley, Grgich Hills ; ce dernier produit un rouge avec un cépage de plavac et un blanc avec du posip, censé être identique au furmint de Hongrie, et cultivé aussi sur l'île voisine de Korcula. Le grk est un cépage et un vin blanc, fait en quantité plus limitée à Bili Zal, sur la côte est de Korcula. De bons plavacs, dont un de vendange tardive expérimental, sont faits sur l'île ensoleillée de Hvar. Le cépage blanc de vugava est la spécialité de l'île toute proche de Vis.

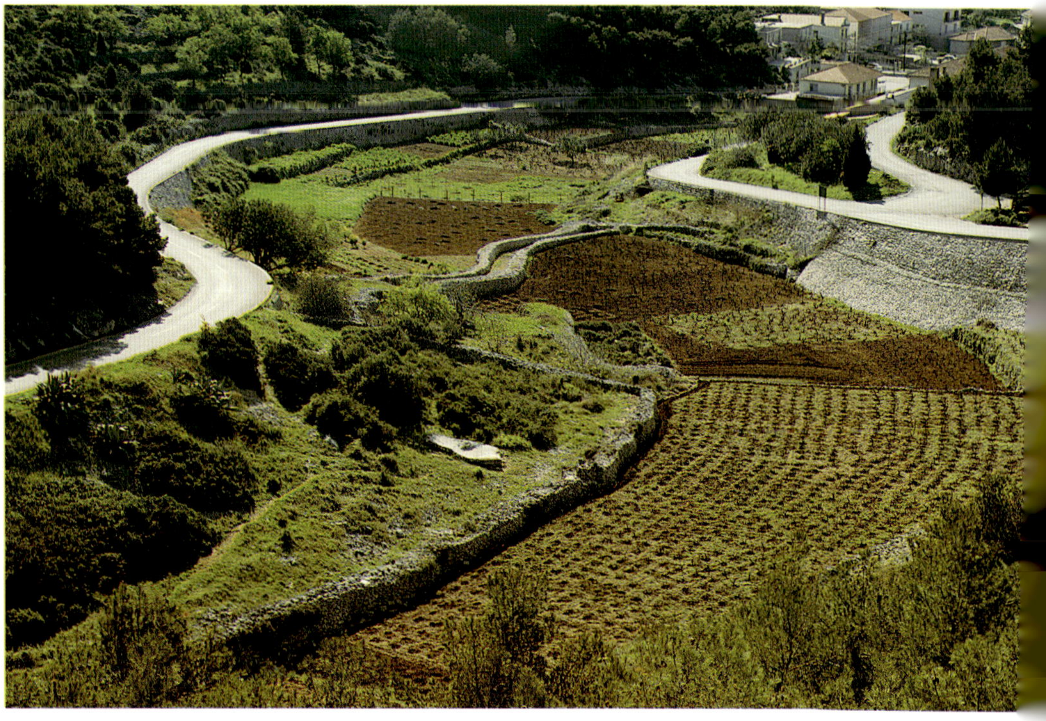

Ci-dessus Vignes buissonnantes et basses dans l'une des îles de Hvar, au large de la côte dalmate. Ces îles ont une longue tradition vinicole de plus en plus reconnue dans le monde du vin, au point d'attirer des investisseurs étrangers.

Plusieurs vins plus ou moins blancs, à la forte personnalité, sont faits dans ces îles magnifiques, où l'équipement des caves est progressivement modernisé. Le bogdanusa et le parc de Hvar, pâles et parfumés, le marastina, délicat ou puissant dans le Prosek blanc, tous ces cépages ont des identités très fortes, aussi éloignées de celles du sauvignon blanc qu'on puisse l'espérer. Avec la cuisine dalmate – petites huîtres, jambon cru, poisson grillé, viandes grillées à l'oignon, montagnes de raisins et de figues – l'ardeur et l'arôme des vins locaux font penser à l'ambroisie.

La Croatie continentale produit des vins moins élégants, blancs pour l'essentiel, qui tendent à suivre les traditions de l'Europe centrale. De remarquables vins pétillants de méthode traditionnelle commencent à émerger, particulièrement dans les entreprises familiales de la zone de Plesivica, à l'ouest de Zagreb. Des vins semblables à ceux de l'intérieur de la Slovénie sont faits au nord de la capitale, à Varazdin et à Sveti Ivan Zelina. La plupart des meilleurs chardonnays de Croatie viennent de là.

La région croate de la Slavonie, plus célèbre dans le monde du vin pour son chêne qui sert à faire les *botte*, les barriques chères aux Italiens, tente de rétablir ses traditions. Le traminac et le riesling semblent être les meilleures options, quand bien même on y cultive aussi du silvaner et du zweigelt, le cépage rouge d'Autriche. Kutjevo est un viticulteur important qui s'est concentré sur le cépage à tout faire de la région, le grasevina (welschriesling).

La Vojvodina partage avec la plaine de Pannonie, en Hongrie au nord et en Roumanie à l'est, son climat torride. Les cépages et les styles des vins traduisent une forte influence magyar, avec des vins assez doux, pleins, et certains pinots noirs prometteurs. Les vignobles dotés du meilleur potentiel se trouvent sur les Fruska Gora, les collines qui interrompent la platitude de la Vojvodina, le long du Danube, au nord de Belgrade.

Au sud de Belgrade, en Serbie, la ville de Smederevo donne son nom au cépage blanc smederevka, anodin et remplacé par des vins rouges plus excitants, faits avec le cépage de prokupac dans la Serbie méridionale. Mais, aujourd'hui, l'essentiel de la production vinicole serbe est un vin semi-doux sans beaucoup de distinction.

Le Kosovo est différent. Avant la désintégration de la Yougoslavie, son industrie vinicole dépendait fortement des exportations d'Amselfelder, un mélange de cépages rouges conçu tout spécialement pour le marché allemand. L'antique industrie vinicole albanaise, probablement à l'origine du cépage hongrois de kadarka, est plongée dans le chaos, mais dispose d'un potentiel indéniable. De tous les cépages noirs de cette partie du monde, le vranac du Montenegro est le meilleur, donnant des vins capiteux et structurés – et même, après trois ou quatre ans, des vins de grande classe. La cave 13th July à Podgorica en exporte un bon exemple.

Plus au sud encore, à la frontière de la Grèce, les vignobles brûlants de Macédoine sont de toute évidence faits pour la production de vin rouge, mais ils n'ont pas encore montré ce qu'ils étaient capables de donner à notre époque. Le principal producteur, Tikves à Kavadarci, vend un vin à l'étiquette romantique : « T' ga Za Jug » ou « Envie de Sud ».

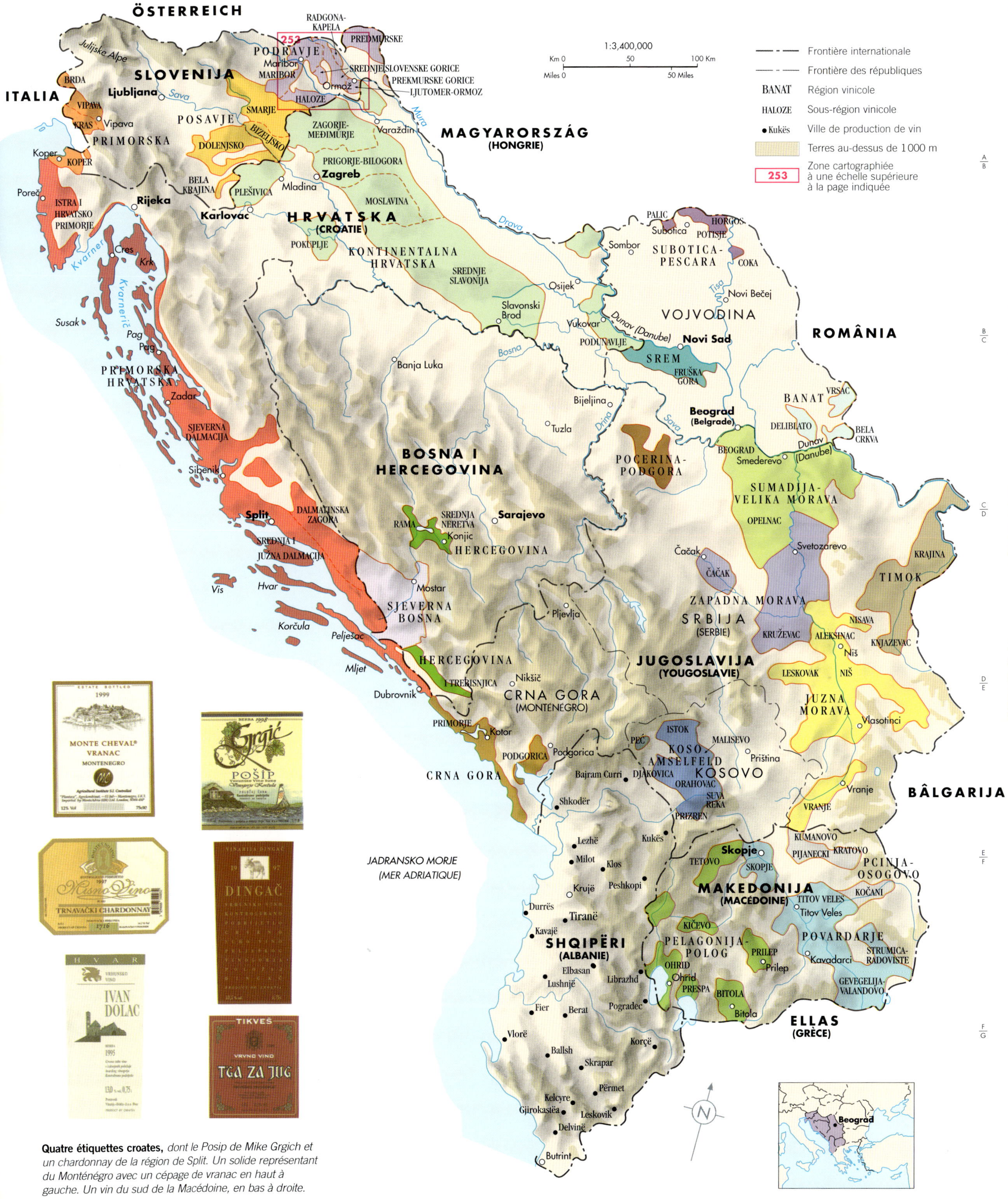

Quatre étiquettes croates, *dont le Posip de Mike Grgich et un chardonnay de la région de Split. Un solide représentant du Monténégro avec un cépage de vranac en haut à gauche. Un vin du sud de la Macédoine, en bas à droite.*

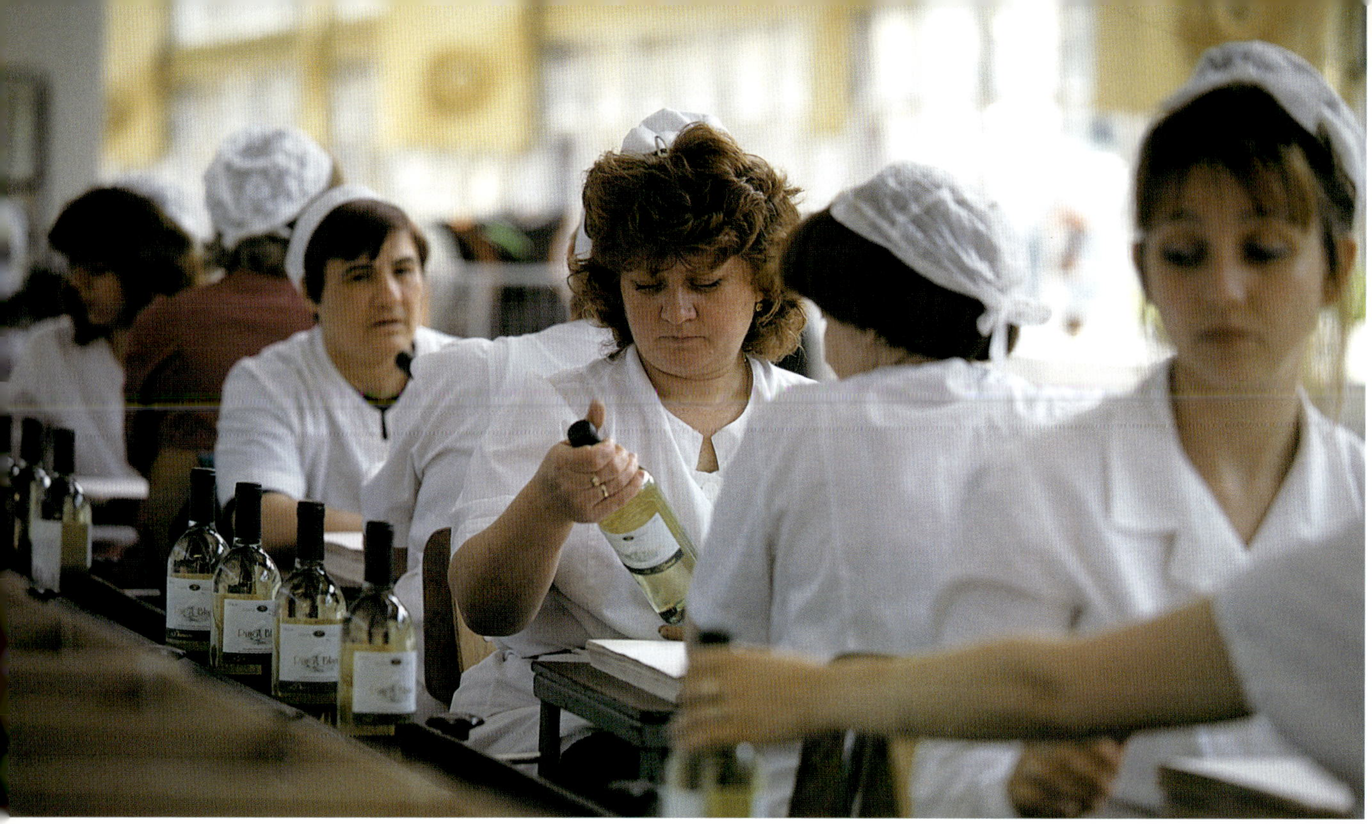

À gauche La chaîne d'embouteillage à la cave Rousse sur le Danube, au nord du pays. Seabord Corporation of America y a déversé des millions de dollars pour l'amélioration des vignobles, de l'équipement et des systèmes. Toutefois, la mécanisation complète ne semble pas en vue.

Bulgarie

De tous les pays vinicoles de l'Europe de l'Est, la Bulgarie est celui qui a été le plus déterminé à faire de son vin un produit d'exportation compétitif, susceptible de lui rapporter de nombreuses devises. Dans les années 1950, les plantations massives de cépages internationaux sur une terre fertile avaient pour but de faire jaillir un fleuve de vin ordinaire pour l'Union soviétique (puis pour l'Occident). Pendant une certaine période, le plan a réussi au-delà de toutes les espérances.

En 1966, la Bulgarie était le sixième pays exportateur de vin dans le monde. En 1978, le vin de Bulgarie a commencé à faire une impression favorable sur les amateurs britanniques de clairet. Ses exportations de vin ont atteint un sommet au début des années 1980 et, à la différence des autres pays de l'Europe de l'Est, elles représentent encore près de la moitié du vin produit.

Mais la croisade contre l'alcoolisme, lancée par Gorbatchev dans les années 1980, a eu un effet profond sur la Bulgarie. Avec l'effondrement de l'économie bulgare et la réduction de leur marché d'exportation, les vignobles du pays furent négligés ou tout simplement abandonnés. Il est difficile de savoir quelle quantité exacte de vin est consommée ou vendue hors des circuits commerciaux par ceux qui le font, mais les chiffres officiels suggèrent que la production moyenne ne représente plus qu'une petite moitié de celle de la France. Mais certains signes récents laissent penser que les vignobles sont de nouveau entretenus.

Au cours des années 1990, les caves et les usines de mise en bouteilles qui étaient la propriété de l'État ont été privatisées, attirant des investisseurs du Japon, des États-Unis et de l'Europe de l'Ouest ; les montants ont parfois atteint plusieurs millions de dollars. Ces investissements traduisent des ambitions sérieuses (et les budgets publicitaires pour les vins bulgares au Royaume-Uni en sont une preuve supplémentaire), mais la Bulgarie a encore besoin de réadapter sa viticulture et ses techniques de vinification à son ancienne réputation de producteur de vins fruités et robustes. Même si des caves comme Suhindol, Svishtov et Haskovo ont déjà leurs propres vignobles (Suhindol espère être autosuffisant vers 2009), seule une toute petite minorité des vignobles bulgares est entre les mains d'importants producteurs de vin (qui, dans les années 1990, ont succombé aux charmes des copeaux de chêne).

C'est pourtant un cabernet très peu altéré, très direct et vigoureux qui a fait la réputation de la Bulgarie à la fin des années 1970 et au début des années 1980. Le merlot s'est, depuis, joint à la fête et, au début de ce siècle, grâce à des investissements tardifs dans la fermentation à température contrôlée et à l'influence des experts australiens, certains producteurs bulgares ont finalement pu maîtriser le chardonnay et les rouges frais et fruités. La Bulgarie, si l'on en croit les chiffres officiels, a un vignoble de cabernet considérablement plus étendu que celui de la Californie. Les cépages importés de riesling et de sauvignon blanc jouent un rôle mineur.

Mais la Bulgarie possède aussi des cépages indigènes de bonne qualité. Le mavrud est un bon cépage noir, à maturation tardive et à forte personnalité, qui peut produire des rouges robustes et épicés, susceptibles de bien vieillir. Mais ce cépage unique a décliné même dans sa patrie d'Assenovgrad, près de Plovdiv, la deuxième ville bulgare après Sofia. Le melnik est un autre cépage, plus rare encore, cultivé dans le Sud, sur la frontière grecque. Il donne des vins puissants, parfumés, certains étant d'une douceur étrange après une survie impressionnante de plusieurs années dans le vieux chêne. Plus courants que les deux précédents, le pamid, qui donne un vin pâle et facile à boire, et le gamza (le vif kadarka de Hongrie) sont plantés aujourd'hui dans toute la Bulgarie.

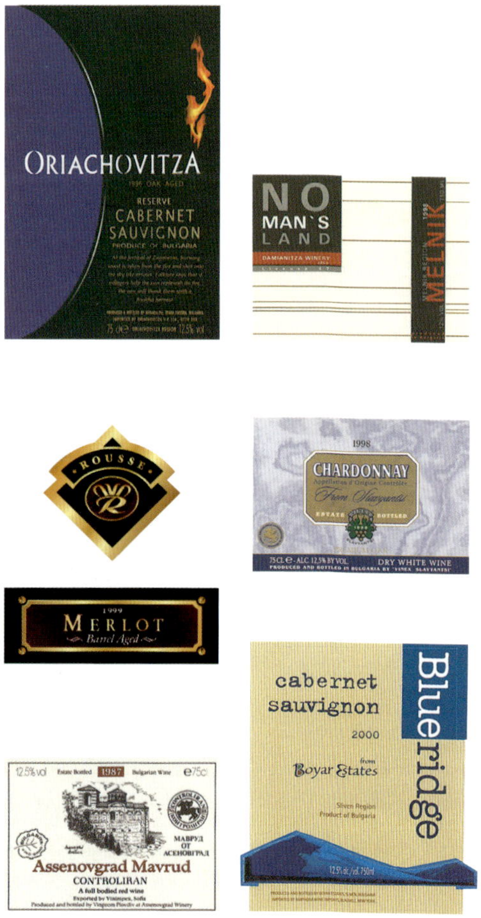

La plupart des vins exportés *de Bulgarie sont issus de cépages du Bordelais. Mais la vinification du vin blanc s'est améliorée, et deux cépages rouges locaux ont une personnalité bien marquée. Le cépage de melnik est cultivé dans les vignobles situés à la frontière de la Macédoine.*

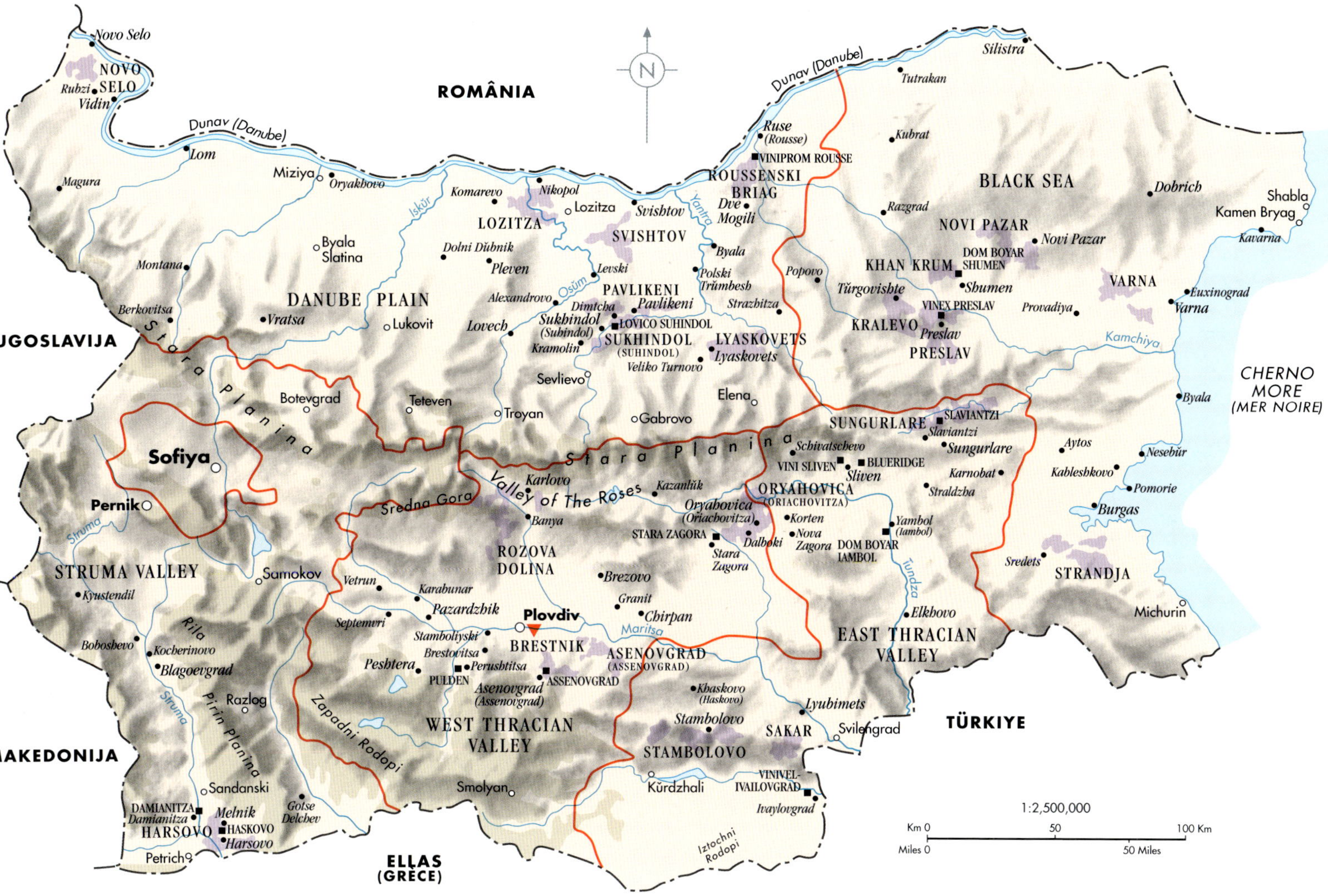

- Frontière internationale
- BLACK SEA — Région vinicole
- VARNA — Appellation d'origine (controliran)
- •Varna — Ville vinicole de premier ordre
- •Byala — Autre ville dotée d'une cave
- ■ BLUERIDGE — Cave rebaptisée
- Vins d'appellation d'origine contrôlée (controliran)
- Terres au-dessus de 1 000 m
- Station météorologique

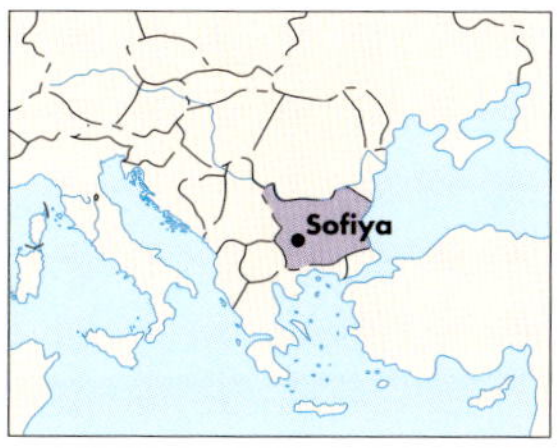

Bulgarie : Plovdiv

Latitude / Altitude : **42,08° / 190 m**
Température moyenne de juillet : **23,6 °C**
Précipitations annuelles : **520 mm**
Précipitations du mois de la vendange : **septembre : 30 mm**
Principal danger viticole : **maladies à champignons**
Principaux cépages : **cabernet sauvignon, merlot, rkatsiteli, gamza, misket, welchsrizling, ugni blanc**

Parmi les cépages blancs, les variétés dominantes sont les acides rkatsiteli de Géorgie et le dimiat (le smederevka de tous les jours de Serbie). Le misket rouge (hybride local de dimiat et de riesling) et le muscat ottonel sont populaires, comme l'aligoté, planté en abondance en Europe orientale.

Les autorités bulgares semblent décidées à imposer un régime aussi strict que celui de l'appellation contrôlée en France à toute l'industrie vinicole du pays. Le Controliran est l'équivalent d'une appellation, mais avec de nombreuses limitations. Les vins de réserve doivent être vieillis dans le chêne, souvent américain, parfois français ou bulgare. Les législateurs ont redessiné deux fois la carte vinicole du pays au cours des vingt-cinq dernières années, en 1978 et en 2000 (les régions qui apparaissent sur la carte sont les dernières en date).

La grande majorité des merlots et des cabernets de Bulgarie sont cultivés dans la vallée de la Thrace, au sud des Balkans, la Stara Planina, et sont vinifiés dans les caves de Blueridge (créées par des Australiens), Slaviantzi, Sliven et Iambol. Bien que cette région connaisse un été très chaud, elle est rafraîchie par les vents frais en provenance des Balkans, qui se déploient d'est en ouest au centre du pays. Plus au sud encore, on trouve la cave Haskovo, qui s'est fait une réputation pour ses rouges, particulièrement des merlots assez souples.

Les ambitieuses caves Svishtov (qui contrôlent leur approvisionnement en raisin) et Rousse, à l'est, sont situées sur le Danube, qui sert de frontière avec la Roumanie. Suhindol, une importante coopérative plus au sud, mais bien au nord des Balkans, a été encore plus ambitieuse pour ce qui est de la propriété du vignoble et elle fut la première à être privatisée après la chute du communisme.

La plupart des meilleurs vins blancs bulgares proviennent des environs de Shumen et de Preslav (nord-est du pays), côte la plus fraîche – même si Pomorie, sur la côte brûlante de la mer Noire, fait un excellent blanc et du brandy.

La vallée des Roses, entre les montagnes des Balkans et du Sredna Gora – célèbre pour ses roses d'un rose sombre – cultivées pour leurs huiles essentielles, ou attar, produit des vins parfumés à partir des cépages de misket et de muscat, ainsi que de cabernet sauvignon.

Derrière les monts Rhodope et Pirin, dans le doux sud-ouest du pays, près des frontières de la Grèce et de la Macédoine, la vallée de la Struma ne produit qu'une petite quantité de vin. La cave Damiannitza à Melnik est synonyme du Shiroka Melnishka Losa (« vigne à large feuille de melnik ») ou melnik, le cépage qui donne les vins les plus originaux de la Bulgarie. Et l'originalité est devenue une denrée rare dans la Bulgarie vinicole.

Roumanie

La Roumanie exportera sûrement un jour de grands vins. Ce n'est pas seulement une question de situation géographique – la Roumanie est à peu près à la même latitude que la France – mais aussi de tempérament. La Roumanie est un pays latin pris en sandwich par des pays slaves. Elle a longtemps eu de grandes affinités avec la culture française. Sa littérature vinicole partage le même lyrisme têtu que les écrits gastronomiques français.

Il est généralement admis que ce qui les sépare, c'est l'influence atlantique, qui rend la France tempérée et humide, et le climat continental qui domine la Roumanie avec ses étés brûlants et secs. Il existe pourtant des influences tempérées (la mer Noire et des montagnes élevées des Carpates).

Dans cette partie du monde, il est impossible d'échapper à l'histoire politique. La Roumanie est aujourd'hui beaucoup plus vaste qu'elle ne l'était il y a un siècle. Avant 1918, la Transylvanie et le Banat faisaient partie de la Hongrie, la Dobroudja appartenait à la Bulgarie. D'un autre côté, l'ancienne région de la Bessarabie, récemment baptisée République de Moldavie (présentée page 260) était la moitié septentrionale de la Moldavie roumaine.

Les Carpates s'enroulent comme une coquille au milieu de la Roumanie. Elles occupent près de la moitié du pays, s'élevant au-dessus de la plaine environnante à une altitude de 2 400 m et se refermant sur le haut-plateau de la Transylvanie. De l'autre côté de la Valachie, au sud du pays, le Danube s'écoule dans une plaine sablonneuse, remontant vers le nord et son delta, isolant ainsi la Dobroudja le long de la mer Noire.

Dans les années 1960, en Roumanie comme en Union soviétique, un vaste programme de plantation transforma d'immenses étendues de terres arables en vignobles, de sorte que la Roumanie disposait à la fin des années 1990 d'un vignoble d'une superficie de 250 000 hectares – ce qui faisait d'elle le cinquième pays d'Europe et le premier de l'ex-bloc soviétique. Mais, à la différence de la Bulgarie et de la Hongrie qui exportent l'essentiel de leur vin, les Roumains boivent pratiquement tout le leur.

Les trois quarts du vin consommé en Roumanie est blanc, fait principalement à partir des cépages locaux. Le feteasca alba (le leanyka de Hongrie) et le feteasca regala (un hybride des années 1930, composé à partir du grasca de Cotnari et du feteasca alba) sont les cépages les plus plantés. Mais on trouve aussi beaucoup de welschriesling, d'aligoté et de merlot. Le cabernet sauvignon, le sauvignon blanc, le gewurztraminer, le pinot gris et le muscat ottonel sont les autres cépages interna-

- Frontière internationale
- BANAT — Région vinicole
- COTNARI — Sous-région vinicole
- •*Sadova* — Ville vinicole de premier ordre
- ■ PANCIU — Cave
- Zone de production de vin
- Terres au-dessus de 1 000 m
- ▼ Station météorologique

1:3,750,000

Km 0 – 50 – 100 – 150 Km
Miles 0 – 50 – 100 Miles

Roumanie : Bacău

Latitude / Altitude : **46,35° / 190 m**
Température moyenne de juillet : **19,9 °C**
Précipitations annuelles : **540 mm**
Précipitations du mois de la vendange : **septembre : 45 mm**
Principaux dangers vinicoles : **gelées de printemps, sécheresse**
Principaux cépages : **feteasca alba, feteasca regala, welschriesling, aligoté, merlot, cabernet sauvignon**

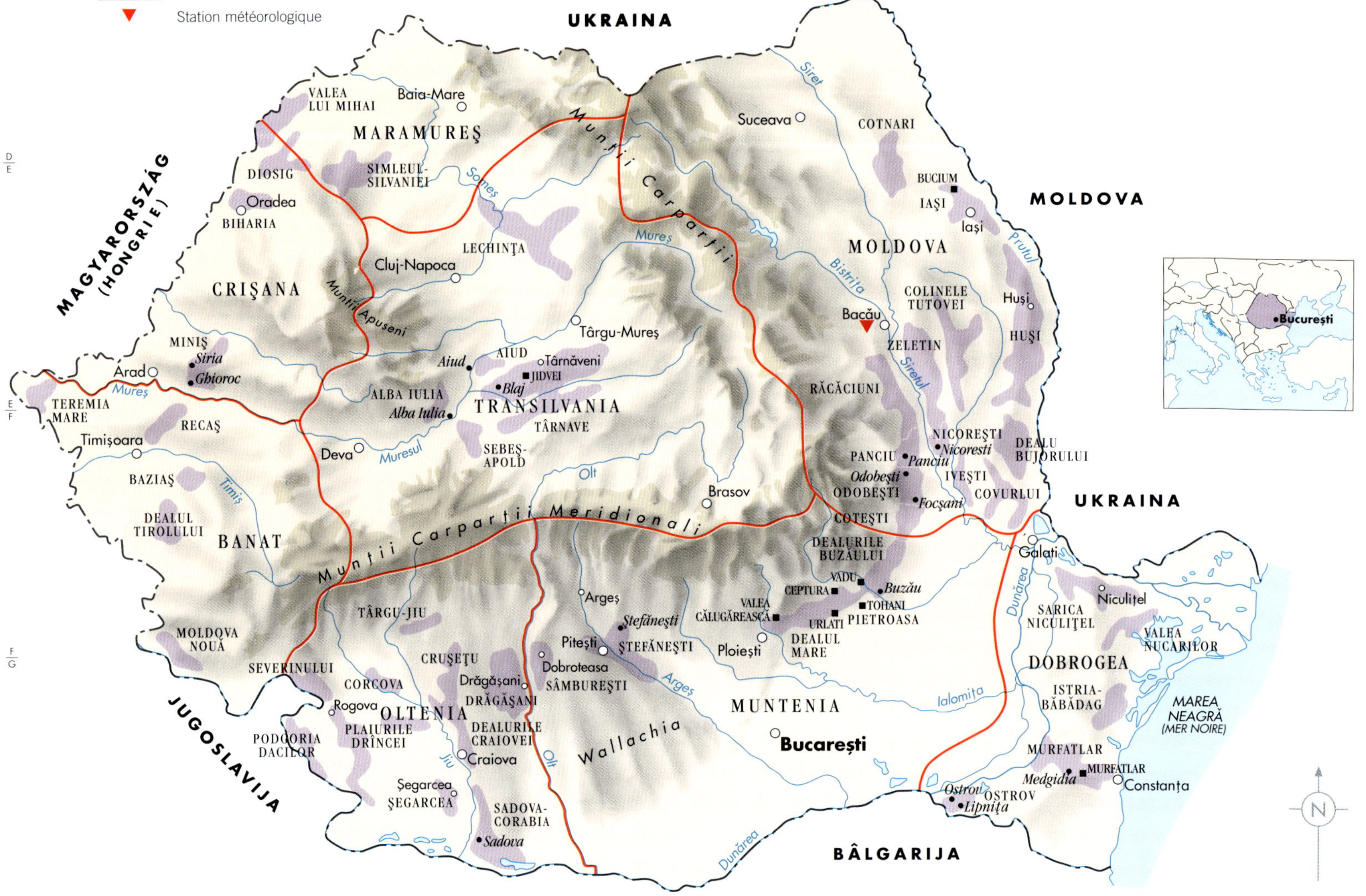

tionaux utilisés en Roumanie. On trouve aussi du chardonnay et du pinot noir. Les deux principaux cépages noirs roumains, le babeasca et le feteasca neagra, donnent respectivement des vins légers, fruités, et des vins plus sérieux.

Comme la Hongrie, la Roumanie possède un vin dont le nom était connu autrefois dans toute l'Europe. Mais si le tokay a tenu sous le régime socialiste pour retrouver aujourd'hui sa splendeur passée, le Cotnari, qu'on appelait à Paris « la Perle de Moldavie », a progressivement disparu. Il est ressuscité à l'heure qu'il est. Le cotnari était traditionnellement un vin blanc de dessert, fait dans le nord-est du pays. Il ressemble au tokay sans l'oxydation : pâle, délicat et aromatique. Il est le résultat des attaques du botrytis sur le cépage « gras » de grasa et sur celui, acide, de francusa, agrémenté des cépages indigènes et fortement parfumés de tamîioasa (frankincense) et de feteasca alba. Le vieillissement en fûts est bref : la complexité se développe en bouteille. Le cotnari provient de la région de la Moldavie qui a été laissée aux Roumains après l'annexion de sa partie septentrionale par les tsars, puis par les Soviétiques.

Le pays est aujourd'hui divisé en huit régions vinicoles ; la Moldavie roumaine, à l'est des Carpates, est de loin la plus importante, avec plus d'un tiers des vignobles. La Valachie, formée des collines de Munténie et d'Olténie, remparts méridionaux de la Transylvanie, vient en deuxième position avec un quart des vignobles roumains.

La Moldavie septentrionale est une région de vin blanc, dont la perle du cotnari. La grande concentration se trouve plus au sud, dans les collines de la Moldavie centrale : la Vrancea, avec Focsani pour capitale et 40 500 hectares de vignobles. Cotesti, Nicoresti, Panciu (connue pour son vin pétillant) et Odobesti (connue pour le brandy) sont les noms musicaux des principales villes vinicoles. La topographie change, mais l'essentiel est composé de sable, comme dans la grande plaine de Hongrie. Les vignes doivent être plantées dans des poches, creusées assez profondément pour que les racines puissent atteindre le sous-sol, parfois à plus de 3 m de la surface. Il faut beaucoup de temps à la vigne pour pousser jusqu'à la surface et se mettre à fructifier. Mais de bons petits vins sont produits là où rien ne poussait auparavant.

Suivant la courbe des Carpates, la Moldavie rejoint la Munténie, mieux connue sous le nom de ses vignobles les plus célèbres de Dealul Mare. Ces collines bien arrosées, exposées au sud sous le climat le plus chaud du pays, sont principalement consacrées au cabernet, au merlot et à un cépage qu'on pense être du pinot noir, ainsi qu'à celui de feteasca neagra (bien corsé), de burgund mare (le blaufränkisch d'Autriche) et d'un appétissant sangiovese, plus récemment. À l'époque soviétique, les vins rouges étaient doux pour les besoins du marché russe. Les exportations vers l'Occident ont aidé à corriger cette situation, même si certains des cabernets et des pinots noirs (très bien faits et abordables) sont encore un peu sucrés. Une spécialité de vin blanc se détache nettement : le vin de dessert, onctueux et aromatique, fait avec le cépage tamîioasa dans la région de Pietroasa.

La mer Noire et le Danube délimitent la Dobroudja, la région la plus sèche de la Roumanie. Le Murfatlar fait des vins rouges souples et des vins blancs succulents, et même des chardonnays doux avec des raisins très mûrs, cultivés sur des sols calcaires tempérés par les brises marines.

Les affleurements des contreforts des Carpates disséminés dans la Munténie et l'Olténie ont chacun leur spécialité. Le Pitesti est connu pour ses vins blancs aromatiques (particulièrement ceux de Stefanesti). Le Dragasani fait du cabernet sauvignon, du merlot et du pinot gris – ceux de Sâmburesti sont particulièrement bons. Au sud, dans la plaine du Danube, Segarcea s'est fait un nom pour le cabernet et sa réputation s'accroît pour le pinot noir.

Dans la partie occidentale de la Roumanie, l'influence hongroise se fait pleinement sentir. De nombreux vins rouges du Banat sont faits avec du pinot noir et du kadarka hongrois (orthographié « cadarca » en Roumanie). Les meilleurs proviennent de Minis. Le cépage blanc principal est le welschriesling.

La Transylvanie, elle, reste comme une île au cœur du pays : un plateau situé à 460 m d'altitude, frais et relativement pluvieux, favorisant la production de vins plus frais et plus acides que dans le reste de la Roumanie. Târnave fait le meilleur feteasca sec, et Alba Iulia, le muscat ottonel et le gewurztraminer les plus aromatiques.

Ci-dessous Les vignobles très ensoleillés de Buzau, dans le nord de la zone de Dealul Mare, où les cépages rouges servent à faire des vins de plus en plus secs. La Roumanie a un besoin urgent d'investir dans l'équipement.

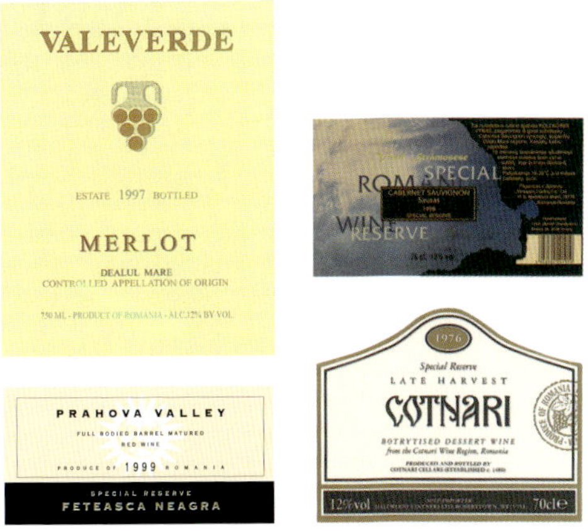

Mélange confus de langues, *de dessins et de styles, ces étiquettes expriment bien l'état actuel de l'industrie du vin roumaine, dont le potentiel est hélas loin d'être entièrement exploité – pour l'instant. Le feteasca neagra est le cépage à suivre.*

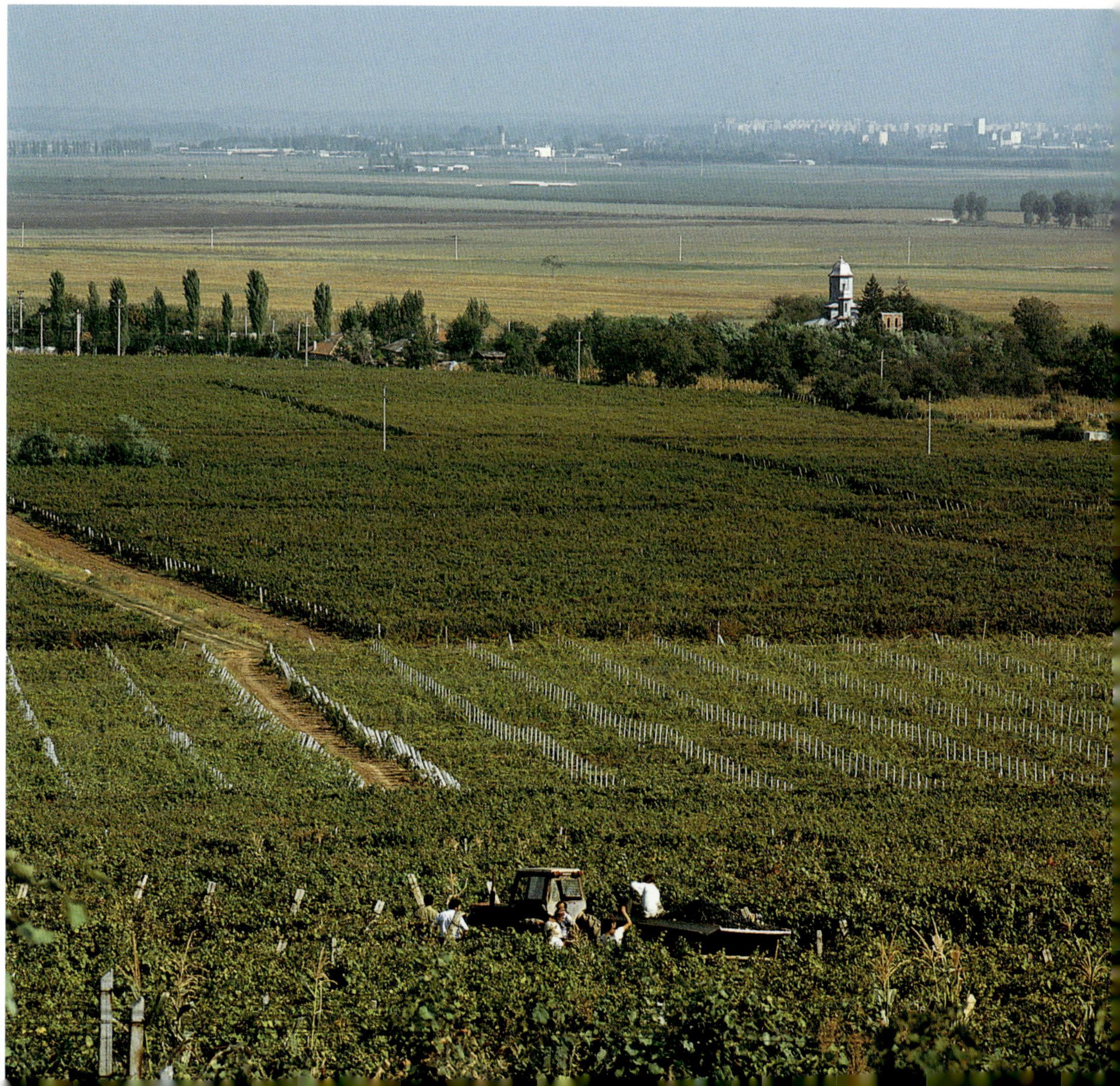

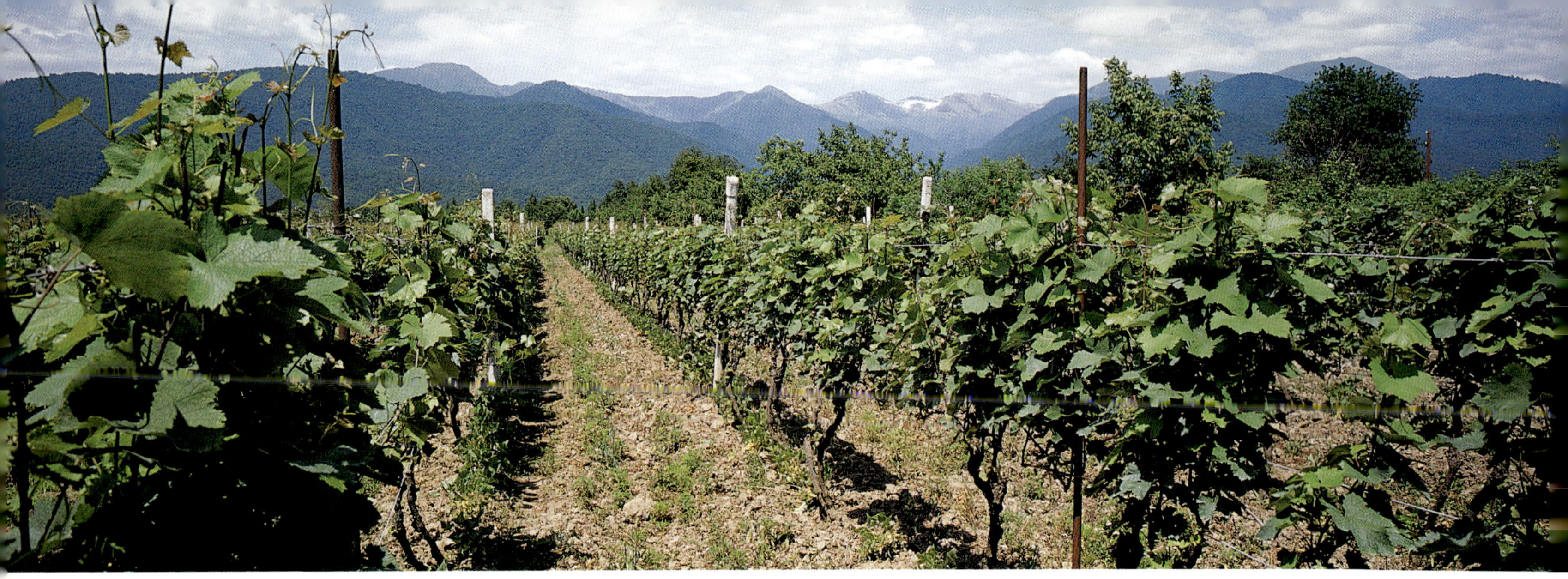

Anciennes Républiques soviétiques

Une des choses les plus extraordinaires concernant le vin, c'est sa capacité à refléter avec précision l'histoire des sociétés. Cela n'a été nulle part plus évident que dans ce qui était, avant la chute du communisme, l'Union soviétique.

Dans les années 1950, l'Union soviétique a opté officiellement en faveur du vin, aux dépens de la vodka. En 1950, elle disposait de près de 400 000 hectares de vignobles. En 1985, elle en avait 1,4 million, ce qui la plaçait juste derrière l'Espagne pour ce qui était de la superficie occupée par la vigne, et en troisième position, derrière la France et l'Italie, pour ce qui était de la production. C'était l'extension la plus importante et la plus rapide de la capacité viticole jamais enregistrée. Cela ne suffisait pas toutefois et l'Union soviétique restait un insatiable importateur de vin avec quelque 7 millions d'hectolitres par an – la production annuelle du Portugal –, dont l'essentiel provenait des pays du bloc communiste et de Chypre.

Vers le milieu des années 1980, Gorbatchev décida pourtant que le vin était une substance dangereuse pour le moral des Soviétiques. Il força les citoyens de son pays à la sobriété en faisant fermer des centaines de caves, de sorte que l'ensemble des anciennes Républiques soviétiques, à la fin des années 1990, ne représentait plus officiellement que 3 % de la production mondiale de vin.

La seconde révolution de 1991 n'a pas changé le système du jour au lendemain, mais elle a rouvert la porte de ces entreprises, dans ce qui constitue aujourd'hui la CEI (Communauté d'États indépendants). Il existe de nombreuses difficultés chroniques : pas d'usines d'embouteillage, pas de bouteilles parfois, des moyens de transport peu fiables, une certaine anarchie dans les proportions de fruits. Les producteurs de vin sérieux font pression pour obtenir une sorte de réglementation de la production vinicole, afin de combattre la fraude. Mais les projecteurs sont de nouveau tournés vers les régions qui ont donné à la Russie ses meilleurs vins dans le passé. Sans exception, elles se trouvent toutes dans la large bande qui longe la côte septentrionale de la mer Noire.

La Moldavie, à l'ouest, est l'ex-république soviétique qui possède le plus de vins et le potentiel le plus évident. Grâce aux efforts des colons français à la fin du XIXe siècle, la plupart des vignobles sont plantés avec les cépages qui se vendent le mieux : le cabernet sauvignon et le merlot.

Les tsars trouvaient leurs meilleurs vins de table dans ce qui était alors la Moldavie et qui avait été autrefois la Bessarabie. L'histoire de la Moldavie est celle de l'affrontement entre la Russie et la Roumanie. Heureusement pour son peuple (essentiellement roumain), aucun camp ne l'a emporté, et la Moldavie a fini par obtenir son indépendance en 1991 (voir page 259 pour plus de détails sur la Moldavie roumaine).

Pendant la période soviétique, l'affinité naturelle de la Moldavie pour la vigne fut récompensée par le cadeau empoisonné d'un programme de plantation colossal (240 000 hectares de vignes furent plantés), pour fournir à l'Union soviétique un cinquième de sa consommation de vin au début des années 1980. La combinaison d'une série d'hivers terribles et de l'action de Gorbatchev contre l'alcoolisme a fait disparaître 57 000 hectares. Mais, rapportés à une population de 4,3 millions d'habitants, 183 000 hectares de vignobles (un dixième de la superficie du pays), c'est encore beaucoup.

Les atouts de la Moldavie sont sa latitude (celle de la Bourgogne), des sols relativement pauvres, les pentes de nombreuses vallées alluviales, un climat tempéré par la mer Noire. Les hivers sont parfois assez froids pour tuer les vignes non protégées, mais les vignobles situés sur les meilleurs sites disposent d'un climat presque idéal.

La grande majorité des vignes est plantée dans la Moldavie méridionale et centrale, autour de la capitale de Chisinau dans la zone de Bugeac. Le vignoble le plus célèbre de la Moldavie se trouve à Purcari, dans le sud-est, où le cabernet et le saperavi (magnifique cépage noir de Géorgie qui donne des vins acides, sombres, pleins, vieillissant bien) sont mélangés pour faire un formidable clairet. Seul le manque d'infrastructures et d'environnement commercial stable a empêché les investisseurs étrangers de capitaliser sur ce trésor moldave.

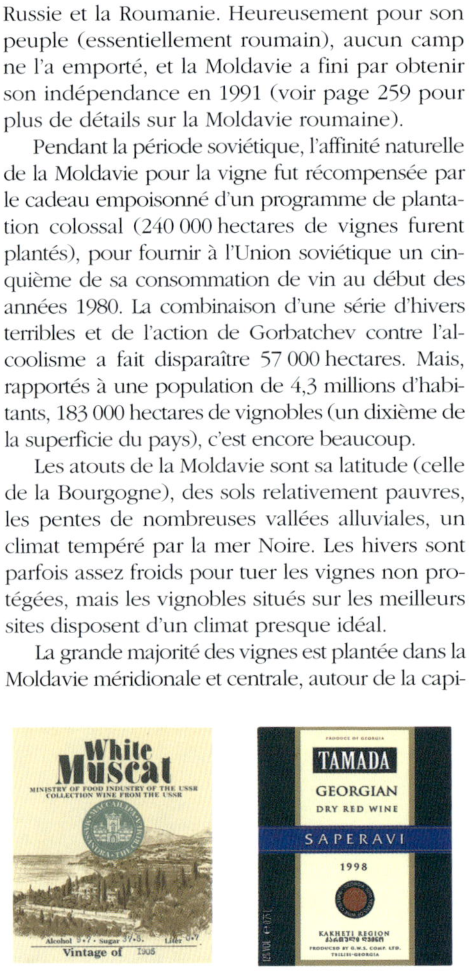

Ancien et moderne : *des bouteilles de ce Muscat Blanc de 1905 sont conservées à Massandra. Le cépage géorgien de saperavi, le plus célèbre du pays, a été introduit grâce à l'expertise australienne et aux capitaux français.*

Le deuxième pays pour la viticulture parmi les anciennes Républiques soviétiques est l'Ukraine. Il existe des vignobles importants autour des ports de la mer Noire d'Odessa et de Kherson, mais la région vinicole la plus intéressante est de loin la Crimée.

La Crimée est devenue une partie de l'empire russe sous le règne de la Grande Catherine, à la fin du XVIIIe siècle. Le climat méditerranéen de sa côte méridionale en fait la région balnéaire de l'aristocratie. Elle fut aménagée par le comte Mikhail Vorontzov, anglophile cultivé et fabuleusement riche, dans les années 1820. Vorontzov construisit une cave, puis un palais, à Alupka, au sud-ouest de Yalta. Passionné de vin, il fonda aussi un institut du vin, qui est encore aujourd'hui le plus important de la Communauté d'États indépendants.

Parallèlement à ce qui se passait en Australie à la même époque (et en Californie une génération plus tard), Vorontzov se mit à imiter les grands vins français avec la plus grande précision possible. Ses succès furent limités. La côte méridionale était trop chaude ; et à 10 km à l'intérieur des terres, il faisait trop froid. L'hiver, la température peut descendre jusqu'à – 20 °C et les vignes de vinifera doivent être enterrées pour survivre. Nonobstant, le régime soviétique fit de vastes plantations à l'intérieur des terres, de rkatsiteli principalement, mais aussi de cépages hybrides résistants au froid à Magaratch.

Une génération après Vorontzov, le prince Lev Golitzin adopta une démarche plus scientifique. Après la guerre de Crimée (1853-1856), le tsar fit construire un palais d'été, Livadia, entre Alupka et Yalta. Golitzin connut un remarquable succès en faisant la deuxième boisson favorite des Russes, le pétillant « shampanskoye », à 50 km à l'est sur la côte, dans sa propriété de Novy Svet (« Nouveau Monde »). Mais, de toute évidence, le destin de la Crimée est de faire des vins de dessert. En 1894, le Tsar fit construire « la plus belle cave du monde »

À gauche Des vignobles bien entretenus en Géorgie, pays qui a une longue histoire dans la production des vins de table. Ils ont une telle réputation que des quantités de vin « géorgien », bien supérieures à ce que la Géorgie peut produire, ont envahi la CEI.

Ukraine : Simferopol

Latitude / Altitude : **45,01° / 210 m**
Température moyenne de juillet : **21,1 °C**
Précipitations annuelles : **520 mm**
Précipitations du mois de la vendange : **septembre : 35 mm**
Principal danger viticole : **gel**
Principaux cépages : **muscat, rkatsiteli, magaratch ruby**

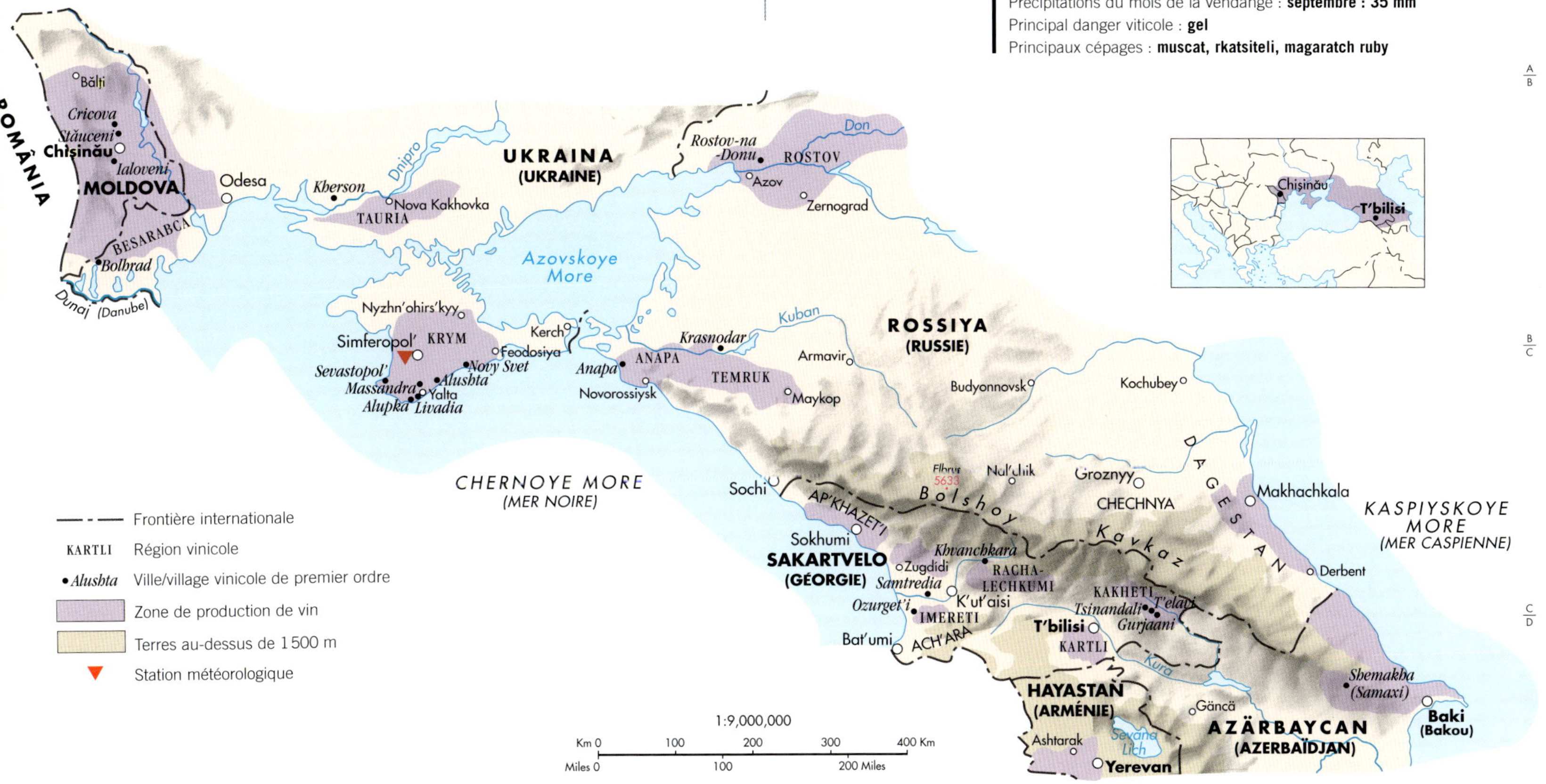

à Massandra, près de Livadia, en mettant Golitzin à sa tête afin de développer le potentiel de la côte méridionale, une bande étroite de 130 km de long entre les montagnes et la mer, et pour y faire des vins doux et puissants de toutes sortes.

Ces vins ont acquis une réputation fabuleuse dans la Russie pré-révolutionnaire et leur valeur n'a pas été sous-estimée par Staline qui, pendant la Seconde Guerre mondiale, a fait déplacer tout le contenu des caves de Massandra vers la cave délicieusement baptisée « Numéro Un », en Géorgie, jusqu'à ce que tout danger de pillage par les troupes hitlériennes soit écarté.

Les noms de Massandra, Livadia, Alupka, Novy Svet, ainsi que ceux d'Alushta, Ai-Danil et Ayu-Dag, sont réapparus dans le monde occidental en 1990, lors d'une vente extraordinaire chez Sotheby's à Londres, quand les vins de la collection officielle de Massandra, commencée par Golitzin et remontant à 1880, furent mis aux enchères.

Ils s'appelaient Porto, Madère, Sherry, Tokay, Cahors (vin qui a un statut historique au sein de l'Église orthodoxe russe) ou même Yquem, ou encore Muscat, blanc, rosé ou noir. La plupart des vins étaient très bons, un bon nombre étaient superbes, et les muscats de Livadia blancs et rosés étaient les meilleurs de tous.

La cave de Massandra abrite encore près d'un million de ces bouteilles, 1 200 millésimes en tout remontant à la fin du XIXe siècle, d'une collection qui est sans doute la plus importante et la plus élégante du monde.

La Géorgie constitue un cas tout à fait à part (même si ses vignobles ont été considérablement réduits pendant l'ère Gorbatchev). Ce n'est pas une nouvelle terre colonisée par la viticulture, c'est peut-être une des régions vinicoles les plus anciennes qui soient. Les archéologues ont trouvé dans ce coin, entre les Balkans et la mer Caspienne, des pépins de raisins qui provenaient de vignes cultivées plusieurs milliers d'années avant J.-C. Certains cépages de Géorgie ont plus de 500 ans, parmi lesquels le mtsvane, le matrassa, le saperavi argenté à la pulpe rouge, le rkatsiteli, acide et intense. Les différents climats des régions vinicoles offrent des terroirs bien distincts, dans les vallées fertiles du sud du Caucase couvert de forêts. Les Géorgiens sont connus pour leur bon appétit et leur goût pour le vin, le vin géorgien naturellement qui, selon la légende locale, est incapable de provoquer une gueule de bois.

Le Kakheti, où plus des deux tiers de tout le raisin géorgien est cultivé, s'étend sur les collines orientales du Caucase. Ces célèbres habitants centenaires croient au lien qui existe entre leur bonne santé et les vertus du cépage de saperavi. Les Géorgiens utilisent encore les méthodes traditionnelles, la fermentation et la macération étant opérées dans d'immenses jarres appelées *kwevris*, qui sont enterrées dans le sol pendant trois ou quatre mois et donnent des résultats, certes primitifs, mais merveilleusement variés et très aromatiques.

Le Kartli, sur les terres plates qui entourent la capitale de Tbilissi, produit des vins très identifiables pour les palais européens. Dans l'Imereti, à l'ouest, le vin est aussi fait à l'ancienne, puis rendu plus fort grâce à l'addition d'alcool pur. Juste au nord, dans le Racha-Lechkumi, le climat est bien plus humide, et les cépages locaux d'alexandreuili et de mudzuretuli donnent principalement des vins doux. Les cépages locaux et les vins doux sont aussi prédominants dans la zone humide, subtropicale, qui se trouve près de la côte de la mer Noire.

Avec une prise de participation de Pernod-Ricard, des techniques modernes de vinification australiennes ont fait d'une cave de la ville de T'elavi, dans le Kkheri, l'exportateur le plus dynamique de la Géorgie.

De nos jours, le cépage noir de saperavi donne les meilleurs vins du marché, même si celui de rkatsiteli s'est révélé utile et s'adapte facilement dans toute cette zone. Le shampanskoye de Géorgie, très bon marché et populaire, est fait en continu plutôt que par lots.

Les vignobles autour de Krasnodar et dans le Daghestan bénéficient des influences tempérées des mers Noire et Caspienne, mais ceux qui se trouvent autour de Rostov-le-Don (Sébastopol) et en Tchétchénie doivent supporter des hivers continentaux sévères. Les vignes font l'objet d'une protection spéciale : elles doivent être enterrées, ce qui exige une importante main-d'œuvre.

Le raisin est aussi une culture importante dans de nombreuses républiques de l'ex-Union soviétique situées en Asie centrale. En fait, selon les chiffres officiels, l'Ouzbékistan produit plus de vin que l'Ukraine ou la Géorgie, mais n'est pas encore prêt à lancer ses produits sur le marché international du vin. Comme le Daghestan, l'Arménie et l'Azerbaïdjan, cartographiés ici, les républiques de l'Asie centrale ont tendance à produire des vins doux, puissants et très peu raffinés.

Grèce

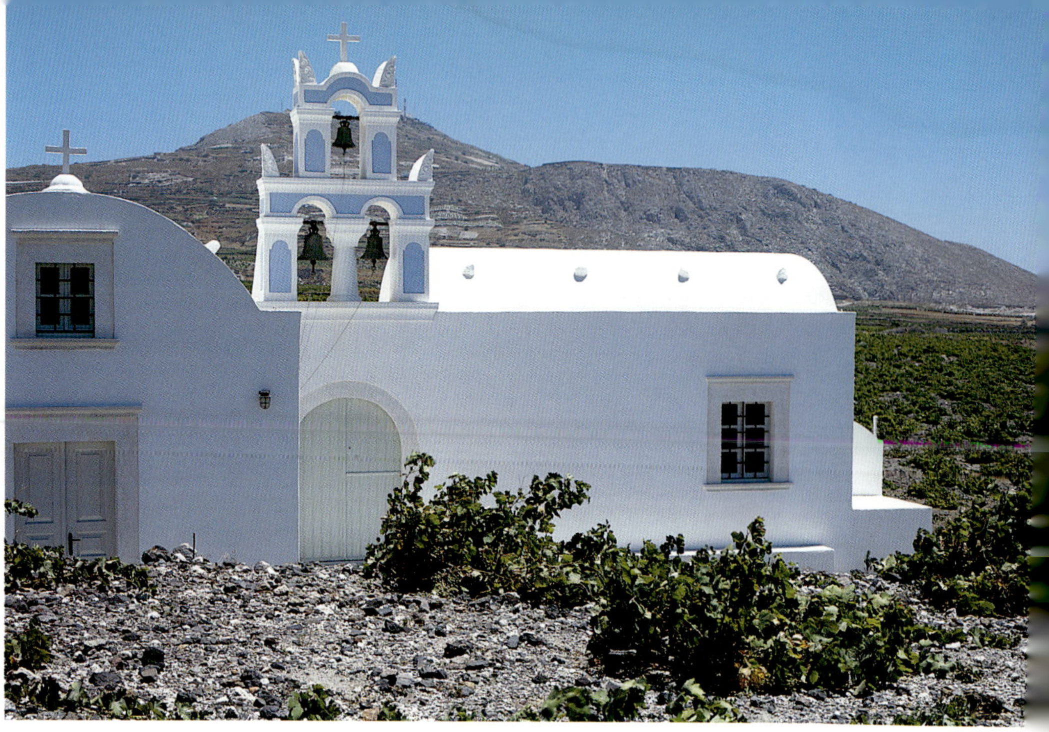

La Grèce est sans doute, de tous les pays qui se sont radicalement transformés depuis la dernière édition de cet *Atlas*, celui qui l'a fait de la manière la plus entousiasmante, en partie parce que ce pays nourrit l'espoir de s'ouvrir aussi bien à son passé qu'à son avenir. La réputation du vin de la Grèce moderne s'appuie non pas sur des cépages internationaux – même si elle en cultive –, mais sur des cépages indigènes qui peuvent remonter jusqu'à l'époque de la Grèce antique, berceau de la culture du vin tel que nous le connaissons aujourd'hui.

Cette nouvelle ère du vin grec a commencé en 1985 avec le retour d'un groupe d'agronomes et d'œnologues après des études en France. L'afflux de subventions de la Communauté européenne et d'investissements d'individus ambitieux leur ont permis d'améliorer les équipements de quelques négociants majeurs (Boutari et Kourtakis notamment), et de créer des caves nouvelles, beaucoup plus petites, dans des régions fraîches, là où le prix de la terre est assez bas. Leurs successeurs ont appris leur métier à Adelaide en Australie, à Davis en Californie ou au TEI à Athènes. Une bourgeoise moyenne en pleine expansion a fourni la clientèle pour ces vins nouveaux, à des années-lumière des vins oxydés autrefois typiques de la Grèce.

Ceux qui ne connaissent pas la Grèce peuvent imaginer qu'il y fait trop chaud pour y produire un vin de bonne qualité, mais l'altitude et l'exposition au nord jouent un rôle important qui contredit ce préjugé. En fait, les vins produits sur le plateau de Mantinia, au centre du Péloponnèse, doivent être désacidifiés au cours des années plus fraîches. À Nassoua, en Macédoine, certaines récoltes sont dévastées par la pluie et les champignons.

La Grèce dispose désormais d'un système d'appellation relativement sophistiqué, rationnel et utile, avec vingt appellations pour les vins de table et huit autres pour les vins doux, faits principalement avec des muscat blancs et des mavrodaphne rouges secs, ainsi qu'une réplique grecque des vins de pays français (les Grecs ont adopté le français comme langue du vin).

Dans le nord de la Grèce, le potentiel vinicole reste encore sous-exploité – c'est là que la révolution du vin grec fut discrètement proclamée dans les années 1960, au château Carras.

D'un point de vue physique, la Macédoine ressemble plus à la masse continentale des Balkans qu'aux confins méditerranéens de la Grèce. C'est le pays du vin rouge, dominé par un cépage, le xinomavro, dont le nom qui signifie « acide noir », évoque une certaine amertume, mais dont les vins figurent parmi les plus impressionnants de la Grèce. Naoussa est l'appellation la plus importante et la première créée dans le pays (1971). Avec le temps, les vins les mieux faits peuvent acquérir un bouquet aussi obsédant que celui des meilleurs barolos. Il y a de la neige sur les pentes du mont Vermio en hiver, mais les étés sont si secs que l'irrigation est obligatoire. La topographie est variée et la région assez vaste pour que les crus individuels méritent d'être identifiés.

Goumenissa, à des altitudes légèrement inférieures sur les pentes du mont Piakos, produit une version plus légère du naoussa. Les investissements n'ont cessé d'affluer à Amyntaio, la pente nord-ouest du mont Vermio, où les températures sont si fraîches que les blancs sont très aromatiques, le rosé de xinomavro une valeur sûre, et le vin pétillant excellent.

Zitsa est la seule appellation de l'Épire dans le Nord-Ouest ; le cépage blanc de debina y est le plus abondant et utilisé pour la production des blancs secs, pétillants ou non. C'est dans l'Épire que l'on trouve les vignes les plus élevées de Grèce, à Métsovo (à près de 1 200 m d'altitude). C'est aussi là que se trouve le plus vieux cabernet sauvignon, planté en 1963 chez Katogi Averoff.

Un nombre croissant de bons vins de pays, plus internationaux, sont faits autour de Drama en Thrace, dans le nord-est du pays. Signe de la confiance nouvelle des Grecs dans leur vin, des zones dispersées se développent dans tout le nord de la Grèce. Gerovassiliou, à Epanomi, au sud de Thessalonique, s'est lancé dans des expérimentations avec des cépages de petite syrah et de viognier, ainsi que de malagousia, le cépage blanc local.

Les négociants et les coopératives dominent pour l'instant dans la Grèce centrale. L'Attique, le jardin d'Athènes et la plus grande région vinicole avec 11 000 hectares de vignobles, s'est consacrée au retsina, le curieux vin fermenté et résiné qui a pendant si longtemps nui à la réputation du vin grec. Le savatiano et le roditis sont les cépages blancs locaux et peuvent donner les exceptionnels vins non résinés du Château Matsa et de Kotokos.

Ces cépages blancs sont aussi cultivés dans le Péloponnèse, qui est de nos jours la région vinicole la plus célèbre de la Grèce, en raison de sa côte magnifique, de sa proximité avec Athènes et de l'attraction exercée par les sites antiques. Nemea, près de Mycènes, est l'appellation la plus importante, et l'on y fait des vins succulents avec le cépage d'aghiorghitiko (saint george) exclusivement. On produit du vin assez ordinaire sur les terres plates, mais des vins stupéfiants sont en train d'émerger dans les vignobles à faible rendement situés à des altitudes qui vont jusqu'à 650 m. Gaia est le premier producteur, mais il est suivi de près par un certain nombre de nouveaux voisins. Des pressions sont exercées pour obtenir une distinction officielle entre les vignobles de la vallée et de ceux des collines, d'une supériorité évidente, avec des sites comme Koutsi, Asprokambas, Gymno, l'antique Nemea et Psari.

Ci-dessus L'île volcanique de Santorin est étroitement associée à la révolution vinicole de la Grèce. Yannis et Konstantinos Boutari ont créé un centre de tourisme vinicole ultramoderne près de cette chapelle des Cyclades.

Patras, dans le nord du Péloponnèse, est une région de vin blanc et la source des meilleurs vins de roditis. Le cépage blanc minéral de lagorthi, redécouvert récemment, a aussi du succès, grâce à l'Adoli Ghis (« terre sincère ») d'Antonopoulos. Oenoforos, qui achète des raisins en provenance du plateau froid, exposé au nord, d'Aighialia, est un autre producteur qui imprime le rythme du changement dans une région longtemps associée aux muscats et aux mavrodaphnes riches et sirupeux.

La Crète est le plus gros producteur de vin de toutes les îles grecques, célèbre au temps de Venise pour ses malmsey doux. Ceux-ci semblent, hélas, en voie d'extinction, mais l'industrie vinicole moribonde a attiré récemment des capitaux et un enthousiasme bien nécessaires.

Céphalonie et sa voisine ionienne de Zakinthos (qui possède son propre cépage rouge, très vif, d'avgoustiatis) arrivent en deuxième position, particulièrement pour leurs cépages blancs et frais de robola, de tsaoussi et de moschofilero, ainsi que pour des cépages importés. Corfu n'est pas une île pour les amateurs de vin.

Dans la mer Egée, plusieurs îles font des vins de muscat doux. Lemnos produit des blancs secs et doux, mais Samos reste la meilleure et la plus célèbre. Paros cultive son propre cépage de malvasia et le cépage rouge et rustique des îles, le mandelaria, qu'on trouve aussi en Crète (où le négociant Boutari fait de bons vins de tous les jours) et à Rhodes, dont le cépage le plus répandu est l'athiri blanc, corsé mais peu fiable.

Santorin est la plus originale et la plus irrésistible des îles. Ses vins puissants et intenses, blancs et (très) secs, sont faits à partir du cépage antique d'assyrtiko, échalassé sur les hauteurs balayées par les vents de ce volcan en sommeil. Le Thalassitis de Gaiai en est un exemple inspiré.

De gauche à droite, *deux des meilleurs vins rouges grecs et une sélection de vins blancs : un excellent Moschofilero de Tselepos (plateau de Mantinia), un chardonnay destiné au succès international, preuve du renouveau vinicole de la Crète, et un rare Nectar de Samos.*

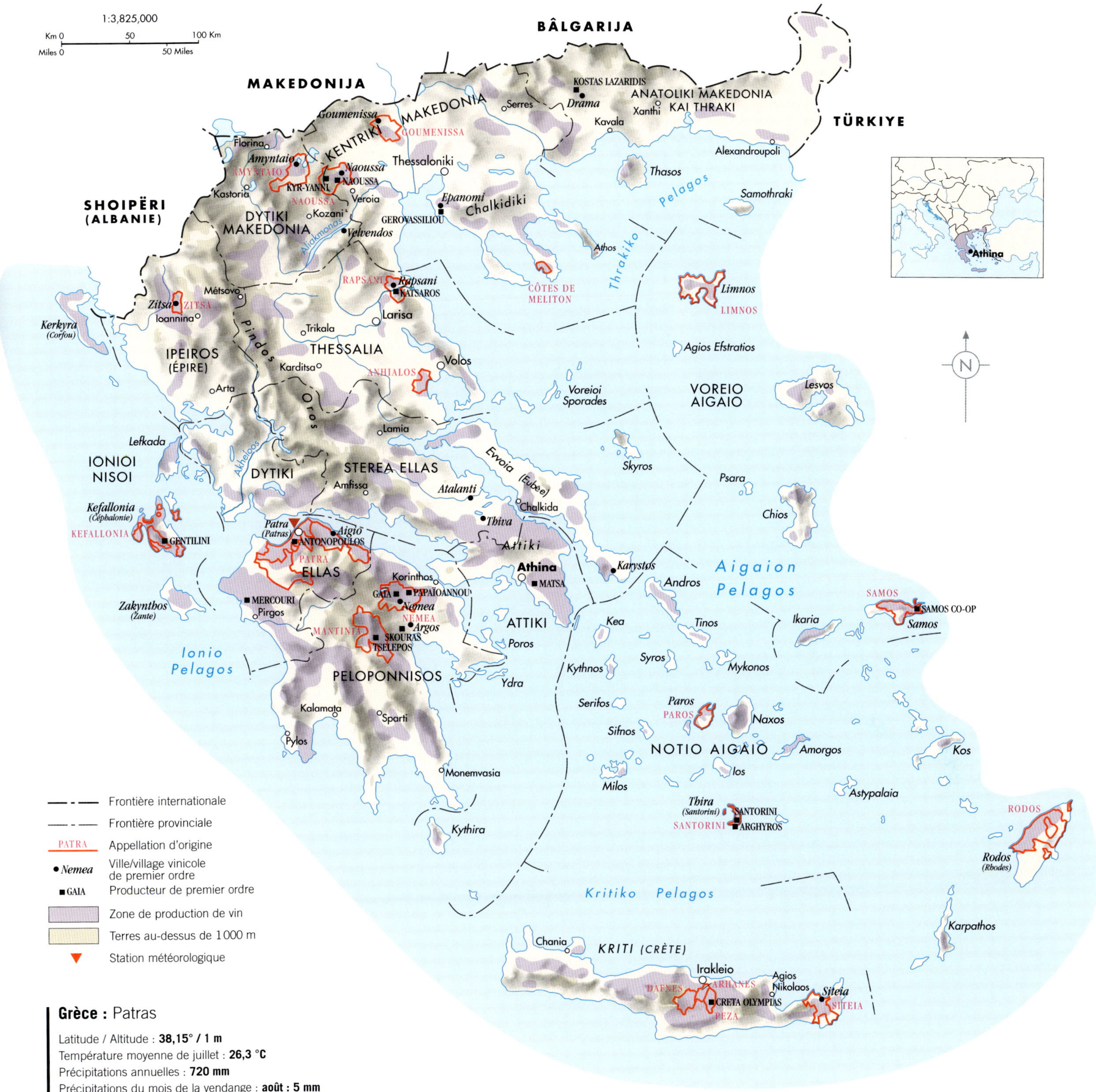

Grèce : Patras

Latitude / Altitude : **38,15° / 1 m**
Température moyenne de juillet : **26,3 °C**
Précipitations annuelles : **720 mm**
Précipitations du mois de la vendange : **août : 5 mm**
Principaux dangers viticoles : **sécheresse, orages**
Principaux cépages : **roditis, muscat, mavrodaphne**

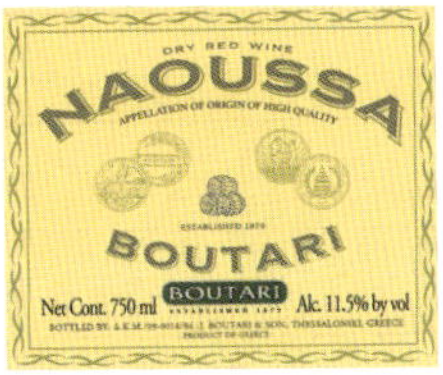

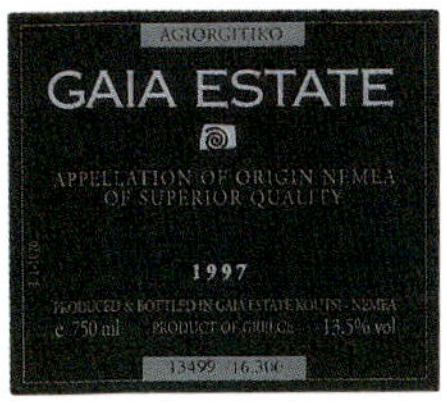

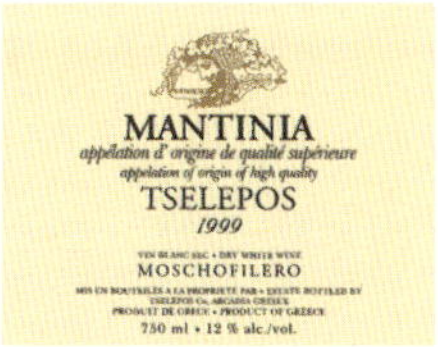

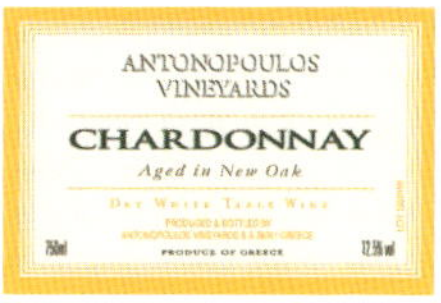

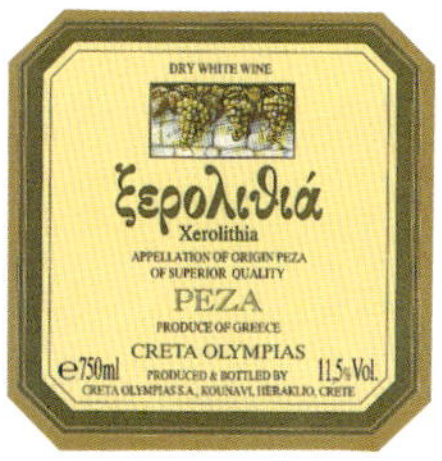

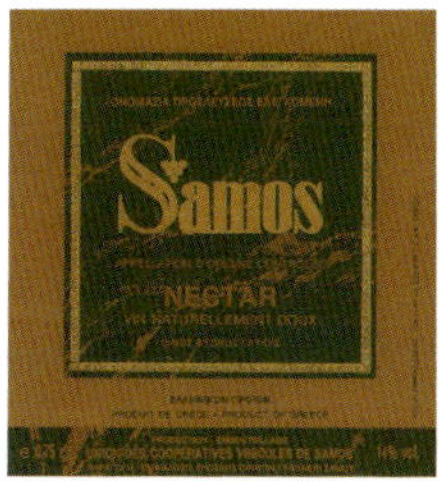

Méditerranée orientale

Peu importe que le premier vin ait été fait en Turquie ou en Arménie, le Moyen-Orient est sans le moindre doute le lieu de naissance du vin. La Méditerranée orientale était la France et l'Italie du monde antique – jusqu'au VIIIe siècle et à la naissance de l'Islam.

Le Prophète a interdit aux fidèles de boire du vin, mais les califes et les sultans – et d'autres encore – n'ont pas tous vécu dans l'abstinence. Les Chrétiens et les Juifs faisaient le vin – le buvait qui voulait. Mais ce ne fut pas avant la fin du XIXe siècle que le vin put retourner dans sa patrie. Le phylloxéra ayant détruit les vignobles d'Europe, l'Asie se glissa dans la brèche. En 1857, les Jésuites fondèrent les grandes caves de Ksara dans ce qui est aujourd'hui le Liban. Dans les années 1880, un membre de la famille Rothschild relança la viticulture en Israël. L'empire ottoman exporta 70 millions de litres de vin en un an, vers 1890. En 1903, Nestor Gianaclis planta les premiers pieds de vigne de la nouvelle industrie vinicole égyptienne, près d'Alexandrie, ville célèbre pour son vin à l'époque romaine.

À Chypre, l'industrie vinicole a pu être relancée avec succès (voir pages 266 et 267 pour plus de détails), mais à la fin du XXe siècle, les amateurs de vin du monde entier étaient encore peu férus des vins de la Méditerranée orientale, à l'exception de ceux de deux pays qui ont connu de ce fait une véritable révolution vinicole.

La Turquie n'est pas encore l'un d'eux. Peu d'amateurs de vin savent que la Turquie est, par exemple, le premier viticulteur du Levant. Elle possède le cinquième vignoble du monde, mais seulement 3 % des récoltes sont transformés en vin. Le reste est mangé, frais ou séché. L'industrie vinicole ne se développe pas à cause de l'absence de marché intérieur, puisque 99 % de la population est musulmane. Kemal Atatürk, fondateur de la république séculaire, a fait construire des caves d'État dans les années 1920, avec l'espoir de convaincre son peuple des vertus du vin. Il a ainsi permis la survie des cépages d'Anatolie, qui peuvent sans doute fournir des indices précieux concernant l'origine de la viticulture. Mais il est difficile d'arracher les Turcs au raki, l'alcool parfumé à l'anis. Un quart du vin produit chaque année quitte le pays, généralement avant d'avoir été mis en bouteilles.

La Turquie a des climats extrêmement variés. La Thrace et la Marmara, dans l'arrière-pays d'Istanbul, constituent à bien des égards la partie la plus européenne du pays, avec des sols propices à la vigne et un climat qui est semblable à ceux de la côte bulgare sur la mer Noire et du nord et de la Grèce. Les deux cinquièmes du vin turc y sont produits et la proportion des cépages importés y est plus forte que n'importe où ailleurs. Sarafin, qui s'est inspiré de Napa Valley et qui est le premier producteur turc à se concentrer exclusivement sur les cépages internationaux, a ses vignobles sur la péninsule de Gallipoli.

Un cinquième du vin turc provient des vignes à haut rendement cultivées autour d'Izmir sur la côte de la mer Egée, riche de vestiges antiques. Les vins blancs de cette région ont tendance à être meilleurs que les rouges, particulièrement ceux qui sont faits avec les cépages de misket (muscat) et de sultaniye.

On cultive un peu de vignes autour de Tokat, dans le nord de l'Anatolie, et autour de Denizli, dans le sud-ouest du pays. Le reste de la production turque provient des vignobles en altitude de l'Anatolie continentale, où les hivers sont très rigoureux et les étés très secs. L'Anatolie moyenne, ou Cappadoce, se déploie entre la capitale d'Ankara et Nevsehir. L'Anatolie orientale, autour des villes d'Elazig, de Malatya et de Diyarbakir (en dehors de la carte), se résume aux vignobles historiques de la vallée de l'Euphrate. Les rendements y sont faibles et seuls sont cultivés les cépages locaux, certains d'entre eux manifestant un potentiel considérable en dépit des équipements encore primitifs.

Le monopole d'État possède une vingtaine de caves, et assure l'essentiel des exportations. Les vins les plus demandés sont les mélanges très puissants, même si les noms de Trakya et de Buzbag, avec leurs vins rouges, plus légers et plus sombres (en provenance de Thrace et du sud-est de l'Anatolie), sont aujourd'hui familiers. Le Buzbag est une bonne affaire, un vin puissant et plaisant à la fois, en provenance d'un vignoble proche de celui de Noah. Il existe aussi un trakya blanc (sémillon).

Parmi les caves privées, Doluca et Kavaklidere sont les leaders en termes de taille, Diren est le pionnier des techniques modernes. Toluca opère en Thrace (la marque Villa Doluca est fiable). Kavaklidere (près d'Ankara) se concentre sur les cépages d'Anatolie : narince, emir et sultanyie pour les blancs (dont un primeur très frais), bogazkere, kalecik karasi et öküzgözü pour les rouges.

L'Iran est un autre pays qui, selon les statistiques de l'OIV (voir page 11), possède plus de vignobles que n'importe quel pays d'Europe, à l'exception de la France, de l'Italie et de l'Espagne. De la Perse et en particulier de la ville de Shiraz (pas de lien établi avec le cépage du même nom), venaient différents

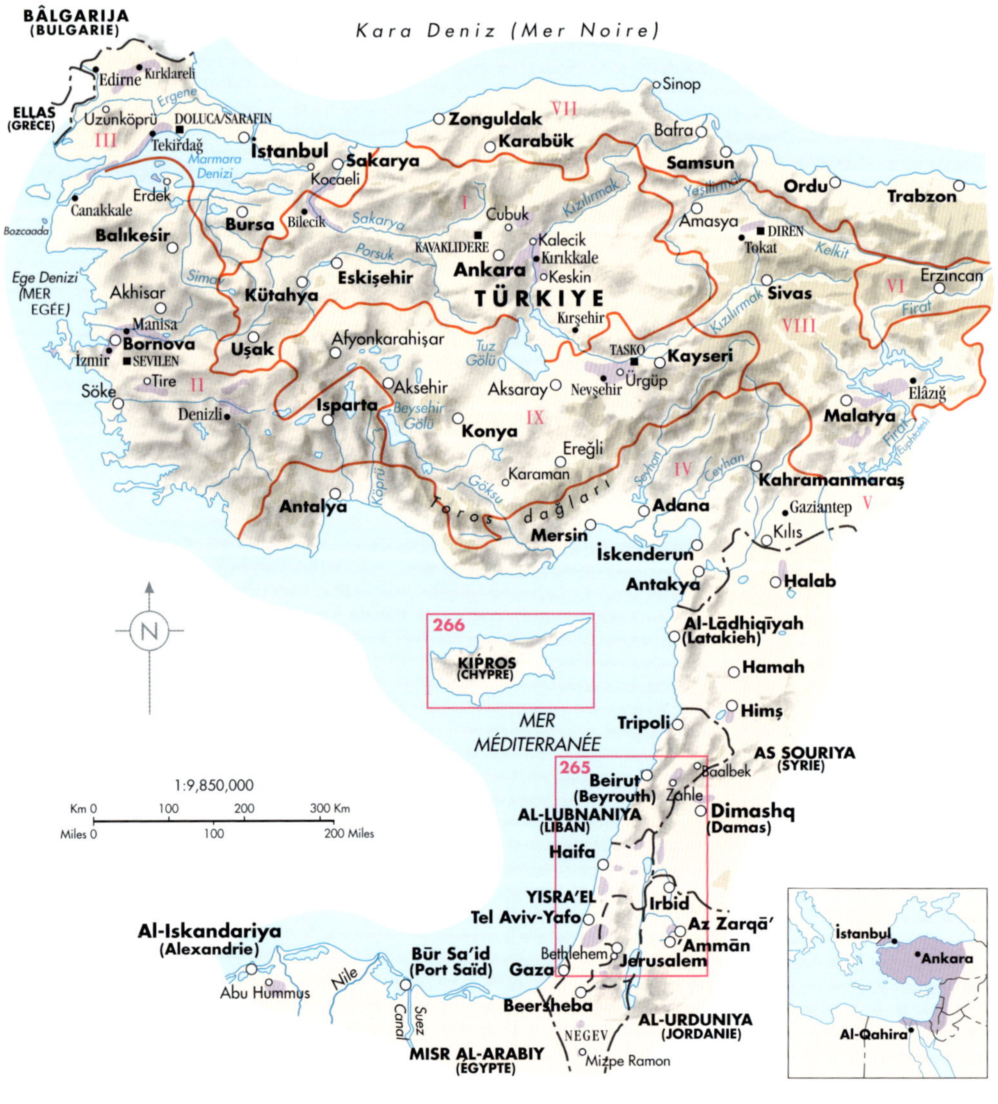

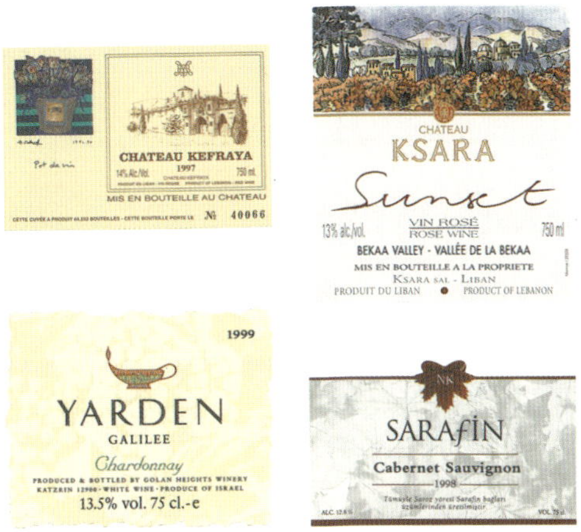

Deux des vins enthousiasmants *du Liban, au-dessus d'un vin israélien non traditionnel et d'un vin turc fait dans la cave la plus moderne. En Israël et au Liban, le vin est désormais une affaire sérieuse. Les Turcs préfèrent le raki.*

vins, ainsi que des vers magnifiques inspirés par le vin. Mais l'Iran moderne n'est plus un producteur de vin, tout comme l'Irak, la Jordanie et la Syrie, qui disposent tous de vignobles importants, mais n'ont officiellement aucune industrie vinicole.

Le Liban est un cas bien différent. Si on leur demande le nom d'un vin de la Méditerranée orientale, les amateurs éclairés citeront le Château Musar dont le responsable, Serge Hochar, a réussi à poursuivre la production pendant les vingt années de guerre civile. La cave de Musar est située dans la banlieue nord de Beyrouth, mais les vignes se trouvent dans la vallée de la Bekaa ravagée par la guerre. À 900 m d'altitude, le cabernet sauvignon et le cinsault en culture irriguée produisent des vins aux arômes extraordinaires qui font penser à un bordeaux riche et exotique ; ils sont vieillis longtemps avant d'être mis en vente et peuvent vieillir encore pendant des décennies. D'autres caves ont emboîté le pas de Musar. Le Château Kefraya fait un rosé rafraîchissant qui a du caractère, de même qu'un rouge qui ressemble à un bordeaux et à un côtes du Rhône à la fois. La cave la plus ancienne et la plus importante, Ksara, remonte à la corde. Au tournant du siècle, Massaya, le domaine Wardy et le Clos Saint Thomas sont devenus des concurrents sérieux.

De l'autre côté d'une frontière vivement contestée, Israël est le lieu de l'autre révolution vinicole dans cette partie du monde. Israël ne dispose que du quart du vignoble du Liban, mais exporte bien plus de vin, essentiellement pour satisfaire la demande mondiale de vin kasher. Les vins doux de kiddush ont été pendant des années la production standard des premières coopératives de Carmel Mizrahi à Rishon le Zion et de Zichron Yaacov, qui étaient des dons du baron Edmond de Rothschild à Israël. Elles contrôlent encore aujourd'hui plus de la moitié de tout le raisin récolté dans les zones de culture traditionnelle en Israël, avec le complément croissant des vignobles plus modernes de Ramat Arad, dans le nord du désert du Néguev.

Jusque dans les années 1980, les vins d'Israël n'avaient qu'un intérêt sacramentel. Mais les plantations faites à la fin des années 1970 sur les sols volcaniques des hauteurs du Golan, depuis la mer de Galilée jusqu'à une altitude de 1 200 m en direction du mont Hermon, ont donné une nouvelle impulsion au vin israélien. La technologie californienne a été importée et les meilleurs cépages noirs et blancs de Galilée, sous l'étiquette Yarden et sous celles de Gamla et de Golan, sont constamment bons et parfois excellents. Une culture du vin s'est mise en place en Israël, avec des magazines, des cartes de vins internationales dans les restaurants et des douzaines de petits caves nouvelles et ambitieuses, comme Castel près de Jérusalem et Margalit dans la plaine de Sharon.

La région vinicole qui dispose du plus gros potentiel est la Galilée, qui inclut les sous-régions des hauteurs du Golan et de la Haute Galilée déjà très recherchée. Les trois caves dominantes font toutes des investissements importants. Golan construit une nouvelle cave sur la frontière libanaise. Carmel a construit sa cave high-tech à Ramat Arad, tandis que Barkan, le second producteur derrière Carmel, installe une cave moderne près de Rehevot dans la région côtière très plantée de Samson, tout en poursuivant des plantations importantes dans le désert du Néguev. Les prouesses de la viticulture israélienne vont bientôt lui permettre de produire dans des sites improbables des vins qui supporteront la comparaison avec les meilleurs du monde.

Les vignobles Gianaclis en Égypte sont toujours exploités, au nord-ouest du delta du Nil à Abu Hummus, par la plus grande brasserie égyptienne, aidée par des conseils en provenance de Bordeaux. La plupart des vignes égyptiennes produisent du raisin de table, mais l'État qui contrôlait l'industrie vinicole jusqu'en 1998 a autorisé la production d'un filet de vin d'une qualité douteuse pour le tourisme. La privatisation annonce peut-être une renaissance du vin dans ce pays.

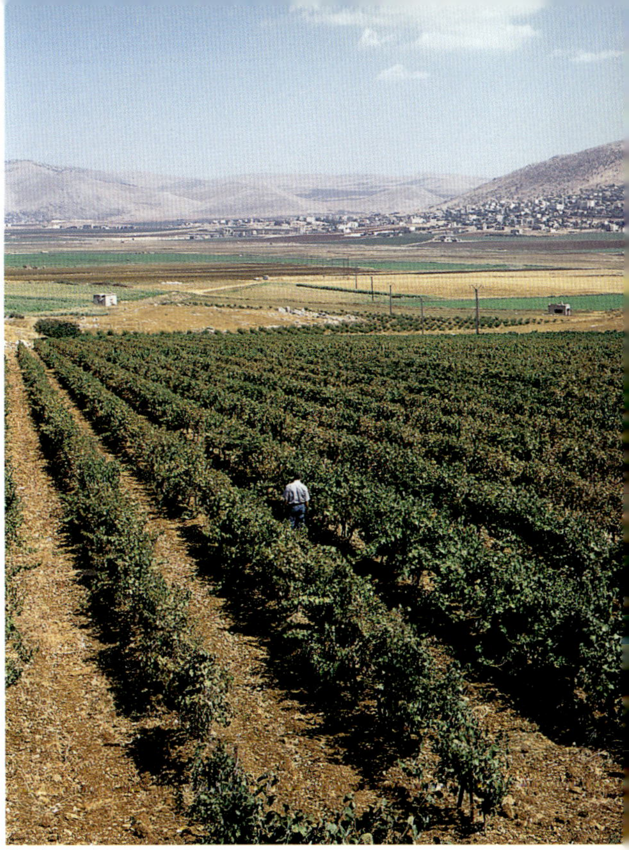

Ci-dessus Les engrais chimiques sont rares dans ces vignobles d'altitude de la vallée de la Bekaa, au Liban, où les plantations nouvelles de merlot, tempranillo, chardonnay, sauvignon blanc, cabernet sauvignon, syrah et mourvèdre sont très prometteuses.

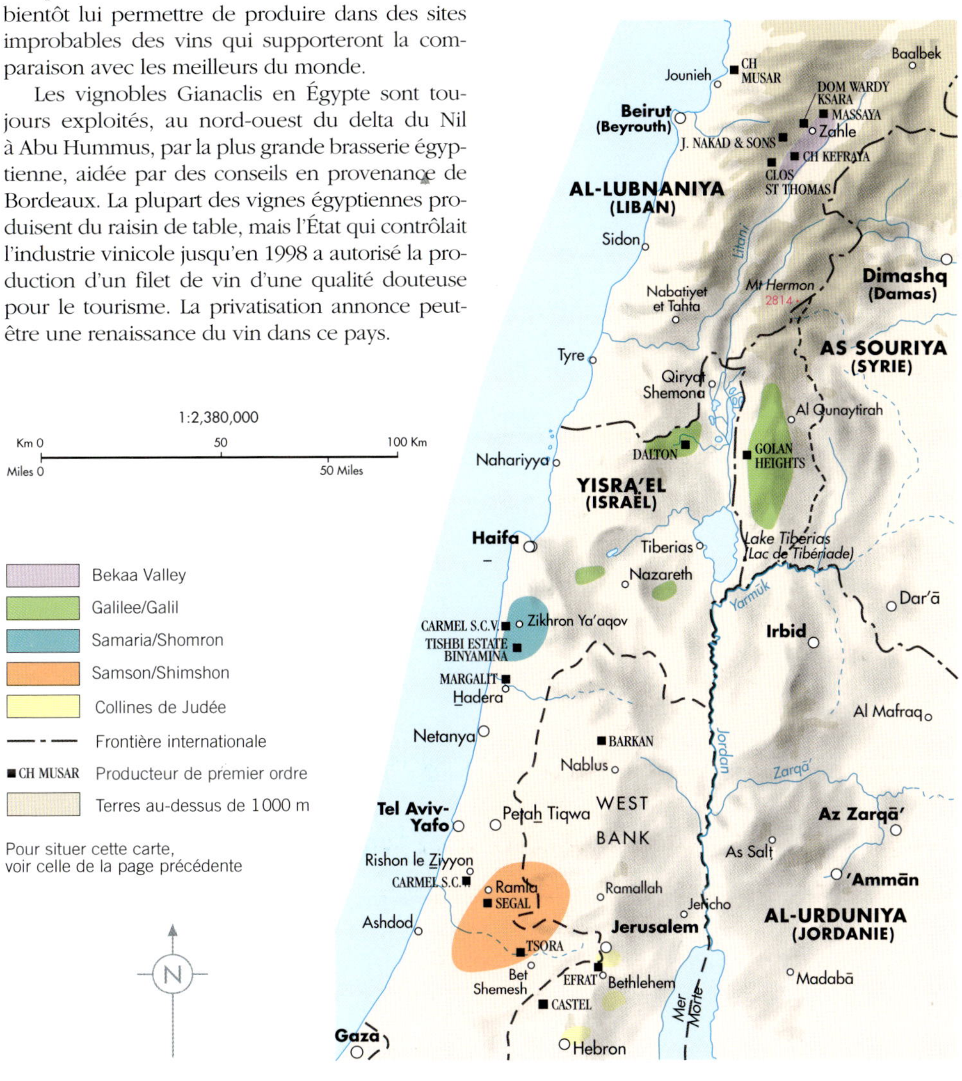

Chypre

Cette île magnifique de la Méditerranée possède non seulement une des plus vieilles traditions vinicoles au monde, mais elle a été pendant longtemps l'industrie vinicole la plus développée et la plus couronnée de succès de la Méditerranée orientale. Elle fut la première (pendant la domination anglaise à partir de 1878) à redonner au vin la place primordiale qu'il avait dans son économie avant l'invasion musulmane.

Pendant trois décennies, à partir des années 1950, Chypre a exporté des quantités énormes de vin : un ersatz de sherry vers la Grande-Bretagne et des vins ordinaires non vinés vers l'Europe de l'Est. Dans les années 1990, ces deux marchés se sont étiolés, le second à cause de l'effondrement du communisme. Les autorités vinicoles chypriotes ont essayé de forcer les vignobles et les caves de l'île à entrer dans l'âge moderne. L'industrie vinicole bénéficie du plan de remplacement des vignes les moins intéressantes et elle commence à produire des vins de table qui soutiennent la comparaison avec la concurrence internationale.

Tout le versant méridional des montagnes de Troodos est une région vinicole potentielle. Parce qu'elles attirent la pluie, les montagnes rendent la viticulture possible sur une île par ailleurs trop sèche. Les vignobles se trouvent dans des vallées vertes et idylliques, entre 600 et 1 500 m d'altitude.

À l'époque du vin ordinaire, les villes côtières de Limassol et, dans une moindre mesure, de Paphos sont devenus des centres vinicoles, en dépit de leur éloignement des vignobles. Aujourd'hui, un nombre croissant de petites caves s'installent près des vignobles, au grand bénéfice du vin – même si une majorité écrasante du raisin de l'île est vinifiée par l'une ou l'autre des quatre grandes compagnies.

Le plus singulier des vins de Chypre est le liquoreux Commandaria, fait avec des raisins secs rouges et blancs, dans quatorze villages (signalés sur la carte), situés sur le bas des pentes du Troodos.

Le Commandaria est désormais fait à la fois comme un simple vin de dessert, assez commercial et assez populaire pour son usage sacramentel, mais aussi en très petite quantité comme un vin de légende, d'une concentration presque alarmante (il peut contenir jusqu'à quatre fois plus de sucre que le porto). Le goût et la texture d'un vieux commandaria sont plus que sirupeux. Les meilleurs ont un goût de raisin frais, remarquablement obsédant.

Chypre n'a jamais été envahi par le phylloxéra, et les règles de quarantaine strictes ont ralenti l'importation des cépages internationaux. Plus de 70 % des vignobles de l'île consacrés à la production de vin (Chypre est aussi un grand producteur de raisin de table) sont plantés du cépage local de mavro. Les cépages locaux de xynisteri, de muscat d'Alexandrie et de palomino sont utilisés à la fois pour viner les vins et faire des blancs légers. Le grenache et le cabernet sauvignon sont les envahisseurs principaux pour le vin rouge. Des vendanges précoces donnent progressivement des vins plus fruités.

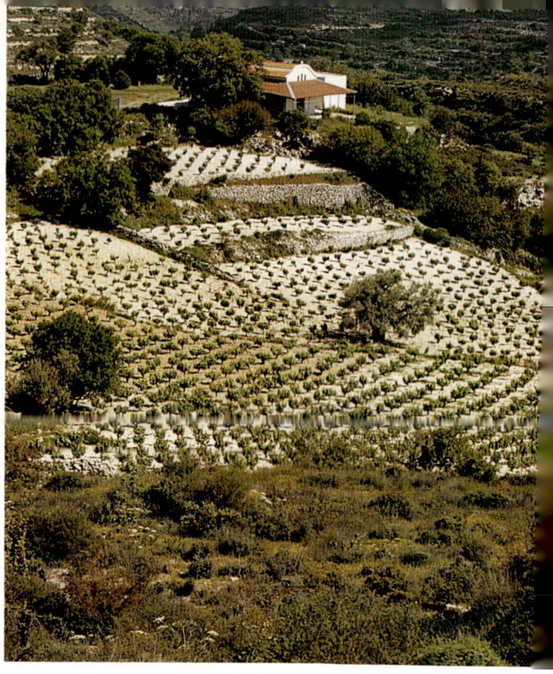

À droite Le Commandaria est fait à partir de vignes telles que celles-ci, près de Agios Yeorgios, depuis au moins la fin du XIIe siècle, lorsque les Templiers établirent leur Grande Commanderie dans la région.

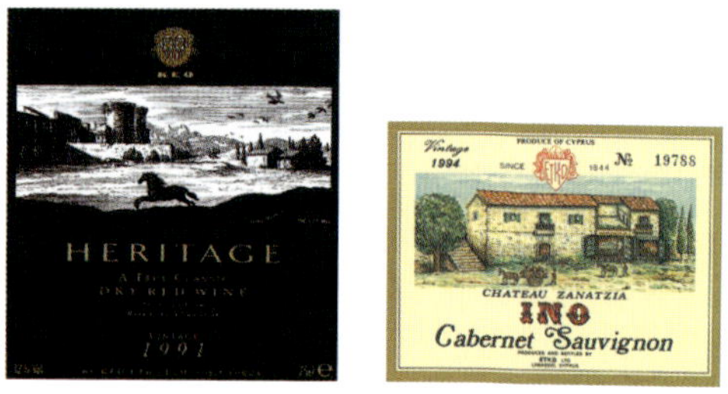

ETKO, le plus vieux producteur *de l'île a choisi la voie du cabernet, tandis que son rival, KEO, fait son Heritage avec le difficile, mais parfumé, cépage local de maratheftiko.*

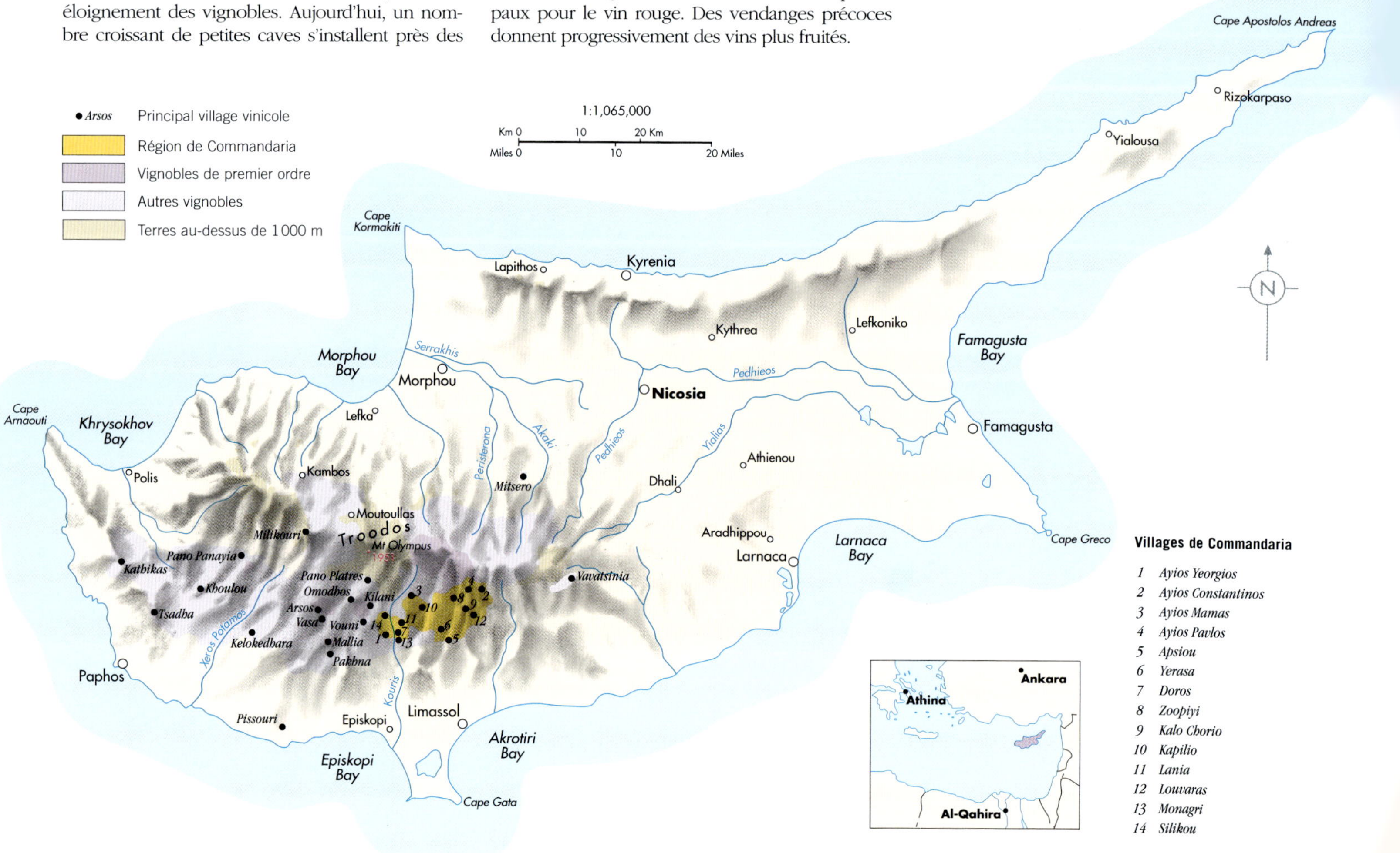

Afrique du Nord

L'Afrique du Nord se réveille enfin d'un sommeil de près d'un demi-siècle, depuis le départ des Français. Vers le milieu du XXe siècle, la production de l'Algérie, du Maroc et de la Tunisie représentait les deux tiers de l'ensemble du commerce international du vin. La plus grande partie de cette vaste quantité partait vers l'Europe (principalement vers la France) où elle servait comme ingrédient puissant dans les mélanges de vins rouges. L'Algérie disposait à elle seule de 400 000 hectares de vignobles. L'absence de marché intérieur dans ces pays musulmans eut pour effet un déclin immédiat après l'indépendance. Dans chaque pays, l'État prit en charge une industrie vinicole qui s'étiolait et ne faisait plus l'objet d'aucun investissement.

L'effet secondaire intéressant de cette paralysie prolongée, c'est une élévation de l'âge moyen des vignes, une proportion significative du vignoble ayant plus de cinquante ans. Si les techniques modernes de vinification pouvaient être appliquées au raisin produit par ces antiques pieds de vigne à faible rendement – principalement des vignes buissonnantes du Rhône, en vogue aujourd'hui –, il pourrait en résulter des vins fascinants.

Le Maroc est déjà en route pour une renaissance grâce à un certain nombre de participations financières – mais une grande partie de cet argent, en provenance de la société d'embouteillage française Castel, est consacrée à la plantation de nouveaux vignobles permettant la mécanisation des tâches – et grâce à une modernisation bien nécessaire des équipements de vinification. Le bons sens voudrait que le Maroc, le plus important producteur de vin d'Afrique du Nord, dispose des meilleurs vignobles, bénéficiant de l'altitude et de l'influence atlantique.

Le Maroc a un système d'appellations qui existe depuis un certain temps déjà. Les quatorze Appellations d'Origine Garantie (AOG), chacune ayant ses cépages spécifiques, sont indiquées sur la carte ; elles se déploient à travers le pays du sud-ouest au nord-est, sur le versant orienté au nord-ouest des contreforts de l'Atlas. Le cépage de carignan était autrefois dominant, complété par le cinsault. Mais les cépages de Bordeaux et du Rhône sont jugés aujourd'hui meilleurs pour les rouges, tandis que les cépages de clairette, de muscat et, en moindre proportion, de chardonnay et de sauvignon sont mis à contribution pour produire des blancs rafraîchissants. Les vignobles situés autour de Mekhnès et de Fez ont la meilleure réputation, l'altitude de 600 m environ apportant une chute bienvenue de la température pendant la nuit. Le Médaillon est la meilleure des marques aujourd'hui disponibles.

Le vin gris est le prototype du vin marocain, fait avec un cépage noir macéré peu de temps, souvent du cinsault. Au sud de Casablanca, le village fortifié de Boulaouane, au sein de l'AOG de Doukkala, a donné son nom à un des plus célèbres vins gris, modernisé aujourd'hui par Castel. Le Gris de Boulaouane, bien frappé, devient vite un ami des touristes dans un pays qui manque de cépages blancs.

La Tunisie, qui produit certaines années presque autant de vin que le Maroc, tente aussi d'en améliorer la qualité pour pouvoir l'exporter. L'État a encouragé très activement les prises de participation et a attiré les capitaux et les experts européens, si bien que sept opérations de ce type étaient amorcées en 2000. L'introduction nécessaire de la climatisation dans les caves et l'amélioration des vignobles devraient produire des résultats.

Les régions vinicoles les plus fraîches se trouvent le long de la côte. Les brises marines en provenance de Bizerte, au nord, et les sols argileux exceptionnellement frais peuvent donner des vins blancs très buvables, des rouges bien équilibrés, ainsi que d'excellents muscats doux qui sont la spécialité de la Tunisie – probablement depuis l'époque carthaginoise. Le muscat sec, encore trop souvent oxydé, est la spécialité des sols sablonneux du cap Bon sur la côte est.

Les vignobles occidentaux de Jendouba, au sud de Béja, sont les plus chauds de Tunisie et les caves de la région sont peu fiables en l'absence de tout système de climatisation et en raison d'un équipement vétuste. Il existe un potentiel pour des vins rouges puissants, fortement aromatiques, dans les caves mieux équipées de Grombalia, les collines de terre rouge qui séparent Jendouba de Tunis, dans la zone maritime de Mornag au sud-ouest de Tunis et à Débourba, qui fait le gris de Tunis.

L'Algérie, autrefois le plus grand exportateur de vin du monde, se traîne derrière ses voisins. Tant de ses vignobles ont été négligés ou arrachés que, entre 1966 et 1997 (date à laquelle 80 % de ses vignes avaient plus de quarante ans), sa récolte était tombé de 16 millions d'hectolitres à moins d'un demi-million. Ce qui ne veut pas dire que le vin algérien est ou devrait être de piètre qualité. Le problème est celui de l'infrastructure. Le monopole d'État, qui contrôle encore étroitement la production, prétend avoir planté 10 000 hectares de cépages internationaux au milieu des années 1990, principalement dans les régions vinicoles traditionnelles de Tlemcen, Médéa et Zaccar. Il tente maintenant de mettre en place les caves qui permettraient d'en faire du vin exportable.

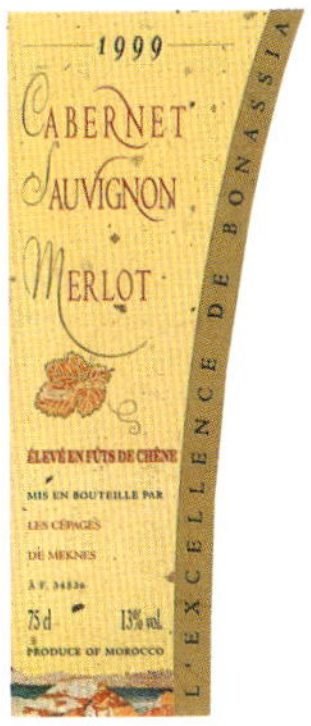

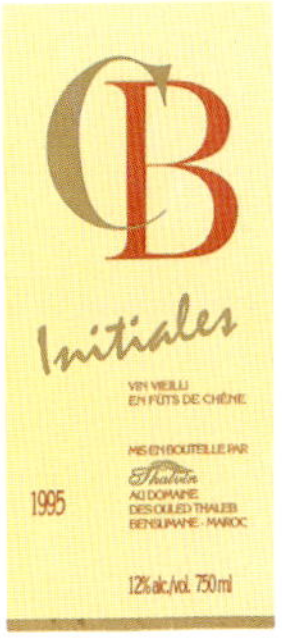

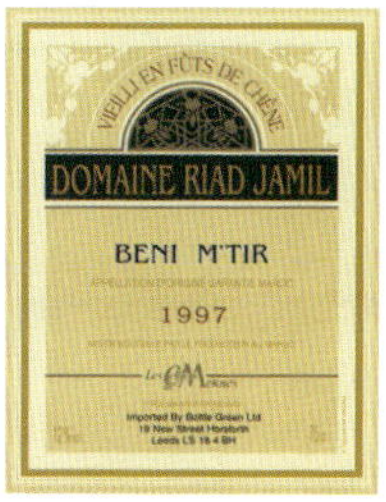

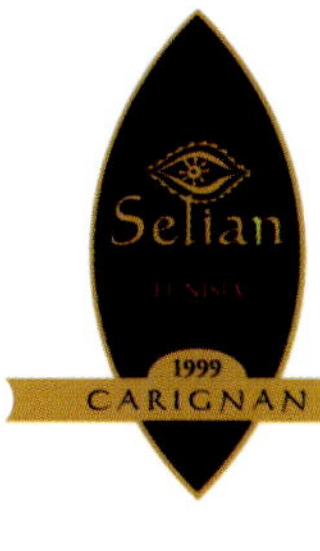

À droite, *l'étiquette d'un rouge de Tunisie. Les trois étiquettes marocaines sont celles d'un petit domaine entre Casablanca et Rabat, et de deux autres de Mekhnès. Celle de gauche provient des nouveaux vignobles échalassés de Castell.*

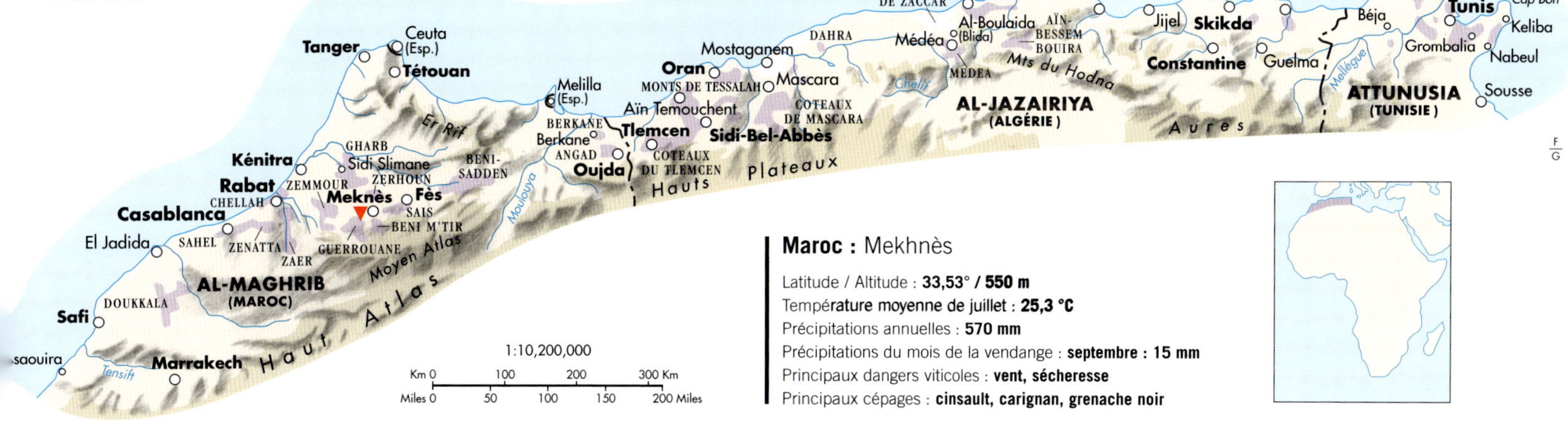

Maroc : Mekhnès

Latitude / Altitude : **33,53° / 550 m**
Température moyenne de juillet : **25,3 °C**
Précipitations annuelles : **570 mm**
Précipitations du mois de la vendange : **septembre : 15 mm**
Principaux dangers viticoles : **vent, sécheresse**
Principaux cépages : **cinsault, carignan, grenache noir**

Amérique du Nord

La vigne doit être une plante tenace pour avoir pu résister sur un continent où elle a été exposée aux insectes nuisibles, aux maladies, aux écarts climatiques extrêmes et aux désastres.

Aujourd'hui, les États-Unis sont le plus important producteur de vin en dehors de l'Europe, et seules la France, l'Espagne et l'Italie en produisent plus qu'eux. L'industrie vinicole du Canada est en pleine transformation et, un de ces jours, le Mexique (voir la carte page 286) pourrait les rejoindre, compte tenu du changement extraordinaire du statut du vin dans la société mexicaine.

Quand les premiers colons débarquèrent, ils furent tout particulièrement impressionnés par les vignes buissonnantes qui bordaient les forêts. Les raisins étaient doux, en dépit d'un goût étrange.

Toutefois, les 300 ans d'histoire américaine sont une saga d'espoirs déçus des viticulteurs potentiels. Le vin produit par les vignes américaines avait un goût bizarre et les vignes de vinifera européenne plantées dans les nouvelles colonies se desséchaient et mouraient. Les colons n'abandonnèrent pas. Ils essayèrent toutes sortes de cépages, utilisèrent toutes sortes de méthodes.

Dès l'époque de la Révolution, Washington s'y essaya et Jefferson, grand amateur de vin qui avait fait le tour de la France dans ce but, fit lui aussi une tentative. En fait, le sol américain était infesté de phylloxéra, l'ennemi mortel de la vigne européenne, les étés chauds et humides du Sud et de l'Est encourageaient des maladies inconnues en Europe, tandis qu'au Nord, les vignes européennes étaient victimes des hivers rigoureux. Les vignes d'origine américaine avaient développé des défenses contre tous ces dangers.

Nous connaissons à présent une bonne douzaine d'espèces de vignes différentes propres à l'Amérique du Nord, la plupart d'entre elles (notamment la *vitis labrusca*) qui donne un vin si fort et si sauvage qu'on l'a longtemps décrit comme étant « foxé » (arôme aujourd'hui familier dans le jus de raisin et la confiture), mais peu attrayant pour les amateurs de vin au goût formé par la seule vigne européenne, la *vitis vinifera*.

Comme les vignes américaines et européennes coexistaient sur le nouveau continent, elles se mirent à échanger leurs gènes dans des combinaisons spontanées et hasardeuses. Il en sortit plusieurs cépages dont le goût foxé était moins évident. Le cépage d'alexander, découvert en Pennsylvanie et cultivé dans l'Indiana, fut le plus précoce de ces hybrides accidentels. Le catawba, le delaware, l'isabella et le norton rouge suivirent.

Partout où ils installaient leurs colonies, les pionniers se lançaient dans la viticulture, surtout dans l'État de New York (où les hivers étaient glacials), dans la Virginie (où les étés étaient suffocants) et dans le New Jersey (un mélange des deux précédents). Ce fut à Cincinnati, dans l'Ohio, que fut créé le premier vin américain commercialisable : le célèbre Catawba pétillant de Nicholas Longworth. Vers le milieu des années 1850, son vin était célébré des deux côtés de l'Atlantique et, avec ses 485 hectares de vignes, Longworth faisait fortune.

Le succès fut de courte durée. Le black-rot, la guerre de Sécession et la mort de Longworth en 1863 eurent raison du défi de Cincinnati à Reims. Mais la démonstration avait été faite. Les producteurs du « champagne » de Longworth trouvèrent rapidement de nouveau employeurs : la toute nouvelle Pleasant Valley Wine Co de Hammondsport, dans la région des Finger Lakes de l'État de New York. Le vin américain avait trouvé un foyer permanent (présenté page 294).

Au moment de la guerre de Sécession, la culture de la vigne était devenue une activité à part entière, faisant naître des douzaines de nouveaux cépages particulièrement adaptés aux conditions américaines, notamment le robuste et presque brutal concord, à l'arôme extrêmement foxé, créé en 1854 et aujourd'hui le cépage principal de la grande ceinture du raisin, depuis la rive méridionale du lac Erié jusqu'au nord de l'Ohio, la Pennsylvanie et New York. Le concord est le raisin du jus de fruit et de la confiture dans toute l'Amérique.

Dans le Sud, les deux Caroline et la Georgia ont leurs cépages indigènes de muscadine, particulièrement le scuppernong, dont le jus visqueux donnait un vin encore plus éloigné du modèle européen que les autres hybrides américains, mais qui résistent à la maladie de Pierce qui ravage les vignes de vinifera (voir page 19).

La viticulture arriva sur la côte Ouest par une voie différente. Les premiers colons espagnols du Mexique y avaient apporté la vinifera dès le XVIe siècle et obtenu des succès mitigés. La vigne d'origine, connue sous le nom de « mission » et identique à la criolla chica en Argentine, était florissante dans la Baja California. Mais ce n'est qu'en 1769 que le père franciscain Junipero Serra est censé avoir planté le premier vignoble de Californie en fondant la mission de San Diego.

La *vitis vinifera* n'y rencontra aucun des problèmes qu'elle avait connus sur la côte Est. Elle avait trouvé sa Terre Promise. La vigne remonta le long de la côte avec le développement des missions, parvenant à Sonoma au nord vers 1805. Le bien-nommé Jean-Louis Vignes apporta d'Europe à Los Angeles des vignes meilleures que la mission. La ruée vers l'or provoqua une immigration massive. Vers 1850, le nord de la Californie était entièrement conquis par la vigne.

Au milieu du XIXe siècle, les États-Unis disposait de deux industries vinicoles aux deux extrémités du pays. La Californie, entièrement plantée en vinifera, connut un âge d'or dès les années 1880 et 1890, avant de voir son industrie vinicole naissante frappée par les fléaux du mildiou et du phylloxéra – comme en Europe.

Mais un fléau plus terrible encore allait s'abattre : la prohibition totale de l'alcool dans toute l'Amérique du Nord entre 1918 et 1933. Les producteurs de l'est et de l'ouest survécurent tant bien que mal en faisant soi-disant du vin sacramentel et en envoyant des quantités énormes de raisin, de jus et de concentré dans une nation qui découvrit l'art de faire du vin à la maison en lisant l'avertissement sur les étiquettes « Attention – ne pas ajouter de levure, le contenu pourrait fermenter ».

L'héritage durable de cette culture du bannissement de l'alcool, longtemps après 1933, fut une organisation inutilement compliquée, une législation paralysante, une suspicion extrême de la part du tiers des Américains qui ne boit pas et du tiers qui ne boit que des liqueurs ou de la bière.

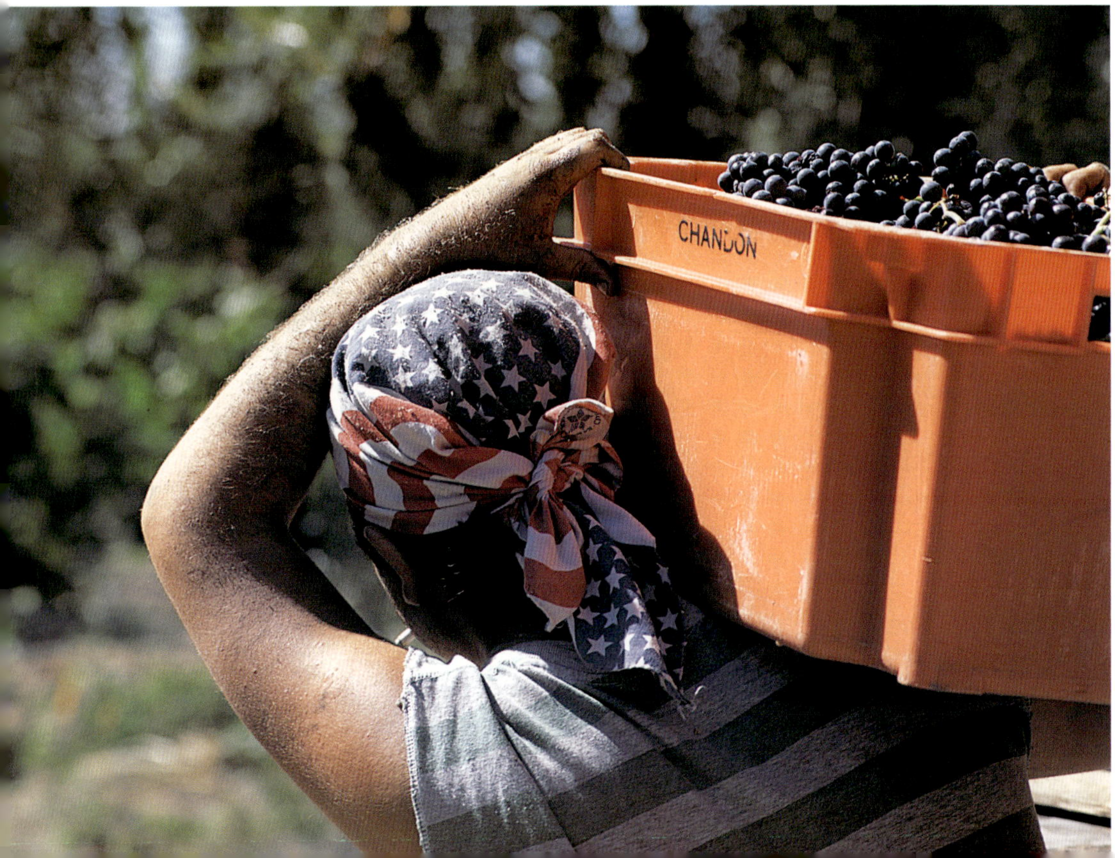

À gauche Le fort ensoleillement et la main-d'œuvre mexicaine sont cruciaux pour la production du vin en Californie. L'État de Washington arrive en deuxième position pour la viticulture, avec moins d'un vingtième du vignoble total. L'État de New York est troisième.

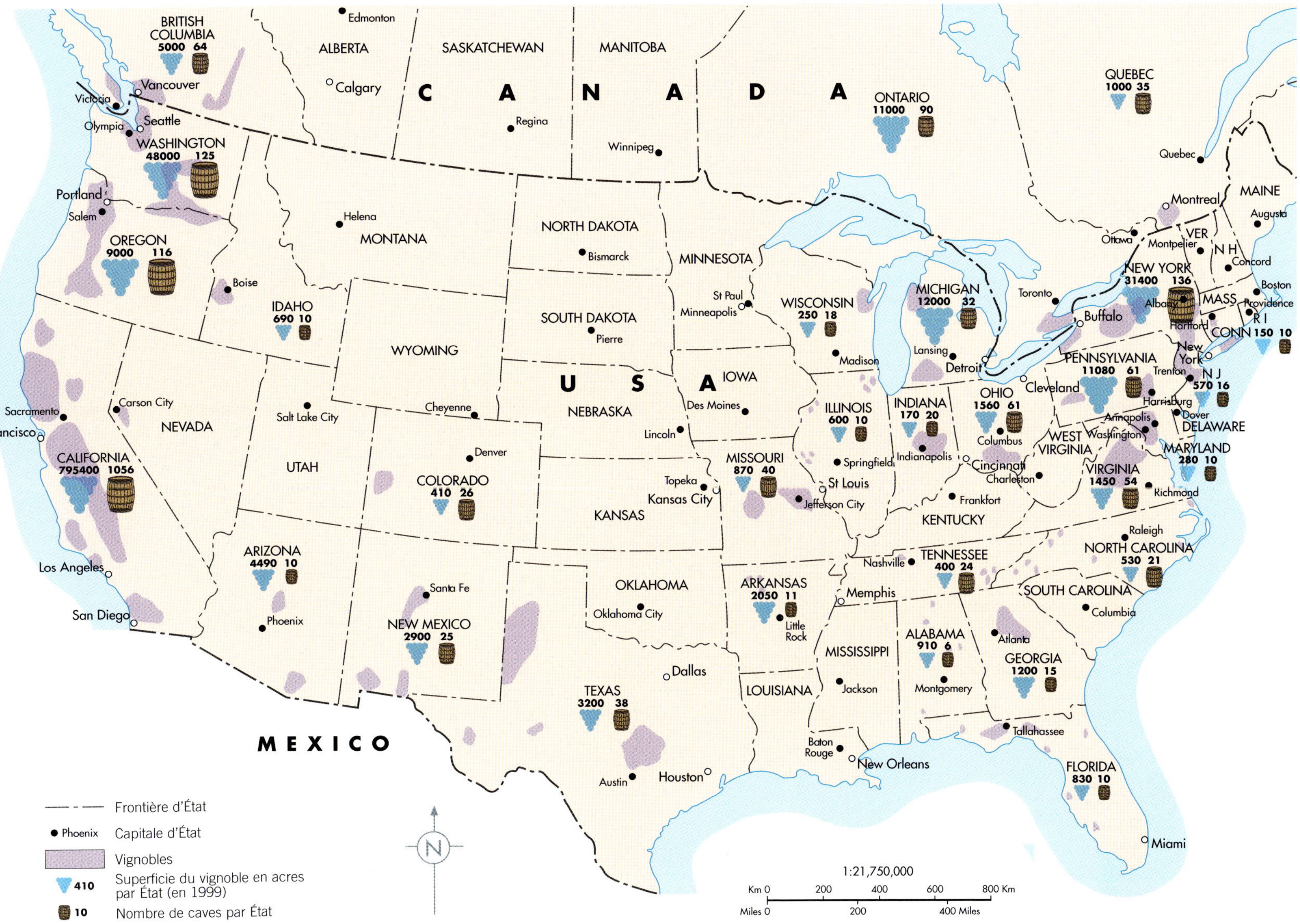

En dépit de cela, en dépit du phylloxéra et de la maladie de Pierce, le vin est aujourd'hui très à la mode et provoque, chez la minorité d'Américains qui possèdent un tire-bouchon, un enthousiasme à la limite du comportement obsessionnel. Cela s'est traduit par une floraison d'activités et d'expérimentations dans tout le pays, depuis la Nouvelle Angleterre jusqu'aux États des montagnes Rocheuses. Depuis le développement des chemins de fer, le raisin et le vin ont été expédiés des États viticoles (la Californie notamment), pour le mélange et la mise en bouteilles, dans des caves situées dans des endroits moins fortunés, où, parfois, pas un pied de vigne ne pousse. Seul le Dakota du Nord ne produit officiellement pas de vin du tout, quatre États n'ont qu'une cave et plus d'une douzaine disposent de plus de 400 hectares de vignobles et de vingt-cinq caves au moins.

La prolifération de l'industrie vinicole au Canada, au Mexique, au Texas, dans l'État de New York et dans tous les États situés à l'ouest des montagnes Rocheuses est étudiée en détail dans les pages qui suivent. Mais il existe des centaines de caves (certaines produisant du vin à partir d'autres fruits que le raisin) et des milliers d'hectares de vignes ailleurs. Ces vignobles peuvent produire du jus de fruit, de la confiture et des boissons fortement aromatisées. Mais de plus en plus, selon divers degrés de subtilité et de sophistication, ces vignobles produisent du jus de raisin fermenté à partir des cépages de vinifera ou des soi-disant hybrides français. Cette nouvelle génération de cépages comme le vidal, le seyval blanc, le vignoles, le baco noir, le chambourcin, a été créée en Europe après le phylloxéra à partir de cépages de vinifera et de cépages américains, puis introduite en Amérique du Nord (où elle connaît un succès bien plus grand qu'en Europe) par Philip Wagner des Vignobles Boordy (Maryland), au milieu du XXe siècle.

Les hybrides français dominent la viticulture du Middle West, avec le cépage de norton qui résiste à la maladie de Pierce et donne des rouges souples et très séduisants. Le Missouri est le seul État qui ait une longue histoire de production de vin et il était le seul rival sérieux de l'Ohio au XIXe siècle, à l'est des Rocheuses. Augusta tint à le marquer lorsque, en 1980, elle devint la première AVA (American Viticultural Area) des États-Unis. Ces cent quarante zones de production de vin (délimitées selon des critères plus souvent politiques que naturels) représentent une première étape provisoire vers un système d'appellations contrôlées pour le vin américain.

Le Michigan est le quatrième viticulteur des États-Unis (derrière la Californie, l'État de Washington et celui de New York). Le cépage principal est le concord, mais ceux de vinifera et les hybrides français des péninsules de Old Mission et de Leelanau sont prometteurs.

La Pennsylvanie dispose d'un vignoble presque aussi vaste et celui de l'Ohio est assez important. Mais l'État de l'Est qui, après celui de New York, apparaît comme le plus enthousiasmant est la Virginie, foyer d'une cinquantaine de caves produisant des merlots et des cabernets très réussis. L'industrie vinicole du New Jersey a une histoire presque aussi longue, mais elle est beaucoup plus modeste. Celle du Maryland l'est plus encore. Les deux parient sur les cépages de vinifera et les hybrides français.

Le reste du Sud, les États qui bordent le golfe du Mexique jusqu'au Texas, ont une petite industrie vinicole en pleine croissance, grâce au cépage à faible rendement de muscadine adapté à leurs forêts humides et chaudes, aux hybrides français et aux hybrides plus récents de muscadine, qui donnent des arômes assez ordinaires. Les régions plus élevées et plus fraîches du Sud présentent une grande similitude avec la Virginie.

Sur tout cet immense continent, une tendance est perceptible : produire des vins qui seront appréciés en dehors de leur région d'origine tout en la représentant fidèlement.

Californie

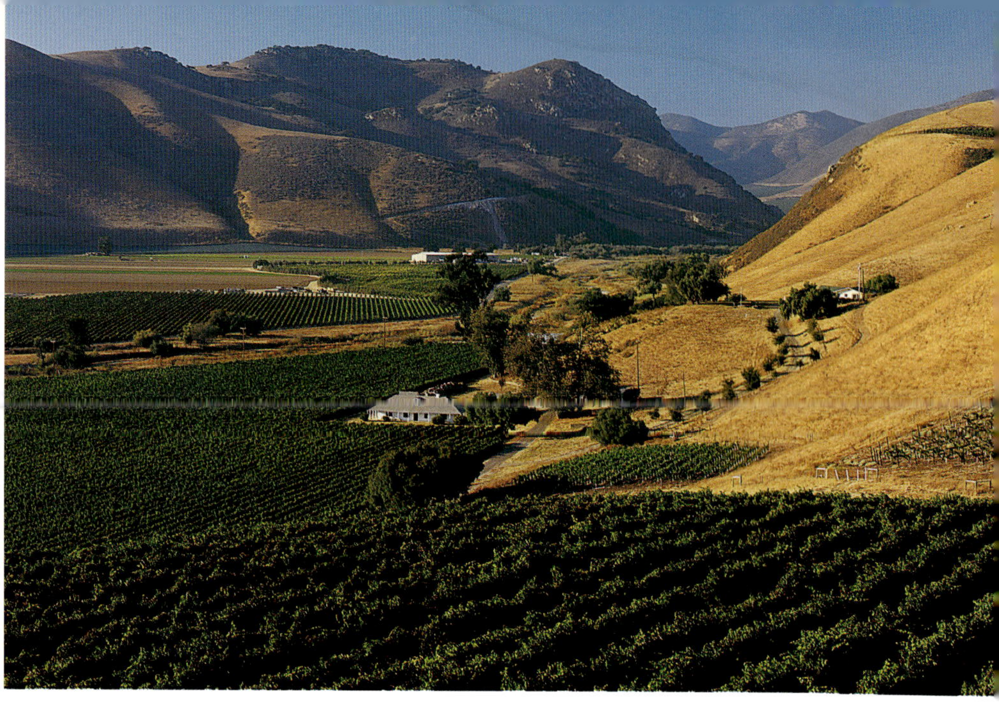

Ci-dessus Le vignoble de Bien Nacido avec, au loin, la cave partagée avec ceux de Au Bon Climat et de Qupé. Le cépage de barbera pousse au premier plan, tandis que le nebbiolo est cultivé en hauteur, sur le petit plateau à droite.

L'importance de la Californie dans le monde du vin ne doit pas être sous-estimée. Le Golden State est le foyer de tant de vignes, presque toutes vinifera, qu'il produit plus de 90 % du vin américain, la première production après l'Europe.

Ici, à la limite occidentale de la vigne, il y a une diminution nette des généralités géographiques et des truismes physiques. Quelques-uns des vins de Californie (on les compte par douzaines) qui ont commencé à atteindre des prix astronomiques dans les années 1990 existaient déjà dans les années 1980. Le vin baigne désormais dans une atmosphère de forte valorisation sociale (en contraste avec l'attitude officielle de la société américaine vis-à-vis de l'alcool et son jugement sur le vin considéré comme une boisson réservée aux immigrants et aux clochards jusqu'au milieu du XXe siècle). Mais les producteurs, eux, semblent troublés par une série exceptionnellement longue de difficultés.

Le phylloxéra est revenu, après un siècle d'absence, hanter les vignobles des élégantes vallées de Napa et de Sonoma au début des années 1990. Et à l'aube du nouveau siècle, la maladie de Pierce, plus dévastatrice encore, a menacé non seulement les vignobles du sud de la Californie mais aussi ceux du nord (voir page 19). Entre-temps, la production du vin s'est trouvé, au cœur de conflits inextricables concernant l'eau, un bien précieux dans cet État, mais aussi l'extension des vignobles.

La géographie vinicole de la Californie comporte des surprises. Le potentiel du site d'un vignoble dépend très peu de sa latitude mais de façon cruciale de ce qui le sépare du Pacifique. Plus il y a de montagnes entre la mer et le site, moins les influences marines (souvent du brouillard) ont de chance d'y parvenir pour tempérer le climat.

Les courants côtiers du Pacifique sont si froids dans ces régions qu'ils donnent naissance à une nappe de brouillard permanente au large de la côte. Chaque fois que la température atteint 32 °C à l'intérieur des terres pendant l'été, l'air chaud en élévation attire la nappe de brouillard qui vient remplir l'espace vide. Le Golden Gate Bridge enjambe son lieu de passage le plus connu, mais tout au long de la côte, là où les montagnes descendent à moins de 400 m d'altitude, le brouillard ou l'air froid du Pacifique s'insinue et vient refroidir les terres. Certaines vallées qui aboutissent à l'océan servent d'entonnoir et permettent à l'air marin de pénétrer à 120 km à l'intérieur des terres. La baie de San Francisco a même un effet sur le climat des Sierra Foothills, situées à 240 km à l'est.

Dans la mesure où la baie de San Francisco est la climatisation principale de la Californie du Nord, les vignobles qui se trouvent près des eaux de la Baie, comme ceux de Carneros qui bordent le sud des comtés de Napa et de Sonoma, peuvent être assez frais eux aussi. À l'intérieur de Napa Valley, protégée par la crête continue des collines occidentales de l'influence du Pacifique, ce sont les vignobles les plus méridionaux juste au-dessus de la ville de Napa qui sont les plus frais en raison des brises en provenance de la baie ; ceux qui se trouvent autour de Calistoga à la limite septentrionale de la vallée sont les plus chauds.

Pour des raisons similaires, les vignobles de Santa Maria Valley, dans le comté de Santa Barbara, à 225 km au nord de Los Angeles, figurent parmi les plus frais de l'État.

La San Joaquin Valley (ou vallée centrale) de son côté, la région plate dont les fermes font toujours de l'agriculture la première activité économique de la Californie (et qui produit les trois quarts du raisin de vin de l'Etat), est trop à l'intérieur des terres pour être directement influencée par la nappe de brouillard du Pacifique. C'est une des régions vinicoles les plus ensoleillées du monde et qui requiert, comme presque partout en Californie, une irrigation de plus en plus coûteuse.

La petite carte illustre ce phénomène, même si cette classification est un peu sommaire. Le système de Winkler des « jours d'ensoleillement » ne prend pas en compte les précipitations, même si le climat méditerranéen de la Californie implique que les étés sont beaucoup plus secs que ceux de la plupart des régions vinicoles d'Europe. Les précipitations annuelles ne sont pas particulièrement basses, mais elles ont tendance à être concentrées sur les premiers mois de l'année, remplissant les lacs de retenue qui servent à l'irrigation pendant l'été. Mais un cycle dévastateur de près de dix ans de déluges et de sécheresses a érodé les collines qui abritent les vignobles les plus en vue, puis a provoqué une pénurie d'eau et donné des vins particulièrement rudes. Et dans la chaleur qui caractérise le mois de septembre en Californie, des pluies inattendues peuvent provoquer des ravages.

Il ne faut pas accorder trop de crédit aux quelque quatre-vingts AVA de Californie. En effet, certaines zones viticoles sont tellement petites qu'elles ne concernent qu'une cave. Une des plus communes, celle de North Coast, couvre par exemple les comtés de Lake, Mendocino, Napa et Sonoma.

Il y a d'excellents producteurs de vin qui continuent d'ignorer les AVA, préférant utiliser du bon raisin quelle que soit sa provenance. D'autres ne jurent que par un seul vignoble. Des centaines de noms de vignobles sont aujourd'hui utilisés sur les étiquettes – prouvant, s'il en était besoin, que la Californie sort de la phase où seuls le cépage et le nom du producteur comptaient.

La mode joue un rôle important en Californie. Les producteurs de vin et les consommateurs ont tendance à se comporter de manière plus uniforme qu'on pourrait l'attendre dans un espace à peu près aussi vaste que la France. La tendance actuelle dans

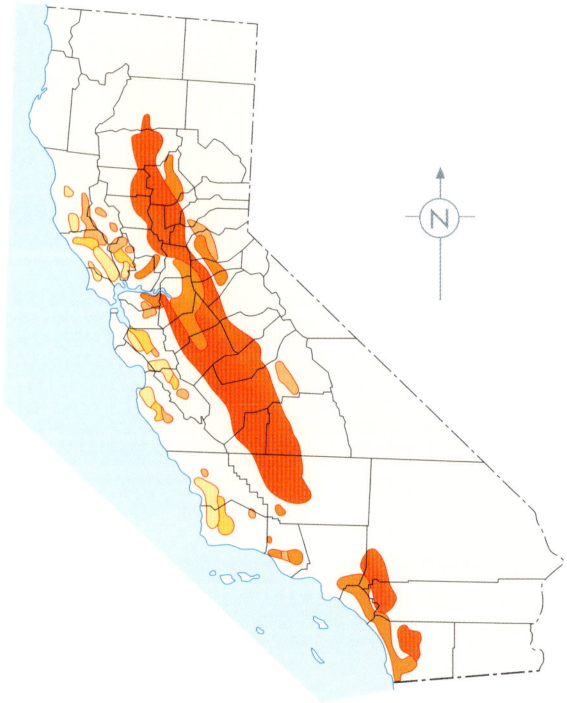

Les régions climatiques de la Californie viticole

Winkler a classé les régions vinicoles de Californie sur une échelle de « jours d'ensoleillement » qui mesure le temps pendant lequel le thermomètre reste au-dessus de 10 °C, entre le 1er avril et le 31 octobre.
Si la température moyenne sur une période de cinq jours est de 21 °C, la « somme » de la chaleur sera :
(21 – 10 = 11) x 5 = 55 « jours d'ensoleillement »

- Région I 500 « jours d'ensoleillement » ou moins
- Région II 501 à 600 « jours d'ensoleillement »
- Région III 601 à 700 « jours d'ensoleillement »
- Région IV 701 à 800 « jours d'ensoleillement »
- Région V plus de 800 « jours d'ensoleillement »

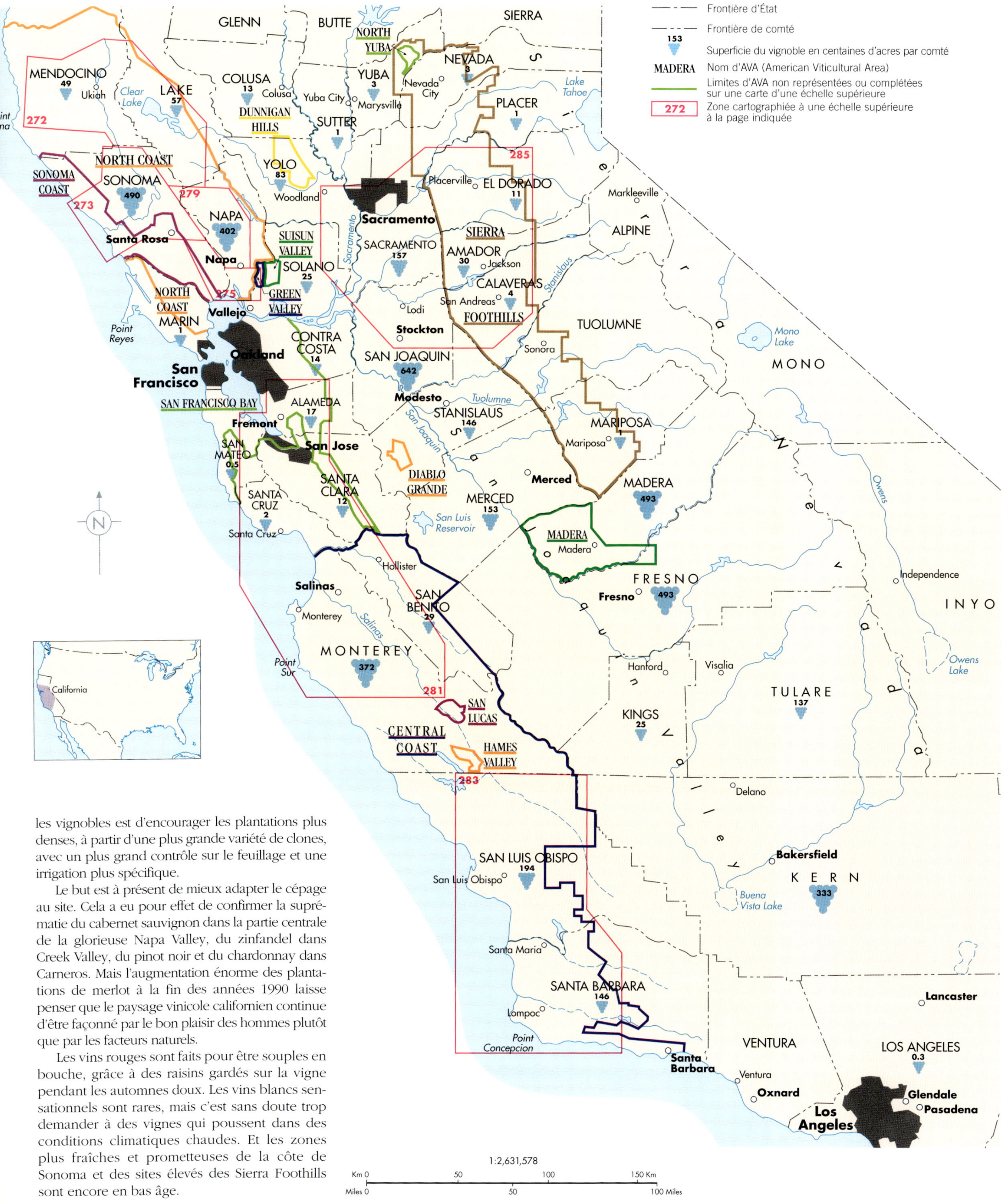

les vignobles est d'encourager les plantations plus denses, à partir d'une plus grande variété de clones, avec un plus grand contrôle sur le feuillage et une irrigation plus spécifique.

Le but est à présent de mieux adapter le cépage au site. Cela a eu pour effet de confirmer la suprématie du cabernet sauvignon dans la partie centrale de la glorieuse Napa Valley, du zinfandel dans Creek Valley, du pinot noir et du chardonnay dans Carneros. Mais l'augmentation énorme des plantations de merlot à la fin des années 1990 laisse penser que le paysage vinicole californien continue d'être façonné par le bon plaisir des hommes plutôt que par les facteurs naturels.

Les vins rouges sont faits pour être souples en bouche, grâce à des raisins gardés sur la vigne pendant les automnes doux. Les vins blancs sensationnels sont rares, mais c'est sans doute trop demander à des vignes qui poussent dans des conditions climatiques chaudes. Et les zones plus fraîches et prometteuses de la côte de Sonoma et des sites élevés des Sierra Foothills sont encore en bas âge.

Mendocino

Au fil des quatorze pages suivantes, les cartes détaillées des régions vinicoles complexes de la Californie tracent le voyage imaginaire d'un amateur de vin à travers l'État, du nord-ouest au sud-est. Le comté de Mendocino, la zone vinicole la plus septentrionale de l'État se divise en deux : l'est et l'ouest de la chaîne côtière.

Anderson Valley est une région à part, où les brouillards épais de l'océan peuvent dériver facilement et stagner très bas. La petite rivière Navarro dégringole dans la vallée à travers une forêt de séquoias à la forte odeur de résine. Anderson Valley a une saison de maturation très fraîche, parfois trop fraîche, du moins dans sa partie basse, au-dessous de Philo. Plus haut, sur les crêtes dégagées du brouillard, le zinfandel mûrit magnifiquement bien – chose qu'une poignée de familles italiennes isolées découvrirent il y a bien longtemps.

Edmeades (qui fait maintenant partie de Kendall-Jackson) et Navarro sont deux des caves innovantes, qui ont fait, les premières, ces joyaux rouges et ces blancs très bien définis et fortement aromatiques, à partir de raisins qui mûrissaient normalement en Allemagne. Le riesling et le gewurztraminer sont parfaitement adaptés au climat, sinon au marché. C'est une société française, celle des champagnes Roederer, qui a inscrit Anderson Valley sur la carte du vin, en s'y installant en 1982, tandis que ses pairs s'établissaient en masse à Carneros. La qualité des vins pétillants de la propriété Roederer laisse à penser que ce fut un bon choix. Pommery a suivi peu de temps après en rachetant le pionnier du vin pétillant, Scharffenberger ; il l'a rebaptisé Pacific Echo en 1989.

Un peu plus à l'est et dissimulé derrière les collines côtières qui culminent à 900 m au nord de Cloverdale et de la frontière du comté de Sonoma, se trouve l'essentiel des plantations mendocino, protégées de l'influence du Pacifique et, par conséquent, bénéficiant d'un climat plus chaud et plus sec. Les brouillards ne parviennent pas à Ukiah, et rarement dans la Redwood Valley ; ces zones sont assez chaudes pour être classées Région III ou même IV à certains endroits dans la classification de Winkler (voir page 270). Provenant de terres alluviales profondes, leurs vins sont en général corsés, des rouges assez souples de cabernet, de petite syrah ou, avec des vignes particulièrement vieilles au-dessus d'Ukiah, de zinfandel épicé. Potter Valley, nettement plus froide et sous-estimée, peut faire de très bons vins de pourriture noble.

La plus vieille cave de la région est Parducci (fondée en 1931, ce qui imposait d'être visionnaire, car la Prohibition était encore en vigueur). La création de la cave de Fetzer fut une étape cruciale en 1968 ; elle reste très importante grâce à des vins de bonne qualité et à un engagement clair en faveur du vin organique dans cet État qui s'y prête si bien. La cave appartient aujourd'hui à la distillerie Brown-Forman, où la famille Fetzer cultive organiquement ses cépages sous le nom de Kohn.

Une alcôve à l'intérieur de Mendocino, McDowell Valley, est devenue une minuscule appellation, spécialisée dans les cépages du Rhône.

Le comté de Lake, plus à l'est, le long de la Route 175, est une autre région chaude, comparable au sommet de Napa Valley. Son titre de gloire est d'être le lieu de naissance de l'empire Kendall-Jackson.

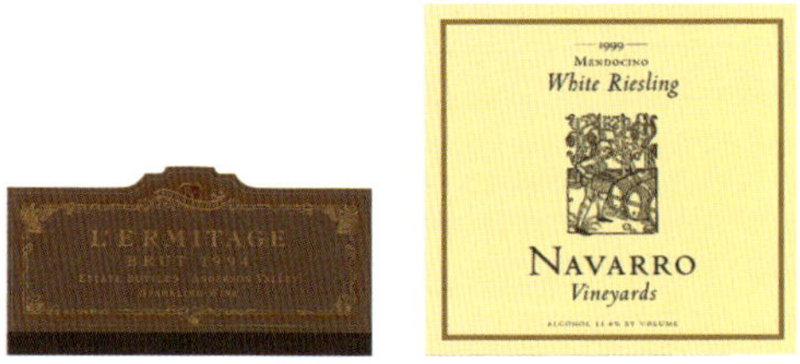

Ces deux grands vins blancs, *qui mériteraient d'être à la mode, sont des produits de premier ordre en provenance des confins frais de Mendocino.*

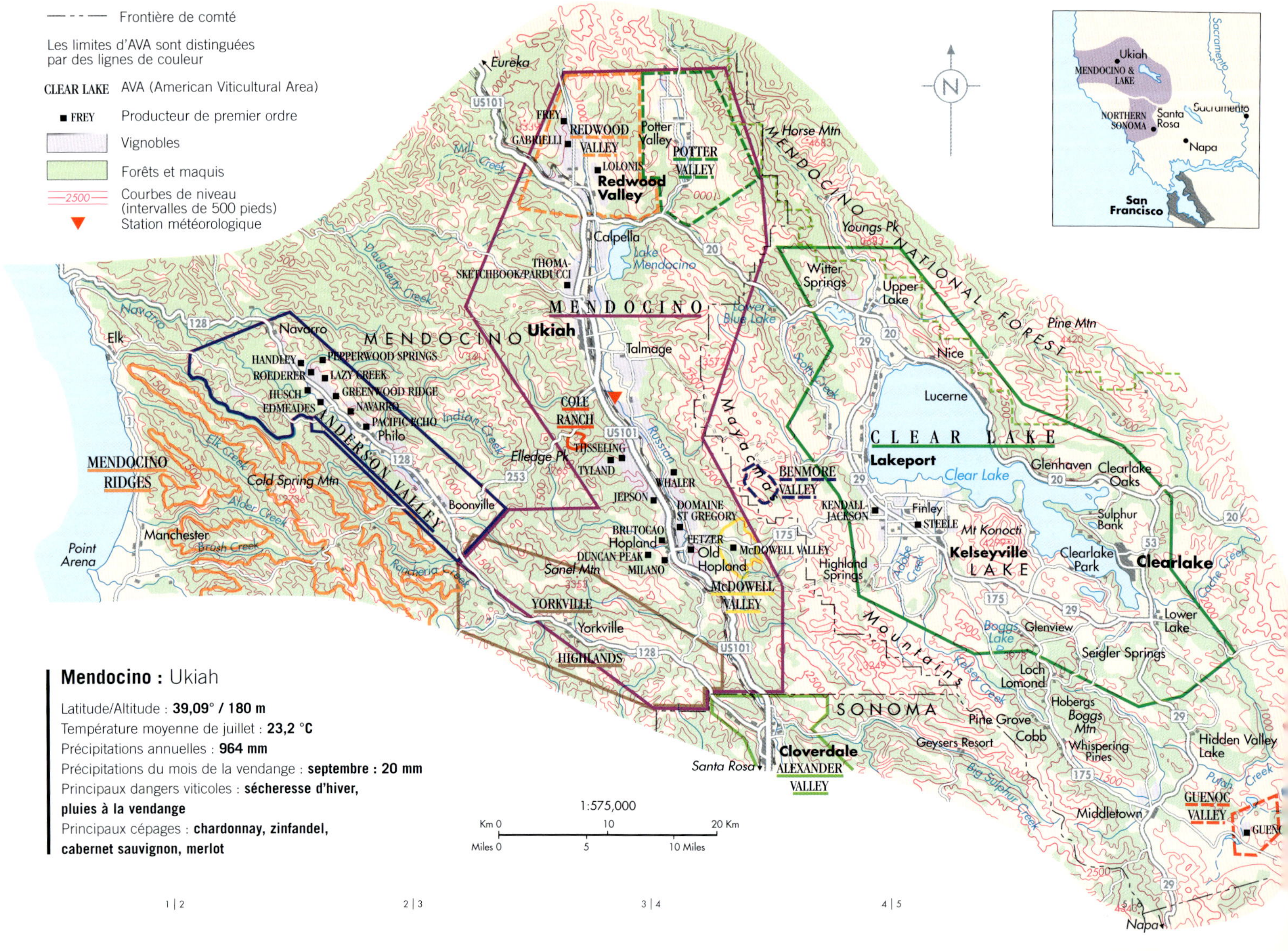

Mendocino : Ukiah

Latitude/Altitude : **39,09° / 180 m**

Température moyenne de juillet : **23,2 °C**

Précipitations annuelles : **964 mm**

Précipitations du mois de la vendange : **septembre : 20 mm**

Principaux dangers viticoles : **sécheresse d'hiver, pluies à la vendange**

Principaux cépages : **chardonnay, zinfandel, cabernet sauvignon, merlot**

Sonoma

Le comté de Sonoma produit bien plus de raisin que celui de Napa et dans des conditions plus variées. Sonoma est l'endroit de Californie du Nord où la production du bon vin a commencé et, en dépit du fait que la région a été éclipsée à la fin du XXe siècle par le rôle séminal de Napa dans la renaissance du vin de cet État, on peut enregistrer un certain nombre de signes d'un retour possible à une position dominante.

Premier signe important : le développement de Gallo Sonoma, le poste avancé et très célébré du bon vin appartenant au plus grand producteur de vin du monde. Autre signe : un potentiel pour des plantations nettement supérieur à celui de Napa, dans des territoires inexplorés et plus frais.

Gallo Sonoma a joué les fers de lance et fait pression pour obtenir l'AVA régionale. L'existence de cette généreuse AVA de Northern Sonoma permet à Gallo de mélanger le produit de ses importantes propriétés de Dry Creek Valley, Alexander Valley, Knights Valley, Chalk Hill, Russian River Valley et Green Valley, et d'étiqueter ces mélanges avec un nom d'appellation un peu plus spécifique que celui de Sonoma County. L'AVA fourre-tout Sonoma County couvre la côte depuis le sommet de Tomales Bay et San Pablo Bay jusqu'au lobe septentrional de la baie de San Francisco, entre Napa Valley et l'océan. Sa moitié nord est traversée par la Russian River et ses petits affluents. La plupart des vignobles du comté se trouvent aujourd'hui dans cette région, cartographiée ci-contre.

Une autre cave spécialiste du chardonnay, Sonoma-Cutrer, s'est aussi appuyée sur la commode AVA Sonoma Coast pour mélanger le produit de ses propriétés diverses et variées, depuis Russian River jusqu'à Carneros, et appeler ses vins, « vins de propriété ». Mais cette vaste région, qui va jusqu'à l'océan à l'ouest tout en balayant le sud et l'est pour absorber une bonne partie de Sonoma Valley

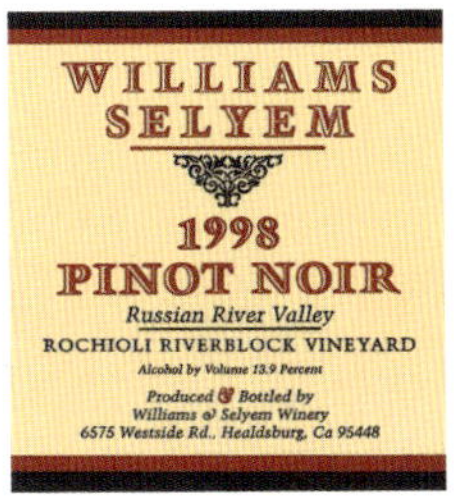

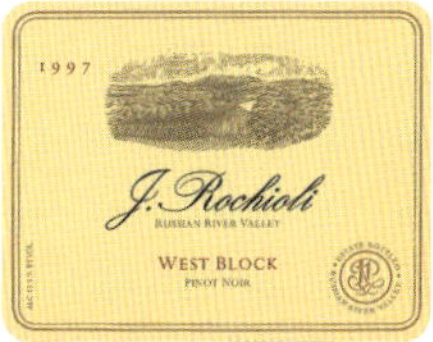

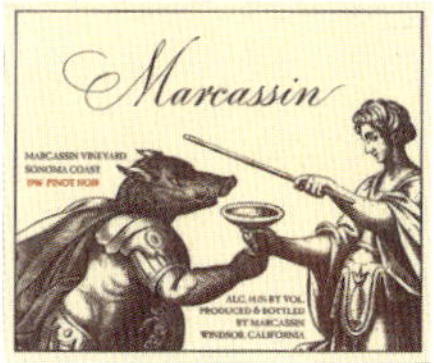

Bon nombre d'étiquettes *auraient pu figurer ici. Les omissions les plus évidentes sont les produits du superbe vignoble de Kistler. La cave Marcassin et le vignoble attenant sont en dehors de la carte à l'ouest, presque sur la côte, dans la région la plus en vogue aujourd'hui, l'ouest de l'excentrique AVA Sonoma Coast.*

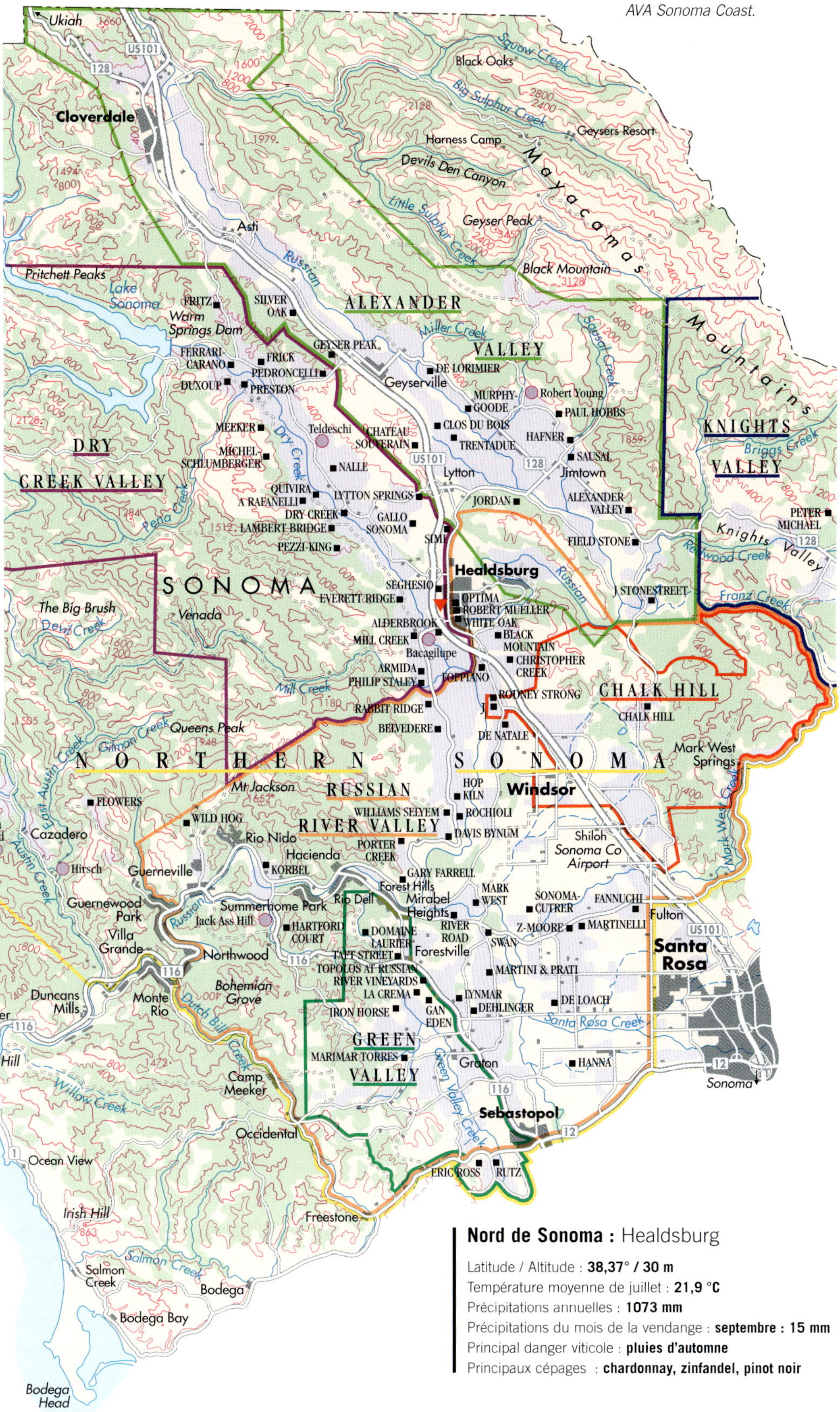

1:280,000

Km 0 5 10 Km

Miles 0 5 Miles

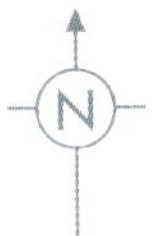

Frontière de comté

Les limites d'AVA sont distinguées par des lignes de couleur

CHALK HILL AVA

■ KORBEL Producteur de premier ordre

Hirsh Vignoble remarquable

Vignobles

Forêts et maquis

800 Courbes de niveau (intervalles de 400 pieds)

▼ Station météorologique

Pour situer cette carte, voir celle de la page 271

Nord de Sonoma : Healdsburg

Latitude / Altitude : **38,37° / 30 m**

Température moyenne de juillet : **21,9 °C**

Précipitations annuelles : **1073 mm**

Précipitations du mois de la vendange : **septembre : 15 mm**

Principal danger viticole : **pluies d'automne**

Principaux cépages : **chardonnay, zinfandel, pinot noir**

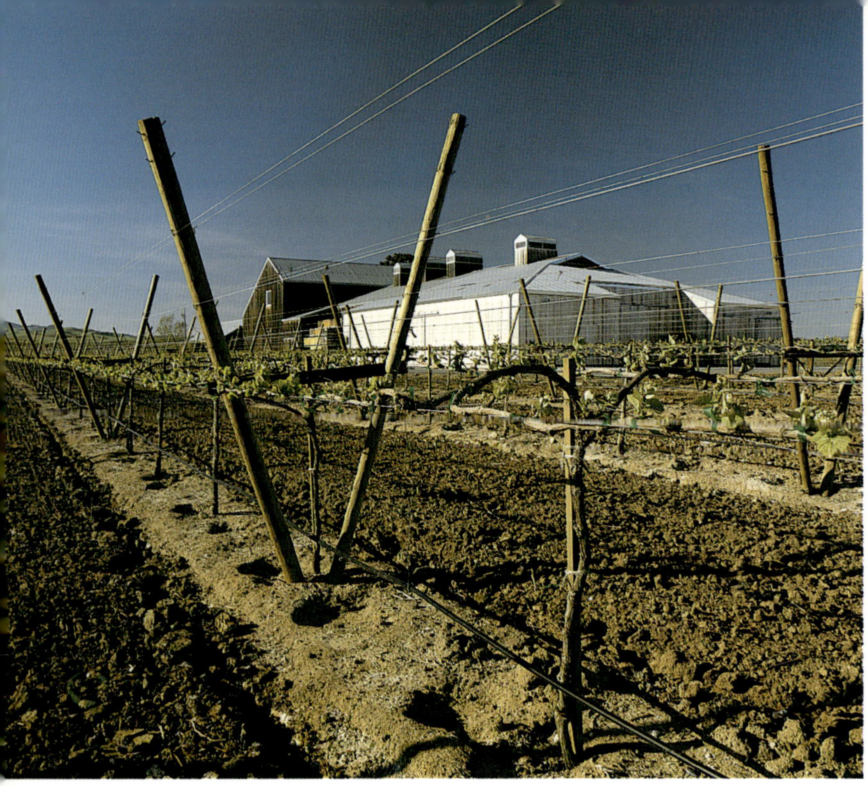

À gauche Début du printemps dans le vignoble échalassé en lyre de Saintsbury, à Carneros. Saintsbury a lancé la pratique admirable consistant à vendre des mises en bouteilles différentes de pinot noir selon qu'il doit être bu jeune ou moins jeune.

jusqu'à San Pablo Bay, longtemps utilisée pour des mélanges, est de plus en plus souvent sollicitée pour la production des meilleurs chardonnays et pinots noirs de propriété de Californie.

Des producteurs ambitieux, comme Helen Turley (pour son vin Marcassin), Flowers, Littorai, Dehlinger, Merry Edwards, Lynmar et le Hartford Court de Kendall-Jackson, ont colonisé un territoire particulièrement frais en direction de la côte, là où les influences maritimes créent les conditions climatiques les plus froides de tout l'État.

Comme partout en Californie, le climat dépend de la circulation des brouillards du Pacifique et de la couverture nuageuse qui en découle. Russian River est la plus fraîche des AVA cartographiées page 273. La fraîcheur se fait sentir tout particulièrement à l'embouchure de la rivière et à Guerneville, beaucoup moins dans la plaine de Santa Rosa, et moins encore à Healdsburg, plus à l'intérieur des terres. C'est une des régions de Californie où l'on fait de sérieux pinots noirs et où des producteurs comme Williams Seylem, Rochioli et Gary Farrell ont adopté la tradition bourguignonne des vins conçus dans un vignoble, même si leur style est très peu bourguignon : ouvert, généreusement fruité, charmant plutôt que mélancolique dans la structure.

Green Valley Sonoma (pour la distinguer de Green Valley dans le Delta du Sacramento, voir page 284) est une enclave encore plus fraîche, surtout vers la Russian River, qui se fait une réputation pour ses chardonnays très vifs (Kistler, avec son Dutton Ranch, est le producteur important du coin) et de bons vins pétillants de chez Iron Horse.

Chalk Hill est une autre sous-section de la grande AVA Russian River (les AVA de Sonoma ont tendance à avoir plus de niveaux que de vins excellents). Seules les parties les plus basses sont refroidies par les brouillards et uniquement de façon intermittente. Plus haut, c'est le pays du cabernet et du chardonnay, même si la cave de Chalk Hill fait un bon sauvignon blanc.

Les AVA qui se situent au nord de ce point sont nettement plus chaudes, même si le fond de la vallée de Dry Creek est véritablement trempé parfois, surtout dans le Sud (comparez les précipitations annuelles de Healdsburg avec celles de la ville, si proche, de Sonoma). Cela a encouragé les pionniers italiens, au XIXe siècle, à planter du zinfandel sensible au botrytis au-dessus du brouillard et à cultiver sans irrigation, donnant ainsi à Dry Creek une bonne réputation pour cette spécialité délicate. Dans ces vallées septentrionales de la Californie, le versant est a tendance à donner des vins plus corsés que le versant ouest, grâce à la caresse du soleil couchant. Les meilleurs sites du canyon qui borde Dry Creek, avec ses gradins importants, se distinguent par un mélange bien drainé de graviers et d'argile rouge connu sous le nom de conglomérat de Dry Creek. Les zinfandels et les cabernets y prospèrent, tandis que le fond de la vallée accueille les cépages blancs, notamment le sauvignon blanc.

Alexander Valley, plus large et plus ouverte, est beaucoup plus chaude, grâce à la protection apportée par les collines basses au nord de Healdsburg. Sur des sols alluviaux, le cabernet parvient souvent à une maturité parfaite, d'une richesse chocolatée. Knight Valley, sa vallée latérale en direction de Napa et pratiquement une extension de celle-ci, est plus chaude que Dry Creek et plus froide (à cause de l'altitude) qu'Alexander Valley.

L'AVA Sonoma Valley, cartographiée ci-contre, est aujourd'hui moins importante que la partie septentrionale cartographiée à la page précédente, même s'il est difficile d'imaginer une ville plus importante que Sonoma pour l'histoire du vin en Californie. Elle a l'atmosphère d'une petite capitale du vin – en fait la capitale d'une toute petite république : celle de la brève République de Californie, au drapeau orné d'un ours. Le square ombragé de Sonoma, avec ses vieux bâtiments et ses baraquements de l'époque des missions, sa mairie en pierre et son théâtre Sebastiani ornementé, lui donne un style vaguement romantique.

Les collines qui surplombent la ville étaient le site de la célèbre propriété d'Agoston Haraszthy dans les années 1850 et 1860. Une partie de ses caves Buena Vista est toujours debout dans la vallée latérale tournée vers l'est, même si la cave a été déplacée à Carneros. Une autre cave célèbre au XIXe siècle, Gundlach-Bundschu, a été restaurée dans les années 1970 sur ces mêmes pentes exposées au sud. Sur la route de Santa Rosa se trouve la fameuse vallée de la Lune de Jack London.

Comme Napa Valley, mais à plus petite échelle, Sonoma Valley se réchauffe à mesure qu'on progresse vers le nord, à l'abri de Sonoma Moutain qui protège la vallée des orages venus de l'ouest. Les Mayacamas Mountains constituent la limite orientale. La production du vignoble de Kistler, celle de Landmark et le vignoble Les Pierres de Sonoma-Cutrer (à l'ouest de la ville de Sonoma) prouvent que cette AVA peut donner un chardonnay parfait.

La preuve qu'on pouvait faire un excellent merlot a été apportée pour la première fois par le célèbre vignoble de Monte Rosso de Louis Martini, situé à 335 m d'altitude dans les collines orientales, et plus récemment par les époustouflants cabernets Laurel Glen de Sonoma Moutain, une sous-appellation intéressante à l'ouest, dont les meilleurs vins semblent profiter d'un sol mince, rocheux, de l'altitude et des longues heures d'ensoleillement.

À l'extrémité méridionale de Sonnoma Valley se trouve la partie de Carneros qui est dans le comté de Sonoma. Administrativement, Carneros est à cheval sur la frontière qui sépare le comté de Sonoma de celui de Napa. En tant que zone de viticulture, il dispose de quatre appellations : Sonoma Valley, Sonoma Coast, Napa Valley et Carneros.

Los Carneros, littéralement « Les Béliers », est un district dans lequel beaucoup d'espoirs et beaucoup d'argent ont été investis à la fin des années 1980 et au début des années 1990 par les producteurs de vin pétillant, bon nombre d'entre eux venant de la Champagne même (notamment le Domaine Carneros de Taittinger) ou d'Espagne (Codorniu Napa et Gloria Ferrer de Freixenet). Il couvre le sud des vallées de Sonoma et de Napa sur le rivage de la baie de San Pablo : des collines basses, rondes, avec des sols peu profonds d'argile, grossiers ou rocailleux. Des vents forts font claquer le feuillage des vignes très régulièrement et ralentissent la maturation à un point tel que Carneros produit quelques-uns des vins les plus délicats de Californie. Cela fait d'eux les meilleurs vins de base pour les assemblages de vin pétillant.

Dans le respect des traditions de la Champagne, le pinot noir et le chardonnay sont ici les cépages dominants, dans des vignobles régulièrement pillés par des caves situées dans des régions plus chaudes au nord.

Si le vin pétillant de ces vignobles déçoit les visiteurs, c'est plus en raison de l'attachement inattendu des consommateurs pour le vin rouge qu'à cause d'un défaut propre à ces vins.

Les vins non pétillants de Carneros peuvent être délicieux, les chardonnays ayant un potentiel de vieillissement plus élevé que dans n'importe quel autre coin de Californie. Les fans de pinot noir de Russian River peuvent trouver que les Carneros ne sont pas complets, tout en ayant un certain charme.

Les vignobles les plus célèbres, dont les noms se trouvent sur les étiquettes des quelques producteurs de premier ordre, sont Hyde, Hudson, Sangiacomo, Truchard, Winery Lake (planté par le pionnier Rene Di Rosa) et Durell (dont le Carneros Chardonnay est un des meilleurs vins de Kistler). La syrah, le merlot et le cabernet peuvent y jeter leurs feux et ils ont très certainement un bel avenir devant eux.

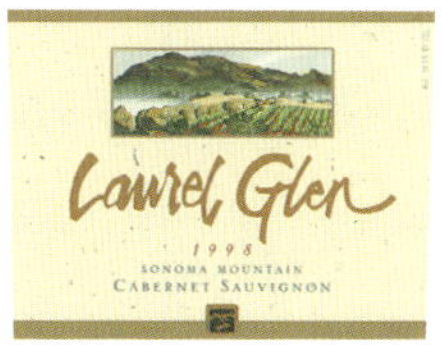

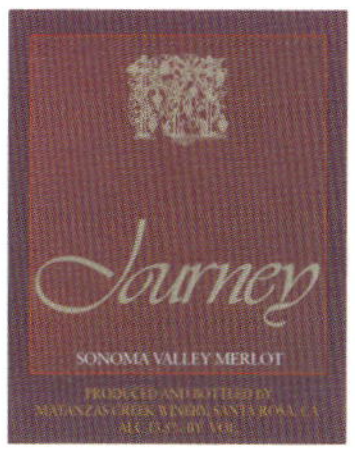

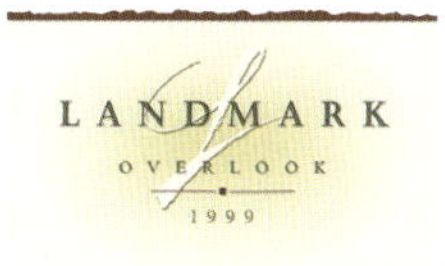

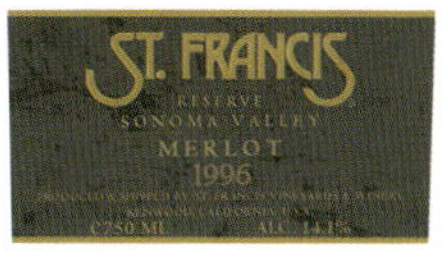

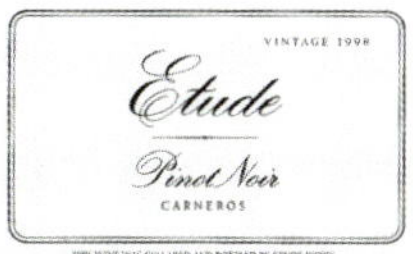

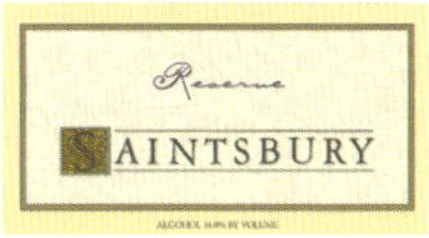

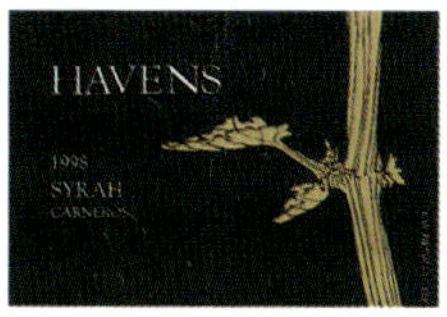

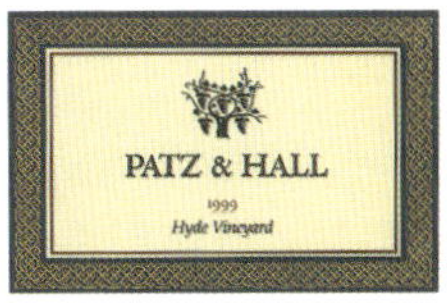

Dans la rangée du haut *se trouvent quelques-uns des produits les plus succulents de la vallée de Sonoma, faits le plus souvent avec des raisins en provenance des collines (Landmark fait des mélanges réussis de chardonnay cultivé dans tout l'État). Sur la rangée du bas apparaissent les vins faits exclusivement avec des raisins de Carneros, un des vignobles les plus célèbres avec celui de Hyde.*

Sonoma Vallée : Sonoma

Latitude / Altitude : **38,18° / 20 m**
Température moyenne de juillet : **21,3 °C**
Précipitations annuelles : **737 mm**
Précipitations du mois de la vendange : **septembre : 10 mm**
Principaux dangers viticoles : **sécheresse d'hiver, gelées de printemps, pluies à la vendange**
Principaux cépages : **chardonnay, cabernet sauvignon, merlot**

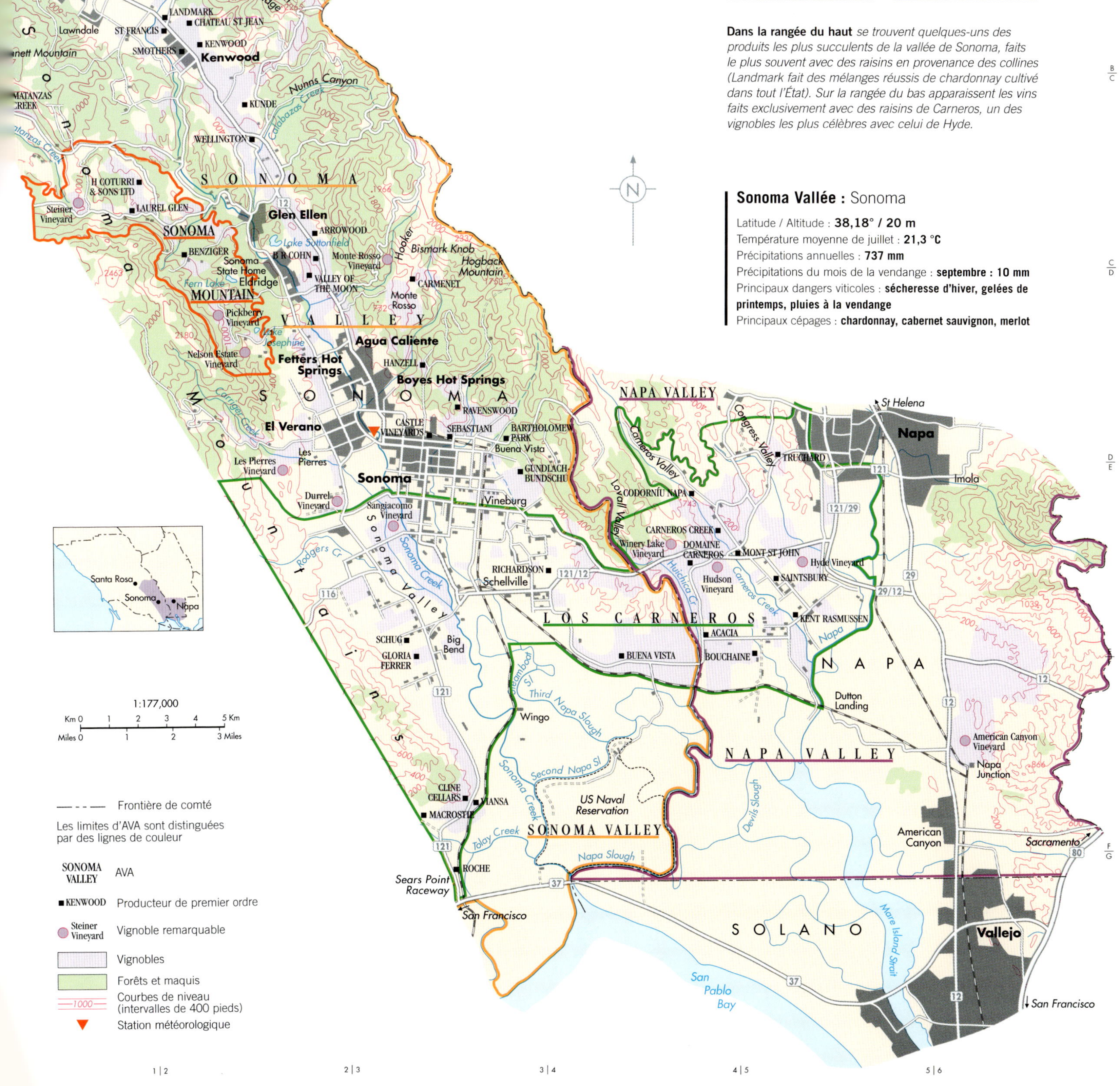

Napa Valley

La chose la plus surprenante concernant cette surprenante Napa Valley, c'est le fait qu'elle ne produise même pas 5 % du vin de Californie. Depuis que Robert Mondavi a ouvert sa cave à Oakville en 1966, Napa Valley est considérée comme l'épicentre de la nouvelle ère de prospérité du vin californien. La construction de la fameuse arche en adobe de Mondavi, avec ses subtiles connotations de style Mission, a donné le coup d'envoi de la transformation d'une petite communauté agricole en la région vinicole la plus prestigieuse, la plus dorlotée, la plus concentrée en termes de capitaux du monde.

Mais ses 14 000 hectares de vignobles ne représentent qu'un huitième du Bordelais et la moitié de la Bourgogne ou de la Champagne. En dépit du bruit fait autour de Napa Valley, c'est une toute petite région, beaucoup plus variée toutefois qu'on ne pourrait le penser à première vue.

En ce qui concerne les sols par exemple, les choses sont diablement compliquées. Dans Napa Valley uniquement, cent cinquante types de sols différents ont été identifiés, nombre d'entre eux mêlés et superposés en l'espace de quelques mètres. L'attrait d'un système de classification aussi simple que celui des « jours d'ensoleillement » de Winkler est évident (voir pages 270 et 277).

D'une façon générale, la vallée est formée par la rivière Napa, un filet d'eau paresseux qui creuse sa voie entre les Mayacamas Mountains à l'ouest et le Vaca Range à l'est. Leurs pics respectifs sont les produits des déjections ignées du Mount Veeder et de l'Atlas Peak, responsables à plusieurs occasions des dépôts minéraux variés de la région (cette activité volcanique continue, et c'est évident au sommet de la vallée de Calistoga, où les touristes s'ébattent dans les bains de boue et les sources chaudes). En gros, les sols sont plus minces, plus vieux et moins fertiles sur les flancs de la vallée. Le fond de la vallée est occupé par des argiles alluviales, profondes et fertiles. On trouve des sols profonds mais bien drainés sur les piémonts des deux côtés de la vallée.

En ce qui concerne le climat, comme partout ailleurs en Californie, la partie ouverte (ici au sud) de cette vallée étroite (5 km au mieux) de 48 km de long, est nettement plus fraîche pendant l'été (en moyenne de 6,3 °C) que l'extrémité septentrionale. En termes de température, Carneros est pratiquement à la limite inférieure pour la production de vin de qualité et Calistoga représente la limite supérieure. Les vignobles situés entre ces deux points sont parfaits pour une grande variété de cépages. La longue saison estivale, avec des températures relativement élevées en raison de la faible altitude de Napa, réchauffe l'air qui s'élève, encourageant ainsi l'afflux des courants d'air froid en provenance de l'océan, par la Russian River de Sonoma et la faille de Chalk Hill ou, avec plus de constance, par Carneros au nord du district oriental de Stags Leap. Les pentes orientales bénéficient de l'ensoleillement pendant les heures plus chaudes de l'après-midi, produisant ainsi des vins plus souples que ceux des pentes occidentales, auxquels le soleil du matin donne plus de définition.

Les deux diagrammes au bas de la page ci-contre, fourni par Terra Spase, (consultants en viticulture de Californie), présentent les températures du matin et de l'après-midi au cours d'une journée, illustrant la variation typique d'un côté de la vallée à l'autre. Le sud de la vallée est constamment plus frais que le nord, et les terres situées au-dessus de la nappe de nuages sont beaucoup plus chaudes que le fond de la vallée le matin.

En remontant vers le nord, les vins ont tendance à avoir un goût plus riche, avec des tannins plus aboutis. Les vins faits sans irrigation sur les pentes moins fertiles, qui sont de plus en plus envahies par la vigne en dépit de l'érosion et des conflits de propriétés, sont plus charpentés et concentrés que leurs homologues du fond de la vallée. Les vignobles en altitude comme ceux des Mayacamas – Château Potelle par exemple, Cain Cellars sur la crête des Mayacamas à l'ouest, Oakville Vineyard, Chapellet et Bancroft Ranch dans la partie orientale de la vallée – bénéficient souvent d'un fort ensoleillement le matin, pendant que la vallée est encore envahie par le brouillard. Puis des vents frais balaient les sommets des collines en fin d'après midi, tandis que le fond de la vallée réverbère la chaleur coincée sous une couche d'air froid.

Voici la théorie. Ce qui se glisse entre l'influence géographique et le contenu de la bouteille, ce sont moins les caprices de la nature que les contraintes de l'organisation de Napa Valley. Les millions de touristes attirés chaque année par la « Valley » ont l'impression qu'il y a un nombre infini de caves sur les bords de la Highway 29, toujours encombrée, et sur le Silverado Trail, plus paisible. Mais il y en a en fait moins de 300 et quelque 1 100 viticulteurs. Les activités symbiotiques de la culture de la vigne et de la production du vin sont plus souvent distinguées ici que dans n'importe quel autre district viticole de qualité. Certaines caves ne disposent que d'une rangée de vignes d'ornementation. Elles achètent le raisin, parfois le vin, et mélangent des lots différents, de sorte que les nuances expressives sont perdues. Même si une AVA plus spécifique est indiquée sur l'étiquette, il peut être difficile de localiser l'origine précise du raisin, sauf si le vignoble est nommé.

Le cabernet sauvignon est le cépage de Napa Valley. Les meilleurs cabernets de Napa sont incontestablement certains des plus réussis au monde. Ils ont une opulence et une exubérance sans égal et les meilleurs exemples ont aussi une grande rigueur. À part quelques cas très austères sur les collines, ce sont des cabernets sauvignons qui peuvent être bus et appréciés après trois ou quatre ans, avantage qui fait dire à certains Européens qu'ils sont faciles. Il est encore trop tôt pour savoir com-

Ci-dessous De la moutarde en fleurs au printemps dans un des vignobles de Shafer (partie orientale de la vallée). Il faut noter l'âge avancé des pieds de vigne (inhabituel) et le système d'irrigation par goutte-à-goutte (de rigueur).

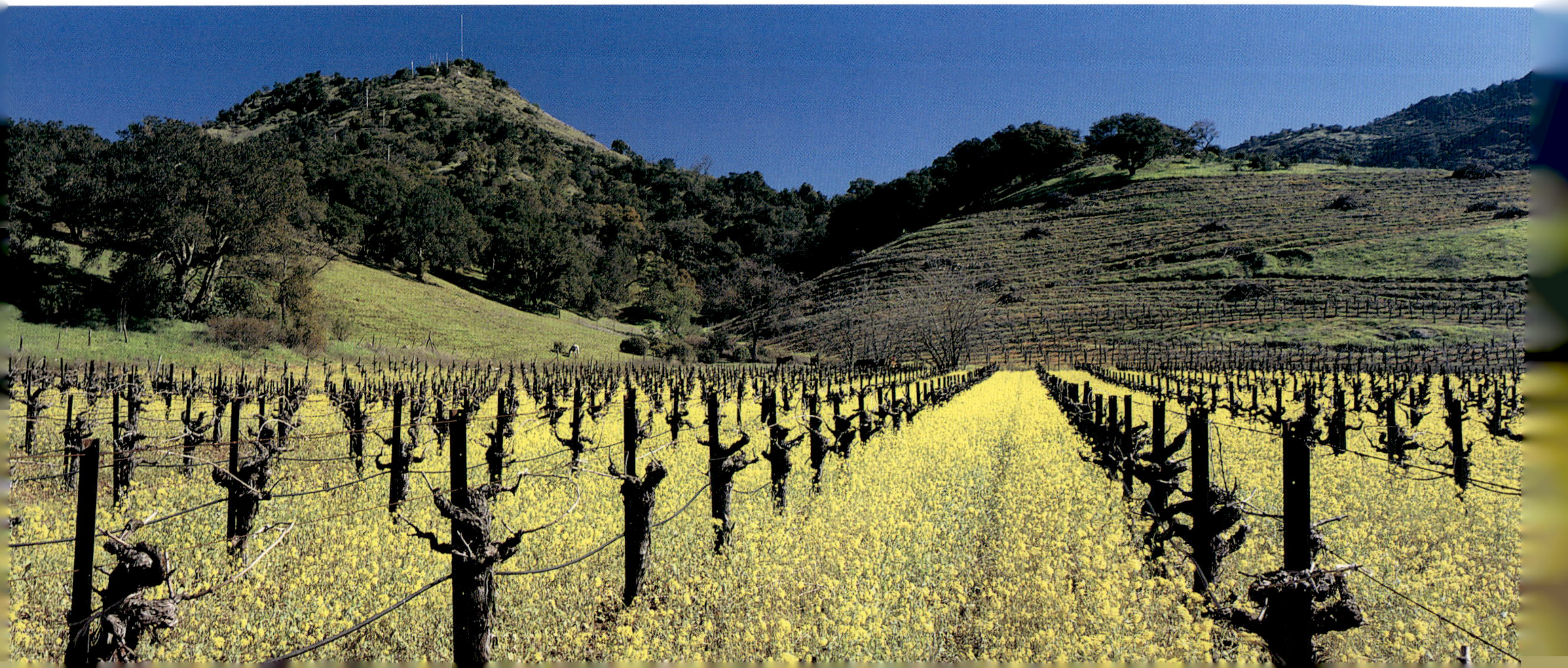

ment et combien de temps vont pouvoir vieillir les vins très coûteux et soi-disant légendaires de Californie (comme leurs homologues, les micro-châteaux de Saint-Émilion). Mais les preuves ne manquent pas concernant les potentiels de vieillissement des meilleurs cabernets de Napa, que ce soient les grands millésimes du début du XXe siècle des pionniers, comme Beaulieu et Inglenook, ou que ce soient les classiques plus tardifs comme Château Montelena, Mayacamas et Heitz Martha's Vineyard du milieu des années 1970. Ce sont de grands vins à tous égards.

Le Carneros et l'extrémité méridionale de la vallée, entre Yountville et la ville de Napa, sont généralement des régions trop fraîches pour que le cabernet mûrisse et depuis les nouvelles plantations, après les attaques du phylloxéra des années 1990, on y cultive du chardonnay et du sauvignon blanc. Un bon sauvignon blanc est produit au nord de Yountville, mais plus au nord encore règnent désormais le cabernet et le merlot (le style du merlot de Napa Valley n'est toujours pas discernable). Les plantations des autres cépages de Bordeaux, de cabernet franc et, dans une moindre mesure, de petit verdot et de malbec, ont un peu augmenté et font un mélange appelé Meritage, pour le distinguer du 100 % cabernet sauvignon qui est le vin le plus courant. Alors que les vins à base de cabernet exclusivement produits dans le climat tempéré de Bordeaux peuvent être d'une austérité extrême, leur équivalent à Napa a un goût excellent en raison de la parfaite maturité atteinte par ce cépage dans cette vallée, particulièrement depuis que la « longueur en bouche » fait l'objet d'un véritable culte.

La syrah est planté sur les collines et un bon zinfandel est produit dans divers vignobles de

Jours d'ensoleillement cumulés
(voir page 270)

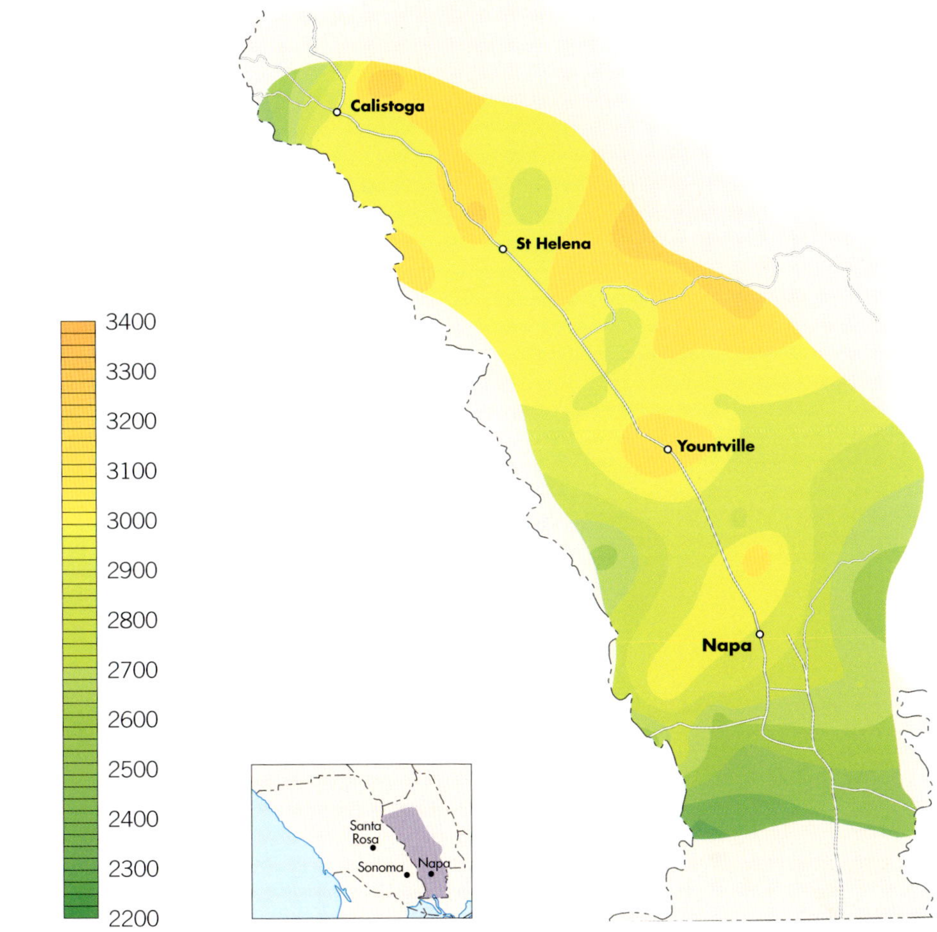

Températures de début de matinée

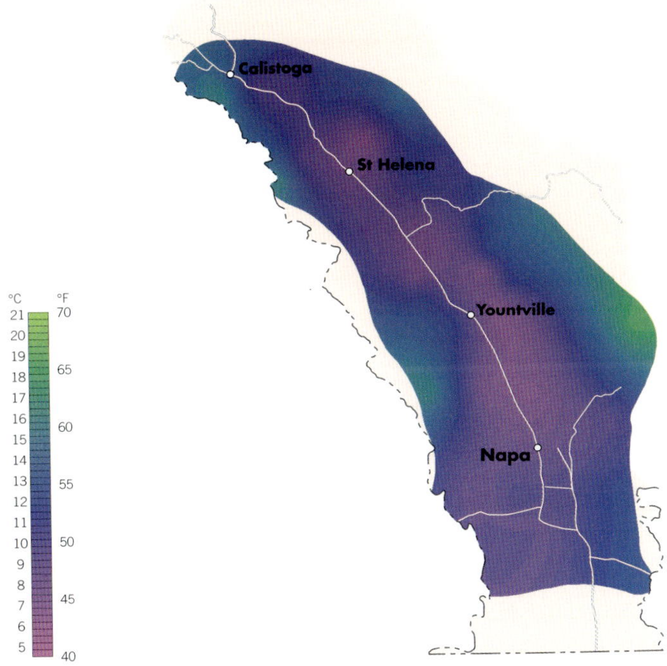

Températures de fin d'après-midi

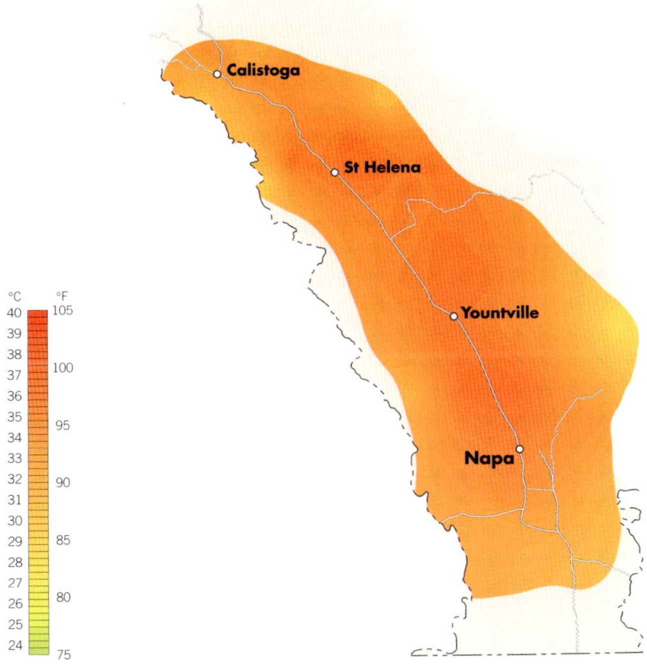

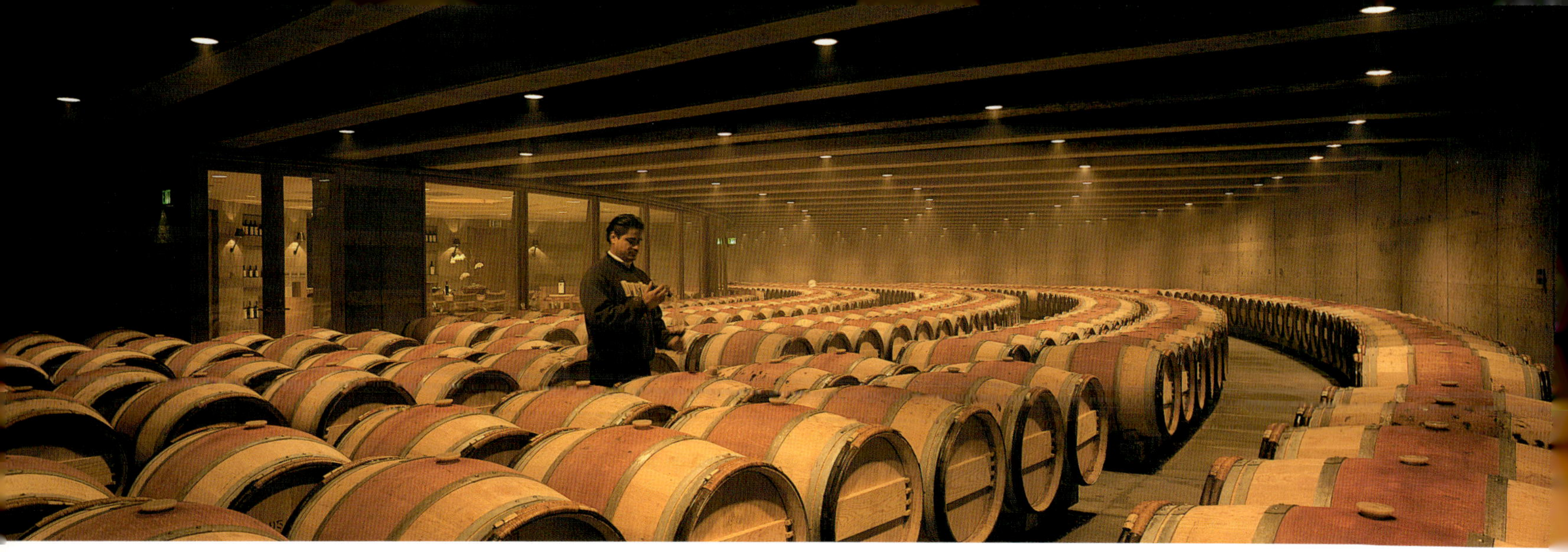

Napa Valley, surtout dans ceux, plus chauds, qui entourent Calistoga (dont le climat est proche de celui d'Alexander Valley) et dans ceux de Mount Veeder. Mais Napa ne dispose pas de l'équivalent de la Dry Creek Valley de Sonoma.

Cela dit, le comté de Napa possède une série d'AVA très développées et très convaincantes – d'une logique plus évidente qu'à Sonoma. Napa Valley est l'AVA la plus générale, qui inclut non seulement la vallée célèbre dans le monde entier (avec son extraordinaire concentration de restaurants à la mode, de galeries d'art, de magasins de souvenirs, de caves), mais aussi une zone importante de terres dispersées, comme les chaudes vallées de Pope et de Chiles, une AVA à l'est qui sera rapidement colonisée par les potentiels producteurs de vin, ainsi qu'American Canyon, au sud-est de la ville de Napa, déjà colonisé. Le territoire méridional, en direction de la ville de Vallejo, s'est révélé assez chaud pour une viticulture extensive sur des sols qui n'ont pas grand-chose à voir avec Napa Valley, mais qui ont droit au nom.

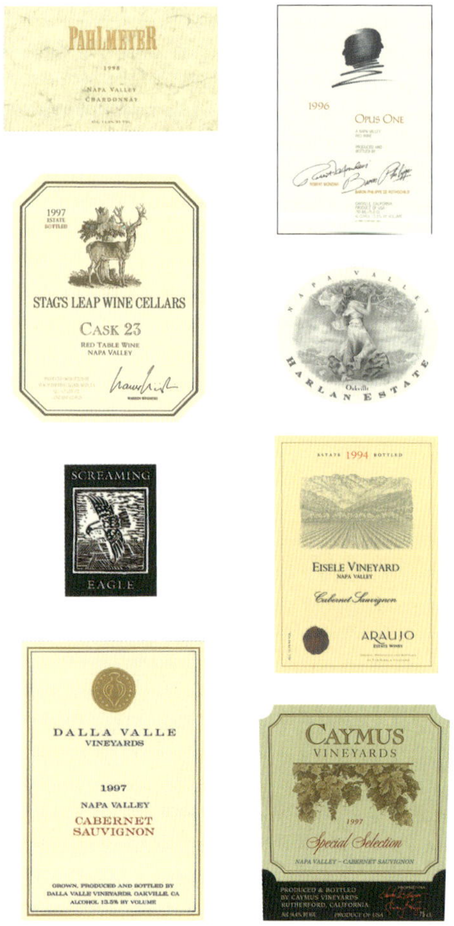

Un mélange des vins cultes nouveaux *et de traditionnels Stag's Leap et Caymus. Il est pratiquement impossible d'acquérir un Screaming Eagle ou un Harlan, sauf si on figure sur la liste des clients depuis de longues années. Le Maya de Dalla Valle est d'une qualité égale, mais il est beaucoup plus robuste que la cuvée ordinaire présentée ici.*

Yountville est l'AVA la plus méridionale de la vallée de Napa proprement dite. Protégés des vents violents de Carneros, les cépages plus tardifs que le chardonnay et le pinot noir, comme le cabernet franc et le merlot, peuvent y mûrir et même prospérer sur les cônes d'alluvions argileuses. Luna a prouvé que le pinot gris et le sangiovese pouvaient parfaitement s'adapter dans cette région.

Stags Leap se trouve immédiatement à l'est, sur des terres en général plus élevées et parfaitement dans l'axe des vents et du brouillard canalisés par la faille côtière enjambée par le Golden Gate Bridge. Stag's Leap Wine Cellars (à ne pas confondre avec le voisin Stags Leap Winery), célèbre pour son cabernet de 1973 qui battit à plate couture les vins français au concours de dégustation de 1976 à Paris, a fait connaître dans le monde le style parfumé et raffiné du vin rouge du coin.

Oakville est l'endroit où commence le pays du cabernet sérieux, charnu (même si l'on y trouve aussi du chardonnay et du sauvignon qui rallient tous les suffrages, ainsi qu'un sangiovese assez convaincant). Sur les sols bien drainés de sa limite occidentale, on trouve les sites les plus extraordinaires pour de superbes cabernet sauvignons structurés, comme le vignoble To-Kalon qui entoure la cave récemment agrandie de Robert Mondavi, et celui de Martha's, juste au-dessous d'Harlan, autre grand vignoble un peu plus jeune.

Rutherford se trouve un peu plus au nord et c'est aussi une terre glorieuse pour de somptueux cabernets, qui ont souvent cette note minérale distincte connue sous le nom de « poussière de Rutherfor ». Ce phénomène est très commun chez les grands vins en provenance de Rutherford Ben (parfaitement bien drainé, vignobles en gradins peu propices aux vignes vigoureuses, le long du côté occidental de la vallée), qui a abrité, dans leur période faste, les meilleurs vignobles d'Inglenook et de Beaulieu (BV), d'Heits Bella Oaks. Aujourd'hui, on peut citer Rubicon de chez Niebaum-Coppola (qui occupe l'ancienne cave d'Inglenook) et le vignoble de Moffett. Le cabernet Le Caymus Sélection Spéciale, fait avec des vieilles vignes plantées sur du gravier du côté est de la vallée, est un autre classique de Rutherford.

Ci-dessus La cave Opus One, construite à grands frais par les familles qui se trouvent derrière Robert Mondavi Winery et Château Mouton Rothschild, bénéficie du dernier cri en matière de technologie et de design. La cave à fûts a été taillée dans la roche.

Saint Helena, au climat un peu plus chaud que celui de Rutherford, n'est pas seulement la ville du vin la plus importante et la plus active de Napa Valley (Oakville n'est guère qu'un carrefour et une fabuleuse épicerie). C'est aussi le siège des plus importantes caves de la vallée, qui y font venir du raisin et du vin de régions bien éloignées : Sutter Home, dont la fortune a été faite grâce à un zinfandel blanc rose pâle acheté dans la vallée de San Joaquin ; Beringer, source de bons rouges et blancs aux origines géographiques spécifiées et aujourd'hui propriété des brasseurs australiens Foster's ; V Sattui, le lieu de pélerinage des touristes ; Louis Martini, autrefois remarquable. Saint Helenaini peut aussi s'enorgueillir de la présence de très petites marques faisant l'objet d'un véritable culte : Grace Family, Vineyard 29, Colgin Herb Lamb (ce dernier étant fabriqué, comme tant d'autres de ces cabernets de légende, dans un bâtiment parfaitement anonyme loin de là). La vallée se referme juste au nord de la ville et certains vignobles se trouvent sur des pentes vertigineuses.

Tout au nord de la vallée, Calistogoa est presque encerclée par les montagnes, dont le mont Saint Hélène au nord, ce qui bloque l'air froid en hiver et provoque des gelées au printemps, un danger récurrent pour les vignobles du fond de la vallée. Les systèmes d'arrosage et les éoliennes sont un spectacle captivant au milieu des vignobles plantés sur les sols volcaniques qui entourent Calistoga. Également fascinants pour le touriste, le château de carton-pâte du Clos Pegase et la Sterling Winery à l'architecture moderniste. Mais bien des touristes sont rassasiés avant d'atteindre le haut de la vallée.

Cela signifie qu'une région aussi élégante que Diamond Moutains au sud-ouest de Calistoga, avec ses sols extrêmement variés (en partie volcaniques), n'est pas trop fréquentée. Le vignoble Diamond Creek a été un des premiers défenseurs des vins faits à partir d'un vignoble désigné. Le Schramsberg, un des premiers vins pétillants, est un voisin très différent. La région est rafraîchie par l'air en provenance de la faille de Chalk Hill.

Les vignobles de montagne jouent un rôle de plus en plus important à Napa Valley. Tout le

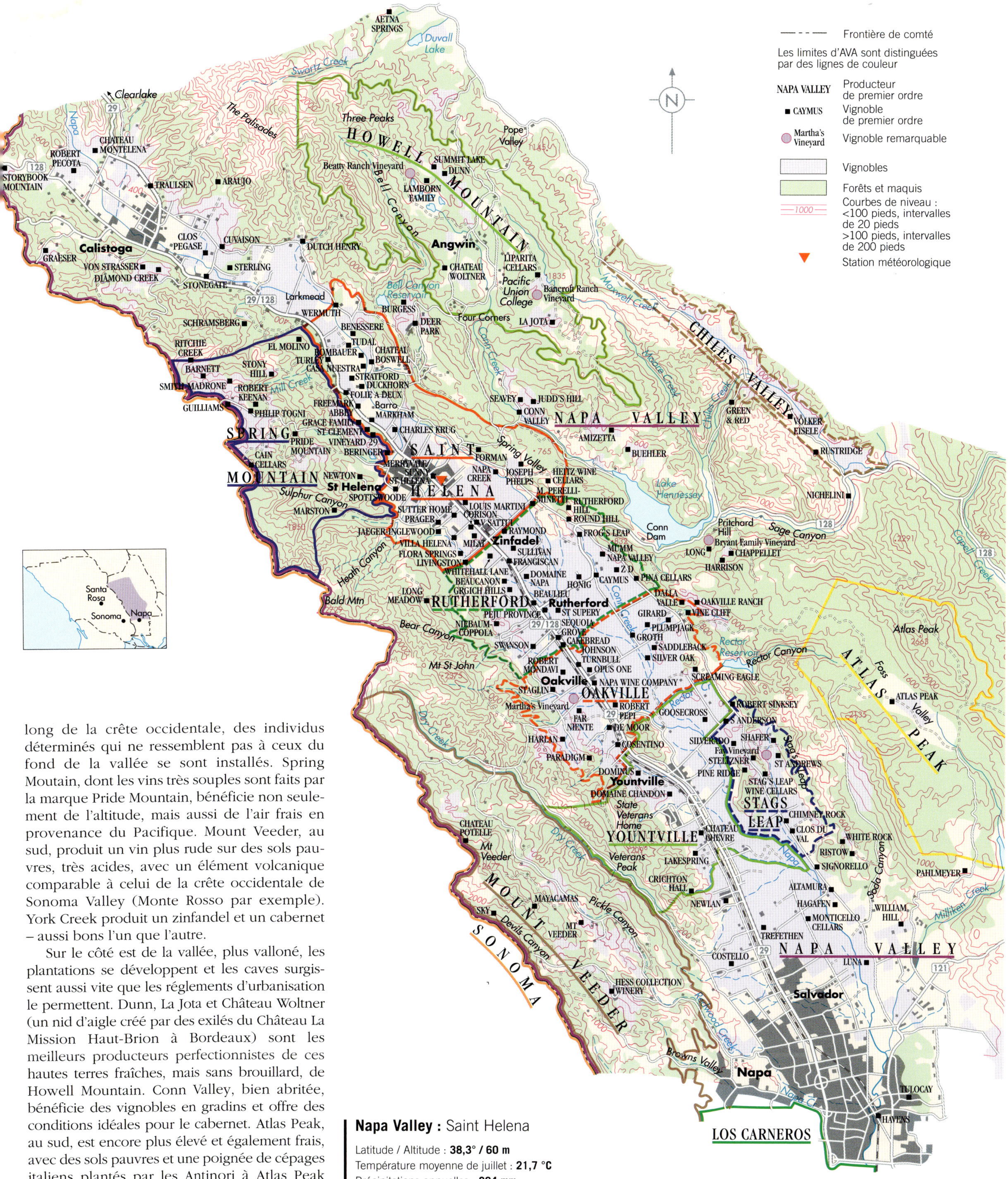

long de la crête occidentale, des individus déterminés qui ne ressemblent pas à ceux du fond de la vallée se sont installés. Spring Moutain, dont les vins très souples sont faits par la marque Pride Mountain, bénéficie non seulement de l'altitude, mais aussi de l'air frais en provenance du Pacifique. Mount Veeder, au sud, produit un vin plus rude sur des sols pauvres, très acides, avec un élément volcanique comparable à celui de la crête occidentale de Sonoma Valley (Monte Rosso par exemple). York Creek produit un zinfandel et un cabernet – aussi bons l'un que l'autre.

Sur le côté est de la vallée, plus vallonné, les plantations se développent et les caves surgissent aussi vite que les réglements d'urbanisation le permettent. Dunn, La Jota et Château Woltner (un nid d'aigle créé par des exilés du Château La Mission Haut-Brion à Bordeaux) sont les meilleurs producteurs perfectionnistes de ces hautes terres fraîches, mais sans brouillard, de Howell Mountain. Conn Valley, bien abritée, bénéficie des vignobles en gradins et offre des conditions idéales pour le cabernet. Atlas Peak, au sud, est encore plus élevé et également frais, avec des sols pauvres et une poignée de cépages italiens plantés par les Antinori à Atlas Peak Vineyards. Certains prédisent que Napa Valley sera un jour aussi connue pour ses cépages d'Italie et du Rhône qu'elle l'est aujourd'hui pour son cabernet sauvignon.

Napa Valley : Saint Helena

Latitude / Altitude : **38,3° / 60 m**
Température moyenne de juillet : **21,7 °C**
Précipitations annuelles : **894 mm**
Précipitations du mois de la vendange : **septembre : 10 mm**
Principaux dangers viticoles : **sécheresse d'hiver, gelées**
Principaux cépages : **cabernet sauvignon, merlot, chardonnay**

Sud de la baie

La région cartographiée ici, qui va du sud de San Francisco au nord de Paso Robles (voir pages 282-283), pourrait difficilement être plus disparate pour ce qui est de son histoire sociale et de son vin.

Les graviers secs, balayés par les vents, de Livermore Valley ont été célèbres pour le vin blanc qu'ils donnaient, particulièrement le sauvignon blanc d'un style unique dans l'État, depuis 1869 – date à laquelle les vignobles ont été plantés à partir de boutures de Château Yquem. La famille Wente, fort entreprenante, domine les 650 hectares de vignes constamment menacées par le développement urbain. Ils ont porté pendant plus d'un siècle le flambeau, sans qu'on leur en fût reconnaissant, du sémillon de Livermore.

La tâche grise sur la carte s'est étalée rapidement au sud de la baie de San Francisco, lorsque Silicon Valley se vautrait dans une croissance économique extraordinaire. Au-dessus, dans les montagnes de Santa Cruz, se trouve une région vinicole tout à fait incongrue, plus ancienne que celle de Napa Valley. Ces caves isolées sont bien moins nombreuses et les vignobles moins nombreux encore, mais plusieurs d'entre eux figurent parmi les plus célèbres de Californie.

Dans les années cinquante, Martin Ray de Mount Eden fut le premier producteur de vin à redonner une renommée à cette splendide zone montagneuse couverte de forêts. Ses vins excentriques, coûteux, comme ceux de David Bruce, son ancien maître de chai, provoquèrent des disputes et des rires, à l'exact opposé de ceux et celles qui sont provoqués par son successeur spirituel, Randall Grahm de Bonny Doon, dont les vignobles, au nord-ouest de la ville « alternative » de Santa Cruz, rafraîchis par les brises marines, ont succombé à la maladie de Pierce. Grahm est un provocateur et un improvisateur inspiré, courant non seulement dans tout l'État, mais aussi dans le monde entier à la recherche des ingrédients de base pour ses mélanges parfaitement originaux, comme Le Cigare Volant et Il Fiasco.

Le leader incontesté de la région est Ridge Vineyards, situé bien au-dessus de la nappe de brouillard sur une crête qui surplombe l'océan d'un côté et la baie de l'autre. Le cabernet en provenance de la parcelle la plus élevée, Monte Bello, est souvent un rouge excellent et susceptible de bien vieillir, comme beaucoup d'autres en Californie, grâce à ses vieilles vignes et à des sols peu fertiles sur des pentes raides.

À l'est de l'AVA Santa Cruz Mountains se trouve la vallée de Santa Clara, une région vinicole qui avait été pratiquement effacée par la révolution électronique. Pourtant, juste au sud de Gilroy, la capitale mondiale de l'ail, d'antiques vignes du Rhône ont survécu. Les caves locales peuvent vendre tout ce qu'elles veulent sur le pas de leur porte et le potentiel de cette région est donc sous-estimé et menacé par l'avancée du béton.

La raison pour laquelle le comté de Monterey produit presque autant de vin que le comté de Napa est visible dans le fond de la vallée, de Gonzales au sud de King City : c'est un monument à la folie des entreprises des années 1970.

Ci-dessous Les vignobles de Chalone se trouvent au-dessus des terres plates de la vallée de Monterey. Chalone s'est efforcé non pas de réduire les rendements mais de trouver assez d'eau pour produire une récolte rentable.

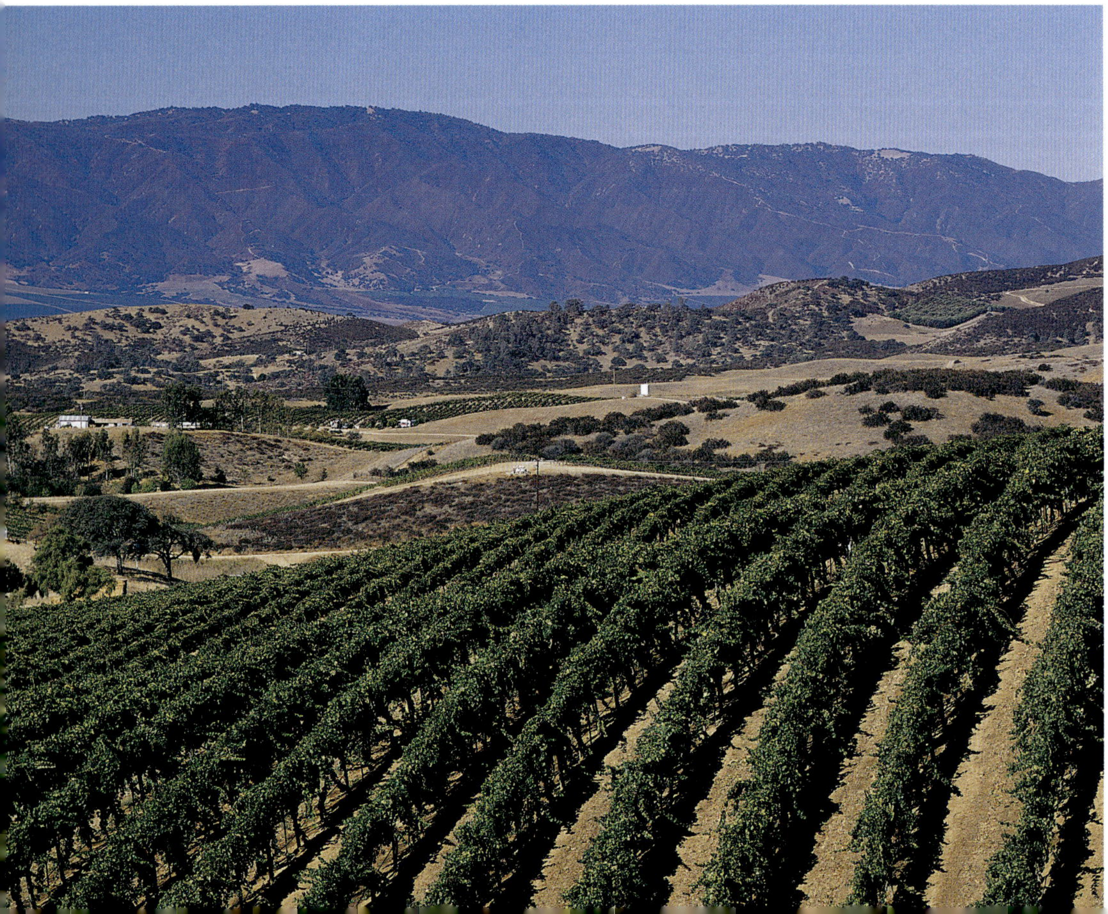

Les sociétés importantes de l'époque et les investisseurs privés en quête de déductions fiscales furent encouragés à planter dans une région qui promettait, par sa fraîcheur, d'être idéale pour la vigne. La vallée de Salinas, avec son embouchure dans la baie de Monterey, forme un entonnoir efficace pour une irruption quotidienne de l'air frais en fin d'après-midi. La vallée, avec son bref passé de cultures maraîchères et sa longue histoire d'exploitation de la main-d'œuvre (vous vous souvenez de Steinbeck ?), fut consacrée avec enthousiasme à la vigne, les plantations frénétiques couvrant bientôt 16 200 hectares – bien plus que les vignobles de Napa.

Hélas, l'entonnoir se révéla trop efficace. Par une chaude journée dans l'arrière-pays, l'air marin remonte la vallée avec une telle puissance qu'il arrache les sarments de vigne. La vallée est extrêmement sèche (irriguée abondamment par l'eau souterraine de la rivière Salinas), mais terriblement froide, de sorte que les raisins sont régulièrement vendangés en décembre sur des vignes qui bourgeonnent en février.

Ces énormes fermes viticoles, notamment celles de San Bernabe (qui détient le record avec 2800 hectares), de Scheid et de Lockwood, s'étendent sur des kilomètres, entre le bas de la carte ci-contre et le haut de celle de la page 283. Plantées sans la moindre considération pour la variation des conditions locales, ces vignes ont commencé par avoir un fort rendement, grâce à une irrigation abondante, à des vendanges mécanisées à différents stades de maturité. Les vins excessivement herbacés qui en résultaient ont fortement nui au nom et à la réputation de Monterey. Aujourd'hui encore, après de nets progrès de la viticulture, l'essentiel de la production de la vallée de Salinas est vendu en gros aux géants de la vallée de San Joaquin pour être mélangé à du vin en provenance de régions plus chaudes et vendu sous une appellation californienne quelconque.

La section occidentale de l'Arroyo Seco est plus abritée du vent ; le riesling et le gewurztraminer ont été amenés à pourrir noblement chaque année, donnant des vins doux à l'acidité particulièrement rafraîchissante.

De nos jours, on trouve des vignes très au sud, dans Hames Valley (voir page 271), près de la frontière du comté de San Luis Obispo, et sur les pentes de Santa Lucia Highlands. Ce sont en général des régions de viticulture uniquement.

Il y a encore deux avant-postes ambitieux. Chalone Vineyard, qui dispose désormais de sa propre AVA, est situé au sommet d'une colline calcaire, brûlée de soleil, à 600 m d'altitude. Chalone a fait, avec des degrés de réussite divers, des chardonnays ou des pinots, avec la conviction que Corton en Bourgogne pourrait émigrer à l'ouest. Le calcaire a inspiré Josh Jensen pour créer, comme en Bourgogne, son vignoble de pinot noir à Calera, dans un site aussi aride que splendide, à 32 km au nord, dans les mêmes montagnes (AVA Mount Harlan). Le sol est bon, les précipitations catastrophiquement faibles. Les vins de la propriété de Calera dépendent aujourd'hui des importations en provenance de la région de la côte centrale au sud.

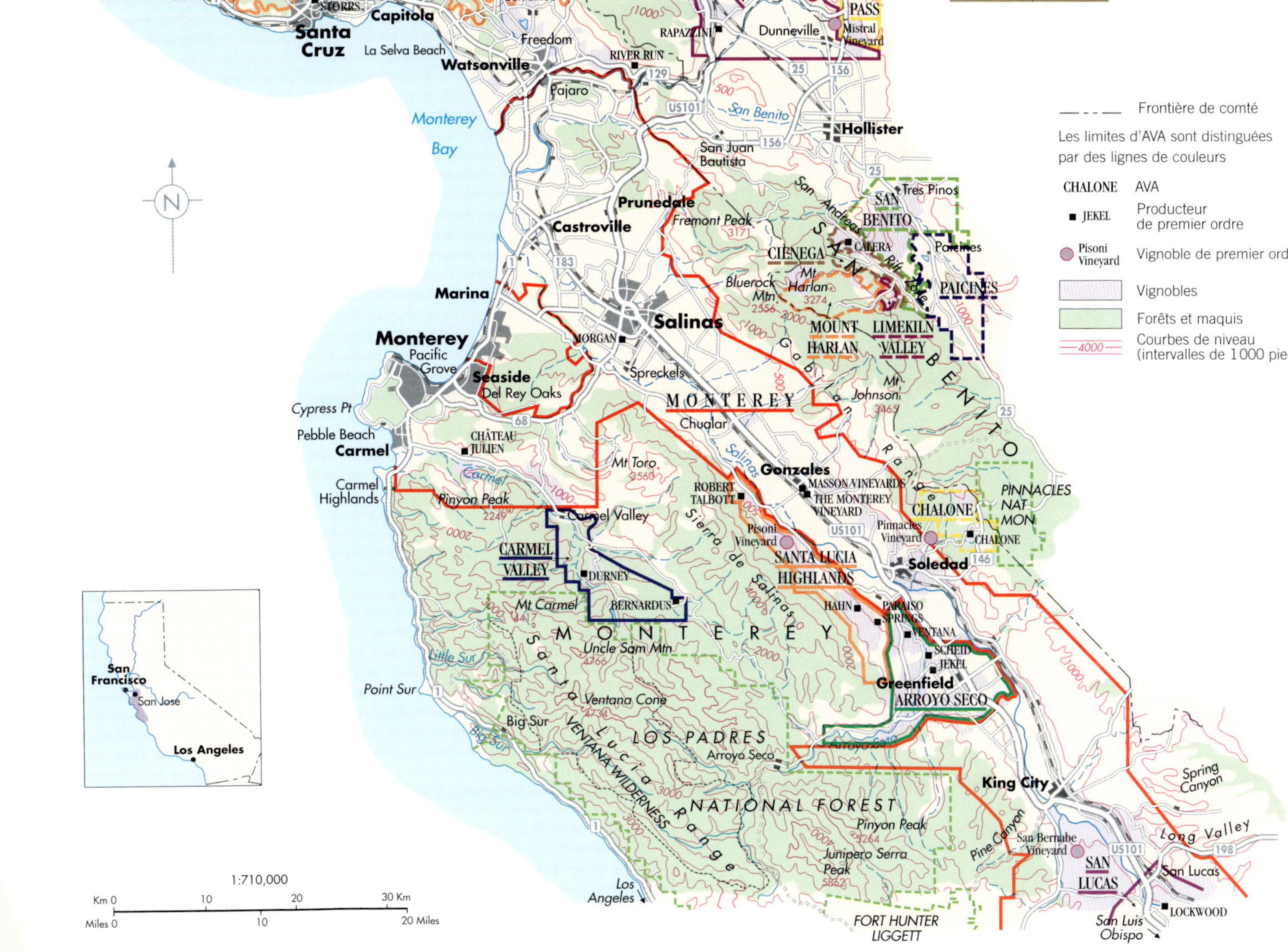

Ces étiquettes *sont disposées en fonction de leur provenance du nord au sud. Elles illustrent bien le fait que cette région offre une diversité de styles plus grande qu'ailleurs – et la place manque pour présenter le gewurztraminer de Fogarty et le petit syrah de Concannon.*

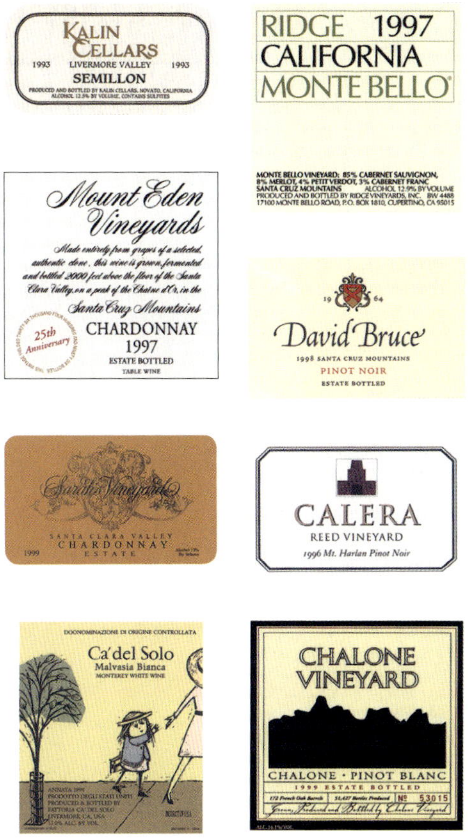

Frontière de comté

Les limites d'AVA sont distinguées par des lignes de couleurs

CHALONE AVA

■ JEKEL Producteur de premier ordre

● Pisoni Vineyard Vignoble de premier ordre

Vignobles

Forêts et maquis

4000 Courbes de niveau (intervalles de 1000 pieds)

Côte centrale méridionale

La côte centrale en pleine effervescence connaît la viticulture depuis l'époque des Missions ; celle-ci est revenue sur le devant de la scène au début des années quatre-vingt-dix en tant que vignoble alternatif et meilleur marché que ceux de Napa et de Sonoma. Elle se déploie tout le long de la côte depuis les vignobles du sud de San Francisco jusqu'au climat subtropical de la grande périphérie de Los Angeles (présentée page 286).

Les deux comtés de San Luis Obispo et de Santa Barbara (voir la carte ci-contre) sont submergés par la vigne. La perspective depuis la Highway 101 qui les traverse a été radicalement transformée à la fin du XXe siècle : les chênes rabougris et les pâturages pour le bétail ont fait place aux ondulations des vignobles sur des kilomètres et des kilomètres.

Cette section de la Californie a une spécificité géologique : la faille de San Andreas court sous la partie orientale de la région et les vignobles sont donc situés sur des sols tout à fait différents, avec des influences marines et des carbonates qui, selon les autorités, expliquent le caractère voluptueux des vins qui y sont faits. Il existe certainement un parallèle dans les différences de texture et les niveaux d'acidité entre, d'un côté, le Chianti et Maremma sur la côte et, de l'autre, la côte septentrionale et la côte centrale de la Californie.

Le climat est aussi très maritime, avec des hivers doux (les vignes ne peuvent pas toujours trouver le repos hivernal) et des étés beaucoup plus frais que dans le reste de la Californie (voyez les données chiffrées qui montrent une température moyenne de juillet comparable à celle de la vallée de la Moselle, dans le nord de l'Allemagne).

Le comté de San Luis Obispo se divise en trois zones distinctes au moins, deux d'entre elles dans l'appellation brutalement délimitée de Paso Robles qui englobe une vaste portion de la région. Les pâturages vallonnés à l'est de la Highway 101 sont nettement plus chauds et ne favorisent pas le passage de l'air froid. Les sols profonds et fertiles accueillent aujourd'hui sur une superficie conséquente des vignobles qui donnent des vins souples, fruités, avec des cépages assez peu exigeants, destinés aux caves et aux négociants de la côte septentrionale. Mondavi, Beringer, J. Lohr et Southcorp sont les gros bonnets du coin. La cave Meridian de Beringer (appelée auparavant Estrella River) se détache, située au sommet d'une colline, avec une perspective infinie sur le paysage de plus en plus viticole qui se déploie au sud-est.

Les collines boisées de la partie occidentale de Paso Robles de l'autre côté de la Highway 101 ont des sols beaucoup plus intéressants et, étant refroidies par l'air marin (le brouillard est rare), ont plus de traits communs avec la vallée de Santa Clara, à l'ouest de la faille de San Andreas. La réputation historique de Paso Robles tient essentiellement à ses puissants zinfandels, provenant de vignes irriguées selon la tradition de l'immigration italienne. C'est cette région qui a été choisie par la famille Perrin du Château de Beaucastel à Châteauneuf-du-Pape pour planter à Tablas Creek une grande variété de clones de cépages du Rhône. Larry Turley des Turley Wine Cellars à Napa a aussi eu le courage d'investir dans la région.

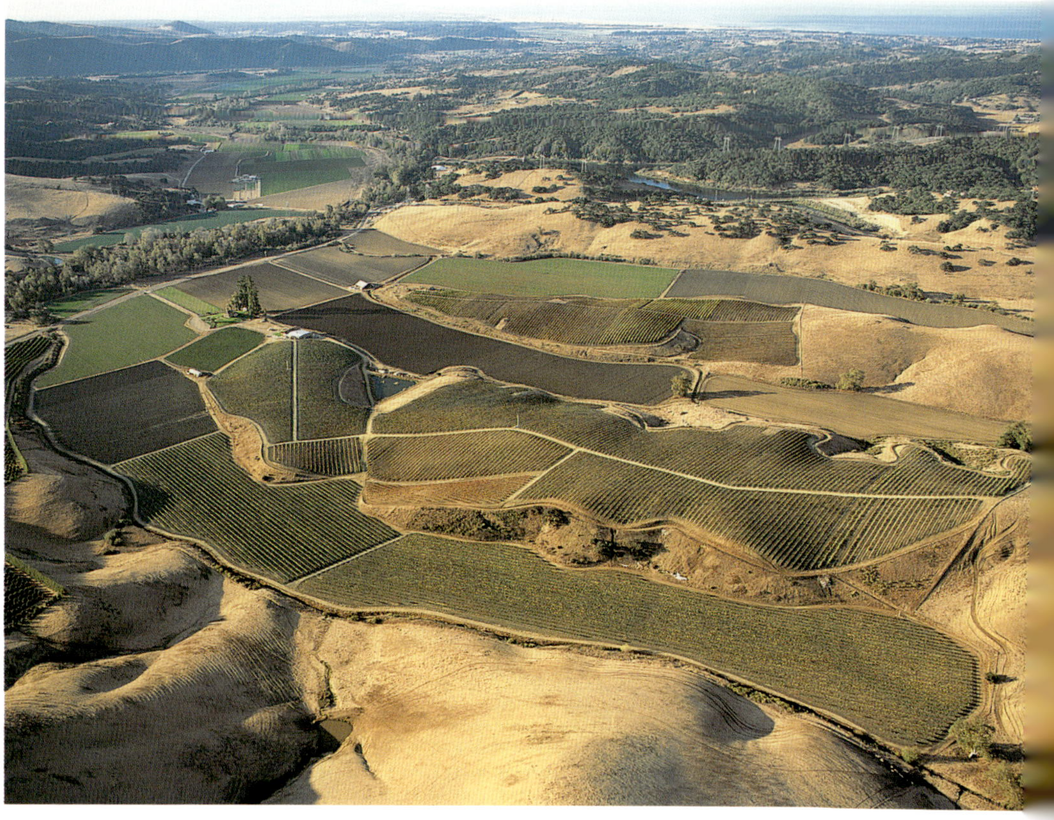

Ci-dessus Les vignobles Talley dans l'Arroyo Grande font quelques-uns des meilleurs chardonnays de Californie. Le Pacifique rafraîchit les vignes très loin dans les terres.

Edna Valley, de l'autre côté du col de Cuesta vers le sud, est un cas encore différent. L'air marin y parvient en tourbillonnant depuis Morro Bay, créant des conditions parfaites pour le développement des champignons et refroidissant la vallée pour en faire une Région I (voir page 270). On y produit quelques chardonnays succulents, avec un arrière-goût citronné pour leur donner une vivacité durable. Edna Valley Vineyards (lié à Chalone) est le producteur de premier ordre et il est rejoint par d'autres caves, notamment Alban qui exploite efficacement les cépages noirs et blancs du Rhône.

Immédiatement au sud-est, l'Arroyo Grande, plus varié et plus frais, est de plus en plus reconnu comme une source de bons pinots noirs et chardonnays, chez des producteurs comme Talley et Laetitia, chez qui les champagnes Deutz avaient autrefois investi.

En passant la frontière du comté de Santa Barbara, Santa Maria Valley, réplique de la Côte d'Or dans la Californie du Sud, connaît des conditions climatiques plus fraîches encore. La rivière s'écoule vers l'océan sur des terres plates qui n'opposent rien à l'influence pacifique. Certains vignobles sont si bas que le brouillard s'insinue dès midi, et les raisins densément plantés peuvent manquer de maturité et être trop acides. La campagne est très éloignée du stéréotype de la Californie du Sud et de Santa Barbara avec sa moiteur et ses palmiers. Les montagnes qui s'étendent dans le coin sud-est de la carte bloquent l'influence des courants arctiques de l'océan qui créent les brouillards des vallées de Santa Maria et de Santa Ynez. Ce qui caractérise l'ensemble du comté de Santa Barbara, c'est la faiblesse des précipitations. Ce qui signifie qu'il n'est pas urgent de vendanger avant les pluies d'automne et que, comme à Monterey et à San Luis Obispo, les raisins de Santa Barbara bénéficient donc d'une saison de maturation extrêmement longue, permettant aux arômes de se former pendant des mois.

Pratiquement toute la superficie des vignobles de Santa Maria Valley appartient à des fermiers plutôt qu'à des caves, ce qui donne aux noms des vignobles un rôle prééminent inhabituel en Californie. Bien Nacido et Sierra Madre apparaissent sur les étiquettes d'un certain nombre de caves, tandis que le groupe encore limité de caves de la région achètent du raisin dans toute la côte centrale. Bien Nacido, Cambria (appartenant à l'empire Kendall-Jackson) et Byron (le pari de Mondavi dans la côte centrale) se succèdent ainsi dans la vallée, dans des environnements de plus en plus chauds. Rancho Sisquoc est le vignoble le plus abrité, en dehors de Foxen enclavé dans son canyon. Les meilleurs cépages, le pinot noir et le chardonnay, ainsi que le syrah, sont cultivés sur des pentes assez élevées (180 m et plus) pour être à la limite de la nappe de brouillard. Leur acidité naturellement élevée est contrebalancée par l'intensité du fruit qui fait penser aux meilleurs cépages de Nouvelle-Zélande. La cave la plus excitante de la région, avec une atmosphère d'expérimentations frénétiques qu'on ne

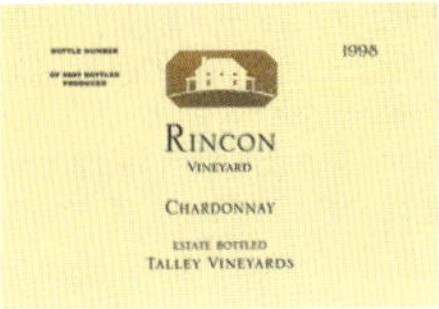

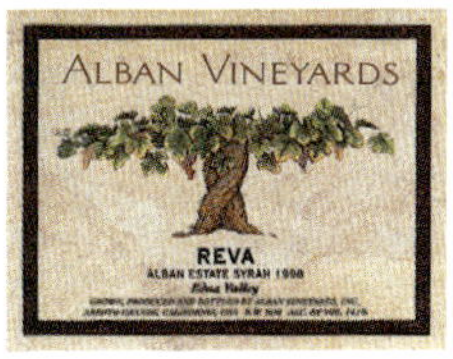

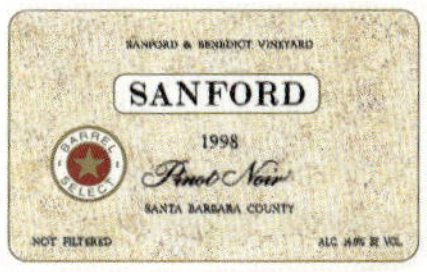

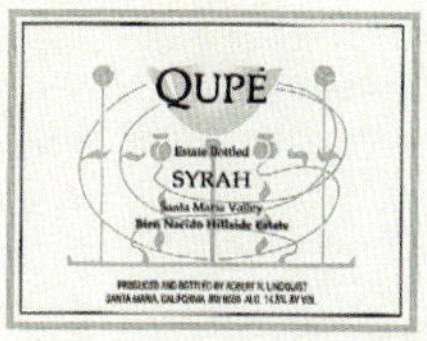

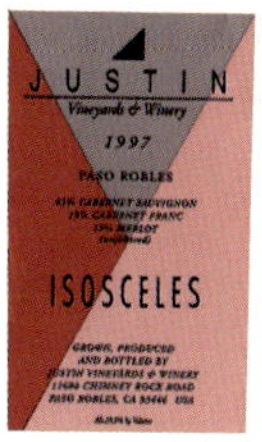

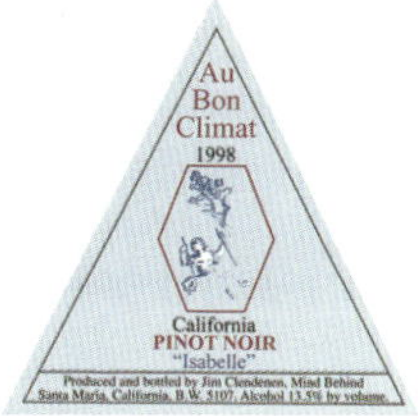

La côte centrale méridionale *peut bien être pillée par des caves situées au nord de San Francisco, elle n'en compte pas moins quelques caves excellentes dans la région. La tendance consiste de plus en plus à cultiver une partie au moins du raisin vinifié.*

— - - — Frontière de comté

Les limites d'AVA sont distinguées par des lignes de couleur

YORK MTN AVA

■ BYRON Producteur de premier ordre

Dusi Vineyard Vignoble de premier ordre

Vignobles

Forêts et maquis

2500 Courbes de niveau (intervalles de 500 pieds)

▼ Station météorologique

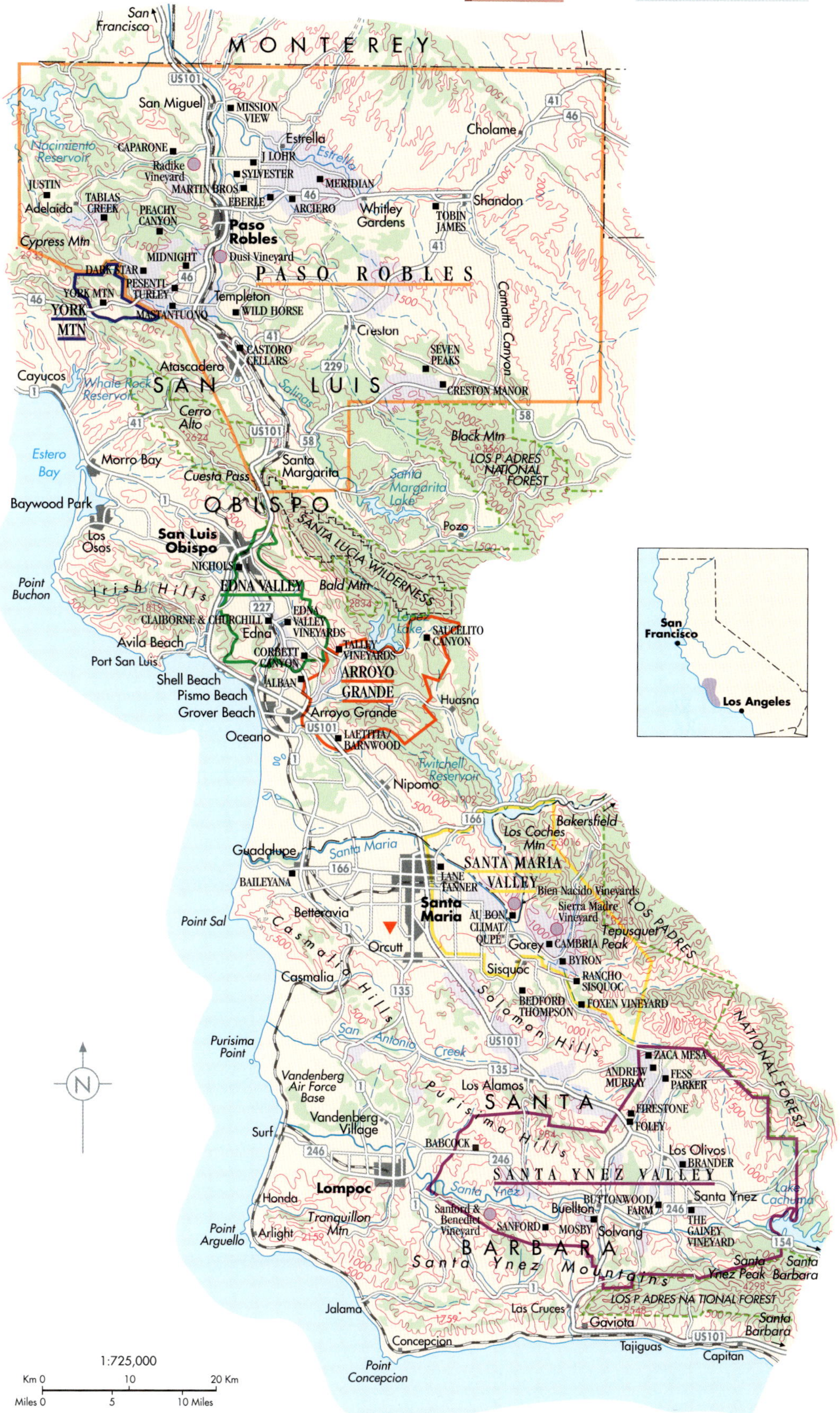

Côte centrale méridionale : Santa Maria

Latitude / Altitude : **34,54° / 70 m**
Température moyenne de juillet : **17,3 °C**
Précipitations annuelles : **314 mm**
Précipitations du mois de la vendange : **septembre : 10 mm**
Principal danger viticole : **maturation tardive**
Principaux cépages : **chardonnay, pinot noir**

retrouve que chez Bonny Doon à Santa Cruz, est Au Bon Climat (avec Qupé, son partenaire, qui partage les mêmes locaux sans prétention).

Au sud de Santa Maria, dans des conditions climatiques aussi fraîches et dans un cadre intensément rural, on trouve la région non officielle de Los Alamos, avec quelques centaines d'hectares de vignobles qui donnent des chardonnays particulièrement vifs. Le climat est un peu plus chaud de l'autre côté des Solomon Hills, notamment à l'est de la Highway 101. Santa Ynez Valley, région très prometteuse et accessible aux touristes, ainsi qu'aux promoteurs immobiliers de Los Angeles, ne présente pas des traits frappants : c'est une étendue de vignobles, de collines boisées, autour de la ville de Solvang, aussi danoise que son nom l'indique. À l'est de la 101, on trouve des sites particulièrement favorisés avec des journées chaudes et des nuits froides qui donnent des rouges impressionnants, avec les deux cépages de Bordeaux, du syrah, ainsi que de la roussanne chez Andrew Murray.

La partie la plus excitante de Santa Ynez, toutefois, se situe à l'ouest en direction de Lompoc et de l'océan. Bryan Babcock a montré que l'acidité élevée du coin convenait bien au sauvignon blanc, au riesling et au gewurztraminer. Le vignoble Sanford & Benedict occupe une niche exposée au nord qui convient parfaitement au pinot noir et donne aussi des chardonnays assez fins. La cave Sanford est une des quelques caves qui essayent d'exploiter le potentiel de ce vignoble – et en fait de l'ensemble de la côte centrale méridionale.

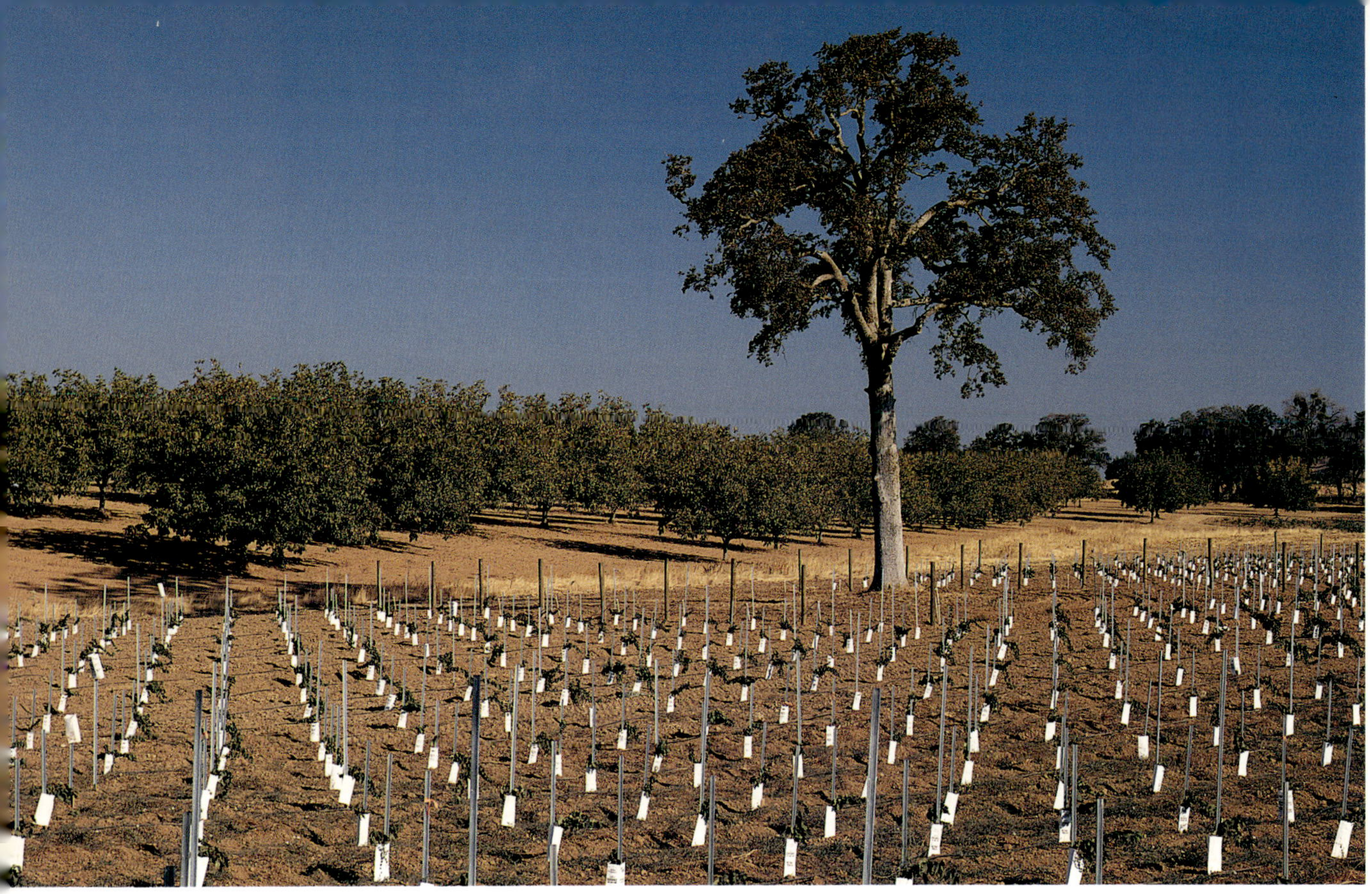

Les jeunes pieds de vigne chez Baldinelli, dans la Shenandoah Valley, sont la manifestation de l'activité vinicole intense dans les contreforts de la Sierra, longtemps ignorée de la grande industrie du vin californienne. Le trésor caché de cette région est sans conteste ses vieilles vignes de zinfandel.

Contreforts de la Sierra et Delta

La nouvelle carte de la page 285 montre deux régions bien distinctes : celle, historique mais en pleine résurgence, des contreforts de la Sierra et celle du delta du Sacramento. Le Delta, comme disent les Californiens, se trouve entre les deux sections de Central Valley qu'il baigne : la vallée de Sacramento au nord et celle de San Joaquin au sud.

Cette carte remplace celle de la totalité de Central Valley au sud de Sacramento qui illustrait les éditions précédentes, parce que les détails de cette vaste étendue agricole présentent, c'est triste à dire, peu d'intérêt, que ce soit pour l'amateur de vin ou pour le géographe, exception faite des deux centres du vin viné à Quady et Ficklin. Central Valley (ou San Joaquin Valley), présentée sur la carte page 271, n'est pas à proprement parler une région vinicole, mais une vaste étendue plate, extrêmement fertile, fortement irriguée, où, sur 640 km de long et 160 de large, s'est développée une agriculture mécanisée qui fait de la Californie un des premiers producteurs au monde d'agrumes, de fruits à noyau, de tomates, de coton, de riz, de noisettes, de raisins et de bétail.

On y produit les trois quarts de la totalité du vin de la Californie (la plupart des vins sous la simple appellation California contiennent une certaine proportion de vin en provenance de la région). Mais les caves locales, elles, ne sont responsables que de 7 % de la totalité du vin produit dans l'État — même si elles ont souvent la taille de véritables raffineries. E. & J. Gallo, à Modesto, est de loin la plus grande cave du monde – elle a la taille d'une petite ville.

Il règne constamment une chaleur stupéfiante. Les influences océaniques n'ont aucune chance de pénétrer si loin à l'intérieur des terres. Les vignobles trouvent leur place au milieu des vergers, des champs de coton, des pâturages, des raisins pour la table et des raisins à sécher (notamment le Thompson Sans Pépin et le Sultana, qui a été mis à contribution et pressé à une époque où le vin blanc manquait). Les cépages plantés ou greffés ont tendance à correspondre à la demande du moment (chardonnay, zinfandel et merlot récemment), même s'il existe une tradition de chenin blanc, de colombard (français), de burger, de grenache, de barbera et de carignan. Sur ces sols profonds, riches, bien irrigués, les vignes sont si vigoureuses et productives que les vins rouges sont souvent assez peu rouges. C'est pourquoi le vaste vignoble, croissant, de cépage de rubired à chair rouge s'est concentré dans le sud de Central Valley.

La partie septentrionale de Central Valley est plus intéressante et elle a été développée avec acharnement au cours de ces dernières années. Des plantations considérables ont été faites dans le comté de Yolo, à l'ouest de Sacramento, les meilleurs vins étant produits sur les collines occidentales, peu éloignées du comté de Napa, à l'intérieur de l'AVA Dunnigan Hills. Le pionnier dans cette région, RH Phillips, appartient à la grande entreprise vinicole canadienne Vincor.

La section centrale de cet Eldorado agricole, ingénieusement irrigué grâce aux 4 270 m de la Sierra Nevada, est située entre les ports de Stockton et de Sacramento, là où les rivières San Joaquin et Sacramento tournent vers l'ouest en direction de la baie de San Francisco en traversant lentement des terres agricoles marécageuses et endiguées. Cette section a un caractère très différent et des styles de vin incomparables. C'est le Delta, où l'influence de la baie se fait sentir au cours des nuits bien plus fraîches qu'au sud ou au nord.

Lodi, à l'est du delta, est situé sur des terres sensiblement plus élevées. C'est une zone d'agriculture traditionnelle et non industrielle, elle a la réputation de faire des meilleurs vins de table que ceux de Central Valley. Les coopératives, qui absorbaient autrefois l'essentiel de la production locale, se battent aujourd'hui contre les caves de vins de cépage qui sont entre les mains des titans comme Gallo, Sebastiani, Canandaigua et Mondavi, dont la gamme Woodbridge est produite ici.

Dans la partie nord-ouest du delta, l'AVA Clarksburg produit curieusement un excellent chenin blanc à l'arôme de miel, sur une nappe phréatique tellement élevée que les vignobles flottent pratiquement au-dessus. Dans les comtés de Solano et de Contra Costa, les meilleurs raisins sont pillés par les caves perspicaces d'autres régions, parmi lesquelles il faut compter les véritables usines que sont Rosenblum et Edmunds St John. Plus au sud, sur les sols sablonneux près d'Oakley, entouré de raffineries de pétroles et de gares de triage, Contra Costa abrite quelques-unes des vignes les plus vieilles de cépages du Rhône, ainsi que d'antiques vignes de zinfandel. Plantés par des immigrants italiens, on trouve aussi des cépages de grenache d'une intensité inhabituelle en Californie, de carignan et de mourvèdre (ignoré pendant des années sous le nom de Mataro, mais présent aujourd'hui sur bon nombre d'étiquettes à la mode de ceux qu'on appelle les Rhône Rangers).

Sur le rivage septentrional de Suisun Bay, qui relie le Delta à la baie de San Francisco, les raisins cultivés dans l'AVA Wild Horse Valley ont tendance à être vendus sous le nom magique de Napa Valley, auquel ils ont droit.

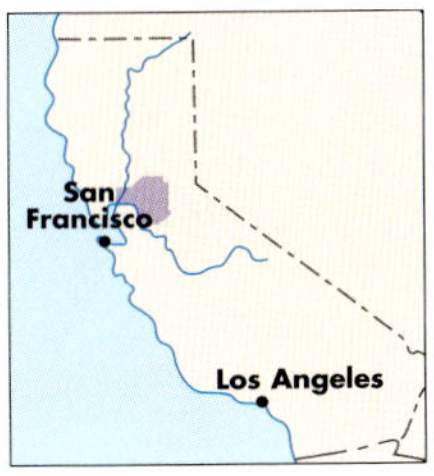

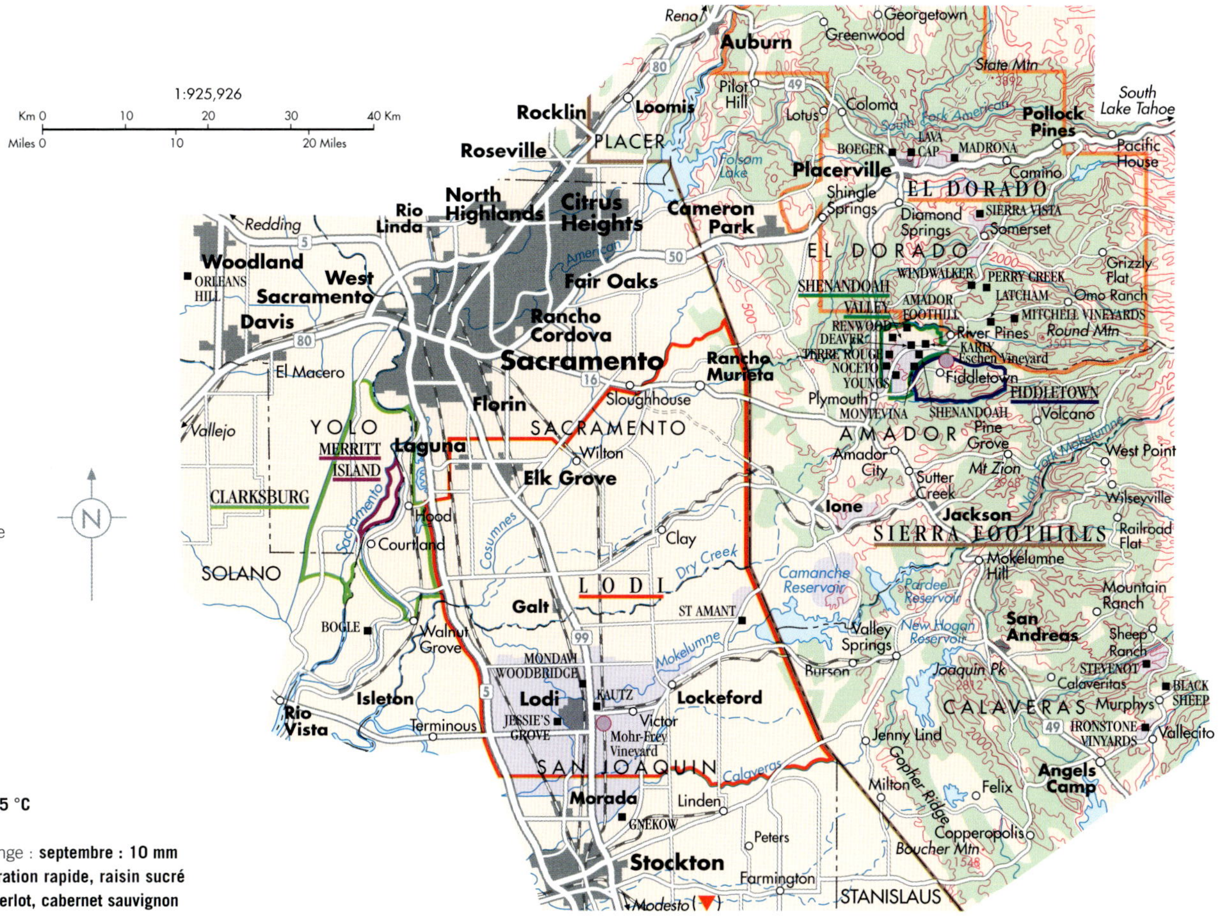

— — — Frontière de comté

Les limites d'AVA sont distinguées par des lignes de couleur

LODI AVA

■ LATCHAM Producteur de premier ordre

● Eschen Vineyard Vignoble de premier ordre

Vignobles

Forêts et maquis

2000 Courbes de niveau (intervalles de 500 pieds)

▼ Station météorologique

Sacramento : Modesto

Latitude / Altitude : **37,39° / 20 m**

Température moyenne de juillet : **25 °C**

Précipitations annuelles : **307 mm**

Précipitations du mois de la vendange : **septembre : 10 mm**

Principaux dangers viticoles : **maturation rapide, raisin sucré**

Principaux cépages : **chardonnay, merlot, cabernet sauvignon**

À l'est de Sacramento et de Central Valley, dans les collines de la Sierra où la ruée vers l'or a rendu la Californie célèbre, l'industrie du vin qui étanchait la soif du chercheur d'or est relancée avec calme et détermination. À la fin du XIXe siècle, il y avait encore plus de cent caves dans ces collines. Pendant la Prohibition, il n'en resta plus qu'une et les vignes (du zinfandel pour l'essentiel) furent toutes abandonnées. Mais la terre coûtait si peu (c'est encore le cas) qu'il ne valait même pas la peine de les arracher. La malle au trésor que sont les vieux pieds de zinfandel se trouve là, avec depuis peu une vaste gamme de vins intéressants et bon marché.

Les premiers signes de renouveau sont apparus à la fin des années 1960, lorsque Darrell Corti, négociant et touche-à-tout génial, conçut un vin de vignoble unique, profond, sombre, riche en alcool et en fruit. Depuis, le comté d'Amador d'où il provient a été associé aux zinfandels qui ressemblent plus à des portos qu'à des vins de table. Cependant d'autres parties des contreforts de la Sierra sont aujourd'hui colonisées par de petits producteurs de vin qui prouvent que la région a d'autres cordes à son arc.

Les contreforts de la Sierra commencent au nord avec North Yuba à 48 km. North Yuba est une AVA dotée d'une seule cave, particulièrement étonnante. Renaissance est le temple du Fellowship of Friends, avec ses étiquettes dorées et ses idéaux élevés, parmi lesquels il faut compter des rieslings et des cabernets très bien définis, cultivés sur des terrasses aux sols pauvres à 690 m d'altitude.

Plus au sud, les vins du comté d'El Dorado partagent la même note acide naturelle – en raison notamment de l'altitude de ce vignoble en expansion rapide, situé à 730 m (un record pour la Californie). Les précipitations, sous forme de pluie ou de neige, sont importantes, les températures sont basses et les vins produits sur des sols pauvres ont tendance à être relativement légers. Mais une grande variété de cépages du Rhône et d'Italie, ainsi que le formidable riesling, se sont montrés prometteurs sur ces terres. Si les consommateurs se souviennent que la qualité ne dépend pas de la teneur en alcool, l'avenir d'El Dorado sera rose, sinon doré.

Les vignobles du comté d'Amador sont nettement plus chauds, en raison d'une altitude plus faible (300 à 490 m) qui ne modère pas la chaleur. C'est particulièrement vrai de la Shenandoah Valley, à l'ouest de l'autre AVA du comté, Fiddletown. Les trois quarts du vignoble sont des pieds de zinfandel d'âges divers, certains plantés avant la Prohibition. Vieux ou jeune, sec ou riche, le zinfandel d'Amador a un goût minéral qui rappelle parfois le tamis du chercheur d'or, pas si mauvais. Dans un État où les producteurs de vin semblent obsédés par les chardonnays et les merlots d'une souplesse inoffensive, il est agréable de tomber sur un vin à l'identité forte, née d'une bonne combinaison du cépage et du terroir. On trouve aussi de bons syrahs et sangioveses.

Les vignobles du comté de Calaveras sont en altitude, avec un climat qui se situe entre celui d'El Dorado et celui d'Amador. Les sols y sont plus fertiles. Le leader de cette région en expansion rapide (des plantations sont en cours, plus au sud, dans le comté de Mariposa) est Ironstone Vineyards, près de Murphys, grand projet vinicole et touristique de la famille Kautz de Lodi. Des raisins des deux régions sont mélangés, mais le cabernet franc de Calaveras mérite une attention exclusive.

Plus frais, plus fragmentés, plus singuliers, les contreforts de la Sierra sont l'opposé de Central Valley. À la fin du XXe siècle, cette région dynamique ne pressait que 0,5 % de la récolte totale de la Californie, mais disposait d'autant de caves que l'immense région de Central Valley.

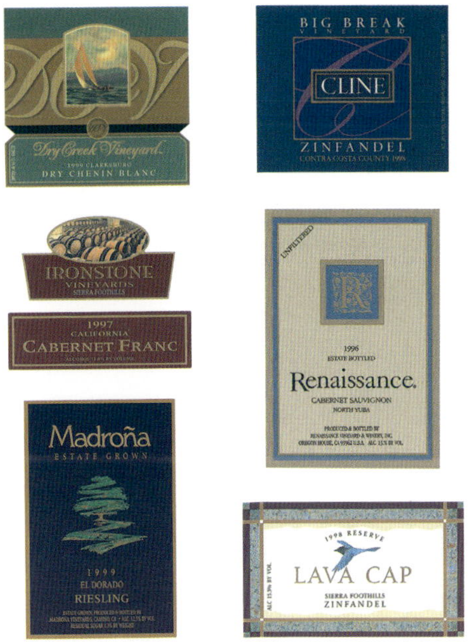

En haut, deux vins *faits en dehors de la région, avec l'exceptionnel chenin blanc du delta et des vieilles vignes du comté de Contra Costa. Au-dessous, des vins en provenance d'altitudes plus élevées (la superbe communauté Renaissance est située en dehors de la carte, au nord).*

États du Sud-Ouest

Les premiers vignobles des Missions en Californie furent plantés entre ce qui est aujourd'hui le centre de la ville de Los Angeles et la ville de Pasadena au nord. La Mission San Gabriel existe toujours, mais les partages successifs et le smog ont depuis longtemps chassé les vignobles loin de leur patrie californienne. Les vignes de Los Angeles ont émigré à l'ouest dans ce qui était alors la zone désertique de Cucamonga. Au début du XXe siècle, Cucamonga était un vaste vignoble prospère, qui produisait des vins de table courants et de bons vins de dessert.

Depuis 1650, bien avant que le raisin de Mission ne parvienne à la Californie, il était fermenté pour les besoins des missionnaires espagnols en Arizona, au Nouveau-Mexique et près d'El Paso au Texas. Le Texas a une place spéciale dans l'histoire de la vigne, sinon du vin. C'est le cœur botanique de l'Amérique, et il peut être fier de posséder plus de cépages indigènes que n'importe où au monde. Sur les trente-six espèces du genre *vitis* disséminées dans le monde, pas moins de quinze sont originaires du Texas. Thomas V Munso, de Denison au Texas, a créé des centaines d'hybrides à partir de *vitis vinifera* et de cépages indigènes pour trouver un cep parfaitement immunisé. En travaillant avec le professeur Viala de l'université de Montpellier, il a créé un bon nombre de ceps qui ont sauvé l'industrie vinicole de la France et du monde entier.

Celle du Texas a été tuée par la Prohibition. Dans les années 1920, l'État du Texas avait encore une vingtaine de caves. La renaissance après l'abrogation fut lente et douloureuse : un quart des 254 comtés sont encore « dry » (sans alcool) aujourd'hui. Au début des années 1970, un nouveau départ a été pris avec des plantations expérimentales de vinifera et d'hybrides dans la région des High Plains, à près de 1 200 m d'altitude, près de Lubbock, dans ce qui allait devenir les caves Llano Estacado et Pheasant Ridge.

En dépit de la platitude du relief, la terre arable y est profonde, calcaire et fertile, le soleil brillant, les nuits fraîches (les hivers très froids). L'eau de la nappe aquifère d'Ogalala alimente en abondance le système d'irrigation par goutte-à-goutte et permet de contrebalancer les écarts climatiques extrêmes. Le vent constant chasse les maladies et permet de refroidir les vignobles la nuit. Llano Estacado est aujourd'hui la deuxième cave du Texas en taille et fait des rouges très corrects, aux arômes brillants, qui rappellent les meilleurs vins de l'État de Washington.

La plus grande entreprise vinicole du Texas est à 320 km de là, près de Fort Stockton, au sud, là où l'université du Texas a planté un vignoble expérimental à la fin des années 1970. En 1987, le vignoble de 400 hectares fut loué à une société qui appartient aujourd'hui aux Domaines Cordier de Bordeaux. Leurs vins de cépage bon marché, qui représentent plus de la moitié de tout le vin produit dans l'État, sont étiquetés Sainte Geneviève. Leur gamme Escondido Valley est meilleure.

Hill Country est d'une qualité plus prometteuse, à l'ouest d'Austin au cœur du Texas, avec ses trois AVA : Texas Hill Country, Fredericksburg et Bell Mountain (avec une unique cave-propriété du même nom, spécialisée dans le cabernet). Ces trois AVA couvrent environ 405 000 hectares, dont 200 seulement sont plantés et où une vingtaine de caves à peu près opèrent.

Ce sont les montagnes Rocheuses qui ont per-

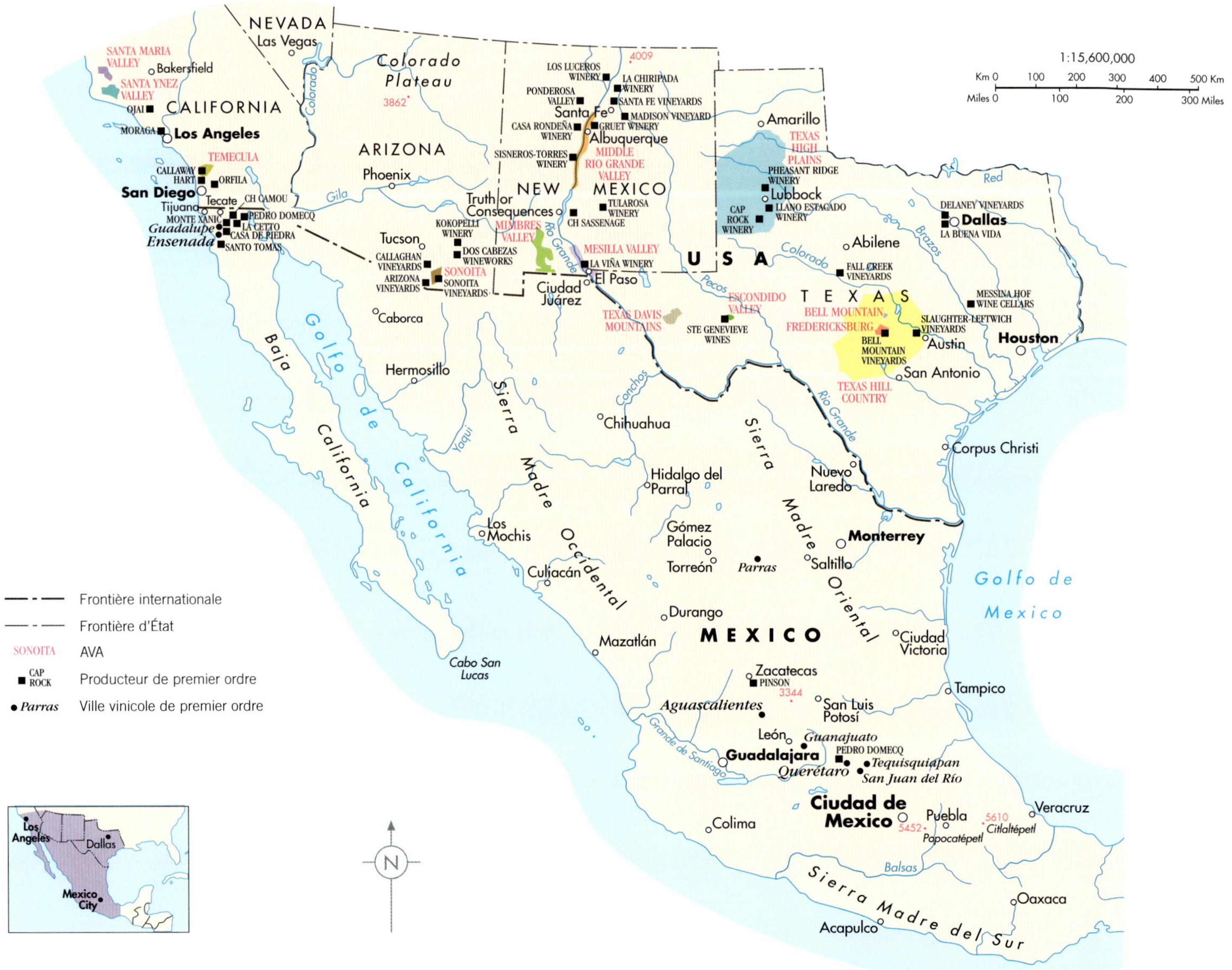

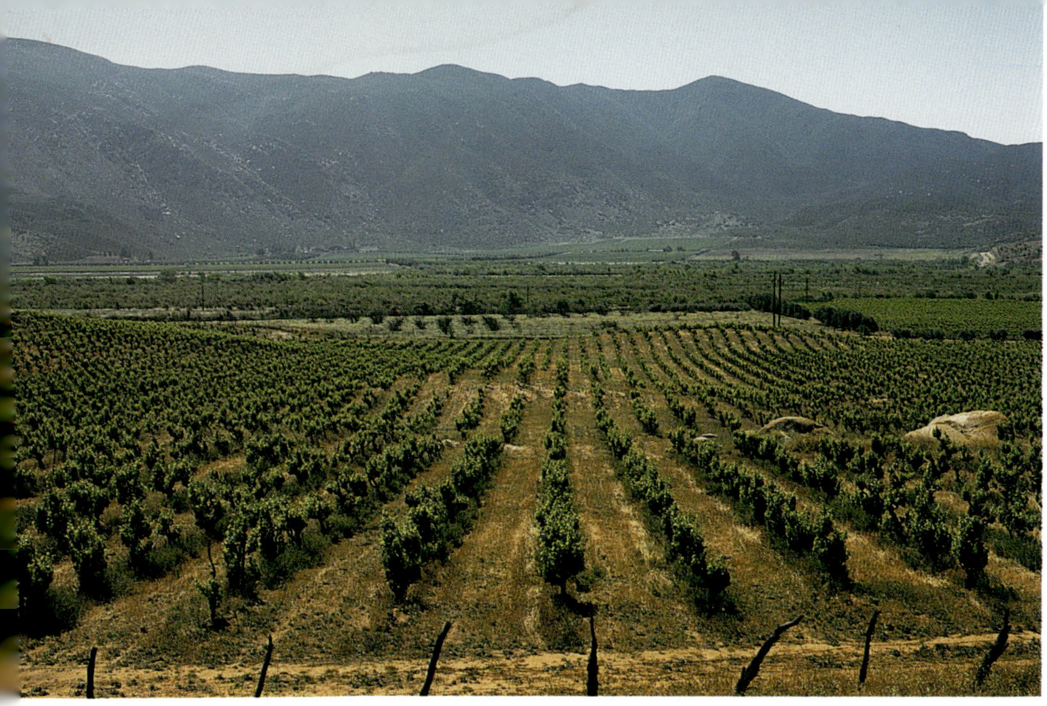

Ci-dessus La Baja du nord, à deux heures au sud de San Diego, produit 90 % du vin mexicain. La plupart de ses terres sont semi-désertiques, mais ses vallées orientées est-ouest acheminent l'air froid du Pacifique.

mis au Nouveau-Mexique de faire du vin : l'altitude fait baisser la température à un niveau où seuls les cépages hybrides français peuvent survivre. La vallée du Rio Grande fournit à peu près la seule terre agricole, en passant de 2 000 m d'altitude à Santa Fe à 1 300 m à Truth ou à Consequences. Les trois AVA, du nord au sud, sont Middle Rio Grande Valley, Mimbres Valley et Mesilla Valley pratiquement sur la frontière mexicaine. Si le Nouveau-Mexique a une quelconque réputation pour son vin, c'est curieusement pour son vin pétillant fait par la cave Gruet.

Le sud-est de l'Arizona avec son unique AVA, Sonoita, a beaucoup en commun avec le sud du Nouveau-Mexique. La région vinicole non officielle de Sulphur Springs Valley, à 80 km à l'est de Tucson, est encore plus chaude. La cave Callaghan a connu le succès avec ses cabernets et ses merlots.

Au nord, les caves ont proliféré dans le Colorado, la plupart sous la protection de l'AVA Grand Valley sur la Colorado River, près de Grand Junction, à une altitude de 1 200 m. Le gel en hiver et le phylloxéra menacent les vignes de vinifera, parmi lesquelles le chardonnay, le merlot et le riesling sont les plus courantes, même si le viognier et le sangiovese ne constituent pas une surprise dans un État aussi à la mode que le Colorado. L'Utah et même le Nevada ont des caves.

Dans le sud de la Californie, la vigne est menacée plus que jamais par la maladie de Pierce. Temecula, la principale AVA, s'élève avec ses buttes et ses petites collines jusqu'à une altitude de 450 m, à 32 km à peine de l'océan et lié à son influence vitale par un corridor appelé le Rainbow Gap, qui refroidit tous les après-midi cette zone essentiellement subtropicale, pas plus chaude que le haut de Napa Valley. La région a été plantée au début des années 1970 pour attirer des investisseurs potentiels dans le projet immobilier de Rancho California entre Los Angeles et San Diego. Callaway a été le premier nom célèbre pour le vin, Culbertson (Thornton aujourd'hui) le second, pour le vin pétillant. Les cépages blancs ont constamment mieux répondu que les noirs aux nuits fraîches et aux vendanges précoces. Les vins rouges ont tendance à être légers et fruités. Combattre la maladie de Pierce est aujourd'hui la grande préoccupation qui rend un peu futiles les recherches stylistiques.

Cette sélection est composée de six étiquettes *en provenance des États du Sud-Ouest, d'ouest en est, et de deux en provenance du Mexique. Le Texas a le plus grand potentiel de développement, avec l'inconvénient majeur, toutefois, de la maladie de Pierce à l'état endémique.*

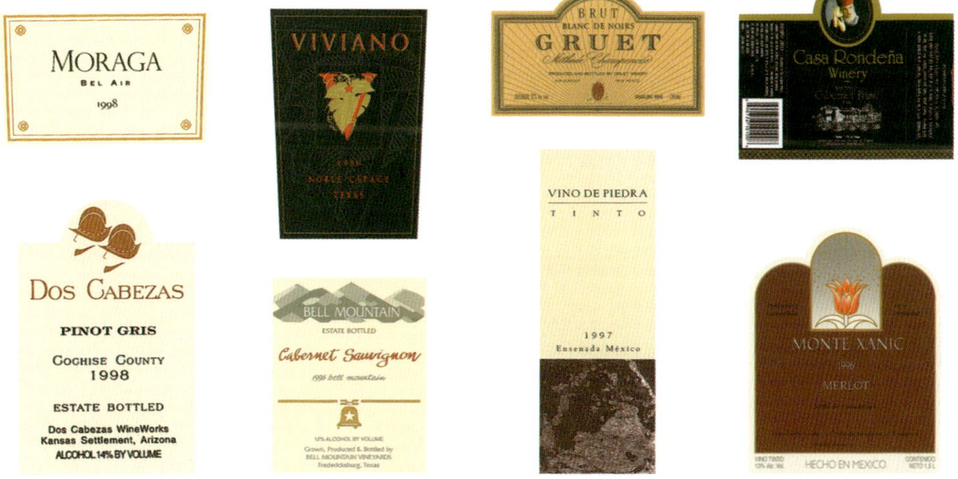

Mexique

Grâce aux colonisateurs espagnols, le Mexique possède la plus ancienne industrie vinicole du Nouveau Monde, fondée en 1520 quand le gouverneur Hernando Cortez décréta que tous les fermiers devraient planter dix pieds de vigne chaque année pour chaque esclave indien de leur propriété. Mais cette transformation précoce du Mexique méridional en pays vinicole a été suivie par des siècles de stagnation. Aujourd'hui, à peine 10 % de 48600 hectares de vignes du Mexique sont susceptibles de donner du vin de table.

À ces latitudes presque tropicales, les vignes ne peuvent prospérer que dans le nord du pays ou en altitude. La meilleure région pour les vins de table se trouve au nord d'un long doigt de terre, la Baja California, rafraîchie par le Pacifique, plus particulièrement la vallée de Guadalupe et dans une moindre mesure celle de San Vicente (sur la côte du golfe du Mexique, beaucoup plus humide, la muscadine et les cépages hybrides sont plus adaptés que la vinifera, comme dans le sud des États-Unis).

C'est dans la vallée de Guadalupe, près d'Ensenada, que les cépages nobles ont tout d'abord remplacé l'ignoble cépage de Mission (voir page 268) à la fin du XIXe siècle. Les cépages de vinifera ont été ensuite plantés dans les vignobles en altitude du Mexique, notamment dans la province de Querétaro, au nord de Mexico (jusqu'à 2000 m d'altitude). Là et dans la province de Zacatecas, immédiatement au nord, les journées sont chaudes et les nuits sont fraîches. Les vins peuvent souffrir des fortes pluies de la période des vendanges. Les rouges vieillis en fûts de chêne sont les meilleurs jusqu'à présent, mais Freixenet et d'autres espèrent faire un bon vin pétillant dans ces provinces. Plus au nord, on trouve un district vinicole historique sur les hauts plateaux de la vallée de Parras.

Les pionniers du vin mexicain moderne ont été les Bodegas de Santo Tomas à Ensenada, puis les Bodegas Pinson avec leur marque Don Eugenio, et Cetto qui possède quelque 1200 hectares de vignes dans la Baja California, dont deux tiers dans la vallée de Guadalupe. Cetto fait des vins très réussis avec du nebbiolo de son Piémont natal, de même que des cabernets et des syrahs très agréables. Les blancs sont buvables, mais peu intéressants.

La société espagnole Pedro Domecq a investi massivement au milieu du XXe siècle, comme Martell, dans la production de brandy, en réplique aux mesures de protection douanière. Aujourd'hui, la moitié environ des 2600 hectares de la vallée de Guadalupe appartient à Domecq et produit à la fois le traditionnel Los Reyes et le mélange de cabernet beaucoup plus ambitieux, Château Domecq.

La vallée de Guadalupe abrite aussi la première cave « boutique » du Mexique, Monte Xanic, fondée en 1988 sur une propriété de 60 hectares et conçue pour fixer de nouveaux critères de qualité. Château Camou, Valmar et Casa de Piedra ont suivi et font des rouges vraiment sérieux.

L'ironie de l'affaire, c'est que le goût des Mexicains ne s'est pas adapté aux progrès fascinants des vignobles et des caves du Mexique moderne. La plupart des grandes *bodegas* gagnent de l'argent avec des vins doux de mauvaise qualité et surtout avec le brandy, à mélanger avec la boisson nationale, le Coca-Cola.

Nord-Ouest Pacifique

Le Nord-Ouest Pacifique compte plusieurs régions vinicoles prospères, en plein boum à vrai dire, aux États-Unis et au Canada. Pendant longtemps, les vignes qui y étaient cultivées servaient à faire du jus de raisin et de la confiture. Désormais, l'Oregon, le Washington, l'Idaho et la Colombie-Britannique plantent des vignes de vinifera à un rythme extraordinaire et font des vins étonnamment bons.

Ceux de l'Oregon sont probablement les plus élégants. La chaîne côtière se dresse le long de la mer, comme dans les régions vinicoles du nord de la Californie (elle disparaît entre les deux). Mais ici le courant chaud du Nord Pacifique apporte de la pluie plutôt que du brouillard, modifiant ainsi un climat qui serait beaucoup plus extrême. Les vallées de l'Oregon ont un climat aussi difficile à comprendre que celui de la Bourgogne.

La partie orientale de l'État de Washington (et de l'Oregon, de l'autre côté du large fleuve Columbia) est un autre monde. Dans ce semi-désert, l'irrigation est essentielle. Le ciel dégagé donne de longues journées chaudes, contrastant fortement avec les températures basses de la nuit. Même les cépages changent considérablement, le Washington oriental (et l'Oregon méridional) pouvant faire mûrir les cépages tardifs, à peau épaisse, du Bordelais – et de plus en plus du Rhône, de l'Italie, de l'Espagne plutôt que ceux de Bourgogne et d'Alsace.

L'échelle et le style des industries vinicoles de ces deux États diffèrent tout autant que leurs cépages. Les deux se sont développés de façon prodigieuse, mais au tournant du siècle, l'Oregon ne disposait que de 4 000 hectares de vignes de vinifera pour un total de 10 000 hectares dans l'État de Washington. Pendant longtemps, l'Oregon a eu un plus grand nombre de caves. Cet État a toujours été le foyer de producteurs artisanaux, vinifiant du raisin cultivé dans de petites propriétés familiales. Le Washington oriental a toujours opéré sur une échelle quasi industrielle, avec des vignobles irrigués cultivés par des fermiers qui auraient tout aussi bien pu faire des céréales ou des pommes, et vendangés mécaniquement ; le raisin est ensuite expédié à Seattle.

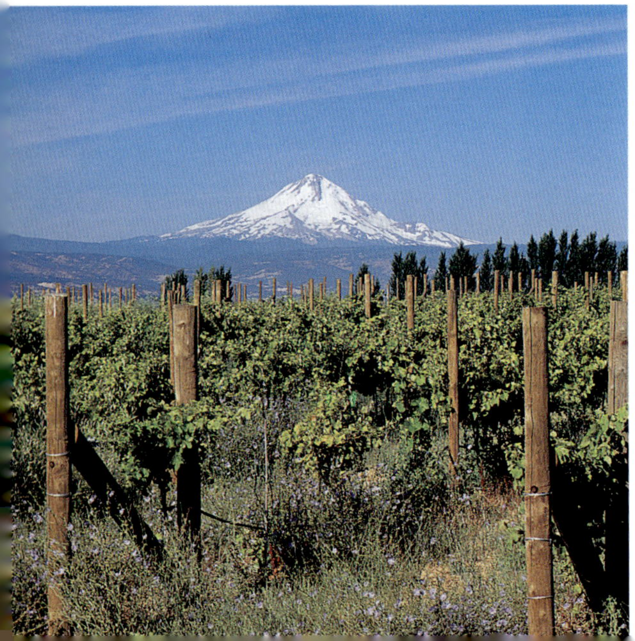

Les causes de cette différence tiennent à la nature du terrain. La concentration majeure de la viticulture de l'Oregon se trouve dans les vallées paisibles de l'ouest et du sud de Portland, où l'on a élevé du bétail, cultivé des fruits, des noisettes et des céréales pendant plus d'un siècle. Les vignobles ont été glissés un par un dans ce paysage déjà actif et bien rempli. On n'y trouve nulle part de la monoculture. Les vignobles se sont déployés dans les steppes du Washington, au-delà de la chaîne de montagnes de la Cascade, où la monoculture irriguée a été la première forme d'agriculture.

L'État de Washington a toutefois rapidement changé, et de nombreuses petites propriétés ont émergé, soucieuses de trouver et de cultiver les meilleurs cépages pour en tirer un bon vin.

De son côté, l'Oregon est aujourd'hui un peu moins coupé du grand monde du vin grâce à l'injection de capitaux et de techniques de marketing. Une des plus grosses entreprises vinicoles, King Estate, a été conçue dans un esprit bien éloigné de celui de l'Oregon, avec un château de style français et une pépinière, Lorane Grapevines, qui a joué un rôle important dans l'introduction de clones plus adaptés à la région. Les 140 hectares de King Estate sont restés en dehors des six appellations strictement réglementées de l'État.

L'AVA Willamette Valley, la plus proche de Portland, est de loin la plus développée (voir page 292). Au sud, Umpqua Valley, avec seulement 240 hectares et à peine une dizaine de caves, bénéficie d'une topographie plus abritée, avec des étés plus chauds et des automnes plus secs. Le pinot noir, le chardonnay, le cabernet sauvignon et le pinot gris sont les cépages principaux, même si le riesling est la spécialité de Hillcrest, qui était dès les années 1960 la première cave de l'Oregon. Abacela, une cave très dynamique, fait aussi de savoureux tempranillos, cabernets francs et syrahs.

En descendant vers la frontière de la Californie, on trouve Rogue Valley, plus densément plantée et plus chaude, où les précipitations annuelles (300 mm) sont presque aussi faibles que dans l'Oregon oriental. Le cabernet sauvignon et le merlot y mûrissent très bien. Le pinot gris, le chardonnay et le gewurztraminer sont cultivés dans l'ouest de la région. Le viognier et la syrah sont prometteurs.

L'Oregon partage deux AVA avec le Washington (voir pages 290-291), la Columbia Valley et une extension, petite mais importante, du Walla Walla. Ce sont aussi des régions de cabernet sauvignon et de merlot, et les plantations continuent à un rythme rapide, approchant les 320 hectares de vignobles dans l'Oregon. Un projet d'AVA Columbia Gorge est à l'étude.

Une des régions vinicoles les plus surprenantes des États-Unis est celle de la vallée de la Snake River, dans l'Idaho, juste de l'autre côté de la frontière avec l'Oregon (voir la petite carte page 289). La région du vin de l'Idaho est à la même latitude que la vallée de l'Umpqua dans l'Oregon, mais à 640 km du Pacifique. Comme dans le Washington oriental, le climat est continental, et même un peu extrême en raison de la latitude plus basse et de l'altitude nettement plus élevée (900 m). L'été peut être brûlant, avec des nuits fraîches, et l'hiver arrive tôt. En hiver, le gel peut dévaster les vignobles.

À gauche Le Mount Hood, le pic le plus élevé de l'Oregon, est bien visible depuis les vignobles du Washington oriental, comme ceux de Cascade Cliffs près de Wishram. Il n'y a pas de grande différence, d'un point de vue vinicole, entre les rives de l'Oregon et celles du Washington.

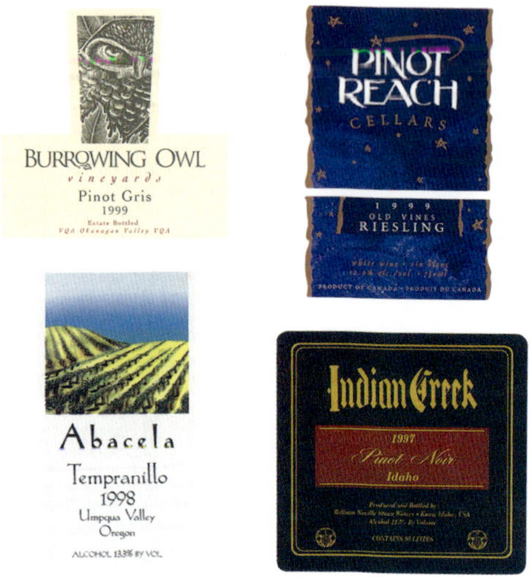

Deux des vins favoris de Colombie-Britannique, *un autre d'un des producteurs les plus attrayants du sud de l'Oregon et un pinot noir, pâle mais représentatif de l'Idaho.*

Comme dans le Nord-Ouest Pacifique, et dans tous les États-Unis en fait, il existe une importante circulation de raisin et de vin. La douzaine de caves de l'Idaho achète très souvent dans le Washington. Mais au début de ce siècle, Sainte Chapelle, le producteur dominant depuis les années 1970, s'est lancé, avec de nouveaux propriétaires de l'État de Washington, dans une politique de plantation intensive qui a porté la superficie du vignoble de l'Idaho à 2 700 hectares.

La Colombie-Britannique, qui dispose aujourd'hui de plus de 2 000 hectares de vignes de vinifera, est présente dans le monde du vin depuis plus longtemps, mais de manière plus hésitante à cause d'une dépendance prolongée à l'égard des cépages hybrides français. Le centre, en pleine expansion, de l'industrie vinicole du Canada occidental est la vallée de l'Okanagan, à 320 km à l'est de Vancouver. Dans cette région de villégiature estivale, la terre coûte relativement cher. Les conditions naturelles sont proches de celles du Washington oriental – le sud de la vallée de l'Okanagan est si sec qu'il est considéré comme un désert. L'irrigation est essentielle, l'amplitude thermique est exceptionnelle. Les cépages à maturation précoce sont encouragés et l'acidité est naturellement élevée. Les blancs vifs et rafraîchissants rappellent ceux de la Nouvelle-Zélande. Le sauvignon blanc donne d'aussi bons résultats que les cépages d'Alsace, qui sont très largement plantés dans la région.

Avec un vignoble de vinifera équivalent à la moitié de celui de l'Oregon, il est probable que l'autre grande région vinicole du Canada va devenir célèbre auprès des amateurs de vin du monde entier.

1:2,500,000
Km 0 50 100 Km
Miles 0 10 20 30 40 50 Miles

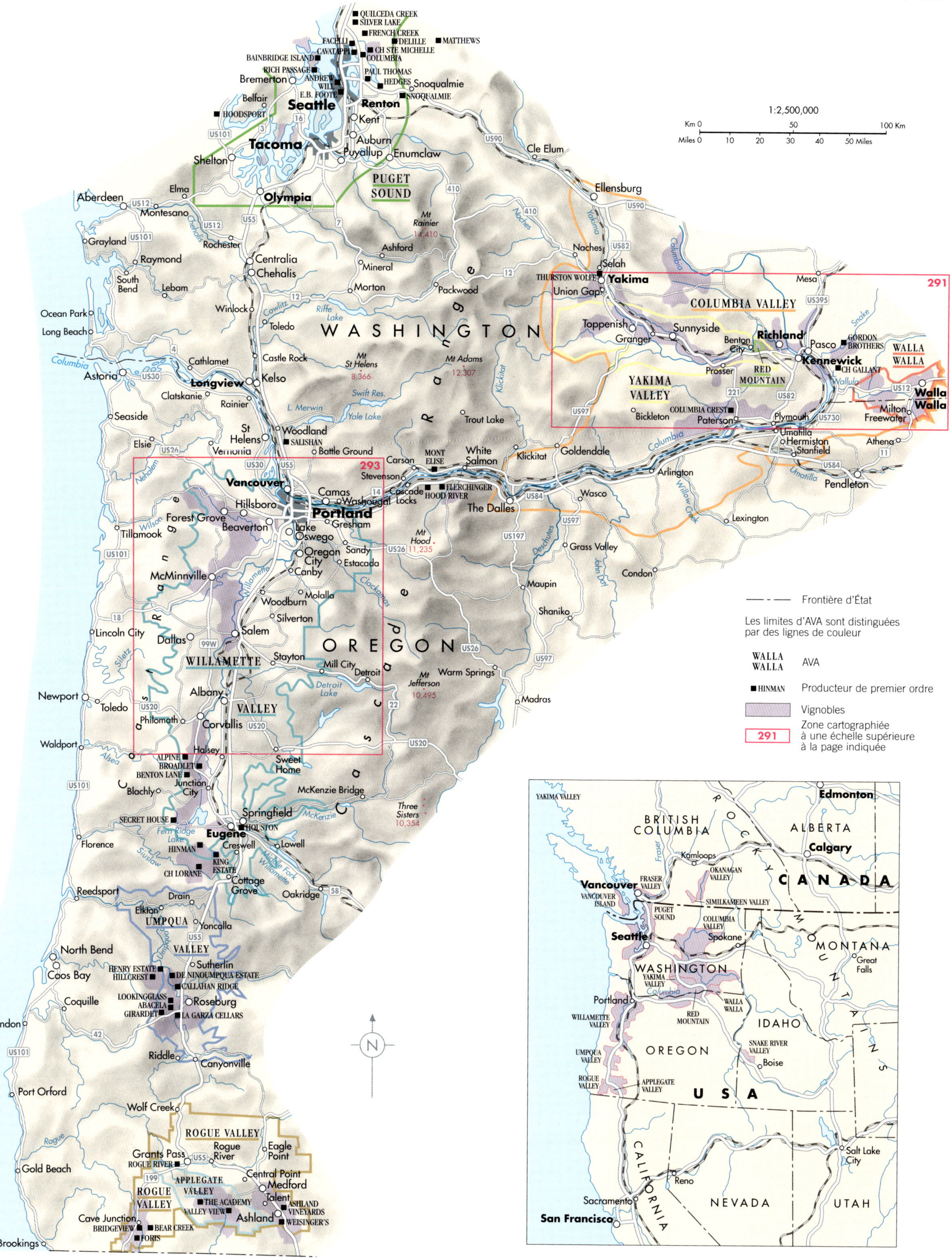

——·—— Frontière d'État

Les limites d'AVA sont distinguées par des lignes de couleur

WALLA WALLA — AVA

■ HINMAN — Producteur de premier ordre

Vignobles

291 — Zone cartographiée à une échelle supérieure à la page indiquée

A/B B/C C/D D/E E/F F/G

Washington

Le Washington oriental, où seuls 24 hectares ne sont pas plantés de vignes, ne ressemble pas à une région vinicole (voir la photo page 291). La plupart des visiteurs viennent de Seattle, la ville du café et de l'ordinateur, autour de laquelle sont rassemblées de nombreuses caves de l'État. Ils traversent les denses forêts de sapins et de pins ponderosa de Douglas sur les majestueuses cascades et descendent brusquement dans un semi-désert où l'été, le soleil brille régulièrement 17 heures par jour et où, l'hiver, le froid arctique s'installe pour des mois.

Pendant la brève saison de maturation, les champs de blé arides qui donnent l'impression de rouler jusqu'au Kansas sont ponctués de quelques touches vertes : pommes, cerises, houblon et, de plus en plus, vignes. C'est un pays de fermes à coûts faibles, irrigué par l'eau en provenance du bassin de la Columbia. Les vignes peuvent être du concord pour le jus de fruit et la confiture, mais la superficie des vinifera a augmenté rapidement, dépassant les 10000 hectares au tournant du siècle. L'État du Washington est le deuxième viticulteur et producteur de vignes de vinifera des États-Unis, même si cela ne représente qu'une fraction infime de la production de la Californie.

Le climat continental s'est révélé excellent pour la maturation de bons cépages, à une latitude qui se situe entre celles de Bordeaux et de la Bourgogne, à condition d'avoir accès à l'irrigation – grâce aux rivières, aux réservoirs ou aux puits. C'est là, avec le coût relativement élevé de la vigne par rapport aux autres cultures, ce qui freine principalement l'expansion. Du fait des étés et des automnes sans pluie, les problèmes de maladies sont rares. Les journées chaudes et les nuits froides du désert donnent une bonne couleur et des arômes particulièrement bien définis pour certains cépages. Le prix de la terre est peut-être faible, mais un hiver sur six environ les températures sont tellement basses qu'une bonne proportion des pieds de vigne est abîmée. En 1996, par exemple, la récolte n'a atteint que la moitié du chiffre habituel.

Ces hivers glacials ont l'avantage de tenir le phylloxéra à l'écart (pratiquement toutes les vignes sont non bouturées) ; les sols sablonneux, et donc rapidement drainés, ont aussi un effet positif à cet égard (à l'ère glaciaire, cette région était le site des énormes crues de Missoula qui traversait les gorges de la Columbia, creusait des sols anciens et déposait des sédiments jusque dans le Montana).

La viticulture a tendance à être séparée de la production de vin plus que n'importe où ailleurs aux États-Unis. Le groupe dominant, Stimson Lane (Château Sainte Michelle, Columbia Crest, Snoqualmie) cultive environ un quart du raisin dont il a besoin. La plupart des caves achètent leur raisin, le faisant venir par camion de l'est, au-delà des cascades, quand bien même le nombre de caves et de propriétés vinicoles dans le Washington oriental a augmenté récemment. Les caves ont aussi tendance à acheter chez un vaste groupe de viticulteurs et à mélangeur leurs sources, de sorte que l'emplacement de la cave ne donne aucune indication sur la provenance du raisin. Afin de ne pas limiter les possibilités de mélange, l'énorme AVA Columbia Valley (qui couvre celles, plus spécifiques, qui sont cartographiées ci-dessous : Yakima Valley, Red Mountain et Walla Walla) et le nom de Washington State (d'usage très flexible) sont préférés aux appellations plus petites.

La vallée broussailleuse de la Yakima, surplombée par le Mount Adams enneigé, creusée par la Yakima qui va rejoindre le fleuve Columbia, est la plus ancienne et la plus froide des régions vinicoles du Washington. Le chardonnay est le cépage le plus populaire dans la région, mais le résultat est souvent insipide (les viticulteurs du Washington ont tendance à n'employer qu'un clone de ce cépage, ce qui a pour effet de souligner sa monotonie naturelle). Le vignoble Red Willow est le premier à avoir montré que la syrah – planté frénétiquement aujourd'hui – avait un potentiel considérable en tant que supplément savoureux et fruité aux quelques cépages traditionnels de l'État.

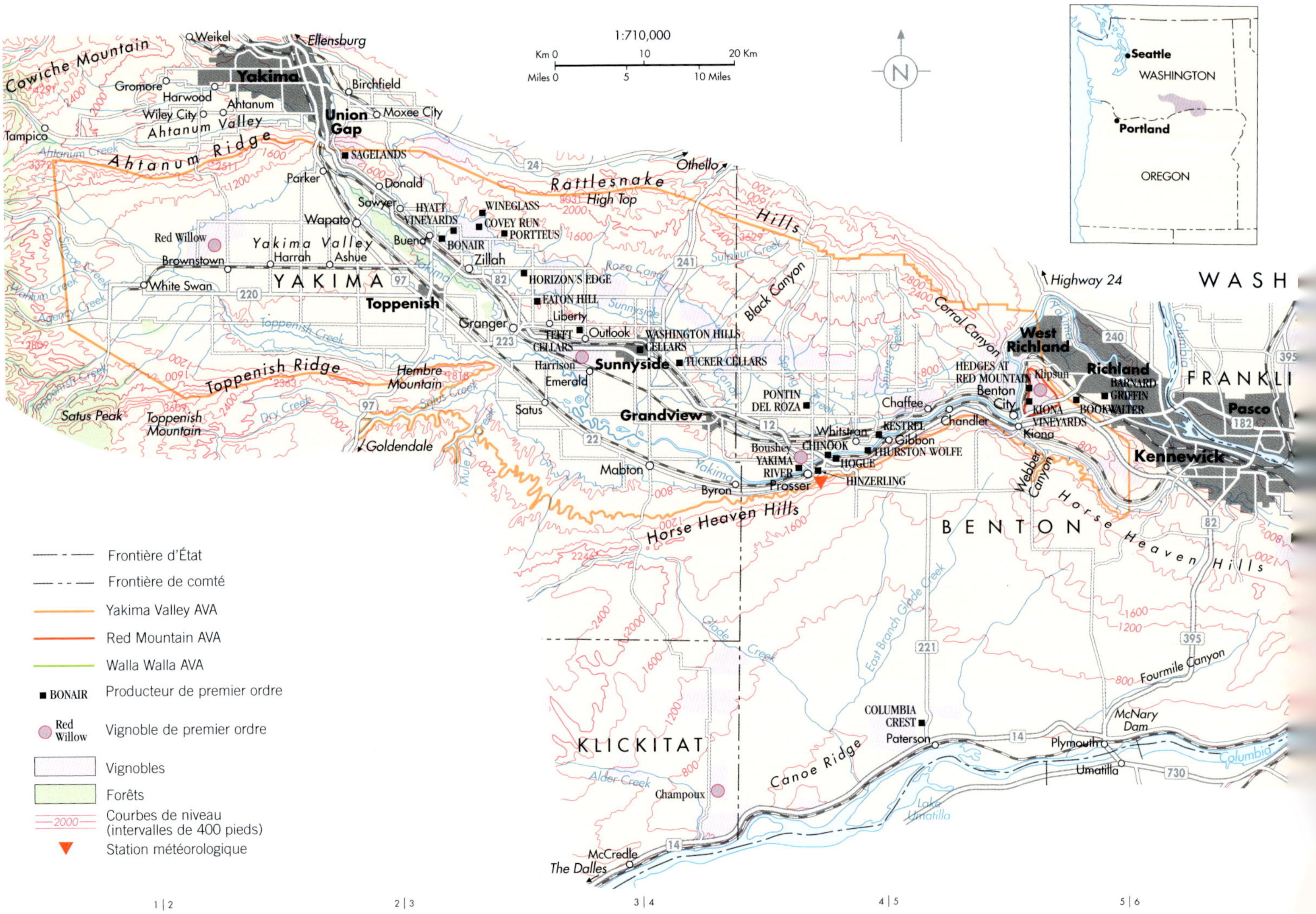

Situées entre la vallée de la Yakima et la Columbia, les Horse Heaven Hills sont particulièrement prometteuses. Les parcelles les plus élevées de Mercer Ranch, aujourd'hui Champoux Ranch, sont au-dessus de niveau des crues de Missoula et on y trouve une argile antique.

La pente de Canoe Ridge, plus basse et exposée au sud, est une source d'approvisionnement pour le groupe Chalone et sa cave Canoe Ridge Vineyard dans le Walla Walla (exemple parfait de l'absence de considération pour la précision géographique dans l'État de Washington), ainsi que pour les meilleurs rouges de Château Ste Michelle, dont le Col Solare (fait en collaboration avec les Antinori). Canoe Ridge est aussi assez proche de la Columbia – en fait, d'une série de lacs créés pour l'irrigation et l'hydroélectricité – pour être protégé des températures extrêmes, notamment du gel en hiver.

Entre la vallée de la Yakima et l'AVA Walla Walla, plus petite mais plus célèbre, on trouve quelques-uns des vignobles les plus chauds de l'État, dont le célèbre Wahluke Slope qui descend de Saddle Moutains à la Columbia, exposant ses vignes au sud et favorisant la circulation de l'air froid pendant l'hiver. C'est là, au nord des villes de Richland, Pasco et Kennewick, que le vignoble Sagemoor a fourni du raisin pour les tout premiers vins de l'État. Le merlot est le cépage le plus abondamment planté, mais la petite AVA Red Mountain, peu riche en eau, a une bonne réputation pour ses cabernets sauvignons. La cave Kiona Vineyards a une longue tradition de blancs de vendanges tardives, agrémentés de la forte acidité des vins du Washington.

Les étés de Walla Walla, si loin à l'intérieur des terres, sont très chauds, et les hivers dangereusement froids. Les précipitations sont assez élevées pour le Washington oriental. L'agréable ville universitaire qu'est Walla Walla fait un grand nombre de rouges très recherchés, la provenance incertaine des raisins ne semblant pas ternir sa réputation. Les plantations se comptent encore en centaines plutôt qu'en milliers d'hectares, même si l'invasion des producteurs de cépages bordelais se poursuit. La syrah est désormais le quatrième cépage de l'État. Les vins produits à partir des cépages cultivés dans la région ont tendance à être très fruités, avec de robustes tannins. L'AVA, lancée au début des années 1980 par Leonetti et Woodward Canyon, se déploie dans l'Oregon pour inclure le vignoble Seven Hills.

En 1999, le nom d'une cave nouvelle était déposé tous les treize jours dans l'État de Washington. Leur nombre a largement dépassé la centaine aujourd'hui. Cette croissance rapide signifie que de nombreuses vignes sont jeunes. Elles sont plantées sur des sols jeunes eux aussi, légers, souvent à partir d'un clone unique. La plupart d'entre elles sont cultivées par des fermiers plutôt que par des producteurs de vin. Il n'est donc pas surprenant que la production manque de subtilité. Mais les meilleurs vins, qui ont en commun une couleur profonde, une acidité élevée et des arômes brillants et nets, ont une intensité supplémentaire, un fruité riche et souple qui peut tenir en bouteille pendant huit ans, mais qui a tendance à s'effacer par la suite.

Le chardonnay, le merlot et le cabernet sauvignon sont, dans des proportions égales, les trois cépages les plus abondamment plantés. Le cabernet sauvignon peut être légèrement gras (ce qui ne plaît pas aux palais américains), sauf s'il est cultivé dans un endroit où il peut mûrir complètement avant la chute des températures. Après un bref flirt avec le riesling (en général demi-sec, il existe toutefois en sec chez Wollesheim dans le Wisconsin et c'est un des vins les plus impressionnants de cet État), le Washington a opté pour le merlot. Il a une identité plus nette ici qu'en Californie. Il est hélas très sensible au gel en hiver. Le cabernet a ses adeptes et pas seulement parce qu'il est plus robuste. Le lemberger (le blaufränkisch d'Autriche) est depuis longtemps une spécialité locale, en raison de sa faible acidité naturelle. Il peut donner de délicieux vins violets, aux arômes de mûres. Le sangiovese connaît un succès croissant. Dans la gamme assez vaste de cépages blancs, il faut signaler le sauvignon blanc, qui peut être très vif, le viognier, de plus en plus populaire, et le sémillon (l'École 41 a montré qu'il pouvait être brillant quand on lui donnait sa chance).

Les cépages cultivés dans l'AVA Puget Sound, dans l'ouest de l'État, sont complètement différents – cépages précoces comme le müller-thurgau, la madeleine angevine et le siegerrebe (agrémenté de pinot noir et de pinot gris) –, courants dans les climats frais et pluvieux.

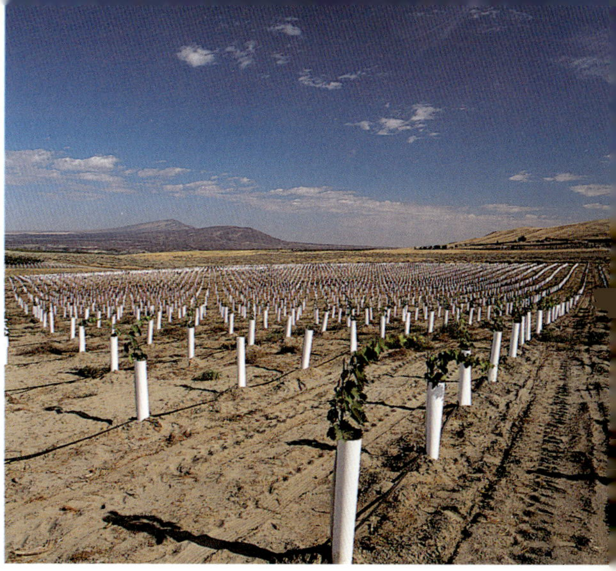

À droite Vignes toutes jeunes de sangiovese protégées contre le gel à Kiona Vineyards. Les producteurs du Washington sont soucieux de diversifier leurs cépages et abandonnent ceux du Bordelais, qui prospèrent pourtant sous ce ciel ensoleillé. La syrah et les cépages italiens sont particulièrement populaires.

Washington : Prosser

Latitude / Altitude : **46,15° / 270 m**
Température moyenne de juillet : **21 °C**
Précipitations annuelles : **199 mm**
Précipitations du mois de la vendange : **septembre : 11 mm**
Principal danger viticole : **gel en hiver**
Principaux cépages : **chardonnay, merlot, cabernet sauvignon, riesling**

N

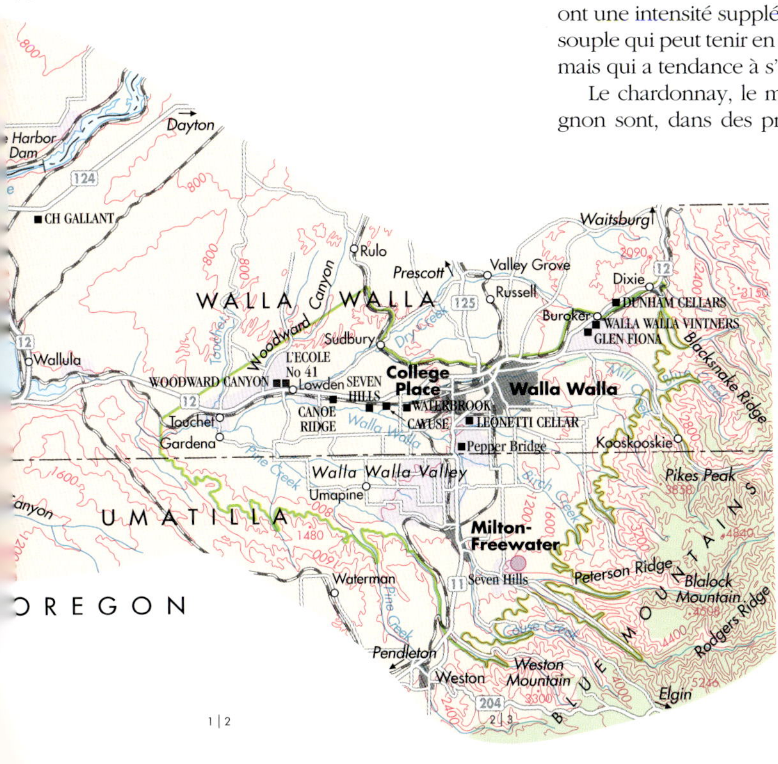

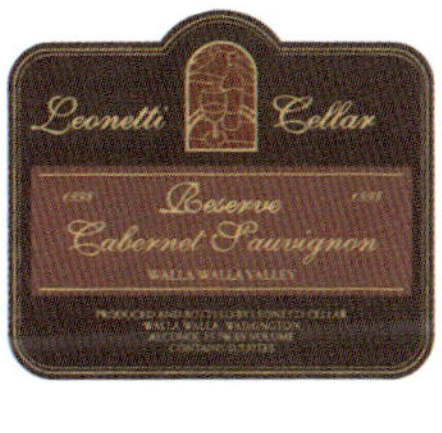

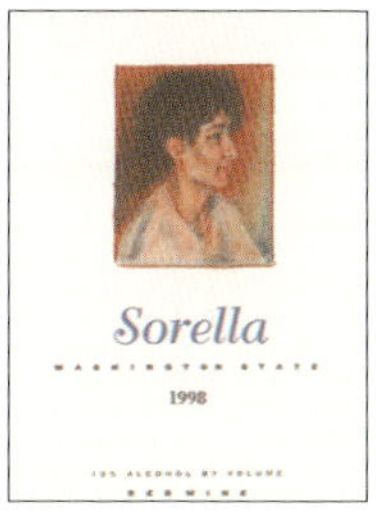

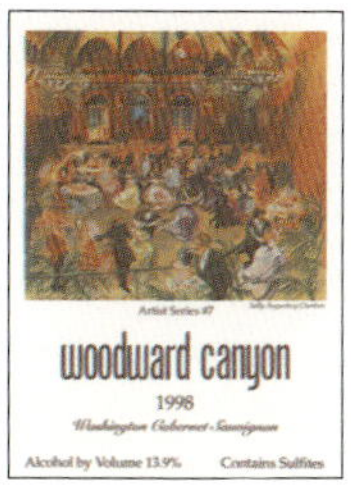

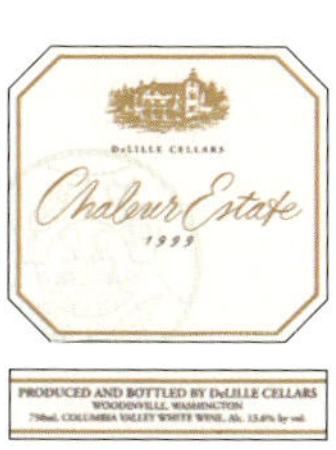

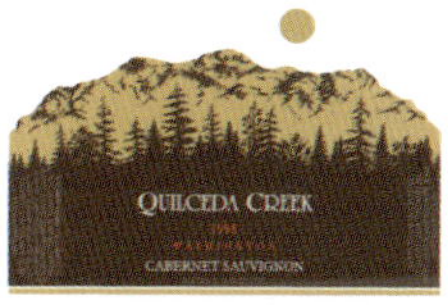

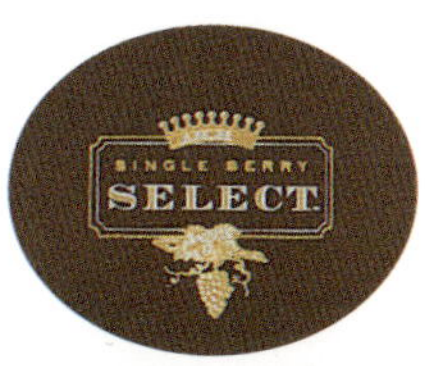

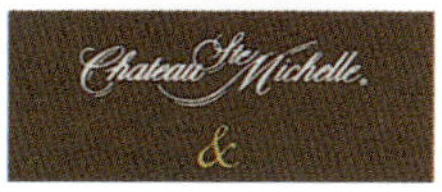

Le cabernet et le merlot *sont souvent plus convaincants quand ils sont mélangés. En dehors de Leonetti et de Woodward Canyon, tous les pionniers de Walla Walla sont installés près de Seatlle (Sorella est produit par Andrew Will). Ernie Loosen, de Moselle, a fait le superbe riesling à pourriture noble de Château Sainte Michelle.*

Oregon

L'Oregon tire une grande fierté de ne ressembler en rien à la Californie. Mais une grande partie de cet État ne ressemble pas non plus à l'État du Washington. Tandis que les étés dans la vallée de la Willamette sont beaucoup plus frais et nuageux que ceux de la Californie, les hivers sont nettement plus doux que ceux, continentaux, de l'intérieur du Washington. L'influence du Pacifique traverse l'Oregon grâce aux failles qui interrompent la chaîne côtière, faisant de l'été froid et de l'automne pluvieux des menaces constantes (voir page 288 pour les détails concernant les autres régions vinicoles de l'Oregon).

La découverte (ou l'invention) de la vallée de la Willamette en tant que région vinicole moderne date de la fin des années 1960, à Dundee, près de Lafayette dans le comté de Yamhill. Elle est l'œuvre de David Lett avec son Eyrie Vineyards, suivie de la fondation, peu de temps après, de la cave Knudsen Erath (aujourd'hui Erath) dans le voisinage.

Si Lett avait planté du chardonnay et du cabernet, la célébrité n'aurait pas été fulgurante (parce que le cabernet aurait eu du mal à mûrir convenablement). Mais il choisit le pinot noir et depuis 1970 l'Oregon et le pinot noir sont inextricablement liés. Les grands ciels de cet État pastoral peuvent faire ce que la Californie avait jugé presque impossible à faire : créer l'illusion de boire un bon bourgogne rouge, même si les pinots noirs de l'Oregon sont en général plus souples, plus ronds, plus vite mûrs que leurs homologues français.

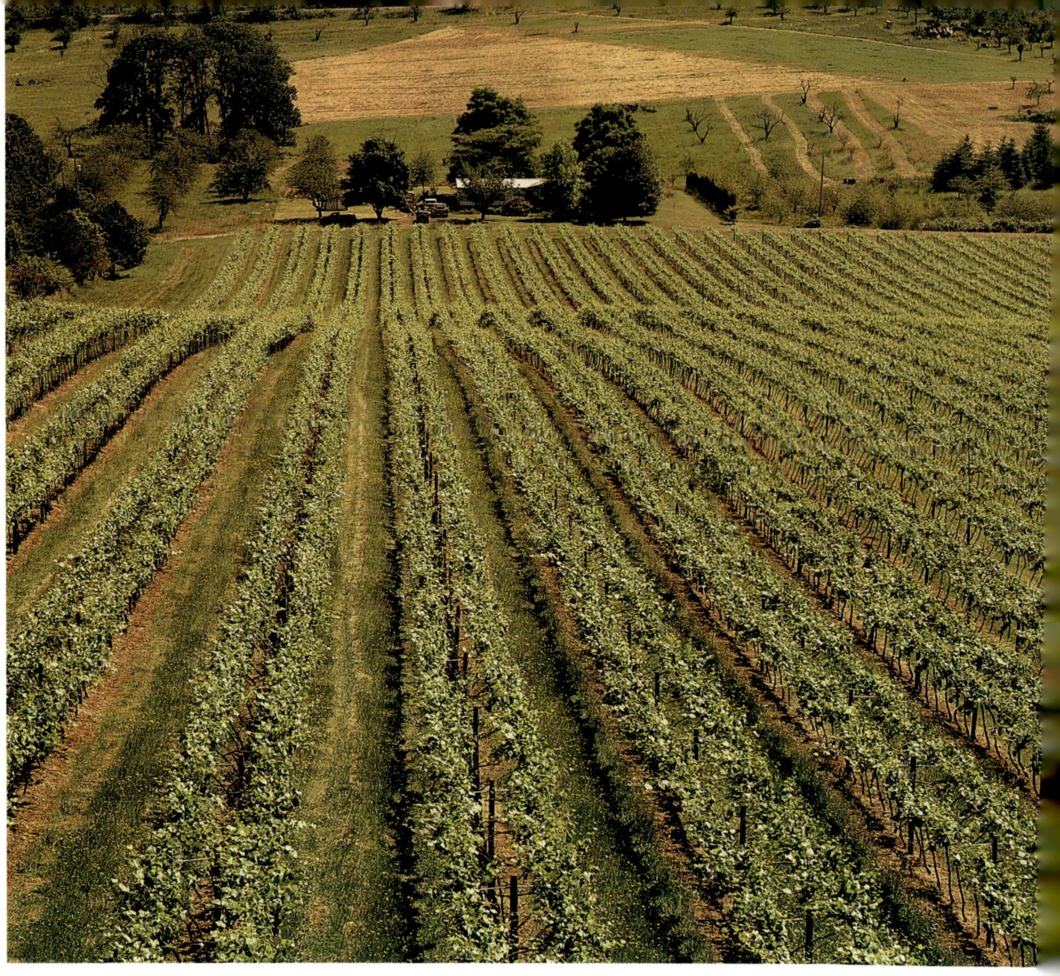

Ci-dessus Échalassage en voûte pour ces vignes feuillues dans la vallée humide de la Willamette au nord de l'Oregon. Notez la couleur rouge des sols célèbres de la région. Les plantations de clones de Bourgogne, de meilleure qualité, sont l'objectif que les producteurs se sont fixé aujourd'hui.

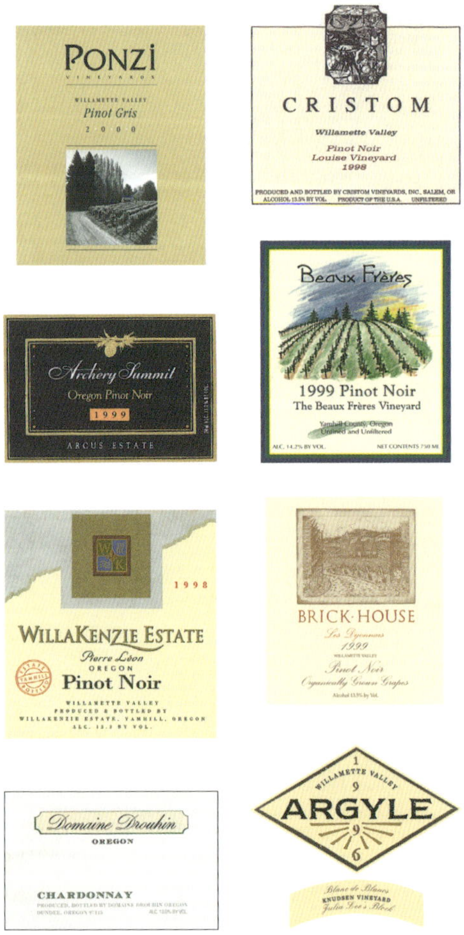

Cinq étiquettes *parmi les nombreux pinots noirs célèbres de l'Oregon. Brick House tente de faire du vin organique – un véritable défi dans ces conditions climatiques. En bas, deux vins couronnés de succès produits par des producteurs étrangers venus de Bourgogne et d'Australie.*

Comme si c'était la méthode qui convenait le mieux au pinot noir, la vallée de la Willamette a maintenu un développement à petite échelle. La région a attiré un autre type de producteur que les rouleurs de mécaniques de Napa et de Sonoma. De petits moyens et de grandes idées ont donné une gamme de vins imprévisibles, du fascinant au totalement raté. Au départ, la plupart des vins étaient parfumés mais un peu éthérés. Mais vers le milieu des années 1980, il devint parfaitement clair que certains pinots allaient durer et être terriblement intéressants.

Pour cette raison ou pour une autre, des producteurs étrangers de renom sont venus s'y installer : depuis la Californie, une succession de producteurs cherchant dans le pinot une fantaisie que les ciels ensoleillés ne pouvaient leur donner ; depuis l'Australie, Brian Croser de Petaluma s'est lancé avec Argyle dans la production de vins pétillants ou non à Dundee ; et même depuis la Bourgogne, à la grande fierté de l'Oregon, en la personne de Robert Drouhin (et de sa fille Véronique) avec le Domaine Drouhin. Les pinots faits aujourd'hui varient du suave et subtil (style Drouhin, soutenant la comparaison avec ses vins de Bourgogne) au riche et aromatique (les vins au fort arôme de chêne de Beaux Frères, la cave qui appartient en partie à l'autre investisseur célèbre, le gourou du vin, Robert Parker).

Près de la moitié des vignobles de la vallée de la Willamette est occupée par ce cépage capricieux (le pinot noir occupant 40 % du vignoble de l'État en moyenne). Le deuxième cépage de l'Oregon, le chardonnay, est rapidement supplanté par le cépage blanc le plus proche du pinot noir, le pinot gris. Il faut même noter un début d'intérêt pour le pinot blanc. Le riesling et le gewurztraminer sont arrachés en raison de l'indifférence affichée du marché.

C'est une honte, dans la mesure où ils sont bien mieux adaptés à la plupart des sites que les cousins à peau pâle du pinot noir, particulièrement dans le nord de la vallée. L'été est plus frais dans les vignobles du comté de Washington qui sont soumis à l'influence du Pacifique, ce qui favorise les cépages aromatiques – comme l'a prouvé la production de tualatin. Le pinot noir, qui reste le cépage le plus courant même au nord, a tendance à être plutôt léger que gras. La famille Ponzi a prouvé cependant que ces vins pouvaient bien vieillir.

Le comté de Yamhill au sud a des températures légèrement plus élevées, mais aussi plus de problèmes de gelées. Les vignes sont donc plantées au-dessus de la zone propice aux gelées, généralement sur les pentes exposées à l'est, entre 60 et 210 m d'altitude. Les célèbres Red Hills de Dundee – du terreau de Jory, lourd et de couleur rouge – fournissent la meilleure combinaison qui soit de drainage et d'exposition qui joue un rôle crucial dans l'Oregon nuageux. Les Chehalem Mountains au nord avec leurs sédiments de WillaKenzie favorisent une maturation plus précoce, de même que les prometteuses Eola Hills, au sud, qui sont particulièrement riches en dépôts des crues du Missoula (voir page 290).

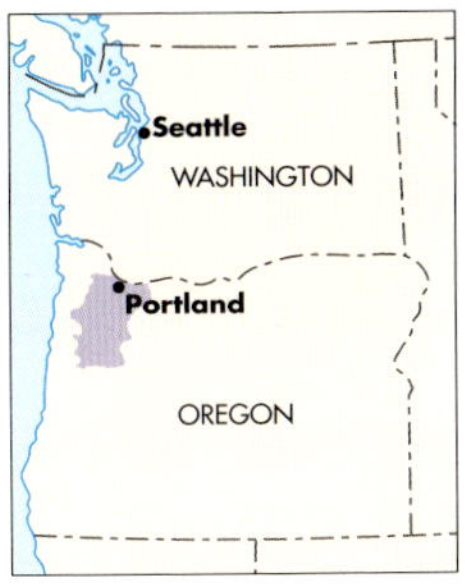

1:993,000

Km 0 10 20 30 Km

Miles 0 10 20 Miles

Frontière d'État

Frontière de comté

Willamette Valley AVA

■ AMITY Producteur de premier ordre

Vignobles

Forêts

2000 Courbes de niveau (intervalles de 1000 pieds)

▼ Station météorologique

Caves principales

1 BELLE PENTE
2 STAG HOLLOW
3 LEMELSON
4 PATRICIA GREEN
5 CAMERON
6 LANGE
7 DUCK POND

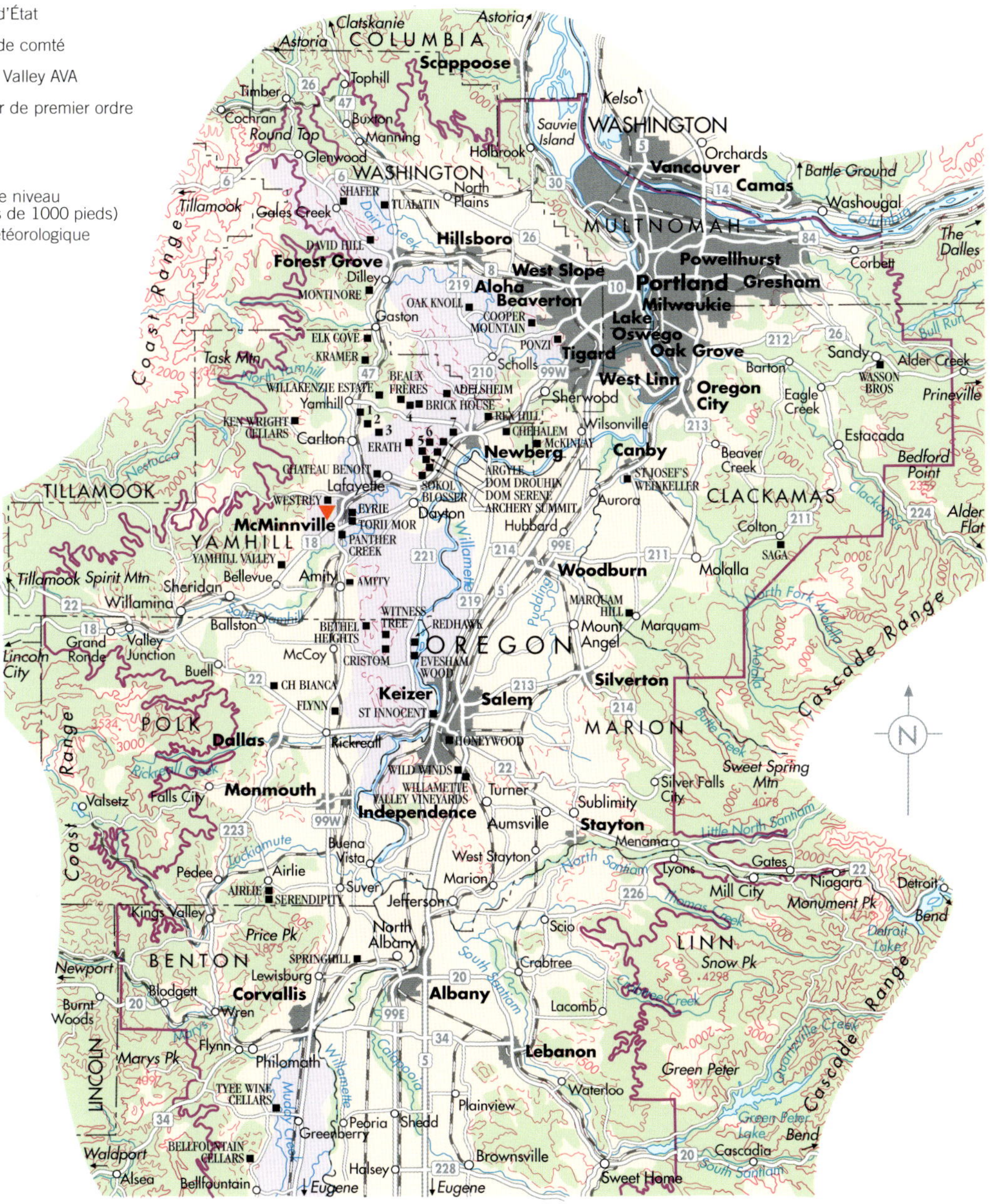

Willamette Valley : McMinnville

Latitude / Altitude : **45,14° / 40 m**
Température moyenne de juillet : **18,8 °C**
Précipitations annuelles : **1097 mm**
Précipitations du mois de la vendange : **septembre : 40 mm**
Principaux dangers viticoles : **champignons, non maturation**
Principaux cépages : **pinot noir, chardonnay, pinot gris**

Une vendange réussie dans la vallée de la Willamette tient à une maturation complète des raisins, assez précoce pour éviter les pluies d'automne. La date de leur arrivée et leur intensité varient énormément chaque année. De nombreux cépages, comme le cabernet sauvignon et le sauvignon, sont beaucoup trop tardifs pour pouvoir être viables dans cette région. Mais même pour les cépages à maturation précoce, le calendrier de la vendange dans la Willamette dépend de l'intuition du producteur (comme en France) et varie plus que dans n'importe quelle autre région des États-Unis. Les amateurs de vin qui ne vivent pas dans l'Oregon ont tendance à s'enticher et à se lasser de ses pinots noirs en fonction de la réussite relative de chaque millésime.

L'autre problème, qui n'est surprenant qu'en apparence, est celui de la sécheresse. Les pluies peuvent arriver en septembre ou en octobre, mais en général après un été frais, gris et souvent très sec. Les vignobles les plus vieux prennent une couleur jaune longtemps avant que la photosynthèse nécessaire à la maturation ne soit achevée. Les vignobles les plus récents sont équipés de systèmes d'irrigation afin que les vignes ne soient pas privées d'eau régulièrement, mais seulement lorsque le producteur le juge utile.

Les pionniers de la région, parce qu'ils travaillaient souvent avec des budgets limités, avaient tendance à planter des vignobles aussi peu chers que possible. Mais des plantations denses se sont révélé être un luxe nécessaire. Un autre changement récent a affecté la conception des vignobles dans l'Oregon : l'utilisation de souches. Depuis les premières apparitions du phylloxéra en 1990, les producteurs sérieux ont planté des vignes greffées sur des souches qui résistent à l'insecte fatal et limitent le feuillage qui a tendance à ralentir le processus de maturation.

Les rendements dans ces vignobles ont, par conséquent, tendance à être plus réguliers et les vignes à mûrir plus tôt. Mais c'est l'introduction des clones de Bourgogne qui a eu l'influence la plus importante sur la qualité, en progrès constants, des pinots noirs et des chardonnays de l'Oregon.

Pendant les deux premières décennies au moins, le pinot noir de l'Oregon était fait à partir du clone de wädenswil, en provenance de Suisse, ou de celui de pommard, si populaire en Californie. Ils donnaient des vins plutôt fruités et charmants (dans les bonnes années), mais sans beaucoup de structure et de subtilité. L'introduction de clones comme les 113, 114, 115, 667, 777 ou 882, appelés clones de Dijon dans l'Oregon, ont donné de nouvelles dimensions au pinot noir, même s'ils ne sont utilisés que comme compléments dans les mélanges.

Une des raisons pour lesquelles les chardonnays de l'Oregon ont été relativement décevants tient au clone le plus couramment planté, le davis 108, dont la qualité principale en Californie est une maturation tardive garantissant une longue saison de croissance. Le plus souvent, c'est un désavantage en Oregon, et de nombreux chardonnays sont trop légers et acides. Cela devrait changer dans la mesure où les clones de Dijon 76, 95 et 96, mieux adaptés et plus subtils, ont un impact plus puissant. Mais à la fin de l'an 2000 les espoirs en matière de vin blanc étaient encore suspendus au pinot gris – plus souvent à cause de son nom que de son arôme. Le pinot gris d'Oregon est en général plus poche d'un chardonnay aromatique que d'un tokay pinot gris d'Alsace. Cela devrait changer aussi, puisque l'Oregon, hélas, est de moins en moins refermé sur lui-même.

L'étrange institution qui s'est démenée pour placer la vallée de la Willamette sur la carte mondiale du vin va poursuivre son action à la fois désinvolte et efficace. The *International Pinot Noir Celebration* est une foire de trois jours qui réunit fans et producteurs de tous les coins du monde. Ils se retrouvent chaque année en juillet dans la ville universitaire de McMinnville pour se prosterner devant l'autel du pinot et maugréer à propos de la passion inique pour le cabernet et le merlot.

New York

L'État de New York arrive en troisième position pour la viticulture aux États-Unis – même si 8 100 hectares seulement sur les 12
vignoble sont plantés de vignes labrusca pour le jus de raisin et la confiture. C'est la raison d'être de la « ceinture du raisin » au sud du lac Erié, où l'on trouve moins de dix des cent cinquante caves de l'État (qui font du vin à partir des cépages hybrides français, décrits à la page 268).

Mais comme l'Ontario de l'autre côté de la frontière canadienne, l'État de New York réinvente sa production de vin, les 1800 hectares de plantations nouvelles étant en totalité des vignes de vinifera.

Plus des deux tiers des caves ont moins de quinze ans. Elles sont petites et dirigées par des producteurs ambitieux, surtout dans la région des Fingers Lakes (soixante-dix), à Long Island (vingt-cinq) et le long de l'Hudson (vingt-cinq aussi).

Long Island, aux caves climatisées et régulièrement battues par les vents de l'Atlantique, est l'homologue de Bordeaux, à la fois par sa situation maritime et par le caractère aimable et rafraîchissant de ses vins. Les pionniers furent Alex et Louisa Hargrave qui plantèrent leurs premières vignes, en 1973, dans le limon et le sable d'anciens champs de pommes de terre du North Fork, la pointe nord-est de l'île entourée d'eau. L'influence océanique efface les saisons et maintient un climat tempéré si longtemps que la période de croissance y est bien plus longue qu'à l'intérieur des terres.

Long Island dispose aujourd'hui de 800 hectares de vignes de vinifera (chardonnay, cabernet et merlot principalement) et produit une proportion substantielle du meilleur vin de l'État de New York. L'île a deux AVA : North Fork et Hamptons, ou South Fork (plus petite et plus froide). Toutes les caves indiquées sur la carte ont bonne réputation.

Depuis le milieu du XIXe siècle, la vigne est exploitée commercialement dans les tranchées glaciales du nord de l'État de New York, connues sous le nom de Finger Lakes, au sud de la mer intérieure qu'est le Lac Ontario. Les lacs tempèrent le climat mais il reste nettement continental : on compte souvent moins de 200 jours sans gelée. Les hivers sont longs avec des températures qui peuvent atteindre –20 °C. Les vignes américaines furent le seul choix au départ et elles sont encore cultivées dans un tiers des 3000 hectares de la région, pour faire essentiellement des vins de dessert. Les hybrides français comme le seyval blanc et le vignoles ont été introduits dans les années 1950 et représentent encore un autre tiers.

Depuis les années 1960 toutefois, le Professeur Constantin Frank, viticulteur originaire d'Ukraine et habitué des hivers rigoureux, a montré que les vignes de vinifera à maturité relativement précoce, comme le riesling et le chardonnay, pouvaient prospérer dans les Finger Lakes, à condition de les greffer sur de bonnes souches. Aujourd'hui, des rieslings fort bons, proches de ceux de la Sarre, secs et vieillissant bien, sont produits par Heron Hill, Hermann J Wiemer et Vinifera Wine Cellars.

Le laboratoire de recherches de Geneva est connu dans le monde entier pour son travail sur l'échalassage, et les Fingers Lakes restent un carrefour du commerce vinicole de l'État de New York, en partie grâce à la présence, depuis 1945, de la géante Canandaigua Wine Company. C'est la deuxième entreprise vinicole américaine, derrière Gallo.

L'Hudson, où fut enregistré en 1829 le premier millésime commercialisé de ce qui est aujourd'hui la cave Brotherhood, est aussi une région de petites caves. Les vignes de vinifera peuvent être vulnérables dans un climat qui n'est pas tempéré par l'océan ou les lacs. Encore récemment, la quasi-totalité des 400 hectares de vignobles étaient plantés d'hybrides français. Mais Millbrook a ouvert la voie des plantations de vinifera.

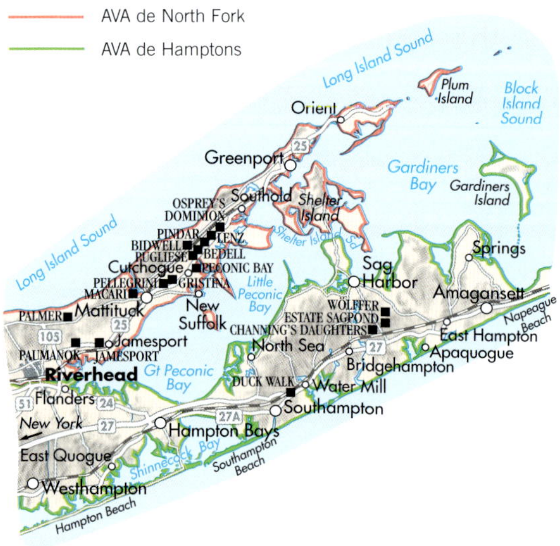

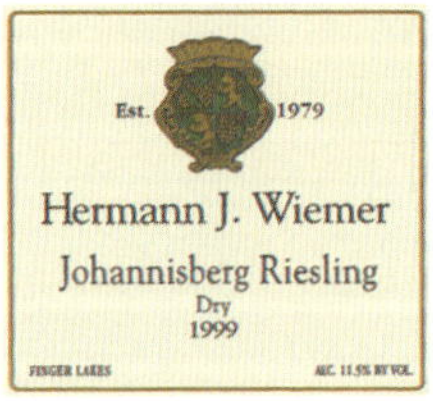

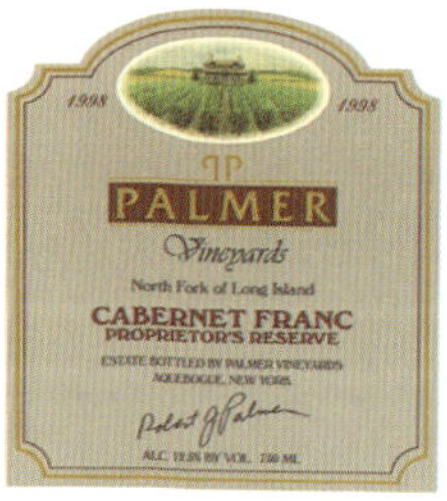

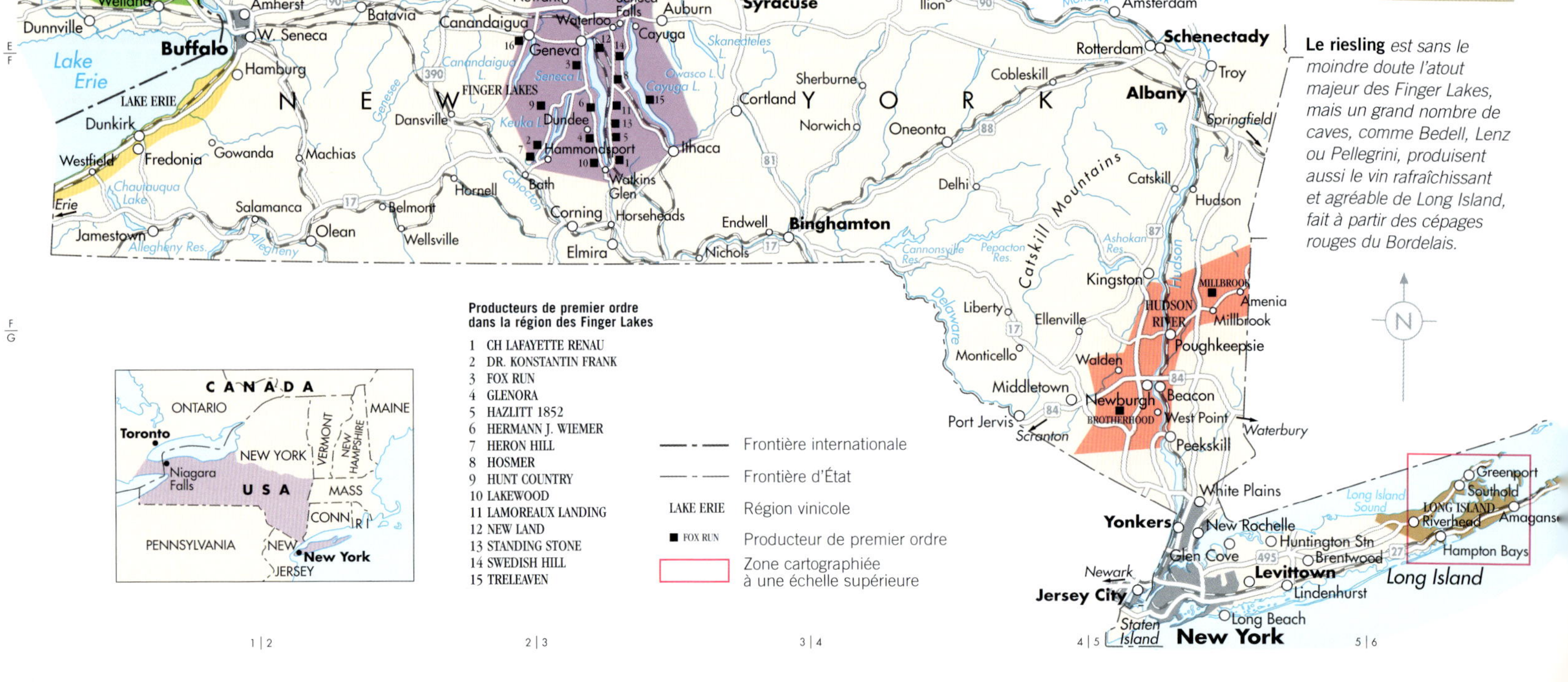

Le riesling *est sans le moindre doute l'atout majeur des Finger Lakes, mais un grand nombre de caves, comme Bedell, Lenz ou Pellegrini, produisent aussi le vin rafraîchissant et agréable de Long Island, fait à partir des cépages rouges du Bordelais.*

Canada

Le Canada, gelé pendant une grande partie de l'année, paraît être le dernier endroit où cultiver de la vigne. Et pourtant on y fait du vin avec un enthousiasme croissant dans quatre provinces (voir page 288 pour les détails concernant la Colombie-Britannique en expansion rapide).

Dans le sud-est du pays, la région de Nova Scotia dispose de quelques centaines d'hectares de cépages hybrides résistant aux hivers rigoureux (certains en provenance de Mongolie via l'Union soviétique), plantés dans quelques coins bien abrités au bord de l'Atlantique. Le Québec a aussi une petite industrie vinicole autour de la ville de Dunham, sur la frontière américaine, avec des cépages hybrides français qui requièrent quantité de soins pendant l'hiver.

Mais l'essentiel du vin canadien est fait dans la province de l'Ontario, qui produit aussi, avec la plus grande concentration de vignobles, 80 % du raisin du pays. La péninsule du Niagara, cartographiée ci-dessous, est une région qui bénéficie de conditions climatiques exceptionnelles.

Une série de bizarreries géographiques rend en effet possible la viticulture dans la péninsule. Cette étroite bande de limon sablonneux est protégée par les vastes lacs au nord et au sud, qui retardent la nouaison au printemps grâce au froid accumulé pendant l'hiver et prolongent la maturation à l'automne grâce à la chaleur accumulée pendant l'été. Le nombre de jours sans gel est crucial dans les régions vinicoles de cette partie du monde. Le risque de gel est considérablement réduit sur la péninsule grâce à l'escarpement du Niagara, dont le prolongement oriental est la cause des fameuses chutes du même nom. Cette relique d'une mer disparue court comme un rempart au sud de la péninsule, renvoyant les vents glacials vers le lac et empêchant la formation des dangereuses poches d'air froid.

Mais le Niagara reste relativement froid, même si la banquette de Beamsville au milieu de la péninsule semble plus protégée encore. Les points forts de l'appellation (ce qui n'est pas forcément ce que le marché demande) vont probablement être des rieslings nerveux plutôt que des chardonnays déliés. Un cabernet à maturité relève plus du miracle que de la routine.

Les deux autres appellations de l'Ontario se trouvent à des kilomètres de là, au sud-ouest de la péninsule, et elles ne figurent donc pas sur la carte. Lake Erie North Shore et Pelee Island (point le plus méridional du Canada) dépendent entièrement du lac pour tempérer leur climat. Le lac Érié étant le moins profond des Grands Lacs, il a tendance à geler plus facilement et les hivers sont donc plus longs à sa périphérie. Par conséquent, les millésimes varient considérablement dans ces deux appellations.

L'industrie vinicole du Canada vient à peine de parvenir à maturité. Pendant longtemps handicapée par la médiocre qualité de ses cépages et paralysée par une législation protectionniste, le vin de l'Ontario n'envisageait même pas d'entrer en compétition avec le reste du monde jusqu'à la fin des années 1980. Mais maintenant que les vignes de labrusca sont cultivées uniquement pour le jus de raisin et la confiture et que les vignes de vinifera ont remplacé les hybrides, les meilleurs vins de l'Ontario, tous étiquetés VQA (*Vintners Quality Alliance*), peuvent soutenir la comparaison avec des vins du même style produits ailleurs et gagner haut la main toute compétition avec leur Icewine. Des centaines de milliers de caisses de ce vin doux picotant sont produites dans l'Ontario chaque année, avec soit du riesling, soit du succulent vidal (l'hybride au goût de myrtille). Ces vins peuvent et doivent être bus dès qu'ils sont mis en bouteilles.

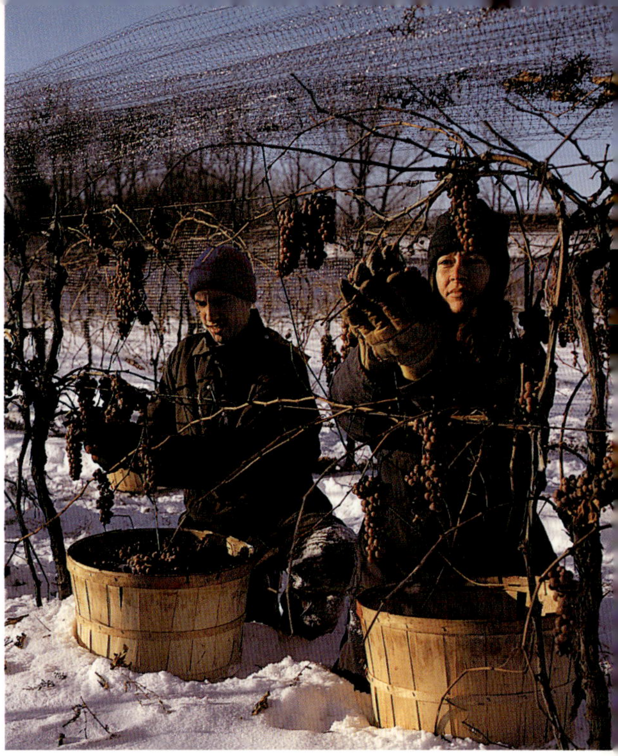

Ci-dessus Le travail frigorifiant de la cueillette des raisins pour faire du Icewine, la fierté et la joie des Canadiens. Ce vin est produit avec sérieux et authenticité dans des quantités inégalées. Ces raisins du cépage populaire de vidal sont vendangés en janvier pour Henry à Pelham.

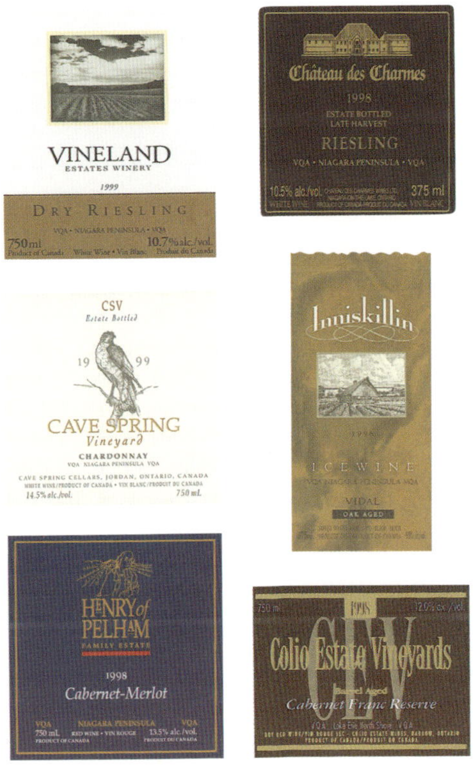

Le riesling, sec et doux, *s'adapte très bien au climat froid de l'Ontario. Des producteurs comme Henry à Pelham et Colio Estate Vineyards sur le lac Érié sont toutefois décidés à prouver que, dans les bonnes années où l'été est chaud, les cépages du Bordelais mûrissent suffisamment pour que les vins puissent vieillir en fûts.*

Frontière internationale
CAVE SPRING — Producteur de premier ordre
Forêts
500 — Courbes de niveau (intervalles de 100 pieds)
▼ Station météorologique

Pour localiser la région, voir la carte de la page 294

Pénisule du Niagara, Ontario : St Catharines

Latitude / Altitude : **43,1° / 90 m**
Température moyenne de juillet : **21,7 °C**
Précipitations annuelles : **860 mm**
Précipitations du mois de la vendange : **octobre : 65 mm**
Principaux dangers viticoles : **gel, défaut de maturation**
Principal cépage : **chardonnay**

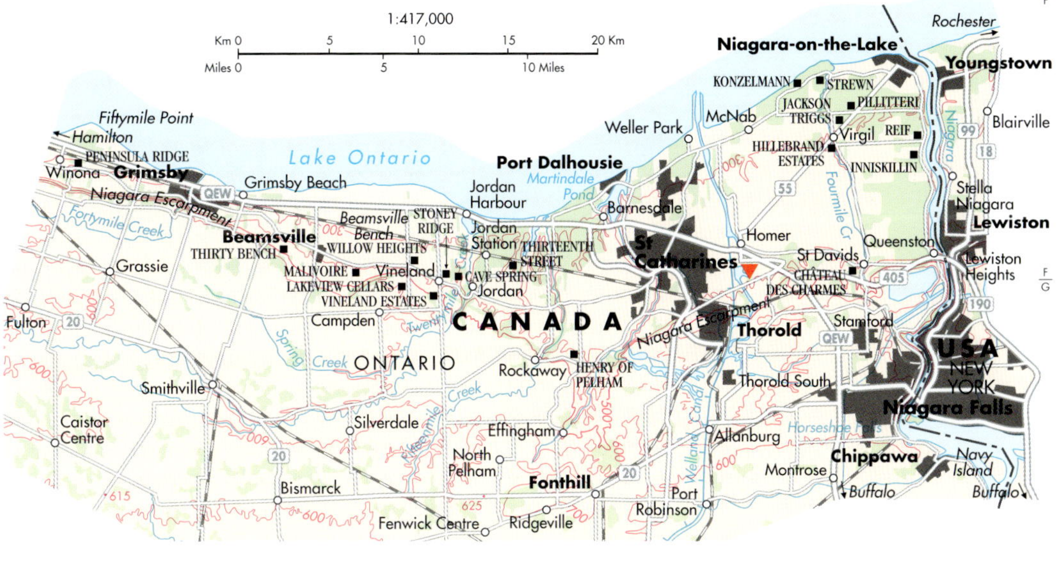

Amérique du Sud

L'Amérique du Sud est le continent qui produit le plus de vin après l'Europe. Les vignes européennes y ont poussé bien avant qu'elles ne parviennent dans n'importe quelle partie du Nouveau Monde (en 1531 au Pérou), à l'exception du Mexique (voir page 287). Les industries vinicoles de ce continent, tout comme sa culture, continuent d'être fortement influencées par des immigrants, plus ou moins bienvenus – des Espagnols et des Portugais, plus récemment des Italiens, des Français et des Allemands.

Le producteur de vin le plus important de l'Amérique du Sud est l'Argentine (voir page 300), loin devant, même si le Chili l'a précédé pour ce qui est de la reconnaissance internationale. Inconnu du reste du monde, le vin du Brésil est le troisième en quantité.

Le Brésil doit encore faire un effort pour parvenir à exporter un vin compétitif. L'industrie locale s'est concentrée sur la production pour le marché intérieur d'un vin pétillant, léger et douceâtre, de style vaguement italien. La viticulture est répartie entre des milliers de petits agriculteurs, principalement dans la région humide de la Sierra Gaucha dans le Rio Grande do Sul, où les cépages hybrides, l'isabella en particulier, sont choisis pour leur résistance au mildiou et à la pourriture. Les raisins mûrissent avec difficulté. La sous-région du Vale do Vinhedos est celle qui s'en tire le mieux.

Campanha (autrefois appelée Frontera) est la nouvelle région intéressante dans le Sud, où 1 000 hectares de vignes de vinifera ont été plantés sur des sols sablonneux. La taille du marché intérieur a attiré Chandon dans la Serra do Sudeste, des terres en altitude au sud-est du pays. Des plantations sont en cours dans la Vale do Sao Francisco, chaude et sèche, au nord près de l'équateur.

À la différence des Brésiliens, les Uruguayens sont peut-être les buveurs de vin les plus sérieux de l'Amérique du Sud après les Argentins, et font de l'étonnante industrie vinicole de leur pays la quatrième du continent. L'ère moderne a commencé en 1870 avec l'immigration basque et l'importation de cépages européens de qualité, comme le tannat – appelé harriague du nom de son promoteur initial. Tout comme le malbec s'adoucit sous les cieux ensoleillés de l'Argentine, le tannat produit en Uruguay est beaucoup plus rond, plus velouté que dans sa patrie, le Sud-Ouest de la France, et il peut être bu après un ou deux ans.

L'Uruguay n'a pourtant pas grand-chose en commun avec les régions vinicoles de l'Argentine. C'est un pays ensoleillé, mais bien plus humide, et les nuits dans les zones vinicoles importantes, au sud, sont rafraîchies non par l'influence de l'altitude mais par les courants antarctiques de l'Atlantique Sud. Dans les années où les pluies d'automne sont précoces, l'acidité s'élève à un niveau presque intolérable.

Environ 90 % du vin de l'Uruguay est produit sous le climat maritime des départements côtiers du sud, Canelones, San José (les Français y ont investi récemment), Florida et Montevideo, où les collines peu élevées offrent une grande variété de terroirs sur des sols en général limoneux. À Colonia et Carmelo, dans le sud-ouest du pays sur l'estuaire du Rio de la Plata, en face de Buenos Aires, les sols alluviaux peuvent être si fertiles que les vignes deviennent trop vigoureuses pour que le raisin puisse mûrir complètement. Une proportion importante des vignobles uruguayens utilise l'échalas en forme de lyre.

Les cépages de harriague importés à l'origine ont succombé à une maladie à virus et ont été remplacés par d'autres, importés de France plus récemment, et appelés tannat pour les distinguer des premiers. On trouve aussi du petit manseng en provenance du Sud-Ouest de la France, du viognier, du trebbiano et du torrontés – les cépages « internationaux » sont bien sûr présents, avec le sauvignon blanc, le cabernet et le merlot, qui est le riche partenaire du mélange avec le tannat.

Le département de Rivera, dans le nord-est du pays, s'est développé, pratiquement impossible à distinguer de la nouvelle et prometteuse région de Campanha au Brésil. La vigne a envahi la zone des plantations de canne à sucre (nord-ouest et centre du pays), où les sols pauvres et la forte amplitude thermique donneront sans doute de bons résultats. Les Uruguayens s'efforcent de rejoindre le Chili et l'Argentine dans la compétition internationale.

La plus grande surprise dans ce défilé des pays est peut-être le vin de qualité remarquable en provenance du Pérou, lieu de naissance du pisco, l'alcool national chilien. Les vignobles de Tacama dans la province d'Ica bénéficient des courants froids du Pacifique, dans un environnement très proche de celui de la côte centrale en Californie. Les cabernets, les sauvignons blancs et un vin pétillant de méthode traditionnelle (créé sur les conseils du professeur Émile Peynaud à Bordeaux) sont une véritable révélation de ce dont est capable une région du monde vinicole totalement négligée.

On peut s'attendre à voir beaucoup d'autres étiquettes de l'Uruguay dans les années qui viennent, car les producteurs entendent rattraper l'Argentine et le Chili. Le Brésil et le Pérou suivent de près.

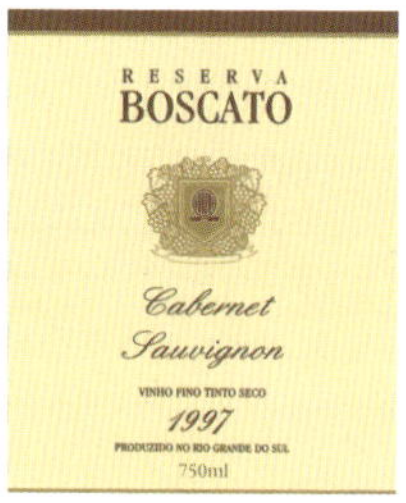

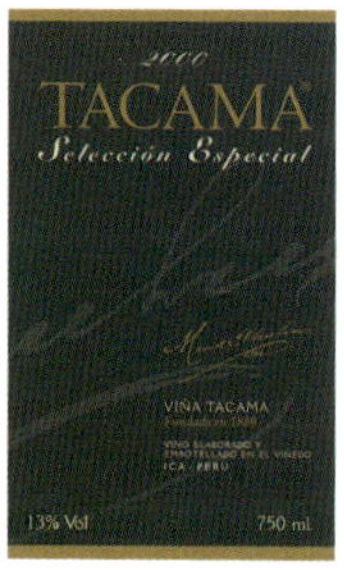

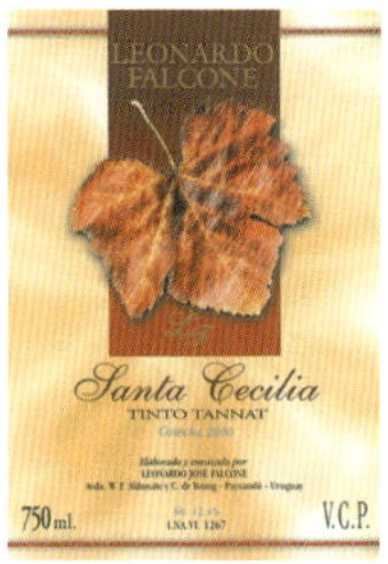

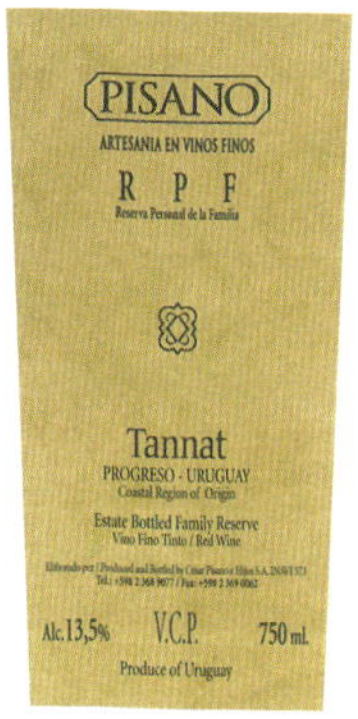

Frontière internationale
COQUIMBO Région vinicole
Zones de production de vin
Terres au-dessus de 2000 m

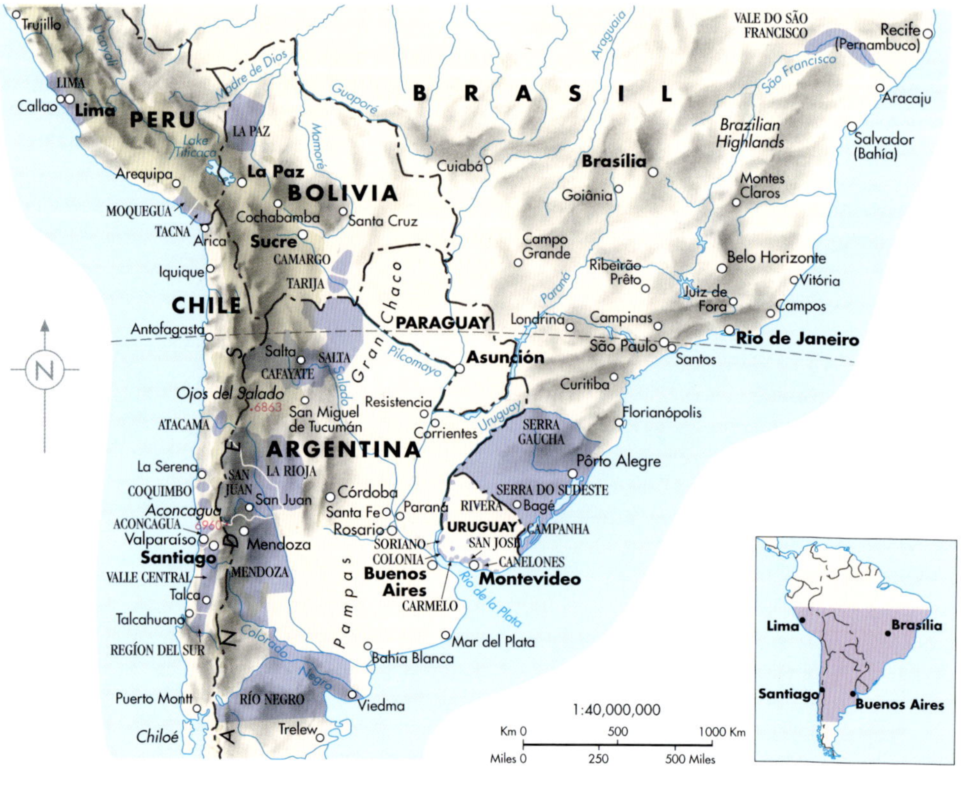

Chili

Pour un touriste européen, le Chili ressemble à la fin du monde ; ce pays dont la culture et la langue peuvent être parfaitement familières donne pourtant l'impression d'un isolement essentiel. C'est cet isolement, créé par les Andes inhospitalières à l'est, le Pacifique à l'ouest, les sables du désert d'Atacama au nord, les landes désolées de l'Antarctique au sud, qui a donné aux vignobles chiliens leur caractéristique tant vantée : le fait qu'ils sont préservés du phylloxéra. Les vignes peuvent pousser en toute sécurité sur leurs propres racines, ce qui signifie qu'on peut planter un nouveau vignoble en enfonçant tout simplement des boutures dans le sol, sans perdre le temps et l'argent d'une greffe sur une souche résistante.

Mais ce sont les qualités particulières de l'environnement viticole au Chili, ainsi que des importations opportunes de vignes au XIXe siècle, qui font du Chili une source très appréciable de vin (rouge généralement) bon marché, fruité, toujours à maturité, fait à partir des cépages les plus populaires du monde.

Les défauts principaux des vins, exportés énergiquement à partir des années 1990, étaient la conséquence de vignobles trop densément plantés et d'une prévisibilité un peu ennuyeuse. Au début du XXIe siècle, toutefois, des vins d'une concentration extraordinaire, à des prix défiant toute concurrence, ont émergé (voir les étiquettes page 298). Des plantations de clones de qualité supérieure et de cépages nouveaux sont en cours et vont permettre d'élargir la gamme des arômes disponibles pour ces vignobles très sains et très secs. La pourriture et le mildiou ne sont pas inconnus, mais ils restent beaucoup plus rares qu'en Europe ou même en Argentine. La stabilité du processus de maturation, procurée par la succession ininterrompue de jours ensoleillés, explique, pense-t-on, les niveaux singulièrement élevés des flavo-protéines censées protéger des maladies cardio-vasculaires (selon les commerçants chiliens).

La latitude du Chili semble plutôt basse pour une production de vin de qualité (comparable à celle de l'Afrique du Nord), mais une comparaison des données chiffrées de Mekhnès (page 267) et de celles de Santiago (page 299) montre que la partie centrale du pays où pousse la vigne n'est pas d'une chaleur excessive. La longue colonne vertébrale de vignobles (1 400 km) est rafraîchie, loin à l'intérieur des terres, par l'influence du courant de Humboldt dont les eaux sont bien plus froides que celles de la Californie à la même latitude. L'air froid en provenance des Andes exerce son influence la nuit. L'amplitude thermique est exceptionnellement élevée au Chili et c'est sans aucun doute un facteur déterminant de la netteté des arômes fruités.

Pendant des décennies, les vignobles étaient concentrés dans le corridor fertile et plat situé entre les Andes et la chaîne côtière beaucoup plus basse. Mais aujourd'hui, les infatigables producteurs chiliens sont bien plus entreprenants. La vallée de Casablanca, proche de la côte, fraîche, se développe à un rythme rapide (carte ci-contre), ainsi que la sous-région méridionale de Bio-Bio. Dans la longue vallée centrale (carte page 299), la vigne escalade les pentes du versant oriental, ensoleillé et sec, des contreforts andins.

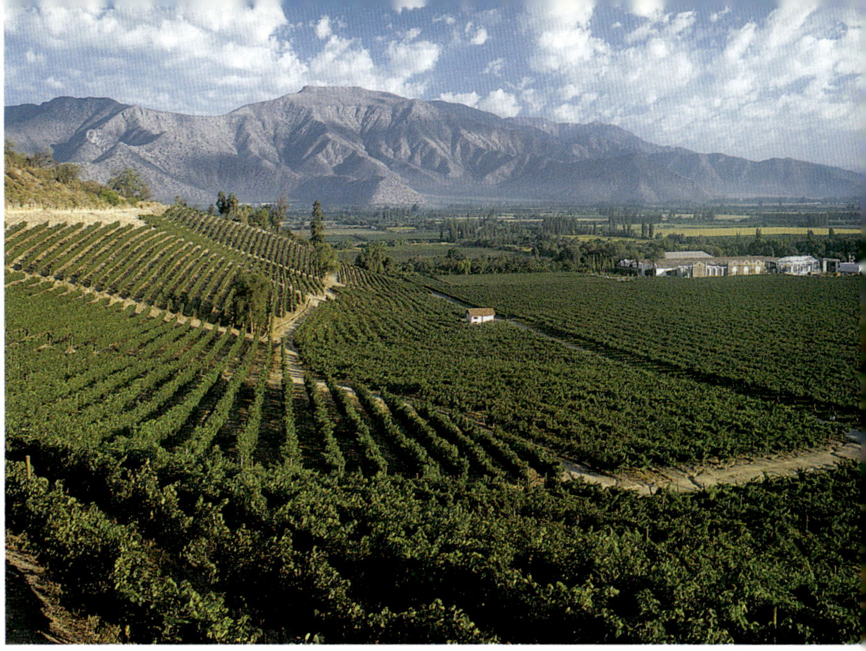

À droite Le fait de choisir la vallée de l'Aconcagua pour fonder Vina Errazuriz en 1870 avait fait sourciller quelques riches producteurs de vin installés dans les régions du sud de Santiago, mais le pari de Maximiano Errazuriz s'est révélé gagnant sur toute la ligne.

Le seul désavantage naturel du Chili est l'absence quasi totale de précipitations pendant l'été. Les pionniers avaient tenté d'y remédier en creusant un étonnant réseau de canaux et de petits ravins pour inonder les vignobles avec l'eau de la fonte des neiges. Cet admirable (et imprécis) système d'irrigation est remplacé dans les vignobles les plus récents par des goutte-à-goutte qui distribuent en même temps des fertilisants (dont les sols chiliens ont souvent besoin) et s'adapte mieux aux exigences spécifiques de chaque rangée de vignes. Avec un sol léger mais fertile et un contrôle absolu sur l'approvisionnement en eau, la viticulture est d'une facilité déconcertante.

L'irrigation est absolument nécessaire dans les régions d'Atacama et de Coquimbo, dont les productions principales sont le raisin de table et le pisco, l'alcool à base de moscatel dont on devient rapidement dépendant. Vina Francisco de Aguirre, du nom du conquistador censé avoir introduit la vigne au Chili, a montré que les vignobles des collines, même à basse altitude, peuvent donner des vins de table tout à fait respectables, à partir d'un cépage aussi exotique que la syrah.

Entre cette région et Santiago se trouve celle d'Aconcagua (carte ci-dessous), qui doit son nom au sommet le plus élevé des Andes (7 000 m). Cette région est composée de deux sous-régions radicalement différentes, la vallée chaude de l'Aconcagua et la vallée particulièrement fraîche de Casablanca.

La douceur de la large vallée ouverte de l'Aconcagua, célèbre pour ses cabernets, est tempérée par les vents qui poussent l'air froid de la montagne en direction de la côte en début d'après-

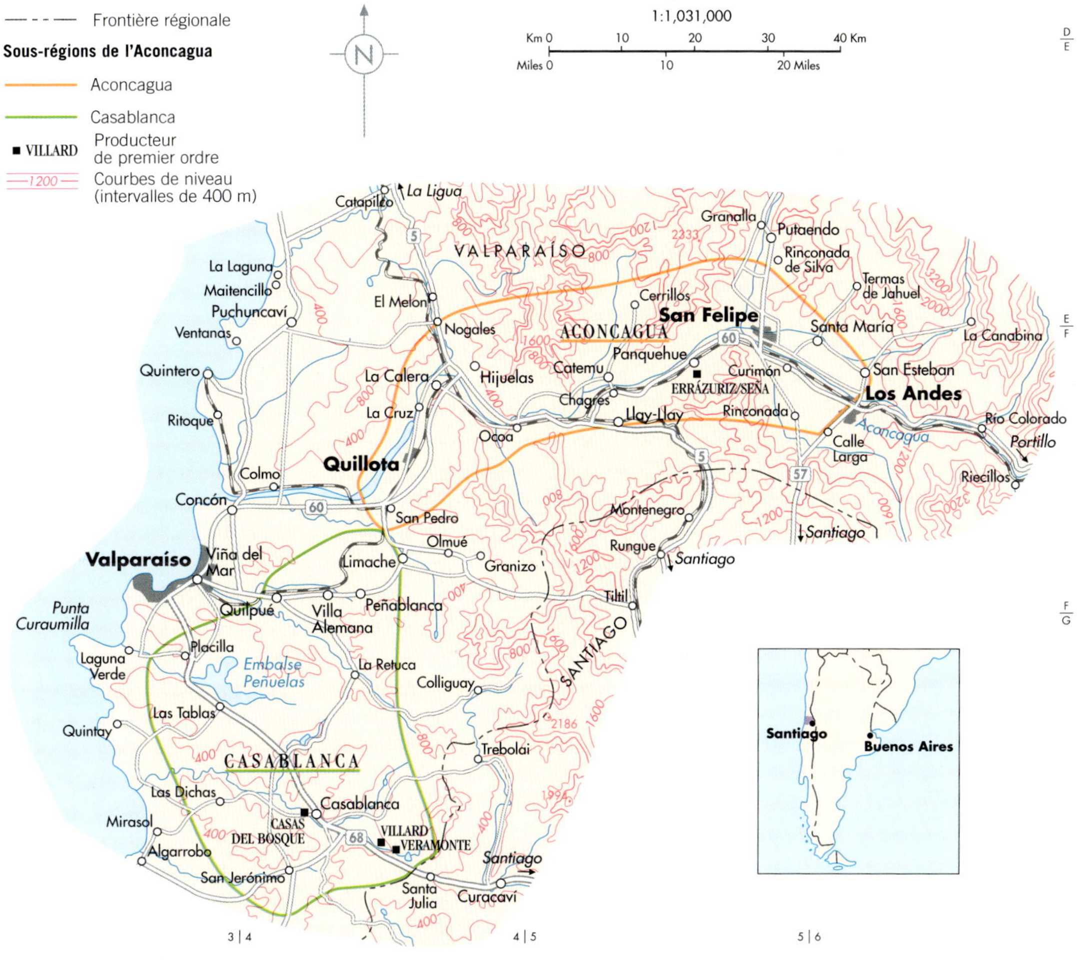

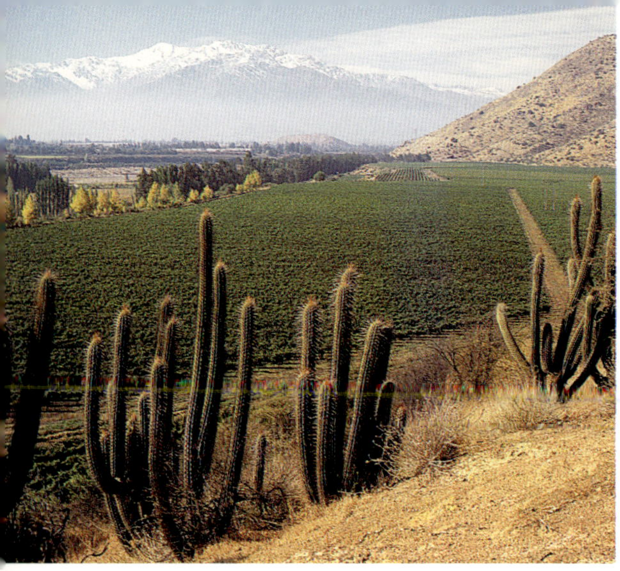

À gauche Le vignoble Las Morros de Vina Santa Emiliana sur les rives de la rivière Maipo, près de Puente Alto, au sud de Santiago. Au fond, la source neigeuse d'une grande partie des réserves d'eau du Chili.

midi et pompent l'air de l'océan depuis l'estuaire du fleuve le soir pour refroidir les contreforts des Andes exposés à l'ouest. À la fin du XIXe siècle, la propriété de la famille Errazuriz à Panquehue était censée être la plus grande propriété vinicole privée du monde. Aujourd'hui, seules quelques centaines d'hectares de vignes à vin sont cultivés dans la vallée de l'Aconcagua, mais sous les auspices des Errazuriz les collines sont transformées en vignobles, dont Sena n'est pas le moins ambitieux (en association avec Robert Mondavi de Californie).

De son côté, la vallée de Casablanca, située entre Santiago et le port de Valparaiso, est presque devenue synonyme du vin blanc chilien. On a longtemps cru qu'elle était trop froide pour la viticulture. Mais, en 1982, Pablo Morandé, alors producteur de vin à Concha y Toro, a converti son vignoble de raisins de table avec ses pergolas traditionnelles en échalas verticaux pour produire un vin blanc d'une finesse inconnue jusque-là au Chili.

Il a fallu un certain temps pour que les producteurs s'intéressent à la vallée de Casablanca. Aujourd'hui, des dizaines de *bodegas* et presque tous les grands noms y achètent ou y cultivent du raisin. La vallée est trop loin des Andes pour recevoir l'air froid des sommets le soir et pour bénéficier de la neige fondue (des puits coûteux doivent donc être creusés à grande profondeur). La vallée est si proche de l'océan toutefois, qu'elle est constamment rafraîchie par les brises marines – dans l'après-midi, elles peuvent faire chuter la température de 10 °C. Les hivers étant relativement doux, cette influence maritime procure à la vallée de Casablanca une saison de croissance plus longue (un mois environ) que dans n'importe quelle autre région du Chili. Il en résulte des vins blancs, acides et aromatiques, sur les quelque 3 000 hectares plantés à la fin du XXe siècle. Cette vallée est le foyer naturel d'un sauvignon blanc qui ne cesse de progresser. Mais le chardonnay a été tellement en vogue dans les années 1990 qu'il domine encore dans les vignobles de Casablanca – sans avoir nécessairement un style très élégant.

Les gelées de printemps sont une menace constante et il n'est pas rare que les vignobles situés dans le fond de la vallée soient touchés une semaine avant la vendange. Le manque d'eau fait des arroseurs antigel un véritable luxe. La faible vigueur des vignes les expose aussi aux nématodes, et les greffes sur des souches résistantes sont donc nécessaires. Le coût de la viticulture est plus élevé ici que partout ailleurs, mais Casablanca, la réplique chilienne de Caneros, a très certainement étendu la gamme des vins exportables du Chili.

La carte de la page 299 présente les cinq régions vinicoles les plus importantes du Chili : la vallée centrale, avec ses quatre sous-régions qui portent les noms des vallées latérales (Maipo, Rapel, Curico et Maule) qui coupent la principale comme les graduations d'un thermomètre avant de traverser la chaîne côtière et d'atteindre l'océan. Ce sont les noms que l'on trouve sur la majorité des étiquettes.

Maipo a le climat le plus chaud et une atmosphère parfois polluée par le smog en provenance de Santiago. C'est le plus petit vignoble des sous-régions de la vallée centrale, mais la concentration des *bodegas* y est forte. Sa proximité avec la capitale a donné naissance à des plantations grandioses et à des propriétés immenses qui appartenaient aux gentlemen-farmers chiliens du XIXe siècle. Certains d'entre eux ont fondé des entreprises vinicoles importantes et durables, comme Concha y Toro, Santa Rita (qui contrôle l'industrie de l'embouteillage au Chili) et Santa Carolina.

C'est ici que la première génération de vins chiliens sérieux a vu le jour. Non pas à partir du cépage ordinaire de pais (criolla chica en Argentine, mission en Californie) qui est encore largement cultivé pour faire le vin vendu en carton au Chili, mais à partir de boutures importées de Bordeaux vers le milieu du XIXe siècle, avant que le phylloxéra ne ravage les vignobles européens.

C'est la raison pour laquelle le Chili est devenu le dépositaire de cépages bordelais adaptés depuis longtemps : le cabernet sauvignon (qui a supplanté le pais à la fin des années 1990 dans l'ensemble du vignoble chilien), le sauvignon blanc (dont une grande partie est en réalité du sauvignon vert ou sauvignonasse) et le merlot (dont une proportion croissante est identifiée comme le vieux cépage bordelais de carmenère, plus robuste). Maipo est une région de vin rouge et quand les rendements sont limités, elle peut produire des vins qui rappellent ceux de Napa Valley.

Au sud, la région de Rapel, en pleine expansion et très variée, englobe les vallées de Cachapoal au nord (incluant elle-même les zones de Rancagua, Requinoa et Rengo – noms figurant sur les étiquettes) et de Colchagua au sud (très en vogue et incluant San Fernando, Nancagua et Chimbarongo). Colchagua a la réputation de faire le merlot le plus succulent et le plus concentré du Chili. Les sols varient énormément dans le pays, même dans des zones aussi petites que Colchagua, mais on y trouve de l'argile, le partenaire classique du merlot, avec le cocktail chilien de limon, de calcaire et de sable, et quelques parcelles volcaniques. Les collines douces de Rapel et leurs microclimats laissent penser qu'elles ont beaucoup à offrir aux producteurs et aux amateurs de vin.

Bien plus bas, sur la terrifiante Pan American Highway, avec ses camions antiques et sa faune imprévisible, on tombe sur les vignobles de Curico, qui comprend la zone de Lontué, nom que l'on retrouve régulièrement sur les étiquettes. Le climat devient un peu plus tempéré et l'irrigation n'est plus indispensable. Miguel Torres, de Catalogne, a fait de gros investissements en 1979 dans une cave, et cet acte de foi dans une région vinicole que beaucoup jugeaient trop méridionale pour être viable a été, depuis, imité par de nombreux autres producteurs. La cave San Pedro à Molina a été spectaculairement rénovée et agrandie dans les années 1990, avec les fonds du grand brasseur du Chili et l'expertise de Jacques Lurton de Bordeaux. Elle est entourée par le plus grand vignoble d'Amérique du Sud (1 200 hectares) et gérée, comme c'est souvent le cas au Chili, avec une précision technique bien éloignée des stéréotypes sur l'Amérique du Sud.

La région la plus méridionale de la vallée centrale, Maule, a des précipitations trois fois supérieures à celles de Santiago (mais les mêmes étés secs) et la plus grande superficie de vignoble est installée sur des sols volcaniques. Bon nombre d'entre eux sont plantés de pais, mais les plantations de merlot, de chardonnay et de sauvignon blanc se sont multipliées. Il y a peut-être un potentiel pour la viticulture à Cauquenes, à 100 km de Talca, dans les collines de la côte, là où les brouillards marins se glissent à l'intérieur des terres comme dans certaines parties de la Californie.

Au sud de la zone cartographiée page 299, on trouve les deux sous-régions du sud, Itata et Bio-Bio, moins protégées par la chaîne côtière, avec des conditions plus fraîches et plus humides qui favorisent les cépages comme le riesling, le gewurztraminer, le sauvignon blanc, le chardonnay

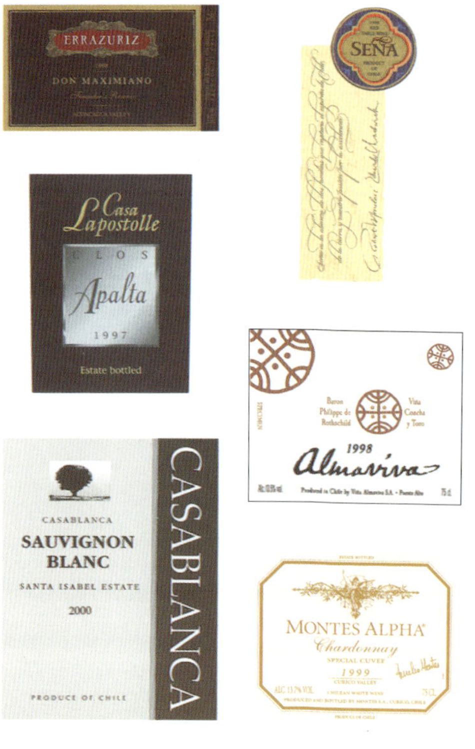

Quatre des vins les plus ambitieux *et les plus réussis du Chili – le Sena a recours à l'expertise californienne, l'Almaviva et le Clos Apalta à diverses influences du Bordelais. Au-dessus, deux des meilleurs vins blancs.*

Chili : Santiago

Latitude / Altitude : **33,23° / 470 m**
Température moyenne de janvier : **20,8 °C**
Précipitations annuelles : **330 mm**
Précipitations du mois de la vendange : **mars : 5 mm**
Principal danger viticole : **nématodes**
Principaux cépages : **cabernet sauvignon, chardonnay, merlot, carmenère**

Frontière régionale
Sous-régions de la Vallée Centrale
Maipo
Rapel
Curicó
Maule
■ CANEPA Producteur de premier ordre
Vignobles
1200 Courbes de niveau (intervalles de 400 m)
▼ Station météorologique

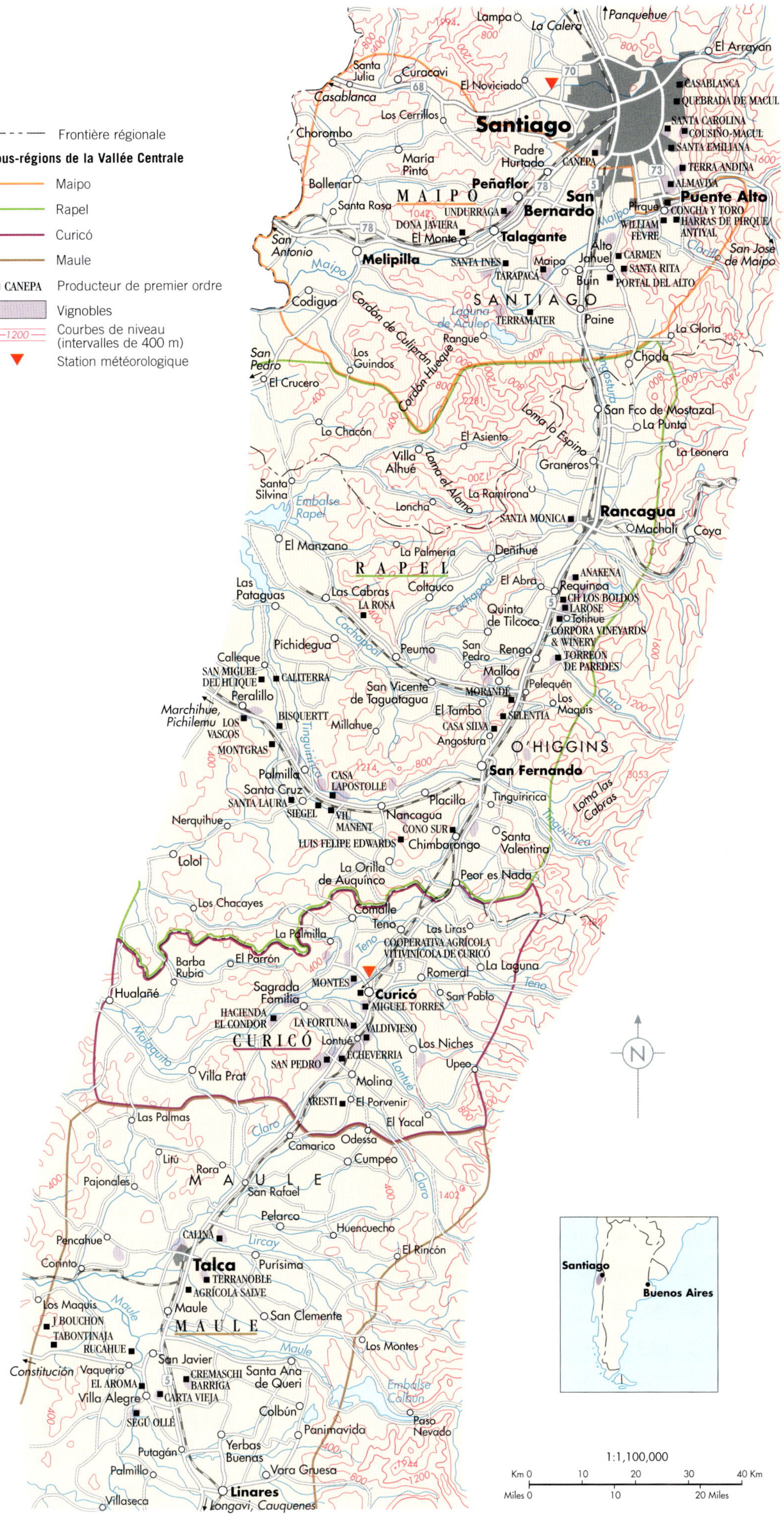

et le pinot noir. Les plantations de pais et de moscatel dominent encore, mais les innovations décidées par Vina Gracia, Concha y Toro à Mulchen et Vina Calina de Kendall-Jackson laissent penser que la région aura droit à une carte détaillée dans la prochaine édition de cet *Atlas*. Les promoteurs de ces régions méridionales soulignent que les vents constants préviennent, sur ces terres peu chères, les risques de gel, comme dans la vallée de Casablanca.

Depuis les premières incursions, très médiatisées, de Torres et les investissements des Lafite-Rothschild dans la propriété Peralillo de Los Vascos, des dizaines d'investisseurs étrangers ont opté pour le vin chilien et des producteurs itinérants sont venus et repartis. L'aspect le plus réjouissant de cette affaire, toutefois, c'est que les producteurs de vin et les œnologues chiliens, souvent itinérants eux aussi, soient si qualifiés, si aguerris et inspirés (et souvent financés par des investisseurs généreux et avisés). Une atmosphère de grande confiance règne dans les caves qui se multiplient comme des champignons pour absorber la récolte croissante des vignobles en expansion du Chili (28000 hectares ont été plantés au cours des trois dernières années du XXe siècle, faisant ainsi augmenter la superficie totale d'un tiers).

Dans les vignobles, la tentation est forte d'employer intensivement les fertilisants et l'irrigation, même si au Chili les vignes sont alourdies par leur dense feuillage naturel et l'excès de grappes qui ont tendance à ralentir la maturation. Certains producteurs greffent systématiquement leurs pieds de vigne sur des souches spéciales, à la fois pour leur résistance aux nématodes mais aussi pour se prémunir en cas d'épidémie de phylloxéra (apporté par les visiteurs de plus en plus nombreux de l'hémisphère nord).

Dans les caves, depuis que l'industrie du vin s'est tournée vers l'exportation, il y a eu des investissements énormes en matière d'équipement – avec le remplacement complet, notamment, des vieilles cuves de *rauli* (hêtre vert) par du chêne français nouveau ou de l'acier inoxydable. Les rendements sont encore relativement élevés au Chili. Le fruit est en général (mais pas toujours) assez robuste pour supporter un fort arôme de chêne, en provenance des fûts neufs et coûteux ou bien des copeaux et des douves bien plus abordables. Le modèle du Chili est la Californie et non la Bourgogne. La technologie règne en maître dans ce pays où la nature est si facile à domestiquer.

Argentine

Le cinquième producteur de vin du monde bénéficie pour la première fois, avec cette nouvelle édition de l'*Atlas*, d'une cartographie détaillée. Il peut paraître incroyable qu'une industrie vinicole aussi importante n'ait pas mérité une attention plus grande en 1994, mais l'arrivée de l'Argentine sur le devant de la scène s'est faite sur les chapeaux de roue. Jusqu'au milieu des années 1990, le pays n'exportait pas ou peu ses vins, n'avait pas le moindre sentiment d'appartenance au monde vinicole, et il se contentait de produire d'énormes quantités d'un vin médiocre, souvent oxydé et vieilli dans des grosses barriques antiques. Pendant des années, son seul titre de gloire vinicole, c'était le fait que Penaflor, son plus gros producteur, possédait la plus grosse cuve de fermentation du monde – ce qui n'était pas nécessairement le signe d'une grande subtilité.

Les choses ont bien changé. La stabilité économique a encouragé les investissements dans de nouveaux équipements pour les caves (notamment pour le contrôle de la température, devenu indispensable), dans de nouveaux vignobles à des altitudes plus élevées, dans l'expertise professionnelle. Les Argentins eux-mêmes boivent moins mais plus fruité et, dans le monde, les vins argentins sont considérés comme une nouvelle révélation par les importateurs déjà familiarisés avec les vins chiliens.

La ville de Mendoza avec ses grands alignements d'arbres, la capitale vinicole de l'Argentine, n'est qu'à cinquante minutes en avion de la capitale chilienne de Santiago. L'avion doit toutefois passer la muraille de roc et de glace de 6 000 m d'altitude que sont les Andes. Les centres vinicoles du Chili et de l'Argentine sont physiquement très proches l'un de l'autre, et pourtant diamétralement opposés du point de vue des conditions naturelles. Les deux pays se situent à des latitudes basses pour la viticulture. Mais les régions vinicoles du Chili doivent leur situation idéale au fait qu'elles constituent un couloir chaud entre les Andes froides et le Pacifique également froid. Les vignobles argentins, des oasis de verdure au milieu d'un semi-désert implacable, doivent leur existence à l'altitude.

Les vignobles argentins prospèrent à des altitudes qui seraient impensables en Europe : de 700 à 1400 m, et même 2400 m dans un cas, au nord du pays. À cette hauteur, les températures sont suffisamment basses la nuit pour donner des vins aromatiques d'une couleur profonde. L'air sec de la montagne protège des maladies, les racines non greffées trouvent une eau abondante, et les rendements atteignent des niveaux quasi inconnus ailleurs. Le défi actuel pour la viticulture argentine, qui adopte progressivement l'échalassage et le placement des pampres, est d'utiliser l'irrigation au profit de la qualité plutôt que de la quantité.

Le phylloxéra n'est pas absent des vignobles argentins, mais il n'a pas constitué une sérieuse menace jusqu'à présent. L'irrigation par inondation sur des sols relativement sablonneux n'y est peut-être pas pour rien. Les pieds de vigne affectés semblent guérir et développent de nouvelles racines. Une étude de l'OIV en 1990 a confirmé la très faible incidence des maladies sur la vigne en Argentine. Les vignes argentines n'avaient pas développé la moindre accoutumance aux produits chimiques courants.

Mais les conditions climatiques ne sont pas parfaites et le temps est difficile à prévoir. À ces altitudes, les hivers sont froids (assez pour que la vigne hiverne). Les gelées de printemps sont la véritable menace. Les étés dans certaines régions de basse altitude comme celles de San Juan et de La Rioja, de sud de Mendoza à l'est de San Rafael (carte page 296), peuvent être trop chauds pour la production d'un vin de qualité. Et comme le montrent les données chiffrées, les précipitations annuelles peuvent être très faibles (même dans les années où El Nino sévit), mais elles sont concentrées pendant la saison de la croissance. Dans certaines régions, notamment dans la province de Mendoza où sont plantées les trois quarts des vignes du pays, la pluie a tendance à se transformer en grêle, qui peut dévaster une récolte entière. L'est de San Rafael, entre les rivières du Diamante et de l'Atuel, est un site propice à la grêle. La zonda, vent sec et effroyablement chaud soufflant du nord-est, est un autre danger, surtout en altitude et au moment de la floraison.

Les sols sont relativement jeunes et alluviaux, avec une forte proportion de sable dans bien des endroits. L'intensité des vins ne vient pas du dessous mais du dessus, de l'ensoleillement exceptionnel, de l'air sec et de l'amplitude thermique élevée à ces altitudes. En dehors des vignobles les plus méridionaux de la Patagonie, à Neuquén et Rio Negro, la maturité complète est facile à obtenir. En fait, les viticulteurs déterminés peuvent même ralentir la maturation avec un système d'irrigation au goutte-à-goutte, possible grâce à la source abondante et fiable de la fonte des neiges ; ceci afin de tirer le maximum d'arôme de chaque vigne. Les températures élevées de l'Argentine se traduisent par la douceur des tannins des vins rouges et la teneur en alcool parfois agressive des vins blancs.

Le cépage à peau claire le plus élégant du pays (et le plus abondamment planté en dehors du grossier cereza à peau rose, de la criolla grande et de la criolla chica qui sont cultivés pour la consommation locale) est le torrontés. Ce nom est appliqué à trois cépages distincts. Le torrontés riojana, dont le nom vient de la province de La Rioja, est le meilleur et atteint son apogée dans un vin qui n'est pourtant pas à la mode ces temps-ci, dans les vignobles élevés de la province de Salta, notamment autour de Cafayete. Les origines de ce cépage aux senteurs florales et naturellement acide sont encore obscures, mais probablement espagnoles. L'industrie vinicole argentine doit beaucoup à la diversité de ses cépages et aux influences de l'immigration espagnole et italienne vers le milieu du XIXe siècle.

Le bonarda, d'une couleur profonde, est le cépage noir le plus abondamment planté de l'Argentine et sans aucun doute la ressource vinicole la moins développée du pays (même si Catena et La Agricola ont été les premiers à en faire des vins sérieux). La réputation vinicole de l'Argentine repose aujourd'hui encore sur le malbec, le deuxième cépage noir introduit à Mendoza dès le milieu du XIXe siècle, probablement depuis le Chili lors de ses importations de vignes de Bordeaux avant l'arrivée du phylloxéra (le malbec dominait à Bordeaux au XVIIIe siècle). L'opulent malbec cultivé de nos jours en Argentine a non seulement un goût très différent de celui qui domine les vignobles de Cahors, mais il a aussi un aspect différent, avec des grappes et des grains beaucoup plus petits. Les premiers viticulteurs d'Amérique du Sud ont dû sélectionner les plants qui avaient le meilleur rendement et ils se sont depuis parfaitement adaptés aux conditions locales. Pour conserver au malbec son acidité et l'intensité de son arôme, il est préférable de le cultiver à une altitude supérieure à celle où l'on cultive le cabernet sauvignon par exemple.

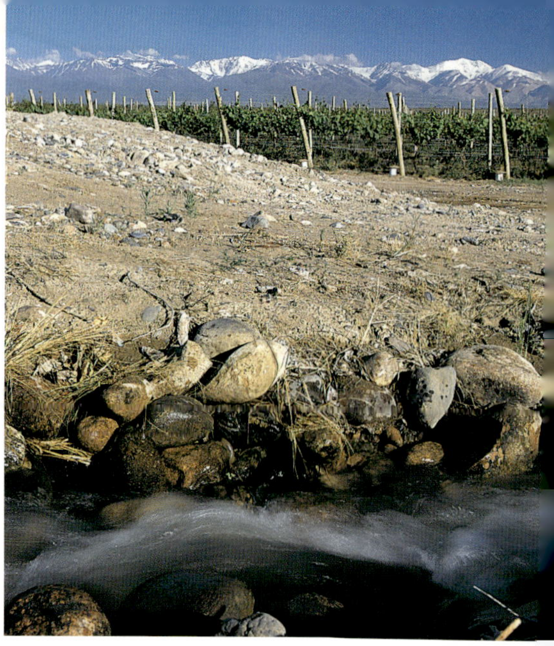

Ci-dessus Ce vignoble de chardonnay, Catena, à une altitude de 1500 m près de Tupungato dans la Vallée de Uco, a innové avec son système d'irrigation et avec la finesse de son vin.

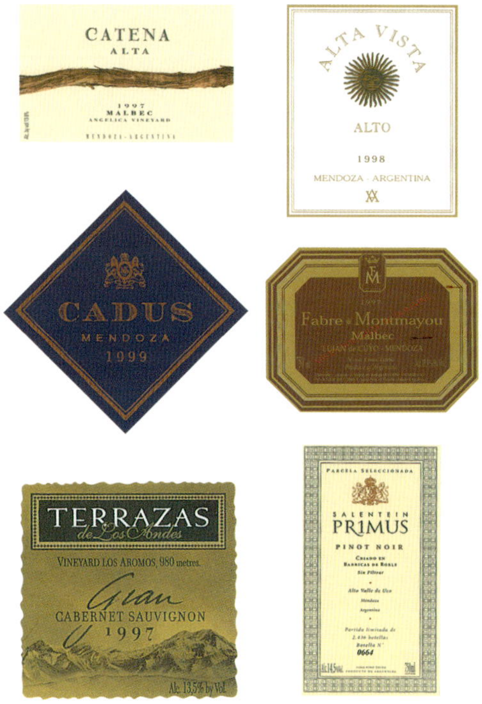

Quatre des meilleurs rouges argentins, *tous faits avec la version locale du cépage de malbec ; au-dessus, un cabernet fait à la cave Terrazas de Moët & Chandon à Perdriel, et un pinot noir prometteur issu d'une cave de Valle de Uco, financée par des Hollandais.*

L'Argentine a l'avantage sur le Chili de disposer d'une gamme de cépages variée et colorée. Les autres cépages noirs, par ordre d'importance déclinante dans les vignobles sont le tempranilla (sic), le cabernet sauvignon, le sangiovese, le merlot, la syrah et le barbera, tous produisant des vins riches et savoureux, avec des arômes puissants et mûrs, souvent loin des archétypes européens mais pas moins bons pour autant. Le pinot noir est resté rare jusqu'à présent, mais pourrait bien avoir un certain avenir dans les nouveaux vignobles plus frais.

La sélection des cépages en fonction des terroirs s'est faite sans beaucoup de rigueur jusqu'à aujourd'hui, mais le centre vital qu'est Mendoza (qui a la plus longue tradition pour le vin de qualité) a la réputation de faire un excellent malbec (à Lujan de Cuyo), tandis que Maipu (qui a développé son propre système d'appellations contrôlées) est plus connu pour ses cabernets sauvignons. Le climat est tempéré (et même presque frais à Agrelo) et les sols exceptionnellement graveleux (à Maipu en particulier). Il n'y a pas ici le problème de salinité que rencontrent les zones de basse altitude, qui produisent des océans de vin de table à partir de cépages de cereza, des deux criolla, de pedro gimenez, de moscatel alejandria et de bonarda à rendement élevé.

Les autres cépages de vin blanc que les autorités vinicoles argentines souhaitent exporter sont le chenin blanc, l'ugni blanc, le chardonnay (de plus en plus), le sémillon et le tocai friulano.

Bon nombre de ces cépages à peau claire sont plantés dans des endroits où l'on voit mal comment ils pourraient donner de la finesse et de l'arôme. Mais au début de ce siècle, des sémillons et des chardonnays extrêmement sophistiqués ont commencé à émerger de Rio Negro et des vignobles d'altitude moins fertiles de la vallée de l'Uco à Mendoza (Tupungato notamment).

Tupungato est devenu le foyer du développement des vignobles modernes à des altitudes allant de 1000 à 1400 m. Les nuits y sont suffisamment fraîches pour donner des arômes de fruit délicats et des niveaux d'acidité assez élevés, capables d'encourager la fermentation malolactique dans les caves (les plus anciennes se trouvent à une certaine distance des vignobles). La période hors gel n'est pas plus longue que celle des Fingers Lakes dans l'État de New York et les gelées tardives sont un danger constant dans l'est de la vallée de l'Uco, sur le bas des pentes de San Carlos.

Les autres régions en expansion pour la production de vin de qualité sont la Patagonie au sud et quelques-unes des vallées en altitude de San Juan, comme Pedernal.

Penaflor, avec sa *bodega* Trapiche, est le plus gros producteur du pays. Le Dr Nicolas Catena, qui a des intérêts dans Catena Alta, Alamos, Gascon et La Rural, est sans conteste le Robert Mondavi de Californie.

Les investissements étrangers ne manquent pas depuis peu, se joignant à ceux de la maison Moët, qui a créé les Bodegas Chandon il y a plusieurs dizaines d'années, et de la famille autrichienne Swarovski qui a fait l'acquisition de Norton en 1989 : de la part de Kendall-Jackson de Californie, des frères Lurton (près de Tunuyan dans les montagnes), de Jean-Michel Arcaute (Alta Vista), de Hervé Joyaux de Bordeaux (Fabre Montmayoux), de Sogrape du Portugal (Finca Flichman), de Pernod Ricard (Etchart), de Seagram (Valentin Bianchi et San Telmo), d'Allied Domecq (Balbi), et d'un nombre de plus en plus important de producteurs chiliens.

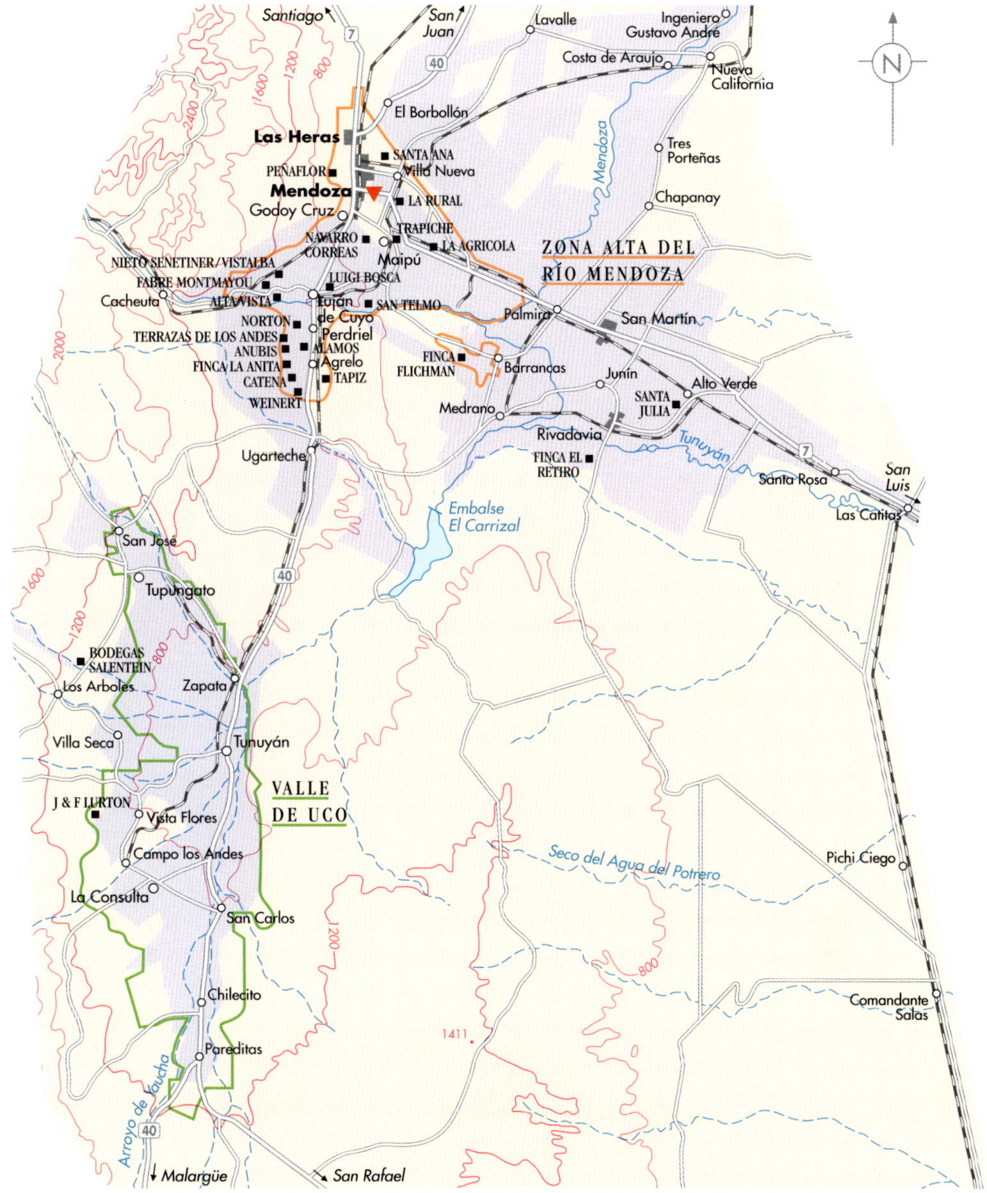

Sous-régions de Mendoza

- Zona Alta del Río Mendoza
- Valle de Uco
- ■ CATENA Producteur de premier ordre
- Vignobles
- 1200 Courbes de niveau (intervalles de 400 m)
- ▼ Station météorologique

1:992,063

Km 0 10 20 30 40 Km
Miles 0 10 20 Miles

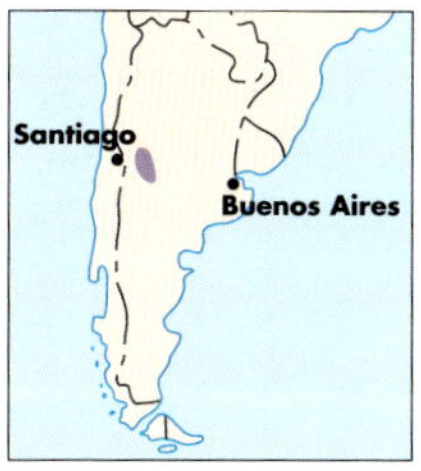

Argentine : Mendoza

Latitude / Altitude : **32,5° / 760 m**
Température moyenne de juillet : **23,9 °C**
Précipitations annuelles : **200 mm**
Précipitations du mois de la vendange : **mars : 30 mm**
Principaux dangers viticoles : **grêle d'été, zonda**
Principaux cépages : **bonarda, malbec, criolla grande, cereza, cabernet sauvignon, barbera, sangiovese**

Australie

Il n'est pas un pays producteur de vin dans cet *Atlas* qui respire autant la santé que l'Australie. Au tournant du siècle, l'Australie disposait d'un vignoble de 150000 hectares, dont 20 % était composé de vignes trop jeunes pour porter des fruits. En 1996, le pays avait à peine 80000 hectares de vignes. Entre cette date et l'an 2000, les exportations ont doublé.

Chaque année, les écoles d'œnologie livrent une nouvelle récolte de producteurs de vin compétents, après les avoir envoyés dans les caves de l'hémisphère nord. Ils y prêchent l'évangile de la vinification australienne, super hygiénique et ultra-efficace, et apprennent quelques trucs au passage. Les viticulteurs australiens parcourent les vignobles du monde entier pour y introduire les techniques de contrôle du feuillage. Le *Commonwealth Scientific & Industrial Research Organization* et l'*Australian Wine Research Institute* ont tous deux obtenu une reconnaissance internationale. Des accords mutuellement profitables ne cessent d'être conclus entre les entreprises vinicoles australiennes, américaines et européennes.

Un des aspects les plus remarquables de la marque Australie, comme l'appellent les Australiens toujours plus soucieux du marché, est sa consistance. Chaque bouteille de vin australien atteint un niveau minimum de qualité, parfaitement acceptable, avec un fruité exubérant au point d'en être lassant parfois, même s'il provient des vignobles fortement irrigués de l'intérieur du pays. Environ deux tiers de la récolte de raisin sont cultivés dans une des trois zones irriguées où l'eau canalisée des rivières transforment le bush en vergers et en vignobles. Elles sont indiquées sur la carte à droite : Murray Darling (appelée aussi Murray Valley), qui enjambe la frontière du Victoria et des Nouvelles-Galles du Sud ; Riverland et Shawn Hill ; Riverina (Murrumbidgee).

L'industrie vinicole australienne et son ambition époustouflante (dominer le monde du vin aux alentours de 2025) dépendent cruellement de l'irrigation en général et du fleuve Murray en particulier. Les préoccupations du moment concernent la pollution du fleuve et le niveau de sel dangereusement élevé de l'eau souterraine en Australie, qui est le résultat de deux siècles de défrichement par les colons. L'existence d'une eau d'irrigation de bonne qualité est la principale contrainte qui pèse sur ceux qui voudraient transformer le pays le plus sec du monde en un immense vignoble.

Les grandes zones irriguées à l'intérieur des terres, avec la production de masse et sans effort de quantités de cépages distincts, d'une fraîcheur croissante – et dans certains cas de bons vins comme les blancs de sémillon à pourriture noble de chez Griffith – sont devenues les centres de pouvoir de l'industrie vinicole.

Les Australiens pensent en termes d'économie d'échelle – à tel point qu'il arrive parfois que les caves viennent à manquer, en raison des plantations frénétiques qui ont lieu à la fin du XXe siècle et au début du XXIe. La tradition australienne voulait que les raisins ou le moût soient transportés, sur de grandes distances, des vignobles aux caves industrielles. Le produit de vignobles très différents d'un point de vue géographique est souvent mélangé pour ne faire qu'un seul vin, en général une des marques si chères au programme australien de marketing international.

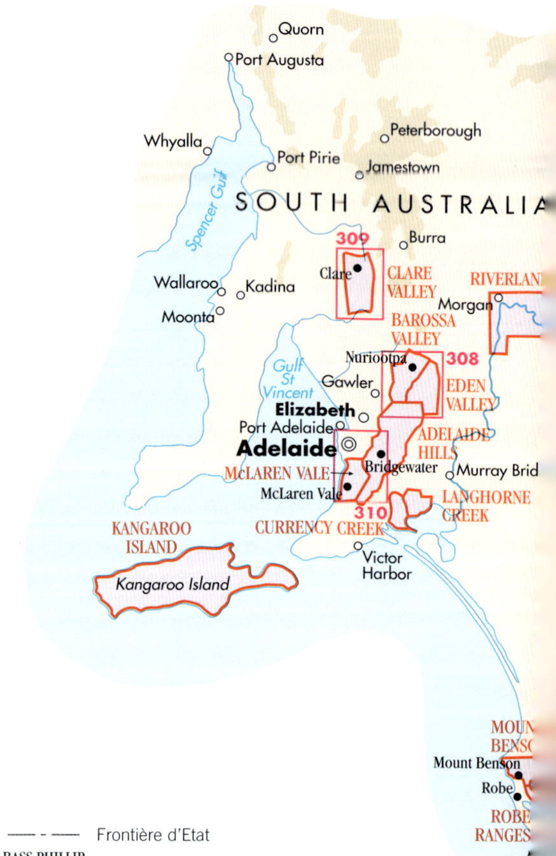

Frontière d'Etat
BASS PHILLIP ■ Producteur de premier ordre
● Penola Ville vinicole de premier ordre
HUNTER Région vinicole
Terres entre 500 et 1000 m
Terres au-dessus de 1000 m
304 Zone cartographiée à une échelle supérieure à la page indiquée

Carte de l'Australie-Occidentale page 313
Carte de la Tasmanie page 315

Température moyenne – Janvier

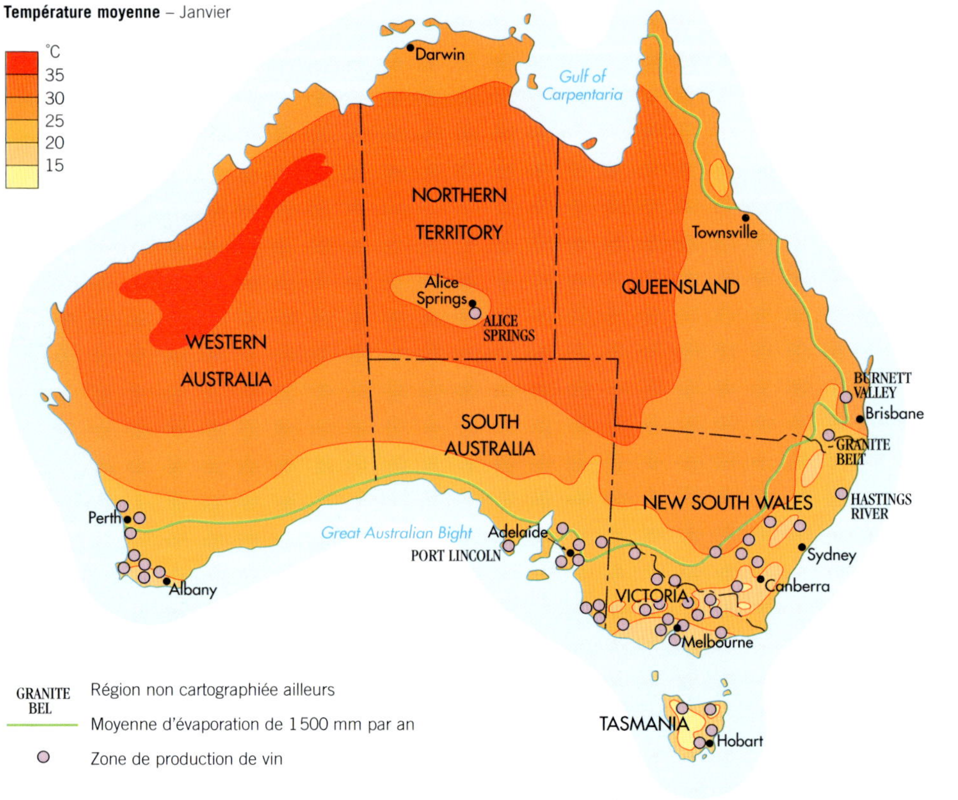

Cela dit, le souci de la géographie se manifeste dans certains secteurs du monde du vin australien et aussi chez les consommateurs insatiables, au point qu'un mot a été forgé pour identifier le problème : *regionality*. C'est le bon moment, car la carte du vin australien a changé rapidement (comparez cette carte avec celle de l'édition précédente) et l'Australie a conçu un système d'appellations contrôlées bien à elle. Les *Geographic Indications*, inévitablement transformées en *GI's*, n'entendent pas imposer autre chose que des frontières géographiques, souvent contestées avec virulence.

Les régions vinicoles ont tendance à être concentrées sur la côte méridionale de l'Australie, qui offre une combinaison de températures vaguement plus basses et de précipitations plus fortes. Mais le Queensland a développé tranquillement une petite industrie vinicole, centrée sur les pentes occidentales, plus fraîches puisque plus élevées, du Great Dividing Range, dans ce qu'on appelle le Granite Belt.

Une bonne partie de la South Eastern Australia (une GI utilisée très libéralement pour les grandes quantités de vin en provenance de toutes les régions d'Australie, à l'exception de l'Australie-

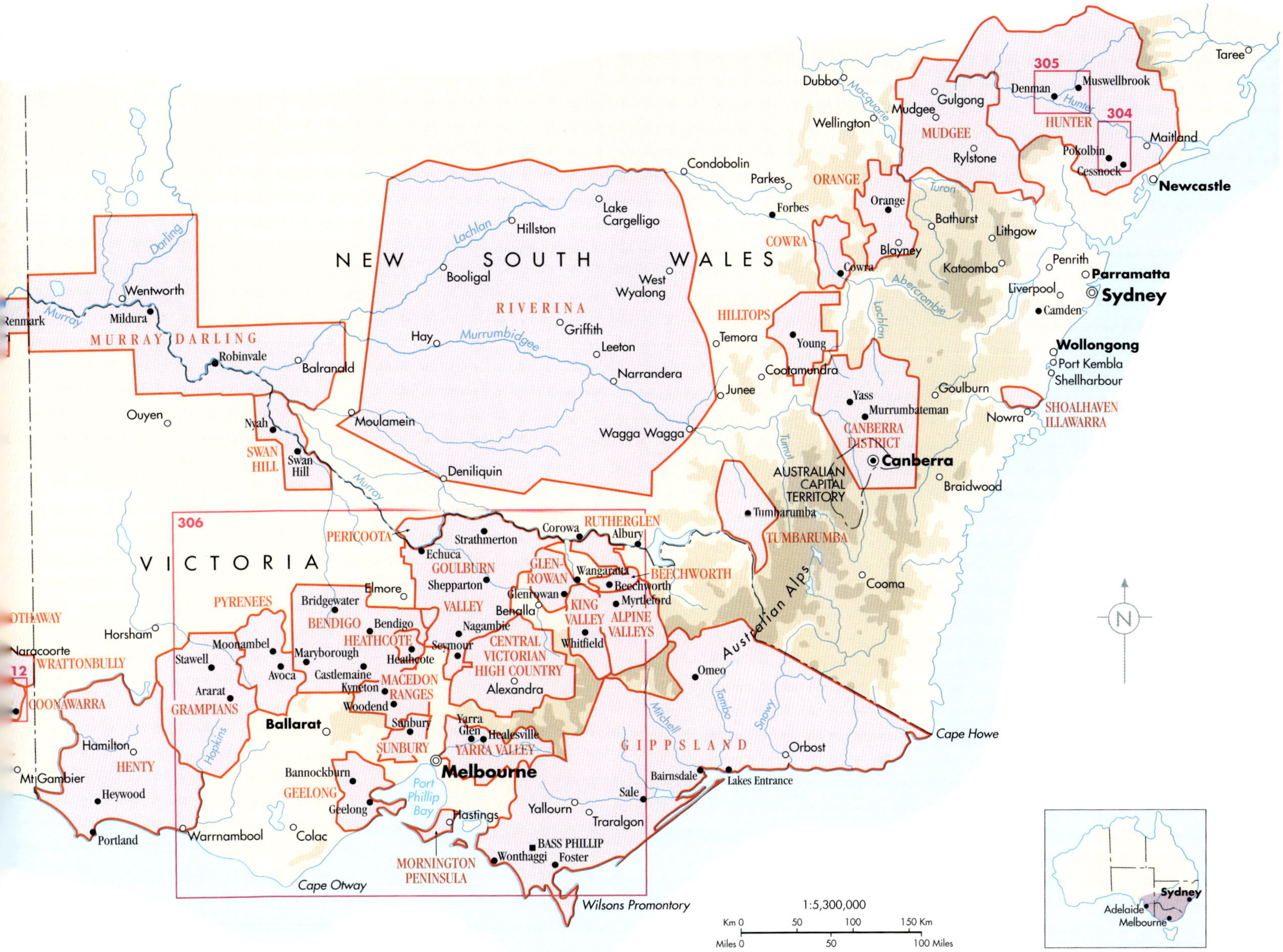

Occidentale) a un climat de type méditerranéen qui profite à la vigne. Melbourne se trouve à la même latitude que Cordoue dans l'hémisphère nord. Hunter Valley est à peu près à la hauteur de Rabat, la capitale du Maroc. Des vins puissants, pleins de sucre mais manquant d'acidité, c'est ce à quoi on peut s'attendre – et c'est ce que l'Australie était heureuse de produire pendant plus d'un siècle, jusqu'à ce que les vins robustes ne soient plus en vogue et que les caves s'équipent rapidement de systèmes de réfrigération pour faire des vins de table modernes. Aujourd'hui, la vigne se développe dans des régions plus froides, y compris dans celles qui n'avaient jamais connu la viticulture auparavant.

À l'exception des quelques vignes anciennes de Barossa et de McLaren Vale, l'âge moyen de la vigne en Australie est remarquablement jeune. Les plantations ont tendance à suivre tous les revirements de la mode. Il n'y avait, par exemple, pas un cépage de chardonnay dans l'Australie-Méridionale en 1970, mais dans les années 1980 et au début des années 1990, on avait l'impression qu'il n'existait pas d'autre cépage que le chardonnay en Australie. Vers le milieu des années 1990, le pendule s'inversa, la frénésie du vin rouge fut officiellement reconnue et on planta tellement de syrah et de cabernet sauvignon qu'il y eut une pénurie de chardonnay en 2001. Le sémillon, le riesling et le verdelho étaient tous des favoris de longue date des Australiens, avant l'arrivée de ce parvenu français.

La syrah, le cépage le plus abondamment planté en Australie, a été complètement réhabilité dans les années 1990. Autrefois méprisé à cause de son ubiquité, parfois dénaturé pour servir d'ingrédient de base pour des vins pétillants ordinaires ou des vins vinés, il est finalement reconnu comme ce qui se fait de mieux en Australie en matière de cépage noir. Coonawarra et Margaret River (voir page 314) ont un savoir-faire particulier avec le cabernet sauvignon, mais le pays dans son ensemble a abandonné sa croyance en la supériorité absolue de ce tout ce qui est importé de France. Les caves abandonnent les mots français, comme château par exemple. L'Australie est aujourd'hui fière de son identité culturelle, de sa cuisine et de sa culture vinicole, avec son vin en carton BYO (*Bring Your Own* – « Apportez votre vin ») d'un côté et, de l'autre, son système de promotion spectaculaire (médailles, trophées, etc.) pour ses produits les plus intéressants.

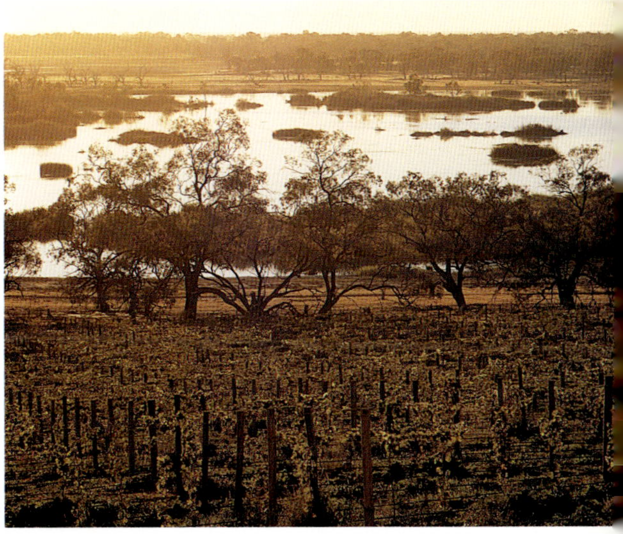

Ci-dessus Banrock Station, le vignoble primé de BRL Hardy, en aval du fleuve Murray, une zone marécageuse conçue pour arrêter l'élévation de la nappe phréatique et le déversement d'eau salée dans le fleuve.

Nouvelle-Galles du Sud

La Nouvelle-Galles du Sud, le berceau de la viticulture australienne, ont été depuis longtemps supplantées par l'Australie-Méridionale. Mais, à 160 km au nord de Sidney, elles demeurent un district aussi célèbre que n'importe quel autre dans le pays, même si son vignoble est progressivement marginalisé par l'extension continue des nouvelles régions vinicoles.

Le bas de Hunter Valley, autour de Braxton et de la ville minière de Cessnook, représente un triomphe de la proximité sur l'affinité. The Hunter, comme on dit dans la région, est loin d'être l'endroit idéal pour la viticulture. Région vinicole la plus septentrionale de l'Australie traditionnelle, elle a un climat subtropical : les étés sont invariablement étouffants et les automnes d'une humidité problématique. Comme le dit un vieil ouvrier agricole : « On ne peut pas maîtriser The Hunter, mais The Hunter se maîtrise toute seule. » Plus des deux tiers des précipitations relativement fortes de la région (750 mm par an) tombent pendant les quatre premiers mois cruciaux de l'année.

Les millésimes varient considérablement d'une année sur l'autre. La multiplication des vignobles n'est donc pas liée à la prédisposition de Hunter Valley pour la viticulture, mais à la proximité de Sidney, qui se trouve à deux heures de voiture. Hunter Valley est une véritable Mecque pour les touristes du vin.

La situation septentrionale de Hunter Valley ne l'a pas empêché d'être une des premières régions d'Australie à se consacrer entièrement aux vins de table – sans doute parce qu'elle a été le foyer des gros bonnets de l'industrie vinicole.

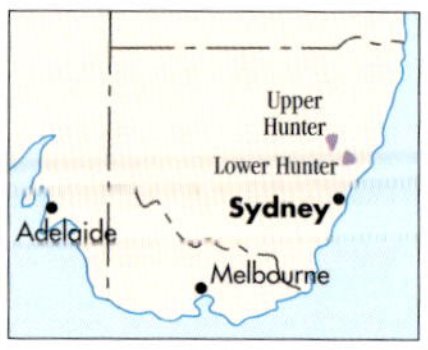

Liste des caves numérotées sur la carte

1 CONSTABLE & HERSHON
2 HONEY TREE
3 TYRRELLS
4 LOWE FAMILY WINE CO.
5 BRIAN McGUIGAN
6 GLENGUIN
7 MEEREA PARK
8 VERONA
9 TAMBURLAINE
10 PEPPER TREE
11 TOWER
12 EVANS FAMILY

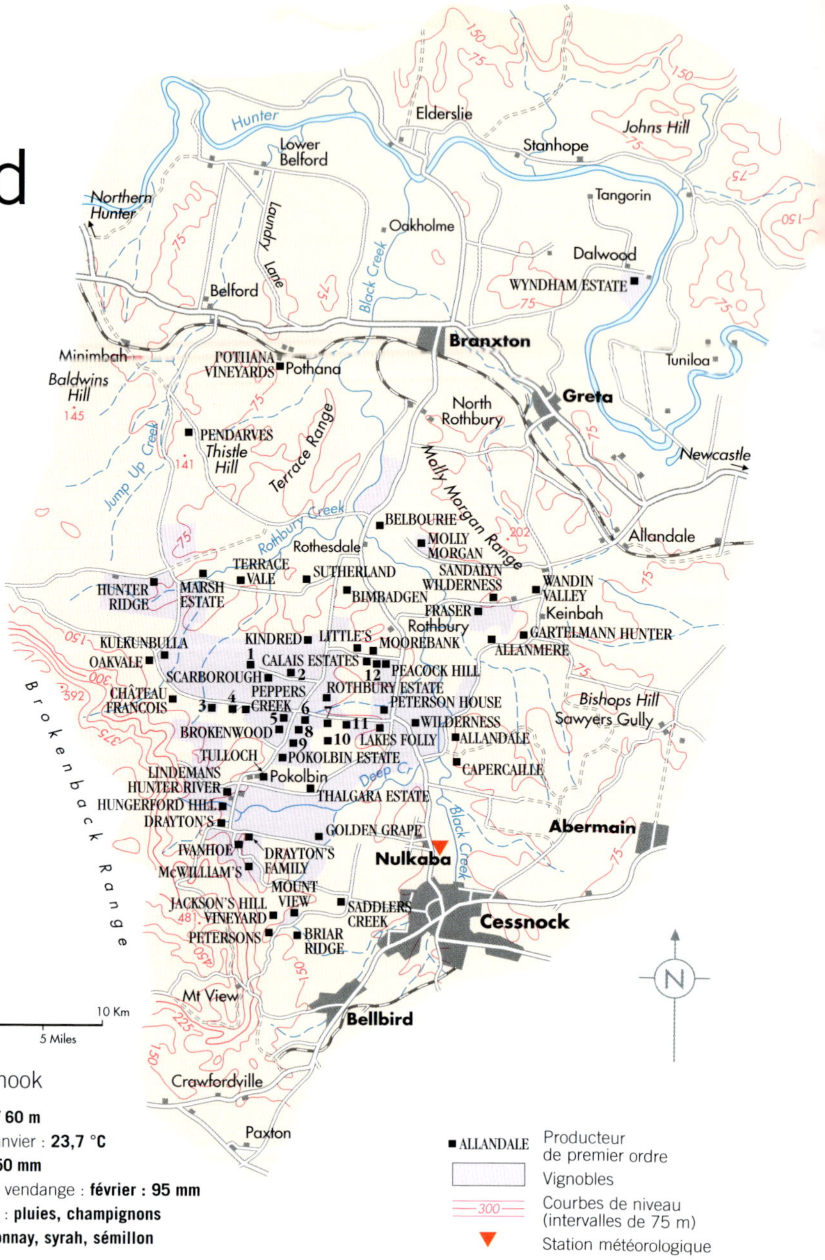

Lower Hunter : Cessnock

Latitude / Altitude : **32,49° / 60 m**
Température moyenne de janvier : **23,7 °C**
Précipitations annuelles : **750 mm**
Précipitations du mois de la vendange : **février : 95 mm**
Principaux dangers viticoles : **pluies, champignons**
Principaux cépages : **chardonnay, syrah, sémillon**

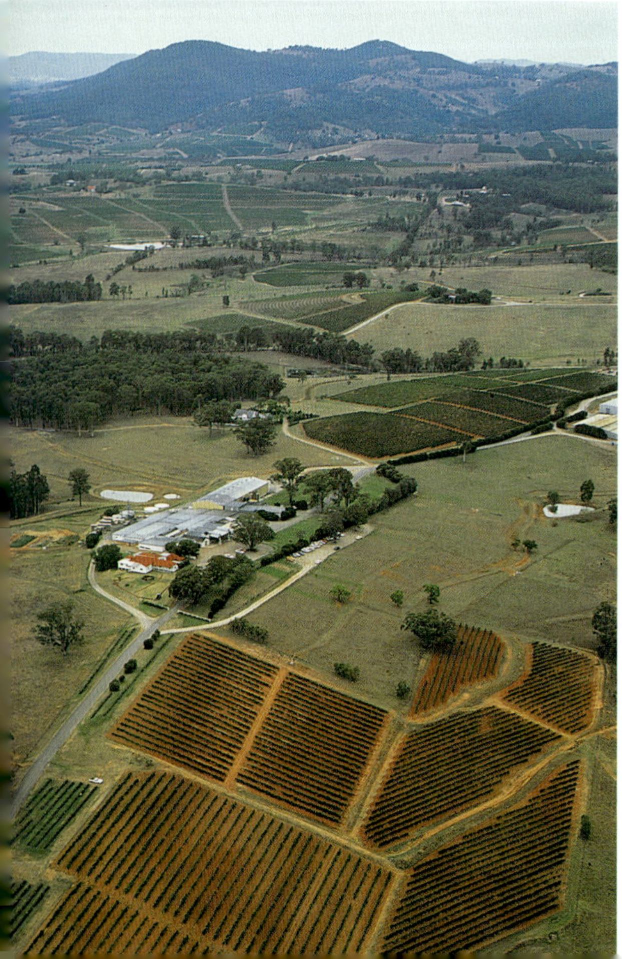

Les vignes ont été plantées à Dalwood (près du fleuve, à l'est de Branxton) dès 1828. Mais le sol qui a donné à Hunter Valley sa réputation est situé au sud dans les contreforts de Brockenback Range. Sur le versant oriental des collines, on trouve une bande de basalte érodée, signe d'une activité volcanique ancienne, qui réfrène la vigueur de la vigne et concentre les arômes minéraux dans les raisins.

La syrah, connue autrefois sous le nom d'hermitage, est le cépage noir classique, provenant de clones anciens. Le sémillon est le cépage blanc traditionnel, même si le chardonnay domine quantitativement aujourd'hui. Plutôt souple, long et épicé, la syrah de Hunter peut mûrir assez tôt et bien vieillir, avec des arômes complexes de cuirs. Le cabernet, qui n'aime pas les automnes humides, est bien moins présent ici qu'ailleurs.

Le Sémillon de Hunter est un vin classique d'Australie, même s'il est sous-estimé. Autrefois, quand Lindemans parvenait à en tirer au moins trois cuvées distinctes – étiquetées Hunter River Riesling, Chablis et White Burgundy –, les raisins pouvaient être vendangés avant maturité complète, fermentés en cuve, et le vin mis en bouteille assez tôt sans être assoupli ou accéléré par une fermentation malolactique. Les vins jeunes et herbeux vieillissaient magnifiquement en bouteille, pour devenir des bombes d'un vert doré, rôties, aux arômes minéraux explosifs. Aujourd'hui, le sémillon de Hunter est vendangé plus mûr et ressemble un peu à un chardonnay fermenté en fût, mais vieillissant plus vite et avec moins d'élégance.

Hunter Valley fut aussi la première région à s'enticher des cépages français. Au début des années 1970, Murray Tyrrell fit avec le chardonnay ce que Max Lake avait fait dans les années 1960 avec le cabernet : produire un vin de référence que nul ne pourrait ignorer, son Vat 47. Il fut à l'origine d'un millier – un million ? – de chardonnays australiens.

Le chardonnay est de loin le cépage principal de l'Upper Hunter, le parent plus jeune et plus grand de Lower Hunter qui se trouve à 60 km au nord-ouest, à une altitude plus élevée, du côté de Denman et de Muswellbrook. Les précipitations y sont plus faibles et l'irrigation y est pratiquée librement. C'est presque la région d'une seule cave, Rosemount, dont le domaine s'étend constamment. Cette cave cultive et traite une

À gauche Les vignobles et la cave de Tyrell (qui débuta en 1864 dans une cabane en bois), avec le Brokenback Range au fond. En comparaison des douzaines de nouvelles caves du Lower Hunter, Tyrell fait figure d'ancêtre préhistorique.

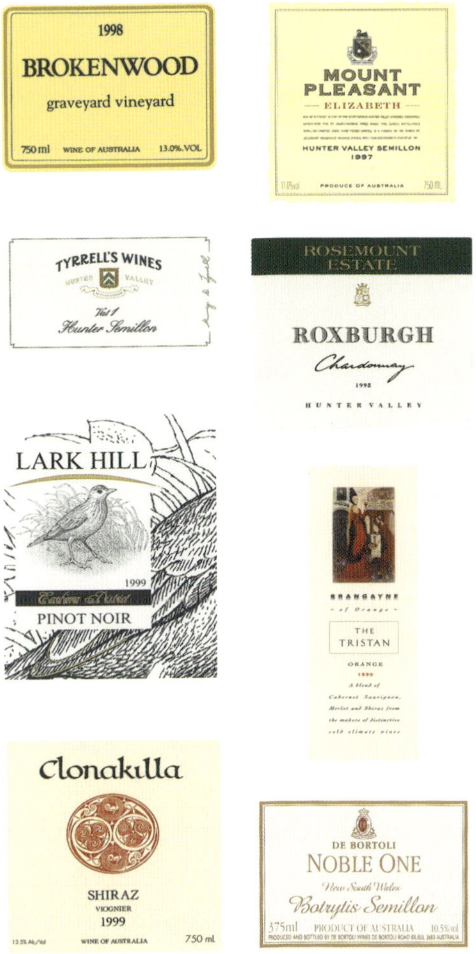

Quelques-uns des vins *les plus respectés des régions vinicoles de la Nouvelle-Galles du Sud, anciennes et nouvelles, dont un des meilleurs produits des zones irriguées d'Australie : le sémillon extrêmement doux de De Bortoli, fait avec des raisins de pourriture noble cultivés près de Griffith.*

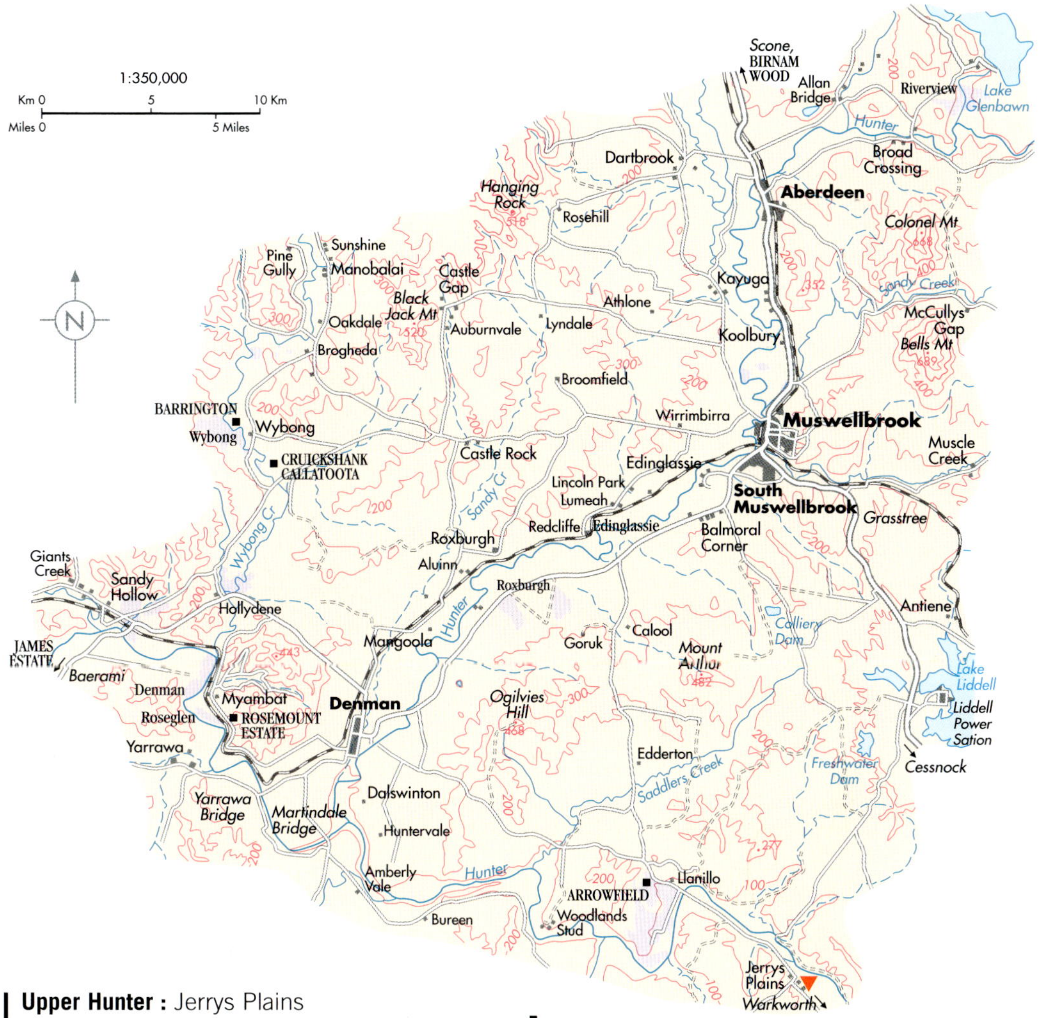

Upper Hunter : Jerrys Plains

Latitude / Altitude : **32,3 / 90 m**
Température moyenne de janvier : **24,4 °C**
Précipitations annuelles : **630 mm**
Précipitations du mois de la vendange : **mars : 60 mm**
Principaux dangers viticoles : **pluies, champignons**
Principaux cépages : **syrah, chardonnay, cabernet sauvignon**

ARROWFIELD Producteur de premier ordre
Wybong Nom de vignoble
Vignobles
500 Courbes de niveau (intervalles de 100 m)
Station météorologique

proportion croissante de raisins venant d'au-delà des frontières de l'Upper Hunter. Son chardonnay du vignoble de Roxburgh est le drapeau glorieux de cette région historique, mais déclinante.

À l'ouest, à 450 m d'altitude sur les pentes du Great Dividing Range, le petit district de Mudgee (voir la carte page 303) a aussi imposé sa marque depuis les années 1970. Son origine est presque aussi ancienne que celle de Hunter Valley, mais Mudgee est resté dans l'ombre jusqu'à ce que commence la quête de sites plus frais pour y faire des vins aux arômes plus prononcés. Des chardonnays et des sabernets intenses, à la réputation bien établie, sont ses véritables réussites. Montrose est la plus grande cave de la région, Craigmoor la plus ancienne, et Huntington la meilleure (même si elle reste inconnue en dehors de l'Australie). Botobolar est une cave organique admirable.

La Nouvelle-Galles du Sud ont été le lieu d'une quête effrénée de nouvelles régions vinicoles, dans des coins plus frais et plus prometteurs de l'État. Orange, avec son altitude et ses sols volcaniques sur les pentes de Mount Canobolas (éteint), a été planté initialement en 1983 par Stephen Doyle, un bibliothécaire fou de vin, et sa femme Rhonda. De ce travail naquit Bloodwood, encouragé par Rosemount et plus récemment par l'ambitieuse cave, Cabonne. Le sauvignon blanc, le riesling et le pinot noir ont peut-être un avenir à cette altitude. Les vignobles de vin rouge prometteurs, plantés avec les cépages habituels, sont à cheval sur la frontière de l'appellation, à environ 600 m d'altitude.

Cowra a une tradition plus longue de production de chardonnays exubérants, pleins et luxueux, cultivés à des altitudes plus basses (350 m en moyenne) et avec des rendements plus élevés. Hilltops, un peu plus au sud, près de Young et plus haut que Cowra, est plus récent et, comme la plupart de ces régions vinicoles peu connues de la Nouvelle-Galles du Sud, a tendance à cultiver le raisin – des cépages noirs, du chardonnay et du sémillon – et de le faire ensuite vinifier par d'autres en dehors de la région. Il existe une demi-douzaine d'entreprises vinicoles, la plus importante étant Barwang, qui appartient aujourd'hui à McWilliam's, une des rares sociétés importantes à être restées en Nouvelle-Galles du Sud.

La grande originalité concernant le District de Canberra, c'est tout d'abord le nombre de vignobles regroupés autour de la capitale du pays, ensuite leur appartenance à l'État de la Nouvelle-Galles du Sud, et enfin leur existence déjà ancienne.

John Kir a planté les premières vignes à Clonakilla en 1971 et son fils Tim peut aujourd'hui être fier de son mélange de syrah et de viognier (très « côtes du rhône »), et d'un excellent vin de cépage de viognier. Cette région qui cache bien son jeu pourrait se retrouver sous les feux de la rampe grâce à l'incitation gouvernementale pour l'installation d'un centre touristique du vin confié à BRL Hardy dans le territoire de la capitale. Les vignobles les plus élevés comme ceux de Lark Hill ne sont réellement froids (le gel n'est pas rare) et ils donnent un des pinots noirs les plus délicats d'Australie. Madew est une région qui exprime au mieux sa passion du riesling.

Shoalhaven, sur la côte, est aussi en pleine expansion, même si la région souffre, comme Hastings River près de Port Macquarie au nord, de la forte humidité. Des hybrides comme le chambourcin offrent des solutions. Tumbarumba est une autre région froide en altitude, d'un intérêt tout particulier pour les producteurs de vin pétillant et de sauvignon blanc, qui pourraient devenir une des nouvelles réussites de l'Australie.

Victoria

Le Victoria est à bien des égards la région vinicole la plus intéressante, et sans aucun doute la plus variée, d'Australie. Même si elle n'a plus l'importance quantitative qu'elle avait à la fin du XIXe siècle, quand elle possédait un vignoble aussi important que ceux de la Nouvelle-Galles du Sud et d'Australie-Méridionale réunis. Le phylloxéra, qui n'est jamais parvenu jusqu'à l'Australie-Méridionale, fut un coup fatal.

Le nord-est du Victoria est la région qui a le mieux survécu. Elle persévère dans sa spécialité des vins de dessert vinés, des élixirs sombres et sirupeux (les meilleurs d'Australie), faits à partir des raisins de muscat à peau sombre séchés, et enfin du tokay caramélisé (muscadelle de Sauternes). Après des années de vieillissement en vieux fûts de bois, souvent dans une chaleur écrasante, ces vins parviennent à une richesse et une douceur étonnantes – le Rare Muscats de Rutherglen plus que tout autre.

Brown Brothers, situé à Milawa, cherche en dehors du district des sites élevées (jusqu'à 800 m) dans King Valley et dans la région connue aujourd'hui sous le nom d'Alpine Valley, pour trouver des conditions climatiques assez fraîches et y produire des vins de table. Ces vins sont faits à partir d'une large gamme de cépages assez exotiques et ignorés à l'intérieur des terres du Victoria. Des marques comme Pizzini (pour des cépages italiens étonnamment convaincants), Gapsted et Symphonia se sont engagées dans cette folle et merveilleuse conquête des sommets, aux sens propre et figuré.

À plus basse altitude, autour de la ville minière historique de Beechworth, un chardonnay exceptionnel est fait par Giaconda, un syrah ambitieux par Castagna, et des raisins d'une glorieuse intensité sont cultivés à Sorrenberg.

Comme la région vinicole du nord-est, le Grand Ouest, district rendu célèbre par le « champagne » de Seppelt, n'a jamais abandonné non plus. Rébaptisé les Grampians, il se trouve à 335 m d'altitude à la pointe occidentale du Great Dividing Range sur un sol riche en chaux. Seppelt et Best's ont une longue tradition de production de bons vins, pétillants ou non. Les raisins transformés en océans pétillants par Seppelt Great Western proviennent en partie de Padthaway, de l'autre côté de la frontière en Australie-Méridionale, et en partie des vignobles irrigués le long du Murray. Le syrah poivré de Mount Langi Ghiran explique avec éloquence pourquoi.

Tahbilk est un autre district qui n'a jamais disparu, même s'il s'est réduit à une seule propriété. Il se situe sur la rivière Goulburn, à 130 km au nord de Melbourne.

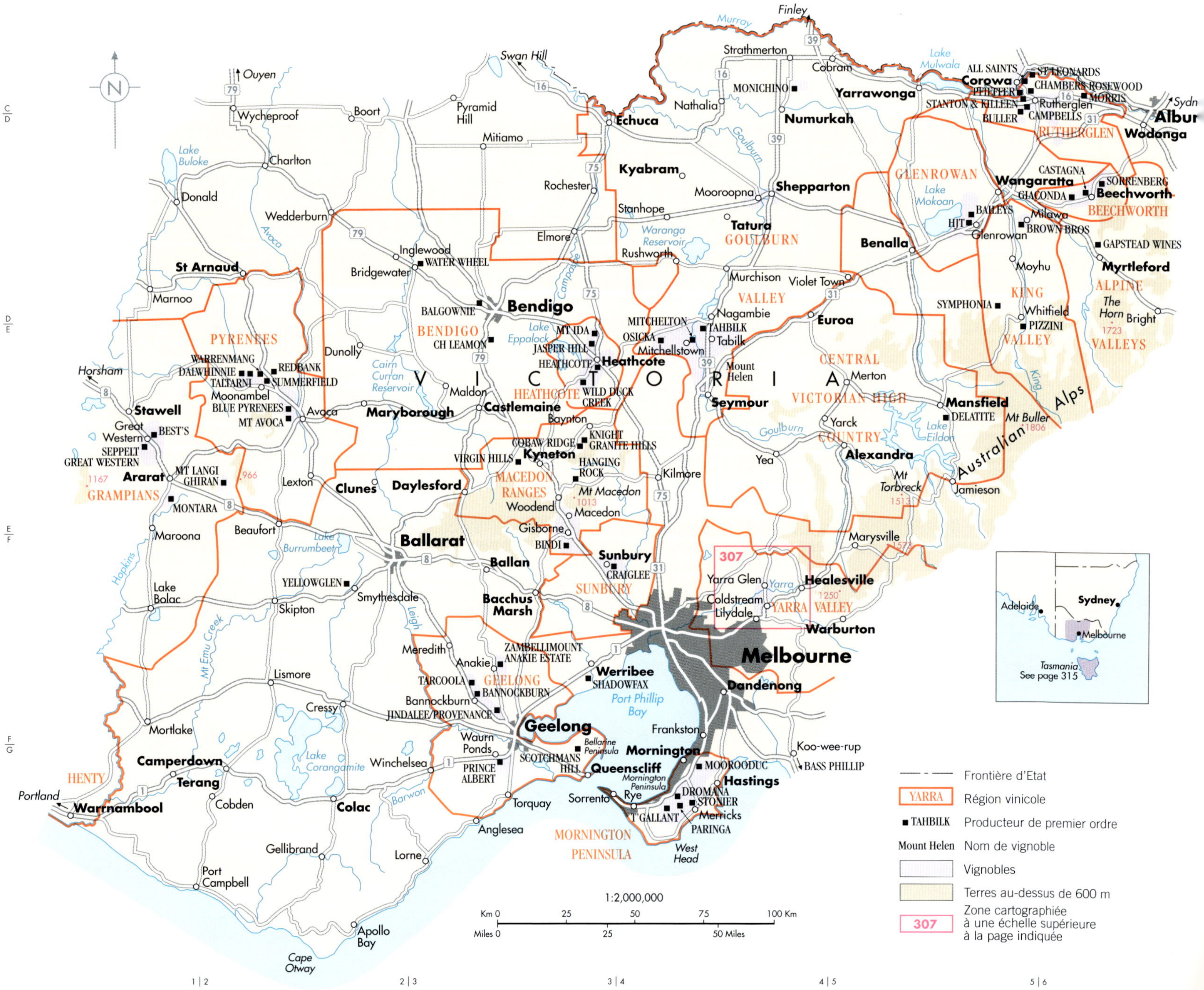

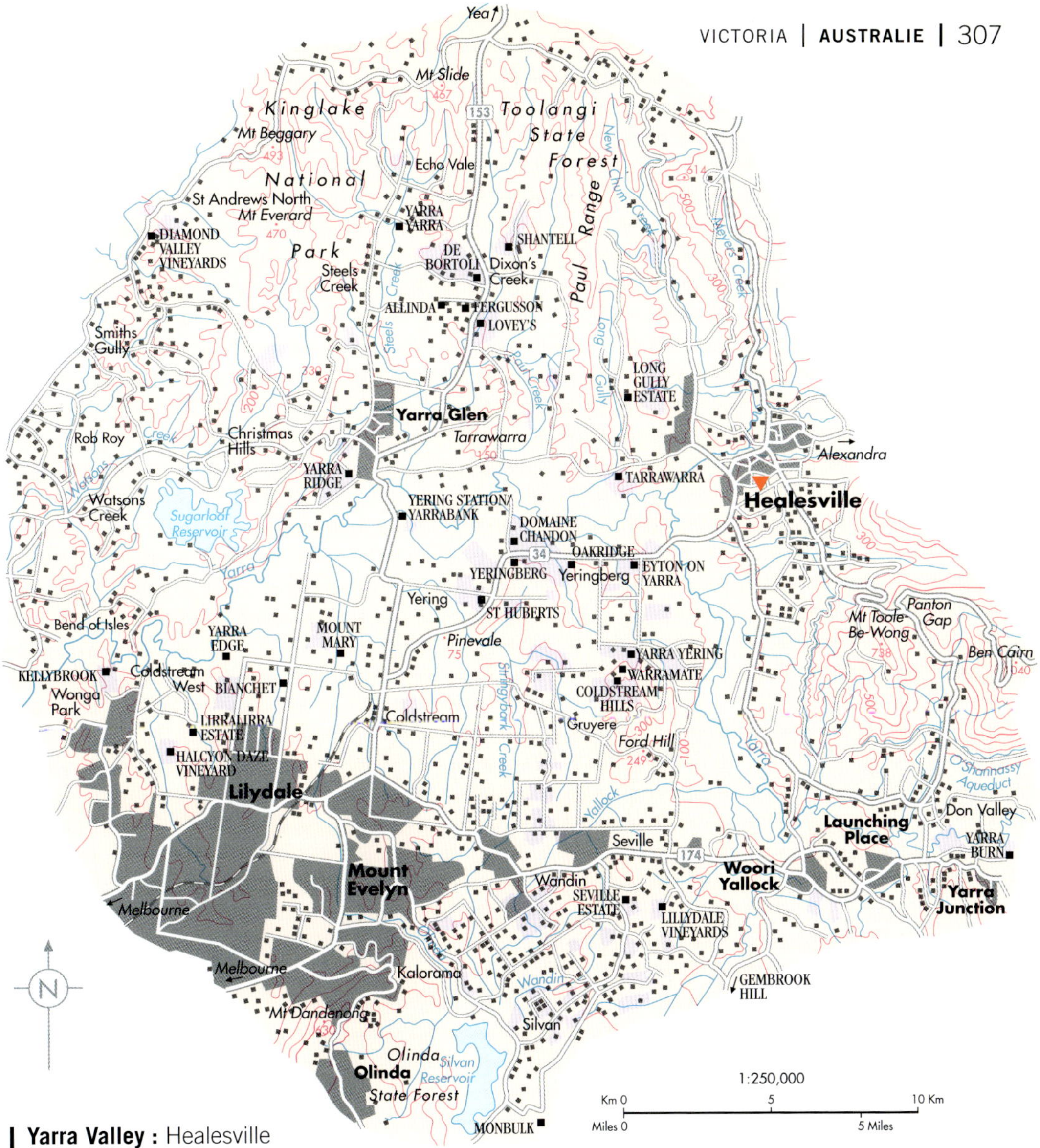

Yarra Valley : Healesville

Latitude / Altitude : **37,41° / 130 m**
Température moyenne de janvier : **18,6 °C**
Précipitations annuelles : **1010 mm**
Précipitations du mois de la vendange : **65 mm**
Principaux dangers viticoles : **maturation insuffisante, maladies à champignons**
Principaux cépages : **pinot noir, chardonnay, syrah, cabernet sauvignon**

■ MONBULK Producteur de premier ordre
Vignobles
Courbes de niveau (intervalles de 100 m)
Station météorologique

Pour situer la région voir la carte page 306

Pyrenees est le nom (ironique ?) de la campagne vallonnée à l'est des Grampians, entre Avoca et Moonambel. Cette région n'est pas particulièrement froide (sauf la nuit parfois) et ses vins de vitrine sont de puissants rouges, faits par Redbank et Dalwhinnie, qui fait aussi un bon chardonnay.

Bendigo, à l'est encore, est un peu plus chaud : ses vins sont incarnés (et ont été lancés) par les rouges somptueux de Balgownie. Puis Jasper Hill et Mount Ida ont montré ce qu'il était possible de faire dans un environnement légèrement plus froid, et ont redonné un certain lustre à Heathcote. Ballarat est aussi une bonne région, nettement plus froide toutefois et relativement plus petite, où Yellowglen s'est lancé dans les vins pétillants.

Dans les plaines au nord de l'aéroport de Melbourne se trouve une autre région vinicole historique. Sunbury a un excellent défenseur de la qualité avec Craiglee, dont le syrah est resté d'une constance et d'une saveur admirables ; il susceptible de bien vieillir pendant des décennies.

Mais certains des développements récents les plus excitants dans le Victoria sont le résultat de la recherche de nouveaux sites de vignobles dans des régions plus froides. Le mouvement s'est fait dans des deux directions : vers la mer au sud ; vers les collines au nord-ouest. Entre Sunbury et Kyneton, les hauteurs des Macedon Ranges sont parfois presque trop froides, quand bien même les efforts de Bindi laissent penser que Gisborne pourrait être le territoire d'un pinot noir intéressant.

Le pinot noir est aussi le cépage de choix des nouvelles régions côtières. Bannockburn et Scotchman's Hill, dans la région vinicole de Geelong, sont des vignobles où mûrit un pinot noir somptueux.

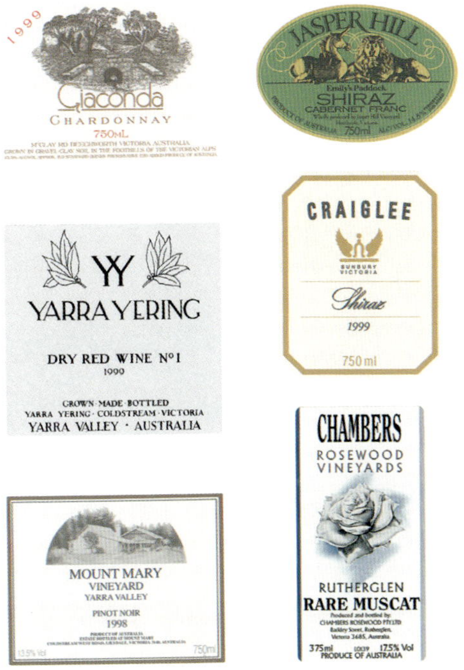

Le Victoria est un État *parsemé de régions spécialisées et isolées. Certains de leurs produits sont présentés ici, depuis le succulent chardonnay jusqu'à un des meilleurs vins vinés du monde, en passant par d'admirables rouges secs.*

Au sud de Melbourne, la Péninsule de Mornington convient mieux au chardonnay, même si des douzaines de producteurs essaient toutes sortes de cépages. T'Gallant est le plus couronné de succès avec son pinot gris (une version plus sèche est étiquetée Pinot Grigio), qui a déclenché une vague d'enthousiasme pour ce cépage.

À l'est, dans la région de Gippsland qui ne figure pas sur la carte, on trouve une palette d'environnements assez variés. Le vin le plus convaincant jusqu'à présent a été celui de Bass Phillip.

Mais la région vinicole la plus connue, la plus proche des restaurants et des salles de concert de Melbourne, est Yarra Valley. La topographie de la vallée est complexe, avec des pentes raides et des sols peu profonds, des altitudes variant de 50 à 470 m, toutes les orientations possibles, et un climat frais et humide. Les sols vont du limon argileux ou sablonneux gris à la terre rouge volcanique très fertile.

La renaissance de la vallée date des années 1960, quand Saint Huberts, autrefois puissant, a réouvert ses portes, suivi rapidement d'une nuée de docteurs fanatiques de vin. Trois d'entre eux, Carrodus à Yarra Yering, Middleton à Mount Mary et McMahon à Seville Estate, ont obtenu une qualité impeccable à une échelle minuscule. Ceux qui ont suivi, le docteur Lance à Diamond Valley et le critique du vin James Halliday à Coldstream Hills, sont animés d'un brûlant désir de faire le premier grand pinot noir australien.

Le pinot noir est très clairement le grand atout de Yarra Valley (d'un style plus proche du beaune que du nuits), même si le chardonnay est plus abondamment planté et si ne manquent pas les exemples de cabernets excellents, harmonieux, bien définis, en provenance de sites plus chauds.

Yarra Valley a aussi posé, pour l'Australie, les fondations du meilleur vin pétillant lorsque, en 1988, Moët & Chandon y a ouvert le Domaine Chandon. Aujourd'hui, toutes les grandes entreprises vinicoles ont acheté leur part de Yarra et la qualité de la production n'a jamais été aussi élevée.

Vallées de Barossa, Clare et Eden

L'Australie-Méridionale est à l'Australie ce que la Californie est aux États-Unis : c'est l'État du vin. Il presse 46 % de chaque vendange et abrite les principaux instituts de recherche viticole et vinicole. Adélaïde, la capitale de l'État, est entourée de vignobles. Il en existe même encore quelques-uns dans les banlieues. Ils se déploient vers le nord sur les plaines arides d'Adelaïde, au sud dans le McLaren Vale, au sud-est à travers les Mount Lofty Ranges, jusqu'à Langhorne Creek, source des nombreux vins de mélanges. Ils s'étendent aussi dans les collines du nord (sur 130 km), depuis Watervale jusqu'à Clare, mais surtout dans le Nord-Est pour couvrir la vallée de Barossa, qui se trouve à 55 km seulement d'Adélaïde.

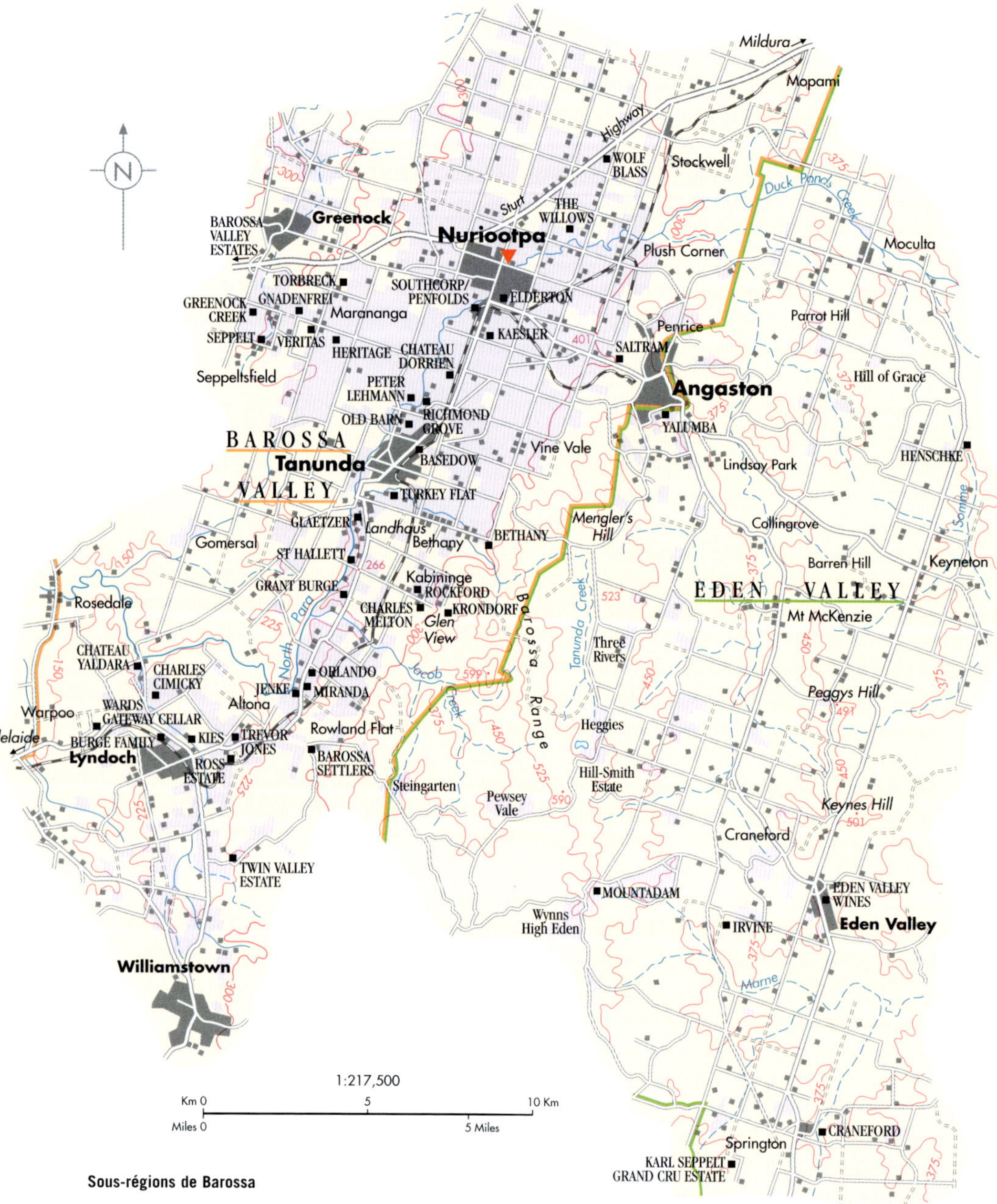

Sous-régions de Barossa

- Barossa Valley
- Vallée d'Eden
- ■ HERITAGE — Producteur de premier ordre
- Pewsey Vale — Nom de vignoble
- Vignobles
- 300 — Courbes de niveau (intervalles de 75 m)
- ▼ Station météorologique

Pour situer la région voir la carte de la page 302

Vallée de Barossa : Nuriootpa

Latitude / Altitude : **34,29° / 274 m**
Température moyenne de janvier : **21,1 °C**
Précipitations annuelles : **501 mm**
Précipitations du mois de la vendange : **mars : 25,4 mm**
Principal danger viticole : **sécheresse**
Principaux cépages : **syrah, riesling, sémillon, grenache noir, chardonnay, grenache blanc**

Barossa est le plus grand district australien pour le vin de qualité. La vallée suit la rivière Para vers le nord, sur environ 30 km plantés de vignes serrées, et s'ouvre vers l'est dans la vallée suivante, la vallée d'Eden – passant de 230 m d'altitude à Lyndoch à 550 m dans les Barossa Ranges, où les vignobles sont plus clairsemés sur les pentes rocailleuses, entre les chemins de terre et les eucalyptus.

Les jours d'été sont chauds et généralement secs. Les vignes buissonnantes de syrah sans irrigation étaient la norme autrefois. Certaines ont été conservées et ont atteint un grand âge, grâce à une désaffection dans les années 1970 et 1980 pour cette région, quand l'Australie s'est tournée vers le cabernet à la mode.

Ces vignes peuvent produire la forme la plus concentrée qui soit de ce qui est devenu un des styles de vin les plus élégants au monde, le Syrah de Barossa. Riches et chocolatés, épicés, jamais timides, ces vins ont à la fois une essence intrigante et une onctuosité fortement alcoolisée. Les raisins mûrissent vite sous le soleil éclatant, si vite que l'acidité s'effondre parfois avant même la vendange. Certains producteurs de Barossa ajoutent du tannin et de l'acide. Et à la place de la longue macération que les producteurs du Bordelais font subir à leurs vins pour en extraire les tannins et la couleur, les rouges de Barossa finissent en général leur fermentation en fûts de chêne américain, ce qui leur confère de la souplesse et une douceur capiteuse.

En termes de quantité, Barossa est dominé par les producteurs comme Penfolds (qui mélange son vin porte-drapeau avec des vins venus de tout le sud de l'Australie), Orlando, Beringer Blass et Yalumba. Mais dans les années 1990, une armée de solides entreprises de taille moyenne, comme celles de Peter Lehmann et de Grant Burge, ont entamé une marche glorieuse pour rendre ce qui fait la spécificité du Barossa de plus en plus désirable, avant d'être rejoints par des entreprises plus petites et des producteurs individuels exploitant parfois des vignobles d'antiques vignes buissonnantes.

Ci-dessous La base, typiquement australienne, de l'énorme groupe vinicole Southcorp, à Nuriootpa. Compte tenu de la température ambiante, une immense proportion du vin est stockée dehors. La réfrigération est indispensable.

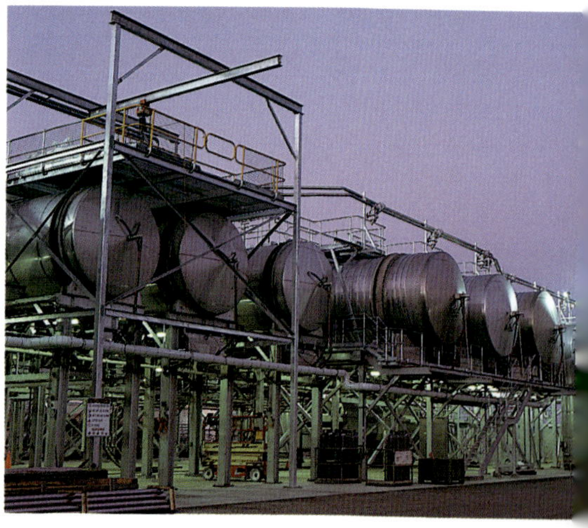

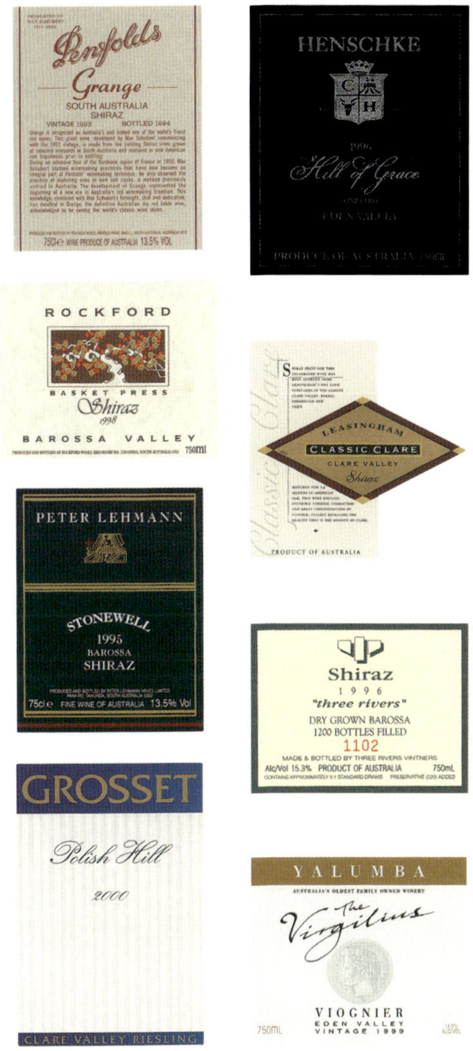

Les deux vins les plus recherchés *de Barossa, sans doute de toute l'Australie, sont en haut, suivis de quatre syrahs massifs de Barossa et de Clare, d'un blanc classique et d'un excellent viognier en provenance de la vallée d'Eden.*

Il existe aussi des vieilles vignes de grenache (capables de donner une teneur en alcool plus élevée encore) et de sémillon, dont un clone à peau rose de Barossa même qui donne des vins blancs fabuleusement riches. Le chardonnay de Barossa est particulièrement turbulent. Sur les sols gris foncé les mieux exposés, le cabernet sauvignon peut aussi briller. Mais la syrah reste le cépage le plus fiable, que l'été soit bon ou non. Les étés sont chauds et les vignes doivent être suffisamment irriguées pour compenser un taux d'évaporation élevé – ce qui devient de plus en plus difficile.

L'industrie vinicole de Barossa était fondée sur quelques-uns des meilleurs vins de dessert d'Australie. Les stocks de portos et de sherries anciens et même antiques, dans des caves comme Seppelts à Seppeltsfield et Yalumba (qui a vendu son activité de vins vinés à Mildara Blass en 1993), sont extrêmement impressionnants. Pour les vins de table modernes, c'est le riesling rhénan qui, étrangement, s'est le mieux adapté à Barossa. Les producteurs ont découvert que plus ils montaient dans les collines à l'est, plus le vin devenait fin, vif et fruité. En 1962, Gramp's (aujourd'hui incorporé à Orlando) planta une parcelle au sommet d'une colline schisteuse où un mouton ne se serait même pas arrêté, lui donna le nom de Steingarten et fit accéder le riesling australien à une nouvelle dimension.

Même si le riesling est encore abondamment planté dans la vallée de Barossa, il est bien mieux célébré dans les collines orientales de la vallée d'Eden, où il est le seul cépage dominant. Le riesling de la vallée d'Eden a une note florale et parfois minérale perçante quand il est jeune. Il devient, comme le riesling de la vallée de Clare auquel il est immanquablement comparé, vite rôti après un certain temps en bouteille.

La vallée d'Eden a autre chose à offrir que son riesling, surtout à basse altitude. Henschke cultive une des meilleures syrahs d'Australie à Keyneton, très haut dans les collines, et essentiellement à partir de vignes vieilles de cent ans sur le vignoble (assez plat) de Hill of Grace, au sud de Moculta. Mountadam persiste à faire un chardonnay ambitieux dans le sud de la vallée.

Le riesling est encore mieux installé dans la jolie vallée pastorale de Clare, bien au nord de la limite septentrionale de Barossa. C'est là, entre les mains d'un groupe de producteurs aussi compétents que Grosset, Knappstein, Mitchell, Mount Horrocks, Petaluma et Pikes, que le riesling trouve son style le plus élégant d'Australie : ferme et sec, presque austère parfois quand il est jeune, mais avec un courant de fond riche en calcaire qui prend cet arôme rôti après quelques années en bouteille. Ce sont les vins pour lesquels les Australiens ont inventé ce qu'ils appellent « la cuisine de fusion ».

Tout le district de Clare, avec les confins plus frais de Watervale au sud, ne représente qu'un tiers de la superficie de Barossa, mais il a une histoire presque aussi longue et une qualité de vin singulière qui attire quelques-uns des producteurs et des « mélangeurs » les plus doués d'Australie. Le sol, partiellement calcaire, et un climat plus contrasté qu'à Barossa, et très dépendant de l'altitude, donnent à Clare son style à la fois robuste et structuré. Les vins rouges semblent avoir plus de définition et peut-être un peu plus d'acidité naturelle et de solidité, comme on le voit avec les cabernets beaux parleurs et les syrahs de Jim Barry, de Knappstein, de Leasingham et de Skillogalee, ainsi que les rouges extrêmement épais de Wendouree.

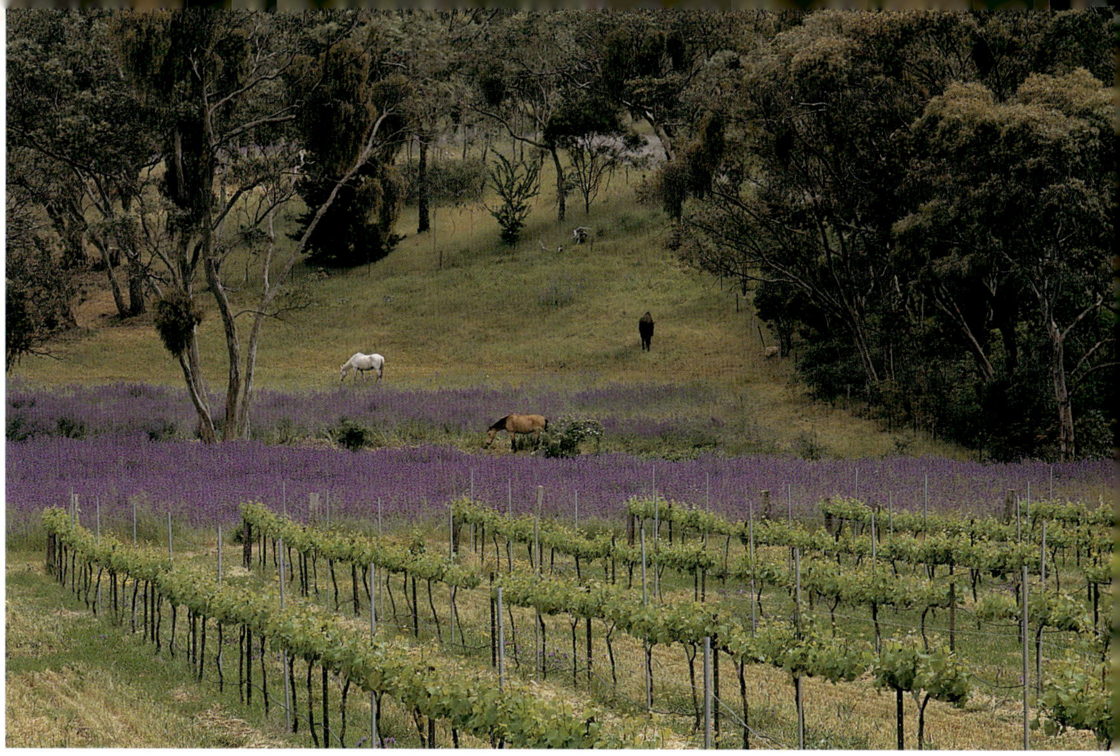

Ci-dessus Chaque année en novembre, ces vallées de l'Australie-Méridionale virent au mauve. Ce jeune vignoble approvisionne Tim Adams, un vétéran de Clare qui produisait le vin de Leasingham et qui est aujourd'hui incorporé à BRL Hardy.

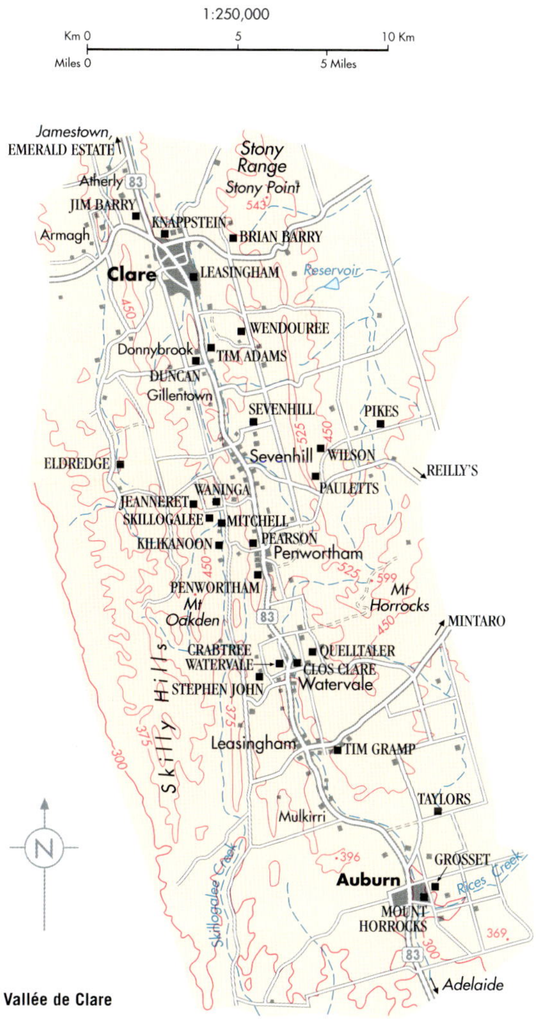

Vallée de Clare

■ GROSSET Producteur de premier ordre

300 Courbe de niveau (intervalles de 75 m)

Pour situer la région, voir la carte de la page 302

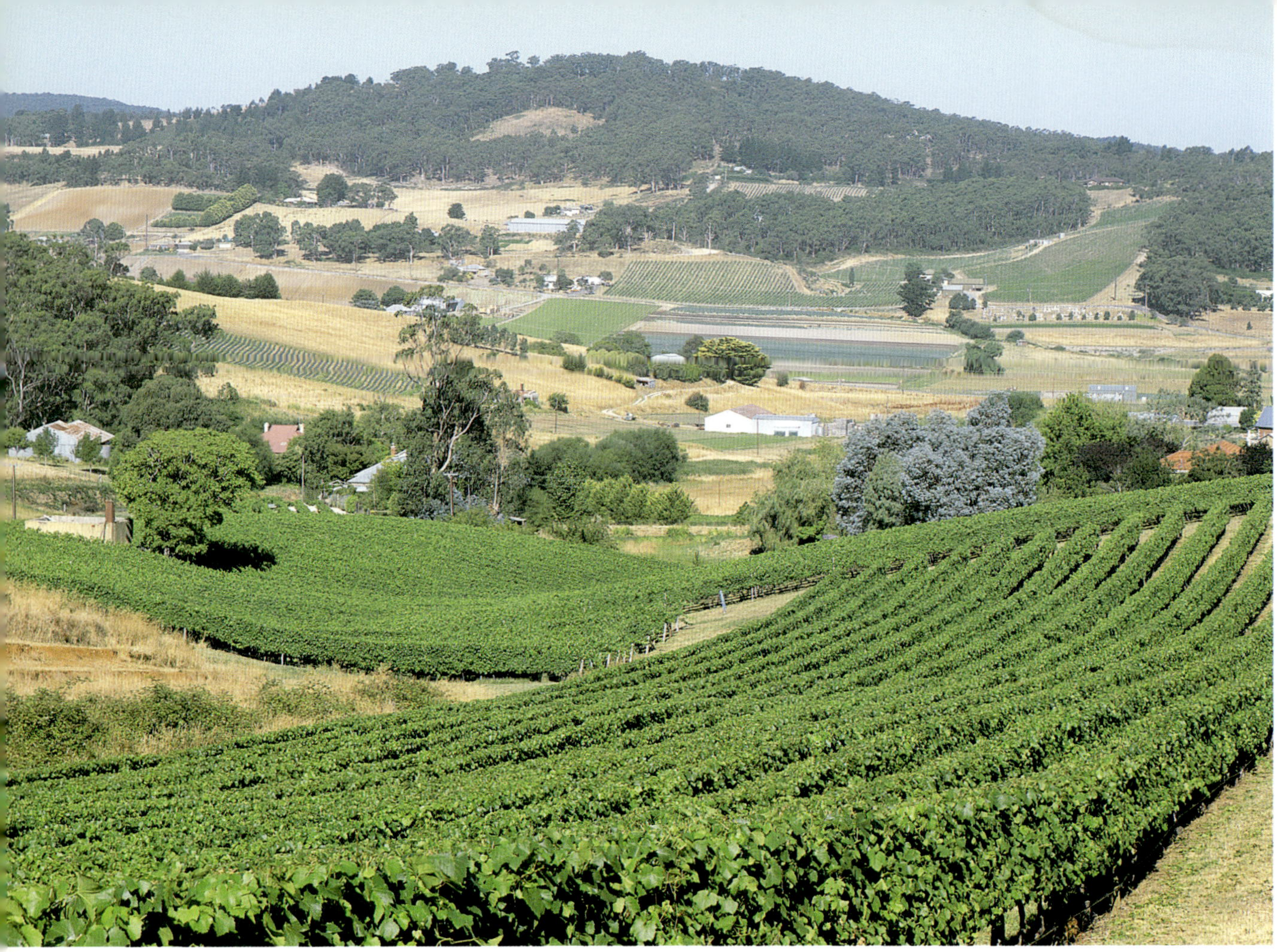

À gauche Les vignobles de Petaluma dans Piccadilly Valley, au milieu des collines d'Adélaïde, sont les plus anciens de l'ère moderne. Cette jolie région, relativement fraîche, a été récemment plantée grâce à des investisseurs privés. Seules les bonnes expositions des pentes peuvent diminuer le risque de gelée au printemps.

McLaren Vale et collines d'Adélaïde

La banlieue sud d'Adélaïde s'insinue dans les confins du nord de McLaren Vale, qui faisait autrefois partie de ce qu'on appelait les Southern Vales et qui est maintenant une région vinicole fière de son identité et consciente de ses atouts. C'est, pour commencer, le site du plus ancien vignoble d'Australie : celui de John Reynell qui a donné son nom au Château Reneylla et a planté ses vignes en 1838. Depuis lors, le rouge et les vins vinés de Reynella ont des noms respectés. La cave souterraine creusée par Reynell est un des hauts lieux de l'histoire du vin australien. C'est aujourd'hui le quartier général d'une entreprise presque aussi ancienne, Thomas Hardy & Sons, qui fait partie de BRL Hardy, une des plus grosses entreprises vinicoles australiennes avec la cave Tintara, achetée par le premier Thomas Hardy en 1850.

Les conditions naturelles pour la viticulture peuvent difficilement être meilleures que dans cette zone côtière, une bande étroite entre les hauteurs des Mount Lofty Ranges et la mer. Les précipitations sont en général suffisantes, l'été est chaud sans être torride, l'air circule bien et diminue le risque de gel, la saison de la vendange est fraîche mais sans excès. Certains vignobles ont même une tradition de culture du sauvignon blanc grâce un clone à faible rendement.

Les vins rouges de McLaren Vale, d'une séduction rayonnante, sont faits à partir de cépages de syrah, de cabernet sauvignon, et, plus récemment, de merlot, qui a donné de brillants résultats entre les mains de producteurs comme Chapel Hill, Arenberg, Pirramimma, Tatachilla, Wirra Wirra et Woodstock. Rosemount s'approvisionne ici pour faire son Balmoral Shiraz. L'antique cave Seaview (Edward & Chaffey aujourd'hui) est la cave jumelle au sein de Southcorp. Clarendon Hills, Fox Creek et Noon ont fait la preuve que les vignes de McLaren Vale pouvaient donner des vins culte (et des teneurs en alcool dangereuses). Coriole et Kangarilla Road ont, eux, montré que la gamme des cépages pouvait être étendue et inclure, respectivement, le sangiovese et le zinfandel.

Mais c'est de plus en plus dans les collines plus fraîches des Southern Mount Lofty Ranges, au nord et à l'est, que les producteurs de vin prospectent. Les vignobles se déploient vers le nord pour rejoindre pratiquement Eden Valley (voir la carte page 303) pour ne plus former qu'une seule région au développement spasmodique, mais continu – à l'exclusion de la petite zone de collines sans vigne, entre Clarendon et Stirling, qui sépare McLaren Vale des collines d'Adélaïde beaucoup plus froides.

La Piccadilly Valley sur Mount Lofty était surveillée, dès les années 1970, par Brian Coser des caves Petaluma et Bridgewater Mill qui y voyait un site assez frais pour des vignes de chardonnay. Aujourd'hui, ces collines boisées et fraîches à l'est d'Adélaïde sont plantées à toute allure pour répondre aux besoins des grandes entreprises qui utilisent les ingrédients en provenance des sites froids pour leurs mélanges. Mais seule une poignée d'individus a été autorisée à construire des caves dans la banlieue orientale d'Adélaïde.

Le coin sud-ouest des collines d'Adélaïde est cartographié en détail ci-contre. Au nord, les vignobles

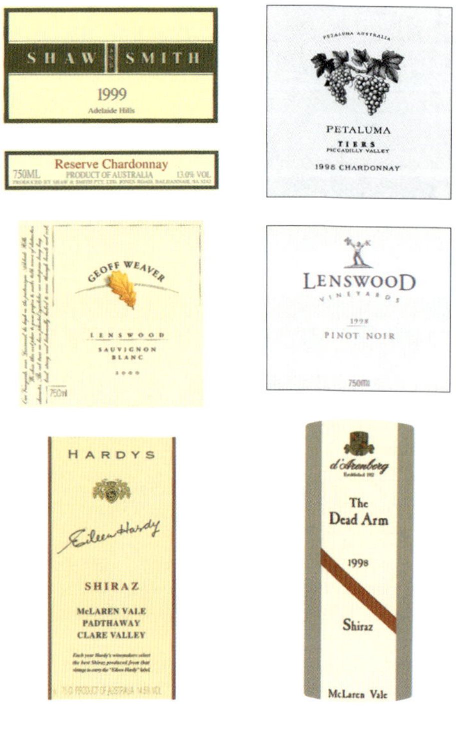

Quatre des vins les plus réussis, *produits dans les collines d'Adélaïde (le pinot noir n'a pas encore entièrement établi sa réputation), au-dessus de deux des rouges de McLaren Vale les plus estimés. Cette région continue à fournir la colonne vertébrale du « Eileen », même si elle est enveloppée d'un peu de chair en provenance de Clare Valley.*

qui entourent Gumeracha sont assez chauds pour qu'y mûrissent la syrah et le cabernet. Mais la caractéristique dominante du vin des collines d'Adélaïde, une acidité lisse, se retrouve dans les vins des vignobles de cette carte. La courbe de niveau de 400 m couvre toute l'appellation, à l'exception de sa limite septentrionale. À une altitude supérieure, le temps peut changer radicalement de ce qu'il est dans le McLaren Vale ou à Adélaïde. Les brumes grises sont courantes, comme le sont les gelées de printemps et les nuits froides d'été.

La région est assez fraîche pour fournir aux producteurs de vin pétillant un bon ingrédient de base. C'est aussi un des rares endroits d'Australie qui a bonne réputation pour un sauvignon blanc aromatique et vif, avec des gens comme Shaw & Smith, Geoff Weaver et Nephenthe. Même les chardonnays ont des allures de sauvignons, avec leurs arômes de nectarine et leur structure souple. Le pinot noir peut aussi briller, comme l'a reconnu Henschke avec sa cuvée Giles de chez Lenswood.

À quelques kilomètres à l'est, une des régions les moins louées d'Australie, cependant chargée d'histoire et tournée vers l'avenir, se développe rapidement et continue de produire des vins originaux. Langhorne Creek (voir la carte page 302) est un lit de terres alluviales, irriguées à la fin de l'hiver par inondation, en détournant la rivière Bremer. Bleasdale est le nom du vignoble le plus connu, planté par Frank Potts dans les années 1860. Aujourd'hui, la région est pillée par la plupart des grosses entreprises vinicoles pour son syrah souple, agréable, gouleyant, et surtout pour son cabernet fruité.

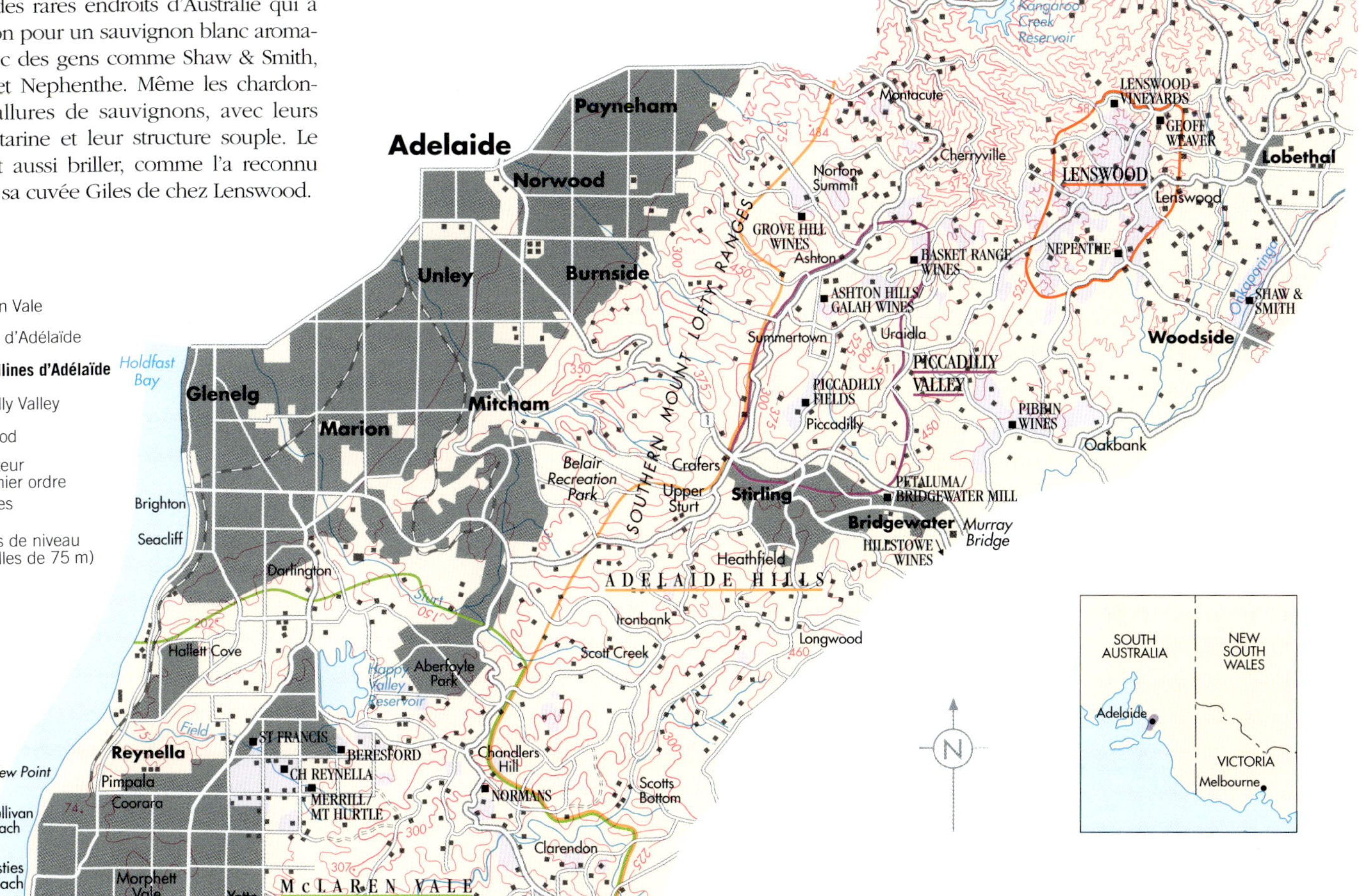

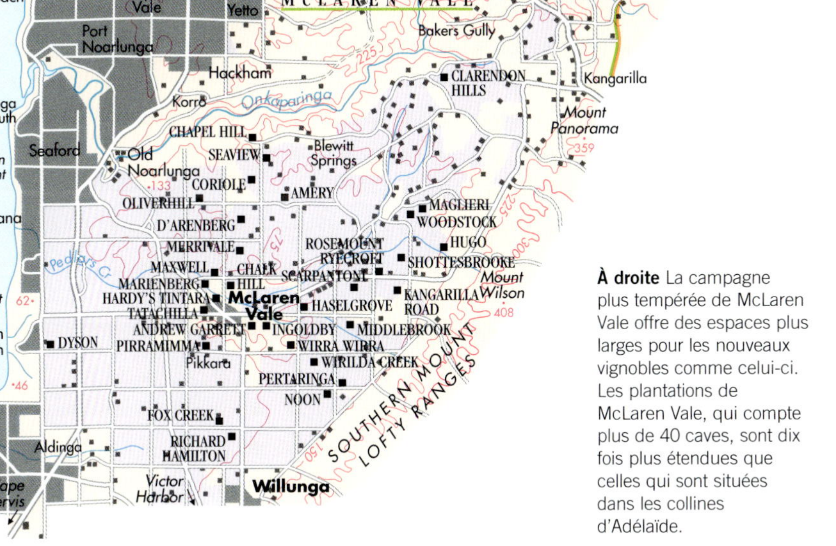

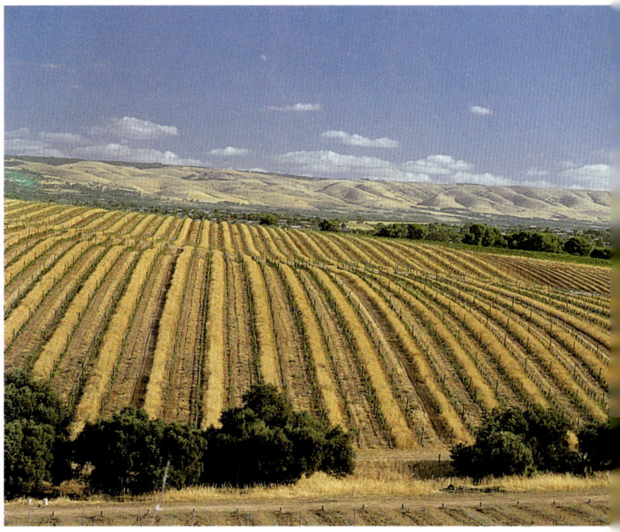

À droite La campagne plus tempérée de McLaren Vale offre des espaces plus larges pour les nouveaux vignobles comme celui-ci. Les plantations de McLaren Vale, qui compte plus de 40 caves, sont dix fois plus étendues que celles qui sont situées dans les collines d'Adélaïde.

Australie-Méridionale: l'extrême Sud-Est

L'histoire de cette partie de l'État du vin, la plus fraîche et la plus dynamique, est dans une large mesure l'histoire de la *terra rossa*. Dès les années 1860, les premiers colons prirent la mesure de cette portion du pays, à 400 km au sud d'Adélaïde, et de son climat méditerranéen : juste au nord du village de Penola, un long rectangle étroit de 15 km sur 1,5 km d'une terre rouge et granuleuse parfaitement plane. À 45 cm au-dessous de la surface, la terre rouge fait place à du calcaire parfaitement drainé et, deux mètres plus loin, c'est la nappe phréatique (une eau intarissable et relativement pure).

Il est impossible de trouver une terre mieux adaptée à la culture des raisins. John Riddoch y a créé la Penola Fruit Colony et, vers 1900, cette zone nommée alors le Coonawarra produisait d'importantes quantités d'un vin tout à fait inhabituel, à partir de shiraz essentiellement, avec une faible teneur en alcool, mais fruité et frais. Assez proche d'un bordeaux en fait.

Cette formidable ressource, un vignoble australien produisant des vins dotés d'une structure unique dans le pays, ne fut longtemps appréciée que de quelques-uns. Avec le boum sur les vins de table des années 1960, son potentiel devint évident et les grands noms de l'industrie vinicole commencèrent à y investir. Wynns, qui appartient aujourd'hui à Southcorp, est de loin le plus gros propriétaire terrien, mais des quantités considérables de raisin finissent dans des vins mélangés et mis en bouteilles à des kilomètres de là. Des producteurs comme Balnaves, Leconfield, Majella, Parker et Zema offrent, eux, un vin qui correspond mieux au modèle du vin de propriété.

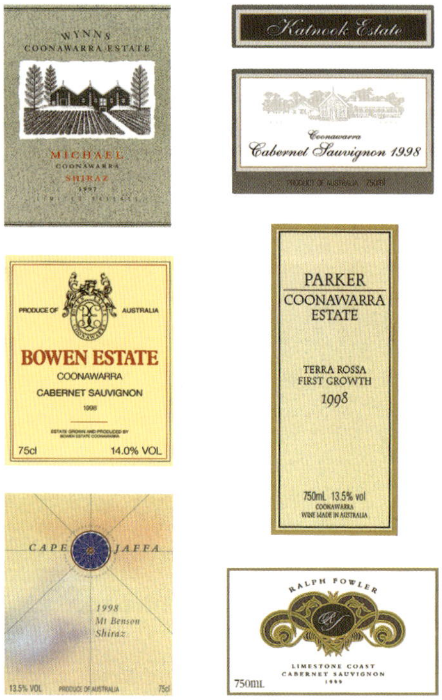

Quatre grands rouges du Coonawarra : *des cabernets, mais aussi du merlot fort prometteur dans ce coin, à la fois pour les mélanges et comme vin de cépage. Les deux étiquettes du bas sont la preuve du potentiel de Mount Benson.*

La shiraz est le cépage original du Coonawarra, mais depuis que mildara a fait la preuve à la fin des années 1960 que les conditions étaient proches de l'idéal pour le cabernet sauvignon, le cabernet de Coonawarra est devenu la pierre de touche des combinaisons de cépage et de terroir en Australie.

Le sol du Coonawarra n'est pas la seule explication. La zone se trouve nettement plus au sud, par conséquent au frais, que n'importe quel vignoble de l'Australie-Méridionale et à 80 km seulement d'une côte baignée par les courants de l'Antarctique et balayée par les vents d'ouest tout l'été. Le gel est un danger possible au printemps et la pluie au moment de la vendange – de quoi rendre nostalgique un producteur de vin français. Le Coonawarra est confronté à un autre problème : son isolement. La population est faible et disséminée. Penola n'est rien de plus qu'un hameau. La main-d'œuvre est rare, ce qui signifie que les vignes sont taillées et vendangées mécaniquement. La région peut paraître aisément froide et inhumaine (et quand l'irrigation est utilisée pour charger les vignes de raisins qui vont manquer de maturité, les vins eux aussi manquent de chaleur).

Le Coonawarra, limité par l'étendue extrêmement controversée de son sol singulier, n'est pas en mesure de satisfaire la demande de ses vins de climat frais. Des recherches menées un peu plus au nord, dans une région désignée sous le nom de Côte Calcaire, permettent de fournir quelques alternatives. La Côte Calcaire, composée en grande partie de *terra rossa* là où le reflux des mers a laissé des dunes de sable antiques, souffre, elle aussi, du manque de main d'œuvre. Ces zones nouvellement établies sont signalées sur la carte page 302.

Le Padthaway, avec son sol très similaire et son climat légèrement plus chaud, fut le premier à être développé. Irriguée au départ, cette zone a fourni un vin honorable pour les mélanges dans des quantités plus que correctes. Mais la tendance aujourd'hui consiste à faire des vins plus concentrés, plus riches que la norme dans le Coonawarra, avec une note mentholée parfois. BRL Hardy y a même construit une cave – ce qui reste tout à fait inhabituel. Mais Wrattonbully, juste au nord du Coonawarra, est une zone plus intéressante encore, même si le vignoble, au tournant du siècle, ne représentait pas la moitié de celui du Coonawarra ou du Padthaway. Quelques plantations faites autour de Mount Gambier ont montré que cet avant-poste dans le Sud est trop frais pour que les cépages du Bordelais puissent y mûrir.

Des vignes ont été aussi plantées à l'ouest de Bordertown, au nord-est de Padthaway, et à Elgin sur la côte, bien à l'ouest du Coonawarra. Mais sans doute les régions nouvelles les plus prometteuses sont-elles celles, très semblables, de Robe et de Mount Benson, plus au nord sur la côte. Le raisin cultivé près de la mer y est beaucoup plus juteux que celui du Coonawarra, plutôt vigoureux. Les vignes, en général, ont encore moins de dix ans. Les sols sont des pentes douces, peu fertiles, comme les adore la vigne. L'eau souterraine est d'une qualité supérieure à celle du Coonawarra. Les brises marines rafraîchissent les vignobles de façon constante et l'avenir, en dépit des quelques risques de gel, est prometteur.

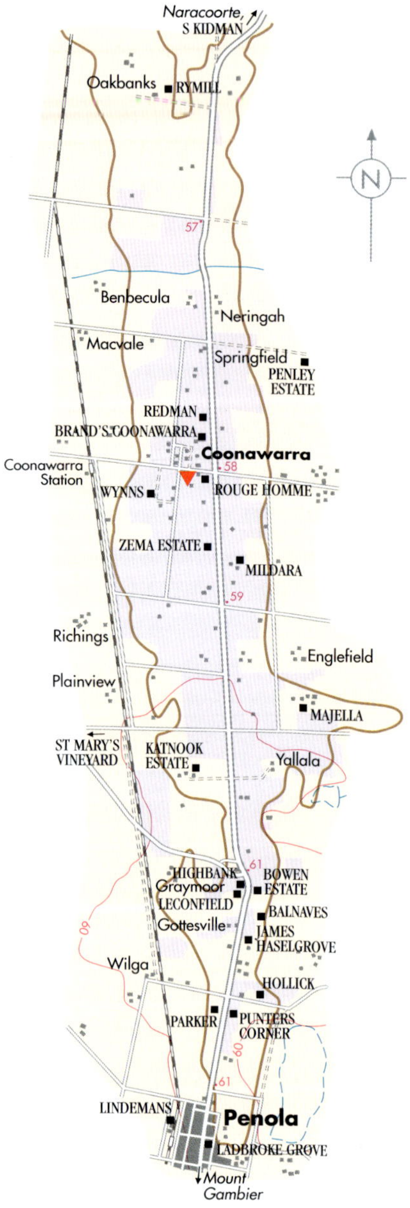

■ WYNNS Producteur de premier ordre
Vignobles
60 Courbes de niveau (intervalles de 10 m)
Limites des sols de *terra rossa*
▼ Station météorologique

Pour localiser cette carte, voir celle de la page 303

1:100,000
Km 0 1 2 3 4 Km
Miles 0 1 2 Miles

Coonawarra : Coonawarra

Latitude / Altitude : **37,17° / 50 m**
Température moyenne de janvier : **18,9 °C**
Précipitations annuelles : **570 mm**
Précipitations du mois de la vendange : **avril : 35 mm**
Principaux dangers viticoles : **défaut de maturation, gelées de printemps, pluies au moment de la vendange**
Principaux cépages : **cabernet sauvignon, chardonnay, syrah, riesling**

Australie-Occ.

La statistique citée le plus souvent au sujet de l'Australie-Occidentale, ce sont les 3 % de raisin pressé qu'elle produit par rapport à l'ensemble de la production du pays. Ceux qui citent ce chiffre sont souvent des producteurs de vin des États voisins, exaspérés par la publicité faite aux vignobles du Sud-Ouest. Ces vignobles dispersés peuvent produire une bonne partie des vins les plus loués d'Australie, des vins légers et élégants, avec une touche de fruit mûr – une combinaison inhabituelle en Australie.

Les premiers colons de l'Australie-Occidentale se sont lancés dans la viticulture presque aussi vite que ceux de la Nouvelle-Galles du Sud. La Swan Valley, en amont de la capitale de l'État, Perth, a connu sa première vendange en 1834. Avec la chaleur écrasante des étés, les vents secs de l'intérieur des terres qui maintiennent la température à 38 °C pendant des semaines, les premiers vignerons comprirent que leur point fort pendant des décennies serait les vins de dessert.

C'est pourtant une grande quantité de vin blanc expérimental, fait à partir de chenin blanc en 1937, qui plaça l'Australie-Occidentale sur la carte vinicole de la nation. Le White Burgundy de Houghton devint un produit de première nécessité. À l'origine, c'est un énorme vin blanc doré, à l'arôme intense. Il a été depuis domestiqué et c'est devenu un vin plus souple, toujours vif, sec avec un léger arôme de miel. C'est un mélange de chenin blanc, avec toutes sortes d'autres cépages – muscadelle, sémillon, verdelho et chardonnay –, qui est resté pendant des années le blanc sec le plus vendu en Australie. Avec l'avantage extraordinaire pour un vin d'un prix aussi raisonnable de le voir s'améliorer après six à huit ans en bouteilles.

Il est difficile d'imaginer comment on a pu produire un bon vin blanc dans une région aussi chaude, et avec des techniques primitives. C'est peut-être pour cette raison qu'il a fallu encore trente ans à l'Australie-Occidentale pour comprendre de quel potentiel elle disposait dans les régions plus froides de cet État immense et presque vide. Quand elle commença à les occuper à la fin des années 1960, l'Australie-Occidentale fut en mesure d'offrir une vaste gamme de vins. C'est toujours le cas aujourd'hui.

Perth, autour de laquelle une petite industrie du vin de climat chaud est encore agglomérée, a des étés brûlants. Mais sur la côte, juste au sud, l'influence des courants de l'Antarctique et des vents d'ouest se fait sentir.

La vaste région sous-développée du Grand Sud, tout d'abord centrée à Mount Barker dans les années 1960 et étendue par la suite vers l'ouest, est un des terroirs les plus frais et les plus humides d'Australie. Plantagenet fut le pionnier déterminant, mais il a été depuis dépassé en taille par Goundrey, qui a grandi si vite qu'il est obligé de faire venir du raisin de tous les coins de l'État, ce qui a pour effet de rendre rares les bouteilles étiquetées Mount Barker. Les points forts de Mount Barker ont été jusqu'à présent un bon riesling et un syrah poivré et séduisant.

Denmark, sur la côte, est encore plus humide, mais souvent plus chaud. La série de petits vignobles

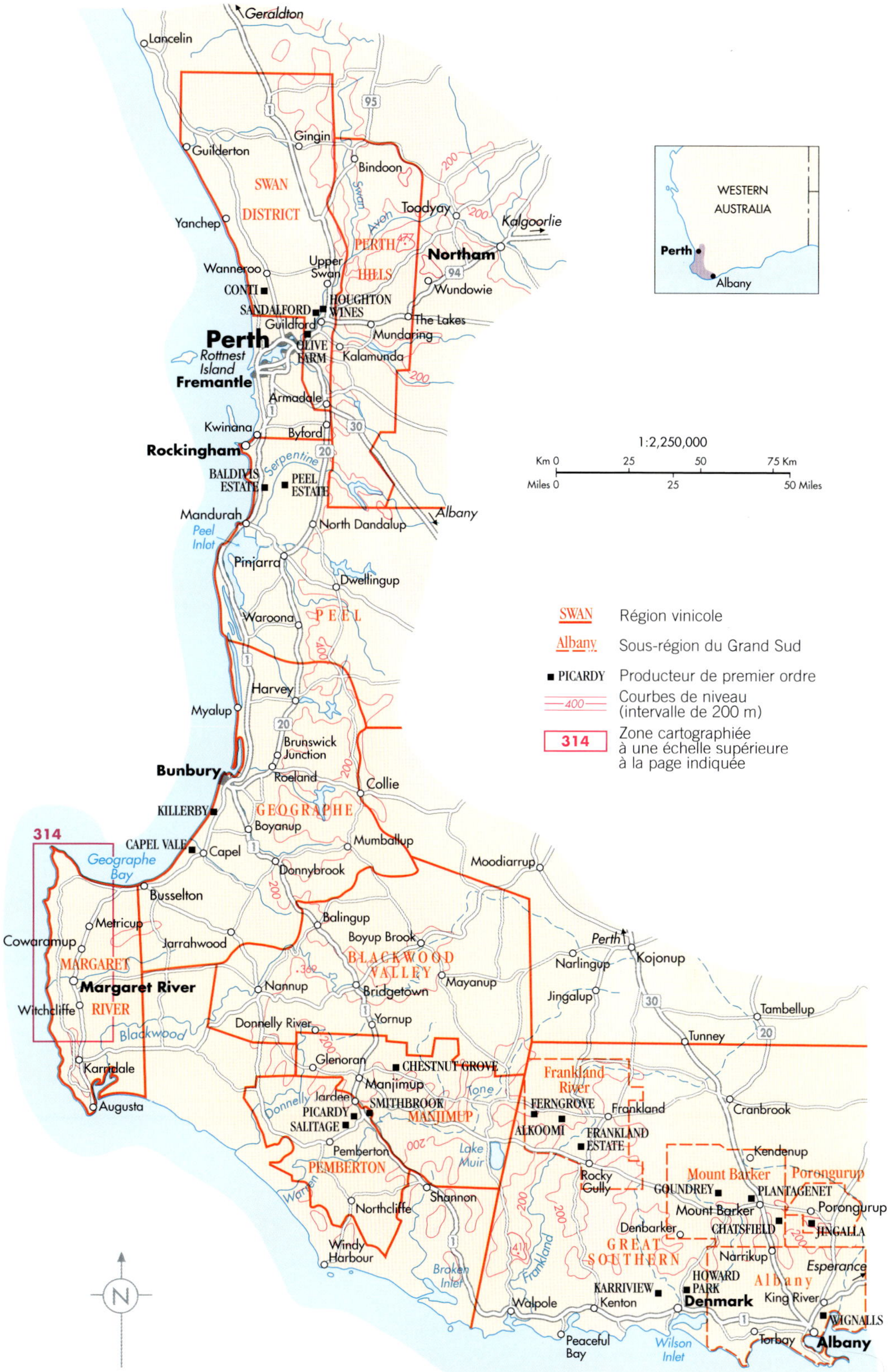

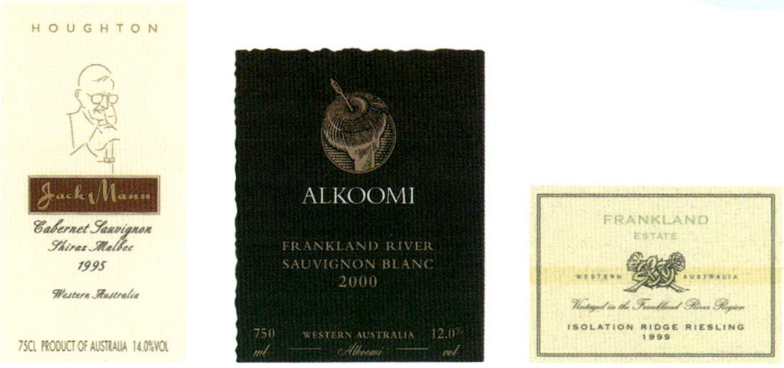

Les différents styles *de ces trois vins très réussis, produits à partir du raisin cultivé autour de Frankland dans la région du Grand Sud, expriment bien la jeunesse de cette partie de l'Australie en tant que producteur de vin et le caractère embryonnaire de sa science des terroirs.*

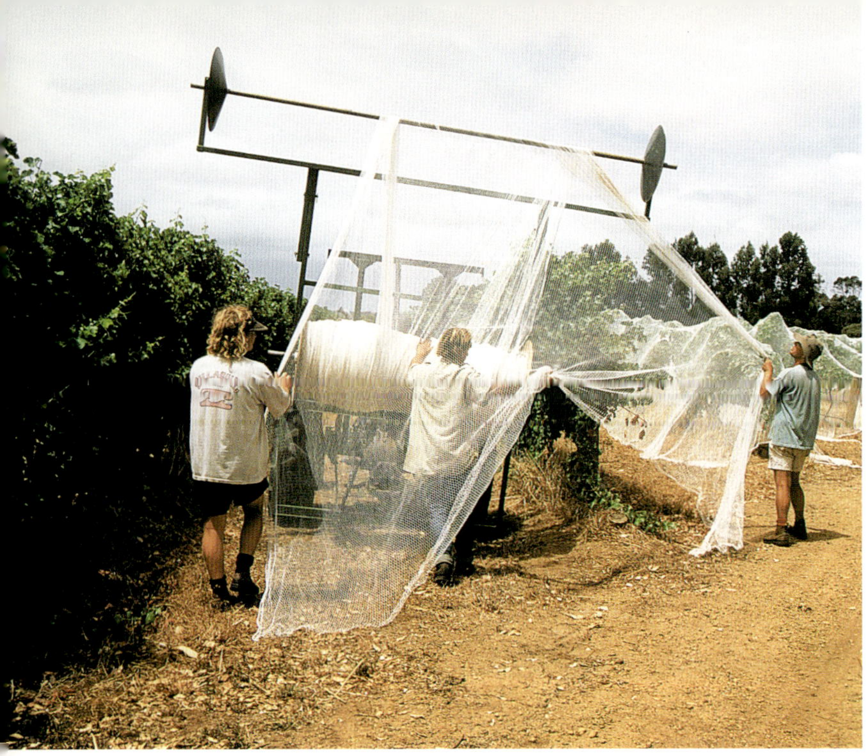

À gauche Le déploiement de filets, destinés à protéger des oiseaux les raisins en cours de maturation, est une corvée annuelle dans la plupart des vignobles de Margaret River. Voyager est une des propriétés les mieux entretenues de cette magnifique région

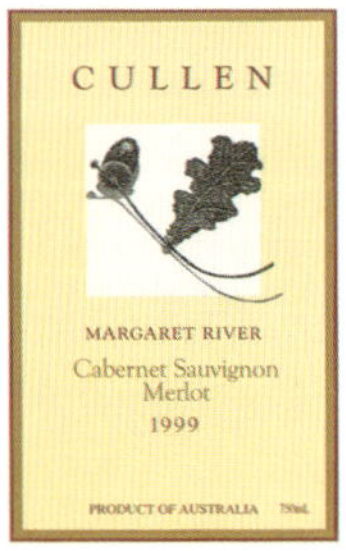

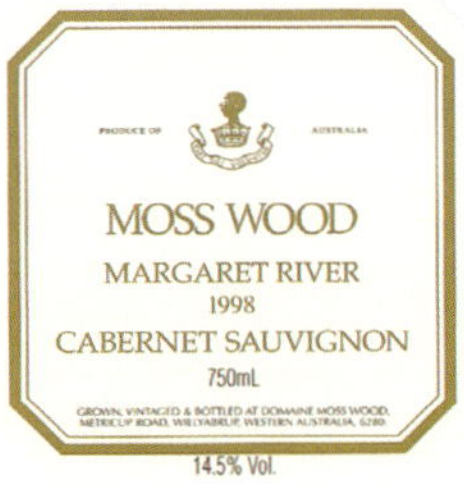

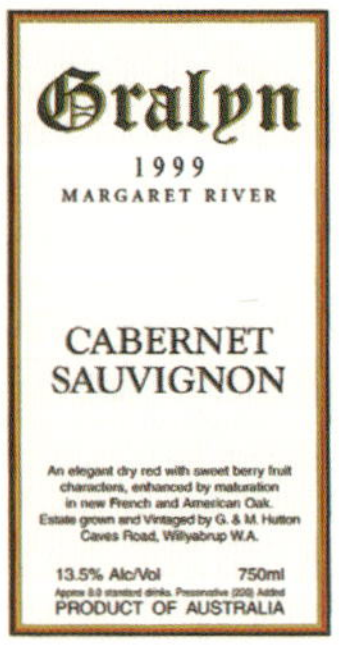

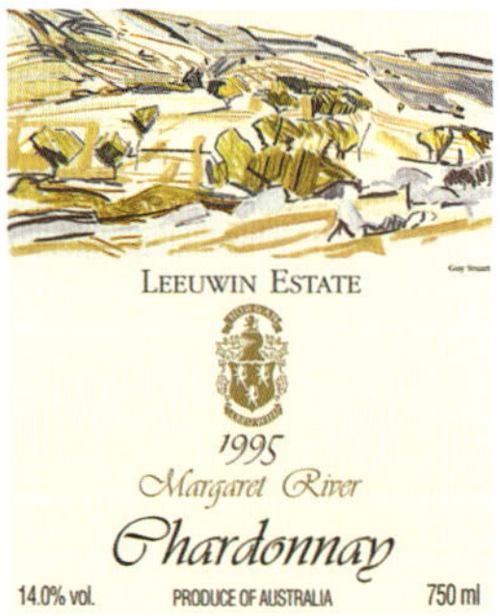

Cullen et Moss Wood *ont gardé intacte leur réputation de producteurs de grands cabernets depuis les premiers temps du développement de Margaret River. Leeuwin Estate a réussi à faire de son chardonnay un des meilleurs du pays. Gralyn, viticulteur depuis longtemps, est un nouveaux venus parmi les producteurs de vin.*

Sous-régions de Margaret River

- Yallingup
- Jindong
- Willyabrup
- Treeton
- Wallcliffe
- Karridale
- ■ CULLEN Producteur de premier ordre
- Vignobles
- 100 Courbes de niveau (intervalle de 50 m)
- ▼ Station météorologique

Pour localiser cette région, voir la carte page 313

1:350,000
Km 0 5 10 Km
Miles 0 5 Miles

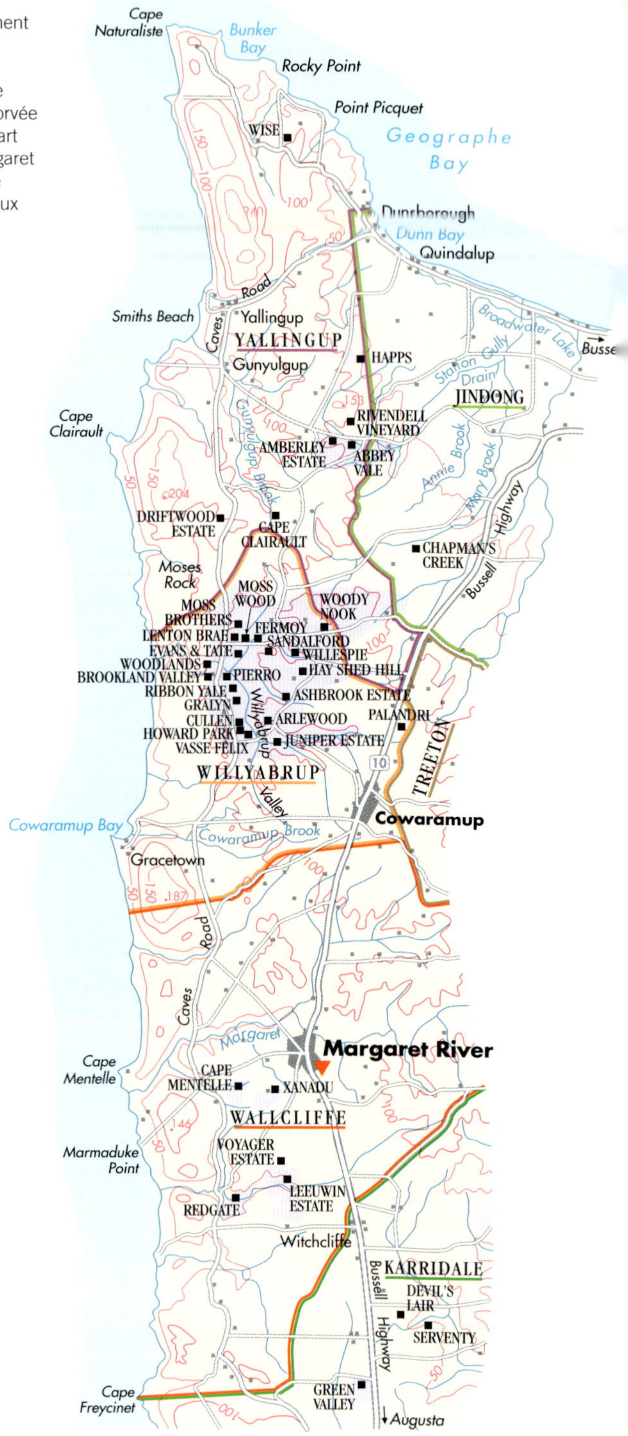

Margaret River : Margaret River

Latitude / Altitude : **33,57° / 90 m**
Température moyenne de janvier : **20,4 °C**
Précipitations annuelles : **1150 mm**
Précipitations du mois de la vendange : **mars : 25 mm**
Principaux dangers viticoles : **vent, oiseaux**
Principaux cépages : **cabernet sauvignon, sémillon, chardonnay, sauvignon blanc**

cultivent des cépages à maturation précoce pour l'essentiel. Les plus prometteurs sont le pinot noir et le chardonnay, mais le merlot pourrait aussi bien marcher. La marque de John Wade pourrait attirer l'attention sur cette région.

Grâce à un afflux extraordinaire de capitaux à la fin des années 1990, la région de Frankland, à l'intérieur des terres et à l'ouest de Mount Barker, dispose de la plus grande concentration de vignobles du Grand Sud, quand bien même les caves sont rares et très dispersées. Alkoomi a une bonne réputation pour son sauvignon blanc (et son huile d'olive). Le point fort de Frankland Estate est son riesling et un mélange bordelais connu sous le nom d'Olmo's Reward. Le vignoble Westfield fournit depuis longtemps du raisin pour l'exceptionnel mélange de rouges de Houghton qui porte le nom de son propriétaire, Jack Mann. La qualité des millésimes peut varier considérablement d'une année sur l'autre, la vigueur naturelle des vignes exigeant une vigilance extrême dans la plus grande partie de la région.

La vigne s'implante dans toutes sortes de régions entre le Grand Sud et Margaret River, sur la côte de l'océan Indien. Les plantations les plus importantes se trouvent à Manjimup et à Pemberton. Manjimup est certainement la plus chaude des deux, plus éloignée de l'influence des courants antarctiques sur la côte. On y fait un bon verdelho à Chesnut Grove. Des plantations sont en cours sur les terres qui se trouvent près de Perup, plus à l'intérieur encore. À Pemberton, des producteurs comme Picardy et Salitage se concentrent sur les cépages de Bourgogne, alors que Smithbrook a remplacé son pinot noir par du merlot.

La région du Grand Sud a vingt ou trente ans de retard sur Margaret River pour ce qui est de son évolution vinicole et de sa reconnaissance nationale. Elle est aussi loin derrière en ce qui concerne le cycle de croissance de la vigne proprement dit. Tandis que certains des vignobles les plus frais du Grand Sud peuvent ne pas être vendangés avant le mois de mai, le raisin de vin pétillant est vendangé en février à Margaret River qui, tout en étant une région bien plus fraîche que Perth, est encore assez chaude. Les étés sont secs, tempérés par les vents côtiers, connus sous le nom de Freemantle Doctor. Les hivers sont humides, sans être véritablement frais – les vignes parviennent avec difficulté à hiverner. Le printemps est si venté que la floraison peut en être affectée et la récolte réduite.

L'Australie a peu de paysages aussi verts ou des forêts aussi splendides que celles des bois de karri et de jarrah de cette région, remplie d'oiseaux de toutes les couleurs et de kangourous bondissants. Les vagues viennent lécher la côte rocheuse. L'introduction des vignobles a fait de la région un véritable paradis. Les premières vignes apparurent au début des années 1970 avec Vasse Felix, suivi par Moss Wood, puis Cullen – tous ces vignobles étant créés, dans la grande tradition australienne, par des professeurs. Les critiques notèrent immédiatement la qualité exceptionnelle des vins, particulièrement des cabernets. Sandalford, le voisin et le rival de Houghton dans la Swan Valley, s'y installa rapidement avec un grand vignoble. Robert Mondai, de Californie, fut enthousiasmé et encouragea Denis Horgan à développer Leeuwin Estate, une propriété extrêmement ambitieuse, qui devint immédiatement célèbre, aussi bien pour son chardonnay crémeux que pour ses concerts annuels internationaux en plein air.

Au début des années 1990, il y avait 30 caves dans la région et, une décennie plus tard, deux fois plus. Les sols varient beaucoup et les limons rouges peu fertiles sont les plus convoités. Willyabrup, le cœur du cabernet, est densément planté et les vignobles se déploient à présent vers le sud, à travers Wallcliffe et la sous-région plus fraîche de Karridale, dans le sud de la côte où l'influence dominante vient de l'Antarctique plutôt que de l'océan Indien. C'est une région de vin blanc, et Margaret River a créé son propre mélange de sémillon et de sauvignon blanc, vibrant, à l'arôme de fruits des tropiques. Le vin de Cap Entelle est particulièrement bon.

Les plantations augmentent aussi au nord de Willy Brandt, dans la région plus tempérée de Yallingup et, de façon contestée, à l'intérieur des terres, près de Carbunup (appelé Jindong), où les rendements sont assez élevés pour satisfaire une entreprise aussi importante que Evans & Tate.

L'affinité évidente de la région de Margaret River avec le cabernet n'a pas freiné les plantations de syrah, de chardonnay, de merlot et même de zinfandel – ainsi que des cépages du Rhône.

Ceux qui font le trajet de trois heures en voiture entre Perth et Margaret River peuvent désormais voir une ligne continue de vignobles. Juste au sud de la ville la plus isolée de l'Australie, un sol de poussière grise singulier, appelé Tuart Sands, ajoute une autre dimension à la région – des blancs fortement aromatiques et des rouges très vifs, produits par Capel Vale et Peel Estate (les étiquettes sont souvent un peu approximatives, ce qui est dommage dans la région du géographe).

L'approvisionnement en eau est un frein à l'expansion dans cette partie de l'Australie. L'eau souterraine de l'Australie-Occidentale est naturellement chargée en sel (on en a débarrassé les sols), et un barrage est une condition indispensable pour irriguer. En dépit de cela, la carte de cette région va considérablement évoluer au cours des années à venir.

Tasmanie

La recherche inlassable de climats plus frais en Australie conduit logiquement à son État le plus méridional, encerclé par les mers : la Tasmanie. En contraste absolu avec le continent, cette île étrange peut se vanter d'avoir une herbe verte tout l'été, comme dans le nord de l'Europe. Vers la fin des années 1980 et dans les années 1990, quand la Tasmanie a émergé en tant que producteur de vin, on l'a considérée avant tout comme un fournisseur de l'ingrédient de base des vins pétillants. Mais le réchauffement de la planète a profité à la Tasmanie plus qu'à tout autre région d'Australie et a permis de récolter des raisins parfaitement mûrs lors des dernières vendanges du XXe siècle.

Le premier producteur moderne fut Moorilla Estate, près de Hobart, sur la côte méridionale. Le climat y est encore trop frais pour faire mûrir des cépages comme le cabernet sauvignon. Mais il est de plus en plus évident que le riesling et le pinot noir peuvent être exceptionnellement vifs et manifester une délicatesse qui fait défaut sur le continent. Le riesling rhénan du sud de l'Australie n'a rien ou pas grand-chose à voir avec celui de l'Allemagne. Celui de la Tasmanie pourrait avoir poussé sur les rives de la Moselle – ou dans l'île du Nord de la Nouvelle-Zélande.

Le nombre des producteurs de vin de Tasmanie approche de la centaine, la plupart d'entre eux travaillant à une échelle minuscule. Le plus important, de loin, est Pipers Brook, surtout depuis qu'il a repris Heemskerk à Roederer. La plus grande menace qui pèse sur ce vignoble taillé dans le maquis dense et florissant de la Tasmanie, c'est le vent marin. Des paravents sont nécessaires pour protéger les feuilles de vigne sur les pentes tournées vers la mer. Mais la maturation est aussi lente et assurée qu'un vigneron peut le souhaiter, et l'arôme est d'une intensité correspondante.

On trouve d'autres zones vinicoles sur les côtes orientale et méridionale. La Tasmanie est de toute évidence la source de nombreux plaisirs futurs.

HEEMSKERK Producteur de premier ordre
TAMAR Région vinicole
Terres au-dessus de 1 000 m
Station météorologique

Pour situer la Tasmanie, voir la carte de la page 306

1:6,000,000
Km 0 50 100 150 Km
Miles 0 50 100 Miles

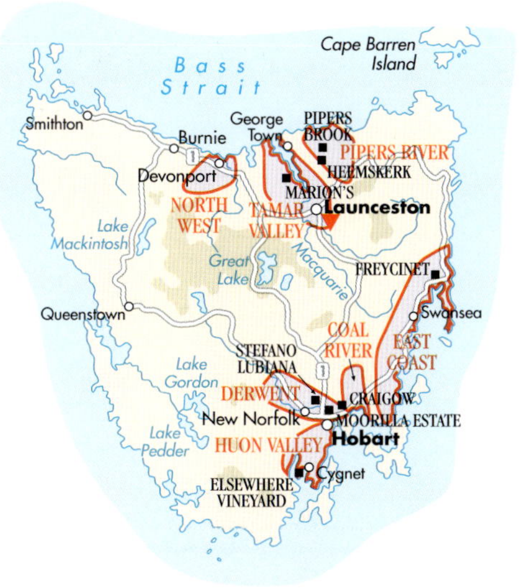

Tasmanie : Launceston

Latitude / Altitude : **41,32° / 170 m**
Température moyenne de janvier : **16,6 °C**
Précipitations annuelles : **680 mm**
Précipitations du mois de la vendange : **avril : 55 mm**
Principaux dangers viticoles : **défaut de maturation, sécheresse**
Principaux cépages : **pinot noir, chardonnay**

À droite Tout est vert et à petite échelle en Tasmanie, deux raisons pour lesquelles l'Australie semble lointaine. Ces vignes appartiennent au principal producteur de l'île, Pipers Brook.

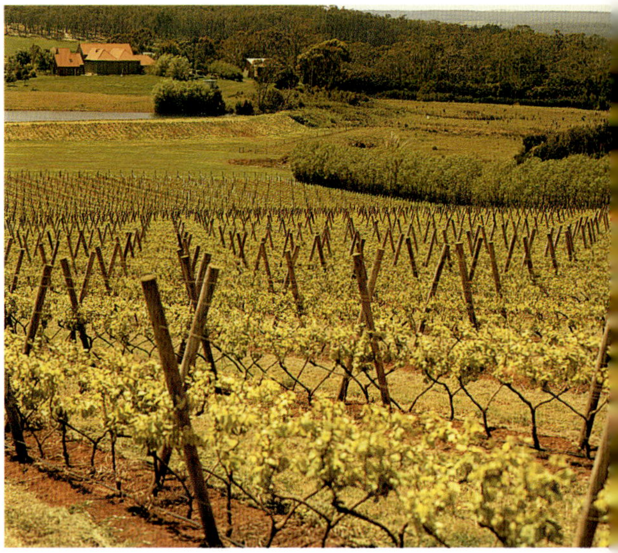

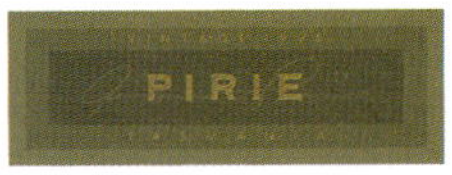

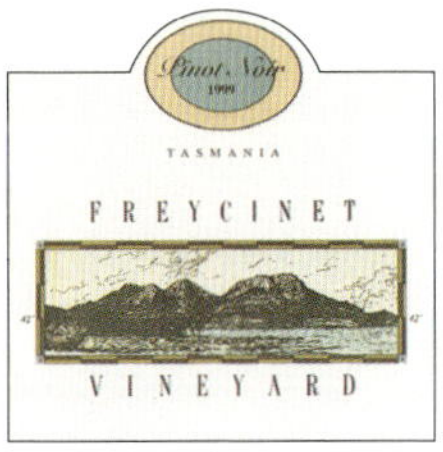

La Tasmanie a montré *une prédilection pour le riesling et le pinot noir, cultivés sur des sites plus chauds comme celui de Freycinet. Elle fait aussi des vins de base pour les producteurs de vins pétillants du continent. Le Pirie est le vin pétillant ambitieux mis en bouteilles par Pipers Brook.*

Nouvelle-Zélande

Peu de pays vinicoles ont une image aussi nette que celle de la Nouvelle-Zélande. L'adjectif net convient tout à fait puisque ses vins se caractérisent par des arômes cristallins et une acidité vivifiante. La plupart des amateurs de vin dans le monde n'auront cependant jamais l'occasion de le vérifier, la Nouvelle-Zélande étant un des pays les plus isolés du monde et un des plus petits qui soient. Sa production de vin est comparable à celle de Chypre et représente le dixième de celle de l'Australie. La Nouvelle-Zélande a envahi quatre pages de cet *Atlas*, simplement parce que ceux qui goûtent les vins néo-zélandais en tombent follement amoureux.

C'est un phénomène assez récent. En 1960, le pays comptait moins de 400 hectares de vignes, essentiellement à Auckland et à Hawkes Bay, et bon nombre d'entre elles étaient des hybrides. En 1980, il y avait 5600 hectares de vignes, dont 2000 dans la région toute nouvelle de Marlborough sur l'île du Sud (voir page 318 pour plus de détails). Les années 1980 ont été une période de stabilisation et de développement. Lors de ce premier boum, des cépages de qualité médiocre ont été plantés sur des sites inappropriés. Les prix ont chuté de manière alarmante. Un programme du gouvernement, au milieu des années 1980, a permis d'arracher un tiers du vignoble, initiative qui fut suivie d'une période d'expansion extraordinaire dans les années 1990. En 2000, le vignoble était passé à 12000 hectares et on comptait 358 caves, le double des chiffres relevés sept ans plus tôt.

Ce furent les Néo-Zélandais qui forgèrent l'expression et adoptèrent le concept de « style de vie vinicole » : un style de vie bucolique au sein d'un environnement idyllique, dans lequel une bonne formation est mise au service de la production d'un des bienfaits les plus délicieux de la terre.

La Nouvelle-Zélande avait quelques problèmes naturels à affronter avant que cet enthousiasme puisse produire tous ses effets positifs. Il y a cent cinquante ans à peine, la plus grande partie de ce pays long et étroit était couverte d'une forêt tropicale humide. Les sols avaient tendance à être si riches en éléments nutritifs que la vigne, comme le reste, y poussait trop vigoureusement – phénomène renforcé par des précipitations généreuses. C'est pour cette raison que les vins néo-zélandais des années 1970 et 1980 avaient trop souvent un goût de feuilles, en particulier les vins rouges. Les vignes faisaient trop d'ombre aux raisins pour qu'ils puissent mûrir convenablement.

L'introduction des techniques de contrôle du feuillage, grâce au viticulteur d'État Richard Smart, permit l'émergence du style de vin unique de la Nouvelle-Zélande (le professeur Hans Schultz, de Geisenheim, soutient que l'augmentation des radiations d'ultraviolets, due à la réduction de la couche d'ozone dans l'hémisphère sud, contribue à la formation d'arômes plus prononcés).

La viticulture néo-zélandaise est située dans des latitudes comprises entre celles du Maroc et de Bordeaux (voir les données chiffrées pages 318-319). Les effets de cette latitude sont compensés par la présence du Pacifique, par les vents d'ouest puissants, par les effets des montagnes sur les nuages de pluie. Ces différents facteurs donnent aux deux îles une grande variété de conditions de culture. Enthousiasmés par ce climat frais (en comparaison de l'Australie), la plupart des producteurs commencèrent à opter pour le modèle allemand. Ce qui eut pour effet des plantations excessives de müller-thurgau.

Le chardonnay a fini par supplanter ce cépage ennuyeux (moins ennuyeux en Nouvelle-Zélande qu'en Allemagne toutefois) en 1992, et il est devenu le cépage favori de l'île, donnant une gamme de vins relativement serrée, acides avec un fort arôme de chêne (voir page 319).

Ce n'est pourtant pas le chardonnay mais le sauvignon blanc qui a fait connaître la Nouvelle-Zélande. Après tout, on trouve du chardonnay décent à peu près n'importe où. Pour obtenir un sauvignon vif, il faut un climat frais, et la pointe septentrionale de l'île du Sud, fraîche, ensoleillée, ventée, semble avoir été conçue pour donner de l'intensité à la sécheresse subtile de ce cépage.

Les premiers vins des années 1980 ouvrirent une boîte de Pandore d'arômes que personne ne put ignorer et que nulle autre région du monde, surtout, ne pouvait égaler.

Le succès du Sauvignon de Marlborough, un vin qu'on adore ou qu'on déteste, a fait du sauvignon blanc un cépage presque aussi populaire parmi les viticulteurs néo-zélandais que le chardonnay. Mais le troisième cépage le plus important, le pinot noir, connaît un succès croissant pour les mêmes raisons que le sauvignon blanc : la fraîcheur du climat néo-zélandais.

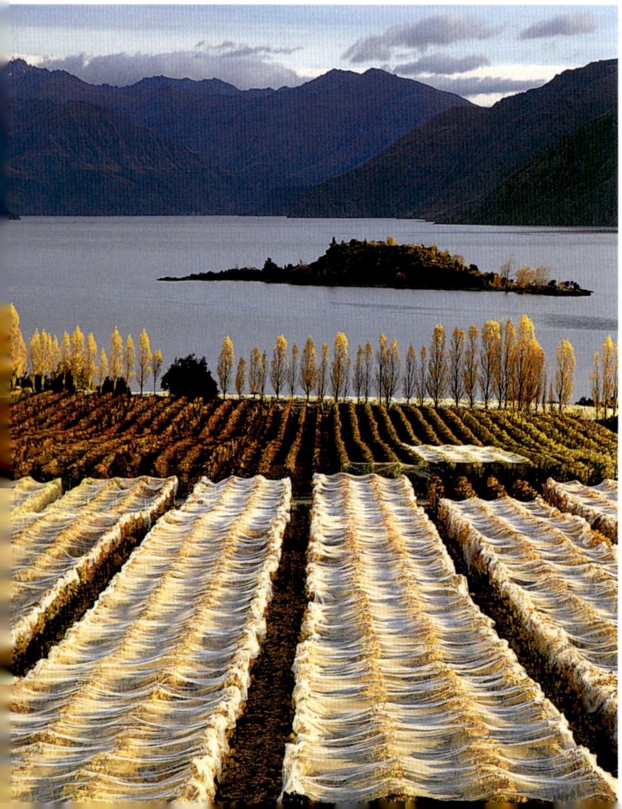

À gauche Rippon, installé à Otago depuis les années 1970, est aujourd'hui un célèbre producteur de pinot noir – il recouvre d'un filet ses vignes du bord du Lac Wanaka pour les protéger des oiseaux au moment de la vendange.

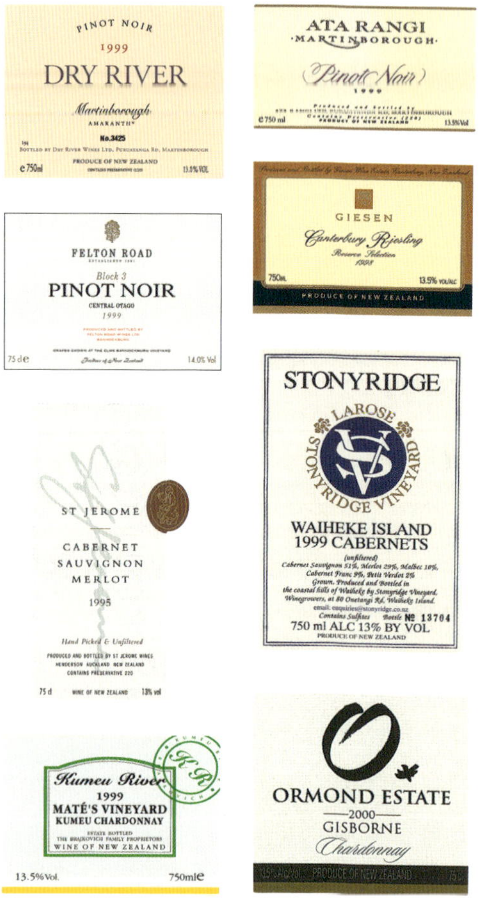

Trois des pinots noirs les plus recherchés *dans un pays éperdu d'amour pour ce cépage. Giesen fait aussi un bon pinot, et son riesling est enthousiasmant. La grande région d'Auckland fait d'admirables mélanges des cépages bordelais et un chardonnay particulièrement ambitieux, meilleur que le grand Gisborne fait par Montana.*

Parmi les autres cépages noirs, le merlot a supplanté en 2000 le cabernet sauvignon qui mûrit trop tard. Les mélanges de Bordeaux sont en général plus populaires chez les Kiwis qu'ils ne le sont dans le vaste monde, saturé de cabernet. Les autres cépages notables sont le riesling (qui peut être très bon, sec ou doux, mais reste trop souvent entre les deux), le pinot gris, le sémillon, le gewurztraminer et le cabernet franc. L'isolement de la Nouvelle-Zélande ne s'est pas avéré une bonne défense contre les insectes et les maladies de la vigne. La plupart des nouvelles plantations sont faites avec des greffes sur des souches résistante au phylloxéra.

Le vin de la Nouvelle-Zélande a parcouru bien du chemin depuis le temps des immigrés de Dalmatie, venus planter des vignobles dans la région d'Auckland au début du XXe siècle. Ils ont persévéré en dépit du climat subtropical et plusieurs producteurs de premier ordre de l'industrie vinicole de cette bonne région de vin rouge ont des noms dalmates. Comme dans Hunter Valley, en Australie, la couche de nuages modère les effets de l'ensoleillement et donne des conditions de maturation stable. Les pluies à l'époque de la vendange et la pourriture sont un autre problème. La solution la plus ingénieuse (et la plus efficace) a consisté à planter près de la mer – sur une île qui ne connaît pas les pluies d'Auckland. Les cabernets Stonyridge et Goldwater, de Waiheke Island, sont la preuve de la parfaite adaptation du cépage bordelais à ce microclimat.

Kumeu River est la cave la plus couronnée de succès parmi celles qui utilisent les raisins de West Auckland. Collards utilise aussi la production locale. La plupart des autres caves d'Auckland, comme Nobilo's ou Selaks (qui appartiennent toutes les deux à Hardys en Australie), Babich, Matua Valley, Delegat's et Villa Maria s'approvisionnent dans d'autres régions vinicoles.

Le géant du vin, Montana, contrôle 60 % du marché néo-zélandais, depuis le rachat de Corbans (la deuxième entreprise) en 2000. Tous deux font fermenter leurs vins dans des caves de Gisborne, de Hawkes Bay ou de Marlborough et finissent la vinification à Auckland. Mais de nombreux producteurs font encore transporter les raisins blancs sur de longues distances pour les faire presser – procédure qui n'est pas sans risque.

Gisborne, sur la côte orientale de l'île du Nord (Poverty Bay est son autre nom, usage fréquent en Nouvelle-Zélande), est un bon exemple d'une région pillée par les négociants. C'est la troisième région vinicole du pays, derrière Marlborough et Hawkes Bay (la réponse de la Nouvelle-Zélande à Bordeaux), mais elle ne dispose que de quelques caves. Plus chaude mais plus humide (en automne surtout) que Hawkes Bay, Gisborne cultive presque exclusivement des cépages blancs sur des sols fertiles et a une bonne réputation pour ses chardonnays.

La région de l'île du Nord la plus excitante pour le pinot noir est appelée des différents noms de Martinborough, Wairarapa et Wellington. Elle est située à une heure en voiture de la capitale du pays, de l'autre côté des montagnes et sous les pluies de l'est. Les températures peuvent y être basses, mais les automnes sont plus secs que dans n'importe quelle autre région vinicole de North Island. Elle compte 40 caves environ, dont les principales sont Ata Rangi, Martinborough Vineyards et Dry River qui ont fait quelques-uns des pinots noirs les plus convaincants de Nouvelle-Zélande, avec des arômes qui vont de la prune puissante au mince et sec arôme de terre (comme en Bourgogne). Le chardonnay mûrit bien dans la région, tout en gardant une acidité élevée. Le riesling a prouvé qu'il avait un grand potentiel.

De l'autre côté du détroit venté, sur l'île du Sud, la petite région de Nelson, à l'ouest de Marlborough, a des précipitations plus fortes et des sols plus riches que ceux de Martinborough, mais s'en tire aussi bien avec des cépages similaires.

Au sud du Marlborough, sur les plaines qui entourent Christchurch et au nord de Waipara, les producteurs du Canterbury font des rieslings et des chardonnays acides, à l'arôme de silex, ainsi que des pinots noirs qui vont de l'herbacé (décevant) au provocant (prometteur), dans des environnements extrêmement variés.

Les cépages du Canterbury ont du mal à mûrir certaines années. Plus au sud encore, on tombe sur la région de Central Otago, qui est confrontée aux limites de la viticulture en climat froid. C'est la région vinicole la plus méridionale de l'hémisphère sud. Dans cet arrière-pays montagneux, le climat n'est pas maritime comme dans le reste de la Nouvelle-Zélande, mais continental, et les vignes doivent être plantées à flanc de collines pour favoriser l'ensoleillement et éviter les risques de gel. Dans une bonne année, toutefois, le Central Otago peut produire des pinots noirs, des pinots gris et des rieslings qui se classent parmi les meilleurs de Nouvelle-Zélande. Le préjugé selon lequel les conditions climatiques de la Nouvelle-Zélande sont proches de celles de l'Allemagne se vérifie dans cette région où des vignobles marginaux peuvent donner des vins merveilleux.

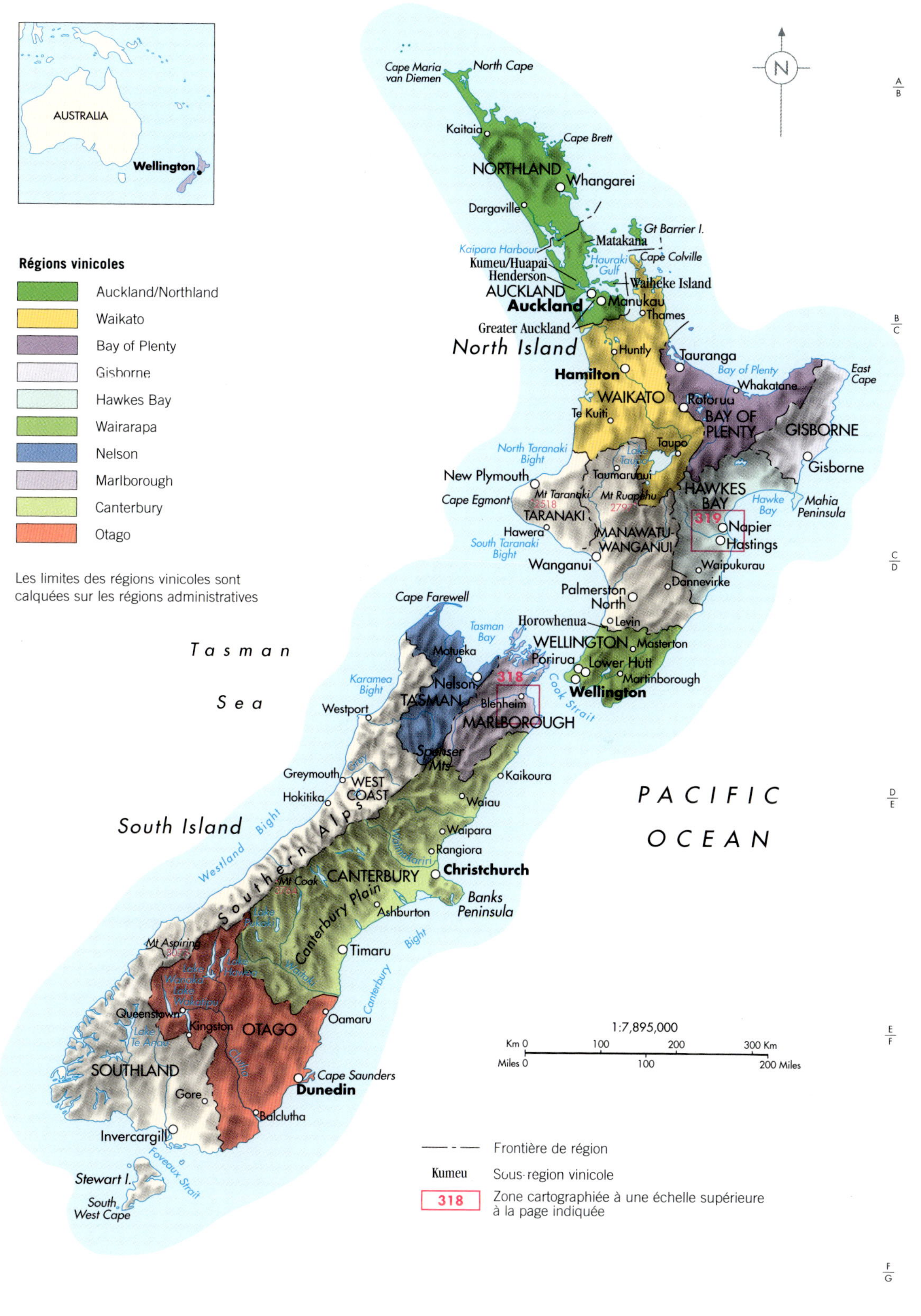

Régions vinicoles

- Auckland/Northland
- Waikato
- Bay of Plenty
- Gisborne
- Hawkes Bay
- Wairarapa
- Nelson
- Marlborough
- Canterbury
- Otago

Les limites des régions vinicoles sont calquées sur les régions administratives

Marlborough

Un colon planta de la vigne à Meadowbank dans le Marlborough en 1867, mais pendant la majeure partie du XXe siècle, on fit pousser des céréales sur l'île du Sud, on éleva des moutons. La vigne ne fut réellement plantée qu'en 1973, lorsque Montana , le producteur de vin dominant dans le pays, décida de créer un petit vignoble commercial dans le Marlborough.

L'absence d'irrigation causa un certain nombre de difficultés au départ, mais en 1980 la première vendange était mise sur le marché et l'intensité très spéciale du sauvignon blanc de Marlborough fut d'une évidence absolue. Ce vin exaltant, si facile à « lire », avait un potentiel extraordinaire – ce que, parmi d'autres, David Hohnen de Cape Mentelle, en Australie occidentale, comprit rapidement. En 1985, il lança Cloudy Bay dont le nom, l'étiquette et l'arôme, fumé et étonnamment parfumé, sont depuis devenus légendaires.

Le pari de Montana fut justifié en 1990 lorsque le Marlborough engloba Hawkes Bay et Gisborne pour devenir la région vinicole la plus plantée du pays (avec seulement neuf poducteurs). Au tournant du siècle, elle disposait de 4000 hectares de vignes, dont près de la moitié avait moins de six ans. Le nombre de producteurs est passé à soixante-deux et la quantité de raisin expédié en gros pour être vinifié dans l'île du Nord s'est effondrée – au grand bénéfice du vin. Aujourd'hui, une proportion croissante de viticulteurs qui vendaient leur raisin aux grandes compagnies ont désormais leur propre étiquette, qui peut très bien être collée dans l'une des caves très actives travaillant sous contrat dans la région.

La vallée de Wairu, large et plate, a attiré tous les investisseurs et ceux qui veulent simplement faire de la viticulture leur mode de vie – même si certains ont planté leurs vignes trop loin à l'intérieur des terres, rendant difficile la maturation du raisin chaque année, ou sur des terres où l'eau se fait rare.

L'originalité de la région vinicole de Marlborough provient d'une combinaison inhabituelle de longues journées, de nuits fraîches, de soleil éclatant et, dans les bonnes années, d'automnes secs. À ces températures relativement basses, le raisin a du mal à mûrir, mais dans cette région singulière, on peut en général le laisser sur la vigne pour bénéficier d'une période de maturation prolongée qui permet d'augmenter la concentration des sucres sans sacrifier, grâce aux nuits fraîches, l'acidité qui caractérise les vins de Nouvelle-Zélande.

L'amplitude thermique est particulièrement forte au sud de la zone cartographiée, dans la vallée ventée de l'Awatere découverte par le producteur Vavasour et probablement saturée aujourd'hui en raison du manque d'eau. La nouaison et la vendange ont tendance à être plus tardives à Awatere que dans le fond de la vallée de Wairu. Les étés peuvent être assez longs et chauds pour faire mûrir des cépages de Bordeaux – à la différence de la majorité des vignobles dans la vallée de Wairu. Les vignobles de Brancott, souvent photographiés, ont tendance à être un peu à la traîne de ceux de la vallée, en raison de leur altitude.

Ce qui constitue sans doute la variable la plus déterminante dans la région de Marlborough, ce sont les différences de sols. Au nord de la Highway 63, avec quelques exceptions autour de Woodbourne, les sols sont beaucoup plus jeunes que ceux du Sud. À certains endroits, la nappe phréatique peut être dangereusement élevée. Les meilleurs vignobles sur ces sols jeunes et pierreux sont ceux qui sont les mieux drainés, grâce aux limons légers recouvrant des galets qui étaient autrefois le lit de la rivière. Les vignes à maturité développent des systèmes de racines profondes, mais les jeunes plants ont besoin de l'irrigation pour survivre pendant les étés secs.

Au sud de la Highway 63, les sols les plus bas et les plus anciens sont trop mal drainés pour donner du vin de qualité. Les vignobles en altitude, sur la crête nue et bien exposée, peuvent donner des raisins bien plus intéressants avec leur sol plus sec.

Marlborough est de toute évidence capable de produire des chardonnays d'une qualité exceptionnelle, ainsi que des rieslings avec de bons exemples de vins de vendanges tardives. Mais tout est réuni pour que cette région fasse un jour de très sérieux pinots noirs, particulièrement fruités.

L'acidité élevée des raisins cultivés dans le Marlborough nécessite une fermentation malolactique. Cela signifie aussi que ses vins peuvent fournir une bonne base pour les vins pétillants. Les maisons de champagne se sont implantées, et le Pelorus de Cloudy Bay est une preuve de plus de l'élégance de Marlborough.

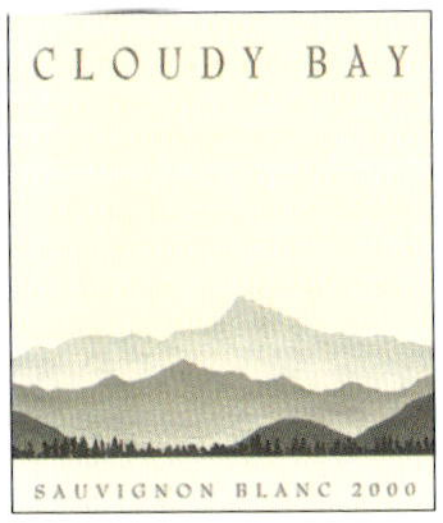

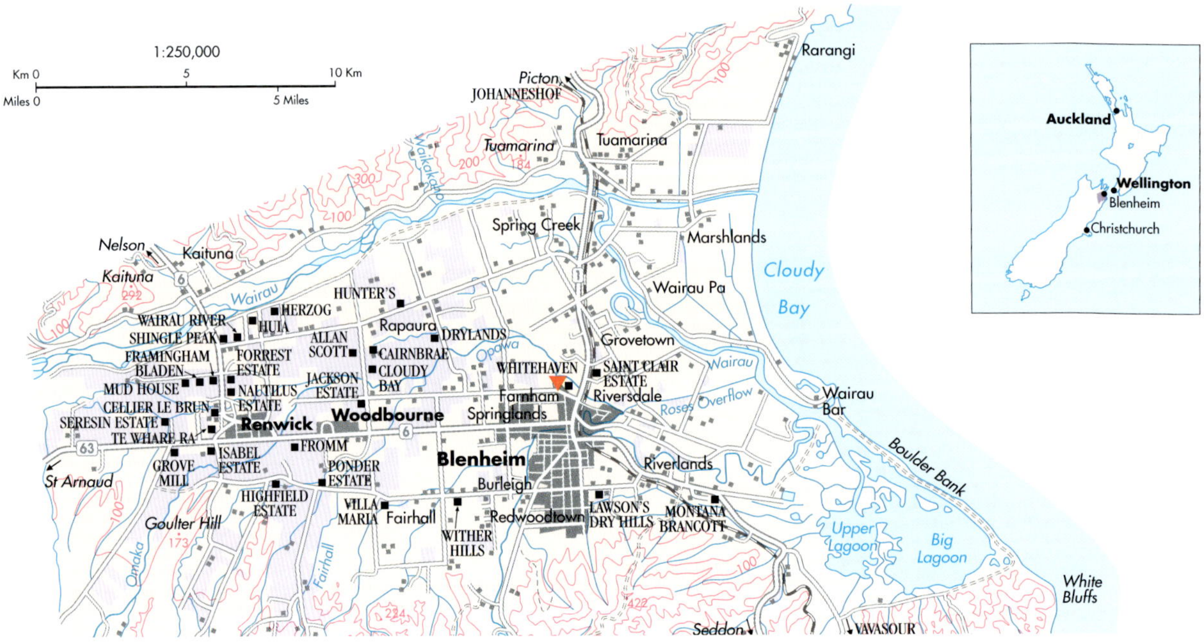

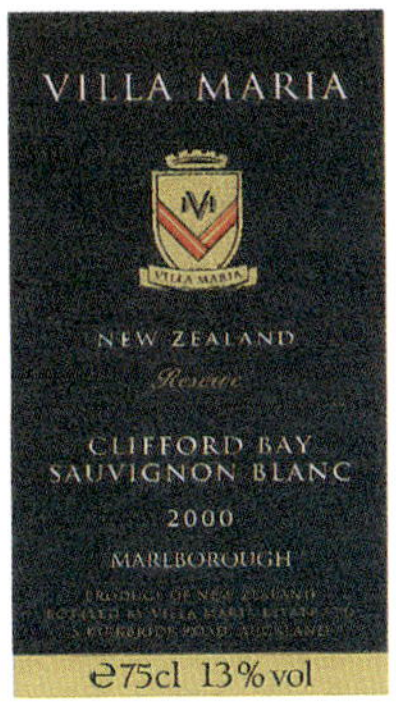

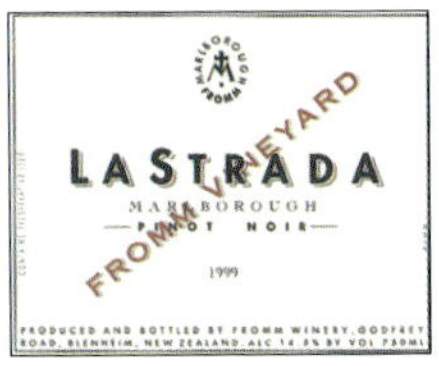

Le Sauvignon de Clifford Bay *est cultivé juste au sud de la zone cartographiée, dans la vallée de l'Awatere. Le vin de Fromm prouve que Marlborough est capable de produire des pinots noirs parfaitement mûrs.*

CLOUDY BAY — Producteur de premier ordre
Vignobles
500 — Courbes de niveau (intervalles de 100 m)
Station météorologique

Marlborough : Blenheim

Latitude / Altitude : **40,31° / 20 m**
Température moyenne de janvier : **17,7 °C**
Précipitations annuelles : **730 mm**
Précipitations du mois de la vendange : **avril : 60 mm**
Principal danger viticole : **pluies d'automne**
Principaux cépages : **sauvignon blanc, chardonnay**

Hawkes Bay

D'un point de vue néo-zélandais, Hawkes Bay est une région vinicole historique, plantée par des missionnaires maristes au milieu du XIXe siècle. Mais ce sont les cabernets faits dans les années 1960 par le célèbre Tom McDonald pour l'entreprise vinicole australienne McWilliam's (dans une cave ressuscitée en 1990 par Montana pour leur marque Church Road) qui ont indiqué que la région avait un futur prometteur. Quand les plantations sérieuses ont commencé dans les années 1970, Hawkes Bay est logiquement devenu une zone d'expansion, notamment pour la cabernet sauvignon, qui était alors le cépage de rigueur.

Hawkes Bay a été depuis lors le garant de la qualité des vins rouges de style bordelais en Nouvelle-Zélande. Dans les années 1990, la région a commencé à faire des vins qui ont suscité un vif intérêt. Le millésime 1998, une année si chaude que les moutons avaient dû être transportés en camion vers des pâturages plus verts, dans l'ouest, a donné des vins qui avaient non seulement l'acidité habituelle des vins néo-zélandais, mais aussi une maturité exceptionnelle, avec les tannins agréables mais puissants.

Ce fut aussi vers la fin des années 1990 que les producteurs ont commencé à comprendre pleinement la complexité des sols de Hawkes Bay et à en tirer profit. Il était depuis longtemps évident que le climat maritime de cette large baie située sur la côte orientale de l'île du Nord, abritée du vent d'ouest par les chaînes montagneuses du Ruahine et du Kaweka, offrait une combinaison très favorable à la vigne : de faibles précipitations et de températures élevées. Il a fallu un peu plus de temps pour savoir ce qui se passait dans le sous-sol.

Une vue aérienne de Hawkes Bay montre nettement la variété des profondes couches alluviales et glaciaires et leur répartition depuis la montagne jusqu'à la mer. Le limon, le terreau et le gravier ont chacun des capacités différentes à retenir l'eau. Certains vignobles sont saturés d'eau, déployant une végétation excessive, tandis que leurs voisins peuvent avoir besoin d'être irrigués. Les raisins les plus mûrs poussaient sur les sols les plus pauvres, qui limitaient la croissance de la vigne. Une irrigation bien contrôlée permettait de doser l'apport en eau idéal pour chaque pied de vigne.

Il n'y a pas plus pauvres que les 600 hectares de galets qui entourent la Gimblett Road, au nord-ouest de Flaxmere, le long de ce qui était le lit de la rivière Ngaruro – jusqu'aux dramatiques inondations de 1870. À la fin des années 1990, on a assisté à une véritable ruée sur ces soi-disant graviers de Gimblett ou de Twyford, à tel point que les trois quarts des terres ont été vendus et plantés.

Les autres bonnes régions pour la culture des cépages noirs du Bordelais sont Bride Pa – juste au sud de Gimblett et un peu plus frais –, certains sites sur les collines calcaires de Havelock North, colonisés très tôt par les gens de Te Mata, et enfin une bande de galets, fraîche, où la vigne mûrit tard, le long de la côte entre Haumona et Te Awanga.

La Nouvelle-Zélande a souffert, comme beaucoup d'autres pays dans les années 1980, de l'adoration excessive pour le cabernet sauvignon. Et même à Hawkes Bay, on ne peut pas toujours se fier à ce cépage si capricieux. Les plantations de merlot, qui mûrit plus vite, ont donc augmenté significativement. Le malbec prospère dans la région et mûrit plus tôt encore. C'est un cépage qui a cependant tendance à mal répartir ses fruits. Quand le cabernet franc est bon, il est excellent. Comme Bordeaux, c'est une région où les variations d'une année à l'autre sont très fortes. Pour des raisons qui sont très semblables à celles qui prévalent à Bordeaux, la plupart des rouges les mieux équilibrés de Hawkes Bay sont des mélanges savamment agrémentés d'un fort arôme de chêne.

Bien que la couronne du chardonnay ait été réclamée par Gisborne, ce cépage reste la variété dominante à Hawkes Bay, qui en tire des vins opulents. Et le sauvignon blanc est assez puissant pour vieillir heureux en fûts de chêne.

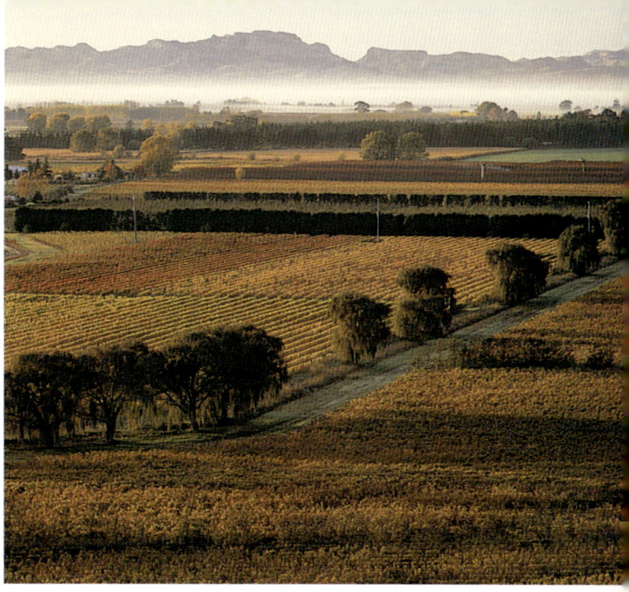

Ci-dessus Une vue sur la ferme Te Awa et sur les soi-disant graviers de Gimblett, en direction de Hastings et du pic de Te Mata, qui est aussi le nom d'un des premiers producteurs de bons vins rouges à Hawkes Bay.

La région de Hawkes Bay *est assez chaude pour qu'y mûrissent de nombreux cépages noirs. Ceux de Bordeaux sont bien établis, mais la syrah et le malbec manifestent une rare élégance dans les deux exemples ci-dessous.*

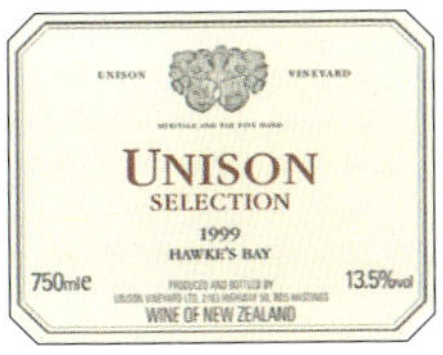

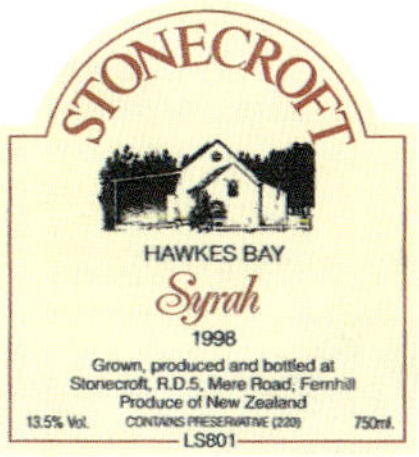

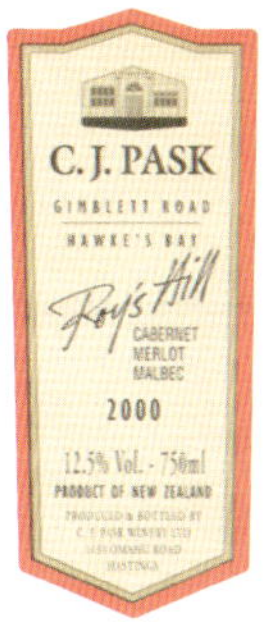

Hawkes Bay : Napier

Latitude / Altitude : **39,28° / 1 m**

Température moyenne de janvier : **18,9 °C**

Précipitations annuelles : **890 mm**

Précipitations du mois de la vendange : **mars : 75 mm**

Principaux dangers : **pluies d'automne, champignons**

Principaux cépages : **chardonnay, cabernet sauvignon, merlot, malbec**

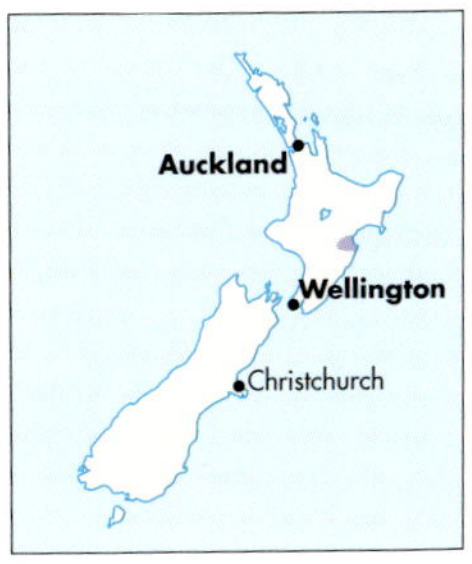

■ UNISON Producteur de premier ordre

Vignobles

200 Courbes de niveau (intervalles de 100 m)

▼ Station météorologique

1:357,150

Km 0 5 10 Km

Miles 0 5 Miles

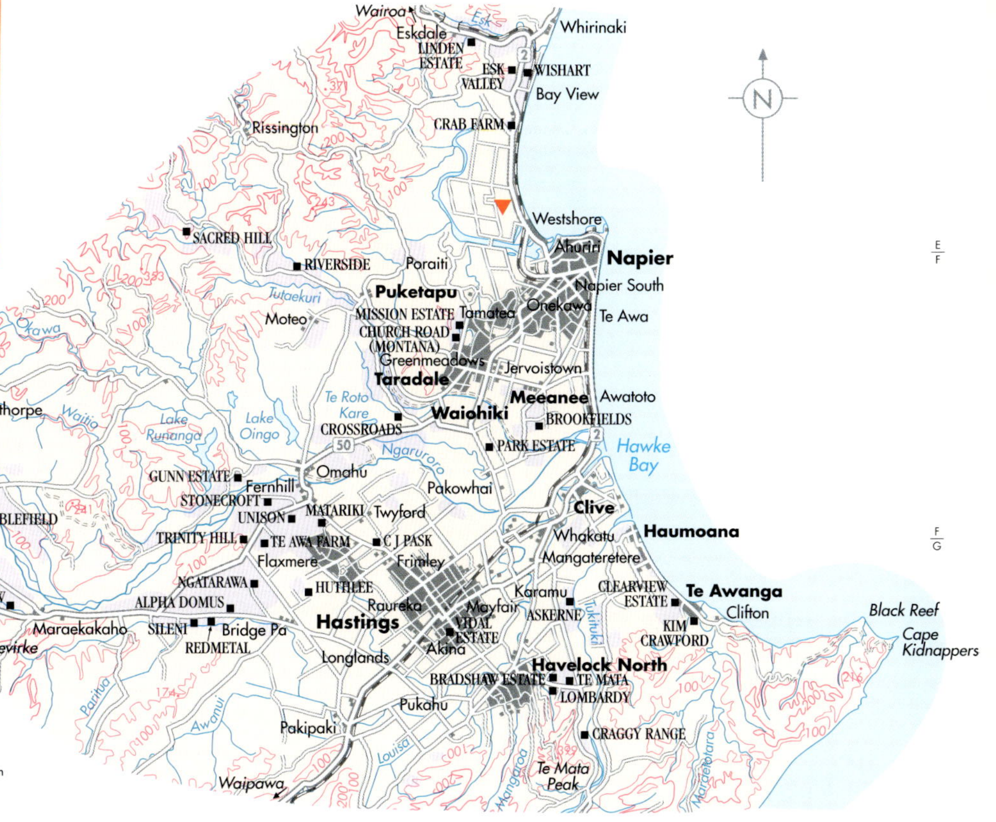

Afrique du Sud

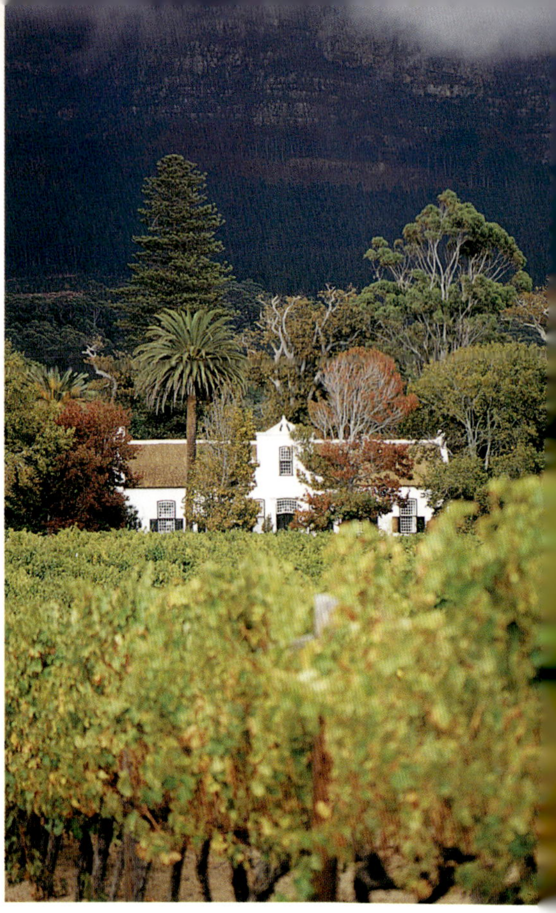

Ci-dessus Comme plusieurs autres caves d'Afrique du Sud, Buitenverwatching de Constantia s'est fait une réputation aussi bien pour ses vins que pour son restaurant. L'irrigation est en général inutile dans cette zone.

L'Afrique du Sud est sans aucun doute le plus beau pays du monde du vin. Les hauts rochers bleutés de grès et de granite décomposé de la Table Mountain s'élèvent au-dessus des pâturages d'un vert vif parsemé des taches blanches des façades des demeures hollandaises du Cap, vieilles de deux cents ans. Mais cette situation enviable cache en réalité de nombreux problèmes. Un jour, pourtant, cette appellation sera à la hauteur de son paysage.

La plupart des vignes prospèrent sous un climat méditerranéen presque parfait, plus frais que la latitude ne le laisse penser à cause du courant de Benguela, en provenance de l'Antarctique, qui baigne la côte atlantique du pays. Les précipitations sont en général concentrées pendant les mois d'hiver, mais leur niveau fluctue de façon considérable en fonction de la topographie variée du Cap. Les vents d'ouest dominants tempèrent le climat. Plus on descend vers le sud et l'ouest – en se rapprochant de la mer –, plus il fait frais et plus les pluies abondent. Les précipitations peuvent être fortes de chaque côté des chaînes montagneuses, pour se réduire à 200 mm par an en l'espace de quelques kilomètres. Les montagnes jouent aussi un rôle d'entonnoir pour le fameux Cape Doctor, un vent puissant du sud-est qui protège la vigne de la pourriture et du mildiou, mais peut aussi endommager les jeunes plants.

L'Afrique du Sud dispose d'un peu plus de vignobles que l'Australie, qui rattrapait son retard rapidement à la fin du XXe siècle. Mais seule une portion du raisin d'Afrique du Sud est vendue sous forme de vin, le reste, de faible qualité, étant destiné à être distillé ou transformé en concentré de jus de raisin (l'Afrique du Sud en est le premier producteur mondial). La proportion vendue sous forme de vin a augmenté, mais elle restait inférieure au deux tiers en 1999.

Ce phénomène est une conséquence pénible de l'organisation étouffante de l'industrie vinicole qui a régné pendant la plus grande partie du XXe siècle. Au cours du XIXe siècle, les exportations de vin, et Le Cap, plus généralement, étaient florissants. Mais le phylloxéra, la guerre des Boers, l'effondrement du marché britannique (crucial pour les vins du Cap) pesèrent lourdement sur les viticulteurs. Ils furent vaguement soulagés avec la création en 1918 de la KWV, une organisation coopérative géante destinée à fournir un marché et à contrôler les prix quelle que soit la qualité.

Cela a eu pour effet d'imposer en Afrique du Sud, à la différence des autres pays du Nouveau Monde du vin, un modèle de production coopérative écrasant. Environ 4500 viticulteurs cultivent 100000 hectares, et la plupart d'entre eux vendent leur récolte à l'une des soixante-dix coopératives (qui vendent leurs vins à des prix défiant toute concurrence aux supermarchés du nord de l'Europe).

À l'autre bout du spectre, on trouve quatre-vingt-dix producteurs de vin qui cultivent leur raisin. Cent quatre-vingts autres producteurs, parfois aussi bons que les précédents, ne présentent pas les qualités requises pour la désignation de propriété. Et un certain nombre de négociants en gros, importants par la quantité vendue, font aussi des vins à leur nom.

Jusqu'en 1992, le KWV appliquait un système de quotas qui paralysait toutes les tentatives de plantation de vignes dans des régions nouvelles. La transgression de la loi fournissait Le Cap en anecdotes aussi nombreuses que les producteurs de vin, mais l'exploration de régions nouvelles restait totalement impossible – même lorsqu'elles présentaient des qualités climatiques évidentes pour la production de vin de qualité.

Le problème le plus paralysant était la difficulté à trouver un bon vin. Encore récemment, un système absurde imposait une quarantaine aux vins d'importation, rendant celle-ci pratiquement impossible. Pendant longtemps, les vignobles furent dominés par le chenin blanc, qui s'était remarquablement adapté, complété par le palomino (le cépage du sherry), le cinsault rouge et le sultana. Le sémillon était présent, ainsi qu'un peu de riesling, de cabernet sauvignon, de pinot noir et de syrah (appelée ici shiraz). Mais le chardonnay, le sauvignon blanc et le merlot étaient impossibles à obtenir. De plus, les vignes avaient tendance à être des clones médiocres ou à être infectées par des virus.

Les choses sont en train de changer. Des régions vinicoles entièrement nouvelles émergent et les vignobles sont plantés avec les cépages noirs à la mode plutôt que des cépages blancs. Le chenin, appelé steen en Afrique du Sud, est encore le cépage le plus abondamment planté, mais il est passé de 32 à 20 % du vignoble entre le milieu des années 1980 et la fin du siècle. Pendant la même période, la surface plantée en cabernet sauvignon est passée de 2300 à 6700 hectares. La proportion de cabernet parvenant à complète maturité a, elle aussi, augmenté. Le merlot et la shiraz (ils peuvent être somptueux) ont aussi été plantés avec beaucoup d'énergie.

Le pinotage est le cépage indigène de l'Afrique du Sud et c'est le deuxième cépage du vignoble du pays – résultat d'un croisement, dans les années 1920, de cinsault (connu alors sous le nom d'hermitage) et de pinot noir. Comme la shiraz en Australie, le zinfandel en Californie et le malbec en Argentine, il était autrefois traité avec mépris. Il est aujourd'hui considéré comme un trésor national. Une fois que les producteurs ont su, au début des années 1990, comment conserver son arôme fruité, il est devenu le cépage à la mode, soit comme réponse au Beaujolais, soit dans une version plus gouleyante, charnue, avec un fort arôme de chêne.

En 1973, le gouvernement sud-africain, soucieux de reconnaissance internationale, introduisit un système complexe de contrôle des Vins d'Origine (qui était comparable aux règlements de la CEE). Il définissait, dans un ordre d'importance géographique croissant, des régions, des districts et des circonscriptions. Cela ne correspond pas toujours avec les noms géographiques présents sur les étiquettes. Le rythme des explorations de régions vinicoles potentielles devra s'accélérer dans les années qui viennent.

Le vin le plus célèbre d'Afrique du Sud, d'un point de vue historique, est le Constantia, un vin de dessert légendaire reconnu dès la fin du XVIIIe siècle comme un des plus grands vins du monde. Le vignoble d'origine avait été planté par le deuxième gouverneur hollandais du Cap, Simon Van der Stel (qui a aussi donné son nom à Stellenbosch, la région du vin présentée en détail pages 322-323).

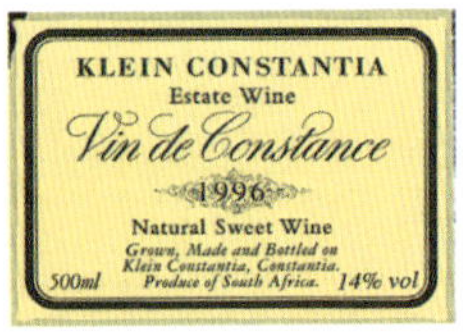

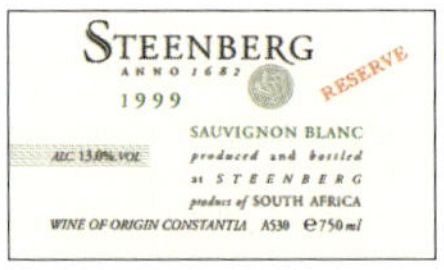

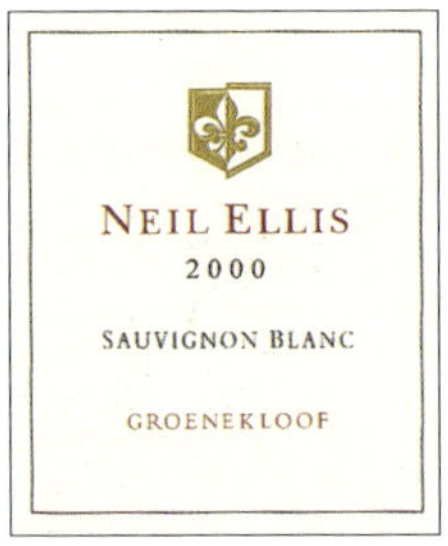

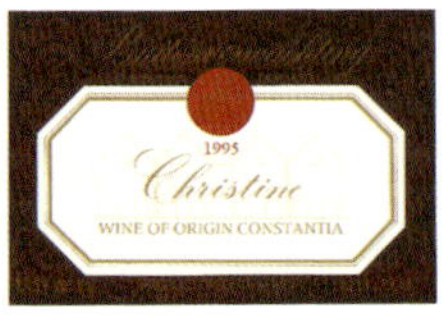

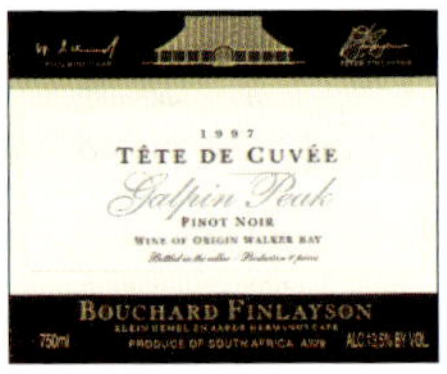

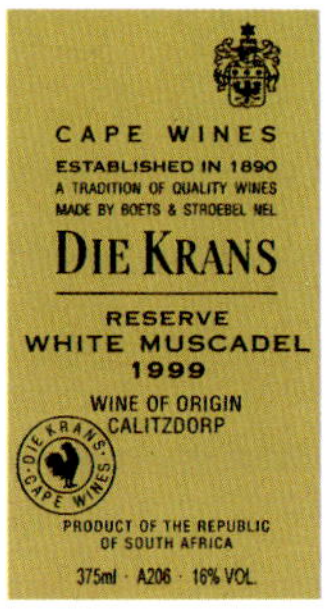

Le Vin de Constance de Klein Constantia *est une imitation du célèbre vin historique de l'Afrique du Sud, tandis que le Muscadel de Die Krans, à Calitzdorp, est un des vins doux, puissants et concentrés, typiques des vignobles les plus chauds du pays.*

Constantia, sur les pentes orientales de la Table Mountain, jouit d'un climat particulièrement tempéré, avec des pluies abondantes et des brises fraîches en provenance de False Bay. Le seul inconvénient est la proximité de Cape Town, qui en fait une véritable banlieue. Les caves qui ont les moyens d'y être installées sont généralement les meilleures, produisant un excellent sauvignon blanc. De nouvelles plantations ont été faites sur la péninsule du Cap.

L'air marin de l'Atlantique, de l'autre côté du cap de Bonne Espérance, offre la possibilité de faire des vins aux arômes frais aux producteurs de Durbanville, de Piketberg et à ceux du nord du fleuve Olifants. Récemment encore, la côte occidentale était considérée comme étant en dehors du périmètre du vin de qualité. Mais les explorateurs, désormais sans entraves, découvrent des sites prometteurs pour le sauvignon blanc sur les hauteurs du Groenekloof, près de Darling, ou pour le pinotage sur certaines terres non irriguées du Swartland.

Plus au nord, la coopérative Vredendal a montré qu'une latitude plus basse ne signifiait pas nécessairement un déclin de la qualité. Une bonne partie du chenin et du colombard acides qui est faite en Afrique du Sud et semble être la meilleure source de vins blancs bon marché au monde, provient de la vallée de l'Olifants. La région d'Orange River, au nord en dehors de la carte, est plus chaude encore et dépend de façon cruciale de l'irrigation.

Les températures d'été dans la grande étendue aride qu'est le Little Karoo sont si élevées que les vins vinés, rendus possibles grâce à l'irrigation, sont devenus la spécialité locale, avec les vins rouges et les autruches. Les producteurs de porto du Portugal suivent de près les progrès de cette région.

Le Worcester se trouve un peu plus près de l'influence adoucissante de l'Atlantique, mais reste si chaud et si sec que l'irrigation s'impose. On y fait plus de vin que dans n'importe quelle autre région du Cap. Une bonne partie de cette production finit en brandy, mais c'est aussi la source de bons vins courants, rouges et blancs.

Le Robertson est la région qui, en dehors de la région du Cap, a su établir la réputation de qualité de toute une série de propriétés et d'un bon vin de coopérative. Elle se situe en bas de la vallée de la Breedle, en direction de l'océan Indien. Ajoutez à cela des sols calcaires qui permettent de faire de l'élevage de chevaux et vous avez une belle région de vins blancs, avec un avenir prometteur pour les vins rouges.

Sans doute le potentiel le plus excitant se situe-t-il à l'est. L'Overberg n'était même pas classé comme région officielle dans les années 1970. C'est aujourd'hui une région qui peut s'enorgueillir de l'élégance de ses vins. Tim Hamilton Russell a été le pionnier de Walker Bay, près d'Hermanus. Il a fait la preuve de la capacité de l'Afrique du Sud à faire un grand pinot noir. Mais on trouve aussi des blancs vifs à Elgin, la région des pommiers. Les plantations se multiplient dans l'arrière-pays du Cap Agulhas et dans l'est jusqu'à Ruiterbosch.

La prochaine étape, cruciale, de l'évolution de l'Afrique du Sud sera d'ordre social. Le KWV a été démantelé ou du moins privé de ses pouvoirs de contrôle. La dévolution du pouvoir aux Noirs est en cours et des *joint-ventures* se sont multipliées, même si cela se fait à un rythme assez lent. Des marques comme Spice Route, Helderkruin et Freedom Road, New Beginnings, Thandi et Winds of Change sont les signes avant-coureurs d'une nouvelle ère du vin sud-africain. On comprend l'impatience.

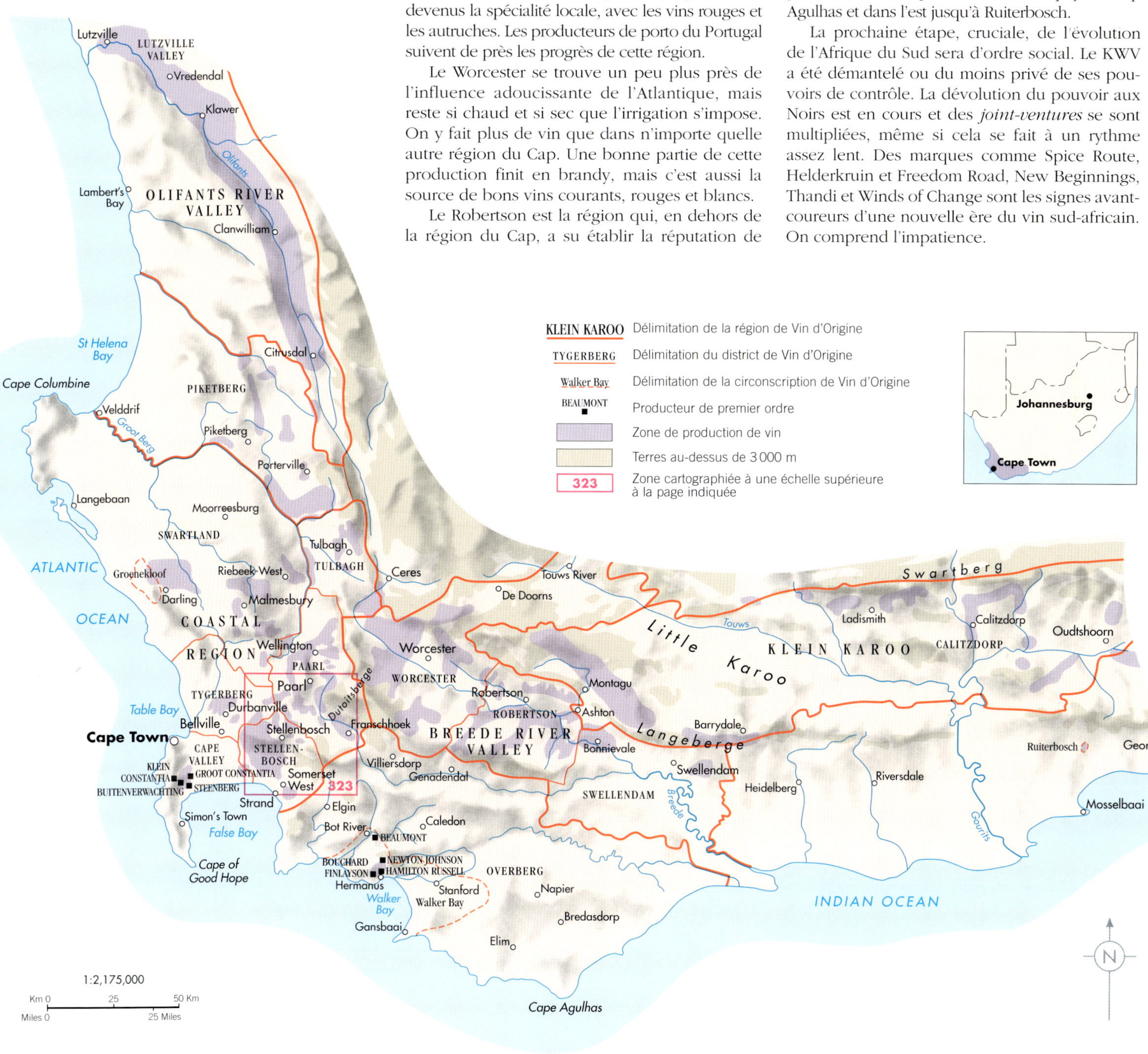

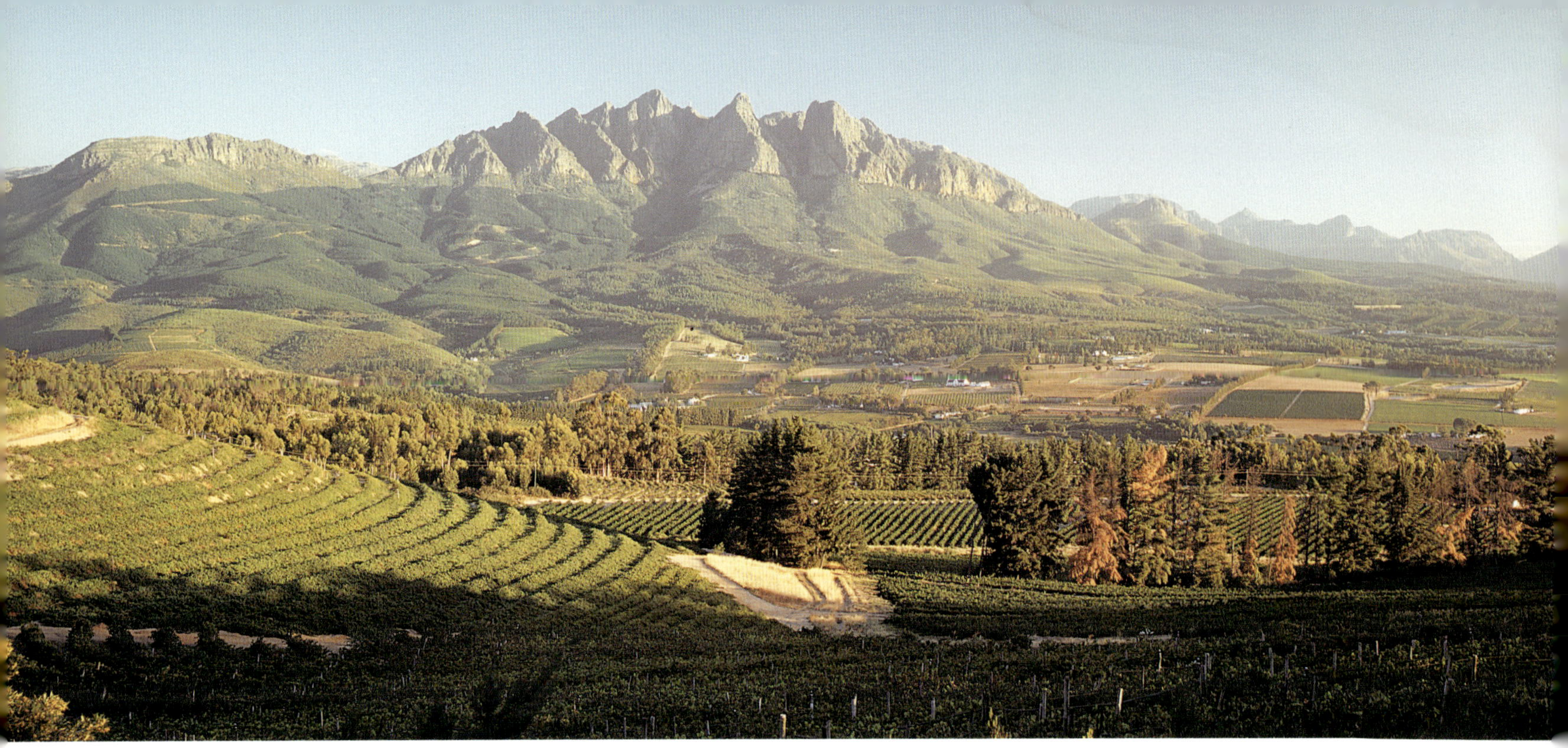

Stellenbosch et Paarl

La région dessinée sur la carte de la page suivante est le cœur de l'activité vinicole du Cap. Depuis quelques années, son centre de gravité s'est très significativement déplacé vers l'influence rafraîchissante de False Bay. Paarl – longtemps centre de l'industrie autrefois vitale du vinage, site du quartier général du KWV et de la vente aux enchères annuelle de vin Nederburg – occupe aujourd'hui une position plus marginale qu'autrefois sur la scène vinicole du Cap (même si d'excellents vins de table sont produits par des maisons comme Veenwouden, Fairview, Villiera et Glen Carlou).

Si les résultats de certaines plantations récentes en Afrique du Sud dans des régions plus fraîches sont très bons, la production essentielle de vin sud-africain va probablement rester centrée sur la région de Stellenbosch, une ville universitaire boisée, environnée d'une campagne arcadienne dont les pignons blancs et courbés, dans la tradition hollandaise du Cap, sont célèbres.

Les sols de Stellenbosch varient de léger et sablonneux dans le fond de la partie occidentale de la vallée (pays traditionnel du chenin blanc) à plus lourd sur les pentes des montagnes, jusqu'au granite décomposé au pied des montagnes Simonsberg, Stellenbosch, Drakenstein et Franschhoek à l'est (les deux dernières chaînes se trouvant dans la région de Paarl plutôt que de Stellenbosch). Les courbes de niveau et la distribution de l'eau sur la carte sont une bonne indication de la variété des terroirs que l'on peut y trouver.

Au nord, loin de la mer, les températures ont tendance à être plus élevées, mais le climat est en général adapté à la culture de la vigne. La pluviométrie est presque idéale et concentrée sur les mois d'hiver. Les étés sont à peine plus chauds que ceux du Bordelais. Comme tous les producteurs de vin d'Afrique du Sud, ceux de Stellenbosch éprouvaient le besoin de produire beaucoup de vins différents, rouges et blancs. Aujourd'hui, la tendance, plus saine, vise à identifier la variété la mieux adaptée au site et à se concentrer sur elle uniquement. À long terme, la majorité de ces vignobles va probablement se consacrer à la production du vin rouge plutôt que du blanc. Même si le chardonnay semble se développer absolument partout, et que des régions plus fraîches dans le sud et l'est de cette carte soient en mesure de produire les meilleurs sauvignons blancs dont l'Afrique du Sud soit capable. Les mélanges ont toujours été importants, Le Cap étant un des rares endroits où sauvignon blanc et chardonnay se retrouvent régulièrement dans la même bouteille et où le mélange Cape Blend devient un style de rouge.

Les vignobles de Stellenbosch sont si bien établis et si variés que le temps est venu de subdiviser ce qui est, selon la nomenclature vinicole officielle de l'Afrique du Sud, un district de la région côtière. Cinq circonscriptions ont été reconnues au cœur du district de Stellenbosch, et neuf autres entités géographiques ont été identifiées au sein de ces cinq zones.

La première circonscription à obtenir une reconnaissance officielle a été Simonsberg, comprenant tous les flancs méridionaux, plus frais et bien drainés, de l'imposante montagne qui porte ce nom. Jonkershoek Valley est une zone assez petite mais depuis longtemps reconnue dans les montagnes éponymes à l'est de Stellenbosch. Papegaaiberg, tout aussi minuscule, se situe de l'autre côté de la ville, en tampon face à la circonscription florissante qui se trouve dans la vallée abritée de Devon. Au nord, la circonscription de Bottelary, beaucoup plus grande, plus plate et plus récente, emprunte son nom aux collines situées dans son coin sud-ouest. Stellenboschkloof (ou Stellenbosch Valley), juste à l'ouest de la ville, doit encore être reconnue comme circonscription.

Ci-dessus La région vinicole qui s'étend entre Wellington et Paarl est une des plus belles. Ce qu'il lui faut aujourd'hui, c'est y planter des cépages de haute qualité et sains – l'expertise en matière de production ne fait pas défaut.

Les meilleurs vins proviennent globalement de propriétés qui se trouvent autour de la ville de Stellenbosch, ouvertes aux influences des brises océaniques méridionales en provenance de False Bay, ou assez hautes dans les montagnes pour que l'altitude et les vents rafraîchissants puissent constituer des facteurs non négligeables. Par exemple, les imposantes montagnes Helderberg, qui se déploient au nord-est de Somerset West, jouent un rôle évident dans la géographie locale du vin.

Les zones les plus fraîches comprennent la colonie de Franschhoek, exploitée à l'origine par des Huguenots. Conformément à la laborieuse nomenclature des vins d'origine, Franschhoek est une circonscription au sein du district de Paarl, ainsi que Wellington qui n'est pas sur la carte, au nord.

Les sites de Franschhoek, et d'autres à des altitudes plus élevées encore, comme la spectaculaire maison anglo-américaine Vergelegen, bien au-dessus de Somerset West, sont capables de donner des vins blancs aux arômes pleins, redressés par une colonne vertébrale rafraîchissante, salvatrice, d'acidité – relativement rare en dehors de l'Europe. L'Afrique du Sud forge encore l'identité de son vin rouge – en grande partie parce que les installations et les équipements pour le vin rouge étaient, jusqu'à la fin des années 1990, encore relativement rares et que l'on confondait la quantité et la qualité. Parvenir à une pleine maturité physiologique dans le vignoble, souvent affecté par les virus qui touchent les pieds de vigne, est le but le plus courant. À cette fin, la jeune génération des producteurs de vin du Cap est aujourd'hui celle qui voyage le plus dans le monde.

Stellenbosch : Nietvoorbij

Latitude / Altitude : **33,54° / 146 m**
Température moyenne en janvier :**21,5 °C**
Pluviométrie annuelle : **740 mm**
Pluviométrie du mois de la vendange : **mars : 30 mm**
Principal danger viticole : **virus**
Principaux cépages : **chenin blanc, colombard, sauvignon blanc, chardonnay, pinotage, cabernet sauvignon**

ELSENBURG Circonscription de Stellenbosch
■ KANONKOP Producteur principal
Vignobles
Forêts
500 Courbes de niveau (intervalles de 100 m)
▼ Station météorologique

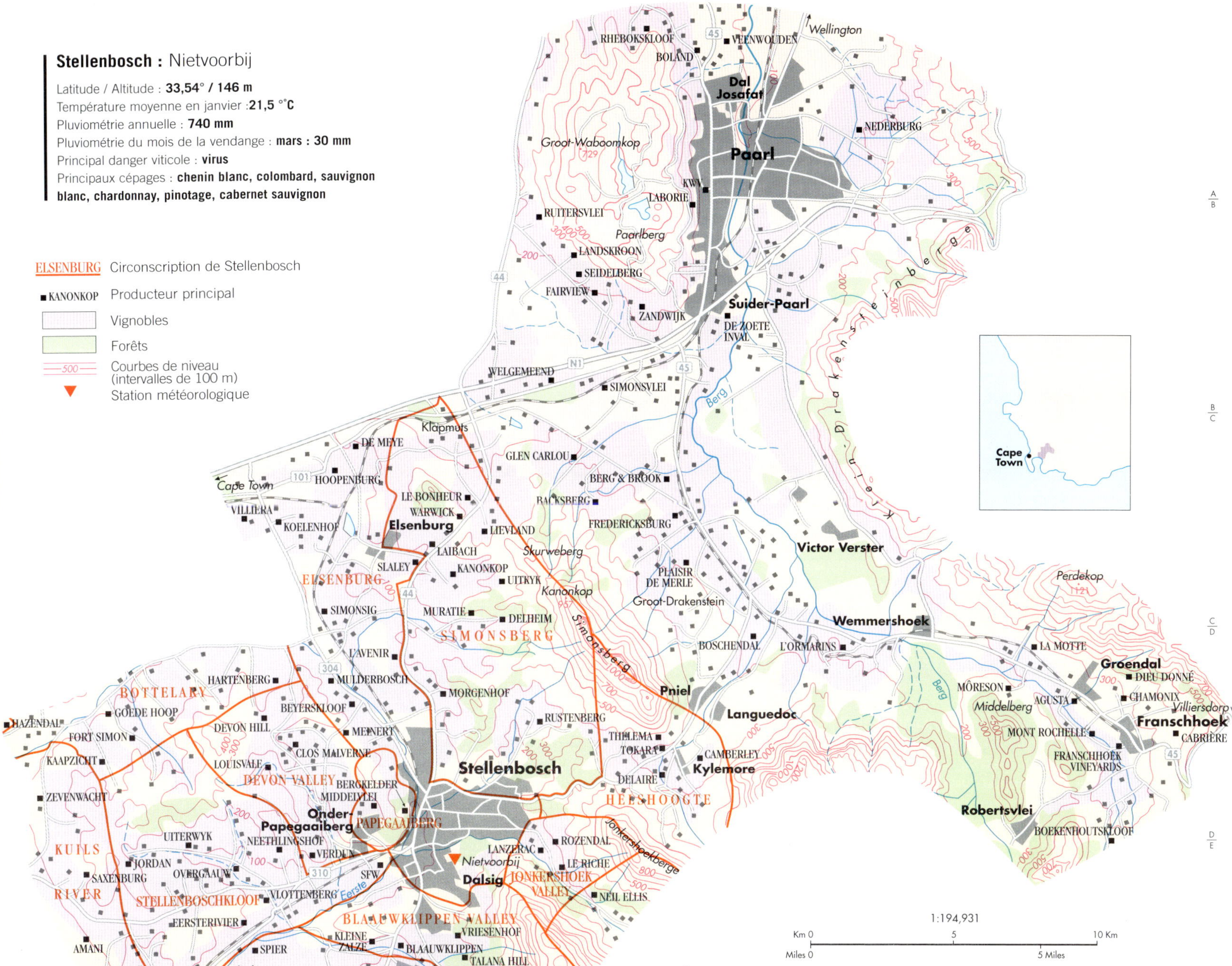

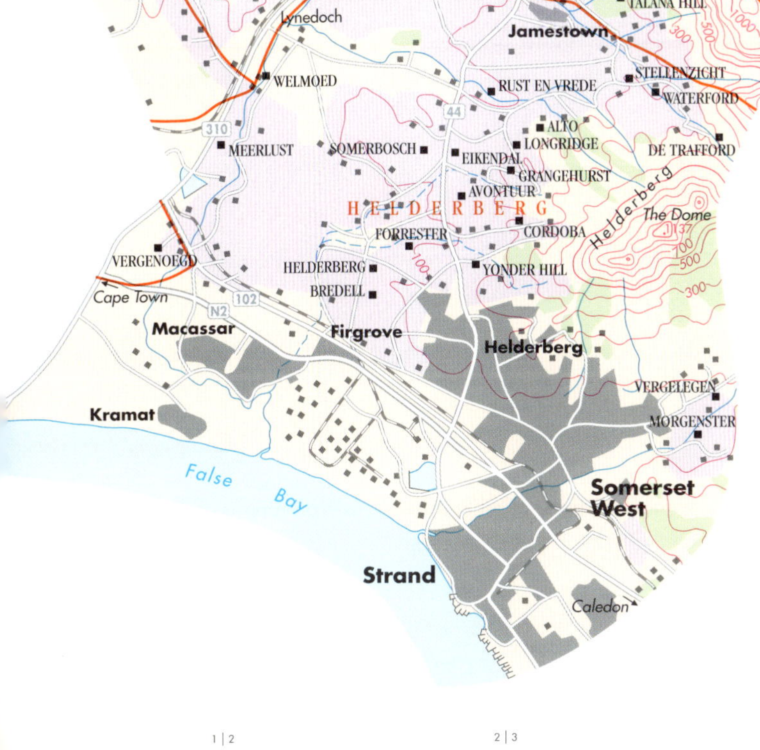

Cette région, pourtant très chaude, *peut produire un très bon chardonnay, ainsi que des rouges qui ne cessent de se raffiner, en plus du pinotage propre au Cap. En partie grâce aux courants froids de l'Antarctique, les niveaux d'acidité naturelle ont tendance à être plus élevés que dans des régions du Nouveau Monde du vin.*

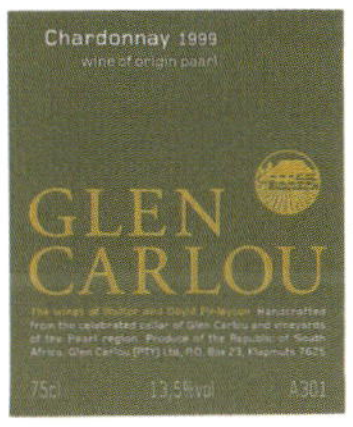

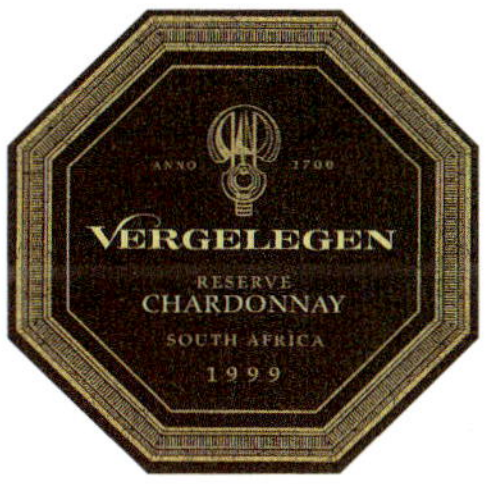

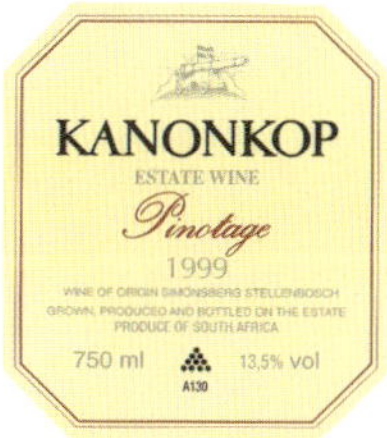

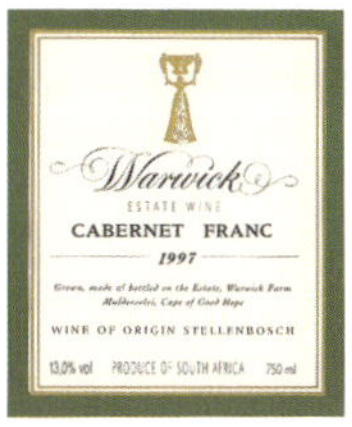

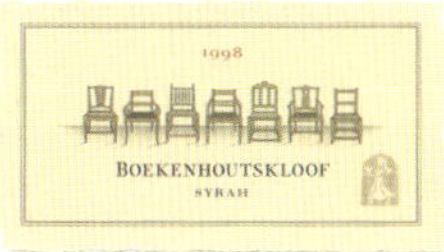

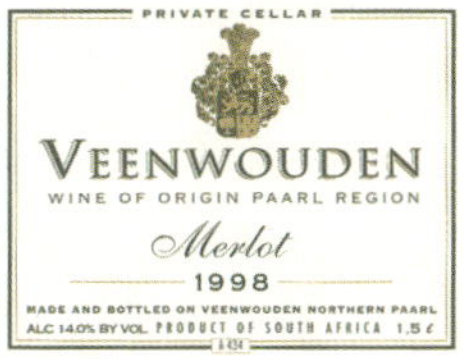

Asie

Le changement le plus remarquable survenu depuis la publication de la dernière édition de cet *Atlas* est sans doute l'intérêt nouveau pour la consommation et la production de vin dans tant de régions d'Asie, jusque-là réfractaire à ses charmes. L'ouverture croissante sur le monde occidental, et sur la cuisine occidentale en particulier, a joué un rôle indéniable – de même qu'a joué la croyance selon laquelle le vin rouge porte chance (à cause de sa couleur) et apporte la santé.

L'histoire d'amour de la Chine et du vin (*putoa-jiu*), par opposition au simple *jiu*, désignant n'importe quelle boisson alcoolisée, a été délibérément encouragée par l'État pour réduire les importations de céréales. La Chine produit désormais plus de vin que n'importe quel autre pays d'Asie.

La vigne était connue des jardiniers dès le IIe siècle en Chine. On faisait du vin et on l'importait aussi de la région de Tachkent, dans ce qui est aujourd'hui la République d'Asie centrale d'Ouzbékistan, le deuxième producteur de vin en Asie. Les cépages européens ont été introduits à la fin du XIXe siècle, mais ce n'est qu'à la fin du XXe que le vin de raisin s'est infiltré dans la société (urbaine) chinoise.

L'immensité de la Chine offre une gamme époustouflante de sols et de latitudes. Le climat est plus problématique. À l'intérieur des terres, on est confronté aux conditions extrêmes du climat continental, tandis que la côte, notamment celle de la Chine méridionale, est exposée à la mousson. Dans la province du Xinjiang, au nord-ouest, où est planté au-dessous du niveau de la mer, dans la dépression du Turpan, un quart du vignoble chinois, les hivers sont tellement rigoureux que les vignes de vinifera doivent être protégées. On y produit essentiellement du raisin de table et des raisins secs, ainsi qu'une petite quantité de vin dans les caves d'État, grâce à la méthode de rétro-oxydation.

Les caves d'État sont les seules en activité dans tout le pays, mais ce n'est qu'au début des années 1980, lorsque les experts étrangers ont été attirés par des participations financières, que des vins reconnaissables pour un palais européen (sec, fruité et provenant uniquement du raisin) ont pu être faits en Chine. Certaines caves ont même importé du moût.

Rémy Martin a été la première entreprise occidentale à collaborer avec les Chinois, au nord de Tianjin, dans la province du Hebei, foyer de plus de 15 % du vignoble chinois. Le succès du Dynastie, un vin blanc fait avec le cépage local de long yan (œil de dragon), agrémenté de muscat (apporté de Bulgarie en 1958), a encouragé les Chinois à planter les cépages européens classiques.

Un deuxième *joint-venture* a permis de produire la Grande Muraille, dans le Hebei aussi, avec la famille Torres d'Espagne. Un troisième, Amitié de Pékin, a été produit en collaboration avec Pernod Ricard, à 120 km au nord-est de Pékin

À première vue, la Péninsule de Shandong, dans le Sud, semble l'endroit idéal pour cultiver les cépages européens. La province du Shandong dispose déjà de 10 % du vignoble chinois, menacée seulement par les maladies à champignons à l'automne. Avec son climat maritime très prononcé, elle offre de surcroît des pentes exposées au sud et fort bien drainées. Allied Domecq est responsable de la production du Chardonnay Huadong et d'un « riesling ». Changyu est un important producteur de la région. Seagram et Sella & Mosca de Sardaigne figurent parmi les autres investisseurs étrangers.

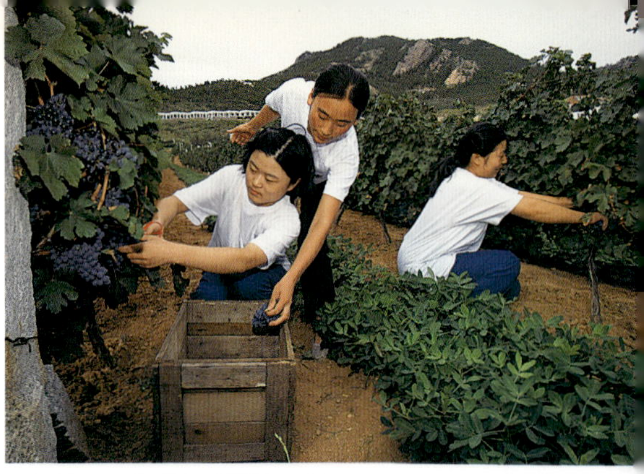

Ci-dessus Vendange des grapes de cabernet sauvignon dans le vignoble Huadong, dont les producteurs sont allés se perfectionner dans le Bordelais.

Le vin a envahi d'autres parties de l'Asie. Les républiques d'Asie centrale d'Ouzbékistan, du Tadjikistan, du Kazakhstan, du Turkménistan et du Kirghizistan ont une longue tradition de viticulture et font des vins (en général sirupeux). La viticulture est, au contraire, assez récente dans des pays comme le Vietnam, la Thaïlande, Taïwan et l'Indonésie – chacun d'eux étant confrontés aux problèmes de la viticulture tropicale.

L'Inde a, elle aussi, développé son industrie vinicole, en altitude, surtout à cause du climat tropical. Le vin indien fera très certainement parler de lui.

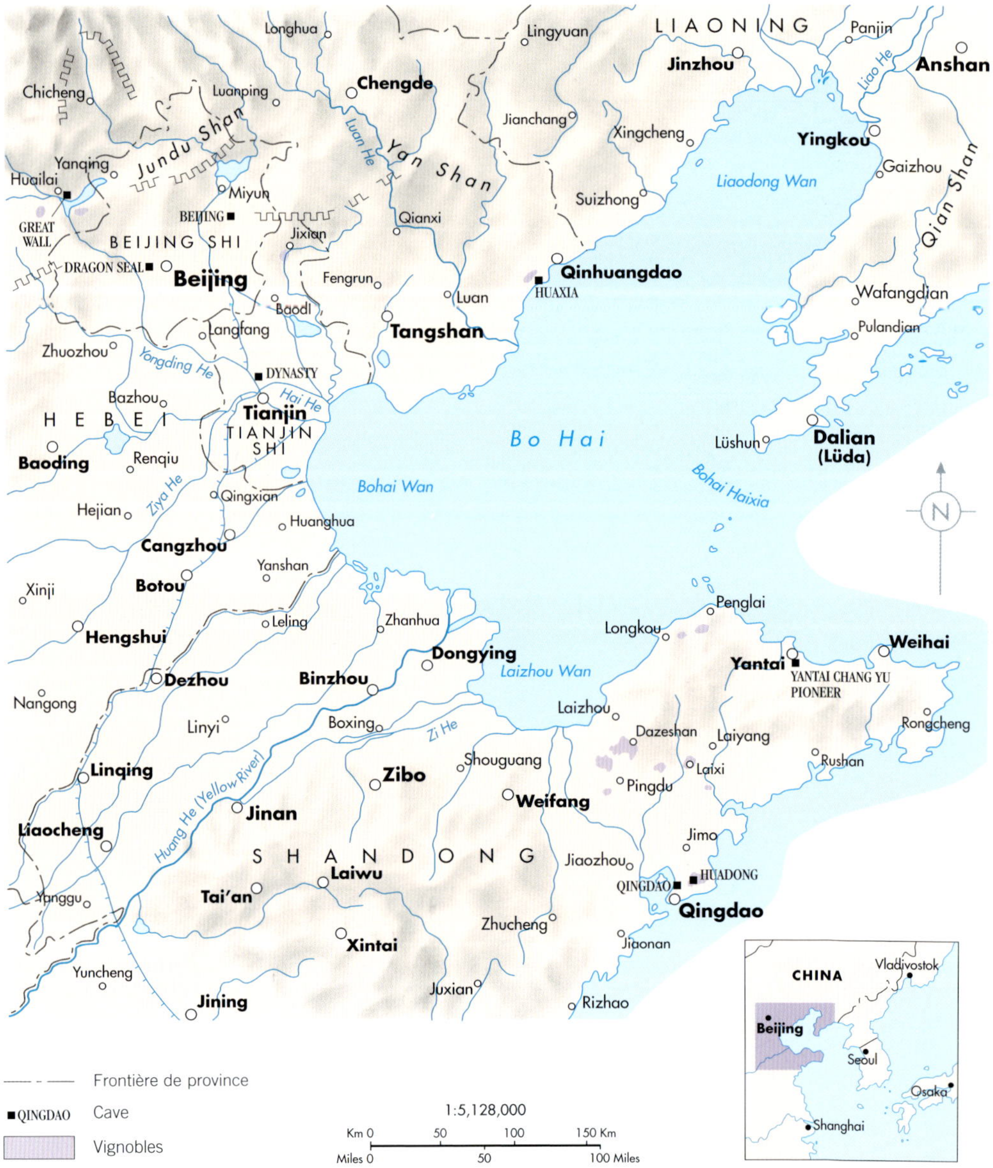

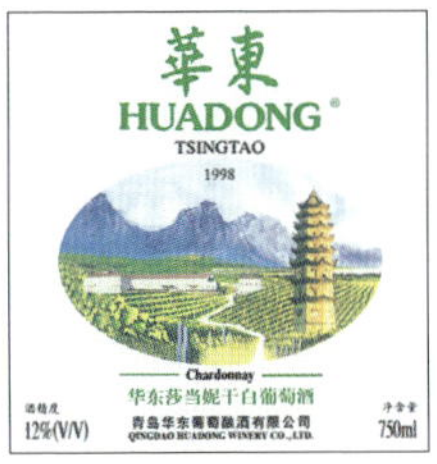

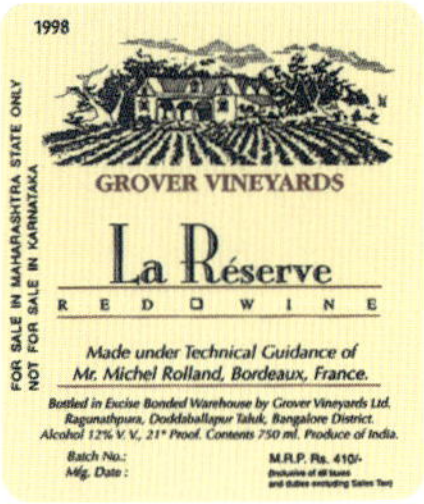

Huadong est produit *avec l'appui d'Allied Domecq. En Inde, Grover admire son consultant, Michel Rolland (de Pomerol). L'Inde produit de bons vins pétillants, comme le Omar Khayyâm et le Sula Brut du Château Indage.*

Japon

La nature, en créant le Japon, semble avoir eu en vue toutes sortes de plaisirs et toutes sortes d'entreprises, sauf le vin. Même si la latitude d'Honshu, l'île principale de l'archipel du Japon, correspond à celle de la Méditerranée, son climat ne lui ressemble guère. Comme la partie orientale des États-Unis, elle pâtit de l'existence d'un énorme continent à l'ouest. Prise entre l'Asie et le Pacifique, les plus grandes masses de terre et d'eau de la planète, son climat extrême, en dépit de sa prévisibilité, reste tout à fait singulier. Les vents de Sibérie lui donnent des hivers glacials ; la mousson du Pacifique et de la mer du Japon inonde ses printemps et ses étés. Et au moment où les vignes ont le plus grand besoin de soleil, elles sont balayées par les typhons.

Les deux tiers du pays sont constitués de pentes vertigineuses, couvertes de forêts qui, seules, empêchent les sols acides de dégringoler dans les petites rivières tumultueuses. Les plaines disposent de sols alluviaux, descendus des montagnes, mal drainés et bons pour les rizières mais non pour la vigne. Les terres faiblement inclinées disposant d'un peu de terre arable sont par conséquent rares et coûteuses. Elles doivent donc être rentables.

Il n'est guère surprenant que le Japon ait hésité en ce qui concerne le vin – hésité pendant mille deux cents ans. La vigne était cultivée dès le VIIIe siècle à la cour de Nara. Des missionnaires bouddhistes répandirent la vigne à travers le pays – même s'ils ne pensaient pas en faire du vin. En 1186, près du mont Fuji, un jeune plant de vinifera à peau épaisse fut sélectionné et baptisé koshu. Il est encore aujourd'hui le cépage le mieux adapté aux conditions japonaises : c'est un raisin de table qui donne aussi un vin blanc acide, assez délicat.

Au XVIIe siècle, l'échalassage sur pergola caractéristique du Japon avait été inventé – ce système limite les risques de pourriture créés par les pluies d'été. Les désavantages en sont l'extension excessive de la vigne dont les racines sont constamment humides, même sur des sols peu profonds – ce qui a pour conséquence de donner d'énormes récoltes de raisins aqueux. Les niveaux de sucre sont si bas que la loi autorise une addition de sucre qui peut aller jusqu'à la proportion sidérante de 260 grammes par litre. L'extraction, elle aussi, est faible : le vin a un goût neutre au mieux, aqueux au pire. Les meilleurs cépages de vinifera du Japon, consacrés à la production de vin – qui ne couvrent que 1000 hectares sur un vignoble total de 22 000 hectares – sont aujourd'hui cultivés de manière plus conventionnelle.

Une industrie du vin existe depuis une centaine d'années. Le gouvernement japonais envoya des chercheurs en Europe dans les années 1870 pour étudier les méthodes de vinification et rapporter des pieds de vigne. Il devint rapidement évident que les vignes américaines s'adaptaient mieux que celles de France ou d'Allemagne. Les Japonais n'étaient pas gênés par l'arôme foxé des vignes de la côte est des États-Unis. Le delaware est devenu le cépage le plus abondamment planté, les hybrides représentant environ 80 % du vignoble japonais. Le néo-muscat, un croisement de koshu sanjaku et de muscat d'Alexandrie, est la seule vigne de vinifera abondamment plantée en dehors du koshu.

L'industrie vinicole s'est installée dès le départ dans les collines du bassin de Kofu, dans la préfecture de Yamanashi. Plus de la moitié des quelque 130 caves d'origine au Japon (par opposition aux usines de mélange et de mise en bouteilles) se trouvent dans cette zone. Le Japon est un importateur enthousiaste de vin en gros et de moût (les vins qui contiennent du moût importé doivent désormais le spécifier sur l'étiquette).

Jusque dans les années 1960, de nombreuses petites entreprises du Yamanashi faisaient des vins très doux pour un marché peu sophistiqué. Aujourd'hui, le marché du vin japonais est dominé par Mercian et Suntory. Les deux sociétés disposent des meilleurs cépages européens en provenance des vignobles les plus soignés du monde. En général, les cabernets, les merlots et les chardonnays sont corrects, même s'ils restent un peu légers en comparaison de la simplicité arrogante du koshu local.

Nagano, un peu plus au nord, produit un des meilleurs vins du Japon, mais, comme la préfecture de Fukushima à l'est, source du chardonnay fort admiré de Mann, son vignoble est très restreint. Les précipitations diminuent quand on se déplace vers l'est. Yamanashi a les températures moyennes les plus élevées et la nouaison, la floraison et la vendange y sont plus précoces qu'ailleurs.

Hokkaido, l'île septentrionale, est un important producteur de raisin. Hyogo, près de Kobe, et Yamagata dans le nord-ouest d'Honshu, cultivent chacune moins de 200 hectares de vignes, mais certains de leurs vins sont déjà prometteurs.

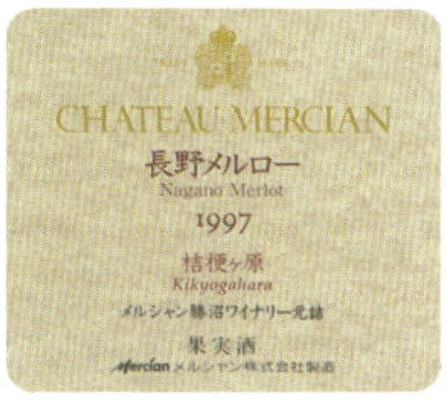

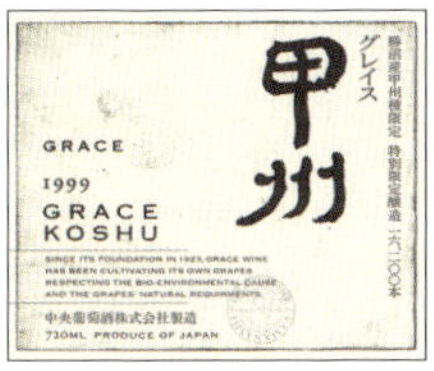

Les deux visages du vin japonais : *le cépage bien implanté de koshu fait par Grace, et une copie fidèle d'un classique européen, fait à partir de vignes importées.*

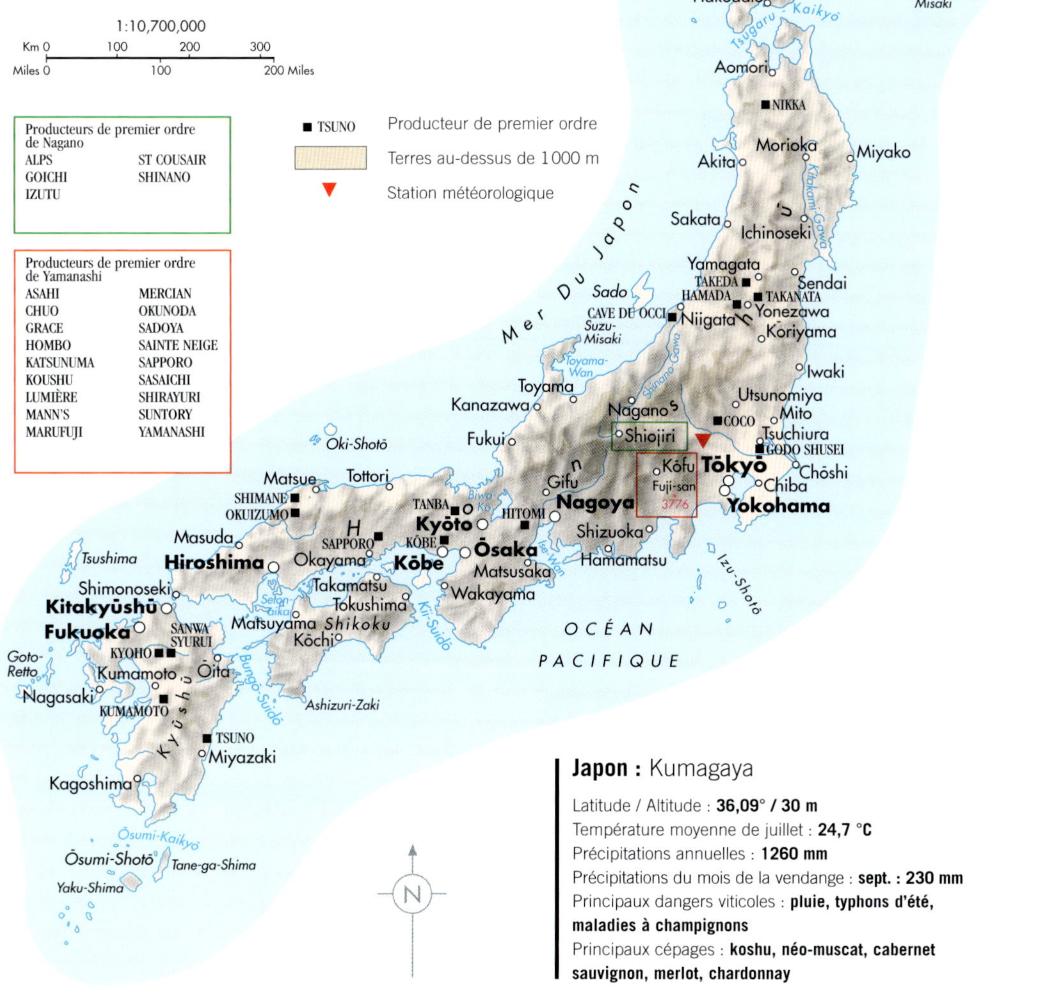

Japon : Kumagaya

Latitude / Altitude : **36,09° / 30 m**

Température moyenne de juillet : **24,7 °C**

Précipitations annuelles : **1260 mm**

Précipitations du mois de la vendange : **sept. : 230 mm**

Principaux dangers viticoles : **pluie, typhons d'été, maladies à champignons**

Principaux cépages : **koshu, néo-muscat, cabernet sauvignon, merlot, chardonnay**

Angleterre et pays de Galles

Le vin anglais n'est pas une plaisanterie. Mais il est parfois difficile, à cette latitude, d'obtenir du raisin en quantité suffisante pour le rendre commercialement viable. Pendant longtemps on a cru que l'Angleterre était située trop au nord pour que le raisin puisse même y mûrir – et qu'il y pleuvait trop. Cependant, au Moyen Âge, les vignobles monastiques de l'Angleterre étaient assez étendus et le vin réussi à tous égards. Sans l'acquisition du Bordelais (grâce au mariage d'Henry II à Éléonore d'Aquitaine, en 1152), ces vignobles auraient sans doute continué à fonctionner sans interruption. Mais ils ont disparu vers la fin du Moyen Âge. Des tentatives un peu hésitantes de faire du vin en Angleterre et au pays de Galles eurent lieu régulièrement, jusqu'à ce qu'une véritable renaissance se produise dans les années 1950 à Hambledon, dans le Hampshire.

L'Angleterre et le pays de Galles ont aujourd'hui retrouvé une telle confiance que 870 hectares de vignobles sont disséminés dans toute la moitié méridionale du pays, avec une forte concentration dans le sud-est – comtés de Kent, de l'East et du West Sussex, du Surrey – et une pléthore de petits vignobles (plus de 370 au total) dans le sud du West Country, le long des vallées de la Tamise et de la Severn, et dans l'East Anglia, la région la plus sèche d'Angleterre. Le plus grand vignoble est celui de Denbies, dans le Surrey, avec 107 hectares – exception notable dans une industrie vinicole où la superficie moyenne des vignobles est inférieure à 2,5 hectares. Plus de 100 caves traitent aujourd'hui la récolte de raisin, produisant en 1996 un chiffre record de 3,5 millions de bouteilles et, dans les années normales, 2,5 millions environ.

Le vin est blanc en grande majorité et tend à être de plus en plus sec. Le müller-thurgau, le seyval blanc et le reichensteiner sont les trois cépages les plus populaires. Les hybrides allemands, comme le bacchus, le schönburger et le huxelrebe ont été abondamment plantés eux aussi. Le cépage de madeleine x angevine 7672 – cépage exclusif de l'Angleterre, créé par Georg Scheu dans les années 1930, en Allemagne – connaît un grand succès dans les mélanges que sont la plupart des vins anglais. Les cépages noirs à maturation précoce, comme le dornfelder et le rondo, sont de plus en plus plantés, et la qualité globale des vins rouges s'est considérablement améliorée. Les vins pétillants qui fermentent en bouteilles – à partir de cépages de chardonnay et de pinot noir – sont peut-être le meilleur atout de l'Angleterre et le meilleur concurrent du champagne, à un prix similaire.

Le vin exige normalement une chaptalisation, comme c'est le cas en Allemagne et souvent à Bordeaux et en Bourgogne. Mais, la qualité générale a progressé après un départ hésitant et certains producteurs expérimentés peuvent faire de bons vins blancs et rouges chaque année ou presque. Les importations sont meilleur marché, mais les vins faits en Angleterre et au pays de Galles ont un caractère bien à eux, acide, aromatique et vif, et vieillissent mieux que bien des blancs plus corsés.

Le vin anglais, un terme vague qui s'applique aussi aux vins fermentés du pays de Galles, est tout à fait différent du vin britannique, ce nom s'appliquant (de manière un peu confuse) au jus de fruit concentré et fermenté importé en Grande-Bretagne depuis tout pays susceptible de le fournir au plus bas prix.

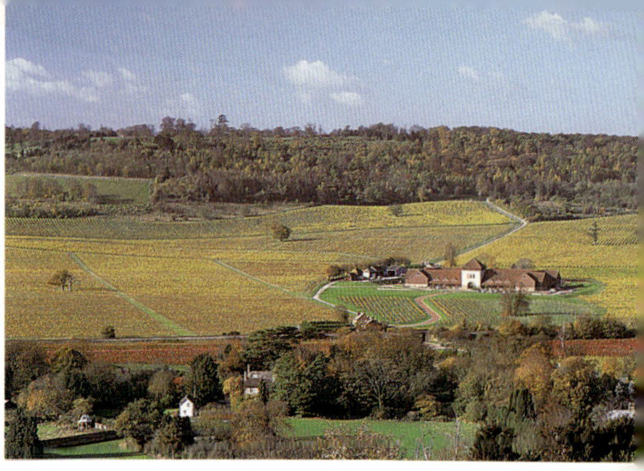

Ci-dessus Le domaine Denbies, près de Dorking, est un exemple classique de l'habitude anglaise qui consiste à mélanger production de vin et tourisme haut de gamme.

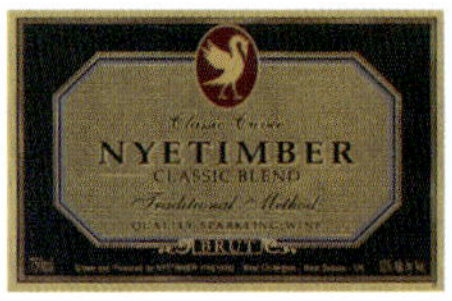

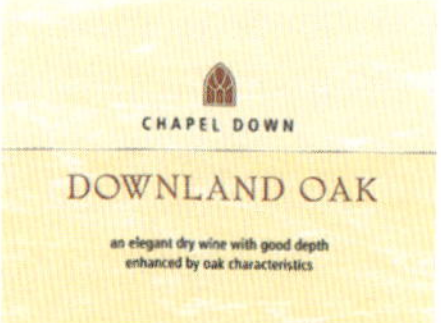

Nyetimber est fait par des Américains *avec l'aide d'un Français, mais il existe d'autres bons vins pétillants qui s'appuient entièrement sur une expertise britannique. Les hybrides, comme le très populaire seyval blanc, doivent être étiquetés en Europe vin régional plutôt que vin de qualité.*

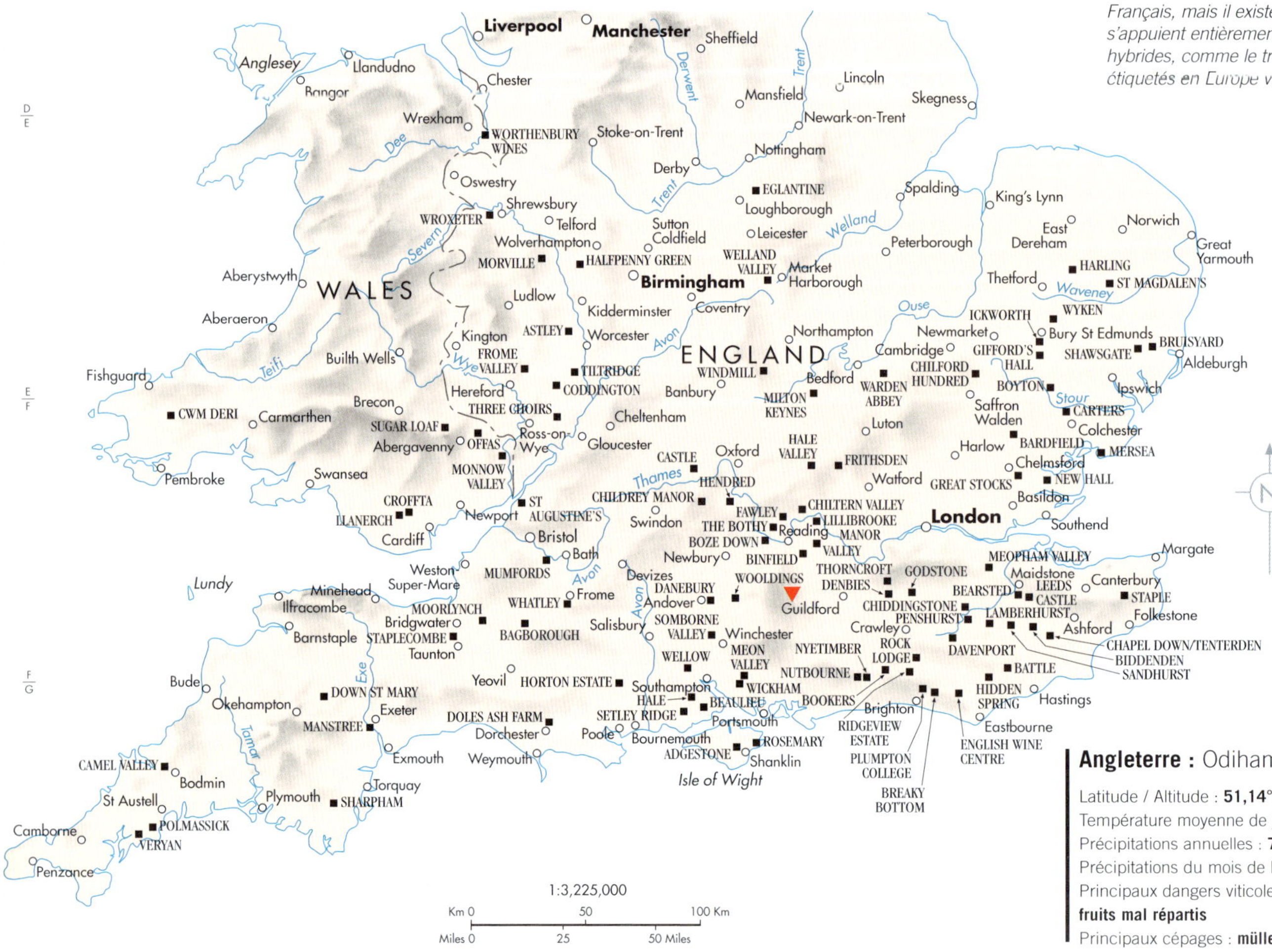

HARLING Vignoble

▼ Station météorologique

Angleterre : Odiham

Latitude / Altitude : **51,14° / 120 m**

Température moyenne de juillet : **16,9 °C**

Précipitations annuelles : **700 mm**

Précipitations du mois de la vendange : **octobre : 60 mm**

Principaux dangers viticoles : **défaut de maturité, pluies d'automne, fruits mal répartis**

Principaux cépages : **müller-thurgau, seyval blanc, reichensteiner**

Glossaire, index, répertoire géographique et remerciements

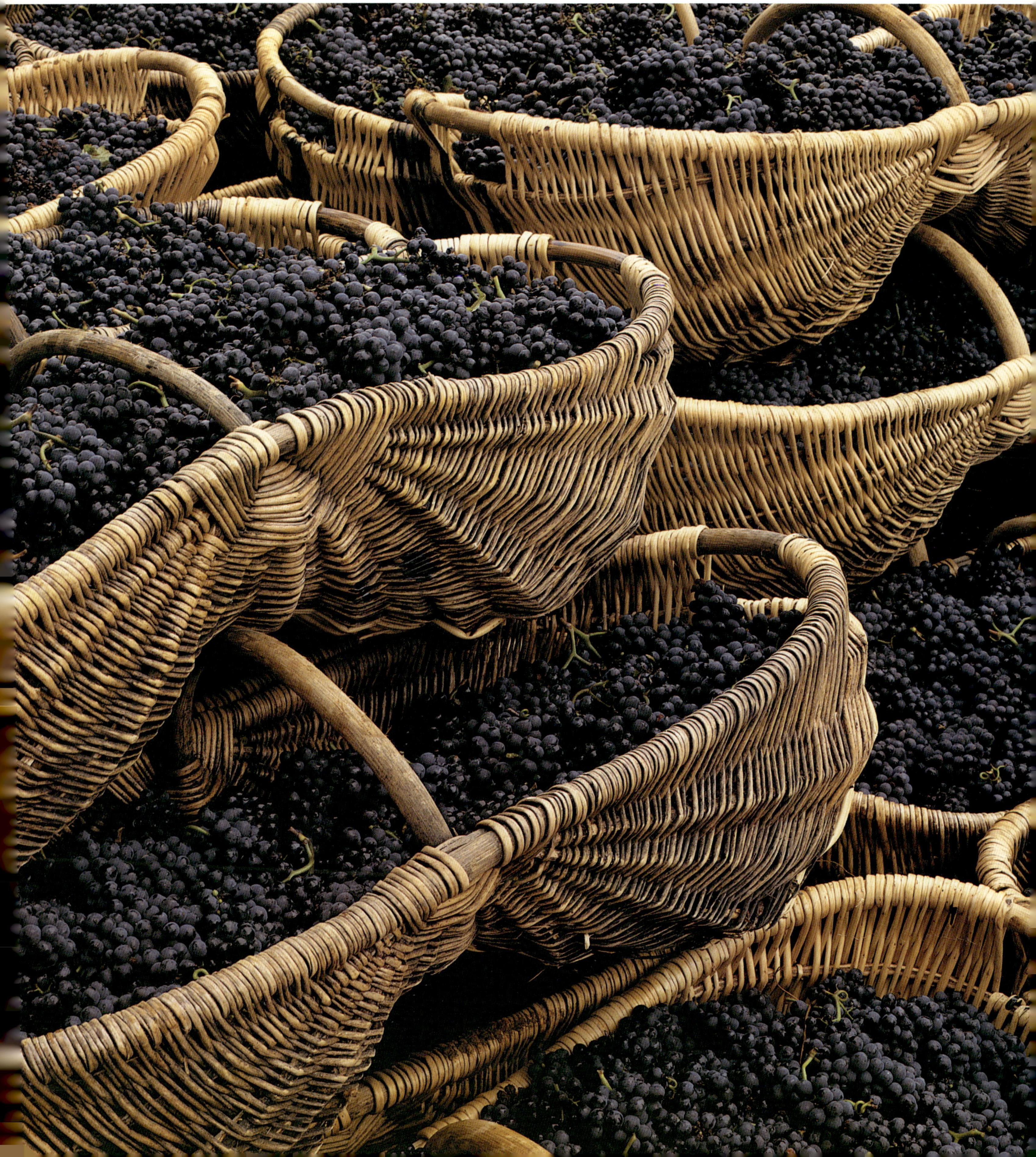

Glossaire

L'objectif de cette liste est de fournir un aperçu des termes les plus usités du jargon vinicole. Les termes spécifiques à une région particulière sont définis dans la partie correspondante de l'*Atlas*. Les termes français sont plus nombreux que les anglais, les italiens ou les espagnols, parce qu'ils ont été plus largement adoptés – et parfois adaptés. Consultez également les encadrés « vocabulaire de l'étiquette » et la liste des « termes de dégustation » qui suit. Les renvois vers d'autres entrées du glossaire et les termes de dégustation sont indiqués en italiques.

acide : composante essentielle du vin qui lui donne son brio et son caractère rafraîchissant. Les acides les plus fréquents dans le vin sont l'acide tartarique, l'acide malique, et dans une moindre mesure l'acide lactique.

acidifier : ajouter de l'*acide* au vin ou au *moût* pour améliorer son *équilibre*.

acidité : mesure globale des *acides*.

acidité totale : somme de tous les *acides* contenus dans le vin. C'est une des mesures cruciales du vin.

Amarone : style de vin originaire du Veneto fait à partir de raisins secs.

appellation contrôlée : nom de vin défini géographiquement.

arôme de chêne : désigne un vin soumis, d'une façon ou d'une autre, à l'influence du chêne, soit par *vieillissement en fût* de chêne, soit, procédé moins coûteux, par le contact avec des copeaux de chêne, des bâtons ou autres objets de ce genre. Voir page 36.

arrachage de vigne : programme réfléchi et souvent subventionné d'arrachage de vigne, en général pour cause de surproduction nationale.

AT : *acidité totale*.

BA : abréviation usuelle pour Beerenauslese, vin allemand doux. Voir page 214.

barrica, barrique : *fût* standard de Bordeaux d'une capacité de 225 litres.

bâtonnage : fait de remuer la lie avec un bâton pour stimuler l'oxygénation et son action sur le vin.

blanc : terme qui désigne les vins qui ne sont ni rouges ni rosés, même si leur couleur varie en réalité du transparent au doré soutenu.

bodega : mot espagnol désignant la cave ou l'entreprise de vinification.

botrytis (*Botrytis cinerea*) : terme générique désignant la *maladie à champignon* de la vigne, communément appelée pourriture. Sa forme bénéfique, la pourriture noble, touche les raisins de telle sorte que le sucre et l'acidité se concentrent. On obtient avec ces raisins un vin très doux botrytizé qui peut être magnifique, à la durée de vie très longue. Sa forme nuisible, la pourriture grise, ôte tout arôme aux raisins qu'elle affecte, ainsi que leur couleur dans le cas de cépages noirs.

bouteille : contenant standard pour le vin, d'un volume de 75 cl.

caisse : boîte standard de 12 *bouteilles* de vin, de 24 demi-bouteilles, ou de 6 *magnums*. En bois parfois, plus communément en carton.

calcaire : un des termes les plus employés – souvent mal à propos, pour décrire les sols des vignobles. Ce type de sol est en général posé sur de la roche calcaire (Bourgogne) et contient parfois de la craie (en Champagne).

capsule : capuchon ajusté sur le col de la *bouteille* et le bouchon. Il est utile pour identifier les bouteilles dans un casier.

causses : plateaux calcaire du Sud de la France.

CB : abréviation anglaise pour *mis en bouteille au château* (« château bottled »).

chai : désigne, particulièrement à Bordeaux, le bâtiment où est stocké le vin en *fût*.

chaptalisation : procédé de vinification (du nom du ministre de l'Agriculture Chaptal) lors duquel le niveau d'alcool du vin est augmenté par une addition de sucre avant ou pendant la *fermentation*. On dit que le vin est chaptalisé.

château : propriété qui cultive un vignoble et produit du vin. Le vignoble n'est pas forcément d'un seul tenant.

clarification : opération de vinification qui consiste à clarifier le vin par l'ajout d'un agent clarifiant comme l'albumine, la caséine ou la diatomite qui attire les particules en suspension dans le vin et précipite les sédiments.

classed-growth : terme anglais pour *cru classé*.

climat : désigne les conditions climatiques d'un vignoble ou d'une *appellation*.

clone : cépage ayant fait l'objet de sélections qui lui confèrent des caractéristiques particulières.

Clos : désigne (particulièrement en Bourgogne) un vignoble entouré de murs. On en rencontre aussi à Priorat, Espagne.

concentration : procédé de vinification qui consiste à éliminer une partie de l'eau du *moût* avant la *fermentation*, afin d'obtenir un vin plus concentré. Pour faire un vin *équilibré*, le moût doit être équilibré avant la concentration.

contrôle du feuillage : technique viticole à la mode qui consiste à agir sur la position et la densité de la voûte formée par le feuillage pour optimiser la qualité et la quantité du vin.

coulure : phénomène viticole, dû à un temps variable, à l'occasion duquel une part significative des futurs fruits ne parvient pas à se former au début de l'été. La conséquence en est la réduction des *rendements*.

cru : désigne un vignoble spécifique.

cru classé : terme employé surtout dans le Bordelais pour désigner un vignoble appartenant à une classification régionale de premier ordre, souvent la classification de 1855 du Médoc et du Graves (voir page 82) qui divise les meilleurs propriétés en cinq appellations (premier, deuxième, troisième, quatrième et cinquième crus).

crush : terme du Nouveau Monde pour désigner la période de vendange et de vinification.

cul de bouteille : dentelure à la base de la plupart des bouteilles, utile pour les empiler.

custom crush facility : cave appartenant à plusieurs viticulteurs (en Californie surtout).

cuve : récipient où a lieu la fermentation du raisin.

cuvée : terme très largement usité qui désignait à l'origine un mélange ; on l'emploie notamment pour parler du mélange final lors de la vinification des vins pétillants.

cuvier : terme bordelais désignant l'endroit où a lieu la *fermentation* et où les *cuves* sont installées.

densité de vigne : nombre de pieds à l'hectare.

dépôt : particules insolubles collées aux parois de la bouteille après un *vieillissement en bouteille* (cf. *sédiment*).

désacidification : procédé de vinification utilisé seulement sous des climats relativement froid, lors duquel l'*acidité* du vin ou du *moût* est délibérément abaissée, en général par un ajout de chaux ou, plus rarement, d'eau.

domaine : propriété viticole.

dosage : quantité de sucre ajouté à un vin pétillant avant la mise en bouteille.

Eiswein : vin doux fait à partir de raisins qui ont gelé sur la vigne ; spécialité allemande, et parfois australienne.

élevage : travail de vinification, depuis la *fermentation* jusqu'à la mise en vente.

en primeur : vin mis en vente avant la mise en bouteille, pratique courante à Bordeaux, en général pendant le printemps qui suit la *vendange*.

encaver : laisser au vin le temps d'effectuer son *vieillissement en bouteille*, en général pendant quelques années.

esca : *maladie à champignons* qui affaiblit les vignes.

fermentation : en général synonyme de fermentation alcoolique, lors de laquelle les *levures* agissent sur les sucres pour transformer le jus de raisin doux en vin. Voir aussi *fermentation malolactique*.

fermentation en fût : technique usuelle de vinification dans laquelle la *fermentation* alcoolique a lieu en *fûts*.

fermentation malolactique : procédé de vinification adoucissant qui suit la *fermentation* alcoolique lors de la formation de tous les vins rouges et de nombreux blancs. Les *acides* maliques sont transformés en acides lactiques plus doux sous les influences conjuguées de bactéries lactiques et de la chaleur. Souvent désigné en anglais par le simple terme « malolactic », ou même « malo ».

feuillage : parties vertes de la vigne (tiges et feuilles).

filtration : opération de vinification sujette à controverse destinée à filtrer les levures nuisibles et les bactéries.

first-growth : terme anglais pour désigner un *cru classé*.

flor : *levures* qui forment une mince pellicule à la surface du vin. Phénomène nécessaire à la production du sherry léger et du vin jaune.

fût : tout contenant en bois, appelé *barrique* ou *pièce*.

garagiste : voir *microchâteau*.

générique : vin nommé en fonction de sa région d'origine ou de son style (le madère par exemple, ou le vin du Rhin) ; il ne s'agit pas d'un *vin de cépage*, ou d'un vin désigné par le nom de son *appellation*.

grand cru : terme largement utilisé en Bourgogne pour désigner les excellents vignobles de la Côte d'Or et du Chablis, ainsi qu'en Champagne et en Alsace.

greffage : technique viticole qui consiste à greffer un cépage, le plus souvent un *vinifera*, sur une souche d'une autre espèce, généralement résistante au *phylloxéra*.

greffe sur souche : opération viticole qui consiste à *greffer* la variété de cépage souhaité sur des souches déjà implantées dans le vignoble.

gris : *rosé* très pâle.

hang time : expression américaine qui désigne le temps (supplémentaire) pendant lequel les rafles sont laissées dans le vin pour en extraire *l'acidité naturelle*.

hybride : cépage obtenu en croissant une espèce (souvent *vinifera*) avec une autre (américaine en général). Les hybrides sont très mal considérés en Europe, parfois injustement.

jeroboam : grande bouteille contenant 4,5 litres, c'est-à-dire l'équivalent de six *bouteilles* standard à Bordeaux ; 3 litres ou quatre bouteilles en Champagne.

Keller : terme allemand pour désigner une cave.

late harvest : terme anglais pour *vendange tardive*.

lie : dépôt qui se forme au fond de la cuve ou du *fût*. Le premier dépôt, dont la quantité est relativement importante et qui apparaît après la première *fermentation*, est appelé lie brute.

macération carbonique : technique de vinification consistant à faire fermenter les grappes dans un conteneur hermétique avec du dioxyde de carbone. Voir page 35.

magnum : grande bouteille de 1,5 litres, c'est-à-dire l'équivalent de deux *bouteilles* standard.

maladie à champignons : maladie causée par une prolifération de champignons ; la vigne y est particulièrement prédisposée.

maladie bactérienne : maladie (du vin) causé par une bactérie.

maturité physiologique : terme à la mode pour désigner le stade atteint par le raisin lorsqu'il est mûr au point que sa peau commence à se rider, que sa queue brunit et que la grappe peut être facilement détachée du pied de vigne.

mention de mise en bouteille : généralement sur les étiquettes. Voir *mis en bouteille au château / au domaine / à la propriété*.

mésoclimat : climat d'une zone relativement réduite, d'un vignoble par exemple (on parle de microclimat pour un vin particulier et macroclimat pour un district ou d'une région).

méthode traditionnelle, méthode classique : opération de vinification des vins pétillants qui consiste à déclencher la formation des bulles par une deuxième *fermentation* ayant lieu dans la *bouteille*.

microchâteau : très petit *château* du Bordelais, ne disposant souvent pas de ses propres équipements de vinification ; on dit parfois qu'un garage peut suffire. Dans ce livre, nous avons appelé microchâteaux les propriétés produisant moins de 1000 caisses, à l'origine en tout cas. Voir pages 106-110.

mildiou : le mildiou duveteux (peronospera) et le mildiou poudreux (oïdium) sont deux *maladies à champignons* qui infectent régulièrement les vignes. En général, on les traite par des pulvérisations de fongicides.

millerandage : formation des fruits irrégulière lors de la floraison pouvant entraîner un mûrissement inégal problématique.

mis en bouteille à la propriété : vin mis en bouteille dans la propriété où le raisin a été cultivé.

mis en bouteille au château : vin mis en bouteille dans la propriété qui l'a cultivé, ou tout au moins vinifié.

mis en bouteille au domaine : vin mis en bouteille par la personne, ou l'entreprise, qui l'a élevé.

moût : lors de la vinification, stade intermédiaire de la pulpe entre le jus de raisin et le vin.

négociant : terme désignant un marchand qui prend en charge l'étape de mise en bouteille (cf. *domaine*).

non-millésimé : désignation, utilisée surtout pour les vins pétillants et le champagne, qui caractérise un vin non daté mais issu d'un mélange du produit de plusieurs millésimes. On utilise aussi l'abréviation NM.

œnologie : voir *vinification*.

old vines : terme anglais pour *vieilles vignes*.

osmose inversée : technique de *concentration* relativement répandue.

ouillage : espace restant entre la surface du liquide et le haut du contenant, que ce soit une *bouteille* ou un *fût*. À mesure que le vin vieillit, l'ouillage tend à augmenter.

owc : abréviation anglaise dans les catalogues de ventes aux enchères pour désigner les *caisses* en bois originales (« original wooden cases »).

pH : mesure, importante lors de la vinification, de l'*acidité* du jus de raisin ou du vin, qui peut avoir une influence sur la couleur et le potentiel de vieillissement. L'eau a un pH de 7, celui du vin est aux alentours de 3,5.

phénols : terme général désignant l'astringence potentielle des *tannins*, les pigments, et les arômes d'un raisin ou d'un vin. Ils sont concentrés dans la peau des raisins.

phylloxéra : maladie mortelle de la vigne d'origine américaine, causée par l'aphidien qui infeste les souches. Pour s'en protéger, on a recours au *greffage* sur souches résistantes dans beaucoup de régions. Voir pages 18-19.

pièce : *fût* traditionnel bourguignon de 228 litres.

Pierce (maladie de) : maladie mortelle de la vigne transmise par des insectes, surtout dans le Sud des États-Unis et en Californie. Voir page 19.

plantation rapprochée : technique viticole ayant pour but une *densité viticole* élevée.

pourriture : voir *botrytis* et *maladie à champignon*.

pourriture noble : voir *botrytis*.

premier cru : terme largement usité en Bourgogne et en Champagne pour désigner certains des meilleurs vignobles (juste en dessous du *grand cru*). À Bordeaux, on parle de premier grand cru (classé).

raisin sec : raisins desséchés à partir desquels est produite une large gamme de vins dont l'*Amarone* et le *Vin Santo*.

remuage : opération de vinification des vins pétillants lors de laquelle les *sédiments* qui se sont déposés au cours de la seconde *fermentation* en *bouteille* sont remuées dans le goulot pour pouvoir être ôtés. Aujourd'hui, cette opération est largement mécanisée.

rendement : mesure de la productivité d'un vignoble, exprimé en général en tonnes par acre ou en hectolitres par hectare. Le second s'obtient en multipliant le premier par 17,5.

réserve : terme très usité qui n'a à peu près aucun sens.

rosé : nom usuel des vins rendu roses par un bref contact avec la peau de raisins rouges ou noirs.

saignée : opération qui consiste à laisser s'écouler du liquide de la cuve de fermentation pour obtenir un vin plus *concentré*.

sédiments : particules qui se forment lors du *vieillissement en bouteille*, particulièrement nombreuses lorsque le vin n'a pas été assez *filtré* ni *clarifié*.

sédimentation : permet au jus de reposer de sorte que les particules solides tombent au fond de la cuve de sédimentation.

sommelier : maître d'hôtel chargé du vin.

souche : cépage choisi pour ses caractéristiques particulières, souvent pour sa résistance au *phylloxéra*, parfois pour son adaptation à un type de sol ou pour sa capacité à « assagir » certaines variétés trop *vigoureuses*.

soutirer : transférer le vin d'un récipient à un autre pour en ôter la *lie*. Voir pages 31 et 37.

sucre résiduel : une des mesure cruciales du vin est ce taux de sucre non fermenté qui subsiste. Un vin dont le SR (abréviation usuelle) est de 2g/l ou moins est sec.

sur lie : vin laissé délibérément en contact avec les *lies* pour obtenir plus d'arômes.

tannins : *phénols* astringents issus de la peau des raisins, de la tige, et des pépins, qui contribuent au processus de vieillissement.

TBA : abréviation usuelle pour Trockenbeerenauslese, terme allemand désignant un vin très doux fait à partir de raisins *botrytisés* cueillis un à un.

terroir : environnement physique. Voir page 22.

tirage : procédé qui consiste à laisser fermenter une bouteille de vin pétillant sur les *sédiments* pour qu'il acquière de la maturité.

variation de température : écart entre les températures moyennes du jour et de la nuit. Des variations importantes ont pour conséquence un vin de couleur sombre et d'une grande *acidité*.

varietal : terme anglais pour désigner les *vins de cépage*.

vendange : désigne soit l'action de cueillir le raisin, soit l'année à laquelle les raisins ont été cueillis.

vendange tardive : style de vin, le plus souvent doux, fait à partir de raisins très mûrs.

vieilles vignes : censées induire la plus forte concentration d'un vin et sa plus grand qualité car les *levures* y sont moins nombreuses.

vieillissement en bouteille : procédé de maturation du vin en *bouteilles* (cf *vieillissement en fût*). On dit que de tels vins ont l'âge de la bouteille.

vieillissement en fût : procédé de maturation de plusieurs mois en *fût* après la *fermentation*.

vigueur : propension de la vigne à produire beaucoup de feuillage. Une vigne vigoureuse doit être effeuillée pour permettre aux raisins de mûrir.

vin de cépage : vin vendu sous le nom du cépage à partir duquel il a été fait.
vins de mélange : ingrédients d'un mélange.
vin de garde : vin destiné à subir un vieillissement.
vin de paille : vin doux traditionnellement fait à partir de raisins secs sur un tapis de paille.
vin doux naturel : vin doux fort obtenu en ajoutant de l'alcool au jus de raisin avant qu'il ait complètement terminé sa fermentation. Voir page 142.
vin fortifié : vin rendu plus fort par l'ajout d'alcool à certaines étapes du processus de vinification. Les plus connus sont le sherry et le madère.
Vin Santo : vin à base de raisins sec de Toscane.
vinifera : variétés européennes de cépage du genre *Vitis* à l'origine d'environ 95 % de la production vinicole mondiale (cf. *hybride*).
vinification : science de la fabrication du vin.
vintner : terme anglais désignant à l'origine le vendangeur ou celui qui faisait le vin ; il est aujourd'hui plus couramment appliqué à la personne qui le vend.
viticulture : science de la culture de la vigne.

Termes de dégustation

Cette liste présente les mots les plus utiles et les plus précis parmi ceux qu'on emploie lors d'une dégustation, en particulier ceux qui caractérisent la structure d'un vin, ses composantes (acidité, douceur, alcool, tannin), et les défauts les plus répandus. Lorsque l'on essaie de décrire l'arôme d'un vin, les mots ont tendance à se chevaucher, à recouvrir les mêmes goûts, les mêmes odeurs, tout simplement parce qu'il n'existe pas de vocabulaire objectif de dégustation. Le muscat, par exemple, est souvent décrit, de façon tautologique, comme ayant un goût de raisin (il est un des rares dans ce cas). La saveur du cabernet sauvignon est généralement perçue comme étant celle du cassis quand le vin est mûr, du poivre vert lorsqu'il l'est moins. Mais la dégustation est une expérience hautement subjective, et plusieurs dégustateurs auront chacun des sensations différentes. Nombreux sont ceux qui laissent libre court aux associations d'idées, évoquant des arômes de « caoutchouc », de « chewing-gum », de « laine humide »…

à l'aveugle : déguster sans connaître l'identité du ou des vin(s).
acétique : vin qui est devenu irrémédiable aigre, suret, par contact de l'air ; il sent l'acide acétique, le vinaigre.
acide sulfurique : voir mercaptan.
arôme : odeur initiale de fruit et de levure d'un vin jeune.
arôme de chêne : arôme souvent excessif provenant des fûts nouveaux, des douves ou des copeaux.
astringent : très tannique, terme utilisé en général pour les vins blancs.
autolyse : effet aromatique riche de ferment, conséquence du vieillissement d'un vin pétillant en bouteille sur ses sédiments de levures.
bouchonné : vin qui sent le moisi, parfois – mais pas toujours – parce que le bouchon a un défaut.
bouquet : odeur complexe d'un vin vieux .
capiteux : qui monte à la tête à cause de la teneur en alcool.
charpenté : caractéristique agréable d'un vin tannique.
complexe : les senteurs se superposent en plusieurs couches : minéraux, fruits, fleurs…
corps : le « volume » d'un vin, comment il se différencie de l'eau ; en partie dû au niveau d'alcool. Le corps peut être léger, moyen, plein.
court : ce que l'après-goût ou fin de bouche ne doit pas être.
crachoir : équipement professionnel indispensable dans lequel le dégustateur crache le vin.
creux : un des termes de dégustation les plus faciles à brocarder, signifiant un défaut d'acidité qui donne une impression de vide.
décrépi : saveur écœurante qui est la conséquence d'une trop haute température imposée aux raisins ou à la bouteille.
droit : exempt de défauts, frais.
équilibré : un des indicateurs clés de la qualité : Tous les composants s'équilibrent entre eux.
fin de bouche ou après-goût : comme équilibré, c'est un signe de qualité ; plus le vin est persistant, meilleur il est.
fort : trop alcoolisé.
foxé : odeur forte des cépages américains, labrusca notamment (pensez à de la gelée de raisin).
gouleyant : terme qui décrit l'impact tactile (flatteur si possible) du vin sur le palais.
horizontale : dégustation de différents vins du même millésime.
long : ce que doit être l'après-goût ou fin de bouche.
louche : c'est un défaut ; le vin doit être clair.
madérisé : brun ou tournant au brun sous l'effet de l'oxygène ; presque oxydé.
mercaptan : composé qui sent les œufs pourris ou le caoutchouc brûlé, qu'on ajoute aux vins réduits.
muet : qui n'a presque pas de saveur (conséquence du jeune âge ou d'un vieillissement trop long).
nez : odeur du vin.
oxydé : vin qui a un goût plat et une couleur brune en raison d'une trop forte exposition à l'oxygène
rafle verte : arôme associé à un millésime insuffisamment mûr ou à une proportion trop élevée de rafles dans le moût.
rancio : odeur capiteuse du vin viné, vieilli pendant des années dans le bois ou le verre, souvent à des températures élevées.
réduit : dépourvu d'oxygène et sentant le mercaptan. Fréquent avec la syrah dans les climats chauds. Une légère réduction peut être compensée grâce à une aération.
rude : tannins d'une astringence désagréable.
sec : le contraire de doux, quoiqu'on dise d'un vieux vin dans lequel le fruit s'estompe qu'il « s'assèche ».
série : dégustation de vins liés entre eux.
sève : le trait vif et direct d'un bon vin jeune.
soyeux : mot précis définissant une certaine texture du vin.
sulfureux : odeur piquante qui chatouille la gorge, résultant d'un usage excessif de l'acide sulfurique. Courant autrefois dans les vins blancs ordinaires un peu doux.
tannique : tannins trop présents pour être agréables sur le moment, mais pouvant être un bon signe de la durée de vie d'un vin jeune.
verticale : dégustation de différents millésimes du même vin.
vert : terme courant mais imprécis utilisé pour l'acidité et les tannins marqués.
vif : d'une acidité agréable, rafraîchissante.
volatile : vin qui est sur le point de devenir acétique ; bien que ce soit un défaut techniquement, une certaine proportion d'acidité volatile peut « relever » le bouquet des rouges corsés.

Index

Les châteaux, domaines, etc. apparaissent sous leur nom individuel. Lorsque les termes font l'objet d'un chapitre, les numéros de page apparaissent en **gras** ; ceux en *italique* se rapportent aux illustrations.

Répertoire géographique

Ce répertoire géographique comprend les noms de lieux, de vignobles, de châteaux et des grandes régions vinicoles, ainsi que toutes les informations fournies sur les cartes de l'*Atlas*, à l'exception des désignations mineures et des spécifications géographiques. Dans ce répertoire, tous les châteaux sont présentés à la lettre C (château Yquem d' par exemple). Domaines, caves, etc. apparaissent sous leur nom propre. Le code qui précède le numéro de la page renvoie au système de quadrillage du corpus. Les vignobles sont indexés sous leur nom principal (Perrières, les par exemple). Les noms de villes sont complétés par celui de leur région ou de leur pays, indiqué en italique. Lorsqu'un nom possède une deuxième orthographe, celle-ci est précisée entre parenthèses : Praha (Prague), etc. Les viticulteurs dont les noms apparaissent sur les cartes figurent également dans ce répertoire.

Remerciements

Introduction *Le monde antique et le Moyen-Âge* Hanneke Wilson ; *Le vin et le temps qu'il fait et Dans le vignoble* Dr Richard Smart & John Gwalter ; *Comment est fait le vin ?* Kym Milne ; *Le chêne* Françoise Barbin-Lecrevisse ; *L'anatomie d'une cave* Christian & Cherise Moueix ; Herzog & de Meuron.
France Jane Boyce ; Annie Luchetta, Gérard Meyer, Elodie Pasty & Agnès Payan (INAO) ; Catharine Mana'ch, Marie Medeville & Chloe Wenban-Smith (Sopexa), Jean-Laurent Maillard (ANIVIT) ; *Bourgogne* Jasper & Abigail Morris ; BIVB ; *Pouilly-Fuissé* Jean Rijckaert ; *Chablis* Rosemary George ; *Champagne* Dominique Foulon ; Richard Geoffroy ; *Bordeaux* James Lawther ; Nellie Salvi ; Florence Rafford (CIVB) ; *Saint-Émilion etPomerol* Dominique Reynard ; Fiona Morrison ; Alan Sichel *Vallée de la Loire* Jacqueline Friedrich ; *Vallée du Rhône* John Livingstone Learmonth ; John Gauntley ; Brigitte Clusel ; *Bandol* John Gauntley ; *Savoie* Wink Lorch ; *Jura* Jean Rijckaert.
Italie Daniel Thomases ; *Barolo* Simona Luparia (Slow Food).
Espagne Victor de la Serna ; *Priorat* René Barbier ; *Jerez* Mauricio Gonzalez Gordon, Marqués de Bonanza ; Godfrey Spence.
Portugal Luis Avides (ICEP Portuguese Trade & Tourism Office) ; Jorge Boehm; *Douro – pays du porto* Dirk Niepoort; Godfrey Spence ; Tim Stanley-Clarke ; *Madère*: Patrick Grubb.
Allemagne Stuart Pigott ; Kerry Brady.
Suisse John C Sloan ; Daniel Lehmann ; Chandra Kurt.
Autriche Thomas Klinger, Dorli Muhr, Caroline Lloyd, Bertold Salomon & Herta Wallner (Austrian Wine Marketing Board).
Hongrie *Tokay* Istvan Turoczi; Peter Vinding-Diers.
République tchèque et Slovaquie Sophia Coudenhove ; Zdenek Reimann ; Helena Baker.
Slovénie Aleš Kristančič ; Erika Schuele-Grosso ; Toni Gomiscek.
Croatie et Balkans Mladen Vukmir ; Stane Terlep ; Paul Robert Blom.
Bulgarie Annie Kay.
Roumanie Dan & Roxana Muntean.
Grèce Nico Manessis.
Anciennes Républiques soviétiques *Crimée* Gia Sulkhanishvili ; Paul Robert Blom.
Moldavie Alexei Musteasta.
Méditerranée occidentale Adam Montefiore ; Mehmet Yalçin ; Seyit Karagözoğlu ; Janna Gur.
Chypre Gareth Lawrence.
Tunisie Maurizio Micciche.
Algérie Abdelmadjid Merabet (ONCV).
Égypte David Pollock.
Maroc Noelle Arnault.
USA Thomas Pinney ; *Californie* Bruce Cass ; *Napa* Paul Skinner ; *États du Sud-Ouest et Mexique* Shirley Jones ; Bruce Cass ; *Oregon* Lisa Shara Hall ; Rollin Soles ; *Washington* Steve Burns (Washington Wine Institute) ; Lisa Shara Hall ; Ron Irvine ; *New York, États de l'Est* : Richard Leahy; Richard Figiel; James Trezise.
Canada Linda Bramble.
Uruguay Daniel Pisano.
Chili Sue Pike ; Jenny Ramage.
Argentine Cecilia Razquin ; Dr Nicolas Catena ; Jeff Mausbach ; Ricardo Puebla.
Australie Hazel Murphy (Wines of Australia) ; Ernie Sullivan (Australian Wine & Brandy Corp); *Australie-Occidentale* Peter Forrestal ; *Tasmanie* Dr Andrew Pirie.
Nouvelle-Zélande Michael Cooper ; *Hawkes Bay* John Hancock ; *Marlborough* Allan Scott; Kevin Judd ; John Stichbury.
Afrique du Sud Dave Johnson.
Asie Denis Gastin ; Rupert Dean.
Japon Ronald Brown ; Denis Gastin.
Angleterre et pays de Galles Julia Trustram Eve.

Nous remercions également pour leur aide les personnes suivantes :

Introduction *Le vin et le temps qu'il fait et Dans le vignoble* James Wolpert ; Prof Alex McBratney ; *l'année du producteur de vin* James Herrick ; *Chêne* Jérôme François ; James Taylor ; *Conservation du vin* Westbury Communications for Supreme Corqs; *Servir le vin : 2* Victoria Morrall for Riedel Crystal.
France *Beaujolais* Bernard Georges ; UIVB ; Véronique Vallenot (BIVB, Chablis-Auxerrois) ; *Champagne* Christian Pol Roger ; Isabelle Goldstein & Françoise Peretti (The Champagne Information Bureau); *Bordeaux* Sue Glasgow (CIVB) ; Jean-Michel Cazes (Syndicat Agricole et Viticole de Pauillac) ; *Saint-Julien* Anthony Barton ; *Margaux* Paul Pontallier ; Séverine Pinte (Syndicat Viticole Pessac-Léognan) ; Syndicat Viticole de Saint-Émilion; Maria Monso (Syndicat Viticole Côtes de Bourg) ; *Sud-Ouest* Douglas Wregg ; *Pays Nantais* Nigel Wilkinson ; Benoît Roumet (Bureau Interprofessional des Vins du Centre) ; *Rhône* Lance Gill ; M-A Vinet (Inter Rhône) ; *Provence* Philippe Bieler ; *Jura* Bill Baker ; *Corsica* Jane Kay ; Marc Robelin ; Comité Intersyndical des Vins de Corse ; Sylvie Ellul (Syndicat des Producteurs des Vin de Pays d'Oc).
Italie Alessandro Bottaro (Wines of Italy) ; David Gleave ; *Barolo et Barbaresco* Pietro & Renato Ratti ; *TOscane* Maureen Ashley.
Espagne John Radford ; Carlos Read ; Amy Battle, Lisa Grimley & Margarita Pérez (Wines from Spain) ; *Rioja* Jesus Angel ; *Navarra* Mercedes Chivite.
Portugal Geoffrey Kelly ; *Estrémadure et péninsule de Setúbal* Peter Bright ; *Bairrada et Dão* Amaral Bento ; *Alto Douro/porto* Miguel Potes.
Allemagne Prinz Michael zu Salm ; *Palatinat* Christian von Guradze.
Suisse Ben Lohrer.
Austriche Philippe Blom.
Hongrie Stephen Kirkland.
République tchèque et Slovaquie Vladimir Moskvar.
Albanie Prof Vangjel Zigori.
Roumanie Daniel Thomases ; David Broadbent ; Gina Bullough.
Grèce Yiannis Paraskevopoulos.
Anciennes Républiques soviétiques *Crimea* Charles Borden ; Sophia Coudenhove.
Méditerranée orientale Serge Hochar ; Godfrey Spence.
Chypre P. Mestanas (Cyprus High Commission Trade Centre).
USA Gladys Horiuchi ; *Californie* Bill Nelson ; *États du Sud-Ouest et Mexique* Louise Owens.
Canada Catherine MacMonagle (Wines of Canada).
Australie-Méridionale Chris Ringland.
Nouvelle-Zélande *Hawkes Bay* Steve Smith MW ; Gus Lawson ; Gordon Russell ; *Marlborough* Ivan Sutherland ; Ollie Davidson ; Mike Insley ; Richard Bowling ; Michelle Richardson.
Afrique du Sud Kate O'Connor (Wines of South Africa).
Asie Gabriel Tam.

Photographies

AKG, London/British Library 14; Berry Bros & Rudd 16 bas ; Anthony Blake Photo Library/John Sims 158, 162, 164, 174, 183 ; Art Archive/Egyptian Museum Cairo/Dagli Orti 12; Prof Denis Boubals 19 bottom left ; John Brunton 167 ; Michael Busselle 52, 90, 148 ; Cephas Picture Library/Kevin Argue 295/Nigel Blythe 37 haut gauche/Andy Christodolo 17, 22 haut droite, 145, 241, 300, 309/David Copeman 212/Chris Davis 324/Chinch Gryniewicz 188/Kevin Judd 4, 19 haut droite, 36 bas droite, 303, 316, 319/R & K Muschenetz 236, 282, 298/Alain Proust 2-3, 322/Mick Rock 8, 16 haut, 21, 22 bas gauche, 34, 35 bas droite, 36 haut gauche, 37 haut centre, 37 haut droite, 50, 68, 72, 75, 79, 80, 82, 88, 92, 96, 100, 102 bas droite, 108, 114, 122, 129, 132-133, 134, 136, 140, 178, 184, 187, 190-191, 192, 199, 202, 204, 206, 220, 229, 244, 248, 250, 259, 270, 274, 280, 284, 288, 291, 327/Martin Wells 326; Sue Cunningham 253 ; Roger Day 127 ; Patrick Eagar 35 haut gauche, 54, 61, 64, 85, 99, 112, 161, 304, 314 ; EuroCave Importers/ Martin & Elizabeth Alpren 43 bas gauche ; Explorer/JP Bouchard 102 bas gauche ; Brian Jordan 153, 262, 265 ; Claes Lofgren 76, 123, 169, 176, 256 ; Jason Lowe 260 ; Marka/V Arcomano 180 ; Marco Polo/Heinz Hebeisen 196 ; Steven Morris 292, 315, 320 ; Occit' Media 20; Octopus Publishing Group/Russel Sadur 6, 7, 41 haut droite, 41 bas gauche, 42 haut droite, 43 haut droite, 44 centre gauche, 44 bas gauche, 44 bas droite, 46-47, 48 gauche, 48 centre, 48 droite : Osterreich Werbung 243; Janet Price 58, 86, 106, 110 bas, 119, 124, 142, 156, 207, 209, 216, 218, 222, 227, 232, 234, 310, 311 ; Prisma/Eurasia Press 172, 238/JD Dallet 194 ; Powerstock Zefa 155 ; Regents of University of California 19 bas droite ; Retna Pictures/Carossio/Image du Sud 104 ; Robert Harding Picture Library/Michael Short 254 : Root Stock/Hendrik Holler 51, 198, 200, 214, 224, 230-231, 237, 268, 276, 278, 297 ; Scope/Jean-Luc Barde 110 top, 152/Jacques Guillard 67, 147, 149/Michel Guillard 94 ; South American Pictures/Tony Morrison 287 ; Southcorp Wines Europe 308 ; Margherita Spiluttini 39 ; Spiral Cellars 42 bas gauche ; University of Adelaide & DNRE, Rutherglen 19 bas gauche ; Werner Forman Archive 13 : Jon Wyand 26, 49, 63, 71, 210, 266.

Illustrations

Lisa Alderson/Advocate : 24-27 ; Tim Loughhead/Precision Illustration : 23, 29, 32-33, 38-39, 57 ; Louise Morgan/The Art Market : 30-31.

Tout a été fait pour retrouver les propriétaires des copyrights des photographies. Quiconque aurait été omis par inadvertance de cette liste est invité à écrire aux éditeurs, qui feront avec plaisir les modifications nécessaires lors des prochaines éditions.